westermann

Jürgen Böker, Wilfried Flammann, Jörn Huge, Klaus Richter, Siegried Rothe,
Dr. Dirk Scharf



# Prüfungsbuch Industriekaufleute

## Zwischen- und Abschlussprüfung

4. Auflage

Bestellnummer 225558

Die in diesem Produkt gemachten Angaben zu Unternehmen (Namen, Internet- und E-Mail-Adressen, Handelsregistereintragungen, Bankverbindungen, Steuer-, Telefon- und Faxnummern und alle weiteren Angaben) sind i. d. R. fiktiv, d. h., sie stehen in keinem Zusammenhang mit einem real existierenden Unternehmen in der dargestellten oder einer ähnlichen Form. Dies gilt auch für alle Kunden, Lieferanten und sonstigen Geschäftspartner der Unternehmen wie z. B. Kreditinstitute, Versicherungsunternehmen und andere Dienstleistungsunternehmen. Ausschließlich zum Zwecke der Authentizität werden die Namen real existierender Unternehmen und z. B. im Fall von Kreditinstituten auch deren IBANs und BICs verwendet.

**Zusatzmaterialien zu Prüfungsbuch Industriekaufleute, Zwischen- und Abschlussprüfung"**

Für Lehrerinnen und Lehrer

BiBox westermann inkl. E-Book

BiBox Einzellizenz für Lehrer/-innen (Dauerlizenz): 978-3-14-225559-0
BiBox Kollegiumslizenz für Lehrer/-innen (Dauerlizenz): 978-3-14-225560-6
BiBox Kollegiumslizenz für Lehrer/-innen (1 Schuljahr): 978-3-14-107830-5

Für Schülerinnen und Schüler

BiBox Einzellizenz für Schüler/-innen (1 Schuljahr): 978-3-14-225561-3

BiBox westermann inkl. E-Book

Interaktive Prüfungsaufgaben zum Download: 978-3-14-225564-4
Handbuch für Industriekaufleute: 978-3-14-225552-1

westermann GRUPPE



Druck und Bindung: Westermann Druck GmbH, Georg-Westermann-Allee 66, 38104 Braunschweig

ISBN 978-3-14-**225558**-3

# Wie lernt man mit diesem Buch?

Effektive Prüfungsvorbereitung – egal, ob auf die Zwischen- oder Abschlussprüfung – bedeutet, in möglichst kurzer Zeit die notwendige Fachkompetenz zu erlangen und zu festigen. Entscheidend dafür ist die von Ihnen angewandte **Lernstrategie.** Wie lernt man eigentlich am effektivsten? Nun, entscheidend ist, dass Sie sich nicht nur auf einem Weg das notwendige Wissen aneignen – zum Beispiel nur Definitionen auswendig lernen. Aus diesem Grund haben wir Autoren uns dafür entschieden, Ihnen vier **Lernwege** zu eröffnen:

**Dieses Prüfungsbuch bietet Ihnen weit über 1 700 Fragen und Antworten sowie mehr als 200 Aufgabenstellungen für Ihre optimale Prüfungsvorbereitung!**

1. Sie eignen sich das notwendige Fachwissen über die von uns schülergerecht formulierten **Fragen** an. Mit diesen Fragen und den von uns erarbeiteten **Antworten** – die Sie im Zuge Ihrer Arbeit zunächst natürlich bitte abdecken – erschließen Sie sich die notwendigen Fachinhalte auf verständliche Art und Weise.

2. Viele **Visualisierungen** im Text, z. B. Übersichten und Grafiken, erleichtern den Lernprozess. Bilder prägen sich beim Lernenden häufig besser als Wörter oder Sätze ein. Deswegen haben wir auch der ansprechenden Gestaltung dieses Prüfungsbuches große Aufmerksamkeit geschenkt.
   Farbige Hervorhebungen, unterschiedliche Schriftarten und -größen unterstützen Sie effektiv beim Lernen.

3. Eine Vielzahl von **fallorientierten Aufgabenstellungen** eröffnet Ihnen einen weiteren wichtigen Lernweg: Sie müssen Ihr erlerntes Fachwissen auf konkrete Fälle anwenden können. Dadurch werden Anwendungswissen und Methodenkompetenz gefördert. Auch in einem großen Teil der Abschlussprüfung werden Sie mit diesem Typ von Aufgabenstellungen konfrontiert.

4. Sogenannte **Multiple-Choice-Aufgaben** bieten Ihnen einen **vierten Lernweg** zur Aneignung des Fachwissens. Dieser spezielle Aufgabentyp fordert Sie insbesondere bei der Abwägung der Aufgabenlösungen. Auch in der Zwischen- und Abschlussprüfung werden Sie diesem Aufgabentyp begegnen.

**Nutzen Sie bei der Aneignung des Fachwissens unbedingt *alle vier Lernwege,* dadurch wird der Lernvorgang optimal gestaltet.**

Nutzen Sie bei der Aneignung des Fachwissens unbedingt **alle vier Lernwege,** denn dadurch wird der Lernvorgang optimal gestaltet. Weitere wichtige Tipps zur Prüfungsvorbereitung können Sie dem Kapitel 1.7.3 **Lern- und Arbeitstechniken** (siehe S. 241) entnehmen. Weitere Aufgaben können Sie unter westermann.de entgeltlich herunterladen.

Wir haben im Buch zusätzliche **Hinweise** und **Piktogramme** genutzt, um Sie bei der Prüfungsvorbereitung zu unterstützen:

- In den **Überschriften** finden Sie häufig Hinweise auf das **Handbuch Industriekaufleute** (Bestellnummer 225552), in dem Sie weitere Erläuterungen und vor allem zusätzliche Visualisierungen (z. B. Tafelbilder, Grafiken, Statistiken) angeboten bekommen, um sich das Fachwissen noch eingehender aneignen zu können.
- Fragen, die speziell auf die **Zwischenprüfung** vorbereiten, sind mit der Abkürzung **ZP** versehen.

# Vorwort

- Die **Fragen** und **Aufgaben** wurden **durchnummeriert,** damit Sie die Wissensbereiche **mit einem Haken versehen** können, die Sie bereits beherrschen. Die verbleibenden Fragestellungen sollten Sie dann nochmals bearbeiten, um die letzten Wissenslücken zu schließen.

**Ergänzungen** und **Aktualisierungen** (z. B. aufgrund von Gesetzesänderungen) findet der Benutzer/die Benutzerin dieses Prüfungsbuches über die Internetadresse **www.westermann.de.** Zum Prüfungsbuch gelangen Sie, wenn Sie oben in die Sucheingabe z. B. „225558“ eingeben.

Wir wünschen Ihnen viel Erfolg bei der Arbeit mit diesem Buch!

*Autoren und Verlag*

## Bildquellenverzeichnis

**BC GmbH Verlags- und Medien-, Forschungs- und Beratungsgesellschaft, Ingelheim:** 79.1, 79.2, 79.3, 79.4, 430.1, 430.2

**Büro für Berufsstrategie Hesse/Schrader, Berlin:** 258.1

**Hild, Claudia, Angelburg:** 51.1, 51.2, 51.3, 63.1, 64.1, 71.1, 71.2, 87.1, 229.1, 250.1, 250.2, 250.3, 250.4, 252.1, 252.2, 426.1, 426.2, 426.3, 426.4, 426.5, 426.6, 566.1, 574.1, 582.1, 582.2

**Lipp, Ulrich, Geigenkofen 11:** 244.1

**YPS - York Publishing Solutions Pvt. Ltd.:** 475.1, 572.1, 572.2, 573.1, 573.2, 574.2, 575.1, 575.2, 576.1, 576.2, 577.1, 577.2, 578.1, 578.2, 579.1, 579.2, 580.1, 580.2, 581.1, 581.2

Titel: iStockphoto.com, Calgary: Popov, Andrey

2. Umschlagsseite: stock.adobe.com, Dublin: ii-graphics

# 1 Geschäftsprozesse

# Inhalt

# Inhalt

## 4 Fallorientierte Aufgaben und Multiple-Choice-Aufgaben

# Inhalt

# 1 Geschäftsprozesse

Lernfeld 2

## 1.1 Marktorientierte Geschäftsprozesse eines Industriebetriebes erfassen

Handbuch: LF 2

### 1.1.1 Marktorientierung eines Industrieunternehmens

1 **ZP** *Was bedeutet* die Aussage „Ein Unternehmen wird *vom Markt aus geführt*"?

Im Zeichen von **Käufermärkten** (vgl. S. 137) und der zunehmenden **Globalisierung** haben sich die unternehmerischen **Planungs-** und **Entscheidungsprozesse** an den **Marktbedingungen** auszurichten. Dabei bestimmen die im **Absatzmarkt** vorherrschenden Bedingungen (z. B. Kundenwünsche, konjunkturelle Daten) nicht nur die im Industrieunternehmen bestehenden Produktionsprozesse, sondern meist auch die Aktivitäten im Beschaffungsmarkt. So diktieren die Kundenpräferenzen, z. B. ökologische Anforderungen, auch die unternehmerischen Entscheidungen auf der Einkaufsseite, z. B. bei der Beschaffung von Roh-, Hilfs- und Betriebsstoffen.

2 **ZP** Welche *Vorteile* weisen *marktorientierte Unternehmen* auf?

**Marktorientierte Unternehmen** richten ihr gesamtes Führungsverhalten konsequent am Markt aus. Dieses Führungsverhalten ist ein **ganzheitliches Steuerungsinstrument** auf der Top-Managementebene.
Die **Vorteile** von **marktorientierten Unternehmen** sind:

- Eingehende Informationen werden schnellstmöglich im Unternehmen ausgewertet, der regelmäßige Abgleich der Produktentwicklungen mit den Anforderungen des Marktes führt zu einer **hohen Innovationskraft** des Unternehmens.

⇩

- Die hohe Innovationskraft führt über die Entwicklung innovativer Produkte zu einer **hohen Kundenzufriedenheit.**

⇩

- Hohe Kundenzufriedenheit schlägt sich im **Umsatz-** und **Gewinnwachstum** nieder.

⇩

- Umsatz- und Gewinnwachstum führen bei börsennotierten Unternehmen in der Regel zu einer **verbesserten Wertstellung** an der **Börse.**

⇩

- Eine verbesserte Börsennotierung stärkt die **Möglichkeit der Kapitalerhöhung,** das **Ranking** des Unternehmens bei der **Kreditaufnahme** wird **positiv** beeinflusst.

⇩

- Marktorientierung führt über ein transparentes Informationsmanagement zu einer **hohen Mitarbeiterzufriedenheit.**

Industrieunternehmen agieren heutzutage i. d. R. **international,** das heißt, sie müssen die **Bedingungen** der **globalisierten Märkte** beachten. Es reicht nicht mehr aus, sich an nationalen Standards des Produktionsstandortes und der Nachbarländer auszurichten. Die Kunden kaufen „rund um den Globus ein" und vergleichen ständig Leistungen und Preise der international aufgestellten Mitbewerber. Viele Industrieunternehmen haben darauf reagiert, indem sie zum einen **global einkaufen** und zum anderen verschiedene **Produktionsstandorte** sogar auf **unterschiedlichen Kontinenten** auswählen. Im Bereich der **Investition** und **Finanzierung** werden die Vorteile internationaler Kapitalströme (z. B. Zins- und Steuersatzunterschiede) ausgenutzt.

**ZP** 3

**Wie wirkt sich die *Globalisierung* auf die unternehmerischen *Planungs-* und *Entscheidungsprozesse* aus?**

**Aktuelle Informationen** sind neben den klassischen Produktionsfaktoren für moderne Industrieunternehmen überlebenswichtig geworden, da die **internationalen Märkte** einem **raschen Wandel** unterworfen sind. Dies hat sich durch die jüngste Finanz- und Wirtschaftskrise noch verstärkt. Die Unternehmen müssen blitzartig auf **Marktveränderungen** reagieren können, ob auf dem **Warenmarkt** mit veränderten Kundenanforderungen oder auf den **Kapital-** und **Arbeitsmärkten.** Nur die Unternehmen, die die aktuellen Informationen sofort betrieblich umsetzen, werden Wettbewerbsvorteile gegenüber den Mitbewerbern nutzen können.

**ZP** 4

**Warum spricht man davon, dass für Industrieunternehmen heutzutage *Informationen* meist *wichtiger* als Waren, Kapital oder Personal geworden sind?**

- Die **Zusammenarbeit** mit **Abnehmern** und **Zulieferern** wird intensiviert, um Kundenwünsche sofort in Produktentwicklungs- und Fertigungsprozesse einbringen zu können.
- Auf den Arbeitsmärkten werden **Headhunter** eingesetzt, die benötigtes Fachpersonal von anderen Unternehmen abwerben können.
- Einige Unternehmen nutzen nicht nur die Dienstleistungen herkömmlicher Marktforschungsunternehmen (vgl. S. 138 ff.), sondern setzen auf den unterschiedlichen Absatzmärkten sogar **Trendscouts** ein, um zukünftige Kundentrends (sogenannte Lifestyle- oder Megatrends) als Erste in ihre Beschaffungs-, Produktions- und Absatzprozesse integrieren zu können.

**ZP** 5

**Welche *Maßnahmen* ergreifen Industrieunternehmen, um *Marktinformationen* rasch *erhalten* zu können?**

Die Unternehmensphilosophie wird auch als „Weltanschauung" eines Unternehmens bezeichnet, die die **grundlegenden Wertvorstellungen** und **Ziele des Unternehmens** festlegt. Detailliert werden diese Wertvorstellungen und Ziele in Form von Unternehmensgrundsätzen im **Unternehmensleitbild** schriftlich fixiert. Eine ganz spezifische Unternehmensethik kann zum Beispiel dazu führen, dass ein Unternehmen sich spezielle soziale, ethische oder ökologische Ziele setzt. Damit schafft sich ein Unternehmen eine unverwechselbare **Unternehmensidentität im Markt** und kann sich somit positiv von den Mitbewerbern absetzen.

**ZP** 6

**Was versteht man unter einer *Unternehmensphilosophie?***

# Marktorientierte Geschäftsprozesse

7 **ZP**

**Welche Rolle spielt die sogenannte *Corporate Identity* bei der Festlegung der Unternehmensphilosophie?**

Das Auftreten des Unternehmens im Markt – unabhängig davon, ob auf Kunden- oder Lieferantenseite – muss einer übergeordneten **Corporate-Identity-Strategie** auf der Basis einer vorher bestimmten Unternehmensphilosophie entsprechen. Die folgende Abbildung zeigt die einzelnen Bestandteile der Corporate Identity[1]:

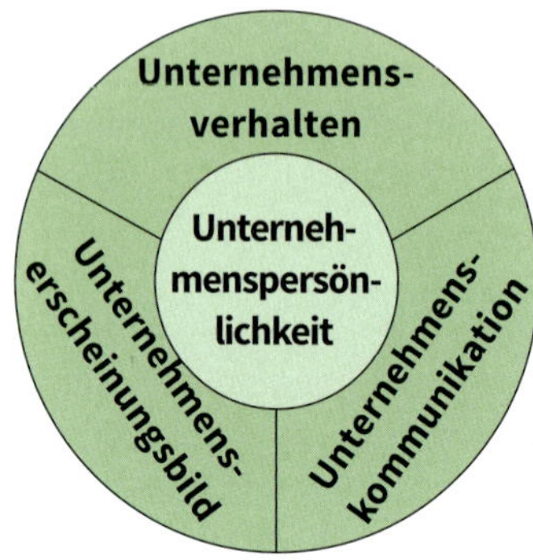


*aus:* Birkigt, Klaus; Stadler, Marinus M.; Funck, Hans Joachim: Corporate Identity, 12. Auflage 2013, mi-Wirtschaftsbuch, Münchner Verlagsgruppe, S. 19

Im Zentrum der strategischen Überlegungen steht die **Unternehmenspersönlichkeit,** das historisch gewachsene Selbstverständnis des Unternehmens. Als **Instrumente** der **Corporate Identity** dienen die drei folgenden Bereiche[2]:

- **Unternehmenskommunikation** (Corporate Communication): Alle vom Unternehmen eingesetzten Instrumente der Kommunikationspolitik werden so aufeinander abgestimmt, dass das Unternehmen von außen als ein einheitlich wirkendes Ganzes wahrgenommen wird.
- **Unternehmenserscheinungsbild** (Corporate Design): Die optische Erscheinung des Unternehmens im Markt wird durch aufeinander abgestimmte optische Elemente, z. B. Nutzung eines Firmenlogos, ausgewählte Farben und Schriftzeichen, wiedererkennungsfähig gestaltet.
- **Unternehmensverhalten** (Corporate Behaviour): Die Mitarbeiter des Unternehmens sollen einheitliche Verhaltensweisen gegenüber externen Kunden praktizieren, ein „Wir-Gefühl" sollte im Rahmen dieses Abstimmungsprozesses entstehen.

1 *vgl.:* Theis, Hans-Joachim: Handbuch Handelsmarketing. Erfolgreiche Strategien und Instrumente im Handelsmarketing. Band 1. Deutscher Fachverlag, Frankfurt am Main 2007, S. 635 ff.
2 *vgl.:* Theis, Hans-Joachim: Handbuch Handelsmarketing. Erfolgreiche Strategien und Instrumente im Handelsmarketing. Band 1. Deutscher Fachverlag, Frankfurt am Main 2007, S. 633 ff.

8 **ZP**

**Erläutern Sie den Begriff der *Unternehmensstrategie.***

Mithilfe von **Unternehmensstrategien,** d. h. langfristigen Planungen, positioniert sich das Unternehmen im Markt. Dazu gehören:

- Festlegung der **Geschäftsfelder,** in denen das Unternehmen tätig sein soll;
- Aufstellung von **obersten Unternehmenszielen;**
- Bestimmung **unternehmenspolitischer Instrumente** (z. B. im Absatzbereich die Festlegung der Preispolitik) zur Beeinflussung der Marktgegebenheiten.

Gerade in wirtschaftlich schwierigen Zeiten können sehr schnell **Zielkonflikte** entstehen, da eventuell auf die Verfolgung vorher festgelegter sozialer, ethischer oder ökologischer Ziele verzichtet wird, um Kosten kurzfristig zu senken. Dies kann zu langfristigen Problemen mit den Kunden führen, da mit diesen Maßnahmen die **Unternehmens-identität** aus Kundensicht **nachhaltig gestört** wird.

**ZP** 9
Inwieweit kann es im Rahmen der *Unternehmensstrategie* zu *Zielkonflikten* kommen?

## 1.1.2 Geschäftsprozesse und organisatorische Strukturen

### 1.1.2.1 Geschäftsprozesse

„Ein **Geschäftsprozess** besteht aus einer **zusammenhängenden abgeschlossenen Folge von Tätigkeiten,** die zur Erfüllung einer betrieblichen Aufgabe notwendig sind. Die Tätigkeiten werden von Aufgabenträgern in organisatorischen Einheiten unter Nutzung der benötigten Produktionsfaktoren geleistet. Unterstützt wird die Abwicklung der Geschäftsprozesse durch das Informations- und Kommunikationssystem IKS des Unternehmens."

*Beispiele* von Geschäftsprozessen:

- Erstellung von Angeboten
- Beschaffung von Fremdleistungen
- Abwicklung des Zahlungsverkehrs

*aus:* Staud, Josef: Geschäftsprozessanalyse. Ereignisgesteuerte Prozessketten und objektorientierte Geschäftsprozessmodellierung für Betriebswirtschaftliche Standardsoftware. Berlin, Heidelberg, New York 2006, S. 9

Handbuch: LF 2

**ZP** 10
Was versteht man unter einem *Geschäftsprozess?*

- Das „Denken in Geschäftsprozessen" stellt die **Kundenorientierung,** die **Kundenzufriedenheit,** in den Mittelpunkt betrieblichen Handelns. Kunden können sowohl externe Nachfrager (Kunden im eigentlichen Sinne) als auch interne Nachfrager (z. B. Abteilungen des eigenen Industrieunternehmens) sein.
- Die Kundenorientierung unterstützt die Ausgestaltung eines **marktorientierten Unternehmens** (vgl. S. 18 ff.). Man erhofft sich durch das Denken in Geschäftsprozessen das **schnelle Reagieren** auf Marktveränderungen.
- Schnelle Reaktion auf Marktveränderungen und ein kundenorientiertes Denken und Handeln im Industrieunternehmen sollen zu einer **Qualitätssteigerung** bei den **Produkten** und **Dienstleistungen** des Unternehmens führen.
- Letztendlich wird **betriebswirtschaftlich erwartet,** dass durch das Denken und Handeln in Geschäftsprozessen **Rationalisierungspotenziale** im Unternehmen aufgespürt werden. Die **Kosten** pro Geschäftsprozess lassen sich durch den Einsatz entsprechender Software genauestens kontrollieren, notwendige Änderungen im Arbeitsablauf sind deswegen schnell ausfindig zu machen.
- Das Denken in Geschäftsprozessen soll den Mitarbeitern des Unternehmens innerbetriebliche **Ablauf-** und **Entscheidungsprozesse transparenter** machen, man erwartet sich dadurch auch eine **höhere Motivation der Mitarbeiter.**

**ZP** 11
*Warum* hat sich das *„Denken in Geschäftsprozessen"* in Industrieunternehmen *durchgesetzt?*

# Marktorientierte Geschäftsprozesse

12 **ZP**

**Welche *Arten* von *Geschäftsprozessen* werden im Allgemeinen *unterschieden?***

- **Nach der Kundenart** unterscheidet man **Haupt-** und **Serviceprozesse:**
  - ***Hauptprozesse*** stellen eine Folge von zusammenhängenden Tätigkeiten dar, die an ***externe Kunden*** geleistet werden;
  - ***Serviceprozesse*** stellen eine Folge von zusammenhängenden Tätigkeiten dar, die an ***interne Kunden*** geleistet werden – sie unterstützen also die Hauptprozesse.
- **Nach der Bedeutung für den Betrieb** unterscheidet man **Kern-** und **Supportprozesse:**
  - ***Kernprozesse*** stellen Geschäftsprozesse dar, mit denen die ***Hauptleistung*** eines Unternehmens, d. h. die eigentliche Wertschöpfung (= Betriebsertrag – Vorleistungen), ***erbracht wird.***
  - ***Supportprozesse*** sind Geschäftsprozesse, die die Kernprozesse unterstützen, z. B. die Beschaffung des Personals.
- **Nach dem Umfang des Prozesses** unterscheidet man zwischen **Prozesskette** und **Subprozess:**
  - Eine ***Prozesskette*** stellt eine Abfolge von zusammenhängenden Prozessen dar.
  - Ein ***Subprozess*** ist als Teil- oder Unterprozess eines Geschäftsprozesses anzusehen.

13 **ZP**

**Was versteht man unter einer *Prozessanalyse, wie* wird sie *durchgeführt?***

Bei der **Prozessanalyse** werden alle bestehenden **Geschäftsprozesse analysiert** und **hinterfragt.** Soweit notwendig, schließt sich daran die Geschäftsprozessmodellierung an. Die **Prozessanalyse** wird in **zwei Schritten** durchgeführt:

1. **Schritt: Istaufnahme der bestehenden Organisation**
   Dazu werden Organisations- und Arbeitsunterlagen ausgewertet und gegebenenfalls Mitarbeiterinterviews durchgeführt.
2. **Schritt: Istanalyse** der **Prozesse**
   Als **Methoden** werden dazu z. B. genutzt:
   - Benchmarking
   - Workflowanalyse
   - Referenzanalyse
   - Schwachstellenanalyse
   - Checklistentechnik
   - Vorgangskettenanalyse

14 **ZP**

**Was versteht man unter *Benchmarking* als Methode der Prozessanalyse?**

Beim **Benchmarking** werden z. B. **Geschäftsprozesse im eigenen Unternehmen mit denen von Spitzenunternehmen** derselben Branche **verglichen.** Dadurch sollen **Verbesserungsmöglichkeiten** für die Gestaltung von Geschäftsprozessen **erkundet** werden.

15 **ZP**

**In welche *Arbeitsschritte* gliedert sich das *Benchmarking*?**

1. **Schritt: Festlegung** der zu untersuchenden **Merkmale,** z. B. Zeitbedarf, Personaleinsatz, Kostenumfang
2. **Schritt: Bildung von Relativzahlen,** z. B. Bearbeitungszeit je Kundenauftrag, Gesamtkosten je Auftragsbearbeitung
3. **Schritt: Vergleich der eigenen Relativzahlen mit denen von Spitzenunternehmen**

An das eigentliche Benchmarking schließen sich Schritte zur Verbesserung von Unternehmensprozessen an.

Diese Methode **analysiert häufig auftretende Fehler** im Workflow (im Prozessablauf). Dabei wird genau hinterfragt, warum bestimmte Geschäftsprozesse gerade auf die bisher durchgeführte Art und Weise realisiert werden. **Ziel** ist die **Erarbeitung von Verbesserungsmöglichkeiten.**

**ZP**
**Erläutern Sie kurz die *Workflowanalyse.*** 16

Bei dieser Methode werden Möglichkeiten der Verbesserung eines Geschäftsprozesses dadurch erkundet, dass der **bestehende Prozess mit einem auf einer Software basierenden Prozessmodell verglichen** wird. Entsprechende bekannte Tools sind z. B.: R/3-Analyser der SAP AG und das ARIS-Toolset der IDS Prof. Scheer AG.

**ZP**
**Was versteht man unter der *Referenzanalyse?*** 17

Bei dieser Methode werden Möglichkeiten der Verbesserung eines Geschäftsprozesses dadurch erkundet, dass von den **vorliegenden Prozessmängeln** im eigenen Unternehmen **auf die Schwachstellen des Geschäftsprozesses geschlossen wird.** Dabei wird in **drei Schritten** vorgegangen:

1. **Schritt: Feststellung der Prozessmängel**
   Zum Beispiel wird die zu lange Bearbeitungszeit eines Kundenauftrages beanstandet.
2. **Schritt: Quantifizierung der Mängel**
   Zum Beispiel wird festgestellt, dass überlange Bearbeitungszeiten bei Kundenaufträgen der am häufigsten festgestellte Mangel bei der Analyse von Geschäftsprozessen ist.
3. **Schritt: Ermittlung der Mängelursachen**
   Als Ursache könnten z. B. die fehlenden Vertretungsmöglichkeiten von Sachbearbeitern in Krankheitsfällen ermittelt werden.

**ZP**
**Erklären Sie die Methode der *Schwachstellenanalyse.*** 18

Dabei werden Möglichkeiten zur Verbesserung eines Geschäftsprozesses dadurch erkundet, dass **Fragen einer** zuvor **erstellten Checkliste beantwortet** werden. Durch dieses Vorgehen sollen häufig auftretende Schwachstellen sichtbar gemacht werden.

**ZP**
**Wie wird bei der *Checklistenanalyse* vorgegangen?** 19

Bei dieser Methode werden Möglichkeiten zur Verbesserung eines Geschäftsprozesses dadurch erkundet, dass auf der Basis einer Istanalyse ein sogenanntes **Vorgangskettendiagramm (VKD) erstellt** und **auf Schwachstellen analysiert** wird. Dabei werden alle Elemente des im VKD abgebildeten Prozesses in ihrer Anordnung und Verknüpfung **hinterfragt.**

**ZP**
**Was versteht man unter einer *Vorgangskettenanalyse?*** 20

**Sichten** stellen **Ausprägungen** oder **Gesichtspunkte** von **Geschäftsprozessen** dar. Durch die Nutzung von Sichten bei der Analyse und Gestaltung von Geschäftsprozessen wird die **Komplexität von Prozessen reduziert.** So können für die einzelnen Gesichtspunkte (Sichten) jeweils **Experten genutzt** werden, um diese Prozesselemente zu optimieren.

**ZP**
**Was versteht man im Rahmen der Analyse und Gestaltung von Geschäftsprozessen unter sogenannten *Sichten?*** 21

## Marktorientierte Geschäftsprozesse

22

**ZP**

*Welche Sichten* verwendet das sogenannte *ARIS-Konzept?*

Das **ARIS-Konzept** (**A**rchitektu**r** **i**ntegrierter Information**s**systeme) benutzt folgende **Sichten:**

- **Organisationssicht:** Die **Elemente der Aufbauorganisation** (vgl. S. 26 ff.), wie z. B. Abteilungen, Stabs- und Linienstellen sowie deren Beziehungen zueinander, werden in der Organisationssicht dargestellt.

  *Beispiel:* Ausschnitt aus einem Organigramm

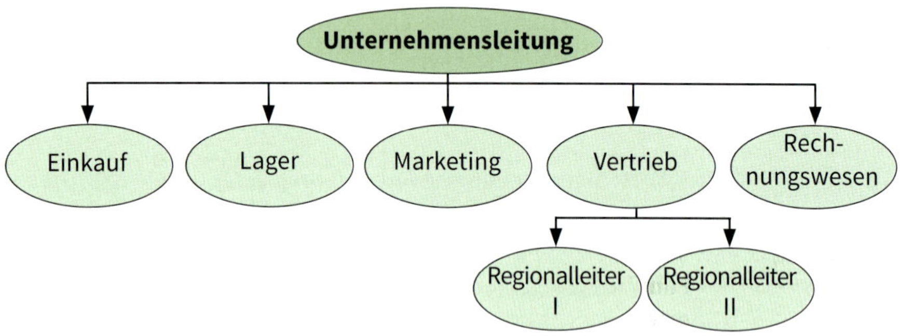


- **Funktionssicht:** Die Funktionssicht beschreibt **Tätigkeiten (Funktionen)** und deren Zusammenhänge. Hierfür werden vor allem sogenannte **Funktionshierarchiebäume** verwendet.

  *Beispiel:* Ausschnitt aus einem Funktionshierarchiebaum

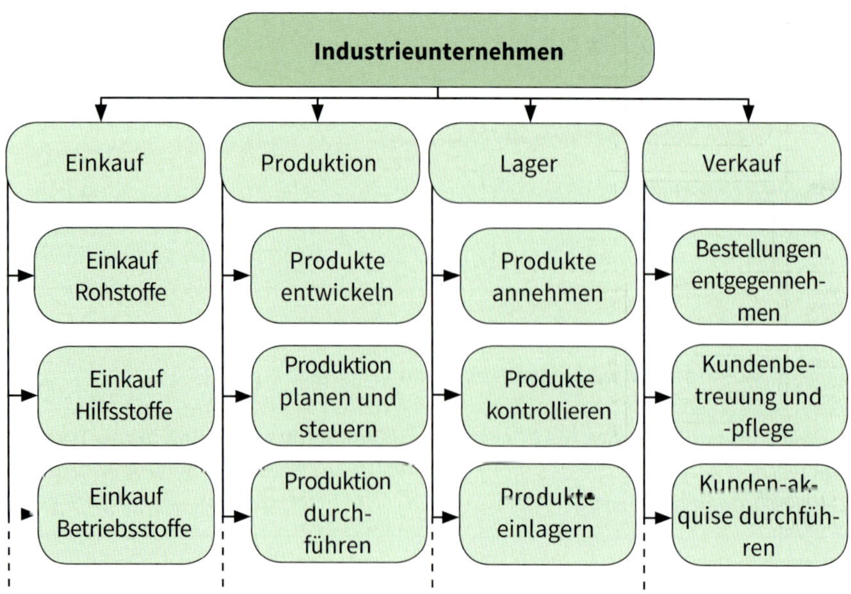


- **Datensicht:** Diese Sicht beschreibt **Zustände** und **Ereignisse** des jeweiligen Prozessausschnittes. Die Beschreibung erfolgt z. B. anhand von **Entity-Relationship-Modellen.**

*Beispiel:* Ausschnitt aus einem Entity-Relationship-Modell

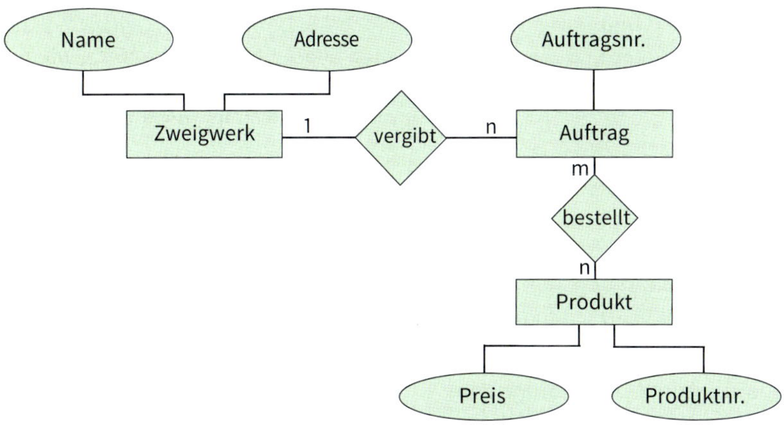


- **Steuerungssicht:** Diese Sicht stellt die **Verbindung zwischen Organisations-, Funktions-** und **Datensicht** her. Sogenannte **ereignisgesteuerte Prozessketten (EPK)** dienen zur grafischen Darstellung der Steuerungssicht (vgl. Abbildung S. 518).
- **Leistungssicht:** Sie beschreibt, was von **internen Kunden** (z. B. Abteilungen) und **externen Kunden** an Leistungen nachgefragt wird.

**ZP**
Welche *grafischen Elemente* benutzt die *EPK-Technik?* 23

**Sinnbilder der EPK-Technik:**

| | | | | | |
|---|---|---|---|---|---|
| Ereignis | | Eingetretensein eines Zustandes, der eine Folge auslöst | UND-Operator | | Verknüpfungsoperator UND |
| Funktion | | Verarbeitungsaktivität, die eine Transformation vom Eingangszustand in den Zielzustand bewirkt | ODER-Operator | | Verknüpfungsoperator ODER |
| Objekt | | Informations- oder Material- oder Ressourcenobjekt, also die Abbildung eines Gegenstandes der realen Welt | EXKLUSIV-ODER-Operator | xor | Verknüpfungsoperator EXKLUSIV-ODER |
| Organisationseinheit | | Aufbauorganisatorische Stelle oder Gremium | Kontrollfluss | | Ausweis der zeitlichlogischen Abhängigkeiten von Ereignissen und Funktionen |
| Prozesswegweiser | | Navigationshilfe, zur Darstellung der Verbindung von einem bzw. zu einem anderen Prozess | Informations- und Materialfluss | | Fluss von Informationen oder Materialien |
| | | | Organisationseinheitenzuordnung | | Zuordnung von Organisationseinheiten oder Ressourcen zu Funktionen |

*vgl.:* Steinbuch, Pitter A. (Hrsg.), Prozessorganisation – Business Reengineering – Beispiel R/3, Ludwigshafen (Rhein), 1997, S. 117

**ZP**
Was versteht man unter der *Geschäftsprozessmodellierung?* 24

Darunter versteht man die meist **grafische Darstellung von Geschäftsprozessen.** Dieses „Modellieren" **dokumentiert** zum einen Geschäftsprozesse, zum anderen wird damit die Grundlage für eine **Geschäftsprozessoptimierung,** also eine Verbesserung bestehender Prozesse, geschaffen. Die berühmteste Art der Geschäftsprozessmodellierung ist das **ARIS-Tool** von Prof. Scheer.

# Marktorientierte Geschäftsprozesse

ZP

25 Erläutern Sie kurz das *Supply Chain Management (SCM).*

Bei SCM handelt es sich um ein **Managementkonzept,** das die **Optimierung der gesamten Wertschöpfungskette** zwischen den Lieferanten, Logistikdienstleistern und dem betreffenden Industrieunternehmen durch Abstimmung des Geld-, Informations- und Materialflusses u. U. bis hin zum Kunden beinhaltet. Standardsoftware von entsprechenden Softwareunternehmen wird zu diesem Zweck angeboten.

ZP

26 Welche *Ziele* sollen mit dem *Einsatz von SCM-Software* erreicht werden?

- **Kostensenkung** im Beschaffungs-, Produktions- und Distributionsbereich durch schnelle Verfügbarkeit relevanter Entscheidungsdaten, Verringerung von Lagerbeständen und Beschleunigung von Durchlaufzeiten
- **Zeitersparnis** durch Optimierung von Entscheidungsprozessen. Zum Beispiel kann das Unternehmen flexibler auf sich verändernde Rahmenbedingungen reagieren.
- Verbesserung der **Kundenorientierung** durch genauere Prognose von Entwicklungen entlang der gesamten Wertschöpfungskette. Zum Beispiel können Kundenwünsche umgehend an Lieferanten und Logistikdienstleister weitergeleitet werden.
- **Optimierung** von unternehmensübergreifenden **Planungs-** und **Steuerungsprozessen** durch enge Kooperation mit Geschäftspartnern.

ZP

27 Was versteht man unter dem *Product-Lifecycle-Management (PLM)?*

**PLM** stellt ein langfristiges **Managementkonzept** zur Begleitung eines Produktes von seiner Planungsphase bis zur Marktaustrittsphase dar. Zur Umsetzung dieses strategischen Unternehmenskonzeptes werden **ERP-Software** (siehe S. 203 f.) und Elemente von **SCM** und **CRM** (siehe S. 142) genutzt.

Handbuch: LF 2

## 1.1.2.2 Betriebliche Organisationsformen und Entscheidungswege

ZP

28 Welche unterschiedlichen Bedeutungen beinhaltet der Begriff der *Organisation?*

Der **Begriff der Organisation** beinhaltet:

- Organisation als Oberbegriff für **Institutionen:**
  Im soziologischen Sinn werden Systeme gekennzeichnet, in denen **Menschen und Sachmittel zu einem bestimmten Zweck** zusammenwirken.
- Organisation als **Tätigkeit:**
  Formulieren von Vorschriften und Regelungen zum zielwirksamen Gestalten der Arbeitsprozesse in der Unternehmung und Festlegung der **Beziehungen der Mitarbeiter untereinander.**
- Organisation als **Zustand:**
  Das Gestaltungsergebnis stellt die Gesamtheit der aufgestellten **Regelungen und Vorschriften** dar. Es wird eine künstliche Ordnung geschaffen, die für einen gewissen Zeitraum den innerbetrieblichen Ordnungsrahmen für die Verwirklichung der Unternehmensziele schafft. Der Bereich der betrieblichen Organisation wird in die **Aufbau-** und die **Ablauforganisation** aufgeteilt.

ZP

29 Unterscheiden Sie *Aufbau-* und *Ablauforganisation* und nennen Sie Beispiele.

| Aufbauorganisation | Ablauforganisation |
|---|---|
| • bildet den Betrieb in Bereitschaft ab<br>• verknüpft die organisatorischen Grundelemente (Stelle, Instanz, Abteilung) und stellt ihre Beziehungen zueinander dar | • bildet den Betrieb in Aktion ab<br>• ordnet Handlungsvorgänge und Arbeitsprozesse |

| Aufbauorganisation | Ablauforganisation |
|---|---|
| • gliedert die Unternehmung nach bestimmten Kriterien in aufgabenteilige und funk-tionsfähige Teileinheiten<br>• regelt die Kompetenz- und Weisungsverhältnisse | • befasst sich mit den Arbeits- und Bewegungsabläufen innerhalb der Aufbauorganisation<br>• gliedert die einzelnen Prozesse in sachlogischer, mengenmäßiger, zeitlicher und räumlicher Hinsicht |
| *Beispiele:*<br>• Organigramme des Unternehmensaufbaus<br>• Stellenbeschreibungen<br>• Beschreibungen von Führungstechniken<br>• Festlegung von Informations- und Instanzenwegen | *Beispiele:*<br>• ereignisgesteuerte Prozessketten (EPK)<br>• Flussdiagramme<br>• Balkendiagramme<br>• Netzpläne<br>• Kommunikationsübersichten |

**ZP** 30
**Was versteht man unter *Regelungen?***

**Regelungen** sind **Vorschriften und Anweisungen,** die das Betriebsgeschehen **festlegen und ordnen,** wobei organisatorische Strukturen entstehen. Eine Organisation wird durch Regelungen, die mündlich getroffen oder schriftlich festgelegt sind, sichtbar.

**ZP** 31
**Unterscheiden Sie zwischen *generellen* und *dispositiven Regelungen* und nennen Sie jeweils *Vor- und Nachteile.***

- **Generelle Regelungen** beziehen sich auf betriebliche Vorgänge (z. B. Bearbeiten von Bestellungen), die sich in **gleichbleibender Weise** wiederholen.
  - Die ***Vorteile*** liegen in der ***Gleichartigkeit*** der Arbeitsausführung, der ***Transparenz*** des Betriebsgeschehens und in der ***schnellen Einarbeitung*** neuer Mitarbeiter.
  - Als ***Nachteil*** kann sich der ***reduzierte oder nicht vorhandene Entscheidungsspielraum*** auf die Motivation der Mitarbeiter und auf die ***Flexibilität der Organisation*** auswirken.
- **Dispositive Regelungen** oder **fallweise Regelungen** organisieren Vorgänge, die **in ähnlicher Weise** auftreten, die jedoch aufgrund wechselnder Verhältnisse von Fall zu Fall neu überdacht und entschieden werden müssen (z. B. Tourenplanung für Auslieferungsfahrzeuge).
  - Der große ***Vorteil*** dieser Regelungen liegt in der ***flexiblen Anpassung*** der Unternehmen an veränderte Bedingungen.
  - Als ***Nachteil*** kann die Gefahr von ***Fehlentscheidungen*** bei zu großem Ermessensspielraum gesehen werden.

**ZP** 32
**Welche Anforderungen sind an eine *wirkungsvolle Betriebsorganisation* zu stellen?**

- Nach **innen** gerichtete Anforderungen:
  - ***Führungseffizienz*** für schnelle, kostengünstige Planung, Steuerung und Kontrolle
  - ***Geschäftsprozesseffizienz*** für spezialisierte, schnelle und qualitätsgemäße Erfüllung der einzelnen Geschäftsprozesse
  - ***Ressourceneffizienz*** zur möglichst optimalen und nachhaltigen Ausschöpfung der finanziellen und materiellen Gegebenheiten (z. B. Rohstoffe, Maschinen)
  - ***Mitarbeitereffizienz*** für motivierte und qualifizierte Führungskräfte und andere Mitarbeiter
- Nach **außen** gerichtete Anforderungen:
  - ***Flexibilität*** für die Sicherstellung der betrieblichen Aktionsfähigkeit und für eine schnelle Reaktionsfähigkeit (z. B. bei Konjunktur- oder Nachfrageänderungen)
  - Konsequente ***Kundenorientierung*** für die Markt- und Wettbewerbsausrichtung, um z. B. Kundennähe und Globalisierung zu verknüpfen
  - ***Innovationsfähigkeit*** zur Entwicklung kundengerechter, marktfähiger Produkte
  - ***Kooperationsfähigkeit*** zur Bildung unternehmensübergreifender Netzwerke und Wertschöpfungsketten

33

ZP

**Unterscheiden Sie *Aufgabenanalyse* und *Aufgabensynthese* und stellen Sie dies grafisch dar.**

- Unter **Aufgabenanalyse** versteht man das **Zerlegen** der betrieblichen Gesamtaufgabe einer Unternehmung **in verteilungsfähige Teilaufgaben.** Der Grad der Aufteilung hängt beispielsweise von den verfolgten Zwecken, dem Grad der Arbeitsteilung oder der Betriebsgröße ab und kann sich auf einzelne Arbeitsgänge (z. B. Lackieren eines Werkstückes) oder auf einzelne Handgriffe (z. B. Festziehen von Radmuttern) beziehen.
- Die **Aufgabensynthese** fasst sachlogisch die Teilaufgaben aus der Aufgabenanalyse zu **Aufgabenkomplexen** zusammen, die Personen oder Sachmitteln (z. B. automatisch arbeitende Maschinen) zugeordnet werden. Damit können **Stellen und Abteilungen** einer Unternehmung bestimmt und Beziehungen zwischen Stellen bzw. Abteilungen dargestellt werden.

Die **Aufbauorganisation eines Betriebes:**

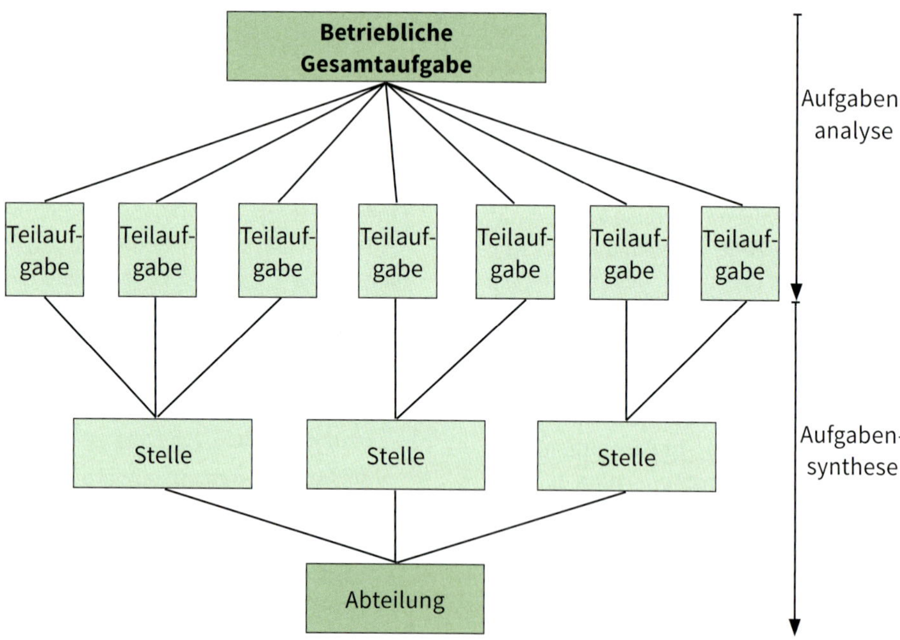


34

ZP

**Grenzen Sie die *Stelle* von der *Abteilung* ab.**

- Eine **Stelle** ist die **kleinste organisatorische Einheit** eines Unternehmens. Sie entsteht durch die Bündelung von Teilaufgaben zum **Aufgabenbereich einer Person.** Dabei sind Zahl, Art und Umfang der Teilaufgaben, die einer Stelle zugeordnet werden sollen, auf das **durchschnittliche Leistungsvermögen des Stelleninhabers** abzustimmen.
- Eine **Abteilung** (Stellengruppe) entsteht, wenn mehrere Stellen nach bestimmten Gliederungskriterien unter einer **einheitlichen Leitung** organisatorisch zusammengefasst werden. Die Abteilung stellt einen Aufgabenkomplex dar, deren Leitung einer Person übertragen wird. Die Größe von Abteilungen variiert in Abhängigkeit von der Aufgabenzuordnung.

- **[1, 2] Leitende Stellen (Instanzen)** haben Führungsbefugnisse und können den ihnen untergeordneten Mitarbeitern Anweisungen geben (z. B. Gruppenleiter im Einkauf). Instanzen können wiederum einer übergeordneten Stelle mit Anweisungsbefugnis untergeordnet werden. Beispielsweise sind alle Gruppenleiter des Einkaufs dem Abteilungsleiter Einkauf unterstellt.

- **[3] Ausführende** Stellen haben **keine Leitungsbefugnisse.** Ihnen sind keine Mitarbeiter untergeordnet (z. B. Sachbearbeiter im Einkauf).
- **[4] Stabsstellen** sind den Instanzen zur Unterstützung zugeordnet. Sie haben keine Leitungs- und Entscheidungsbefugnisse, bereiten aber Entscheidungen der Instanzen durch **Beratung** und **Information** vor und können im Auftrag einer Instanz Kontrollaufträge durchführen. Ihnen sind keine Mitarbeiter unterstellt.

**ZP** 35

**Ordnen Sie den Ziffern des unten abgebildeten Organigramms die entsprechende Stellenart zu und unterscheiden Sie die unterschiedlichen *Stellenarten.***

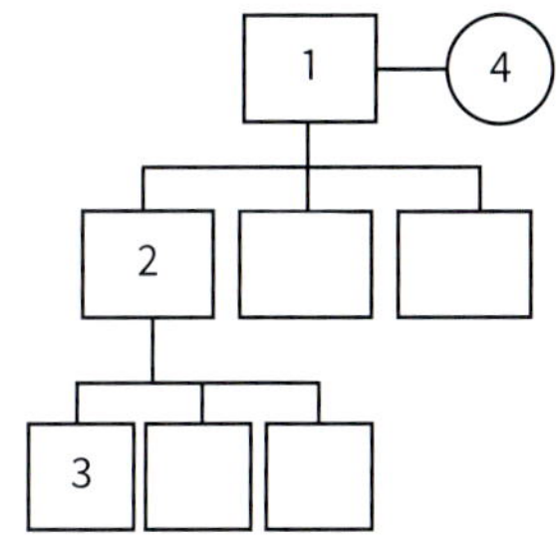


---

- Sekretariat
- Organisation
- Recht
- Revision
- Controlling
- Public Relations

- Planung
- Steuern
- Datenverarbeitung
- Patentwesen
- Unternehmensbeteiligungen

**ZP** 36

**Geben Sie *Beispiele* für *Bereiche,* die von *Stabsstellen* bzw. *Stabsabteilungen* wahrgenommen werden.**

---

- Bei der Stellenbildung nach dem **Verrichtungsprinzip** (Funktionsprinzip) werden **gleichartige Tätigkeiten** (an **unterschiedlichen Objekten**) zu **einer Stelle** zusammengefasst. So wird z. B. der Einkauf für alle Rohstoffe in einer Stelle gebündelt.

- Bei der Stellenbildung nach dem **Objektprinzip** werden einer Stelle die **(unterschiedlichen) Tätigkeiten** für **ein Objekt** zugeordnet. So werden z. B. für den Rohstoff Holz alle Tätigkeiten (z. B. Angebotseinholung, Bestellung, Terminüberwachung) von einer Stelle ausgeführt.

**ZP** 37

**Stellen können nach verschiedenen Kriterien gebildet werden. Unterscheiden Sie die *Stellenbildung* nach dem *Verrichtungs-* und nach dem *Objektprinzip.***

---

Eine Stellenbeschreibung ist **personenunabhängig** zu gestalten und enthält **alle wichtigen Regelungen,** die die jeweilige Stelle **kennzeichnen.**

**Inhalte:**

- Stellenbezeichnung
- Eingliederung in die Betriebshierarchie
- Stellenvertretung
- Ziele der Stelle
- Aufgaben und Kompetenzen
- persönliche Anforderungen

**ZP** 38

**Was versteht man unter einer *Stellenbeschreibung?* Nennen Sie mögliche Inhalte.**

39 **ZP**

**Unterscheiden Sie *Stellengesuch* und *Stellenangebot.***

- **Stellengesuche** werden **von einem Stellenbewerber** veröffentlicht (z. B. in einer Zeitung, im Internet) und sollen interessierte Unternehmen ansprechen.
- **Stellenangebote** (auch Stellenannoncen) werden **von einem Unternehmen** veröffentlicht und sollen potenzielle Bewerber zu einer Kontaktaufnahme veranlassen.

40 **ZP**

**Nennen Sie *Vorteile* einer *Stellenbeschreibung* aus der Sicht der Stelleninhaber, der Vorgesetzten und der Unternehmung.**

- Der **Stelleninhaber** ...
  - hat Klarheit über Zuständigkeiten und Kompetenzen,
  - kann seinen Weiterbildungsbedarf abschätzen,
  - kann seine Aufstiegsmöglichkeiten erkennen,
  - hat eine Grundlage zur Selbsteinschätzung.
- Der **Vorgesetzte** ...
  - kann Aufgaben klar zuordnen,
  - hat eine Grundlage zur Überprüfung und Bewertung,
  - kann den Fortbildungsbedarf bündeln,
  - hat Unterstützung bei der Personaleinsatzplanung.
- Die **Unternehmung** ...
  - hat eine Grundlage für die Personalauswahl,
  - kann Mehrfachbearbeitungen und Arbeitsressourcen erkennen,
  - kann die Entlohnungsstruktur objektivieren,
  - gewinnt mehr Transparenz über ihre Struktur.

41 **ZP**

**Ordnen Sie den Ziffern in der folgenden Abbildung die Begriffe *Instanzentiefe, Instanzenbreite* und *Leitungsspanne* zu und erläutern Sie diese.**

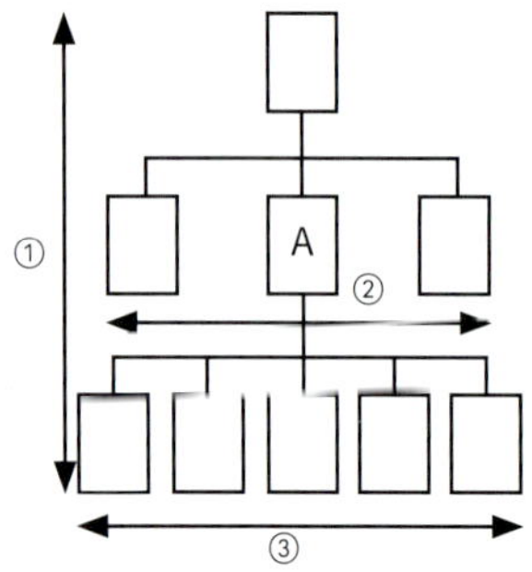


- ① Unter **Instanzentiefe** wird die Anzahl der übereinander angeordneten Stellenebenen verstanden. In der Abbildung beträgt die Instanzentiefe 3.
- ② Die **Instanzenbreite** gibt die Anzahl der Instanzen auf einer Ebene an. In der Abbildung ist die Instanzenbreite der zweiten Stellenebene 3.
- ③ Die Anzahl der einer Instanz direkt unterstellten Mitarbeiter wird als **Leitungsspanne** bezeichnet. In der Abbildung beträgt die Leitungsspanne des Mitarbeiters A auf der zweiten Instanzenebene 5.
- Instanzenbreite, Instanzentiefe und Leitungsspanne sind von den jeweiligen Bedingungen des betreffenden Unternehmens abhängig.

42 **ZP**

**Was versteht man unter *Betriebshierarchie?***

Die **Betriebshierarchie** gibt Auskunft über die **Struktur der betrieblichen Leitungsebenen,** anhand derer die betriebliche Rangordnung der Stellen ersichtlich ist.

Je **umfangreicher die Anordnungsbefugnis** einer Stelle ist, desto **höher** ist sie **in der Betriebshierarchie** eingeordnet.

**ZP** 43

**Was bedeutet *Kompetenz?***

Man versteht darunter die **Befugnis** einer Person, aufgrund ihrer fachlichen Zuständigkeit **Maßnahmen zur Erfüllung ihrer Aufgaben** zu ergreifen, für die sie die Verantwortung übernimmt.

**ZP** 44

**Was versteht man unter *Delegation?***

- Delegation bedeutet die **Übertragung von Aufgaben, Kompetenzen** und **Verantwortung** von ranghöheren Stellen auf rangniedere.
- Der **Vorgesetzte** hat die **Folgen der Delegation** innerhalb seiner Führungsverantwortung **zu tragen.**
- Nicht alle Aufgaben sind delegierbar (z. B. schwierige Entscheidungen, Beurteilung von Mitarbeitern).

**ZP** 45

**Unterscheiden Sie *Zentralisation* und *Dezentralisation* bei der *Stellen-* bzw. *Abteilungsbildung.***

- Bei der **Zentralisation** werden **gleichartige Teilaufgaben einer Stelle (Abteilung) zugeordnet.**
- Bei der **Dezentralisation** werden **gleichartige Teilaufgaben auf mehrere Stellen** (Abteilungen) verteilt.

**ZP** 46

**Welche *Leitungsebenen (Hierarchieebenen)* kann man in einer Unternehmung unterscheiden?**

- **Oberste Leitungsebene** (Topmanagement), auf der die **Unternehmensleitung** (z. B. Vorstand, Geschäftsleitung) **Grundsatzentscheidungen** verabschiedet.
- **Mittlere Leitungsebene** (Middle-Management), auf der die Grundsatzentscheidungen in den **Funktionsbereichen** der Unternehmung (Abteilungen, Ressorts) durch die **Bereichsleiter** (z. B. Abteilungsleiter, Ressortleiter) umgesetzt werden.
- **Untere Leitungsebene** (Lower-Management), bei der auf der Ebene der **Gruppenleitung** (z. B. Meister, Büroleiter) der **Arbeitsablauf** zu koordinieren ist.

**ZP** 47

**Was versteht man unter einem *Organigramm?***

Ein **Organigramm** ist die **grafische Darstellung** der **Organisationsstruktur** einer Unternehmung, aus der die Rangfolge einzelner Stellen und ihre Zusammenfassung zu Abteilungen und Bereichen ersichtlich sind. *Beispiel:* funktionsorientierte Aufbauorganisation

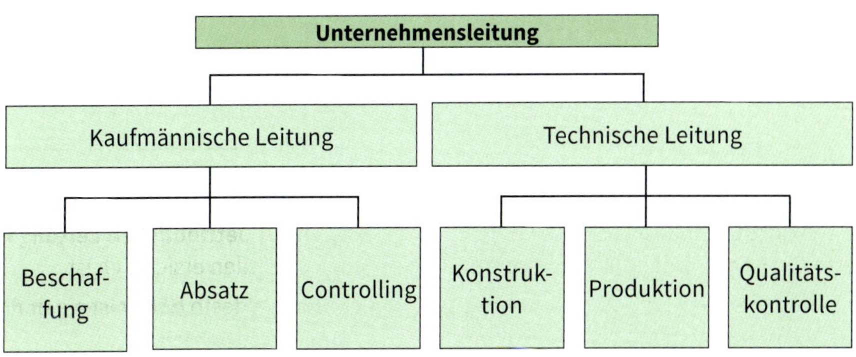

48

ZP

**Was ist ein *Leitungssystem?***

- Ein **Leitungssystem** (auch: Weisungssystem, Kompetenzsystem, Zuständigkeitssystem) gibt Auskunft über die **Anordnungsbeziehungen** zwischen ranghöheren und rangniederen Stellen.
- Man erkennt für eine Unternehmung, **wer wem Anweisungen geben** darf.
- Wichtige Weisungssysteme sind das **Einlinien-, Mehrlinien-, Stabliniensystem** sowie das **Matrix-** und **Spartensystem.** Da sich die Weisungssysteme an den unternehmensindividuellen Bedingungen und Aufgabenstellungen orientieren, sind in der Praxis Mischformen und unterschiedliche Ausprägungen zu beobachten.

49

ZP

**Skizzieren Sie das *Einliniensystem* und nennen Sie mögliche *Vor-* und *Nachteile.***

- Das Einliniensystem ist dadurch gekennzeichnet, dass **einer untergeordneten Stelle genau eine übergeordnete Stelle zugeordnet** ist.
- Der Weisungs,- Informations- und Kontrollfluss erfolgt über **genau** eine Linie (Dienst- oder Instanzenweg), womit das **Prinzip der Einheit der Auftragserteilung** umgesetzt wird.
- **Gleichrangige Stellen** treten nur über die **gemeinsam übergeordnete Stelle in Verbindung.**

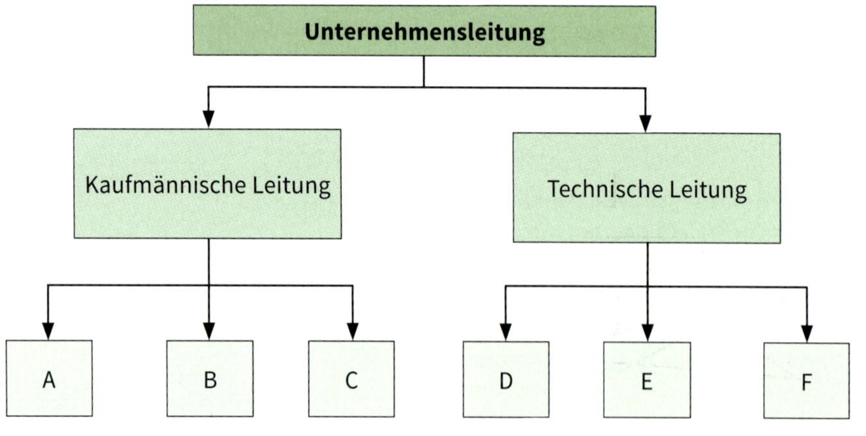


- **Vorteile** sind z. B.:
  - eindeutige Instanzenwege
  - abgegrenzte Kompetenzbereiche
  - klare Verantwortlichkeiten
  - übersichtliche Betreuung und Kontrolle der Mitarbeiter
  - eindeutiger Informationsfluss durch Einhaltung des Instanzenweges
- **Nachteile** sind z. B.:
  - lange Weisungswege bei großen Unternehmen
  - Überlastung von Führungskräften durch Routine- und Koordinationsaufgaben
  - Gefahr der Bürokratisierung, da der Dienstweg einzuhalten ist
  - ggf. lange Entscheidungswege für kurzfristig zu treffende Entscheidungen
  - ggf. Informationsfilterung entlang des Instanzenweges („stille Post“)
  - Zusammenarbeit und Teamwork müssen organisatorisch gesondert umgesetzt werden.

**ZP** 50

**Durch welches Weisungssystem kann der *Nachteil der Überlastung der Instanzen beim Einliniensystem* organisatorisch überwunden werden?**

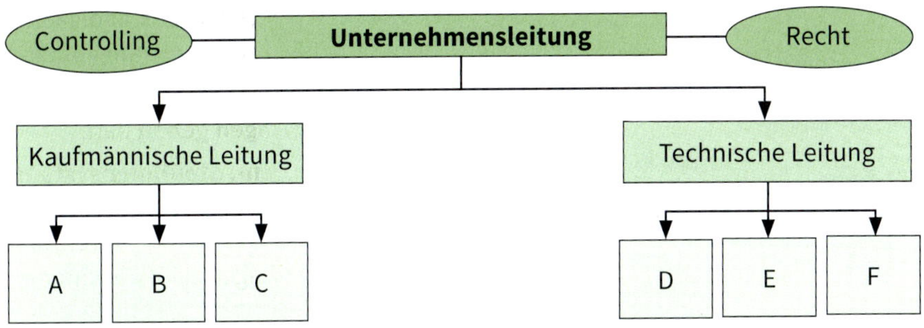


Durch das **Stabliniensystem.** Das Einliniensystem wird im Wesentlichen beibehalten. Die **Instanzen** werden durch **Zuordnung von Stabsstellen** (oder Stabsabteilungen), die grundsätzlich kein Weisungsrecht gegenüber anderen Stellen besitzen, entlastet.

- **Vorteile** sind z. B.:
  - siehe Einliniensystem
  - Entlastung der Instanzen von Routineaufgaben
  - Verbreiterung der Entscheidungsbasis
- **Nachteile** sind z. B.:
  - siehe Einliniensystem
  - mögliche Demotivation von Stabsstellen aufgrund fehlender Entscheidungsbefugnisse
  - ggf. informelle Macht von Stabsstellen durch Informationsvorsprung gegenüber Instanzen
  - Entscheidungsvorbereitung und Entscheidung sind getrennt

**ZP** 51

**Durch welches Weisungssystem kann der *Nachteil des* unter Umständen *langen Entscheidungsweges beim Einliniensystem* organisatorisch überwunden werden?**

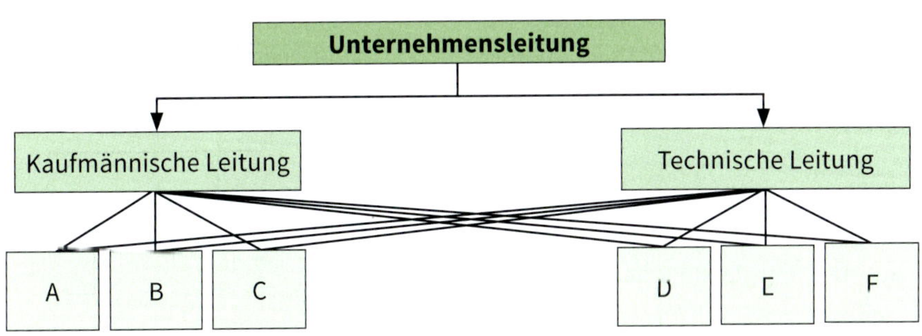


- Durch das **Mehrliniensystem** (Funktionssystem, Funktionsmeistersystem), bei dem **eine untergeordnete Stelle mehreren übergeordneten Stellen zugeordnet** ist.
- Damit wird das Prinzip der Einheit der Auftragserteilung beim Einliniensystem vom **Prinzip des kürzesten Entscheidungsweges** abgelöst.

- **Vorteile** sind z. B.:
  - kurze Entscheidungswege
  - Spezialisierung der Instanzen
  - Mitarbeiterbeurteilung durch mehrere Vorgesetzte
  - flexible Erweiterung der Organisationsstruktur
- **Nachteile** sind z. B.:
  - Schwierigkeiten bei der Abgrenzung von Zuständigkeiten und Kompetenzen
  - unklare Verantwortlichkeiten der Instanzen
  - Unübersichtlichkeit der Organisation
  - schwierige Kontrolle der Arbeitsdurchführung
  - Verunsicherung der Mitarbeiter durch Mehrfachunterstellung

# Marktorientierte Geschäftsprozesse

52

**ZP**

**Welches Weisungssystem ist rechts abgebildet? Nennen Sie mögliche *Vor-* und *Nachteile* dieses Systems.**

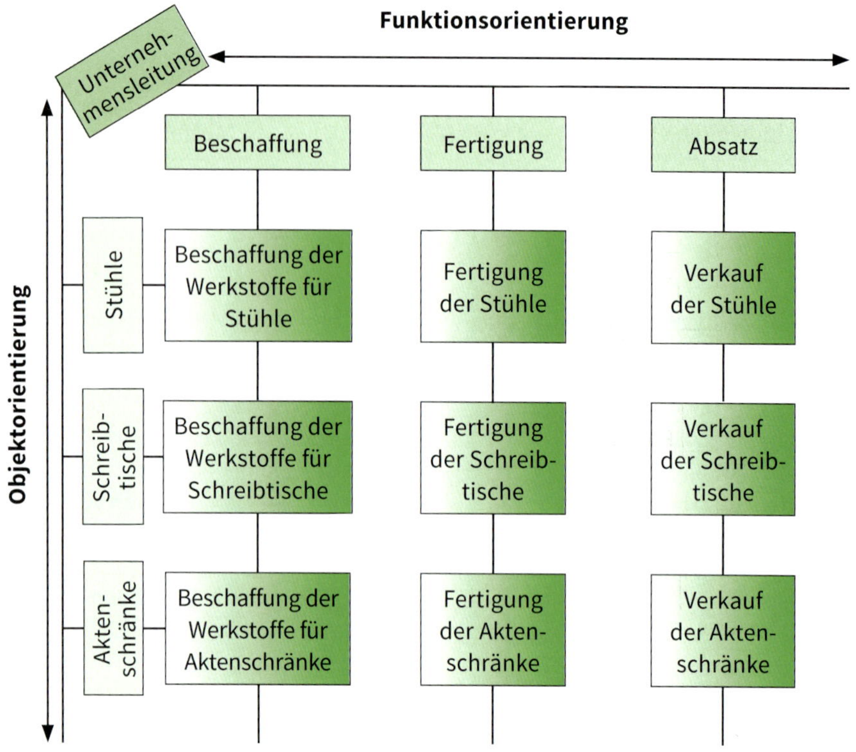


- Es handelt sich um das **Matrixsystem,** bei dem **jede untergeordnete Stelle zwei übergeordneten Stellen** zugeordnet ist.
- Die Matrixorganisation setzt die Grundidee um, dass **zwei Fachabteilungen** mit unterschiedlichen Denkansätzen eine **Lösung der gleichen Aufgabe** finden sollen.
- Dabei werden auf der oberen Hierarchieebene **zwei Gliederungsprinzipien** eingesetzt, sodass jede Aufgabe von zwei Entscheidungslinien betroffen ist. Die Unternehmung wird nach **Funktionen und Objekten** gegliedert.

- **Vorteile:**
  - Intensivierung von Teamarbeit
  - Berücksichtigung unterschiedlicher Denkansätze
  - ggf. erhöhte Motivation durch Beteiligung an der Entscheidungsfindung
  - direkte Kommunikationswege
  - Entlastung der Unternehmensleitung durch Delegation der Entscheidungsfindung
- **Nachteile:**
  - Kompetenzüberschneidungen
  - unklare Instanzenwege
  - Konfliktpotenzial bei Zwang zur Einigung
  - unter Umständen erhöhte Kommunikations- und Koordinationskosten
  - Irritation der Mitarbeiter durch Mehrfachunterstellung
  - Kompromissentscheidungen können den Blick für die optimale Lösung versperren.

**ZP** 53

Was versteht man unter einem *Spartensystem (einer Spartenorganisation)?*

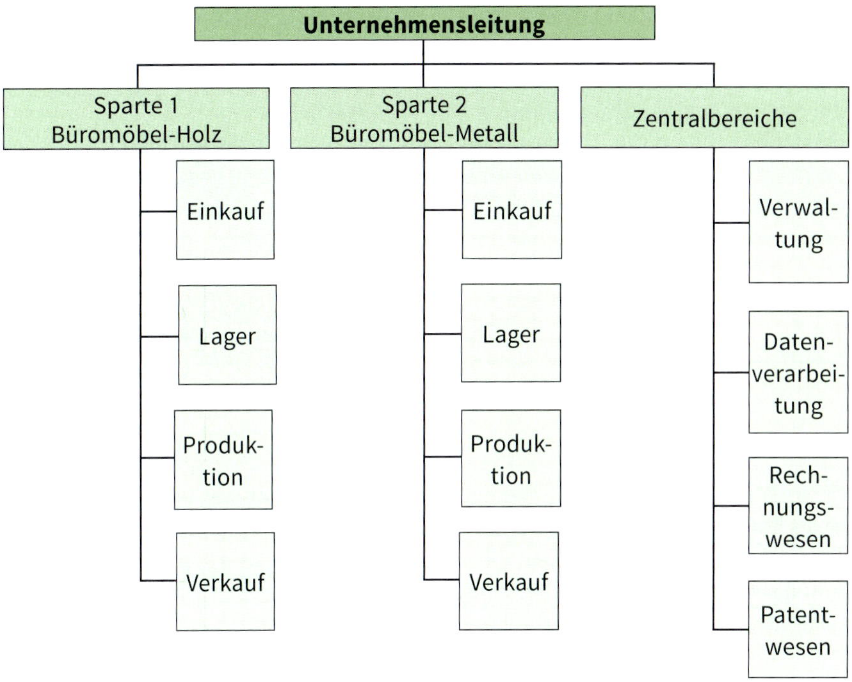


- Als **Spartenorganisation** (Divisionalorganisation) bezeichnet man Organisationsstrukturen, bei denen die **zweite Hierarchiebene nach Objekten** (z. B. Produkte, Regionen, Kunden) gegliedert ist.
- Die **verschiedenen Tätigkeiten** (hier z. B. Einkauf bis Verkauf) für ein Objekt werden zu **einer Sparte** (Division) zusammengefasst. Die einzelnen Sparten arbeiten **wirtschaftlich weitgehend selbstständig** und sind **der Unternehmensleitung direkt unterstellt.**
- Die Abteilungen, die für alle **Sparten Leistungen erbringen,** werden als **Zentralabteilungen** geführt. Sie können auch Koordinationsaufgaben übernehmen, damit die Erreichung der Unternehmensziele gefördert wird.
- **Vorteile** sind z. B.:
  - klare Instanzenwege und Zuständigkeiten
  - Entlastung der Unternehmensleitung von Koordinations- und Routineaufgaben
  - Fehlbesetzte Stellen betreffen nicht das ganze Unternehmensgefüge.
  - Transparenz für die Unternehmensleitung
- **Nachteile** sind z. B.:
  - Spartenziele können sich von den Unternehmenszielen entfernen.
  - Kompetenzprobleme zwischen Zentralabteilungen und Sparten
  - Mehrfacharbeit bei ähnlichen Problemen und Aufgaben
  - Führungskräfte für die einzelnen Sparten führen zu höherem Führungskräftebedarf.
  - Probleme bei der Zuordnung der Unternehmensressourcen

**ZP** 54

Was ist ein *Profit-Center?*

Eine Organisationsstruktur, bei der **eine Organisationseinheit** (z. B. eine Sparte bei der Spartenorganisation) als **eigenständiger Bereich** hinsichtlich Kostengestaltung, Investitionsentscheidungen und Gewinnverantwortung („Unternehmen im Unternehmen") operiert, wird als **Profit-Center** bezeichnet.

# Marktorientierte Geschäftsprozesse

55

**ZP**

**Unterscheiden Sie *formale* und *informale Organisation.***

- Unter **formaler Organisation** werden die **bewusst geplanten und festgelegten** instanziellen **Einordnungen der Stellen** in einer Unternehmung verstanden. Damit sind Informations- und Leitungsbeziehungen sowie Über- und Unterordungen der verschiedenen Stellen einer Unternehmung festgelegt.
- **Informale (informelle) Organisation** bezeichnet ein Netz von **nicht offiziell festgelegten Beziehungen zwischen Mitarbeitern** eines Unternehmens, die aufgrund unterschiedlicher Ursachen (z. B. gegenseitige Sympathie, Altersgleichheit, gleiche private Interessen, Mitgliedschaft im gleichen Sportverein, Verwandtschaft) entstehen und die formale Organisation auch beeinflussen können.

56

**ZP**

**Welche *Ziele* verfolgt die *Ablauforganisation?***

Das Erstellen der betrieblichen Leistung kann als Abfolge von Teilprozessen (Arbeitsprozessen) aufgefasst werden, die bestmöglich zu gestalten und aufeinander abzustimmen sind. Um die angestrebte betriebliche Leistung mit minimalen Kosten (s. ökonomisches Prinzip) zu erbringen, lassen sich zwei Hauptziele ableiten:

- **Minimierung der Durchlaufzeiten** und
- **Maximierung der Kapazitätsauslastung.**

57

**ZP**

**Unterscheiden Sie die *Arten der Ablauforganisation.***

- Die **funktionsorientierte Ablauforganisation** legt fest, **welche Arbeitsschritte in welcher Reihenfolge** auszuführen sind.
- Bei der **zeitorientierten Ablauforganisation** wird die **Zeitdauer** der einzelnen Arbeitsschritte im Kontext einer **optimalen Abstimmung zeitlich aufeinander folgender Arbeiten** unter Berücksichtigung der betrieblichen Ressourcen festgelegt.
- Die **raumorientierte Ablauforganisation** folgt dem Prinzip der kürzesten Wege und bestimmt **die Bearbeitungsstellen** im Hinblick auf die **Minimierung der jeweiligen Transport- und Bewegungsvorgänge.**

**ZP** 58
Welche *grundsätzlichen Arbeitsschritte* sind aus organisatorischer Sicht bei *Reorganisation betrieblicher Arbeitsabläufe* zu berücksichtigen?

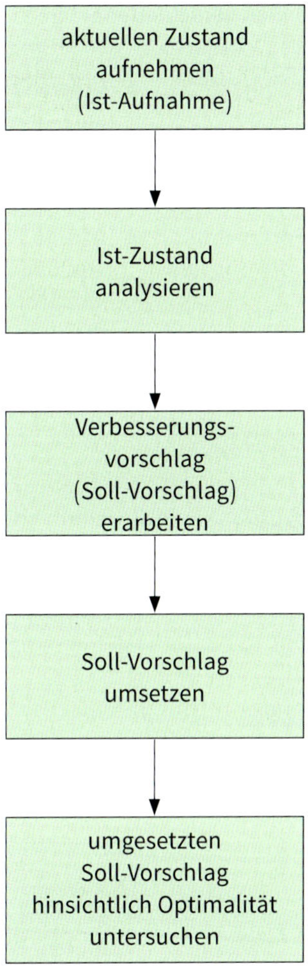


# 1.2 Leistungserstellungsprozesse planen, steuern und kontrollieren

Lernfeld 5

## 1.2.1 Produkte und Dienstleistungen

### 1.2.1.1 Art, Beschaffenheit und Güte von Produkten und Dienstleistungen

Handbuch: LF 5

**ZP** 59
Was versteht man unter *Produktion?*

Die **Produktion** bezeichnet einen **Wertschöpfungsprozess** zur Erstellung von Sachgütern und Dienstleistungen. Dieser Kernprozess erfolgt im Rahmen eines Transformationsprozesses, der die Sachgüter und Dienstleistungen (Produktions- oder Inputfaktoren) durch Kombination in andere Sachgüter und Dienstleistungen (Outputfaktoren) umwandelt.

## Leistungserstellungsprozesse

60 **ZP** **Welche *Ziele* werden mit der Produktion verbunden?**

Im Bereich der Produktion können **verschiedenartige** Ziele verfolgt werden, die z. B. auch miteinander **konkurrieren.** Mögliche Ziele der Produktion:

- **monetäre Ziele** (z. B. Gewinnmaximierung, Minimierung der Kosten)
- **innovative Ziele** (z. B. Produktneuentwicklung, Produktverbesserungen)
- **Qualitätsziele** (z. B. Null-Fehler-Produktion, Sicherung bzw. Erhöhung der Qualitätsstandards)
- **Flexibilitätsziele** (z. B. Erfüllung von Kundenwünschen, Anpassungen an die Umwelt)
- **Umweltziele** (z. B. Abfallvermeidung, umweltverträgliche Produkte)
- **zeitliche Ziele** (z. B. Termineinhaltung, höchste Kapazitätsauslastung)
- **soziale Ziele** (z. B. Schaffung ergonomischer Arbeitsplätze, Vermeidung monotoner Arbeitsabläufe, Einrichtung von Betriebskindergärten)

61 **ZP** **Was wird unter *Produktionsfaktoren* verstanden?**

Produktionsfaktoren (Inputfaktoren) sind Sachgüter und Dienstleistungen, die im Rahmen des Leistungsprozesses **zur Herstellung anderer Sachgüter und Dienstleistungen** kombiniert werden.

62 **ZP** **Grenzen Sie die *Elementarfaktoren* vom *dispositiven Faktor* ab.**

- Die **Elementarfaktoren** haben innerhalb des Produktionsprozesses einen direkten Bezug zum Produktionsobjekt (ausführende Tätigkeiten, Betriebsmittel und Werkstoffe).
- Der **dispositive Faktor** kombiniert die Elementarfaktoren im Hinblick auf die Erreichung der Unternehmensziele.

63 **ZP** **Geben Sie *Beispiele* für *ausführende Tätigkeiten.***

- Beschaffung: Angebotsvergleiche durchführen, Pflege der Lieferantenstammdaten, Terminüberwachung
- Fertigung: Bohren, Fräsen, Montage von Teilen
- Personal: Entgeltabrechnungen durchführen, Personalbeschaffungsmaßnahmen vorbereiten, Bewerbungsunterlagen prüfen

64 **ZP** **Was sind *Betriebsmittel?***

**Betriebsmittel** sind Produktionsmittel, die während des Produktionsprozesses zur Leistungserstellung zum Einsatz kommen (z. B. Gebäude, Anlagen, Geräte, Maschinen).

65 **ZP** **Was sind *Werkstoffe* und wie können sie *unterteilt* werden?**

**Werkstoffe** sind Produktionsmittel, die innerhalb des Produktionsprozesses verarbeitet werden. Sie können eingeteilt werden in:

- **Rohstoffe** als Hauptbestandteile des Endproduktes (z. B. Holz für die Tischproduktion)
- **Hilfsstoffe** als Nebenbestandteile des Endproduktes, die in kleineren Mengen und geringerem Wert in das Endprodukt eingehen (z. B. Schrauben für die Stuhlproduktion)
- **Betriebsstoffe,** die nicht Bestandteile des Endprodukts sind, aber bei der Herstellung gebraucht und verbraucht werden (z. B. Strom zur Tischproduktion)

- **Planung** von z. B. Unternehmenszielen, Geschäftsprozessen, Unternehmensstrukturen
- **Leitung** der Unternehmung z. B. durch Einleitung von Maßnahmen zur Erreichung der Unternehmensziele, Festlegung des Produktionsprogramms, Schaffung von Unternehmensstrukturen
- **Kontrolle** z. B. der Erreichung der Unternehmensziele, der Effektivität von geschaffenen Unternehmensstrukturen

**ZP** 66
Welche *Tätigkeiten* umfasst der *dispositive Faktor?*

---

- **Potenzialfaktoren** (Betriebsmittel, Arbeitskraft) können im Laufe des Produktionsprozesses mehrfach genutzt werden.
- **Repetierfaktoren** (Werkstoffe) werden in der Produktion einmalig genutzt.

**ZP** 67
Wie unterscheiden sich *Potenzialfaktoren* von *Repetierfaktoren?*

---

- Die **Produktivität** des Produktionsprozesses wird z. B. durch Ausschuss oder Verschwendung **verringert.**
- Die **Kapitalbindung erhöht** sich, z. B. durch lange Lagerzeiten oder Fehlinvestitionen.

**ZP** 68
Welche Auswirkungen hat die *fehlerhafte Nutzung* von *Potenzial-* und *Repetierfaktoren* für die Produktivität und die Kapitalbindung einer Unternehmung?

---

Das Produktionsprogramm bestimmt die **Art, Menge** und **Zeit** der Produkte, die in einem Industriebetrieb hergestellt werden sollen.

**ZP** 69
Was ist unter einem *Produktionsprogramm* zu verstehen?

---

- **Immaterielle Güter** bezeichnen Dienstleistungen (z. B. Prüfung, Beratung).
- **Materielle Güter** stellen Sachgüter dar, die entweder als Haupt- bzw. Nebenprodukte selbstständig absetzbar oder als Abfallprodukte zu entsorgen sind.
- **Systemgüter** sind Mischformen aus immateriellen und materiellen Gütern (z. B.: zusammen mit der Maschine wird noch die Dienstleistung „Abstimmung der Maschine auf die betrieblichen Gegebenheiten" verkauft).

**ZP** 70
Welche *Arten von Gütern* (Produkten) lassen sich unterscheiden?

---

- Mittels der **kurzfristigen Produktionsprogrammplanung** sollen die zur Verfügung stehenden Kapazitäten optimal genutzt werden.
- Die **mittelfristige Produktionsprogrammplanung** bildet die Grundlage für die Materialbeschaffung und wird nach der längsten Beschaffungsdauer für eine Materialart festgelegt.
- Im Rahmen der **langfristigen Produktionsprogrammplanung** werden unterschiedliche strategische Entscheidungen getroffen (z. B. über Produktfelder, Fertigungsverfahren).

**ZP** 71
Welche *Ziele* werden mit der kurz-, mittel- und langfristigen Produktionsprogrammplanung verfolgt?

# Leistungserstellungsprozesse

72 ZP

**Durch welche Faktoren kann das *Produktionsprogramm beeinflusst* werden?**

Die Faktoren können sich gegenseitig beeinflussen und bei kurz- oder langfristiger Planung unterschiedliche Bedeutungen haben. Mögliche Bestimmungsfaktoren der Produktionsprogrammplanung sind:

- **eigenes Produktionspotenzial** (z. B. Betriebsmittel, Personal)
- **Produktionsfaktoren** (z. B. Menge, Qualität)
- **Marktsituation** (z. B. Wettbewerbsstruktur, Kundenwünsche)
- **allgemeine Wirtschaftsentwicklung** (z. B. Konjunktur, Kriege)
- **Unternehmensziele** (z. B. Steigerung des Gewinns, Erfüllung von Kundenwünschen)
- **Finanzierungsmöglichkeiten** (z. B. Eigenfinanzierung, Fremdfinanzierung)
- **eigene Produktionsforschungsergebnisse**
- **gesetzliche Rahmenbedingungen** (z. B. Emissionsschutz, Abfallentsorgung)

73 ZP

**Was versteht man unter *Programmbreite* im Produktionsprozess?**

- Die Breite eines Produktionsprogramms bezieht sich auf die **Anzahl der unterschiedlichen Produkte** eines Herstellers, differenziert nach unterschiedlichen Kriterien wie Qualität oder Anwendungsbereich.
- Die **geringste Programmbreite** liegt vor, wenn nur ein Produkt in einer Ausführung produziert wird (z. B. Herstellung von Strom).

74 ZP

**Was sind die *Vor- und Nachteile* eines breiten Produktionsprogramms?**

- **Vorteile** (Beispiele):
  - Berücksichtigung unterschiedlicher Kundenzielgruppen
  - Nutzung von Synergieeffekten
  - Auslastung der Kapazitäten
- **Nachteile** (Beispiele):
  - Kräfte des Unternehmens werden nicht auf Kernkompetenzen konzentriert
  - erhöhte Rüstkosten durch Kleinserien
  - hoher Organisationsaufwand

75 ZP

**Was versteht man unter *Programmtiefe* und welche *Auswirkungen* kann ein tiefes Produktionsprogramm haben?**

- Aus der **Sicht der Produktion** wird unter Programmtiefe (Fertigungstiefe) die **Anzahl der Fertigungsstufen** verstanden, die ein Produkt durchläuft.
- Ein sehr tiefes Programm kann aufgrund der hohen Eigenproduktion die Abhängigkeiten zu Lieferanten vermindern und die Sicherung von Qualitätsstandards erleichtern. Allerdings erhöhen sich Planungs-, Lager- oder Produktionsaufwand.
- Aus der **Sicht des Absatzes** (Marketing) wird unter Programmtiefe (Sortimentstiefe) die Anzahl der Varianten eines Produktes verstanden.

76 ZP

**Worin unterscheidet sich das *Produktprogramm* vom *Produktionsprogramm*?**

- Das **Produktprogramm** enthält die Gesamtheit aller Produktarten, die eine Unternehmung herstellt.
- Das **Produktionsprogramm** umfasst zusätzlich zum Produktprogramm Mengen- und Zeitangaben.

- Das **Absatzprogramm** legt die **Art, Menge** und **Zeit** von Produkten fest, die in einer bestimmten Periode auf dem Markt abgesetzt werden sollen.
- Das **Produktionsprogramm** legt hingegen **Art, Menge** und **Zeit** der herzustellenden Produkte fest.
- **Identität** zwischen Produktions- und Absatzprogramm ist dann gegeben, wenn Produkte abgesetzt werden, die auch hergestellt wurden.
- **Unterschiede** existieren, wenn Produkte produziert und nicht abgesetzt werden (z. B. Eigenleistungen, Prototypen, Nullserien) bzw. Produkte abgesetzt werden, die aber nicht selbst produziert wurden (Handelswaren).

**ZP** 77
**Welche Gemeinsamkeiten und Unterschiede bestehen zwischen dem *Absatzprogramm* und dem *Produktionsprogramm?***

## 1.2.1.2 Entwicklung und Gestaltung von Produkten und Dienstleistungen

Handbuch: LF 5

- **Erfindung** neuer Produkte bzw. **Veränderung** alter Produkte (gegebenenfalls mit neuen Produktionsverfahren oder -abläufen)
- Erstellung neuer **Produkt- und Leistungskonzepte**

**ZP** 78
**Was wird unter *Innovationen* im Bereich der Produktentwicklung verstanden?**

- Mittels der **Forschung** sollen **grundsätzliche Probleme** gelöst werden. Man unterscheidet **Grundlagenforschung** zur Wissensvermehrung z. B. an Universitäten und **angewandte Forschung** zur kommerziellen Verwertung z. B. durch unternehmenseigene Forschungs- und Entwicklungsabteilungen.
- Die **Entwicklung** bezieht sich auf die Ergebnisse der Forschung und wertet sie im Hinblick auf die Produktplanung und -konkretisierung **zweckgerichtet** aus.

**ZP** 79
**Definieren Sie *Forschung* und *Entwicklung.***

- Forschung und Entwicklung sind die Basis für die Herstellung **neuer Produkte.**
- Forschung und Entwicklung können das **Unternehmensimage** erhöhen.

**ZP** 80
**Welche *Bedeutung* können Forschung und Entwicklung für eine Unternehmung haben?**

- **Vorteile:**
  - größere Selbstständigkeit
  - Konzentration auf unternehmensrelevante Schwerpunkte
  - Produkt- und Produktionsvorteile gegenüber Mitbewerbern
- **Nachteile:**
  - gegebenenfalls ineffektive Auslastung der Forschungs- und Entwicklungskapazitäten
  - „Betriebsblindheit“ durch fehlende Berücksichtigung neuer Erkenntnisse

**ZP** 81
**Nennen Sie mögliche *Vor- und Nachteile* einer *betriebsinternen* Forschungs- und Entwicklungsabteilung.**

# Leistungserstellungsprozesse

**82** ZP

Welche *Phasen des Produktentstehungsprozesses* können unterschieden werden?

- **Konzeptionsphase** (z. B. mit Markt- und Wettbewerbsanalysen, groben Terminplanungen und Kostenschätzungen)
- **Produktplanungsphase** (z. B. mit Konkretisierung der Produktfunktionen und technischen Planungen)
- **Konstruktionsphase** (z. B. mit Detailzeichnungen und Prototypen)
- **Fertigungsvorbereitungsphase** (z. B. mit Materialplanungen, Testen neuer Werkzeuge, Entwicklung von Prozesssteuerungssoftware)
- **Produktionsphase** (z. B. mit Pilotserien und Serienanlauf)

**83** ZP

Was versteht man unter *Lasten- und Pflichtenheft?*

- Das **Lastenheft** beinhaltet als Ergebnis der Konzeptionsphase die Produktanforderungen der Kunden mit den entsprechenden Chancen und Risiken.
- Das **Pflichtenheft** als Ergebnis der Produktplanung umfasst das Lastenheft und die genauen Produktfunktionen, Leistungsmerkmale und Kostenlimits.

**84** ZP

Welche *Vorteile* bietet das *Simultaneous Engineering* im Vergleich zum sequenziellen Produktentwicklungsprozess?

Beim **Simultaneous Engineering** werden im Gegensatz zur sequenziellen Entwicklung die Entwicklungsarbeiten parallel vollzogen.

**Vorteile** des Simultaneous Engineering (Beispiele):

- Einbindung der relevanten Unternehmensbereiche und Zulieferer
- schneller Wissenstransfer durch Teamarbeit
- Früherkennung von Problemen
- schnellere Entwicklungszeit

**85** ZP

Welche *Produkteigenschaften* sieht ein Käufer als wichtig an?

Das Produkt muss den Anforderungen des Käufers weitestgehend entsprechen.

Bedeutsame **Produkteigenschaften** für Käufer sind z. B.:

- hohe Zuverlässigkeit
- gutes Preis-/Leistungsverhältnis
- spezifischer Nutzen bzw. Zusatznutzen des Produktes
- lange Lebensdauer, Nachhaltigkeit
- Image
- Ästhetik

**86** ZP

Beschreiben Sie kurz die Fehlerbaumanalyse, die Möglichkeits- und Einflussanalyse und das Quality Function Development als *wichtige Methoden des Qualitätsmanagements,* die im Rahmen der Produktgestaltung zum Einsatz kommen können.

- Die **Fehlerbaumanalyse** ist eine grafische Analyse mittels genormter Bildzeichen, die bei Auftreten eines Fehlers eine Zerlegung der einzelnen Komponenten und Subsysteme vornimmt und die daraus entstehenden Konsequenzen auf ihre Eintrittswahrscheinlichkeit überprüft.
- Zur Vorbeugung von Fehlern wird die standardisierte **Fehler-Möglichkeits- und Einflussanalyse** (FMEA) eingesetzt, die Fehlfunktionen von jedem einzelnen Bauteil als Gefahrenquellen ansieht und die möglichen Folgen ermittelt und bewertet.
- Mittels des **Quality Function Developments (QFD)** werden die relevanten Produktanforderungen der Kunden gewichtet und mit den technischen Möglichkeiten in Tabellen- und Matrizenform dargestellt, sodass ein Konkurrenzvergleich stattfinden kann und Fehler erkennbar werden.

## 1.2.1.3 Produktlebenszyklus

Handbuch: LF 5

- Der Produktlebenszyklus stellt den **Weg eines Produktes** vom Markteintritt bis zum -austritt dar.
- **Umsatz- und Gewinnentwicklung** werden im **Zeitablauf** dargestellt und in unterschiedliche Phasen eingeteilt.
- Aus der **Phasenanalyse** können betriebliche und zukünftige Entscheidungen abgeleitet werden.

**ZP** 87
**Was kann man anhand des *Produktlebenszyklus* erkennen?**

- **Phase I: Einführung**
  - Markteinführung des Produktes
  - steigender Umsatz bei positiver Kundenresonanz
  - Unterdeckung von Entwicklungs- und Werbekosten
  - (im Normalfall) geringer Auslastungsgrad der Produktion
- **Phase II: Wachstum**
  - erstmalige Gewinnerzielung
  - erhöhte Aufmerksamkeit der Mitbewerber
  - steigender Auslastungsgrad der Produktion
- **Phase III: Reife**
  - Gewinnmaximum
  - Anstieg der Anzahl der Mitbewerber
  - hoher Marktanteil
  - vollständige Produktionsauslastung
- **Phase IV: Sättigung**
  - Gewinnrückgang
  - Umsatzrückgang
  - Rückgang der Produktionsauslastung
- **Phase V: Degeneration**
  - Verlust der Marktanteile
  - wenig bis kein Umsatz

**ZP** 88
**Beschreiben Sie die unterschiedlichen *Phasen des Produktlebenszyklus.***

- keine einheitliche Phaseneinteilung in der Fachliteratur
- exakte Abgrenzung der einzelnen Phasen schwer möglich
- schwierige Prognostizierung der Dauer der einzelnen Phasen
- Beeinflussung von Umsatz- und Gewinnentwicklung durch betriebliche Entscheidungen und außerbetriebliche Gegebenheiten
- Unterstellte Gesetzmäßigkeiten stimmen häufig mit der tatsächlichen Umsatzentwicklung nicht überein.

**ZP** 89
**Beurteilen Sie *kritisch* das Konzept des Produktlebenszyklus.**

## 1.2.1.4 Produkt- und Dienstleistungsbeschreibung

Handbuch: LF 5

Unter Standardisierung wird die Vereinheitlichung von Produkten, Einzelteilen und Produktionsverfahren verstanden.

**ZP** 90
**Was versteht man im Bereich der Produktion unter *Standardisierung?***

- Unter **Normung** versteht man die Festlegung von **Einzelteilen,** indem man sich auf einheitliche Abmessungen, Formen, Materialien usw. einigt.
- **Typung** ist die Vereinheitlichung **ganzer Produkte,** z. B. nach Art und Ausführung.

**ZP** 91
**Differenzieren Sie zwischen *Normung* und *Typung.***

## Leistungserstellungsprozesse

92 ZP **Welche *Vorteile* hat die *Standardisierung* für eine Unternehmung?**

Die Reduzierung der Teilevielfalt führt zum Beispiel zu folgenden Vorteilen:

- Senkung der Beschaffungskosten durch größere Mengen
- Vereinfachung von Konstruktion und Entwicklung
- vielseitige Verwendbarkeit von Teilen und Modulen
- Verbesserung von Qualität und Service durch Spezialisierung
- Vereinfachung der Lagerung und Ersatzteilbeschaffung
- Automatisierung der Produktionsprozesse
- Fixkostendegression durch Massenproduktion

93 ZP **Zeigen Sie *Nachteile* der *Standardisierung* für eine Unternehmung auf.**

Nachteile durch eine Standardisierung sind zum Beispiel:

- Es entstehen Abhängigkeiten von vertraglichen Vereinbarungen (Kfz-Zulieferer muss Standards des Kfz-Herstellers einhalten).
- Spezifische Kundenwünsche sind schwer erfüllbar und mit zusätzlichen Kosten verbunden.
- Erhöhte Abhängigkeiten entstehen, wenn die genormten Teile nicht selbst erstellt werden.
- Bei Nachfrageverschiebungen ist eine schnelle Umstellung der Produktion schwer möglich.

94 ZP **Unterscheiden Sie *Normen* nach ihrem *Geltungsbereich.***

- **internationale Normen** für ländergreifende Gültigkeit, die z. B. von der International Organization for Standardization – **ISO** – entwickelt werden und durch Übernahme durch die jeweiligen nationalen Normenausschüsse nationale Gültigkeit erlangen
- **europäische Normen (EN)** mit europäischem Geltungsbereich, die von den drei europäischen Komitees für Standardisierung (Europäisches Komitee für Normung [CEN], Europäisches Komitee für elektrotechnische Normung [CENELEC] oder Europäisches Institut für Telekommunikationsnormen [ETSI]) eingeführt werden
- **nationale Normen** für die einzelnen Länder; das Deutsche Institut für Normung e. V. – **DIN** – ist die nationale Normungsorganisation für die Bundesrepublik Deutschland.
- **Verbandsnormen** mit Bezug auf die jeweiligen Verbände und Vereine (z. B. Verein Deutscher Ingenieure e. V.)
- **Werksnormen** mit Gültigkeit für bestimmte Unternehmen

95 ZP **Was versteht man unter dem *Baukastensystem?***

- Ein **Baustein** entsteht durch Zusammenfassung genormter Einzelteile (Bauelemente).
- Durch die unterschiedliche Kombination verschiedener Bausteine entstehen verschiedene Erzeugnisse.

96 ZP **Was ist eine *Teilefamilie?***

Formähnliche und fertigungstechnisch verwandte Teile werden zu einzelnen Gruppen (Familien) zusammengefasst und können mit den gleichen Maschinen und den gleichen Werkzeugen bearbeitet werden.

## 1.2.2 Kunden- und Lieferanteneinflüsse auf die betriebliche Leistungserstellung

### 1.2.2.1 Abhängigkeit der Leistungserstellung vom Absatzmarkt

Handbuch: LF 5

ZP 97
**Welche *Fertigungsarten* lassen sich unterscheiden?**

- **Auftragsfertigung**
- **Lagerfertigung**
- **Programmfertigung**

ZP 98
**Wie unterscheidet sich die *Auftragsfertigung* von der *Lagerfertigung?***

- Im Rahmen einer **Auftragsfertigung** erfolgt die Produktion von Erzeugnissen erst, wenn ein **entsprechender Kundenauftrag** vorliegt (z. B. beim Schiffbau).
- Die Grundlage der **Lagerfertigung** bilden die **Absatzprognosen,** aufgrund derer das Unternehmen Produkte herstellt, die bis zum Eingang eines Kundenauftrags gelagert werden (z. B. bei Gütern der Massenproduktion).

ZP 99
**Warum ist eine genaue *Bestandsüberwachung* bei der *Lagerfertigung* nötig?**

Bei dieser Fertigungsart werden die Kunden mit den Produkten des Lagers beliefert. Dabei ist zu beachten, dass

- zu hohe Lagerbestände hohe Lagerkosten verursachen und
- zu niedrige Lagerbestände zu Lieferverzögerungen führen würden.

ZP 100
**Was ist die *Programmfertigung?***

Die Programmfertigung (z. B. in der Automobilindustrie) ist eine **Mischform von Auftrags- und Lagerfertigung,** die unterschiedlich stark ausgeprägt sein kann. Grundsätzlich werden bestimmte Standardteile schon vorproduziert und gelagert und erst bei einem konkreten Auftrag mit den jeweiligen gewünschten anderen Teilen kombiniert.

### 1.2.2.2 Zusammenarbeit mit Lieferanten

Handbuch: LF 5

ZP 101
**Unterscheiden Sie *Insourcing* und *Outsourcing.***

Grundsätzlich ist von Unternehmen zu entscheiden, ob eine Leistung in Eigenregie oder von anderen Unternehmen zu erstellen ist. Entscheidungsparameter sind z. B. Kosten, Qualifikation des Personals, Organisationsaufwand, Unabhängigkeit von Lieferanten.

- **Outsourcing** liegt vor, wenn Leistungen, die bisher vom eigenen Unternehmen hergestellt wurden, von anderen Unternehmen bezogen werden.
- Beim **Insourcing** werden bisher fremd erstellte Leistungen im eigenen Unternehmen gefertigt.

102

ZP

**Grenzen Sie *Fremdbezug* und *Outsourcing* voneinander ab.**

- **Gemeinsamkeiten:** Leistungen werden von anderen Unternehmen bezogen.
- **Unterschiede:** Beim Outsourcing ist
  - die Leistung vorher von der Unternehmung selbst erstellt worden,
  - eine vorher integrierte Leistung mit ihrem Management dauerhaft ausgelagert,
  - der ausgelagerte Bereich über eine Schnittstelle mit der eigenen Unternehmung verbunden.

103

ZP

**Worin bestehen mögliche *Vor- und Nachteile* des Outsourcings?**

- Die **Vorteile** des Outsourcings sind z. B.:
  - Kostensenkung
  - Kapazitätsabbau
  - Konzentration auf die Kernkompetenzen der Unternehmung
  - Verringerung der eigenen Geschäftsrisiken durch Verlagerung auf die Outsourcing-Unternehmen
- Die **Nachteile** sind z. B.:
  - Outsourcingpotenziale werden oft nicht ausreichend genutzt.
  - unzureichende Reduktion der Fixkosten im outsourcenden Unternehmen (wenn frei werdendes Anlagevermögen nicht verkauft werden kann oder Mitarbeiter nicht entlassen werden können)
  - Unabhängigkeitsverlust
  - erhöhte Datensicherungsmaßnahmen, um einen Informationsabfluss an Dritte zu verhindern
  - Das Zurückholen der ausgelagerten Leistungen (Backsourcing) ist schwierig und nur mit einem erhöhten Kostenaufwand möglich.

104

ZP

**Nennen Sie *Beispiele für Outsourcing.***

- Das Rechnungswesen wird extern geführt.
- Die ausstehenden Forderungen werden extern eingezogen.
- Spezielles Personal wird ausgegliedert.
- Callcenter übernehmen den telefonischen Kundendienst.
- Die Produktion wird in Länder mit geringeren Stückkosten verlagert.

## 1.2.3 Prozesse der Leistungserstellung im Ausbildungsbetrieb

### 1.2.3.1 Stellung und Organisation der Leistungserstellung

Handbuch: LF 5

105

ZP

**Wie unterscheiden sich *Arbeitsteilung* und *Arbeitszerlegung?***

- Unter der **Arbeitsteilung** wird die Aufteilung der Güterproduktion auf verschiedene Wirtschaftseinheiten verstanden (z. B. Produzenten, Produktionsstätten).
- Die **Arbeitszerlegung** beschreibt die Aufteilung von Produktionsprozessen in mehrere verschiedene Teilverrichtungen, die innerhalb einer Produktionsstätte von jeweils spezialisierten Arbeitern ausgeführt werden.

ZP 106
Wo liegen die *Vor- und Nachteile* bei der Arbeitszerlegung?

- **Vorteile** sind z. B.:
  - Produktivitätssteigerung
  - Einsatz ungelernter Mitarbeiter
  - Kostensenkung
  - Zeitgewinnung
- **Nachteile** sind z. B.:
  - monotone Arbeit
  - fehlende Motivation
  - Unterforderung der Mitarbeiter

ZP 107
Was versteht man unter *Humanisierung der Arbeit?*

Durch die Humanisierung der Arbeit soll eine **möglichst dem Menschen angepasste Arbeitswelt** erreicht werden. Humanisierung der Arbeit umfasst alle **Maßnahmen,** die

- dem **Gesundheitsschutz** am Arbeitsplatz dienen (z. B. Lärmschutz, bessere Beleuchtung),
- die **Arbeitsorganisation** verbessern (z. B. gleitende Arbeitszeit),
- die **Arbeitszufriedenheit** erhöhen (z. B. Anpassung von Arbeitsinhalten an die betreffenden Arbeitnehmer),
- das **Betriebsklima** positiv gestalten (z. B. Transparenz von Entscheidungen),
- erhöhte **Mitbestimmungsrechte** beinhalten.

ZP 108
Was ist unter *Job-Rotation* (Arbeitsplatzwechsel) zu verstehen?

- Die Arbeitnehmer **tauschen** innerhalb eines Produktionsabschnittes systematisch **ihre Arbeitsplätze.**
- Der Arbeitsplatzwechsel vollzieht sich i. d. R. auf der **gleichen Qualifikationsstufe.**
- Eine Vollzeit-Arbeitsstelle wird mit mindestens **zwei Personen** besetzt.

ZP 109
Nennen Sie mögliche *Vor- und Nachteile* der Job-Rotation.

- **Vorteile:**
  - Förderung des Führungskräftenachwuchses durch Erweiterung der Kenntnisse
  - abwechslungsreiche Tätigkeit verringert die Monotonie der Arbeit
  - Ausbildung zu Generalisten erhöht die Flexibilität der Arbeitnehmer und erleichtert die interne Stellenbesetzung
  - gegebenenfalls Berücksichtigung neuer Ideen in den Arbeitsbereichen
- **Nachteile:**
  - Durch Einarbeitungs- und Gewöhnungszeiten kann die Arbeitsproduktivität geringer sein.
  - Durch die Rotation kann eine Identifizierung mit der Aufgabe erschwert werden.

ZP 110
Unterscheiden Sie *Job-Enlargement* (Arbeitserweiterung) und *Job-Enrichment* (Arbeitsbereicherung).

- Beim **Job-Enlargement** wird der Arbeitsbereich eines Arbeitnehmers um **Arbeiten der gleichen Qualifikationsebene** erweitert. Zum Beispiel werden nacheinander auszuführende Arbeiten einer Person zugewiesen.
- Im Gegensatz zum Job-Enlargement wird beim **Job-Enrichment** der Arbeitsbereich eines Mitarbeiters durch **qualitativ höherwertige Arbeiten** erweitert. Zum Beispiel werden einer Person neben der bisherigen Tätigkeit noch Planungs-, Überwachungs- oder Koordinationsaufgaben zugewiesen. Dadurch wird das **Anforderungsniveau** der Stelle erhöht.

111 ZP

*Welche möglichen* ***Vor- und Nachteile*** *können mit der* ***Einführung des Job-Enrichments*** *verbunden sein?*

- **Vorteile:**
  - Steigerung der Arbeitsmotivation durch Übertragung höherwertiger Aufgaben
  - Erhöhung der Verantwortung durch Erweiterung des Handlungsspielraums
  - Verringerung der Arbeitsmonotonie
- **Nachteile:**
  - längere Einarbeitungszeiten
  - gegebenenfalls Überforderung durch komplexere Aufgabenübertragung
  - höhere Qualifizierung führt zu höheren Entgeltforderungen

112 ZP

Was versteht man unter *teilautonomen Arbeitsgruppen?*

**Einer Arbeitsgruppe** wird ein **mehrstufiger Arbeitsprozess** zugewiesen, der in eigener Verantwortung innerhalb einer gegebenen Zeit zu erfüllen ist.

Neben der Ausführungsverantwortung werden der Gruppe **auch Planungs-, Regelungs- und Kontrollfunktionen übertragen,** sodass diese Organisationsform der Arbeit Arbeitsplatzwechsel, Arbeitserweiterung und Arbeitsanreicherung beinhalten kann.

113 ZP

Nennen Sie mögliche *Vor- und Nachteile* von teilautonomen Arbeitsgruppen.

- **Vorteile:**
  - größere Flexibilität durch vielseitige Einsatzbereiche der Mitarbeiter
  - Entlastung der Unternehmensorganisation von Kontrollarbeiten
  - Förderung von Sozial- und Methodenkompetenz durch Teamarbeit
  - Förderung des Führungskräftenachwuchses
- **Nachteile:**
  - unter Umständen erhöhtes Konfliktpotenzial durch Auflösung hierarchischer Strukturen
  - Demotivation, wenn die Aufgaben ungerecht verteilt sind

Handbuch: LF 5

## 1.2.3.2 Verfahren der Leistungserstellung

114 ZP

Was versteht man unter dem Begriff *Produktionsverfahren (Fertigungsverfahren)?*

Die Durchführung von Produktionsprozessen (Fertigungsprozessen) vollzieht sich in Produktionssystemen, bei denen Arbeitsplätze und Betriebsmittel sinnvoll kombiniert werden. Die **Struktur der Produktionssysteme** wird als Produktionsverfahren bezeichnet.

Produktionsverfahren werden nach unterschiedlichen **Kriterien** eingeteilt, wobei jedoch Überschneidungen festzustellen sind.

115 ZP

Teilen Sie die Produktionsverfahren
1. *nach dem Grad der Beteiligung menschlicher Arbeitskraft,*
2. *nach Anordung der Produktionsmittel* und
3. *nach der Wiederholung der Leistungsprozesse* ein.

1.

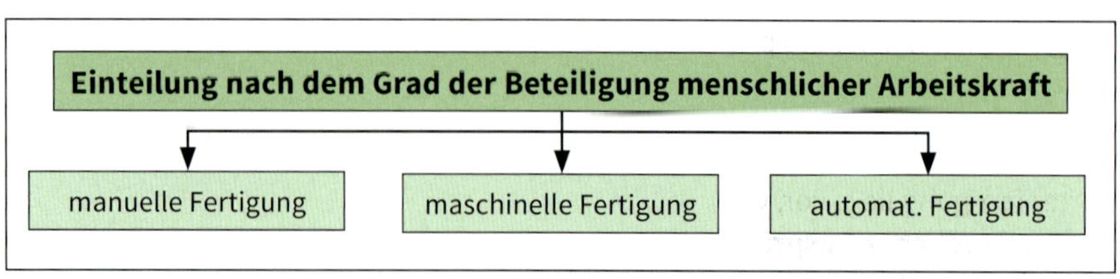


2.

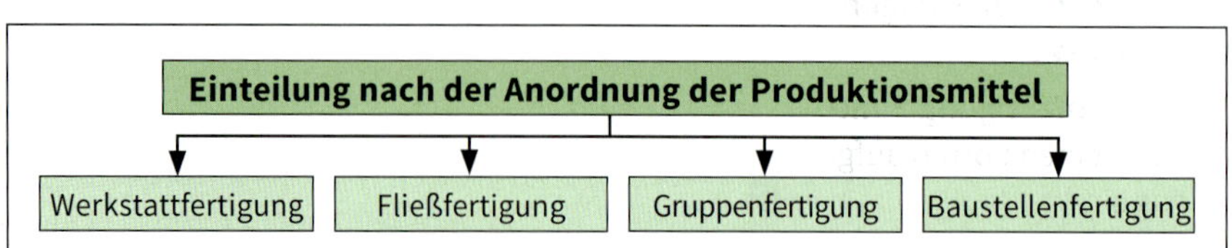

3.

**Einteilung nach der Wiederholung der Leistungsprozesse (Fertigungstypen)**

- Einzelfertigung
- Serienfertigung
- Sortenfertigung
- Massenfertigung

| | |
|---|---|
| **manuelle Fertigung** | • Bei der Leistungserstellung werden **keine Maschinen** eingesetzt. Die Arbeiten werden mit einfachen Werkzeugen (z. B. Hammer) ausgeführt.<br>• Diese Form der Leistungserstellung ist noch bei **Handwerksbetrieben** (z. B. Heizungsinstallation) anzutreffen, im industriellen Bereich allenfalls bei Reparaturbetrieben. |
| **maschinelle Fertigung** | • Im Produktionsprozess werden **fremdbetriebene Maschinen** eingesetzt.<br>• Die **Steuerung** der Maschinen erfolgt durch den **Menschen.** |
| **automatische Fertigung** | • Die Produktion erfolgt durch **computergesteuerte** Maschinen.<br>• Man unterscheidet **vollautomatische Fertigung** mit Überwachung durch den Menschen und **halbautomatische Fertigung** mit manueller Bestückung oder Entnahme durch den Menschen. |

**ZP** 116

Beschreiben Sie die Produktionsverfahren nach dem *Grad der Beteiligung menschlicher Arbeitskraft.*

1. Einzelfertigung
2. Serienfertigung
3. Sortenfertigung
4. Massenfertigung

**ZP** 117

Welche Fertigungsarten erfolgen *im Rahmen von wiederholten Leistungsprozessen?*

Bei der Einzelfertigung handelt es sich um die Produktion von **Einzelstücken** (z. B. Spezialmaschinen, Hochbau).

Die Konstruktion bzw. Produktion erfolgt i. d. R. **auftragsorientiert.**

**ZP** 118

Was wird unter *Einzelfertigung* verstanden?

Mittels der Serienfertigung werden **unterschiedliche Produkte,** deren Herstellung ähnlich verläuft (z. B. in der Automobilindustrie), in **begrenzter Stückzahl** hergestellt. Die Erzeugnisse werden in einer **Serie** (festgelegte Produktionsanzahl) gefertigt, wobei Kleinserien (z. B. Sportwagen) und Großserien (z. B. Mittelklassewagen) zu unterscheiden sind.

**ZP** 119

Definieren Sie den Begriff *Serienfertigung.*

Sortenfertigung liegt vor, wenn Produkte mit **gleichen Ausgangsmaterialien, aber unterschiedlicher Ausprägung** (z. B. Schokoladenherstellung) gefertigt werden. Die verschiedenen Ausprägungen einer Produktart **(Sorte)** beziehen sich auf Form, Farbe, Qualität usw.

Die **Sortenfertigung ähnelt der Serienfertigung,** wenn die Unterschiede zwischen den einzelnen Sorten aufgrund gleicher Ausgangsstoffe oder Fertigungsverfahren gering sind.

**ZP** 120

Was bedeutet *Sortenfertigung?*

# Leistungserstellungsprozesse

121 ZP

Welche *Sonderformen* lassen sich bei der *Serien- bzw. Sortenfertigung* unterscheiden?

- **Partiefertigung:**
  - Die Verschiedenartigkeit der Produkte ist durch ***Unterschiede des Rohmaterials*** bedingt (z. B. Zigarrenherstellung).
  - Eine einheitliche Menge von Rohmaterial wird als ***Partie*** bezeichnet.
- **Chargenfertigung:**
  - Die Verschiedenartigkeit der Produkte ist durch ***verschiedene Ausgangsbedingungen*** und ***nicht vollkommen beherrschbare Produktionsprozesse*** begründet (z. B. Bier, Stahl).
  - Eine ***Charge*** ist die Füllmenge eines Behälters für einen Produktionsvorgang.

122 ZP

Was wird unter *Massenfertigung* verstanden?

Als **Massenfertigung** wird die Herstellung gleicher Produkte in einer hohen Anzahl über einen längeren Zeitraum bezeichnet.

123 ZP

Ordnen Sie die Begriffe Baustellen-, Werkstatt-, Gruppen- und Fließfertigung der folgenden Abbildung a) und den Abbildungen b) bis d) auf der nächsten Seite zu. Beschreiben Sie die einzelnen *Fertigungsorganisationen* und nennen Sie jeweils Vor- und Nachteile.

a)

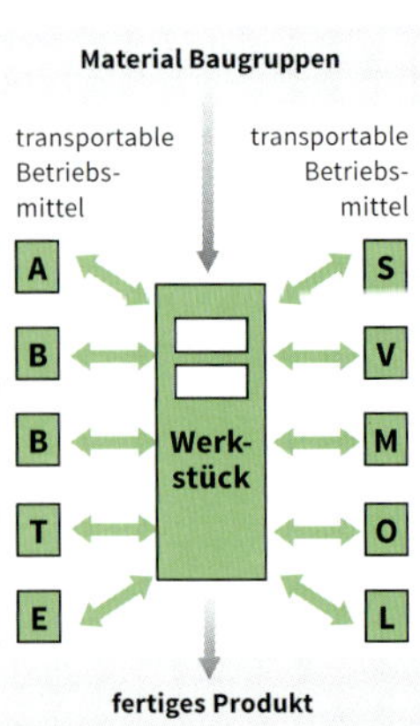


| **Fertigungsorganisation** | **Zuordnung** | **Beschreibung, Vorteile, Nachteile** |
|---|---|---|
| **Baustellenfertigung** | a) | • Bei der Baustellenfertigung werden die Bearbeitungsmaschinen und die Arbeitsplätze zum Arbeitsgegenstand, der aufgrund seiner Eigenheiten wie Größe und Gewicht ortsgebunden ist, transportiert.<br>• Anwendung: Haus-, Anlagen-, Schiffsbau<br>• Organisation nach dem ortsgebundenen Objekt<br>• Vorteile:<br>– örtliche Konzentration der Betriebsmittel<br>– Flexibilität bei der Beachtung von Kundenwünschen<br>• Nachteile:<br>– erhöhter Aufwand bei der Planung der Produktion und bei der Abstimmung des Material- und Betriebsmittelflusses<br>– ungleichmäßige Auslastung der Betriebsmittel<br>– hohe Kapitalbindung durch i. d. R. lange Produktionszeiten |
| **Werkstattfertigung** | c) | • Gleiche Maschinen für die Be- und Verarbeitung bzw. Herstellung der Produkte sind an einem Ort (Werkstatt) zusammengefasst (Verrichtungsprinzip). Die Fertigung vollzieht sich in einer Werkstatt oder in mehreren Werkstätten (Werkstättenfertigung). Die Werkstücke werden in der Bearbeitungsreihenfolge zu den einzelnen Maschinen transportiert.<br>• Anwendung: Maschinenbau, Textilindustrie<br>• Organisation nach dem Verrichtungsprinzip<br>• Vorteile:<br>– relativ geringe Kapitalbindung durch die Maschinen<br>– hohe Flexibilität durch die vergleichsweise hohe Qualifikation der Mitarbeiter<br>• Nachteile:<br>– längere Durchlaufzeiten durch längere innerbetriebliche Transportwege<br>– Zwischenlagerung der Produkte<br>– vergleichsweise schwierige Kapazitätsplanung durch ungleichmäßige Auslastung der einzelnen Maschinen |

| Fertigungsorganisation | Zuordnung | Beschreibung, Vorteile, Nachteile |
|---|---|---|
| **Gruppenfertigung** | b) | • Innerhalb der Fließfertigung werden die zur Herstellung ähnlicher Produkte benötigten Arbeitsplätze und Betriebsmittel organisatorisch zu Fertigungsinseln zusammengefasst, sodass die Baugruppen oder Produkte an einem Ort hergestellt werden.<br>• Anwendung: Maschinenbau, Fahrzeugbau<br>• Organisation bei der räumlichen Zusammenfassung nach dem Verrichtungsprinzip und innerhalb der Fertigungsinseln nach dem Flussbetrieb<br>• Vorteile:<br>– höhere Motivation der Mitarbeiter durch weitgehende Selbststeuerung bei der Fertigung<br>– erweitertes Einsatzspektrum der Mitarbeiter<br>– erhöhte Qualität der Produkte wegen erhöhter Ergebnisverantwortung<br>• Nachteile:<br>– Reibungsverluste, wenn die Mitarbeiter nicht teamfähig sind<br>– erhöhte Durchlaufzeiten, wenn die Tätigkeiten innerhalb der Fertigungsinsel nicht optimiert sind<br>– verringerte Produktionsgeschwindigkeit im Vergleich zur Fließfertigung |
| **Fließfertigung** | d) | • Die Werkstücke werden mittels Födereinrichtungen in einer gleichen Reihenfolge zu den Bearbeitungsstationen gebracht, wobei die Arbeitsplätze entsprechend der Reihenfolge des Arbeitsablaufes zur Herstellung eines Produktes angeordnet sind.<br>• Anwendung: Lebensmittel, Elektrobauteile<br>• Organisation nach dem Prozessprinzip (technisch erforderliche Bearbeitungsreihenfolge)<br>• Vorteile:<br>– Fixkostendegression durch hohe Stückzahlen<br>– kurze Durchlaufzeiten der Produkte<br>– geringe innerbetriebliche Transportkosten<br>– Professionalisierung der Arbeit durch gleiche Tätigkeiten<br>• Nachteile:<br>– u. U. einseitige Belastung der Mitarbeiter durch gleiche Tätigkeiten<br>– geringere Flexibilität bei Betriebsstörungen<br>– hohe Fixkosten, z. B. durch Spezialmaschinen<br>– aufgrund der Spezialmaschinen geringe Anpassungsmöglichkeiten bei Nachfrageveränderungen |

b)

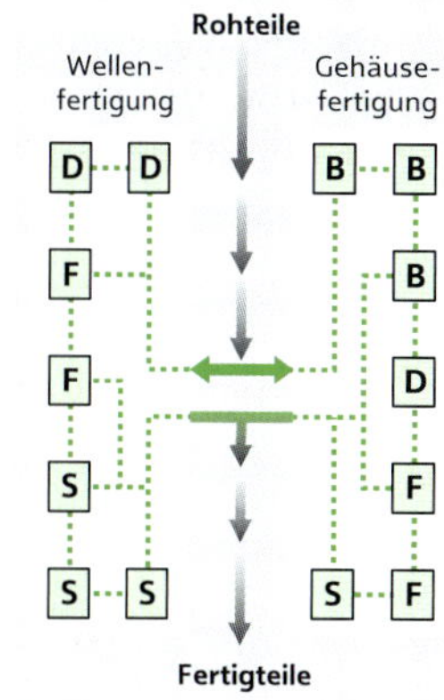


c)

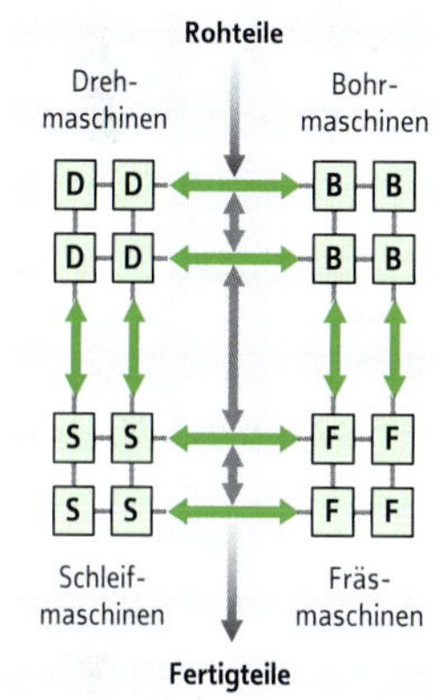


d)

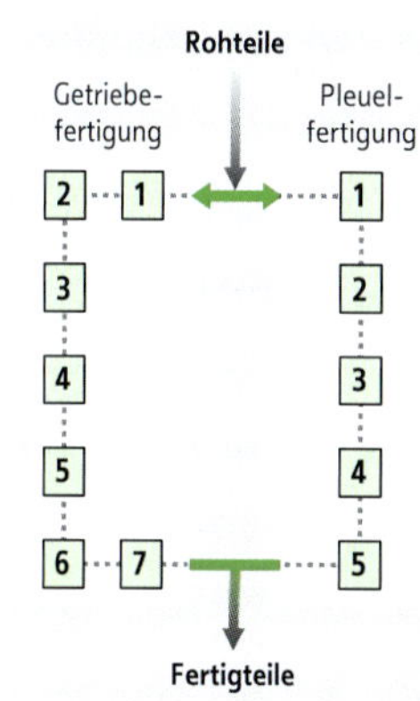


*aus:* Disterer, Georg, u. a.: Taschenbuch der Wirtschaftsinformatik, 2., neu bearbeitete Auflage, München, Wien 2003, S. 113–115

# Leistungserstellungsprozesse

124 ZP **Beschreiben Sie Gemeinsamkeiten und Unterschiede der *Reihenfertigung* und der *Fließbandfertigung*.**

- Beiden Fertigungsverfahren ist **gemeinsam,** dass die Anordnung der Arbeitsplätze durch die **Bearbeitungsreihenfolge** gegeben ist (Fließfertigung).
- **Reihenfertigung** liegt vor, wenn der Transport der Werkstücke zu den einzelnen Bearbeitungsstationen ohne zeitliche Bindung an einen Fertigungstakt erfolgt.
- Bei der **Fließbandfertigung** sind die einzelnen Bearbeitungsstationen taktgebunden vernetzt. Die Werkstücke werden mittels eines Fließbandes innerhalb festgelegter Arbeitstakte zu den einzelnen Fertigungsstationen gebracht, wobei die Mitarbeiter keinen Einfluss auf die Arbeitsgeschwindigkeit haben.

125 ZP **Was versteht man unter der *Taktzeit?***

Die Taktzeit umfasst die Zeitspanne vom Beginn eines Arbeitsganges bis zum Beginn des folgenden Arbeitsganges.

126 ZP **Unterscheiden Sie *Fließbandfertigung* und *Transferstraße*.**

Im Vergleich zur Fließbandfertigung sind bei der Transferstraße sowohl die **Bearbeitungsstationen als auch die Transportsysteme** zwischen den Bearbeitungsstationen **weitgehend automatisiert** (z. B. Papierherstellung).

127 ZP **Die *Fertigung nach dem Wanderprinzip* ist ein Sonderfall der Baustellenfertigung. Was versteht man darunter?**

Während beim Hausbau der Ort der Leistungserstellung (Baustelle) unverändert bleibt, folgen beim Straßenbau oder Pipelinebau die Arbeitsplätze dem Arbeitsgegenstand, sodass die **Baustelle „wandert".**

128 ZP **Was versteht man unter einer *optimalen Losgröße?***

- Bei der Serien- und Sortenfertigung ergibt sich die Frage, inwieweit z. B. **Kundenaufträge zu bündeln** sind, um eine optimale Fertigungslosgröße zu erhalten.
- Als **Losgröße** wird die Fertigungsmenge bezeichnet, die ohne Unterbrechung durch die Herstellung eines anderen Produktes gefertigt wird.
- Die **optimale Losgröße** ist – unter dem Gesichtspunkt der Reduzierung der Produktionskosten – die Fertigungsmenge, bei der die Summe aus Rüstkosten und Lagerkosten ein Minimum ergibt.

129 ZP **Was sind *Rüstkosten?***

Rüstkosten entstehen beim Wechsel der Produktart als **Umrüstkosten** (z. B. Wechsel von Werkzeugen, Programmierung von Maschinen, Reinigung) und als **Anlaufkosten** (z. B. in Form erhöhter Ausschusskosten).

Umrüstkosten und Anlaufkosten werden unter der Voraussetzung, dass die Anlaufphase vor Beginn der jeweiligen Produktion beendet ist, zu einem Kostenblock **Rüstkosten** zusammengefasst.

Die Rüstkosten können als **auflagenfixe Kosten** bezeichnet werden, da sie bei jeder Produktionsumstellung anfallen.

**ZP** 130

Was sind *Lagerkosten?*

Mit der Lagerung von Produkten entstehen **Lagerungskosten** für die Räumlichkeiten (z. B. Abschreibungen), für die Behandlung des Lagerungsgutes (z. B. Kühlung von Produkten) und sonstige Kosten (z. B. Kosten für Qualitätseinbußen). Diese Kosten sind von der Einlagerungsmenge bzw. vom Einlagerungswert abhängig.

Zusätzlich fallen **Zinskosten** für das durch die Lagerung gebundene Kapital an. Diese Kosten sind abhängig vom Einlagerungswert und dem angenommenen Zinssatz.

**Lagerkosten** = Lagerungskosten + Zinskosten

**ZP** 131

Zeigen Sie im Produktionsbereich die gegenläufige *Tendenz* zwischen *Rüst- und Lagerkosten* auf.

- Je **größer die zu produzierende Menge** (Losgröße) ist, desto **geringer sind die Rüstkosten** (bei gegebenem Jahresbedarf) und desto **stärker steigen die jeweiligen Lagerkosten.**
- Je **kleiner die Losgröße** ist, desto **höher sind die Rüstkosten** (bei gegebenem Jahresbedarf) und desto **geringer fallen die Lagerkosten aus.**

**ZP** 132

*Ermitteln* Sie mathematisch die *optimale Losgröße* für den Schreibtisch S-66 der OfficeCom AG unter Berücksichtigung der nachfolgenden Gegebenheiten:

- Jahresbedarf an Tischen: 4 000 Stück
- Loswechselkosten je Umstellung: 400,00 €
- Herstellungskosten pro Tisch: 200,00 €
- Lagerkostenzinssatz: 10 % p. a.

$$\text{optimale Losgröße} = \sqrt{\frac{200 \cdot \text{Jahresbedarf} \cdot \text{Loswechselkosten pro Umstellung}}{\text{Herstellungskosten je Stück} \cdot \text{Lagerkostensatz}}}$$

$$\text{optimale Losgröße} = \sqrt{\frac{200 \cdot 4\,000 \cdot 400}{200 \cdot 10}}$$

$$\text{optimale Losgröße} = \underline{\underline{400}}$$

Bei einer Losgröße von 400 Stück erreicht die Summe aus Lagerkosten und Rüstkosten (unter den gegebenen Bedingungen) ihr Minimum.

**ZP** 133

Durch welche *einschränkenden Bedingungen* wird die Allgemeingültigkeit der mathematischen Berechnung der optimalen Losgröße eingeschränkt?

Zum Beispiel:
- feststehender Jahresbedarf
- konstante Lagerkosten
- gleichmäßiger Lagerabgang
- Lagerkosten verhalten sich proportional zur Losgröße
- beliebiger Produktionsbeginn der einzelnen Lose
- konstante Losgröße
- gleichbleibende Rüstkosten für jedes Los
- keine Fehlmengen
- unbegrenzte Lagerfähigkeit des Produktes
- konstante Produktbeschaffenheit
- Produktions- und Lagerauffüllgeschwindigkeit haben keine Auswirkungen

## 1.2.4 Daten zur Leistungserstellung

Handbuch: LF 5

### 1.2.4.1 Produktivität

134 ZP
Was ist unter *Produktivität* zu verstehen?

Die Produktivität drückt das mengenmäßige Verhältnis von Outputmengen (Ausbringungsmengen) zu Inputmengen (Einsatzmengen) aus:

$$\textbf{Produktivität} = \frac{\text{Output (Stück, m, kg usw.)}}{\text{Input (Arbeitszeit, Betriebsmittel usw.)}}$$

Bei der Produktivität werden i. d. R. unterschiedliche Ausprägungen betrachtet. Diese Teilproduktivitäten beziehen sich meist auf das Output-Input-Verhältnis einzelner Produktionsfaktoren zueinander – wie z. B. Arbeitsproduktivität und Kapitalproduktivität – und stellen deswegen häufig genutzte betriebswirtschaftliche Kennziffern dar.

135 ZP
Grenzen Sie die *Arbeitsproduktivität* von der *Kapitalproduktivität* ab.

- Die **Arbeitsproduktivität** gibt das Verhältnis der Outputmenge zu den geleisteten Arbeitsstunden an.
- Die **Kapitalproduktivität** gibt das Verhältnis der Outputmenge zum Kapitaleinsatz an.

136 ZP
Wie kann die *Produktivität erhöht* werden?

- Erhöhung der Outputmenge bei gleichbleibender oder verringerter Inputmenge
- Verringerung der Inputmenge bei gleichbleibender oder steigender Outputmenge

137 ZP
*Berechnen* Sie die *Arbeits- und Kapitalproduktivität* für den Monat April. Im April werden in der OfficeCom AG 800 Schreibtische (ST) des Modells ST-65 in 200 Arbeitsstunden mit einem bewerteten Betriebsmitteleinsatz von 100.000,00 € hergestellt.

**April:**

$$\text{Arbeitsproduktivität} = \frac{\text{800 ST}}{\text{200 Stunden}} = \text{4 ST/Arbeitsstunde}$$

$$\text{Kapitalproduktivität} = \frac{\text{800 ST}}{\text{100.000,00 €}} = \text{0,008 ST pro 1,00 €}$$

ZP 138
Berechnen Sie die *Arbeits- und Kapitalproduktivität* für den Monat Mai nach Kauf einer Maschine (120.000,00 €; in 160 Arbeitsstunden 1 200 Schreibtische). Vergleichen Sie die Ergebnisse mit der vorherigen Aufgabe.

**Mai:**

$$\text{Arbeitsproduktivität} = \frac{1\,200 \text{ ST}}{160 \text{ Stunden}} = 7{,}5 \text{ ST/Arbeitsstunde}$$

$$\text{Kapitalproduktivität} = \frac{1\,200 \text{ ST}}{120.000{,}00 \text{ €}} = 0{,}01 \text{ ST pro } 1{,}00 \text{ €}$$

Von April zum Mai haben sich in der OfficeCom AG sowohl die Arbeits- als auch die Kapitalproduktivität erhöht.

## 1.2.4.2 Wirtschaftlichkeit

Handbuch: LF 5

ZP 139
Was ist unter *Wirtschaftlichkeit* zu verstehen?

Mit der Wirtschaftlichkeit wird das **preisliche Verhältnis** der Outputmenge zur Inputmenge ausgedrückt:

$$\text{Wirtschaftlichkeit} = \frac{\text{Ertrag}}{\text{Aufwand}} \quad \text{oder} \quad \text{Wirtschaftlichkeit} = \frac{\text{Leistung}}{\text{Kosten}}$$

ZP 140
Wie kann die *Wirtschaftlichkeit erhöht* werden?

- Erhöhung des Ertrags bei gleichbleibendem oder vermindertem Aufwand
- Verringerung des Aufwands bei gleichbleibendem oder steigendem Ertrag

ZP 141
Berechnen Sie die Wirtschaftlichkeit der OfficeCom AG für die Monate Mai (mit Verkaufserlösen von 40.000,00 € bei einem Aufwand von 20.000,00 €) und Juni (Verkaufserlöse: 60.000,00 €; Aufwand: 15.000,00 €).

**Mai:**

$$\text{Wirtschaftlichkeit} = \frac{40.000{,}00 \text{ €}}{20.000{,}00 \text{ €}} = 2 \text{ oder } 200\ \%$$

**Juni:**

$$\text{Wirtschaftlichkeit} = \frac{60.000{,}00 \text{ €}}{15.000{,}00 \text{ €}} = 4 \text{ oder } 400\ \%$$

Die Wirtschaftlichkeit kann auch prozentual ausgedrückt werden: Im Mai beträgt sie 200 %, im Juni 400 %.

## 1.2.4.3 Kapazitäten

Handbuch: LF 5

ZP 142
Was ist *Kapazität?*

Die **Kapazität** beschreibt das gesamte Leistungsvermögen eines Unternehmens oder einer Maschine innerhalb eines festgelegten Zeitraums.

# Leistungserstellungsprozesse

143 **ZP**

**Unterscheiden Sie *quantitative* und *qualitative Kapazität.***

Während sich die quantitative Kapazität auf die **Ausbringungsmenge** bezieht, beschreibt die qualitative Kapazität die **Art und Güte der Leistung.**

144 **ZP**

**Ordnen und erläutern Sie die folgenden Kapazitätsbegriffe nach ihrer Leistung von 1 (= größter Umfang) bis 3:**

*Maximalkapazität*

*Technische Kapazität*

*Mindestkapazität*

| | |
|---|---|
| **1** | Die **technische Kapazität** gibt das oberste Leistungsvermögen ohne Beachtung von Beschränkungen an. Zum Beispiel kann die Maschine M-300B 2 000 Werkstücke bei Vollauslastung und Höchstgeschwindigkeit ohne Pausenintervalle produzieren. |
| **2** | Die **Maximalkapazität** bezeichnet die Leistung unter Berücksichtigung aller Beschränkungen. Zum Beispiel kann die Maschine M-300B unter Beachtung von Wartungsintervallen, Rüstzeiten, Nichteinsatzzeiten usw. 1 800 Werkstücke fertigen. |
| **3** | **Mindestkapazitäten** dürfen aus technischen Gründen nicht unterschritten werden. Zum Beispiel benötigt die Maschine M-300B zum Betrieb eine Mindestdrehzahl, bei der 200 Werkstücke gefertigt werden können. |

145 **ZP**

**Was wird unter der *optimalen Kapazität* verstanden?**

Die **optimale Kapazität** (wirtschaftliche Kapazität, Betriebsoptimum) bezeichnet die Leistung mit den niedrigsten Stückkosten pro Leistungseinheit und liegt zwischen 75 % und 90 % der Maximalkapazität.

Sie wird erreicht durch **Ausnutzung optimaler Bedingungen** wie optimale Geschwindigkeit oder optimale Beanspruchung.

146 **ZP**

**Was ist der *Kapazitätsausnutzungsgrad* (Beschäftigungsgrad)?**

Der Kapazitätsausnutzungsgrad stellt das **Verhältnis** der Ausbringungsmenge (Ist-Produktion) zur maximalen Kapazität in Prozent dar.

Er gibt den Auslastungsgrad z. B. einer Unternehmung oder einer Maschine an.

147 **ZP**

**Berechnen Sie den Beschäftigungsgrad der Maschine M-300B für den Monat August bei einer Ausbringungsmenge von 900 Werkstücken und einer Maximalkapazität von 1 800 Werkstücken.**

$$\text{Beschäftigungsgrad i. v. H.} = \frac{\text{Produktionsmenge}}{\text{Kapazität*}} \cdot 100 = \frac{900 \text{ Stücke}}{1\,800 \text{ Stücke}} \cdot 100 = 50\,\%$$

* In der Regel ist die Maximalkapazität gemeint.

ZP
Was ist die *Aufgabe der Kapazitätsplanung* und welche *Ziele* werden mit ihr verfolgt? 148

- Die **Kapazitätsplanung** ist für die Steuerung der Produktionsaufträge zuständig, um die vorhandenen Ressourcen optimal zu nutzen. Dabei werden die Starttermine der jeweiligen Arbeitsaufträge an die bereitstehenden Kapazitäten (z. B. Maschinen, Personal) angeglichen.
- **Ziele** der Kapazitätsplanung sind z. B.:
  - optimale Durchlaufzeiten
  - gleichmäßige und hohe Kapazitätsauslastung
  - geringere Produktionskosten

ZP
Unterscheiden Sie die *durchschnittliche Kapazität* von der *Normalkapazität.* 149

- Die durchschnittliche Kapazität ist die Leistungsmenge, die in einem festgelegten Zeitraum **im Mittel** erreicht wird.
- Die Normalkapazität bezeichnet die Menge, die im **Standardfall** erreicht wird.

## 1.2.5 Planung und Vorbereitung der Leistungserstellung

### 1.2.5.1 Produktionsplanung und -steuerung

Handbuch: LF 5

ZP
Was versteht man unter *PPS (Produktionsplanung und -steuerung)?* 150

PPS (weitere Begriffe: Arbeitsvorbereitung, Produktionsvorbereitung) umfasst die mengen- und termingerechte **Planung, Veranlassung und Kontrolle** des **Produktionsablaufs.**

Aufgrund der **komplexen und umfangreichen Aufgaben** von der Auftragserfassung über die Produktion und den Versand bis zum Zahlungsausgleich wird die PPS **rechnergestützt** (PPS-Systeme) durchgeführt.

Durch eine einheitliche Datenbasis, die durch die Betriebsdatenerfassung aktualisiert wird, ist eine **Auftragsverfolgung** möglich, sodass die **Bearbeitungszustände** der jeweiligen **Aufträge jederzeit abgerufen** werden und gegebenenfalls **Korrekturmaßnahmen** ergriffen werden können.

ZP
Welche möglichen *Ziele* sind mit der PPS verbunden? 151

- zeitnaher Informationsfluss
- weniger Kapitalbindung
- geringere Durchlaufzeiten
- höhere Flexibilität
- optimale Kapazitätsauslastung
- weniger Fertigungskosten
- höhere Qualitätsgarantie
- Termineinhaltung

ZP
Welche *Bereiche* umfasst die PPS? 152

- Kernbereiche:
  - Produktionsplanung
  - Mengenplanung
  - Termin- und Kapazitätsplanung
  - Auftragsfreigabe
  - Auftragsüberwachung
- zusätzlich z. B.:
  - kundenbezogene Produktentwicklung
  - Steuerung der Materialflüsse
  - Versandplanung

# Leistungserstellungsprozesse

153 ZP
**Wie unterscheidet sich im Rahmen der PPS das *Push-Prinzip* vom *Pull-Prinzip?***

- **Push-Prinzip**
  - Ein PPS-System übernimmt ***zentral*** für alle Produktionsabteilungen die Produktionssteuerung.
  - Der produktionsauslösende Faktor ist der ***Bedarf,*** da die Produktionsvorgänge auf der Grundlage von zukunftsbezogenen Bedarfsanalysen durch die Bereitstellung der Materialien ***angestoßen*** (to push = stoßen, schubsen, drücken) werden.
- **Pull-Prinzip**
  - Die Produktionssteuerung wird ***dezentralisiert*** auf die einzelnen Produktionsabteilungen verlagert.
  - Der produktionsauslösende Faktor ist der ***Verbrauch*** in der nachgelagerten Fertigungsstufe (siehe z. B. Kanban), der die Produktion der vorgelagerten Stufe ***anzieht*** (to pull = ziehen).

154 ZP
**Welche Aufgaben erfüllt die *Produktionsprogrammplanung?***

Aufgrund konkreter Kundenaufträge oder entsprechender Absatzprognosen werden unter Berücksichtigung vorhandener Ressourcen

- **Kundenaufträge** verwaltet,
- der **Primärbedarf** (Erzeugnismenge) festgelegt,
- eine **grobe Terminplanung** für die Fertigung vorgenommen,
- **Liefertermine** abgeschätzt und
- **Vorlaufzeiten** für spezielle Kundenwünsche eingeplant.

155 ZP
**Unterscheiden Sie *Primär-* und *Sekundärbedarf.***

- Unter Primärbedarf versteht man die zu **produzierenden Erzeugnismengen.**
- Der Sekundärbedarf ist die **Summe der Materialarten und -mengen,** die man zur **Produktion des Primärbedarfs** benötigt. Der Sekundärbedarf umfasst die benötigten **Rohstoffe, Teile und Baugruppen.**

156 ZP
**Welche möglichen *Aufgaben* hat die *Mengenplanung?***

Aufgaben (Beispiele):
- Errechnung des Sekundärbedarfs aus dem Primärbedarf
- Planung der Beschaffungsmengen
- Bestandsführung
- Festlegung der Beschaffungszeitpunkte
- Planung der Auftragsgrößen (Losgrößen)

157 ZP
**Erläutern Sie den Zusammenhang von *Sekundärbedarf* und *Netto-Sekundärbedarf.***

- Aus dem Primärbedarf werden durch Auswertung von Stücklisten oder Rezepturen die Materialarten und -mengen errechnet **(Sekundärbedarf).**
- Durch Addition von Sicherheitszuschlägen und Ersatzteilmengen für etwaigen Ausschuss erhält man den **Brutto-Sekundärbedarf.**
- Durch Subtraktion des verfügbaren Lagerbestandes vom Brutto-Sekundärbedarf erhält man den **Netto-Sekundärbedarf** (Nettobedarf).

158 ZP
**Was versteht man unter einer *Stückliste?***

Stücklisten sind (tabellarische) Verzeichnisse, in denen **alle Materialangaben** enthalten sind, die für ein **Endprodukt** benötigt werden.

**ZP** (159)

**Differenzieren Sie zwischen *Mengenübersichtsliste*, *Strukturstückliste* und *Baukastenstückliste*.**

Die **Mengenübersichtsstückliste** (Mengenstückliste) beinhaltet alle Teile eines Erzeugnisses.

Der **Strukturaufbau** ist **nicht ersichtlich.**

MENGENÜBERSICHTSSTÜCKLISTE — Seite 1
Teil: Elektromotor, Teile-Nr.: E10

| Teile-Nr. | Teilebezeichnung | Maßeinheit | Menge | … |
|---|---|---|---|---|
| 901 | Gehäuse (komplett) | St. | 1 | |
| 891 | Gehäuse m. Ständerblechpaket | St. | 1 | |
| 880 | Lagerdeckel (Alu) | St. | 2 | |
| 870 | Gehäuseblock (Alu) | St. | 1 | |
| 860 | Lagerdeckel m. Durchbruch | St. | 2 | |
| 830 | Welle komplett | St. | 1 | |
| 790 | Ständerblechpaket kompl. | St. | 1 | |
| 780 | Läuferblechlamelle | St. | 34 | |
| 770 | Läuferblechpaket kompl. | St. | 1 | |
| 750 | Fußplatte 30 x 40 cm | St. | 1 | |
| 740 | Ständerwicklung | St. | 1 | |
| 700 | Ständerblechlamelle | St. | 34 | |
| 510 | Klemmenkastendeckel | St. | 1 | |
| 500 | Kugellager | St. | 2 | |
| 490 | Klemmenbrett 3-polig | St. | 1 | |
| 470 | Mutter M 4 | St. | 1 | |
| 460 | Festkupplung Ø 14 mm | St. | 1 | |
| 450 | Kondensator 16 µF | St. | 1 | |
| 440 | Sechskantschraube M 4 x 200 | St. | 4 | |
| 420 | Sechskantschraube M 4 x 10 | St. | 2 | |
| 410 | Sechskantschraube M 8 x 30 | St. | 4 | |
| 400 | Niete 4 x 150 mm | St. | 6 | |
| 140 | Blechtafel St 37 | St. | 1 | |
| 130 | Aluminiumbarren | kg | 1,3 | |
| 120 | Kupferdraht Ø 0,5 mm | m | 38 | |
| 110 | Elektroblechrolle 200 mm | m | 1,36 | |
| 101 | Rundstahl 37 x 30 mm | St. | 250 | |

Die **Strukturstückliste** beinhaltet alle Einzelteile und Baugruppen eines Erzeugnisses.

Der **Strukturaufbau** ist als **Über- bzw. Unterordnung** (Aufführen und Einrücken der Stufennummern) ersichtlich.

STRUKTURSTÜCKLISTE — Seite 1
Teil: Elektromotor, Teile-Nr.: E10

| Stufe | Teile-Nr. | Teilebezeichnung | Maßeinheit | Menge | … |
|---|---|---|---|---|---|
| 1 | 901 | Gehäuse (komplett) | St. | 1 | |
| .2 | 891 | Gehäuse m. Ständerbl.-paket | St. | 1 | |
| ..3 | 870 | Gehäuseblock (Alu) | St. | 1 | |
| ...4 | 130 | Aluminiumbarren | kg | 0,5 | |
| ..3 | 790 | Ständerblechpaket komplett | St. | 1 | |
| ...4 | 700 | Ständerblechlamelle | St. | 34 | |
| ....5 | 110 | Elektroblechrolle 200 mm | m | 0,02 | |
| ...4 | 400 | Niete 4 x 150 mm | St. | 6 | |
| .2 | 740 | Ständerwicklung | St. | 1 | |
| ..3 | 120 | Kupferdraht Ø 0,5 mm | m | 38 | |
| 1 | 830 | Welle komplett | St. | 1 | |
| .2 | 770 | Läuferblechpaket komplett | St. | 1 | |
| ..3 | 780 | Läuferblechlamelle | St. | 34 | |
| ...4 | 110 | Elektroblechrolle 200 mm | m | 0,02 | |
| ..3 | 130 | Aluminiumbarren | kg | 0,2 | |
| .2 | 500 | Kugellager St. | 2 | | |
| .2 | 101 | Rundstahl 37 x 30 mm | St. | 250 | |
| 1 | 860 | Lagerdeckel m. Durchbruch | St. | 2 | |
| .2 | 880 | Lagerdeckel (Alu) | St. | 1 | |
| ..3 | 130 | Aluminiumbarren | kg | 0,3 | |
| 1 | 750 | Fußplatte 30 x 40 cm | St. | 1 | |
| .2 | 140 | Blechtafel St 37 | St. | 1 | |
| 1 | 510 | Klemmenkastendeckel | St. | 1 | |
| 1 | 490 | Klemmenbrett 3-polig | St. | 1 | |
| 1 | 470 | Mutter M 4 | St. | 1 | |
| 1 | 460 | Festkupplung Ø 14 mm | St. | 1 | |
| 1 | 450 | Kondensator 16 µF | St. | 1 | |
| 1 | 440 | Sechskantschraube M 4 x 200 | St. | 4 | |
| 1 | 420 | Sechskantschraube M 4 x 10 | St. | 2 | |
| 1 | 410 | Sechskantschraube M 8 x 30 | St. | 4 | |

# Leistungserstellungsprozesse

| | |
|---|---|
| Die **Baukastenstückliste** zeigt die Baugruppen, wobei einem Teil die direkt zugeordneten **Teile der nächst tieferen Stufe** zugeordnet sind.<br><br>Die **Summe aller Baukastenstücklisten** stellt das gesamte **Produkt** dar. | BAUKASTENSTÜCKLISTE Seite 1<br>Teil: Elektromotor, Teile-Nr.: E10 |

| Teile-Nr. | Teilebezeichnung | Maßeinheit | Menge | … |
|---|---|---|---|---|
| 901 | Gehäuse (komplett) | St. | 1 | |
| 860 | Lagerdeckel m. Durchbruch | St. | 2 | |
| 830 | Welle komplett | St. | 1 | |
| 750 | Fußplatte 30 x 40 cm | St. | 1 | |
| 510 | Klemmenkastendeckel | St. | 1 | |
| 490 | Klemmenbrett 3-polig | St. | 1 | |
| 470 | Mutter M 4 | St. | 1 | |
| 460 | Festkupplung Ø 14 mm | St. | 1 | |
| 450 | Kondensator 16 µF | St. | 1 | |
| 440 | Sechskantschraube M 4 x 200 | St. | 4 | |
| 420 | Sechskantschraube M 4 x 10 | St. | 2 | |
| 410 | Sechskantschraube M 8 x 30 | St. | 4 | |

*aus*: Kurbel, Karl: Enterprise Resource Planning und Supply Chain Management in der Industrie, 9., überarb. und erw. Auflage, 2021, Walter de Gruyter GmbH, Berlin/Boston, S. 53 ff.

**160** ZP

**Grenzen Sie den *Arbeitsplan* von der *Stückliste* ab.**

Während die Stückliste alle Materialien für das Endprodukt enthält, beschreiben Arbeitspläne die **zeitliche Reihenfolge der einzelnen Arbeiten** mit den **jeweiligen Materialien und Betriebsmitteln.**

**161** ZP

**Welche betriebswirtschaftliche Bedeutung können *Arbeitspläne* haben?**

Beispiele für die betriebswirtschaftliche Bedeutung von Arbeitsplänen:

- **Transparenz und Kontrolle** des Produktionsprozesses
- Grundlage für **Prozessoptimierungen**
- **Abrechnungsbasis** in der Kostenrechnung
- **Arbeitsvorlage** in der Fertigung
- **Steuerungselement** der Terminplanung

**162** ZP

**Was versteht man unter *Terminplanung?***

- **zeitliche Zuordnung** der betrieblichen Ressourcen zu den einzelnen Aufträgen
- **Feststellung der Bearbeitungszeit** für jeden Arbeitsgang

**163** ZP

**Welche Bedeutung hat die *Terminplanung?***

- Die **Einhaltung der Liefertermine** erhöht das Ansehen der Unternehmung und vermeidet Vertragsstrafen.
- Die **Reduzierung der Durchlaufzeiten** führt durch eine Verkürzung der Lagerzeiten (z. B. für Materialien) zur Verringerung der Lagerkosten und durch schnellere Bereitstellung und Verkauf der Erzeugnisse zu einem schnellen Rückfluss von Finanzierungsmitteln.

- **Auftragsdurchlaufzeit** = Zeitraum vom Eingang bis zur Fertigstellung des Auftrages
  = Bearbeitungszeit
  + Rüstzeit
  + Transportzeit
  + Prüfzeit
  + Liegezeit (Wartezeit)
- **arbeitsgangbezogene Durchlaufzeit** = Zeitraum zwischen Beginn eines Arbeitsvorganges und dem Beginn des darauffolgenden Arbeitsvorganges

**ZP** 164
**Unterscheiden Sie *Auftragsdurchlaufzeit* und *arbeitsgangbezogene Durchlaufzeit.***

Nachdem die entsprechenden Verfügbarkeitsüberprüfungen der benötigten Ressourcen erfolgt sind, wird der Fertigungsauftrag durch die Auftragsfreigabe **von der Planung in die Ausführung überführt,** indem der Auftrag eine Kennzeichnung erhält und die auftragsabhängigen Unterlagen zur Sicherung des Produktionsablaufs (Werkstattpapiere) erstellt werden.

**ZP** 165
**Was versteht man unter *Auftragsfreigabe?***

Die Feinplanung ordnet jedem Auftrag einen Starttermin, eine genaue Bearbeitungsreihenfolge, die Dauer der einzelnen Bearbeitungsschritte und damit den Endtermin zu.
Dabei wird die für einen längeren Zeitraum geltende Grobplanung an die kurzfristig auftretenden Marktveränderungen angepasst.

**ZP** 166
**Welchen *Stellenwert* hat die *Feinplanung* in der Produktionsplanung?**

- Die **progressive Terminbestimmung (Vorwärtsterminierung)** legt den **frühestmöglichen Endtermin** eines Auftrages fest, indem zu einem Starttermin die Zeiten aller geplanten Arbeitsgänge – unter Berücksichtigung von parallel auszuführenden Arbeiten – addiert werden. Dieses Verfahren findet seine Anwendung, wenn **keine feste Lieferzeit** vorgegeben ist.
- Bei der **retrograden Terminbestimmung (Rückwärtsterminierung)** werden von einem **gesetzten Liefertermin** die Zeiten aller Arbeitsgänge – unter Berücksichtigung von parallel auszuführenden Arbeiten – subtrahiert, sodass man den **spätestmöglichen Starttermin** für den jeweiligen Auftrag errechnet.

**ZP** 167
**Unterscheiden Sie die *progressive* von der *retrograden Terminbestimmung.***

168 **ZP**

**Bei der Terminplanung und -überwachung werden verschiedene Techniken angewendet. Unterscheiden Sie die *Listentechnik* vom *Balkendiagramm*.**

- Die **Listentechnik** (Listenverfahren) kommt bei **einfachen, linearen Abläufen** zum Einsatz. Die Bearbeitungszeiten der einzelnen Arbeitsschritte werden addiert und fortlaufend erfasst.

| **Terminkarte** | **Auftrag: Scholz KG, Neumühlen** | | |
|---|---|---|---|
| **Arbeitsgang** | **Bezeichnung** | **Soll-Termin** | **Ist-Termin** |
| 010 | Austanzen der Teile | 90–93 | |
| 020 | Entgraten | 93–94 | |
| 030 | Lackieren | 94–98 | |
| | . | | |

- Beim **Balkendiagramm** werden die **Zeiten der einzelnen Arbeitsschritte als Balken** innerhalb eines vorgegebenen Bezugszeitraumes dargestellt.

| | | Mai … | 25 | 26 | 27 | 28 | 29 | 30 | 31 | … |
|---|---|---|---|---|---|---|---|---|---|---|
| … | | | | | | | | | | |
| 050 | Zuschneiden der Teile | | | | | | | | | |
| 051 | Lackieren | | | | | | | | | |
| 052 | Trocknen | | | | | | | | | |
| . | . | | | | | | | | | |

169 **ZP**

**Was ist ein *Netzplan*?**

- Unter einem **Netzplan** versteht man die **grafische oder tabellarische Darstellung von Abläufen und Abhängigkeiten.**
- Grundlage der Netzplantechnik ist nach DIN 69900 der **Vorgang,** der eine **abgegrenzte Arbeitseinheit** (z. B. Lackieren) umfasst und dem eine **bestimmte Dauer** zugeordnet werden kann, sodass ein Vorgang zu einem bestimmten Zeitpunkt begonnen werden kann und zu einem bestimmten Zeitpunkt beendet ist.
- Es gibt unterschiedliche Verfahren zur Umsetzung der Netzplantechnik, die sich vornehmlich in der grafischen Darstellung unterscheiden. Ihnen ist jedoch gemein, dass die grafische Darstellung wie ein **Netz aussieht.**

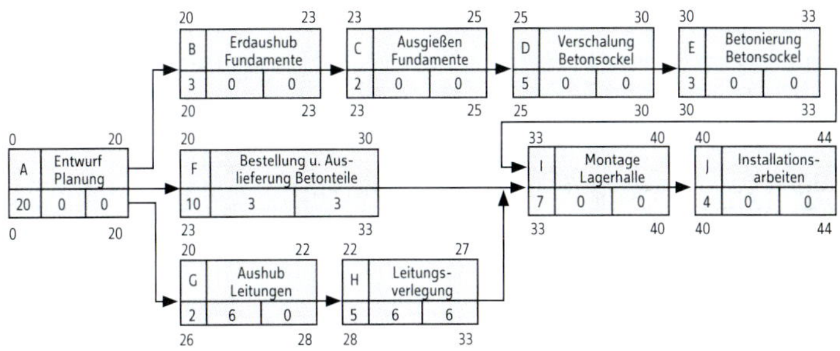


*vgl.:* Berner, Steffen u. a.: Betriebswirtschaftslehre der Unternehmung, 25. Aufl., Haan-Gruiten 2010, S.137

**ZP** 170

**Unterscheiden Sie bei der Netzplantechnik *Gesamtpufferzeit* und *freie Pufferzeit.***

- Die **Gesamtpufferzeit** ist die Zeitspanne, um die sich nichtkritische Vorgänge verzögern dürfen, **ohne das Ende der Gesamtaufgabe zu gefährden.**
- Die **freie Pufferzeit** ist die Zeit, um die sich ein Vorgang verzögern darf, **ohne den frühestmöglichen Zeitpunkt** des nachfolgenden Vorganges **zu bedrohen.**

**ZP** 171

**Was versteht man unter *kritischen Vorgängen?***

- Kritische Vorgänge sind Vorgänge (Tätigkeiten), die sowohl hinsichtlich ihres **Anfangs- und Endzeitpunktes als auch bezüglich ihrer Dauer festgelegt** sind.
- Kritische Vorgänge haben **keine Zeitreserve.**
- **Verzögerungen** bei diesen Vorgängen **führen direkt zu Verzögerungen** bei der Gesamtaufgabe.

**ZP** 172

**Welche Bedeutung hat bei der *Netzplantechnik* der *kritische Weg?***

- Der kritische Weg ist die Verkettung **aller kritischen Vorgänge.**
- Der kritische Weg ist der **zeitlich längste Weg** der Gesamtaufgabe.
- Jede **Verzögerung auf diesem Weg führt direkt zu einer Verzögerung der Gesamtaufgabe.** Deshalb sind die Aktivitäten entlang des kritischen Weges besonders zu beobachten, um bei Abweichungen von der Planung **frühzeitig Gegenmaßnahmen** ergreifen zu können.

# Leistungserstellungsprozesse

173 **ZP**

Was versteht man unter *CIM* (computer integrated manufacturing)?

- Unter CIM versteht man **ein Konzept zur computergestützten Fertigung.**
- **Alle Unternehmensbereiche** sind mit einem einheitlichen Computersystem vernetzt und an ein **zentrales Datenbanksystem** angeschlossen. Die **relevanten Daten werden einmal erfasst** und allen Bereichen zur Verfügung gestellt.
- Die betriebswirtschaftliche Seite wird durch **PPS-Systeme** und die technische Seite durch **CA-Systeme** repräsentiert.
- So werden **alle betrieblichen Prozesse** vom Kundenauftrag bis zur Auslieferung und Überprüfung der Zahlungseingänge durch ein einheitliches Computersystem **integriert** (Planung, Steuerung und Überwachung).

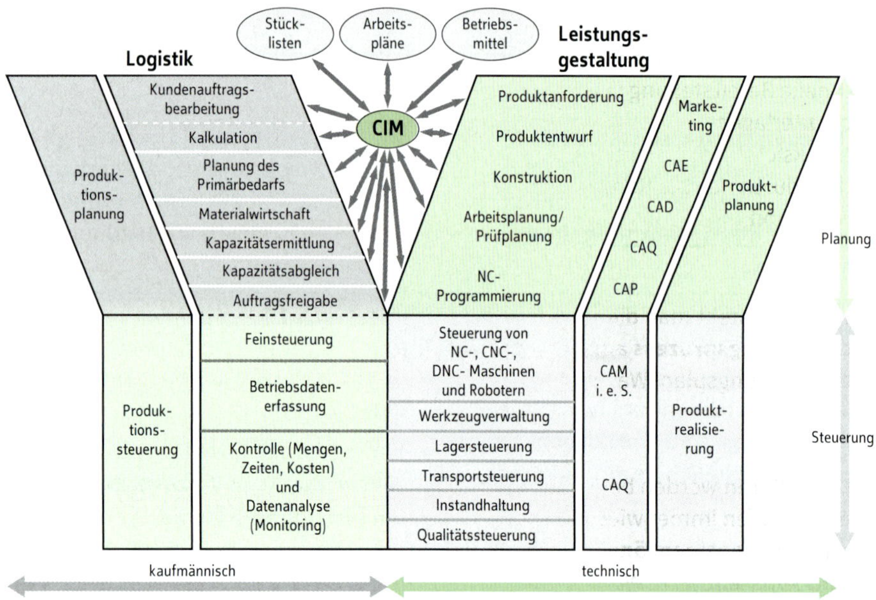


*nach:* Georg Disterer u. a., Taschenbuch der Wirtschaftsinformatik, 2., neu bearbeitete Auflage, München, Wien, 2003, S. 621

174 **ZP**

*Unterscheiden Sie: CAD, CAE, CAM, CAP, CAQ, NC, CNC, und DNC.*

| | **Bezeichnung** | **Inhalt** |
|---|---|---|
| CAD | Computer Aided Design | computergestützte Konstruktion und Zeichnungserstellung |
| CAE | Computer Aided Engineering | computergestütztes Ingenieurwesen in Entwicklung und Fertigung |
| CAM | Computer Aided Manufacturing | computergestützte Fertigungsdurchführung |
| CAP | Computer Aided Planning | computergestützte Arbeits- und Montageplanung |
| CAQ | Computer Aided Quality Assurance | computergestützte Qualitätssicherung |
| NC | Numeric Control | numerische Steuerung von Maschinen (i. d. R. nur eine Bearbeitungsfunktion) |

| | Bezeichnung | Inhalt |
|---|---|---|
| CNC | Computerized Numeric Control | computergesteuerte Maschinen (mehrere Bearbeitungsfunktionen) |
| DNC | Direct Numeric Control | zentrale Steuerung von NC- und CNC-Maschinen |

*vgl.:* Pitter Steinbuch, Klaus Olfert, Fertigungswirtschaft, 6., aktualisierte Auflage, Ludwigshafen 1995, S. 43 f.

**ZP** 175

**Welche *Ziele* werden mit *CIM* verfolgt?**

Ziele von CIM sind zum Beispiel:
- einheitliche Datenerfassung und schnelle Verfügbarkeit der Daten
- schnelle Bereitstellung von Produktionsunterlagen
- Berücksichtigung von Kundenwünschen durch flexible Konstruktion und Produktion
- gleichzeitiges Beachten von betriebswirtschaftlichen und technischen Aspekten
- Kostensenkungen in allen betrieblichen Bereichen

**ZP** 176

**Was ist die *Betriebsdatenerfassung (BDE)?***

Unter **BDE** versteht man die zeitnahe Erfassung aller **Daten, die beim betrieblichen Wertschöpfungsprozess anfallen** (z. B. Auftragsnummer, Starttermin, Mengen, Maschinenbelegungsplan, Wartungsintervalle, Personalfehlzeiten, Störungen).

**ZP** 177

**Unterscheiden Sie bei der Betriebsdatenerfassung *Stamm-* und *Bewegungsdaten.***

- **Stammdaten** werden bei gleichen Arbeitsabläufen immer wieder benötigt und sind über einen **längeren Zeitraum konstant** (z. B. Wartungsintervalle, Rüstzeiten, Identifikationsnummern, Konstruktionsdaten, technische Daten des Materials).
- **Bewegungsdaten** beziehen sich nur auf den jeweiligen Arbeitsvorgang und **verändern sich laufend** (z. B. Auftragsnummer, Maschinenbelegungsplan, Personalfehlzeiten).

**ZP** 178

**Was versteht man unter der *Just-in-time-Produktion?***

- Der **Just-in-time-Produktion** liegt der Idealfall der **lagerlosen Produktion** zugrunde, was eine **verkaufssynchrone Produktion** und eine **bedarfssynchrone Materialbereitstellung** voraussetzt.
- Die Synchronität im Beschaffungs-, Produktions- und Absatzbereich **setzt unter anderem voraus,** dass
  - keine Stockungen beim Materialfluss auftreten,
  - Qualitäts-, Mengen- und Terminvorgaben von den Zulieferern eingehalten werden,
  - Verkaufsmengen exakt vorhersagbar sind,
  - die Produktion störungsfrei verläuft und
  - schnelle Reaktionen möglich sind.
- Die Just-in-time-Produktion kann bei **Serien- und Massenproduktion** eingesetzt werden, wenn langfristige Auftragsbindungen existieren.

179 ZP **Beschreiben Sie das *Kanban-Prinzip.***

**Kanban** (japanisch: Karte) ist ein betriebliches Verfahren zur **Unterstützung der Produktionsplanung und Produktionssteuerung.** Es wird im Rahmen der Just-in-time-Produktion angewendet.

Unter Kanban versteht man **alle Informationsträger, die Fertigungsaktivitäten auslösen** (z. B. Karte, Tafel, Zettel, markierte Bereiche).

Die Fertigungssteuerung basiert auf dem **Hol-Prinzip** (Pull-Prinzip), bei dem die nachgelagerte Produktionsstufe (etwa durch das Erreichen eines definierten Mindestbestandes) von der vorgelagerten Produktionsstufe bedarfsgerecht die entsprechenden Materialien fordert und dort einen entsprechenden Produktionsauftrag auslöst.

Das Kanban-Prinzip kann man mit dem Supermarktprinzip vergleichen, bei dem die durch den Verkauf entstehende Regallücke sofort aufgefüllt wird.

180 ZP **Was bedeutet *Lean Production* im *Produktionsbereich?***

**Lean Production** kann man mit **„schlanke Produktion"** übersetzen und beinhaltet, dass **jede Art von Verschwendung zu vermeiden** ist.

Lean Production versucht, die traditionelle Trennung von ausführender und dispositiver Arbeit zu überwinden, indem angestrebt wird, die Arbeit in Form von **Gruppenarbeit** zu organisieren und die Arbeiten über die reine Produktionstätigkeit hinaus mit Aufgaben z. B. der Qualitätssicherung, Arbeitsplanung oder Instandhaltung zu kombinieren.

Die Forderung von Lean Production kann auf die gesamte Unternehmung übertragen und in einem umfassenden Managementsystem mit Kunden, Lieferanten und Mitarbeitern zusammengefasst werden **(Lean Management).**

181 ZP **Nennen Sie Beispiele, die zu *Verschwendungen* im Sinne von *Lean Production* führen können.**

- ungenaue Planung
- fehlerhafte Produktion
- keine abgestimmten Produktionskapazitäten
- unmotivierte Mitarbeiter
- nicht ausgelastete Produktionsfaktoren
- unnötig lange innerbetriebliche Transportwege
- unsystematische Problemlösungen

Handbuch: LF 5

## 1.2.5.2 Produktionscontrolling

182 ZP **Definieren Sie den Begriff *Produktionscontrolling.***

Unter Produktionscontrolling kann der – in der Regel auf der Betriebsdatenerfassung (BDE) basierende – **ständige Prozess der Steuerung und Überwachung der Produktion** verstanden werden.

**ZP** 183

**Erläutern Sie innerhalb des Produktionscontrolling-Prozesses den *Zusammenhang* zwischen *Produktionsplanung* und *Produktionsüberwachung.***

- Die **Produktionsplanung** (und Produktionssteuerung) erarbeitet **Sollvorgaben,** die als Planwerte (Sollwerte) in den Produktionsprozess eingehen. Diese Planwerte sind aufgrund nicht vorhersehbarer Störungen nicht immer einzuhalten.
- Die **Produktionsüberwachung** (Fertigungsüberwachung) erfolgt durch die zeitnahe Bereitstellung aktueller Daten und den Vergleich dieser **Istwerte** mit den Sollwerten, sodass **geeignete Maßnahmen frühzeitig** ergriffen werden können.
- Dieser **Soll-Ist-Vergleich** geschieht im Rahmen des Produktionscontrollings mit entsprechenden Betriebsdatenerfassungssystemen (z. B. direkte Störungsmeldung durch eine Maschine) oder konventionell, z. B. mit Laufkarten.

**ZP** 184

**Beschreiben Sie die *Bedeutung* des *Produktionscontrollings.***

- Durch die **informationstechnische Vernetzung** von Produktionsprogrammplanung, Produktionsprozessplanung und -steuerung sowie die Produktionsprozessüberwachung wird eine **effiziente und marktangepasste Produktion** angestrebt.
- Als **Teil eines gesamtbetrieblichen Controlling-Systems** werden dem Produktionsmanagement **geeignete Informationen zur Verfügung gestellt,** um
  - eine wirtschaftliche Produktion zu erreichen,
  - die erforderlichen Betriebsmittel bereitzustellen,
  - einen störungsfreien Arbeits- und Materialfluss zu gewährleisten,
  - Auswirkungen von produktionswirtschaftlichen Entscheidungen im Hinblick auf z. B. die Anlagenausstattung und -auslastung oder auf den Produktionsprozess zu prognostizieren,
  - eine Abstimmung mit anderen Controlling-Bereichen (z. B. im Finanz- oder Investitionssektor) herbeizuführen,
  - durch eine zeitnahe Erfassung des Auftragsfortschrittes den Produktionsprozess zu überwachen,
  - Grenzwerte festzulegen, um gegebenenfalls Gegensteuerungsmaßnahmen zu ergreifen.
- Das Produktionscontrolling stellt die erforderlichen Informationen im Rahmen eines betriebsinternen Berichtswesens (Reporting) z. B. durch **Auswertungen leistungsfähiger Kennzahlensysteme** oder in Form von **Kennzahlen,** die sich auf die relevanten Bereiche (z. B. Kapazitätsauslastung, optimale Losgrößen, unzureichende Qualitäten, Störungshäufigkeiten und -ursachen) und Aggregationsstufen (z. B. Arbeitsplatz, Werkstatt, Unternehmen, Konzern) beziehen, zur Verfügung.
- Durch das Produktionscontrolling werden die **Produktionsprozesse transparenter,** sodass die Entscheidungen im Produktionsbereich ursächlich erfasst und deren Auswirkungen deutlich abgebildet werden können.

## Leistungserstellungsprozesse

**185** ZP

**Nennen Sie mögliche *Ziele* des *Produktionscontrollings*.**

- Standardisierung von Erzeugnissen
- rechtzeitige Beschaffungs- und Auslieferungszeiten
- termingerechte Fertigung
- optimale Fertigungslosgrößen
- Optimierung der Fertigungsabläufe
- Ausschussminimierung
- Einhaltung der Qualitätsvorgaben
- Senkung von Zins- und Lagerkosten
- angemessene Wartungsintervalle
- Ausnutzen das Rationalisierungspotenzials
- hohe Kapazitätsauslastung
- hohe Kundenzufriedenheit

**186** ZP

**Was sind *Kennzahlen*?**

- Kennzahlen kann man als **Zahlen** definieren, die durch **Verdichtung** quantitativ erfassbare **Sachverhalte** abbilden sollen.
- Sie werden verwendet, um möglichst **schnell und prägnant** über ökonomische Angelegenheiten, über die schon relevante Einzelinformationen vorliegen, zu **berichten.**
- Man kann **absolute** (z. B. Deckungsbeitrag in € pro Mengeneinheit) und **relative** Kennzahlen (z. B. Liquidität 1. Grades) unterscheiden.

**187** ZP

**Was sind *Kennzahlensysteme*?**

Von einem Kennzahlensystem spricht man, wenn **mindestens zwei Kennzahlen verknüpft** werden.

Durch die Verknüpfung von Kennzahlen soll der **Aussagewert erhöht** werden.

**188** ZP

**Welche *Funktionen* können *Kennzahlen* haben?**

Funktionen von Kennzahlen (Beispiele):

- **Operationalisierungsfunktion:** Kennzahlen werden gebildet, um möglichst eindeutig ein Ziel zu beschreiben und messbar zu machen.
- **Vorgabefunktion:** Kennzahlen werden verwendet, um Zielwerte zu fixieren, die erreicht werden sollen oder bei deren Erreichen unternehmerische Entscheidungen ausgelöst werden.
- **Steuerungsfunktion:** Kennzahlen werden erzeugt, um Prozesse vereinfacht darzustellen und entsprechende Entscheidungen zu treffen.
- **Kontrollfunktion:** Kennzahlen werden genutzt, um Soll-Ist-Vergleiche und daran anknüpfende Abweichungsanalysen zu erleichtern.

**189** ZP

**Welche *Kontrollbereiche* kann das *Produktionscontrolling* umfassen?**

| Produktionscontrolling | | | | |
|---|---|---|---|---|
| Mengenkontrolle | Terminkontrolle | Kostenkontrolle | Auslastungskontrolle | Qualitätskontrolle |

### 1.2.5.3 Qualitätskontrolle

Handbuch: LF 5

- Ursprünglich (aus dem Lateinischen *qualis* = wie beschaffen) bezeichnet Qualität die **Güte, die Beschaffenheit oder den Wert eines Objektes.**
- Betriebswirtschaftlich kann man **Qualität** als Summe von Merkmalen einer **Einheit** bezüglich festgelegter und voraussetzbarer Eignungen und Erfordernisse definieren. Eine Einheit kann als eine Tätigkeit, ein Prozess, eine Organisation, eine Person oder eine entsprechende Kombination angesehen werden.
- Im Bereich der Produktion kann man darunter die **Eigenschaften einer Ware oder Dienstleistung** verstehen.
- **Traditionell** war der Qualitätsbegriff vornehmlich auf die **Erfüllung von Kundenanforderungen** bezogen. Die **heutige Sichtweise** stellt das **Unternehmen in den Mittelpunkt,** sodass im Rahmen des Total-Quality-Managements (TQM) neben Kundenanforderungen auch die Anforderungen von Mitarbeitern, Kapitalgebern und der Öffentlichkeit zu berücksichtigen sind.

**ZP** 190
**Was versteht man unter dem Begriff *Qualität?***

- Qualitätsmerkmale sind **kennzeichnende Eigenschaften** einer Ware, eines Prozesses usw.
- Die Eigenschaften können nach **unterschiedlichsten Kriterien** eingeteilt werden, z. B. sensorische Merkmale (wie Geruch, Geschmack, Fühlen ...), funktionale Merkmale (wie Höchstgeschwindigkeit, Benzinverbrauch, Nutzungsdauer ...), zeitbezogene Merkmale (wie Lieferbereitschaft, Zuverlässigkeit ...).
- **Verschiedene Anspruchsgruppen** stellen unterschiedliche Anforderungen, die in unterschiedlicher Art und Weise erfüllt werden. Je **höher der Erfüllungsgrad,** desto **besser die Qualität.**

**ZP** 191
**Was sind *Qualitätsmerkmale?***

- **Stetige Veränderungen** (z. B. globalisierter Wettbewerb, gesellschaftliche Wertesysteme, technologische Entwicklungen) zwingen **Unternehmen zu Anpassungen** (z. B. bei Kostenstrukturen oder Innovationen).
- **Erweiterte Informations- und Verfügbarkeitsmöglichkeiten** (z. B. durch das Internet) führen zu einer **kritischen Erwartungshaltung** der Kunden, die ihre Wünsche und Anforderungen auf einem entsprechenden Qualitätsniveau erfüllen möchten.
- Qualität kann als **Integrationsfaktor** des Kunden auf eine Unternehmung aufgefasst werden, die dem Kunden die Möglichkeit der Erfüllung seiner Wünsche gibt. Somit kann Qualität als ein **Unterscheidungsmerkmal** angesehen werden, das einen Wettbewerbsvorteil darstellt. Entsprechend hoch sind deshalb die Anforderungen an die Qualitätsfähigkeit und an den Nachweis der Qualitätsfähigkeit einer Unternehmung.

**ZP** 192
**Beschreiben Sie *Qualität als Wettbewerbsvorteil* für eine Unternehmung.**

Als Fehler bezeichnet man die **Nichterfüllung eines Qualitätsmerkmals.**

**ZP** 193
**Was ist ein *Fehler?***

# Leistungserstellungsprozesse

194 **ZP**

**Unterscheiden Sie kritische Fehler, Haupt- sowie Nebenfehler und geben Sie jeweils ein Beispiel.**

- **Kritische Fehler** sind Fehler, die die **Gebrauchsfunktion verhindern** oder aus denen **unsichere oder gefährliche Situationen** entstehen, z. B. bei einer Küchenmaschine, deren stromführender Bereich nicht isoliert ist.
- Als **Hauptfehler** bezeichnet man die Fehler, die **die Gebrauchsfunktion erheblich einschränken,** z. B. wenn bei einer Küchenmaschine bestimmte Drehzahlen nicht erreicht werden.
- **Nebenfehler** schränken die **Gebrauchsfunktion nur wenig** ein, wie z. B. Oberflächenkratzer einer Küchenmaschine.

195 **ZP**

**Unterscheiden Sie *Qualitätsicherung* und *Qualitätskontrolle*.**

- **Qualitätssicherung** kann man als **Summe aller Maßnahmen zur Erreichung und Sicherung eines festgelegten Qualitätsgrades** definieren.
- **Qualitätskontrolle** bezieht sich auf die **Überprüfung der festgelegten Qualitätsmerkmale** (Sollwerte) mit den erreichten Werten (Istwerte).
- Eine moderne Qualitätssicherung einer Unternehmung bezieht sich auf den **gesamten Bereich eines Objektes,** beginnend mit der Entwicklung und endend mit der Ausmusterung am Ende der Nutzungsdauer.

196 **ZP**

**Unterscheiden Sie *Eingangs-*, *Zwischen-* und *Endkontrollen*.**

| | |
|---|---|
| **Eingangskontrolle** | Überprüfung von Waren und Werkstoffen bei der **Anlieferung** |
| **Zwischenkontrolle** | Prüfung einzelner Komponenten **während des Fertigungsprozesses** |
| **Endkontrolle** | Prüfung des **fertigen Produktes** auf Gebrauchs- und Verkaufsfähigkeit |

197 **ZP**

**Welchen Aussagewert hat die *„Zehnerregel"* im Bereich der Qualitätskontrolle?**

Nach der Zehnerregel erhöhen sich die die Fehlerkosten **auf jeder Stufe der Produktentstehungskette um das Zehnfache.**

Je **früher** ein Fehler entdeckt wird, desto **weniger Kosten** muss die Unternehmung tragen.

198 **ZP**

**Unterscheiden Sie die anfallenden *Qualitätskosten*.**

- **Fehlerverhütungskosten** (z. B. für Machbarkeitsstudien, Qualitätsplanung, Schulungen der Mitarbeiter, Zertifizierungen)
- **Prüfkosten** (z. B. für Laboruntersuchungen, Bereitstellung der Prüfmittel, Durchführung der Prüfung, Dokumentation)
- **Fehlerkosten** (z. B. für Nacharbeiten, Ausschuss, Aussortierung fehlerhafter Produkte, Fehlersuche)

Bei klassischer Betrachtungsweise spricht man vom **wirtschaftlichen Optimum** bei den Qualitätskosten, wenn die **Summe aller Qualitätskosten ein Minimum** erreicht.

Dabei wird ein **gegenläufiges Verhalten** von Prüfungs- und Fehlerverhütungskosten (die mit zunehmendem Qualitätserfüllungsgrad steigen) und Fehlerkosten (die mit zunehmendem Qualitätserfüllungsgrad sinken) angenommen.

**ZP** 199

**Wann ist das *wirtschaftliche Optimum* der Qualitätskosten erreicht?**

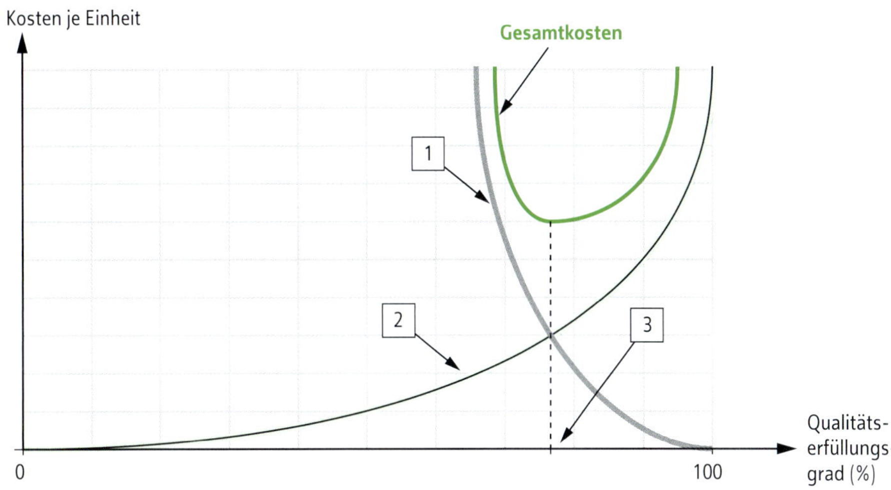


**ZP** 200

**In der nachfolgenden Abbildung ist die klassische Betrachtungsweise (s. vorhergehende Frage) der Qualitätskosten dargestellt.**

**Ordnen Sie die Begriffe**
1. **Fehlerkosten,**
2. **Prüfungs- und Fehlerverhütungskosten und**
3. **kostenoptimaler Qualitätserfüllungsgrad**

**zu.**

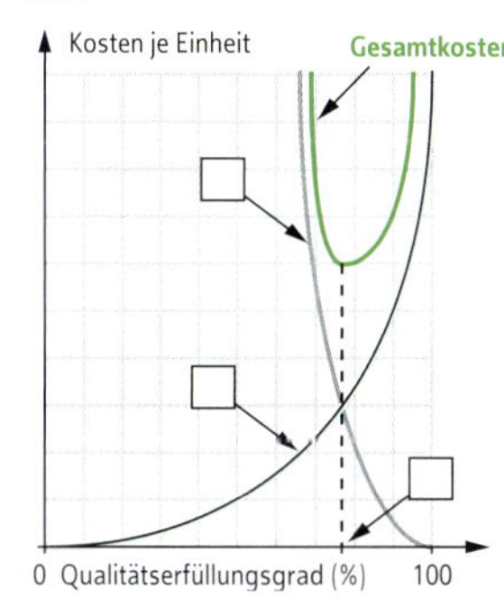


- Die **Vollprüfung** ist eine **100%-Kontrolle** und bezieht sich auf **alle Teile.** Aufgrund ihres Umfangs ist diese Prüfungsdurchführung eine **sichere,** aber auch eine **zeit- und kostenintensive** Prüfungsmethode, deren Einsatz überwiegend die **Funktionsprüfung** beinhaltet und in Sicherheitsbereichen (z. B. Flugzeugtechnik) auch mehrmals vorgenommen wird.
- Die **Stichprobenkontrolle** umfasst nur **einen Teil der Objekte,** wobei der Fehleranteil der Stichprobe mittels der Wahrscheinlichkeitsrechnung auf die Gesamtheit übertragen wird. Anwendungsgebiete sind die Überprüfung von **Großserien oder Massenfertigungen** und **zerstörende Überprüfungen** (z. B. Belastbarkeitstests von Metallen, Geschmacksprüfungen bei Lebensmitteln).

**ZP** 201

**Unterscheiden Sie *Vollprüfung* und *Stichprobenkontrolle.***

## Leistungserstellungsprozesse

202 ZP

**Was versteht man unter dem Begriff *Qualitätsmanagement?***

Alle **Tätigkeiten und strukturellen Umsetzungen,** die der Planung, Leitung und Lenkung einer Organisation zur Qualitätsfestlegung, Qualitätserfassung, Dokumentation und Qualitätsverbesserung dienen, kann man als Qualitätsmanagement definieren.

Qualitätsmanagement hat dabei sowohl **strategische** als auch **operative Komponenten,** da zum einen qualitative Aspekte bei der Formulierung von Unternehmenszielen durch die Unternehmensleitung Berücksichtigung finden und zum anderen auf jeder Hierarchiestufe die Umsetzung der Qualitätsanforderungen gefordert wird.

203 ZP

**Was sind *Qualitätsmanagementsysteme?***

- Qualitätsmanagementsysteme dienen der **Sicherung der Qualitätsfähigkeit** einer Unternehmung und beziehen als **organisatorisches Konzept** alle Bereiche eines Unternehmens ein.
- Qualitätsmanagementsysteme sind **unterschiedlich aufgebaut,** da sie unternehmensindividuell **unterschiedlichen Zielsetzungen** folgen.
- Allgemein bestehen Qualitätssysteme aus einer **Aufbauorganisation** mit eindeutigen Verantwortlichkeiten und einer vorgegebenen **Ablauforganisation** mit klaren Ablaufprozessen und -verfahren, denen jeweils **eindeutige Ressourcen** zugeordnet sind, um die Ziele des Qualitätsmanagements zu verwirklichen.
- Immer häufiger lassen sich die Unternehmen ihre Qualitätsmanagementsysteme zertifizieren (z. B. nach **DIN EN ISO 9000:2000**).

204 ZP

**Was beinhaltet die *DIN EN ISO 9000:2000?***

- Die DIN EN ISO 9000:2000 ist ein **Leitfaden,** um ein Qualitätsmanagementsystem (QS) **darzustellen und nachzuweisen.**
- Die DIN EN ISO 9000:2000 besteht aus **vier Hauptnormen:**
  - ISO 9000 für Grundlagen und Begriffe
  - ISO 9001 für Anforderungen an QS
  - ISO 9004 für einen Leitfaden zur Leistungsverbesserung
  - ISO 19011 für das Auditieren
- Der Begriff DIN EN ISO 9000:2000 setzt sich aus folgenden **Teilen** zusammen:
  - DIN: Deutsches Institut für Normung
  - EN: Europäische Norm
  - ISO: Internationale Organisation für Normung
  - 9000: Nummer der Norm
  - 2000: Veröffentlichungsjahr der Norm

205 ZP

**Welche *Vorteile* sind mit der Einführung von *Qualitätsmanagementsystemen* verbunden?**

Vorteile durch die Einführung von Qualitätsmanagementsystemen (Beispiele):

- Erfüllung von Kundenforderungen
- Einhaltung von Gesetzen und Vorschriften
- Optimierung von Produktionsprozessen
- Steigerung der Mitarbeitermotivation und -qualifikation
- Aufspüren von Kostensenkungspotenzialen
- Fehlerreduktion
- Förderung abteilungsübergreifenden Denkens
- Erhöhung der Konkurrenzfähigkeit
- Reduzierung von Produkthaftungsrisiken
- Steigerung der Transparenz

ZP 206

**Welche *Vor- und Nachteile* hat eine *Zertifizierung?***

- **Vorteile** sind z. B.:
  - allgemein bekannte und anerkannte Qualitätsgrundlagen
  - Wettbewerbsvorteile, wenn zertifizierte Unternehmen von ihren Zulieferern entsprechende Standards fordern
  - Transparenz und Objektivierung von Organisationsstrukturen sowie von Ablauf- und Kommunikationsprozessen
  - Imageverbesserung
- **Nachteile** sind z. B.:
  - Kostenhöhe der Zertifizierung
  - In der Regel sind Zertifizierungen zeitlich begrenzt.
  - Gefahr zunehmender Bürokratisierung
  - faktischer Zwang, wenn ein Unternehmen nur von zertifizierten Unternehmen beliefert werden möchte

ZP 207

**Welche *Grundsätze* werden gemäß DIN EN ISO 9001 an ein *Qualitätsmanagement* gestellt?**

- **Kundenorientierung**
  Organisationen sollten die gegenwärtigen und künftigen Kundenbedürfnisse erfüllen und gegebenenfalls übertreffen.
- **Führung**
  Führungspersonen sollten einheitliche Ziele setzen und klare Organisationsstrukturen schaffen, damit die Mitarbeiter die Organisationsziele umsetzen können.
- **Einbeziehung der Personen**
  Durch die umfassende Einbeziehung der Mitarbeiter, die auf allen Ebenen einer Organisation ein prägender Faktor sind, sollen ihre Fähigkeiten zum Vorteil der Organisation genutzt werden.
- **Prozessorientierung**
  Tätigkeiten und dazugehörige Ressourcen sollten als Prozess geleitet und gelenkt werden, um ein gewünschtes Ergebnis effizienter zu erreichen.
- **Systemorientiertes Management**
  Prozesse, die miteinander in Wechselwirkungen stehen, sollten als Systeme erkannt und gesteuert werden.
- **Ständige Verbesserung**
  Alle Leistungen einer Organisation sollten kontinuierlich verbessert werden.
- **Sachliche Entscheidungsfindung**
  Durch die Analyse von Daten und Informationen sollen Erfolg versprechende Entscheidungen getroffen werden.
- **Lieferantenbeziehungen zum gegenseitigen Nutzen**
  Die aus den wechselseitigen Abhängigkeiten von Organisationen und ihren Lieferanten resultierenden Beziehungen sollten zur Erhöhung der Wertschöpfung aller Beteiligten genutzt werden.

ZP 208

**Was ist ein *Qualitätshandbuch?***

- Im Qualitätshandbuch ist das **Qualifikationsmanagement einer Organisation** festgelegt.
- Es enthält die **relevanten Informationen** wie Qualitätszielsetzungen, Qualitätsplanungen sowie Arbeits- und Verfahrensanweisungen zur Dokumentation und Aktualisierung.
- Das Qualitätshandbuch ist ein **öffentliches Dokument,** das allen Interessierten zur Verfügung gestellt werden kann.

## Leistungserstellungsprozesse

209 ZP
**Was sind *Qualitätszirkel?***

**Qualitätszirkel** haben sich aus dem betrieblichen Vorschlagswesen entwickelt und sind

- organisierte Kleingruppen von Mitarbeitern,
- die eine gemeinsame Erfahrungsgrundlage haben,
- der gleichen Hierarchieebene angehören,
- die sich freiwillig treffen,
- die Qualitätsprobleme diskutieren,
- Lösungsvorschläge erarbeiten und
- an deren Umsetzung beteiligt sind.

210 ZP
**Was versteht man unter *Total Quality Management (TQM)?***

**TQM** ist ein **umfassendes** und **integratives** Managementkonzept, das

- alle Mitarbeiter einer Organisation einbezieht,
- die Qualität in den Mittelpunkt stellt,
- einen langfristigen Geschäftserfolg durch die Zufriedenstellung der Kunden anstrebt und
- den Nutzen für die Mitglieder der Organisation und die Gesellschaft erzielen will.

211 ZP
**Was sind *Arbeitsbegleitpapiere?***

Arbeitsbegleitpapiere sind **Unterlagen,** die das Produkt während des **Herstellungsprozesses begleiten.**

212 ZP
**Welche *Funktionen* können *Arbeitsbegleitpapiere* haben?**

- **Arbeitsbegleitpapiere** geben über die jeweiligen Arbeitsschritte, die an dem Produkt vorgenommen wurden, **Auskunft.**
- Durch **Auswertung** der Arbeitsbegleitpapiere im Zuge des Produktionscontrollings ist zum Beispiel erkennbar,
  - ob ***Fehler*** gemacht wurden,
  - wie lange ein Arbeitsschritt ***tatsächlich gedauert*** hat,
  - wer für die Arbeitsschritte ***verantwortlich*** ist,
  - welche Materialien ***verwendet*** wurden oder
  - welche ***Zeit*** vom ersten bis zum letzten Produktionsschritt benötigt wurde.
- Arbeitsbegleitpapiere gibt es in jedem **nicht vollautomatisierten Herstellungsprozess** als **Belege.** Sie kommen in der Regel als EDV-Belege zum Einsatz.
- Die Informationen der Arbeitsbegleitpapiere werden auch in **vollautomatischen Prozessen** benötigt. Sie können z. B. durch einen **individuellen Strichcode,** der am Produkt angebracht wird, online abgerufen werden.

213 ZP
**Geben Sie *Beispiele* für *Arbeitsbegleitpapiere,* die Sie kurz erläutern.**

| **Belege** | **Inhalte** (Beispiele) |
|---|---|
| **Laufkarte (Fertigungsbegleitkarte)** | • begleitet das Erzeugnis bei jedem Arbeitsschritt<br>• enthält die jeweiligen Arbeitsstationen und die dazugehörenden Arbeitsgänge<br>• gibt die Reihenfolge des Durchlaufs an<br>• enthält den Termin der Fertigstellung |

| **Belege** | **Inhalte** (Beispiele) |
|---|---|
| **Materialentnahmeschein** | • dokumentiert die Ausgabe der Werkstoffe<br>• enthält die zu belastende Kostenstelle |
| **Werkzeugentnahmekarte** | • dokumentiert die Aus- und Rückgabe von Werkzeugen<br>• enthält Benutzungshinweise |
| **Rückmeldeschein** | • dient der Verfolgung des Auftragsfortschritts<br>• signalisiert das Ende eines Arbeitsgangs |
| **Lagerzugangsschein** | • geht mit dem fertigen Teil in das Lager<br>• dokumentiert den Abschluss aller Arbeitsgänge |
| **Lohnkarte** | • enthält die relevanten Stammdaten der betreffenden Arbeitskraft<br>• dokumentiert die ausgeführten Arbeiten<br>• beinhaltet den jeweiligen Fertigungsgegenstand<br>• beinhaltet die gefertigte Stückzahl |

## 1.2.6 Instandhaltung

Handbuch: LF 11

**ZP** 214
**Geben Sie *Beispiele* dafür, wie die *betriebliche Infrastruktur* zur *Prozessunterstützung* beiträgt.**

- Datenverarbeitung
- innerbetriebliche Kommunikation
- Sicherheitsdienste
- innerbetriebliches Transportwesen
- Arbeitssicherheit

**ZP** 215
**Was versteht man unter *Instandhaltung?***

Unter Instandhaltung kann man (nach DIN 31051) alle **Maßnahmen** verstehen, die der **Bewahrung** und **Wiederherstellung** eines definierten **Sollzustandes** sowie zur **Feststellung** und **Beurteilung** des **Istzustandes** von technischen Einheiten dienen.

**ZP** 216
**Nennen und erläutern Sie die *Bereiche der Instandhaltung.***

| | **Instandhaltung** | | |
|---|---|---|---|
| Bereiche | **Wartung** | **Inspektion** | **Instandsetzung** |
| Definition | Bewahrung des Sollzustandes | Vergleich von Ist- und Sollzustand | Wiederherstellung des Sollzustandes |
| Tätigkeiten | • Pflege<br>• Reinigung<br>• Schmieren | • Aufnahme<br>• Dokumentation | • Reparatur<br>• Austausch von Teilen |

217 **ZP**

**Welche *Probleme* können für eine Unternehmung bei *nicht sachgerechter Instandhaltung* auftreten?**

zum Beispiel:

- Qualitätsverschlechterungen
- Ausfall von Anlagen
- Terminverzögerungen
- erhöhte Unfallgefahr
- Verringerung der Kapazitätsauslastung

218 **ZP**

**Nennen Sie beispielhaft Daten, die zur Beurteilung herangezogen werden können, um zu entscheiden, ob *neue Anlagen beschafft* werden müssen oder die *alten weiterhin instand gehalten* werden sollen.**

zum Beispiel:

- Zuverlässigkeit
- Zustand der Anlage
- Kosten der Instandhaltung
- Anschaffungskosten einer neuen Anlage

## 1.2.7 Umweltschutz

Handbuch: LF 5

### 1.2.7.1 Mögliche Umweltbelastungen durch den Ausbildungsbetrieb und gesetzliche Regelungen zum Umweltschutz

219 **ZP**

**Welche *gesetzlichen Vorschriften vermeiden Umweltbelastungen* durch den Betrieb?**

- Grundgesetz Artikel 20 u. a.: „Erhaltung einer lebenswerten Umwelt“
- Bundesimmissionsschutzgesetz
- Chemikaliengesetz
- Wasserhaushaltsgesetz
- Kreislaufwirtschafts- und Abfallgesetz
- Gefahrstoffverordnung
- Verpackungsverordnung

220 **ZP**

**Welches *Ziel* hat das *Bundesimmissionsschutzgesetz?***

Menschen, Tiere, Pflanzen, der Boden, das Wasser, die Atmosphäre, aber auch Kulturgüter, insbesondere denkmalgeschützte Gebäude, sind vor gefährlichen **Umwelteinwirkungen** bereits durch vorbeugende (präventive) Maßnahmen zu schützen.

221 **ZP**

**Welche *Konsequenzen* drohen bei dem *Verstoß gegen das Bundesimmissionsschutzgesetz?***

Bei Nichteinhaltung von Immissionsschutzauflagen kann bei der **Errichtung** eine **Genehmigungspflicht** für eine Betriebseröffnung versagt oder bei **Verstößen** während des Betriebes eine **Betriebsstilllegung** ausgesprochen werden.

**ZP**
(222)
**Welcher Unterschied besteht zwischen *Emissionen* und *Immissionen*?**

- Bei **Emissionen** ist der Ausgangspunkt die betriebene **Anlage.** Durch sie können sich in Form von Luftverunreinigungen, Geräuschen, Strahlen, Wärme usw. Veränderungen der Atmosphäre ergeben.

  *Beispiel:* Schadstoffausstoß von Rußpartikeln durch ein dieselbetriebenes Kraftfahrzeug

- Bei **Immissionen** handelt es sich um **Einwirkungen** auf den Menschen, die Umwelt oder die Atmosphäre, die sich durch Emissionen ergeben und schädigende **Auswirkungen** haben. *Beispiel:* Auswirkungen des Zigarettenrauches und die überproportional höhere Lungenkrebsrate bei aktiven Rauchern gegenüber Passivrauchern

**ZP**
(223)
**Welche *Genehmigungsvoraussetzungen* sieht das *Chemikaliengesetz* (Gesetz zum Schutz vor gefährlichen Stoffen) zum Umweltschutz vor?**

- **Anmeldung** und **Durchführung** einer **Materialprüfung** bei der Bundesanstalt für Arbeitsschutz- und Arbeitsmedizin, bevor ein Industriebetrieb einen **neuen Gefahrstoff** in den Verkehr, also auf den Markt, bringen kann.
- **Feststellung** eines möglichen **Gefährdungspotenzials** zum Schutz von Mensch und Umwelt. **Grenzwertüberschreitungen** können entweder zu einer **Zulassung** und **Genehmigung** mit bestimmten **Auflagen** oder zu einem **Herstellungsverbot** bei zu großen Gefahren führen.

**ZP**
(224)
**Welche wesentlichen *Zielsetzungen* sieht das *Wasserhaushaltsgesetz* (WHG) vor?**

- **Vermeidung** von **Wasserverunreinigung** durch wassergefährdende Stoffe während des **Produktionsprozesses**

  *Beispiel:* vorgeschriebene Auflage für die Errichtung einer Filteranlage bei Lackierarbeiten in der Automobilindustrie, bevor Reststoffe in den Schmutzwasserkanal eingeleitet werden dürfen

- **Vermeidung** von **Wasserverunreinigung** durch wassergefährdende Stoffe während der **Lagerung** und des **Transportes**

  *Beispiele:* vorgeschriebene Auflagen für die Errichtung besonderer Lagerschutzräume und besonderer Transportschutzbehälter

**ZP**
(225)
**Welche *Ziele* sieht das *Kreislaufwirtschaftsgesetz* (KrWG) für einen Industriebetrieb vor und welche Konsequenzen ergeben sich daraus?**

- Förderung der **Kreislaufwirtschaft,** d. h. **Zurückführung** der nicht mehr benötigten Güter und Stoffe in die **Produktion** (Recycling)
- Absicherung einer **umweltverträglichen Abfallbeseitigung** zur **Schonung** der natürlichen **Ressourcen**
- Die **Abfallvermeidung** hat **Vorrang** vor einer **Abfallverwertung.**
- Nicht vermeidbare und nicht verwertbare Abfälle sind bei der **Abfallbeseitigung umweltverträglich** zu entsorgen (z. B. in einer besonderen Müllverbrennungsanlage mit Schutzfiltern und einer Wärmerückgewinnung werden die Abfälle beseitigt).

**ZP**
(226)
**Welche grundsätzlichen *Ziele* sieht die *Verpackungsverordnung* für einen Industriebetrieb vor?**

Die Verpackungsverordnung (VerpV) sieht in § 1 folgende **Ziele** zur Entsorgung von Verpackungsabfällen vor:

- **Auswirkungen** von Verpackungsabfällen auf die Umwelt sind zu vermeiden oder zu **verringern.**
- **Vermeidung** von Verpackungsabfällen ist **wichtiger** als deren Wiederverwendung, Verwertung und Beseitigung.

## Leistungserstellungsprozesse

227 **ZP**

**Welche *Ziele* sieht die *Gefahrstoffverordnung* für einen Industriebetrieb beim Umgang mit *Gefahrstoffen* vor?**

- Die Gefahrstoffverordnung (GefstoffV) regelt das **Inverkehrbringen** von gefährlichen **Stoffen** und die **Erstellung** von **Erzeugnissen** mit diesen.
- **Beschäftigtenschutz** und **Schutz** anderer **Personen** vor Gefährdungen ihrer **Gesundheit** durch Gefahrstoffe

(vgl. hierzu S. 427 ff. Arbeitsschutz- und Unfallverhütungsvorschriften)

228 **ZP**

**Welche *Aufgabe* hat eine *Betriebsanweisung?***

**Betriebsanweisungen** sind zum Zweck des **richtigen Umgangs** mit gefährlichen Stoffen zum Umweltschutz während des gesamten Produktionsprozesses durch den Betrieb für alle Mitarbeiter anzufertigen und ihnen auszuhändigen.

229 **ZP**

**Welche Sicherheitsmaßnahmen müssen nach der *Gefahrstoffverordnung* in Industriebetrieben beachtet werden?**

- eindeutige **Kennzeichnung** der Gefahrstoffe
- sichere **Aufbewahrung** und **Entsorgung** der Gefahrstoffe
- **Prüfung** und **Dokumentation** der Wirksamkeit der technischen **Schutzmaßnahmen** in jedem dritten Jahr
- Dokumentation der **Gefährdungsbeurteilung**
- Führen eines **Gefahrstoffverzeichnisses**
- Erstellen von **Betriebsanweisungen**
- arbeitsmedizinische **Beratung**
- Bei **sehr giftigen** Stoffen müssen u. a. **geschlossene** Systeme eingesetzt und **Grenzwerte** durch **Messungen** überwacht werden. Außerdem ist eine **sichere Lagerung** mit entsprechenden baulichen Voraussetzungen durchzuführen und es können **Zugangsbeschränkungen** ausgesprochen werden.
- **Schutzkleidung** und **Atemschutzgeräte** sind z. B. bei Abbruch-, Sanierungs- oder Instandhaltungsarbeiten einzusetzen.

| Gefahrensymbole[1] | betriebliche Anwendungsbeispiel (schülerabhängige Antworten mit unten stehenden Merkmalen) |
|---|---|
|  | (Lebensgefahr oder giftig beim Verschlucken, Hautkontakt und beim Einatmen)<br><br>z. B. Arsen, Methanol, Quecksilber |
|  | (Korrosiv gegenüber Metallen, Ätzwirkung für die Haut, schwere Augenschädigung)<br><br>z. B. Salzsäure, Natronlauge, Schwefelsäure (Batteriesäure) |
|  | (Umweltgefahren, akut wassergefährdend)<br><br>z. B. Kraftstoffe, Heiz- und Motorenöle, Desinfektionsmittel, Reinigungsmittel |
|  | (haut- oder augenreizend, evtl. allergische Hautreaktionen, narkotisierende Wirkung)<br><br>z. B. lösemittelhaltige Klebstoffe, Farbverdünner, Lacksprays |

1 Im Jahr 2015 wurden die rechteckigen orangefarbenen Gefahrstoffsymbole durch neue Gefahrstoffsymbole (rot umrandete Rauten mit schwarzen Symbolen auf weißem Grund) ersetzt. (vgl. ausführlich hierzu: https://www.vbg.de/apl/arbhilf/unterw/125_sym.htm, eingesehen am 11.01.2021)

**ZP** 230

**Im Rahmen der Beschaffungs- und Logistikkette müssen Mitarbeiter Grundkenntnisse beim Umgang mit *gefährlichen Stoffen* haben. Nennen Sie bitte jeweils zwei betriebliche Anwendungsbeispiele.**

Handbuch: LF 5

## 1.2.7.2 Möglichkeiten der wirtschaftlichen und umweltschonenden Energie- und Materialverwendung

231 ZP Was versteht man unter einem *produktionsintegrierten Umweltschutz?*

Im Rahmen der Diskussion der gesellschaftlichen Verantwortung zum Umweltschutz haben in der heutigen Zeit auch Industriebetriebe ihren **nachhaltigen Klimaschutzbeitrag** zu leisten.

Durch eine bessere Nutzung des **Ressourceneinsatzes** und eine höhere **Energieeffizienz,** z. B. die Reduktion von $CO_2$-Emissionen während des **gesamten Produktionsprozesses,** sollen staatliche Umweltschutzauflagen eingehalten werden.

232 ZP Was versteht man unter einem *Umweltmanagementsystem* in einem Industriebetrieb und welche Konsequenzen ergeben sich daraus?

Große Industriebetriebe können eine „... Bewältigung des Klimawandels ... nur mittels **wissensbasierter Vernetzung** von Prozessen und Produkten zielführend ...„[1] erreichen.

Zu diesem Zweck wird mithilfe von **zertifizierten Energiemanagementsystemen,** nach ISO 50001, versucht, ein zentrales Lenkungselement aller Funktionsbereiche der Unternehmenssteuerung zu schaffen und dieses weiter auszubauen.

Eine zentrale Rolle spielen in diesem Zusammenhang zur weiteren Konkretisierung von Umwelschutzzielen in Industriebetrieben **Umweltkennzahlen** und **Nachhaltigkeitsberichte.**

1 *vgl.* SALZGITTER AG (Hrsg.): Geschäftsbericht der Salzgitter AG 2013, S. 75 ff.

233 ZP Welche *Gesichtspunkte* sollte ein *Umweltmanagementsystem* enthalten? Nennen Sie jeweils zwei Beispiele hierzu.

Umweltmanagementsysteme in großen Industrieunternehmen enthalten zum Nachweis der Nachhaltigkeit[1] ihres Umweltbeitrages Zahlenangaben zu folgenden Gesichtspunkten:

- **Energiemanagement** und Klimaschutz
  - Gesamtenergieverbrauch einschließlich Strombezug
  - Unternehmensweite $CO_2$-Emissionen aus eigenen Verbrennungsanlagen
- **Schadstoffemissionen** in die Luft
  - Luftschadstoffe durch säureinduzierende Substanzen ($SO_2$), Lösemittel, Ozon abbauende Substanzen
- **Rohstoff- und Materialeinsatz**
  - Materialverbrauch von Rohstoffen
  - Verbrauch von Hilfs- und Betriebsstoffen und vor- und halbproduzierten Gütern und Teilen
- **Abfallmanagement**
  - Gesamtabfall zur Beseitigung und Verwertung
  - Abfallarten bzw. Behandlungsformen bei gefährlichen und nicht gefährlichen Abfällen
- **Wassermanagement**
  - Wasserverbrauch und Abwassermenge
  - Belastung der Gewässer durch Schwermetalle wie z. B. Quecksilber
- **Logistik und Verkehr**
  - quantitative Angaben über Zu- und Auslieferung des vom Unternehmen unmittelbar verursachten Verkehrs
  - Anzahl von Mitarbeiterreisen
- **Produktions- und Transportunfälle, Freisetzung von Chemikalien, Kraftstoffen, Ölen**
  - Anzahl der Schadensereignisse
  - Unfallhäufigkeit auf der Straße, Schiene usw.
- **Naturschutz und Artenvielfalt**
  - Aktivitäten in Naturräumen durch die Geschäftstätigkeit
  - Auswirkungen auf die Ökosysteme

1 *vgl. hierzu ausführlich:* Institut für ökologische Wirtschaftsforschung (IÖW) und future e. V. (Hrsg.): Nachhaltigkeitsberichterstattung in Deutschland. Ergebnisse und Trends im Ranking, Berlin/Münster 2007, S. 116 ff.

Im Bereich des Energiemanagements z. B. die **Energiekennzahl:**

$$\text{prozentualer Anteil des Energieträgers} = \frac{\text{Verbrauch des Energieträgers}}{\text{Gesamtenergieverbrauch}} \cdot 100$$

Im Bereich der Schadstoffemissionen z. B. die **Abluftkennzahl:**

$$\text{Schadstoff-Quote X} = \frac{\text{ausgestoßene Schadstoffmenge}}{\text{Anzahl der Produkteinheiten}}$$

Im Bereich des Rohstoff- und Materialeinsatzes z. B. die **Materialkennzahl:**

$$\text{prozentualer Anteil des Betriebsstoffes Y} = \frac{\text{Betriebsstoffeinsatz Y}}{\text{Gesamtbetriebsstoffeinsatz}} \cdot 100$$

Im Bereich des Abfallmanagements z. B. die **Abfallkennzahl:**

$$\text{prozentualer Abfallanteil Z} = \frac{\text{Abfallmenge Z}}{\text{Gesamtabfallmenge}} \cdot 100$$

Im Bereich des Wassermanagements z. B. die **Wasser- und Abwasserkennzahl:**

$$\text{Wassereinsatz- oder Abwasserquote} = \frac{\text{Wassermenge oder Abwassermenge}}{\text{Anzahl der Produkteinheiten}}$$

**ZP** 234

**Nennen Sie mindestens vier wichtige *Umweltkennzahlen,* die im Rahmen eines Umweltmanagementsystems in einem Industriebetrieb angewendet werden.**

- Mithilfe von **Umweltkennzahlen** sollen bereits durch eine vorausschauende **Beschaffungspolitik,** u. a. durch recycelte kostengünstigere **Grundstoffe,** unter Berücksichtigung ressourcenschonender **Produktionsprozesse,** z. B. durch erneuerbare Energien, **Kostensenkungspotenziale** erzielt werden.
- Durch den Einkauf umweltschonender Roh-, Hilfs- und Betriebsstoffe sinken die **Umweltrisiken** und damit auch die Höhe von **Versicherungsprämien.** Diese Situation führt für die Gesellschaft und die Unternehmen zu **Win-Win-Situationen.**

**ZP** 235

**Welche Folgen ergeben sich aus dem *umweltbewussten Einkauf* von Roh-, Hilfs- und Betriebsstoffen und der Anwendung *umweltschonender Produktionsverfahren?***

- Einhaltung von Umweltschutzauflagen am Arbeitsplatz durch Dokumentation und deren Überprüfung
- Einsparung von Energie- und Rohstoffkosten durch Mitarbeiterschulungen und betriebliche Unterweisungen
- Vermeidung von Abfällen, geringere Deponiekosten
- Expertenschulungen und Workshops für Gefahrstofflagerungen und -transporte
- Einrichtung eines betrieblichen Vorschlagswesens, um die Mitarbeiter zu motivieren, durch viele kleine ökologische Maßnahmen eine kontinuierliche Verbesserung zu bewirken und Ressourcen einzusparen.

**ZP** 236

**Mit welchen Maßnahmen kann *umweltbewusstes Verhalten* am Arbeitsplatz positiv beeinflusst werden?**

- Ein energiesparender **Fuhrpark** und eine verbesserte Optimierung der Tourenplanung führen zur **Vermeidung** von **Leerfahrten** und letztlich zur **Einsparung** von **Transportkosten.**
- Intelligente **Energieeffizienzmaßnahmen** in Industriebetrieben (z. B. Rückgewinnung der mechanischen Prozessenergie, Wirkungsgradverbesserung der Arbeitsmaschinen durch deren Austausch, Vermeidung der Überdimensionierung von Motoren und Antriebsmaschinen) führen zu einer Senkung der Energiekosten bzw. zur **Senkung** des **Stromverbrauchs**.

**ZP** 237

**Welche *Investitionsentscheidungen* führen zu *energiesparenden* Betriebs- und Transportmitteln?**

ZP

238 Welche *Folgen* ergeben sich für den Produktionsprozess, wenn bei dem Einsatz der Produktionsfaktoren *ökologische Gesichtspunkte* berücksichtigt werden?

- **geringerer Lärm- und Schadstoffausstoß** und **niedrigerer Energieverbrauch** (günstigere Ökobilanz)
- Möglichkeit einer **sparsameren Verwendung**
- Verlängerung der Nutzungsdauer maschineller Anlagen durch regelmäßige **Wartungen**

Handbuch: LF 5

## 1.2.7.3 Abfälle vermeiden; umweltschonende Entsorgung von Stoffen und Materialien

ZP

239 Welche *betrieblichen Handlungen* sind im Rahmen eines *betrieblichen Abfallkonzepts* vorgesehen?

- Im Unterschied zum privaten Haushalt kann ein Industriebetrieb im Rahmen der **Selbstverwertungspflicht** seine **Abfälle** (nicht verwertbare Reststoffe) in Eigen- oder Fremdregie **beseitigen.** Er kann sachkundige und zuverlässige **Dritte** nach dem Kreislaufwirtschaftsgesetz (KrWG) mit der Abfallbeseitigung beauftragen.
- Anfertigung von **Sicherheitsprotokollen,** in denen eine vorschriftsmäßige **Abfallbeseitigung dokumentiert** wird

ZP

240 Wie können *Abfallvermeidung, Abfallverwertung* und *Abfallbeseitigung* in einem Unternehmen umgesetzt werden?

- **Abfallvermeidung** z. B. durch **Kreislaufführung** der eingesetzten Roh-, Hilfs- oder Betriebsstoffe während des betrieblichen Produktionsprozesses und -verfahrens (Folge: **Wegfall** von **Entsorgungs- und Verwertungskosten)**
- **Abfallverwertung** durch **Recycling** (stoffliche Verwertung) oder durch **energetische Verwertung,** z. B. als Ersatzbrennstoff zur Energiegewinnung (Folge: **Ressourcenschonung** und **Schadstoffreduzierung)**
- **Abfallbeseitigung** durch **Müllverbrennung, Deponierung** in Zwischenlagern oder **Endlagerung** von nicht verwertbaren Reststoffen (Folge: geringere **Kosten-** und **Umweltbelastung)**

ZP

241 Welche unterschiedlichen *Verpackungsformen* gibt es nach der Verpackungsverordnung (VerpV) und welche *Rücknahmepflichten* sieht sie vor?

- **Verpackungsformen:**
  - Verkaufsverpackungen
  - Umverpackungen
  - Transportverpackungen
  - Mehrwegverpackungen
- **Rücknahmeverpflichtungen** bei:
  - Verkaufsverpackungen durch den Vertreiber
  - Umverpackungen durch den Vertreiber
  - Transportverpackungen durch den Hersteller und Vertreiber

  Rücknahmeverpflichtungen für Hersteller und Vertreiber entfallen, wenn sie sich an einem Rücknahmesystem, wie z. B. dem Dualen System, beteiligen.

ZP 242
Welche Rolle spielt das *„Duale System"* im Zusammenhang mit der *Verpackungsverordnung* (Rücknahmepflicht)?

- Das „Duale System" übernimmt die Rücknahme **gebrauchter Verpackungen,** wobei zwischen **Bring- und Holsystemen** bei der Verpackungsabfallerfassung unterschieden wird.
- Hersteller und Handel dürfen aufgrund der Rücknahmeverpflichtung den Endverbraucher nicht mit den Entsorgungskosten für Transportverpackungen belasten.

## 1.3 Beschaffungsprozesse planen, steuern und kontrollieren

Lernfeld 6

### 1.3.1 Bedarfsermittlung und Disposition

Handbuch: LF 6

ZP 243
Was versteht man unter dem Begriff *Beschaffung?*

- Als **Beschaffung im weiteren Sinne** können alle Tätigkeiten des Unternehmens bezeichnet werden, die dazu dienen, die Mittel zu erhalten, die zur Leistungserstellung notwendig sind. Dies können neben Betriebsmitteln alle zu beschaffenden Materialien, Dienstleistungen, das Personal und das notwendige Kapital sein.
- Bei der **Beschaffung im engeren Sinne** betrachtet man dagegen nur die zu beschaffenden Roh-, Hilfs- und Betriebsstoffe, die notwendigen Teile und ergänzende Dienstleistungen.

ZP 244
Was versteht man unter dem *Beschaffungsprozess?*

- Als **Teilprozesse** des **Beschaffungsprozesses** gelten:
  - ***Bedarfsermittlung***
  - ***Lieferantenauswahl***
  - ***Bestellabwicklung (Disposition)***
  - ***Bestandsplanung und -führung***
- Der **Beschaffungsprozess** kann nicht losgelöst von anderen unternehmensbezogenen Teilprozessen, wie z. B. dem Produktions- oder Absatzprozess, betrachtet werden. Die **Prozessbetrachtung** geht prinzipiell davon aus, dass alle unternehmensbezogenen Teilprozesse letztendlich von den **Kundenanforderungen** oder -wünschen **abhängig** sind.

ZP 245
Was beinhaltet die *Bedarfsermittlung?*

- **Ermittlung** der benötigten **Mengen an Einkaufsgütern** (Roh-, Hilfs- und Betriebsstoffen)
- **Abgleich mit** den **Daten** aus der **Bestandsplanung** und **-führung**
- enge **Kooperation** mit der **Produktions-** und **Marketingabteilung**

ZP 246
Was umfasst die *Lieferantenauswahl?*

- gezielte Suche und **Auswahl** von **neuen Lieferanten**
- **Bewerten** von Lieferanten
- **Erarbeiten von Zielvorgaben,** z. B. für Verhandlungen über Preise und Konditionen

# Beschaffungsprozesse planen, steuern und kontrollieren

247 ZP
Welche Aufgaben hat die *Bestellabwicklung (Disposition)*?

- **Einholen** und **Vergleichen** von **Angeboten**
- **Erarbeiten** von **Bestellvorschlägen**
- **Auslösen** von **Bestellungen**
- **Erfassen** und **Überwachen** von **Wareneingängen**
- **Überprüfen** der **Eingangsrechnungen**

248 ZP
Welche Aufgaben erfüllt die *Bestandsplanung* und *-führung*?

- mengen- und wertmäßige **Planung** und **Überprüfung** von **Warenbeständen**
- **Erfassung** der **Warenbewegungen**
- **Verhinderung** des Auftretens von **Fehlmengen**
- enge **Zusammenarbeit** mit der **Bedarfsermittlung**

249 ZP
Welche Fragen hat die *Beschaffungsplanung* zu beantworten?

- **Was** soll bestellt werden? → Materialplanung
- **Wie viel** soll bestellt werden? → Mengenplanung
- **Wann** soll bestellt werden? → Zeitplanung
- **Wie hoch** darf der maximal akzeptierbare Einkaufspreis sein? → Preisplanung
- **Wo** soll bestellt werden? → Bezugsquellenplanung

250 ZP
Unterscheiden Sie *zentralen* und *dezentralen Einkauf.*

- Vom **zentralen Einkauf** wird gesprochen, wenn eine Stelle alle zu beschaffenden Güter und Dienstleistungen beschafft.
- Beim **dezentralen Einkauf** können unterschiedliche Unternehmensteile (z. B. Abteilungen) den Einkauf getrennt vornehmen oder der Einkauf wird jeweils für bestimmte Produktgruppen gebündelt.

251 ZP
Nennen Sie Vor- und Nachteile des *zentralen Einkaufs.*

- **Vorteile:**
  - günstigere Einkaufskonditionen z. B. durch Ausnutzung von Mengenrabatten
  - Nutzung der Fachkompetenz des ausgewählten Fachpersonals
  - einheitliche Terminplanung und -überwachung
  - bessere Übersicht über das notwendige Finanzvolumen
- **Nachteile:**
  - Bürokratisierung des Einkaufs (Aufblähung eines kostenintensiven Verwaltungsapparates)
  - Vernachlässigung von regionalen Besonderheiten

252 ZP
Was versteht man unter *äußerer* und *innerer Beschaffungsorganisation?*

- Bei der **äußeren Beschaffungsorganisation** wird zwischen dem **zentralen** und dem **dezentralen Einkauf** unterschieden (siehe oben).
- Bei der **inneren Beschaffungsorganisation** geht es um die Aufgabenverteilung innerhalb der Beschaffungsabteilung, die entweder nach dem **Objekt-** oder dem **Funktionsprinzip** erfolgen kann.

- Wird die Beschaffungsorganisation auf **Objekte,** z. B. auf bestimmte Materialien, ausgerichtet, ist ein Mitarbeiter für alle Teilprozesse des Beschaffungsprozesses zuständig.
- Wird die Beschaffungsorganisation dagegen auf **Funktionen** (oder Verrichtungen) ausgerichtet, ist ein Mitarbeiter jeweils nur für eine bestimmte **Beschaffungstätigkeit,** z. B. den Teilprozess Lieferantenauswahl, zuständig – aber für alle Materialien.

**ZP** 253

Welche *ökologischen Gesichtspunkte* können bei der *Beschaffungspolitik* eines Unternehmens unterschieden werden?

**Ökologische Gesichtspunkte der Beschaffungspolitik eines Unternehmens**

| | Beispiele |
|---|---|
| Reduzierung des Verpackungsaufwandes bei einzukaufenden Produkten | • recyclingfähiges Verpackungsmaterial<br>• Mehrwegverpackungen |
| Reduzierung des Transportaufwandes bei einzukaufenden Produkten | • Verringerung der Entfernung zum Lieferanten<br>• Einkauf von Großmengen |
| Beachtung von Kundenwünschen im Hinblick auf umweltfreundliche Produktionsweise und ökologische Materialien | • Vermeidung/Verringerung von Schadstoffemissionen bei der Herstellung der Produkte<br>• Herstellung recyclingfähiger Produkte |
| Beachtung staatlicher Auflagen bei Beschaffungstätigkeiten | • Klärung von Entsorgungsfragen bei Einkaufsverhandlungen<br>• Einhaltung gesetzlicher Bestimmungen |

*vgl.:* Margit Bentin u. a., Handlungsorientierte Materialien in Wirtschaft und Verwaltung. Beschaffungsprozess. Lehrerband. 3. Auflage. Bildungshaus Schulbuchverlage Westermann Schroedel Diesterweg Schöningh Winklers GmbH, Braunschweig 2012, S. 129

**ZP** 254

Welche beiden *Arten der Bedarfsermittlung* werden prinzipiell unterschieden?

- Bei der **verbrauchsorientierten Bedarfsermittlung** orientiert man sich an den Verbrauchsmengen der Vergangenheit. Da dieses Verfahren absatzbedingte Schwankungen in der Zukunft nicht berücksichtigen kann, wird es vornehmlich für die Bedarfsberechung von Hilfs- und Betriebsstoffen und z. T. auch Werkzeugen genutzt.
- Bei der **auftragsorientierten (programmgesteuerten) Bedarfsermittlung** geht man von der Absatzplanung aus, also von geplanten oder bereits realisierten Kundenaufträgen.

255 ZP
**Definieren Sie die Begriffe *Primär-, Sekundär-* und *Tertiärbedarf* sowie *Brutto-* und *Nettobedarf* im Rahmen der Bedarfsermittlung.**

- **Primärbedarf:** Bedarf an Fertigerzeugnissen und Handelswaren aufgrund der Absatzplanung bzw. aufgrund der Produktionspläne
- **Sekundärbedarf:** Bedarf an Rohstoffen, Bauteilen und Baugruppen, der zur Herstellung des Primärbedarfs notwendig ist. Grundlage der Berechnung sind in der Regel Stücklisten.
- **Tertiärbedarf:** Bedarf an Hilfs- und Betriebsstoffen und notwendigen Werkzeugen zur Herstellung
- **Bruttobedarf:** Bedarf an Verbrauchsmengen des Primär-, Sekundär- und Tertiärbedarfs ohne Berücksichtigung von Lagerbeständen
- **Nettobedarf:** Bruttobedarf – disponierbarer Lagerbestand

256 ZP
***Berechnen* Sie aufgrund der folgenden Angaben den *Nettobedarf:***
*Effektiver Lagerbestand: 150 Stück; Sicherheitsbestand: 20 Stück; Bestellbestand (ausstehende Lieferungen): 10 Stück; Bruttobedarf: 200 Stück.*

| | | |
|---|---|---|
| | effektiver Lagerbestand: | 150 Stück |
| – | Sicherheitsbestand: | 20 Stück |
| = | verfügbarer Bestand: | 130 Stück |
| + | Bestellbestand: | 10 Stück |
| = | disponierbarer Lagerbestand: | 140 Stück |

| | | |
|---|---|---|
| | Bruttobedarf: | 200 Stück |
| – | disponierbarer Lagerbestand: | 140 Stück |
| = | Nettobedarf: | 60 Stück |

257 ZP
**Welche Rolle spielt der Gedanke *„Eigenfertigung oder Fremdbezug – make or buy?“* bei der Beschaffungsplanung?**

- Unternehmen überlegen prinzipiell, ob sie Güter und Dienstleistungen **selbst erstellen** oder **von anderen** Unternehmen **beziehen** sollen. Entscheidet man sich dafür, bisher im eigenen Unternehmen erstellte Leistungen von anderen erstellen zu lassen, spricht man von **Outsourcing.** Umgekehrt bedeutet die Erstellung bisher fremder Leistungen in eigener Regie **Insourcing.**
- Bei der Abwägung **Eigenfertigung oder Fremdbezug** spielen folgende **Einflussgrößen** eine bedeutende Rolle:
  - ***Höhe der Kosten***
  - ***Grad der Sicherheit*** (Unabhängigkeit vom Lieferanten)
  - ***Maß der betrieblichen Einflussnahme*** auf die Endleistung (z. B. hinsichtlich der Produktqualität)
  - ***ökologische Aspekte*** (z. B. hinsichtlich der Entsorgung)
  - ***organisatorischer Aufwand***
  - ***Qualifikation des Personals***
  - ***Kapazitätsauslastung***

Die **kritische Menge** ist die Menge, bei der die **Kosten** von Eigenfertigung und Fremdbezug **gleich hoch** sind und bei der **langfristig** über die Beschaffungsalternative entschieden werden muss.

**ZP** 258
**Was versteht man unter der *kritischen Menge* im Rahmen der Überlegung „Eigenfertigung oder Fremdbezug?"**

Bei der Planung der Bestellmengen muss die Einkaufsabteilung eines Unternehmens die entstehenden Kosten grundsätzlich möglichst gering halten. Die **optimale Bestellmenge** ist die Menge, bei der die **Summe aus Lager- und Bestellkosten am geringsten** ist.

Ermittlung der optimalen Bestellmenge

| mögliche Anzahl der Bestellungen bei unserem Lieferanten pro Jahr | Bestellmenge Paletten | Lagerkosten (€) | Bestellkosten (€) | Gesamtkosten (€) |
|---|---|---|---|---|
| 1 | 400 | 2.000,00 | 40,00 | 2.040,00 |
| 2 | 200 | 1.000,00 | 80,00 | 1.080,00 |
| 4 | 100 | 500,00 | 160,00 | 660,00 |
| **8** | **50** | **250,00** | **320,00** | **570,00** |
| 10 | 40 | 200,00 | 400,00 | 600,00 |
| 16 | 25 | 125,00 | 640,00 | 765,00 |

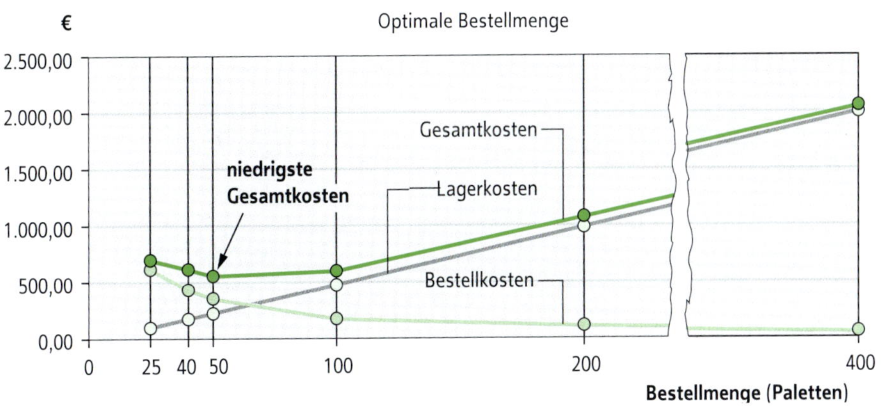


**ZP** 259
**Was versteht man unter der *optimalen Bestellmenge?***

Die Lager- und Bestellkosten entwickeln sich in Abhängigkeit von der Bestellmenge gegenläufig.
Dieser **Zielkonflikt** erklärt sich aus folgendem Sachverhalt:

- Die Beschaffung größerer Mengen in größeren Zeitabständen verursacht relativ **hohe Lagerkosten,** aber **geringe Bestellkosten.**
- Die Beschaffung kleinerer Mengen in kleineren Zeitabständen verursacht relativ **hohe Bestellkosten,** aber **geringe Lagerkosten.**

**ZP** 260
**Inwiefern besteht zwischen *Lager-* und *Bestellkosten* ein *Zielkonflikt?***

# Beschaffungsprozesse planen, steuern und kontrollieren

261 ZP

**Was versteht man unter der *ABC-Analyse* im Rahmen der Beschaffung?**

Die **ABC-Analyse** ist ein Verfahren zur **wirtschaftlichen Bewertung** der zu beschaffenden und zu lagernden Güter und **dient** damit **der Wirtschaftlichkeitskontrolle.** Die benötigten Güter werden entsprechend des Verbrauchs nach ihrem Wert- bzw. Mengenanteil am gesamten Einkaufs- bzw. Warenvolumen des Unternehmens in **A-, B- und C-Güter** unterteilt:

- **A-Güter** haben einen hohen Wertanteil, jedoch nur einen geringen Mengenanteil am Gesamtvolumen.
- **B-Güter** haben einen mittleren Wert- und Mengenanteil am Gesamtvolumen.
- **C-Güter** haben nur einen geringen Wertanteil, jedoch einen hohen Mengenanteil am Gesamtvolumen.

Insbesondere bei der Beschaffung von hochwertigen A-Gütern ist auf niedrige Einkaufspreise und entsprechende Einkaufskonditionen wie z. B. Fracht zu achten.

262 ZP

**Welchem *Zweck* dient die *Wertanalyse?***

Mithilfe der Wertanalyse sollen einerseits die **notwendigen Funktionen eines zu beschaffenden Produktes erfasst** werden, zum anderen sollen die **Beschaffungskosten des Produktes minimiert** werden. Jeder einzelnen Funktion kann ein bestimmter Kundennutzen zugeordnet werden. Es muss geprüft werden, ob die entsprechenden (kostenverursachenden) Funktionen sinnvoll sind. Eventuell kann auf einige Produktfunktionen verzichtet werden und somit der Einkaufspreis reduziert werden.

Als Methode zur Durchführung der Wertanalyse wird häufig das Projektmanagement (siehe S. 480 ff.) angewandt.

263 ZP

**Beschreiben Sie jeweils kurz das *Bestellpunkt*- und das *Bestellrhythmusverfahren.***

- **Bestellpunktverfahren:** Die Bestellung erfolgt bei der Erreichung eines bestimmten Lagerbestandes, dem **Meldebestand.**
  Meldebestand = Mindestbestand + (Tagesverbrauch · Lieferzeit)
  Dieses Verfahren ist insbesondere bei absatzbedingten Verbrauchsschwankungen sinnvoll.

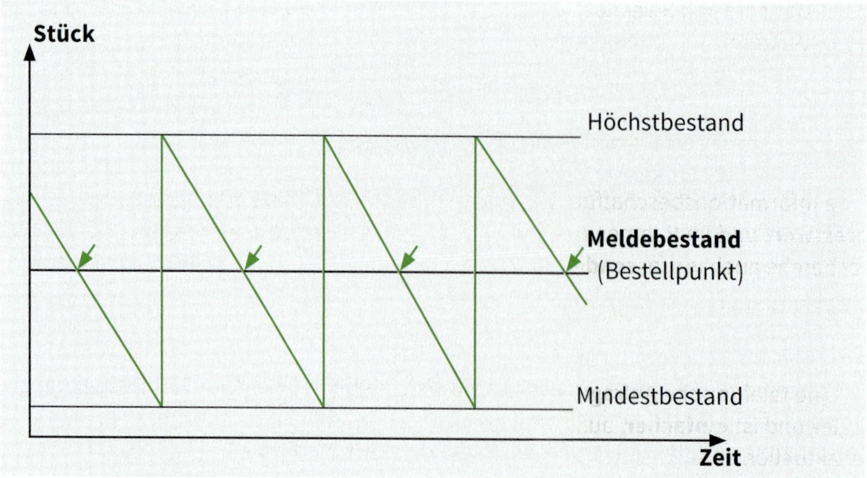


- **Bestellrhythmusverfahren:** Die Bestellung erfolgt jeweils nach Ablauf einer bestimmten **Zeitspanne,** man spricht von einem **periodischen Rhythmus.** Dieses Verfahren eignet sich vor allem bei einem konstanten Verbrauch der entsprechenden Güter.

## 1.3.2 Bestelldurchführung

Handbuch: LF 6

**Allgemein** besteht das **Ziel von Beschaffungsmarketing** darin, bestehende Beschaffungsmärkte bzw. Bezugsquellen zu pflegen und neue Beschaffungsmärkte bzw. Bezugsquellen unter Berücksichtigung der Unternehmensziele und der Unternehmensphilosophie zu erschließen.

**Im Einzelnen** hat Beschaffungsmarketing für das Unternehmen **das Ziel,**

- die **Beschaffungskosten** zu **senken,**
- die **Beschaffungsqualität** zu **erhöhen,**
- das **Beschaffungsrisiko** zu **senken,**
- die **Beschaffungsflexibilität/-autonomie** des Unternehmens zu **erhöhen,**
- **unternehmensspezifische Beschaffungsziele** (z. B. ökologische oder soziale Ziele) zu **verfolgen.**

*vgl.:* Udo Koppelmann, Beschaffungsmarketing. Vierte, neu bearbeitete Auflage, 2004, Springer-Verlag, Berlin, Heidelberg, S. 112

**ZP** 264
**Nennen Sie das Ziel des *Beschaffungsmarketings.***

Entscheidungen im Beschaffungsbereich dürfen sich nicht allein auf zufällige Informationen über mögliche Lieferanten und ihre Produkte stützen. Vielmehr ist eine **systematische Auswertung** von **Informationen** des potenziellen **Beschaffungsmarktes** unumgänglich. Wird dies unterlassen, besteht die Gefahr, dass die Mitbewerber günstiger einkaufen und geeignetere Produkte anbieten können.

**ZP** 265
**Begründen Sie die Notwendigkeit der *Beschaffungsmarktforschung.***

- **interne Bezugsquellennachweise:**
  - Lieferantendateien
  - Artikeldateien
  - Berichte von Reisenden/Handelsvertretern
- **externe Bezugsquellennachweise:**
  - Fachzeitschriften und -messen
  - Vertreterbesuche von Zulieferern
  - Kataloge/Prospekte/Webseiten von Firmen
  - branchenspezifische Datenbanken (z. B. „Wer liefert was“)

**ZP** 266
**Nennen Sie jeweils drei Beispiele für *unternehmensinterne* und *unternehmensexterne Bezugsquellennachweise.***

Eine Informationsbeschaffung mithilfe des Internets ist **schneller, aktueller, relativ preiswert** und im Rahmen der Bezugsquellenermittlung bei einer guten Internetrecherche auch **umfassender.**

**ZP** 267
**Welche Vorteile hat die Informationsbeschaffung per *Internet?***

- Eine telefonische Anfrage geht **schneller** und ist **einfacher,** außerdem ist sie aktueller.
- **Rückfragen** sind möglich und es können eventuelle Missverständnisse sofort ausgeräumt werden.

**ZP** 268
**Welche Vorteile der Informationsbeschaffung hat eine *telefonische Anfrage?***

# Beschaffungsprozesse planen, steuern und kontrollieren

**269** ZP

**Welche *rechtliche Bedeutung* hat eine *Anfrage* beim Abschluss eines Kaufvertrages?**

Eine **Anfrage** hat für den Abschluss eines Kaufvertrages **keine rechtliche Bedeutung,** da sie keine Willenserklärung wie z. B. ein verbindliches Angebot, eine Bestellung bzw. eine Bestellungsannahme (Auftragsbestätigung) darstellt, sondern der Informationsbeschaffung dient.

**270** ZP

**Welche *betriebswirtschaftliche Bedeutung* hat eine *Anfrage* bei der Bezugsquellenermittlung?**

Die Anfrage dient der **Informationsbeschaffung** in Form der speziellen oder allgemeinen Anfrage und kann Teil der Geschäftsanbahnung sein.

**271** ZP

**Welcher Unterschied besteht zwischen einer *allgemeinen* und einer *speziellen Anfrage?***

Bei einer allgemeinen Anfrage erkundigt sich das Industrieunternehmen **allgemein** nach dem Produktangebot, den zugehörigen Preisen und den Liefer- und Zahlungsbedingungen des Lieferanten. Bei dieser Anfrageform wird im Gegensatz zur speziellen Anfrage **nicht** nach einem **bestimmten Produkt,** z. B. einem Rohstoff, gefragt.

**272** ZP

**Welche *Inhalte* sollte eine *spezielle Anfrage* enthalten?**

- Grund der Anfrage
- gewünschte Ware
- erforderliche Menge
- Preise, Lieferungs- und Zahlungsbedingungen
- gewünschter Liefertermin

**273** ZP

***Wodurch* kommt ein *Kaufvertrag zustande?***

Ein **Kaufvertrag** kommt durch mindestens **zwei übereinstimmende Willenserklärungen** zustande. Man unterscheidet dabei zwischen **Antrag** und **Annahme.** Die erste Willenserklärung, der Antrag, kann sowohl vom Käufer als auch vom Verkäufer ausgehen.

**274** ZP

**Worin unterscheiden sich *Verpflichtungs-* und *Erfüllungsgeschäft* beim Kaufvertrag?**

- Das **Verpflichtungsgeschäft** umfasst die Pflichten der Vertragspartner.
  - Die ***Pflichten des Verkäufers*** sind:
    1. Übergabe der Ware an den Käufer zur rechten Zeit, am richtigen Ort und in der richtigen Art und Weise (z. B. mangelfrei)
    2. Eigentumsübertragung der Ware an den Käufer
  - Die ***Pflichten des Käufers*** sind:
    1. Abnahme der Ware
    2. Bezahlung der Ware
- Das **Erfüllungsgeschäft** ist erst abgeschlossen, wenn Käufer und Verkäufer ihre Vertragspflichten vollkommen erfüllt haben.

ZP
Welche *Inhalte* sollte grundsätzlich ein *Angebot* enthalten?
275

- Artikelbeschreibung (Art, Güte, Beschaffenheit der Ware)
- Preis der Ware
- evtl. eingeräumte Rabatte
- Verpackungs- und Beförderungskosten
- Lieferzeit und Zahlungsbedingungen
- Erfüllungsort und Gerichtsstand

ZP
Welche *rechtliche Bedeutung* hat ein Angebot?
276

Ein Angebot ist grundsätzlich **verbindlich.** Der Verkäufer ist zur Einhaltung der Zusagen verpflichtet, es sei denn, das Angebot enthält sogenannte Freizeichnungsklauseln.

ZP
Welche Möglichkeiten einer *eingeschränkten Bindung* hat der Verkäufer bei einem Angebot?
277

Der Verkäufer kann entweder sein Angebot **zeitlich befristen,** z. B. bis „zum 30. Juni 20..“, oder durch sogenannte **Freizeichnungsklauseln,** wie z. B. „Preis freibleibend“, „solange der Vorrat reicht“, „unverbindlich“, „ohne Obligo“, einschränken.

ZP
Erläutern Sie den *Unterschied* zwischen einem *Angebot* und einer *Anpreisung.*
278

- Ein **Angebot** ist an eine **bestimmte natürliche oder juristische Person** gerichtet; die Angaben sind grundsätzlich **verbindlich.**
- Eine **Anpreisung** ist an die **Allgemeinheit** gerichtet, wie z. B. Schaufensterauslagen; diese Angaben sind **unverbindlich** und sollen den Käufer zur Abgabe einer verbindlichen Willenserklärung veranlassen.

ZP
Welche *rechtliche Wirkung* hat der *Widerruf* eines Angebotes?
279

Damit der Anbietende nicht mehr an sein Angebot gebunden ist, muss der **Widerruf spätestens mit dem Eintreffen des Angebotes** beim Empfänger erfolgen.

ZP
*Wie lange* ist der Anbietende an sein *Angebot gebunden?*
280

- **Unter Anwesenden** ist der Anbietende nur so lange an sein Angebot gebunden, wie der persönliche Kontakt (z. B. ein Telefonat) dauert.
- **Unter Abwesenden** (z. B. bei einem Angebot per Brief) ist der Anbietende so lange gebunden, wie unter **normalen Umständen** eine Antwort erwartet werden kann. Dem Kunden wird eine angemessene **Bearbeitungszeit** (z. B. ein Tag) und eine entsprechende **Beförderungszeit** (z. B. zwei Tage bei einem Inlandsbrief) zugebilligt.

## Beschaffungsprozesse planen, steuern und kontrollieren

**281** ZP

**Welcher Unterschied besteht zwischen *quantitativen* und *qualitativen Entscheidungskriterien* beim Angebotsvergleich und welche Bedeutung haben sie?**

- Durch **quantitative Entscheidungskriterien,** wie z. B. Preise, Lieferantenrabatte und Bezugskosten, wird mithilfe der **Bezugspreiskalkulation** ein möglichst günstiger Einstands- oder Bezugspreis (BP) ermittelt.
- Die **qualitativen Entscheidungskriterien,** wie z. B. die Warenqualität, das Reklamationsverhalten oder die Zuverlässigkeit des Lieferanten, können mithilfe einer sogenannten **Entscheidungswerttabelle** bzw. einer **Nutzwertanalyse** zueinander ins Verhältnis gesetzt und gewichtet werden. Das Ergebnis dieser Analyse kann dazu führen, dass nicht der Lieferant mit dem günstigsten Bezugspreis ausgewählt wird, sondern ein anderer, weil die **qualitativen** Gesichtspunkte, z. B. die Warenqualität, von größerer Bedeutung sind.

**282** ZP

**Welche Aufgabe und Bedeutung haben *Mengen-* und *Treuerabatt* sowie *Bonus* für den Verkäufer?**

- Beim **Mengenrabatt** wird dem Käufer bei Abnahme **größerer Warenmengen** ein Rabattsatz eingeräumt, d. h., er erhält sogenannte Staffelpreise. Der Verkäufer kann durch gezielten Einsatz dieser Rabattart hohe Warenbestände abbauen. Damit erreicht er eine höhere Umschlagshäufigkeit der Waren, die mit einer Senkung der Lagerkosten einhergeht.
- Dem Käufer werden beim **Treuerabatt** wegen langjähriger Geschäftsbeziehungen (Stammkunde) Preisnachlässe eingeräumt. Es soll eine möglichst dauerhafte **Kundenbindung** erreicht werden.
- Beim **Bonus** wird dem Käufer in der Regel **nachträglich,** meistens nach Abschluss des Geschäftsjahres, ein Rabattsatz eingeräumt, wenn er eine bestimmte Umsatzhöhe erreicht hat. Der Verkäufer veranlasst unter Umständen den Käufer zu höheren Abnahmemengen und fördert letztlich auch eine dauerhafte **Kundenbindung.**

**283** ZP

**Wer trägt gemäß gesetzlicher Regelung beim *Versendungskauf* die Beförderungskosten?**

Bei der gesetzlichen Regelung für die Bezahlung der Beförderungskosten gilt der Grundsatz „Warenschulden sind Holschulden", d. h., der **Verkäufer** trägt die Kosten **bis** zur **Versandstation** und der **Käufer** die **Transportkosten** (Fracht- und Verladekosten). Die Beförderungsbedingungen hierfür lauten: **„unfrei"** oder **„ab hier".**

**284** ZP

**Welche *vertraglichen Regelungen* für die Höhe der Beförderungskosten sind für den Käufer am günstigsten bzw. am ungünstigsten?**

- Die **günstigste Regelung für den Käufer** ist die Lieferung **„frei Haus".** Der **Verkäufer** übernimmt hier **alle** Beförderungskosten bis zu den Geschäftsräumen des Käufers.
- Die **ungünstigste Regelung für den Käufer** ist die Lieferung **„ab Werk",** da der **Käufer alle** Beförderungskosten bis zu seinen Geschäftsräumen zu tragen hat.

Der Käufer hat **grundsätzlich** die Kosten für die **Schutz- und Versandverpackung** zu tragen.

Vertraglich können mit dem Käufer günstigere Regelungen vereinbart werden, zum Beispiel „Verpackung leihweise“: hier kann die Verpackung zurückgegeben werden.

**ZP** 285

**Welche *gesetzlichen Regelungen* gelten für die Übernahme der *Verpackungskosten* beim Versendungskauf?**

Für die Bezahlung der bestellten und angenommenen Ware gilt der Grundsatz „Geldschulden sind Schickschulden“:

- Die Bezahlung wird **unverzüglich** bei Lieferung der Ware fällig,
- der Käufer hat die **Überweisungskosten** und
- das **Überweisungsrisiko** für den Zahlungseingang beim Verkäufer zu tragen.

**ZP** 286

**Welche *gesetzliche Regelung* gilt für die *Bezahlung* einer bestellten Ware?**

- Zahlung **vor Lieferung:** bei Sonderanfertigungen oder bei Neukunden nur gegen „Vorauszahlung“
- Zahlung **bei Lieferung:** Die Zahlung erfolgt ohne Abzug bei Lieferung, z. B. „sofort netto Kasse“, „Barzahlung“ oder „Anzahlung“.
- Zahlung **nach Lieferung:** Dem Käufer wird ein **Zahlungsziel** eingeräumt, sodass er innerhalb einer bestimmten Frist die Eingangsrechnung zu bezahlen hat.
  *Beispiel:* „Zahlbar innerhalb 30 Tagen.“

**ZP** 287

**Welche *vertraglichen Regelungen* können zwischen Verkäufer und Käufer bezüglich der Bezahlung der Ware vereinbart werden und welche Bedeutung haben sie?**

Ein Unternehmen wird auch in diesem Falle Skonto in Anspruch nehmen, wenn die Effektivzinsersparnis (z. B. 36 %) bei Skontoausnutzung einen in Anspruch zu nehmenden Überziehungskreditzinssatz (z. B. 12 %) bei der Bank überschreitet: (36 % minus 12 % = 24 Prozentpunkte Zinsersparnis).

**ZP** 288

**Wird ein Unternehmen beim Rechnungsausgleich *Skonto* in Anspruch nehmen, wenn keine eigenen finanziellen Mittel aufgrund eines Liquiditätsengpasses zurzeit zur Verfügung stehen?**

- Bei einem **Terminkauf** ist eine Ware zu einem bestimmten Termin oder innerhalb einer **bestimmten Frist** zu liefern.
  *Beispiel:* „Lieferung innerhalb 60 Tagen.“
- Bei einem **Fixkauf** hat die Warenlieferung an oder bis zu einem **genau festgelegten Zeitpunkt** zu erfolgen.
  *Beispiel:* „Lieferung fest zum 30. Juni.“ Eine nachträgliche Lieferung hätte für den Käufer keinen Sinn mehr.

**ZP** 289

**Welcher Unterschied besteht zwischen einem *Termin-* und einem *Fixkauf?***

# Beschaffungsprozesse planen, steuern und kontrollieren

290 **ZP**

**Welcher Unterschied besteht bei der zusammengesetzten Bezugspreiskalkulation zwischen *Mengen-* und *Wertspesen?***

Bei der zusammengesetzten Bezugspreiskalkulation sind die **Bezugskosten** der Gesamtlieferung **anteilsmäßig** für die einzelnen Waren genau zu ermitteln. Dabei werden die Bezugskosten nach Mengen- und Wertspesen unterschieden.

- Die **Mengenspesen** werden nach der **Menge** (z. B. Stück oder $m^2$) bzw. nach dem Gewicht verteilt.

  *Beispiel:* Fracht und Rollgeld

- Die **Wertspesen** werden nach dem **Warenwert** verteilt.

  *Beispiel:* Transportversicherungsprämie

291 **ZP**

***Berechnen* Sie aufgrund der folgenden Daten für ein Industrieunternehmen die *Bezugspreise* je kg für die beiden in einer Warensendung gelieferten Artikel:**

*Ware A mit 700 kg (brutto) zu einem Listenpreis von 60,00 € je kg und Ware B mit 420 kg (brutto) zu 80,00 € je kg; Tara der Ware A: 60 kg, Tara der Ware B: 20 kg. Die Frachtkosten betragen 186,00 €, das Rollgeld 42,00 €, die Provision für Absatzmittler 958,00 € und die Transportversicherung 98,00 €.*

**Berechnung des Gesamtwertes:**

| Ware | Bruttogewicht in kg | Tara in kg | Nettogewicht in kg | Listenpreis/kg | Gesamtpreis |
|---|---|---|---|---|---|
| A | 700 | 60 | 640 | 60,00 € | 38.400 € |
| B | 420 | 20 | 400 | 80,00 € | 32.000 € |
| **Summe** | 1120 | 80 | 1040 | | 70.400 € |

**Berechnung der Gewichts- und Wertspesen:**

| Mengenspesen (hier: Gewichtsspesen) | | Wertspesen | |
|---|---|---|---|
| Fracht | 186,00 € | Provision | 958,00 € |
| Rollgeld | 42,00 € | Versicherung | 98,00 € |
| **Summe** | 228,00 € | | 1.056,00 € |

**Verteilung der Mengenspesen:**

| Ware | kg | Teile | Mengenspesen |
|---|---|---|---|
| A | 700 | 10 | 142,50 € |
| B | 420 | 6 | 85,50 € |
| **Summe** | 1 120 | 16 | 228,00 € |
| | | 1 | 14,25 € |

**Verteilung der Wertspesen:**

| Ware | Euro | Teile | Wertspesen |
|---|---|---|---|
| A | 38.400,00 € | 24 | 576,00 € |
| B | 32.000,00 € | 20 | 480,00 € |
| **Summe** | 70.400,00 € | 44 | 1.056,00 € |
| | | 1 | 24,00 € |

**Berechnung der Bezugspreise:**

| Ware | Listenpreis | Mengen-spesen | Wert-spesen | Gesamt-bezugs-preis | Bezugs-preis/kg (netto) |
|---|---|---|---|---|---|
| A | 38.400,00 € | 142,50 € | 576,00 € | 39.118,50 € | 61,12 € |
| B | 32.000,00 € | 85,50 € | 480,00 € | 32.565,50 € | 81,41 € |
| **Summe** | 70.400,00 € | 228,00 € | 1.056,00 € | 71.684,00 € | |

**ZP** 292
**Wie kann der Käufer im Zuge der Beschaffung seine *Gesamtliquidität* verbessern?**

Im Rahmen der Beschaffung kann die Gesamtliquidität verbessert werden …

- durch Vereinbarung möglichst **langer Zahlungsziele** für den Rechnungsausgleich (Beispiel: Zahlungsziel 90 Tage); dadurch werden die flüssigen Mittel erst zu einem späteren Zeitpunkt geringer,
- durch Aushandeln von **Skonti** und
- möglichst hoher **Sofort**rabatte (z. B. Mengenrabatt) bzw. **nachträglicher** Boni mit den Lieferanten, um die **Beschaffungskosten** und damit die Liquiditätsbelastung zu senken.

**ZP** 293
**Welche *rechtliche Bedeutung* hat eine *Bestellung?***

Bei einer Bestellung handelt es sich rechtlich gesehen um eine **Willenserklärung,** die gegenüber dem Verkäufer **verbindlich** ist.

**ZP** 294
**Worin besteht der Unterschied zwischen einer Bestellung *ohne ein vorausgegangenes Angebot* und einer Bestellung *aufgrund* eines *vorausgegangenen Angebotes?***

- Erfolgt eine Bestellung **ohne vorausgegangenes Angebot,** muss sie ganz konkrete Angaben über die Preishöhe, den gewünschten Liefertermin usw. haben. Diese Willenserklärung ist nur für den Auftraggeber/die Auftraggeberin **verbindlich.** Der Kaufvertrag kommt erst durch eine Warenlieferung oder durch eine Auftragsbestätigung zustande.
- Erfolgt eine Bestellung **aufgrund eines Angebotes** und stimmen diese beiden Willenserklärungen **überein,** kommt ein **Kaufvertrag zustande.**

# Beschaffungsprozesse planen, steuern und kontrollieren

295

**ZP**

**Muss stets eine *Auftragsbestätigung* durch den Verkäufer erfolgen, damit ein Kaufvertrag rechtsgültig ist?**

- Eine Auftragsbestätigung ist rechtlich notwendig zur Entstehung eines rechtsverbindlichen Kaufvertrages, wenn der Kunde **ohne vorliegendes Angebot** eine Bestellung vornimmt. Erst dann liegen **zwei übereinstimmende Willenserklärungen** vor.
- Ist ein Kaufvertrag durch **zwei übereinstimmende** Willenserklärungen zustande gekommen, ist eine zusätzliche Auftragsbestätigung **aus rechtlichen Gründen** nicht erforderlich. Die Auftragsbestätigung hat organisatorische Vorteile für Käufer und Verkäufer (Erhöhung der Sicherheit durch zusätzliche Kontrolle). Erfolgte z. B. die Bestellung telefonisch aufgrund eines Angebotes, hat die schriftliche Auftragsbestätigung **Beweiskraft.** Außerdem enthält die Auftragsbestätigung häufig **weitere nützliche Daten** für den Kunden, z. B. den taggenauen Liefertermin (im Kaufvertrag ist meist nur eine bestimmte Lieferwoche vereinbart).

296

**ZP**

**Welche Inhalte weist die *Bezugskalkulation* auf?**

| | **Bezugskalkulation** | **(Beispiel:)** |
|---|---|---|
| | Listeneinkaufspreis | 1.000,00 € |
| – | Lieferantenrabatt (10 %) | 100,00 € |
| = | Zieleinkaufspreis | 900,00 € |
| – | Lieferantenskonto (3 %) | 27,00 € |
| = | Bareinkaufspreis | 873,00 € |
| + | Verpackungskosten | 12,00 € |
| + | Transportkosten | 25,00 € |
| = | Einstandspreis | 910,00 € |

297

**ZP**

**Welche *Kaufvertragsarten* werden im Hinblick auf *Art, Güte und Beschaffenheit* der Ware unterschieden?**

- **Kauf auf Probe:** Es besteht ein **Rückgaberecht** der Sache innerhalb einer vereinbarten Frist (z. B. Rückgabe innerhalb einer Woche).
- **Kauf nach Probe:** Die **Qualität** der kostenlosen Probe ist auch für die **Folgemengen** verbindlich.
- **Kauf zur Probe:** Es wird zunächst zu Testzwecken eine **kleine Menge** gekauft.
- **Gattungskauf: Vertretbare Ware,** nur der Gattung nach bestimmbare Ware, die sich nach Maß, Zahl oder Gewicht bestimmen lässt, ist Kaufgegenstand.
- **Stückkauf:** Es wird eine **nicht vertretbare Ware** gekauft, die nur einmalig vorhanden ist, z. B. ein Gemälde.
- **Spezifikationskauf:** Bei Vertragsabschluss werden nur Art und Menge der Ware bestimmt, die **nähere Bestimmung** der Ware (z. B. die Farbe) erfolgt innerhalb einer **vereinbarten Frist.**
- **Ramschkauf:** Die gesamte Warenmenge wird zu einem **Pauschalpreis** (z. B. bei einer Geschäftsaufgabe) gekauft.

- **Kauf auf Anzahlung:** Der Käufer leistet vor der Warenlieferung eine Anzahlung.
- **Kauf auf Vorauszahlung:** Der Käufer bezahlt die Ware vor der Lieferung (z. B. bei einer Sonderanfertigung).
- **Barkauf:** Der Käufer bezahlt die Ware bei der Übergabe.
- **Zielkauf:** Der Käufer bezahlt nach der Lieferung zu einem vereinbarten Zahlungsziel (z. B. nach vier Wochen).
- **Ratenkauf:** Der Käufer zahlt in mehreren Raten.

**ZP** 298
Welche *Kaufvertragsarten* werden im Hinblick auf den *Zeitpunkt der Bezahlung* der Ware unterschieden?

- **Verbrauchsgüterkauf:** Ein Endverbraucher kauft die Ware von einem Unternehmen.
- **Bürgerlicher Kauf:** Beide Vertragspartner sind Privatpersonen.
- **Einseitiger Handelskauf:** Ein Vertragspartner ist Kaufmann laut HGB, der andere Privatperson.
- **Zweiseitiger Handelskauf:** Beide Vertragspartner sind Kaufleute laut HGB.

**ZP** 299
Welche *Kaufvertragsarten* werden im Hinblick auf die *rechtliche Stellung der Vertragspartner* unterschieden?

- **Sofortkauf:** Die Ware wird gegen sofortige Bezahlung gekauft (Zug-um-Zug-Geschäft).
- **Terminkauf:** Die gekaufte Ware wird innerhalb eines festgelegten Zeitraumes oder bis zu einem festgelegten Zeitpunkt geliefert.
- **Fixkauf:** Die gekaufte Ware wird zu einem genau festgelegten Lieferzeitpunkt geliefert, der Liefertermin ist wesentlicher Vertragsbestandteil, d. h., nach Ablauf des Liefertermins hat die Lieferung keinen Sinn mehr für den Käufer.
- **Kauf auf Abruf:** Die gekaufte Ware wird zu einem vom Käufer zu bestimmenden Zeitpunkt oder in Verbindung mit einem Teillieferungskauf zu mehreren zu bestimmenden Zeitpunkten geliefert.

**ZP** 300
Welche *Kaufvertragsarten* werden im Hinblick auf die *Lieferzeit* unterschieden?

- **Handkauf:** Die Ware wird im Geschäftssitz des Verkäufers gegen Bezahlung dem Käufer übergeben.
- **Platzkauf:** Die Ware wird an den Geschäftssitz des Käufers gesendet; Käufer und Verkäufer haben den Geschäftssitz am selben Ort.
- **Versendungskauf:** Die Ware wird zum Käufer versendet, Käufer und Verkäufer haben den Geschäftssitz an verschiedenen Orten.

**ZP** 301
Welche *Kaufvertragsarten* werden im Hinblick auf den *Ort der Warenübergabe* unterschieden?

Sie sind **vorformulierte Vertragsbedingungen** und bedeuten für den Verkäufer Zeit- und Kostenersparnis. Sie werden nur dann Teil des Vertrages, wenn der Verkäufer ausdrücklich auf sie hinweist.

**ZP** 302
Welche Bedeutung haben die *Allgemeinen Geschäftsbedingungen (AGB)?*

# Beschaffungsprozesse planen, steuern und kontrollieren

**303** ZP
**Welchen Zweck verfolgen die einschlägigen *Schutzbestimmungen* des BGB zu den AGB?**

- Begrenzung des Vertragsrisikos
- Schutz des Endverbrauchers
- Erhöhung der Rechtssicherheit

**304** ZP
**Was versteht man bei den AGB unter dem *„Vorrang der Individualabrede"*?**

Widersprechen einzelne Teile der AGB den einzeln ausgehandelten Bedingungen, gilt der „Vorrang der Individualabrede", d. h., dass **einzeln ausgehandelte Vertragsabreden** stets **Vorrang** vor den AGB haben.

**305** ZP
**Welche rechtliche Wirkung haben sogenannte *„Überraschungsklauseln"* bei den AGB?**

Werden **völlig ungewöhnliche Vertragsklauseln** als AGB benutzt (sogenannte Überraschungsklauseln), so werden sie rechtlich gesehen nicht Vertragsbestandteil, sind also **unwirksam.**

**306** ZP
**Welche besonderen Bestimmungen gelten laut BGB für *Endverbraucher* bei den AGB? Nennen Sie die wichtigsten Bestimmungen.**

- Endverbraucher müssen **ausdrücklich** auf die AGB **hingewiesen** werden.
- **Nachträgliche kurzfristige Preiserhöhungen** für bestellte, aber noch nicht ausgelieferte Waren sind **innerhalb vier Monaten** nach Vertragsabschluss verboten und somit **unwirksam.**
- Eine **Verkürzung der gesetzlichen Gewährleistungsfrist** im Rahmen der Mängelhaftung ist **verboten.**
- Das **Setzen einer unangemessen langen Lieferfrist** ist **untersagt.**
- Ein **Ausschluss von Kundenrechten** bei **Leistungsstörungen** (z. B. bei Reklamationsrechten) ist **unwirksam.**

**307** ZP
**Welche Rolle hat die *Vertragsüberwachung* im beschaffenden Unternehmen?**

- Eine Kernaufgabe ist die **Überwachung der Liefertermine (Terminkontrolle).** Hält der Lieferant den vertraglichen Liefertermin nicht ein, muss sofort Kontakt mit ihm aufgenommen werden, unter Umständen müssen Rechte aus dem Lieferungsverzug geltend gemacht werden.
- Eine weitere wichtige Aufgabe ist die **Überwachung** der **Qualität** der gelieferten Ware (vgl. „Tätigkeiten beim Wareneingang", siehe Aufgabe Nr. 317).
- Die **Rechungsprüfung** kontrolliert zum einen die **rechnerischen Daten** (z. B. vereinbarter Einkaufspreis, Rabatt), zum anderen wird die Rechung sachlich überprüft (stimmen Art, Güte und Menge der Ware beim Vergleich von Lieferschein, Rechnung und Bestellung überein?).

„Rechte und Pflichten aus Vertragsstörungen" siehe Kapitel 3 im Bereich „WiSo", Wirtschafts- und Sozialkunde, Abschnitt 3.2.7: Nichterfüllung von Rechtsgeschäften, S. 401 ff.

## 1.3.3 Vorratshaltung und Beständeverwaltung

Handbuch: LF 6

Die **Beschaffungslogistik** befasst sich mit der **Planung, Steuerung** und **Kontrolle** von **Material-** und **Informationsflüssen** zwischen dem Unternehmen und seinen Lieferanten und den sogenannten Logistikdienstleistern (z. B. Transportunternehmen). Als Teil der gesamten Logistik von Unternehmen muss die Beschaffungslogistik im Rahmen des Beschaffungsprozesses **Güter** und **Informationen**

- in der **richtigen Menge,**
- in der **notwendigen Qualität,**
- am **richtigen Ort,**
- zum **richtigen Zeitpunkt,**
- zu **möglichst geringen Kosten**

beschaffen.

**ZP** 308
Was versteht man unter der *Beschaffungslogistik?*

**Überbrückung von ...**

**Zeitproblemen**
- zwischen der Beschaffung des Lagergutes und dessen Weiterverkauf (Handelsbetrieb)
- zwischen der Beschaffung des Lagergutes und dessen Verwendung bei der Produktion (Industriebetrieb)

**Raumproblemen**
- zur Herstellung der Lieferfähigkeit vor Ort (Handelsbetrieb)
- zur Aufrechterhaltung der Produktionsfähigkeit vor Ort (Industriebetrieb)

**Mengenproblemen**
- zur Herstellung der Lieferfähigkeit in ausreichenden Mengen
- zur Schaffung eines Spielraumes bei erhöhter Nachfrage

**Preisproblemen**
- zur Nutzung von Mengenrabatten
- zur Inanspruchnahme von Sonderangeboten
- zur Vorbeugung gegen vorhersehbare Preiserhöhungen

**ZP** 309
Welche *Überbrückungsfunktionen* übt die *Lagerhaltung* im Einzelnen aus?

- **Einerseits** hat der Industriebetrieb das **ertragswirtschaftliche Ziel,** durch die Lagerhaltung eine möglichst hohe **Liefer-** bzw. **Produktionsbereitschaft** zu gewährleisten, um die Kundenwünsche letztendlich erfüllen zu können.
- **Andererseits** hat der Industriebetrieb das **kostenwirtschaftliche Ziel,** die **Kapitalbindung im Lager** möglichst gering zu halten und damit durch geringe Lagerbestände die Zins- und Lagerkosten zu minimieren.

Der Einsatz moderner Logistiksoftware hilft, diesen klassischen Zielkonflikt weitestgehend zu „lösen", um betriebswirtschaftlich sinnvolle Entscheidungen zu treffen.

**ZP** 310
Vor welchem *Zielkonflikt* steht prinzipiell jede *Lagerhaltung?*

311 **ZP**

**Beschreiben Sie jeweils die *Sach-* und *Formalziele* der *Lagerhaltung.***

**Ziele der Lagerhaltung**

| Sachziele | Formalziele |
| --- | --- |
| **Bereitstellung** von Werkstoffen (Waren) | **Minimierung** der … |
| • in der gewünschten Art und Qualität<br>• in der erforderlichen Menge<br>• am richtigen Lager- bzw. Einsatzort<br>• zum erforderlichen Zeitpunkt<br>• zum günstigsten Preis | • Lagerkosten (z. B. durch Senkung der Miet-, Energie- und Personalkosten)<br>• innerbetrieblichen Transportkosten<br>• Kapitalbindung (durch Auswertung von Lagerkennziffern)<br>• Lagerrisiken (z. B. durch Lagergutkontrolle und Nutzung entsprechender Lagereinrichtung) |

312 **ZP**

**Beschreiben Sie die *Funktionen* der einzelnen *Lagerarten* im Bereich *Beschaffung, Produktion* und *Absatz.***

- Das **Beschaffungslager** für Roh-, Hilfs- und Betriebsstoffe, Fremdbauteile und Handelswaren **sichert** die fortlaufende **Produktion, überbrückt saisonale Schwankungen** und hilft, **Preisschwankungen** auf dem Beschaffungsmarkt **auszugleichen.**
- Beim **Produktionslager** wird zwischen dem **Zwischen-, Hand-** und **Halbfabrikatelager** unterschieden:
  - Das ***Zwischenlager*** bildet einen Puffer zur Abstimmung der einzelnen Fertigungsstufen.
  - Das ***Handlager*** als Lager für Kleinmaterialien sichert die kontinuierliche Fertigung und verringert Wegezeiten und -kosten.
  - Das ***Halbfabrikatelager*** dient entweder als Zwischenlager für unfertige Erzeugnisse oder als Prozesslager (z. B. für das Trocknen von Farbe).
- Beim **Absatzlager** wird zwischen dem **Fertigfabrikatelager** und dem **Versandlager** differenziert.
  - Das ***Fertigfabrikatelager*** sichert grundsätzlich die Absatzbereitschaft und dient der Lagerung von Fertigerzeugnissen, die nicht unmittelbar für den Versand vorgesehen sind.
  - Das ***Versandlager*** dient der kurzfristigen Lagerung der versandfertigen Produkte.

313 **ZP**

**Was versteht man unter einem *Konsignationslager?***

Beim **Konsignationslager** unterhält ein Zulieferer ein Lager beim Industrieunternehmen, das auf **Kosten des Zulieferers betrieben** wird. Das Industrieunternehmen wird erst bei Entnahme von Waren aus dem Konsignationslager mit Kosten belastet.

- Dieses Konzept hat das Ziel, dem abnehmenden Industrieunternehmen die **Lagerkosten gänzlich zu ersparen.** Der Zulieferer hat die zur Produktion notwendigen Güter in der notwendigen Menge **genau zum Zeitpunkt des Produktionsbeginns anzuliefern.**
- **Problematisch** für den Abnehmer kann die enorme **Störanfälligkeit des Produktionsablaufs** durch dieses Konzept sein (z. B. bei Streik, Verkehrsstaus).

**ZP** 314
**Welche *Auswirkungen* hat das *Just-in-time-Konzept* auf die Lagerhaltung des Industrieunternehmens?**

Den betriebswirtschaftlichen Vorteilen beim abnehmenden Industrieunternehmen stehen die volkswirtschaftlichen Nachteile durch **hohe ökologische Folgekosten** für die Gemeinschaft gegenüber, die vor allem durch die hohe Anzahl von Transportfahrten (z. B. per Lkw) verursacht werden.

**ZP** 315
**Welche *gesellschaftliche Kritik* wird am Just-in-time-Konzept geübt?**

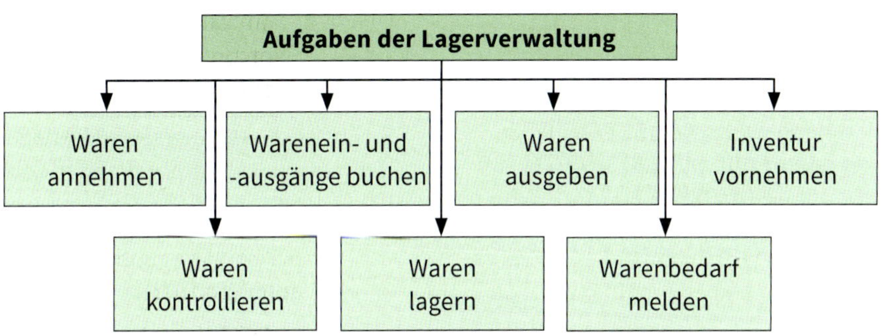


**ZP** 316
**Welche *Aufgaben* nimmt die *Lagerverwaltung* im Einzelnen wahr?**

- Die Begleitpapiere und die Verpackung sind **sofort** in Anwesenheit des Zustellers zu überprüfen (z. B. Adresse, Anzahl der Pakete).
- stichprobenartige Überprüfung der gelieferten Ware
- **unverzügliche** Mitteilung bei Sachmängeln an den Verkäufer („unverzüglich“: vgl. § 121 BGB: ohne schuldhaftes Zögern)
- Fortschreibung der Lagerdatei

**ZP** 317
**Welche notwendigen *Tätigkeiten* sind bei der *Warenannahme* durchzuführen?**

Wichtige **Lagerrisiken** sind:

- **Verderb** oder **Schwund** der Ware
- **Diebstahl**
- Vernichtung von Lagerbeständen durch **Feuer-** oder **Wasserschäden**
- Wertverlust der Warenbestände durch **Veränderungen im Beschaffungsmarkt** (z. B. Preisverfall von Rohstoffen)
- Wertverlust der Warenbestände durch **Veränderungen im Absatzmarkt** (z. B. Wandel von Konsumgewohnheiten)

**ZP** 318
**Beschreiben Sie die wichtigsten *Lagerrisiken.***

## Beschaffungsprozesse planen, steuern und kontrollieren

319 **ZP**

**Durch welche *Maßnahmen* können die *Lagerrisiken minimiert* werden?**

Lagerrisiken können minimiert werden durch

- sachgemäße **Lagerung** und **Pflege** der Ware,
- permanente **Lagerkontrolle** unter Einsatz zeitgemäßer Technik und geschulten Lagerpersonals,
- effektive **Lagerbuchhaltung** durch Einsatz moderner Lagersoftware,
- Einsatz geeigneter **Lagertransportmittel,**
- Abschluss von **Versicherungsverträgen** (z. B. Schutz vor Feuer- oder Wasserschäden).

320 **ZP**

**Welches *Ziel* verfolgt das *Lagercontrolling?***

**Ziel** des **Lagercontrollings** ist die Planung und Durchführung von Verfahren, um die **Kosten** im Lagerbereich **möglichst gering** zu halten und letztendlich die **Effektivität** des investierten Kapitals zu **kontrollieren.** Der Einsatz einer Vielzahl von Lagerkennziffern (z. B. Umschlagshäufigkeit) soll diesen Planungs- und Prüfprozess ermöglichen.

321 **ZP**

**Welche *Lagerbestandsgrößen* werden prinzipiell unterschieden?**

- **Mindestbestand (eiserner Bestand):** Er gibt die Vorratsmenge an, die nur bei außerordentlichen Lieferschwierigkeiten (z. B. Streik, Naturkatastrophen) in Anspruch genommen werden darf. Dazu muss der zu überbrückende Zeitraum geschätzt und als Rechengröße festgelegt werden.
- **Höchstbestand:** Er gibt die Warenmenge an, die höchstens eingelagert werden kann (z. B. abhängig von Lagerkapazität, Verderb).
- **Meldebestand:** Er gibt die Warenmenge an, bei der die Lagerverwaltung der Einkaufsabteilung mitteilt, dass Ware nachbestellt werden muss:

  **Meldebestand** = (durchschnittlicher Tagesabsatz · Lieferzeit) + Mindestbestand

- **Durchschnittlicher Lagerbestand:** Er gibt die Warenmenge an, die durchschnittlich in einem festgelegten Zeitraum (z. B. in einem Jahr) vorhanden ist.

$$\frac{\text{Anfangsbestand} + \text{Endbestand}}{2}$$ (allgemeine Formel)

$$\frac{\text{Anfangsbestand} + \text{12 Monatsendbestände}}{13}$$ (durchschnittlicher monatlicher Lagerbestand)

$$\frac{\text{Anfangsbestand} + \text{52 Wochenendbestände}}{53}$$ (durchschnittlicher wöchentlicher Lagerbestand)

Die **Umschlagshäufigkeit** oder **-geschwindigkeit** gibt an, wie häufig der durchschnittliche Lagerbestand in einem festgelegten Zeitraum (z. B. in einem Jahr) umgeschlagen wurde.

$$\textbf{Umschlagshäufigkeit} = \frac{\textbf{Wareneinsatz pro Jahr}}{\textbf{Wert des durchschnittlichen Lagerbestandes}}$$

*Beispiel:* Eine Umschlagshäufigkeit von 10 bedeutet, dass der durchschnittliche Lagerbestand zehnmal im Jahr umgeschlagen, also verbraucht bzw. verkauft wurde.

Aus der Umschlagshäufigkeit kann man die durchschnittliche Lagerdauer berechnen:

$$\textbf{durchschnittliche Lagerdauer} = \frac{\textbf{360}}{\textbf{Umschlagshäufigkeit}}$$

**ZP** 322
Was gibt die *Lagerkennziffer „Umschlagshäufigkeit“* an?

- spezielle betriebliche **Maßnahmen, um** den durchschnittlichen **Lagerbestand zu verringern** – zum Beispiel durch das Aushandeln von täglicher Belieferung durch die Zulieferer
- **absatzsteigernde Maßnahmen** (z. B. Ausdehnung von Werbemaßnahmen), die eine Erhöhung des Wareneinsatzes zur Folge haben

**ZP** 323
Mit welchen *Maßnahmen* kann die *Umschlagshäufigkeit erhöht* werden? Nennen Sie einige Beispiele.

Eine Erhöhung der Umschlagshäufigkeit führt zur **Verringerung des „toten Kapitals“** (z. B. gebundenes Kapital im Lager) und **erhöht** somit den **Gewinn.** Dies drückt sich auch in einer **Steigerung der Wirtschaftlichkeit** und der **Rentabilität** aus.

**ZP** 324
*Warum* wird jedes Unternehmen bemüht sein, die *Umschlagshäufigkeit zu erhöhen?*

Der **Lagerzinssatz** ist notwendig, um die Lagerzinskosten für das im Lager investierte Kapital berechnen zu können. Für die Berechnung des Lagerzinssatzes wird ein **banküblicher Jahreszinssatz** in die Formel eingesetzt:

$$\textbf{Lagerzinssatz} = \frac{\textbf{Jahreszinssatz} \cdot \textbf{durchschnittl. Lagerdauer}}{\textbf{360}}$$

oder:

$$= \frac{\textbf{Jahreszinssatz}}{\textbf{Umschlagshäufigkeit}}$$

**ZP** 325
Welchem Zweck dient der *Lagerzinssatz?*

$$\textbf{Lagerzinskosten} = \frac{\textbf{Lagerzinssatz} \cdot \textbf{durchschnittlicher Lagerbestand} \cdot \textbf{Einstandspreis}}{\textbf{100}}$$

**ZP** 326
Mit welcher *Formel* lassen sich die *Lagerzinskosten* berechnen?

# Beschaffungsprozesse planen, steuern und kontrollieren

327 **ZP**

Was sagt die *Lagerreichweite* aus?

Die Lagerreichweite gibt an, wie lange der Lagerbestand unter Zugrundelegung eines durchschnittlichen Lagerverbrauchs ausreicht:

$$\textbf{Lagerreichweite} = \frac{\textbf{Lagerbestand}}{\textbf{durchschnittlicher Verbrauch pro Tag}}$$

Je höher der durchschnittliche Verbrauch pro Tag ist, umso geringer ist die Lagerreichweite.

328 **ZP**

Nennen Sie *zwei Beispiele* für *Kapazitätskennziffern,* die einen Teilbereich des Lagercontrollings darstellen.

- **Transportmittelnutzungsgrad** (von Lagertransportmitteln) in v. H.:

$$\frac{\textbf{Transportmenge pro Monat} \text{ (z. B. in Stück)} \cdot 100}{\textbf{Transportkapazität pro Monat} \text{ (z. B. in Stück)}}$$

- **Flächennutzungsgrad** in v. H.:

$$\frac{\textbf{genutzte Lagerfläche} \text{ in } m^2 \cdot 100}{\textbf{gesamte Lagerfläche} \text{ in } m^2}$$

329 **ZP**

Nennen Sie *Beispiele* für *Kennziffern* des *Beschaffungscontrollings.*

- **Kontrolle der Beschaffungsabwicklungskosten:**

$$\text{Kosten einer Bestellung} = \frac{\text{monatliche Kosten der Abteilung Einkauf}}{\text{monatliche Anzahl der Bestellungen}}$$

$$\text{Bestellwert pro 1,00 € Kosten} = \frac{\text{Gesamtbestellwert eines Monats}}{\text{monatliche Kosten der Abteilung Einkauf}}$$

$$\text{durchschnittlicher Bestellwert} = \frac{\text{Gesamtbestellwert pro Monat}}{\text{Anzahl der Bestellungen pro Monat}}$$

- **Leistungskontrolle der Lieferanten:**

$$\text{Reklamationsquote} = \frac{\text{Zahl der Reklamationen}}{\text{Gesamtzahl der Lieferungen des Lieferanten i}}$$

$$\text{Verzugsquote} = \frac{\text{Zahl der verspäteten Lieferungen des Lieferanten i}}{\text{Gesamtzahl der Lieferungen des Lieferanten i}}$$

- **Höhe des Einkaufsvolumens:**

Einkaufsvolumen = Menge der bestellten Güter · Einstandspreis

(Inventurarten und -verfahren siehe S. 264 f.)

## 1.3.4 Zahlungsmöglichkeiten

Handbuch: LF 6

- **Banknoten und Münzen** sind **gesetzliche Zahlungsmittel.** Für gesetzliche Zahlungsmittel besteht Annahmezwang. Banknoten müssen unbegrenzt von jedermann in Zahlung genommen werden. Bei Münzen gilt eine eingeschränkte Annahmepflicht (mit Ausnahme der ausgebenden Behörde, des Bundesministeriums der Finanzen). Ansonsten ist niemand verpflichtet, bei einer einzelnen Zahlung mehr als fünfzig Münzen anzunehmen.
- **Geldersatzmittel** (Geldsurrogate) sind Hilfszahlungsmittel. Dazu gehören Scheck, Wechsel und Buchgeld. Für Geldersatzmittel besteht keine Annahmepflicht.

330 **Worin besteht der Unterschied zwischen *gesetzlichen Zahlungsmitteln* und *Geldersatzmitteln?***

### 1.3.4.1 Barzahlung

Handbuch: LF 6

Eine Barzahlung erfolgt durch **Einigung und Übergabe** von Bargeld. Keiner der Vertragspartner benötigt ein Konto. Barzahlungen kommen überwiegend beim Kauf von Waren des täglichen Lebens und entsprechenden Dienstleistungen vor. Sie sind sehr arbeitsaufwendig und wegen der Aufbewahrung und des Transports mit Risiken verbunden.

331 **Was versteht man unter *Barzahlung?***

- **Direkte Zahlung:**
  Der Schuldner händigt dem Gläubiger Banknoten oder Münzen aus.
- **Postalische Bargeldübermittlung:**
  - Postbank-Service in Zusammenarbeit mit dem Vertragspartner „Western Union", bei dem innerhalb weniger Minuten weltweit Bargeld über den „Western Union Bargeldtransfer" angewiesen oder empfangen werden kann;
  - Ausfüllen eines Sendeformulars der ***„Western Union"*** und Einreichung zusammen mit dem Transferbetrag und dem Entgelt in einer Filiale der Deutschen Post oder der Postbank;
  - weder Absender noch Empfänger brauchen dazu ein Konto.

332 **Welche *Formen der Barzahlung* gibt es?**

Handbuch: LF 6

## 1.3.4.2 Halbbare Zahlung

333 **Erklären Sie eine *halbbare Zahlung*.**

Bei der **halbbaren Zahlung** benutzt nur einer der beiden Vertragspartner Bargeld, der andere nutzt sein Konto für die Zahlung.

334 **Welche *Formen der halbbaren Zahlung* kennen Sie?**

**Formen** der **halbbaren Zahlung** sind:

- Zahlschein
- Zahlungsanweisung
- Nachnahme
- Barscheck

335 **Erklären Sie den *Zahlschein*.**

Die Zahlung mit Zahlschein ermöglicht die **Zahlung auf das Konto des Zahlungsempfängers,** wenn der Zahlungspflichtige über kein Konto verfügt. Der **Schuldner** füllt den Zahlschein in der Bank aus und **zahlt** den Betrag zuzüglich Gebühren **bar ein.** Der Zahlungsempfänger bekommt den Betrag auf seinem Konto gutgeschrieben.

336 **Was ist eine *Zahlungsanweisung?***

Mit einer Zahlungsanweisung kann der Inhaber eines Postbankkontos den Zahlungsbetrag von seinem Konto abbuchen und dem **Zahlungsempfänger** am Postschalter **bar auszahlen lassen.**

337 **Erklären Sie die Zahlung per *Nachnahme*.**

Bei der Zahlung per Nachnahme wird der **Zahlungsbetrag** bei der Zustellung von Briefen oder Waren durch die Deutsche Post AG oder durch Paketdienste (z. B. Hermes, DHL) **direkt** vom Zahlungspflichtigen **an den Zusteller** entrichtet. Die Sendung wird nur ausgehändigt, wenn der Empfänger sofort den Rechnungsbetrag und die Nachnahmegebühr bezahlt. Der Zusteller überweist den Rechnungsbetrag auf das Konto des Zahlungsempfängers.

338 **Erklären Sie den *Barscheck*.**

Die Zahlung mit einem Barscheck erfordert ein Konto des Zahlungspflichtigen und Scheckvordrucke eines Kreditinstituts. Der Zahlungspflichtige füllt einen Scheckvordruck als Barscheck aus und übergibt ihn dem Zahlungsempfänger. Dieser kann den Barscheck beim Kreditinstitut des Zahlungspflichtigen vorlegen und sich den Betrag bar auszahlen lassen. Das Konto des Zahlungspflichtigen wird mit dem Betrag belastet.

Der Barscheck ist ein **Inhaberpapier.** Er kann von jedem Überbringer bar eingelöst werden und gilt daher als relativ unsicher.

Handbuch: LF 6

## 1.3.4.3 Bargeldlose Zahlung

339 **Was versteht man unter einer *bargeldlosen Zahlung?***

Die bargeldlose Zahlung erfordert, dass sowohl der Zahlungspflichtige als auch der Zahlungsempfänger Konten nutzen. Der Zahlungsbetrag wird vom Konto des Zahlungspflichtigen auf das Konto des Zahlungsempfängers umgebucht **(Buch-/Giralgeld).**

**Formen** der **bargeldlosen Zahlung** sind:
- Verrechnungsscheck
- Überweisung
- Wechsel

Welche *Formen* der *bargeldlosen Zahlung* sind zu unterscheiden? 340

Der Scheck ist eine **schriftliche Anweisung** des Kontoinhabers (Scheckaussteller) an sein Kreditinstitut (Bezogener), gegen Vorlage des Schecks einen bestimmten Geldbetrag zulasten seines Kontos zu zahlen.

Was versteht man unter einem *Scheck?* 341

Die **gesetzlichen Bestandteile** des **Schecks** sind:
- die Bezeichnung „Scheck" im Text der Urkunde;
- die unbedingte Anweisung, eine bestimmte Geldsumme zu zahlen (bei Abweichungen zwischen dem Betrag in Buchstaben und in Ziffern gilt die in Buchstaben eingetragene Summe);
- der Name des Kreditinstituts, das die Zahlung leisten soll (Bezogener);
- die Angabe des Zahlungsortes;
- die Angabe des Datums und des Ortes der Ausstellung;
- die Unterschrift des Ausstellers.

Welches sind die *gesetzlichen Bestandteile* des *Schecks?* 342

Beim Verrechnungsscheck darf die **Einlösung** (anders als beim Barscheck) **nur als Gutschrift** des Scheckbetrages auf einem Konto des Zahlungsempfängers erfolgen und gilt daher als sehr sicher. Bei Bedarf kann der Kontoinhaber als Empfänger ermittelt werden.

Zur Verwendung als Verrechnungsscheck wird der Scheckvordruck durch den Vermerk „Nur zur Verrechnung" oder durch zwei Schrägstriche kenntlich gemacht. Eine nachträgliche Streichung des Vermerks gilt als nicht erfolgt.

Erklären Sie einen *Verrechnungsscheck.* 343

Nach den strengen Formvorschriften ist der Scheck ein **Orderpapier,** d. h., er muss den Namen des Empfängers enthalten. Durch den Zusatz „oder Überbringer" (Überbringerklausel) wird er zum Inhaberscheck: Der Name des Scheckempfängers ist ohne Bedeutung, die Urkunde kann **formlos weitergegeben** werden. Jeder Scheckinhaber kann den Scheckbetrag in bar oder als Kontogutschrift fordern.

Erklären Sie einen *Inhaberscheck.* 344

Durch den Zusatz „oder Überbringer" (Überbringerklausel) wird der Scheck zum **Inhaberscheck.** Deshalb sind die Banken nicht verpflichtet, die Identität des Scheckvorlegers zu prüfen. Für die Auszahlung eines Scheckbetrages an einen Unberechtigten können sie nicht haftbar gemacht werden.

Was bedeutet die *Überbringerklausel?* 345

Der Orderscheck (Namensscheck) enthält eine bestimmte, namentlich bezeichnete Person als Zahlungsempfänger. Der Scheck kann nur durch einen **schriftlichen Übertragungsvermerk** auf der Rückseite der Urkunde **(Indossament)** weitergegeben werden. Er wird vor allem im Auslandszahlungsverkehr und auf ausdrücklichen Wunsch des Kunden verwendet. Rein äußerlich ist der Scheckvordruck durch einen roten Randstreifen mit dem Aufdruck „Orderscheck" zu erkennen.

Erklären Sie einen *Orderscheck.* 346

## Beschaffungsprozesse planen, steuern und kontrollieren

347 **Wann ist ein *Scheck zahlbar?***

Die Forderung aus dem Scheck kann nur durch Vorlage der Urkunde geltend gemacht werden, sie ist **bei Sicht** fällig. Das gilt auch für vordatierte Schecks, bei denen als Ausstellungsdatum ein späteres Datum eingesetzt wird: Banken erkennen das nicht an.

348 **Welche *Vorlegungsfristen* sind zu unterscheiden?**

Die Vorlegungsfrist beginnt mit dem auf dem Scheck angegebenen Ausstellungstag. Sie beträgt:

- **8 Tage** für im Inland ausgestellte Schecks;
- **20 Tage** für Schecks aus dem europäischen Ausland und aus an das Mittelmeer angrenzenden Ländern;
- **70 Tage** für Schecks aus allen übrigen Ländern.

Endet die Vorlegungsfrist an einem Samstag, Sonntag oder Feiertag, ist der nächste Werktag der letzte Vorlegungstag.
Nach Ablauf der Vorlegungsfrist ist das Kreditinstitut berechtigt, den Scheck einzulösen, aber es ist nicht dazu verpflichtet.

349 **Welche *Folgen* ergeben sich aus der *Nichteinlösung eines Schecks?***

- Für den **Inhaber:** Er kann aufgrund des rechtzeitig vorgelegten und nicht eingelösten Schecks („Nicht-Bezahlt-Vermerk") Rückgriff gegen den Aussteller (und ggf. gegen Indossanten) nehmen. Er kann die Schecksumme, Zinsen, entstandene Auslagen und eine gesetzlich begrenzte Provision verlangen.
- Für den **Aussteller:** Die Nichteinlösung eines Schecks wegen mangelnder Kontodeckung führt zu einer Schädigung seiner Bonität. Das Kreditinstitut wird eine Negativmeldung an eine Kreditschutzorganisation der Wirtschaft (z. B. Creditreform e. V.) vornehmen und im Wiederholungsfall die Kontoverbindung kündigen.

350 **Was ist beim *Verlust* eines *Schecks* zu tun?**

Das bezogene Kreditinstitut ist umgehend zu benachrichtigen, außerdem ist im Fall eines Diebstahls eine Anzeige bei der Polizei zu erstatten. Das Kreditinstitut sperrt den Scheck, d. h., er wird nicht eingelöst, wenn er vorgelegt wird.

351 **Erklären Sie den Vorgang einer *Überweisung.***

Eine Überweisung ist der **Auftrag eines Zahlungspflichtigen** an sein Kreditinstitut, von seinem Konto eine bestimmte Geldsumme abzubuchen und dem Konto des Zahlungsempfängers gutzuschreiben. Der Auftrag kann

- schriftlich auf einem Überweisungsformular,
- durch Eingabe der Überweisungsdaten an einem SB-Terminal des Kreditinstituts,
- fernmündlich durch Telefonbanking oder
- als Homebanking per Computer erfolgen.

352 **Welche *Sonderformen* der *Überweisung* sind zu unterscheiden?**

Man unterscheidet bei den **Sonderformen der Überweisung:**

- Dauerauftrag,
- Sammelüberweisung und
- Lastschriftverfahren.

353 **Erklären Sie den *Dauerauftrag.***

Der Dauerauftrag (Dauerüberweisung) ist die Anweisung des Kontoinhabers an sein Kreditinstitut, bis auf Widerruf

- zu bestimmten Terminen
- einen jeweils gleichen Geldbetrag (z. B. Vereinsbeitrag)
- auf das Konto des Zahlungsempfängers

zu überweisen.

354 **Erklären Sie die *Sammelüberweisung.***

Der Zahlungspflichtige reicht seinem Kreditinstitut einen elektronischen Datenträger (z. B. USB-Stick) ein, auf dem die Überweisungsdatensätze gespeichert sind (z. B. Lohn- und Gehaltszahlungen). Das Kreditinstitut führt **aufgrund eines Auftrages** viele Überweisungen an verschiedene Zahlungsempfänger aus.

355 **Erklären Sie das *SEPA-Lastschriftverfahren.***

- Bei der SEPA-Lastschrift wird der Zahlungsempfänger vom Zahlungspflichtigen durch ein **Mandat** ermächtigt, fällige Forderungsbeträge von dessen Girokonto einziehen zu lassen. Dazu sendet der Zahlungsempfänger dem Zahlungspflichtigen ein SEPA-Lastschriftmandat zu. Der Zahlungsvorgang wird also vom Zahlungsempfänger eingeleitet.
- Es wird grundsätzlich zwischen der **SEPA-Basislastschrift** für Verbraucher und der **SEPA-Firmenlastschrift** unterschieden.

## 1.3.4.4 Elektronische Zahlungssysteme

**Handbuch: LF 6**

356 Welche *elektronischen Zahlungssysteme* sind zu unterscheiden?

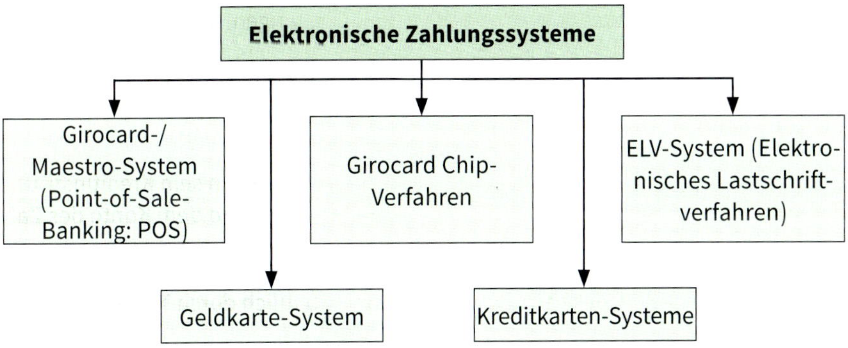

357 **Was versteht man unter *Onlinebanking?***

Unter **Onlinebanking** versteht man:

- Onlinezugriff des Bankkunden auf sein Konto mittels PC oder Smartphone;
- Voraussetzung dafür ist seine persönliche **PIN (P**ersonal **I**dentification **N**umber) und zusätzlich eine **TAN (T**rans**a**ktions**n**ummer) bzw. **iTAN** (indizierte = nummerierte Transaktionsnummer) bei Veränderung des Kontostandes (z. B. Erteilung eines Überweisungsauftrages, Änderung eines bestehenden Dauerauftrages);
- Zusendung der TANs bzw. iTANs durch das kontoführende Kreditinstitut;
- einmalige Verwendung der TANs/ ITans;
- Wirkung einer elektronischen Unterschrift.

358 **Was versteht man unter *SEPA?***

**SEPA** bedeutet:

- **Standardisierung** des bargeldlosen Zahlungsverkehrs im Europa-Währungsraum mittels **SEPA (S**ingle **E**uropean **P**ayment **A**rea), sodass nationale und grenzüberschreitende Transfers einheitlich und kostensparender abgewickelt werden können.

359 **Erklären Sie das *Girocard-/ Maestro-System.***

**Girocard/Maestro-System:**

- Zahlung mit einer Bank- oder Maestro-Card (oder einer Kundenkarte einer deutschen Bank) mit PIN und Zahlungsgarantie
- Legitimation durch die persönliche Geheimzahl des Kunden
- Aufbau einer Online-Verbindung
- Überprüfung der Gültigkeit der Card, der PIN, der Sperrdatei und der Kontodeckung beim bezogenen Kreditinstitut
- positive Rückmeldung an das Händlerterminal „Zahlung erfolgt“: **der Zahlungseingang ist dem Händler sicher;** oder negative Rückmeldung, wenn die Card gesperrt oder der Verfügungsrahmen überschritten ist oder mangels Kontodeckung **die Zahlung nicht erfolgen kann**
- Bank-Cards mit dem Maestro-Logo werden für grenzüberschreitende Zahlungen verwendet

360 **Erklären Sie das *Girocard Chip-Verfahren.***

**Girocard Chip-Verfahren:**

- eine Alternative zum Girocard-Verfahren (auch „Chip offline“ genannt) mit Zahlungsgarantie
- Zahlung mit Bank- oder Maestro-Card und Chip
- maximale Verfügung abhängig vom bankseitig eingeräumten Limit
- ermöglicht Transaktionen zwischen Bank-Card und Händlerterminal ohne Verbindung zum Rechner des Kreditinstituts
- Ladung eines seitens der Bank vordefinieren Limits (z. B. 500,00 € pro Woche) in den Chip

- Abbuchung der Einkäufe, solange das Limit auf der Card ausreicht und die letzte Verbindung zur Bank nicht zu lange her ist (z. B. weniger als eine Woche): Abgleich zwischen Bank-Card und Händlerterminal
- bei Überschreitung des geldlichen oder zeitlichen Limits Zahlungsabwicklung als normales Girocard-Chip-Verfahren unter Einschaltung des Bankrechners
- bei positiver Autorisierung Wiederauffüllung der Bank-Card
- Vorteile dieser Version:
  - die ***Girocard-Zahlungsgarantie***
  - Kommunikationskosten des Händlers entfallen oder verringern sich

361 **Erklären Sie das *ELV-System.***

**ELV-System:**

- Zahlung mit Bank- oder Maestro-Card und Unterschrift ohne Zahlungsgarantie
- Verfügung unbegrenzt möglich
- Einlesen der Kartendaten (Kontonummer und Bankleitzahl)
- manuelle Eingabe des Zahlungsbetrages zum Ausdruck eines Zahlungsbelegs
- Legitimationsprüfung durch den Zahlungsempfänger mittels Unterschriftenvergleich
- Abbuchung des Lastschriftbetrages vom Girokonto des Zahlungspflichtigen
- Einsparung der Kommunikationskosten für den Händler
- Zahlungsrisiko durch Widerspruchsrecht des Zahlungspflichtigen (z. B. infolge einer Verwendung einer gesperrten Bank- oder Maestro-Card) oder wegen fehlender Kontodeckung

362 **Erklären Sie das *Geldkarte-System.***

**Geldkarte-System:**

- Zahlung mit einem auf der Bank- oder Maestro-Card aufgeladenen Chip mit Zahlungsgarantie
- maximale Verfügung: 200,00 € pro Tag
- Aufladung durch den Karteninhaber bis zu 200,00 €
- Belastung des Kundenkontos mit der Aufladesumme
- Gutschrift dieser Summe auf einem internen Verrechnungskonto (Kartensammelkonto) bei der Bank des Karteninhabers
- Bezahlung am Händlerterminal ohne PIN bzw. Unterschrift
- Eignung zur bargeldlosen Bezahlung kleiner Geldbeträge (z. B. Parkgebühren, Briefmarken)
- Verlustrisiko für den Karteninhaber infolge der Bargeldfunktion

363 **Erklären Sie die *Kreditkarten-Systeme*.**

**Kreditkarten-Systeme:**

- Zahlung erfolgt mittels Kreditkarte mit Zahlungsgarantie
- Ausgabe durch Kreditkartengesellschaften (z. B. Eurocard, American Express) in Zusammenarbeit mit Banken sowie Nichtbanken an Kunden mit einwandfreier Bonität
- Leistungsumfang abhängig von den Jahresgebühren (ca. 0,00 – 500,00 €), z. B. Reisekomfort-Versicherung, Verkehrsmittel-Unfallversicherung, Auslandsreise-Krankenversicherung, Kfz-Schutzbrief, Mietwagenhaftpflicht- und -vollkaskoversicherung
- Verwendung zur weltweiten bargeldlosen Bezahlung und Bargeldbeschaffung aus einem monatlichen Verfügungsrahmen (ca. zwei bis drei Gehaltseingänge)
- Inanspruchnahme eines vielfach kostenlosen kurzfristigen Kredits, da die Kreditkartengesellschaft monatliche Abrechnungen für den Karteninhaber erstellt und die Gesamtsumme von seinem Girokonto einzieht
- bei Verlust oder Diebstahl der Kreditkarte unverzügliche Schadensmeldung an eine Hotline zwecks Kartensperrung
- nach erfolgter Meldung Schadensbegrenzung auf 50,00 € bei missbräuchlicher Verwendung der Kreditkarte

Lernfeld 7

## 1.4 Personalwirtschaftliche Aufgaben wahrnehmen

364 **Was versteht man unter *Personalwirtschaft?***

Im Hinblick auf die unternehmerische Zielsetzung sorgt die **Personalwirtschaft** für eine bestmögliche Versorgung mit geeigneten Mitarbeitern. Darüber hinaus leistet sie für diese Mitarbeiter Fürsorge, indem sie diese betreut, verwaltet, führt und entlohnt.

365 **ZP**
**Nennen Sie *wichtige Ziele* der *Personalwirtschaft*.**

**Ziele der Personalwirtschaft** sind:

- **wirtschaftliche Ziele,** z. B.:
  - Beschaffung, Bereitstellung und Erhaltung der benötigten Arbeitskräfte unter Berücksichtigung des mengen- und qualitätsmäßigen Bedarfs sowie der zeitlich und räumlich notwendigen Verfügbarkeit
  - Abbau von Arbeitskräften bei fehlendem Bedarf
  - Motivation der Arbeitskräfte zur Steigerung der Arbeitsleistung
- **soziale Ziele,** z. B.:
  - leistungsgerechte Entlohnung
  - Arbeitsplatzsicherung
  - Gesundheits- und Altersvorsorge
  - humane Gestaltung der Arbeitsbedingungen
  - Arbeitsschutz
  - Personalentwicklung

**Aufgaben der Personalwirtschaft:**

- Personalbedarfsplanung
- Personalbeschaffung und -einsatz
- Personalführung und -entwicklung
- Personalverwaltung
- Entgeltabrechnung
- Personalfreisetzung
- Personalcontrolling
- Personalbeurteilung

366 Welche *Aufgaben* hat die *Personalwirtschaft?*

## 1.4.1 Personalbestands- und Personalbedarfsanalyse

Handbuch: LF 7

Die **Personalbestandsanalyse** umfasst den augenblicklichen Bestand des Unternehmens an Mitarbeiterinnen und Mitarbeitern, gegliedert nach Anzahl, Qualifikation und Einsatzbereichen im Unternehmen. Die Analyse zeigt auch Tendenzen der Personalentwicklung auf.

367 Erklären Sie die *Personalbestandsanalyse.*

Den **Personalbestand können beeinflussen:**

- **betriebsinterne Faktoren,** z. B.:
  - Erschließung neuer Absatzmärkte
  - Übernahme von Auszubildenden
  - Erweiterung der Produktionspalette
  - Verlagerung von Betriebsteilen ins Ausland
  - Verkürzung der Arbeitszeit
  - Ausscheiden von Mitarbeitern (z. B. Kündigung)
  - Umstellung auf rationellere Fertigungsmethoden
- **betriebsexterne Faktoren,** z. B.:
  - konjunkturelle Schwankungen
  - Verschärfung des Wettbewerbs (z. B. neue Konkurrenten)
  - staatliche Eingriffe in den Markt (z. B. Streichung von Subventionen)
  - globale Finanz- und Wirtschaftskrise

368 Welche *Faktoren* können den *Personalbestand* beeinflussen?

| | |
|---|---|
| | Istbestand der Mitarbeiteranzahl zu Beginn des Jahres |
| – | geschätzte Personalabgänge |
| + | geplante Personalzugänge |
| – | Ersatzbedarf für ausscheidende Mitarbeiter |
| – | Neubedarf an zusätzlichen Mitarbeitern |
| = | Nettopersonalbedarf am Ende des Jahres |

| | | | |
|---|---|---|---|
| | Sollbestand (Bruttobedarf) | | 500 |
| – | Istbestand | – | 490 |
| = | Zwischensumme | = | 10 |
| + | geplante/geschätzte Personalabgänge | + | 15 |
| – | geplante/geschätzte Personalzugänge | – | 18 |
| = | Nettopersonalbedarf | = | 7 |

369 Ermitteln Sie den *Personalbedarf* aufgrund der folgenden Zahlenangaben: *Sollbestand: 500, Istbestand: 490, geplante/geschätzte Personalabgänge: 15, geplante/geschätzte Personalzugänge: 18*

370 Unterscheiden Sie zwischen *Personalersatz-* und *Personalneubedarf* anhand eines Beispiels.

- **Ersatzbedarf:** Eine z. B. wegen Kündigung freigewordene Stelle muss neu besetzt werden.
- **Neubedarf:** Personalbedarf, der z. B. durch Jobsharing entsteht

Handbuch: LF 7

## 1.4.2 Personalbeschaffung und -auswahl

371 Welche *Aufgabe* hat die *Personalbeschaffung?*

Die **Personalbeschaffung** soll den in der Personalbedarfsplanung ermittelten Nettopersonalbedarf decken. Dabei ist kurzfristiger und langfristiger Personalbedarf zu unterscheiden.

372 Welche *Personalbeschaffungsmaßnahmen* sind zur *kurz- bzw. langfristigen Personalbedarfsdeckung* zu unterscheiden?

mögliche Personalbeschaffungsmaßnahmen:

- **kurzfristiger Personalbedarf**
  - ***intern***
    - Überstunden
    - Urlaubsvertretung
  - ***extern***
    - Zeitarbeitsverträge
    - Personalleasing
- **langfristiger Personalbedarf**
  - ***intern***
    - interne Stellenausschreibung
    - Versetzung
    - Beförderung
    - Aus- und Weiterbildung
    - Übernahme von Auszubildenden
  - ***extern***
    - Personalwerbung
    - Bewerbungsverfahren
    - Personalauswahl
    - Personaleinstellung

373 Was versteht man unter *Personalleasing?*

**Personalleasing** ist eine Möglichkeit, einen kurzfristig aufgetretenen Personalbedarf zu decken. In einem Dreiecksverhältnis schließen ein **Arbeitnehmer** (Leasing-Arbeitnehmer) und ein **Arbeitsverleiher** (Leasing-Arbeitgeber) einen Arbeitsvertrag ab. Der **Arbeitsentleiher** schließt mit dem Arbeitsverleiher einen Arbeitnehmerüberlassungsvertrag ab und erwirbt damit den Anspruch auf Arbeitsleistung und ein Weisungsrecht gegenüber dem Arbeitnehmer. Der Arbeitsverleiher bekommt ein vereinbartes Entgelt. Zwischen dem Arbeitnehmer und dem Entleiher besteht kein Vertragsverhältnis.

374 Bringen Sie die nebenstehenden Schritte des Personalbeschaffungsprozesses in die *richtige Reihenfolge*, indem Sie die Ziffern (1–6)

Einladung zum Vorstellungsgespräch ( )
Personalwerbemaßnahmen ( )
Auswertung der eingehenden Bewerbungsunterlagen ( )
Durchführung der Vorstellungsgespräche ( )
Einstellung des ausgewählten Bewerbers ( )
Einstellungstest ( )

*Richtige Reihenfolge:*

| | |
|---|---|
| Einladung zum Vorstellungsgespräch | (3) |
| Personalwerbemaßnahmen | (1) |
| Auswertung der eingehenden Bewerbungsunterlagen | (2) |
| Durchführung der Vorstellungsgespräche | (4) |
| Einstellung des ausgewählten Bewerbers | (6) |
| Einstellungstest | (5) |

**hinter den entsprechenden Schritt in die Klammer schreiben.**

**externe Personalbeschaffung:**

- **Vorteile** sind z. B.:
  - Neue Ideen und Erfahrungen aus anderen Unternehmen fließen in den betrieblichen Prozess ein.
  - Neue Mitarbeiter können Leistungssteigerungen bewirken.
- **Nachteile** sind z. B.:
  - Personalsuche ist kosten- und zeitintensiv.
  - Neue Mitarbeiter müssen eingearbeitet werden.
  - mögliche Demotivation des vorhandenen Personals infolge fehlender Beförderungschancen

375

**Welche *Vor- und Nachteile* hat die *externe Personalbeschaffung?***

**interne Personalbeschaffung:**

- **Vorteile** sind z. B.:
  - Kosten der Neueinstellung entfallen.
  - Arbeitsplatz kann zügig besetzt werden.
  - Mitarbeiter können sich aufgrund ihrer Betriebskenntnisse relativ schnell einarbeiten.
  - Mitarbeiter werden durch die innerbetrieblichen Aufstiegschancen motiviert.
- **Nachteile** sind z. B.:
  - Betriebsklima könnte infolge von Neid leiden.
  - Die Auswahl ist relativ begrenzt.
  - Eine u. U. vorliegende „Betriebsblindheit“ wird fortgeführt.
  - Der Wunsch nach Mitarbeitern mit neuen Ideen und Kenntnissen wird eventuell nicht erfüllt.

376

**Welche *Vor- und Nachteile* hat die *interne Personalbeschaffung?***

Die Personalauswahl will aus einer Vielzahl von Bewerbern auf eine ausgeschriebene Stelle den am besten geeigneten Bewerber finden. Dabei sind die Anforderungen einer bestimmten Arbeitsaufgabe, die z. B. in einer Stellenbeschreibung festgelegt sind, den Kenntnissen, Fähigkeiten und Fertigkeiten einzelner Bewerber gegenüberzustellen und zu bewerten. Bei der Auswahl sind die **fachliche Kompetenz** und die **soziale Kompetenz** (z. B. Teamfähigkeit) zu berücksichtigen.

377

**Welches *Ziel* verfolgt die *Personalauswahl?***

**Wichtige Bewerbungsunterlagen** sind:

- Bewerbungsschreiben
- Lebenslauf
- Schul- und Arbeitszeugnisse
- Referenzen
- Eignungstests, Zertifikate
- Vorstellungsgesprächsunterlagen
- Schriftgutachten
- ärztliche Untersuchungsergebnisse

378

**Nennen Sie *wichtige Bewerbungsunterlagen.***

379 Welches sind die wichtigsten *Instrumente der Personalauswahl?*

**Instrumente der Personalauswahl:**
- Vorstellungsgespräch
- Eignungstest
  - Persönlichkeitstest
  - Fähigkeitstest
- Gruppengespräch
- Assessment-Center

380 Was versteht man unter einem *Assessment-Center?*

Bei dem Assessment-Center handelt es sich um eine besonders anspruchsvolle Form des **Gruppengesprächs**. Die Bewerber müssen praxisorientierte Fälle bearbeiten und Problemsituationen lösen. Dabei möchten die Tester zugleich etwas über die **Soft Skills** (sogenannte weiche Faktoren) der Bewerber erfahren, die über die fachliche Qualifikation hinausgehen und die Persönlichkeit prägen. Lassen sie sich verunsichern oder provozieren, verfügen sie über eine positive Ausstrahlung?

Handbuch: LF 7

## 1.4.3 Personaleinstellung

381 Was beinhaltet die *Personaleinstellung?*

Die **Personaleinstellung** beinhaltet den Abschluss eines Arbeitsvertrages als wichtige Grundlage für ein Arbeitsverhältnis.

382 Welche *rechtlichen Bestimmungen* sind beim Abschluss eines *Arbeitsvertrages* zu beachten?

**rechtliche Bestimmungen bei Vertragsabschluss:**

- Arbeitsgesetze (z. B. Arbeitszeitordnung)
- Tarifverträge zwischen Arbeitgeberverbänden und Gewerkschaften
- Betriebsvereinbarungen zwischen Betriebsräten und Arbeitgebern
- Rechtsprechung der Arbeitsgerichte

383 Welche *gesetzlichen Vorschriften* sind für den *Arbeitsvertrag* zu beachten?

Der Arbeitsvertrag unterliegt zum **Zeitpunkt des Abschlusses keinen gesetzlichen Formvorschriften.** Wegen der Beweissicherung ist die Schriftform empfehlenswert.

Der Arbeitgeber ist nach dem Nachweisgesetz (NachwG) verpflichtet, die wesentlichen Bedingungen des Arbeitsvertrages **spätestens nach einem Monat schriftlich** niederzuschreiben und dem Arbeitnehmer zu übergeben. Diese Niederschrift muss enthalten:

- Namen und Anschriften der Vertragspartner
- Beginn (bei befristeten Arbeitsverträgen auch Ende) des Arbeitsverhältnisses
- Arbeitsort
- Höhe des Entgelts
- Arbeitszeit
- Urlaubsanspruch
- Kündigungsfristen
- Tätigkeitsbeschreibung
- Hinweise auf die dem Vertragsverhältnis zugrunde liegenden Tarifverträge sowie Betriebsvereinbarungen

384 Welche *Einrichtungen* sind über eine *Einstellung* zu *informieren?*

Über eine Einstellung sind zu informieren:
- die betreffende **Krankenkasse** binnen 14 Tagen
- die entsprechende **Berufsgenossenschaft** als Trägerin der gesetzlichen Unfallversicherung

## 1.4.4 Personaleinsatz – Vollmachten

Handbuch: LF 7

**Was bedeutet *Personaleinsatz?*** 385

Die Mitarbeiter werden ihrer Qualifikation entsprechend zur Bewältigung der zu leistenden Arbeiten im Unternehmen eingesetzt.

**Welche *Pflichten* geht ein *Mitarbeiter* mit dem Abschluss eines Arbeitsvertrages ein?** 386

**Pflichten des Mitarbeiters:**
- Dienstleistungspflicht
- Verschwiegenheitspflicht
- Wettbewerbsverbot
- Treuepflicht (gesetzlich bzw. vertraglich)
- Haftpflicht

**Erklären Sie das *Wettbewerbsverbot.*** 387

Man unterscheidet:
- **gesetzliches Wettbewerbsverbot:** Der Mitarbeiter darf während eines bestehenden Arbeitsverhältnisses ohne Einwilligung des Arbeitgebers weder selbst ein Handelsgewerbe betreiben noch in dessen Handelszweig für eigene oder fremde Rechnung Geschäfte betreiben (§ 60 HGB).
- **vertragliches Wettbewerbsverbot:** Nach Auflösung des Dienstverhältnisses darf ein Arbeitnehmer als Konkurrent zu seinem ehemaligen Arbeitgeber auftreten. Soll die gewerbliche Tätigkeit weiterhin beschränkt bleiben, bedarf es eines schriftlichen Vertrages und für die Dauer des Verbots einer Entschädigung an den ehemaligen Mitarbeiter.

**Welche *Rechte* kann ein *Mitarbeiter* nach Abschluss eines Arbeitsvertrages beanspruchen?** 388

**Rechte des Mitarbeiters:**
- Vergütung
- Fürsorge
- Urlaub
- Zeugnis (einfach bzw. qualifiziert)

**Welche *Ziele* verfolgt die *Personaleinsatzplanung?*** 389

**Ziele der Personaleinsatzplanung:**
- Personalkostenminimierung
- hohe Arbeitsproduktivität
- Humanisierung der Arbeitsbedingungen

**Welche *Aufgaben* hat die *Personaleinsatzplanung?*** 390

Aufgaben der Personaleinsatzplanung:
- **kurzfristige Aufgaben:**
  - qualitative Zuordnung
  - quantitative Zuordnung (z. B. Schichtpläne)
- **langfristige Aufgaben:**
  - qualitativ
    - Anpassung der Fähigkeiten der Mitarbeiter
    - Anpassung der Arbeitsplätze und der Arbeitsbedingungen
  - quantitativ
    - Personalbeschaffung
    - Personalfreisetzung

# Personalwirtschaftliche Aufgaben wahrnehmen

391 Nennen Sie *Vollmachten* zur Arbeitsbewältigung im Unternehmen.

**Vollmachten:**
- Prokura
- Handlungsvollmacht

392 Wozu ermächtigt die *Prokura?*

Die **Prokura** ermächtigt zu allen Arten von gerichtlichen und außergerichtlichen Geschäften und Rechtshandlungen, die der Betrieb **(irgend)eines Handelsgewerbes** mit sich bringt (§ 49 HGB).

393 Unterscheiden Sie verschiedene *Arten der Prokura.*

Arten der Prokura:
- **Einzelprokura:** Ausübung der Vollmacht ohne Mitwirkung einer anderen Person
- **Gesamtprokura:** Ausübung der Vollmacht nur im Zusammenwirken mit einer anderen vertretungsberechtigten Person
- **Filialprokura:** Einschränkung der Vertretungsvollmacht auf den Betrieb einer Niederlassung

394 Welche *Handlungen* darf ein *Prokurist nicht vornehmen?*

Dem **Prokuristen ist** z. B. **untersagt**
- Bilanzen und Steuererklärungen zu unterschreiben,
- Prokura zu erteilen und zu entziehen,
- neue Gesellschafter aufzunehmen,
- die Unternehmung zu verkaufen,
- das Insolvenzverfahren zu beantragen.

Um Grundstücke zu belasten oder zu verkaufen, bedarf er einer besonderen Vollmacht.

395 Worauf *erstreckt sich* die *Handlungsvollmacht?*

- **Allgemeine Handlungsvollmacht:** auf Dauer erteilte Vollmacht, die zur Erledigung **aller** gewöhnlichen Rechtsgeschäfte in dem betreffenden Handelsgewerbe befugt
- **Artvollmacht:** auf Dauer erteilte Vollmacht, die zur Erledigung einer **bestimmten Art von wiederkehrenden Geschäften** befugt, z. B. zum Einkaufen
- **Spezialvollmacht:** Vollmacht, die zur **Erledigung eines einzelnen Rechtsgeschäfts** ermächtigt, z. B. zum Kauf eines Kopierers; Diese Vollmacht wird auch als **Einzelvollmacht** bezeichnet.

396 Wie *unterschreiben Prokuristen* und *Handlungsbevollmächtigte?*

Prokuristen mit dem Zusatz **ppa.** (per procura), Handlungsbevollmächtigte mit dem Zusatz **i. V.** (in Vollmacht) oder **i. A.** (im Auftrag)

## 1.4.5 Personalführung und -entwicklung

Handbuch: LF 7

Unter **Personalführung** versteht man ...

- die **planmäßige Leitung der Mitarbeiter** in einem Betrieb,
- den Versuch, **auf das Verhalten** von Einzelpersonen oder Personengruppen **Einfluss zu nehmen** mit dem Ziel, das Leistungsverhalten der Mitarbeiter positiv zu beeinflussen.

397 Was versteht man unter *Personalführung?*

- **direkte Personalführung:**
  Die Vorgesetzten stehen in unmittelbarem Kontakt zu den Mitarbeitern.
  **Motivation:**
  - Ermutigung
  - Vertrauen
  - Toleranz
  - Verständnis
  - Anerkennung
- **indirekte Personalführung:**
  Die Vorgesetzten schaffen Rahmenbedingungen, die das Leistungsverhalten der Mitarbeiter fördern.
  **Motivation:**
  - Führungsstil
  - Unternehmensleitbild
  - Humanisierung der Arbeit
  - Arbeitszeitmodelle

398 Unterscheiden Sie *direkte* und *indirekte Personalführung.*

**Führungsstile**

- → demokratisch
- → partizipativ
- → kooperativ
- → informierend
- → patriarchalisch
- → autoritär

**ZP**
399 Unterscheiden Sie *Führungsstile* im Hinblick auf die abnehmende Willensbildung der Mitarbeiter.

- **autoritärer Führungsstil:**
  - zentralisierte Machtstellung der Vorgesetzten
  - selten Anerkennung
  - starke Ausführungskontrolle
  - straffe Führung
- **kooperativer Führungsstil:**
  - gemeinsames Erarbeiten von Zielen und Aufgaben
  - geteilte Verantwortung bei der Erfolgskontrolle
  - systematische Kommunikation, Problemlösungen im Team
  - Anerkennung guter Leistungen, positives Feedback

**ZP**
400 Stellen Sie den *autoritären* und den *kooperativen Führungsstil* dar.

## Personalwirtschaftliche Aufgaben wahrnehmen

**401** ZP

**Wann ist der *autoritäre*, wann der *kooperative Führungsstil geeignet?***

- **autoritärer Führungsstil bei:**
  - Routinetätigkeiten
  - schnellen Entscheidungen
  - klar abgegrenzten Aufgaben
- **kooperativer Führungsstil, wenn:**
  - Aufgaben gestellt sind, die zur Problemlösung Forschung, Entwicklung, Planung und Durchführung erfordern
  - Verantwortung delegiert wird, um Vorgesetzte zu entlasten
  - Mitarbeiter ihre Kenntnisse und Fähigkeiten frei entfalten sollen

**402** ZP

**Welche *Management-by-Methoden* (Führungsgrundsätze) sind zu unterscheiden?**

**Management-by-Methoden**
- Management by Objectives
- Management by Delegation
- Management by Exception

**403** ZP

**Erklären Sie *Management by Objectives.***

Führung durch **kooperative Zielfindung:** Ziele sind keine festgelegten Daten, sondern sie werden durch innerbetriebliche Prozesse und insbesondere den Markt beeinflusst und müssen daher fortgeschrieben werden.

**404**

**Erklären Sie *Management by Delegation.***

Führung durch klare Aufgaben- und Kompetenzverteilung sowie **Übertragung von Handlungsverantwortung** auf die Mitarbeiter

**405**

**Erklären Sie *Management by Exception.***

Führung durch den Vorgesetzten nur **in Ausnahmesituationen:** Mitarbeiter entscheiden selbstständig innerhalb eines vorgegebenen Ermessensspielraumes.

**406**

**Welche *Entscheidungssysteme* werden in der *oberen Leitungsebene* unterschieden?**

- **Direktorialprinzip:** Entscheidung durch eine Person
- **Kollegialprinzip:** Entscheidung durch mehrere Personen

**407** ZP

**Zeigen Sie *Vor- und Nachteile* des *Direktorialprinzips* auf.**

- **Vorteile:**
  - Einheitlichkeit der Willensbildung
  - schnelle Entscheidung
  - straffe Unternehmensführung
- **Nachteile:**
  - Risiko von Fehlentscheidungen
  - Machtkonzentration
  - starke Belastung des Einzelnen
  - Probleme bei Vertretung, z. B. bei Krankheit

**Arten des Kollegialprinzips:**

- **Primatkollegialität**
  (primus inter pares): Der Vorsitzende entscheidet bei Stimmengleichheit.
- **Abstimmungskollegialität:**
  Entscheidungen werden mit einfacher oder qualifizierter Mehrheit getroffen.
- **Vetokollegialität:**
  Entscheidungen können nur einstimmig getroffen werden. Durch das Veto (Widerspruch) eines Mitglieds kommt der Beschluss nicht zustande.

**ZP**
Welche *Arten des Kollegialprinzips* werden unterschieden? 408

---

- **Vorteil:**
  Minderung der Gefahr von Fehlentscheidungen durch breite Informationsgrundlage und mehr Sachverstand
- **Nachteile:**
  - langsamerer Entscheidungsprozess
  - Verfolgung von Eigeninteressen der Führungsmitglieder
  - Hintertreiben von Beschlüssen durch die Mitglieder, die dagegen gestimmt haben

**ZP**
Nennen Sie *Vor- und Nachteile* des *Kollegialprinzips.* 409

---

**Bestimmungsfaktoren der Arbeitsleistung von Mitarbeitern:**

- **subjektive Bestimmungsfaktoren:**
  - angeborene Fähigkeiten und Fertigkeiten
  - erworbene Kenntnisse, Fähigkeiten und Fertigkeiten
  - Leistungswille
  - physischer und psychischer Gesundheitszustand
- **soziale Bestimmungsgründe:**
  - als gerecht empfundene Entlohnung
  - Anerkennung durch Vorgesetzte und Kollegen
  - gutes Verhältnis zu Vorgesetzten und Kollegen
  - Mitspracherecht
  - Aufstiegschancen
- **objektive Bestimmungsfaktoren:**
  - humane Arbeitsplatzgestaltung
  - ergonomische Arbeitsmittel
  - Betriebsklima
  - Führungsstil
  - Arbeitszeit/Erholungszeit

Nennen Sie *Bestimmungsfaktoren* der *Arbeitsleistung* von Mitarbeitern. 410

---

- **summarische Beurteilung:**
  Der Gesamteindruck der Mitarbeiterin/des Mitarbeiters ist entscheidend für die Beurteilung der Leistungsfähigkeit und Persönlichkeit.
- **analytische Beurteilung:**
  Bei diesem Verfahren werden verschiedene Kriterien (z. B. Fachkenntnisse, Arbeitsqualität) festgelegt, nach denen der Mitarbeiter beurteilt wird.

Unterscheiden Sie zwischen *summarischer* und *analytischer Personalbeurteilung.* 411

---

**Beurteilungskriterien der analytischen Personalbeurteilung:**

- Fachkenntnisse, z. B. langjährige Berufserfahrung
- Arbeitsleistung, z. B. Arbeitsschnelligkeit
- Teamfähigkeit, z. B. bei Gruppenarbeit
- Verhalten, z. B. gegenüber Vorgesetzten
- Belastbarkeit, z. B. bei Mehrarbeit

Nennen Sie *Beurteilungskriterien* der *analytischen Personalbeurteilung.* 412

# Personalwirtschaftliche Aufgaben wahrnehmen

**413 Was versteht man unter *Personalentwicklung?***

Die **Personalentwicklung** umfasst alle Maßnahmen, die die individuelle Entwicklung der Mitarbeiter fördern und ihnen unter Berücksichtigung ihrer persönlichen Wünsche und Interessen die Qualifikationen vermitteln, die zur optimalen Erfüllung ihrer Aufgaben nötig sind.

**414 Welche *Ziele* verfolgt die *Personalentwicklung?***

Die **Personalentwicklung** verfolgt folgende Ziele

- **aus Sicht des Unternehmens:**
  - flexibel agierende und reagierende Mitarbeiter
  - wachsende Fähigkeit der Mitarbeiter, die immer komplexer werdenden Aufgaben in der betrieblichen Praxis zu erfüllen
  - Schaffung einer Unternehmenskultur (Corporate Identity)
- **aus Sicht der Mitarbeiter:**
  - Zufriedenheit am Arbeitsplatz
  - Aufgabenstellungen, die die individuellen Einsatzwünsche berücksichtigen
  - Möglichkeit zu Fort- und Weiterbildungen entsprechend eigener Vorstellungen

**415 Welche *Möglichkeiten* der *Personalentwicklung* gibt es?**

- **berufsvorbereitend,** z. B. Berufsausbildung, betriebliches Praktikum
- **berufsbegleitend,** z. B. Aufstiegsfortbildung (Job-Enlargement, Job-Enrichment), Ergänzungsfortbildung (Weiterbildung)
- **berufsverändernd,** z. B. Umschulung, Rehabilitation

**416 Was *beinhaltet* die *Personalentwicklung?***

personalpolitische Maßnahmen, die ...

- **das Wissen des Mitarbeiters verbessern, z. B.:**
  - tätigkeitsungebundenes Wissen (z. B. den PC beherrschen)
  - tätigkeitsspezifisches Wissen (z. B. eine Entgeltabrechnung durchführen)
- **das Können des Mitarbeiters erweitern, z. B.:**
  - geistiges Können (z. B. mithilfe der Tastatur Formeln für die notwendige Excel-Tabelle erstellen)
  - manuelles Können (z. B. Daten für die Entgeltabrechnung mithilfe der Tastatur eingeben)
- **die Einstellung (das Verhalten) des Mitarbeiters beeinflussen, z. B.:**
  - Arbeitsverhalten (z. B. termingerechte Erstellung der Entgeltabrechnung)
  - Sozialverhalten (z. B. Teamfähigkeit)

**417 Erklären Sie die *Methoden der Personalentwicklung.***

**Methoden der Personalentwicklung:**

- **On-the-Job** (am Arbeitsplatz):
  - systematische Vermittlung von Fertigkeiten für die Ausführung einzelner Arbeitsschritte
  - Anleitung und Beratung durch die vorgesetzten Stellen
  - Mitarbeiter erhalten die Möglichkeit, durch ständige Arbeitsplatzwechsel (Job-Rotation) neue Aufgabengebiete kennenzulernen.

- **Off-the-Job** (außerhalb des Arbeitsplatzes):
  - Erarbeitung des Lehrstoffes in kleinen Lernsequenzen
  - Fort- und Weiterbildungsmaßnahmen unter Einsatz der Fallmethode, des Rollenspiels und des Planspiels
  - Einsatz gruppendynamischer Methoden, wie z. B. Einsatz von Assessment-Center: Konstruktive Kritik in Form von Rückkoppelungsgesprächen und anschließenden Gutachten bieten den Teilnehmern Gelegenheit, ein realistisches Selbstbild zu entwickeln.

## 1.4.6 Personalentlohnung – Lohnnebenkosten

Handbuch: LF 7

418 **Welche fünf Anforderungsarten bestimmen die *Schwierigkeit einer Arbeit?***

1. **Fachkenntnisse** (Vorbildung, Berufserfahrung)
2. **Geschicklichkeit** (Handfertigkeit)
3. **Anstrengung** (körperliche Beanspruchung, geistige Beanspruchung)
4. **Verantwortung** (für Werkstücke und Betriebsmittel, Arbeitsgüte, Gesundheit der Mitarbeiter)
5. **Umgebungseinflüsse** (z. B. Temperatur, Schmutz, Lärm, Unfallgefahr)

419 **Worin besteht die *Aufgabe* der *Arbeitsbewertung?***

Die **Arbeitsbewertung** bewertet, losgelöst vom Leistungsvermögen der Mitarbeiter, die verschiedenen Arbeiten innerhalb des Unternehmens und legt deren Wert in Lohn- und Gehaltsgruppen fest.

420 **Welche *Arbeitsbewertungsverfahren* werden unterschieden?**

- **summarische Arbeitsbewertungsverfahren:**
  - Rangfolgeverfahren
  - Lohngruppenverfahren
- **analytische Arbeitsbewertungsverfahren:**
  - Rangreihenverfahren
  - Stufenwertzahlverfahren

421 **Beschreiben Sie das *Rangfolgeverfahren.***

Das **Rangfolgeverfahren** ist ein **summarisches Verfahren.**

- Jeder Arbeitsplatz eines Betriebes wird mit allen anderen Arbeitsplätzen verglichen, ohne dass die einzelnen Anforderungsarten gemäß Genfer Schema und deren Ausprägungen berücksichtigt werden.
- Dabei wird festgestellt, ob die Tätigkeit des Arbeitsplatzes schwieriger, gleich schwierig oder leichter ist als die jeweiligen Tätigkeiten der anderen Arbeitsplätze.
- Aus dieser vergleichenden Beurteilung ergibt sich eine Rangfolge der Arbeitsplätze: Die leichteste Arbeit erhält den Rang 1, die schwierigste Tätigkeit die höchste Rangziffer.

422 **Welchen *Vorteil* und welche *Nachteile* hat die Anwendung des *Rangfolgeverfahrens?***

- **Vorteil:**
  - geringer Aufwand
- **Nachteile:**
  - nur für Betriebe mit geringer Mitarbeiterzahl geeignet
  - Die Ermittlung der Rangfolge und die Festlegung von Lohngruppen und Lohnabständen zwischen den Lohngruppen unterliegen starken subjektiven Einflüssen durch den Bewerter.

423 **Beschreiben Sie das *Lohngruppenverfahren.***

Das **Lohngruppenverfahren** ist ein **summarisches Verfahren.**

- Es werden sechs bis zwölf Lohngruppen gebildet, deren Abstufung dem Schwierigkeitsgrad der Tätigkeiten entsprechen soll.
- In jeder Lohngruppe werden Tätigkeiten zusammengefasst, die von der erforderlichen Ausbildung bzw. dem Können her vergleichbar sind. Entsprechend werden die Lohngruppen allgemein beschrieben, wie z. B. **Lohngruppe 6: „Ausführung von Arbeiten und Anweisungen, die eine abgeschlossene dreijährige Berufsausbildung erfordern.“**
- Häufig werden noch Richtbeispiele zugeordnet, z. B. für Lohngruppe 6: Schlosser, Dreher, Schreiner.

424 **Beschreiben Sie das *Rangreihenverfahren.***

Das **Rangreihenverfahren** ist ein **analytisches Verfahren.**

- Zunächst werden alle Arbeitsplätze des Betriebes im Hinblick auf die gestellten Anforderungen, z. B. gemäß Genfer Schema, analysiert.
- Dann werden alle Arbeitsplätze bezüglich jeder einzelnen Anforderungsart miteinander verglichen; dabei wird festgestellt, wie hoch die Beanspruchung eines einzelnen Arbeitnehmers an seinem Arbeitsplatz durch eine bestimmte Anforderungsart (z. B. körperliche Belastung) im Vergleich zu allen anderen Arbeitsplätzen ist. Dieser Vergleich wird für jede Anforderungsart vorgenommen.
- Auf der Grundlage dieser Vergleiche werden für jede Anforderungsart an jedem Arbeitsplatz Rangziffern vergeben. So erhält z. B. der Arbeitsplatz mit der höchsten körperlichen Beanspruchung die höchste Rangziffer, der mit der geringsten körperlichen Beanspruchung die niedrigste Rangziffer.
- Schließlich erhält noch jede Anforderungsart eine Gewichtungsziffer, die die unterschiedliche Bedeutung der Anforderungsarten ausdrückt.
- Die Rangziffer jeder Anforderungsart wird mit der Gewichtungsziffer jeder Anforderungsart multipliziert. Die Summe der so gewichteten Ränge ergibt den Wert des Arbeitsplatzes und bildet die Grundlage für die Lohnbemessung.

425 **Stellen Sie die Grundzüge des *Stufenwertzahlverfahrens* dar.**

Das **Stufenwertzahlverfahren** ist ein **analytisches Verfahren.**

- Gegenüber dem Rangreihenverfahren werden die einzelnen Anforderungsarten in mehrere Intensitätsgrade abgestuft, die ihrerseits mit Stufenwertzahlen versehen werden – je höher z. B. die Staubbelastung ist, desto höher ist die Stufenwertzahl.

- Zusätzlich wird noch die Dauer der Belastung des Arbeitnehmers durch die jeweilige Anforderungsart, z. B. die Dauer der Staubbelastung pro Arbeitstag, bei der Bewertung des Arbeitsplatzes mithilfe von Stundenfaktoren berücksichtigt.

**Wie kann man die *Lohnformen* unterteilen?** 426

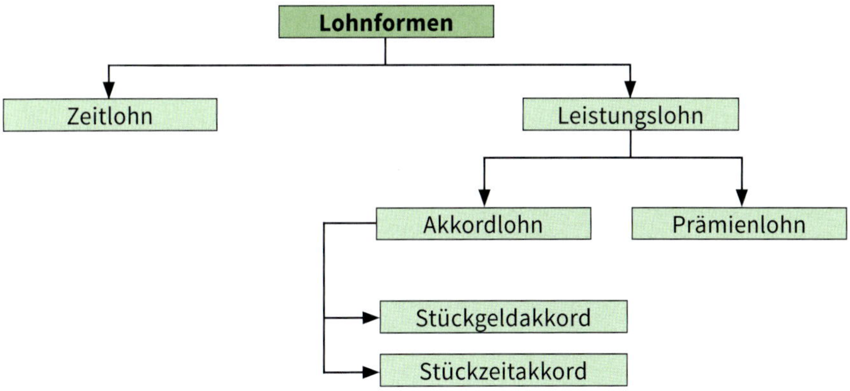


**Unterscheiden Sie zwischen *Zeit-* und *Leistungslohn.*** 427

- **Zeitlohn:**
  Berechnung nach der Dauer der Arbeitszeit, kein direkter Bezug zur tatsächlich geleisteten Arbeit (z. B. Stundenlohn von Arbeitnehmern)
- **Leistungslohn:**
  Ermittlung nach der tatsächlich produzierten Stückzahl, Zahlung eines tariflichen Mindestlohnes gemäß Tarifvertrag, wenn das Arbeitssoll nicht erreicht wird

**Aus welchen *Komponenten* besteht der *Prämienlohn?*** 428

Der **Prämienlohn** besteht aus einem Grundentgelt (meist Stundenlohn) und einer leistungsbezogenen Prämie (Sondervergütung), z. B. für eine Mehrleistung oder einen Verbesserungsvorschlag.

**Was bedeutet *Akkordlohn?*** 429

Der **Akkordlohn** ist ein Leistungslohn für Tätigkeiten, bei denen das geleistete Arbeitsergebnis messbar ist und einem einzelnen Arbeitnehmer (Einzelakkord) oder einer Gruppe von Arbeitnehmern (Gruppenakkord) vergütet wird.

Der Akkordlohn besteht aus einem tariflich oder vertraglich vereinbarten Lohn und einem Akkordzuschlag. Die Summe daraus ergibt den Verdienst pro Stunde bei Normalleistung des Akkordarbeiters (Akkordrichtsatz).

*Beispiel:*

| | | |
|---|---|---|
| | tariflicher Lohn | 10,00 € |
| + | 20 % Akkordzuschlag | 2,00 € |
| | Akkordrichtsatz | 12,00 € |

Der tariflich vereinbarte Mindestlohn wird bei verminderter Arbeitsleistung (z. B. nach einer Erkrankung) bezahlt.
Man unterscheidet Stückgeldakkord und Stückzeitakkord.

# Personalwirtschaftliche Aufgaben wahrnehmen

430 **Was versteht man unter *Stückgeldakkord?***

Der Arbeitnehmer wird bei der Berechnung des **Stückgeldakkords** nach der Anzahl der von ihm gefertigten Stücke pro Zeiteinheit bezahlt. Der Akkordrichtsatz als Grundlohn wird in einen Akkordsatz je Stück umgeformt.

*Beispiel:*
Als Normalleistung schafft ein Glasbläser 8 Stück pro Stunde. Er arbeitet 38 Stunden pro Woche. Der Akkordrichtsatz beträgt 12,00 €.

$$\text{Stückgeldakkord} = \frac{\text{Akkordrichtsatz}}{\text{Normalleistung/Std.}} = \frac{12}{8} = 1{,}50$$

Der Arbeitnehmer bekommt als Wochenverdienst z. B. bei:

| | Stückakkordsatz (€/St.) | Stückzahl pro Stunde • (St./Std.) | Wochenarbeitszeit • (Std./Wo.) | Wochenverdienst = (€/Wo.) |
|---|---|---|---|---|
| Normalleistung | 1,50 | 8 | 38 | 456,00 |
| Mehrleistung | 1,50 | 11 | 38 | 627,00 |
| verminderter Arbeitsleistung | 1,50 | 6 | 38 | 380,00* |

* Da der Arbeitnehmer bei verminderter Arbeitsleistung nur auf einen Stundenlohn von 9,00 € (Wochenverdienst 342,00 €) kommen würde, bekommt er hier den tariflich vereinbarten Mindestlohn von 380,00 €.

431 **Was versteht man unter *Stückzeitakkord?***

Dem Arbeitnehmer wird für die Fertigung eines Stücks eine Zeit vorgegeben (Vorgabezeit), die aufgrund der Normalleistung der Mitarbeiter errechnet wird.
*Beispiel:*

$$\textbf{Zeitakkordsatz} = \frac{\text{60 Minuten}}{\text{Normalleistung je Stunde}} = \frac{60}{8} = 7{,}5$$

$$\textbf{Minutenfaktor} = \frac{\text{Akkordrichtsatz}}{\text{60 Minuten}} = \frac{12}{60} = 0{,}20$$

Der Arbeitnehmer bekommt als Wochenverdienst z. B. bei:

| | Stückzahl pro Stunde (St./Std.) | Wochenarbeitszeit • (Std./Wo.) | Zeitakkordsatz (€) • (Min./St.) | Minutenfaktor • (€/Min.) | Wochenverdienst = (€/Wo.) |
|---|---|---|---|---|---|
| verminderter Arbeitsleistung | 6 | 38 | 7,5 | 0,20 | 380,00* |
| Normalleistung | 8 | 38 | 7,5 | 0,20 | 456,00 |
| Mehrleistung | 11 | 38 | 7,5 | 0,20 | 627,00 |

* siehe oben Erläuterung zu Stückgeldakkord

432 **Welcher Unterschied besteht zwischen *Stückgeldakkord* und *Stückzeitakkord?***

Vom Ergebnis her besteht kein Unterschied: Es zeigt sich, dass beide Verfahren zu denselben Ergebnissen führen.
Aber der Stückzeitakkord bietet bei Veränderungen des Tariflohns den Vorteil, dass die Vorgabezeiten konstant bleiben und man nur mit einem neuen Minutenfaktor rechnen muss.
Dagegen sind beim Stückgeldakkord alle Stücklohnsätze neu festzulegen.

433 **Welche *Voraussetzungen* müssen vorliegen, damit *im Akkord* gearbeitet werden kann?**

Voraussetzung für die **Bezahlung im Akkordlohn:**

- Der Arbeitsablauf muss exakt vorgegeben sein und sich ständig wiederholen.
- Die Tätigkeit muss relativ einfach sein.
- Die Arbeitsleistung muss mengenmäßig messbar und auf eine Person oder eine Arbeitsgruppe zurechenbar sein.
- Der Arbeitnehmer muss das Arbeitstempo individuell bestimmen können.

434 **Welche *Vor- und Nachteile* hat der *Akkordlohn?***

- **Vorteile:**
  - Leistungsanreiz für die Arbeitnehmer, da die Entlohnung nach der erbrachten Leistung erfolgt
  - unternehmerisches Risiko für verminderte Arbeitsleistungen entfällt, es sei denn, der festgelegte Mindestlohn wird nicht erreicht
- **Nachteile:**
  - Gefahr der Überanstrengung der Mitarbeiter
  - Gefahr von Ausschussproduktion
  - starke Beanspruchung der Betriebsmittel führt zu erhöhtem Verschleiß
  - mögliche Entstehung von sozialen Spannungen durch Vorgabezeiten und Gruppendruck bei Gruppenakkordentlohnung

435 **Grenzen Sie *Nominal-* und *Reallohn* voneinander ab.**

- Der **Nominallohn** ist der Verdienst, der einem Arbeitnehmer ausgezahlt wird. Die Kaufkraft hängt von der Entwicklung der Güterpreise ab.
- Der **Reallohn** ergibt sich aus der Kaufkraft des Geldes und zeigt auf, welche Gütermenge mit einem bestimmten Nominalbetrag gekauft werden kann.
- Reallohn = Nominallohn – Preissteigerungsrate

436 **Was versteht man unter *Lohnnebenkosten?***

**Lohnnebenkosten** sind alle Aufwendungen, die der Arbeitgeber aufgrund von bestehenden Arbeitsverträgen zusätzlich zu den Löhnen und Gehältern bezahlen muss:

- **gesetzliche Lohnnebenkosten,** z. B. Sozialversicherungsbeiträge der Arbeitgeber, Entgeltfortzahlung bei Krankheit und während der Mutterschutzzeit, bezahlte Feiertage
- **tariflich und betrieblich vereinbarte Lohnnebenkosten,** z. B. betriebliche Altersversorgung, Vermögensbildung, Sonderzahlungen (Weihnachtsgeld, 13. Monatsgehalt, Urlaubsgeld)
- **freiwillige betriebliche Lohnnebenkosten,** z. B. Kantinenzuschüsse, Leistungen für besondere persönliche Anlässe (langjährige Betriebszugehörigkeit)

# Personalwirtschaftliche Aufgaben wahrnehmen

437 **Welche *Rechtsvorschriften* sind bei der *Arbeitsentlohnung* zu beachten?**

Rechtsvorschriften hinsichtlich der Arbeitsentlohnung:

- Einzelarbeitsvertrag*
- Betriebsvereinbarung
- Lohn- und Gehaltstarifvertrag

*Der Einzelarbeitsvertrag darf keine ungünstigeren Regelungen enthalten, als diese in Betriebsvereinbarungen bzw. in Lohn- und Gehaltstarifverträgen vorgesehen sind.

438 **Wie errechnet man das *Nettoentgelt* und den *Auszahlungsbetrag?***

| | | | |
|---|---|---|---|
| | Bruttoentgelt (z. B.) | 2.346,50 € | (Beispiel) |
| + | vermögenswirksame Leistungen des Arbeitgebers | 39,00 € | |
| = | lohnsteuer- und sozialversicherungspflichtiges Entgelt | 2.385,50 € | |
| – | Lohn- und Kirchensteuer | 153,33 € | |
| – | Arbeitnehmeranteil zur Sozialversicherung | 490,43 € | |
| = | Nettoentgelt | 1.741,74 € | |
| – | vermögenswirksame Sparleistung | 78,00 € | |
| = | Auszahlungsbetrag | 1.663,74 € | |

439 ***Worauf* ist bei der Ermittlung des Nettoentgelts und des Auszahlungsbetrages zu *achten?***

- Ermittlung der Lohnsteuer gemäß der Steuerklasse
- Beachtung der Steuerfreibeträge auf der Lohnsteuerkarte
- Berücksichtigung der Beitragsbemessungs- und Versicherungspflichtgrenzen zur Ermittlung der Sozialversicherungsbeiträge
- Abführung der einbehaltenen Lohn- und Kirchensteuer sowie eventuell des Solidaritätszuschlags an die zuständigen Finanzbehörden
- Abführung der Sozialversicherungsbeiträge an die entsprechenden Krankenkassen
- Abführung der vermögenswirksamen Sparleistungen (z. B. an Bausparkassen) und der sonstigen Abzüge (z. B. Entgeltpfändungen)

440 **Was versteht man unter *Erfolgsbeteiligung?***

Die Unternehmer erhalten einen Gewinnanteil vor allem als Entgelt für die eigene Arbeit im Unternehmen (Unternehmerlohn), als Verzinsung ihrer Kapitaleinlage und als Risikoprämie. An dem noch übrig bleibenden **Restgewinn** sollen nicht nur die Unternehmer, sondern auch die Arbeitnehmer aufgrund einer Betriebsvereinbarung beteiligt werden.

441 **Welche *Ziele* werden mit der Einführung der *Erfolgsbeteiligung* verfolgt?**

Mit der **Einführung der Erfolgsbeteiligung** können verbunden sein:

- erhöhter Leistungsanreiz für die Arbeitnehmer
- Verringerung der Fluktuation, insbesondere wenn mit zunehmender Dauer der Betriebszugehörigkeit der Gewinnanteil steigt
- gerechtere Entlohnung
- Beteiligung der Arbeitnehmer am Produktivvermögen im Fall der Kapitalbeteiligung
- Leistungssteigerung aufgrund sich verbessernder Beziehungen der Arbeitnehmer untereinander und zur Unternehmensführung (Corporate Identity)

Formen der Erfolgsbeteiligung:

- **Individualbeteiligung:** Die einzelnen Arbeitnehmer werden am Gewinn beteiligt. Man unterscheidet je nach Verwendung dieser individuellen Gewinnanteile:
  - ***Barbeteiligung:*** Der Gewinn wird bar ausgezahlt, das Unternehmen verliert Liquidität.
  - ***Kapitalbeteiligung:*** Der Gewinn wird nicht bar ausgeschüttet, sondern bleibt im Unternehmen:
    - *als Eigenkapital:* Der Arbeitnehmer wird Miteigentümer des Unternehmens in Höhe seiner Gewinnanteile, z. B. durch die Ausgabe von Belegschaftsaktien.
    - *als Fremdkapital:* Der Arbeitnehmer wird Gläubiger des Unternehmens und stellt dem Betrieb seine Gewinnanteile z. B. als gewinnabhängige oder festverzinsliche Obligationen zur Verfügung.
- **Kollektivbeteiligung:** Der Gewinnanteil der Arbeitnehmer wird in Einrichtungen investiert, die der ganzen Belegschaft zugutekommen, z. B. in Vorsorgefonds, Erholungsheime.

442 Welche *Formen der Erfolgsbeteiligung* sind zu unterscheiden?

## 1.4.7 Personalfreisetzung – Kündigungsschutz

Handbuch: LF 7

**Personalfreisetzung** bedeutet die Notwendigkeit, Arbeitskräfte entlassen zu müssen.

443 Was bedeutet *Personalfreisetzung?*

Für den **Abbau personeller Überkapazitäten** können sprechen:

- Automatisierung
- Verlagerung von Betriebsstätten ins Ausland
- Umsatzeinbrüche durch eine schlechte Konjunkturlage
- saisonale Beschäftigungsschwankungen

444 Welche Gründe könnten zum *Abbau personeller Überkapazitäten* führen?

**Arbeitsverhältnisse** können **beendet werden durch:**

- Kündigung
- Aufhebungsvertrag (Einvernehmen zwischen Arbeitnehmer und Arbeitgeber)
- Vertragsablauf (Vereinbarung der Dauer des Arbeitsverhältnisses bei Vertragsabschluss)
- Erreichen des Rentenalters

445 Wie können *Arbeitsverhältnisse beendet* werden?

Merkmale einer **rechtswirksamen Kündigung:**

- eine einseitige empfangsbedürftige Willenserklärung
- Anhörung des Betriebsrates
- schriftliche Abfassung

446 Welche *Merkmale* muss eine *rechtswirksame Kündigung* des Arbeitsverhältnisses aufweisen?

447 Welche *Kündigungsarten* werden unterschieden?

**Kündigungsarten:**

- **gesetzliche Kündigung:** Arbeitern und Angestellten kann mit einer Frist von vier Wochen zum 15. eines Monats oder zum Monatsende gekündigt werden.
- **vertragliche Kündigung:** Die Kündigungsfrist kann bei vorübergehend eingestellten Aushilfen weniger als vier Wochen betragen; sie darf die gesetzliche Kündigungsfrist nicht überschreiten und für den Arbeitgeber nicht kürzer sein als für den Arbeitnehmer.
- **außerordentliche (fristlose) Kündigung:** Bei Vorliegen eines wichtigen Grundes kann das Arbeitsverhältnis ohne Beachtung einer Kündigungsfrist aufgehoben werden, z. B. bei Diebstahl, Beleidigung, Körperverletzung.

448 Wie kann sich ein Arbeitnehmer rechtlich gegen eine *ordentliche* (fristgerechte) *Kündigung* seitens des Arbeitgebers wehren?

Der Arbeitnehmer erhebt **innerhalb dreier Wochen** eine **Kündigungsschutzklage** beim zuständigen Arbeitsgericht.

449 Innerhalb welcher *Frist* kann der Betriebsrat einer ordentlichen Kündigung widersprechen?

Der Betriebsrat kann **innerhalb einer Woche** Widerspruch erheben.

450 Welche *Rechtsfolgen* können sich nach einer Kündigungsschutzklage für den Kläger ergeben?

**Rechtsfolgen** aus einer **Kündigungsschutzklage:**

- Die Kündigung ist rechtswirksam.
- Die Kündigung ist unwirksam (z. B., wenn sie sozial ungerechtfertigt ist).

451 Welche *Möglichkeiten* ergeben sich bei einer erfolgreichen Kündigungsschutzklage für den Arbeitnehmer?

Folge einer **erfolgreichen Kündigungsschutzklage:**

- Fortsetzung des Arbeitsverhältnisses
- Auflösung des Arbeitsverhältnisses (gegebenenfalls mit Abfindung)

**örtliche Zuständigkeit:**
das Arbeitsgericht, in dessen Bezirk der Beklagte seine Leistung (Entgeltzahlung oder Arbeitsleistung) aus dem Arbeitsvertrag zu erbringen hat

ZP
*Welches Arbeitsgericht* ist für arbeitsrechtliche Konflikte zuständig? 452

Das Arbeitsgericht ist zuständig **(sachliche Zuständigkeit)** bei Streitfällen

- zwischen Arbeitgeber und Arbeitnehmer,
- zwischen Arbeitgeber und Gewerkschaften,
- die das Betriebsverfassungsgesetz regelt (z. B. Mitentscheidung über die Arbeitszeit),
- die das Mitbestimmungsgesetz regelt (z. B. Bestimmung des Arbeitsdirektors).

ZP
Welche *arbeitsgerichtlichen Konflikte* werden vor einem Arbeitsgericht verhandelt? 453

**arbeitsrechtliche Instanzen**:
1. **Instanz: Arbeitsgericht,** es besteht kein Anwaltszwang.
2. **Instanz: Landesarbeitsgericht,** es besteht Anwaltszwang (es entscheidet z. B. aufgrund eines Berufungsverfahrens über ein Urteil eines Arbeitsgerichts).
3. **Instanz: Bundesarbeitsgericht,** Sitz in Erfurt, es besteht Anwaltszwang (es entscheidet z. B. im Beschwerderechtsverfahren über einen Beschluss eines Arbeitsgerichts).

ZP
Welche *arbeitsrechtlichen Instanzen* sind zu unterscheiden? 454

**Arbeitspapiere bei Kündigung:**
- **Verdienstbescheinigung**
- **Urlaubsbescheinigung** als Nachweis für den im laufenden Jahr gewährten Urlaub
- **Zeugnis:**
  - ***einfaches Zeugnis:*** enthält nur Angaben über die Art der Beschäftigung und die Dauer des Arbeitsverhältnisses
  - ***qualifiziertes Zeugnis:*** enthält zusätzlich Angaben über die Leistungen und das Verhalten des Arbeitnehmers und muss auf Verlangen des Arbeitnehmers ausgestellt werden

Welche *Arbeitspapiere* muss der Arbeitgeber dem Arbeitnehmer bei Beendigung des Arbeitsverhältnisses *aushändigen?* 455

Ein **Sozialplan** ist ein Verfahren zur Vermeidung sozialer Ungerechtigkeiten bei Entlassungen:

- Der Arbeitgeber muss bei sogenannten Massenentlassungen **(30 oder mehr Kündigungen** innerhalb 30 Tagen) vorher die Bundesagentur für Arbeit über die Entlassungspläne unterrichten.
- Der Betriebsrat ist detailliert zu informieren.
- Es ist mit ihm zu beraten, wie weitere Entlassungen vermieden oder deren Folgen gelindert werden können, z. B. durch Aufhebungsverträge.

Was versteht man unter einem *Sozialplan?* 456

## Personalwirtschaftliche Aufgaben wahrnehmen

457 **ZP**

**Erklären Sie den *allgemeinen Kündigungsschutz.***

Alle Arbeitnehmer in Betrieben mit in der Regel **mehr als 10** vollzeitig beschäftigten Mitarbeitern und mit einer Beschäftigungsdauer von mindestens 6 Monaten in demselben Betrieb genießen einen allgemeinen Schutz vor einer sozial ungerechtfertigten Kündigung.

Eine Kündigung ist **sozial ungerechtfertigt**, wenn sie nicht durch Gründe, die in der Person oder dem Verhalten des Arbeitnehmers liegen, oder durch dringende betriebliche Erfordernisse, die einer Weiterbeschäftigung des Arbeitnehmers in diesem Betrieb entgegenstehen, bedingt ist und der Betriebsrat nicht befragt wurde (§ 1 KSchG).

458 **ZP**

**Welche Arbeitnehmer genießen einen *besonderen Kündigungsschutz?***

- **Betriebsratsmitglieder sowie Jugend- und Auszubildendenvertreter** während der Amtszeit und ein Jahr danach
- **werdende Mütter** bzw. **Mütter**
  - während der Schwangerschaft (Arbeitgeber muss Kenntnis davon haben bzw. zwei Wochen nach einer Kündigung Kenntnis davon erlangen, z. B. durch ein ärztliches Attest)
  - während einer Frist von vier Monaten nach der Entbindung
  - während der Elternzeit (maximal drei Jahre)
- **Auszubildende** während der Ausbildung nach der Probezeit
- **Schwerbehinderte** (mindestens 50 % Erwerbsminderung): Die Kündigungsfrist beträgt mindestens vier Wochen. Die Kündigung ist nur mit behördlicher Genehmigung möglich.

459 **ZP**

**Welches *Ziel* verfolgt das *Arbeitsschutzgesetz?***

Das **Arbeitsschutzgesetz** verpflichtet die Arbeitgeber, Leben und Gesundheit der Arbeitnehmer vor Gefährdungen zu schützen. Dazu gehören Maßnahmen zur Verhütung von Arbeitsunfällen und die Vermeidung von Gesundheitsrisiken am Arbeitsplatz.

Die Überwachung der Einhaltung der Bestimmungen obliegt den Gewerbeaufsichtsämtern und innerbetrieblich den Sicherheitsbeauftragten. Die von den Berufsgenossenschaften erlassenen Unfallverhütungsvorschriften sind im Betrieb den Arbeitnehmern bekannt zu geben.

460 **ZP**

**Nennen Sie weitere wichtige gesetzliche Maßnahmen zum *Schutz der Arbeitnehmer.***

**Schutzmaßnahmen:**

- **Frauen- und Mutterschutz:** Frauen genießen aufgrund ihrer körperlichen Konstitution und Stellung in der Familie einen besonderen Schutz im Arbeitsleben (vgl. MuSchG).
- **Arbeitszeitschutz:** Die tägliche Arbeitszeit darf in der Regel acht Stunden nicht überschreiten (ArbZG).
- **Schwerbehindertenrecht:** Schwerbehinderte erhalten fünf Tage mehr bezahlten Urlaub im Jahr. Alle Betriebe mit mindestens 20 Arbeitsplätzen müssen wenigstens fünf Prozent Schwerbehinderte beschäftigen, andernfalls müssen sie eine monatliche Ausgleichsabgabe an die Fürsorgestelle zahlen (vgl. SGB IX).
- **Beschäftigungsschutz:** Die Wahrung der Würde von Frauen und Männern am Arbeitsplatz durch Arbeitgeber und Vorgesetzte ist zu gewährleisten (BSchG).
- **Arbeitssicherheit:** Der Arbeitgeber muss Betriebsärzte und kompetente Arbeitskräfte für die Arbeitssicherheit (Sicherheitsbeauftragte) stellen (ASiG).

- **Gestaltung von Arbeitsstätten:** Der Arbeitgeber muss grundlegende Pflichten bei der Einrichtung und dem Betrieb von Arbeitsräumen und Arbeitsstätten beachten. Zum Schutz der Arbeitnehmer werden besondere Anforderungen an die Sicherheit und den Gesundheitsschutz in den Betriebsstätten gestellt (ArbStättV). Die Gewerbeaufsichtsämter überwachen die Einhaltung der Vorschriften.
- **Gestaltung von Bildschirmarbeitsplätzen:** Es gilt die Verordnung über Sicherheit und Gesundheitsschutz bei der Arbeit an Bildschirmgeräten (BildscharbV). Danach müssen Arbeitsplätze ergonomische und sicherheitsrelevante Mindestanforderungen erfüllen. Für jeden Bildschirmarbeitsplatz muss der Arbeitgeber eine Arbeitsplatzanalyse durchführen und dokumentieren, um mögliche Gefährdungen und Belastungen frühzeitig zu erkennen. Dazu gehören neben der ergonomisch richtigen Einrichtung des Arbeitsplatzes einschließlich Hardware und Software auch die Arbeitsumgebung und der gesamte Arbeitsablauf.

## 1.4.8 Personalcontrolling

Handbuch: LF 7

461 Welche *Aufgabe* hat das *Personalcontrolling?*

Das Personalcontrolling dient der Überprüfung der **Effektivität** und der **Effizienz** personalwirtschaftlicher Maßnahmen. Effektivität ist die Eignung eines Mittels zur Erreichung eines bestimmten Ziels. Effizienz ermittelt das Verhältnis zwischen dem Ergebnis und dem getätigten Aufwand zur Erreichung des Ergebnisses. Effektivität und Effizienz sind miteinander verbunden und bedingen sich gegenseitig.

462 Nennen Sie *wichtige Personalkennzahlen.*

- **Personalstruktur**
  - Altersstruktur
  - Frauenanteil
  - Durchschnittsalter der Belegschaft
- **Personalbeschaffung**
  - Fluktuationsrate
  - Anzahl der Versetzungswünsche
- **Personaleinsatz**
  - durchschnittliche wöchentliche Arbeitszeit
  - Überstundenquote
- **Personalerhaltung und Leistungsstimulation**
  - Fehlquote
  - Krankheitsquote
- **Personalentwicklung**
  - jährliche Weiter-/Fortbildung pro Mitarbeiter
- **betriebliches Vorschlagswesen**
  - Bearbeitungszeit pro Verbesserungsvorschlag
  - Annahmequote
- **Personalfreisetzung**
  - Sozialplankosten pro Mitarbeiter
- **Personalkostenplanung und -kontrolle**
  - Personalkosten je Mitarbeiter

463

***Ermitteln* Sie aus dem vorliegenden Zahlenmaterial für die 10. Kalenderwoche: a) die durchschnittliche wöchentliche *Arbeitszeit*, b) die *Überstundenquote*, c) die *Fehlquote* und d) die *Krankheitsquote*.**

*Die International AG führt für jede Sparte und für jeden Mitarbeiter Aufzeichnungen über Fehlzeiten. Diese übernimmt die Personalverwaltung jede Woche, gibt sie in das Personalinformationssystem ein und erhält die Auswertung. Für die Sparte Tiefbau Inland sieht das Ergebnis für die 10. Kalenderwoche 20.. wie folgt aus: Anzahl der Beschäftigten 8 736, tarifliche Arbeitszeit (Soll) 327 600 Stunden, effektive wöchentliche Arbeitszeit (Ist) 319 148 Stunden, Mehrarbeit 4 802 Stunden, Arbeitszeit insgesamt 323 950 Stunden, Fehlzeiten insgesamt 9 225 Stunden. Davon entfallen auf Urlaub 2 672 Stunden, Krankheit 6 252 Stunden, Fortbildung 291 Stunden, Sonstiges 0 Stunden.*

a) die **durchschnittliche wöchentliche Arbeitszeit:**

$$x = \frac{\text{Arbeitszeit insgesamt}}{\text{Anzahl der Beschäftigten}} = \frac{323\,950}{8\,736} = 37{,}08$$

Die durchschnittliche wöchentliche Arbeitszeit beträgt 37,08 Stunden.

b) die **Überstundenquote in v. H.:**

$$x = \frac{\text{geleistete Mehrarbeit} \cdot 100}{\text{tarifliche wöchentliche Arbeitszeit}} = \frac{4\,802 \cdot 100}{327\,600} = 1{,}47$$

Die Überstundenquote beträgt 1,47 %.

c) die **Fehlquote in v. H.:**

$$x = \frac{\text{Fehlzeiten insgesamt} \cdot 100}{\text{tarifliche wöchentliche Arbeitszeit}} = \frac{9\,225 \cdot 100}{3\,27\,600} = 2{,}82$$

Die Fehlquote beträgt 2,82 %.

d) die **Krankheitsquote in v. H.:**

$$x = \frac{\text{Krankheitsstunden} \cdot 100}{\text{tarifliche wöchentliche Arbeitszeit}} = \frac{6\,252 \cdot 100}{327\,600} = 1{,}91$$

Die Krankheitsquote beträgt 1,91 %.

**Hauptaufgaben** der Personalverwaltung:
- Führung von Personalakten
- Entgeltberechnungen
- Sammlung und Auswertung von Personaldaten

Welche *Hauptaufgaben* hat die *Personalverwaltung?* 464

Moderne Personalverwaltungen arbeiten mit Computerunterstützung. Im Rahmen sogenannter Personalinformationssysteme **(PIS)** werden Personaldaten erfasst, gespeichert, gepflegt und ausgewertet. Sie liefern alle wichtigen Informationen für das Personalmanagement zur Erfüllung seiner Führungs- und Verwaltungsaufgaben und die grundlegenden Daten für die Entgeltabrechnung. Dabei ist die vertrauliche Behandlung dieser sensiblen Daten gemäß den Regelungen des Datenschutzes zu beachten.

Was versteht man unter einem *Personalinformationssystem?* 465

- **Personalleistung,** z. B.:
  - Arbeitsproduktivität
  - Umsatz je Mitarbeiter
- **Personalkosten,** z. B.:
  - Summe des Bruttoentgelts
  - Summe der Überstundenentgelte
  - Arbeitgeberanteil zur Sozialversicherung
  - Leistungszulagen
  - Urlaubsgeld
- **Personalstruktur**
  - Alter
  - Geschlecht
  - Staatsangehörigkeit
  - Status (z. B. Angestellte)
  - Schulbildung (z. B. Realschulabschluss)
  - Berufsbildung (z. B. gelernt)
- **Mitarbeiter**
  - Unfallzahlen
  - Fehlzeiten
  - Versetzungen
  - Urlaubstage
  - Einstellungen
  - Kündigungen

Worüber führen Unternehmen *Personalstatistiken?* 466

Jeder Arbeitgeber muss über die Mitarbeiter eine **Personalakte** führen. Dazu gehören alle Daten der Beschäftigten, die in unmittelbarem Zusammenhang mit dem Arbeitsverhältnis stehen. Die in der Akte enthaltenen Unterlagen bzw. Informationen sind vor unbefugten Zugriffen **zu schützen, vertraulich zu behandeln** und **sicher aufzubewahren.** Nur mit der Verwaltung von Personalunterlagen Beauftragte dürfen Zugang zu diesen haben. Auskünfte aus Personalakten dürfen nur mit Einwilligung der Beschäftigten gegeben werden. Die Arbeitnehmer haben ein **Recht auf Einsicht** in die vollständigen Personalakten. Zu den Personalaktendaten gehören auch Daten, die in Dateien (z. B. in einem Personalinformationssystem) informationstechnisch gespeichert sind.

Wozu dient die *Personalakte?* 467

Den **Umgang mit personenbezogenen Daten** aus Arbeitsverhältnissen regeln das **Bundesdatenschutzgesetz** (BDSG) und die Datenschutzgesetze der Bundesländer sowie tarifvertragliche Vereinbarungen.

Wodurch ist der Umgang mit *personenbezogenen Daten* geregelt? 468

# Personalwirtschaftliche Aufgaben wahrnehmen

469 **Welche *Unterlagen* werden in der *Hauptakte* geführt?**

Eine Reihe von Personalunterlagen muss aufgrund gesetzlicher und/oder tarifvertraglicher Regelungen aufbewahrt werden. Diese Unterlagen werden in der sogenannten **Hauptakte** (Personalgrundakte) geführt.

Sie enthält u. a. folgende Unterlagen:

- **Deckblatt,** z. B.:
  persönliche Daten des Mitarbeiters, wie:
  - Anschrift
  - Familienstand
  - Bankverbindung
- **Bewerbungsunterlagen,** z. B.:
  - Bewerbungsschreiben
  - Lebenslauf
  - Lichtbild
  - Personalfragebogen
- **Arbeitsvertrag**
- **Werdegang des Mitarbeiters während des Beschäftigungszeitraumes,** z. B.:
  - Beurteilungen
  - Versetzungen
  - Ehrungen
  - Zwischenzeugnisse
  - Entgeltänderungen
  - Verbesserungsvorschläge
  - Abmahnungen
- **Kündigungsunterlagen:**
  - Kündigungsschreiben
  - Zeugnis
- **Hinweise auf Nebenakten**

470 **Welche *Unterlagen* werden in der *Nebenakte* geführt?**

Um einen störungsfreien Ablauf der Personalverwaltung zu gewährleisten und jederzeit Zugriff auf Informationen über ein Beschäftigungsverhältnis zu haben, werden zusätzliche **Nebenakten** geführt. Diese enthalten vor allem:

- Entgeltabrechnungen
- Zeiterfassungskarten
- Urlaubsdaten
- Arbeitsunfähigkeitsbescheinigungen
- Reisekostenabrechnungen
- Fehlzeiten

471 **ZP**

**Was schreibt das *Bundesdatenschutzgesetz* vor?**

Der Einzelne soll davor geschützt werden, dass sein Persönlichkeitsrecht durch den Umgang mit seinen personenbezogenen Daten verletzt wird. Das Gesetz gilt für die **Erhebung, Verarbeitung** und **Nutzung personenbezogener Daten** in öffentlichen Stellen des Bundes und der Länder und für nichtöffentliche Stellen, z. B. Unternehmen, wenn sie die Daten in oder aus Dateien geschäftsmäßig oder für berufliche oder gewerbliche Zwecke verarbeiten oder nutzen.

472 **ZP**

**Nennen Sie *Beispiele* für *schutzwürdige Daten.***

**schutzwürdige Daten (Beispiele):**

- Krankheitsdaten
- strafbare Handlungen
- Ordnungswidrigkeiten
- Religionszugehörigkeit
- Höhe des Entgelts
- Zeugnisdaten

473 **ZP**

**Nennen Sie *Beispiele* für *nichtschutzwürdige (freie) Daten* nach dem Bundesdatenschutzgesetz.**

**nichtschutzwürdige Daten (Beispiele):**

- Name
- Berufsbezeichnung
- Titel

**Recht** auf:

- Benachrichtigung über gespeicherte Daten bei erstmaliger Speicherung
- Auskunft über gespeicherte Daten, es sei denn der Betroffene hat davon schon Kenntnis erhalten
- Berichtigung bei Speicherung unrichtiger Daten
- Löschung von Daten, z. B. bei unzulässiger Speicherung
- Sperrung von Daten, z. B. wenn die Richtigkeit oder Unrichtigkeit nicht feststellbar ist

**ZP**
474 Welche *Rechte* haben die *Betroffenen* beim Datenschutz?

# 1.5 Absatzprozesse planen, steuern und kontrollieren

Lernfeld 10

## 1.5.1 Grundlagen des Marketings

Handbuch: LF 10

- Der traditionelle Begriff **„Absatz"** bezieht sich eher auf einen **Verkäufermarkt,** d. h., die Marktmacht der Verkäufer (Anbieter) ist größer als die der Käufer (Nachfrager). In dieser Marktsituation stellt der **Absatz** eine **betriebswirtschaftliche Funktion des Unternehmens** dar, wie z. B. auch die Beschaffung, Finanzierung oder Produktion. Die Produkte und Dienstleistungen sollen in einem gegebenen Kundensegment zu einem möglichst hohen Preis zum Kunden gelangen, um das Unternehmensziel der Gewinnmaximierung zu erreichen.
- Der Begriff **„Marketing"** wurde in der Marktsituation des **Käufermarkts** geprägt – d. h., die Marktmacht der Käufer (Nachfrager) ist größer als die der Verkäufer (Anbieter). Resultierend aus dieser Marktsituation ist Marketing als eine **Konzeption der Unternehmensführung** anzusehen, bei der sich alle Aktivitäten des Unternehmens an den **Kundenwünschen** und damit an den Marktbedingungen ausrichten sollen.

475 Worin unterscheiden sich die Begriffe *Absatz* und *Marketing?*

- Zunächst muss die **Marktsituation analysiert** werden – es wird **Marktbeobachtung** bzw. **Marktforschung** betrieben, um die Kundenwünsche bestimmen zu können.
- Die Unternehmensleitung bestimmt auf Grundlage der Marktanalyse die **Marketing-Kernstrategie.** Die entsprechenden **Zielmärkte** werden definiert, in denen das Unternehmen mit den ausgewählten Produkten und Dienstleistungen gezielt agieren möchte.
- Die Marketingabteilung legt die Ausgestaltung der **absatzpolitischen Instrumente** fest: Produkt-, Preis-, Kommunikations- und Distributionspolitik werden im Sinne eines effektiveren **Marketingmixes** optimal kombiniert.
- Das **Marketing-Controlling** wertet alle Marktaktivitäten aus und löst eine Rückkoppelung aller Marketingentscheidungen aus, eventuell werden Marketingstrategie und -organisation verändert, um den Kundenwünschen noch besser entsprechen zu können.

476 Welche Grundzüge weist ein *Marketing-Management-Konzept* eines Unternehmens auf?

Handbuch: LF 10

## 1.5.2 Markterkundung und Marktforschung

477 **Was versteht man im Rahmen der quantitativen Marktanalyse unter *Marktanteil, Marktvolumen* und *Marktpotenzial?***

- Der **Marktanteil** ist der erzielte Umsatz (wertmäßig) oder Absatz (mengenmäßig) eines Unternehmens, ausgedrückt als Prozentsatz des Marktvolumens.
- Das **Marktvolumen** ist der erzielte Umsatz oder Absatz aller betreffenden Unternehmen in einem Zielmarkt.
- Das **Marktpotenzial** beschreibt die mögliche Aufnahmefähigkeit eines Marktes für ein Produkt.

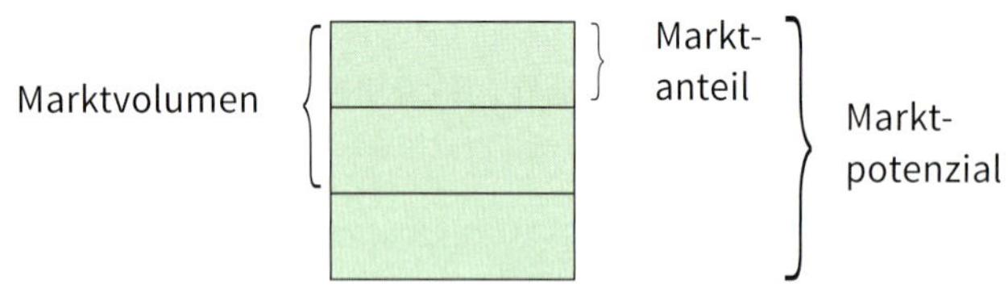


478 **Bei der Marktuntersuchung werden *Markterkundung* und *Marktforschung* unterschieden – worin unterscheiden sich beide Begriffe?**

- Bei der **Markterkundung** handelt es sich grundsätzlich um eine betriebsinterne, unsystematische Informationssammlung durch Einzelbeobachtungen und Gespräche, z. B. Auswerten von Reiseberichten und Marktberichten, Auswerten interner Absatzstatistiken, Gespräche mit Kunden usw.
- Bei der **Marktforschung** handelt es sich um das systematische Beschaffen und Verarbeiten von Informationen mithilfe wissenschaftlicher Methoden. Bei der Marktforschung werden unternehmensintern (Buchhaltung, Verkaufsberichte, Reklamationen usw.) und/oder unternehmensextern (Statistiken, Fachzeitschriften, Messebesuche usw.) Daten beschafft.

*vgl.:* Margit Bentin u. a., Handlungsorientierte Materialien in Wirtschaft und Verwaltung. Absatz/Marketing. 4. Auflage. Bildungshaus Schulbuchverlage Westermann Schroedel Diesterweg Schöningh Winklers GmbH, Braunschweig 2009, S. 19

479 **Welche *Gründe* machen es erforderlich, *Marktuntersuchung* zu betreiben?**

Ständige internationale und nationale **Marktveränderungen,** hervorgerufen z. B. durch den **Wertewandel in der Gesellschaft** oder durch die unterschiedliche **ökonomische Entwicklung** einzelner Regionen, machen eine Marktuntersuchung für die agierenden Unternehmen unverzichtbar. Unterbleiben die Beobachtung und Untersuchung von Marktveränderungen, besteht die Gefahr, dass einzelne Unternehmen vom Markt verschwinden und sich Mitbewerber durchsetzen.

480 **Grenzen Sie die Begriffe *Marktanalyse, Marktbeobachtung* und *Marktprognose* voneinander ab.**

- Die **Marktanalyse** ist eine **zeitpunktbezogene** Analyse des Marktes des Unternehmens.
- Die **Marktbeobachtung** erfolgt dagegen **zeitraumbezogen.** Sowohl Marktbeobachtung als auch Marktanalyse gehören zur Marktforschung.

Sowohl bei der Marktanalyse als auch bei der Marktbeobachtung werden **Konkurrenzforschung** (z. B. Beobachtung der aktuellen Produktveränderungen und Marktanteile der Mitbewerber) und **Bedarfs-** und **Absatzforschung** (z. B. Analyse des Marktsättigungsgrades und der vorherrschenden Kaufmotive) betrieben.

- Bei der **Marktprognose** handelt es sich um eine **Vorhersage** zur Marktentwicklung auf der Grundlage gesammelter Daten der Markterkundung bzw. -forschung. Die Marktprognose unterstützt die Entscheidung über absatzpolitische Aktivitäten des Unternehmens.

---

- Die **Primärforschung** erhebt **neue Daten** im Rahmen der **Feldforschung (Field-Research).** Zum Beispiel wird das aktuelle Kundenverhalten analysiert.
- Die **Sekundärforschung** wertet im Rahmen der **Schreibtischforschung (Desk-Research)** vorhandenes Datenmaterial aus betriebsinternen und -externen Quellen aus.

481 **Welche beiden *Methoden der Marktforschung* werden prinzipiell unterschieden?**

---

- **Beispiele für betriebsinterne Quellen:**
  - Reiseberichte der Außendienstmitarbeiter
  - Absatz- und Umsatzstatistiken
  - Kundendateien
  - Daten des Rechnungswesens
- **Beispiele für betriebsexterne Quellen:**
  - Daten von Mitbewerbern (z. B. im Internet)
  - Veröffentlichungen der Industrie- und Handelskammern
  - Publikationen staatlicher Institutionen (z. B. Ministerien, statistisches Bundesamt)
  - Veröffentlichungen der Bundesbank und der EZB
  - Daten von Marktforschungsinstituten und Branchenverbänden

482 **Nennen Sie jeweils *Beispiele* für *betriebsinterne* und *-externe Quellen* der Sekundärforschung.**

---

- Bei der sogenannten **Vollerhebung** werden **alle** Angehörigen einer Zielgruppe **untersucht.** Wegen der hohen Kosten ist dies nur bei einer zahlenmäßig überschaubaren Zielgruppe sinnvoll.
- Bei einer **Teilerhebung** werden die Angehörigen einer Zielgruppe nur **stichprobenhaft,** dies möglichst **repräsentativ,** untersucht.

483 **Welche *Auswahlverfahren* der *Primärforschung* werden grundsätzlich unterschieden?**

---

- Bei der Methode der **Zufallsauswahl** (auch Randomverfahren genannt) werden aus einer Zielgruppe „zufällig" Personen ausgewählt, zum Beispiel jeder hundertste Bürger aus einem Adressverzeichnis einer Stadt.
- Bei dem **Quotenverfahren** werden nach vorher genau festgelegten Merkmalen, z. B. Alter, Geschlecht, Einkommen, beliebige Personen nach bestimmten prozentualen Anteilen (Quoten) ausgewählt.

484 **Bei der *Teilerhebung* wird insbesondere von einer *Zufallsauswahl* und dem *Quotenverfahren* gesprochen. Was ist damit jeweils gemeint?**

485 **Beschreiben Sie jeweils kurz die wichtigsten *Erhebungsmethoden der Primärforschung.***

- **Befragung:** schriftliche, mündliche oder fernmündliche Datenerhebung zur Erstellung eines Meinungsbildes zu einem bestimmten Produkt bzw. einer bestimmten Produktgruppe
- **Interview:** Erhebung zu einer grundsätzlichen Meinung, die für ein bestimmtes Konsumverhalten ausschlaggebend sein kann, um wirkliche Kaufmotive offenzulegen.
- **Paneltechnik:** regelmäßige Befragung einer bestimmten Personengruppe über einen längeren Zeitraum anhand von speziellen Fragebögen (z. B. regelmäßige Aufzeichnung des Konsumverhaltens eines 4-Personen-Haushaltes)
- **Test:** Meinungserhebung in einer Zielgruppe für ein bestimmtes Produkt anhand von neutral verpackten Warenproben
- **Experiment:** spezielle Form der Beobachtung oder Erfragung von Reaktionen auf unterschiedliche Produktmerkmale (z. B.: Gestaltung, Qualität und Preise)
- **Beobachtung:** Erhebung von Sachverhalten und Verhaltensweisen ohne Befragung

*aus:* Margit Bentin u. a., Handlungsorientierte Materialien in Wirtschaft und Verwaltung. Absatz/Marketing. 4., aktualisierte Auflage, Bildungshaus Schulbuchverlage Westermann Schroedel Diesterweg Schöningh Winklers GmbH, Braunschweig 2009, S. 24

486 **Welche *Zielsetzung* wird mit der *Clusteranalyse* verfolgt?**

Die **Clusteranalyse** stellt eine Möglichkeit dar, durch die Primärerhebung gewonnene große Datenmengen mithilfe **mathematisch-statistischer Verfahren** auszuwerten.

**Zielsetzung** der **Clusteranalyse** ist es, große Datenmengen von Befragten nach bestimmten Merkmalen zu **aussagefähigen Größen (Gruppen)** zusammenzufassen. Aus einer Konsumentenbefragung könnte es sich z. B. ergeben, die Konsumentengruppen „umweltbewusster Konsument", „fortschrittsbewusster Konsument" und „traditionell eingestellter Konsument" als Kundentypen zu bilden, um sie zukünftig marketingpolitisch gezielt anzusprechen.

*vgl.:* Margit Bentin, u. a., Handlungsorientierte Materialien in Wirtschaft und Verwaltung. Absatz/Marketing. 4., aktualisierte Auflage, Bildungshaus Schulbuchverlage Westermann Schroedel Diesterweg Schöningh Winklers GmbH, Braunschweig 2009, S. 26

487 **Was versteht man unter der *Marktsegmentierung,* welches *Ziel* hat sie?**

Die Auswertung der Clusteranalyse dient dazu, den Markt in **Teilmärkte (Marktsegmente)** mit relativ **homogenen Kundengruppen** aufzuteilen. Die Clusteranalyse ist demnach ein Instrument der Marktsegmentierung.

Die Segmentierung des Marktes in Teilmärkte führt dazu, dass die entstandenen Kundengruppen jeweils gezielt mit einer **individuellen Marketingkonzeption** bearbeitet werden können. Letztendlich muss aber der Einsatz dieser individuellen Konzeptionen gegenüber den entstandenen Kosten einen **Mehrerlös** für das Unternehmen erbringen.

488 **Welche *Voraussetzungen* hat die *Bildung von Marktsegmenten?***

- Die **Marktsegmente** müssen eine **zeitliche Stabilität** aufweisen. Die Kundengruppen müssen zeitlich so lange bestehen, dass geeignete Marketingkonzeptionen eingesetzt werden können.
- Die Bearbeitung der Marktsegmente muss **wirtschaftlich** sein. Sind die Kundengruppen zu klein, ist eine kundenspezifische Marketingkonzeption für das Unternehmen nicht rentabel.

- Die Verhaltensweisen der Kundengruppen in den Marktsegmenten müssen zuverlässig und objektiv **messbar** sein.
- Die gebildeten Marktsegmente müssen mithilfe der jeweils gewählten Marketingkonzeption für das Unternehmen **zugänglich** sein.
- Die ermittelten Verhaltensweisen der Kundengruppen müssen für den Einsatz einer segmentspezifischen Marketingkonzeption **relevant,** also von Bedeutung sein.

*vgl.:* Tobias Walter, Segmentspezifische Vertriebsstrategien im Großhandel. Analyse nachfrageorientierter Vertriebsinstrumente im Produktionsverbindungshandel. Künzelsau 2003, S. 112 f.

## 1.5.3 Kundenbindung und Kundenmanagement

Handbuch: LF 10

Was versteht man unter *Kunden-Akquise?* 489

Darunter versteht man die **Gewinnung** oder **Bewerbung** von Kunden. Die **Gewinnung neuer Kunden** läuft in der Regel in den folgenden Schritten ab:

1. **Kontaktphase:** Vorstellen des Unternehmens und des Leistungsangebotes
2. **Evaluationsphase:** Überprüfung, ob Kontaktaufnahme erfolgreich war, mit dem Ziel, eine positive Einstellung zum potenziellen Käufer aufzubauen
3. **Kaufphase:** Verhandlungen zwischen Nachfrager und Anbieter, gegebenenfalls Vertragsabschluss
4. **Nutzungsphase:** Kundenzufriedenheit mit Ziel der Kundenbindung

*Warum* wird der *Kundenbindung* im Marketing ein so *hoher Stellenwert* eingeräumt? 490

Die **Kundenbindung** hat das **Ziel,** aus Erstkunden **Stammkunden** zu machen und sie als solche zu behalten. Dadurch wird dem Unternehmen ein langfristiger Erfolg ermöglicht und so die Marktstellung gesichert und ausgebaut.

Damit es zu einer erfolgreichen Kundenbindung kommt, ist das Erreichen von **Kundenzufriedenheit** Voraussetzung.
Diese wird nur realisiert, wenn die **Kundenwünsche** erkannt und erfüllt werden.

In welchen *Phasen* läuft *Kundenmanagement* ab? 491

- **Phase I: Definition des Zielkunden**
  Die für das Unternehmen wichtigsten Marktsegmente (Teilmärkte) werden bestimmt, innerhalb der Marktsegmente werden die Kunden ausgewählt, die den höchsten langfristigen Erfolg für das Unternehmen versprechen.
- **Phase II: Wünsche des Zielkunden befriedigen**
  Die genauen Kundenwünsche müssen erkannt werden und mit entsprechenden Leistungsangeboten (Gütern und Dienstleistungen) individuell befriedigt werden.
- **Phase III: Bindung zum Zielkunden aufbauen**
  Das Kundenmanagement erfordert umfassende **Marktinformationssysteme,** mit denen die Kundendaten gesammelt und ausgewertet werden müssen. Die individuellen Kundenpräferenzen müssen erhoben werden, man spricht von sogenannten **Kundenprofildaten.** Werden die Kundenwünsche auf Dauer befriedigt, können **langfristige Kundenbeziehungen** hergestellt werden, aus Erstkunden werden Stammkunden – die Maßnahmen zur **Kundenbindung** waren erfolgreich.

492 **Was versteht man unter dem *Customer-Relationship-Management (CRM)?***

**CRM** stellt eine **Managementphilosophie** dar, die eine vollständige Ausrichtung des Unternehmens auf vorhandene und potenzielle **Kundenbeziehungen** zum Inhalt hat. Das Unternehmen hat sich also eher am Kunden und seinen Wünschen als am Produkt auszurichten. CRM-Systeme koordinieren und optimieren marketingpolitische Entscheidungen in einem Anwendungssystem, das neben der Kunden- und Artikelstammdatenverwaltung z. B. noch die Komponenten Versandwegverfolgung und Beschwerdemanagement beinhaltet.

## 1.5.4 Absatzpolitisches Instrument Produkt-/Programmpolitik

Handbuch: LF 10

493 **Welche *absatzpolitischen Instrumente* werden in *Industrieunternehmen* unterschieden?**

**Absatzpolitische Instrumente**

- Produkt-/Programmpolitik
- Preis- und Konditionenpolitik
- Kommunikationspolitik
- Distributionspolitik

494 **Mit welchen *Maßnahmen* kann die *Produkt- und Programmpolitik* im Einzelnen *gestaltet* werden?**

**Produkt-/Programmpolitik**

- Produktgestaltung
  - **Qualität** (Langlebigkeit, Umweltverträglichkeit)
  - **Aufmachung** (Form, Größe Farbe)
  - **Verpackung** (werbewirksam, transportgerecht)
  - **Markierung** (Name, Schriftzug)
- produktbegleitende Servicepolitik
  - **Kundendienst**
  - **Garantieleistung**
  - **Verkäuferschulung**
- prozessorientierte Produktpolitik
  - **Innovation** (Einführung neuer Produkte)
  - **Variation** (Änderung von Produkteigenschaften)
  - **Elimination** (Herausnahme von Produkten aus dem Programm)
- Programmpolitik
  - **Maßnahmen**
    - Programmerweiterung
    - Programmbereinigung
    - Programmveränderung
  - **Struktur**
    - Prog.-breite (Anzahl der Produktlinien)
    - Prog.-tiefe (Variantenanzahl in einer Produktlinie)

*vgl.:* Margit Bentin u. a., Handlungsorientierte Materialien in Wirtschaft und Verwaltung. Absatz/Marketing. Lehrerband übereinstimmend ab 4. Auflage des Schülerarbeitsheftes. Bildungshaus Schulbuchverlage Westermann Schroedel Diesterweg Schöningh Winklers GmbH, Braunschweig 2009, S. 124

- Bei der sogenannten **Herstellermarke** wird das Produkt durch den Hersteller markiert, man spricht von einem **Zeichen,** zum Beispiel ein Wort oder ein Bild. Nach dem **Markengesetz** können Marken rechtlich durch Eintragung beim **Deutschen Patent- und Markenamt** bzw. beim **Europäischen Markenamt** geschützt werden.
- Marken schützen den „guten Namen" des Produktes und führen zu einer **Abgrenzung** von ähnlichen Produkten der **Mitbewerber.**
- Ein **Markenartikel** soll dem Kunden eine **gleichbleibende** oder **verbesserte Qualität** garantieren.

495

**Im Rahmen der *Produktgestaltung* wird versucht, dem Produkt das Image einer *Markenware* zu verleihen. Was macht einen *Markenartikel* aus?**

- **Pre-Sales-Leistungen:** Sie werden vom Hersteller vor dem Vertragsabschluss erbracht, z. B. Versenden von Programmkatalogen.
- **During-Sales-Leistungen:** Sie werden vom Hersteller verkaufsbegleitend erbracht, z. B. Beratungsleistungen.
- **After-Sales-Leistungen:** Sie werden vom Hersteller nach dem Vertragsabschluss erbracht, z. B. Lieferung von Ersatzteilen.

496

**Beschreiben Sie die Service- bzw. Kundendienstleistungen *Pre-Sales-Leistungen, During-Sales-Leistungen* und *After-Sales-Leistungen.***

- **Rechtlich** gesehen hat der Kunde einen Anspruch auf **Gewährleistung,** die sich aus den Bestimmungen des BGB bei Sach- und Rechtsmängeln ergibt (vgl. S. 402 f.).
- **Vertraglich** kann das Industrieunternehmen eine **Herstellergarantie** außerhalb der Bestimmungen der Gewährleistung bieten, z. B. eine dreijährige Garantie.
- Die sogenannte **Kulanz** stellt eine **freiwillige Leistung** des Unternehmens gegenüber Kunden dar, ohne dass rechtliche oder vertragliche Bestimmungen gelten (Beispiel: Umtausch von Produkten bei Nichtgefallen).

497

**Welche Möglichkeiten gibt es im Bereich *Garantieleistungen* für ein Industrieunternehmen, absatzpolitisch zu agieren?**

- Bei der **Produktdifferenzierung** werden **programmnahe Produkte** in das Programm **aufgenommen.**

  *Beispiel:* Neben den bisher hergestellten Spiegelreflexkameras werden Digitalkameras in das Programm aufgenommen.
- Bei der **Produktdiversifikation** werden **programmferne Produkte** in das Programm **aufgenommen.**

  *Beispiel:* Es werden neue Produktlinien aufgenommen, neben Fotoapparaten werden Ferngläser hergestellt.

498

**Im Rahmen der *Produktinnovation* werden *Produktdifferenzierung* und *Produktdiversifikation* unterschieden. Erläutern Sie beide Fachbegriffe.**

## Absatzprozesse planen, steuern und kontrollieren

499 **Beschreiben Sie die *horizontale, vertikale* und *laterale Produktdiversifikation.***

- **horizontale Diversifikation:** Angebot von weiteren Produkten der gleichen Wirtschaftsstufe

  *Beispiel:* Kamerahersteller produziert auch PCs
- **vertikale Diversifikation:** Angebot von weiteren Produkten vor- oder nachgelagerter Produktionsstufen

  *Beispiel:* Kamerahersteller kauft Lieferant von Elektronikbauteilen auf
- **laterale Diversifikation:** Angebot von weiteren Produkten ohne jeden Zusammenhang mit bisherigem Produktionsprogramm

  *Beispiel:* Kamerahersteller kauft Möbelproduzenten auf

500 **Ist eine *Produktelimination* immer *sinnvoll*, wenn der Verkauf dieses Produktes keinen Gewinn erwirtschaftet?**

- Die **Herausnahme** eines Produktes aus dem Programm wird **häufig sinnvoll** sein, wenn mit dessen Verkauf kein Gewinn erwirtschaftet werden kann.

  Allerdings kann diese Entscheidung auch falsch sein, wenn es **Verbundbeziehungen** zwischen diesem Verlustbringer und anderen **Gewinnbringern** im Produktionsprogramm gibt. Der Gewinnbringer subventioniert dann den Verlustbringer. Würde man nur den Gewinnbringer verkaufen, würden viele Kunden zum Mitbewerber wechseln, da sie auch das andere Produkt weiterhin kaufen möchten.
- Ein Produkt kann auch nur **kurzfristig** zum **Verlustbringer** werden, langfristig aber wieder zum Gewinnbringer werden. Dies ergibt sich z. B. durch **kurzfristige Preisschwankungen** im **Beschaffungsmarkt,** die aufgrund der Wettbewerbssituation nicht sofort an die Abnehmer weitergegeben werden können.
- Fragen, die sich mit diesen programmpolitischen Entscheidungen ergeben, können mit Hilfe der **Deckungsbeitragsrechnung** (siehe S. 350 ff.) beantwortet werden.

501 **Welche *Phasen* werden im Allgemeinen im *Produktlebenszyklus* unterschieden? Nennen Sie für jede Phase exemplarische *produktpolitische Entscheidungen.***

- **Einführungsphase:** Produktinnovation, Produktdifferenzierung
- **Wachstumsphase:** Produktdifferenzierung, Produktpflege
- **Reifephase:** Produktdifferenzierung
- **Sättigungsphase:** Produktvariation, gegebenenfalls Elimination
- **Degenerationsphase:** Produktvariation, Elimination

502 **Was versteht man beim Produktlebenszyklus unter dem *Relaunching?***

Am Ende der Sättigungsphase oder in der Degenerationsphase wird der Hersteller versuchen, ein **modifiziertes Produkt anzubieten.** Damit erhofft er sich, dass ein **neuer Produktlebenszyklus** entsteht.

503 Im Rahmen der *Produktpolitik* wird häufig die *Portfolio-Analyse* angewandt. Was ist darunter zu verstehen?

- Die **Portfolio-Analyse** (portfolio – *engl.* = Mappe, hier im übertragenen Sinn eine Mappe mit den Produkten eines Unternehmens) ist ein weit verbreitetes **Instrument strategischer Unternehmens- und Marketingplanung,** mit der **Chancen** und **Risiken der Produkte** im Absatzmarkt sichtbar gemacht werden.
- In der **Portfolio-Matrix** mit den Achsenbezeichnungen „Marktwachstum" und „Marktanteil" werden in **vier Feldern** die **Produkte** eines Unternehmens eingeteilt in:
  - ***Fragezeichen/Hoffnungen*** („Question marks")
  - ***Sterne*** („Stars")
  - ***Arme Hunde*** („Poor dogs")
  - ***Milchkühe*** („Cash cows")
- Das Unternehmen muss sich bemühen, **stets genügend Nachwuchs an Produkten,** d. h. „Hoffnungen" („Question marks"), aufzuweisen, um sich am Markt auch mittel- und langfristig zu behaupten.

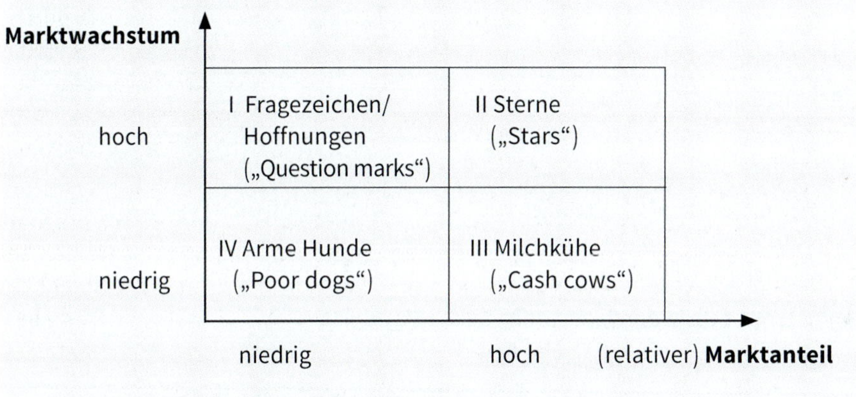


504 Beschreiben Sie die einzelnen *Produkte* der *Portfolio-Matrix.*

- Die **Fragezeichen/Hoffnungen** („Question marks") sind die **Nachwuchsprodukte** des Unternehmens. Sie weisen (noch) einen kleinen Marktanteil, aber hohes Wachstumspotenzial auf.
- Die **Sterne** („Stars") sind die **Zukunftsprodukte** des Unternehmens. Sie besitzen einen großen Marktanteil und man erwartet einen weiter wachsenden Absatz.
- Die **Armen Hunde** („Poor dogs") sind die **Ergänzungsprodukte** des Unternehmens. Sie weisen einen kleinen Marktanteil mit niedrigen Wachstumsraten auf.
- Die **Milchkühe** („Cash cows") sind die **Basisprodukte** des Unternehmens. Sie weisen einen großen Marktanteil auf, allerdings stagniert schon das Marktwachstum.

505 **Was versteht man unter einer *SWOT-Analyse?***

Der Begriff **SWOT** stellt eine Abkürzung der vier folgenden Wörter dar:

- **S**trengths: Stärken,
- **W**eakness: Schwächen,
- **O**pportunities: Chancen,
- **T**hreats: Risiken.

Mit der SWOT-Analyse werden sowohl die **internen Stärken** und **Schwächen** eines Unternehmens als auch die **Chancen** und **Risiken** analysiert, denen das Unternehmen **im Markt** begegnet.

506 ***Wozu* wird die SWOT-Analyse im Industrieunternehmen *genutzt?* Nennen Sie Beispiele.**

Die sogenannte **SWOT-Analyse** wird sowohl im Rahmen des **strategischen Marketings** als z. B. auch bei der **Planung der Produkt- und Sortimentspolitik** genutzt. Die Unternehmensleitung erhofft sich, durch die Anwendung der Methode Schwächen und Risiken aufzudecken und Stärken und Chancen zu erkennen.

507 **Nennen Sie Beispiele für *Stärken und Schwächen,* die im Rahmen der SWOT-Analyse in einem *Industrieunternehmen* ermittelt werden könnten.**

**Stärken** (Beispiele):

- gute Marktpositionierung des Industrieunternehmens durch bewährte Markenprodukte
- hoch qualifizierte Mitarbeiter

**Schwächen** (Beispiele):

- Kostennachteile durch rein inländische Standorte
- begrenzte Liquiditätsreserven

508 **Nennen Sie Beispiele für *Chancen und Risiken,* denen ein *Industrieunternehmen* im Markt begegnen kann.**

**Chancen** (Beispiele):

- neue Technologien ermöglichen Produktinnovationen
- durch die Globalisierung entstehen neue ausländische Absatzmärkte

**Risiken** (Beispiele):

- bisherige Technologien laufen aus
- schärfere ökologische Bestimmungen entstehen auf EU-Ebene

## 1.5.5 Absatzpolitisches Instrument Preis- und Konditionenpolitik

Handbuch: LF 10

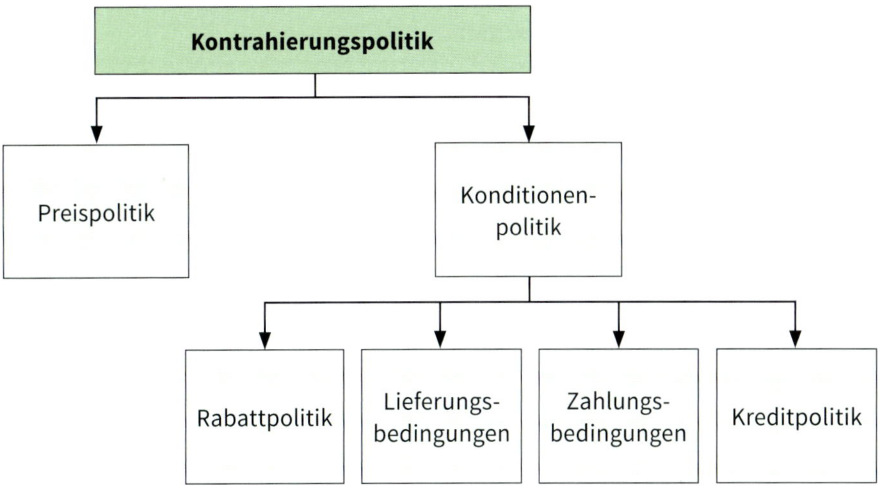


509 Welche *Entscheidungsbereiche* umfasst im Einzelnen die *Preis- und Konditionenpolitik (Kontrahierungspolitik)* eines Industrieunternehmens?

- **Betriebsintern** wird der **Verkaufspreis** eines Produktes durch die **Kosten** und die **Kalkulationszuschläge** bestimmt.
- **Betriebsextern** wird der **Verkaufspreis** durch die **Marktbedingungen,** d. h. vor allem durch das **Verhalten** der **Kunden** und der **Mitbewerber,** beeinflusst.

510 Wodurch wird der *Verkaufspreis* eines *Produktes* bestimmt?

- Bei der **kostenorientierten Preisfindung** wird der Preis allein aufgrund der Kosten (der Beschaffung, Produktion und des Absatzes) kalkuliert.
- Bei der **kundenorientierten Preisfindung** richtet man sich am **Nachfrageverhalten der Kunden** aus. Haben die Kunden genügend Kaufkraft und sind auch bereit, einen höheren Preis für das Produkt zu bezahlen, wird das Unternehmen eher die Hochpreispolitik verfolgen. Den Zusammenhang zwischen der abgesetzten Menge und dem jeweils erzielten Marktpreis drückt die **Preis-Absatz-Funktion** aus.

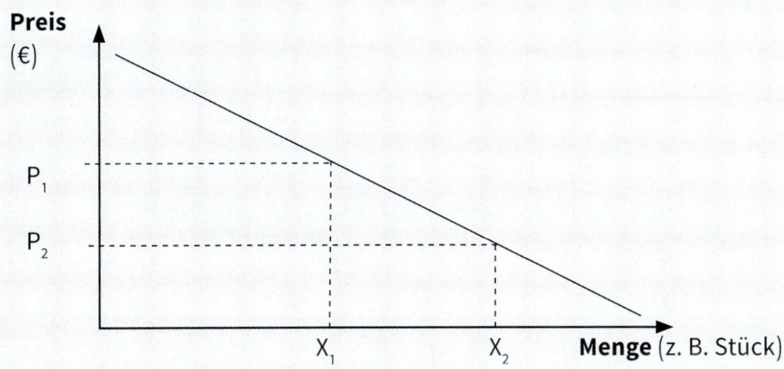


511 Im Rahmen der *Preispolitik* wird zwischen der *kos-tenorientierten, kundenorientierten* und *konkurrenzorientierten Preisfindung* unterschieden. Was ist damit jeweils gemeint?

- Bei der **konkurrenzorientierten Preisfindung** richtet sich das Unternehmen bei seiner Preispolitik am **preispolitischen Verhalten der Mitbewerber** aus. Einerseits ist reine **Anpassung an** die **Preisführerschaft** eines marktbeherrschenden Mitbewerbers denkbar, andererseits ist auch eine **aggressive Preispolitik** möglich, um so Marktanteile auf Kosten der Mitbewerber zu gewinnen.

512

**Im Kalkulationsschema der kostenorientierten Preisfindung wird u. a. zwischen *Einzel-*, *Gemein-* und *Sondereinzelkosten* unterschieden. Definieren Sie kurz diese Fachausdrücke.**

- **Einzelkosten** sind Kosten, die dem Produkt **direkt zugerechnet** werden können (z. B. Kosten eines Chips in einer Digitalkamera).
- **Gemeinkosten** sind Kosten, die dem Produkt **nicht direkt zugerechnet** werden können (z. B. Gehalt des Pförtners).
- **Sondereinzelkosten** sind Kosten, die aufgrund eines **speziellen Kundenauftrages** entstehen (z. B. Maschineneinstellkosten für eine Sonderanfertigung).

513

**Erläutern Sie kurz die Begriffe *langfristige* und *kurzfristige Preisuntergrenze* im Rahmen der Preispolitik.**

Aufgrund der **preispolitischen Aktivitäten der Mitbewerber** oder aufgrund des **Nachfrageverhaltens der Kunden** muss das Industrieunternehmen unter Umständen den Preis kurz- oder langfristig reduzieren:

- Als **kurzfristige Preisuntergrenze** wird die **Höhe der variablen Kosten** bezeichnet. Das Unternehmen verzichtet damit kurzfristig auf die Deckung der fixen Kosten und den Gewinn.
- Als **langfristige Preisuntergrenze** wird die **Höhe der Selbstkosten** (Gesamtkosten) bezeichnet. Das Unternehmen verzichtet über einen längeren Zeitraum (z. B. in einer Wirtschaftskrise) auf einen Gewinn.

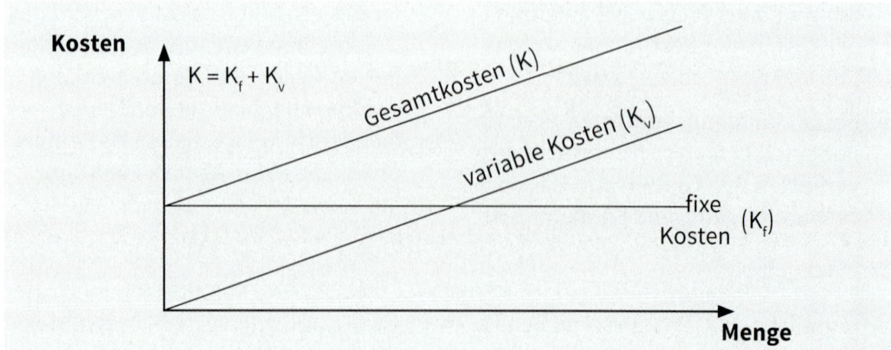


514

**Wie lautet die Formel zur Berechnung der *Preiselastizität der Nachfrage*?**

$$\text{Preiselastizität der Nachfrage} = \frac{\text{prozentuale Änderung der Nachfragemenge}}{\text{prozentuale Änderung des Preises}}$$

515 **Welche *Strategien* der *Preis- und Konditionenpolitik* werden bei Industrieunternehmen unterschieden?**

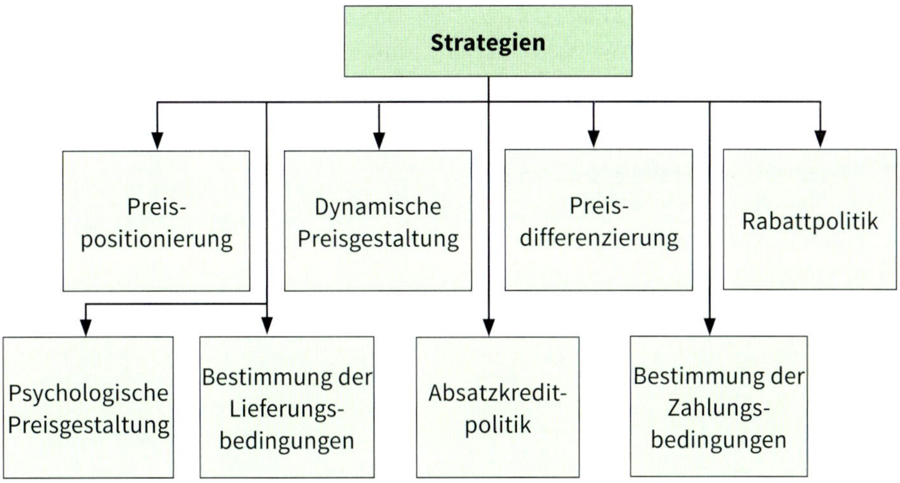


*vgl.:* Margit Bentin u. a., Handbuch für Industriekaufleute. 9., überarbeitete und erweiterte Auflage, Bildungshaus Schulbuchverlage Westermann Schroedel Diesterweg Schöningh Winklers GmbH, Braunschweig 2021, S. 436

516 **Was versteht man unter der *Preispositionierung* als *Strategie* der Kontrahierungspolitik?**

Mit der **Preispositionierung** steuert ein Unternehmen mit seinem Produkt ganz bewusst einen **bestimmten Preisbereich** an. Dies erfolgt z. B. bei Markenwaren, die im oberen Preissegment angeboten werden. Ein hoher gleichbleibender Qualitätsstandard, verbunden mit einem entsprechenden Markenimage, soll über empfohlene Verkaufspreise zu einer einheitlichen Preisgestaltung im Facheinzelhandel führen.

*vgl.:* Margit Bentin u. a., Handlungsorientierte Materialien in Wirtschaft und Verwaltung. Absatz/Marketing. 4., aktualisierte Auflage, Bildungshaus Schulbuchverlage Westermann Schroedel Diesterweg Schöningh Winklers GmbH, Braunschweig 2009, S. 50

517 **Erläutern Sie den Begriff der *dynamischen Preisgestaltung.***

Bei der **dynamischen Preisgestaltung** passt sich das Industrieunternehmen mit seinen Preisen **flexibel** an die jeweilige **Marktsituation** an. Senken z. B. die Mitbewerber den Preis, wird das Unternehmen auch den Preis senken. Denkbar wäre auch eine preisliche Anpassung an die Phasen des Produktlebenszyklus.

518 **Welche Formen der *Preisdifferenzierung* werden im Allgemeinen unterschieden?**

Bei der Preisdifferenzierung wird das **gleiche Produkt** in unterschiedlichen Teilmärkten zu verschiedenen Preisen angeboten. Als **Formen** der Preisdifferenzierung werden unterschieden:

- **räumliche Preisdifferenzierung** (unterschiedliche Preise z. B. in Großstädten und ländlichen Gebieten)
- **mengenmäßige Preisdifferenzierung** (z. B. Mengenrabatt)
- **zeitliche Preisdifferenzierung** (z. B. Saisonpreise)
- **verwendungsbezogene Preisdifferenzierung** (z. B. unterschiedliche Mietpreise für private und gewerbliche Nutzung)
- **personenbezogene Preisdifferenzierung** (z. B. Sondertarife für Schüler/-innen in öffentlichen Verkehrsmitteln)

*vgl.:* M. Hüttner u. a., Marketing-Management, Oldenbourg, München 1994, S. 206 f.

# Absatzprozesse planen, steuern und kontrollieren

519 Welche *Rabattarten* werden üblicherweise unterschieden?

- **Mengenrabatt** (Preisnachlass bei Abnahme von größeren Mengen)
- **Treuerabatt** (z. B. für langjährige Kunden)
- **Wiederverkäuferrabatt** (z. B. für Großhändler und Handwerker)
- **Sonderrabatt** (z. B. bei Produkteinführung)
- **Saisonrabatt** (bei saisonalen Anlässen)
- **Naturalrabatt** (in Form von Waren, entweder als Draufgabe oder als Dreingabe)
  - Draufgabe: Eine zusätzliche Mengeneinheit wird kostenlos gewährt.
  - Dreingabe: Ein Teil der bestellten Mengeneinheit wird nicht berechnet.
- **Bonus** (nachträglicher Preisnachlass bei Erreichen einer Mindestumsatzhöhe)
- **Skonto** (Nachlass für Bezahlung vor dem eigentlichen Zahlungsziel)

520 Welche Formen der *psychologischen Preisgestaltung* werden unterschieden?

- Preise unterhalb runder Preise (z. B. 1,99 € statt 2,00 €)
- „runde Preise" (z. B. 2,00 €)
- „Multipack-Preise" (z. B. drei Bierdosen zu 2,99 € statt zum Einzelpreis von 0,95 €)

521 Was wird im Rahmen der *Lieferungsbedingungen* geregelt?

Für Kunden sind günstige **Lieferungsbedingungen** ein wichtiges **absatzpolitisches Instrument,** um die **Kundenbindung** zu **erhöhen.** In ihnen wird beispielsweise geregelt:

- **Aufteilung** der **Transport-** und **Versicherungskosten** zwischen Käufer und Verkäufer
- Bestimmungen zu **Garantie** und **Kulanz**
- **Ausgestaltung von Vertragsstrafen** (wenn Vertragspartner gegen Vertragspflichten verstoßen)

522 Welche *Zahlungsbedingungen* werden im Allgemeinen unterschieden?

- **Terminierung der Zahlungsfristen** (z. B. normales Zahlungsziel: vier Wochen, Skontofrist: 10 Tage)
- **Höhe des Skontosatzes** (soweit angeboten)
- **Form der Zahlungsabwicklung** (z. B. Barzahlung, Überweisung, Scheckzahlung)
- **Möglichkeiten der Zahlungssicherung** (z. B. Lieferung gegen Eigentumsvorbehalt)

523 Welche *absatzkreditpolitischen Vereinbarungen* können angeboten werden?

- Vereinbarung eines **verlängerten Zahlungsziels**
- Einräumen eines **Kreditrahmens**
- Möglichkeit eines **Leasingvertrages**
- Anbieten eines **Ratenkaufvertrages**
- Gewährung eines **Vorzugszinssatzes** (bei den unterschiedlichen kreditpolitischen Vereinbarungen)

- Beim **Bruttopreissystem** weist das Industrieunternehmen Bruttopreise im Katalog aus, auf die den Kunden Rabatte in unterschiedlicher Höhe gewährt werden.
- Beim **Nettopreissystem** weist das Industrieunternehmen im Katalog oder in Verkaufsverhandlungen bereits bereinigte Nettopreise aus. Unterschiedliche Preise für unterschiedliche Verkaufsmengen werden jeweils als Nettopreise aufgeführt.

Die Unterscheidung in Brutto- und Nettopreissystem bezieht sich in diesem Zusammenhang **nicht** auf die Berücksichtigung der Umsatzsteuer.

524 **Unterscheiden Sie im Rahmen der Preispolitik zwischen den Preisstellungssystemen *Brutto-* und *Nettopreissystem*.**

## 1.5.6 Absatzpolitisches Instrument Kommunikationspolitik

Handbuch: LF 10

Die **Kommunikationspolitik** versucht gezielt das **Verhalten potenzieller Kunden** mithilfe besonderer Kommunikationsmittel und -instrumente zu **beeinflussen.** Beim Einsatz der Kommunikationspolitik werden prinzipiell **ökonomische** und **psychologische Ziele** unterschieden:

- **Ökonomische Ziele** sind in der Regel leichter messbar, da sie leicht quantifizierbar sind, z. B. Erhöhung des Umsatzes oder Erhöhung des Marktanteils.
- **Psychologische Ziele** sind meist nicht so leicht messbar wie ökonomische Ziele. Es geht in der Regel darum, die Wirkung der Unternehmensleistungen am Markt auf den Kunden zu ermitteln und zu verändern. Beispielsweise sollen das wahrgenommene Produkt- und Unternehmensimage verbessert und die Kundenzufriedenheit erhöht werden.

525 Welche *Ziele* verfolgt die *Kommunikationspolitik?*

Bevor einzelne Instrumente der Kommunikationspolitik (z. B. Werbung) vom Industrieunternehmen eingesetzt werden, ist eine übergeordnete **Corporate-Identity-Strategie** auf Basis einer vorher bestimmten **Unternehmensphilosophie** (vgl. S. 379 f.) festzulegen. Diese Strategie hat das Ziel, die **Unternehmensidentität** im Markt zu verankern.

526 Welche *strategischen Entscheidungen* bestimmen den konkreten Einsatz der *kommunikationspolitischen Instrumente?*

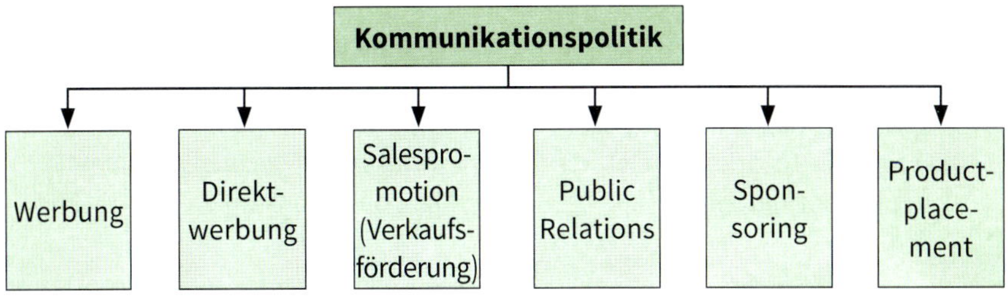


527 Welche *kommunikationspolitischen Instrumente* werden bei Industrieunternehmen unterschieden?

528 **Welche *W-Fragen* beschreiben die *Entscheidungsbereiche* der klassischen *Werbung?***

- **Wer wirbt?** Bezeichnung des/der **Werbenden:**
  - **Einzelwerbung:** ein Unternehmen wirbt
  - **Kollektivwerbung:** mehrere Unternehmen werben gemeinsam – entweder als **Sammelwerbung** (Unternehmen werden namentlich genannt) oder als **Gemeinschaftswerbung** (z. B. Werbung eines Unternehmerverbandes)
- **Welche Wirkung soll erzielt werden?** Bestimmung des **Werbeziels**
  - **ökonomische** (z. B. Absatzsteigerung) und **außerökonomische Werbeziele** (z. B. Erhöhung des Bekanntheitsgrades)
  - **Einführungs-, Expansions- oder Erinnerungswerbung**
- **Wer soll umworben werden?** Bestimmung der **Werbezielgruppe(n)**
- **Wo soll geworben werden?** Bestimmung des **Werbezielgebietes**
  - Werbung auf dem **Gesamtmarkt**
  - Werbung auf einem **Teilmarkt** oder mehreren **Teilmärkten**
- **Welche Werbemedien sollen eingesetzt werden?** Auswahl des **Werbeträgers**
  - **Printmedien** (z. B. Zeitungen, Zeitschriften)
  - **elektronische Medien** (z. B. Internet)
  - **Außenwerbung** (z. B. Werbeplakate)
- **Welche Form der Werbung soll genutzt werden?** Auswahl des **Werbemittels,** (z. B. Zeitungsanzeige beim Werbeträger Zeitung)
- **Wie soll geworben werden?** Festlegung der **Werbebotschaft**
- **Welche finanziellen Mittel sollen eingesetzt werden?** Bestimmung des **Werbeetats (**Zum Beispiel wird eine **Festsumme** für einen Zeitraum oder ein **Prozentsatz vom Umsatz** festgelegt.)
- **Wann soll geworben werden?** Festlegung der zeitlichen Abfolge der **Werbemaßnahmen** in einem **Werbeplan**
- **Wie soll der Werbeerfolg gemessen werden?** Durchführung der **Werbeerfolgskontrolle (ökonomische:** z. B. Messung des Zusatzumsatzes, und **außerökonomische Werbeerfolgskontrolle:** z. B. Zählung der Werbekontakte)

529 **Welche *Werbegrundsätze* werden unterschieden?**

Prinzipiell werden die folgenden **Werbegrundsätze** unterschieden:

- **Wahrheit der Werbeaussage**
  Die Werbung darf keine Unwahrheiten enthalten. Näheres regelt das Gesetz gegen den unlauteren Wettbewerb (UWG).
- **Klarheit**
  Die Werbeaussage muss für den Umworbenen klar verständlich sein. Der Werbende sollte dabei auch berücksichtigen, dass sich bestimmte Werbeaussagen leicht einprägen lassen (z. B. ein Werbeslogan).
- **Wirksamkeit**
  Damit die Werbemaßnahme optimal wirkt, müssen Werbebotschaft, Werbemittel und -träger treffsicher ausgewählt werden. Die Wirksamkeit wird erhöht, wenn gezielt Wiederholungen der Werbemaßnahme genutzt werden.
- **Soziale Verantwortung**
  Viele Branchenverbände setzen sich dafür ein, dass die Werbemaßnahmen sozial verantwortlich gestaltet werden, da ansonsten die Werbeaktion

eher Schaden für das Unternehmen zur Folge hat. Im Medienzeitalter wird dieser Werbegrundsatz immer wichtiger. Text- und Bildaussagen sollten den gesellschaftlichen Werten grundsätzlich entsprechen.

- **Wirtschaftlichkeit**
  Die Werbeausgaben sollten in einem angemessenen Verhältnis zum Werbeerfolg stehen. (vgl. Frage Nr. 534)

**Was versteht man unter der *AIDA-Regel?*** 530

Beim **Abfassen von Werbetexten** sollte die sogenannte **AIDA-Regel** berücksichtigt werden:

- **A: Attention:** Der Werbetext muss die **Aufmerksamkeit** beim Umworbenen wecken. Die geschickte Platzierung eines sogenannten **Eye-Catchers** (z. B. ein Foto) oder eines **Werbeslogans** entscheidet häufig schon innerhalb der ersten Sekunde beim Betrachter darüber, ob er gewillt ist, weiterzulesen.
- **I: Interest:** Das sprachlich und grafisch gut gestaltete Werbemittel (z. B. ein Werbebrief) soll **Interesse** beim Betrachter wecken. Wichtig ist es, die Interessen, die Bedürfnisse des potenziellen Kunden zu erkennen – diese Interessen müssen gezielt angesprochen werden.
- **D: Desire:** Das Interesse des Kunden ist bereits geweckt, jetzt gilt es, den **Kaufwunsch** gezielt anzusprechen. Der Leser des Werbetextes soll ja schließlich dazu angeregt werden, das Produkt oder die Dienstleistung zu erwerben. Produktvorteile müssen kundenorientiert herausgestellt werden.
- **A: Action:** Nachdem der Kaufwunsch angesprochen wurde, muss der Kunde konkret **zum Kauf veranlasst** werden. Zum Beispiel kann eine fertig gestaltete Bestellpostkarte oder ein Bestell-Fax diese Kundenaktivität herausfordern.

*aus:* Klaus Richter: Gutes Deutsch – Gute Briefe. Fachbuch für Korrespondenz in Wirtschaft und Verwaltung. Winklers, Braunschweig, 28., überarbeitete und erweiterte Auflage, 2020, S. 96 f.

**Wann spricht man in der Werbung von *Streuverlusten?*** 531

**Streuverluste** entstehen, wenn die Werbemaßnahme die **Werbezielgruppe(n) nicht genau erreicht,** sondern viele ungewollte Werbekontakte hergestellt werden, die keinen Umsatz versprechen.

**Worauf kommt es bei der Festlegung der *Werbebotschaft* an?** 532

Durch die **Werbebotschaft,** die **Werbeaussage,** soll die **Werbezielgruppe** in ihren Wünschen genau erreicht werden. Der Nutzen, der Vorteil des Produktes für den Kunden, muss klar herausgestellt werden.

533 Welche *Inhalte* weist ein *Werbeplan* auf?

- **Werbeinhalt:** Wofür soll geworben werden?
- **Streukreis:** Welche Zielgruppe(n) wird/werden umworben?
- **Reichweitenbestimmung:** Wie hoch ist die Anzahl der Umworbenen?
- **Streugebiet:** In welchem geografischen Raum wird geworben?
- **Streuzeit:** Zu welchen Zeitpunkten in welchem Zeitraum wird geworben?
- **Streuweg:** Welche Werbemittel und Werbeträger werden ausgewählt?
- **Streudichte:** In welchem Verhältnis stehen die eingesetzten Werbemittel, der Werbeetat, zum Streugebiet?

534 Wie berechnet man den *Werbegewinn?*

- Die allgemeine Formel lautet:
  **Werbegewinn** = werbebedingter Mehrumsatz – Werbekosten
- Der **werbebedingte** Mehrumsatz ist allerdings nicht ohne Weiteres aus den Werbedaten ablesbar: Welcher Teil des gemessenen Mehrumsatzes ist allein auf die durchgeführte Werbemaßnahme zurückzuführen? Vielleicht sind eher **Aktivitäten der Mitbewerber** (z. B. Preiserhöhung) oder **konjunkturelle Veränderungen** Ursache des Mehrumsatzes.

535 Erklären Sie den Begriff der *antizyklischen Werbung.*

Im Gegensatz zur zyklischen Werbung werden bei der **antizyklischen Werbung** gerade in **wirtschaftlich schwierigen** Zeiten (z. B. Wirtschaftskrise mit Umsatzrückgängen) die Werbeausgaben erhöht. Man erhofft sich dadurch einen **Umkehrtrend** bei der wirtschaftlichen Entwicklung des Unternehmens.

536 Was versteht man unter *Direktwerbung?*

Wie der Name schon sagt, wird bei dieser Werbeform der Kunde **direkt,** also **individuell,** angesprochen. Zur **Direktwerbung** oder zum **Direktmarketing** gehören beispielsweise das Versenden von **individuell adressierten Werbesendungen,** das **Telefonmarketing** und das Versenden von individuellen **Kunden-E-Mails.**

537 Welchen *Verbraucherschutz* sieht das *Gesetz zur Bekämpfung unerlaubter Telefonwerbung und zur Verbesserung des Verbraucherschutzes* vor?

Die wichtigsten **Bestimmungen:**
- Der Angerufene muss **vor dem Telefonat** seine **Einwilligung** zu dieser Form des Direktmarketings gegeben haben.
- Der Angerufene muss die Rufnummer des Anrufenden erkennen können, ein **Unterdrücken der Rufnummer** ist **unzulässig.**
- Bei Verstößen kann ein **Bußgeld** verhängt werden.

538 Welche *Formen* der *Werbung im Internet* werden unterschieden?

- Werbeanzeigen auf exklusiven Webseiten
- Bannerwerbung auf Portalseiten
- Direktwerbung mittels Electronic Mail
- Social-Media-Marketing (z. B. Videos in sozialen Netzwerken)
- Schaffung kundenorientierter Apps

539 **Welche *Formen* von *Salespromotion* werden unterschieden?**

Mithilfe des **Salespromotion,** der **Verkaufsförderung,** soll der Absatz bzw. Umsatz durch spezielle Verkaufsaktionen kurzfristig gesteigert werden. Man unterscheidet folgende **Formen:**

- **Außendienst-Promotions**
  - Das Außendienstpersonal des Unternehmens erhält spezielle ***Verkaufsschulungen*** mit entsprechenden ***Verkaufsunterlagen*** zu ausgewählten Produkten.
  - Den ***Mitarbeitern*** werden außerdem besondere (Aktions-) ***Verkaufsprämien*** gewährt, eine Wettbewerbssituation unter den Mitarbeitern wird bewusst herbeigeführt.
- **Händler-Promotions**
  Die **Groß-** und **Einzelhandelsunternehmen** erhalten vom Industrieunternehmen spezielle **Produktschulungen,** gepaart mit aufwendigem **Displaymaterial.** Als ökonomischer Anreiz werden **Sonderrabatte** oder besondere **Verkaufsprämien** gewährt.
- **Verbraucher-Promotions**
  Die **Endverbraucher** werden durch **spezielle Aktionen** auf das Produkt werbewirksam hingewiesen, beispielsweise durch **Warenproben, Gewinnspiele** oder **Produktvorführungen** im Einzelhandel.

540 **Was versteht man unter *Public Relations (PR)?***

Bei **PR** oder **Öffentlichkeitsarbeit** von Unternehmen steht nicht ein Produkt im **Vordergrund,** sondern das **Unternehmen als Ganzes.** Dadurch soll **innerhalb** des Unternehmens ein **Wir-Gefühl** unter den Mitarbeitern hergestellt werden, **außerbetrieblich** soll das **Image des Unternehmens** verbessert werden. Gezielt werden Multiplikatoren (z. B. Pressevertreter) in PR-Kampagnen eingebunden.

*Beispiele* für *PR-Aktivitäten:*

- Werksbesichtigungen
- Diskussions- und Vortragsveranstaltungen
- Ausstellungen
- spezielle Veröffentlichungen (z. B. Sozial- und Ökobilanzen)

541 **Erklären Sie den Begriff *Sponsoring.***

Das Industrieunternehmen, der **Sponsor,** unterstützt durch spezielle Sach- oder Dienstleistungen Personen(-gruppen), Organisationen oder Institutionen, die **Gesponsorten.** Das Unternehmen lässt sich entsprechende **Gegenleistungen vertraglich garantieren** (z. B. Trikotwerbung). Bei diesem kommunikationspolitischen Instrument hofft das Industrieunternehmen, dass sich das **positive Image** des Gesponsorten auf den Sponsor **überträgt.**

*Beispiele:* Kultur-, Umwelt- oder Sportsponsoring

542 **Was versteht man unter *Productplacement?***

Bei diesem Instrument werden **Markenartikel** z. B. in Fernsehsendungen oder Kinofilmen werbewirksam **platziert.** Der Zuschauer nimmt dies aber nicht als kommunikationspolitisches Instrument wahr, der psychologische Nutzen ist für das werbende Unternehmen umso höher.

Handbuch: LF 10

## 1.5.7 Absatzpolitisches Instrument Distributionspolitik

543 **Nennen Sie die einzelnen *Instrumente* der *Distributionspolitik*.**

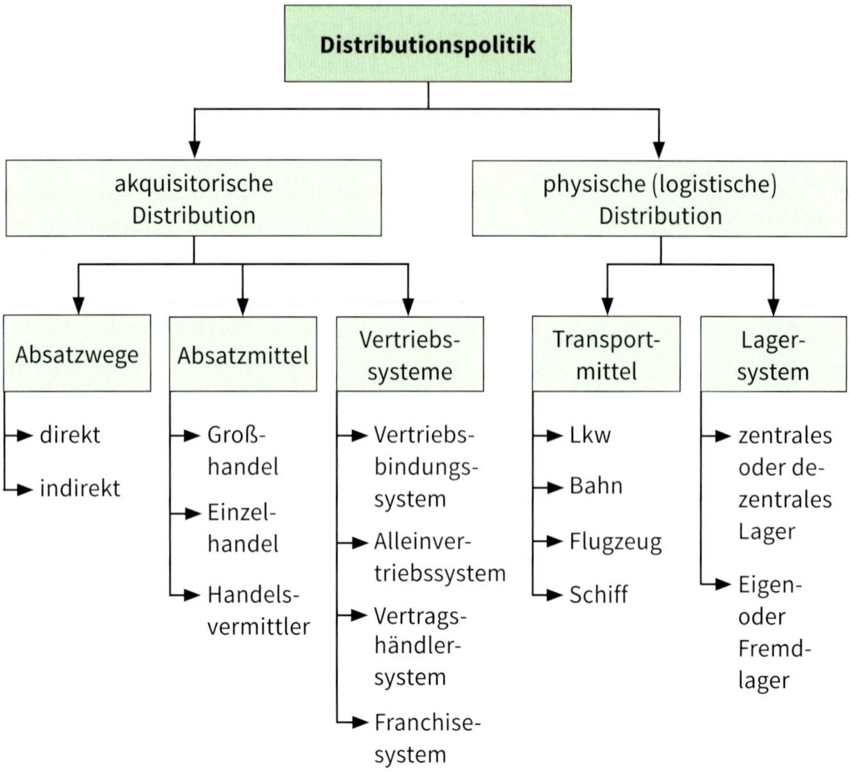


*vgl.:* Margit Bentin u. a., Handlungsorientierte Materialien in Wirtschaft und Verwaltung. Absatz/Marketing. 4., aktualisierte Auflage, Braunschweig 2009, S. 60

544 **Worin unterscheiden sich der *direkte* und der *indirekte Absatzweg?***

Nur beim **direkten Absatzweg** vertreibt das Industrieunternehmen die Ware **direkt an** den **Verbraucher** oder **Weiterverarbeiter, ohne** dass **selbstständige Absatzmittler** (z. B. Groß- und Einzelhandel, selbstständige Handelsvertreter) eingeschaltet werden. Allerdings können betriebseigene Absatzorgane (Verkaufsniederlassungen, Reisende) genutzt werden.

545
**Ist es *günstiger* für das Industrieunternehmen, *Reisende* oder *selbstständige Handelsvertreter* als Absatzorgane zu nutzen?**

Die Antwort hängt von unterschiedlichen Faktoren ab:

- **Aus Kostengründen** ist es für das Industrieunternehmen **bei hohen Umsätzen** meist **günstiger, Reisende** einzusetzen, da sie ein Fixum erhalten und eventuell eine geringe Umsatzprovision. Bei hohen Umsätzen müsste einem Handelsvertreter eine höhere Verkaufsprovision gezahlt werden (ein Fixum erhält er nicht).
- **Aus steuerungspolitischer Sicht** werden Reisende bevorzugt, da sie als Angestellte des Industrieunternehmens weisungsgebunden sind. Der Handelsvertreter ist als selbstständiger Kaufmann wesentlich unabhängiger, häufig als Mehrfirmenvertreter sogar Vertragspartner von mehreren Industrieunternehmen.
- **Aus Motivationsgründen** wird meist der Handelsvertreter bevorzugt, da er wegen der höheren Verkaufsprovision ein höheres ökonomisches Interesse an hohen Umsätzen hat.

546
**Was versteht man unter der *Delkredereprovision* des *Handelsvertreters?***

Neben der Vermittlungs- oder Abschlussprovision erhält der Handelsvertreter eine Provision, die **Delkredereprovision,** wenn er das Risiko für die **Abwicklung des Zahlungsgeschäftes** übernimmt.

547
**Welche *Absatzorgane* zählen zu den *Handelsvermittlern?***

Dazu zählen:

- **Handelsvertreter** (Er ist als selbstständiger Kaufmann vertraglich verpflichtet, für ein oder mehrere Unternehmen im fremden Namen und für fremde Rechnung Geschäfte abzuschließen.)
- **Kommissionär** (Als selbstständiger Kaufmann übernimmt er es gewerbsmäßig, Geschäfte im eigenen Namen auf fremde Rechnung abzuschließen. Die Kommissionsware kann er bei fehlenden Umsatzmöglichkeiten ohne Risiko an den Lieferanten, den Kommittenten, zurückgeben. Als Vergütung erhält der Kommissionär eine Verkaufs- und unter Umständen eine Delkredereprovision.)
- **Handelsmakler** (Er vermittelt bei Bedarf Verträge, dies geschieht in fremdem Namen und für fremde Rechnung. Seine Vergütung erhält er in Form der Courtage je zur Hälfte von Käufer und Verkäufer.)

548
**Was versteht man unter dem *Selbsteintrittsrecht* des *Kommissionärs?***

**Waren,** die einen **Börsen- oder Marktpreis** haben, können vom Kommissionär **selbst gekauft** werden und damit auch auf eigene Rechnung verkauft werden.

549 *Warum* werden vom Industrieunternehmen *Handelsvermittler* eingesetzt?

Die **Handelsvermittler** Handelsvertreter, Kommissionär und Handelsmakler verfügen in der Regel über **gute Marktkenntnisse** und eröffnen somit einen neuen Absatzweg. **Provision** oder **Courtage** fallen für das Industrieunternehmen **erst** an, **wenn** tatsächlich **Umsätze** entstehen.

550 Sollte das Industrieunternehmen nicht den Absatzmittler *Großhandel umgehen,* um so günstiger direkt an den Einzelhändler oder sogar an den Endverbraucher verkaufen zu können?

**Groß-** und **Einzelhandel** übernehmen für das Industrieunternehmen eine **Vielzahl von Funktionen,** z. B. kauft der Großhandel große **Warenmengen** ein und **verteilt** sie an die Einzelhändler. Die beiden Absatzmittler übernehmen auch eine Vielzahl von **Servicefunktionen,** z. B. Kundenberatung und Warenzustellung. Nur in begründeten Einzelfällen wird es daher für das Industrieunternehmen günstiger sein, die Funktion des Handels direkt zu übernehmen.

551 Beim *vertraglichen Vertriebssystem* werden *Vertriebsbindungssystem, Vertragshändlersystem, Alleinvertriebssystem* und *Franchisesystem* unterschieden. Erklären Sie kurz diese vier Vertriebsmöglichkeiten.

- Beim **Vertriebsbindungssystem** können **Vertriebswegebindungen zeitlich, räumlich** oder **in personeller Hinsicht** vertraglich beschränkt werden. Beispiel: Inländische Kunden (z. B. Großhändler) dürfen keine Exportgeschäfte tätigen.
- Beim **Vertragshändlersystem** verpflichtet sich der selbstständige Vertragshändler, ein bestimmtes **Marketingkonzept** des Industrieunternehmens **einzuhalten** (z. B. aufwendige Kundenberatung, spezielle Serviceleistungen).
- Beim **Alleinvertriebssystem** garantiert das Industrieunternehmen bestimmten Handelsunternehmen, dass nur sie in dem entsprechenden **Absatzgebiet** Waren vom Hersteller erhalten.
- Beim **Franchisesystem** verpflichtet sich der Franchisenehmer, das **vertraglich klar geregelte Marketingkonzept** des Franchisegebers (Industrieunternehmen) **exakt umzusetzen.** Die Kunden nehmen meist nur den Namen des Franchisegebers wahr.

552 Wie erklären Sie sich, dass das *Franchisesystem* in den letzten Jahren eine *starke Verbreitung* erfuhr?

Dieses System verspricht für beide Vertragspartner eine Vielzahl von Vorteilen:

- Der **Franchisegeber** kann ein einmal ausgearbeitetes Marketingkonzept über eine große Absatzfläche ausdehnen, ohne sehr hohe Investitionen tätigen zu müssen. Im Erfolgsfall verspricht dieses Konzept stabile und langjährige Einnahmen.
- Der **Franchisenehmer** kann ein bewährtes Marketingkonzept in der Regel gegen Zahlung eines einmaligen Geldbetrages und/oder einer laufenden Umsatzprovision übernehmen. Auch er kann bei erfolgreicher Fortführung über laufende Einnahmen verfügen. Der Franchisenehmer bleibt trotz Übernahme des fertigen Marketingkonzeptes selbstständiger Kaufmann. Gerade bei langjährig erprobten Konzepten ist es für den Franchisenehmer meist nicht sehr schwierig, von einem Kreditinstitut einen entsprechenden Investitionskredit zu erhalten.

- **Nachteile** für den **Franchisegeber:**
  - Verzicht auf einen Teil der möglichen Erträge durch das Franchisekonzept
  - hohe Aufwendungen für Kontrolle der Franchisenehmer im Hinblick auf Konzepteinhaltung
  - Schäden durch unseriöse Franchisenehmer
- **Nachteile** für den **Franchisenehmer:**
  - Verzicht auf einen Teil der möglichen Erträge durch Zahlung der Umsatzprovision
  - Abhängigkeit vom Konzept des Franchisegebers
  - nur eingeschränkte Möglichkeit der Unternehmensexpansion

553

**Nennen Sie jeweils die wichtigsten *Nachteile* des Franchisesystems für *Franchisegeber und -nehmer.***

„Aufgabe der **Marketinglogistik** (auch Absatz, Vertriebs- bzw. Distributionslogistik genannt) sind die **Planung, Steuerung, Realisation und Kontrolle aller Güter und Dienstleistungen, die** von **Anbietern zu den Abnehmern gelangen sollen.** Entsprechend der Kundennachfrage sollen zu minimalen Kosten vorhanden sein:

- die **richtigen Produkte** (Leistungen) in Menge und Zustand,
- zur **richtigen Zeit** (zum Kauf bzw. zur Nutzung),
- am **richtigen Ort** (Käufer bzw. Verkaufsort)."

*aus:* Hans Christian Weis, Marketing. Kiehl, Ludwigshafen, 18. Auflage, 2018, S. 565

554

**Die *physische Distribution* als Teil der Distributionspolitik wird auch als *Marketinglogistik* bezeichnet. Was ist damit gemeint?**

- Eigenschaften der Ware (z. B. Sperrigkeit, Gewicht, Haltbarkeitsdauer)
- Kosten des Transportmittels
- Transportgeschwindigkeit
- Umweltverträglichkeit des Transportmittels
- Risiko des Transportmittels
- technische Verfügbarkeit des Transportmittels
- Aufwand bei Verladung und Weitertransport

555

**Welche *Gründe* können für die *Wahl* eines *Transportmittels* für den Warentransport angeführt werden?**

Ein Industriebetrieb kann seine Erzeugnisse versenden:

- im **Eigenverkehr:** Die Güter werden mit werkseigenen Fahrzeugen befördert.
- im **Fremdverkehr:** Die Güter werden durch Frachtführer (z. B. Deutsche Bahn AG, private Paketdienste) befördert.

556

**Wie kann ein Industriebetrieb seine *Erzeugnisse versenden?***

**Vorteile** der **werkseigenen Güterbeförderung:**

- Es besteht **keine Abhängigkeit** von fremden Transportunternehmen.
  - Liefertermine können besser eingehalten werden.
  - Mithilfe des eigenen Fuhrparks ist eine stetige Lieferbereitschaft gewährleistet.
- Die **Kundenwünsche** können **schnell** und **flexibel** ausgeführt werden:
  - Eigene Mitarbeiter verladen und transportieren die Erzeugnisse.
  - Die Mitarbeiter übernehmen Kundendienstaufgaben (z. B. Installation, Beratung).
  - Die firmeneigenen Fahrzeuge lassen sich als Werbeträger nutzen.

557

**Welche *Vorteile* hat die *werkseigene Güterbeförderung?***

558 Welche *Nachteile* hat die *werkseigene Güterbeförderung?*

**Nachteile** der **werkseigenen Güterbeförderung:**

- Daraus erwachsen **fixe Kosten** (z. B. Personalkosten, Abschreibungen, Versicherungen) und **variable Kosten** (z. B. Instandhaltung, Treibstoffkosten).
- Weitere Kosten entstehen durch **Leerfahrten,** da nur Erzeugnisse für eigene Zwecke transportiert werden dürfen.
- Das Unternehmen trägt das **Transportrisiko.**
- Das Unternehmen muss sich wegen der hohen Fixkosten um eine **ständige Auslastung** bemühen, die nur durch eine **sorgfältige Tourenplanung** erreicht werden kann. Dabei sind die einzusetzenden Fahrzeuge, deren Beladung und Fahrer, Fahrbeginn und -ende sowie Fahrtroute mit den Stationen, an denen Güter zu entladen sind, zu planen.

559 Unterscheiden Sie *Frachtführer* und *Spediteur.*

- **Frachtführer:** selbstständiger Kaufmann, der gewerbsmäßig Güter zu Lande, auf Flüssen oder sonstigen Binnengewässern, mit Flugzeugen oder mit verschiedenen Transportmitteln befördert. Der Frachtführer transportiert das Gut.
- **Spediteur:** selbstständiger Kaufmann, der gewerbsmäßig Güterversendungen durch Frachtführer oder durch Verfrachter von Seeschiffen auf Rechnung des Versenders im eigenen Namen besorgt. Der Spediteur besorgt die Beförderung des Gutes und kümmert sich um alle damit verbundenen Aufgaben.

  Oft sind Spediteure zugleich Frachtführer und führen den Transport selbst durch (Selbsteintritt).

560 Was versteht man unter einem *Frachtvertrag?*

Der **Frachtvertrag** verpflichtet den **Frachtführer,** das **Gut** zum **Bestimmungsort** zu befördern und dort an den **Empfänger auszuliefern** (vgl. § 407 ff. HGB).

Am Bestimmungsort wird das Frachtgut dem im Frachtbrief genannten Empfänger ausgehändigt. Er quittiert den Empfang. Der Absender muss die Frachtkosten tragen.

561 Welche *Pflichten* und *Rechte* hat ein *Frachtführer* gemäß Frachtvertrag?

- **Pflichten des Frachtführers:**
  - Er muss die Güter innerhalb der vereinbarten Zeit zu dem bestimmten Ort transportieren.
  - Er muss Weisungen des Absenders befolgen, insbesondere bei Beförderungs- oder Ablieferungshindernissen.
  - Er muss für verschuldete Güterverluste oder -beschädigungen sowie für verspätete Ablieferungen haften.
- **Rechte des Frachtführers:**
  - Der Absender hat das Transportgut sicher zu verpacken; bei Gefahrgut muss er den Frachtführer darauf aufmerksam machen.
  - Der Absender hat die nötigen Urkunden im grenzüberschreitenden Verkehr (z. B. für zollamtliche Güterabfertigungen) bereitzustellen.
  - Der Frachtführer hat Anspruch auf die vereinbarte Fracht sowie den Ersatz sonstiger Auslagen.
  - Er hat ein Pfandrecht an dem Transportgut für seine Forderungen aus dem Frachtvertrag.

**Haftung beim Frachtgeschäft:**

- Der **Frachtführer** haftet für den **Schaden,** der **durch Verlust oder Beschädigung** des Gutes in der Zeit von der Annahme bis zur Ablieferung oder **durch Überschreiten der Lieferfrist** entsteht (außer wenn der Schaden durch höhere Gewalt, wie z. B. Streik, entstanden ist; vgl. § 429 HGB).
- Für **Schäden,** die dem Frachtführer **durch eine mangelhafte Verpackung** oder den **unterlassenen Hinweis auf das Gefahrgut** seitens des Absenders entstanden sind, hat der **Absender** zu haften, selbst wenn ihn kein Verschulden trifft. Die Haftung ist auf Höchstbeträge begrenzt.

562 Wie regelt das HGB die *Haftung* beim *Frachtgeschäft?*

- **Frachtbrief:**
  - ist eine Beweisurkunde über den Abschluss eines Frachtvertrages und dessen inhaltliche Regelungen (kein Wertpapier)
  - ist eine Bescheinigung, die u. a. den Absender, den Frachtführer, den Empfänger sowie den Ort der Ablieferung und die Beschreibung des Frachtgutes enthält
  - ist ein ***Warenbegleitpapier*** während der Beförderung
- **Ladeschein:**
  - ist ein Transportdokument des Frachtverkehrs auf Binnenwasserstraßen
  - ist ein ***Traditionspapier*** (*lat.* trahere = übergeben), d. h., der Eigentumsübergang an der im Ladeschein bezeichneten schwimmenden Ware erfolgt durch Einigung und Übergabe des ***Warenwertpapiers***
  - Die Auslieferung der Ware erfolgt nur gegen Vorlage des Ladescheins an den darin genannten Empfänger.

563 Wodurch unterscheiden sich *Frachtbrief* und *Ladeschein?*

Wichtige Transportdokumente:

- **Frachtbrief** (im Eisenbahn-, Straßengüter- und Luftfrachtverkehr)
- **Posteinlieferungsschein** (beim Postpaket)
- **Kurierempfangsbestätigung** (wenn ein Kurierdienst die Warensendung transportiert)
- **Ladeschein** (beim Transport auf Binnenwasserstraßen)
- **Konnossement** (beim Transport im Seefrachtverkehr; es wird zunehmend auf ein elektronisches Verfahren umgestellt)

564 Welches sind die *wichtigsten Transportdokumente?*

Wichtige Kriterien für die **Auswahl des Transportmittels:**

- Eigenart des Produktes (z. B. Gewicht, Größe des Produkts, Verderblichkeit)
- Kosten des Transportmittels
- Geschwindigkeit des Transports
- Zuverlässigkeit und Haftungsumfang des Frachtführers
- Umweltbelastung durch das Transportmittel

565 Welches sind die *wichtigsten Kriterien* für die *Auswahl* des *Transportmittels?*

**DHL Preisübersicht:**

- **DHL Paket:** bis max. 31,5 kg, Gebühr hängt ab vom Gewicht und von der Entfernung.
- **DHL Paket Online Frankierung:** Abwicklung per Internet bis max. 31,5 kg; Sendungen werden schnell und bequem beim Absender abgeholt und deutschlandweit zugestellt.

566 DHL* ist ein Segment der „Deutsche Post DHL Group“. Welche *Angebote* enthält die DHL Preisübersicht zum Transport von Paketen?

* DHL sind die Anfangsbuchstaben der Nachnamen der drei Firmengründer A. Dalsey, L. Hillblom und R. Lynn; seit Ende 2002 steht DHL im 100%igen Eigentum der Deutsche Post DHL Group.

- **DHL Paket Express:** Zustellung in Deutschland am nächsten Werktag
- **DHL Paket Sperrgut:** Es überschreitet die vorgeschriebenen Höchstmaße und kostet einen Zuschlag zur Paketgebühr.

567 **Welche *Zusatzleistungen* bietet der DHL Paket-Katalog gegen Entrichtung eines Aufpreises?**

**Zusatzleistungen** erfolgen gegen Entrichtung eines Aufpreises:

- **Sendungsverfolgung:** Geschäftskunden können jederzeit und überall den Status ihrer Sendungen abrufen.
- **Rückschein:** Der Absender bekommt einen vorbereiteten Rückschein mit der Bestätigung, dass das DHL-Paket abgeliefert wurde.
- **Transportversicherung** (national): Ein DHL-Paket kann gegen Verlust oder Güterschaden bis zu max. 25.000,00 € versichert werden. Eine Versiegelung oder ein sonstiger Hinweis auf den wertvollen Inhalt ist nicht zulässig.
- **Nachnahme:** Das DHL-Paket wird nur ausgeliefert, wenn der Empfänger den auf der Sendung angegebenen Nachnahmebetrag bezahlt (Warenwert + Inkassogebühr).

568 **Für welche Schäden *haftet* die Deutsche Post DHL Group?**

Die **Deutsche Post DHL Group haftet:**

- **unbeschränkt** für Schäden, die vorsätzlich oder fahrlässig von ihren Mitarbeitern verursacht werden;
- **beschränkt** bei Verlust oder Beschädigungen von Sendungen bis zu bestimmten Höchstbeträgen; sie haftet nicht bei höherer Gewalt (z. B. Streik);
- **mit Haftungshöchstbeträgen,** z. B. beim nationalen Versand eines DHL-Pakets bis zu 500,00 €.

569 **Welche *Leistungen* bietet die Deutsche Bahn AG (DB) im Unternehmensbereich Transport und Logistik an?**

- **Branchenlogistik** für nationale/europäische Gütertransporte, z. B.:
  - Montan (Stahl, Kohle)
  - Baustoffe/Entsorgung (Baustoffe, Bauprojekte, Entsorgung)
  - Chemie/Mineralöl/Düngemittel (Mineralöl, Flüssiggas, chemische Produkte und Düngemittel, Rolling Pipeline)
  - Automotive (Fahrzeugteile und komplette Fahrzeuge)
- **Güterwagen,** je nach Güterart:
  - offene und geschlossene Güterwagen
  - Flach- und Schüttgutwagen
- **Sonderlösungen:**
  - Ganzzug
  - Einzelwagen, wenn größere Gütermengen schnell und pünktlich transportiert werden sollen
  - kombinierter Verkehr, wenn die Güter auf der Schiene, auf der Straße und auf dem Wasser zu transportieren sind

Ein Ganzzug dient zum kostengünstigen und umweltschonenden Transport von großen bündelungsfähigen Mengen; dafür werden ganze Züge eingesetzt. Man unterscheidet:

- **Plantrain:** für Kunden, die regelmäßig große Mengen zu festen Zeiten transportieren lassen und ihren Zugbedarf lange im Voraus planen können; günstigstes Ganzzugsangebot (z. B. Transport von Erz und Kohle);
- **Variotrain:** für Kunden, die große Mengen transportieren lassen und ihre Transporte variabel planen müssen (z. B. Transport von Neuwagen); etwas teurer als der Plantrain;
- **Flextrain:** für Kunden, die Transporttermine, -mengen und -zeiten sehr kurzfristig bestimmen wollen; die Deutsche Bahn AG (Tochterunternehmen DB Cargo) kann den Zug binnen 24 Stunden bereitstellen (z. B. Transport von Fremdbauteilen für eine Werft).

570 **Erklären Sie den *Ganzzug*.**

Die Märkte der Zukunft wachsen rasant, der Bedarf an schnellen und flexiblen Logistiklösungen steigt. Die **DB Schenker** und die **DB Cargo** beschäftigen sich mit dem Güterverkehr und der Logistik im Konzern der Deutschen Bahn. Die DB Schenker ist der Logistikdienstleister der Deutschen Bahn. Sie ist u. a. für den Landverkehr, aber auch für Frachttransporte über Luft- und Seewege zuständig. Die DB Cargo ist der Logistikdienstleister für den europäischen Schienengüterverkehr.

571 **Erklären Sie die *Bedeutung der DB Schenker* und *DB Cargo* im DB Konzern.**

Leistungsangebot der DB Schenker:

- Bündelung der bestehenden Kompetenzen durch ein **weltweites Transport- und Logistikangebot**
- **integrierte Logistiklösungen** auf allen Verkehrsträgern aus einer Hand
- **Zusatzleistungen** rund um den eigentlichen Transport, wie z. B. Verpackung, Zollabfertigung, Transportüberwachung und Entsorgungslogistik (z. B. Recycling von Transportverpackungen)

572 **Nennen Sie die *Leistungen der DB Schenker.***

Stückgut ist alles, was sich am Stück zwischen Absender und Empfänger im Haus-zu-Haus-Verkehr transportieren lässt.

- **Packstück** (fachlich *Kollo,* Plural *Kolli,* auch *Colli*): kleinste Verpackungseinheit einer Warensendung; Stücke, die in völlig unterschiedlicher, uneinheitlicher Form und Größe vorliegen; es gibt keine bestimmten Grenzwerte.
- **Sammelgut:** Zusammenfassung von gleichen oder verschiedenen Stückgütern zu einem Stück

573 **Was versteht man unter *Stückgut?***

Für brandeilige Sendungen, die noch am gleichen Tag ihren Empfänger erreichen müssen, wird der exklusive ic:kurier-Service angeboten. Dazu dienen blitzschnelle und umweltfreundliche ICE- und EC-Züge sowie ICs. Die Sendungen werden weltweit in kürzester Zeit zugestellt.

574 **Erklären Sie den *IC-Kurierdienst.***

575 **Unterscheiden Sie *Palette, Europalette* und *Container.***

- **Palette:** stapelbares Lademittel im Ein- oder Mehrwertsystem, um Güter zu einer Transport- und Ladeeinheit zusammenzufassen
- **Europalette:** ein durch europäische Transportunternehmen genormter Ladungsträger (800 · 1 200 mm)
- **Container:** ein geschlossener genormter Behälter für den Transport und die Aufbewahrung von Gütern. Container sind stapelbar, sie lassen sich schnell und bequem be- und entladen.

576 **Wovon hängen die *Transportkosten* ab?**

**Transportkosten** hängen ab:

- vom Gewicht der Sendung
- von der Entfernung
- von der Art der Sendung (z. B. Gefahrgut)
- von der Schnelligkeit des Transports (z. B. Expressgut)

577 **Welche *Gründe* führen zur *Verlagerung des Güterverkehrs* von der Straße auf die Schiene?**

- **ökonomische Gründe:**
  - verbesserte Logistik der DB für den Gütertransport auf der Schiene
  - ständige Zunahme des Güterverkehrs auf den Straßen infolge der Globalisierung
- **ökologische Gründe:**
  - Überlastung der Straßen und häufige Staus
  - steigende Umweltbelastung und Unfallhäufigkeit durch Lkws

578 **Was versteht man unter *Güterkraftverkehr und* welche wichtigen *Vorschriften* enthält das *Güterkraftverkehrsgesetz?***

**Güterkraftverkehr** ist die geschäftsmäßige oder entgeltliche Beförderung von Gütern mit Kraftfahrzeugen, die einschließlich Anhänger ein größeres zulässiges Gesamtgewicht als 3,5 Tonnen haben (§ 1 GüKG).

**Vorschriften** des **Güterkraftverkehrsgesetzes:**

- Der Güterkraftverkehr ist **erlaubnispflichtig.**
- EU-Frachtführer mit einer Güterbeförderungskonzession im eigenen Land dürfen auch in allen anderen EU-Ländern Güter befördern.
- Der Unternehmer muss den Abschluss einer Güterschaden-Haftpflichtversicherung nachweisen.

579 **Welche *Versandarten* gibt es in der *Binnenschifffahrt?***

**Versandarten in der Binnenschifffahrt:**

- **Charter:** Man mietet ein ganzes Schiff oder bestimmte Räume, um Massengüter zu transportieren, z. B. Eisenerz.
- **Stückgut:** Man lässt einzelne Güter transportieren, z. B. Mähdrescher.

580

**Worin unterscheiden sich bei der Seeschifffahrt *Linien-* und *Trampschifffahrt?***

- **Linienverkehr:** Schiffe fahren regelmäßig auf bestimmten Routen, sie befördern zumeist Stückgut.
- **Trampverkehr:** Schiffe fahren je nach den Wünschen der Auftraggeber. Sie befördern zumeist Massengüter.

581

**Worin besteht der Unterschied zwischen *Verladeschein* und *Konnossement* (Seefrachtbrief)?**

- Im **Verladeschein** bestätigt der Verfrachter die Übernahme der Güter zum Transport.
- Das **Konnossement** ist ein Warenwertpapier. Es verkörpert das Eigentum an der Ware. Der Verfrachter bestätigt die Übernahme der Güter zum Transport und verspricht, diese gegen Aushändigung des Konnossements im Bestimmungshafen auszuliefern.

582

**Welche *Haftungsregelungen* gelten in der *Seeschifffahrt?***

Die **Reederei haftet** für Beschädigungen, Verluste sowie für verschuldete Verspätungen. Es werden regelmäßig Transportversicherungen abgeschlossen.

583

**Welche *Aufgabe* übernimmt ein *Spediteur* in einem Speditionsvertrag?**

In einem Speditionsvertrag übernimmt der Spediteur die Aufgabe, im eigenen Namen gewerbsmäßig Güterversendungen durch Frachtführer oder durch Verfrachter von Seeschiffen für Rechnung eines anderen (des Versenders) durchzuführen.

584

**Nennen Sie die wichtigsten *Rechte des Spediteurs.***

**Rechte des Spediteurs:**
- Bereitstellung der notwendigen Urkunden durch den Versender
- Anspruch auf das vereinbarte Beförderungsentgelt
- Versendung des Gutes als Sammelladung zusammen mit Gütern anderer Versender
- Anspruch auf Verpackung und Kennzeichnung des Transportgutes, ggf. Hinweis auf gefährliches Gut durch den Versender
- Selbsteintrittsrecht, d. h. Befugnis zur selbstständigen Beförderung des Gutes
- gesetzliches Pfandrecht an dem Gut für Forderungen aus dem Speditionsvertrag (z. B. Provision, Auslagenersatz)

585

**Nennen Sie die wichtigsten *Pflichten des Spediteurs.***

**Pflichten des Spediteurs:**
- Ausführung der Versendung (z. B. Wahl der Frachtführer) mit der größtmöglichen Sorgfalt
- Wahrnehmung des Interesses des Versenders und Befolgung seiner Weisungen
- Haftung (entspricht der Haftung des Frachtführers)

586 **Wie werden Güterversendungen *versichert*?**

Der Spediteur schließt im Auftrag des Versenders eine Transport- und/oder Lagerversicherung ab unter Beachtung der Versicherungssumme und der zu deckenden Gefahren.

587 ***Was spricht für* ein *Zentrallager* ohne zusätzliche Regionallager?**

Vorteile eines Zentrallagers ohne zusätzliche Regionallager:
- **geringe Lagerkosten**
- Nutzung hoch spezialisierten und kostenintensiven **Fachpersonals** im Zentrallager

588 **Welche *Vorteile* weisen *Regionallager* auf?**

Vorteile eines Regionallagers sind:
- **kurze Transportwege** zum Kunden, **rasche Liefermöglichkeit**
- **geringe Transportkosten**

589 **Welche *Vor- bzw. Nachteile* weisen *Eigenlager* gegenüber *Fremdlagern* auf?**

- **Vorteile:**
  - ***Eigentumsrecht*** führt zur umfassenden ***Verfügungsgewalt*** über das Lager (z. B. hinsichtlich An- oder Umbaus, Beschäftigung des Lagerpersonals)
  - ***Weisungsgebundenheit*** des ***Lagerpersonals***
  - Anlagevermögen ***erhöht Bilanzwert*** und damit ***Kreditsicherheit***
- **Nachteile:**
  - ***hohe Investition*** notwendig
  - ***hohe Fixkosten***
  - In ***Krisenzeiten*** kann dieses Anlagevermögen meist nur mit ***hohen Verlusten*** in liquide Mittel umgewandelt werden.

590 **Was versteht man unter *E-Commerce?***

**Electronic Commerce** („E-Commerce“ oder **„E-Business“)** ermöglicht die umfassende, **digitale Abwicklung von Geschäftsprozessen** zwischen Unternehmen und deren Kunden über private und öffentliche Netze (Internet). Dabei beinhaltet das Electronic Commerce auch die digitale Bezahlung und, was digitalisierbare Güter (z. B. Musik, Videoclips) und Dienstleistungen angeht, eine digitale Übertragung.

*aus:* Heinrich Hübscher u. a., IT-Handbuch (Tabellenbuch), Kaufleute für IT-Systemmanagement, Kaufleute für Digitalisierungsmanagement, IT-Systemkaufmann/-frau, Informatikkaufmann/-frau. Westermann Berufsbildung, Braunschweig, 11. Auflage, 2020, S. 428

591 ***Warum* wird *E-Commerce* eingesetzt?**

Die wichtigsten **Gründe:**
- Geschäftsprozesse zwischen dem Industrieunternehmen und den Kunden können **schneller** abgewickelt werden. Dies gilt im Zeichen der Globalisierung gerade auch für internationale Kommunikation.
- Die elektronische Form der Kommunikation ist meist **kostengünstiger** als andere Kommunikationsformen.
- Die Medien PC und Internet bieten **neue technische Möglichkeiten,** z. B. eine Multimedia-Kommunikation. Große Datenmengen können in kürzester Zeit ausgetauscht und direkt weiterverarbeitet werden.

- **B2B: Business-to-Business**
  Geschäftsbeziehungen zwischen Unternehmen
- **B2C: Business-to-Consumer** oder **Business-to-Customer**
  Geschäftsbeziehungen zwischen Unternehmen und Verbrauchern (Konsumenten)
- **B2A: Business-to-Administration**
  Geschäftsbeziehungen zwischen Unternehmen und öffentlichen Institutionen
- **B2G: Business-to-Government**
  Geschäftsbeziehungen zwischen Unternehmen und staatlichen Einrichtungen

592 **Welche *Formen* des *E-Commerce* lassen sich unterscheiden?**

## 1.5.8 Marketing-Mix und internationales Marketing

Handbuch: LF 6, 10

Darunter versteht man die **optimale Kombination** der **absatzpolitischen Instrumente,** um die **Marketingziele** zu erreichen. Die Marketingziele sind wiederum in eine langfristige **Marketingstrategie** eingebunden.

593 **Was versteht man unter dem *Marketing-Mix?***

Im Zeichen der Globalisierung müssen die großen Industrieunternehmen nicht nur national, sondern **international agieren,** d. h. auch auf **ausländischen Märkten** vertreten sein. Somit müssen sie ein **internationales Marketingkonzept** zur Verfügung haben, um den unterschiedlichen Kundenanforderungen und sonstigen Gegebenheiten (z. B. Rechtsvorschriften) dieser Märkte gerecht werden zu können.

594 **Erklären Sie den Fachbegriff des *internationalen Marketings.***

- Ein **standardisiertes Produktionsprogramm** im Rahmen eines internationalen Marketings bedeutet, dass auf allen Auslandsmärkten **dasselbe Produktionsprogramm** angeboten wird.

  *Beispiel:* Ein Pkw-Produzent bietet auf allen internationalen Märkten dieselben Pkw-Modelle an.
- Beim **differenzierten Produktionsprogramm** wird die Produktpalette den besonderen Anforderungen der einzelnen Auslandsmärkte individuell angepasst.

  *Beispiel:* Ein Pkw-Hersteller bietet auf den einzelnen Auslandsmärkten unterschiedliche Pkw-Modelle an.

595 **Im Rahmen einer *internationalen Marketingstrategie* wird zwischen einer *Standardisierung* und einer *Differenzierung des Produktionsprogramms* unterschieden. Was ist jeweils damit gemeint?**

Im Absatzbereich ist ein Industriebetrieb

- wirtschaftlichen und
- politischen Risiken

ausgesetzt.

596 **Welchen *Risiken* ist ein Industriebetrieb *im Absatzbereich* ausgesetzt?**

597 Welche *wirtschaftlichen Risiken* können *im Absatzbereich* unterschieden werden?

**Wirtschaftliche Risiken im Absatzbereich** sind:

**Lagerrisiko:** Ein zu hoher Lagerbestand an Halb- und Fertigfabrikaten führt zu hohen Lagerkosten, ein zu niedriger Lagerbestand zu Engpässen beim Verkauf; weitere Risiken sind u. a. Diebstahl, Feuer, Verderb.

- **Transportrisiko:** Die Güter können auf dem Transportweg verloren gehen, beschädigt werden oder verderben.
- **Nachfragerisiko:** Starke Mitbewerber und Nachfrageverschiebungen (z. B. durch sinkende Kaufkraft, Modewandel) können zu einem stagnierenden oder sinkenden Absatz führen, ebenso auch zu oberflächliche Marktanalysen, unsachgemäße Anwendung der absatzpolitischen Instrumente oder Konkurrenzreaktionen.
- **Finanzierungsrisiko:**
  - Steigende Zinsen für aufgenommenes Fremdkapital und Kundeninsolvenzen können zu Finanzierungsengpässen führen.
  - Es entstehen Verlustgefahren durch Wechselkursänderungen, die in der Zeit zwischen dem Abschluss des Vertrages und der Zahlung eintreten können.

598 Welche *politischen Risiken* werden vor allem *im Außenhandel* unterschieden?

**Politische Risiken im Außenhandel** sind:

- **allgemeine Risiken,** z. B. Gefahr durch Kriege, Revolutionen, Boykotte
- **staatliche Wirtschaftspolitik:**
  - ***Transferrisiko*** (nur im Außenhandel): Es bestehen Gefahren, wenn die vom Schuldner beglichenen Verbindlichkeiten verzögert oder gar nicht transferiert (in die vertraglich vereinbarte Währung umgetauscht) werden.
  - ***Wechselkursrisiko*** durch politische Ereignisse (nur im Außenhandel), z. B. bei einem Bürgerkrieg oder als Folge eines Wirtschaftsembargos: Für den Importeur, der in fremder Währung abschließt, besteht das Risiko, dass er für den Ankauf der Devisen mehr Euro ausgeben muss als er kalkuliert hatte, für den Exporteur, dass er, wenn er die Devisen in die eigene Währung umtauscht, weniger erlöst als er kalkuliert hatte.

**Erklären Sie das *Wechselkursrisiko.*** 599

***Beispiel 1:*** *Ein deutscher Exporteur schließt einen Kaufvertrag mit einem englischen Importeur. Die Rechnung lautet über 7.500,00 englische Pfund (GBP). Wechselkurs bei Vertragsabschluss 1,00 €/0,67 GBP, bei Zahlungseingang 1,00 €/0,69 GBP.*

***Beispiel 2:*** *Ein deutscher Importeur schließt einen Kaufvertrag mit einem kanadischen Exporteur. Die Rechnung lautet über 12.000,00 kanadische Dollar (CAD). Wechselkurs bei Vertragsabschluss 1,00 €/1,42 CAD, bei Zahlungsausgang 1,00 €/1,40 CAD.*

In der Zeit zwischen dem Abschluss des Vertrages und dem Zeitpunkt der Bezahlung kann sich der Wechselkurs ändern.

**1)** Wechselkurs bei Vertragsabschluss: 1,00 €/0,67 GBP

Wechselkurs bei Zahlungseingang: 1,00 €/0,69 GBP

| | |
|---|---:|
| fiktiver Erlös | 11.194,03 € |
| effektiver Erlös | 10.869,57 € |
| Mindererlös | 324,46 € |

Wenn der Wechselkurs für die englische Währung steigt, bekommt der Exporteur weniger Euro als zum Zeitpunkt des Vertragsabschlusses: Er erleidet einen Verlust (wäre der Kurs der englischen Währung gesunken, hätte der deutsche Kaufmann einen Kursgewinn erzielt).

**2)** Wechselkurs bei Vertragsabschluss: 1,00 €/1,42 CAD

Wechselkurs bei Zahlungsausgang: 1,00 €/1,40 CAD

| | |
|---|---:|
| fiktive Kosten | 8.450,70 € |
| effektive Kosten | 8.571,43 € |
| effektive Mehrkosten | 120,73 € |

Wenn der Wechselkurs für die kanadische Währung sinkt, muss der Importeur mehr Euro als bei Vertragsabschluss bezahlen: Er erleidet einen Verlust (wäre der Kurs der kanadischen Währung gestiegen, hätte der deutsche Kaufmann einen Kursgewinn erzielt).

**Zeigen Sie *risikopolitische Maßnahmen* zur Verminderung bzw. Vermeidung von Risiken auf.** 600

- **Abwälzung des Risikos auf Versicherungen,** z. B. durch Abschluss von Sach- und/oder Vermögensversicherungen
- **Risikostreuung,** z. B. Verteilung des Risikos auf mehrere Gesellschafter, Erweiterung der Produktionspalette, Diversifikation, Beschaffung bei verschiedenen Lieferanten
- **Risikovorsorge,** z. B. sorgfältige Auswahl der Lieferanten, ständige Kontrolle der Lagerbestände, laufende Überwachung der Forderungen an Kunden, fortwährende Beobachtung des Absatzmarktes
- **vertragliche Begrenzung des Risikos,** z. B. Vereinbarung von Eigentumsvorbehalt, Kreditsicherheit, Erfüllungsort und Gerichtsstand, langfristige Lieferverträge mit Kunden und Lieferanten
- **Minderung des Risikos durch Kapitalvorsorge,** z. B. durch Bildung von Rücklagen
- **Absicherung des Risikos im Außenhandel,** z. B. durch Abschluss klarer Verträge zwischen den Handelspartnern unter Anwendung international gebräuchlicher Lieferklauseln (Incoterms®[1]) und international gebräuchlicher Außenhandelsdokumente, Abschluss von Kurssicherungsgeschäften

1 Für die Nutzung der Incoterms® in einem Vertrag empfiehlt sich die Bezugnahme auf den Originaltext des Regelwerks. Incoterms® ist eine eingetragene Marke der Internationalen Handelskammer (ICC). Incoterms® 2020 ist einschließlich aller seiner Teile urheberrechtlich geschützt. Die ICC ist Inhaberin der Urheberrechte an den Incoterms® 2020. Bei den vorliegenden Ausführungen handelt es sich um inhaltliche Interpretationen zu den von der ICC herausgegebenen Lieferbedingungen durch die Autoren. Diese sind für den Inhalt, Formulierungen und Grafiken in dieser Veröffentlichung verantwortlich. Der Originaltext kann über ICC Germany unter www.iccgermany.de und www.incoterms2020.de bezogen werden.

## Absatzprozesse planen, steuern und kontrollieren

601 **Worin unterscheiden sich *Personen-, Sach-* und *Vermögensversicherungen?***

- **Personenversicherung:** Möglichkeit der privaten Versicherung gegen Risiken, z. B. gegen Unfall-, Krankheits-, Arbeitsunfähigkeitsrisiko
- **Sachversicherung:** Möglichkeit der Versicherung gegen die Schäden an oder den Verlust einer Sache, z. B. aus einem Brand
- **Vermögensversicherung:** Möglichkeit der Versicherung gegen Schadenersatzansprüche dritter Personen oder aus erlittenen Vermögensschäden, z. B. infolge eines Forderungsausfalls

602 **Zeigen Sie wichtige *Arten der Sachversicherung* auf.**

- **Transportversicherung:** Sie ersetzt Schäden, die an Waren auf dem Transport zu Lande, zu Wasser oder in der Luft entstehen.
- **Einbruchdiebstahlversicherung:** Sie ersetzt die durch Einbruchdiebstahl entstandenen Schäden und Verluste an Vorräten und Bargeld.
- **Glasversicherung:** Sie ersetzt Schäden an Verglasungen aller Art.
- **Sturmversicherung:** Sie ersetzt Schäden an Gebäuden und dem Inventar, die durch Stürme ab Windstärke 8 verursacht werden.
- **Leitungswasserversicherung:** Sie ersetzt Schäden, die durch Wasserrohrbruch an Gebäuden und an deren Inhalt (z. B. Waren, Geschäftsausstattung) entstehen.
- **Feuerversicherung:** Sie ersetzt Schäden, die durch Brand, Blitzschlag, Explosion oder Kurzschluss entstehen, sowie Folgeschäden (z. B. Löschschäden).
- **Lagerversicherung:** Sie ersetzt Schäden, die durch Einbruch, Feuer oder Leitungswasser entstehen.

603 **Welches sind die wichtigsten *Arten der Vermögensversicherung?***

- **Betriebsunterbrechungsversicherung:** Sie ersetzt Folgeschäden, die entstehen, wenn die Betriebstätigkeit durch einen Sachschaden (z. B. Ausfall einer Maschine, Brand) unterbrochen wird.
- **Kreditversicherung:** Sie ersetzt Schäden, wenn Forderungen an Kunden wegen Zahlungsunfähigkeit ausfallen. Einen Teil des Forderungsausfalls (Selbstbeteiligung) muss der Versicherte allerdings selbst tragen.
- **Rechtsschutzversicherung:** Sie ersetzt insbesondere alle Gerichtskosten, Rechtsanwaltskosten und die Kosten der gegnerischen Partei, soweit sie zu erstatten sind.
- **Haftpflichtversicherung:** Sie erstattet Schadenersatzansprüche aus Sach- und Personenschäden, die aus der betrieblichen Tätigkeit der Betriebsangehörigen herrühren.

604 **Zeigen Sie die *Arten der Kraftfahrzeugversicherung* auf.**

- **Kraftfahrzeughaftpflichtversicherung:** Sie ersetzt den Schaden, den der Halter des Kraftfahrzeugs bzw. der Fahrer anderen Personen oder deren Vermögen mit einem Kraftfahrzeug zufügt. Sie ist für jeden Halter eines Kraftfahrzeugs gesetzlich vorgeschrieben.
- **Kraftfahrzeug-Fahrzeugversicherung:** Sie ersetzt eine Beschädigung oder Zerstörung des eigenen Fahrzeugs.

  Man unterscheidet:
  - ***Vollkaskoversicherung:*** Sie ersetzt zusätzlich zu den Schäden, die die Teilkaskoversicherung abdeckt, auch Unfallschäden am eigenen Fahrzeug und Schäden durch unbekannte Personen.
  - ***Teilkaskoversicherung:*** Sie ersetzt Schäden durch Brand, Explosion, Diebstahl, Sturm, Hagel sowie Glasbruch und Zusammenstoß mit Haarwild.
  - ***Kraftfahrzeug-Insassenversicherung:*** Alle Insassen eines Kraftfahrzeugs sind gegen die wirtschaftlichen Folgen von Personenschäden versichert.

605 **Was versteht man unter *Außenhandel?***

Seit der Verwirklichung des Europäischen Marktes im Jahre 1993 unterscheidet man:

- **innergemeinschaftlichen Güterverkehr** mit Unternehmen in Ländern der EU (z. B. mit Unternehmen in Schweden)
- **Güterverkehr mit Drittländern,** d. h. mit Unternehmen in Ländern außerhalb der EU (z. B. mit USA), und zwar:
  - aus ***betriebswirtschaftlicher*** Sicht den Waren- und Dienstleistungsverkehr eines ***Unternehmens*** mit seinen ***Handelspartnern in Nicht-EU-Ländern*** (sogenannten Drittländern)
  - aus ***volkwirtschaftlicher*** Sicht den grenzüberschreitenden Waren-, Dienstleistungs- und Rechteverkehr einer ***Volkswirtschaft*** mit Drittländern

606 **Erklären Sie die *Bedeutung des Außenhandels* für Deutschland.**

- Deutschland ist eines der größten Handelsländer der Welt.
- Deutschland ist stark exportabhängig; rückläufige Auslandsaufträge können eine Rezession auslösen.
- Das hohe deutsche Preisniveau führt zu Wettbewerbsnachteilen auf dem Weltmarkt.
- Deutschland ist stark importabhängig, da es nur über wenige Rohstoffe verfügt.
- Wechselkurssteigerungen (insbesondere beim Dollar) verteuern die Importe und damit die Importkosten der deutschen Unternehmen; sie verbilligen allerdings auch die Exporte und tragen so zur Sicherung von Arbeitsplätzen im Inland bei.
- Die Waren- und Dienstleistungsexporte betragen mehr als 30 Prozent des Bruttoinlandsprodukts.

607 **Nennen Sie jeweils ein Beispiel für *Export-*, *Transit-* und *Importhandel.***

- **Exporthandel:** Ein deutscher Händler führt Waren aus dem Inland ins Ausland aus, z. B. nach Japan.
- **Transithandel:** Ein deutscher Händler verkauft Güter nach Norwegen (Export), die er vorher in Russland gekauft hat (Import).
- **Importhandel:** Ein deutscher Händler führt Güter aus dem Ausland ins Inland ein, z. B. aus Korea.

608 **Worauf haben die Außenhandelspartner beim *Abschluss eines Kaufvertrages* besonders zu achten?**

Beim **Kaufvertrag** ist besonders zu **achten auf:**

- **Schriftform:** vermeidet Missverständnisse, dient als Beweismittel
- eine genaue **Mengenangabe** der Warenlieferung
- funktionsgerechte kostengünstige **Warenverpackung,** insbesondere bei der Seeschifffahrt und im Luftfrachtverkehr
- eine exakte **Qualitätsbestimmung** der Warenlieferung
- eine **Versandanzeige:** Der Empfänger erfährt, wann die Ware ausgeliefert wurde und kann sich so auf die Anlieferung einstellen
- Festlegung der **Geschäftsbedingungen** (AGB gelten nicht im Ausland)
- die Festlegung der **Lieferbedingungen (Incoterms®)** und **Zahlungsbedingungen**

609 **Was versteht man unter *Incoterms®*?**

Incoterms® (international commercial terms) sind **Lieferklauseln,** die die Internationale Handelskammer in Paris verfasst hat. Sie haben keinen Gesetzescharakter, aber ihre vertragliche Anerkennung verhindert Rechtsunsicherheiten aufgrund landesspezifischer Handelsbräuche (Usancen) bei der **Abwicklung von Außenhandelsgeschäften.**

Deshalb ist es im internationalen Handel üblich, eine der Lieferklauseln gemäß den Incoterms® 2020 im Kaufvertrag zu vereinbaren (z. B. FOB Hamburg). Die exakten Formulierungen schaffen **Rechtssicherheit** für den Ex- und für den Importeur.

610 **Was *regeln* die Incoterms®?**

Incoterms® regeln:

- den **Kostenübergang** vom Exporteur auf den Importeur
- den **Gefahrenübergang** vom Exporteur auf den Importeur

Der Gefahrenübergang erfolgt zu dem Zeitpunkt, an dem das Risiko des zufälligen Untergangs oder der Beschädigung der Ware vom Verkäufer auf den Käufer übergeht.

611 **Wie *teilt* man die Incoterms® *ein?***

Incoterms® gliedern sich in vier Gruppen (Gruppen E, F, C und D), je nach dem Umfang der zu leistenden Pflichten des Exporteurs.

612 **Was regeln die Incoterms® der *Gruppe E?***

Bei der Lieferklausel **EXW** (Ex Works, ab Werk) hat der Exporteur die geringsten Pflichten zu erfüllen (Abholklausel):

- Der Exporteur hat die Ware pünktlich und fachgerecht verpackt auf seinem Werksgelände bereitzustellen; er trägt nur die Kosten und das Risiko der vertragsgemäßen Bereitstellung.
- Der Importeur trägt alle Kosten und Gefahren ab dem Zeitpunkt der Warenübergabe an den Frachtführer.

613 **Was regeln die Incoterms® der *Gruppe F?***

Die Gruppe **F** beinhaltet die gibt folgenden Regelungen:

- **FOB** (Free on Board, frei an Bord): Der Exporteur trägt alle Kosten und Gefahren, bis die Ware beim Verladen im Verschiffungshafen an Bord des Schiffes ist.
- **FAS** (Free Alongside Ship, frei Längsseite Schiff): Der Exporteur trägt alle Kosten und Gefahren des Warentransports bis zum Kai des Verschiffungshafens.
- **FCA** (Free Carrier, frei Frachtführer): Der im Kaufvertrag vereinbarte Ort ist entscheidend für die Warenbe- und -entladung. Der Exporteur ist verantwortlich für die Verladung, wenn die Übergabe bei ihm stattfindet; ist dafür ein anderer Ort vereinbart, so ist er nur für die Verladebereitschaft verantwortlich.

614 **Was regeln die Incoterms® der *Gruppe C?***

Die Gruppe **C** beinhaltet die folgenden Regelungen:

- **CPT** (Carriage Paid to, frachtfrei): Der Exporteur beschafft alle Transportdokumente und trägt alle Transportkosten bis zum Bestimmungsort. Der Gefahrenübergang erfolgt mit der Warenübergabe an den (ersten) Frachtführer.
- **CIP** (Carriage and Insurance Paid to, frachtfrei versichert): CIP entspricht CPT, allerdings hat der Exporteur zusätzlich noch eine Transportversicherung für die Beförderung ab der Übernahme durch den ersten Frachtführer bis zum Bestimmungsort abzuschließen und dessen Kosten zu übernehmen.
- **CFR** (Cost and Freight, Kosten und Fracht): Der Exporteur beschafft alle Transportdokumente und trägt die Transportkosten bis zum Bestimmungshafen. Der Gefahrenübergang auf den Importeur erfolgt nach Verladen des Transportgutes an Bord des Schiffes im Verschiffungshafen.
- **CIF** (Cost, Insurance and Freight, Kosten, Versicherung und Fracht): Zusätzlich zu CFR übernimmt der Exporteur die Kosten für die Seetransportversicherung.

615 **Was regeln die Incoterms® der *Gruppe D?***

Die Gruppe **D** beinhaltet die folgenden Regelungen:

- **DPU** (Delivered at Place Unloaded, geliefert benannter Ort entladen): DPU bedeutet, dass der Verkäufer seiner Verpflichtung nachkommt, sobald die Ware vom Käufer an dem benannten Bestimmungsort im Bestimmungshafen oder am Bestimmungsort zur Verfügung gestellt wird. Der Verkäufer hat die Ware zur Ausfuhr freizumachen. Er ist jedoch nicht verpflichtet, die Ware zur Einfuhr freizumachen. Der Verkäufer hat alle Kosten und Gefahren der Beförderung der Ware bis zum benannten Bestimmungsort im Bestimmungshafen oder am Bestimmungsort einschließlich der Entladekosten zu tragen.

- **DAP** (Delivered at Place, geliefert bestimmter Ort): Der Verkäufer hat seine Lieferverpflichtung erfüllt, wenn die Ware dem Käufer auf dem ankommenden Beförderungsmittel zur Verfügung gestellt wird. Der Verkäufer trägt alle Gefahren der Beförderung zum benannten Ort.
- **DDP** (Delivered Duty paid, geliefert verzollt): Der Verkäufer liefert, wenn er die zur Einfuhr freigemachte Ware dem Käufer auf dem ankommenden Beförderungsmittel entladebereit zur Verfügung stellt. Der Verkäufer trägt alle Kosten und Gefahren im Zusammenhang mit der Beförderung der Ware bis zum Bestimmungsort. Er hat alle Aus- und Einfuhrformalitäten zu erledigen und alle dabei entstehenden Kosten zu tragen.

616 **Welche *Incoterms®* eignen sich für die verschiedenen *Transportarten* im Außenhandel?**

- Klauseln für **alle Transportarten:** EXW, FCA, CPT, CIP, DPU, DAP und DDP
- Klauseln für **See- und Binnenschifftransport:** FAS, FOB, CFR und CIF

617 **Welches sind die *am häufigsten verwendeten Incoterms®*?**

Häufig verwendete Incoterms® sind: EXW, FAS, FOB und CIF.

618 **Welche *Zahlungsbedingungen* sind bei Außenhandelsgeschäften zu unterscheiden?**

Übliche Zahlungsbedingungen sind:

- **Vorauszahlung:** Der Käufer bezahlt den Preis vor der Warenlieferung.
- **Anzahlung:** Der Käufer bezahlt einen Teil des Kaufpreises vor der Warenlieferung.
- **Dokumenten-Akkreditiv:** Die Bank des Importeurs verpflichtet sich im Auftrag des Importeurs, gegen Übergabe vorgeschriebener Dokumente, die den Versand einer bestimmten Ware beweisen, Zahlung zu leisten. Danach wird dem Importeur die Ware unter Vorlage der Dokumente am Bestimmungsort ausgeliefert.
- **Dokumente gegen Kasse:** Die Zahlungspflicht des Importeurs wird ausgelöst, wenn ordnungsgemäße Dokumente vorgelegt werden.
- **Dokumente gegen Akzept:** An die Stelle der Zahlung tritt die Akzeptierung einer den Dokumenten beigefügten Tratte: Der Exporteur räumt dem Importeur ein Zahlungsziel ein. Er kann den Wechsel bei seiner Bank diskontieren lassen oder bei Fälligkeit zum Inkasso einreichen.
- **Zahlung gegen Rechnung:** Die Zahlung erfolgt nach Erhalt der Ware.
- **offenes Zahlungsziel:** Der Importeur bekommt eine Zahlungsfrist. Bei sofortiger Zahlung kann er regelmäßig Skonto beanspruchen, bei Ausnutzung des Zahlungsziels kann er die Rechnung meistens aus dem Erlös für die verkauften Importwaren bezahlen.

## 1.5.9 Marketingcontrolling

Handbuch: LF 10

Während beim **strategischen Marketingcontrolling langfristige Absatzstrategien,** z. B. eine langfristige Modellpolitik, über Plandaten vorbereitet und nachträglich überprüft werden, hat das **operative Marketingcontrolling** nur das **kurzfristige Absatzgeschehen** (z. B. Planung und Auswertung der Kosten-, Umsatz- und Gewinndaten für eine Werbekampagne) als Untersuchungsgegenstand.

619 **Erklären Sie den Unterschied zwischen dem *strategischen* und dem *operativen Marketingcontrolling.***

- **Plan-** oder **Sollgrößen** werden **festgelegt.**
  *Beispiel:* Festlegung eines geplanten Marktanteils
- Die **Istwerte** werden **ermittelt.**
  *Beispiel:* Welche Marktanteile hat das Unternehmen bei den einzelnen Produkten in den unterschiedlichen Märkten?
- Ein **Soll-Ist-Vergleich** wird **durchgeführt.**
- Eine **Soll-Ist-Analyse** wird **durchgeführt.** Die Ursachen für die Abweichung zwischen Soll- und Istwerten werden ermittelt.
- Die **erforderlichen Maßnahmen** werden **geplant,** um die Sollgrößen erreichen zu können.

620 **In welchen *Schritten* arbeitet das *operative Marketingcontrolling?***

**Verfahren** oder **Instrumente** des **Marketingcontrollings** (Beispiele):
- Deckungsbeitragsrechnung
- Plankostenrechnung
- Erhebungstechniken der Marktforschung *(vgl. Kapitel 1.5.2, S. 138 ff.)*
- Produkt-Lebenszyklus-Analyse
- Portfolio-Analyse und -Matrix
- Bestimmung von Preisuntergrenzen
- Break-even-Analyse
- Benchmarking
- Nutzwertanalyse
- Investitionsrechnung

621 **Welche *Verfahren* oder *Instrumente* benutzt das *Marketingcontrolling?* Nennen Sie Beispiele.**

**Kennziffern** im **Marketingcontrolling** (Beispiele):
- **Kontrolle** der **Marktstellung:**

$$\text{Marktanteil} = \frac{\text{eigener Absatz (in ME) oder Umsatz (in €)}}{\text{Marktvolumen (in ME oder €)}}$$

- **Kontrolle** des **Personaleinsatzes:**

$$\text{Umsatz pro Marketingmitarbeiter} = \frac{\text{Umsatz}}{\text{Anzahl der Marketingmitarbeiter}}$$

- **Kontrolle** des **Werbeeinsatzes:**
  Werbegewinn = werbebedingter Mehrumsatz – Werbekosten

622 **Im Bereich des Marketingcontrollings wird eine Vielzahl von *Kennziffern* genutzt. Nennen Sie einige *Beispiele.***

- **Kontrolle** der **Kundenzufriedenheit:**

  $$\text{Reklamationsquote} = \frac{\text{Anzahl fehlerhafter Produktlieferungen}}{\text{Gesamtzahl an Produktlieferungen}}$$

- **Kontrolle** der **Marketingaktivitäten:**

  $$\text{durchschnittliche Auftragsgröße} = \frac{\text{Umsatz}}{\text{Anzahl der Aufträge}}$$

Handbuch: LF 2, 10

## 1.5.10 Auftragsbearbeitung

623 **In welchen *Schritten* erfolgt die Abwicklung eines *Kundenauftrages?***

Auftragsentgegennahme

⇩

Auftragsprüfung

⇩

(gegebenenfalls) Auftragsbestätigung

⇩

Auftragsbearbeitung einschließlich Terminüberwachung

⇩

Kommissionierung, Fakturierung und Versand

⇩

Überprüfung des Zahlungseingangs

⇩

Kundenservice (After-Sales-Service)/Kundenbindungsmaßnahmen

⇩

(eventuell) kundenorientierte Abwicklung des Beschwerdemanagements

624 **Welche Angaben auf *Rechnungen* zählen zu den *gesetzlichen Pflichtangaben?***

**Gesetzliche Pflichtangaben** auf **Rechnungen:**

- Name und Anschrift des leistenden Unternehmens
- Name und Anschrift des Leistungsempfängers
- Steuernummer oder USt-Identifikationsnummer des leistenden Unternehmens
- Ausstellungsdatum der Rechnung
- fortlaufende Rechnungsnummer
- Menge und Art des gelieferten Produktes bzw. der Dienstleistung
- Zeitpunkt der Lieferung
- Netto-Entgelt
- vereinbarte Entgeltminderung (z. B. Rabatt, Skonto)
- Umsatzsteuersatz und -betrag oder Hinweis auf USt-Befreiung
- Brutto-Entgelt

*Anmerkung:* Abweichungen für Kleinunternehmer und Kleinbetragsrechnungen

# 1.6 Investitions- und Finanzierungsprozesse planen

## 1.6.1 Investition

Handbuch: LF 11

Unter **Investition** versteht man die Verwendung finanzieller Mittel in einem Unternehmen (z. B. für Sachvermögen). Investitionen verändern das Anlage- bzw. Umlaufvermögen auf der Aktivseite der Bilanz (Mittelverwendung).

**Was verstehen Sie unter *Investition?*** 625

- Erschließung eines **neuen Marktes** durch Eröffnung von Auslandsfilialen
- Sicherung der **Wettbewerbsfähigkeit** durch Anschaffung neuer Produktionsanlagen
- **Anpassung** an veränderte gesetzliche Vorschriften (z. B. Umweltrecht) durch Modernisierung der Produktionsanlagen

**Nennen Sie *mögliche Investitionsanlässe.*** 626

- Nach dem **Zweck** der Investition unterscheidet man:
  - ***Erstinvestition*** (z. B. Bau einer Lagerhalle bei Gründung des Unternehmens)
  - ***Ersatzinvestition*** (z. B. eine verbrauchte Verpackungsmaschine wird durch eine gleichartige ersetzt)
  - ***Rationalisierungsinvestition*** (z. B. eine technisch leistungsfähigere Maschine verbessert die Wirtschaftlichkeit des Unternehmens)
  - ***Erweiterungsinvestition*** (z. B. ein weiterer Produktionsstrang vergrößert die Kapazität des Unternehmens)
- Nach der **Vermögensart** unterscheidet man:
  - ***Sachinvestition*** (z. B. Lkw)
  - ***Finanzinvestition*** (z. B. Beteiligung)
  - ***immaterielle Investition*** (z. B. Patente)

**Welche betrieblichen *Investitionsarten* unterscheidet man?** 627

Unter **Desinvestition** versteht man die Freisetzung der investierten Geldmittel über den Absatzmarkt; Erzeugnisse, Dienstleistungen oder andere Vermögenswerte werden verkauft und durch den Erlös wieder in liquide Mittel umgewandelt.

Deutlich wird dies auch am sogenannten Abschreibungskreislauf.

**Was verstehen Sie unter *Desinvestition?*** 628

Ein wesentliches Entscheidungskriterium ist die Überlegung, ob sich die **Investition** für das Unternehmen **lohnt.** Daneben können auch soziale (z. B. Sicherung von Arbeitsplätzen) oder politische Faktoren (z. B. Erhaltung einer sauberen Umwelt) eine Rolle spielen.

**Wovon ist die *Entscheidung* für eine unternehmerische Investition vor allem abhängig?** 629

630 **Welche Möglichkeiten zur *Beurteilung* von betrieblichen Investitionen unterscheidet man?**

Zur **Beurteilung von Investitionsmöglichkeiten** setzt man Investitionsrechnungen ein. Dabei unterscheidet man zwei Arten:

1. Die **statische Investitionsrechnung** erfasst und vergleicht die für eine Periode zu erwartenden Kosten und Leistungen.

   Wichtige Methoden und Verfahren sind die …

   - **Kostenvergleichsrechnung:** Man vergleicht nur die **Kosten** alternativer Investitionen und entscheidet sich für die günstigste.
   - **Gewinnvergleichsrechnung:** Man erfasst die Kosten wie auch die aus den Investitionsalternativen resultierenden Erlöse und entscheidet sich für die Investition mit dem höchsten Gewinn.
   - **Rentabilitätsvergleichsrechnung:** Man errechnet für jede Investitionsalternative deren Rentabilität (Gewinn p. a. : Kapitaleinsatz · 100) und wählt die Investition mit der höchsten Rentabilität.
   - **Amortisationsvergleichsrechnung** (auch als Pay-off-Rechnung bezeichnet): Man prüft, in welchem **Zeitraum** sich eine Investition **amortisiert,** d. h. innerhalb welcher Zeit der Kapitaleinsatz durch Kapitalrückflüsse (Abschreibungen + Gewinn) wiedergewonnen wird. Die Investition mit der kürzesten **Amortisationszeit** (Kapitalrückflusszeit) wird gewählt.

2. Die **dynamische Investitionsrechnung** berücksichtigt alle geschätzten Ein- und Auszahlungsströme der Investitionen während der **gesamten Nutzungsperioden.** Um die Zahlungen vergleichbar zu machen, wird auch berücksichtigt, zu welchen Zeitpunkten die Zahlungen erfolgen, d. h., die Geldbeträge werden auf- oder abgezinst.

631 **Was verstehen Sie unter einem *Investitionsplan?***

Ein Investitionsplan bestimmt, wann **welche Investitionen** vorgenommen werden.

Handbuch: LF 11

## 1.6.2 Finanzierung

632 **Was verstehen Sie unter *Finanzierung?***

Darunter versteht man sämtliche Maßnahmen eines Unternehmens, die der **Beschaffung von Kapital** für unternehmerische Zwecke dienen. Diese Mittel verändern das Eigen- bzw. Fremdkapital auf der Passivseite der Bilanz (Mittelherkunft).

633 **Nennen Sie *mögliche Finanzierungsanlässe.***

- Kauf von Maschinen
- Erwerb einer Lizenz
- Aktualisierung der Software (Update)
- Umwandlung der Rechtsform (z. B. GmbH in eine AG)
- Schließung von Finanzierungslücken (z. B. per Kreditaufnahme)
- Finanzierung von Sozialplänen

Der Finanzplan ist ein Bestandteil des Gesamtplanes eines Unternehmens. Er enthält die Aufstellung der **erwarteten Einnahmen und Ausgaben** für eine Planungsperiode (z. B. für ein Quartal). Diese Schätzwerte müssen – insbesondere bei langfristigen Finanzplanungen – laufend an die tatsächlichen betrieblichen Entwicklungen (z. B. Preis-/Absatzschwankungen) angepasst werden.

**Was versteht man unter einem *Finanzplan?*** 634

Mithilfe des Finanzplans soll die **Zahlungsfähigkeit** eines Unternehmens sichergestellt werden; es sollen aber auch überschüssige Finanzierungsmittel begrenzt werden, um eine **optimale Unternehmensrentabilität** zu erreichen. Eine vorausschauende Finanzplanung soll frühzeitig finanzielle Engpässe aufdecken und eine **Gegensteuerung** ermöglichen.

**Worin besteht das *Ziel* des *Finanzplanes?*** 635

## 1.6.2.1 Finanzierungsgrundsätze

Handbuch: LF 11

**Finanzierungsgrundsätze:**

- Vermeidung einer Überschuldung
- höchstmögliche Kapitalrentabilität
- Auswahl der kostengünstigsten Finanzierungsalternative
- Liquiditätssicherung (fristgerechte Zahlungsfähigkeit)
- Sicherstellung der Kapitaldienstzahlungen (Zinsen, Tilgungsraten)

**Welche *Finanzierungsgrundsätze* kennen Sie?** 636

**Finanzierungsregeln:**

- Nach der bekanntesten Finanzierungsregel **(Goldene Finanzierungs-** oder **Goldene Bankregel)** soll die Fristigkeit des aufgenommenen Fremdkapitals der zeitlichen Bindung des Kapitals in Vermögenswerten (Nutzungsdauer) entsprechen (Fristenkongruenz). So wäre das Fremdkapital erst fällig, wenn die entsprechenden Investitionen durch Verkaufserlöse wieder in das Unternehmen zurückgeflossen sind (Desinvestition).
- Nach einer weiteren Finanzierungsregel, der **Goldenen Bilanzregel,** soll das Anlagevermögen mit Eigenkapital, zumindest mit Eigen- und langfristigem Fremdkapital finanziert werden.
- Eine dritte Finanzierungsregel, die **Kapitalstrukturregel,** besagt, dass das Eigenkapital nicht kleiner sein soll als das Fremdkapital, weil Unternehmensinsolvenzen oft auf eine zu geringe Eigenkapitalquote zurückzuführen sind.

**Wie lauten die wichtigsten *Finanzierungsregeln?*** 637

Unter **Liquidität** versteht man, dass ein Unternehmen seinen fälligen Zahlungsverpflichtungen termingerecht nachkommen kann. Wenn sich Einnahmen und Ausgaben entsprechen, liegt **optimale Liquidität** vor. Sind die verfügbaren Zahlungsmittel größer als der Bedarf an Zahlungsmitteln, so spricht man von **Überliquidität,** sind sie jedoch kleiner als die zu erfüllenden Zahlungsverpflichtungen, so liegt **Unterliquidität** vor.

**Was verstehen Sie unter *Liquidität?*** 638

639 **Was verstehen Sie unter *Rentabilität?***

Unter **Rentabilität** versteht man die Verzinsung des eingesetzten Kapitals. Sie wird ausgedrückt in einem Prozentsatz, der sich aus dem Unternehmensgewinn, bezogen auf das eingesetzte Kapital, errechnen lässt:

$$\text{Rentabilität} = \frac{\text{Gewinn} \cdot 100}{\text{Kapital}}$$

(siehe auch S. 333)

Handbuch: LF 11

### 1.6.2.2 Finanzierungsarten

640 **Nach welchen Gesichtspunkten lassen sich *Finanzierungsarten* unterscheiden?**

**Finanzierungsarten** lassen sich unterscheiden:

- nach der **Rechtsstellung der Kapitalgeber:**
  - Eigenfinanzierung
  - Fremdfinanzierung
- nach der **Herkunft des Kapitals** in:
  - Innenfinanzierung
  - Außenfinanzierung
- nach der **Dauer der Kapitalbereitstellung:**
  - kurzfristiges Kapital
  - mittelfristiges Kapital
  - langfristiges Kapital
- **Sonderformen der Finanzierung:**
  - Leasing
  - Factoring

641 **Unterscheiden Sie zwischen *Eigen-* und *Fremdfinanzierung.***

- Bei der **Eigenfinanzierung** (Einlagen-/Beteiligungsfinanzierung) stellen die Eigentümer dem Unternehmen unbefristetes Eigenkapital zur Verfügung (z. B. bei einer OHG durch Aufnahme eines neuen Komplementärs, bei der AG durch die Ausgabe junger Aktien). Auch die Bildung von Gewinnrücklagen zählt dazu.
- Bei der **Fremdfinanzierung** (Kreditfinanzierung) überlassen Gläubiger dem Unternehmen Fremdkapital für eine begrenzte Zeit (z. B. Aufnahme eines Darlehens). Die Aufnahme von Fremdkapital erfordert anders als beim Eigenkapital Zins- und Tilgungsleistungen, die die Unternehmensliquidität beeinflussen. Auch die Finanzierung aus Rückstellungen gehört dazu.

642 **Unterscheiden Sie zwischen *Innen-* und *Außenfinanzierung.***

- Bei der **Innenfinanzierung** resultiert das Kapital aus dem Unternehmen selbst (mehrere Möglichkeiten):
  - ***Selbstfinanzierung***
    - Erwirtschaftete Gewinne werden ganz oder teilweise im Unternehmen behalten (Gewinnthesaurierung).
    - Bei der offenen Selbstfinanzierung werden nicht ausgeschüttete Gewinne entweder den Kapitalkonten zugeführt (z. B. bei der OHG) oder auf Rücklagenkonten gutgeschrieben (z. B. bei der AG).
    - Bei der stillen Selbstfinanzierung entstehen stille Rücklagen durch die Unterbewertung von Vermögen oder die Überbewertung von Schulden.
  - ***Freisetzungsfinanzierung*** (Finanzierung aus Kapitalfreisetzung)
    Man unterscheidet die Finanzierung
    - aus Abschreibungen,
    - durch Änderung der Vermögensstruktur (z. B. Veräußerung eines nicht benötigten Grundstücks),
    - durch Rationalisierungsmaßnahmen (z. B. die Reduzierung der Lagerdauer von Fertigerzeugnissen).
- Bei der **Außenfinanzierung** wird dem Unternehmen von außen Kapital zugeführt. Die Finanzierung kann durch die Aufnahme von **Fremdkapital** erfolgen oder durch die Bereitstellung zusätzlichen Kapitals **durch die Eigentümer** des Unternehmens.

Üblicherweise wird kurzfristiges Kapital (Kredite) dem Unternehmen **bis zu 6 Monate,** mittelfristiges Kapital **bis zu 4 Jahre** und langfristiges Kapital **mehr als 4 Jahre** überlassen.

**Unterscheiden Sie *kurz-, mittel-* und *langfristiges Kapital.*** 643

**Vorteile der Eigenfinanzierung:**
- Das Unternehmen kann i. d. R. unbefristet über das Kapital verfügen.
- Das Unternehmen ist unabhängig von Kapitalgebern.
- Es gibt keine festgeschriebenen Zins- und Tilgungszahlungen und dadurch keinen Liquiditätsabfluss.
- Die Kreditwürdigkeit des Unternehmens steigt.
- In Verlustjahren wird die betriebliche Substanz nicht verringert, weil ein Recht auf Gewinnzuweisung nur entsteht, wenn das Unternehmen Gewinne erzielt. Dagegen müssen bei der Fremdfinanzierung auch in Verlustjahren Zinsen bezahlt werden.
- Die Investitionsbereitschaft steigt.

**Worin sehen Sie *Vorteile* der *Eigenfinanzierung?*** 644

**Vorteile der Fremdfinanzierung:**
- Kapitalgeber haben i. d. R. kein Mitspracherecht bei der Unternehmensführung.
- Fremdkapitalzinsen mindern als Betriebsausgaben den steuerpflichtigen Gewinn und führen zu einer geringeren steuerlichen Belastung des Unternehmens.
- keine Beteiligung am Gewinn und am Vermögenszuwachs des Unternehmens

**Worin sehen Sie *Vorteile* der *Fremdfinanzierung?*** 645

Eine **Aktie** verbrieft ein Anteilsrecht an einer Aktiengesellschaft. Dieses Wertpapier ist leicht zu übertragen und kann deshalb an Wertpapierbörsen gehandelt werden.

**Was ist eine *Aktie?*** 646

- **Stückaktien:** Sie haben keinen Nennwert, der Aktionär ist zu einem Bruchteil am Grundkapital der AG beteiligt, sein Anteil hängt von der Anzahl der ausgegebenen Aktien ab. Der rechnerische Wert einer Aktie kann durch Division des Grundkapitals durch die Zahl der ausgegebenen Aktien ermittelt werden.
- **Nennbetragsaktien:** Der Mindestnennbetrag ist auf 1,00 € festgelegt, höhere Nennbeträge müssen auf glatte Euro lauten; der Aktionär ist mit dem **Nennwert** der Aktie am Grundkapital der AG beteiligt; die Höhe des Grundkapitals ergibt sich aus der Summe der Nennwerte aller ausgegebenen Aktien.

**Welche *Aktienarten* sind zu unterscheiden?** 647

**Aktionärsrechte:**
- Recht auf Gewinnbeteiligung durch Zahlung einer Dividende oder Rücklagenerhöhung
- Teilnahme und Stimmrecht auf der Hauptversammlung
- Anspruch auf Auskunft durch den Vorstand
- Bezugsrecht bei der Ausgabe junger Aktien
- Anspruch auf Beteiligung am Liquidationserlös

**Welche *Rechte* stehen einem *Aktionär* zu?** 648

649 Welche *Risiken* geht man mit dem *Erwerb von Aktien* ein?

**Risiken beim Erwerb von Aktien sind:**
- Der Aktienkurs schwankt meist stärker als bei festverzinslichen Wertpapieren.
- Die Dividendenhöhe schwankt.
- In wirtschaftlich schlechten Jahren besteht ein hohes Risiko für die Aktionäre (sinkender Kurs, Dividendenausfall).
- Bei Aktien in Fremdwährung bestehen Währungsrisiken.

650 Nach welchen *Ausstattungsmerkmalen* sind *Aktien* zu unterscheiden?

Folgende **Aktienarten** werden aufgrund ihrer **Ausstattungsmerkmale** unterschieden:
- nach dem **Umfang der verbrieften Rechte**
  - ***Stammaktien*** (Normalform der Aktien): Sie verbriefen alle satzungsmäßigen und gesetzlichen Aktionärsrechte.
  - ***Vorzugsaktien:*** Sie sind gegenüber den Stammaktien mit Vorrechten ausgestattet (z. B. bei der Gewinnverteilung) und haben i. d. R. kein Stimmrecht in der Hauptversammlung.
- nach der **Form der Übertragung**
  - ***Inhaberaktien:*** Sie lauten nicht auf den Namen von Aktionären, sie werden durch Einigung und Übergabe übertragen.
  - ***Namensaktien:*** Sie lauten auf den Namen von Aktionären und sind mit deren persönlichen Daten im Aktienbuch der AG eingetragen, sie werden durch Einigung und Übergabe der indossierten Aktie übertragen; bei vinkulierten Namensaktien muss der Vorstand der AG der Übertragung zustimmen.
- nach dem **Zeitpunkt der Ausgabe**
  - ***Alte Aktien:*** Das sind die zum Zeitpunkt einer Kapitalerhöhung schon vorhandenen Aktien. Der tatsächliche Preis dieser Aktien wird an der Börse durch Angebot und Nachfrage ermittelt, er wird als Kurs bezeichnet. Der Kurswert ergibt sich, indem man die Stückzahl mit dem Kurs multipliziert.
  - ***Junge Aktien:*** Das sind die im Rahmen einer Kapitalerhöhung neu auszugebenden Aktien. Deren Ausgabewert darf nicht unter dem Nennwert liegen.

651 Welchem *Zweck* dienen *Schuldverschreibungen?*

Unternehmen verschaffen sich durch die Ausgabe von Schuldverschreibungen **(Obligationen)** langfristiges Fremdkapital zur Finanzierung von Investitionen.

652 **Welche *Merkmale* weisen *Schuldverschreibungen* auf?**

**Merkmale von Schuldverschreibungen:**

- Der Erwerber ist Gläubiger des Industriebetriebes, da er Fremdkapital zur Verfügung stellt.
- Die Verzinsung erfolgt i. d. R. zu einem festen Zinssatz.
- Das Wertpapier weist im Gegensatz zu Aktienkursen i. d. R. relativ geringe Kursschwankungen auf.
- Der Erwerber geht wegen der hohen Sicherheitsvorschriften des Gesetzgebers ein relativ geringes Risiko ein.
- Das Wertpapier weist meist eine lange Laufzeit auf (im Allgemeinen10–20 Jahre).
- Bei Fälligkeit wird das Wertpapier zum Nennwert zurückgezahlt.

653 **Was versteht man unter einer *Wandelschuldverschreibung?***

Wandelschuldverschreibungen **(Wandelanleihen)** sind Schuldverschreibungen, die von Aktiengesellschaften ausgegeben werden und nach einer bestimmten Zeit in Aktien umgewandelt werden können. Dadurch wird Fremdkapital zu Eigenkapital.

654 **Was versteht man unter *Leasing?***

Darunter versteht man die **Vermietung** bzw. **Verpachtung** von beweglichen oder unbeweglichen Wirtschaftsgütern (z. B. Lkw oder Lagerhalle) durch den Hersteller oder eine spezielle Leasinggesellschaft.

655 **Nach welchen Gesichtspunkten werden *Leasingarten* unterschieden?**

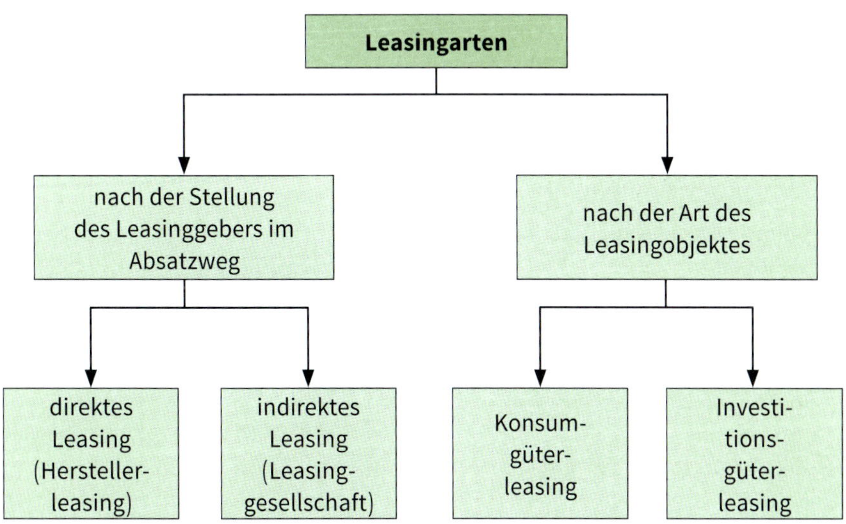


656 **Unterscheiden Sie zwischen *Firmen-* und *Privatleasing.***

- Beim **Firmenleasing** ist der Leasingnehmer ein Unternehmen.
- Beim **Privatleasing** ist der Leasingnehmer eine Privatperson.

657

**Fallbeispiel zum Privatleasing:**
*Iris Schnelle möchte sich einen Wohnwagen anschaffen. Sie hat dafür 7.250,00 € gespart. Der Autohändler EUROPE CAR GmbH bietet den Wagen wie folgt an: Kaufpreis bei Barzahlung 32.250,00 €, Leasing mit Kilometerabrechnung der Firma Leasing Nord AG, 7.250,00 € Sonderzahlung, monatliche Leasingraten 409,30 €, Laufzeit 36 Monate, Fahrleistung 9 000 km p. a.; Mehrkilometer werden mit 0,10 € in Rechnung gestellt, Minderkilometer mit 0,05 € vergütet. Nach drei Jahren kann der Wohnwagen zum Restwert von 20.000,00 € erworben werden.*

*Für einen Barkauf muss Frau Schnelle einen Kredit von 25.000,00 € (32.250,00 € – 7.250,00 €) aufnehmen. Von der Autobank AG erhält sie folgendes Angebot: 0,32 % Zinsen p. M.; 2 % Bearbeitungsgebühr, Laufzeit 36 Monate, effektiver Zinssatz 9,01 %.*

**Vergleich zwischen Leasing und Barkauf mit Kreditaufnahme:**

**Leasing:**
monatl. Rate: 409,30 €

**Barkauf mit Kreditaufnahme:**

| | | |
|---|---|---|
| | Kreditbetrag | 25.000,00 € |
| + | 0,32 % Zinsen p. M. für 36 Monate | 2.880,00 € |
| + | 2 % Bearbeitungsgebühr | 500,00 € |
| | Rückzahlung insgesamt | 28.380,00 € |
| | monatliche Rate (Tilgung + Zinsen) | 788,33 € |

Die monatliche Belastung ist bei der Kreditfinanzierung um 379,03 € höher.

Der Gesamtaufwand beträgt:

| | | | | |
|---|---|---|---|---|
| | Sonderzahlung | 7.250,00 € | eigene Mittel | 7.250,00 € |
| + | 409,30 € · 36 = | 14.734,80 € | Gesamtkredit | 28.380,00 € |
| + | Restwert | 20.000,00 € | | |
| | insgesamt | 41.984,80 € | insgesamt | 35.630,00 € |
| | | | angenommener Marktwert nach drei Jahren | 10.000,00 € |

Nach vier Jahren geht der Wohnwagen in das Eigentum des Kreditnehmers über.

Es handelt sich hierbei um eine Modellrechnung. Es gelten vier Annahmen:

1. Das Leasingobjekt wird gekauft.
2. Der geschätzte Leasingrestwert ist identisch mit dem Marktwert.
3. Auf- und Abzinsungen werden nicht berücksichtigt.
4. Beim Firmenleasing sind noch zusätzlich steuerliche Gesichtspunkte zu berücksichtigen.

658 **Wie unterscheiden sich *direktes* und *indirektes Leasing?***

- Beim **direkten Leasing** schließen der Leasinggeber (Hersteller) und der Leasingnehmer einen Vertrag über das Leasingobjekt ab: Der Leasingnehmer zahlt die Leasingraten an den Leasinggeber.
- Beim **indirekten Leasing** kauft der Leasinggeber das Leasingobjekt vom Hersteller und überlässt es dem Leasingnehmer zum Gebrauch; dieser zahlt die Leasingraten an den Leasinggeber.

659 **Welche *Vor- und Nachteile* sind mit dem *Firmenleasing* aus der Sicht des Leasingnehmers verbunden?**

- **Vorteile:**
  - Schonung der Liquidität zum Zugangszeitpunkt des Gutes, da die Kosten über Leasingraten auf die Nutzungsdauer verteilt werden
  - Berücksichtigung des technischen Fortschritts durch möglichen Austausch des Leasingobjekts
  - Rücknahmeverpflichtung des Leasinggebers nach Ablauf der Vertragszeit
  - Da die Leasingraten als Betriebsausgaben abgesetzt werden können, reduzieren sie die gewinnabhängigen Steuern.
  - In vielen Fällen erhält der Leasingnehmer spezielle Dienstleistungen angeboten.
- **Nachteile:**
  - eingeschränkte Verfügungsgewalt über das Leasingobjekt, da kein Eigentum erworben wird
  - umfangreiche Vertragsverpflichtungen (z. B. bei Pkws Abschluss einer Vollkaskoversicherung)
  - erhöhte Kosten bei vorzeitiger Vertragsauflösung (z. B. Konventionalstrafe)
  - laufende Liquiditätsbelastungen durch die monatlichen Leasingraten
  - i. d. R. insgesamt höhere Aufwendungen als beim Kauf

660 **Was versteht man unter *Factoring?***

Unter Factoring versteht man den **Verkauf kurzfristiger Forderungen** aus Lieferungen und Leistungen an einen **Factor** (Factoring-Gesellschaft, i. d. R. Tochtergesellschaft einer Bank). Er zieht von dem Forderungsbetrag Zinsen und Provisionen (Inkasso- und ggf. Delkredereprovision) ab und schreibt dem Unternehmen den Restbetrag gut.

661 **Welche *Funktionen* übernimmt der *Factor?***

**Funktionen des Factors:**
- **Dienstleistungsfunktion:** Übernahme der Debitorenbuchhaltung, des Mahnwesens und des Forderungsinkassos
- **Risikofunktion:** Übernahme des Risikos des Forderungsausfalls
- **Finanzierungsfunktion:** auf Wunsch des Unternehmens Bevorschussung der Forderungen
- **Delkrederefunktion:** Übernahme des Ausfallrisikos und Verzicht auf Regressansprüche bei Zahlungsausfällen

662 **Welche *Vor- und Nachteile* ergeben sich aus dem *Factoring* für den Kunden?**

- **Vorteile:**
  - Kosteneinsparungen bei der Debitorenbuchhaltung sowie beim Inkasso- und Mahnwesen
  - verbesserte Liquidität
  - Vermeidung von Verlusten aus Kundeninsolvenzen
- **Nachteile:**
  - hohe Kosten für Zinsen und Provision
  - Einschränkung des Kontaktes zu Kunden

Handbuch: LF 11

## 1.6.3 Kreditarten

663 **Was versteht man unter einem *Kredit?***

Unter einem Kredit versteht man die befristete Überlassung von Geldmitteln **(Geldkredit)** oder Gütern **(Warenkredit)** zur freien oder vertragsgebundenen Nutzung, i. d. R. gegen Entgelt.

664 **Welche *wesentlichen Regelungen* werden in einem Kreditvertrag festgelegt?**

In einem **Kreditvertrag** werden i. d. R. festgelegt die:

- Kredithöhe
- Kreditlaufzeit
- Kreditkosten (Zinsen und Provision)
- Zahlungsmodalitäten (z. B. Zins- und Tilgungsplan)
- Kreditsicherheiten
- Effektivzins

665 **Welche *Kreditarten* sind zu unterscheiden?**

**Kreditarten** werden unterschieden nach ...

- dem **Kreditgeber**
  - Bankkredit
  - Lieferantenkredit
- der **Kreditlaufzeit**
  - kurzfristiger Kredit
  - mittelfristiger Kredit
  - langfristiger Kredit
- dem **Zweck des Kredits**
  - Konsumkredit
  - Unternehmenskredit
- der **Bereitstellung des Kredits**
  - Kontokorrentkredit
  - Darlehen
- der **Sicherung des Kredits**
  - Personalkredit
  - Realkredit
- dem **Tilgungszeitpunkt**
  - Festdarlehen
  - Abzahlungsdarlehen
  - Annuitätendarlehen

666 **Worin besteht der Unterschied zwischen einem *Bank-* und einem *Lieferantenkredit?***

- Bei einem **Bankkredit** stellt das Kreditinstitut dem Kunden i. d. R. liquide Mittel zur Verfügung.
- Bei einem **Lieferantenkredit** räumt der Verkäufer dem Kunden ein Zahlungsziel ein (z. B. Zahlung innerhalb 90 Tagen netto Kasse); möglich ist auch ein Geldkredit für den Erwerb von Einrichtungsgegenständen (z. B. für eine Gaststätte).

667 **Worin unterscheidet sich ein *Konsum-* von einem *Unternehmenskredit?***

- Ein **Konsumkredit** ist ein Kredit an private Haushalte (Endverbraucher) zur Finanzierung von Gebrauchsgütern (z. B. zum Kauf eines Pkw).
- Ein **Unternehmenskredit** wird zur Finanzierung der betrieblichen Tätigkeit gewährt.

668 **Unternehmenskredite werden als *Investitions-*, *Betriebsmittel-* und *Zwischenkredit* vergeben. Erläutern Sie diese Kreditarten.**

- Mit einem **Investitionskredit** werden Güter zur Bereitstellung, Erweiterung, Rationalisierung oder Erneuerung des Anlagevermögens finanziert.
- Mit einem **Betriebsmittelkredit** werden die Gegenstände des Umlaufvermögens finanziert.
- Mit einem **Zwischenkredit** wird ein kurzfristiger Liquiditätsengpass überbrückt.

669 **Was verstehen Sie unter einem *Kontokorrentkredit?***

Bei einem **Kontokorrentkredit** gewährt die Bank einen Kredit in laufender Rechnung: Der Kreditnehmer darf sein Kontokorrentkonto bis zu einer vereinbarten Kredithöhe überziehen (Kreditlimit).

Dafür stellt ihm die Bank Kreditzinsen (Sollzinsen, nur vom effektiv in Anspruch genommenen Kredit), Umsatzprovision und Gebühren für Auslagen in Rechnung und ggf. schreibt sie ihm Zinsen (Habenzinsen) für Guthaben gut.
Bei Überschreiten des Kreditlimits wird ein erhöhter Zinssatz in Rechnung gestellt.

670 **Welche *Darlehensarten* werden unterschieden?**

Bei einem **Darlehen** stellt der Kreditgeber (z. B. ein Kreditinstitut) dem Kreditnehmer den Geldbetrag in einer Summe (u. U. auch in Teilbeträgen) mittel- oder langfristig zur Verfügung als:

- **Festdarlehen** (Fälligkeitsdarlehen): Die Tilgung erfolgt am Ende der Laufzeit in einer Summe; konstante Jahresleistung, bestehend nur aus Zinsen.
- **Abzahlungsdarlehen:** Es erfolgen konstante Tilgungszahlungen; abnehmende Jahresleistung, bestehend aus Tilgungs- und sinkenden Zinszahlungen.
- **Annuitätendarlehen:** Die Tilgungszahlungen steigen in Höhe der eingesparten Zinsen; konstante Jahresleistung (Annuität), bestehend aus Zins- und Tilgungszahlungen.

671 ***Erstellen* Sie einen *Tilgungsplan* für das folgende Annuitätendarlehen:** *Darlehen 100.000,00 €, 5 % p. a. Zinsen, Auszahlung 100 %, Tilgung der Darlehenssumme im 1. Jahr 1 %, in den Folgejahren jeweils zzgl. der ersparten Zinsen, Verrechnung jeweils am Quartalsende, monatliche Ratenzahlung, Bereitstellung des Darlehens am 31.03.20..*

**a) Berechnung der monatlichen Zinsen:**

| | | |
|---|---|---|
| 6 % Annuität (d. h. 5 % Zinsen +1 % Tilgung) von 100.000,00 € | = | 6.000,00 €/Jahr |
| Leistung je Quartal: 6.000,00 € : 4 | = | 1.500,00 €/Quartal |
| monatliche Rate: 6.000,00 € : 12 | = | 500,00 €/Monat |

**b) Tilgungsplan für die ersten drei Jahre:**

| Zeitraum | Darl.-Summe | 5 % Zinsen | Tilgung | Leistung/Quartal |
|---|---|---|---|---|
| 01.04.–30.06.20.. | 100.000,00 € | 1.250,00 € | 250,00 € | 1.500,00 € |
| 01.07.–30.09.20.. | 99.750,00 € | 1.246,88 € | 253,12 € | 1.500,00 € |
| 01.10.–31.12.20.. | 99.496,88 € | 1.243,71 € | 256,29 € | 1.500,00 € |

Zins- und Tilgungsanteil im Zeitablauf

Die Summe der Zins- und Tilgungszahlungen heißt **Kapitaldienst.**

Handbuch: LF 11

## 1.6.4 Kreditsicherung

672 Von welchen *Faktoren* hängt die *Kreditwürdigkeit* ab?

Die Kreditwürdigkeit des Kreditnehmers wird aufgrund der **Bonitätsprüfung** ermittelt. Man beurteilt vor allem die **Persönlichkeit** des Kreditnehmers und seine **persönlichen Verhältnisse** (z. B. berufliche Stellung, Zuverlässigkeit), seine **wirtschaftlichen Verhältnisse** (z. B. Einkommen, Vermögen) und bei Unternehmenskrediten die wirtschaftliche Situation des Unternehmens (z. B. Rechtsform, Größe, Rentabilität, Liquidität).

673 Unterscheiden Sie verschiedene *Formen der Kreditsicherung.*

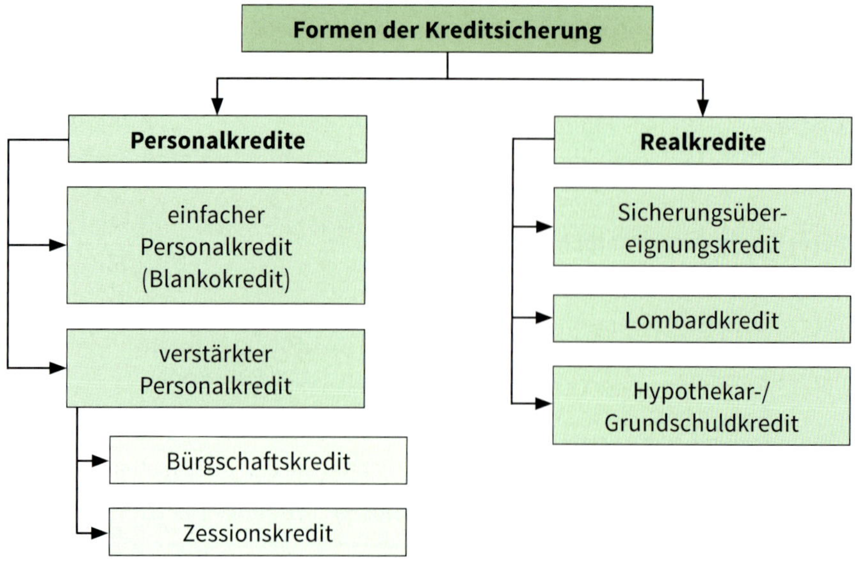

## 1.6.4.1 Personalkredit

Handbuch: LF 11

Beim **einfachen Personalkredit** (Blankokredit) erfolgt die Sicherung des Kredites nur durch die Kreditwürdigkeit des Schuldners.

674 **Was versteht man unter einem *einfachen Personalkredit?***

Beim **verstärkten Personalkredit** erfolgt die Sicherung des Kredites nicht nur durch die Kreditwürdigkeit des Schuldners, sondern zusätzlich durch weitere haftende Personen.

675 **Was versteht man unter einem *verstärkten Personalkredit?***

Dem **Bürgschaftskredit** liegen zwei Verträge zugrunde:

- der **Kreditvertrag** zwischen Kreditgeber und Kreditnehmer
- der **Bürgschaftsvertrag** zwischen Kreditgeber und Bürge, in dem der Bürge sich verpflichtet, für die Verbindlichkeiten des Kreditnehmers einzustehen. Ein Bürgschaftsvertrag muss schriftlich abgeschlossen werden.
- Kaufleute können eine Bürgschaft auch mündlich übernehmen, wenn sie die Bürgschaft für geschäftliche Zwecke eingehen.

676 **Erklären Sie einen *Bürgschaftskredit.***

- **selbstschuldnerische Bürgschaft:** Der Bürge haftet wie der Hauptschuldner. Er verzichtet auf das Recht der Einrede der Vorausklage.* Deshalb kann er sofort ohne vorherige Zwangsvollstreckung zur Zahlung verpflichtet werden, wenn der Schuldner nicht zahlt.

  Banken akzeptieren nur selbstschuldnerische Bürgschaften. Kaufleute können nur selbstschuldnerische Bürgschaften übernehmen.
- **Ausfallbürgschaft:** Der Bürge kann die Einrede der Vorausklage geltend machen und haftet nur für die nach einer Zwangsvollstreckung in das bewegliche Vermögen des Hauptschuldners verbleibenden Verbindlichkeiten.

* Der Bürge kann die Befriedigung des Gläubigers verweigern, solange nicht der Gläubiger eine Zwangsvollstreckung gegen den Hauptschuldner ohne Erfolg versucht hat (vgl. § 771 BGB).

677 **Worin besteht der *Unterschied* zwischen einer *selbstschuldnerischen Bürgschaft* und einer *Ausfallbürgschaft?***

Beim **Zessionskredit** tritt der Kreditnehmer Forderungen als Sicherheit an den Kreditgeber (z. B. an die Bank) ab. Dadurch gehen die Forderungen des bisherigen Gläubigers (Zedent) gegenüber seinem Schuldner (Drittschuldner) auf den neuen Gläubiger (Zessionar) über.

678 **Was versteht man unter einem *Zessionskredit?***

679 Was versteht man unter einer *stillen Zession?*

**Stille Zession:** Der Drittschuldner wird über die Forderungsabtretung nicht informiert. Er zahlt mit befreiender Wirkung weiter an seinen Gläubiger; der führt Geldeingänge an den Zessionar ab.

Die Bank lässt sich das Recht einräumen, eine stille Zession jederzeit in eine offene Zession umzuwandeln, wenn der Kreditnehmer seine Zahlungsverpflichtungen nicht pünktlich erfüllt.

680 Was versteht man unter einer *offenen Zession?*

**Offene Zession:** Der Drittschuldner wird über die Zession informiert, er kann mit schuldbefreiender Wirkung nur noch an den neuen Gläubiger (z. B. an die Bank) zahlen.

681 Stellen Sie *Vor- und Nachteile* einer *offenen Zession* gegenüber.

- **Vorteile:**
  - Die Bank erhält den abgetretenen Forderungsbetrag direkt vom Drittschuldner.
  - Der Kreditnehmer braucht sich nicht mehr um den Forderungseinzug zu kümmern.
- **Nachteile:**
  - Der Drittschuldner wird über die Forderungsabtretung informiert.
  - Die Bonität der Sicherheit ist gefährdet, wenn der Kreditnehmer Einwendungen gegen die Forderungen erhebt (z. B. Reklamation).

682 Wie unterscheiden sich *Einzel-*, *Mantel-* und *Globalzession?*

- **Einzelzession:**
  Der Kreditnehmer tritt **eine bestimmte Forderung** an das Kreditinstitut ab (z. B. Lebensversicherungsanspruch).
- **Mantelzession:**
  Der Kreditnehmer tritt **mehrere genau festgelegte Forderungen** in einer bestimmten Höhe ab. Sind diese zurückgezahlt, müssen neue Forderungen abgetreten werden.
- **Globalzession:**
  Der Kreditnehmer tritt **alle gegenwärtigen und zukünftigen Forderungen** gegen bestimmte Drittschuldner ab (z. B. alle Forderungen gegen Drittschuldner mit den Anfangsbuchstaben A bis F). Die gegenwärtigen Forderungen gehen bei Abschluss des Zessionsvertrages auf die Bank über, die zukünftigen bereits zum Zeitpunkt ihrer Entstehung.

Handbuch: LF 11

### 1.6.4.2 Realkredit

683 Wann liegt ein *Realkredit* vor?

Beim **Realkredit** dienen bewegliche oder unbewegliche Sachen (dingliche Sicherheit) neben dem Kreditnehmer zur Sicherung des Kredits.

684 Was versteht man unter einem *Sicherungsübereignungskredit?*

Dabei wird das Eigentum an einer beweglichen Sache (z. B. an einer Maschine, an einem Pkw) **sicherungshalber** an den Kreditgeber **übereignet,** d. h., er darf die zur Sicherung übereignete Sache nur bei Nichterfüllung der gesicherten Forderung verwerten. Der Kreditnehmer bleibt im Besitz der Sache und kann sie weiter nutzen. Nach Tilgung der gesicherten Forderung muss die Bank das Eigentum auf den Kreditnehmer rückübertragen.

685 Nennen Sie *Vor- und Nachteile der Sicherungsübereignung.*

- **Vorteile:**
  - Der Kreditnehmer kann das übereignete Sicherungsgut weiter nutzen.
  - Die Sicherungsübereignung ist für Dritte nicht sofort erkennbar.
  - Der Kreditgeber muss diese Gegenstände nicht verwahren.
  - Im Insolvenzfall hat der Kreditgeber ein Absonderungsrecht.
- **Nachteile:**
  - Das Sicherungsgut kann beschädigt, verkauft, zerstört oder gestohlen werden.
  - Der Wert des Sicherungsgutes mindert sich durch Preisrückgang oder Verwertungsschwierigkeiten.
  - Das Sicherungsgut wurde bereits einem anderen Kreditgeber übereignet (Doppelübereignung).
  - Der Kreditnehmer darf die übereigneten Sachen nicht verkaufen.

686 Was versteht man unter einem *Lombardkredit?*

- Beim **Lombardkredit** dienen dem Kreditgeber bewegliche Sachen (z. B. wertvoller Schmuck, Wertpapiere) zur Kreditsicherung. Durch die Pfandübergabe geht der Besitz auf den Kreditgeber über, der Kreditnehmer bleibt aber Eigentümer der Sache. Bei Nichterfüllung des Kreditvertrages kann der Kreditgeber das Pfand verwerten; bei Beendigung des Kreditverhältnisses muss er es zurückgeben.
- Der **Beleihungswert** hängt ab
  - vom Marktwert,
  - von den Verwertungsmöglichkeiten des Pfandgutes.

687 Nennen Sie *Vor- und Nachteile des Lombardkredits.*

- **Vorteile:**
  - Es ist ein relativ preiswerter Kredit.
  - Nach der Kredittilgung bekommt der Kreditnehmer das Pfand zurück.
- **Nachteile:**
  - Der Beleihungssatz des Pfandgutes (abhängig z. B. von der Verwertbarkeit) ist oft relativ niedrig.
  - Der Kreditnehmer kann die verpfändeten Sachen nicht mehr nutzen.
  - Der Kreditgeber muss das Pfandgut i. d. R. verwahren.

688 Was versteht man unter einem *Grundpfandrecht?*

Ein **Grundpfandrecht** ist die Belastung eines Grundstücks mit einer Hypothek oder Grundschuld zur Sicherung eines langfristigen Immobilienkredits. Das Grundpfandrecht entsteht durch Einigung und Eintragung im Grundbuch.

689 Was versteht man unter einem *Grundbuch?*

Das **Grundbuch** ist ein beim Amtsgericht (Grundbuchamt) geführtes öffentliches Register, das verbindliche Auskünfte über die rechtlichen Verhältnisse der Grundstücke eines Amtsgerichtsbezirks gibt.

690 **Welche *Angaben* enthält das *Grundbuch?***

Das **Grundbuch** enthält folgende Angaben:

- Art, Lage und Größe des Grundstücks,
- Vermerke über Rechte, die dem jeweiligen Grundstückseigentümer zustehen (z. B. Wegerecht),
- Eigentumsverhältnisse,
- Lasten und Beschränkungen des Grundstücks (z. B. Wohnrecht),
- Grundpfandrechte; ist ein Grundstück mit mehreren Rechten belastet, so entscheidet deren Rang (Reihenfolge der Eintragungen) über die Befriedigung bei einer Zwangsvollstreckung in das Grundstück.

691 **Was versteht man unter einem *Hypothekarkredit?***

Beim **Hypothekarkredit** räumt der Kreditnehmer dem Kreditgeber zur Sicherung einer Forderung sowohl ein Pfandrecht an einem Grundstück (dingliche Haftung) als auch den Zugriff auf sein gesamtes Vermögen (persönliche Haftung) ein. Die Hypothek ist **akzessorisch,** d. h., sie ist untrennbar mit einer Forderung verbunden und wird ins Grundbuch eingetragen. Erlischt die Forderung, so steht die Hypothek dem Eigentümer des belasteten Grundstücks zu: Es entsteht eine **Eigentümergrundschuld.**

692 **Was versteht man unter einem *Grundschuldkredit?***

Die Grundschuld ist **abstrakt,** d. h., sie ist in ihrem Bestand von einer konkreten Forderung unabhängig. Sie wird ins Grundbuch eingetragen. Beim **Grundschuldkredit** besteht ebenso wie beim Hypothekarkredit ein Pfandrecht des Kreditgebers an einem Grundstück (dingliche Haftung), allerdings keine persönliche Haftung des Kreditnehmers. Deshalb wird von den Banken regelmäßig die persönliche Haftung in den Kreditvertrag mit einbezogen.

693 **Worin besteht der wesentliche *Vorteil* eines *Grundschuldkredits?***

Mithilfe eines **Grundschuldkredits** können alle Kredite – sowohl langfristige wie auch Kontokorrentkredite – gesichert werden.

Banken verwenden stets die Grundschuld: Sie erlischt nach der Rückführung des Kredits nicht und kann bei erneuter Kreditaufnahme ohne weitere Kosten wieder zur Kreditsicherung bestellt werden. Kommt der Schuldner seinem Kapitaldienst nicht nach, so kann sich der Grundpfandrechtsgläubiger im Wege der Zwangsvollstreckung aus dem Grundstück zwangsweise befriedigen.

694 **Wozu dienen *Handels-* und *Wirtschaftsauskunfteien?***

Gemäß § 29 BDSchG betreiben Handels- und Wirtschaftsauskunfteien (z. B. Creditreform, SCHUFA) **geschäftsmäßige Datenverarbeitung,** indem sie Daten zum Zwecke der Übermittlung erheben, speichern oder nutzen, z. B. Informationen über die Nichteinlösung von Schecks oder Zwangsvollstreckungsmaßnahmen. Eine Auskunft darf nur erteilt werden, wenn der Fragesteller ein **berechtigtes Interesse** glaubhaft nachweist und kein schutzwürdiges Interesse des Betroffenen verletzt wird.

## 1.6.5 Investitions- und Finanzierungscontrolling

Handbuch: LF 11

Was versteht man unter *Investitions-* und *Finanzierungscontrolling?* 695

Unter **Controlling** versteht man ein Informations-, Entscheidungs- und Führungsinstrument zur ergebnisorientierten Planung, Steuerung und Überwachung eines Unternehmens in allen seinen Bereichen und Ebenen. Dazu gehört auch das **Investitions- und Finanzierungscontrolling** mit folgenden Teilaufgaben:

**Investitionscontrolling** umfasst im Wesentlichen:

- Auswahl von Investitionsalternativen anhand von Investitionsrechnungen
- laufende Überwachung neuer Investitionsprojekte
- Wirtschaftlichkeitsberechnung von Investitionen

**Finanzierungscontrolling** betrifft:

- Begutachtung von Finanzierungsalternativen
- Erstellung und Kontrolle von Finanzplänen zur Steuerung der Liquidität
- Überwachung der Kapitalstruktur

Welche *Kennzahlen* sind für das *Investitionscontrolling* wichtig? 696

Zum **Investitionscontrolling** werden u. a. folgende Kennzahlen verwendet:

**Investitionsstruktur** in v. H. $= \frac{\text{Investitionen (z. B. für Maschinenpark)}}{\text{Summe der Investitionen}} \cdot 100$

**Investitionsquote** in v. H. $= \frac{\text{Investitionszugänge (Nettoinvestition)}}{\text{Anlagevermögen}} \cdot 100$

**Return on Investment** (ROI) in v. H. $= \frac{\text{Gewinn}}{\text{Umsatzerlöse}} \cdot \frac{\text{Umsatzerlöse}}{\text{Eigenkapital}} \cdot 100$

**Cashflow** = Jahresüberschuss + Abschreibungen auf Sachanlagen + Zuführung zu langfristigen Rückstellungen

**EBIT** (**E**arnings **b**efore **I**nterest and **T**ax): Ergebnis der gewöhnlichen Geschäftstätigkeit vor Abzug von Steuern und Zinsen (Finanzergebnis, gebräuchlich im angelsächsischen Raum)

**EBDIT** (**E**arnings **b**efore **D**epreciation, **I**nterest and **T**ax): Ergebnis der gewöhnlichen Geschäftstätigkeit vor Abzug von Abschreibungen, Steuern und Zinsen. Das EBDIT soll die stark schwankenden Abschreibungsgepflogenheiten beim Ergebnisvergleich ausschalten.

Welche *Kennzahlen* sind wichtig für das *Finanzierungscontrolling?* 697

Zum **Finanzierungscontrolling** werden u. a. folgende Kennzahlen verwendet:

**Finanzierungsstruktur** in v. H. $= \frac{\text{Finanzierungsarten}}{\text{Summe der Finanzierungen}} \cdot 100$

**Kapitalstruktur** in v. H. $= \frac{\text{Eigenkapital}}{\text{Fremdkapital}} \cdot 100$

**Verschuldungsgrad** in v. H. $= \frac{\text{Fremdkapital}}{\text{Gesamtkapital}} \cdot 100$

**Umsatzrendite** in v. H. $= \frac{\text{Gewinn}}{\text{Umsatzerlöse}} \cdot 100$

698 **Erklären Sie den positiven *Leverage-Effekt*.**

Der positive **Leverage-Effekt** (Hebelwirkung) sagt aus: Die Eigenkapitalrentabilität steigt bei Aufnahme zusätzlichen Fremdkapitals, solange dieses niedriger verzinst werden muss als die bisherige Gesamtkapitalrentabilität beträgt.

Handbuch: LF 11

## 1.6.6 Not leidendes Unternehmen

699 **Welche *Ursachen* können in einem Unternehmen zu *Liquiditätsproblemen* führen?**

**Liquiditätsprobleme** in Unternehmen können insbesondere ausgelöst werden durch

**innerbetriebliche** Ursachen:

- Über- oder Unterorganisation im Betrieb
- mangelhaftes Controlling
- steigende Kreditgewährung an Kunden
- zu hohe Privatentnahmen
- Fehlentscheidungen im Finanzierungsbereich
- Überkapazitäten in Produktion und Lager

**außerbetriebliche** Ursachen:

- allgemeiner Wirtschaftsabschwung
- Ausfall von Forderungen
- Preissteigerung auf den Beschaffungsmärkten
- Nachfrageverschiebungen, z. B. durch technischen Wandel
- steigendes Zinsniveau auf den Kapitalmärkten
- (künstliche) Verknappung auf den Kapitalmärkten

700 **Welche *Maßnahmen* kann ein Unternehmen *bei Liquiditätsproblemen* ergreifen?**

Bei **Liquiditätsproblemen** kann ein Unternehmen folgende Maßnahmen ergreifen:

- **auf freiwilliger Basis** (ohne Einschaltung des Gerichts):
  - eine Sanierung
  - einen Vergleich
  - eine Liquidation
- **auf der Basis der Insolvenzordnung** (unter Einschaltung des Gerichts):
  a) Fortführung des Unternehmens
    - Insolvenzplan
  b) Auflösung des Unternehmens
    - Zwangsliquidation

Handbuch: LF 11

### 1.6.6.1 Maßnahmen auf freiwilliger Basis

701 **Was versteht man unter *Sanierung*?**

Unter **Sanierung** versteht man eine **Gesundung** des Unternehmens durch Maßnahmen organisatorischer und finanzieller Art, um ein in Zahlungsschwierigkeiten geratenes Unternehmen aus eigener Kraft wieder leistungs- und wettbewerbsfähig zu machen.

- **personelle** Maßnahmen:
  - Entlassung von Mitarbeitern
  - Umbesetzung der Geschäftsführung
  - Suche nach neuen und qualifizierten Mitarbeitern
- **organisatorische** Maßnahmen:
  - unternehmerische Umgestaltung im technischen und/oder kaufmännischen Bereich
  - Durchführung von Rationalisierungsmaßnahmen
  - Stärkung des Absatzbereichs, z. B. durch Auftragsbeschaffung und Werbeaktionen
  - Erweiterung des Geschäftsbereichs
- **finanzielle** Maßnahmen:
  - Neuordnung der Eigenfinanzierung, z. B. durch Zuführung neuer Mittel (Kapitalerhöhung durch die bisherigen Eigentümer oder Aufnahme weiterer Gesellschafter)
  - Neuausrichtung der Fremdfinanzierung, z. B. durch Aufnahme von Lieferantenkrediten oder Darlehen
  - Einkommenskürzungen
- **sachbezogene** Maßnahmen:
  - Verkauf von nicht mehr benötigten Sachwerten und/oder wirtschaftlich unrentabel arbeitenden Betriebsteilen
  - *Sale and lease back*

702 Welche *Maßnahmen* zur *Sanierung* sind zu unterscheiden?

Unter einem **freiwilligen Vergleich** versteht man den Versuch, ein Not leidendes Unternehmen durch einen Zahlungsaufschub **(Stundungsvergleich)** oder durch einen teilweisen Forderungsverzicht **(Erlassvergleich)** der Gläubiger **ohne Einschaltung des Gerichts** zu erhalten.

703 Was versteht man unter einem *freiwilligen Vergleich?*

Unter **freiwilliger Liquidation** versteht man die **freiwillige Auflösung** des Unternehmens, wenn sich aller Voraussicht nach keine Chancen mehr für sein Fortbestehen in Zukunft ergeben. Das Geschäftsvermögen kann durch einen Totalverkauf (in seiner Gesamtheit) oder in Teilen veräußert werden. Aus den Erlösen sind zunächst alle Schulden zu begleichen. Ein eventuell verbleibender Restbetrag wird an die Eigentümer des Unternehmens ausgezahlt. Beginn **(i. L.: in Liquidation)** und Ende der Auflösung sind im Handelsregister anzumelden. Nach durchgeführter Liquidation wird die Firma im Handelsregister gelöscht.

704 Was versteht man unter *freiwilliger Liquidation?*

## 1.6.6.2 Maßnahmen auf Basis der Insolvenzordnung

Handbuch: LF 11

Die **Insolvenz** eines Schuldners liegt vor, wenn sein Vermögen nicht mehr ausreicht, um alle seine Gläubiger zu befriedigen (Illiquidität oder Zahlungsunfähigkeit) oder wenn er **überschuldet** (nur bei juristischer Person) ist.

705 Was versteht man unter *Insolvenz?*

Bei einer **Überschuldung** sind die Schulden eines Unternehmens größer als dessen Vermögen (Aktiva), wenn also das Eigenkapital durch einen Verlust mehr als aufgezehrt wurde.

706 Was versteht man unter einer *Überschuldung* eines Unternehmens?

707 **Worin bestehen die *Ziele des Insolvenzverfahrens?***

Ein **Insolvenzverfahren** wird angestrebt, wenn ein Schuldner (natürliche oder juristische Person) sich in einer schweren finanziellen Krise befindet, sodass eine **Lösung ohne gerichtliche Mithilfe nicht mehr möglich** erscheint.

- Auf der Grundlage der Insolvenzordnung wird zunächst versucht, das Unternehmen zu **sanieren** und **fortzuführen.**
- Ist das nicht möglich, wird versucht, das Vermögen des Schuldners zu **verwerten** und aus dem Erlös die Gläubiger anteilsmäßig zu **befriedigen.** Das Verfahren wird von dem Insolvenzgericht durchgeführt, in dessen Bezirk der Schuldner seinen Gerichtsstand hat.

708 ***Wodurch* wird das *Insolvenzverfahren eröffnet?***

Der Antrag auf Eröffnung des Insolvenzverfahrens **(Eröffnungsantrag)** kann von den Gläubigern oder vom Schuldner gestellt werden.

709 **Welche *Maßnahmen* können zur *Sicherung des Schuldnervermögens* eingeleitet werden?**

Das **Insolvenzgericht** kann **zur Sicherung des Vermögens des Schuldners** vor allem

- einen vorläufigen **Insolvenzverwalter** (Sequester) bestellen,
- ein allgemeines **Verfügungsverbot** über das Schuldnervermögen auferlegen,
- **Zwangsvollstreckungsmaßnahmen** durch einzelne Gläubiger in das bewegliche Vermögen **untersagen** bzw. **einstellen.**

710 **Was bedeutet Abweisung des Verfahrens *mangels Masse?***

Der Antrag auf Eröffnung des Verfahrens wird abgewiesen, wenn das **Vermögen** des Schuldners voraussichtlich nicht zur Deckung der Verfahrenskosten (Kosten des Gerichts und des Insolvenzverwalters) ausreicht **(Abweisung mangels Masse).**

711 **Welche *verfahrenstechnischen Schritte* müssen nach Verkündung des Eröffnungsbeschlusses eingeleitet werden?**

Wird das Verfahren vom Insolvenzgericht eröffnet, so verkündet es diesen Beschluss **(Eröffnungsbeschluss).** Daraus folgt:

- Der Beschluss ist im Internet zu veröffentlichen und den ihrem Wohnsitz nach bekannten Gläubigern und Schuldnern mitzuteilen.
- Er ist an alle Gläubiger und Schuldner des Insolvenzschuldners sowie an den Insolvenzschuldner selbst zuzustellen; ggf. **Inkenntnissetzung** von Handels-/ Genossenschaftsregister sowie Eintragung im Grundbuch, sofern Grundvermögen vorhanden ist.
- Der **Insolvenzverwalter** wird ernannt, ggf. Bestätigung des vorläufig ernannten Insolvenzverwalters.
- Die betroffenen Gläubiger werden aufgefordert, ihre **Forderungen** und **Sicherungsrechte** an beweglichen Sachen beim Insolvenzverwalter unter Einhaltung der vorgegebenen Frist anzugeben.

Die **Eröffnung des Insolvenzverfahrens** führt zu folgenden Konsequenzen:

- Der Insolvenzschuldner verliert alle Rechte an der Insolvenzmasse, sie gehen über auf den **Insolvenzverwalter.**
- Forderungen können nur noch über den Insolvenzverwalter eingetrieben werden, **Zwangsvollstreckungsmaßnahmen sind nicht mehr möglich.**

Welche *rechtlichen Konsequenzen* ergeben sich aus der Eröffnung des Insolvenzverfahrens? 712

Unter **Insolvenzmasse** versteht man das gesamte Vermögen des Schuldners abzüglich des abgesonderten Vermögens zum Zeitpunkt der Insolvenzeröffnung und dasjenige Vermögen, das ihm während des Verfahrens zuwächst. Aus der Insolvenzmasse werden die Gläubiger befriedigt.

Was versteht man unter der *Insolvenzmasse?* 713

Auf Antrag der Gläubiger oder des Schuldners kann der Insolvenzverwalter in der Gläubigerversammlung mit der Ausarbeitung eines Insolvenzplans beauftragt werden mit dem Ziel, das Unternehmen (vorläufig) weiterzuführen. Anders als beim Insolvenzverfahren **regelt der Insolvenzplan,**

- wie die absonderungsberechtigten Gläubiger und die Insolvenzgläubiger befriedigt werden;
- wie die Insolvenzmasse verwertet und an die Beteiligten verteilt werden soll;
- in welchem Umfang der Schuldner nach dem Abschluss des Insolvenzverfahrens haftet.

Was versteht man unter einem *Insolvenzplan?* 714

Der **Insolvenzplan kann u. a. bestimmen:**

- Das Unternehmen soll noch für einen festgelegten Zeitraum weiterbestehen.
- Die Forderungen der Insolvenzgläubiger werden um einen bestimmten Prozentsatz gekürzt (Erlassvergleich).
- Die Insolvenzgläubiger stunden ihre Forderungen dem Schuldner für einen bestimmten Zeitraum (Stundungsvergleich).

Welche *Bestimmungen* kann ein *Insolvenzplan* enthalten? 715

Nach der Insolvenzordnung werden die Gläubiger in folgender **Rangfolge (Gläubigerklassen)** befriedigt:

- **fremdes Eigentum:**
  1. **Aussonderung:** Gegenstände, die im Besitz des Insolvenzschuldners sind, ihm aber nicht gehören (z. B. geleaste Gegenstände, unter Eigentumsvorbehalt gelieferte Waren), werden den Gläubigern zurückgegeben.
- **Insolvenzmasse:**
  2. **Absonderung:** Gläubiger, die dem Insolvenzschuldner Gegenstände überlassen haben, die mit einem Pfandrecht belastet oder sicherungsübereignet sind, werden vorrangig befriedigt (z. B. Zwangsversteigerung eines mit einer Grundschuld belasteten Hauses, Verwertung des Pfandrechts an Wertpapieren durch Verkauf über die Börse).
  3. **Massegläubiger:** Gerichtskosten sowie sonstige Kosten des Insolvenzverwalters werden vorrangig befriedigt (z. B. Vergütung und Auslagen des Insolvenzverwalters).

Nach welcher *Rangordnung* werden die Gläubiger bei der Verteilung der Vermögenswerte laut Insolvenzordnung berücksichtigt? 716

4. **Insolvenzgläubiger:** Dazu zählen Gläubiger, die zum Zeitpunkt der Eröffnung des Insolvenzverfahrens eine begründete Forderung gegenüber dem Insolvenzschuldner haben (z. B. ungesicherte Forderungen der Lieferanten und der Arbeitnehmer).

717 **Was versteht man unter *Insolvenzgeld?***

Arbeitnehmer können Insolvenzgeld von der Bundesagentur für Arbeit beanspruchen, wenn über ihr Unternehmen das Insolvenzverfahren eröffnet worden ist oder wenn der Antrag auf Eröffnung eines Insolvenzverfahrens mangels Masse abgelehnt wurde. Der Anspruch umfasst Lohn- und Gehaltszahlungen der Arbeitnehmer **für die letzten drei Monate.**

718 **Wozu dient die *Gläubigerversammlung?***

Die vom Insolvenzgericht einberufene **Gläubigerversammlung** beschließt über die **Fortführung** des Unternehmens nach der Ausarbeitung eines Insolvenzplanes des Insolvenzverwalters oder über die **Stilllegung** des Unternehmens.

Ein Beschluss kommt zustande, wenn die Summe der Forderungsbeträge der zustimmenden Gläubiger mehr als die Hälfte der Summe der Forderungsbeträge der abstimmenden Gläubiger beträgt.

719 **Wie wird die *Insolvenzmasse im Zuge einer Stilllegung verwertet?***

Nach dem Beschluss über die Stilllegung des Unternehmens verwertet der Insolvenzverwalter die **Insolvenzmasse** (z. B. durch Verkauf, Versteigerung) und verteilt laufend die Erlöse zunächst an die **Massegläubiger** und dann an die **Insolvenzgläubiger.** Wenn die Verwertung abgeschlossen ist, wird eine Schlussverteilung entsprechend der Insolvenzquote vorgenommen, d. h., jeder Insolvenzgläubiger erhält denselben prozentualen Anteil aus den Resterlösen.

720 **Was bedeutet die *Aufhebung des Insolvenzverfahrens?***

Sobald die Verwertung der Insolvenzmasse beendet ist, kommt es im **Schlusstermin** zur Aufhebung des Insolvenzverfahrens durch das Insolvenzgericht. Die **Insolvenzgläubiger** können ihre Restforderungen gegen den Schuldner im Rahmen der Verjährung unbeschränkt durchsetzen.

# 1.7 Information, Kommunikation und Datenverarbeitung – lernfeldübergreifend

## 1.7.1 Datenverarbeitung

### 1.7.1.1 Externe und interne Informationsquellen

Handbuch: LF 13

- Informatik leitet sich aus dem Wort **Information** ab, wird aber auch als Kunstwort von Information und Mathematik bzw. Information und Automa-tion interpretiert.
- Allgemein kann man Informatik als **Wissenschaft der systematischen Informationsverarbeitung** festlegen, die sich mit dem Aufbau von Rechnern und ihrer Programmierung befasst.

**ZP** Definieren Sie den Begriff *Informatik.* 721

Gegenstand der Wirtschaftsinformatik sind betriebliche **Informations-** und **Kommunikationssysteme** in **Wirtschaft und Verwaltung.**

**ZP** Was versteht man unter *Wirtschaftsinformatik?* 722

- **Betriebliche Informationssysteme** unterstützen die jeweiligen Aufgabenträger bei der Ausübung ihrer Tätigkeit, indem sie Informationen zur Planung, Entscheidung, Durchführung und Kontrolle zur Verfügung stellen.
- Die zunehmende Arbeitsteilung, Spezialisierung und Dezentralisierung führen zu einem **erhöhten Abstimmungsbedarf** in den jeweiligen Unternehmen und zwischen den Beteiligten, um die einzelnen Arbeitsprozesse zu koordinieren und zusammenzuführen. Leistungsfähige Informationssysteme erleichtern die **Koordination.**

**ZP** Welche *Bedeutung* haben *betriebliche Informationssysteme?* 723

- **Ziele:**
  - wirtschaftliche Versorgung aller Stellen eines Unternehmens mit Informationen
  - bedarfs- und zeitgerechte Informationsversorgung
- **Aufgaben:**
  - Organisation aller notwendigen Tätigkeiten
  - Planung, Steuerung und Überwachung der entsprechenden Hard- und Software
  - Beschaffung und Aufbereitung aller wichtigen Informationen
  - Betreuung, Ausbildung und Führung der entsprechend eingesetzten Mitarbeiter
  - Datensicherung

**ZP** Nennen Sie mögliche *Ziele* und *Aufgaben* des *Informationsmanagements.* 724

# Information, Kommunikation und Datenverarbeitung

725 ZP

Geben Sie *Beispiele* für *interne* und *externe Informationsquellen.*

- **Interne Informationsquellen** nutzen **innerbetriebliche Informationen,** z. B. aus
  - dem Rechnungswesen,
  - dem Controlling,
  - Kundeninformationssystemen,
  - Personalinformationssystemen,
  - Managementinformationssystemen,
  - dem Intranet.
- **Externe Informationsquellen** stellen Informationen von **außerhalb der Unternehmung** zur Verfügung, z. B.:
  - von Wirtschaftsverbänden,
  - von Ämtern,
  - von Kammern,
  - durch Messen,
  - von Wissenschaftsinstitutionen,
  - aus Zeitschriften und Büchern,
  - aus dem Internet.

726 ZP

Unterscheiden Sie *Informationen, Daten* und *Kommunikation.*

- **Daten** kann man als **Angaben** jeglicher Art, z. B. in Form von Buchstaben, Zahlen, Texten, Grafiken, Bildern, definieren, die formatiert oder unformatiert vorliegen können.
- **Informationen** entstehen aus **Daten,** die **zielgerichtet verknüpft** und **interpretiert** werden.
- **Kommunikation** liegt vor, wenn **Informationen übermittelt** bzw. **ausgetauscht** werden.

727 ZP

Daten lassen sich nach unterschiedlichen Kriterien einteilen. Geben Sie Beispiele für
1. Daten, die nach Art der *verwendeten Zeichen,*
2. Daten, die nach ihrer *Aufgabe im Verarbeitungsprozess,* und
3. Daten, die nach der *Häufigkeit ihrer Veränderung* unterschieden werden.

| Kriterien | | Datenarten | Erklärung | Beispiele |
|---|---|---|---|---|
| 1. | nach Art der verwendeten Zeichen | alphabetische Daten | Groß- und Kleinbuchstaben | Konrad Zuse |
| | | numerische Daten | Ziffern | 890 |
| | | Sonderzeichen | sonstige Zeichen | %, +, &, § |
| | | alphanumerische Daten | Kombination von mindestens zwei der vorherigen Zeichenarten | 19 % Umsatzsteuer, GmbH & Co. KG |
| 2. | nach ihrer Aufgabe im Verarbeitungsprozess | Rechendaten | Daten, die für Berechnung notwendig sind | Einzelpreis, Menge |
| | | Ordnungsdaten | Daten, mit denen eine Ordnung erstellt werden kann | Rechnungsnummer, Artikelnummer |
| 3. | nach der Häufigkeit ihrer Veränderung | Stammdaten | Daten, die über einen gewissen Zeitraum konstant bleiben und die der Identifizierung und Klassifizierung dienen | Personalnummer, Kundenanschrift |
| | | Bewegungsdaten | Daten, die sich häufig ändern bzw. durch den betrieblichen Leistungsprozess entstehen | Rechnungsnummer, Rechnungsdatum, geleistete Arbeitsstunden |

„Herm & Söhne KG" kann man den
- alphanumerischen Daten,
- Ordnungsdaten und
- Stammdaten

zuordnen.

ZP
728
Auf einer Rechnung steht im Anschriftfeld der Kundenname Herm & Söhne KG.

Ordnen Sie diesem Kundennamen die Datenarten der vorherigen Aufgabe zu.

---

- **Datenverarbeitung** (auch: Informationsverarbeitung) bezieht sich auf jeden Vorgang, der **Daten erfasst, speichert, überträgt** oder **umwandelt.**
- Die **computergestützte Datenverarbeitung** zeichnet sich durch die **Automatisation** aus, bei der die Informationsverarbeitungsaufgaben weitgehend selbstständig ausgeführt werden.

ZP
729
Kennzeichnen Sie den Begriff *Datenverarbeitung.*

---

- Ein Computer ist eine **Funktionseinheit,** die mittels programmierbarer Vorschriften **Daten verarbeitet**.
- Weitere Bezeichnungen: Rechner, Rechenanlage, Datenverarbeitungssystem, Rechensystem, Elektronische Datenverarbeitung (EDV) und Elektronische Datenverarbeitungsanlage (EDVA)

730
Was versteht man unter einem *Computer?*

---

- **innerbetrieblich:**
  - Telefonanlage
  - Sprechanlage
  - Rufanlage
  - Pieper (Pager)
  - E-Mail
  - Intranet
- **außerbetrieblich:**
  - Telefon
  - Mobilfunk/Handy/Smartphone
  - Telefax
  - E-Mail
  - Extranet
  - Internet

731
Geben Sie Beispiele für *innerbetriebliche* und *außerbetriebliche Kommunikationseinrichtungen.*

---

- Unter **Intranet** versteht man (im Gegensatz zum Internet) ein **nicht öffentliches Rechnernetz** einer Unternehmung oder einer anderen Organisation. Zum Beispiel kann ein Intranet den Mitarbeitern einer Unternehmung als Informations- und Kommunikationsplattform zur Verfügung stehen.
- Das Intranet besteht aus miteinander verbundenen Rechnern als **LAN** (Local Area Network). Das lokale Netzwerk (LAN) verbindet die einzelnen Arbeitsplatzrechner miteinander, wobei der Datenaustausch meist auf Basis der Internet-Technologie vorgenommen wird. Eine mögliche Verbindung zum Internet wird durch eine **Firewall** geschützt.

ZP
732
Beschreiben Sie das *Intranet* mit typischen *Inhalten* und *Zielen.*

- **Inhalte** sind z. B.:
  - Formulare
  - Arbeitsanweisungen
  - Merkblätter
  - Mitarbeiterzeitung
  - aktuelle Informationen
- **Ziele** sind z. B.:
  - schneller Informationszugriff (durch Nutzung von Datenbanken)
  - Vereinheitlichung bestimmter Vorgänge (z. B. durch Arbeitsanweisungen)
  - Kostensenkung (z. B. durch Nutzung gemeinsamer Ressourcen)
  - Erleichterung der Zusammenarbeit (z. B. bei Projekten)
  - Nutzung einheitlicher Formulare
  - Förderung der Unternehmenskultur

733 Was versteht man unter einer *Firewall?*

- Als **Firewall** kann man **alle Schutzmaßnahmen** bezeichnen, die **unerlaubte Zugriffe** auf Netzwerke und Computer **verhindern.** Der Schutz kann sowohl durch hardwaretechnische als auch softwaretechnische Maßnahmen oder als Kombination beider Elemente erreicht werden.
- mögliche **Ziele:**
  - Verhinderung von unerlaubten Datenzugriffen
  - Virenfreiheit
  - Vorbeugen vor Datenverlusten

734 Grenzen Sie das *Extranet* vom *Intranet* ab.

- Das **Extranet** ist eine **Erweiterung des Intranets,** da der Benutzerkreis des Intranets um bestimmte **externe Nutzer,** z. B. Lieferanten, Kunden oder Außendienstmitarbeiter, erweitert wird.
- Während ein Intranet in der Regel standortgebunden ist, ist ein **Extranet meist unternehmens- bzw. standortübergreifend** aufgebaut.
- Ein Extranet ist auch von **außerhalb des Unternehmenssitzes** erreichbar.

735 Was versteht man unter dem *Internet?*

- Das Internet kann man als ein **weltweites öffentliches Netzwerk** interpretieren, das aus vielen Rechnernetzwerken besteht und einen **weltweiten Datenaustausch** ermöglicht.
- Der Datenaustausch zwischen den einzelnen Rechnern erfolgt mittels normierter **Adressen** und **Kommunikationsprotokolle.** Für den Datenaustausch werden die Daten in kleine Datenpakete („Packets") geteilt, die unabhängig voneinander übermittelt werden können.
- **Internetdienste** z. B.:
  - E-Mail
  - Telefonie
  - Radio
  - Fernsehen
  - Diskussionsforen
  - Chats
  - World Wide Web (www)

## 1.7.1.2 IT-Anwendungssysteme

Handbuch: LF 1

736 Was versteht man unter *IT-Anwendungssystemen?*

- **enge Sichtweise:**
  die **Gesamtheit aller Programme** und die **entsprechenden Daten** für ein **konkretes Anwendungsgebiet**
- **erweiterte Sichtweise:**
  die **Gesamtheit aller Programme,** die **erforderliche Hard- und Systemsoftware** sowie gegebenenfalls auch die **Benutzer**

---

737 **Nennen Sie Beispiele für *einmalige* und *laufende Kosten,* die mit IT-Anwendungssystemen verbunden sind.**

- **Beispiele für einmalige Kosten:**
  - Anschaffungskosten für Hard- und Software
  - Kosten der Installation
  - Testkosten
  - Planungs- und Schulungskosten für die Einführung
  - gegebenenfalls Ausfallkosten
- **Beispiele für laufende Kosten:**
  - Mieten, Leasing, Lizenzen
  - Wartung, Pflege
  - Datensicherheit, Datenschutz
  - Verbrauchsmaterial
  - Personal
  - Räume
  - externe Dienstleistungen

---

738 **IT-Anwendungssysteme kann man nach dem Verwendungszweck u. a. in *Administrations-* und *Dispositionssysteme* und *Führungssysteme* unterteilen.**

**Beschreiben Sie die unterschiedlichen Anwendungssysteme.**

- **Administrations- und Dispositionssysteme:**
  - übernehmen die ***betriebliche Abrechnung von Massendaten,*** z. B. buchhalterische Erfassung der Geschäftsfälle in der Finanzbuchhaltung oder Personalabrechnungen im Personalbereich
  - ***verwalten Bestandsdaten,*** z. B. bei den Roh-, Hilfs- und Betriebsstoffen oder bei den Fertigerzeugnissen
  - dienen der ***Vorbereitung kurzfristiger dispositiver Entscheidungen,*** z. B. bei der Auftragsbearbeitung, Tourenplanung, Fertigungssteuerung und in der Kostenrechnung
  - sind für ***bestimmte Bereiche*** (z. B. Finanzbuchhaltung) konzipiert, können aber auch zu unterschiedlichen ***integrierten Systemen*** zusammengefasst werden
  - existieren als ***branchenneutrale*** oder als ***branchenspezifische*** Anwendungen
- **Führungssysteme:**
  - dienen der ***Entscheidungsvorbereitung*** für die ***oberen Führungsebenen*** einer Unternehmung
  - nutzen sowohl ***betriebsinterne Daten*** (aus den Administrations- und Dispositionssystemen) als auch ***externe Daten*** (z. B. aus Wirtschaftsdatenbanken oder aus volkswirtschaftlichen Statisiken)
  - sind zusammendfassend als ***totale Informationssysteme*** oder auf bestimmte Funktionsbereiche des Unternehmens als ***partielle Informationssysteme*** konzipiert

---

739 Was versteht man unter *ERP (Enterprise Resource Planning)-Systemen?*

- ERP-Systeme sind **ganzheitliche Softwarelösungen,** die über den **gesamten Unternehmensbereich** die Geschäftsprozesse abbilden und steuern.
- ERP-Systeme verfügen über eine **einheitliche Datenbasis,** die sich auf die **gesamte Wertschöpfungskette** einer Unternehmung bezieht und **Geschäftsprozesse und Firmenwerte transparent** abbildet.

- ERP-Systeme beinhalten die **wesentlichen Funktionen** der Administrations- und Dispositionssysteme sowie der Führungssysteme und bestehen aus **Basismodulen,** die sich auf die **Kernbereiche einer Unternehmung** (z. B. Materialwirtschaft, Produktionsplanung und -steuerung) beziehen und durch **Zusatzmodule** wie Kundenmanagement (Customer Relationship Management) oder Lieferkettenmanagement (Supply Chain Management) **unternehmensübergreifend** aufgebaut sind.

740 **Ordnen Sie in der nebenstehenden Abbildung den Ziffern ① bis ③ die Begriffe *Customer Relationship Management (CRM), Supply Chain Management (SCM)* und *ERP-System* zu.**

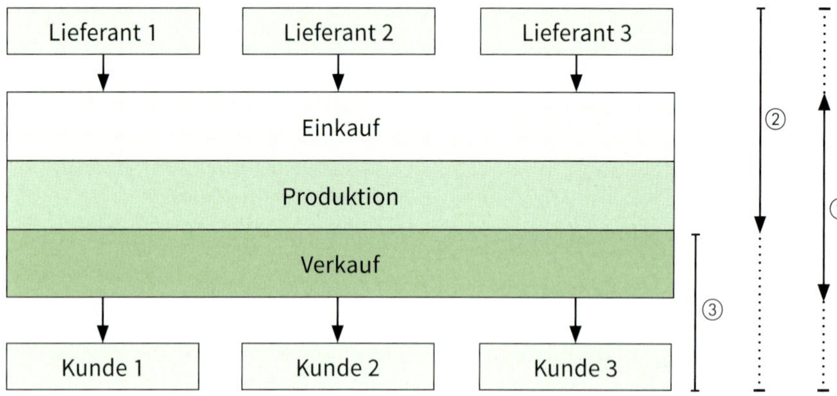


*Lösung:* ① = ERP-System, ② = Supply Chain Management, ③ = Customer Relationship Management

Handbuch: LF 7

## 1.7.1.3 Rechtliche Vorschriften zum Datenschutz

741 **Was versteht man unter dem Begriff *Datenschutz?***

- Der Begriff kann unterschiedlich interpretiert werden, u. a.
  - als **Selbstbestimmungsrecht,** zu entscheiden, wer wann auf welche Daten zugreifen kann,
  - als **Schutz der Privatsphäre**,
  - als **Sicherung des Persönlichkeitsrechts** bei der **Datenverarbeitung**.
- Datenschutzrechtlich kann man Datenschutz definieren als den
  - **Schutz** vor **missbräuchlicher Verwendung personenbezogener Daten** und
  - **Schutz** des Rechts auf **informelle Selbstbestimmung**.

742 **Für den Datenschutz in der Bundesrepublik Deutschland gelten im Wesentlichen die Vorschriften der *Datenschutz-Grundverordnung (DSGVO)* und des *Bundesdatenschutzgesetzes (BDSG)*. Beschreiben Sie das Verhältnis zueinander.**

- Die **DSGVO** (EU-DSGVO) ist ein **europarechtliches Regelwerk**, das für alle Mitgliedstaaten der Europäischen Union **direkt und unmittelbar** - ohne innerstaatliche Umsetzung - gilt.
- Das **BDSG** ist ein **nationales Gesetz**, dessen **Geltungsbereich** sich auf die **Bundesrepublik Deutschland** erstreckt.
- Als EU-rechtliche Norm hat die DSGVO einen **Anwendungsvorrang** gegenüber dem BDSG, d. h., dass bei Normenkollisionen die DSGVO als ranghöheres Recht zur Anwendung kommt.
- Allerdings gibt es in der DSGVO **Öffnungs- und Konkretisierungsklauseln**, die es den Mitgliedstaaten ermöglichen, entsprechende Bereiche eigenständig zu regeln. Grundsätzlich wird die DSGVO durch das BDSG **konkretisiert und ergänzt**.

743 Welche *Hauptziele* verfolgen die datenschutzrelevanten Vorschriften?

- **Einheitliche Regelungen** zur Verarbeitung und zum freien Datenverkehr **personenbezogener Daten**
- Schutz der **Grundrechte und Grundfreiheiten natürlicher Personen**; insbesondere Schutz personenbezogener Daten
- **Keine Einschränkung und kein Verbot des freien Datenverkehrs** in der Europäischen Union aus Gründen des Schutzes personenbezogener Daten

744 *Für wen gelten die Vorschriften* des Datenschutzes gemäß DSGVO und BDSG?

- Der Datenschutz bezieht sich auf **personenbezogene Daten** bei **öffentlichen Stellen** (z. B. Kraftfahrt-Bundesamt mit der „Verkehrssünderkartei") und **nicht-öffentlichen Stellen** (z. B. Unternehmen), die
  - teilweise oder vollständig automatisiert verarbeitet werden oder
  - bei nicht automatisierter Verarbeitung in Dateisystemen gespeichert sind oder gespeichert werden sollen.
- **Ausnahmen** bestehen u. a. im privaten Bereich (z. B. Schriftverkehr, Adressenverzeichnis) oder in Bereichen, die der Verfolgung und Vereitelung von Straftaten usw. dienen.

745 Was versteht man unter *personenbezogenen Daten*?

- Personenbezogene Daten sind (nach § 4 EU-DSGVO i. V. m. § 3 BDSG) alle Einzelangaben über **persönliche** oder **sachliche Verhältnisse** einer **identifizierten** oder **identifizierbaren natürlichen Person** (betroffene Person).
  Die Daten müssen nicht einer bestimmten Person (z. B. Marc Müller) zugeordnet sein, es reicht, wenn eine natürliche Person **anhand der Daten** (z. B. durch eine Personalnummer) oder mit **Zusatzwissen** (z. B. Verkettung von Datenbeständen) **bestimmbar ist**.
- **Daten juristischer Personen** (z. B. OfficeCom AG) unterliegen demnach **nicht dem Datenschutz** nach der EU-DSGVO oder dem BDSG.

746 Geben Sie *Beispiele* für Tätigkeiten an, die unter dem Begriff Datenverarbeitung zusammengefasst sind.

**Beispiele** für die Verarbeitung personenbezogener Daten:

- Erheben
- Erfassen
- Ordnen
- Speichern
- Aktualisieren
- Auslesen
- Abfragen
- Übermitteln
- Auswerten
- Offenlegen
- Zuordnen
- Bereitstellen
- Abgleichen
- Verknüpfen
- Löschen
- Vernichten
- Anpassen

747 Was versteht man datenschutzrechtlich unter einem *Dateisystem*?

- Man versteht unter einem **Dateisystem (Datei)** jede **strukturierte Sammlung** personenbezogener Daten, die nach mindestens **einem bestimmten Kriterium** zugänglich sind.
- Dabei spielt es keine Rolle, ob die Datensammlung zentral, dezentral oder nach funktionalen oder geografischen Gesichtspunkten geordnet geführt wird.
- Da die **Art des genutzten Datenträgers unerheblich** ist, sind i. d. R. auch Akten, Aktensysteme oder Deckblätter erfasst.

748 **Beschreiben Sie, wie personenbezogene Daten *missbräuchlich* verwendet werden können.**

- Moderne Datenverarbeitungssysteme ermöglichen u. a.
  - die **zeitlich unbegrenzte Speicherung** riesiger Datenbestände,
  - das **Verknüpfen** und **Auswerten** unterschiedlicher Daten,
  - die wirksame **Steuerung** verschiedener Datenflüsse,
  - den **Transport** großer Datenbestände über weite Entfernungen.
- Die missbräuchliche Verwendung kann u. a. darin liegen, dass
  - die erhobenen Daten zu einem **anderen als dem ursprünglich angegebenen Zweck** ausgewertet und verwendet werden,
  - die Daten **ohne Erlaubnis** an andere Stellen **weitergeleitet** werden
  - durch die Verknüpfung von Daten **falsche Personenprofile** erstellt werden.

749 **Unter welchen *Voraussetzungen* ist die Datenverarbeitung personenbezogener Daten *zulässig*?**

Grundsätzlich gilt das Verbotsprinzip mit Erlaubnisvorbehalt, das besagt, dass die **Datenverarbeitung grundsätzlich verboten** und nur zulässig ist, wenn eine der nachfolgenden Bedingungen (Erlaubnistatbestände gem. Art. 6 DSGVO) erfüllt ist:

- Es liegt eine mündliche, elektronische (z. B. Anklicken eines „Kästchens") oder schriftliche **Einwilligung des Betroffenen** zur Datenverarbeitung vor.
- Daten werden zur **Erfüllung eines Vertrages** oder zur **Durchführung vorvertraglicher Handlungen** (z. B. Angebot, Kostenvoranschlag) auf Anforderung des Betroffenen benötigt.
- Die Datenverarbeitung dient der **Erfüllung einer rechtlichen Verpflichtung** (z. B. Verarbeitung der Religionszugehörigkeit zum Einzug der Kirchensteuer).
- Die Daten werden zum **Schutz lebenswichtiger Interessen** (z. B. Überwachung von Epidemien, humanitäre Notfälle bei Naturkatastrophen) verarbeitet.
- Zur **Wahrnehmung von Aufgaben im öffentlichen Interesse** oder zur **Ausübung öffentlicher Gewalt** werden Daten auf der Grundlage eindeutiger und klarer **gesetzlicher Ermächtigungen** (z. B. bei der Strafverfolgung) benötigt.
- Die Datenverarbeitung erfolgt zur **Wahrung berechtigter Interessen**, sofern nicht die Interessen, Grundrechte oder Grundfreiheiten des Betroffenen überwiegen, z. B. wenn Kreditkartenorganisationen Zahlungsprofile erstellen, **um missbräuchliche Verwendungen** zu verhindern.

750 **Welche *Kriterien* müssen eine gültige Einwilligung des Betroffenen zur Verarbeitung seiner Daten erfüllen?**

Folgende **Kriterien** sind z. B. zu erfüllen:

- eindeutige Formulierungen
- verständliche und einfache Sprache
- freiwillig
- nachweisbar
- eindeutig bestätigende Handlung
- inhaltlich und optisch von anderen Erklärungen abgegrenzt (z. B. nicht in AGB versteckt)
- jederzeit widerrufbar

Welche *Grundsätze* sind bei der Verarbeitung personenbezogener Daten zu beachten? 751

Der Verantwortliche für die Datenverarbeitung muss die folgenden Grundsätze nachweisen können (**Rechenschaftspflicht**):

- Die Datenverarbeitung muss **rechtmäßig** (es bedarf einer rechtlichen Grundlage) sein und nach **Treu und Glauben** (Grundsatz der Verhältnismäßigkeit; Verhinderung heimlicher Verarbeitung) sowie **transparent** (verständlich, klar, eindeutig, leicht zugängig, nachvollziehbar) erfolgen.
- Es muss eine **eindeutige und legitime Zweckbindung** festgelegt sein.
- Der Grundsatz der **Datenminimierung** ist zu beachten, d. h., die Datenverarbeitung muss hinsichtlich des Zwecks auf das notwendige Maß beschränkt sein.
- Die **Richtigkeit** der Daten ist zu gewährleisten. Die Daten müssen die Realität sachlich richtig abbilden und aktuell sein.
- Die **Speicherung** personenbezogener Daten ist auf das **unbedingte Mindestmaß** zu beschränken (**Speicherungsbegrenzung**).
- Bei der Datenverarbeitung muss durch geeignete technische und organisatorische Maßnahmen die Unversehrtheit und Vollständigkeit der Daten (**Integrität**) gewährleistet und sichergestellt sein, dass nur Befugte Zugriff auf die Daten haben (**Vertraulichkeit**).

Unterscheiden Sie *Anonymisierung* und *Pseudonymisierung* von Daten. 752

- Unter **Anonymisierung** versteht man das **Verändern von Daten**, sodass der Bezug zu und die Bestimmbarkeit einer natürlichen Person **nicht möglich** ist.
- **Pseudonymisierung** liegt vor, wenn **direkte Identifizierungsmerkmale ersetzt** werden (z. B. der Name durch einen Decknamen), sodass die Identifizierung einer bestimmten Person erschwert wird. Daten und Personen können dann nur mit **Zusatzwissen** in Form von Zuordnungen zusammengeführt werden.

Erläutern Sie wichtige Rechte, die einer *betroffenen Person* gem. DSGVO zustehen. 753

- **Auskunftsrecht**
  Der betroffenen Person muss (bis auf wenige Ausnahmen, wie z. B. im Bereich der öffentlichen Sicherheit) auf Antrag i. d. R. kostenfrei u. a. mitgeteilt werden,
  - ob und welche Daten zur Person gespeichert sind,
  - aus welchen Quellen die Daten stammen,
  - welche Rechte ggf. in Anspruch zu nehmen sind,
  - an wen die Daten weiter übermittelt wurden,
  - Hinweis auf das Bestehen eines Beschwerderechts bei einer Aufsichtsbehörde,
  - zu welchem Zweck die Daten gespeichert sind und
  - auf welchen Zeitraum sich die Datenspeicherung bezieht.
- **Berichtigungsrecht**
  Die betroffene Person kann unverzüglich sowohl die Berichtigung ihrer Daten verlangen, wenn sie unrichtig sind (z. B. Meier statt Meyer), als auch die Vervollständigung ihrer unvollständigen Daten.
- **Löschungsrecht** („Recht auf Vergessenwerden")
  Daten sind bei Vorliegen bestimmter Tatbestände zu löschen, z. B. wenn
  - die Verarbeitung unzulässig war (z. B. nicht durch ein Gesetz erlaubt ist und keine Einwilligung der betroffenen Person vorliegt bzw. die Einwilligung widerrufen wurde),
  - die Daten für die Erfüllung ihres ursprünglichen Zwecks nicht mehr notwendig sind (z. B. Kundenbeziehung wird gekündigt) oder

- die betroffene Person Widerspruch gemäß Art. 21 DSGVO (z. B. bei Direktwerbung) eingelegt hat.

- Recht auf **Einschränkung der Verarbeitung**
  Unter bestimmten Gründen (z. B. bei umstrittener Richtigkeit der Daten, über einen Widerspruch der betroffenen Person wurde noch nicht entschieden) kann die betroffene Person verlangen, dass die Verarbeitung ihrer Daten nur unter eingeschränkten Voraussetzungen (z. B. nur mit ihrer Einwilligung oder zur Geltendmachung von Rechtsansprüchen) erfolgt.
- Recht auf **Datenübertragbarkeit**
  Daten, die von einer betroffenen Person zur Verfügung gestellt werden, müssen vom Verantwortlichen in einem strukturierten, gängigen und maschinenlesbaren Format aufbereitet werden bzw. sind einem anderen Verantwortlichen in entsprechender Weise zu übermitteln. Damit soll der Anbieterwechsel, z. B. bei E-Mail-Providern, erleichtert werden.
- **Widerspruchsrecht**
  Der betroffenen Person wird auch bei rechtmäßiger Datenverarbeitung ein Widerspruchsrecht gemäß Art. 21 DSGVO eingeräumt, wenn die Datenverarbeitung
  - für die Direktwerbung genutzt wird,
  - zur Wahrnehmung öffentlicher Aufgaben oder berechtigter Interessen der Verantwortlichen (inklusive Profiling) durchgeführt wird oder
  - für historische, statistische oder wissenschaftliche Zwecke stattfindet.

754 **Was ist *Profiling*?**

- Unter **Profiling** versteht man gem. Art. 4 DSGVO jede **automatisierte Form** der Verarbeitung personenbezogener Daten zur **Erstellung, Aktualisierung und Verwendung von Datenprofilen** natürlicher Personen mit der Zielsetzung, bestimmte **persönliche Aspekte** wie Arbeitsleistung, Lebensgewohnheiten, Verhalten, Interessen, persönliche Vorlieben, Gesundheit, wirtschaftliche Lage zu **analysieren oder vorherzusagen**.
- Durch die Auswertungsmöglichkeiten großer Datenmengen hat die **praktische Bedeutung von Profiling** zugenommen. Aufgrund möglichst präziser, vollständiger und aussagekräftiger Bewertungen und Prognosen sollen automatisiert Entscheidungen getroffen werden, z. B. bei der
  - Auswahl geeigneter Mitarbeiter,
  - Prognostizierung bei Rückzahlung von Krediten,
  - Direktansprache potenzieller Kunden.
- Profiling ist **nur erlaubt**, wenn es **gesetzlich** durch Unionsrecht oder das Recht der EU-Mitgliedstaaten ausdrücklich erlaubt ist oder die betreffende Person hierzu ihre **Einwilligung** erteilt hat.

755 **Was versteht man unter der *Informationspflicht* für denjenigen, der die Datenverarbeitung zu verantworten hat?**

- Die Grundsätze der personenbezogenen Datenverarbeitung machen es erforderlich, dass die betroffene Person unter Berücksichtigung entsprechender Ausnahmen umfassend, präzise und deutlich z. B. über
  - die **Identität** der datenverarbeitenden Stelle,
  - die **Zwecke** der Datenverarbeitung,
  - den **Empfänger** der Daten,
  - ggf. die Kontaktdaten des **Datenschutzbeauftragten**,
  - gesetzliche oder vertragliche **Grundlagen**,
  - die **Kategorien** der zu verarbeitenden Daten,
  - ggf. die **Datenquellen**,
  - die **Speicherungsdauer**,
  - die **Rechte** betroffener Personen,
  - die **jederzeitige Widerrufbarkeit** einer gegebenen **Einwilligung**

  zu informieren ist.
- Die Verantwortlichen kommen diesen Pflichten in der Praxis mit einer **Datenschutzerklärung** nach.

756 Welche Funktionen hat der *„Bundesbeauftragte für den Datenschutz und die Informationsfreiheit“ (kurz: Bundesbeauftragter für Datenschutz; ehemals Bundesdatenschutzbeauftragter)*?

- Der Bundesbeauftragte für den Datenschutz und die Informationsfreiheit (BfDI) ist eine eigenständige oberste **Bundes- und unabhängige Datenschutzbehörde**. Die Behördenbezeichnung wird häufig gleichermaßen für den Leiter der Datenschutzbehörde verwendet.
- Der BfDI wird auf **Vorschlag der Bundesregierung** ohne Aussprache durch den **Deutschen Bundestag** gewählt. Die Amtszeit beträgt **5 Jahre**, eine **einmalige Wiederwahl** ist zulässig.
- Der BfDI ist neben den behördeninternen Datenschutzbeauftragten eine weitere Schutzinstanz und hat im **öffentlichen Bereich des Bundes** die Einhaltung **aller datenschutzrechtlichen Vorschriften** zu **kontrollieren**. Dieses **Kontrollrecht** bezieht sich ausdrücklich auch auf den Inhalt und die näheren Umstände des Brief-, Post- und Fernmeldeverkehrs.
- Für die Datenschutzaufsicht der **Privatwirtschaft** sind i. A. die **Landesbeauftragten für den Datenschutz** zuständig.
- An den BfDI kann sich **jede Person** wenden, wenn sie sich durch eine öffentliche Stelle des Bundes in ihren **Datenschutzrechten verletzt** sieht.
- Wichtige Aufgaben:
  - **Überwachung und Durchsetzung** der gesetzlichen Grundlagen,
  - **Sensibilisierung der Öffentlichkeit** für die Risiken und Rechte der Verarbeitung personenbezogener Daten,
  - **Beratung** von Parlamenten und Regierungen,
  - **Bearbeitung von Beschwerden** durch betroffene Personen,
  - **Sensibilisierung** und **Beratung** der Verantwortlichen,
  - **Zusammenarbeit** mit anderen Aufsichtsbehörden,
  - **Einführung** von **Zertifizierungsmechanismen** für den Datenschutz,
  - Durchführung von **Untersuchungen** und **Kontrollen**,
  - Information der Öffentlichkeit über die Arbeit des BfDI einschließlich verhängter Sanktionen und Maßnahmen durch einen **jährlichen Tätigkeitsbericht**.

757 Wann müssen Unternehmen einen *„Beauftragten für den Datenschutz“ (Datenschutzbeauftragter)* ernennen?

- Ein Datenschutzbeauftragter ist zu ernennen, wenn
  - die Haupttätigkeit der Unternehmung in der Durchführung von Verarbeitungsvorgängen liegt, die eine **umfangreiche regelmäßige und systematische Überwachung** von **betroffenen Personen** erforderlich machen (z. B. Auskunfteien, Adresshändler, Detekteien),
  - die **unternehmerische Kerntätigkeit** in der umfangreichen Verarbeitung besonders **sensitiver Datenkategorien** wie religiöse Überzeugungen, ethnische Herkunft, Gewerkschaftszugehörigkeit, genetische Daten, persönliche Präferenzen, Gesundheitsdaten (z. B. Krankenhäuser) liegt,
  - in Unternehmen **mindestens 20 Arbeitnehmer** ständig mit der automatisierten Datenverarbeitung beschäftigt sind,
  - die Datenverarbeitung mit einer **Datenschutz-Folgenabschätzung** verbunden ist,
  - Unternehmen personenbezogene Daten **geschäftsmäßig** für die Zwecke der anonymisierten oder nicht-anonymisierten Übermittlung oder für Zwecke der Markt- und Meinungsforschung verarbeiten.
- Als Datenschutzbeauftragte können nur Personen ernannt werden, die über die erforderliche **Qualifikation** und **Fachkunde** verfügen. Der Datenschutzbeauftragte muss **kein Mitarbeiter der Unternehmung** sein.

758 **Was ist eine *Datenschutz-Folgenabschätzung* (DSFA)?**

- Eine **Datenschutz-Folgenabschätzung** wird vom Verantwortlichen vorab verlangt, wenn bei **bestimmten Datenverarbeitungsvorgängen** (z. B. neue Technologien, Verarbeitung sensibler Daten, Profiling) voraussichtlich ein **hohes Risiko für die Rechte und Freiheiten** natürlicher Personen bestehen.
- Damit liegt ein **datenschutzrechtliches Frühwarnsystem** zur Beschreibung, Bewertung und Eindämmung von Risiken im Vorfeld der Verarbeitung vor.
- Relevante hohe Risiken bestehen, wenn die Verarbeitung etwa zu **materiellen, immateriellen oder physischen Schäden** oder **gesellschaftlichen Nachteilen** führen kann, z. B. Identitätsdiebstahl, Rufschädigung, Veröffentlichung sensibler Daten, Diskriminierung, Bewertung persönlicher Aspekte.
- Der Bericht der DSFA muss mindestens die folgenden Bereiche abdecken:
  - **systematische Beschreibung** der geplanten **Verarbeitungsvorgänge**
  - **Zweck** der Verarbeitung und **berechtigtes Interesse** des Verantwortlichen
  - **Notwendigkeit und Verhältnismäßigkeit** der Datenverarbeitung
  - **Bewertung der Risiken** für die betroffenen Personen
  - geplante **Sicherheitsvorkehrungen, Garantien, Schutzmaßnahmen**

759 **Welche Aufgaben hat ein Datenschutzbeauftragter?**

- Öffentliche und nicht öffentliche Stellen, die personenbezogene Daten automatisiert erheben, verarbeiten oder nutzen, sind verpflichtet, die **Vorschriften des Bundesdatenschutzgesetzes und andere Vorschriften** über den Datenschutz **einzuhalten**. Der Datenschutzbeauftragte unterstützt und berät die Stellen bzw. Unternehmen bei der Einhaltung dieser Vorschriften und ist daher ein **Organ der Selbstkontrolle**.
- **Aufgaben** sind z. B.:
  - **Kontrolle** der Einhaltung datenschutzrechtlicher Vorschriften,
  - **Überwachung** der ordnungsgemäßen Anwendung der Datenverarbeitungsprogramme, Löschungsfristen, Datenbanken, Webseiten, Datensicherheit usw.,
  - Erstellung von **Richtlinien** (z. B. E-Mail-Nutzung),
  - **Einbeziehung** bei der Durchführung einer **Datenschutz-Folgenabschätzung,**
  - **Beratung** bei der Aufstellung der Verzeichnisse für die Verarbeitungstätigkeiten durch den Verantwortlichen,
  - **Dokumentation** der Arbeiten,
  - **Schulung** der bei der Datenverarbeitung tätigen Mitarbeiter,
  - **Zusammenarbeit** mit den Aufsichtsbehörden,
  - **Meldepflichten** bei Verstößen gegen den Datenschutz,
  - **Mitwirkung** bei Mitarbeiterkontrollen (z. B. bei der Internetnutzung),
  - **Ansprechpartner** für die betroffenen Personen zu sein, wenn diese ihre Rechte wahrnehmen wollen.

760 **Begründen Sie, warum die *Einhaltung der Vorschriften* über die Verarbeitung personenbezogener Daten für *Unternehmen wichtig* ist.**

- **Imagegewinn**
- **Schadenersatzansprüche** bei Verstößen gegen den Datenschutz
- Bei **Verstößen** gegen die datenschutzrechtlichen Bestimmungen drohen **Freiheitsstrafen** bis zu **3 Jahren** oder **Bußgelder** bis zu **20 Millionen Euro** bzw. **4 % der weltweiten Umsätze des Unternehmens**.

- Die Verantwortlichen haben den Datenschutz und die Datensicherheit durch geeignete technische und organisatorische Maßnahmen zu gewährleisten. Dabei sind u. a. Art und Umfang der Datenverarbeitung, die neueste Datentechnik sowie Gefahren und Risiken der Verarbeitung zu beachten.
- Beispiele:

| **Anforderungen** gem. § 64 BDSG | **Was ist gemeint?** | Mit welchen **Maßnahmen** kann man die Anforderungen erfüllen (Beispiele)? |
|---|---|---|
| **Zugangskontrolle** | Der Zugang zu den Datenverarbeitungssystemen ist zu kontrollieren, damit Unbefugte sie nicht benutzen können. | • Terminalidentifikation<br>• Ausweisleser an der Hardware<br>• Überprüfung persönlicher Merkmale<br>• automatische Desktopsperre<br>• Chipkarten<br>• Transpondersysteme |
| **Datenträgerkontrolle** | Unbefugte sollen am Lesen, Kopieren, Verändern oder Löschen von Datenträgern gehindert werden. | • einbruchssichere Räumlichkeiten<br>• Überwachung der Räume<br>• Datensafes<br>• Bestandskontrollen<br>• Protokollierung von Zugriffen<br>• Verschlüsselung von Daten und mobilen Datenträgern<br>• Benutzerkonten |
| **Speicherkontrolle** | Personenbezogene Daten auf Speichermedien sind vor unbefugten Zugriffen zu schützen. | • Kennwörter<br>• Schreib-/Leseschutz<br>• strukturierte Kontrollen<br>• Sperrung von Laufwerken<br>• geregelter Lebenszyklus von Speichermedien<br>• Löschen von Speicherbereichen bei Wiederverwendung<br>• differenzierte Berechtigungen für die einzelnen Verarbeitungsschritte |
| **Benutzerkontrolle** | Verhinderung der unbefugten Nutzung automatisierter Verarbeitungssysteme mittels Datenübertragung. | • Passwortregelungen<br>• Identifizierungssysteme<br>• Kontrolle der Netzwerkverbindungen<br>• sicheres Netzwerk-Betriebssystem<br>• Antiviren-Software<br>• Erstellung von Benutzerprofilen |
| **Zugriffskontrolle** | Nur Berechtigte sollen mit den jeweiligen Daten innerhalb ihrer Berechtigung arbeiten können. | • Benutzung von Passwörtern<br>• Zuweisung von Zugriffsrechten<br>• Protokollierung von Zugriffen<br>• zeitliche Begrenzung von Zugriffen<br>• Rechteverwaltung durch Systemadministratoren |
| **Übertragungskontrolle** | Nachvollziehbarkeit wer, wem, wann, zu welchem Zweck Daten mittels Datenübertragung zur Verfügung gestellt hat. | • Netzdokumentation<br>• Dokumentation von Empfänger, Art der Daten und Datum<br>• Verschlüsselung<br>• Weitergabe von anonymen oder pseudonymisierten Daten<br>• Überwachung von Abruf- und Übermittlungsvorgängen<br>• Einrichtung von Standleitungen<br>• Transaktionscodes |

761

**Welche Anforderungen sind gemäß Bundesdatenschutzgesetz erforderlich, um *die personenbezogenen Daten zu schützen*? Mit welchen *Maßnahmen* kann man die Anforderungen *erfüllen*?**

| **Anforderungen** gem. § 64 BDSG | **Was ist gemeint?** | Mit welchen **Maßnahmen** kann man die Anforderungen erfüllen (Beispiele)? |
|---|---|---|
| **Eingabekontrolle** | Es soll überprüfbar sein, wer Daten eingegeben, verändert oder entfernt hat. | • Festlegung von Eingaberechten<br>• Protokollierung der Eingaben<br>• Aufbewahrung der Eingabebelege<br>• Passwort |
| **Transportkontrolle** | Schutz der Daten bei Datenübermittlung und Transport von Datenträgern. | • Verschlüsselung<br>• Verwendung schwer löschbarer Datenträger<br>• Standleitungen<br>• Nachvollziehbarkeit von Übermittlungswegen und Empfängern<br>• Transportkoffer<br>• Abholberechtigungen |
| **Wiederherstellbarkeit** | Die eingesetzten Systeme sollen im Notfall wiederherstellbar sein. | • Backup- und Recovery-Konzepte<br>• Festplattenspiegelung<br>• automatische Speicherung<br>• Testen von Datenwiederherstellungen |
| **Zuverlässigkeit** | Sicherstellen, dass die Datenverarbeitungssysteme vollständig funktionieren und Fehlfunktionen gemeldet werden. | • Antivirenschutz<br>• Automatisierung der Fehlermeldungen<br>• Unabhängigkeit der Systeme<br>• mehrfache und unabhängige Datensicherung<br>• automatische Datenspeicherung<br>• unterbrechungsfreie Stromversorgung<br>• Brandschutz |
| **Datenintegrität** | Gespeicherte Daten sollen nicht durch Fehlfunktionen des Systems beschädigt werden. | • Backup- und Recovery-Programme<br>• Überwachung von Hard- und Software<br>• Diagnosetools<br>• Risikoanalysen |
| **Auftragskontrolle** | Daten sollen nur nach Anweisungen des Auftraggebers verarbeitet werden. | • eindeutige Vertragsgestaltung<br>• klare Richtlinien<br>• Kontrolle der Verarbeitung<br>• Funktionstrennung<br>• klare Verantwortlichkeiten |
| **Verfügbarkeitskontrolle** | Daten sind gegen Zerstörung und Verlust zu schützen. | • sachgemäßer Umgang mit den Datenträgern und Programmen<br>• Schulung der beteiligten Mitarbeiter<br>• mehrfache und unabhängige Datensicherung<br>• Datensicherungssysteme |
| **Trennbarkeit** | Getrennte Verarbeitung der Daten, die zu unterschiedlichen Zwecken erhoben wurden. | • dezentrale Datenverarbeitung<br>• Protokollierung der einzelnen Schritte der Datenverarbeitung<br>• Festlegung eindeutiger Schnittstellen und Ergebnisse |

- Das deutsche Urheberrecht schützt gem. § 2 UrhG **„persönlich geistige Schöpfungen" natürlicher Personen,** zu denen Werke der Literatur, Wissenschaft und Kunst (z. B. Reden, Schriftwerke, Computerprogramme, Pantomime und tänzerische Präsentationen, Filme, Darstellungen wissenschaftlicher oder technischer Art) gehören.
- Nach dem deutschen Urheberrecht **steht dem Urheber das alleinige Nutzungsrecht zu.** Das bedeutet, dass der Urheber – neben dem Recht auf ausschließliche Verwertung – allein bestimmen kann, wie und wann sein Werk veröffentlicht wird.
- Die Übernahme fremder Werke ist mit dem Urheber zu regeln, da sonst eine **unerlaubte Nutzung** vorliegt, die **Schadensersatzansprüche und Strafverfolgung** nach sich ziehen kann.
- Das deutsche Urheberrecht geht über die Regelungen des amerikanischen **Copyrights** hinaus, da hier im Wesentlichen die **Reproduktionsrechte des Reproduzierenden** geregelt werden.

**ZP** 762
**Beschreiben Sie den *wesentlichen Inhalt des deutschen Urheberrechts.***

## 1.7.1.4 Aufbau und Funktionsweise von Datenverarbeitungssystemen

Handbuch: Kapitel 13

- **EVA** steht als Abkürzung für **E**ingabe, **V**erarbeitung und **A**usgabe und geht auf den Mathematiker John von Neumann zurück.
- Mit dem **EVA-Prinzip** wird die grundsätzliche **Arbeitsweise** von **Datenverarbeitungssystemen** beschrieben, die sich funktional in die Schritte Dateneingabe, Datenverarbeitung und Datenausgabe gliedern lässt.
- *Beispiel:* Subtraktion zweier Zahlen

| | |
|---|---|
| **Eingabe** | a = 12, b = 3 |
| ⇩ | |
| **Verarbeitung** (mithilfe des Algorithmus: Subtraktion) | c = a - b |
| ⇩ | |
| **Ausgabe** | c = 9 |

**ZP** 763
**Was versteht man unter dem *EVA-Prinzip?***

- **Dateneingabe**
  Der **Prozess der Datenverarbeitung** beginnt mit der **Erfassung** der für die Bearbeitung **wichtigen Daten.** Sie liegen meist in Form von **Belegen** vor (z. B. Anfragen, Lieferscheine, Lieferantenrechnungen, Rücksendungen an einen Lieferanten), die nur bedingt von den EDV-Systemen gelesen werden können. Die Daten müssen dann in eine **für die EDV lesbare Form umgewandelt** und gespeichert werden.

⇩

**ZP** 764
**Beschreiben Sie kurz den Prozess der Datenverarbeitung nach dem *EVA-Prinzip.***

- **Datenverarbeitung**
  Die maschinengerechten Daten **(Eingabedaten)** werden über entsprechende Eingabegeräte dem EDV-System, das die entsprechende **Verarbeitung** (z. B. durch Verknüpfen der Daten) vornimmt, zugeführt. Die Eingabedaten werden zu **Ausgabedaten verarbeitet.**

⇩

- **Datenausgabe**
  Die **Ausgabedaten** werden den **Nutzern** des Datenverarbeitungssystems durch geeignete Ausgabegeräte **zur Verfügung gestellt.**

ZP

765 Was versteht man unter *Hardware?*

Unter **Hardware** versteht man die **physischen Bestandteile** eines **Computers** („alles, was man bei einem Datenverarbeitungssystem anfassen kann"), z. B. Tastatur, Festplatte, Prozessor.

ZP

766 Rechner kann man nach der Leistung und der möglichen Anzahl von Nutzern einteilen. Unterscheiden Sie
- *Personal Computer (PC),*
- *Notebook-PC,*
- *Workstation,*
- *Server,*
- *Großrechner* und
- *Superrechner.*

- Ein **PC** ist ein Datenverarbeitungssystem, das für den **Aufgabenbereich einer Person** konzipiert ist und auch von dieser Person als **Einzelplatzrechner** genutzt wird.
- Unter einem **Notebook** (Laptop) versteht man einen **tragbaren PC** mit den **Maßen eines dicken Notizbuches** (Format ca. DIN A4, Höhe bis ca. fünf Zentimeter), in dessen aufklappbarem Deckel ein flacher Farbbildschirm eingearbeitet ist. Das Notebook hat ein Gewicht bis ca. vier Kilogramm und kann mehrere Stunden ohne Stromanschluss (mit Akkus) betrieben werden.
- Als **Workstation** wird ein leistungsfähiger Rechner mit einem hoch auflösenden Bildschirm bezeichnet, der am Arbeitsplatz eines Benutzers installiert und über ein Netzwerk **mit einem Server** verbunden ist.
- Ein **Server** ist ein Programm, das **andere Programme** (clients), die sich sowohl auf demselben als auch auf anderen Rechnern befinden, **mit Diensten versorgt.**

  Als **Server** bezeichnet man auch **leistungsstarke Rechner,** auf denen Serverprogramme installiert sind. Sie **verwalten dann Ressourcen,** die von anderen Rechnern (clients) mit genutzt werden (z. B. Drucker, Programme, externe Speicher).
- **Großrechner** werden als Zentralrechner in großen Unternehmen eingesetzt und stellen zentrale **Datenbestände** und die entsprechende **Anwendungssoftware** für eine **große Anzahl** von – oft auch räumlich getrennten – Nutzern zur Verfügung.
- Unter **Superrechner** werden die **leistungsfähigsten Rechner** verstanden, die es gibt. Sie werden zur Lösung von Aufgaben mit einem riesigen Bedarf an Rechnerleistung eingesetzt. Die Superrechner haben **einige tausend Prozessoren mit geringen Zykluszeiten** und werden vorwiegend im Forschungs- und Entwicklungsbereich eingesetzt.

ZP

767 Nach welchen *Kriterien* kann man einen *PC beurteilen?*

**mögliche Beurteilungskriterien:**
- Anzahl der Prozessoren
- Kapazität des Arbeitsspeichers
- Verarbeitungsgeschwindigkeit
- Datenübertragungsgeschwindigkeit
- Art und Anzahl anschließbarer Peripheriegeräte
- Möglichkeit der Vernetzung
- Möglichkeit, mehrere Programme gleichzeitig auszuführen

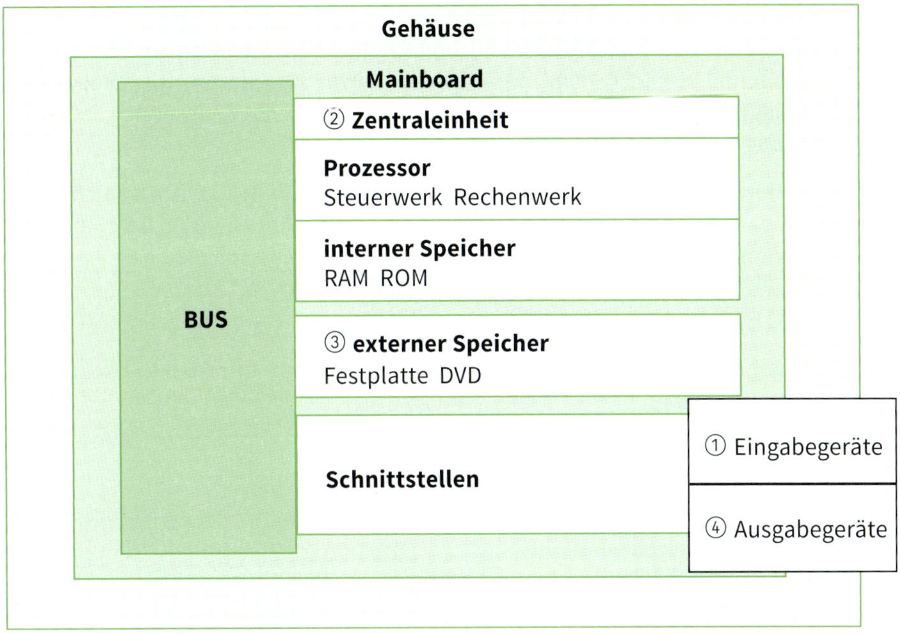


- ① Durch die **Eingabegeräte** (z. B. Maus, Touchpad, Tastatur, Scanner, Belegleser, Spracheingabegeräte, Webcam) gelangen die Daten in den Rechner.
- ② Die **Zentraleinheit** umfasst einen oder mehrere **Zentralprozessoren** und den **Zentralspeicher.** Oft wird der Begriff Zentraleinheit nur mit dem Zentralprozessor gleichgesetzt.
  - Der ***Zentralprozessor (CPU, c***entral ***p***rocessing ***u***nit) besteht aus dem ***Steuerwerk*** (Leitwerk) und dem ***Rechenwerk.***
    - Das ***Leitwerk*** steuert den ***Gesamtablauf*** der Verarbeitung, sorgt für die ***Ausführung der einzelnen Programmbefehle*** und koordiniert die beteiligten Funktionseinheiten.
    - Das ***Rechenwerk*** führt auf Anweisung des Leitwerks die entsprechenden ***Rechenoperationen*** aus.

    Da ***große Geschwindigkeitsunterschiede*** zwischen der (schnellen) Verarbeitung der Daten und deren (langsamer) Ein- bzw. Ausgabe existieren, übernehmen eigene ***Eingabe-Ausgabe-Prozessoren*** – nach Aufforderung durch das Leitwerk – ***das Übertragen*** der Daten.
  - Der ***Zentralspeicher*** (Hauptspeicher, interner Speicher, Primärspeicher) besteht aus dem Arbeitsspeicher und – optional – aus dem Festwertspeicher.
    - Der ***Arbeitsspeicher*** ist ein Schreib-/Lesespeicher ***(RAM, r***andom ***a***ccess ***m***emory), auf den ***direkt zugegriffen*** werden kann. Die auszuführenden Programme und die zu verarbeitenden Daten müssen für die Verarbeitung im Arbeitsspeicher zur Verfügung stehen. Die ***Verarbeitungsergebnisse*** werden im Arbeitsspeicher ***zwischengespeichert.*** Der Arbeitsspeicher ist ein ***„flüchtiger Speicher“,*** da der gespeicherte Inhalt bei Unterbrechung der Stromzufuhr (z. B. durch Abschalten des Computers) gelöscht wird.
    - Der ***Festwertspeicher*** ist ein ***Nur-Lese-Speicher (ROM, r***ead ***o***nly ***m***emory), d. h., dass der Inhalt des Festwertspeichers während des normalen Arbeitsbetriebes nicht verändert werden kann. ROM-Speicher sind ***„nicht flüchtige Speicher“,*** da deren Inhalte nach Unterbrechung der Stromzufuhr erhalten bleiben.

✓ *Prozess*

**ZP** 768

**In der nebenstehenden Abbildung sind die *Grundkomponenten* ① bis ① eines PCs abgebildet. Beschreiben Sie kurz deren *Funktion.***

ROM-Speicher werden hauptsächlich für Mikroprogramme des Steuer- und Rechenwerks eingesetzt. Beim PC enthält der ROM-Speicher das ***BIOS*** **(*b***asic ***i***nput und ***o***utput ***s***ystem), das Grundbefehle für das Starten des Computers („booten") beinhaltet. Beim Start des Rechners wird z. B. das Betriebssystem in den Arbeitsspeicher geladen.

- ③ Als **externe Speicher** werden alle Speicher **außerhalb des Zentralspeichers** bezeichnet. Externe Speicher (z. B. Festplatten, DVDs) können große Datenmengen dauerhaft speichern, haben aber im Gegensatz zum Arbeitsspeicher eine geringere Zugriffsgeschwindigkeit. Programme oder Daten, die sich auf externen Speichern befinden, müssen zur Verarbeitung in den Arbeitsspeicher übertragen werden.
- ④ Die **Ausgabegeräte** (z. B. Drucker, Monitor) stellen den Nutzern die Ausgabedaten zur Verfügung.

769

**ZP**

**Was versteht man unter einem *Mainboard?***

- Das **Mainboard** (Motherboard, Hauptplatine) ist eine Kunststoffplatine, auf der sich
  - die ***Zentraleinheit,***
  - der ***BIOS-Chip,***
  - Bausteine zur ***internen Kommunikation,***
  - ***Steckplätze*** für Speicherbausteine und Erweiterungskarten (z. B. für Grafik-, Sound- und Netzwerkkarten),
  - ***Kommunikationseinheiten*** zwischen den einzelnen Komponenten und
  - ***Verbindungen*** zur Stromversorgung

  befinden.
- Das Mainboard bildet das zentrale Steuerungselement des Computers.
- Einige Motherboards habe die einzelnen Komponenten „onboard" (direkt) integriert, z. B. Sound-, Grafik- und Netzwerkkarte.

770

**ZP**

**Welche *Funktion* übernimmt ein *Steckplatz?***

- Steckplätze erlauben eine **individuelle Anpassung** an die jeweilige Aufgabenstellung und (in Grenzen) eine **Modernisierung** durch aktuelle Komponenten.
- Als **Steckplatz** wird eine Steckerleiste definiert, die den **Einbau** (das Aufstecken) **von Erweiterungskarten** (z. B. Grafikkarte) ermöglicht.

771

**ZP**

**Welche Aufgabe hat ein *Cache?***

- Ein Cache (cache memory) ist ein **Speicher,** der die **Pufferung von Daten** zwischen der schnellen Verarbeitung im Prozessor und der langsameren Zugriffszeit zum Arbeitsspeicher übernimmt.
- Der Cache ist ein **interner Speicher** mit schnellem Zugriff, aber geringer Kapazität.

- Als **Bus** bezeichnet man ein **Verbindungssystem** von elektrischen Leitungen zwischen den einzelnen Komponenten eines Computers, z. B. zwischen Prozessor, Hauptspeicher, Schnittstellen und Erweiterungskarten.
- Man unterscheidet:
  - ***Datenbusse*** zur Übermittlung von Daten,
  - ***Adressbusse*** zur direkten Anwahl von Speicheradressen und
  - ***Steuerbusse*** zur Übermittlung von Steuersignalen.

**ZP** 772
**Was versteht man unter einem *Bus?***

- **Funktionseinheiten,** die sich **innerhalb eines Rechners befinden und nicht zur Zentraleinheit gehören** (z. B. Festplatten), werden als periphere Geräte (oder kurz als Peripherie) bezeichnet.
- Als **Peripherie** werden auch die **Geräte** bezeichnet, die an den **Computer angeschlossen** sind.

**ZP** 773
**Was sind *Peripheriegeräte?***

- Schnittstellen kann man allgemein als **Übergabestellen** definieren. Im Bereich der Informatik versteht man unter Schnittstellen (interfaces) Verbindungseinrichtungen zur Datenübertragung zwischen Hard- und Softwarekomponenten und zwischen dem Rechner und seinen Peripheriegeräten. Dabei bereitet die Schnittstelle die Daten auf, sodass sie vom Empfänger verstanden werden können.
- Grundsätzlich lassen sich nach der Form der Datenübertragung parallele und serielle Schnittstellen unterscheiden:
  - Bei Peripheriegeräten, die eine geringe Bandbreite benötigen (z. B. Mäuse, Messgeräte), werden die Daten ***bitweise*** übertragen ***(serielle Übertragung).***
  - Höhere Transferraten können mit der ***parallelen Übertragung,*** bei der ***mehrere Bits gleichzeitig*** übertragen werden, erreicht werden (z. B. beim Drucker).

**ZP** 774
**Was sind *Schnittstellen?***

- Mit USB (universal serial bus) wird eine **universelle Schnittstelle** für Peripheriegeräte bezeichnet.
- USB bietet eine **schnelle serielle Verbindung,** wobei die **Peripheriegeräte im laufenden Betrieb** an den PC **angeschlossen** werden können.

**ZP** 775
**Was versteht man unter *USB?***

- **Festplatte**
  Eine Festplatte, auch Harddisk (HD) genannt, ist ein **magnetischer Datenträger,** der für die Speicherung **größerer Datenmengen** bestimmt ist. Sie ist ein **remanenter Speicher** (Daten bleiben erhalten, wenn der Computer abgeschaltet wird), jedoch im Vergleich zum Arbeitsspeicher (RAM) ein **langsames Speichermedium.** Die Daten können gelesen und verändert werden.
- **USB-Speicher-Stick (USB-Stick)**
  USB-Sticks sind **elektrisch wiederbeschreibbare Speichermedien** (Flash-Speicher), die über den USB-Bus an die Computer angeschlossen werden. Die Sticks haben unterschiedliche Größen und sind **remanente Speicher.** Die Daten sind les- und veränderbar.

**ZP** 776
**Beschreiben Sie kurz die folgenden externen Speicher *Festplatte, USB-Stick, CD-ROM, CD-R, CD-RW, DVD und Blu-Ray-Disk.***

- **CD-ROM**
  Unter einer CD-ROM (**c**ompact **d**isk – **r**ead **o**nly **m**emory) wird eine **optische Speicherplatte** verstanden, deren Daten mittels Lasertechnologie **nur gelesen,** aber nicht verändert werden können.
- **CD-R**
  Die CD-R (**c**ompact **d**isk – **r**ecordable) stellt eine Weiterentwicklung der CD-ROM dar. Die Oberfläche der CD-R kann mit einem **Laserstrahl einmalig verändert** werden, sodass Daten abgespeichert werden können. Eine Änderung der Daten ist nach dem erstmaligen Beschreiben nicht mehr möglich.
- **CD-RW**
  Eine CD-RW (**c**ompact **d**isk – **rew**ritable) ist eine CD, die ungefähr 1 000-mal **wiederbeschreibbar** ist.
- **DVD**
  Unter einer DVD (**d**igital **v**ersatile **d**isc) versteht man einen **optischen Speicher,** dessen zwei Speicherschichten durch einen **variabel fokussierbaren Laser** bearbeitet werden können. Sie zeichnet sich durch eine hohe Speicherkapazität aus und wird in unterschiedlichen Ausführungen, z. B. als DVD-ROM (deren Daten nur gelesen werden können und nicht veränderbar sind) oder als DVD-RW (als wiederbeschreibbare DVD), genutzt.
- **Blu-Ray-Disk**
  Die Blu-Ray-Disk (abgekürzt: Blu-Ray) zählt zu den optischen Speichermedien. Als „High Definition“-Nachfolger der DVD verfügt sie über eine höhere Datenrate und größere Speicherkapazität.

777 **ZP**

**Ordnen Sie die folgenden Begriffe** ***Cache, Festplatte, optisch, Arbeitsspeicher, CD, Blu-Ray-Disk*** **und** ***Hauptspeicher*** **in das nebenstehende Schaubild ein.**

*Lösung auf der nächsten Seite*

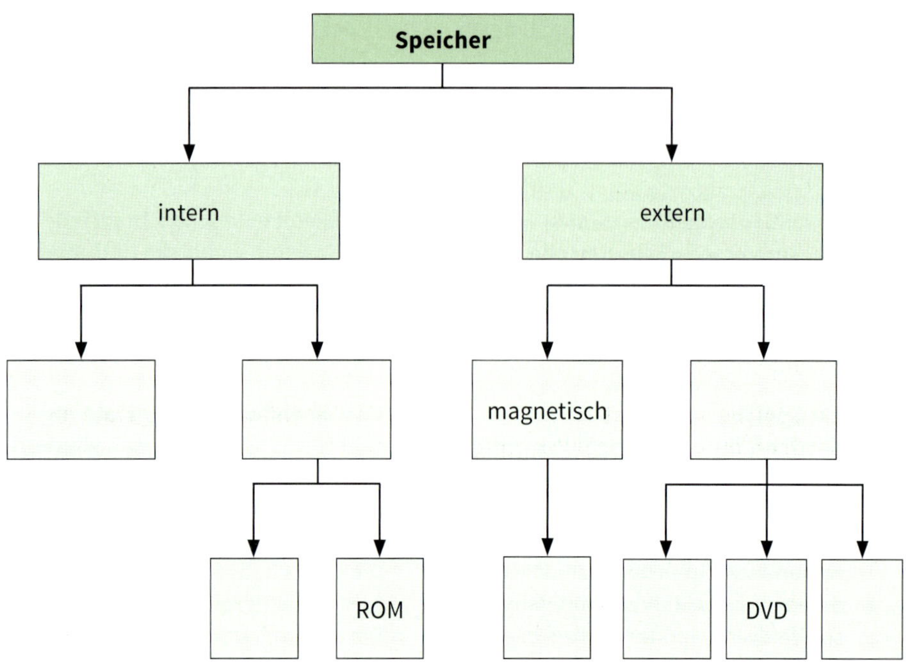

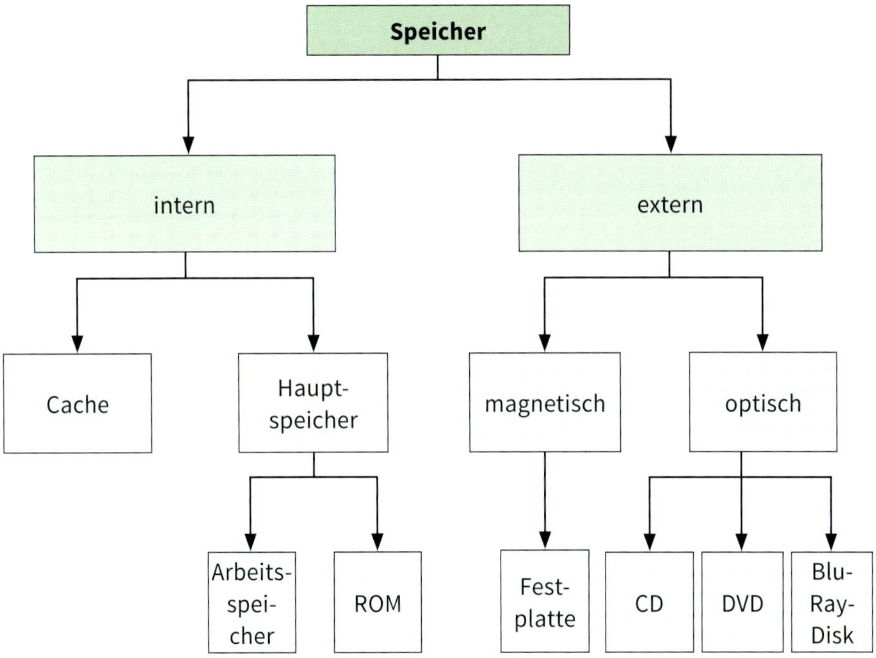


- Es können nur die Programme und Daten verarbeitet werden, die sich im Arbeitsspeicher befinden. Durch die **virtuelle Speichertechnik** wird **der Arbeitsspeicher scheinbar erweitert,** indem Bereiche von externen Speichern (z. B. Festplatte) für die virtuelle Speicherung reserviert werden. So können auch Anwendungen, die mehr Arbeitsspeicher benötigen als real vorhanden, ausgeführt werden.
- Wenn der Arbeitsspeicher nicht mehr ausreicht, lagert das Betriebssystem nicht mehr genutzte bzw. schon lange nicht mehr benötigte Programmteile in eine **Auslagerungsdatei** auf den externen Speicher aus und holt sie bei Bedarf wieder in den Arbeitsspeicher zurück (swapping).

**ZP** 778

**Was versteht man unter einem *virtuellen Speicher?***

Die Beurteilung von Datenträgern kann z. B. erfolgen nach:

- der **Speicherkapazität**
- der **Schreib- und Lesegeschwindigkeit** für Daten
- der **Datenübertragungsrate** für Daten
- dem **Preis-/Leistungs-Verhältnis**

**ZP** 779

**Welche *Kriterien* sind für die Beurteilung von *Datenträgern* bedeutsam?**

- Ein **Bit** (**b**inary dig**it**) ist ein **zweiwertiges Zeichen,** das die Werte **0** oder **1** annehmen kann.
- **Acht Bit** werden zu einem **Byte** zusammengefasst. Mit einem Byte wird **ein Zeichen** dargestellt, sodass 256 **($2^8$) verschiedene Möglichkeiten** der Verschlüsselung existieren. Ein Byte ist die kleinste adressierbare Einheit eines Computers.

**ZP** 780

**Unterscheiden Sie *Bit* und *Byte.***

781 **ZP** Mit welchen weiteren *Maßeinheiten* kann man die *Speicherkapazität* beschreiben?

- **KiloByte (KB)** = $2^{10}$ Byte = 1 024 Byte
- **Megabyte (MB)** = $2^{10}$ KB = $2^{20}$ Byte = 1 048 576 Byte
- **Gigabyte (GB)** = $2^{10}$ MB = $2^{30}$ Byte = 1 073 741 824 Byte
- **Terabyte (TB)** = $2^{10}$ GB = $2^{40}$ Byte = 1 099 511 627 776 Byte
- **Petabyte (PT)** = $2^{10}$ TB = $2^{50}$ Byte = 1 125 899 906 842 624 Byte

782 **ZP** Unterscheiden Sie die nachfolgenden *peripheren Geräte* nach *Eingabegeräten (= 1)* oder nach *Ausgabegeräten (= 2)* durch Zuordnung der betreffenden Ziffer: *Scanner, Tastatur, Maus, Bildschirm, Mikrofon, Lautsprecher, Joystick, Kamera.*

- Scanner 1
- Tastatur 1
- Maus 1
- Bildschirm 2
- Mikrofon 1
- Lautsprecher 2
- Joystick 1
- Kamera 1

783 **ZP** Unterscheiden Sie *Konfiguration* und *Kompatibilität.*

- Unter **Konfiguration** wird die Zusammenstellung von **verschiedenen Geräten zu einem EDV-System** mit **Einbindung** der entsprechenden **Software** verstanden.
- **Kompatibilität** bezeichnet die **Vereinbarkeit** bzw. das **Zusammenpassen** von **unterschiedlichen Hard- und/oder Softwarekomponenten.** Zum Beispiel sind Programme mit den Prozessoren von unterschiedlichen Herstellern lauffähig, Grafikkarten können auf verschiedenen Motherboards verwendet werden oder ein Datenformat aus einer Tabellenkalkulation kann in einer Textverarbeitung genutzt werden.

## 1.7.1.5 Interne Darstellung von Informationen

- Ein **Code** ist eine **Verschlüsselungsvorschrift** für die Informationsdarstellung. Häufig wird die jeweilige Programmiersprache und das damit erstellte Programm als Code bezeichnet.
- Im Bereich der Informationsdarstellung kann man Codes als **genormte Zuordnungsvorschriften** bezeichnen, die **jedem Zeichen eine bestimmte Bitkombination (Byte)** zuteilen.
- *Beispiel* EBCDI-Code:
  - Der EBCDI-Code ***(e**xtended **b**inary **c**ode **d**ecimal **i**nterchange)* wird überwiegend im ***Bereich großer EDV-Anlagen*** eingesetzt.
  - Das Byte wird geteilt: Die ersten vier Bit werden als ***Zonenteil,*** die zweiten vier Bit als ***Ziffernteil*** bezeichnet.

Handbuch: Kapitel 13

**ZP** 784
**Was versteht man unter einem *Code?***

**ZP** 785
**Verschlüsseln Sie anhand des abgebildeten EBCDI-Codes den Buchtitel Handbuch Industrie.**

| Ziffernteil / Zonenteil | 0000 | 0001 | 0010 | 0011 | 0100 | 0101 | 0110 | 0111 | 1000 | 1001 | 1010 | 1011 | 1100 | 1101 | 1110 | 1111 |
|---|---|---|---|---|---|---|---|---|---|---|---|---|---|---|---|---|
| Code | | | | | | | | | | | | | | | | |
| 0000 | Leer | | | | | | | | | | | | | | | |
| 0001 | | | | | | | | | | | | | | | | |
| 0010 | | | | | | | | | | | | | | | | |
| 0011 | | | | | | | | | | | | | | | | |
| 0100 | | | | | | | | | | | | | < | ( | + | |
| 0101 | & | | | | | | | | | | ! | $ | ° | ) | , | |
| 0110 | - | / | | | | | | | | | ^ | , | % | – | > | ? |
| 0111 | | | | | | | | | | | : | ≠ | ‘ | | = | “ |
| 1000 | | a | b | c | d | e | f | g | h | i | | | | | | |
| 1001 | | j | k | l | m | n | o | p | q | r | | | | | | |
| 1010 | | | s | t | u | v | w | x | y | z | | | | | | |
| 1011 | | | | | | | | | | | | | | | | |
| 1100 | | A | B | C | D | E | F | G | H | I | | | | | | |
| 1101 | | J | K | L | M | N | O | P | Q | R | | | | | | |
| 1110 | | | S | T | U | V | W | X | Y | Z | | | | | | |
| 1111 | 0 | 1 | 2 | 3 | 4 | 5 | 6 | 7 | 8 | 9 | | | | | | |

| | | |
|---|---|---|
| H | = | 1100 1000 |
| a | = | 1000 0001 |
| n | = | 1001 0101 |
| d | = | 1000 0100 |
| b | = | 1000 0010 |
| u | = | 1010 0100 |
| c | = | 1000 0011 |
| h | = | 1000 1000 |
| | | |

| | | |
|---|---|---|
| I | = | 1100 1001 |
| n | = | 1001 0101 |
| d | = | 1000 0100 |
| u | = | 1010 0100 |
| s | = | 1010 0010 |
| t | = | 1010 0011 |
| r | = | 1001 1001 |
| i | = | 1000 1001 |
| e | = | 1000 0101 |

786 **ZP**

**Was versteht man unter *strukturierten Daten?***

- Man spricht von **strukturierten Daten,** wenn sie in Form von **Datenfeldern und Datensätzen** aufgebaut sind.
- Als **unstrukturierte Daten** werden **fortlaufende Texte,** z. B. Gesetzestexte, Berichte, bezeichnet.

787 **ZP**

**Unterscheiden Sie *Datenfeld* und *Datensatz.***

- Das **Datenfeld** (array) **ist die kleinste Einheit eines Datensatzes** und enthält die Einzelinformationen eines Datenobjektes. Zum Beispiel kann der Datensatz eines Mitarbeiters aus den Datenfeldern Personalnummer, Name, Vorname, Anschrift, Geburtstag, Eintrittsdatum, Tarifgruppe bestehen.
- Ein **Datensatz** (record) ist eine **Sammlung von Daten,** die ein **Datenobjekt** (z. B. Person, Gegenstand) beschreibt (z. B. Datensatz eines Mitarbeiters in einer Unternehmung). Er besteht aus einer Ansammlung von Datenfeldern.

788 **ZP**

**In welchem Verhältnis stehen *Datei* und *Datenbank?***

- Als **Datei** (file) wird die **Gesamtheit aller Datensätze,** die in einem **logischen Zusammenhang** stehen, bezeichnet. Die Datensätze besitzen die gleiche Struktur, sodass sie nach verschiedenen Kriterien ausgewertet und neu geordnet werden können. Zum Beispiel setzt sich die Personaldatei aus den Datensätzen der Mitarbeiter eines Unternehmens zusammen.
- Unter einer **Datenbank** (data base) wird eine **Sammlung von relevanten Dateien,** die zentral gespeichert werden, verstanden. Die Datenbank einer Unternehmung kann aus der Personaldatei, Kundendatei, Artikeldatei, Lieferantendatei usw. bestehen.

Zeichen
⇩
Datenfeld
⇩
Datensatz
⇩
Datei
⇩
Datenbank

**ZP** 789

**Ordnen Sie die folgenden Begriffe *Datenbank, Datensatz, Zeichen, Datei* und *Datenfeld* nach ihrem Umfang, indem Sie mit der kleinsten Einheit beginnen.**

- Datenbanken werden durch das **Datenbankverwaltungssystem** verwaltet, das die **Zugriffe auf den Datenbestand** regelt und **administrative Aufgaben** (z. B. die Definition von Datentypen) wahrnimmt.
- Zu einem **Datenbanksystem** gehören zusätzlich zum **Datenbankverwaltungssystem** weitere **Dienstprogramme** (z. B. grafische Software), die die Bearbeitung und Auswertung der gespeicherten Daten vereinfachen.

**ZP** 790

**Was versteht man unter einem *Datenbanksystem?***

Zum *Beispiel:*

- redundanzfreie Datenspeicherung, d. h., die Datenelemente sollten in der Datenbank nur einmal vorkommen
- Möglichkeit des gleichzeitigen Zugriffs auf die Daten durch mehrere Nutzer
- benutzerfreundliche Bedienung
- Beachtung des Datenschutzes
- Aktualität der Daten
- schnelle Verknüpfung und Auswertung der Daten
- flexible Einbindung neuer Dateien
- leichte Zuteilung unterschiedlicher Benutzerrechte

**ZP** 791

**Welche *Anforderungen* sind beim Aufbau eines *Datenbanksystems* zu beachten?**

- **Data Warehouse** ist ein **umfassendes Unternehmenskonzept,** das die **Mitarbeiter aller Unternehmensbereiche und Unternehmensebenen** bei ihren Entscheidungen unterstützt. Die Mitarbeiter greifen mithilfe geeigneter Analyse- und Abfragesoftware über einen Informationskatalog auf die Unternehmensdatenbank zu, die die entscheidungsrelevanten Daten bereithält.
- Teilweise wird der Begriff Data Warehouse nur für die Datenbank verwendet oder nur als managementunterstützendes System definiert.
- Das **Data Warehouse verhindert die Probleme** großer Unternehmen, in denen aufgrund der sukzessiven Einführung viele zum Teil auch heterogene Informationssysteme verwendet werden. Die Probleme können sowohl im technischen als auch administrativen Bereich auftreten, da die Informationssysteme häufig
  - ***unterschiedlich programmiert*** sind,
  - ***unterschiedliche Datenformate*** verwenden,
  - mit ***verschiedenen Speichertechniken*** arbeiten,
  - ***nicht abgestimmte Datenbestände*** nutzen und
  - ***nicht vollständig dokumentiert*** sind.

**ZP** 792

**Was versteht man unter einem *Data Warehouse?***

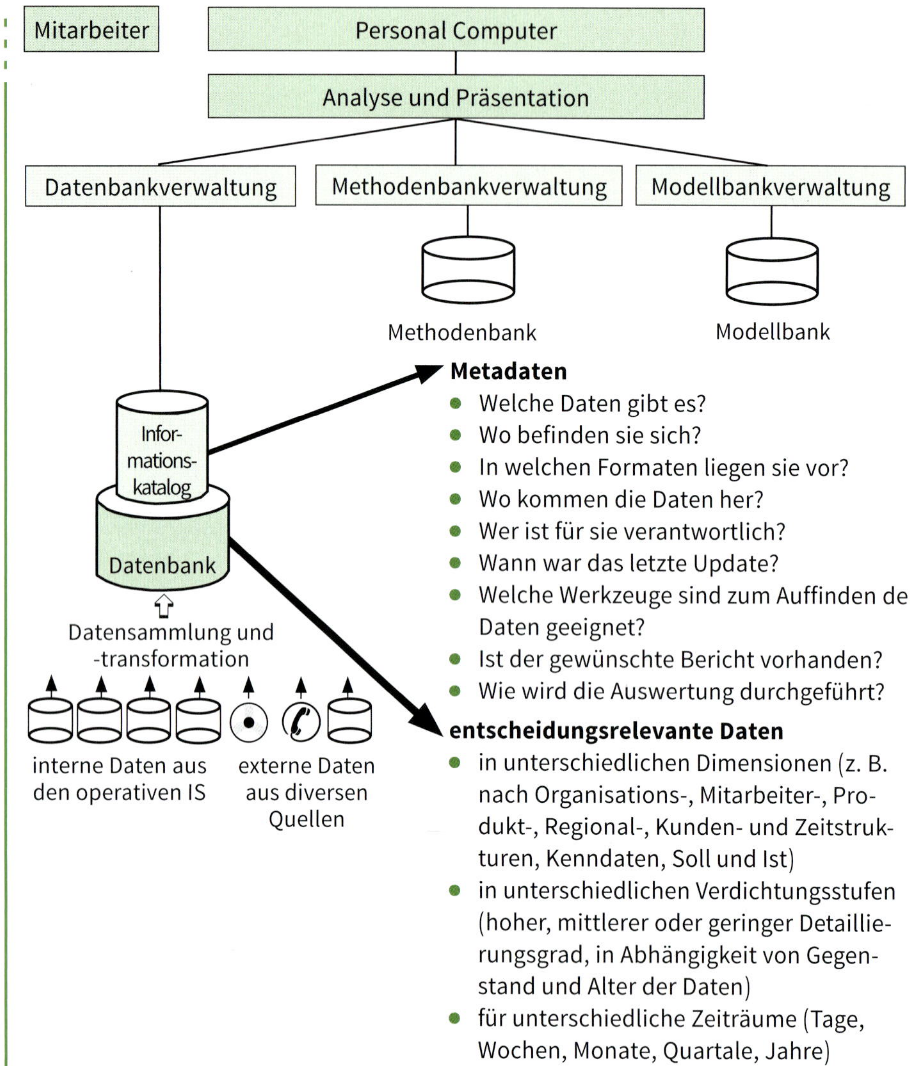


(*vgl.* Hansen, Neumann: Wirtschaftsinformatik I, 8., völlig neu bearbeitete und erweiterte Auflage, Stuttgart 2002, S. 463)

Handbuch: Kapitel 13

## 1.7.1.6 Software

793 **ZP** Was versteht man unter *Programm?*

Ein **Programm** kann man als eine vollständige **Folge von Befehlen,** die zur Lösung von Aufgaben verwendet werden, definieren.

794 **ZP** Was versteht man unter *Programmierung?*

Als **Programmierung** kann man die **Zerlegung einer Aufgabenstellung in einzelne Arbeitsanweisungen** (Befehle), die vom Computer in der angegebenen Reihenfolge ausgeführt werden können, definieren.

Als **Programmiersprache** wird eine Sprache bezeichnet, die die **Arbeitsanweisungen** an einen Computer in eine für ihn **verständliche Form** übersetzt.

**ZP** 795

**Was ist eine *Programmiersprache?***

Aufgabenstellung

⇩

Problemanalyse

⇩

grafische Darstellung des Datenflusses

⇩

grafische Darstellung des Programmablaufs

⇩

Übersetzung in eine Programmiersprache

⇩

Programmtest

⇩

Programmdokumentation

⇩

Programmeinsatz

**ZP** 796

**Bringen Sie die nachfolgenden Elemente des Prozesses der Programmerstellung in eine logische Reihenfolge: *Problemanalyse, grafische Darstellung des Datenflusses, Übersetzung in eine Programmiersprache, Programmdokumentation, Programmeinsatz, Aufgabenstellung, grafische Darstellung des Programmablaufs, Programmtest.***

Als **Software** wird die **Gesamtheit der Programme eines Computers** (auch: einschließlich der Datenbestände) bezeichnet („alles, was man bei einem Datenverarbeitungssystem nicht anfassen kann").
Man unterscheidet ...

- nach Kosten:
  - ***kostenpflichtige Software*** (z. B. Windows 8.1, Office)
  - ***freie Software*** (z. B. Ubuntu, Open Office)
- nach Nähe zur Hardware bzw. zum Anwender:
  - ***Betriebssystemsoftware*** (Betriebssystem), die für den ***Betrieb des Computers*** zuständig ist und die Ablaufsteuerung der ***Anwendungssoftware*** übernimmt (z. B. Windows XP, Windows Vista, Linux, Mac OS X) und
  - ***Anwendungssoftware,*** die zur ***Problemlösung*** eingesetzt wird.

**ZP** 797

**Was versteht man unter *Software?***

- **Betriebsmittelverwaltung**
  Das Betriebssystem verwaltet den Prozessor, die Speicher und die angeschlossenen Geräte und sorgt für eine möglichst reibungslose **Zuteilung der Ressourcen** auf die auszuführenden Aufgaben.
- **Auftragsverwaltung** (Jobmanagement)
  Die anstehenden Programme werden durch das Betriebssystem in ausführbare Abschnitte **(tasks)** aufgeteilt und nach der **zugeteilten Priorität** oder entsprechend der **benötigten Ressourcen ausgeführt.**

**ZP** 798

**Welche *grundsätzlichen Aufgaben* hat das *Betriebssystem?***

- **Datenverwaltung**
  Zu der Dateiverwaltung gehören:
  - das ***Führen eines Dateikataloges,*** dem der jeweilige Speicherort der benötigten Daten zu entnehmen ist
  - die ***Erstellung und Ausführung entsprechender Eingabe- und Ausgabebefehle*** für die angeschlossenen Geräte
  - die Umsetzung von ***Schutzmaßnahmen zur Datensicherheit***

799 ZP
**Nach welchen *Kriterien* kann man *Betriebssysteme* beurteilen?**

*Zum Beispiel:*
- Verarbeitungsgeschwindigkeit von Programmen
- standardisierte Schnittstellen zwischen Hardware und Anwenderprogrammen
- Benutzerfreundlichkeit
- Existenz von Hilfetexten und Hilfsprogrammen
- Kompatibilität mit einer möglichst großen Anzahl von Programmen
- Programmpflege
- Preishöhe

800 ZP
**Was versteht man unter *Anwendersoftware?***

- **Anwenderprogramme** sind für einen **bestimmten Bereich** (z. B. kaufmännische oder technische Aufgaben) konzipiert.

| Kaufmännische Anwendersoftware | |
|---|---|
| **Individualsoftware** | **Standardsoftware** |
| z. B.:<br>→ Abrechnungsprogramme für Steuerberater<br>→ Mandantenverwaltung für Rechtsanwälte | **branchenübergreifend**<br>z. B.:<br>→ Auftragsbearbeitung<br>→ Lohn- und Gehaltsabrechnung |
| | **Endbenutzer**<br>z. B.:<br>→ Textverarbeitung<br>→ Tabellenkalkulation<br>→ Datenbanken<br>→ Grafikprogramme |

- **Individualsoftware** wird für **spezielle Aufgaben** programmiert, die die betriebsspezifischen Abläufe und betrieblichen Gegebenheiten des jeweiligen Auftraggebers berücksichtigen und daher in anderen Bereichen und Betrieben nicht (oder nur mit einem großen Änderungsaufwand) einsetzbar sind.
- **Standardsoftware** kommt für **branchen- oder problemorientierte Aufgabenstellungen** zum Einsatz und kann von verschiedenen Unternehmen genutzt werden. Mit geringfügigen Änderungen, die meistens schon programmmäßig berücksichtigt sind, kann die Software an das jeweilige Unternehmen angepasst werden (z. B. Finanzbuchhaltungsprogramme).

801 ZP
**Was versteht man unter *Betriebsart?***

Die **Betriebsart** bestimmt die **Verarbeitung** oder **Übermittlung** der **Daten** und hat damit Auswirkung auf die Konfiguration der EDV-Anlage.

✓ Prozess

ZP 802

Vervollständigen Sie das nebenstehende Schaubild, indem Sie die Betriebsarten *Stapelverarbeitung, Einprogrammbetrieb, Platzverarbeitung, Datenfernverarbeitung, interaktive Verarbeitung* und *Mehrprogrammbetrieb* einordnen.

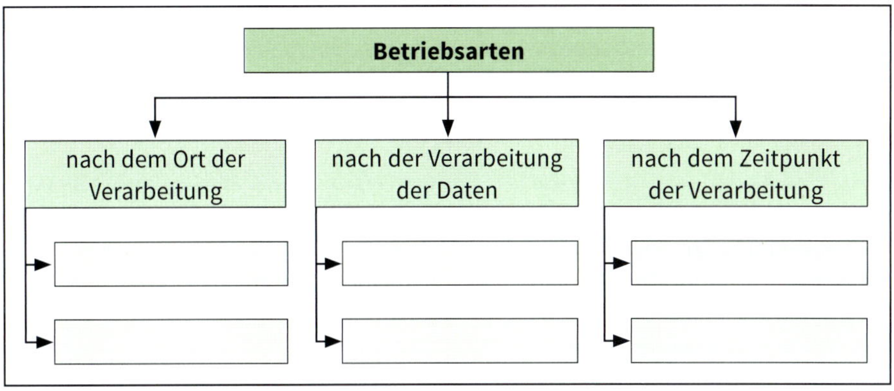


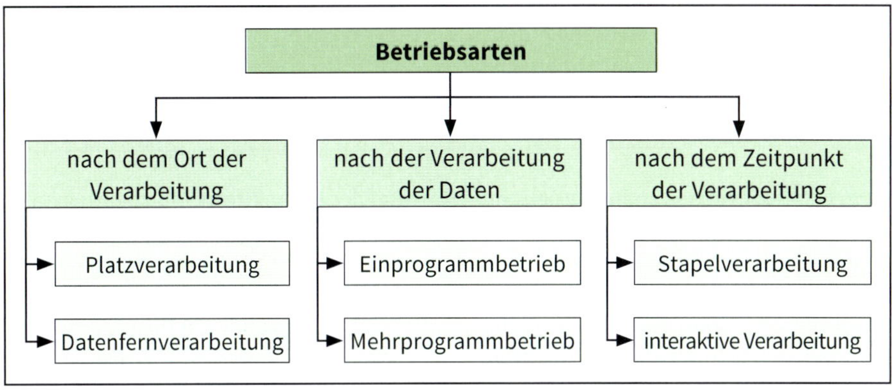


ZP 803

Unterscheiden Sie den *Einprogrammbetrieb* vom *Mehrprogrammbetrieb* und nennen Sie die jeweiligen Vor- und Nachteile.

- Beim **Einprogrammbetrieb** (single programming mode; single tasking) befindet sich jeweils nur **ein Programm** im Arbeitsspeicher, dem alle Rechnerressourcen zugeteilt werden und das von der Zentraleinheit bearbeitet wird.
  - ***Vorteile:***
    - einfaches Betriebssystem
    - kleiner Arbeitsspeicher
    - Peripheriegeräte müssen nur einmal vorgerüstet werden (z. B. Einlegen eines bestimmten Formulars im Drucker)
    - genaue Kapazitätsplanung
  - ***Nachteile:***
    - keine wirtschaftliche Auslastung des Rechners (Prozessor ist wesentlich schneller als die Ein- und Ausgabegeräte)
    - keine aktuellen Datenbestände während der Verarbeitung
- Beim **Mehrprogrammbetrieb** (multiprogramming mode, multitasking) befinden sich **mehrere Programme (oder Programmteile) im Arbeitsspeicher** und werden von der Zentraleinheit gemeinsam bearbeitet. Die einzelnen Programme werden in einzelne Teile zerlegt **(tasks)**, denen das Betriebssystem zeitlich verzahnt abwechselnd die Ressourcen zuteilt. Somit ist es möglich, die Wartezeiten zu minimieren, die durch unterschiedliche Arbeitsgeschwindigkeiten von Ein- und Ausgabegeräten und der Zentraleinheit entstehen.
  - ***Vorteile:***
    - bessere Auslastung der Ressourcen
    - schnellere Verarbeitung als im Einprogrammbetrieb
  - ***Nachteile:***
    - aufwendiges Betriebssystem
    - entsprechend umfangreiche Rechnerressourcen

# Information, Kommunikation und Datenverarbeitung

ZP

804 Was versteht man unter *Stapelverarbeitung?*

- Als **Stapelverarbeitung** (batch processing) wird eine Bearbeitungsweise bezeichnet, bei der ein **Arbeitsauftrag vollständig definiert** sein muss, bevor seine Abwicklung beginnt.
- Der Arbeitsauftrag wird dem Betriebssystem übergeben, das nach **abgeschlossener Verarbeitung** die **Ergebnisse zur Verfügung** stellt. Beispiel: Nach Aufruf eines Datensicherungsprogramms werden die entsprechenden Arbeitsschritte ausgeführt, nach deren Beendigung der Auftraggeber die Meldung erhält, dass die Datensicherung erfolgreich vorgenommen wurde.
- Sind dem EDV-System mehrere Aufträge übergeben worden, werden sie nacheinander – gesteuert durch eine **Warteschlange** – verarbeitet.
- Die Stapelverarbeitung wird bevorzugt bei Aufgabenstellungen angewendet, bei denen große Datenbestände (nicht zeitkritisch) zu verarbeiten sind, z. B. bei der Entgeltabrechnung, Kalkulation oder Statistik.

ZP

805 Beschreiben Sie die *interaktive Verarbeitung.*

- Im Gegensatz zur Stapelverarbeitung ist der Auftraggeber bei der **interaktiven Verarbeitung** (interactive processing) in den Bearbeitungsprozess eingebunden, da diese Form der Datenverarbeitung einen **ständigen Austausch zwischen EDV-System und Auftraggeber** (Nutzer) voraussetzt.
- Der **Arbeitsauftrag** muss **nicht vollständig definiert** sein. Die Bearbeitungsaufgabe wird dem Rechner in **kleinen Teilprozessen** übergeben, die sofort ausgeführt werden. Die Effizienz dieser Bearbeitungsweise wird durch Verkürzung der Antwortzeiten des EDV-Systems erhöht.
- Bei der interaktiven Verarbeitung kann man die **Prozessverarbeitung** und die Dialogverarbeitung unterscheiden. Prozessverarbeitung liegt vor, wenn der **Auftraggeber ein Programm oder ein technischer Prozess** ist (z. B. automatische Steuerung der Produktion). Wenn der **Auftraggeber ein Mensch** ist, wird die Verarbeitungsform als **Dialogverarbeitung** bezeichnet.
- Der Dialogverarbeitung kann als Teilhaber- oder als **Teilnehmerbetrieb** organisiert sein. Beim Teilhaberbetrieb bearbeiten mehrere Nutzer **dieselbe Aufgabe** oder dasselbe Aufgabengebiet (z. B. Reservierungen durch Reisebüros). Der **Teilnehmerbetrieb** ist dadurch gekennzeichnet, dass **mehrere Nutzer** eines EDV-Systems **unterschiedliche Anwendungen** bearbeiten (z. B. im Client-Server-System einer Unternehmung, wenn die Mitarbeiter in ihren Abteilungen die entsprechenden Aufgaben bearbeiten).

ZP

806 Unterscheiden Sie *Platzverarbeitung* und *Datenfernverarbeitung.*

Während bei der **Platzverarbeitung** die **Datenerfassung und die Datenverarbeitung an einem Ort** erfolgen, sind bei der **Datenfernverarbeitung** die Datenerfassung und die Datenverarbeitung **räumlich voneinander getrennt.**

## 1.7.1.7 Datenerfassung und Datensicherheit

Handbuch: Kapitel 13

Unter Datenerfassung versteht man die **Überführung von Daten in eine maschinenlesbare Form.** Die Daten werden entweder direkt (z. B. mittels Tastatur) in den Arbeitsspeicher eingegeben oder auf einen maschinell lesbaren Datenträger (z. B. DVD) übertragen.

**ZP** 807
Was versteht man unter *Datenerfassung?*

Den Begriff **Betriebsdatenerfassung** verwendet man für die **Erfassung betrieblicher Zustände oder Prozesse.** Es handelt sich um Massedaten, die in den relevanten Unternehmensbereichen anfallen (z. B. Produktionsdaten, Anwesenheitsdaten, Daten der Auftragsverfolgung).

**ZP** 808
Was versteht man unter *Betriebsdatenerfassung (BDE)?*

- **Indirekte Datenerfassung** liegt vor, wenn die Daten **von einem Datenträger** (DVD, Festplatte) in die Zentraleinheit eingelesen werden.
- Von **halbdirekter Datenerfassung** wird gesprochen, wenn die Daten **von Urbelegen** (z. B. in Form eines EAN-Codes) oder **von Plastikkarten** (z. B. Kreditkarte) durch spezielle Lesegräte der Zentraleinheit zugeführt werden.
- Bei der **direkten Datenerfassung** werden die Daten **direkt,** d. h.
  - ***automatisch*** (z. B. Temperaturfühler, Druckmelder),
  - ***akustisch*** (z. B. Spracheingabe über Mikrofon) oder
  - ***manuell*** (z. B. über eine Tastatur),

  in die Zentraleinheit zur Verarbeitung eingegeben.

**ZP** 809
Unterscheiden Sie die *indirekte, halbdirekte* und *direkte Datenerfassung.*

- **EAN** (europäische Artikelnummerierung) ist ein **Strichcode,** der die entsprechenden Produktinformationen enthält und **maschinell gelesen** werden kann. Der Standard-EAN-Code besteht aus 13 Ziffern.
- *Beispiel* für einen 13-stelligen EAN-Code:

4 041800 000667

| Länder-kennzeichen (Präfix) | | bundeseinheitliche Betriebsnummer | | | | | individuelle Nummer des Herstellers | | | | | Prüf-ziffer |
|---|---|---|---|---|---|---|---|---|---|---|---|---|
| 4 | 0 | 4 | 1 | 8 | 0 | 0 | 0 | 0 | 0 | 6 | 6 | 7 |
| CCG | | Semmelbrot GmbH Vechelde | | | | | Vollkorn-Toast 500 g | | | | | |

Ein Präfix kennzeichnet die Länderzentrale, welche die ersten fünf Ziffern (Herstellernummer) der EAN-Codierung vergibt.
In der Bundesrepublik Deutschland ist es die Centrale für Coordination GmbH (CCG), Köln.
*aus:* Bazan u. a., Handbuch Verkäufer/-innen, Kaufleute im Einzelhandel, 6. Auflage, Westermann Winklers, Braunschweig 2018, S. 141

**ZP** 810
Was ist ein *EAN-Code?*

811 ZP **Was ist ein *Urbeleg?***

Als **Urbeleg** wird ein Beleg verstanden, auf dem **erstmalig** ein **Vorgang** (z. B. Materiallieferung, Materialentnahme) **dokumentiert** wird (z. B. Eingangsrechnung, handschriftlicher Materialentnahmeschein).

812 ZP **Was versteht man unter *mobiler Datenerfassung?***

- Die **mobile Datenerfassung** ist eine besondere Form der Datenerfassung, bei der die Daten z. B. über eine Tastatur oder einen Scanner in ein **tragbares Erfassungsgerät** eingegeben werden.
- Die Daten werden auf dem tragbaren Erfassungsgerät **zwischengespeichert** und **später** über eine Netzverbindung weitergeleitet **oder sofort** über eine Funk- oder Infrarotverbindung **übermittelt.**

813 ZP **Unterscheiden Sie *Online-Datenerfassung* und *Offline-Datenerfassung.***

- Bei der **Online-Datenerfassung** (direkte Datenerfassung) sind die Datenerfassungsgeräte **direkt mit der Zentraleinheit verbunden,** sodass die eingegebenen Daten sofort verarbeitet werden können.
- Die **Offline-Datenerfassung** ist dadurch gekennzeichnet, dass die Datenerfassung mit Datenerfassungsgeräten erfolgt, die **nicht mit der Zentraleinheit verbunden** sind. Die Daten werden auf den Datenträgern **zwischengespeichert.**

814 ZP **Was versteht man unter *Datensicherheit?***

- Unter **Datensicherheit** werden alle Maßnahmen verstanden, die **die Daten vor Verlust, Zerstörung, beabsichtigter oder unbeabsichtigter Verfälschung und Missbrauch schützen.** Die Datensicherheit erstreckt sich dabei auch auf die Datenträger und die Programme.
- Ein erweiterter Datensicherheitsbegriff liegt mit der **IT-Sicherheit** vor, nach der die **IT-Systeme** (Informationstechnik-Systeme) und **deren Umgebung** unmittelbar oder mittelbar vor **Beeinträchtigung oder Missbrauch zu schützen** sind.

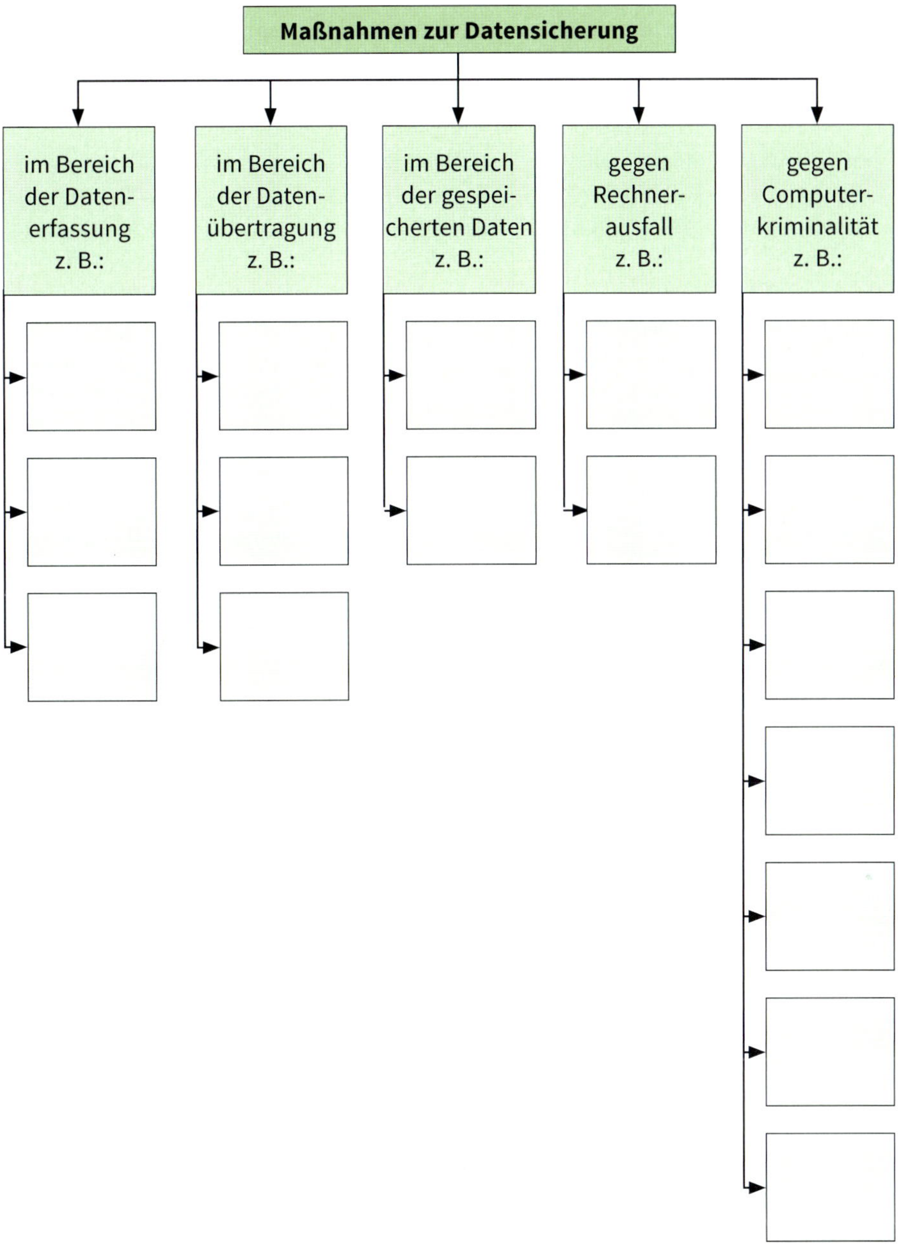


**ZP** 815

*Maßnahmen zur Datensicherheit können in den Bereichen des nebenstehenden Schaubildes umgesetzt werden.*

*Ergänzen Sie dieses Schaubild, indem Sie die folgenden Datensicherungsmaßnahmen den entsprechenden Bereichen zuordnen:*

*Fixpunkttechnik, Einsatz von Antiviren-Software, Generationenprinzip, Einsatz von Notstromaggregaten, Zutrittskontrollen, Passwortschutz, Prüfbitverfahren, Plausibilitätskontrolle, Funktionsstreuung, Protokollierung von Zugriffen, kryptologische Verfahren, Prüfziffernverfahren, digitale Signatur, biometrische Verfahren, Anfertigen von Kopien, unterbrechungsfreie Stromversorgung, Einsatz einer Firewall, Vollständigkeitsprüfung.*

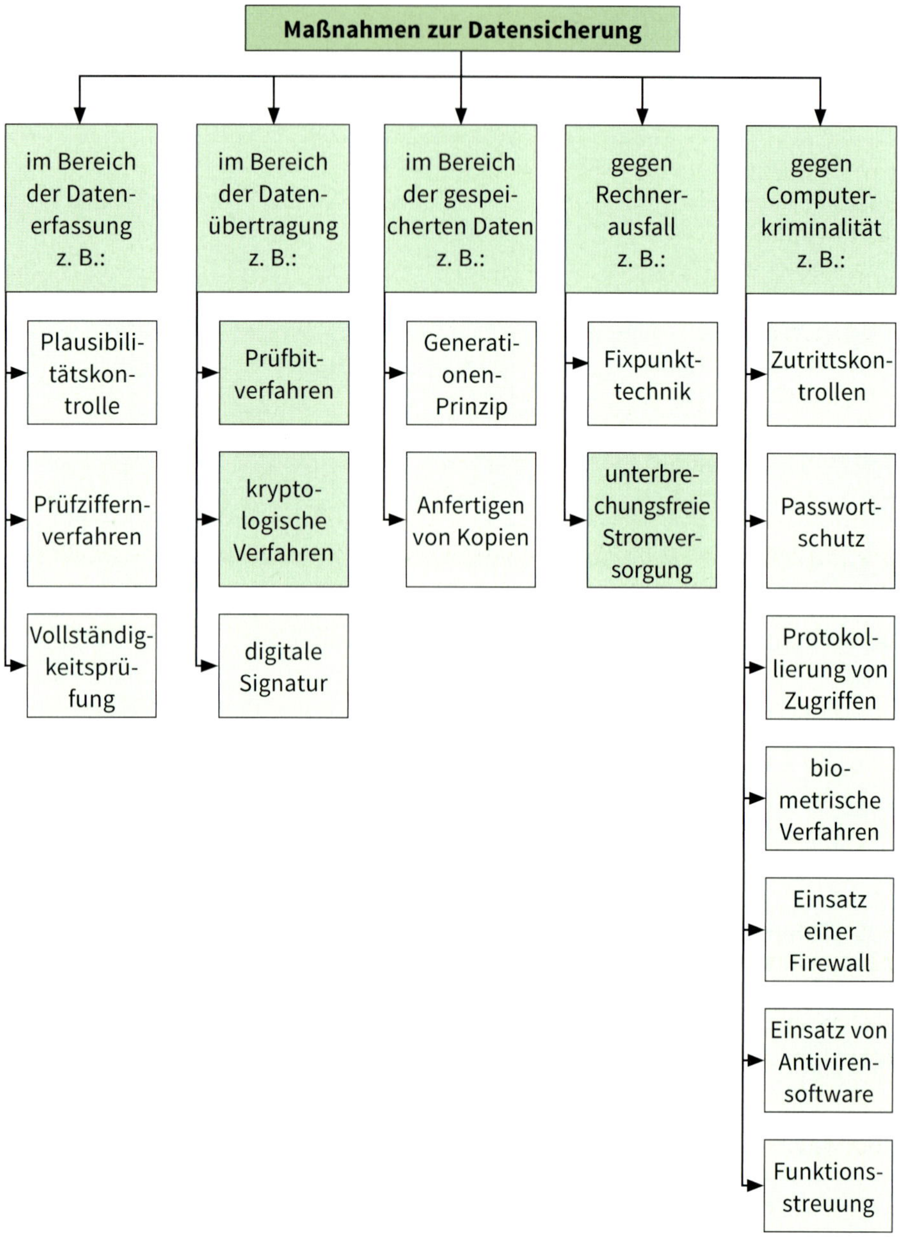


816 **ZP**

**Unterscheiden Sie die *Plausibilitätskontrolle* und das *Prüfziffernverfahren.***

- Die **Plausibilitätskontrolle** ist eine **Logikkontrolle.** Die EDV-Anlage überprüft, ob sich die eingegebenen Daten innerhalb festgelegter Grenzen befinden und somit eine **Dateneingabe logisch möglich** ist. Zum Beispiel wird eine Datumseingabe mit mehr als 31 Tagen oder mehr als 12 Monaten zurückgewiesen.
- Beim **Prüfziffernverfahren** werden **numerische Ordnungsbegriffe** (z. B. Kontonummer, Bankleitzahl, Personalnummer) um **eine Prüfziffer erweitert.** Die Prüfziffer wird **bei jeder Dateneingabe durch den Computer neu berechnet** und mit der **eingegebenen Prüfziffer verglichen.** Damit können Fehleingaben z. B. durch „Zahlendreher“ und Tippfehler aufgedeckt werden.

ZP 817

**Was ist eine *Vollständigkeitsprüfung?***

Bei der **Vollständigkeitsprüfung** wird die **Vollständigkeit** der für wichtig erachteten Daten überwacht, z. B. führen nicht ausgefüllte Datenfelder bei der Anlage eines neuen Kunden zu einer Fehlermeldung.

ZP 818

**Beschreiben Sie das *Prüfbitverfahren.***

Beim **Prüfbitverfahren** wird **maschinenintern jedes Byte überprüft,** indem den **acht Datenbits ein weiteres Bit** (Prüfbit) angehängt wird. Je nach Verfahren wird das Prüfbit verwendet, um eine gerade Anzahl an dualen Einsen (even parity) oder eine ungerade Anzahl von dualen Einsen (odd parity) zu erreichen, um die richtige Darstellung bzw. Datenübertragung zu überprüfen.

*Beispiel:*

| | | |
|---|---|---|
| | | 0101 0111 |
| | even parity: | 0101 0111 1 |
| | odd parity: | 0101 0111 0 |
| | | ↓ Prüfbit |

ZP 819

**Was versteht man unter *Kryptografie?***

- Als **Kryptografie** wird die **Lehre** von der **Verschlüsselung und Entschlüsselung** bestimmter Informationen bezeichnet.
- Kryptografie kann im Bereich der Datensicherheit für das **Speichern von Daten und/oder für deren Datenübertragung** verwendet werden. Dabei wird einem **Zeichen nach einer bestimmten Methode ein anderes Zeichen zugewiesen.** Die daraus entstehende Zeichenfolge kann nur mithilfe des richtigen Schlüssels gelesen werden.

ZP 820

**Was ist eine *elektronische Unterschrift (digitale Signatur)?***

Die **elektronische Unterschrift** wird genutzt, um zu gewährleisten, dass **Daten von einer bestimmten Person stammen** und/oder dass die Informationen nicht modifiziert wurden. Es handelt sich bei der elektronischen Unterschrift um einen **kryptografisch erzeugten Code,** der einer eindeutig zu identifizierenden Person zugeordnet werden kann.

ZP 821

**Erläutern Sie, welche Bedeutung das *Generationenprinzip* bei der *Erstellung von Sicherheitskopien* hat.**

- Bei Erstellung von **Sicherheitskopien** werden die Daten (und/oder Programme) auf **externen Datenträgern** (z. B. CD) gesichert. Bei der Speicherung können die Daten ihr Datenformat behalten (1:1-Kopie, **Backup)** oder durch Datenkompression bzw. Umgruppieren von Daten in einem anderen Datenformat gespeichert werden. Die Sicherheitskopien können als **Vollsicherung** (Sicherung aller Daten) oder **Teilsicherung** (Sicherung der geänderten Daten – Differenzsicherung) vorliegen. Die **Wiederherstellung der Daten** von der Sicherungskopie wird als **Restore (Datenrücksicherung)** bezeichnet.
- Da auch beim Sichern der Daten – z. B. durch defekte Datenträger – Probleme auftreten können, wird üblicherweise für **jede Sicherung ein eigener Datenträger** genommen. Nach dem **Generationenprinzip** (Großvater-Vater-Sohn) müssen **von jedem Datenbestand drei aufeinanderfolgende Sicherungen** (drei Kopien mit unterschiedlich aktuellen Sicherungen) existieren, bevor ein Datenbestand gelöscht bzw. überschrieben werden kann. Dieses Vorgehen erleichtert die Rekonstruktion eines Datenbestandes, wenn Datenträgerfehler auftreten.

*Beispiel:*

| Erstellen von Datenkopien | Sicherung auf | Generation | |
|---|---|---|---|
| Montag | CD-RW – I | Großvater | |
| Dienstag | CD-RW – II | Vater | Großvater |
| Mittwoch | CD-RW – III | Sohn | Vater |
| Donnerstag | CD-RW – IV | | Sohn |
| …. | | | |

Wenn man dem Generationenprinzip folgt, kann am Donnerstag, statt der Verwendung eines neuen Datenträgers CD-RW- IV, die CD-RW–I mit den aktuellen Daten überschrieben werden.

822 **ZP** Unterscheiden Sie *Fixpunkttechnik* und *USV (unterbrechungsfreie Stromversorgung).*

- **Fixpunkttechnik** bedeutet, dass der **gesamte Datenbestand des Zentralspeichers** zu **bestimmten Zeitpunkten** auf einem **externen Datenträger** gesichert wird.
- Die **USV** ist dadurch gekennzeichnet, dass **bei einer Stromunterbrechung** die Stromversorgung des Rechners für eine gewisse Zeit von **Akkus** übernommen wird, um ein Ausschalten des Rechners mit einer geordneten Datensicherung zu ermöglichen.

823 **ZP** Was versteht man unter *biometrischen Verfahren?*

- Als **biometrische Verfahren** werden **Methoden** gekennzeichnet, die bestimmte – möglichst nicht veränderbare – **körperliche Merkmale** eines Nutzers mit den zuvor hinterlegten **Originaldaten** vergleichen.
- So werden z. B. Fingerabdrücke oder die Netzhaut einer Person mit einem Scanner abgetastet, um eine **Personenbestimmung** vorzunehmen.

824 **ZP** Beschreiben Sie die *Funktionsstreuung.*

Unter **Funktionsstreuung** (Funktionstrennung) wird die **Aufteilung** von **Aufgaben** auf **verschiedene Personen** verstanden. Zum Beispiel werden Dateneingabe, Datenverarbeitung, Datensicherheit von verschiedenen Personen durchgeführt.

825 **ZP** Nennen Sie Beispiele für *Computerkriminalität.*

*Zum Beispiel:*
- Fälschung von Daten
- Ausspähen von Daten
- unerlaubte Datenveränderung
- Computersabotage
- Kreditkartenbetrug
- Computer-Software-Piraterie
- widerrechtlicher Zugang zu Kommunikationsdiensten

- Als **Computervirus** bezeichnet man ein Programm, das sich in **andere Programme** („Wirtsprogramme") **kopiert.** Computerviren werden **beim Start des Wirtsprogramms aktiv** und führen die entsprechenden Befehle aus, die zu schweren Schädigungen des Betriebssystems und anderer Software führen sowie die Funktionsweise der Hardware beeinträchtigen können. Die Veränderungen, die oft den Systemabsturz und den Totalausfall zur Folge haben, sind schwer zu reparieren und vermindern die Datensicherheit.
- **Computerwürmer** sind – wie Computerviren – ebenfalls Computerprogramme, die im Gegensatz zu den Viren **nicht aktiviert werden müssen.** Sie versuchen, über **Sicherheitslücken** (z. B. bei Programmierfehlern, Unzulänglichkeiten bei der Programmierung von Internetdienst-Programmen oder Fehlen einer Firewall) in **ein System einzudringen** und aktiv weitere Systeme zu verseuchen, um entsprechende Beschädigungen auszulösen.

**ZP** 826
Unterscheiden Sie *Computerviren* und *Computerwürmer.*

## 1.7.1.8 Netzwerke

Handbuch: LF 1

- Ein **Datenübertragungssystem** besteht aus **mindestens 2 Datenstationen,** die durch ein **Übertragungsmedium miteinander verbunden** sind.

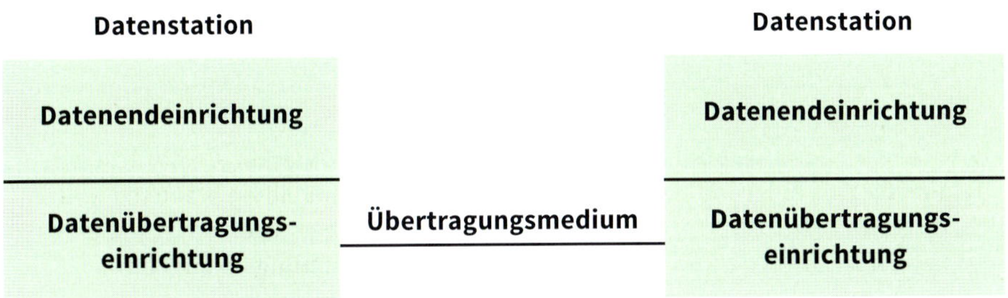


- Jede **Datenstation** besteht aus einer **Datenendeinrichtung,** die Daten empfangen und senden kann (z. B. PC, Drucker, Geldausgabeautomat), und einer **Datenübertragungseinrichtung,** die die Anpassung der Signale, die von der Datenendeinrichtung an das Übertragungsmedium abgegeben werden, vornimmt (z. B. Modem, Netzwerkkarte).
- Bei den **Übertragungsmedien** kann man Kabelverbindungen, Funkverbindungen und optische Verbindungen unterscheiden.

**ZP** 827
Was versteht man unter einem *Datenübertragungssystem?*

- **Modem** ist ein Kunstwort aus **Mo**dulator und **Dem**odulator.
- Ein Modem ist eine **Datenübertragungseinrichtung,** die **analoge Daten** (z. B. eines Telefons) **in digitale Daten umwandelt und umgekehrt.**

**ZP** 828
Was ist ein *Modem?*

Als **Datennetz** bezeichnet man die **Leitungssysteme** (Übertragungsmedien), über die Daten von einer Datenendeinrichtung zu den angeschlossenen anderen Datenendeinrichtungen übertragen werden.

**ZP** 829
Was versteht man unter einem *Datennetz?*

830 **ZP**
**Was versteht man unter einem *Netzwerk?***

- Als **Netzwerk** (Netz, Rechnernetz) kann man ein **System von Datenstationen** bezeichnen, die räumlich verteilt und durch **Datenübertragungswege** miteinander **verbunden** sind.
- Ein Netzwerk umfasst sowohl die **autonomen Datenendgeräte** als auch das entsprechende **Datennetz.**

831 **ZP**
**Was sind *Mehrwertdienste?***

- Man spricht von **Mehrwertdiensten,** wenn Netzbetreiber neben der reinen Datenübermittlung **weitere Dienste** (z. B. E-Mail) anbieten. Die Dienste sind in der Regel **entgeltpflichtig.**
- **Beispiele:**
  - ***Verteildienste,*** bei denen Nachrichten versendet werden (z. B. SMS-Nachrichten bei Mobilfunknutzern)
  - ***Informationsdienste,*** bei denen Informationen abgerufen werden können (z. B. Kontostandsabfragen, Online-Datenbanken)
  - ***Transaktionsdienste,*** über die elektronische Bestelldienste angeboten oder Reservierungen im Touristikbereich vorgenommen werden
  - ***Überwachungsdienste,*** z. B. bei Alarmanlagen oder für Verkehrsleitsysteme

832 **ZP**
**Rechnernetze lassen sich nach geografischen Kriterien unterscheiden. Ordnen Sie die folgenden Netze absteigend nach ihrer Reichweite:**

***Personal Area Network (PAN), Local Area Network (LAN), Global Area Network (GAN), Metropolitan Area Network (MAN)* und *Wide Area Network (WAN).***

**Global Area Network (globales Netzwerk)**
Datennetze, die aufgrund des Einsatzes von Nachrichtensatelliten praktisch weltumspannend sind

⇩

**Wide Area Network (Weitverkehrnetz)**
Datennetze mit der Ausdehnung innerhalb eines Landes oder eines Kontinents

⇩

**Metropolitan Area Network (regionales Netz)**
Datennetze, die größere Regionen, wie Städte oder Ballungszentren, verbinden

⇩

**Local Area Network (lokales Netzwerk)**
Netzwerk, das Datenendgeräte in einem Gebäude oder auf einem Gelände (Entfernung oft kleiner als 1 Kilometer) verbindet

⇩

**Personal Area Network (persönliches Netzwerk)**
Netzwerk einer Person, z. B. häusliches Funknetzwerk

**ZP** 833

**Beschreiben Sie kurz wichtige** ***Netzwerkstrukturen (Netzwerktopologien).***

**Rechnernetzwerke** werden **grafisch** durch **Knoten** und **Verbindungsstrecken** dargestellt, wobei die Knoten den Datenendgeräten (z. B. PC) und die Strecken den Übertragungsmedien (z. B. Kabelverbindungen) entsprechen.

Wichtige **Strukturen:**

| Netzstruktur | Beschreibung | Vorteile | Nachteile |
|---|---|---|---|
| **Liniennetz**   | • Bei den Liniennetzen sind die Knoten linienförmig angeordnet.<br>• Die Nachricht wird von Knoten zu Knoten weitergegeben. | • niedrige Leitungskosten | • empfindlich gegen Ausfall eines Knotens |
| **Ringnetz**  | • Jeder Knoten ist mit genau zwei weiteren Knoten direkt verbunden.<br>• Die Nachricht wird von Knoten zu Knoten weitergegeben. | • niedrige Leitungskosten | • nicht so empfindlich bei Ausfall eines Knotens, da es noch einen Übertragungsweg gibt |
| **Sternnetz** 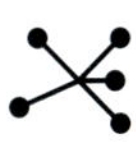 | • Die Knoten werden über einen zentralen Knoten miteinander verbunden.<br>• Die Nachricht wird über den zentralen Knoten weitergeleitet. | • kostengünstige Netzsteuerung<br>• Ausfall eines Endknotens behindert die übrige Netzkommunikation nicht. | • Das Netz ist bei Ausfall des zentralen Knotens funktionsunfähig. |
| **Baumnetz** 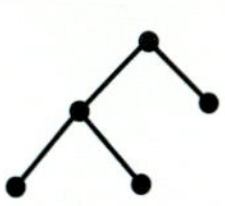 | • Jeder Knoten ist mit mindestens zwei anderen direkt verbunden.<br>• Die Datenkommunikation erfolgt über den jeweiligen höheren gemeinsamen Knoten. | • leichte Erweiterung des Netzes | • Abhängigkeit der Teilnetze von den jeweiligen übergeordneten Knoten |

834 **ZP**

**Netzwerke können verschieden organisiert sein. Unterscheiden Sie *Client-Server-Netzwerk* und *Peer-to-Peer-Netzwerk.***

- Nach erfolgreicher **Prüfung der Zugangsberechtigung** der angeschlossenen Nutzer (Clients) stellt beim **Client-Server-Netzwerk** ein **Server** die angeforderten **Dienste** (z. B. Nutzung eines Anwenderprogramms, Nutzung eines Druckers) zur Verfügung.
  - ***Vorteile:***
    - zentrale Datenbestände und Ressourcen
    - Nutzer arbeiten mit denselben Daten
  - ***Nachteile:***
    - Ausfall des Servers führt zu Ausfall des Netzes
    - Zugriff auf Server nur, wenn sich der Server im On-Line-Modus befindet
- Bei einem **Peer-to-Peer-Netzwerk** sind alle **Teilnehmer gleichberechtigt** und können gegenseitig sowohl **Dienste anfordern** als auch **Dienste anbieten.** Die Kommunikation erfolgt direkt von Endsystem zu Endsystem ohne Umweg über eine zentrale Einheit.
  - ***Vorteile:***
    - leichte Erweiterung des Netzwerkes
    - Ausfall eines Teilnehmers führt nicht zu einem Ausfall des Netzes
  - ***Nachteile:***
    - Gefahr von nicht einheitlichen Datenbeständen
    - Aktualisierung der Ressourcen muss von jedem Teilnehmer vorgenommen werden

835 **ZP**

**Was versteht man unter einem *Protokoll?***

- Mit **Protokollen** werden die **Regelungen für die Verständigung** zwischen den entsprechenden Kommunikationspartnern festgelegt.
- **Transportprotokolle** regeln die Einzelheiten bei der **Übermittlung** (z. B. Signalarten, Datenformate, Zeichensatz), während **Anwenderprotokolle** für die **Ablaufsteuerung** zuständig sind.

## 1.7.2 Geschäftskorrespondenz nach DIN 5008

Handbuch: Kapitel 15

- **Serienbriefe** sind **ganze Brieftexte,** die als sogenanntes **Hauptdokument** mit **Variablen** (z. B. Anschrift, persönliche Anrede) zusammengeführt werden, um einen individuell erscheinenden Geschäftsbrief kostengünstig erstellen zu können. Eine **Datenquelle** muss angelegt werden, die alle benötigten Daten der einzelnen Empfänger (z. B. Anschrift) enthält. Es ist denkbar, dass ein Serienbrief aus bestehenden Textbausteinen zusammengesetzt wird.
- **Textbausteine** sind meist **kurze wiederverwendbare Texte,** die als Bausteine oder Module unter einem Namen oder einer Selektionsnummer gespeichert werden, um einen vollständigen Brieftext daraus zu entwickeln. Je nach Anlass werden somit unterschiedliche Textbausteine zu einem vollständigen Geschäftsbrief zusammengefügt – das **erspart Zeit und Kosten.** Eventuell müssen dann noch individuell abgefasste Sätze oder Satzteile beim einzelnen Brief ergänzt werden.
- Moderne **Geschäftskorrespondenz** muss auf der einen Seite individuell abgefasst sein, um den einzelnen Kunden zielgerichtet anzusprechen. Auf der anderen Seite muss der entsprechende Einsatz des Büropersonals so erfolgen, dass die benötigte **Bearbeitungszeit möglichst kurz** ist und **wenig Personalkosten** verursacht. Aus Rationalisierungsgründen werden daher in der Textverarbeitung sowohl **Textbausteine** als auch **Serienbriefe** eingesetzt.

**ZP** 836

**Was versteht man unter einem *Serienbrief?* Worin liegt der *Unterschied* zu *Textbausteinen?***

---

- Die **DIN 5008** ist **kein Gesetz,** an das sich Unternehmen zu halten haben. Diese DIN ist das Ergebnis der Arbeit von Experten aus Wirtschaft und Verwaltung, die im entsprechenden **DIN-Ausschuss** zusammenarbeiten. Die **Anwendung** in den einzelnen Unternehmen **geschieht freiwillig.**
- Durch die Anwendung der DIN 5008 soll die **rasche Lesbarkeit von Geschäftskorrespondenz erleichtert** werden, es geht letztendlich um die Einsparung von Zeit und Kosten. Daher regelt die DIN 5008 z. B. Zeilenabstände, die Gestaltung des Anschriftfeldes oder die Benutzung des Informationsblocks. Inhaltliche Formulierungen in Geschäftsbriefen werden von der DIN 5008 nicht vorgegeben.

**ZP** 837

**Welche Rolle spielt die *DIN 5008* bei der Erstellung von Geschäftsbriefen?**

838 ZP
**Welche Inhalte kann ein sogenannter *gestalteter Informationsblock* aufweisen?**

**Ihr Gesprächspartner:**
**Abteilung:**

**Telefon:**
**Telefax:**
**E-Mail:**

**Datum:**

839 ZP
**Welche Angaben enthält der *Standardinformationsblock?***

Inhalte eines Standardinformationsblocks:
**Ihr Zeichen:**
**Ihre Nachricht vom:**
**Unser Zeichen:**
**Unsere Nachricht vom:**

**Name:**
**Telefon:**
**Telefax:**
**E-Mail:**

**Datum:**

840 ZP
**Warum sieht die DIN 5008 einen *gestalteten Informationsblock* vor?**

Der **gestaltete Informationsblock** gibt den Schreibenden die Möglichkeit, einzelne **Leitwörter** wegzulassen, zu ergänzen oder zu verändern, um individuelle Anforderungen des Unternehmens zu berücksichtigen.

841 ZP
**Was beinhaltet der *Briefkopf* eines Geschäftbriefes?**

Der **Briefkopf** enthält die **Firma** des Absenders, meist auch Angaben über den **Sitz** des Unternehmens und ein **Firmenlogo** (Zeichen).

842 ZP
**Welche Angaben enthält der sogenannte *Brieffuß?***

Am Fuße des Geschäftsbriefes werden die sogenannten **Geschäftsangaben des Unternehmens** aufgelistet, neben der vollständigen Anschrift sind dies z. B. auch Angaben über Rechtsform, Geschäftsführer, Registergericht, Bankverbindungen, Steuernummer und/oder USt-Identifikationsnummer. **Gesetzliche Vorgaben** machen das HGB (siehe §§ 37 a, 125 a), das AktG (siehe § 80) und das GmbHG (siehe § 35 a).

Der **Betreff** eines Geschäftsbriefes gibt in Form von **Stichwörtern** (z. B. „Angebot eines Fotokopiergerätes") den **Inhalt** des Briefes kurz wieder. Der Betreff ist kein Bezug, soll also nicht angeben, auf welchen vorausgegangenen Brief sich dieses Schreiben bezieht (also **nicht:** „Ihre Anfrage vom ...").

**ZP** 843
**Was versteht man unter dem *Betreff* eines Geschäftsbriefes?**

## 1.7.3 Lern- und Arbeitstechniken

### 1.7.3.1 Lernatmosphäre

Handbuch: Kapitel 15

**ZP** 844
**Um effektiv lernen zu können, muss eine geeignete *Lernatmosphäre* geschaffen werden. Was ist darunter zu verstehen?**

Um **Textinhalte verstehen** und **abspeichern** zu können, muss man sich eine geeignete **Lernatmosphäre** schaffen. Dazu gehört:

- **Einrichten** eines angemessenen **Arbeitsplatzes**
  - geeignete Lese- oder Schreibfläche (z. B. Schreibtisch) schaffen
  - richtige Körperhaltung wählen: stehen (z. B. Stehpult), liegen (z. B. Arbeitsliege) oder sitzen (z. B. Bürostuhl)
  - gute Lichtverhältnisse schaffen
  - ausreichende Sauerstoffzufuhr sichern (z. B. durch Öffnen des Fensters)
  - eventuelle Störquellen (z. B. Lärm) beseitigen
  - Arbeitsmaterialien sortieren
  - Ergänzungsmaterialien bereithalten (z. B. Fremdwörterlexikon)
- **Wählen** der geeigneten **Tageszeit**
  - optimale Lernzeit auswählen (individuell unterschiedlich)
  - Ess- und Ruhephasen beachten
  - Gesamtlernzeit einschätzen (eventuell Mehrtagesplan aufstellen)
- **Nutzen von ernährungsphysiologischen Erkenntnissen**
  - Flüssigkeitszufuhr ermöglichen (z. B. Mineralwasser oder Obstsaft)
  - „leichte Kost" verbrauchen (z. B. Joghurt, Obst)

### 1.7.3.2 Textbearbeitung und Wissensspeicherung

Handbuch: Kapitel 15

**ZP** 845
**Erläutern Sie die Arbeitstechnik *Textbearbeitung*.**

Um einen schriftlich abgefassten **Text erfassen** zu können, sind einige **Techniken der Textbearbeitung** anzuwenden:

- **Kernbegriffe** oder **-sätze markieren** (Wichtiges wird vom Unwichtigen getrennt.)
- **Randnotizen machen** (z. B. auch durch Nutzen von geeigneten Piktogrammen)
- Textteile/Absätze durch **Teilüberschriften** gliedern
- längere Textpassagen durch **eigene Formulierungen** zusammenfassen (z. B. durch Nutzen von Klebezetteln oder Karteikarten)
- **bildhafte Elemente** (z. B. Abbildungen, Diagramme) erschließen und Textpassagen zuordnen
- **Zusammenhänge visuell verdeutlichen** (z. B. durch Bilden von Verweisen oder Nutzen von Pfeilsymbolen)

- **Strukturen des Textes herausarbeiten,** z. B. durch:
  - Erstellen einer Textgliederung
  - Herstellen einer Mindmap (siehe Seite 243 f.)
  - Anfertigen eines Ablaufdiagramms
  - Anlegen von Karteikarten mit Schlüsselbegriffen, einschließlich Erläuterungstext und Textverweis
  - offengebliebene **Fragen herausschreiben** und **Ergänzungsliteratur suchen** (z. B. mithilfe einer Internetrecherche)

846

**ZP**

**Erläutern Sie die Arbeitstechnik *Wissensspeicherung.***

Um sich **zentrale Textinhalte aneignen** und **speichern** zu können, genügt es nicht, bestimmte Schlüsselbegriffe auswendig zu lernen. Vielmehr gilt es, sich mit den Inhalten und **Strukturen** auseinanderzusetzen. Beispielsweise können schriftlich **Fragen** an den Textgehalt formuliert werden, die den Text strukturell erschließen. Diese Fragen können auf Karteikarten notiert oder per PC gesammelt werden. Um eine Struktur zu erfassen, müssen aus unterschiedlichen Blickrichtungen Fragen an den Textgehalt gestellt werden, es müssen unterschiedliche **Fragekriterien** herausgearbeitet werden.

*Beispiel:* Analyse eines Wirtschaftstextes

**mögliche Fragekriterien:**

- Wie könnte der Textinhalt aus **betriebswirtschaftlicher** Sicht gesehen werden?
- Wie könnte der Textinhalt aus **volkswirtschaftlicher** Sicht gesehen werden?
- Wie könnte der Textinhalt aus **ökologischer** Sicht gesehen werden?
- Wie könnte der Textinhalt aus **gesellschaftspolitischer** Sicht gesehen werden?
- Wie könnte der Textinhalt aus **historischer** Sicht gesehen werden?

Das Formulieren von Fragen an den Textgehalt dient zum einen dazu, **Zusammenhänge** innerhalb des neu zu erwerbenden Wissens herzustellen, zum anderen hilft es, **neues Wissen** mit bereits vorhandenen Wissensbeständen **zu verknüpfen.**

Gesteigert wird der **Lernerfolg,** wenn **Fragen an die Struktur** des Textes von mehreren Personen formuliert werden und ein Gruppengespräch, eventuell sogar eine **Gruppendiskussion** daraus entsteht. Möglicherweise ergibt sich auch eine Verbesserung in der **Lernmotivation.**

In jedem Fall wird durch **Verfolgung kooperativer Lernstrategien** die sogenannte **Behaltensquote** erhöht, das **Verbinden von hören, sehen und sprechen** (und eventuell auch handeln) **wirkt leistungssteigernd** gegenüber der Nutzung nur einzelner Elemente (z. B. nur hören oder nur sehen).

## 1.7.3.3 Brainstorming, Mindmapping und vernetztes Denken

Handbuch: Kapitel 15

**ZP**
**Was versteht man unter *Brainstorming?***
847

- Beim **Brainstorming** (Gehirn- oder Gedankensturm) handelt es sich um eine **Kreativitätstechnik,** die zunächst in Unternehmen zur Findung von Produktideen genutzt wurde. Heute wird diese Technik in unterschiedlichen Anwendungsbereichen, z. B. auch bei Problemlöseprozessen im Schulunterricht, eingesetzt.
- Als Kreativitätstechnik dient Brainstorming dazu, in möglichst kurzer Zeit eine Vielzahl von **Ideen, Lösungsansätzen** und Ähnlichem zu finden. Da es keine „unsinnigen" Einfälle bei dieser Technik gibt, werden **auch unkonventionelle Lösungen** entwickelt, **assoziatives Denken** wird dabei **angewandt.** Das **aktive Einbeziehen aller Beteiligten** kann als weiteres Ziel angesehen werden, deswegen wird diese Technik auch im Rahmen der Moderationsmethode (siehe Seite 249) genutzt.
- **Ablauf der Kreativitätstechnik:**

**Festlegen der Frage- oder Problemstellung**
↓
**Vorgabe der zur Verfügung stehenden Zeit**
↓
**Bekanntgabe oder gemeinsame Festlegung der Regeln**
↓
**Sammlung aller geäußerten Ideen**
↓
**Sortierung und Bewertung der gesammelten Ideen**
(im Hinblick auf die Frage- oder Problemstellung)
↓
**Auswahl „geeigneter" Ideen und Weiterbearbeitung der Lösungsansätze**

- **Regeln der Kreativitätstechnik:**
  - Alle Brainstormingteilnehmer beteiligen sich mündlich und/oder schriftlich an der Ideensammlung.
  - Alle Ideen, Lösungsansätze und Ähnliches sind erlaubt – es gibt keine falschen Ideen; Quantität geht vor Qualität.
  - Negativkritik gegenüber einzelnen Vorschlägen ist verboten.
  - Vorgetragene Ideen dürfen aufgenommen und weiterentwickelt werden.

**ZP**
**Erläutern Sie die Lerntechnik *Mindmapping.***
848

- Das **Mindmapping** stellt eine Lerntechnik oder Arbeitsmethode dar, bei der Ideen oder Gedanken visualisiert werden, indem sie in einer sogenannten **Mindmap** (einer „Gedanken-Landkarte") spontan erfasst werden.
- In die Mindmap können **Haupt-** und **Nebenäste** in **beliebiger Reihenfolge** eingetragen werden, das ist auch ein großer Vorteil gegenüber einem traditionellen hierarchisch strukturierten Tafelbild. Zusätzlich können auch Piktogramme zur Visualisierung eingesetzt werden.

- **Ablauf:**
  - Auf einem Blatt Papier, einer Tafel oder in der Monitormaske (z. B. bei Benutzung der Software „Mind-Manager“) wird in der ***Mitte*** das ***Thema festgehalten*** und mit einem Oval oder einem Kreis umrahmt.
  - ***Hauptäste*** werden, beginnend von der Mitte, mit ***Schlüsselwörtern*** (Oberbegriffen) versehen.
  - Von den Hauptästen zweigen ***Nebenäste*** ab, die Unterbegriffe festhalten.
  - Falls es notwendig erscheint, können auch Nebenäste weiter durch ***zusätzliche Äste*** oder ***Zweige unterteilt*** werden.
  - Unter Umständen wird nach der ersten angefertigten Mindmap zum selben Thema eine ***zweite*** erstellt.

*Beispiel:*

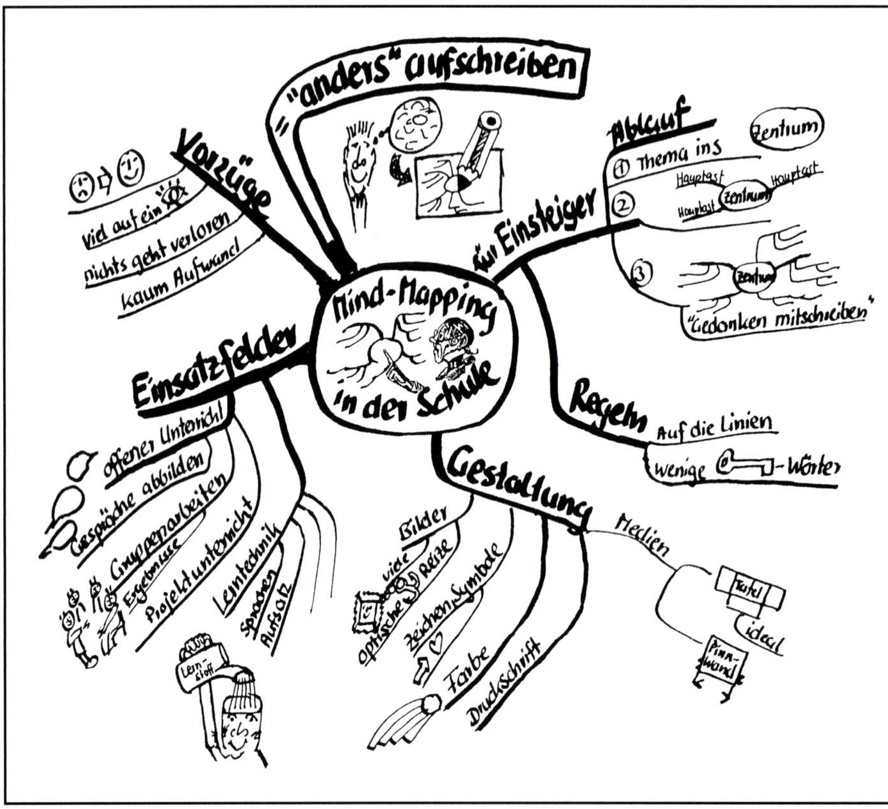


*nach:* Lipp, Ulrich; Pädagogik-Heft 10, Oktober 1994

Um komplexe Zusammenhänge in Wirtschaft und Gesellschaft verstehen und beurteilen zu können, reicht das lineare Denken – zum Beispiel in Form einer Ablaufkette – nicht mehr aus. Stattdessen müssen eine Vielzahl von **wechselseitigen Abhängigkeiten** und **Verknüpfungen** von einzelnen Elementen untersucht werden. Man spricht von der **Methodik des vernetzten Denkens.** Die Komplexität eines Systems lässt sich mithilfe eines sogenannten **Netzwerkes** veranschaulichen. Die Netzwerktechnik hat das Ziel, die einzelnen Elemente (Faktoren) eines Systems und ihrer Beziehungen in Form eines Modells abzubilden.

**ZP** 849
**Was bezweckt die Methodik des *vernetzten Denkens?***

- Wirkungszusammenhänge einzelner Faktoren werden mithilfe von **Pfeilen** abgebildet, wobei die Stärke des Pfeils den Umfang oder Grad der Wirkung widerspiegelt.
- Eine **gleichgerichtete Wirkung** („je mehr ... desto mehr ...“ bzw. „je weniger ... desto weniger“) wird durch ein **Pluszeichen,** eine **gegensätzliche Wirkung** („je mehr ... desto weniger ...“ bzw. „je weniger ... desto mehr ...“) durch ein **Minuszeichen** verdeutlicht.

**Beispiel:** Überlegungen zur Auswirkung einer Werbemaßnahme

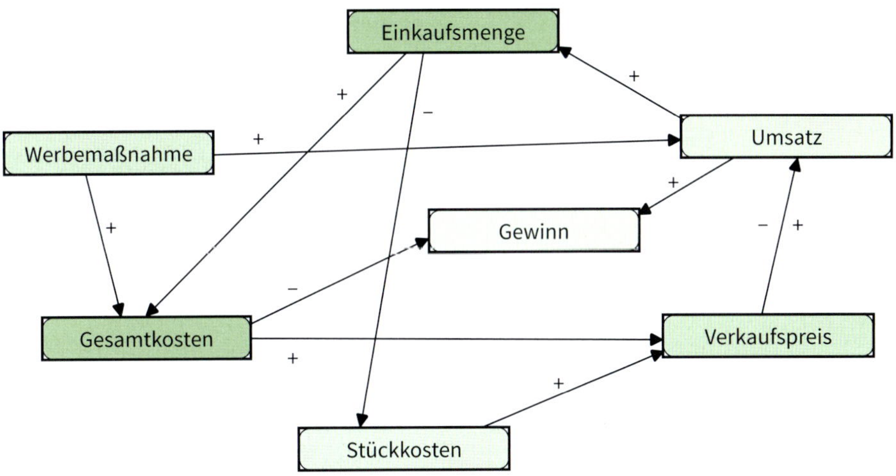


**ZP** 850
**Mit welchen Symbolen arbeitet die Netzwerktechnik, um Ursache-Wirkungs-Beziehungen deutlich zu machen? Veranschaulichen Sie dies anhand eines *Beispiels*.**

- Da komplexe Zusammenhänge mithilfe des Netzwerkes veranschaulicht werden, können zum Beispiel **Langzeitwirkungen** von bestimmten Maßnahmen nicht so leicht übersehen werden.
- Netzwerke ermöglichen eine **Absicherung von Entscheidungsprozessen.**
- Auch komplizierte Zusammenhänge können für Laien mithilfe von Netzwerken transparent gemacht werden. Die Netzwerktechnik **unterstützt** damit **demokratische Entscheidungsprozesse.**

**ZP** 851
**Welche *Vorteile* weist die Netzwerktechnik auf?**

- Je mehr Elemente in ein Netzwerk eingefügt werden, desto **unübersichtlicher** wird es. Es besteht die Gefahr, dass die Unübersichtlichkeit einen Entscheidungsprozess eher erschwert als erleichtert.
- Werden nur die vermeintlich wichtigsten Elemente in das Modell aufgenommen, entsteht eventuell ein **falsches Abbild der Wirklichkeit.** Die Summe der Wirkungen von vielen kleinen Faktoren kann unterschätzt werden. Es werden dann unter Umständen falsche Schlussfolgerungen gezogen.

**ZP** 852
**Welche Grenzen besitzt die *Aussagekraft von Netzwerken?***

Handbuch: Kapitel 15

## 1.7.3.4 Protokollführung

ZP

853 Welche *Protokollarten* werden unterschieden?

- **Verlaufsprotokoll**
  Diese Protokollart gibt den Verlauf eines Gesprächs wieder. In der Regel wird nur das Wichtigste schriftlich fest-gehalten, nur in der **Sonderform** des **wörtlichen Protokolls** wird der gesamte Gesprächsverlauf in wörtlicher Rede niedergeschrieben (z. B. bei Protokollen von Bundestagsdebatten).
- **Ergebnisprotokoll**
  Hierbei werden nur die wichtigsten Gesprächsergebnisse, zum Beispiel Beschlüsse, notiert.

ZP

854 *Wie* ist ein *Protokoll aufgebaut?*

- **Vor** dem eigentlichen **Protokolltext** werden im sogenannten **Protokollkopf** folgende Informationen genannt:
  - Protokollanlass (Überschrift)
  - Datums- und Zeitangabe (Beginn)
  - Ortsangabe (u. U. mit genauer Raumangabe)
  - Namen der anwesenden Personen (eventuell auch in Form eines Anhangs mit Teilnehmerliste); z. T. werden auch abwesende Personen namentlich aufgelistet, eventuell unter Nennung des Fehlgrundes
  - Tagesordnung
- Im **Hauptteil** des Protokolls, dem **Protokolltext,** werden die Redebeiträge aller Beteiligten in der Regel in indirekter Rede schriftlich festgehalten.
- Im **Protokollfuß** sind enthalten:
  - Ende des Gesprächs
  - gegebenenfalls Hinweise auf Anlagen
  - Ort und Datum der Protokollabfassung
  - Unterschriften (links: Protokollant, rechts: Gegenzeichnender – z. B. Gesprächsleiter –, der die sachliche Richtigkeit bestätigt)

ZP

855 Worauf ist bei der *sprachlichen Gestaltung* des *Protokolls* zu achten?

- Als **Tempus** (Zeitform) wird das **Präsens** (die Gegenwart) benutzt.
- Beim **Verlaufsprotokoll** wird die direkte Rede mittels des **Konjunktivs** (der Möglichkeitsform) in die **indirekte Rede** übertragen; ein wörtliches Zitat kann als Ausnahme benutzt werden.
- Beim **Ergebnisprotokoll** und beim **wörtlichen Protokoll** wird auf die indirekte Rede verzichtet, die Wiedergabe findet im **Indikativ** (der Wirklichkeitsform) statt.
- Bei der Wiedergabe des Gesprächsinhaltes und der Beschlüsse ist darauf zu achten, dass **nicht** die **persönliche Meinung** des Protokollanten einfließt.

Handbuch: Kapitel 15

## 1.7.3.5 Projektmethode

ZP

856 Was versteht man unter einem *Projekt?*

- Ausgehend von den **Interessen der Beteiligten** wird ein Thema oder ein Problem durch eine **Projektgruppe** umfassend bearbeitet, d. h. geplant, durchgeführt und ausgewertet. **Ergebnis** der Projektarbeit ist in der Regel ein **Handlungsprodukt,** z. B. in einer Schulklasse eine erstellte Schülerzeitung. Die Lehrkraft versteht sich bei dieser Methode eher als Lernberater oder Moderator.

- **Ziele** dieser methodischen Großform:
  - Förderung der Selbstorganisation und des Verantwortungsbewusstseins
  - Herstellung von Problem- und Praxisbezug
  - Förderung ganzheitlichen Denkens, Einbeziehen vieler Sinne
  - Verstärkung von Interaktionsbeziehungen der Projektbeteiligten

- **Projektphasen:**
  - ***Projektinitiative:*** Ausgangspunkt bildet in der Regel eine Problemstellung oder eine Projektidee.

    ⇩
  - ***Projektskizze:*** Die Projektbeteiligten setzen sich mit der Projektinitiative auseinander. Ergebnis des Diskussionsprozesses ist eine gemeinsame Projektskizze, die die Absichten und Ideen umreißt.

    ⇩
  - ***Projektplan:*** Ausgehend von der Projektskizze wird ein genauer Projektplan erstellt, der neben den einzelnen geplanten Projektschritten auch die Zeitplanung aufweist. Schriftlich festgehalten werden zudem die Personen, die bestimmte Aufgaben zu übernehmen haben.

    ⇩
  - ***Projektdurchführung:*** Aufgrund des Projektplans werden die einzelnen Projektschritte durchgeführt, eventuell ergibt sich die Notwendigkeit, die Planung leicht zu verändern. In der Regel wird am Ende des Projektes ein Handlungsprodukt erstellt sein.

    ⇩
  - ***Projektabschluss:*** In der Abschlussphase wird das Handlungsprodukt vor einem ausgewählten Personenkreis (z. B. Schulöffentlichkeit, Internetbenutzer) präsentiert. Am Ende wird sicherlich der Ablauf des gesamten Projektprozesses kritisch reflektiert, sowohl inhaltlich als auch methodisch. Möglicherweise mündet das Projekt in der Absicht, längerfristig bei einem bestimmten Problem zusammenzuarbeiten (z. B. Gründung einer Arbeitsgemeinschaft).

- Im gesamten Projektablauf sollten zusätzlich sogenannte **Fixpunkte** verankert werden. Das sind abgestimmte **Zeitpunkte,** zu denen die Projektteilnehmer zusammenkommen, um Informationen auszutauschen und sich so **effektiv abzustimmen.**

- Um **Beziehungsprobleme** zwischen den Projektteilnehmern aufzuarbeiten, können zusätzlich **Termine** vereinbart werden, was man als **Metainteraktionen** bezeichnet.

**ZP** 857

**Welche Rolle spielen *Fixpunkte* und *Metainteraktionen* bei der Projektmethode?**

Handbuch: Kapitel 15

### 1.7.3.6 Teamarbeit

858 ZP **Beschreiben Sie die wichtigsten *Merkmale* der *Teamarbeit.***

- Eine **Gruppe** von Personen (meist 5–10) arbeitet für ein **gemeinsames Ziel** zusammen.
- Die Zusammenarbeit ist häufig **zeitlich befristet,** z. B. im Rahmen eines Projektes.
- Eine Person führt in der Regel als **Teamleiter** die Gruppe, er definiert sich eher als „Primus inter Pares“ („Erster unter Gleichen“).
- Bei der Verfolgung des Gruppenziels kommt es auf die Ausprägung eines Wir-Gefühls an; es werden dabei hohe Anforderungen an die **Kommunikationsbeziehungen** des Teams gestellt (z. B. Offenheit, Gleichberechtigung).
- Die gestellten **Aufgaben** sind meist so komplex und/oder innovativ, dass diese Arbeitsform ihre besonderen Vorzüge nutzt; die Arbeitsleistung eines Teams ist mehr als die Summe der Einzelleistungen, da es häufig zu **Synergieeffekten** („2 + 2 = 5“) kommt.
- Die **Arbeitsverteilung** innerhalb des Teams sollte transparent und gerecht erfolgen, jedes Teammitglied hat sich aktiv am Gruppenprozess zu beteiligen.
- Die **Verantwortung** für das gemeinsame Ziel lastet auf allen Mitgliedern.
- **Konflikte** müssen deutlich ausgesprochen werden, sie werden in der Regel innerhalb des Teams selbst gelöst, allerdings können auch externe Personen (z. B. Berater) zur **Teamentwicklung** herangezogen werden.
- Die **Bewertung** der Teamleistung kann sowohl intern als auch extern (z. B. durch die Unternehmensleitung) vorgenommen werden, sogenannte Feedbackregeln (siehe Fragen Nr. 874 f.) können dabei unterstützend eingesetzt werden.

859 ZP **Welche *Vorteile (Chancen)* besitzt die *Teamarbeit?***

- höhere **Arbeitsleistung** durch Ausnutzen von Synergieeffekten
- hohe **Arbeitsmotivation** der Teammitglieder (z. B. durch Gleichberechtigung)
- **gegenseitige Fortbildung** der Teammitarbeiter (Kostenersparnis)
- Entwicklung eines **guten Betriebsklimas** (z. B. durch Entwickeln eines Wir-Gefühls)
- Verbesserung von Kommunikationsbeziehungen durch **Teamentwicklung**

860 ZP **Welche *Nachteile (Probleme)* kann die *Teamarbeit* aufweisen?**

- **geringe Arbeitsleistung** und **höherer Zeitaufwand** durch die Notwendigkeit umfangreicher Maßnahmen zur Konfliktbewältigung
- **Kompetenzstreitigkeiten** bei schlechter Teamentwicklung
- **Gefahr** von **„schlechten Kompromissen“** durch Rücksicht auf Mehrheitsmeinung
- **Dominanz** von **„Vielrednern“** und „Besserwissern“

## 1.7.3.7 Moderationsmethode

Handbuch: Kapitel 15

- Die in den 60er-Jahren des 20. Jahrhunderts entstandene Methode hat das Ziel, zwischen Mitgliedern einer Gruppe **gleichberechtigte Kommunikation** zu ermöglichen, bei der ein **Moderator** darauf achtet, dass bestimmte **Kommunikationsregeln** eingehalten werden.
- Der Moderator lenkt die Gruppe nicht inhaltlich, er unterstützt die Gruppenmitglieder nur darin, ihre eigenen Zielvorstellungen und Erkenntnisse zu **aktivieren,** zu **visualisieren** und eine **Problemlösung** oder **Entscheidungsfindung** zielgerichtet voranzutreiben.
- Bei der Moderationsmethode werden in starkem Maße sowohl **Visualisierungs-** als auch **Frage-** und **Antworttechniken** genutzt, um eine ausgesprochen **interaktive Kommunikation** zwischen den Gruppenmitgliedern zu ermöglichen.

**ZP** 861
**Welche *Ziele* verfolgt die *Moderationsmethode?***

- **Alle Gruppenmitglieder akzeptieren** die **Grundregeln** der Moderationsmethode.
- **Gruppe** und **Moderator(en) akzeptieren sich** gegenseitig.
- Der **Moderator** hat so viel **Vorwissen** über das zu bearbeitende Thema, dass er die **Kommunikation effektiv gestalten** kann.
- Der Moderator verfügt sowohl über grundlegende **Visualisierungs-** als auch über **Frage-** und **Antworttechniken.**
- Die **emotionale Betroffenheit** durch das Thema ist für den **Moderator** allenfalls in **geringem Maße** gegeben.
- Die **Größe der Gruppe** sollte **beschränkt** sein (optimale Gruppengröße ca. 15 Personen).

**ZP** 862
**Welche *Voraussetzungen* sollten für die Anwendung der *Moderationsmethode* erfüllt sein?**

- Ermöglichung einer **gleichberechtigten Kommunikation** durch Einbeziehung möglichst aller Gruppenmitglieder
- **Erhöhung der Behaltensquote** durch zusätzliche Nutzung von Schriftsprache und Grafik
- permanente **Rückverfolgung des Diskussionsstranges**
- **Trennung von Wichtigem und Unwichtigem** bzw. Gewichtung ausgewählter Merkmale und Aussagen
- gezielte **Ergebnissicherung** (auch von Zwischenergebnissen)

**ZP** 863
**Welche *Ziele* werden mit dem Einsatz der *Visualisierungstechniken* der Moderationsmethode verfolgt?**

864

**ZP**

**Welche *Visualisierungstechniken* werden bei der *Moderationsmethode* angewandt?**

- Gliederung in **Ober-** und **Unterbegriffe**/Erstellung von **Struktogrammen:**

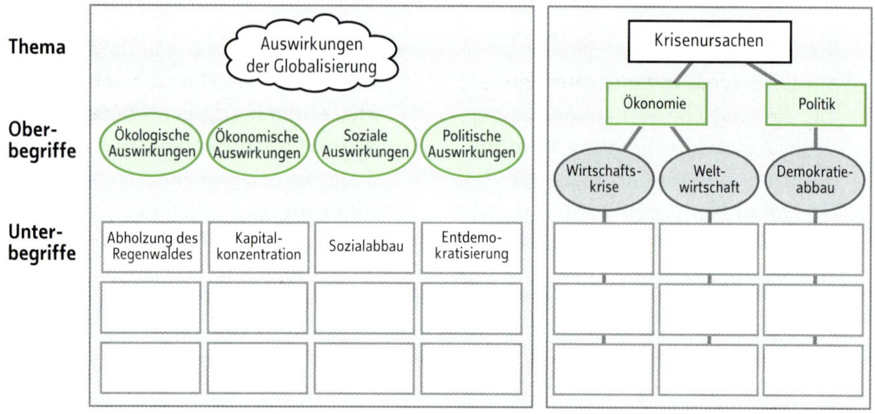


- Erstellung eines **Netzes:**

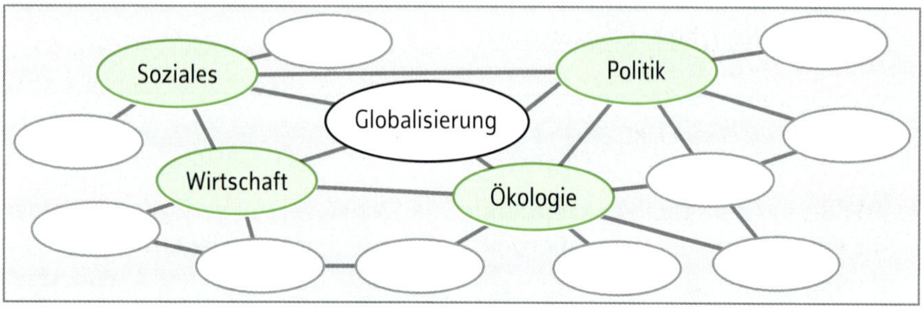


- Erstellung einer **Liste** (z. B. von Regeln oder zu bearbeitenden Aufgaben):

- Aufbau einer **Tabelle** oder **Matrix:**

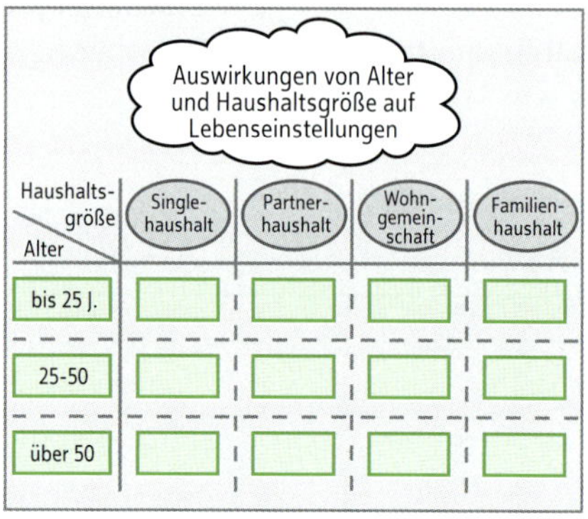

Der **Moderator sollte ...**

- niemals inhaltlich Stellung beziehen,
- alle Gruppenmitglieder einbeziehen,
- allen Gruppenmitgliedern ausreichend zuhören,
- Störungen im Gruppenprozess beachten („Störungen haben Vorrang"),
- flexibel bzw. situativ reagieren (z. B. in Schwächephasen motivieren),
- Fragen eindeutig formulieren,
- Gesprochenes visualisieren (soweit sinnvoll),
- Arbeits- und Pausenzeiten mit der Gruppe abstimmen.

**ZP** 865

**Welche *Verhaltensregeln* sollte der *Moderator* bei der Moderationsmethode einhalten?**

- **Einzelarbeit:** Diese Sozialform wird meist nur in kurzen Phasen genutzt, zum Beispiel während der Beschriftung von Moderationskarten oder beim Lesen von Materialien.
- **Partnerarbeit:** Zwei Partner arbeiten zusammen, um einen klar überschaubaren Arbeitsauftrag gemeinsam zu lösen.
- **Gruppenarbeit:** Diese Sozialform wird bei der Moderation benutzt, um die Vorteile von Gruppenprozessen zu nutzen. Erst in der Gruppe entstehen bestimmte Arbeitsergebnisse, da der Gedankenaustausch von mehreren Personen dafür Voraussetzung ist.
- **Plenum:** In der Großgruppe wird der Moderationsprozess begonnen und beendet. Auch viele Sammlungs- und Entscheidungsprozesse finden in dieser Sozialform statt, da die Meinung und Kreativität aller Beteiligten zeitgleich gefragt ist. Die Entscheidung über die Bildung von Teilgruppen obliegt ebenfalls dem Plenum.

**ZP** 866

**Welche *Sozialformen* werden in der *Moderationsmethode* angewandt? Wozu *dient* jeweils die *Sozialform?***

867 **ZP**

**Welche *Frage-* und *Antworttechniken* werden bei der Moderationsmethode genutzt?**

- **Kartenabfrage:** Der Moderator stellt eine Frage – meist schriftlich zusätzlich visualisiert – und lässt sie per Moderationskarten schriftlich beantworten. Das kann in Einzel- und Partnerarbeit, offen oder anonym geschehen. Anschließend werden die Karten gesammelt und vom Plenum nach Ober- und Unterbegriffen an der Pinnwand geordnet (geclustert). Für weitergehende Sortierungsphasen steht meistens eine zweite Pinnwand zur Verfügung. Oberbegriffe können vor oder auch erst nach der Sammlungsphase gebildet werden. Die Kartenabfrage ist meist Grundlage für eine weiterführende Gruppenarbeitsphase.
- **Zuruffrage:** Der Moderator stellt eine Frage und notiert die mündlichen Antworten selbst (z. B. auf Karten) oder lässt sie von einem Zweitmoderator schriftlich fixieren. Die Zuruffrage kann mit der Methode des Mindmappings kombiniert werden (siehe Kapitel 1.7.3.3, S. 243 f.).
- **Einpunktfrage:** Eine Frage wird schriftlich vom Moderator z. B. an Pinnwand oder Flipchart fixiert. Die Gruppenmitglieder erhalten für die Gestaltung der Antwort (der Skalierung) einen Klebepunkt. Das anonyme Abfragen von Meinungen oder Stimmungen steht bei der Einpunktfrage im Vordergrund.

  *Beispiele für Einpunktfragen:*

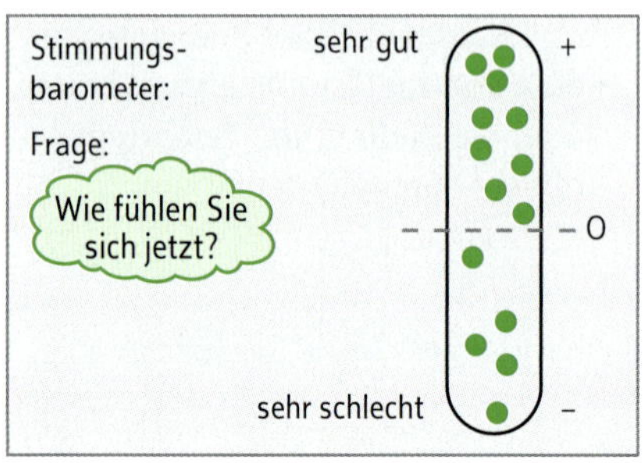


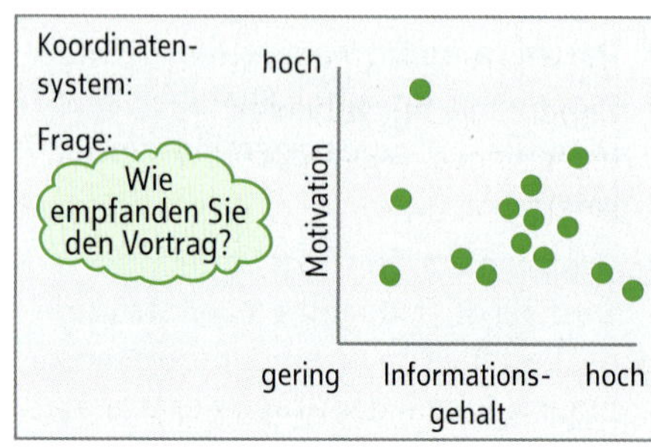


- **Mehrpunktfrage:** Auf einer Pinnwand oder einer Wandzeitung wird ein Fragekomplex offen oder anonym bearbeitet, indem die Gruppenmitglieder schriftlich vorgegebene Antworten mithilfe von Klebepunkten gewichten. Eine beschränkte Anzahl von Klebepunkten (z. B. drei Klebepunkte für fünf mögliche Antworten) führt zu einer eindeutigen Entscheidungsfindung.

  *Beispiel:*

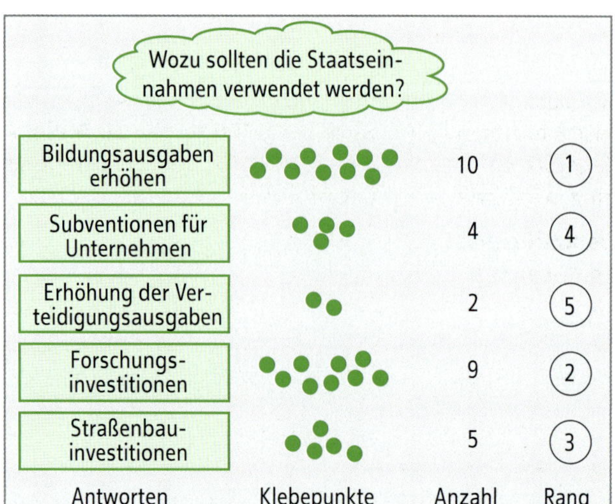

## 1.7.3.8 Präsentationstechniken und Feedbackregeln

Handbuch: Kapitel 15

- Der zu präsentierende Sachverhalt muss **sinnvoll gegliedert** sein, eine **klare Struktur** muss für den Zuhörenden erkennbar sein.
- **Kernaussagen** sollten **hervorgehoben** werden, **Beispiele** können gerade abstrakte Sachverhalte **verdeutlichen.**

**ZP** 868
Welche *inhaltlichen Aspekte* sind bei einer *Präsentation* (z. B. von Gruppenarbeitsergebnissen) zu beachten?

- Die **mündliche Sprache** der Präsentierenden muss durch **Variation** der **Lautstärke,** der **Sprechgeschwindigkeit** und der **Betonung** angemessen **moduliert** sein. Gezielte **Sprechpausen** erhöhen die Aufmerksamkeit. Die **Sätze** sollten **nicht zu lang** sein.
- Beim Vortragen der Texte sollten die **Zuhörer angesehen werden,** ein gelegentliches Ablesen vom Manuskript ist erlaubt.
- **Geschriebene Texte** müssen die Regeln der **Rechtschreibung, Zeichensetzung** und **Grammatik** einhalten.
- Zur Sprache gehört auch die **Körpersprache** (Gestik und Mimik). Sie sollte kommunikativ eingesetzt werden.

**ZP** 869
Welche *sprachlichen Aspekte* sind bei einer *Präsentation* zu berücksichtigen?

- Geeignete **Medien** (z. B. Flipchart, PC und Beamer, Plakat, Folie) sind **auszuwählen.** Eine „Medienschlacht" ist aber zu vermeiden.
- Die ausgewählte **Schrift** muss **gut lesbar** sein, es sollten sowohl Klein- als auch Großbuchstaben benutzt werden.
- Texte sollten durch **Überschriften** und **Absätze** gut gegliedert sein.
- Zur angemessenen **Visualisierung** werden unterschiedliche Farben, Symbole/Piktogramme oder Abbildungen (z. B. Fotos, Grafiken) genutzt.

**ZP** 870
Welche *gestalterischen Aspekte* sind bei einer *Präsentation* zu beachten?

- Die **Gesamtdauer** der **Präsentation** muss dem Präsentationsgegenstand, dem Anlass und dem Zuhörerkreis entsprechend **angemessen** gewählt sein.
- Bei einer **Gruppenpräsentation** muss vorher genau geplant sein, wer was wann vorträgt.
- Die Präsentation muss dem Dreischritt **Einleitung, Hauptteil** und **Schluss** mit den entsprechenden Zeitanteilen entsprechen.

**ZP** 871
Welche *zeitökonomischen Aspekte* sollten bei einer *Präsentation* berücksichtigt werden?

872 **ZP**

Welche *ergebnissichernden Aspekte* sind bei einer *Präsentation* zu beachten?

- Bei der **Planung** des Präsentationsablaufs ist festzulegen, ob die Zuhörer ein **Handout** (z. B. ein Thesenpapier) erhalten.
- Am **Ende** der Präsentation müssen die Zuhörer die Möglichkeit erhalten, **Verständnis-** und **Vertiefungsfragen** zu stellen.

873 **ZP**

Inwieweit wird *während* der *Präsentation* mit den Zuhörern *kommuniziert?*

**Während der Präsentation** wird vom Präsentierenden durch **Sprachmodulation** und durch den gezielten Einsatz von **Mimik** und **Gestik** mit den Zuhörern kommuniziert. Der Präsentierende sollte mit möglichst allen Zuhörern **Blickkontakt** halten.

874

Wozu dient ein *Feedback* bei der zwischenmenschlichen Kommunikation?

Lernt man über ein **Feedback** eines Kommunikationspartners, dienen diese **Rückmeldungen** dazu, **das eigene Verhalten, die eigenen Überlegungen zu überdenken** und eventuell **zu verändern.**

875

*Worauf* ist beim Geben eines *Feedbacks* zu *achten?*

- **Hören Sie aufmerksam zu!**
  Bevor Kritik geäußert wird, sollte man die Meinung des anderen genau kennen. Dazu gehört, dass man dem Kommunikationspartner genau zuhört und ihn stets aussprechen lässt.
- **Verstärken Sie Positives!**
  Ein Feedback sollte prinzipiell von Stärken des Kommunikationspartners ausgehen, bevor andere Bereiche angesprochen werden.
- **Äußern Sie die Kritik sachgemäß!**
  Die geäußerte Kritik sollte sich auf die Sache, nicht auf die Person beziehen. Dabei ist prinzipiell zwischen objektiven Fakten und subjektiven Wahrnehmungen zu unterscheiden.
- **Formulieren Sie Ich-Botschaften!**
  Urteile über andere Menschen wirken schnell verletzend und erschweren dadurch den Interaktionsprozess. Wird Kritik an Einstellungen oder am Verhalten anderer Menschen geübt, sollte man Verallgemeinerungen verhindern (z. B. : „Alle sind der Meinung, dass du ...“), stattdessen sollten Ich-Botschaften formuliert werden (z. B.: „Ich bin der Meinung, dass du ...“), die das abgegebene Urteil als subjektiv (wertend) kennzeichnen.
- **Nutzen Sie die nonverbale Kommunikation!**
  Die Aussagen sind durch nonverbale Elemente zu unterstützen, z. B. durch eine bestimmte Mimik (Gesichtssprache) oder Gestik (Körpersprache). Der Aussagegehalt wird dadurch nicht nur gesteigert, sondern die Kommunikation wird unter Umständen auch vertrauenswürdiger (z. B. durch eine Mimik, die Verständnis oder Anteilnahme ausdrückt).

## 1.7.4 Kommunikation und Konfliktlösung

Handbuch: Kapitel 15

ZP 876
Welche *Kommunikationsarten* werden grundsätzlich unterschieden?

- **menschliche Kommunikation** (z. B. Verkaufsgespräch)
- **Mensch-Maschine-Kommunikation** (z. B. Datenbankabfrage durch Nutzer)
- **maschinelle Kommunikation** (z. B. automatischer Datenabgleich)

ZP 877
Welche *Kommunikationsformen* werden prinzipiell unterschieden?

- **akustische Kommunikation** (z. B. Telefongespräch)
- **optische Kommunikation** (z. B. Plakattext und -gestaltung)
- **taktile Kommunikation** (z. B. durch menschliche Berührung)

ZP 878
Was versteht man unter *verbaler* und *nonverbaler Kommunikation?*

- Die **verbale Kommunikation** nutzt die gesprochene oder geschriebene Sprache als Kommunikationsmittel.
- Die **nonverbale Kommunikation** bedient sich vor allem visueller Elemente, also zum Beispiel der Mimik und Gestik. So kann beispielsweise die Sitzhaltung einer Person oder die Haltung der Hände hohen Aussagegehalt im Kommunikationsprozess aufweisen.

ZP 879
Welche *vier Seiten einer Nachricht* enthält das *psychologische Kommunikationsmodell* von Schulz von Thun?

1. **Seite: Sachinhalt** (worüber ich informiere)
2. **Seite: Selbstoffenbarung** (was ich von mir selbst kundgebe)
3. **Seite: Beziehung** (was ich von dem anderen halte und wie wir zueinander stehen)
4. **Seite: Appell** (wozu ich den anderen veranlassen möchte)

Jede Kommunikation enthält **alle vier Seiten** einer Nachricht, auch wenn die einzelnen Seiten für andere nicht immer eindeutig zu entschlüsseln sind.

ZP 880
Formulieren Sie wichtige *Kommunikationsregeln* am Beispiel einer *mündlichen Kommunikation.*

- dem Kommunikationspartner intensiv **zuhören**
- **auf Gesprächsäußerungen** genau **eingehen,** den Gesprächsfaden konstruktiv weiterspinnen
- **Thesen** (Behauptungen) **begründen**
- **verständlich sprechen,** alle Facetten der Sprachmodulation (z. B. Sprechgeschwindigkeit, -lautstärke, Betonung) nutzen
- **nonverbale Gesprächselemente** wahrnehmen und darauf angemessen reagieren
- **auf Störungen** in der Kommunikation **situativ reagieren**

881 **ZP**

**Nennen Sie *Beispiele* für *Erkennungszeichen* von *Problemen* bei der *Gesprächsführung.***

- Zwischen den Kommunikationspartnern tritt eine **gereizte Stimmung** auf.
- Ein Gespräch wird nur sehr oberflächlich geführt, sogenannte **Gesprächsfloskeln** bestimmen einen Großteil der Unterhaltung.
- Man versucht das **Gespräch** relativ **schnell zu beenden,** obwohl kein eigentlicher Zeitdruck besteht.
- Der **Gesprächsverlauf** ist **stockend** und gehemmt.
- Man hat während des Gesprächs das **Gefühl,** dass man **„aneinander vorbeiredet".**
- Man **vermeidet** bewusst oder unbewusst, dem **Kommunikationspartner** während des Gesprächs **in die Augen zu sehen.**
- **Gefühle** werden während des Gesprächs **unterdrückt,** man spürt gerade am Ende der Kommunikation eine innere Unzufriedenheit.

882 **ZP**

**Welche *Gesichtspunkte* sind bei der *Lösung von Kommunikationsproblemen* zu beachten?**

- Beide Gesprächspartner müssen bereit sein, das **„Anderssein"** des jeweils anderen prinzipiell zu akzeptieren. Lösung von Kommunikationsproblemen kann nicht bedeuten, die Persönlichkeit, die Individualität eines Menschen beschneiden zu wollen.
- Die Lösung von Kommunikationsproblemen darf nicht mit dem Beseitigen von **betrieblichen Strukturen** oder **Abhängigkeiten** verwechselt werden. Zum Beispiel ist die offene Gesprächsbereitschaft eines Vorgesetzten nicht als die Aufgabe seiner Vorgesetztenrolle zu interpretieren.
- Es wird selten der Fall sein, dass bereits ein erstes Gespräch zur Lösung der Probleme führt. **Geduld** und **Toleranz** sind notwendige Voraussetzungen der Gesprächsführung.
- Bei dem Gespräch sollte nicht nur sachlogisch argumentiert werden. Genauso wichtig sind häufig **gefühlsbetonte Ausdrucksweisen.** Gerade sogenannte **nonverbale Kommunikationsmittel**, Mimik und Gestik, können eine bedeutende Rolle spielen. Sie helfen in vielen Fällen, eventuell bestehende Hemmungen und Ängste abzubauen.
- **Schwächen des Kommunikationspartners,** egal welcher Art, dürfen nicht zur „Lösung" der Probleme ausgenutzt werden. Auch wenn es zunächst so aussehen sollte, als käme man mit dieser „Technik" eher an sein Ziel, führt dieses Vorgehen in der Regel nur zu neuen Schwierigkeiten.
- Der sprachliche Ausdruck ist **situations-** und **partnerbezogen** zu wählen. Es ist zum Beispiel sehr wichtig, sich an die jeweilige Aufnahmefähigkeit des Kommunikationspartners und dessen Ausdrucksweise anzupassen.

**ZP** 883

**In welchen *Phasen* könnte ein *Gespräch zur Konfliktlösung* unter Nutzung einer neutralen Person ablaufen?**

**Phasen** eines Gesprächs zur Konfliktlösung sind:

- **Gesprächseröffnungsphase:**
  Die **neutrale dritte Person begrüßt** die Konfliktparteien in einer **freundlichen Gesprächsatmosphäre,** die gewählte **Räumlichkeit unterstützt die Begrüßungsphase.**
- **Vorstellungsphase:**
  Die Beteiligten machen jeweils Angaben zu ihrer eigenen Person und definieren ihre Rolle.
- **Problembeschreibungsphase:**
  Das Problem, der Konflikt, wird von den Beteiligten aus ihrer jeweiligen Sicht beschrieben, eventuell werden Gefühle zum Ausdruck gebracht und Erwartungshaltungen beschrieben. Die Beteiligten lassen sich gegenseitig aussprechen. Die neutrale Person verhindert, dass sie sich „in das Wort fallen".
- **Befragungsphase:**
  Die beiden Konfliktparteien und auch die neutrale Person stellen Verständnis- und Vertiefungsfragen zur erfolgten Problembeschreibung. Dabei ist das Zuhören manchmal wichtiger als das Fragen. Gemeinsamkeiten und Differenzen können nun klar benannt werden.
- **Phase der Lösungssuche:**
  Mithilfe der neutralen Person suchen die Beteiligten gemeinsam nach einer Lösung. Handlungsalternativen werden gesucht und problematisiert. Man versucht, einen Kompromiss zu finden.
- **Vereinbarungsphase:**
  Eine gefundene Lösung wird schriftlich festgehalten, eine Zielvereinbarung getroffen. Man legt einen Zeitplan und eventuell auch Evaluationskriterien fest, um überprüfen zu können, ob die angestrebte Lösung tatsächlich umgesetzt wurde.

**884** **Bei der Behandlung von Problemen in der zwischenmenschlichen Kommunikation wird die *Sach- und Beziehungsebene* unterschieden. Was ist damit gemeint?**

- Die **Sachebene** in der zwischenmenschlichen Kommunikation bezieht sich auf die „Sache“, den Inhalt der Kommunikation, z.B. in einem Konflikt zwischen Kunde und Verkäufer der Preis eines Produktes oder die unterschiedlichen Qualitätsanforderungen an das Produkt.
- Die **Beziehungsebene** bezieht sich auf das Verhalten der Beteiligten zueinander und auf ihr persönliches Verhältnis zueinander.

Möchte man die Probleme zwischen den beteiligten Personen lösen, müssen beide Ebenen zunächst logisch getrennt werden, wenn auch Verbindungen zwischen beiden Ebenen bestehen.

**885** **Was verdeutlicht das sogenannte *„Eisbergmodell“* im Rahmen der zwischenmenschlichen Kommunikation?**

Mithilfe des sogenannten **Eisbergmodells** wird in den Wissenschaftsdisziplinen Kommunikationstheorie und Psychologie verdeutlicht, dass bei der zwischenmenschlichen Kommunikation nur **10 % – 20 %** der kommunikativen Botschaft – wie bei einem Eisberg – **sichtbar** sind, **80 % – 90 % eher unsichtbar**, also verborgen, bleiben. Demnach spielen z.B. **Gefühle, Einstellungen, Motive** oder **Absichten** eine sehr große Rolle bei der zwischenmenschlichen Kommunikation, ja, sie bestimmen häufig die Wirkung kommunikativer Äußerungen bzw. kommunikativen Verhaltens.

**Eisbergmodell in Anlehnung an Sigmund Freud**
- Nur die Spitze des Eisberges ist sichtbar! -

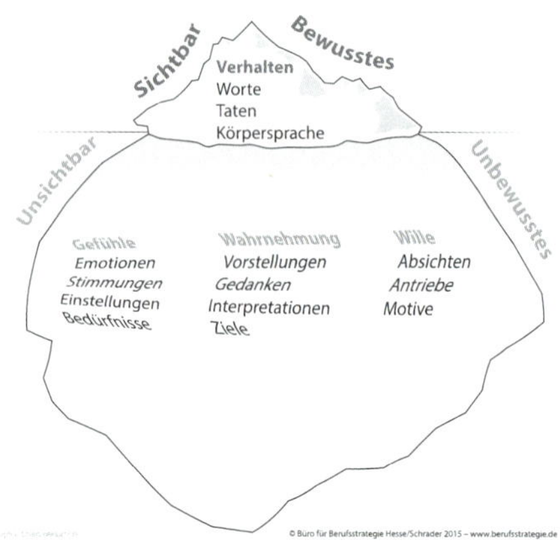


**886** **Als *Konfliktursachen* werden in der Regel *Wertekonflikte*, *Zielkonflikte* und *Beziehungskonflikte* unterschieden. Was ist damit im Einzelnen gemeint?**

- **Wertekonflikte** zwischen Menschen entstehen dadurch, dass die Beteiligten des Konfliktes unterschiedliche Wertvorstellungen besitzen. Was dem einen Menschen als sehr wichtig erscheint (z.B. wirtschaftlicher Erfolg), kann für den anderen Menschen relativ unbedeutend sein.
- **Zielkonflikte** entstehen dadurch, dass die Beteiligten unterschiedliche Zielvorstellungen haben. Im unternehmerischen Bereich kann es z.B. Zielkonflikte zwischen kurzfristigen und langfristigen Unternehmenszielen geben. So kann ein kurzfristiges Ziel darin bestehen, die Liquidität des Unternehmens in Krisensituationen rasch zu verbessern – das langfristige Ziel der Gewinnmaximierung wird in dieser Situation eher bewusst vernachlässigt.
- **Beziehungskonflikte** entstehen zwischen Menschen, wenn die „Chemie“ zwischen ihnen nicht stimmt, ihr Verhalten zueinander nicht von beiden als angemessen oder sogar positiv empfunden wird. Häufig wird das „Anderssein“ des Kommunikationspartners nicht akzeptiert.

- Ein **Coach** leitet gezielt ein Konfliktgespräch, indem er die Stärken der Beteiligten geschickt nutzt. Dabei benutzt er von ihm vorher ausgearbeitete Fragen an die Beteiligten, damit sie **eigene Lösungen** entwickeln können.
- Ein **Moderator** lenkt ein Konfliktgespräch, ohne eigene Interessen zu verfolgen. Er organisiert das Gespräch und ergreift abwechselnd jeweils für eine kurze Phase die Partei eines Beteiligten, um die Klärung des Konfliktes zu ermöglichen.
- Ein **Mediator** (Vermittler) strukturiert in dem von den Beteiligten freiwillig gewählten Verfahren als neutrale Person das Konfliktgespräch. Sein Ziel ist es, einen Kompromiss oder eine Vereinbarung zwischen den Konfliktparteien herbeizuführen.

887

**Bei der Behandlung von Kommunikationsproblemen werden u. a. ein *Coach*, ein *Moderator* und ein *Mediator* unterschieden. Was ist damit jeweils gemeint?**

Das Modell der **„Gewaltfreien Kommunikation"** beschreibt nicht, wie zwischenmenschliche Kommunikation abläuft, sondern es ist eher als ein wünschenswertes **Konzept** für einen friedlichen Umgang zwischen Menschen zu bezeichnen oder als eine **Konfliktlösetechnik** zu verstehen.

Das Hauptziel besteht darin, verletzende oder schmerzhafte Kommunikation zu verhindern. Begründer dieses Modells ist der US-Amerikaner *Marshall B. Rosenberg.* Er möchte eine wertschätzende Kommunikation zwischen den Menschen unterstützen, deshalb ist die **Empathie**, also das „Hineinfühlen" in die Situation des Kommunikationspartners, für ihn von besonderer Bedeutung. Dazu gehört das **aktive Zuhören**, um die **Bedürfnisse** (z. B. körperliche oder soziale Bedürfnisse) des Kommunikationspartners erkennen zu können. Bei der Beobachtung von Verhalten gilt es, zwischen der reinen Beobachtung und einer Bewertung des beobachteten Verhaltens zu unterscheiden. Herausgearbeitete **Gefühle** und **Bedürfnisse** sollen dem Kommunikationspartner schließlich in Form einer handlungsbezogenen **Bitte** – nicht in Form einer Forderung – entgegengebracht werden. Die Anwendung des Modells der Gewaltfreien Kommunikation setzt Vertrauen und letztendlich den Einsatz von viel Energie und Zeit voraus.

888

**Erklären Sie das Modell der *„Gewaltfreien Kommunikation"*.**

# 2 Kaufmännische Steuerung und Kontrolle

Lernfeld 3

## 2.1 Werteströme und Werte erfassen und dokumentieren

Handbuch: LF 2 und 3

### 2.1.1 Bereiche und Aufgaben des Rechnungswesens

1 Welche allgemeinen *Aufgaben* hat das *Rechnungswesen?*

Das **Rechnungswesen** hat die folgenden **Aufgaben:**

- **Dokumentation:** z. B. Erfassen von Einnahmen und Ausgaben
- **Information:** z. B. Auskunft über Herkunft der Einnahmen und Ausgaben
- **Rechenschaftslegung:** z. B. Nachweis von Einnahmen und Ausgaben gegenüber dem Finanzamt
- **Kontrolle:** z. B. Erreichen des Kostensenkungsziels
- **Planung:** z. B. Vornahme von Investitionen, Einstellung von Arbeitnehmern

2 Welche Teil*bereiche* des betrieblichen *Rechnungswesens* werden unterschieden?

Das **betriebliche Rechnungswesen** gliedert sich in die **Teilbereiche:**

- Finanzbuchhaltung
- Kosten- und Leistungsrechnung (KLR)
- Statistik
- Planungsrechnung

3 Welche *Aufgaben* hat die *Finanzbuchhaltung?*

Die **Finanzbuchhaltung** hat die folgenden **Aufgaben:**

- Erfassen aller betrieblich relevanten Geschäftsfälle während des Geschäftsjahres
- Bewerten und Bilanzieren aller Vermögensteile und Schulden
- Erstellen des Jahresabschlusses mit Bilanz und Gewinn- und Verlustrechnung (bei Kapitalgesellschaften: zusätzlich Anhang)
- Analysieren der Bilanz und der Gewinn- und Verlustrechnung mithilfe von Bilanzkennzahlen

4 *Warum* wird *Finanzbuchhaltung* betrieben?

- **Wirtschaftliche Gründe** sind:
  - Ermittlung des Vermögens und der Schulden und deren Veränderungen am Bilanzstichtag
  - Bereitstellung von Zahlen für die Preiskalkulation sowie für die Bewertung der fertigen und unfertigen Erzeugnisse und der Eigenleistungen
  - Kontrolle der Liquidität und des Verschuldungsgrades (Überschuldung), um Insolvenz zu vermeiden
  - Kontrolle der Wirtschaftlichkeit
  - Lieferung von Entscheidungsgrundlagen für Externe wie Banken, Kunden, Lieferanten, Gesellschafter, Finanzbehörden
- **Rechtliche Gründe** sind Vorschriften des Gesetzgebers, die im Handelsgesetzbuch, dem Einkommensteuergesetz und der Abgabenordnung zu finden sind.

## 2.1.2 Grundsätze ordnungsmäßiger Buchführung (GoB)

Handbuch: LF 3

**Grundsätze ordnungsmäßiger Buchführung:**

- Führen von Handelsbüchern in einer **lebenden Sprache**
- Verwenden eines **Buchführungssystems**
- Aufstellen des Jahresabschlusses in **deutscher Sprache** und Bewertung in **Euro**
- zeitgerechtes und geordnetes Eintragen in die **Handelsbücher**
- Bei Eintragungsänderungen muss der **ursprüngliche Inhalt** noch feststellbar sein.
- keine Buchung ohne **Beleg**
- Handelsbücher, Inventare, Bilanzen, Buchungsbelege und Lageberichte sind **zehn Jahre** lang aufzubewahren, Handelsbriefe und sonstige Unterlagen **sechs Jahre.**
- Das Geschäftsjahr dauert nicht länger als **12 Monate.**
- Beachten des **Stichtagsprinzips**
- Beachten des Prinzips der **Einzelbewertung** bei der Bewertung der Vermögensteile und der Schulden

Welche *Grundsätze ordnungsmäßiger Buchführung* werden unterschieden? 5

## 2.1.3 Organisation der Buchführung

Handbuch: LF 3

- Der Kontenrahmen ist die **systematische Gliederung aller Konten** der Unternehmen eines Wirtschaftszweiges/einer Branche, z. B. für Industriebetriebe der Industriekontenrahmen (IKR), für Einzelhandelsbetriebe der Einzelhandelskontenrahmen (EKR).
- Er ist nach dem **Abschlussgliederungsprinzip** (Ausrichtung der Konten auf die Bilanz und die Gewinn- und Verlustrechnung nach HGB) gegliedert.

Was ist ein *Kontenrahmen* und nach welchem *Prinzip* ist er gegliedert? 6

Der **Kontenrahmen** ist nach dem **dekadischen System** (Zehnersystem) aufgebaut, d. h., es gibt **zehn Kontenklassen,** nummeriert von 0 bis 9. Jede Kontenklasse ist in zehn Kontengruppen, jede Kontengruppe in zehn Kontenarten, jede Kontenart in zehn Kontenunterarten usw. unterteilt.

Der Kontenrahmen zeigt eine bestimmte **Reihenfolge der Kontengliederung:**

- aktive Bestandskonten
- passive Bestandskonten
- Ertragskonten
- Aufwandskonten
- Ergebnis- oder Abschlusskonten
- Konten für die Kosten- und Leistungsrechnung

Nach welchem *System* ist der *Kontenrahmen* aufgebaut? 7

8

**Reihen Sie das Konto mit der *Kontonummer 2002* in das System des Industriekontenrahmens ein.**

2 Kontenklasse: „Umlaufvermögen und aktive Rechnungsabgrenzung“

20 Kontengruppe: „Roh-, Hilfs- und Betriebsstoffe“

200 Kontenart: „Rohstoffe/Fertigungsmaterial“

2002 Kontenunterart: „Nachlässe“

9

**Welche *Kontenklassen* werden im *Industriekontenrahmen* unterschieden?**

Der **Industriekontenrahmen** besteht aus den folgenden **zehn Kontenklassen:**

0 Immaterielle Vermögensgegenstände und Sachanlagen
1 Finanzanlagen
2 Umlaufvermögen und aktive Rechnungsabgrenzung
3 Eigenkapital und Rückstellungen
4 Verbindlichkeiten und passive Rechnungsabgrenzung
5 Erträge
6 Betriebliche Aufwendungen
7 Weitere Aufwendungen
8 Ergebnisrechnungen
9 Kosten- und Leistungsrechnung

10

**Was ist ein *Kontenplan?***

Der Kontenplan ist die **betriebsindividuelle Ausgestaltung** des vom jeweiligen Wirtschaftsverband empfohlenen Kontenrahmens, der ebenfalls nach dem dekadischen System aufgebaut ist. Dabei werden nicht benötigte Konten weggelassen, zusätzlich benötigte Konten werden eingefügt.

11

**Welche *Buchungsbelege* werden unterschieden?**

Bei den **Buchungsbelegen** werden unterschieden:

- **interne** oder **Eigenbelege** (im Unternehmen selbst erstellte Belege), z. B. Lohnliste, Durchschrift Ausgangsrechnung
- **externe** oder **Fremdbelege** (von außen in das Unternehmen gelangte Belege), z. B. Eingangsrechnung, Quittung
- **Ersatzbelege** (Notbelege)
  - Ersatz für ***abhandengekommene*** Originalbelege
  - ***nicht erhältliche*** Fremdbelege, z. B. Beleg für ein Telefonat von einer öffentlichen Telefonzelle

12

**Welche *Tätigkeiten* sind bei der Bearbeitung der *Belege* vorzunehmen?**

Die **Bearbeitung von Belegen** schließt nachfolgende Tätigkeiten ein:

- Überprüfen auf sachliche und rechnerische Richtigkeit,
- Sortieren und Nummerieren der Belege,
- Vorkontieren auf der Grundlage des Kontenplans,
- Ablegen und aufbewahren.

13

**Welche *Bücher* werden in *der Finanzbuchhaltung* unterschieden?**

In der **Finanzbuchhaltung** werden unterschieden:

- **Grundbuch:**
  Das Grundbuch wird auch **Journal** oder Tagebuch genannt. In ihm werden alle Geschäftsfälle auf der Grundlage der Belege chronologisch, also in **zeitlicher Reihenfolge** gebucht.
- **Hauptbuch:**
  Das Hauptbuch umfasst die Gesamtheit aller Konten des Kontenplans. Hier werden die Geschäftsfälle nach **sachlichen Gesichtspunkten** gebucht.

- **Nebenbücher**
  Sie dienen der Erläuterung einzelner Sachkonten des Hauptbuches. Folgende Nebenbücher werden unterschieden:
  - ***Kontokorrentbuch:*** In ihm werden die Forderungen an Kunden ***(Debitorenbuchhaltung)*** und die Verbindlichkeiten gegenüber Lieferanten ***(Kreditorenbuchhaltung)*** gebucht.
  - ***Lagerdatei:*** Hier werden Zugänge, Abgänge und Bestände der einzelnen Materialarten erfasst.
  - ***Anlagendatei:*** Sie enthält die Zugänge, Abschreibungen und Abgänge der verschiedenen Güter des Anlagevermögens.
  - ***Lohn- und Gehaltslisten:*** Sie nehmen die Lohn- und Gehaltsabrechnungen der Mitarbeiter auf.

**Aufbewahrungsfristen:**
- **zehn Jahre** für Handelsbücher, Bilanzen, Inventare, Buchungsbelege und Lageberichte
- **sechs Jahre** für Handelsbriefe und sonstige Unterlagen
- Die Aufbewahrungsfrist beginnt jeweils mit dem Schluss des Kalenderjahres.

**14** Welche *Aufbewahrungsfristen* gelten für Unterlagen der *Finanzbuchhaltung?*

## 2.1.4 Datenverarbeitung in der Finanzbuchhaltung

Handbuch: LF 3

- **Stammdaten** sind Daten, die immer oder über einen längeren Zeitraum unverändert bleiben, z. B.:
  - Kontenplan
  - Gliederung der Bilanz und der Gewinn- und Verlustrechnung
  - Sachkontenzuordnung zur Bilanz und zur Gewinn- und Verlustrechnung
  - Debitoren- oder Kundenkonten und Kreditoren- oder Lieferantenkonten
  - Umsatzsteuerschlüssel
  - Bankverbindungen
- **Bewegungsdaten** sind Daten, die sich häufig ändern, z. B.:
  - Buchungsdatum
  - Belegnummer
  - Belegdatum
  - Buchungstext

**15** Welche Daten in der EDV-gestützten Finanzbuchhaltung gehören zu den *Stammdaten,* welche zu den *Bewegungsdaten?*

- **Stapelbuchungen** sind „vorläufige", nicht direkt im Dialog auf Konten vorgenommene Buchungen, die zunächst „gestapelt" werden. Die Buchungssätze können noch korrigiert oder gelöscht werden. Die eigentlichen, nicht mehr veränderbaren Buchungen erfolgen später.
- **Dialogbuchungen** sind endgültige Buchungen, die i. d. R. unwiderruflich sind.

  Fehlerhafte Buchungssätze können lediglich durch Stornobuchungen berichtigt werden.

**16** Unterscheiden Sie zwischen *Stapel-* und *Dialogbuchungen.*

Handbuch: LF 3

## 2.1.5 Inventur

17 **Erläutern Sie den Begriff *Inventur.***

**Inventur** ist die art-, mengen- und wertmäßige **Bestandsaufnahme** sämtlicher Vermögensteile und Schulden zu Beginn eines Handelsgewerbes und am Schluss eines jeden Geschäftsjahres.

18 **Nach welchen Gesichtspunkten (Kriterien) können die *Inventurarten* unterschieden werden?**

Die **Inventurarten** werden unterschieden:

- **nach der Art der Bestandsermittlung:**
  - körperliche Inventur
  - Buchinventur
- **nach dem Umfang der Bestandsermittlung:**
  - Vollinventur
  - Stichprobeninventur
- **nach dem Zeitpunkt der Bestandsermittlung:**
  - Stichtagsinventur
  - zeitlich verlegte Inventur
  - permanente Inventur

19 **Unterscheiden Sie die *körperliche Inventur* von der *Buchinventur.***

- Unter **körperlicher Inventur** versteht man die mengenmäßige Bestandsaufnahme aller körperlichen Vermögensgegenstände (die man „anfassen" kann) durch Zählen, Messen, Wiegen mit anschließender Bewertung.

  *Beispiele:* Maschinen, Betriebs- und Geschäftsausstattung, Kassenbestand
- Mithilfe der **Buchinventur** (also aufgrund von Aufzeichnungen der Finanzbuchhaltung) werden die Bestände des nichtkörperlichen Vermögens und der Schulden (die man „nicht anfassen" kann) ermittelt.

  *Beispiele:* Forderungen a. LL, Bankguthaben, Darlehen, Eigenkapital

20 **Unterscheiden Sie die *Vollinventur* von der *Stichprobeninventur.***

- Bei der **Vollinventur** werden **alle** Vermögensgegenstände und Schuldenteile einzeln aufgenommen.
- Bei der **Stichprobeninventur** werden die stichprobenartig erfassten Bestände mithilfe anerkannter mathematisch-statistischer Rechenverfahren auf die Gesamtheit hochgerechnet.

21 **Wodurch unterscheiden sich *Stichtags-* und *zeitlich verlegte Inventur?***

- Die **Stichtagsinventur** wird zum Bilanzstichtag (= Ende des Geschäftsjahres) vorgenommen. Sie hat **zeitnah,** d. h. innerhalb von zehn Tagen vor oder nach dem Bilanzstichtag zu erfolgen.
- Die **zeitlich verlegte Inventur** ist innerhalb der **letzten drei Monate** vor dem Bilanzstichtag bzw. innerhalb **zweier Monate nach** dem **Bilanzstichtag** vorzunehmen.

22 **Was bedeuten im Zusammenhang mit der Inventur die Begriffe *Rückrechnung* und *Fortschreibung?***

- Wird die **Inventur nach dem Bilanzstichtag** durchgeführt, muss der Wert des Aufnahmetages **auf den Wert des Bilanzstichtages zurückgerechnet** werden, indem alle Zugänge nach dem Bilanzstichtag vom Wert des Aufnahmetages abgezogen, alle Abgänge zugezählt werden.
- Wird die **Inventur vor dem Bilanzstichtag** durchgeführt, muss der Wert des Aufnahmetages **auf den Wert des Bilanzstichtages fortgeschrieben** werden, indem alle Zugänge vor dem Bilanzstichtag dem Wert des Aufnahmetages zugezählt, alle Abgänge vom Wert des Aufnahmetages abgezogen werden.

Die Vermögensbestände werden nach Art, Menge und Wert anhand von Lager- und Anlagendateien durch **laufende Aufzeichnung** der Zu- und Abgänge und der sich jeweils ergebenden Salden ermittelt.

Diese rein buchmäßigen Bestände müssen **einmal im Wirtschaftsjahr** durch eine **körperliche Inventur** auf ihre Übereinstimmung mit den Istbeständen überprüft werden. Der Zeitpunkt ist frei wählbar.

Der Grund, die Inventur zeitlich verlegt oder permanent durchzuführen, besteht darin, den großen **Arbeitsanfall zeitlich** zu **entzerren.**

23 **Beschreiben Sie die *permanente Inventur.***

## 2.1.6 Inventar

Handbuch: LF 3

Das Inventar als Ergebnis der Inventur ist ein ausführliches **Verzeichnis** aller Vermögensteile und Schulden am Bilanzstichtag, das jede einzelne Vermögens- und Schuldenart nach Menge, Zustandsbeschreibung, Einzelwert und Gesamtwert ausweist.

Es ist in **Vermögen, Schulden und Reinvermögen** (Eigenkapital) gegliedert, wobei sich das Reinvermögen aus der Differenz zwischen Vermögen und Schulden errechnet. Das Vermögen ist in **Anlage- und Umlaufvermögen** unterteilt; die Schulden sind in **langfristige und kurzfristige Schulden** gegliedert.

24 **Was verstehen Sie unter einem *Inventar* und wie ist es gegliedert?**

- Die Gegenstände des **Anlagevermögens** stehen dem Unternehmen zur langfristigen Nutzung zur Verfügung.

  *Beispiele:* Grundstücke, Gebäude, Maschinen, Fuhrpark, Betriebs- und Geschäftsausstattung

- Die Posten des **Umlaufvermögens** ändern sich ständig (kurzfristig) in der Menge und in ihrer Zusammensetzung.

  *Beispiele:* unfertige und fertige Erzeugnisse, Rohstoffe, Bankguthaben, Kassenbestand

25 **Unterscheiden Sie *Anlagevermögen* und *Umlaufvermögen.***

Konkrete Gliederungsvorschriften für das Inventar existieren nicht. In der Praxis gilt:

- Das **Vermögen** ist nach **zunehmender Liquidität** oder Flüssigkeit (Geldwerdung über den Umsatzprozess) gegliedert.
- Die **Schulden** sind nach **abnehmender Fristigkeit** oder Fälligkeit (die Dringlichkeit der Rückzahlung nimmt zu) geordnet.

26 **Nach welchen *Prinzipien* sind *Vermögen* und *Schulden* im Inventar *gegliedert?***

**Aufnahmeblätter** sind von den jeweils **Aufnehmenden** zu unterzeichnen.

Der Gesetzgeber geht heute davon aus, dass die für die Geschäftsführung verantwortlichen Personen mit der Unterzeichnung von Bilanz und Erfolgsrechnung auch die richtige Ermittlung der darin aufgeführten Aktiva und Passiva (durch Inventur und Inventar) bescheinigen. Daher muss das Inventar von diesen Personen **nicht gesondert unterschrieben** werden.

Die Aufbewahrungsfrist beträgt **zehn Jahre.**

27 **Wer *unterschreibt* das *Inventar* und welche *Aufbewahrungsfrist* schreibt der Gesetzgeber vor?**

Handbuch: LF 3

## 2.1.7 Bilanz

28 **Was ist eine *Bilanz?***

- Das Wort Bilanz stammt vom italienischen ‚bilancia' und bedeutet Waage im Sinne von Balkenwaage.
- Di**e Bilanz** ist eine **kurz gefasste Übersicht des** umfangreichen **Inventars,** in der die Aktiva (Anlage- und Umlaufvermögen) den Passiva (Eigen- und Fremdkapital [Schulden]) einander gegenübergestellt werden.
Im Vergleich zum Inventar **fehlen** in der Bilanz Mengenangaben (z. B. für den Hilfsstoff Schrauben M5 x 20: 10 000 Stück) sowie **Einzelwerte;** in der Bilanz ist z. B. lediglich der Gesamtwert aller Hilfsstoffe aufgeführt.
- Im Sinne der Balkenwaage muss der Wert aller Aktiva (Bilanzsumme) immer dem Wert aller Passiva entsprechen.
- Die Bilanz wird in **Konto-** oder in **Staffelform** erstellt.

29 **Nach welchen *Prinzipien* sind *Aktiv-* und *Passivseite* in der Bilanz *gegliedert?***

Das **Vermögen** ist, wie im Inventar, nach **zunehmender Liquidität** oder Flüssigkeit (Geldwerdung über den Umsatzprozess) gegliedert. Die **Schulden** sind, wie im Inventar, nach **abnehmender Fristigkeit** oder Fälligkeit geordnet.

30 **Worüber geben die beiden Seiten der Bilanz *Auskunft?***

- Die **Aktivseite** zeigt die **Mittelverwendung** oder Investierung, d. h., in welche Vermögensgegenstände die eigenen bzw. fremden Mittel „geflossen" sind.
- Die **Passivseite** zeigt die **Mittelherkunft** oder Finanzierung, d. h., inwiefern eigene Mittel (Eigenkapital) oder fremde Mittel (Fremdkapital) eingesetzt wurden.

31 **Wer *unterschreibt* die *Bilanz* und welche *Aufbewahrungsfrist* schreibt das Gesetz vor?**

Die Bilanz ist **je nach Rechtsform** vom Unternehmer, von allen persönlich haftenden Gesellschaftern, allen Vorstandsmitgliedern oder allen Geschäftsführern zu unterschreiben.

Die Aufbewahrungsfrist beträgt – wie beim Inventar – **zehn Jahre.**

32 **Nennen Sie einige *Bilanzgleichungen.***

Vermögen = Kapital

Anlagevermögen + Umlaufvermögen = Eigenkapital + Fremdkapital (Schulden)

Vermögen – Fremdkapital (Schulden) = Eigenkapital

Vermögen – Eigenkapital = Fremdkapital (Schulden)

| | | |
|---|---|---|
| | Eigenkapital am Ende des Jahres: | 2.500.000,00 € |
| – | Eigenkapital am Anfang des Jahres: | 2.400.000,00 € |
| = | Eigenkapitalmehrung: | 100.000,00 € |
| – | Privateinlagen | 45.000,00 € |
| + | Privatentnahmen | 63.000,00 € |
| = | Unternehmenserfolg (Gewinn) | 118.000,00 € |

33

**Ermitteln Sie den Unternehmenserfolg durch *Kapitalvergleich:***
*Eigenkapital am Jahresende: 2.500.000,00 €, Eigenkapital am Jahresanfang: 2.400.000,00 €, Privateinlagen während des Jahres: 45.000,00 €, Privatentnahmen während des Jahres: 63.000,00 €.*

Wertänderungen in der Bilanz, die als **Grundlage der doppelten Buchführung** dienen:

- **Aktivtausch**

  z. B. Kauf einer Maschine gegen Bankscheck: Der Bestand an Maschinen wird größer, während das Bankguthaben geringer wird.

→ Maschinen (+), Bankguthaben (–)

- **Passivtausch**

  z. B. Umwandlung einer Darlehensschuld in eine Beteiligung: Der Darlehensbestand wird geringer, während das Eigenkapital ansteigt.

→ Darlehensschulden (–), Eigenkapital (+)

- **Aktiv-Passiv-Mehrung**

  z. B. Einkauf von Rohstoffen auf Ziel: Die Bestände an Rohstoffen und Verbindlichkeiten nehmen zu.

→ Rohstoffe (+), Verbindlichkeiten (+)

- **Aktiv-Passiv-Minderung**

  z. B. Banküberweisung einer Lieferantenrechnung: Die Bestände an Verbindlichkeiten und Bankguthaben nehmen ab.

→ Verbindlichkeiten (–), Bankguthaben (–)

34

**Welche Wertänderungen in der Bilanz bilden die *Grundlage der doppelten Buchführung?***

## 2.1.8 Bestandskonten

Handbuch: LF 3

- **aktive Bestandskonten**

  *Beispiele:* unbebaute und bebaute Grundstücke, Maschinen, Fuhrpark, Betriebs- und Geschäftsausstattung, Beteiligungen, Roh-, Hilfs- und Betriebsstoffe, Forderungen a. LL, Bankguthaben, Kasse, Aktive Rechnungsabgrenzung

- **passive Bestandskonten**

  *Beispiele:* Eigenkapital, Hypotheken- und Darlehensschulden, Verbindlichkeiten a. LL, Passive Rechnungsabgrenzung

35

**Geben Sie Beispiele für *aktive* bzw. *passive Bestandskonten.***

36 **Auf welchen *Kontenseiten* werden die *Kontenbewegungen* der Bestandskonten erfasst?**

| Soll | Aktive Bestandskonten | Haben |
|---|---|---|
| Anfangsbestand<br>Zugänge | | Abgänge<br>Endbestand (Saldo) |

| Soll | Passive Bestandskonten | Haben |
|---|---|---|
| Abgänge<br>Endbestand (Saldo) | | Anfangsbestand<br>Zugänge |

37 **Wie werden die *Salden* (Endbestände) der Bestandskonten errechnet und auf welcher Kontoseite stehen sie?**

**Saldo** (Endbestand) = Anfangsbestand + Zugänge – Abgänge

Endbestände stehen immer auf der wertmäßig **„schwächeren" Seite,** um die Soll- und Habenseite eines Kontos wertmäßig anzugleichen.

Handbuch: LF 3

## 2.1.9 Buchungssatz

38 **Unterscheiden Sie den *einfachen* vom *zusammengesetzten Buchungssatz.***

- Beim **einfachen Buchungssatz** werden nur **zwei Konten angesprochen.** Zuerst wird das Konto mit der Sollbuchung, danach das Konto mit der Habenbuchung genannt, verbunden durch das Wort „an".
- Beim **zusammengesetzten Buchungssatz** werden **mehr als zwei Konten angesprochen.** Zuerst werden die Konten mit den Sollbuchungen, dann die Konten mit den Habenbuchungen genannt, verbunden durch das Wort „an". Der Wert der Sollbuchungen muss dem Wert der Habenbuchungen entsprechen.

39 **Bilden Sie die *Buchungssätze* zu den Geschäftsfällen:**
*1. Einkauf von Roh- (4.000,00 €) und Hilfsstoffen (1.000,00 €) auf Ziel, 5.000,00 € (bestandsorientierte Buchung);*
*2. der Inhaber bringt ein Grundstück (250.000,00 €) in das Unternehmen ein.*

| | | Soll | Haben |
|---|---|---|---|
| **1.** | Rohstoffe | 4.000,00 € | |
| | Hilfsstoffe | 1.000,00 € | |
| | an Verbindlichkeiten a. LL | | 5.000,00 € |
| **2.** | Grundstücke | 250.000,00 € | |
| | an Eigenkapital | | 250.000,00 € |

| | | |
|---|---|---|
| **1.** Verbindlichkeiten a. LL | 2.600,00 € | |
| an Bankguthaben | | 2.600,00 € |
| **2.** Bankguthaben | 25.000,00 € | |
| an Darlehensschulden | | 25.000,00 € |
| **3.** Darlehensschulden | 4.000,00 € | |
| an Bankguthaben | | 4.000,00 € |
| **4.** Bankguthaben | 3.000,00 € | |
| Kasse | 500,00 € | |
| an Forderungen a. LL | | 3.500,00 € |
| **5.** Technische Anlagen/Maschinen | 19.500,00 € | |
| an Kasse | | 1.000,00 € |
| an Verbindlichkeiten a. LL | | 18.500,00 € |
| **6.** Kasse | 250,00 € | |
| an Betriebs- und Geschäftsausstattung | | 250,00 € |

40

**Bilden Sie die *Buchungssätze* zu den Geschäftsfällen:**
*1. Bezahlung einer Lieferantenrechnung (2.600,00 €) per Banküberweisung;*
*2. Aufnahme eines Kredites über 25.000,00 €, der dem Geschäftskonto gutgeschrieben wird;*
*3. Tilgung eines Kredites über 4.000,00 € durch Banküberweisung;*
*4. ein Kunde zahlt eine Rechnung (3.500,00 €) z. T. durch Banküberweisung (3.000,00 €), den Rest bar;*
*5. Kauf einer Maschine für 19.500,00 €, die mit 1.000,00 € bar angezahlt wird, der Rest hat ein Zahlungsziel von 30 Tagen;*
*6. Barverkauf eines gebrauchten PCs (250,00 €) an einen Mitarbeiter.*

## 2.1.10 Eröffnungsbilanzkonto/Schlussbilanzkonto

Handbuch: LF 3

- **Eröffnungsbuchungen**
  - für die ***aktiven Bestandskonten:***
    aktive Bestandskonten
    an EBK (Eröffnungsbilanzkonto)
  - für die ***passiven Bestandskonten:***
    EBK
    an passive Bestandskonten
- **Abschlussbuchungen**
  - für die ***aktiven Bestandskonten:***
    SBK (Schlussbilanzkonto)
    an aktive Bestandskonten
  - für die ***passiven Bestandskonten:***
    passive Bestandskonten
    an SBK

41

**Bilden Sie die Buchungssätze für die *Eröffnung* und den *Abschluss der Bestandskonten.***

42 Welche *Aufgaben* haben das *Eröffnungsbilanzkonto* (EBK) und das *Schlussbilanzkonto* (SBK)?

- Das **EBK** dient dazu, die Gegenbuchungen für die Anfangsbestände der Bestandskonten aufzunehmen. Es ist daher lediglich ein „technisches Konto".
  - Die ***Anfangsbestände der aktiven Bestandskonten*** stehen dort auf der Sollseite. Die Gegenbuchung im EBK erfolgt auf der Habenseite.
  - Die ***Anfangsbestände der passiven Bestandskonten*** stehen auf der Habenseite; folglich sind die Gegenbuchungen im EBK auf der Sollseite zu finden.
- Das **SBK** hat die Aufgabe, die Gegenbuchungen für die Salden (Endbestände) der Bestandskonten aufzunehmen. Es dient also dem Abschluss der Bestandskonten.
  - Werden die ***Endbestände in den aktiven Bestandskonten*** auf der Habenseite erfasst, erscheinen die Gegenbuchungen im SBK auf der Sollseite.
  - Werden die ***Endbestände in den passiven Bestandskonten*** auf der Sollseite gebucht, erfolgen die Gegenbuchungen im SBK auf der Habenseite.

43 Wodurch unterscheidet sich das *Eröffnungsbilanzkonto* von der *Eröffnungsbilanz?*

- Das **Eröffnungsbilanzkonto**
  - ist ein Konto des Hauptbuchs,
  - hat als Seitenbezeichnungen Soll und Haben,
  - ist ein technisches Konto, das die Gegenbuchungen für die Anfangsbestände der Bestandskonten aufnimmt,
  - wird spiegelbildlich zur Eröffnungsbilanz geführt.
- Die **Eröffnungsbilanz**
  - ist Teil des Bilanzbuchs,
  - hat als Seitenbezeichnungen Aktiva und Passiva,
  - ergibt sich aus der Schlussbilanz und damit aus der Inventur bzw. dem Inventar des vorangegangenen Jahres.

Handbuch: LF 3

## 2.1.11 Erfolgskonten

44 Definieren Sie die Begriffe *Aufwendungen* und *Erträge* und nennen Sie jeweils Beispiele.

- **Aufwendungen** sind der bewertete Verzehr (Ge- und Verbrauch) von Gütern und Leistungen eines Unternehmens in einer Abrechnungsperiode.

  *Beispiele:* Roh-, Hilfs-, Betriebsstoffaufwendungen, Löhne, Gehälter, Mietaufwendungen, Abschreibungen auf Sachanlagen, Büromaterial
- **Erträge** sind alle erfolgswirksamen Wertzuflüsse eines Unternehmens in einer Abrechnungsperiode.

  *Beispiele:* Umsatzerlöse, Mieterträge, Zinserträge, Erträge aus dem Verkauf gebrauchter Anlagegüter

45 Wie wirken sich *Aufwendungen und Erträge* auf die *Höhe des Eigenkapitals* aus?

Aufwendungen **mindern** das Eigenkapital.

Erträge **mehren** das Eigenkapital.

- Aufwandskonten sind Unterkonten des Kontos „Eigenkapital“. Da **Aufwendungen** das Eigenkapital mindern und diese Minderungen auf dem Konto „Eigenkapital“ im Soll gebucht werden, werden sie auch auf den entsprechenden Unterkonten **im Soll** erfasst.

| **Soll** | **Aufwandskonten** | **Haben** |
|---|---|---|
| + | | Saldo |
| + | | |
| + | | |
| + | | |

- Ertragskonten sind Unterkonten des Kontos „Eigenkapital“. Da **Erträge** das Eigenkapital mehren und diese Mehrungen auf dem Konto „Eigenkapital“ im Haben gebucht werden, werden sie auch auf den entsprechenden Unterkonten **im Haben** erfasst.

| **Soll** | **Ertragskonten** | **Haben** |
|---|---|---|
| Saldo | | + |
| | | + |
| | | + |
| | | + |

46

**Auf welcher Seite des jeweiligen *Kontos* werden die *Aufwendungen* bzw. *Erträge* erfasst?**

**Begründen Sie Ihre Aussage.**

**1.** Mieten, Pachten
an Bankguthaben
**2.** Büromaterial
an Kasse
**3.** Aufwendungen für Hilfsstoffe
an Hilfsstoffe
**4.** Forderungen a. LL
an Umsatzerlöse für eigene Erzeugnisse
**5.** Löhne
an Bankguthaben
**6.** Bankguthaben
an Zinserträge

47

**Bilden Sie die *Buchungssätze* zu den Fällen:**

1. *Mietzahlung per Banküberweisung*
2. *Barkauf von Büromaterial*
3. *Entnahme von Hilfsstoffen für die Produktion*
4. *Verkauf von Fertigerzeugnissen auf Ziel*
5. *Lohnzahlung durch Banküberweisung*
6. *Zinsgutschrift der Bank*

Das **„Gewinn- und Verlustkonto“** ist das **Abschlusskonto** der Erfolgskonten, auf dem die Erträge und Aufwendungen einander gegenübergestellt werden. Die Aufwendungen werden auf der Sollseite, die Erträge auf der Habenseite erfasst.

Sind die Erträge höher als die Aufwendungen, ergibt sich als Differenz ein **Gewinn.** Sind die Erträge geringer als die Aufwendungen, ergibt sich als Differenz ein **Verlust.**

48

**Welche *Funktion* hat das Konto *Gewinn- und Verlustkonto?***

- **Abschlussbuchungen der Erfolgskonten:**

Gewinn- und Verlustkonto
an Aufwandskonten
Ertragskonten
an Gewinn- und Verlustkonto

- **Abschlussbuchung des Gewinn- und Verlustkontos**

**für den Fall eines Gewinnes:**
Gewinn- und Verlustkonto
an Eigenkapital
**für den Fall eines Verlustes:**
Eigenkapital
an Gewinn- und Verlustkonto

49

**Wie lauten die *Abschlussbuchungen der Erfolgskonten* und die *Abschlussbuchung des Gewinn- und Verlustkontos?***

Handbuch: LF 3

## 2.1.12 Bestandsveränderungen

50 **Wie entstehen *Bestandsveränderungen* an *unfertigen* und *fertigen Erzeugnissen?***

**Bestandsveränderungen** entstehen, wenn die **Produktionsmenge** fertiger Erzeugnisse einer Periode **nicht** mit der **Absatzmenge** fertiger Erzeugnisse einer Periode **übereinstimmt.** (Diese Aussage und die folgenden Überlegungen gelten auch für unfertige Erzeugnisse.)

Ist die Produktionsmenge größer als die Absatzmenge, dann ist der Inventurbestand am Ende der Periode größer als am Anfang. Es liegt eine **Bestandsmehrung** vor.

Ist die Produktionsmenge kleiner als die Absatzmenge, dann ist der Inventurbestand am Ende der Periode kleiner als am Anfang. Es liegt eine **Bestandsminderung** vor.

51 **Welche *Wirkung* haben Bestandsminderungen bzw. -mehrungen auf das *Betriebsergebnis?* (Begründen Sie Ihre Aussage.)**

- Das **Betriebsergebnis verringert** sich:

  **Bestandsminderungen erhöhen** in der Betriebsergebnisrechnung die **Kosten,** da von den Umsatzerlösen die Herstellungsaufwendungen der Abrechnungsperiode sowie der Herstellungswert der vom Lager genommenen Mengeneinheiten abgezogen werden.

- Das **Betriebsergebnis verbessert** sich:

  **Bestandsmehrungen erhöhen** in der Betriebsergebnisrechnung die **Erträge,** da den Herstellungsaufwendungen der Abrechnungsperiode die Umsatzerlöse (Absatzleistung) und der Herstellungswert der nicht abgesetzten Menge (Lagerleistung) gegenübergestellt werden.

52 **Errechnen Sie das *Betriebsergebnis* aufgrund der folgenden Zahlen:** *Umsatzerlöse der Periode 500.000,00 €; Wert der Bestandsminderung an fertigen Erzeugnissen 40.500,00 €; Herstellungsaufwendungen der Periode 370.400,00 €.*

| | | |
|---|---|---|
| | Umsatzerlöse der Periode | 500.000,00 € |
| – | Herstellungsaufwendungen der Periode | 370.400,00 € |
| – | Bestandsminderung an fertigen Erzeugnissen | 40.500,00 € |
| = | Betriebsgewinn | 89.100,00 € |

53

**Bilden Sie auf Grundlage folgender Zahlen die *Buchungssätze* für den Abschluss der Konten Unfertige Erzeugnisse, Fertige Erzeugnisse, Bestandsveränderungen, Diverse Aufwendungen und Umsatzerlöse:**
*Unfertige Erzeugnisse: Anfangsbestand 30.000,00 €, Endbestand 32.000,00 €; Fertige Erzeugnisse: Anfangsbestand 65.000,00 €, Endbestand 17.000,00 €; Diverse Aufwendungen (Herstellungsaufwendungen) 375.000,00 €; Umsatzerlöse 498.000,00 €.*

**Buchungen der Endbestände:**

| | | |
|---|---|---|
| SBK | 32.000,00 € | |
| an Unfertige Erzeugnisse | | 32.000,00 € |
| SBK | 17.000,00 € | |
| an Fertige Erzeugnisse | | 17.000,00 € |

**Buchungen der Bestandsveränderungen:**

| | | |
|---|---|---|
| Unfertige Erzeugnisse | 2.000,00 € | |
| an Bestandsveränderungen | | 2.000,00 € |
| Bestandsveränderungen | 48.000,00 € | |
| an Fertige Erzeugnisse | | 48.000,00 € |

**Abschlussbuchungen der Erfolgskonten:**

| | | |
|---|---|---|
| Gewinn- und Verlustkonto | 375.000,00 € | |
| an Diverse Aufwendungen | | 375.000,00 € |
| Umsatzerlöse | 498.000,00 € | |
| an Gewinn- und Verlustkonto | | 498.000,00 € |
| Gewinn- und Verlustkonto | 46.000,00 € | |
| an Bestandsveränderungen | | 46.000,00 € |

54

**Erstellen Sie auf der Grundlage der vorangegangenen Aufgabe das *Gewinn-und-Verlust-Konto* und errechnen Sie das *Betriebsergebnis.***

| Soll | GuV-Konto | | Haben |
|---|---|---|---|
| Diverse Aufwendungen | 375.000,00 € | Umsatzerlöse | 498.000,00 € |
| Bestandsveränderungen | 46.000,00 € | | |
| Eigenkapital | 77.000,00 € | | |

Das **Betriebsergebnis** als Saldo zwischen den Umsatzerlösen einerseits und den Diversen Aufwendungen (Herstellungsaufwendungen der Periode) und den Bestandsveränderungen (Herstellungswert der vom Lager entnommenen Produkte) andererseits beträgt 77.000,00 €.

## 2.1.13 Umsatzsteuer

Handbuch: LF 3

55

**Welche *Lieferungen* und *Leistungen* unterliegen in der Bundesrepublik Deutschland der *Umsatzsteuer?***

Der **Umsatzsteuer unterliegen:**

- **Lieferungen und Leistungen,** die ein Unternehmen im ***Inland*** gegen Entgelt tätigt
- **Einfuhr** von Gegenständen **aus dem Drittlandsgebiet** (Nicht-EU-Staaten) in das Inland (die Ausfuhr in Nicht-EU-Staaten unterliegt nicht der Umsatzsteuer)
- **innergemeinschaftlicher Erwerb** (Erwerb von Gütern aus EU-Mitgliedsstaaten) im Inland gegen Entgelt
- **unentgeltliche Entnahme** von Gegenständen und sonstigen Leistungen durch einen Unternehmer aus seinem Unternehmen für **private Zwecke**

56 **Warum ist die *Umsatzsteuer* für ein Unternehmen nur ein *durchlaufender Posten?* Erläutern Sie anhand der folgenden Zahlen:** *Umsatzsteuer: 700,00 €, Vorsteuer: 300,00 €, Zahllast: 400,00 €.*

Das Unternehmen einer Umsatzstufe gibt die von den Kunden aus den Verkäufen erhaltene Umsatzsteuer (700,00 €) teilweise an die Lieferanten weiter, nämlich die beim Einkauf zu zahlende Umsatzsteuer = Vorsteuer (300,00 €).

Den anderen Teil der erhaltenen Umsatzsteuer führt das Unternehmen als Zahllast (Umsatzsteuer – Vorsteuer = 400,00 €) an das Finanzamt ab.

Daher stellt die erhaltene Umsatzsteuer (700,00 €) keinen Ertrag, die gezahlte Vorsteuer (300,00 €) keinen Aufwand dar; **beide Beträge gehen nicht in die Gewinn- und Verlustrechnung ein.**

57 **Ordnen Sie die Konten *Umsatzsteuer* und *Vorsteuer* in die *Kontensystematik* ein.**

- Da die **Umsatzsteuer** eine Schuld gegenüber dem Finanzamt darstellt, hat das Konto „Umsatzsteuer" Verbindlichkeitscharakter und ist daher ein **passives Bestandskonto.**
- Da die **Vorsteuer** eine Forderung an das Finanzamt bedeutet, hat das Konto „Vorsteuer" Forderungscharakter und ist daher ein **aktives Bestandskonto.**

58 **Erläutern Sie den Begriff *Zahllast* und geben Sie die notwendigen Buchungen an:** *Die Konten Umsatzsteuer und Vorsteuer weisen Ende des Monats folgende Zahlen aus: Umsatzsteuer: 28.300,00 €, Vorsteuer: 17.900,00 €.*

Jeweils am Monatsende wird das Konto „Vorsteuer" über das Konto „Umsatzsteuer" abgeschlossen. Die **Zahllast** (der an das Finanzamt abzuführende Umsatzsteuerbetrag) ergibt sich als Saldo auf dem Konto „Umsatzsteuer". Sie ist die Differenz zwischen der Umsatzsteuer und der Vorsteuer. Die Zahllast eines Monats ist bis zum **10. des folgenden Monats** an das Finanzamt zu zahlen.

**Buchungen:**

**Abschluss des Kontos „Vorsteuer":**

| | | |
|---|---|---|
| Umsatzsteuer | 17.900,00 € | |
| an Vorsteuer | | 17.900,00 € |

**Banküberweisung der Zahllast:**

| | | |
|---|---|---|
| Umsatzsteuer | 10.400,00 € | |
| an Bankguthaben | | 10.400,00 € |

59 **Erläutern Sie den Begriff *Vorsteuerüberhang* und geben Sie die notwendigen Buchungen an:** *Am Ende eines Monats beträgt die Umsatzsteuer 36.900,00 € und die Vorsteuer 41.000,00 €.*

**Vorsteuerüberhang** bedeutet, dass am Monatsende die Vorsteuer höher ist als die Umsatzsteuer. Er ergibt sich als Saldo auf dem Konto „Vorsteuer". Dazu wird das Konto „Umsatzsteuer" am Monatsende über das Konto „Vorsteuer" abgeschlossen.

Auf Antrag wird der Betrag des Vorsteuerüberhangs vom Finanzamt **zurückgezahlt.** Andernfalls wird der Vorsteuerüberhang mit der Umsatzsteuer des folgenden Monats **verrechnet.**

**Buchungen:**

**Abschluss des Kontos „Umsatzsteuer":**

| | | |
|---|---|---|
| Umsatzsteuer | 36.900,00 € | |
| an Vorsteuer | | 36.900,00 € |

**Erstattung des Vorsteuerüberhangs durch des Finanzamt:**

| | | |
|---|---|---|
| Bankguthaben | 4.100,00 € | |
| an Vorsteuer | | 4.100,00 € |

Da die **Zahllast des Monats Dezember** erst am 10. Januar des folgenden Jahres fällig ist, muss diese Schuld gegenüber dem Finanzamt per 31.12. in der Bilanz ausgewiesen werden, und zwar auf der Passivseite – wie alle anderen Schulden auch.

**Buchungen zum 31. Dezember des alten Jahres**

**Abschluss des Kontos „Vorsteuer“:**
Umsatzsteuer
an Vorsteuer

**Abschluss des Kontos „Umsatzsteuer“:**
Umsatzsteuer
an Verbindlichkeiten gegenüber Finanzbehörden (FB-Verbindlichkeiten)

**Abschluss des Kontos „FB-Verbindlichkeiten“:**
FB-Verbindlichkeiten
an SBK

**Buchungen im Januar des neuen Jahres**

**Eröffnung des Kontos „FB-Verbindlichkeiten“:**
EBK
an FB-Verbindlichkeiten

**Überweisung der Zahllast:**
FB-Verbindlichkeiten
an Bankguthaben

60

**Was bedeutet *Passivierung der Zahllast?* Bilden Sie die relevanten Buchungssätze im Dezember des alten Jahres und im Januar des neuen Jahres.**

Ein **Vorsteuerüberhang im Dezember,** der erst im neuen Jahr erstattet oder verrechnet wird, stellt per 31.12. eine Forderung an das Finanzamt dar, die in der Bilanz auszuweisen ist, und zwar auf der Aktivseite – wie alle übrigen Forderungen auch.

**Buchungen zum 31. Dezember des alten Jahres**

**Abschluss des Kontos „Umsatzsteuer“:**
Umsatzsteuer
an Vorsteuer

**Abschluss des Kontos „Vorsteuer“:**
Sonstige Forderungen an Finanzbehörden (FB-Forderungen)
an Vorsteuer

**Abschluss des Kontos „FB-Forderungen“:**
SBK
an FB-Forderungen

**Buchungen im Januar des neuen Jahres**

**Eröffnung des Kontos „FB-Forderungen“:**
FB-Forderungen
an EBK

**Erstattung des Vorsteuerüberhangs:**
Bankguthaben
an FB-Forderungen

61

**Was bedeutet *Aktivierung des Vorsteuerüberhangs?* Bilden Sie die relevanten Buchungssätze im Dezember des alten Jahres und im Januar des neuen Jahres.**

62 **Bilden Sie *Buchungssätze:***
*1. Kauf von Rohstoffen auf Ziel von 25.000,00 € netto, 19 % USt (aufwandsorientierte Buchung);*
*2. Verkauf von Fertigerzeugnissen auf Ziel, Nettowert 17.700,00 €, 19 % USt;*
*3. Barkauf von Büromaterial 125,00 € netto, 19 % USt;*
*4. Bezahlung der Rechnung aus Fall 1 per Banküberweisung*

| | | |
|---|---|---|
| **1.** Aufwendungen für Rohstoffe | 25.000,00 € | |
| Vorsteuer | 4.750,00 € | |
| an Verbindlichkeiten a. LL | | 29.750,00 € |
| **2.** Forderungen a. LL | 21.063,00 € | |
| an Umsatzerlöse aus fertigen Erzeugnissen | | 17.700,00 € |
| an Umsatzsteuer | | 3.363,00 € |
| **3.** Büromaterial | 125,00 € | |
| Vorsteuer | 23,75 € | |
| an Kasse | | 148,75 € |
| **4.** Verbindlichkeiten a. LL | 29.750,00 € | |
| an Bankguthaben | | 29.750,00 € |

Handbuch: LF 3

## 2.1.14 Privatkonto

63 **Ordnen Sie das Konto *Privatkonto* in das *Kontensystem* ein. Stellen Sie seine Aufgaben dar.**

Das Konto **„Privatkonto"** ist ein **Unterkonto** des Kontos „Eigenkapital"; es hat den Charakter eines passiven Bestandskontos.

Es ist das Konto des Einzelunternehmers bzw. der Vollhafter von Personengesellschaften, das der **Trennung** von betrieblichen und privaten Vorgängen dient.

Erfasst werden Geld**entnahmen** und Entnahmen von Waren bzw. Leistungen für private Zwecke sowie Geld- und Sach**einlagen** (Kapitaleinlagen) in das Unternehmen aus dem Privatvermögen.

64 **Bilden Sie *Buchungssätze* in Verbindung mit dem Privatkonto (USt-Satz: 19 %):**
*1. Geldeinlage des Inhabers über 50.000,00 € wird dem Geschäftskonto gutgeschrieben;*
*2. Er entnimmt Fertigerzeugnisse im Nettowert von 2.400,00 €;*
*3. Für seinen Urlaub entnimmt er dem Geschäftskonto 3.500,00 €;*
*4. Er lässt von Mitarbeitern den Garten seines Privathauses anlegen; Kosten: 7.300,00 €.*

| | | |
|---|---|---|
| **1.** Bankguthaben | 50.000,00 € | |
| an Privatkonto | | 50.000,00 € |
| **2.** Privatkonto | 2.856,00 € | |
| an Entnahme von Gegenständen und sonstigen Leistungen | | 2.400,00 € |
| an Umsatzsteuer | | 456,00 € |
| **3.** Privatkonto | 3.500,00 € | |
| an Bankguthaben | | 3.500,00 € |
| **4.** Privatkonto | 8.687,00 € | |
| an Entnahme von Gegenständen und sonstigen Leistungen | | 7.300,00 € |
| an Umsatzsteuer | | 1.387,00 € |

## 2.1.15 Abschreibungen auf Sachanlagen

Handbuch: LF 3

65

**Wie errechnen sich die *aktivierungspflichtigen Anschaffungskosten?* Geben Sie Beispiele für die einzelnen Komponenten der Rechnung.**

| | | | |
|---|---|---|---|
| | Anschaffungspreis (netto) | | |
| – | Anschaffungspreisminderungen | → | Rabatt, Bonus, Skonto, sonstige Preisnachlässe |
| + | Anschaffungsnebenkosten | → | z. B. Vermessungs-, Fundamentierungs-, Transport-, Montage-, Verpackungskosten |
| + | nachträgliche Anschaffungskosten | → | z. B. Preiserhöhung aufgrund nachträglicher Sonderwünsche des Kunden |
| = | aktivierungspflichtige Anschaffungskosten (netto) | → | Grundlage der Abschreibung |

66

***Ermitteln* Sie die *aktivierungspflichtigen Anschaffungskosten* für eine Maschine:**

*Ein Unternehmen kauft eine Maschine (Listenpreis netto 250.000,00 € zzgl. 19 % USt). Der Lieferant gewährt 20 % Rabatt sowie bei Zahlung innerhalb 10 Tagen 2 % Skonto. Kosten für den Transport durch die Spedition: 1.200,00 € netto. Für das zu erstellende Fundament berechnet das Bauunternehmen 9.520,00 € brutto. Für Installation und Programmierung der Maschine werden 4.500,00 € zzgl. 19 % Umsatzsteuer berechnet.*

| | | | |
|---|---|---|---|
| | Anschaffungspreis (netto) | | 250.000,00 € |
| – | Anschaffungspreisminderungen | | |
| | * Rabatt (20 % von 250.000,00 €) | – | 50.000,00 € |
| | * Skonto ( 2 % von 200.000,00 €) | – | 4.000,00 € |
| + | Anschaffungsnebenkosten | | |
| | * Transportkosten netto | + | 1.200,00 € |
| | * Fundamentierungskosten netto | + | 8.000,00 € |
| | * Installations- und Programmierungskosten netto | + | 4.500,00 € |
| = | aktivierungspflichtige Anschaffungskosten (netto) | | 209.700,00 € |

Die Umsatzsteuer gehört **nicht** zu den aktivierungspflichtigen Anschaffungskosten.

67 **Welche *Vermögensgegenstände* müssen nach § 253 HGB *planmäßig abgeschrieben* werden? (Nennen Sie Beispiele.)**

Gegenstände des Anlagevermögens, deren **Nutzung zeitlich begrenzt** ist, müssen planmäßig abgeschrieben werden.

*Beispiele:* technische Anlagen und Maschinen, Fuhrpark, Betriebs- und Geschäftsausstattung

68 **Welche *wirtschaftlichen Gründe* führen zur planmäßigen Abschreibung zeitlich begrenzt nutzbarer Güter?**

- **technischer Verschleiß** durch ständigen Gebrauch
- **natürlicher Verschleiß** durch zeitabhängige Faktoren wie Verrosten
- **Substanzabbau** in Rohstoffgewinnungsbetrieben wie Kies- oder Kohleförderung
- **Fristablauf,** z. B. Ablauf von Patenten

69 **Welche *Abschreibungsmethoden* werden im *Handelsrecht* häufig unterschieden?**

- lineare Abschreibung
- degressive Abschreibung
- Abschreibung nach Leistungseinheiten

70 **Welche *Abschreibungsmethode* ist *steuerrechtlich* zulässig?**

Ob und in welcher Höhe neben der **linearen** auch die **degressive Abschreibung** (z. B. das Zwei- oder Dreifache der linearen Abschreibung, maximal 20 % oder 30 %) zulässig ist, macht der Gesetzgeber häufig von der konjunkturellen Entwicklung abhängig.

71 **Stellen Sie die wichtigsten Unterscheidungsmerkmale von *linearer* und *degressiver Abschreibung* einander gegenüber.**

- **Bei der linearen Abschreibung**
  - wird immer vom Anschaffungswert abgeschrieben,
  - sind die jährlichen Abschreibungsbeträge immer gleich hoch,
  - wird am Ende der Nutzungsdauer der Wert Null erreicht.
- **Bei der (geometrisch) degressiven Abschreibung**
  - wird immer vom Buch- oder Restwert abgeschrieben,
  - werden die jährlichen Abschreibungsbeträge immer geringer,
  - wird der Wert Null innerhalb der Nutzungsdauer nicht erreicht.

**Abschreibungsprozentsatz:**

$$\frac{100\,\%}{\text{Nutzungsdauer}}$$

$$\frac{100\,\%}{8\text{ Jahre}} = 12{,}5\,\%\text{ pro Jahr}$$

**Abschreibungsbetrag:**

$$\frac{\text{Anschaffungskosten}}{\text{Nutzungsdauer}}$$

$$\frac{130.000{,}00\text{ €}}{8\text{ Jahre}} = 16.250{,}00\text{ € pro Jahr}$$

72 ***Berechnen** Sie Abschreibungsprozentsatz* **und** *-betrag* **der linearen Abschreibung für das Jahr der Anschaffung bei folgenden Daten:** *Die Anschaffungskosten einer am 02.01.20.. gekauften NC-gesteuerten Fräsmaschine betragen 130.000,00 €; die Nutzungsdauer wird auf acht Jahre geschätzt.*

**Buchungssatz für die Abschreibung:**

| | | |
|---|---|---|
| Abschreibungen auf Sachanlagen | 16.250,00 € | |
| an Technische Anlagen/Maschinen | | 16.250,00 € |

**Abschluss des Kontos „Technische Anlagen/Maschinen“:**

| | | |
|---|---|---|
| Schlussbilanzkonto | 113.750,00 € | |
| an Technische Anlagen/Maschinen | | 113.750,00 € |

73 ***Buchen*** **Sie die** ***lineare Abschreibung*** **der Fräsmaschine aus Aufgabe 72 zum 31.12.20.. (am Ende des Anschaffungsjahres) und** ***schließen*** **Sie das Anlagekonto** ***ab.***

Die Abschreibungen werden als Kosten in die Absatzpreise der Erzeugnisse einkalkuliert. **Über deren Verkauf** (Umsatzerlöse) fließen sie als **liquide Mittel** in das Unternehmen zurück und stehen zur Finanzierung neuer Sachanlagegüter zur Verfügung.

74 **Was versteht man unter dem** ***Abschreibungskreislauf?***

Wird ein zeitlich begrenzt nutzbares Anlagegut über das Ende der betriebsgewöhnlichen Nutzungsdauer hinaus genutzt, ist es mit einem **Erinnerungswert von 1,00 €** in der Bilanz auszuweisen. Wird z. B. die Fräsmaschine der vorangegangenen Aufgaben linear abgeschrieben und im 9. Jahr noch genutzt, wird sie Ende des 8. Jahres mit 16.249,00 € abgeschrieben. Als Saldo ergibt sich dann ein Buchwert von 1,00 €.

75 **Was bedeutet der** ***Erinnerungswert 1,00 €?***

Die **Gesamtleistung** des Anlagegutes während der betriebsgewöhnlichen Nutzungsdauer muss **ermittelbar** sein. Zum Beispiel kann die voraussichtliche Kilometerleistung eines Lkw aufgrund von Erfahrungswerten geschätzt werden. Der Vorrat eines Steinbruchs kann errechnet werden.

Die **Erfassung** der jährlichen Leistungseinheiten muss **möglich** sein. Zum Beispiel wird die Leistung eines Lkw mithilfe des Kilometerzählers erfasst.

76 **Welche** ***Voraussetzungen*** **müssen gegeben sein, damit eine** ***Abschreibung nach Leistungseinheiten*** **durchgeführt werden kann?**

77 **Geben Sie die *Formel* zur Berechnung der *Abschreibung nach Leistungseinheiten* an und berechnen Sie die Abschreibung für das erste Jahr der Nutzung:** *Die Gesamtleistung der Fräsmaschine (s. Aufgabe 72) beträgt während der 8-jährigen Nutzungsdauer 15 000 Maschinenstunden. Im Anschaffungsjahr lief die Maschine 1 750 Std.*

$$\text{Jahresabschreibungsbetrag} = \frac{\text{Anschaffungskosten}}{\text{geschätzte Gesamtleistung während der Nutzungsdauer}} \cdot \text{Leistungseinheiten im Jahr der Abschreibung}$$

$$\text{Jahresabschreibungsbetrag im Jahr der Anschaffung} = \frac{130.000{,}00\text{ €}}{15\,000\text{ Std.}} \cdot 1\,750\text{ Std.} = 15.166{,}67\text{ €}$$

Handbuch: LF 3

## 2.1.16 Einkauf von Werkstoffen

78 **Nennen und erläutern Sie die verschiedenen *Werkstoffarten* eines Industriebetriebes.**

**Werkstoffarten eines Industriebetriebes:**

- **Rohstoffe** gehen direkt in das Produkt ein und bilden den Hauptbestandteil.
- **Hilfsstoffe** gehen direkt in das Produkt ein und bilden den Nebenbestandteil.
- **Betriebsstoffe** gehen nicht in das Produkt ein.
- **Vorprodukte/Fremdbauteile** gehen als fertige Komponenten ohne weitere Bearbeitung in das Produkt ein.

79 **Unterscheiden Sie die *bestandsorientierte* von der *aufwandsorientierten Beschaffungsbuchung.***

- Bei der **bestandsorientierten Beschaffungsbuchung** wird davon ausgegangen, dass die eingekauften Werkstoffe **zunächst gelagert** und erst zu einem späteren Zeitpunkt in der Fertigung verbraucht werden. Bei Lieferung werden daher die Werkstoffe auf den **Bestandskonten** „Rohstoffe", „Hilfsstoffe", „Betriebsstoffe" oder „Fremdbauteile" mit den dazugehörigen Unterkonten „Bezugskosten" und „Nachlässe" erfasst. Diese Bestandskonten mit ihren Unterkonten werden in der **Kontenklasse 2** geführt. Die Bestandskonten können als **Lager** interpretiert werden.
- Bei der **aufwandsorientierten Beschaffungsbuchung** wird davon ausgegangen, dass die eingekauften Werkstoffe nicht erst gelagert, sondern **sofort** in der Fertigung **verbraucht** werden **(Just-in-time-Fertigung).** Bei Lieferung werden die Werkstoffe auf den **Aufwandskonten** „Aufwendungen für Rohstoffe", „Aufwendungen für Hilfsstoffe" usw. mit den dazugehörigen Unterkonten „Bezugskosten" und „Nachlässe" gebucht. Die Aufwandskonten mit ihren Unterkonten werden in der **Kontenklasse 6** geführt.

80 **Wie werden *Sofortrabatte des Lieferanten* buchungstechnisch behandelt?**

**Sofortrabatte** mindern im Vorhinein den Listeneinkaufspreis; sie werden daher **nicht gebucht.**

**81**

**Bilden Sie die *Buchungssätze* zu den folgenden Geschäftsfällen nach der *Bestandsmethode:***

*1. Einkauf von Rohstoffen auf Ziel, Nettowert 20.000,00 € zzgl. 19 % USt.*

*2. Für die Anlieferung dieser Rohstoffe berechnet die Spedition 650,00 € Frachtkosten zzgl. 19 % USt.*

*3. Rohstoffe im Nettowert von 340,00 € werden an den Lieferanten zurückgesandt.*

| | | |
|---|---|---|
| **1.** Rohstoffe | 20.000,00 € | |
| Vorsteuer | 3.800,00 € | |
| an Verbindlichkeiten a. LL | | 23.800,00 € |
| **2.** Bezugskosten für Rohstoffe | 650,00 € | |
| Vorsteuer | 123,50 € | |
| an Verbindlichkeiten a. LL | | 773,50 € |
| **3.** Verbindlichkeiten a. LL | 404,60 € | |
| an Rohstoffe | | 340,00 € |
| an Vorsteuer | | 64,60 € |

**82**

**Preisnachlässe und Skonti beim *Einkauf* können nach dem *Brutto*- oder dem *Nettoverfahren* gebucht werden. Wodurch unterscheiden sich diese beiden Verfahren?**

- Bei der **Bruttobuchung** wird der Preisnachlass bzw. der Skonto auf dem Konto „Nachlässe“ (Unterkonto des entsprechenden Werkstoffkontos) **zunächst** mit dem Bruttobetrag, also einschließlich Vorsteuer, gebucht. Erst zu einem **späteren** Zeitpunkt, nämlich wenn die Zahllast ermittelt werden muss, wird die Buchung zur **Korrektur der Vorsteuer** vorgenommen.
- Bei der **Nettobuchung** wird der Preisnachlass bzw. der Skonto auf dem Konto „Nachlässe“ (Unterkonto des entsprechenden Werkstoffkontos) **sofort** mit dem Nettobetrag gebucht. **Gleichzeitig** wird die **Vorsteuer korrigiert.**

**83**

***Buchen* Sie den folgenden Geschäftsfall nach dem *Brutto*- und nach dem *Nettoverfahren:***

*Der Rechnungsbetrag eines Lieferanten über 19.040,00 € für den Bezug von Hilfsstoffen wird unter Abzug von 2 % Skonto durch Banküberweisung beglichen.*

- **Bruttobuchung mit anschließender Vorsteuerkorrekturbuchung:**

| | | |
|---|---|---|
| Verbindlichkeiten a. LL | 19.040,00 € | |
| an Nachlässe für Hilfsstoffe | | 380,80 € |
| an Bankguthaben | | 18.659,20 € |
| Nachlässe für Hilfsstoffe | 60,80 € | |
| an Vorsteuer | | 60,80 € |

- **Nettobuchung mit gleichzeitiger Vorsteuerkorrekturbuchung:**

| | | |
|---|---|---|
| Verbindlichkeiten a. LL | 19.040,00 € | |
| an Nachlässe für Hilfsstoffe | | 320,00 € |
| an Vorsteuer | | 60,80 € |
| an Bankguthaben | | 18.659,20 € |

84 **Ermitteln und buchen Sie den *Verbrauch* von Heizöl mithilfe der *Inventurmethode,* wenn folgende Zahlen gegeben sind:** *Anfangsbestand 1.500,00 €, Zugänge 9.600,00 €, Endbestand lt. Inventur 3.200,00 €.*

**Ermittlung des Verbrauchs:**

| | | |
|---|---|---|
| | Anfangsbestand | 1.500,00 € |
| + | Zugänge | 9.600,00 € |
| – | Endbestand lt. Inventur | 3.200,00 € |
| = | Verbrauch | 7.900,00 € |

**Buchung des Verbrauchs:**

| | | |
|---|---|---|
| Aufwendungen für Betriebsstoffe | 7.900,00 € | |
| an Betriebsstoffe | | 7.900,00 € |

85 **Welche *Geschäftsfälle* werden auf den Bestandskonten für Werkstoffe, z. B. auf dem Konto „Betriebsstoffe", erfasst, wenn die Beschaffungsbuchung bestandsorientiert erfolgt?**

| Soll | Betriebsstoffe Haben |
|---|---|
| Eröffnung des Kontos (Anfangsbestand) | Verbrauch von Betriebsstoffen (Abgänge) |
| Einkäufe (Zugänge) | Rücksendungen (Abgänge) |
| Abschluss des Unterkontos „Bezugskosten für Betriebsstoffe" | Abschluss des Unterkontos „Nachlässe für Betriebsstoffe" |
| | Abschluss des Kontos (Saldo/Endbestand) |

Handbuch: LF 3

## 2.1.17 Verkauf von Fertigerzeugnissen

86 **Bilden Sie die *Buchungssätze* zu den folgenden Geschäftsfällen:**
*1. Verkauf von Fertigerzeugnissen auf Ziel, Nettowert 12.500,00 € zzgl. 19 % USt; Lieferung frei Haus.*
*2. Für den Transport der Erzeugnisse berechnet die Spedition 460,00 € Frachtkosten zzgl. 19 % USt.*
*3. Der Kunde sendet mangelhafte Fertigerzeugnisse, Nettowert 2.100,00 €, zurück.*

| | | | |
|---|---|---|---|
| **1.** | Forderungen a. LL | 14.875,00 € | |
| | an Umsatzerlöse für eigene Erzeugnisse | | 12.500,00 € |
| | an Umsatzsteuer | | 2.375,00 € |
| **2.** | Frachten und Fremdlager | 460,00 € | |
| | Vorsteuer | 87,40 € | |
| | an Verbindlichkeiten a. LL | | 547,40 € |
| **3.** | Umsatzerlöse für eigene Erzeugnisse | 2.100,00 € | |
| | Umsatzsteuer | 399,00 € | |
| | an Forderungen a. LL | | 2.499,00 € |

- Bei der **Bruttobuchung** wird der Preisnachlass bzw. der Skonto auf dem Konto **„Erlösberichtigungen"** (Unterkonto des entsprechenden Umsatzerlöskontos) **zunächst** mit dem Bruttobetrag, also einschließlich Umsatzsteuer, gebucht. Erst zu einem **späteren Zeitpunkt,** nämlich wenn die Zahllast ermittelt werden muss, wird die Buchung zur **Korrektur der Umsatzsteuer** vorgenommen.
- Bei der **Nettobuchung** wird der Preisnachlass bzw. der Skonto auf dem Konto „Erlösberichtigungen" (Unterkonto des entsprechenden Umsatzerlöskontos) sofort mit dem Nettobetrag gebucht. **Gleichzeitig** wird die **Umsatzsteuer korrigiert.**

87

**Preisnachlässe und Skonti beim *Verkauf* können nach dem *Brutto*- oder dem *Nettoverfahren* gebucht werden. Wodurch unterscheiden sich diese beiden Verfahren?**

- **Bruttobuchung mit anschließender Umsatzsteuerkorrekturbuchung:**

| | | | |
|---|---|---|---|
| Erlösberichtigungen | | 1.237,60 € | |
| an | Forderungen a. LL | | 1.237,60 € |
| Umsatzsteuer | | 197,60 € | |
| an | Erlösberichtigungen | | 197,60 € |

- **Nettobuchung mit gleichzeitiger Umsatzsteuerkorrekturbuchung:**

| | | | |
|---|---|---|---|
| Erlösberichtigungen | | 1.040,00 € | |
| Umsatzsteuer | | 197,60 € | |
| an | Forderungen a. LL | | 1.237,60 € |

88

***Buchen* Sie den folgenden Geschäftsfall nach dem *Brutto*- und nach dem *Nettoverfahren:***
*Ein Kunde erhält wegen geringfügiger Produktmängel einen Preisnachlass von 10 % auf einen Rechnungsbetrag über 12.376,00 € (brutto).*

| Soll | Vorsteuer | Haben |
|---|---|---|
| Vorsteuerbeträge durch:<br>Einkauf von z. B. Werkstoffen aufgrund von Eingangsrechnungen | | Vorsteuerberichtigungen durch:<br>Rücksendungen an Lieferanten<br>Preisnachlässe von Lieferanten<br>Lieferantenskonti<br>Lieferantenboni |

89

**Welche *Buchungen* ergeben sich auf dem *Konto „Vorsteuer"* in Verbindung mit dem Einkauf von Produkten?**

| Soll | Umsatzsteuer | Haben |
|---|---|---|
| Umsatzsteuerberichtigungen durch:<br>Rücksendungen von Kunden<br>Preisnachlässe an Kunden<br>Kundenskonti<br>Kundenboni | | Umsatzsteuerbeträge durch:<br>Verkauf von z. B. eigenen Erzeugnissen aufgrund von Ausgangsrechnungen |

90

**Welche *Buchungen* ergeben sich auf dem *Konto „Umsatzsteuer"* in Verbindung mit dem Verkauf von Produkten?**

Handbuch: LF 3

## 2.1.18 Einkauf und Verkauf von Handelswaren

91 **Erläutern Sie den Begriff *Handelswaren.***

**Handelswaren** sind Produkte, die ein Unternehmen beschafft und ohne Be- oder Verarbeitung weiterverkauft.

Sie dienen der Abrundung des Verkaufssortiments.

92 **Bilden Sie den *Buchungssatz* zu folgendem Geschäftsfall:** *Einkauf von Handelswaren auf Ziel, netto 520.000,00 € zuzüglich 19 % USt; 1. nach der bestandsorientierten Methode, 2. nach der aufwandsorientierten Methode.*

| | | |
|---|---|---|
| **1.** Handelswaren | 520.000,00 € | |
| Vorsteuer | 98.800,00 € | |
| an Verbindlichkeiten a. LL | | 618.800,00 € |
| **2.** Aufwendungen für Handelswaren | 520.000,00 € | |
| Vorsteuer | 98,800,00 € | |
| an Verbindlichkeiten a. LL | | 618.800,00 € |

93 **Bilden Sie den *Buchungssatz* zu folgendem Geschäftsfall:** *Verkauf von Handelswaren auf Ziel, netto 630.000,00 € zuzüglich 19 % USt.*

| | | |
|---|---|---|
| Forderungen a. LL | 749.700,00 € | |
| an Umsatzerlöse von Handelswaren | | 630.000,00 € |
| an Umsatzsteuer | | 119.700,00 € |

94 **Errechnen und buchen Sie den *Wareneinsatz* (Umsatz zu Einstandspreisen) der Handelswaren, wenn Sie vorher die Einkäufe nach der bestandsorientierten Methode gebucht haben:** *Anfangsbestand 22.400,00 €, Einkäufe im lfd. Jahr 520.000,00 €, Endbestand lt. Inventur 10.300,00 €.*

**Errechnung des Wareneinsatzes:**

| | |
|---|---|
| Anfangsbestand | 22.400,00 € |
| + Einkäufe | 520.000,00 € |
| – Endbestand lt. Inventur | 10.300,00 € |
| = Wareneinsatz | 532.100,00 € |

**Buchung des Wareneinsatzes:**

| | | |
|---|---|---|
| Aufwendungen für Handelswaren | 532.100,00 € | |
| an Handelswaren | | 532.100,00 € |

Der **Warenrohgewinn** ist die Differenz zwischen den Umsatzerlösen der Handelswaren und dem Wareneinsatz (Umsatz zu Einstandspreisen).

| | | |
|---|---|---|
| | Umsatzerlöse von Handelswaren | 630.000,00 € |
| – | Wareneinsatz | 532.100,00 € |
| = | Warenrohgewinn | 97.900,00 € |

95 Erklären Sie den Begriff *Warenrohgewinn* und errechnen Sie ihn aus den beiden vorangegangenen Aufgaben.

## 2.1.19 Güterverkehr mit ausländischen Unternehmen

### 2.1.19.1 Umsatzsteuerrechtliche Abgrenzung

- **innergemeinschaftlicher Güterverkehr**
- **Güterverkehr mit Drittländern**

96 Welche *Arten des Güterverkehrs mit ausländischen Unternehmen* werden umsatzsteuerrechtlich unterschieden?

Der innergemeinschaftliche Güterverkehr betrifft den Güterverkehr mit Unternehmen in Ländern der Europäischen Union.
Verkäufe an Unternehmen, z. B. in Frankreich, werden als **innergemeinschaftliche Lieferung,** Einkäufe von Unternehmen, z. B. in Belgien, werden als **innergemeinschaftlicher Erwerb** bezeichnet.

97 Was versteht man unter dem *innergemeinschaftlichen Güterverkehr?*

Der Güterverkehr mit Drittländern betrifft den Güterverkehr von Unternehmen in EU-Ländern mit Unternehmen außerhalb der EU, sogenannten Drittländern.
Verkäufe an Unternehmen, z. B. in den USA, werden umsatzsteuerrechtlich als **Ausfuhr** oder Export, Einkäufe von Unternehmen, z. B. in Japan, als **Einfuhr** oder Import bezeichnet.

98 Was betrifft den *Güterverkehr mit Drittländern?*

Import und Export werden als Extrahandel bezeichnet.

99 Was versteht man unter *Extrahandel?*

### 2.1.19.2 Innergemeinschaftlicher Güterverkehr

Da in den Mitgliedsstaaten der EU unterschiedliche Umsatzsteuersätze gelten, bestimmt eine Übergangsregelung des Ministerrats der EU, dass nicht der Verkauf, sondern **der Einkauf (Erwerb) von Gütern umsatzsteuerpflichtig ist.**

100 Was bedeutet *Bestimmungslandprinzip?*

101 **Wer *schuldet* beim innergemeinschaftlichen Güterverkehr dem Finanzamt die *Umsatzsteuer?***

Aus dem Bestimmungslandprinzip ergibt sich, dass der **Käufer die Umsatzsteuer schuldet,** sofern er Unternehmer ist und die Ware für sein Unternehmen gekauft hat.

Da der Käufer aber gleichzeitig berechtigt ist, die Vorsteuer (in gleicher Höhe) abzuziehen, belastet ihn die Umsatzsteuer nicht.

102 ***Buchen* Sie auf der Grundlage der folgenden Daten den *innergemeinschaftlichen Erwerb:***
*Die OfficeCom AG in Braunschweig kauft Rohstoffe in Belgien, Nettowert 25.000,00 €, Zahlungsziel vier Wochen.*

**Buchungen beim Einkauf:**

| | | | |
|---|---|---|---|
| Innergemeinschaftlicher Erwerb (i. E.) | | 25.000,00 € | |
| an | Verbindlichkeiten a. LL | | 25.000,00 € |

Verrechnung der Umsatzsteuer mit der Vorsteuer (19 % von 25.000,00 €):

| | | | |
|---|---|---|---|
| Vorsteuer | | 4.750,00 € | |
| an | Umsatzsteuer | | 4.750,00 € |

Umbuchung des innergemeinschaftlichen Erwerbs auf das entsprechende Sachkonto nach der bestandsorientierten Methode:

| | | | |
|---|---|---|---|
| Rohstoffe | | 25.000,00 € | |
| an | innergemeinschaftlicher Erwerb (i. E.) | | 25.000,00 € |

103 ***Buchen* Sie auf der Grundlage der folgenden Daten die *innergemeinschaftliche Lieferung:***
*Die OfficeCom AG in Braunschweig verkauft an einen Kunden in Frankreich Schreibtische, Nettowert 8.500,00 €, Zahlungsziel 30 Tage.*

| | | | |
|---|---|---|---|
| Forderungen a. LL | | 8.500,00 € | |
| an | Erlöse aus innergemeinschaftlicher Lieferung (i. L.) | | 8.500,00 € |

## 2.1.19.3 Güterverkehr mit Drittländern

104 **Nennen Sie die *umsatzsteuerrechtlichen Vorschriften* beim Güterverkehr mit Drittländern.**

- **Importe** unterliegen der **Einfuhrumsatzsteuer** in Höhe von 19 % bzw. 7 %; sie ist als Vorsteuer abzugsfähig.
- **Exporte** sind **umsatzsteuerfrei** (zur Förderung des Exports).

**105** ***Buchen*** **Sie auf der Grundlage der folgenden Daten den** ***Export*** **von Gütern:** *Die OfficeCom AG verkauft an einen Kunden in Norwegen drei Schreibtischsessel im Gesamtwert von netto 4.330,00 €. Eine Grenzübertrittsbescheinigung liegt vor.*

| | | |
|---|---|---|
| Forderungen a. LL | 4.330,00 € | |
| an Erlöse aus Güterverkehr | | 4.330,00 € |

**106** **Wie wird der** ***Einfuhrzoll*** **berechnet?**

| | |
|---|---|
| | Warenwert |
| + | Verpackungskosten |
| + | Auslandsfracht |
| – | möglicher Skonto |
| = | Zollwert (Bemessungsgrundlage für den Zoll) |
| · | Zollsatz (zwischen 5 % und 15 %) |
| = | Zoll |

**107** **Wie wird die** ***Einfuhrumsatzsteuer*** **(EUSt) berechnet?**

| | |
|---|---|
| | Zollwert |
| + | Zoll |
| + | ggf. Verbrauchsteuer |
| + | Inlandsfracht |
| = | Bemessungsgrundlage EUSt |
| · | Umsatzsteuersatz |
| = | Einfuhrumsatzsteuer |

108 **Bilden Sie auf der Grundlage der folgenden Daten die notwendigen *Buchungssätze* bei der *Einfuhr von Gütern:***
*Die OfficeCom AG in Braunschweig kauft von ihrem Lieferanten in den USA Edelstahlrohre im Gesamtwert von 6.700,00 US-$, Transportkosten bis Flughafen Frankfurt 325,00 US-$, Zahlungsziel drei Wochen, Tageskurs 1,52 US-$/€, Zollsatz 10 %, Fracht von Frankfurt nach Braunschweig netto 150,00 €.*

**Berechnungen:**

**(1) Eingangsrechnung:**

| | | | |
|---|---|---|---|
| | Warenwert | 6.700,00 US-$ | = 4.407,89 € |
| + | Auslandsfracht | 325,00 US-$ | = 213,82 € |
| = | Rechnungsbetrag (= Zollwert) | 7.025,00 US-$ | = 4.621,71 € |

**(2) Zoll:**

4.621,71 € · 9 % = 415,95 €

**(3) EUSt-Bemessungsgrundlage:**

| | | |
|---|---|---|
| | Zollwert | 4.621,71 € |
| + | Zoll | 415,95 € |
| + | Inlandsfracht | 150,00 € |
| = | EUSt-Bemessungsgrundlage | 5.187,66 € |

**(4) Einfuhrumsatzsteuer (EUSt):**

5.187,66 € · 19 % = 985,66 €

**Buchungen:**

**(1) Eingangsrechnung:**

| | | |
|---|---|---|
| Gütereinfuhr | 4.407,89 € | |
| Bezugskosten | 213,82 € | |
| an Verbindlichkeiten a. LL | | 4.621,71 € |

**(2) Umbuchung der Bezugskosten:**

| | | |
|---|---|---|
| Gütereinfuhr | 213,82 € | |
| an Bezugskosten | | 213,82 € |

**(3) Umbuchung des Zwischenkontos „Gütereinfuhr“ auf Konto „Rohstoffe“:**

| | | |
|---|---|---|
| Rohstoffe | 4.621,71 € | |
| an Gütereinfuhr | | 4.621,71 € |

**(4) Buchung des Zolls der Inlandsfracht und der Einfuhrumsatzsteuer:**

| | | |
|---|---|---|
| Bezugskosten für Rohstoffe | 565,95 € | |
| Einfuhrumsatzsteuer | 985,66 € | |
| an Zollverbindlichkeiten | | 1.401,61 € |
| an Verbindlichkeiten a. LL | | 150,00 € |

## 2.1.20 Zahlungsverkehr

Handbuch: LF 3

109 **Grenzen Sie die Begriffe *Skonto, Rabatt* und *Bonus* voneinander ab.**

- **Skonto** ist ein Preisnachlass für die **vorzeitige Zahlung** innerhalb einer bestimmten Frist. Skonto sind die Zinsen für einen erhaltenen Lieferantenkredit (Lieferantenskonto) bzw. für einen gewährten Kundenkredit (Kundenskonto).
- **Rabatt** ist ein **sofort** gewährter Preisnachlass, zum Beispiel bei Abnahme einer bestimmten Menge.
- **Bonus** ist ein **nachträglich,** häufig am Ende eines Jahres gewährter Nachlass, z. B. bei Erreichen eines bestimmten Umsatzvolumens.

110 **Errechnen Sie den *Finanzierungserfolg* des Unternehmens:**
*Um eine Rechnung über 6.800,00 € unter Abzug von 3 % Skonto sofort bezahlen zu können, muss ein Unternehmen einen Kontokorrentkredit zu 11,5 % p. a. in Anspruch nehmen. Die Zahlungsbedingung des Lieferanten lautet: 3 % innerhalb 8 Tagen, innerhalb 30 Tagen ohne Abzug.*

**Skontoertrag:** 6.800,00 € · 3 % = 204,00 €

**notwendiger Kreditbetrag:** 6.800,00 € – 204,00 € = 6.596,00 €

**kostenpflichtiger Zeitraum:** 30 Tage – 8 Tage = 22 Tage

**Kreditzinsen:** $\frac{6.596,00\ € \cdot 11,5 \cdot 22\ \text{Tage}}{100 \cdot 360\ \text{Tage}} = 46,36\ €$

**Finanzierungsgewinn:** 204,00 € – 46,36 € = 157,64 €

111 **Bilden Sie die *Buchungssätze* zu den folgenden Geschäftsfällen aus dem *Scheckverkehr:***
1. *Eine Lieferantenrechnung über 3.200,00 € wird mit einem Verrechnungsscheck beglichen.*
2. *Ein Kunde bezahlt eine Rechnung über 4.320,00 € mit Verrechnungsscheck.*

**1.**

| | | |
|---|---|---|
| Verbindlichkeiten a. LL | 3.200,00 € | |
| an Bankguthaben | | 3.200,00 € |

**2a. Buchung bei Erhalt des Schecks**

| | | |
|---|---|---|
| Schecks | 4.320,00 € | |
| an Forderungen a. LL | | 4.320,00 € |

**2b. Buchung nach Kontogutschrift**

| | | |
|---|---|---|
| Bankguthaben | 4.320,00 € | |
| an Schecks | | 4.320,00 € |

Handbuch: LF 3

## 2.1.21 Lohn- und Gehaltsabrechnungen

### 2.1.21.1 Gesetzliche Abzüge

112 Welche *gesetzlichen Abzüge* sind bei der Lohn- und Gehaltsabrechnung zu beachten?

**Gesetzliche Abzüge**

**Steuern**
- Lohnsteuer
- ggf. Solidaritätszuschlag
- ggf. Kirchensteuer

**Sozialversicherungsbeiträge**
- Rentenversicherung
- Arbeitslosenversicherung
- Krankenversicherung
- Pflegeversicherung

113 Welche *Lohnsteuerklassen* werden unterschieden?

**Steuerklasse I:** nicht verheiratete, verwitwete oder geschiedene Arbeitnehmer sowie Verheiratete, die dauernd getrennt leben

**Steuerklasse II:** Arbeitnehmer der Steuerklasse I, sofern sie mindestens ein Kind haben

**Steuerklasse III:** verheiratete, aber nicht ständig getrennt lebende Arbeitnehmer, deren Ehegatte keinen Arbeitslohn erhält oder die Steuerklasse V gewählt hat

**Steuerklasse IV:** verheiratete und nicht dauernd getrennt lebende Arbeitnehmer, die beide Arbeitslohn beziehen

**Steuerklasse V:** verheiratete und nicht dauernd getrennt lebende Ehegatten, die beide Arbeitslohn beziehen, wobei ein Ehegatte auf gemeinsamen Antrag die Steuerklasse III gewählt hat

**Steuerklasse VI:** Bei mehr als einem Arbeitsverhältnis wird für das zweite und alle weiteren Arbeitsverhältnisse die Lohnsteuerklasse VI gewählt.

114 Wozu dient der *Solidaritätszuschlag* und in welcher Höhe wird er erhoben?

Der **Solidaritätszuschlag** dient der Finanzierung der deutschen Einheit. Er beträgt 5,5 % der Lohnsteuer. Ab dem 01.01.2021 entfällt der Solidaritätszuschlag für rund 90 Prozent der Lohn- und Einkommensteuerzahler. Ledige sozialversicherungspflichtige Arbeitnehmer, die im Jahr nicht mehr als ca. 61.700,00 € brutto verdienen, zahlen ab 2021 keinen Solidaritätszuschlag mehr.

Die **Kirchensteuer** beträgt
- in Bayern und Baden-Württemberg 8 %,
- in den übrigen Bundesländern 9 %,

jeweils berechnet von der Lohnsteuer.

**Wie viel Prozent beträgt die *Kirchensteuer?*** 115

**Beiträge zur gesetzlichen Sozialversicherung**
- Arbeitnehmer und Arbeitgeber tragen die Beiträge zur Renten-, Arbeitslosen, Kranken- und Pflegeversicherung je zur Hälfte.
- Kinderlose Arbeitnehmer im Alter zwischen 23 und 64 Jahren zahlen einen um 0,25 % erhöhten Beitrag zur Pflegeversicherung; diese Erhöhung tragen sie allein.
- Die Beiträge zur Unfallversicherung trägt der Arbeitgeber in voller Höhe allein.

**Wer trägt die *Beiträge* zur gesetzlichen *Sozialversicherung?*** 116

**Beitragsbemessungsgrenze:**
- Die Beiträge zur Renten-, Arbeitslosen-, Kranken- und Pflegeversicherung werden grundsätzlich vom Bruttoverdienst berechnet, allerdings nur bis zu einem bestimmten Höchstverdienst. Der Teil des Einkommens, der über diesem Höchstverdienst liegt **(Beitragsbemessungsgrenze),** wird bei der Ermittlung der Beiträge nicht berücksichtigt.
- Die Beitragsbemessungsgrenze wird jährlich der allgemeinen **Einkommensentwicklung angepasst.**
- Die Beitragsbemessungsgrenze für die Kranken- und Pflegeversicherung beträgt **knapp 68 %** der Beitragsbemessungsgrenze der Renten- und Arbeitslosenversicherung.

**Was versteht man unter der *Beitragsbemessungsgrenze?*** 117

Die **Höhe der Unfallversicherung** richtet sich nach:
- Zahl der Mitarbeiter
- Unfallhäufigkeit
- Gefahrenklassen der Tätigkeiten der Mitarbeiter

**Wovon hängt die *Höhe* des vom Arbeitgeber zu zahlenden Beitrages an die *Unfallversicherung* ab?** 118

Handbuch: LF 3

## 2.1.21.2 Lohn-/Gehaltsbuchungen

119 **Bilden Sie die *Buchungssätze* zu folgender Lohnabrechnung:** *Karl Valentino, evangelisch, verheiratet, zwei Kinder, Alleinverdiener, bekommt im April 20.. einen Bruttolohn von 2.346,50 €; Lohnsteuer 30,83 €, Solidaritätszuschlag und Kirchensteuer 0,00 €, Arbeitnehmeranteil zur Sozialversicherung 468,71 €.*

**(1) Bankeinzug der Sozialversicherungsbeiträge Ende April 20.. (drittletzter Bankarbeitstag des Monats):**

| | | | |
|---|---|---|---|
| SV-Vorauszahlung | | 937,42 € | |
| an | Bankguthaben | | 937,42 € |

**(2) Banküberweisung des Lohnes Ende April 20..**

| | | | |
|---|---|---|---|
| Löhne | | 2.346,50 € | |
| an | FB-Verbindlichkeiten | | 30,83 € |
| an | SV-Vorauszahlung | | 468,71 € |
| an | Bankguthaben | | 1.846,96 € |

**(3) Arbeitgeberanteil zur Sozialversicherung Ende April 20..**

| | | | |
|---|---|---|---|
| Arbeitgeberanteil zur Sozialversicherung | | 468,71 € | |
| an | SV-Vorauszahlung | | 468,71 € |

**(4) Banküberweisung von Lohn- und Kirchensteuer am 10. Mai 20.. (hier nur Lohnsteuer):**

| | | | |
|---|---|---|---|
| FB-Verbindlichkeiten | | 30,83 € | |
| an | Bankguthaben | | 30,83 € |

Handbuch: LF 3

## 2.1.21.3 Vorschüsse

120 **Wie werden *Vorschüsse* an Mitarbeiter buchhalterisch behandelt?**

Gewährte **Vorschüsse** stellen für das Unternehmen zum Zeitpunkt der Zahlung **Forderungen an Mitarbeiter** dar, die mit der nächsten Lohn- bzw. Gehaltszahlung verrechnet werden, sodass sich dann der Auszahlungsbetrag entsprechend verringert.

121 **Bilden Sie den *Buchungssatz* zu folgender *Vorschusszahlung:*** *Karl Valentino erhält auf seinen Lohn für den Monat Mai 20.. einen Vorschuss von 200,00 € bar ausgezahlt.*

| | | | |
|---|---|---|---|
| Forderungen an Mitarbeiter | | 200,00 € | |
| an | Kasse | | 200,00 € |

**(2) Banküberweisung des Lohnes Ende Mai 20.. unter Verrechnung des gewährten Vorschusses:**

| | | | |
|---|---|---|---|
| Löhne | | 2.346,50 € | |
| an | FB-Verbindlichkeiten | | 30,83 € |
| an | SV-Vorauszahlung | | 486,71 € |
| an | Forderungen an Mitarbeiter | | 200,00 € |
| an | Bankguthaben | | 1.646,96 € |

122 *Verrechnen* Sie den *Vorschuss* von 200,00 € bei der Lohnabrechnung Mai, wenn dieselben Zahlen gelten wie bei der Lohnabrechnung April (siehe 2.1.21.2). Korrigieren Sie hierbei nur den Buchungssatz (2).

## 2.1.21.4 Vermögenswirksame Leistungen

Handbuch: LF 3

Staatlich gefördert werden

- **Bausparbeiträge** bis zu 470,00 € pro Jahr mit 9 %, also mit einer jährlichen Sparzulage von maximal 42,30 € ,
- **Beteiligungen am Produktivkapital** bis zu 400,00 € pro Jahr mit 20 %, also mit einer jährlichen Sparzulage von maximal 80,00 €.

Die Sparzulage bekommen Ledige/Verheiratete bis zu einem zu versteuernden Einkommen von 17.900,00 €/35.800,00 €.

123 Welche *Sparleistungen* der Arbeitnehmer werden mit einer *Sparzulage* staatlich gefördert?

Die **Sparleistung wird aufgebracht:**

- entweder durch den **Arbeitnehmer allein,**
- oder – aufgrund von Tarifverträgen oder Betriebsvereinbarungen – durch den **Arbeitgeber allein** oder **Arbeitnehmer und Arbeitgeber** anteilig.

124 Wer *bringt* die Sparleistung *auf?*

Das steuer- und sozialversicherungspflichtige Einkommen und damit die Höhe von Lohnsteuer und Sozialversicherungsbeiträgen **steigen.**

125 Wie *wirkt* sich eine teilweise oder ganz vom Arbeitgeber finanzierte *Sparleistung auf das steuer- und sozialversicherungspflichtige Einkommen* des Arbeitnehmers aus?

126 **Bilden Sie die *Buchungssätze* zu folgender *Lohnabrechnung:*** *Karl Valentino, ev, verheiratet, zwei Kinder, Alleinverdiener, bekommt im April 20.. einen Bruttolohn von 2.346,50 €; Lohnsteuer 30,83 €, Kirchensteuer 0,00 €, Arbeitnehmeranteil zur Sozialversicherung 468,71 €. Die vermögenswirksame Sparleistung in Höhe von 45,00 € monatlich, die seine Bank in einem Investmentfonds anlegt, finanziert er selbst.*

**(1) Bankeinzug der Sozialversicherungsbeiträge Ende April 20.. (drittletzter Bankarbeitstag):**

| | | Soll | Haben |
|---|---|---|---|
| SV-Vorauszahlung | | 937,42 € | |
| an | Bankguthaben | | 937,42 € |

**(2) Banküberweisung des Lohnes Ende April 20..:**

| | | Soll | Haben |
|---|---|---|---|
| Löhne | | 2.346,50 € | |
| an | FB-Verbindlichkeiten | | 30,83 € |
| an | SV-Vorauszahlung | | 468,71 € |
| an | Verbindlichkeiten aus VL | | 45,00 € |
| an | Bankguthaben | | 1.801,96 € |

**(3) Arbeitgeberanteil zur Sozialversicherung Ende April 20..:**

| | | Soll | Haben |
|---|---|---|---|
| Arbeitgeberanteil zur Sozialversicherung | | 468,71€ | |
| an | SV- Vorauszahlung | | 468,71 € |

**(4) Banküberweisung von Lohn- und Kirchensteuer sowie vermögenswirksame Leistung am 10. Mai 20..:**

| | | Soll | Haben |
|---|---|---|---|
| FB-Verbindlichkeiten | | 30,83 € | |
| Verbindlichkeiten aus VL | | 45,00 € | |
| an | Bankguthaben | | 75,83 € |

**Lernfeld 8**

**Handbuch: LF 8**

## 2.2 Jahresabschluss analysieren und bewerten

### 2.2.1 Jahresabschluss

127 **Aus welchen Teilen besteht der *Jahresabschluss nach HGB?***

- **unabhängig von der Rechtsform:**
  - Bilanz und
  - Gewinn- und Verlustrechnung
- **abhängig von der Rechtsform:**
  - zusätzlich Anhang (bei Kapitalgesellschaften)

128 **Wozu *dient* der *Jahresabschluss?***

- **Rechenschaftslegung** gegenüber Eigentümern und Gläubigern
- Entscheidungen über **Gewinnverteilung und -verwendung** durch die Eigentümer
- Ermittlung von Einkommen- bzw. Körperschaftsteuer durch das **Finanzamt**
- Grundlage für **Entscheidungen** durch die **Geschäftsführer,** wie z. B. Kapitalerhöhungen, Vornahme von Investitionen, Einstellung von Arbeitskräften
- Entscheidungsgrundlage für **externe Interessenten,** z. B. Kreditinstitute, Kunden, Lieferanten

- Erstellung des **Inventars** auf der Grundlage der Inventur
- Erfassung von **Inventurdifferenzen,** wenn Istwerte der Inventur von den entsprechenden Soll- oder Buchwerten der Finanzbuchhaltung abweichen
- **periodengerechte Abgrenzung** von Aufwendungen und Erträgen
- Durchführung **vorbereitender Abschlussbuchungen** wie der Abschreibungen auf Finanz- und Sachanlagen sowie auf Forderungen
- Erfassung der **Bestandsveränderungen an Werkstoffen,** sofern die Einkäufe aufwandsorientiert gebucht wurden
- **Abschluss von Unterkonten** (z. B. Konto „Bezugskosten für Rohstoffe") über die zugehörigen Hauptkonten (z. B. Konto „Rohstoffe")
- **Aktivierung** von Eigenleistungen
- **Verrechnung** der Konten „Vorsteuer" und „Umsatzsteuer"
- Erstellung von **Bilanz** und **Gewinn- und Verlustrechnung** sowie – bei Kapitalgesellschaften – Anhang nach den Vorschriften des HGB

**Welche *Arbeiten* sind im Zusammenhang mit dem *Jahresabschluss* durchzuführen?** 129

## 2.2.2 Zeitliche Abgrenzung

### 2.2.2.1 Begriff und Ziel der zeitlichen Abgrenzung

Handbuch: LF 8

Sämtliche Aufwendungen und Erträge sind in dem Geschäftsjahr zu erfassen, in dem sie **verursacht** werden und dem sie daher **wirtschaftlich** zuzuordnen sind, unabhängig von den Zeitpunkten der entsprechenden Zahlungen.

**Was versteht man unter dem Begriff der *zeitlichen Abgrenzung?*** 130

Ziel ist die **periodengerechte Erfolgsermittlung.**

***Warum* werden Aufwendungen und Erträge zeitlich abgegrenzt?** 131

### 2.2.2.2 Posten der zeitlichen Abgrenzung

Handbuch: LF 8

- **antizipative Posten (antizipieren – vorwegnehmen):**

  Hier werden Zahlungen des kommenden (neuen) Jahres wirtschaftlich dem alten erfolgswirksam zugerechnet.
- **transitorische Posten (transire (lat.) – hinübergehen):**

  Hier werden Zahlungen des alten Jahres wirtschaftlich dem kommenden (neuen) Jahr erfolgswirksam zugerechnet.
- Im weiteren Sinne können auch **Rückstellungen** den Posten der zeitlichen Abgrenzung zugerechnet werden.

**Welche *Posten der zeitlichen Abgrenzung* werden unterschieden?** 132

133 **Welche *antizipativen Posten* der zeitlichen Abgrenzung werden unterschieden?**

Sonstige Forderungen
Sonstige Verbindlichkeiten

134 **Welchen *Kontenarten* sind die Konten „Sonstige Forderungen" und „Sonstige Verbindlichkeiten" zuzuordnen?**

Sonstige Forderungen: aktives Bestandskonto
Sonstige Verbindlichkeiten: passives Bestandskonto

Beide Konten sind über das Schlussbilanzkonto abzuschließen.

135 **Welche *transitorischen Posten* der zeitlichen Abgrenzung werden unterschieden?**

Aktiver Rechnungsabgrenzungsposten (ARA)
Passiver Rechnungsabgrenzungsposten (PRA)

136 **Welchen *Kontenarten* sind die Konten „Aktive Rechnungsabgrenzung" und „Passive Rechnungsabgrenzung" zuzuordnen?**

Aktive Rechnungsabgrenzung: aktives Bestandskonto
Passive Rechnungsabgrenzung: passives Bestandskonto

Beide Konten sind über das Schlussbilanzkonto abzuschließen.

Handbuch: LF 8

### 2.2.2.3 Sonstige Forderungen

137 **Wie *entstehen* für ein Unternehmen im Rahmen der zeitlichen Abgrenzung *sonstige Forderungen?***

**Einnahmen im neuen Jahr** sind **wirtschaftlich** ganz oder anteilig dem **alten Jahr als Erträge** zuzurechnen. Damit wird die Ertragswirksamkeit der im alten Jahr noch ausstehenden Einnahmen vorweggenommen (antizipiert).

138 **Welche *Art von Forderung* stellt die sonstige Forderung dar?**

Sie ist eine **Geldforderung** an den Schuldner des Unternehmens.

**Buchungen im alten Jahr:**

| | | |
|---|---|---|
| Sonstige Forderungen | 500,00 € | |
| an Zinserträge | | 500,00 € |
| Schlussbilanzkonto | 500,00 € | |
| an Sonstige Forderungen | | 500,00 € |
| Zinserträge | 500,00 € | |
| an Gewinn- und Verlustkonto | | 500,00 € |

**Buchungen im neuen Jahr:**

| | | |
|---|---|---|
| Sonstige Forderungen | 500,00 € | |
| an Eröffnungsbilanzkonto | | 500,00 € |
| Bankguthaben | 500,00 € | |
| an Sonstige Forderungen | | 500,00 € |

139 **Bilden Sie die notwendigen *Buchungssätze* im alten und neuen Jahr zu folgendem Geschäftsfall:** *Dem Unternehmen werden die Zinsen für Dezember in Höhe von 500,00 € für ein gegebenes Darlehen erst im Januar des folgenden Jahres überwiesen.*

**Buchungen im alten Jahr:**

| | | |
|---|---|---|
| Sonstige Forderungen | 2.000,00 € | |
| an Mieterträge | | 2.000,00 € |
| Schlussbilanzkonto | 2.000,00 € | |
| an Sonstige Forderungen | | 2.000,00 € |
| Mieterträge | 2.000,00 € | |
| an Gewinn- und Verlustkonto | | 2.000,00 € |

**Buchungen im neuen Jahr:**

| | | |
|---|---|---|
| Sonstige Forderungen | 2.000,00 € | |
| an Eröffnungsbilanzkonto | | 2.000,00 € |
| Bankguthaben | 5.000,0 € | |
| an Sonstige Forderungen | | 2.000,00 € |
| an Mieterträge | | 3.000,00 € |

140 **Bilden Sie die notwendigen *Buchungssätze* im alten und neuen Jahr zu folgendem Geschäftsfall:** *Das Unternehmen erhält Miete von 5.000,00 € für eine vermietete Lagerhalle nachträglich für die Monate November bis März durch Banküberweisung.*

## 2.2.2.4 Sonstige Verbindlichkeiten

Handbuch: LF 8

**Ausgaben im neuen Jahr** sind **wirtschaftlich** ganz oder anteilig dem **alten Jahr als Aufwendungen** zuzurechnen. Damit wird die Aufwandswirksamkeit der im alten Jahr noch ausstehenden Ausgaben vorweggenommen, antizipiert.

141 **Wie *entstehen* für ein Unternehmen im Rahmen der zeitlichen Abgrenzung *sonstige Verbindlichkeiten?***

Sie ist eine **Geldverbindlichkeit** gegenüber dem Gläubiger des Unternehmens.

142 **Welche *Art von Verbindlichkeit* stellt die sonstige Verbindlichkeit dar?**

143 **Bilden Sie die notwendigen *Buchungssätze* im alten und neuen Jahr zu folgendem Geschäftsfall:** *Das Unternehmen bezahlt Zinsen von 1.000,00 € für Dezember nachträglich im Januar durch Banküberweisung.*

**Buchungen im alten Jahr:**

| | | |
|---|---|---|
| Zinsaufwendungen | 1.000,00 € | |
| an Sonstige Verbindlichkeiten | | 1.000,00 € |
| Sonstige Verbindlichkeiten | 1.000,00 € | |
| an Schlussbilanzkonto | | 1.000,00 € |
| Gewinn- und Verlustkonto | 1.000,00 € | |
| an Zinsaufwendungen | | 1.000,00 € |

**Buchungen im neuen Jahr:**

| | | |
|---|---|---|
| Eröffnungsbilanzkonto | 1.000,00 € | |
| an Sonstige Verbindlichkeiten | | 1.000,00 € |
| Sonstige Verbindlichkeiten | 1.000,00 € | |
| an Bankguthaben | | 1.000,00 € |

144 **Bilden Sie die notwendigen *Buchungssätze* im alten und neuen Jahr zu folgendem Geschäftsfall:** *Das Unternehmen überweist die Miete von 36.000,00 € für ein Bürogebäude für drei Monate (November bis Februar) erst im Februar.*

**Buchungen im alten Jahr:**

| | | |
|---|---|---|
| Mietaufwendungen | 12.000,00 € | |
| an Sonstige Verbindlichkeiten | | 12.000,00 € |
| Sonstige Verbindlichkeiten | 12.000,00 € | |
| an Schlussbilanzkonto | | 12.000,00 € |
| Gewinn- und Verlustkonto | 12.000,00 € | |
| an Mietaufwendungen | | 12.000,00 € |

**Buchungen im neuen Jahr:**

| | | |
|---|---|---|
| Eröffnungsbilanzkonto | 12.000,00 € | |
| an Sonstige Verbindlichkeiten | | 12.000,00 € |
| Sonstige Verbindlichkeiten | 12.000,00 € | |
| Mietaufwendungen | 24.000,00 € | |
| an Bankguthaben | | 36.000,00 € |

Handbuch: LF 8

## 2.2.2.5 Aktiver Rechnungsabgrenzungsposten

145 **Wie *entstehen* für ein Unternehmen im Rahmen der zeitlichen Abgrenzung *aktive Rechnungsabgrenzungsposten?***

**Ausgaben im alten Jahr** sind **wirtschaftlich** ganz oder anteilig dem **neuen Jahr als Aufwendungen** zuzurechnen. Damit wird die Aufwandswirksamkeit der im alten Jahr geleisteten Ausgaben in das neue Jahr hinübergenommen.

Er ist eine **Sachforderung** an den Schuldner des Unternehmens.

**Welche** ***Art von Forderung*** **stellt der aktive Rechnungsabgrenzungsposten dar?** 146

**Buchungen im alten Jahr:**

| | | |
|---|---|---|
| Aktive Rechnungsabgrenzung | 750,00 € | |
| an Bankguthaben | | 750,00 € |
| Schlussbilanzkonto | 750,00 € | |
| an Aktive Rechnungsabgrenzung | | 750,00 € |

**Buchungen im neuen Jahr:**

| | | |
|---|---|---|
| Aktive Rechnungsabgrenzung | 750,00 € | |
| an Eröffnungsbilanzkonto | | 750,00 € |
| Beiträge zu Wirtschaftsverbänden | 750,00 € | |
| an Aktive Rechnungsabgrenzung | | 750,00 € |

**Bilden Sie die notwendigen** ***Buchungssätze*** **im alten und neuen Jahr zu folgendem Geschäftsfall:** 147
*Das Unternehmen überweist den jährlichen Verbandsbeitrag von 750,00 € bereits Ende Dezember für das kommende Jahr.*

**Buchungen im alten Jahr:**

| | | |
|---|---|---|
| Kraftfahrzeugsteuer | 687,50 € | |
| Aktive Rechnungsabgrenzung | 962,50 € | |
| an Bankguthaben | | 1.650,00 € |
| Gewinn- und Verlustkonto | 687,50 € | |
| an Kraftfahrzeugsteuer | | 687,50 € |
| Schlussbilanzkonto | 962,50 € | |
| an Aktive Rechnungsabgrenzung | | 962,50 € |

**Buchungen im neuen Jahr:**

| | | |
|---|---|---|
| Aktive Rechnungsabgrenzung | 962,50 € | |
| an Eröffnungsbilanzkonto | | 962,50 € |
| Kraftfahrzeugsteuer | 962,50 € | |
| an Aktive Rechnungsabgrenzung | | 962,50 € |

**Bilden Sie die notwendigen** ***Buchungssätze*** **im alten und neuen Jahr zu folgendem Geschäftsfall:** 148
*Das Unternehmen überweist am 1. August die Kfz-Steuer für einen Lkw in Höhe von 1.650,00 € ein Jahr im Voraus.*

## 2.2.2.6 Passiver Rechnungsabgrenzungsposten

**Handbuch: LF 8**

**Einnahmen im alten Jahr** sind **wirtschaftlich** ganz oder anteilig dem **neuen Jahr als Erträge** zuzurechnen. Damit wird die Ertragswirksamkeit der im alten Jahr erhaltenen Einnahmen in das neue Jahr hinübergenommen.

**Wie** ***entstehen*** **für ein Unternehmen im Rahmen der zeitlichen Abgrenzung** ***passive Rechnungsabgrenzungsposten?*** 149

150 **Welche *Art von Verbindlichkeit* stellt der passive Rechnungsabgrenzungsposten dar?**

Er ist eine **Sachverbindlichkeit** gegenüber dem Gläubiger des Unternehmens.

151 **Bilden Sie die notwendigen *Buchungssätze* im alten und neuen Jahr:** *Auf dem Bankkonto des Unternehmens wird die Miete von 600,00 € für vermietete Garagen für Januar des kommenden Jahres bereits im Dezember des laufenden Jahres gutgeschrieben.*

**Buchungen im alten Jahr:**

| | | |
|---|---|---|
| Bankguthaben | 600,00 € | |
| an Passive Rechnungsabgrenzung | | 600,00 € |
| Passive Rechnungsabgrenzung | 600,00 € | |
| an Schlussbilanzkonto | | 600,00 € |

**Buchungen im neuen Jahr:**

| | | |
|---|---|---|
| Eröffnungsbilanzkonto | 600,00 € | |
| an Passive Rechnungsabgrenzung | | 600,00 € |
| Passive Rechnungsabgrenzung | 600,00 € | |
| an Mieterträge | | 600,00 € |

152 **Bilden Sie die notwendigen *Buchungssätze* im alten und neuen Jahr zu folgendem Geschäftsfall:** *Die Miete für vermietete Büroräume in Höhe von 30.000,00 € jährlich ist halbjährlich am 01.04. und am 01.10. im Voraus auf das Konto des Unternehmens zu überweisen.*

**Buchungen im alten Jahr am 01.10.:**

| | | |
|---|---|---|
| Bankguthaben | 30.000,00 € | |
| an Mieterträge | | 15.000,00 € |
| an Passive Rechnungsabgrenzung | | 15.000,00 € |

**Weitere Buchungen im alten Jahr:**

| | | |
|---|---|---|
| Mieterträge | 15.000,00 € | |
| an Gewinn- und Verlustkonto | | 15.000,00 € |
| Passive Rechnungsabgrenzung | 15.000,00 € | |
| an Schlussbilanzkonto | | 15.000,00 € |

**Buchungen im neuen Jahr:**

| | | |
|---|---|---|
| Eröffnungsbilanzkonto | 15.000,00 € | |
| an Passive Rechnungsabgrenzung | | 15.000,00 € |
| Passive Rechnungsabgrenzung | 15.000,00 € | |
| an Mieterträge | | 15.000,00 € |

Handbuch: LF 8

### 2.2.2.7 Rückstellungen

153 **Was versteht man unter *Rückstellungen?***

Sie sind **Verbindlichkeiten** (Fremdkapital) **für Aufwendungen,** die am Bilanzstichtag ihrem Wesen nach feststehen, nicht aber in ihrer Höhe und/oder Fälligkeit.

„Rückstellungen sind nach § 253 Absatz 1 Satz 2 HGB in Höhe des nach vernünftiger kaufmännischer Beurteilung notwendigen Erfüllungsbetrages anzusetzen."

In welcher *Höhe* sind die Rückstellungen zu bilden? 154

Rückstellungen **müssen** nach § 249 Absatz 1 HGB **gebildet werden** für:

- ungewisse Verbindlichkeiten (z. B. Prozesskosten),
- drohende Verluste aus schwebenden Geschäften
- Gewährleistungen, die ohne rechtliche Verpflichtung erbracht werden
- im Geschäftsjahr unterlassene Aufwendungen für Instandhaltung, die im folgenden Geschäftsjahr innerhalb von drei Monaten, oder für Abraumbeseitigung, die im folgenden Geschäftsjahr nachgeholt werden

Entsprechend viele Konten werden geführt.

*Wofür* sind Rückstellungen zu bilden? 155

- Schwebende Geschäfte sind z. B. **Verträge** mit Lieferanten oder Kunden, die zwar abgeschlossen, aber bis zum Bilanzstichtag von beiden Seiten **noch nicht erfüllt** wurden.
- Im **Beschaffungsbereich** ergibt sich der drohende Verlust aus der **Differenz** zwischen dem **vereinbarten Einkaufspreis** (z. B. 650,00 €) und dem am Bilanzstichtag geltenden niedrigeren **Wiederbeschaffungspreis** (z. B. 595,00 €). Im Nachhinein wurde also ein für das Unternehmen ungünstiger Kaufvertrag abgeschlossen.
- Im **Absatzbereich** ergibt sich der drohende Verlust dadurch, dass die nach dem Bilanzstichtag **zu erwartenden Selbstkosten** höher sein werden (z. B. 798,00 €) als der vertraglich **vereinbarte Verkaufspreis** (z. B. 793,00 €), wenn beispielsweise die Material- oder Lohnkosten gegenüber der Kalkulation gestiegen sind.

Wie entstehen *drohende Verluste aus schwebenden Geschäften* im Beschaffungs- und im Absatzbereich? 156

Rückstellungskonten sind **passive Bestandskonten,** da Rückstellungen Fremdkapital darstellen.

Welcher *Kontenart* sind die verschiedenen Rückstellungskonten zuzuordnen? 157

Sie dürfen nur dann aufgelöst werden, wenn der **Grund ihrer Entstehung entfallen** ist. Dabei sind drei Fälle zu unterscheiden:

- **Rückstellung = Ausgabe**
- **Rückstellung < Ausgabe:** Im Jahr der Auflösung ergeben sich periodenfremde Aufwendungen.
- **Rückstellung > Ausgabe:** Im Jahr der Auflösung ergeben sich Erträge aus der Herabsetzung von Rückstellungen.

Wann werden Rückstellungen *aufgelöst* und welche Fälle sind dabei zu unterscheiden? 158

159 **Bilden Sie zu den folgenden Geschäftsfällen die relevanten *Buchungssätze:*** *Da der Steuerbescheid erst im kommenden Jahr vorliegen wird, ist zum Bilanzstichtag am 31.12. eine Rückstellung für die Gewerbesteuer in Höhe von 5.000,00 € zu bilden. Die vom Finanzamt im März des kommenden Jahres festgesetzte Gewerbesteuer ist zu überweisen. Sie beträgt alternativ: a) 5.000,00 €, b) 5.800,00 €, c) 4.100,00 €.*

**Buchungen im alten Jahr per 31.12.:**

| | Soll | Haben |
|---|---|---|
| Gewerbesteuer | 5.000,00 € | |
| an Steuerrückstellungen | | 5.000,00 € |
| Gewinn- und Verlustkonto | 5.000,00 € | |
| an Gewerbesteuer | | 5.000,00 € |
| Steuerrückstellungen | 5.000,00 € | |
| an Schlussbilanzkonto | | 5.000,00 € |

**Buchung im neuen Jahr per 01.01.:**

| | Soll | Haben |
|---|---|---|
| Eröffnungsbilanzkonto | 5.000,00 € | |
| an Steuerrückstellungen | | 5.000,00 € |

**Buchungen im neuen Jahr im März alternativ, je nach Ausfall des Steuerbescheids:**

| | Soll | Haben |
|---|---|---|
| **a)** Steuerrückstellungen | 5.000,00 € | |
| an Bankguthaben | | 5.000,00 € |
| **b)** Steuerrückstellungen | 5.000,00 € | |
| Periodenfremde Aufwendungen | 800,00 € | |
| an Bankguthaben | | 5.800,00 € |
| **c)** Steuerrückstellungen | 5.000,00 € | |
| an Bankguthaben | | 4.100,00 € |
| an Erträge aus der Herabsetzung von Rückstellungen | | 900,00 € |

160 *Unterscheiden* Sie *Rückstellungen* von *Rücklagen.*

- **Rückstellungen sind Verbindlichkeiten,** also Fremdkapital, für Aufwendungen.
- **Rücklagen** dagegen **sind Eigenkapital;** sie werden z. B. aus einbehaltenen Gewinnen (Gewinnrücklagen) gebildet.

## 2.2.3 Bilanzierungs- und Bewertungsgrundsätze

Handbuch: LF 8

### 2.2.3.1 Handelsbilanz und Steuerbilanz

161 **Anhand welcher *Merkmale* kann die *Handelsbilanz* beschrieben werden?**

- Rechtsgrundlage ist das Handelsgesetzbuch (HGB).
- Oberster Bewertungsgrundsatz ist das Prinzip der Vorsicht.
- Die nominale Kapitalerhaltung und damit der Gläubigerschutzgedanke stehen im Vordergrund der Bewertung von Vermögen und Schulden.

**162** **Anhand welcher *Merkmale* kann die *Steuerbilanz* beschrieben werden?**

- Rechtsgrundlagen sind das Einkommensteuergesetz (EStG) und – für Kapitalgesellschaften – das Körperschaftsteuergesetz (KStG).
- Sichergestellt werden soll die Gewinnermittlung nach einheitlichen Grundsätzen. Damit soll zur Steuergerechtigkeit beigetragen werden.

**163** **Was versteht man unter dem *Maßgeblichkeitsprinzip?***

Grundsätzlich gelten (sind maßgeblich) die Wertansätze der Handelsbilanz auch für die Steuerbilanz, sofern das Steuerrecht nicht zwingend eine andere Bewertung vorschreibt.
*Beispiel:* Während in der Handelsbilanz Rückstellungen für drohende Verluste aus schwebenden Geschäften gebildet werden müssen, ist in der Steuerbilanz die Bildung derartiger Rückstellungen nach § 5 Absatz 4a Satz 1 EStG untersagt. Insofern wird das Maßgeblichkeitsprinzip durchbrochen.

**164** **Geben Sie einen *Überblick* über die Bilanzierungs- und Bewertungsprinzipien.**

Prinzipien der …

- Bilanzklarheit und -übersichtlichkeit
- Vorsicht
- Bilanzwahrheit
- Bilanzverknüpfung
- Einzelbewertung

## 2.2.3.2 Prinzip der Bilanzklarheit und -übersichtlichkeit

Handbuch: LF 8

**165** **Warum muss eine *Bilanz klar* und *übersichtlich* sein?**

Die Bilanz muss klar und übersichtlich sein, damit ein sachkundiger Dritter, z. B. ein Finanzbeamter der Außenprüfung, in angemessener Zeit einen sicheren Einblick in die Vermögens- und Schuldenlage sowie die Erfolgslage des Unternehmens gewinnen kann.

**166** **Wie wird die *Nachprüfbarkeit* einer Bilanz sichergestellt?**

Die Nachprüfbarkeit wird durch die Beachtung der Grundsätze ordnungsmäßiger Buchführung im engeren Sinne bei der Erstellung des Jahresabschlusses erreicht. Dabei geht es im Wesentlichen um die **Einhaltung formaler Vorschriften.**

**167** **Welches sind die *Grundsätze ordnungsmäßiger Buchführung* im engeren Sinne?**

- Verwenden eines transparenten Buchführungssystems
- Führen von Handelsbüchern
- Verwenden einer lebenden (der deutschen) Sprache
- Bewerten in Euro
- zeitgerechtes und geordnetes Eintragen in die Handelsbücher
- Buchen nur aufgrund von Belegen
- Beachten von Aufbewahrungsfristen
- Beachten der Dauer des Geschäftsjahres (nicht länger als zwölf Monate)
- Anwenden des Stichtagsprinzips
- Bewerten jedes einzelnen Vermögensgegenstandes und jeder Einzelschuld (Einzelbewertung)

168 **Welche *Handelsbücher* können unterschieden werden?**

- Grundbuch
- Hauptbuch
- Nebenbücher wie Kontokorrentbücher
- Lagerbücher
- Kassenbuch
- Bilanzbuch mit Bilanz und Gewinn- und-Verlust-Rechnung

169 **Welche *Arten von Buchungsbelegen* werden unterschieden?**

- **interne Belege:** Belege, die im Unternehmen erstellt werden
- **externe Belege:** Belege, die von außen in das Unternehmen gelangen
- **Notbelege (Ersatzbelege):** Belege, die nicht erstellt werden konnten oder Ersatz abhandengekommener Belege

170 **Welche *Aufbewahrungsfristen* kennen Sie?**

- **zehn Jahre** für Handelsbücher, Inventare, Bilanzen, Buchungsbelege, Lagebericht
- **sechs Jahre** für Handelsbriefe, sonstige Unterlagen

171 **Was ist unter dem *Stichtagsprinzip* zu verstehen?**

Bei der Erstellung der Bilanz sind sämtliche Vermögensteile und Schulden am Abschluss- oder Bilanzstichtag, zum Beispiel zum 31.12., mit dem Wert zu bewerten, der ihnen zu diesem Zeitpunkt beizulegen ist.

172 **Wie wird die *Übersichtlichkeit* einer Bilanz gewährleistet?**

- Anwenden des für das jeweilige Unternehmen gültigen **Kontenrahmens** bei der Erstellung des Kontenplans
- Beachten der **handelsrechtlichen (Mindest-)Gliederungsvorschriften** für Bilanz, Gewinn- und Verlustrechnung sowie der Vorschriften über den Inhalt des Anhangs
- Beachten des **Verbots,** fremdartige Wirtschaftsgüter (z. B. Finanzanlagen und Rohstoffe) zusammenzufassen
- striktes Anwenden des **Bruttoprinzips**
- Darstellen der Entwicklung einzelner Posten des Anlagevermögens in einem **Anlagenspiegel**

173 **Was versteht man unter dem *Bruttoprinzip?***

Einzelne Bilanzpositionen bzw. Positionen der Gewinn- und Verlustrechnung dürfen **nicht miteinander verrechnet** werden.

*Beispiele:*
- Forderungen aus Lieferungen und Leistungen nicht mit Verbindlichkeiten aus Lieferungen und Leistungen
- Zinsaufwendungen nicht mit Zinserträgen
- Mietaufwendungen nicht mit Mieterträgen

Handbuch: LF 8

## 2.2.3.3 Prinzip der Vorsicht

174 **Was besagt das *Vorsichtsprinzip?***

Das **Vermögen** des Unternehmens wird **so niedrig wie möglich,** die **Schulden** werden **so hoch wie möglich** bewertet, damit der Gewinn so niedrig wie möglich ausgewiesen werden kann.

175 In welchen *Bewertungsprinzipien* kommt das *Vorsichtsprinzip* zum Ausdruck?

**Vorsichtsprinzip**

- Realisationsprinzip
- Imparitätsprinzip
- Prinzip der Periodenabgrenzung

176 Was besagt allgemein das *Realisationsprinzip?*

Erträge und Aufwendungen dürfen erst dann in der Bilanz ausgewiesen werden, wenn sie durch Umsätze verwirklicht, realisiert sind. Insbesondere dürfen nicht realisierte Gewinne (Erträge) nicht ausgewiesen werden. Daher hat der Gesetzgeber Wertgrenzen festgelegt, die weder überschritten noch unterschritten werden dürfen.

177 Welche *Wertgrenzen* hat der Gesetzgeber festgelegt?

- **ursprüngliche Anschaffungs- bzw. Herstellungskosten (AHK) als Wertobergrenzen:**
  - für Güter des nicht abnutzbaren Anlagevermögens, wie z. B. Beteiligungen, Grundstücke (soweit kein Substanzabbau stattfindet)
  - für Güter des Umlaufvermögens, wie z. B. Roh-, Hilfs-, Betriebsstoffe
- **fortgeschriebene Anschaffungs- bzw. Herstellungskosten als Wertobergrenzen (AHK – planmäßige Abschreibungen):**
  - für Güter des abnutzbaren Anlagevermögens, wie z. B. Betriebsgebäude, technische Anlagen und Maschinen
- **ursprünglicher Erfüllungsbetrag als Wertuntergrenze:**
  - für Verbindlichkeiten, wie z. B. Auslandsschulden

178 Geben Sie die *Werte am Bilanzstichtag* zu folgenden Positionen an:

*a) Anschaffungskurs einer Beteiligung: 15,00 €/Aktie; Kurs am Bilanzstichtag: 17,00 €/Aktie*

*b) Anschaffungskosten einer Maschine am 03.01.: 60.000,00 €; Nutzungsdauer: 8 Jahre, lineare Abschreibung*

*c) Aufnahme eines Kredits in Norwegen über 400.000,00 norw. Kronen zum Kurs von 7,95 NOK pro €; Kurs am Bilanzstichtag: 7,98 NOK pro €*

**a)** Die Beteiligung ist mit 15,00 €/Aktie zu bilanzieren.

**b)** Buchwert der Maschine:
60.000,00 € – 7.500,00 € = 52.500,00 €

Mit diesem Wert ist die Maschine in der Bilanz auszuweisen.

**c)** Anschaffungswert:
400.000 NOK : 7,95 NOK/€ = 50.314,47 €
Wert am Bilanzstichtag:
400.000 NOK : 7,98 NOK/€ = 50.125,31 €

Der Kredit muss mit dem höheren Wert, also mit 50.314,47 €, in der Bilanz ausgewiesen werden.

179 **Was bedeutet der Begriff *Imparitätsprinzip?***

Parität bedeutet Gleichheit, Imparität Ungleichheit. Im Rahmen der Bilanzierungs- und Bewertungsgrundsätze bedeutet Imparität die **Ungleichbehandlung nicht realisierter Gewinne** und **nicht realisierter Verluste.**

- Nicht realisierte Gewinne (Erträge) dürfen nicht ausgewiesen werden.
- Nicht realisierte Verluste (Aufwendungen) können bzw. müssen ausgewiesen werden (Niederstwertprinzip).

180 **Was besagt das *Niederstwertprinzip?***

Nach HGB sind die Vermögensteile grundsätzlich vorsichtig, das heißt so niedrig wie möglich, zu bewerten. Dieses Bewertungsprinzip findet seinen Niederschlag im sogenannten Niederstwertprinzip. Es besagt, dass die Vermögensgegenstände am Bilanzstichtag mit dem **niedrigeren von zwei Werten** zu bewerten sind.

181 **Was besagt das *Höchstwertprinzip?***

Nach HGB sind die Schulden grundsätzlich vorsichtig, das heißt so hoch wie gesetzlich möglich, zu bewerten. Dieses Bewertungsprinzip findet im sogenannten **Höchstwertprinzip** seinen Niederschlag. Es besagt, dass die Schulden am Bilanzstichtag mit dem **höheren von zwei Werten** zu bewerten sind – analog zum Niederstwertprinzip beim Vermögen (siehe hierzu Abschnitt 2.2.8, Seite 326 f. – Bewertung des Fremdkapitals).

Handbuch: LF 8

## 2.2.3.4 Weitere Bilanzierungsprinzipien

182 **Was versteht man unter dem Prinzip der *Periodenabgrenzung?***

- Sämtliche **Aufwendungen** und **Erträge** sind **wirtschaftlich** dem Geschäftsjahr **zuzuordnen,** in dem sie entstanden sind, unabhängig vom Zeitpunkt der entsprechenden Zahlungen (siehe Kap. 2.2.2 mit Unterkapiteln).
- Ziel ist die **periodengerechte Erfolgsermittlung.**

183 **Was besagt das Prinzip der *Bilanzwahrheit?***

- Sämtliche **vorhandenen Wirtschaftsgüter** und **Kapitalwerte** eines Unternehmens sind zu bilanzieren.
- **Falsche** oder **fiktive Posten** dürfen nicht in der Bilanz ausgewiesen werden.
- Die Vermögens- und Kapitalwerte sind entsprechend den **Mindestgliederungsvorschriften** des HGB in der Bilanz auszuweisen.
- Die Vermögens- und Kapitalpositionen sind entsprechend den **gesetzlichen Vorschriften** zu **bewerten.**

184 **Was versteht man unter dem Prinzip der *Bilanzverknüpfung?***

- Die Eröffnungsbilanz des Geschäftsjahres muss mit der Schlussbilanz des Vorjahres übereinstimmen **(Bilanzidentität).**
- Die Positionen aufeinander folgender Jahresbilanzen müssen wegen der **formellen Bilanzkontinuität**
  - gleich gegliedert sein,
  - inhaltlich gleich voneinander abgegrenzt sein,
  - gleiche Benennungen aufweisen und
  - dem gleichen Abschlusszeitraum unterliegen.
- Ebenso sind die Ausübung von Bilanzierungswahlrechten und die einmal gewählte Bewertungsmethode für aufeinander folgende Jahresbilanzen beizubehalten **(inhaltliche Bilanzkontinuität).**
- Die Beachtung dieser Prinzipien soll die **Vergleichbarkeit von Bilanzen** im Zeitablauf sicherstellen.

Sämtliche **Vermögensgegenstände** und **Schuldenteile** sind grundsätzlich **einzeln zu bewerten** (zur Durchbrechung dieses Prinzips siehe die Sammelbewertungsverfahren bei der Bewertung von Vorräten in Kapitel 2.2.6.1, Seite 318 f.).

185 Was besagt das Prinzip der *Einzelbewertung?*

## 2.2.4 Wertansätze in der handelsrechtlichen Jahresbilanz

### 2.2.4.1 (Aktivierungspflichtige) Anschaffungskosten

Handbuch: LF 8

| | |
|---|---|
| | Anschaffungspreis (netto) |
| – | Anschaffungspreisminderungen |
| + | Anschaffungsnebenkosten |
| + | nachträgliche Anschaffungskosten |
| = | (aktivierungspflichtige) Anschaffungskosten (netto) |

186 Wie errechnen sich die *Anschaffungskosten?*

- Sofortrabatte
- Skonti
- Boni
- sonstige Preisnachlässe

187 Welche *Anschaffungspreisminderungen* können in Betracht kommen?

- Sie verringern den Wert.
- Sie werden entweder direkt auf den entsprechenden Bestandskonten im Haben gebucht (beim Anlagevermögen) oder auf Unterkonten der Werkstoffkonten, ebenfalls im Haben.
- Dabei ist zu beachten, dass Sofortrabatte nicht gebucht werden, die sie den Güterwert im Vorhinein mindern.

188 Wie *wirken* sich *Anschaffungspreisminderungen* auf den Wert der beschafften Güter aus und wie werden sie gebucht?

- Kosten für ein Fundament
- Bezugskosten wie Fracht, Rollgeld, Transportversicherung, Verpackungskosten, Zoll
- Montagekosten
- Vermessungskosten und Notariatskosten sowie Grunderwerbsteuer bei Grundstücken

**Die Umsatzsteuer gehört nicht zu den Anschaffungs(neben)kosten** (durchlaufender Posten)!

189 Nennen Sie *Beispiele* für *Anschaffungsnebenkosten.*

190 Wie *wirken* sich *Anschaffungsnebenkosten* auf den Wert der beschafften Güter aus?

- Sie erhöhen den Wert der Güter.
- Sie werden auf der Sollseite der entsprechenden Bestandskonten gebucht.

191 Wie werden Anschaffungsnebenkosten *gebucht?*

- Beim **Anlagevermögen** (z. B. Technische Anlagen/Maschinen) werden sie auf der Sollseite des entsprechenden Bestandskontos erfasst.
- Bei den **Werkstoffen** werden sie auf den entsprechenden Unterkonten ebenfalls auf der Sollseite, z. B. Bezugskosten für Rohstoffe, gebucht. Die Unterkonten werden über die Hauptkonten abgeschlossen. Damit werden die Anschaffungsnebenkosten „aktiviert".

192 Was bewirken *nachträgliche Anschaffungskosten?*

Sie **erhöhen den Wert** des beschafften Vermögensgegenstandes, z. B. nachträgliche Preiserhöhungen aufgrund gerichtlicher Entscheidung.

193 Welche *Bedeutung* haben die Anschaffungskosten?

Sie bilden die **Wertobergrenze** der entsprechenden Vermögensgegenstände und – bei abnutzbaren Gegenständen des Anlagevermögens – die **Basis für** die Berechnung der **planmäßigen Abschreibungen.**

Handbuch: LF 8

## 2.2.4.2 Herstellungskosten

194 Was versteht man unter *Herstellungskosten?*

- Hierbei handelt es sich um **Aufwendungen,** die einem Unternehmen durch den Verbrauch von Gütern und die Inanspruchnahme von Diensten bei der **Herstellung eines Vermögensgegenstandes** entstehen.
- Sie treten an die Stelle der Anschaffungskosten für fremd beschaffte Vermögensgegenstände und sind **aus der Kostenrechnung abzuleiten.**

195 Welche *Güter* sind zu *Herstellungskosten* zu bewerten?

- unfertige Erzeugnisse
- fertige Erzeugnisse
- selbst erstellte und selbst genutzte Anlagen und Werkzeuge (aktivierte Eigenleistungen)

Welche Kosten bilden die *Wertuntergrenze* der Herstellungskosten nach HGB? 196

Folgende Kosten **müssen** nach § 255 Absatz 2 HGB **mindestens** in die Herstellungskosten eingerechnet werden **(Einbeziehungsgebot):**

| | | |
|---|---|---|
| | (1) | Materialeinzelkosten (insbesondere Fertigungsmaterial- oder Rohstoffkosten) |
| + | (2) | Materialgemeinkosten (z. B. Hilfsstoffkosten, Kosten der Lagerverwaltung) |
| = | (3) | Materialkosten ((1) + (2)) |
| | (4) | Fertigungseinzelkosten (z. B. Fertigungslöhne) |
| + | (5) | Fertigungsgemeinkosten (z. B. Energiekosten, Meistergehälter, angemessene Teile der Abschreibungen auf das Anlagevermögen, soweit durch die Fertigung verursacht) |
| + | (6) | Sondereinzelkosten der Fertigung (z. B. Kosten für spezielle Werkzeuge und Modelle, Lizenzgebühren) |
| = | (7) | Fertigungskosten ((4) + (5) + (6)) |
| = | (8) | Herstellungskosten der Wertuntergrenze ((3) + (7)) |

Welche Kosten bilden die *Wertobergrenze* der Herstellungskosten nach HGB? 197

Folgende Kosten **können** nach § 255 Absatz 2 HGB **zusätzlich** zu den Herstellungskosten der Wertuntergrenze eingerechnet werden **(Einbeziehungswahlrecht):**

| | | |
|---|---|---|
| | (8) | Herstellungskosten der Wertuntergrenze |
| + | (9) | angemessene Teile der Kosten der allgemeinen Verwaltung (Verwaltungsgemeinkosten wie z. B. Gehälter der Angestellten, Abschreibungen auf BGA, Kosten des Betriebsrates und des Werkschutzes) |
| + | (10) | angemessene Teile für Aufwendungen für soziale Einrichtungen (z. B. Kosten der Kindertagesstätte), für freiwillige soziale Leistungen und für betriebliche Altersvorsorge |
| = | (11) | Herstellungskosten der Wertobergrenze ((8) + (9) + (10)) |

**Fremdkapitalzinsen** dürfen nur dann in die Herstellungskosten eingerechnet werden, wenn nachweislich in unmittelbarem wirtschaftlichen Zusammenhang mit der Herstellung eines Vermögensgegenstandes ein Kredit aufgenommen wurde und die Zinsen in den Herstellungszeitraum dieses Gegenstandes fallen (§ 255 Absatz 3 Satz 1 HGB).

Welche Kosten dürfen *nicht* in die *Herstellungskosten* nach HGB eingerechnet werden? 198

Folgende Kosten dürfen nach § 255 Absatz 2 HGB **nicht** in die Herstellungskosten eingerechnet werden **(Einbeziehungsverbot):**

- Vertriebskosten, nämlich:
  - Vertriebsgemeinkosten (z. B. Kosten der Vertriebsabteilung, Kosten des Versandlagers)
  - Sondereinzelkosten des Vertriebs (z. B. Vertriebsprovision, Kosten für Spezialverpackung, Prämien für spezielle Transportversicherung)
- Forschungskosten

Außerdem sind die **kalkulatorischen Kosten** wie kalkulatorischer Unternehmerlohn, kalkulatorische Eigenkapitalzinsen, kalkulatorische Wagniskosten und kalkulatorische Abschreibungen im HGB-Abschluss **nicht** unter den **Herstellungskosten aktivierbar,** da mit der Kostenrechnung andere Ziele verfolgt werden als mit dem Jahresabschluss.

199 Welche *Bedeutung* haben die Herstellungskosten?

- Bei den **unfertigen** und **fertigen Erzeugnissen** bilden sie die **Wertuntergrenze** bzw. **Wertobergrenze.**
- Bei den **aktivierten Eigenleistungen** bilden sie darüber hinaus die **Grundlage** für die Berechnung **der planmäßigen Abschreibungen.**

200 Welche *Wirkung* hat eine Bewertung z. B. der fertigen Erzeugnisse mit der Wertuntergrenze auf den Unternehmensgewinn im Vergleich zu einer Bewertung mit der Wertobergrenze?

Der Unternehmensgewinn wird dadurch **geringer** ausgewiesen.

Handbuch: LF 8

### 2.2.4.3 Erfüllungsbetrag

201 Mit welchen *Werten* sind die verschiedenen *Schuldenposten* in der Bilanz auszuweisen?

Sie sind mit dem jeweiligen **Erfüllungsbetrag** zu bilanzieren. Dabei kommen z. B. die folgenden Werte infrage:

- Schulden gegenüber Lieferanten: Rechnungs- oder Bruttobetrag
- Schulden gegenüber Kreditinstituten: Tilgungsbetrag
- Schulden gegenüber Kunden aufgrund von An- oder Vorauszahlungen: geschuldeter Güter- oder Dienstleistungswert

## 2.2.5 Bewertung des Anlagevermögens

202 Aus welchen Hauptpositionen setzt sich das *Anlagevermögen* eines Unternehmens zusammen?

- selbst geschaffene immaterielle Vermögensgegenstände, z. B. patentiertes Produktionsverfahren
- entgeltlich erworbene immaterielle Vermögensgegenstände, z. B. Lizenzen
- Sachanlagen, z. B. Maschinen
- Finanzanlagen, z. B. Beteiligungen

203 Wie ist das *Anlagevermögen* im Hinblick auf seine *zeitliche Nutzung* zu unterteilen?

- **zeitlich unbegrenzt nutzbares Anlagevermögen**
  (nicht abnutzbares Anlagevermögen)
- **zeitlich begrenzt nutzbares Anlagevermögen**
  Dabei ergibt sich die zeitliche Begrenzung durch Nutzung bzw. Verwendung des Vermögensgegenstandes, aber auch durch Fristablauf (abnutzbares Anlagevermögen).

## 2.2.5.1 Bewertung des zeitlich unbegrenzt nutzbaren Anlagevermögens

Handbuch: LF 8

Welche Vermögensgegenstände gehören *zum zeitlich unbegrenzt nutzbaren Anlagevermögen?* 204

Beispiele zeitlich unbegrenzt nutzbaren Anlagevermögens:

- Grundstücke, sofern kein Substanzabbau stattfindet
- Finanzanlagen wie Beteiligungen und Wertpapiere des Anlagevermögens
- langfristige Ausleihungen

Mit welchem *Wert* sind die Güter des *zeitlich unbegrenzt nutzbaren Anlagevermögens* höchstens anzusetzen? 205

Sie sind mit den (aktivierungsfähigen) Anschaffungskosten zu bilanzieren.

Wie sind die Güter des zeitlich unbegrenzt nutzbaren Anlagevermögens am *Bilanzstichtag* nach HGB zu bewerten, wenn der Wert gegenüber dem Anschaffungszeitpunkt gesunken ist? 206

- Ist der Wert, der dem Anlagevermögensgegenstand am Bilanzstichtag „beizulegen" ist, **voraussichtlich dauernd** niedriger als die AK/HK, **muss** nach § 253 Absatz 3 Satz 3 HGB eine **außerplanmäßige Abschreibung** auf diesen niedrigeren Wert vorgenommen werden **(Abschreibungspflicht).**
- Für **Finanzanlagen** gilt nach § 253 Absatz 3 Satz 4 HGB zusätzlich folgende Regelung:
  Ist die **Wertminderung** voraussichtlich nicht dauernd, also voraussichtlich nur **vorübergehend, können** außerplanmäßige Abschreibungen auf den niedrigeren „beizulegenden" Wert vorgenommen werden **(Abschreibungswahlrecht).**

## 2.2.5.2 Bewertung des zeitlich begrenzt nutzbaren Anlagevermögens

Handbuch: LF 8

Welche Vermögensgegenstände gehören zum *zeitlich begrenzt nutzbaren Anlagevermögen?* Nennen Sie Beispiele. 207

Beispiele zeitlich begrenzt nutzbaren Anlagevermögens:

- entgeltlich erworbene immaterielle Vermögensgegenstände, wie Patente, oder entgeltlich erworbener Firmenwert
- selbst geschaffene immaterielle Vermögensgegenstände, wie das Rezept eines neuen Medikamentes, neu entwickelte Software
- Gebäude
- technische Anlagen/Maschinen
- Fuhrpark
- Betriebs- und Geschäftsausstattung

208 **Wie sind die *Güter des zeitlich begrenzt nutzbaren Anlagevermögens* in der Jahresbilanz zu *bewerten?***

- Sie sind zunächst zum Zeitpunkt der Anschaffung/Herstellung mit den Anschaffungskosten/Herstellungskosten (AH/HK) zu aktivieren.
- In der Folge sind sie dann mit den sogenannten **fortgeführten AK/HK** in der Jahresbilanz auszuweisen.
- Die fortgeführten AK/HK errechnen sich wie folgt:

| | |
|---|---|
| | **Anschaffungskosten/Herstellungskosten** |
| – | **planmäßige Abschreibungen** |
| = | **fortgeführte Anschaffungskosten/Herstellungskosten** |

- Die fortgeführten AK/HK ergeben sich als Saldo oder Endbestand auf den entsprechenden Anlagekonten.

*(zu den planmäßigen Abschreibungen siehe Kapitel 2.1.15, Seite 277 ff.)*

209 **Berechnen Sie für das Jahr 01 die *Anschaffungskosten*, die planmäßigen *Abschreibungen* und die *fortgeführten Anschaffungskosten* (Buchwert per 31.12.):**

*Ein Unternehmen kaufte am 02.01. des Jahres 01 eine Drehbank auf Ziel:*

| | |
|---|---|
| *Listenpreis:* | *26.500,00 €* |
| *+ Transportk.* | *750,00 €* |
| | *27.250,00 €* |
| *+ 19 % USt* | *5.177,50 €* |
| *= Re.-Betrag* | *32.427,50 €* |

*Der Re.-Betrag wurde abzügl. 2 % Skonto durch Banküberweisung beglichen. Die Montagekosten – sofort durch Bankscheck ohne Skontoabzug bezahlt – betrugen 1.295,00 € zzgl. 19 % USt. Nutzungsdauer der Drehbank 6 Jahre; Abschreibung linear.*

**Anschaffungskosten:**

| | | |
|---|---|---|
| | Listenpreis (netto) | 26.500,00 € |
| + | Transportkosten | 750,00 € |
| + | Montagekosten | 1.295,00 € |
| – | Skonto | 454,00 € |
| = | Anschaffungskosten (netto) | 28.091,00 € |

(Die Umsatzsteuer stellt keine Kosten dar!)

**Abschreibungsbetrag:**

28.091,00 € : 6 Jahre = 4.681,83 €/Jahr

**Fortgeführte Anschaffungskosten (Buchwert per 31.12.01):**

| | | |
|---|---|---|
| | Anschaffungskosten | 28.091,00 € |
| – | Abschreibung | 4.681,83 € |
| = | fortgeführte Anschaffungskosten | 23.409,17 € |

**Was versteht man unter den sogenannten *Eigenleistungen?*** 210

- Hierbei handelt es sich um Güter, die im Unternehmen für den **Eigenbedarf** produziert werden, die von Anfang an **nicht für den Absatz bestimmt** sind. Sie werden auch als selbst erstellte Anlagen bezeichnet.
- *Beispiele:*
  Ein Automobilhersteller produziert die benötigten Schweißautomaten selbst oder ein Hochbauunternehmen erstellt für eigene Zwecke ein neues Verwaltungsgebäude.

**Wie sind die *Eigenleistungen* zum Zeitpunkt ihrer Fertigstellung und in der Jahresbilanz zu *bewerten?*** 211

- Zum Zeitpunkt der **Fertigstellung** sind Eigenleistungen mit den **Herstellungskosten** zu bewerten,
- in der **Jahresbilanz** mit den **fortgeführten Herstellungskosten.**

***Bewerten* Sie die *Eigenleistung* und geben Sie die relevanten *Buchungssätze* zum Zeitpunkt der Fertigstellung und am Ende des Jahres der Fertigstellung anhand des folgenden Beispiels an:** 212
*Die Erweiterung des Verwaltungsgebäudes (fertiggestellt im Januar), die das Bauunternehmen selbst vornahm, hat folgende Kosten verursacht: Materialeinzelkosten 1.000.000,00 €, Materialgemeinkosten 20 %, Fertigungseinzelkosten 1.250.000,00 €, Fertigungsgemeinkosten 85 %, Verwaltungsgemeinkosten 10 %. Das Unternehmen bewertet den Erweiterungsbau so hoch wie möglich; Nutzungsdauer 50 Jahre.*

**Bewertung zu Herstellungskosten:**

| | | |
|---|---|---|
| | Materialeinzelkosten | 1.000.000,00 € |
| + | Materialgemeinkosten (20 %) | 200.000,00 € |
| + | Fertigungseinzelkosten | 1.250.000,00 € |
| + | Fertigungsgemeinkosten (85 %) | 1.062.500,00 € |
| + | Verwaltungsgemeinkosten (10 %) | 351.250,00 € |
| | Herstellungskosten | 3.863.750,00 € |

**Aktivierung der Herstellungskosten zum Zeitpunkt der Fertigstellung:**

| | | |
|---|---|---|
| Verwaltungsgebäude | 3.863.750,00 € | |
| an Aktivierte Eigenleistungen | | 3.863.750,00 € |

**Berechnung der Abschreibung:**

3.863.750,00 € : 50 Jahre = 77.275,00 €/Jahr

**Buchung der Abschreibung am Ende des Jahres der Fertigstellung:**

| | | |
|---|---|---|
| Abschreibungen auf Sachanlagen | 77.275,00 € | |
| an Verwaltungsgebäude | | 77.275,00 € |

**Bewertung am Ende des Jahres der Fertigstellung:**

| | | |
|---|---|---|
| | Herstellungskosten | 3.863.750,00 € |
| – | Abschreibung | 77.275,00 € |
| = | fortgeführte Herstellungskosten (Buchwert) | 3.786.475,00 € |

213 **Welche *Zeitpunkte* sind maßgebend für den Beginn bzw. das Ende der *planmäßigen Abschreibung* auf bewegliche, zeitlich begrenzt nutzbare (abnutzbare) Güter des Anlagevermögens?**

- Meistens erfolgt die **Lieferung** bzw. **Fertigstellung** eines Anlagegutes nicht zu Beginn eines Geschäftsjahres, sondern in der laufenden Abrechnungsperiode. Daher darf nicht der gesamte Jahresabschreibungsbetrag als Aufwand angesetzt werden, sondern nur der **zeitanteilige.** Zeitanteilig bedeutet monatsgenau, wobei der **Monat der Lieferung bzw. Fertigstellung** mit eingerechnet wird.

  *Beispiel:*
  Wird eine NC-gesteuerte Drehbank am 25. März geliefert, beträgt die Abschreibungsdauer im ersten Jahr 10 Monate. Also beträgt der Abschreibungsbetrag 10/12 des Jahresabschreibungsbetrages.

- Wird eine gebrauchte Anlage im Laufe des Jahres **verkauft,** wird auch das Jahr des Verkaufs bei der Berechnung der Abschreibung nur zeitanteilig berücksichtigt. **Hier endet allerdings der Abschreibungszeitraum im Vormonat des Verkaufs.**

  *Beispiel:*
  Die NC-gesteuerte Drehbank (geschätzte Nutzungsdauer sechs Jahre) wird im fünften Jahr der Nutzung am 16. September verkauft. Die Drehbank wird also im fünften Jahr noch bis einschließlich August planmäßig abgeschrieben, der Abschreibungsbetrag beträgt demnach 8/12 des Jahresabschreibungsbetrages.

214 **Ermitteln Sie für das Jahr der Anschaffung (01) die *zeitanteilige* Abschreibung und den Buchwert für folgende Maschine:**
*Anschaffungskosten eines Schweißautomaten: 185.000,00 €, Anschaffungszeitpunkt: 16.05.01, Nutzungsdauer: 8 Jahre, lineare Abschreibung.*

**Ermittlung des Abschreibungsbetrages:**

Jahresabschreibungsbetrag = 185.000,00 € : 8 Jahre = 23.125,00 €/Jahr

$$\text{zeitanteilige Abschreibung} = \frac{23.125{,}00\ €}{12\ \text{Monate}} \cdot 8\ \text{Monate} = 15.416{,}67\ €$$

**Ermittlung des Buchwertes:**

185.000,00 € – 15.416,67 € = 169.583,33 €

215 **a) Berechnen Sie Buchwert sowie Verkaufserfolg, wenn der Automat (siehe vorherige Aufgabe) am 25.04.07 für 51.000,00 € (netto) zzgl. 19 % USt auf Ziel verkauft wird.**
**b) Bilden Sie alle notwendigen Buchungssätze zum 25.04.07.**

**a) Berechnung des Buchwertes und des Verkaufserfolgs:**

| | | |
|---|---|---|
| | Anschaffungskosten | 185.000,00 € |
| – | zeitanteilige Abschreibung in 01 | 15.416,67 € |
| – | Abschreibungen 02 bis 06 (23.125,00 € · 5) | 115.625,00 € |
| – | zeitanteilige Abschreibung in 07 (23.125,00 € : 12 · 3) | 5.781,25 € |
| = | Buchwert am 25.04.07 | 48.177,08 € |
| – | Verkaufspreis netto | 51.000,00 € |
| = | Verkaufsgewinn | 2.822,92 € |

**b) Buchungssätze am 25.04.07**

**Buchung der zeitanteiligen Abschreibung in 07:**

| | | | |
|---|---|---|---|
| Abschreibungen auf Sachanlagen | | 5.781,25 € | |
| an | Technische Anlagen und Maschinen | | 5.781,25 € |

**Buchung der Zielverkaufs:**

| | | | |
|---|---|---|---|
| Forderungen a. LL | | 60.690,00 € | |
| an | Erlöse aus Anlagenabgängen | | 51.000,00 € |
| an | Umsatzsteuer | | 9.690,00 € |

**Ausbuchung des Buchwertes:**

| | | | |
|---|---|---|---|
| Erlöse aus Anlagenabgängen | | 51.000,00 € | |
| an | Technische Anlagen und Maschinen | | 48.177,08 € |
| an | Erträge aus Vermögensabgang | | 2.822,92 € |

## 2.2.5.3 Bewertung geringwertiger Wirtschaftsgüter

Handbuch: LF 8

Welche *Merkmale* weisen *geringwertige Wirtschaftsgüter* (GWG) auf? 216

Güter gelten nach § 6 Absatz 2 und 2 a EStG als geringwertige Wirtschaftsgüter, wenn sie ...

- abnutzbar sind,
- beweglich sind,
- selbstständig nutzbar sind.
- Ihre AK/HK, abzüglich darin enthaltener Vorsteuer, dürfen 1.000,00 € nicht übersteigen (Absatz 2 a EStG).

Für die Bewertung der GWG am Jahresende in der Bilanz sind zusätzlich noch die Wertgrenzen 250,01 € und 800,00 € zu berücksichtigen (siehe unten).

Geben Sie einen *Überblick* über die mögliche *bilanzielle Behandlung geringwertiger Wirtschaftsgüter.* 217

Bilanzielle Behandlung der GWG:
Sofortabschreibung, Sammelposten oder Aktivierung

| GWG mit einem Wert (Anschaffungs- oder Herstellungskosten, Einlagewert, ohne Umsatzsteuer) ... | Bilanzausweis |
|---|---|
| von 0,01 € bis 250,00 € | ... können **immer** im Jahr der Anschaffung/Herstellung in voller Höhe als Betriebsausgabe abgesetzt werden. (D. h. Sofortabschreibung oder Regelabschreibung). |
| von 250,01 € bis 800,00 € | ... können **nur dann** im Jahr der Anschaffung/Herstellung in voller Höhe als Betriebsausgabe abgesetzt werden, wenn nicht andere Güter dieser Preisklasse und/oder Güter zwischen 250,01 € und 1.000,00 € als Sammelposten angesetzt wurden (bilanzielle Gleichbehandlung der Güter zwischen 250,01 € und 1.000,00 € nach § 6, Abs. 2a, Satz 5 EStG).<br>(D. h., dass es drei Alternativen gibt: Sofortabschreibung, Sammelposten und Regelabschreibung. Die getroffene Entscheidung gilt dann für alle GWG des betreffenden Jahres). |
| von 800,01 € bis 1.000,00 € | ... können **nie** im Jahr der Anschaffung/Herstellung in voller Höhe als Betriebsausgabe abgesetzt werden, sondern müssen immer als Sammelposten erfasst und über fünf Jahre gleichmäßig (linear) abgeschrieben werden. |

| GWG mit einem Wert (Anschaffungs- oder Herstellungskosten, Einlagewert, ohne Umsatzsteuer) ... | Bilanzausweis |
|---|---|
| | (D. h., dass es zwei Alternativen gibt: Sammelposten oder Regelabschreibung. Die getroffene Entscheidung gilt dann für alle GWG des betreffenden Jahres). |
| von über 1.000,00 € | ... müssen als Betriebs- und Geschäftsausstattung aktiviert werden und gemäß der AfA-Tabelle über die Nutzungsdauer abgeschrieben werden (Regelabschreibung). |
| Unabhängig von diesen Regelungen können alle diese Wirtschaftsgüter planmäßig über die Jahre der betriebsgewöhnlichen Nutzungsdauer abgeschrieben werden. | |

218 **Wie können geringwertige *Wirtschaftsgüter bis 250,00 €* bilanziell behandelt werden?**

*Beispiel: Barkauf eines Taschenrechners für 65,00 € zzgl. 19 % USt*

Diese Wirtschaftsgüter können zum Zeitpunkt des Kaufs **in voller Höhe als Betriebsausgabe abgesetzt** werden. In der Regel werden sie zunächst auf dem Konto „GWG“ aktiviert und anschließend in voller Höhe abgeschrieben.

**Buchungssätze:**

| | | |
|---|---|---|
| GWG | 65,00 € | |
| Vorsteuer | 12,35 € | |
| an Kasse | | 77,35 € |
| Abschreibungen auf GWG | 65,00 € | |
| an GWG | | 65,00 € |

219 **Welche *Wirtschaftsgüter* können in einem sogenannten *Sammelposten* erfasst werden, und wie werden sie anschließend in der Bilanz behandelt?**

- Wirtschaftsgüter über 250,00 € bis maximal 1.000,00 €, die innerhalb eines Jahres angeschafft oder hergestellt wurden, können auf einem **Sammelkonto**, das ein aktives Bestandskonto ist, erfasst werden.
- Der gesamte Sammelposten (Pool) ist dann **über fünf Jahre linear abzuschreiben** (sogenannte Poolabschreibung).
- **Jedes Jahr** ist ein **neuer Sammelposten** zu bilden, sodass ab dem vierten Jahr am Jahresende in der Bilanz maximal vier Sammelposten gleichzeitig ausgewiesen werden können.

220 **Welche *Wirkung* hat das *Ausscheiden* eines geringwertigen Wirtschaftsgutes aus dem Betriebsvermögen auf die *Höhe der Poolabschreibung?***

Scheidet ein geringwertiges Wirtschaftsgut aus dem Betriebsvermögen aus, zum Beispiel durch Verkauf, wird der **Sammelposten nicht verringert.** Das bedeutet, dass der Sammelposten weiter so abgeschrieben wird, als ob sich das ausgeschiedene Gut noch im Vermögen des Betriebs befindet. Das Ausscheiden hat also **keine Wirkung** auf die Höhe der Poolabschreibung.

Summe der abzuschreibenden Gegenstände (einschließlich Scanner): 3.510,00 €
20 % Abschreibung auf 3.510,00 €: 702,00 €

**Buchung der Anschaffung (pauschal):**

| | | |
|---|---|---|
| GWG-2020 (Sammelkonto 2020) | 3.510,00 € | |
| Vorsteuer | 666,90 € | |
| an Verbindlichkeiten a. LL | | 4.176,90 € |

**Buchung der Poolabschreibung:**

| | | |
|---|---|---|
| Abschreibungen auf GWG (Sammelkonto) 2020 | 702,00 € | |
| an GWG (Sammelkonto) 2020 | | 702,00 € |

**Abschluss des Kontos „Abschreibungen auf GWG-2020“:**

| | | |
|---|---|---|
| GuV-Konto | 702,00 € | |
| an Abschreibungen auf GWG (Sammelkonto) 2020 | | 702,00 € |

**Abschluss des Kontos „GWG-2020“:**

| | | |
|---|---|---|
| Schlussbilanzkonto | 2.808,00 € | |
| an GWG (Sammelkonto) 2020 | | 2.808,00 € |

Auch in den Folgejahren 2021 bis 2024 beträgt die Abschreibung auf GWG (Sammelkonto) 2020 jeweils 702,00 €, obwohl der Scanner ab Mai 2021 nicht mehr zu den Betriebsmitteln (Anlagevermögen) der OfficeCom AG gehört.

221

**Bilden Sie die Buchungssätze für die Aktivierung der GWG auf dem Sammelkonto (pauschal), die Poolabschreibung und die relevanten Kontenabschlüsse Ende des Jahres 2020, wenn während des Jahres 2020 folgende GWG angeschafft wurden:**

| Gegenstand | AK in 2020 | Abgang |
|---|---|---|
| Laserdrucker | 770,00 € | |
| Laptop | 990,00 € | |
| PC | 800,00 € | |
| Aktenschrank | 650,00 € | |
| Scanner | 300,00 € | Mai 2021 |

- Wenn die OfficeCom AG entschieden hat, alle Wirtschaftsgüter über 800,00 € bis 1.000,00 € im Sammelkonto zu erfassen und über fünf Jahre linear abzuschreiben, darf sie die 350,00 € im Jahr der Anschaffung **nicht** in voller Höhe als Betriebsausgabe **geltend machen**.
- Vielmehr muss die OfficeCom AG dann ebenfalls alle Güter über 250,00 € bis 800,00 € **im Sammelposten erfassen** – also auch die Bohrmaschine – und über fünf Jahre linear abschreiben.
- Dies gebietet § 6 Abs. 2a Satz 5 EStG: Danach müssen alle Wirtschaftsgüter über 250,00 € bis 1.000,00 € **gleich behandelt werden**.

222

**Entscheiden Sie den folgenden Fall und begründen Sie Ihre *Entscheidung*:**

*Die OfficeCom AG kauft in 2020 eine neue Bohrmaschine für 350,00 € netto. Können die 350,00 € am Ende des Jahres 2020 in voller Höhe als Betriebsausgabe geltend gemacht werden, wenn die OfficeCom AG entschieden hat, in 2020 alle Güter über 250,00 € bis 1.000,00 € im Sammelposten zu erfassen und innerhalb von fünf Jahren abzuschreiben?*

**223 Wie sind *geringwertige Wirtschaftsgüter über 250,00 € bis 1.000,00 €* in der Bilanz zu behandeln?**

Das Unternehmen kann derartige Güter nach § 6 Absatz 2a EStG im Sammelposten erfassen und jährlich mit 20 Prozent abschreiben (Poolabschreibung).

*Beispiel:*
Die OfficeCom AG kauft zwei PCs für den Eigenbedarf, Anschaffungskosten (AK) je 960,00 € netto zuzüglich 19 % Umsatzsteuer.

Die OfficeCom AG kann die AK beider PCs in den Sammelposten aufnehmen und anschließend über 5 Jahre linear abschreiben.

## 2.2.6 Bewertung des Umlaufvermögens

Handbuch: LF 8

### 2.2.6.1 Bewertung der Vorräte

**224 Welche Güter gehören zu den *Vorräten* eines Unternehmens?**

Im Wesentlichen handelt es sich um:

- unfertige und fertige Erzeugnisse
- Roh-, Hilfs- und Betriebsstoffe
- Vorprodukte/Fremdbauteile
- Handelswaren

**225 Mit welchem *Wert* werden die *unfertigen und fertigen Erzeugnisse* bilanziert?**

Sie sind mit den **Herstellungskosten** zu bewerten.

**226 Wie werden die *übrigen Güter des Vorratsvermögens* bewertet?**

- **Grundsätzlich** sind sie im Wege der **Einzelbewertung** zu bewerten.
- Der Gesetzgeber erlaubt jedoch – zur Vereinfachung der Bewertung – die Anwendung sogenannter **Sammelbewertungsverfahren.** Werden die Vorräte mithilfe eines Sammelbewertungsverfahrens bewertet, muss der so ermittelte Wert noch mit dem **Tageswert** am Bilanzstichtag **verglichen werden:**
  - Ist der ***Tageswert niedriger*** als der des angewandten Sammelbewertungsverfahrens, muss der Tageswert in der Bilanz angesetzt werden, unabhängig davon, ob der Tageswert nur vorübergehend oder dauerhaft niedriger ist ***(strenges Niederstwertprinzip).***
  - Ist der ***Tageswert höher*** als der Wert des angewandten Sammelbewertungsverfahrens, muss der Wert des Sammelbewertungsverfahrens genommen werden.

- Festwertverfahren (§ 240 Absatz 3 HGB)
- Verfahren des gewogenen Durchschnittspreises (§ 240 Absatz 4 HGB)
- Verbrauchsfolgeverfahren (§ 256 Satz 1 HGB)

227 **Welche *Sammelbewertungsverfahren* können unterschieden werden?**

Vorratsbestände können jedes Jahr mit dem gleichen Wert **(Festwert)** bilanziert werden, wenn sie folgende **Bedingungen** erfüllen:

- Größe, Zusammensetzung und Wert sind weitgehend **konstant.**
- Der Gesamtwert dieser Vorräte ist im Verhältnis zum übrigen Vermögen von **untergeordneter Bedeutung.**
- Die Vermögensgegenstände müssen **laufend ersetzt** werden.

*Beispiel:* eiserne Bestände der Roh-, Hilfs- und Betriebsstoffe

228 **Was versteht man unter dem *Festwertverfahren* und unter welchen Bedingungen kann es angewandt werden?**

Das Verfahren des gewogenen Durchschnittspreises kann angewandt werden, wenn die **Vermögensgegenstände gleichartig** sind.

$$\textbf{Wert des Bestandes} = \frac{\text{Summe aus Beschaffungsmengen} \cdot \text{Preise}}{\text{gesamte Beschaffungsmenge der Periode}} \cdot \text{Endbestand}$$

229 **Unter welcher *Bedingung* kann das *Verfahren des gewogenen Durchschnittspreises* angewandt werden und wie wird nach ihm *bewertet?***

| | | |
|---|---|---|
| | 100,00 € | Menge · Preis |
| + | 5.000,00 € | |
| + | 5.500,00 € | |
| + | 5.670,00 € | |
| = | 16.270,00 € | |

**Gewogener Durchschnittspreis:**
16.270,00 € : 710 Stück = 22,92 €/Stück

**Wert des Endbestandes:**
22,92 €/Stück · 280 Stück = 6.417,60 €

**Wert am Bilanzstichtag:**
22,50 €/St. · 280 St. = 6.300,00 €

Der Bestand der Handelsware ist mit dem niedrigeren Wert von 6.300,00 € zu bilanzieren.

230 ***Errechnen* Sie den gewogenen Durchschnittspreis und ermitteln Sie den Bilanzansatz.** *Für eine bestimmte Handelsware liegen folgende Zahlen vor:*

| | *Menge in St.* | *Preis in €* |
|---|---|---|
| *Anfangsb.* | *50* | *20,00* |
| *Einkauf* | *200* | *25,00* |
| *Einkauf* | *250* | *22,00* |
| *Einkauf* | *210* | *27,00* |
| *Endb.* | | *280* |

*Tageswert am Bilanzstichtag: 22,50 €/St.*

231 **Welche *Verbrauchsfolgeverfahren* sind nach § 256 Satz 1 HGB zulässig?**

- Lifo-Verfahren
- Fifo-Verfahren

232 ***Erläutern* Sie die Verbrauchsfolgeverfahren.**

- **Lifo (Last in – first out)**
  Die Güter, die **zuletzt gekauft** und gelagert wurden, werden **zuerst verbraucht;** folglich besteht der Endbestand aus den zuerst eingekauften und gelagerten Gütern.
  *Beispiele:* Schüttgüter, Stapelgüter
- **Fifo (First in – first out)**
  Die Güter, die **zuerst gekauft** und gelagert wurden, werden **zuerst verbraucht;** folglich besteht der Endbestand aus den zuletzt eingekauften und gelagerten Gütern.
  *Beispiel:* Getreide aus einem Silo

233 ***Berechnen* Sie den Endbestand der Handelsware mithilfe der zwei *Verbrauchsfolgeverfahren* und ermitteln Sie den Bilanzansatz anhand des Zahlenbeispiels zum Durchschnittspreisverfahren aus Aufgabe 230, Seite 319.**

**Lifo**

| | | | | |
|---|---|---|---|---|
| | 50 | · 20,00 € | = | 1.000,00 € |
| + | 200 | · 25,00 € | = | 5.000,00 € |
| + | 30 | · 22,00 € | = | 660,00 € |
| = | 280 | | | 6.660,00 € |

Da der Tageswert am Bilanzstichtag 6.300,00 € (280 · 22,50 €) beträgt, ist der Endbestand mit dem niedrigeren Tageswert zu bewerten.

**Fifo**

| | | | | |
|---|---|---|---|---|
| | 210 | · 27,00 € | = | 5.670,00 € |
| + | 70 | · 22,00 € | = | 1.540,00 € |
| = | 280 | | | 7.210,00 € |

Da der Tageswert am Bilanzstichtag 6.300,00 € (280 · 22,50 €) beträgt, ist der Endbestand mit dem niedrigeren Tageswert zu bewerten.

## 2.2.6.2 Bewertung der Forderungen

Handbuch: LF 8

**234 Wie werden die *Forderungen* aus Lieferungen und Leistungen im Hinblick auf ihre *Bonität* eingeteilt?**

- einwandfreie Forderungen
- zweifelhafte Forderungen
- uneinbringliche Forderungen (abnehmende Bonität)

**235 Mit welchem Wert werden die *einwandfreien Forderungen* in der Jahresbilanz ausgewiesen?**

Sie werden mit ihrem **Rechnungsbetrag** oder Bruttobetrag (einschließlich der Umsatzsteuer) in der Bilanz ausgewiesen.

**236 Wie werden *uneinbringliche Forderungen* in der Jahresbilanz behandelt?**

- Forderungen gelten als uneinbringlich, wenn ihr **Ausfall feststeht.**
- Sie werden zunächst auf das Konto „Zweifelhafte Forderungen“ **umgebucht.**
- Anschließend werden die Forderungen **direkt** auf dem Konto „Zweifelhafte Forderungen“ **abgeschrieben,** wobei die Abschreibung auf Forderungen **vom Nettowert** der Forderung berechnet wird.
- Die **Umsatzsteuer** ist zu **korrigieren.**

**237 Bilden Sie die *Buchungssätze* zu folgendem Geschäftsfall einer *uneinbringlichen Forderung:***
*Das Insolvenzverfahren über das Vermögen des Kunden Peters wird mangels Masse eingestellt. Damit ist die Forderung an Peters von 2.975,00 € uneinbringlich.*

**Umbuchung der Forderung:**

| | | |
|---|---|---|
| Zweifelhafte Forderungen | 2.975,00 € | |
| an Forderungen a. LL | | 2.975,00 € |

**direkte Abschreibung der Forderung einschließlich Korrektur der Umsatzsteuer:**

| | | |
|---|---|---|
| Abschreibungen auf Forderungen | 2.500,00 € | |
| Umsatzsteuer | 475,00 € | |
| an Zweifelhafte Forderungen | | 2.975,00 € |

**238 Was versteht man unter *zweifelhaften Forderungen?***

Hierbei handelt es sich um solche Forderungen, deren vollständiger oder teilweiser **Ausfall** am Bilanzstichtag **wahrscheinlich** ist – im Gegensatz zu den uneinbringlichen Forderungen, deren Ausfall am Bilanzstichtag feststeht.

239 **Wie werden *zweifelhafte Forderungen* in der *Jahresbilanz* behandelt?**

- Auch sie werden, wie die uneinbringlichen Forderungen, zunächst auf das Konto „Zweifelhafte Forderungen" **umgebucht.**
- Anschließend werden sie **indirekt** in Höhe des mutmaßlichen Ausfalls auf dem Passivkonto „Einzelwertberichtigung zu Forderungen" **abgeschrieben.** Das Gegenkonto ist das Aufwandskonto „Einstellung in die Einzelwertberichtigung".
- Die Abschreibung wird vom **Nettowert** der Forderung berechnet.
- Da die endgültige Höhe des Ausfalls noch nicht feststeht, darf die **Umsatzsteuer** noch **nicht korrigiert** werden.

240 **Welche *Funktion* übernimmt das *Konto Einzelwertberichtigung* zu Forderungen?**

Es ist ein **Korrekturposten** auf der Passivseite der Bilanz zum aktiven Bestandskonto „Zweifelhafte Forderungen".

241 **Bilden Sie die *Buchungssätze* zu einer *zweifelhaften Forderung:*** *Der Kunde Peters beantragt die Eröffnung des Insolvenzverfahrens über sein Vermögen am 20.10.01. Die Forderung an Peters beträgt 35.700,00 €. Der Insolvenzverwalter rechnet mit einer Insolvenzquote von 10 %; mutmaßlicher Ausfall also 90 %.*

**Umbuchung der Forderung:**

| | | Soll | Haben |
|---|---|---|---|
| Zweifelhafte Forderungen | | 35.700,00 € | |
| an | Forderungen a. LL | | 35.700,00 € |

**Berechnung des Abschreibungsbetrages:**

| | | | |
|---|---|---|---|
| | Forderung brutto | 35.700,00 € | |
| – | 19 % Umsatzsteuer | 5.700,00 € | (35.700,00 € : 119 · 19) |
| = | Forderung netto | 30.000,00 € | |
| | davon 90 % | 27.000,00 € | |

**indirekte Abschreibung der zweifelhaften Forderung:**

| | | Soll | Haben |
|---|---|---|---|
| Einstellung in die Einzelwertberichtigung | | 27.000,00 € | |
| an | Einzelwertberichtigung zu Forderungen | | 27.000,00 € |

Die **Umsatzsteuer** wird noch **nicht korrigiert,** da die Höhe des tatsächlichen Ausfalls noch nicht feststeht.

242 **Führen Sie die *Berechnungen* durch und bilden Sie die relevanten *Buchungssätze* zu folgendem Geschäftsfall:**

**Berechnung von Umsatzsteuerkorrektur und tatsächlichem Forderungsausfall netto:**

| | | |
|---|---|---|
| | Zweifelhafte Forderung | 35.700,00 € |
| – | Insolvenzquote 20 % (Banküberweisung) | 7.140,00 € |
| = | tatsächlicher Forderungsausfall brutto | 28.560,00 € |
| – | Umsatzsteuerkorrektur (19 % auf Hundert) | 4.560,00 € |
| = | tatsächlicher Forderungsausfall netto | 24.000,00 € |

**Buchung der Banküberweisung:**

| | | |
|---|---|---|
| Bankguthaben | 7.140,00 € | |
| an Zweifelhafte Forderungen | | 7.140,00 € |

**Buchung der direkten Abschreibung des Forderungsausfalls und der Umsatzsteuerkorrektur:**

| | | |
|---|---|---|
| Abschreibungen auf Forderungen | 24.000,00 € | |
| Umsatzsteuer | 4.560,00 € | |
| an Zweifelhafte Forderungen | | 28.560,00 € |

*Das Insolvenzverfahren über das Vermögen des Kunden Peters (siehe vorangegangene Aufgabe) wird am 05.07.02 abgeschlossen; die Insolvenzquote beträgt 20 %.*

243 ***Warum** werden **Einzelwertberichtigungen** gebildet?*

Der Verlust (besser: Aufwand) durch den Forderungsausfall soll der Periode **wirtschaftlich zugerechnet** werden, in der die Ursache des Ausfalls liegt. Zum Beispiel wird im Jahr 01 über das Vermögen eines Kunden das Insolvenzverfahren eröffnet, der tatsächliche Forderungsausfall steht aber erst im Jahr 02 mit Beendigung des Verfahrens fest.

244 **Worin unterscheiden sich *Einzelwertberichtigungen* von *Pauschalwertberichtigungen?***

- **Einzelwertberichtigungen:**
  Wird zum Bilanzstichtag jede einzelne Forderung auf ihre Bonität geprüft und bewertet und ergibt sich dabei, dass einzelne Forderungen nicht sicher (zweifelhaft) sind, werden diese einzeln im Wert berichtigt.
- **Pauschalwertberichtigungen:**
  Anstelle der Prüfung und Bewertung jeder einzelnen Forderung kann das Unternehmen eine pauschale Bewertung aller Forderungen und wegen des allgemeinen Kreditrisikos eine pauschale indirekte Abschreibung vornehmen, in der Höhe orientiert an **Erfahrungswerten** aus der Vergangenheit.

245 ***Buchen** Sie die **Pauschalwertberichtigung** zu Forderungen aufgrund des folgenden Beispiels:*
*Der Forderungsbestand des Unternehmens beträgt per 31.12.01 5.426.400,00 € (einschließlich 19 % USt). Die Vergangenheit hat gezeigt, dass regelmäßig 4,5 % der Forderungen ausfallen.*

**Berechnung des Forderungsbestandes netto:**
5.426.400,00 € : 119 · 100 = 4.560.000,00 €

**Berechnung der Pauschalwertberichtigung:**
4.560.000,00 € : 100 · 4,5 = 205.200,00 €

**Buchung der Pauschalwertberichtigung:**

| | | |
|---|---|---|
| Einstellung in die Pauschalwertberichtigung | 205.200,00 € | |
| an Pauschalwertberichtigungen zu Forderungen | | 205.200,00 € |

## 2.2.7 Bewertung des Eigenkapitals

Handbuch: LF 8

### 2.2.7.1 Offen ausgewiesenes Eigenkapital

246 **Aus welchen Positionen setzt sich das *Eigenkapital der Aktiengesellschaft* (AG) zusammen?**

- Es besteht zum einen aus dem **gezeichneten Kapital (oder Grundkapital),** dem längerfristig unveränderlichen Teil des Eigenkapitals.
- Zum anderen werden noch **Rücklagen,** die den variablen Teil des Eigenkapitals der AG ausmachen, ausgewiesen.

247 **Mit welchem *Wert* ist das *Grundkapital* der AG zu bilanzieren?**

- Es ist mit dem **Nennwert,** der mindestens **50.000,00 €** betragen muss, in der Bilanz anzusetzen.
- Das Grundkapital ist die Summe der Nennwerte aller Aktien.
- Der kleinste Nennwert beträgt 1,00 €.

248 **Welche *Arten von Rücklagen* werden unterschieden?**

- Kapitalrücklagen
- Gewinnrücklagen

249 **Wie werden *Kapitalrücklagen* gebildet?**

- Kapitalrücklagen werden im Zuge der Ausgabe von Aktien gebildet.
- Sie errechnen sich als Differenz zwischen dem Nennwert und dem höheren Ausgabewert.

*Beispiel:*
Ausgabe von 100 000 Aktien, Nennwert/Stück: 10,00 €, Ausgabewert: 16,00 €. Das Grundkapital steigt um 1.000.000,00 €, gleichzeitig wird eine Kapitalrücklage, die wie das Grundkapital ein passives Bestandskonto ist, von 600.000,00 € gebildet.

250 **Welche Arten von *Gewinnrücklagen* können unterschieden werden?**

Im Wesentlichen werden folgende Gewinnrücklagen unterschieden:

- **gesetzliche** Gewinnrücklage
- **satzungsmäßige** Gewinnrücklage
- **andere** Gewinnrücklagen

251 **In welcher *Höhe* müssen Aktiengesellschaften gesetzliche *Gewinnrücklagen* bilden?**

Der Gesetzgeber schreibt in § 150 Aktiengesetz vor, dass jährlich so lange 5 % des um einen Verlustvortrag geminderten Jahresüberschusses der gesetzlichen Gewinnrücklage zuzuführen sind, bis diese Rücklage zusammen mit der Kapitalrücklage mindestens 10 % des Grundkapitals ausmacht. In der Satzung kann auch ein höherer Prozentsatz als 10 % bestimmt sein.

## 2.2.7.2 Stille Reserven

Handbuch: LF 8

**Was versteht man unter *stillen Reserven* oder stillen Rücklagen?** 252

Hierbei handelt es sich um **Gewinne,** die in der Bilanz **nicht offen ausgewiesen** sind.

**Wie *entstehen stille Reserven?*** 253

Sie entstehen auf zweierlei Weise:

- durch **Unterbewertung von Aktiva,** das heißt, der Buchwert (in der Bilanz) ist niedriger als der tatsächliche Wert.
- durch **Überbewertung von Passiva,** das heißt, der Buchwert (in der Bilanz) ist höher als der tatsächliche Wert.

**Wie kann bei einer *Maschine* eine *stille Reserve* entstehen?** 254

Der Buchwert einer Maschine ist, bedingt durch die Höhe der Abschreibung, geringer als der mögliche derzeitige Verkaufserlös.

**Ermitteln und begründen Sie die Entstehung einer *stillen Reserve* bei einem *Betriebsgrundstück,* wenn folgende Daten gegeben sind:** *Anschaffungskosten 800.000,00 €, Tageswert am Bilanzstichtag 1.150.000,00 €.* 255

Da die Anschaffungskosten von 800.000,00 € nach HGB in der Bilanz nicht überschritten werden dürfen, entsteht eine stille Reserve von 350.000,00 €.

**Ermitteln und begründen Sie die Entstehung einer *stillen Reserve* bei einem *Auslandskredit:*** *500.000,00 NOK (norwegische Kronen), Anschaffungskurs 0,12563 €/NOK, Tageskurs am Bilanzstichtag 0,11432 €/NOK.* 256

Der bei einer norwegischen Bank zum Kurs von 0,12563 €/NOK aufgenommene Kredit von 500.000,00 NOK wird in der Bilanz weiter mit 62.815,00 € (500.000,00 NOK · 0,12563€/NOK) ausgewiesen, obwohl der Kurs per 31.12.20.. auf 0,11432 €/NOK gesunken ist. Dadurch ergibt sich eine stille Reserve von 5.655,00 € (62.815,00 € – 57.160,00 €).

Nach HGB muss auf der Passivseite der Bilanz der höhere von zwei möglichen Werten angesetzt werden *(siehe Kapitel 2.2.8, Seite 326)*.

Handbuch: LF 8

## 2.2.8 Bewertung des Fremdkapitals

257 **Wie sind *Verbindlichkeiten* gegenüber Lieferanten, die auf Rechnungen basieren und *in EURO* ausgestellt sind, in der Bilanz anzusetzen?**

Derartige Verbindlichkeiten sind mit ihrem Erfüllungsbetrag, der dem **Rechnungsbetrag** entspricht, in der Bilanz auszuweisen.

258 **Wie sind *Verbindlichkeiten* gegenüber Lieferanten, die auf Rechnungen basieren, die *in fremder Währung* ausgestellt sind *(Währungsverbindlichkeiten)*, in der Bilanz anzusetzen?**

- Währungsverbindlichkeiten sind mit dem **höheren Erfüllungsbetrag** in der Bilanz auszuweisen. Dabei wird der Tageskurs am Bilanzstichtag mit dem „Anschaffungskurs" verglichen.
- Ist der **Tageskurs gestiegen,** ist die Währungsverbindlichkeit mit dem höheren Tageskurs zu bilanzieren (Ausweis nicht realisierter Verluste).
- Ist der **Tageskurs** am Bilanzstichtag **gesunken,** ist die Währungsverbindlichkeit weiter mit dem (höheren) „Anschaffungskurs" zu bewerten (Prinzip der kaufmännischen Vorsicht im Hinblick auf den Gläubigerschutz, da nicht realisierte Gewinne nicht ausgewiesen werden dürfen).
- Analog zum Niederstwertprinzip auf der Aktivseite gilt also auf der Passivseite der Bilanz das **Höchstwertprinzip.**

259 ***Bewerten* Sie die *Währungsverbindlichkeit* zum Anschaffungszeitpunkt und zum Bilanzstichtag bei alternativ gültigen Tageskursen:** *Eine Möbelfabrik in Hamburg hat am 18. Dezember 20.. Holz in Norwegen gekauft, Zahlungsziel 6 Wochen, Rechnungsbetrag 40.000 NOK (Norwegische Kronen), Wechselkurs am 18. Dezember 20.. 8,2680 NOK/1,00 €.*

**Buchung der Eingangsrechnung (aufwandsorientierte Buchung):**
(40.000,00 NOK : 8.2680 NOK/1,00 € = 4.837,93 €)

| | | |
|---|---|---|
| Aufwendungen für Rohstoffe | 4.837,93 € | |
| an Verbindlichkeiten a. LL | | 4.837,93 € |

**Bewertung der Verbindlichkeit am Bilanzstichtag:**

**a)** Der Wechselkurs ist auf 8,1540 NOK/1,00 € gesunken, d. h., der Wert der norwegischen Krone ist gestiegen, der des Euro ist gesunken. Müsste die Möbelfabrik am 31. Dezember 20.. bezahlen, müsste sie für die Begleichung von 40.000,00 NOK 4.905,57 € (40.000,00 NOK : 8,1540 NOK/1,00 €) aufwenden.

Mit diesem gegenüber dem „Anschaffungswert" höheren Wert ist die Währungsverbindlichkeit zu bilanzieren, also mit 4.905,57 €. Dies geschieht durch die folgenden Buchungen:

**Buchung des nicht realisierten Verlustes:**
(4.905,57 € – 4.837,93 € = 67,64 €):

| | | |
|---|---|---|
| Aufwendungen für Rohstoffe | 67,64 € | |
| an Verbindlichkeiten a. LL | | 67,64 € |

**Passivierung der Währungsverbindlichkeit:**

| | | |
|---|---|---|
| Verbindlichkeiten a. LL | 4.905,57 € | |
| an Schlussbilanzkonto | | 4.905,57 € |

**b)** Der Wechselkurs ist auf 8.3760 NOK/1,00 € gestiegen, d. h., der Wert der norwegischen Krone ist gesunken, der des Euro ist gestiegen. Müsste die Möbelfabrik am 31. Dezember 20.. bezahlen, müsste sie für die Begleichung von 40.000,00 NOK 4.775,55 € (40.000,00 NOK : 8,3760 NOK/1,00 €) aufwenden.

Mit diesem gegenüber dem „Anschaffungswert" geringeren Wert darf die Währungsverbindlichkeit in der Bilanz nicht angesetzt werden, da der nicht realisierte Gewinn von 62,38 € nicht ausgewiesen werden darf.

In der Bilanz zum 31. Dezember 20.. ist die Währungsverbindlichkeit mit dem „Anschaffungswert" von 4.837,93 € anzusetzen.

**Passivierung der Währungsverbindlichkeit:**

| | | |
|---|---|---|
| Verbindlichkeiten a. LL | 4.837,93 € | |
| an Schlussbilanzkonto | | 4.837,93 € |

*Am 31. Dezember 20.. betrug der Wechselkurs alternativ*
*a) 8,1540 NOK/1,00 €,*
*b) 8,3760 NOK/1,00 €.*

*(Zoll und Einfuhrumsatzsteuer werden in diesem Zusammenhang nicht berücksichtigt!)*

- Darlehen sind mit dem **Erfüllungsbetrag** (Rückzahlungsbetrag) zu bilanzieren.
- Bei Darlehen (z. B. Hypothekenschulden oder Grundschulden) ist der Auszahlungsbetrag häufig geringer als der Rückzahlungsbetrag (vereinbarter Darlehensbetrag).
- Der Unterschiedsbetrag ist das sogenannte **Abgeld** (Damnum oder Disagio), das vorweggenommene Zinsen darstellt.

260

**Mit welchem Wert sind *Darlehen* in der Bilanz auszuweisen?**

**Buchung der Kreditaufnahme:**

| | | |
|---|---|---|
| Bankguthaben | 190.000,00 € | |
| Aktive Rechnungsabgrenzung | 10.000,00 € | |
| an langfristige Bankverbindlichkeiten | | 200.000,00 € |

**Passivierung der Grundschuld:**

| | | |
|---|---|---|
| Langfristige Bankverbindlichkeiten | 200.000,00 € | |
| an Schlussbilanzkonto | | 200.000,00 € |

**Buchung des zeitanteiligen Disagios:**

| | | |
|---|---|---|
| Zinsaufwendungen | 1.000,00 € | |
| an Aktive Rechnungsabgrenzung | | 1.000,00 € |

261

***Buchen* Sie die *Darlehensaufnahme* und *bewerten* Sie das Darlehen zum Bilanzstichtag:**
*Zur Finanzierung einer Maschine nimmt ein Unternehmen bei einem Kreditinstitut ein Darlehen von 200.000,00 € auf, abgesichert durch eine Grundschuld. Das Darlehen wird zu 95 % ausgezahlt und hat eine Laufzeit von 10 Jahren. Das Disagio wird aktiviert und über die Jahre der Kreditlaufzeit als Zinsaufwendungen verteilt.*

Handbuch: LF 8

## 2.2.9 Analyse des Jahresabschlusses

262 Was versteht man unter einer *Strukturbilanz?*

- Sie ist eine im Hinblick auf die Analyse **aufbereitete Bilanz,** in der die Positionen der Schlussbilanz einerseits teilweise umgegliedert und andererseits zu Gruppen zusammengefasst sind.
- Bei der **Umgliederung** wird beispielsweise der Aktive Rechnungsabgrenzungsposten den Forderungen aus Lieferungen und Leistungen, der Passive Rechnungsabgrenzungsposten den (kurzfristigen) Verbindlichkeiten aus Lieferungen und Leistungen zugerechnet. Ebenso gehört der Bilanzgewinn, der als Dividende an die Aktionäre ausgeschüttet wird, zu den kurzfristigen Verbindlichkeiten. Die eisernen Bestände der Vorräte werden dem Anlagevermögen zugerechnet.
- Zu einer Position **zusammengefasst** werden zum Beispiel sämtliche Positionen des Sachanlagevermögens wie unbebaute und bebaute Grundstücke, technische Anlagen und Maschinen, Fuhrpark, Betriebs- und Geschäftsausstattung. Zusammengefasst werden auch die liquiden Mittel erster, zweiter und dritter Ordnung (siehe Kapitel 2.2.9.1, Seite 329).
- Um die Entwicklung der auf diese Weise strukturierten Bilanzpositionen im **Zeitvergleich** sehen zu können, werden sie für das **Berichtsjahr** und das **Vorjahr** in **absoluten Beträgen** und in **Prozentzahlen,** bezogen auf die Bilanzsumme, ausgewiesen.

263 Welche *Form* kann nach der Bilanzaufbereitung eine Strukturbilanz haben?

| Aktiva | Berichtsjahr | | Vorjahr | | Passiva | Berichtsjahr | | Vorjahr | |
|---|---|---|---|---|---|---|---|---|---|
| | in € | in % | in € | in % | | in € | in % | in € | in % |
| Finanzanlagen | | | | | Gezeich. Kapital | | | | |
| Sachanlagen | | | | | Rücklagen | | | | |
| **Anlagevermögen** | | | | | **Eigenkapital** | | | | |
| Vorräte | | | | | Darlehen | | | | |
| Forderungen | | | | | Verbindlichkeiten | | | | |
| Liquide Mittel | | | | | **Fremdkapital** | | | | |
| **Umlaufvermögen** | | | | | | | | | |
| Gesamtvermögen | | 100 | | 100 | Gesamtkapital | | | | |

## 2.2.9.1 Analyse der Bilanz

Handbuch: LF 8

264 Nennen Sie drei Bilanzkennzahlen der Investierung oder *Vermögensstruktur* (auf der Aktivseite der Bilanz).

***Beispiele:***

**Konstitution** $= \frac{\text{Anlagevermögen}}{\text{Umlaufvermögen}}$

**Anlagenintensität** oder Anlagenquote (in v. H.) $= \frac{\text{Anlagevermögen}}{\text{Gesamtvermögen}} \cdot 100$

**Forderungsquote** oder Forderungsintensität (in v. H.) $= \frac{\text{Forderungen}}{\text{Gesamtvermögen}} \cdot 100$

**Allgemein:**

**Intensität der Vermögensart i** (in v. H.) $= \frac{\text{Vermögensart i}}{\text{Gesamtvermögen}} \cdot 100$

265 Nennen Sie drei Bilanzkennzahlen der Finanzierung oder *Kapitalstruktur* (auf der Passivseite der Bilanz).

***Beispiele:***

**Verschuldungskoeffizient** $= \frac{\text{Fremdkapital}}{\text{Eigenkapital}}$

**Grad der finanziellen Unabhängigkeit** oder Eigenkapitalquote (in v. H.) $= \frac{\text{Eigenkapital}}{\text{Gesamtkapital}} \cdot 100$

**Grad der Selbstfinanzierung** (in v. H.) $= \frac{\text{Gewinnrücklagen}}{\text{Gesamtkapital}} \cdot 100$

**Anteil der Kapitalart j** (in v. H.) $= \frac{\text{Kapitalart j}}{\text{Gesamtkapital}} \cdot 100$

266 Was besagt die *Goldene Finanzregel?*

Grundsatz der **Fristengleichheit** oder Fristenkongruenz:
Die **Nutzungsdauer** des Vermögens soll der **Rückzahlungsfrist** des für die Investitionen verwendeten Kapitals entsprechen.

267 Was versteht man unter der *Goldenen Bilanzregel* oder *Goldenen Bankregel?*

- Das **Anlagevermögen** soll möglichst mit **langfristigem Kapital** finanziert werden, also zunächst mit Eigenkapital; wenn das nicht ausreicht, soll darüber hinaus langfristiges Fremdkapital eingesetzt werden.
- Begründung: Im Falle einer Unternehmenskrise sollen kurzfristige Verbindlichkeiten nicht durch den Verkauf von Anlagegütern beglichen werden müssen. Dadurch kann der Produktionsprozess aufrechterhalten werden. Dies ermöglicht es dem Unternehmen, über den betrieblichen Umsatzprozess weiterhin die Zinszahlungen und Tilgungsraten zu leisten.

268 **Geben Sie die *Formeln* für die *Anlagendeckungsgrade I und II* an.**

**Deckungsgrad I** (in v. H.) $= \frac{\text{Eigenkapital}}{\text{Anlagevermögen}} \cdot 100$

**Deckungsgrad II** (in v. H.) $= \frac{(\text{Eigenkapital} + \text{langfrist. Fremdkapital})}{\text{Anlagevermögen}} \cdot 100$

Häufig werden dem Anlagevermögen noch die **„Eisernen Bestände“** der Vorräte hinzugerechnet, da sie den Charakter von Anlagevermögen haben.

269 **Welche Bilanzpositionen gehören üblicherweise zu den *liquiden Mitteln ersten, zweiten und dritten Grades?***

- **liquide Mittel 1. Grades:** Guthaben bei Kreditinstituten + Kassenbestand + (erhaltene) Schecks + Besitzwechsel + Wertpapiere des Umlaufvermögens
- **liquide Mittel 2. Grades:** liquide Mittel 1. Grades + Forderungen aus Lieferungen und Leistungen
- **liquide Mittel 3. Grades:** liquide Mittel 2. Grades + Vorräte an unfertigen und fertigen Erzeugnissen + Vorräte an Roh-, Hilfs- und Betriebsstoffen sowie Handelswaren

270 **Geben Sie die *Formeln für die Liquiditätsgrade I, II und III* an.**

**Liquiditätsgrad I** oder Barliquidität (in v. H.) $= \frac{\text{liquide Mittel 1. Grades}}{\text{kurzfristige Verbindlichkeiten}} \cdot 100$

Als **Faustregel** gilt: Deckung der kurzfristigen Verbindlichkeiten zu mindestens **20 %**

**Liquiditätsgrad II** oder einzugsbedingte Liquidität (in v. H.) $= \frac{\text{liquide Mittel 2. Grades}}{\text{kurzfristige Verbindlichkeiten}} \cdot 100$

Als **Faustregel** gilt: Deckung der kurzfristigen Verbindlichkeiten zu mindestens **100 %**

**Liquiditätsgrad III** oder umsatzbedingte Liquidität (in v. H.) $= \frac{\text{liquide Mittel 3. Grades}}{\text{kurzfristige Verbindlichkeiten}} \cdot 100$

Als **Faustregel** gilt: Deckung der kurzfristigen Verbindlichkeiten zu mindestens **200 %**

271 **Nehmen Sie Stellung zum *Aussagewert der Liquiditätskennzahlen.***

Die Liquiditätsgrade haben für Unternehmen im Hinblick auf Finanzierungsentscheidungen nur einen **geringen Aussagewert:**

- Sie beziehen sich lediglich auf den **Bilanzstichtag,** nicht auf eine oder mehrere Perioden.
- Es handelt sich um Kennzahlen, die die **Vergangenheit** betreffen, da die Schlussbilanz des abgelaufenen Jahres häufig erst in den ersten Monaten des Folgejahres fertiggestellt ist und dann erst die Liquiditätskennzahlen ermittelt werden können.
- Auch sind zukünftige **Fälligkeitstermine** von Schulden aus der Bilanz **nicht ersichtlich.**

In einem Finanzplan werden sämtliche zukünftige **Einnahmen** und **Ausgaben** detailliert für **mehrere Perioden** einander gegenübergestellt.

Was versteht man unter einem *Finanzplan?* (272)

- Der Finanzplan ist **zukunftsbezogen,** da er die künftigen Einnahmen und Ausgaben aufweist.
- Da er die monatlichen Zahlungsströme über einen längeren Zeitraum dokumentiert, sind die jeweiligen **Fälligkeiten sichtbar.**
- Außerdem werden die monatlichen Überschüsse bzw. Defizite ermittelt, sodass jeweils **Gegenmaßnahmen** ergriffen werden können – insbesondere bei Defiziten, um Insolvenz zu vermeiden.

Welche *Vorteile* bietet ein *Finanzplan* gegenüber den Liquiditätskennzahlen? (273)

- Die Einnahmen und Ausgaben beruhen zum Teil auf **Prognosen** (Schätzungen), z. B. zukünftiger Umsatzerlöse.
- Je weiter die Planungsperiode in der Zukunft liegt, desto **unsicherer** sind die Prognosewerte der Einnahmen und Ausgaben.

Welches sind die *Grenzen eines Finanzplans?* (274)

## 2.2.9.2 Analyse der Gewinn- und Verlustrechnung

Handbuch: LF 6, 8

| | | |
|---|---|---|
| | **Betriebsergebnis** | (Leistungen – Kosten) |
| + | **neutrales Ergebnis** | (neutrale Erträge – neutrale Aufwendungen) |
| = | **Unternehmensergebnis** | (sämtliche Erträge – sämtliche Aufwendungen) |

Aus welchen *Teilergebnissen* setzt sich das Unternehmensergebnis gemäß Abgrenzungsrechnung zusammen? (275)

- **Ergebnis der gewöhnlichen Geschäftstätigkeit**
  (alle übrigen Erträge – alle übrigen Aufwendungen, jeweils unabhängig davon, ob sie betriebsbezogen oder neutral sind)
- **außerordentliches Ergebnis**
  (außerordentliche Erträge – außerordentliche Aufwendungen)

Aus welchen *Teilergebnissen* setzt sich das Unternehmensergebnis nach *§ 275 Absatz 2 HGB* zusammen? (276)

$$\textbf{Ertragsergiebigkeit} = \frac{\text{Erträge}}{\text{Aufwendungen}}$$

$$\textbf{Aufwandsergiebigkeit} = \frac{\text{Aufwendungen}}{\text{Erträge}}$$

$$\textbf{Leistungsergiebigkeit} = \frac{\text{Leistungen}}{\text{Kosten}}$$

$$\textbf{Kostenergiebigkeit} = \frac{\text{Kosten}}{\text{Leistungen}}$$

Mithilfe welcher Kennzahlen kann die *Wirtschaftlichkeit* eines Betriebes gemessen werden? (277)

278 **Wie wird die *Lagerumschlagshäufigkeit* von Werkstofflagern gemessen?**

$$\textbf{Lagerumschlagshäufigkeit} = \frac{\text{Werkstoffaufwendungen}}{\text{durchschnittlicher Werkstoffbestand}} \text{ oder } \frac{\text{360 Tage}}{\text{durchschnittliche Lagerdauer}}$$

279 **Wie wird die *durchschnittliche Lagerdauer* von Werkstoffen errechnet?**

$$\textbf{durchschnittliche Lagerdauer} = \frac{\text{360 Tage}}{\text{Lagerumschlagshäufigkeit}}$$

280 **Worin liegt die *Bedeutung* einer zunehmenden *Lagerumschlagshäufigkeit* der durchschnittlichen Lagerbestände?** Bilden Sie eine Gedankenkette.

Je größer die **Lagerumschlagshäufigkeit,** desto …

- kürzer ist die durchschnittliche Lagerdauer,
- geringer ist der Kapitaleinsatz,
- geringer ist das Lagerrisiko,
- geringer sind die Zinskosten, die Kosten des Lagerrisikos und der Lagerverwaltung,
- höher ist die **Wirtschaftlichkeit** und damit die Rentabilität.

Handbuch: LF 8

### 2.2.9.3 Analyse der Bilanz in Verbindung mit der Gewinn- und Verlustrechnung

281 **Wie errechnen sich die Kennzahlen *Umschlagshäufigkeit des Eigenkapitals, Umschlagshäufigkeit des Gesamtkapitals* sowie *durchschnittliche Kapitalumschlagsdauer?***

- **Umschlagshäufigkeit des Eigenkapitals** $= \frac{\text{Umsatzerlöse}}{\text{Eigenkapital}}$
- **Umschlagshäufigkeit des Gesamtkapitals** $= \frac{\text{Umsatzerlöse}}{\text{Gesamtkapital}}$
- **durchschnittliche Kapitalumschlagsdauer** $= \frac{\text{360 Tage}}{\text{Kapitalumschlagshäufigkeit}}$

282 **Worin liegt die *Bedeutung* einer *hohen Kapitalumschlagsdauer?*** Bilden Sie eine Gedankenkette.

Je höher die **Kapitalumschlagshäufigkeit,** desto …

- schneller fließt das Kapital über den Umsatzprozess in das Unternehmen zurück,
- geringer sind der notwendige Kapitalbedarf und die damit verbundenen Zinsaufwendungen,
- höher ist die **Rentabilität,**
- geringer ist die **Liquiditätsbelastung** des Unternehmens.

- **Umschlagshäufigkeit der Forderungen** $= \frac{\text{Umsatzerlöse}}{\text{Forderungsbestand}}$
- **durchschnittliche Kreditdauer** $= \frac{\text{360 Tage}}{\text{Umschlagshäufigkeit der Forderungen}}$

283 **Wie werden die Kennzahlen *Umschlagshäufigkeit der Forderungen* und *durchschnittliche Kreditdauer* ermittelt?**

Je schneller die **Forderungen umgeschlagen** werden, desto …

- kürzer ist die durchschnittliche Kreditdauer, die den Kunden gewährt wird,
- geringer ist die Zinsbelastung,
- geringer sind das Risiko des Forderungsausfalls und die damit verbundenen Wagniskosten,
- besser sind **Liquidität** und **Rentabilität** des Unternehmens.

284 **Worin liegt die *Bedeutung* einer *hohen Umschlagshäufigkeit* der Forderungen?**
Bilden Sie eine Gedankenkette.

Rentabilität bedeutet **Verzinsung** des im Unternehmen eingesetzten **Kapitals.**

285 **Was *bedeutet* – ganz allgemein – der Begriff *Rentabilität?***

**Rentabilität des Eigenkapitals** (in v. H.) $= \frac{\text{bereinigter Gewinn}}{\text{durchschnittliches Eigenkapital}} \cdot 100$

**Rentabilität des Gesamtkapitals** (in v. H.) $= \frac{(\text{bereinigter Gewinn + Fremdkapitalzinsen})}{(\text{durchschnittliches Eigen- + Fremdkapital})} \cdot 100$

**Rentabilität des Umsatzes** (in v. H.) $= \frac{\text{bereinigter Gewinn}}{\text{Umsatz}} \cdot 100$

286 **Geben Sie die *Formeln* für die verschiedenen *Arten der Rentabilität* an.**

- Cashflow bedeutet Kassenfluss. In dieser Kennzahl kommt die **Selbstfinanzierungskraft** des Unternehmens zum Ausdruck.
- **Berechnung:**

|   | |
|---|---|
| | Jahresüberschuss (oder Gewinn) |
| + | Abschreibungen auf Anlagen |
| +/- | Veränderung der langfristigen Rückstellungen (z. B. Pensionsrückstellungen) |
| = | Cashflow |

287 **Was drückt die Kennzahl *Cashflow* aus und wie *errechnet* sie sich?**

**288** **Wofür kann der *Cashflow* verwendet werden?**

Die selbst erwirtschafteten Mittel kann das Unternehmen für folgende Zwecke verwenden:

- Investitionen
- Schuldentilgung
- Gewinnausschüttung

**289** **Was versteht man unter der Kennzahl *RoI*?**

- **RoI** bedeutet **R**eturn **o**n **I**nvestment. Allgemein zeigt diese Kennzahl das Ergebnis pro investierter Kapitaleinheit oder den Rückfluss des investierten Kapitals.
- Erweitert man z. B. die Formel für die Rentabilität des Eigenkapitals im Zähler und im Nenner um die Größe Umsatzerlöse, erhält man folgende RoI-Kennzahl:

$$\textbf{RoI} \text{ (in v. H.)} = \underbrace{\frac{\text{bereinigter Gewinn} \cdot 100}{\text{Umsatzerlöse}}}_{\text{Umsatzrentabilität}} \cdot \underbrace{\frac{\text{Umsatzerlöse}}{\text{Eigenkapital}}}_{\text{Kapitalumschlagshäufigkeit}}$$

RoI = Umsatzrentabilität · Kapitalumschlagshäufigkeit

**290** **Was *sagt* die Kennzahl *RoI* *aus?***

Die Kennzahlen „Rentabilität des Eigenkapitals“ und „RoI“ (wie oben beschrieben) zeigen dasselbe Ergebnis. Der RoI zeigt jedoch neben der Eigenkapitalrendite als Rückfluss des investierten Eigenkapitals auch die **Ursachen für eine Veränderung** dieser Rendite, nämlich die **Umsatzrentabilität** und die **Kapitalumschlagshäufigkeit.**

**291** ***Berechnen* Sie aus den folgenden Zahlen für das Berichtsjahr und das Vorjahr die *Eigenkapitalrentabilität* und den *RoI*:**
*Berichtsjahr:*
*Umsatzerlöse: 9.100 T€,*
*bereinigter Gewinn: 240 T€,*
*Eigenkapital: 1.620 T€.*
*Vorjahr:*
*Umsatzerlöse: 6.300 T€,*
*bereinigter Gewinn: 110 T€,*
*Eigenkapital: 1.480 T€.*

| | **Rentabilität des Eigenkapitals** | **RoI** |
|---|---|---|
| **Berichtsjahr** | $\frac{240 \text{ Tsd. €}}{1.620 \text{ Tsd. €}} \cdot 100$ = 14,82 % | $\frac{240 \text{ Tsd. €}}{9.100 \text{ Tsd. €}} \cdot 100 \cdot \frac{9.100 \text{ Tsd. €}}{1.620 \text{ Tsd. €}}$ = 2,64 % · 5,62 = 14,84 %* |
| **Vorjahr** | $\frac{110 \text{ Tsd. €}}{1.480 \text{ Tsd. €}} \cdot 100$ = 7,43 % | $\frac{110 \text{ Tsd. €}}{6.300 \text{ Tsd. €}} \cdot 100 \cdot \frac{6.300 \text{ Tsd. €}}{1.480 \text{ Tsd. €}}$ = 1,75 % · 4,26 = 7,46 %*<br>* Gegenüber der Eigenkapitalrentabilität ergeben sich Rundungsabweichungen. |

**292** ***Erläutern* Sie die *Ergebnisse* der vorangegangenen Aufgabe.**

- Die Rentabilität des Eigenkapitals hat sich im Berichtsjahr gegenüber dem Vorjahr fast verdoppelt.
- Der RoI zeigt, dass diese Renditesteigerung hauptsächlich auf eine Steigerung der **Umsatzrentabilität** von ca. 50 % (von 7,43 % auf 14,82 %) zurückzuführen ist. Entscheidend ist hier wiederum die Steigerung des Gewinnes um knapp 120 % (von 110 T€ auf 240 T€).

Da der Umsatz nur um knapp 50 % (von 6.300 T€ auf 9.100 T€) gestiegen ist, kann für das Berichtsjahr von einer erheblichen Kostensenkung ausgegangen werden. Gleichzeitig hat sich im Berichtsjahr die **Umschlagshäufigkeit des Eigenkapitals** um gut 13 % (von 4,26 auf 5,62) verbessert.

## 2.3 Wertschöpfungsprozesse analysieren und beurteilen

Lernfeld 4

### 2.3.1 Grundlagen der Kosten- und Leistungsrechnung

#### 2.3.1.1 Abgrenzung der Rechnungskreise I und II

Handbuch: LF 4

**ZP** 293
Welche Bereiche des betrieblichen Rechnungswesens gehören zum *Rechnungskreis I* bzw. *II?*

- **Rechnungskreis I:**
  Finanzbuchhaltung
- **Rechnungskreis II:**
  Kosten- und Leistungsrechnung

**ZP** 294
Grenzen Sie die *Rechnungskreise I und II* voneinander ab.

| **Rechnungskreis I** | **Rechnungskreis II** |
|---|---|
| Die Finanzbuchhaltung | Die Kosten- und Leistungsrechnung (KLR) |
| ... basiert auf **gesetzlichen Vorschriften,** wie z. B. dem Handelsgesetzbuch, dem Einkommensteuergesetz, | ... unterliegt **keinen gesetzlichen Vorschriften,** ist also in der Gestaltung völlig frei, |
| ... ist eine **externe** Rechnung, die an außenstehende Adressaten, wie z. B. Kreditinstitute, Gesellschafter, Finanzamt, gerichtet ist, | ... ist eine **interne** Rechnung, die z. B. als Grundlage innerbetrieblicher Entscheidungen dient, wie die Durchführung von Rationalisierungsmaßnahmen, |
| ... ist eine **unternehmensbezogene** Rechnung, die alle Aufwendungen und Erträge einer Rechnungsperiode erfasst, unabhängig von ihrem Entstehungsgrund, | ... ist eine **betriebsbezogene** Rechnung, die nur die Kosten und Leistungen erfasst, also solche Aufwendungen und Erträge, die aus dem eigentlichen Geschäftszweck resultieren, |
| ... ermittelt das **Unternehmensergebnis,** | ... ermittelt das **Betriebsergebnis,** |
| ... wird auf **Konten** durchgeführt. | ... wird i. d. R. außerhalb der Konten, **häufig tabellarisch,** durchgeführt. |

Handbuch: LF 4

## 2.3.1.2 Stufen und Aufgaben der Kosten- und Leistungsrechnung

ZP

295 Verdeutlichen Sie die *Stufen* der Kosten- und Leistungsrechnung anhand eines Tankbelegs über 120,00 € des Außendienstmitarbeiters Peters.

- **Stufe 1: Kostenartenrechnung**

  Hier wird die Frage beantwortet: Welche Kostenarten, orientiert an den betriebswirtschaftlichen Produktionsfaktoren, sind entstanden?
  Die 120,00 € des Tankbelegs stellen Betriebsstoffkosten dar.

- **Stufe 2: Kostenstellenrechnung**

  Hier wird der Frage nachgegangen: An welchen Orten (Kostenstellen) sind die Kosten entstanden?
  Die 120,00 € des Tankbelegs sind der Kostenstelle Vertrieb zuzuordnen.

- **Stufe 3: Kostenträgerrechnung (Kalkulation)**

  Hier wird Antwort auf die Frage gegeben: Wie und in welcher Höhe werden die Kosten den einzelnen Produkten zugerechnet?
  Welche Anteile der 120,00 € aus dem Tankbeleg entfallen auf die verschiedenen Produkte des Unternehmens?

ZP

296 Welche *Phasen* sind in der *Kosten- und Leistungsrechnung* zu durchlaufen?

- **Phase 1: Kostenerfassung**

  Die verschiedenen Kosten werden nach Kostenarten wertmäßig, also ausgedrückt in €, erfasst.

- **Phase 2: Kostenzuordnung im Hinblick auf die Kostenstellen- und Kostenträgerrechnung**

  Die einzelnen Kostenarten werden daraufhin untersucht, ob es sich, bezogen auf die Kostenstelle und das Produkt, um Einzelkosten oder Gemeinkosten handelt (siehe Abschnitt 2.3.2, Seite 342 ff.).

- **Phase 3: Kostenverrechnung**

  Die Einzelkosten werden direkt (verursachungsgerecht) den Kostenträgern zugerechnet. Die Gemeinkosten werden zunächst möglichst verursachungsgerecht den Kostenstellen zugerechnet und anschließend mithilfe der Gemeinkostenzuschlagssätze auf die Kostenträger (Produkte) verteilt (siehe Abschnitte 2.3.3, Seite 345 ff. und 2.3.4, Seite 348 ff.).

ZP

297 Welche *Aufgaben* erfüllt die *Kosten- und Leistungsrechnung?*

- Ermittlung des bewerteten mengenmäßigen **Verbrauchs an Produktionsfaktoren** einer Abrechnungsperiode (Kostenartenrechnung)
- Ermittlung und Kontrolle der Kosten in den einzelnen Kostenstellen (Kostenstellenrechnung)
- Ermittlung der Herstellungskosten (zur **Bewertung** unfertiger und fertiger Erzeugnisse sowie aktivierter Eigenleistungen) und der Selbstkosten für die **Absatzpreiskalkulation** der Produkte (Kostenträgerrechnung)
- Ermittlung des Jahres-**Betriebsergebnisses** sowie Durchführung kurzfristiger Erfolgsrechnungen
- Erstellung von **Planungsgrundlagen** für Unternehmensentscheidungen, wie z. B. Wahl des optimalen Produktionsverfahrens, Kauf oder Leasing von Anlagegütern, Erweiterung oder Bereinigung des Produktionsprogramms

### 2.3.1.3 Definition der Begriffe Aufwendungen, Kosten, Erträge, Leistungen

Handbuch: LF 4

**ZP** Definieren Sie den Begriff *Aufwendungen.* 298

Aufwendungen sind der gesamte, in Geldeinheiten bewertete mengenmäßige **Verzehr (Verbrauch) an Gütern und Leistungen** eines Unternehmens in einer Abrechnungsperiode, **unabhängig vom Entstehungsgrund.**

**ZP** Definieren Sie den Begriff *Kosten.* 299

- Kosten sind der gesamte, in Geldeinheiten bewertete mengenmäßige **Verzehr (Verbrauch) an Gütern und Leistungen** eines Unternehmens in einer Abrechnungsperiode zum Zweck der **betrieblichen Leistungserstellung.**
- Kosten sind **betriebsbezogene, periodenbezogene, regelmäßig** anfallende Aufwendungen.

**ZP** Definieren Sie den Begriff *Erträge.* 300

Erträge sind alle erfolgswirksamen, in Geldeinheiten bewerteten **Wertzuflüsse** eines Unternehmens in einer Abrechnungsperiode, **unabhängig von ihrem Entstehungsgrund.**

**ZP** Definieren Sie den Begriff *Leistungen.* 301

- Leistungen sind alle erfolgswirksamen, in Geldeinheiten bewerteten **Wertzuflüsse** eines Unternehmens in einer Abrechnungsperiode, die aus der **betrieblichen Leistungserstellung,** dem eigentlichen Geschäftszweck, resultieren.
- Leistungen sind **betriebsbezogene, periodenbezogene, regelmäßig** anfallende Erträge.

### 2.3.1.4 Abgrenzungsrechnung

Handbuch: LF 4

**ZP** Worin besteht die *Aufgabe der Abgrenzungsrechnung?* 302

- Die Kosten- und Leistungsrechnung wird aus der Gewinn- und Verlustrechnung der Finanzbuchhaltung **abgeleitet.**
- Aufgabe der Abgrenzungsrechnung ist es, die Zahlen der Gewinn- und Verlustrechnung (Rechnungskreis I) für die Kosten- und Leistungsrechnung (Rechnungskreis II) **aufzubereiten.**
- Die Aufbereitung wird in folgender Weise vorgenommen:

**Zahlen der Gewinn- und Verlustrechnung werden**

| ... nicht in die KLR übernommen: | ... in die KLR übernommen: | ... für die KLR abgeändert: | Zusätzlich werden in die KLR eingeführt: |
|---|---|---|---|
| – neutrale Aufwendungen<br>– neutrale Erträge | – Grundkosten<br>– Grundleistungen | – Anderskosten<br>– Andersleistungen | – Zusatzkosten<br>– Zusatzleistungen |

303 **ZP** **Wie werden die *neutralen Aufwendungen* gegliedert?**

Unterschieden werden:
- **betriebsfremde** Aufwendungen
- betriebsbezogene, aber **außerordentliche** Aufwendungen
- betriebsbezogene, aber **periodenfremde** Aufwendungen

304 **ZP** **Was ist unter *betriebsfremden Aufwendungen* zu verstehen?**

Hierbei handelt es sich um Aufwendungen, die **nichts mit dem eigentlichen Geschäftszweck** des Unternehmens, der betrieblichen Leistungserstellung, **zu tun haben,** z. B. Spenden, Abschreibungen auf Finanzanlagen.

305 **ZP** **Was sind *betriebsbezogene, außerordentliche Aufwendungen?***

Darunter sind Aufwendungen zu verstehen, die im Rahmen der betrieblichen Leistungserstellung, aber in **außerordentlicher Höhe** anfallen, z. B. Verluste aus Schadensfällen, wie der plötzliche Totalausfall einer Maschine oder das Abbrennen von Lagerbeständen.

306 **ZP** **Erläutern Sie den Begriff der *betriebsbezogenen, periodenfremden Aufwendungen.***

Derartige Aufwendungen fallen zwar im Rahmen der Leistungserstellung an, sind aber **anderen Perioden** als der gegenwärtigen, zum Beispiel zurückliegenden Geschäftsjahren, **wirtschaftlich zuzurechnen,** wie Gewerbesteuernachzahlungen.

307 **ZP** **Was versteht man unter *Grundkosten?***

Grundkosten sind Kosten, die für Zwecke der KLR **aus der Gewinn- und Verlustrechnung der Finanzbuchhaltung** ohne Änderungen **übernommen** werden können. Sie werden auch als aufwandsgleiche Kosten bezeichnet.
*Beispiele:* Werkstoffkosten, Löhne, Gehälter.

308 **ZP** **Was versteht man unter *Anderskosten?***

In der Gewinn- und Verlustrechnung der Finanzbuchhaltung gibt es bestimmte Aufwandspositionen, wie z. B. Abschreibungen auf Forderungen oder Abschreibungen auf Sachanlagen, die **für Zwecke der KLR einen anderen Wert** haben müssen. Zu diesen bewertungsverschiedenen Kosten oder Anderskosten gehören die kalkulatorischen Wagnisse und die kalkulatorischen Abschreibungen (siehe Seite 340 ff.).

309 **ZP** **Was versteht man unter *Zusatzkosten?***

Zusatzkosten sind Kosten, für die es in der Gewinn- und Verlustrechnung der Finanzbuchhaltung **keine entsprechenden Aufwandspositionen** gibt. Hierzu gehören die kalkulatorischen Zinsen auf das Eigenkapital sowie der kalkulatorische Unternehmerlohn (siehe Seite 340 ff.).

310 **ZP** **Wie werden die *neutralen Erträge* gegliedert?**

Unterschieden werden:
- **betriebsfremde** Erträge
- betriebsbezogene, aber **außerordentliche** Erträge
- betriebsbezogene, aber **periodenfremde** Erträge

Hierbei handelt es sich um Erträge, die **nichts mit dem eigentlichen Geschäftszweck** des Unternehmens, der betrieblichen Leistungserstellung, **zu tun haben,** z. B. Mieterträge, Erträge aus dem Verkauf von Wertpapieren.

ZP 311
Was versteht man unter *betriebsfremden Erträgen?*

Darunter sind Erträge zu verstehen, die zwar im Rahmen der betrieblichen Leistungserstellung, aber **nicht regelmäßig** anfallen, z. B. Steuererlasse durch das Finanzamt.

ZP 312
Was sind *betriebsbezogene, außerordentliche Erträge?*

Derartige Erträge fallen zwar im Rahmen der Leistungserstellung an, sind aber **anderen Perioden** als der gegenwärtigen, zum Beispiel zurückliegenden Geschäftsjahren, **wirtschaftlich zuzurechnen,** wie Gewerbesteuerrückzahlungen, Rückzahlung einer bereits abgeschriebenen Forderung.

ZP 313
Erläutern Sie den Begriff der *betriebsbezogenen, periodenfremden Erträge.*

- **Umsatzerlöse** aus dem Verkauf von Fertigerzeugnissen (Absatzleistung)
- **Mehrbestände** an fertigen und unfertigen Erzeugnissen (Lagerleistung)
- **aktivierte Eigenleistungen** (selbst erstellte Anlagen für den Eigenbedarf)

ZP 314
Welche Leistungen gehören zu den *Grundleistungen?*

In der Bilanz der Finanzbuchhaltung ausgewiesene Bestände an **unfertigen** bzw. **fertigen Erzeugnissen,** bewertet zu Herstellungskosten, werden für Zwecke der Kosten- und Leistungsrechnung **höher bewertet.** Die Bewertungsdifferenz stellt die Andersleistung dar.

ZP 315
Was versteht man unter *Andersleistungen?*

Hierbei handelt es sich um **Erträge,** die in der Gewinn- und Verlustrechnung bzw. Bilanz **nicht ausgewiesen** werden dürfen, wie zum Beispiel die Erhöhung des originären Firmenwertes.

ZP 316
Was ist unter *Zusatzleistungen* zu verstehen?

## 2.3.1.5 Ergebnistabelle

Handbuch: LF 4

- Gewinn- und Verlustrechnung der Finanzbuchhaltung
- Abgrenzungsrechnung mit:
  - unternehmensbezogenen Abgrenzungen
  - kostenrechnerischen Korrekturen
- Betriebsergebnisrechnung (Kosten- und Leistungsrechnung)

ZP 317
Aus welchen *Teilen* besteht die *Ergebnistabelle?*

ZP
318
**Aus welchen *Teilergebnissen* setzt sich das *Unternehmensergebnis* zusammen?**

Betriebsergebnis
\+ neutrales Ergebnis
= Gesamt- oder Unternehmensergebnis

Ergebnis der unternehmensbezogenen Abgrenzungen
\+ Ergebnis der kostenrechnerischen Korrekturen
= neutrales Ergebnis

Handbuch: LF 4

## 2.3.1.6 Kalkulatorische Kosten

ZP
319
**Nennen Sie die *kalkulatorischen Kosten.***

- kalkulatorische Abschreibungen
- kalkulatorische Wagnisse
- kalkulatorische Zinsen
- kalkulatorischer Unternehmerlohn

ZP
320
**Wie ist das sogenannte *betriebnotwendige Kapital* zur Errechnung der kalkulatorischen Zinsen zu ermitteln?**

betriebsnotwendiges Anlagevermögen
\+ betriebsnotwendiges Umlaufvermögen
= betriebsnotwendiges Vermögen
– Abzugskapital (zinslos überlassenes Fremdkapital, wie z. B. Anzahlungen von Kunden, Lieferantenkredite ohne die Möglichkeit des Skontoabzugs)
= betriebsnotwendiges Kapital

ZP
321
**Welche *Wagnisse* werden in einem Industriebetrieb unterschieden und wie werden sie in der Kosten- und Leistungsrechnung behandelt?**

| Wagnisart | Behandlung in der KLR |
|---|---|
| **allgemeines Unternehmerwagnis**<br>(z. B. wird ein neu entwickeltes Produkt vom Markt nicht angenommen) | Da dieses Wagnis nicht kalkuliert werden kann, ist es **nicht Gegenstand der KLR;** entsprechende Verluste sind aus dem Eigenkapital abzudecken. |
| **spezielle Einzelwagnisse:**<br>• Beständewagnis<br>• Fertigungswagnis<br>• Anlagenwagnis<br>• Entwicklungswagnis<br>• Vertriebswagnis<br>• Gewährleistungswagnis | • Sofern die Einzelwagnisse **versicherbar** sind (z. B. Diebstahlschäden), gehen die zu zahlenden **Versicherungsprämien** in die **Kosten** ein.<br>• Für **nicht fremdversicherbare** Einzelwagnisse (z. B. Währungsverluste) werden **kalkulatorische Kosten** angesetzt (sogenannte selbstversicherte Einzelwagnisse). |

ZP
322
**Wodurch unterscheiden sich die *bilanziellen* von den *kalkulatorischen Abschreibungen?***

- **Bilanzielle Abschreibungen**
  … werden aufgrund **gesetzlicher Vorschriften,** z. B. HGB, vorgenommen,
  … werden von **allen** Gegenständen des abnutzbaren Anlagevermögens berechnet, z. B. von Maschinen, Lkws, aber auch von vermieteten Gebäuden,
  … werden höchstens von den **Anschaffungs- oder Herstellungskosten** berechnet,
  … werden **weitgehend unabhängig** vom tatsächlichen **Werteverzehr** ermittelt,
  … wirken sich auf das Gesamt- oder **Unternehmensergebnis** aus.

- **Kalkulatorische Abschreibungen**
  ... unterliegen **keinen gesetzlichen Vorschriften,** sondern werden nach betrieblichen Notwendigkeiten vorgenommen,
  ... werden nur vom **betriebsnotwendigen** abnutzbaren Anlagevermögen berechnet,
  ... werden vom **Wiederbeschaffungswert** berechnet,
  ... entsprechen dem **tatsächlichen Werteverzehr** (z. B. durch den Ansatz einer längeren Nutzungsdauer als bei der bilanziellen Abschreibung),
  ... wirken sich nur auf das **Betriebsergebnis** aus, sind jedoch bezüglich des Unternehmensergebnisses erfolgsneutral.

---

- Kalkulatorische Kosten **mindern** das **Betriebsergebnis:** Sie werden in der Ergebnistabelle in der Spalte „Kosten" der Betriebsergebnisrechnung erfasst.
- Da sie in der Abgrenzungsrechnung unter kostenrechnerische Korrekturen in der Spalte „Verrechnete Kosten" quasi als Ertrag „gegengebucht" werden, **verbessern** sie den Teil des **neutralen Ergebnisses,** der als Ergebnis der kostenrechnerischen Korrekturen bezeichnet wird.
- Da einerseits das Betriebsergebnis gemindert, andererseits das neutrale Ergebnis um denselben Betrag erhöht wird, verhalten sich die kalkulatorischen Kosten in Bezug auf das **Gesamtergebnis erfolgsneutral.**

**ZP** 323

**Wie wirken sich die *kalkulatorischen Kosten* auf das Betriebsergebnis, das neutrale Ergebnis und das Unternehmens- oder *Gesamtergebnis* aus?**

---

- Geschäftsführer bzw. Vorstandsmitglieder erhalten für ihre Arbeit Gehälter, die in der Finanzbuchhaltung als Aufwendungen erfasst und in die KLR übernommen werden. Dagegen wird die Arbeit der Inhaber bzw. geschäftsführenden Gesellschafter von Personenunternehmen aus dem Gewinn abgegolten. Das heißt, für sie dürfen in der Finanzbuchhaltung keine Aufwendungen angesetzt werden. Um nun die Kosten von Personenunternehmen **mit** denen von **Kapitalgesellschaften vergleichbar zu machen,** wird in Personenunternehmen der kalkulatorische Unternehmerlohn in der KLR angesetzt.
- Der Werteverzehr des dispositiven Faktors soll als Kostenbestandteil in die Kosten- bzw. **Preiskalkulation** einfließen.
- Der **Nutzenentgang** der geschäftsführenden Gesellschafter/des Inhabers soll ausgeglichen werden. (Sie hätten anderweitig als im eigenen Unternehmen gegen Entgelt arbeiten können.) Der kalkulatorische Unternehmerlohn wird auch als **Opportunitätskosten** bezeichnet.

**ZP** 324

**Warum wird in Personenunternehmen ein *kalkulatorischer Unternehmerlohn* in der KLR angesetzt?**

325 ZP **Warum werden in der KLR *kalkulatorische Zinsen* auf das betriebsnotwendige Eigenkapital angesetzt?**

- Unternehmen mit einem sehr hohen Fremdkapitalanteil hätten wegen der zu zahlenden Zinsen höhere Kosten als Unternehmen mit einem niedrigen Fremdkapitalanteil. Um die Kosten von Unternehmen mit **unterschiedlicher Kapitalstruktur vergleichbar zu machen,** werden in Unternehmen kalkulatorische Zinsen auf das Eigenkapital angesetzt.
- Die Nutzung des Eigenkapitals soll als Kostenbestandteil in die Kosten- bzw. **Preiskalkulation** einfließen.
- Um den **Nutzenentgang** des Eigenkapitals auszugleichen. (Statt das Eigenkapital in das Unternehmen zu investieren, hätte es anderweitig zinsbringend angelegt werden können.) Die kalkulatorischen Zinsen auf das betriebsnotwendige Eigenkapital werden auch als **Opportunitätskosten** bezeichnet.

Handbuch: LF 4

## 2.3.2 Kostenartenrechnung

326 ZP **Was versteht man unter *Kapazität?***

Sie stellt das **Leistungsvermögen** eines Betriebes pro Zeiteinheit dar.

327 ZP **Wie kann die *Kapazität* gemessen werden?**

- Sie wird häufig am **möglichen Output,** an der möglichen Produktionsmenge pro Zeiteinheit, z. B. pro Monat oder pro Jahr, gemessen. Je nach Produktart wird die mögliche Produktmenge in Stück, Tonnen, Hektoliter usw. ausgedrückt.
- Sie kann auch am **möglichen Input,** am möglichen Verbrauch an Produktionsfaktoren pro Zeiteinheit gemessen werden. Je nachdem, welcher Produktionsfaktor betrachtet wird, bieten sich verschiedene Maßeinheiten an:
  - Produktionsfaktor Arbeit: z. B. Arbeitsstunden pro Zeiteinheit
  - Produktionsfaktor Betriebsmittel: z. B. Maschinenstunden pro Zeiteinheit
  - Produktionsfaktor Werkstoffe: z. B. Stück, Meter, Liter – je nach Werkstoffart

328 ZP **Was versteht man unter *Beschäftigung?***

Sie wird als **die tatsächlich erbrachte Leistung** eines Betriebs pro Zeiteinheit bezeichnet.

329 ZP **Wie kann die *Beschäftigung* gemessen werden?**

Sie wird wie die Kapazität gemessen.

**ZP** 330

**Was versteht man unter dem *Beschäftigungsgrad?***

Er wird auch als **Kapazitätsausnutzungsgrad** bezeichnet. Er ist das Verhältnis von Beschäftigung zu Kapazität, ausgedrückt in Prozent.

**ZP** 331

***Berechnen* Sie den Beschäftigungsgrad für den Monat Juni:**
*mögliche Produktionsmenge pro Monat: 30 000 Stück, tatsächliche Produktionsmenge im Juni: 24 000 Stück.*

$$\text{Beschäftigungsgrad (in Prozent)} = \frac{24\,000}{30\,000} \cdot 100 = 80\ \%$$

**ZP** 332

**Wodurch unterscheiden sich *fixe* und *variable Kosten?***

- **Fixe Kosten** sind Kosten, die **unabhängig vom Beschäftigungsgrad** entstehen, z. B. Zinskosten, Mietkosten, lineare Abschreibungen auf Sachanlagen und Gehälter. Sie fallen auch an, wenn nichts produziert wird. Sie werden als **Kosten der Betriebsbereitschaft** bezeichnet.
- **Variable Kosten** sind Kosten, die sich in **Abhängigkeit von der Beschäftigung,** der Produktionsmenge, verändern. Sie steigen/fallen mit zunehmender/abnehmender Produktionsmenge, z. B. Kosten des Roh- und Hilfsstoffverbrauchs und Lohnkosten. Ist die Produktionsmenge Null, entstehen diese Kosten nicht.

**ZP** 333

**Was besagt das *Gesetz der Massenproduktion?***

Mit zunehmender Beschäftigung sinken die fixen Kosten pro Mengeneinheit, da sich die Fixkosten auf eine immer größer werdende Menge verteilen. Man spricht auch von der sogenannten **Fixkostendegression.**

**ZP** 334

**Geben Sie einen Überblick über die *Kosten* in Abhängigkeit ihrer *Zurechenbarkeit* auf die *Kostenträger.***

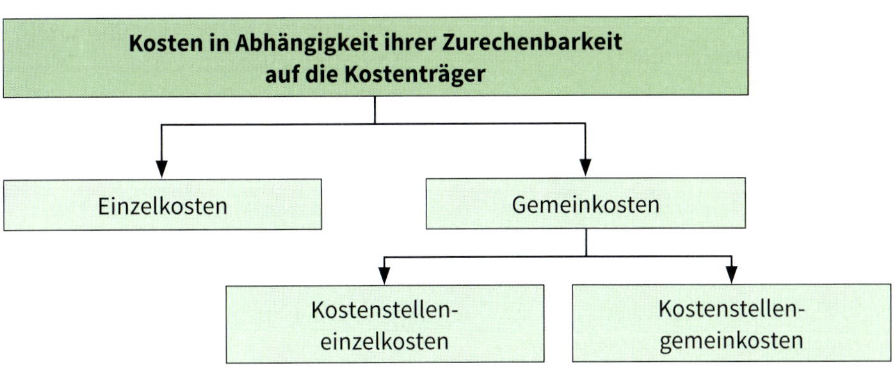

335 ZP **Grenzen Sie *Einzelkosten* und *Gemeinkosten* voneinander ab.**

- **Einzelkosten** sind Kosten, die dem **Kostenträger** – dem Produkt – **direkt zurechenbar** sind, z. B. Rohstoffkosten aufgrund von Konstruktionszeichnungen i. V. m. Materialentnahmescheinen oder Fertigungslöhne aufgrund von Zeitmessungen und Lohntarifverträgen i. V. m. Lohnscheinen.
- **Gemeinkosten** sind Kosten, die dem **Kostenträger nicht direkt zurechenbar** sind. Sie können nur mithilfe von **Verteilungsschlüsseln** (z. B. über den Betriebsabrechnungsbogen) auf die Kostenträger verteilt werden. Beispiele sind Gehälter, Hilfslöhne und Abschreibungen auf Betriebs- und Geschäftsausstattung.

336 ZP **Unterscheiden Sie *Kostenstelleneinzelkosten* von *Kostenstellengemeinkosten*.**

- **Kostenstelleneinzelkosten** sind (bezogen auf das Produkt) Gemeinkosten, die den Kostenstellen direkt zugerechnet werden können, z. B. Abschreibungen auf Maschinen auf der Grundlage der Anlagendatei, Hilfslöhne und Gehälter aufgrund von Lohn- und Gehaltslisten des Personalbüros.
- **Kostenstellengemeinkosten** sind (bezogen auf das Produkt) Gemeinkosten, die den Kostenstellen nicht direkt, sondern nur mithilfe von Verteilungsschlüsseln zugerechnet werden können, z. B. Miete aufgrund der von den Kostenstellen beanspruchten Quadratmetern.

337 ZP **Welche *Kosten* werden auf der Grundlage *betrieblicher Funktionen* unterschieden?**

- Beschaffungskosten
- Fertigungskosten
- Verwaltungskosten
- Absatz- oder Vertriebskosten
- Lagerkosten
- Finanzierungskosten

338 ZP **Welche *Kosten* werden auf der Grundlage der betriebswirtschaftlichen *Produktionsfaktoren* unterschieden?**

- **Werkstoffkosten,** wie Roh-, Hilfs-, Betriebsstoffkosten
- **Personalkosten,** wie Fertigungslöhne und Gehälter
- **Betriebsmittelkosten,** wie Abschreibungen und Zinskosten
- **Finanzierungskosten,** wie Disagio
- **Fremdleistungskosten,** wie Telefonkosten
- **Abgaben mit Kostencharakter,** wie Gewerbe- und Kfz-Steuer

339 ZP **Unterscheiden Sie die *Kosten* im Hinblick auf ihre *Bezugsgrundlage*.**

- **Gesamtkosten** sind alle in einer Abrechnungsperiode anfallenden Kosten, z. B. Kosten pro Monat oder Quartal oder Jahr.
- **Stückkosten** sind die Kosten pro Mengeneinheit, z. B. pro Stück, Meter, Hektoliter.
- **Grenzkosten** sind die für eine Mengeneinheit zusätzlich anfallenden Kosten.

## 2.3.3 Kostenstellenrechnung

Handbuch: LF 4

ZP 340
**Was versteht man unter einer *Kostenstelle?***

Eine Kostenstelle ist der **Ort,** an dem Kosten entstehen. Dabei kann es sich um einen Arbeitsplatz, eine Abteilung, einen Betriebsbereich, aber auch um ein Produkt bzw. einen Auftrag (z. B. Baustelle eines Einkaufszentrums) handeln.

ZP 341
**Welche *Aufgaben* hat die Kostenstellenrechnung?**

- **Ermittlung/Kontrolle** der Kosten in den einzelnen Kostenstellen
- **Schnittstelle** zwischen Kostenarten- und Kostenträgerrechnung, um die Gemeinkosten den Kostenträgern (Produkten/Leistungen) zurechnen zu können

ZP 342
**Nach welchen *Kriterien* werden *Kostenstellen* unterschieden?**

Kostenstellen können unterschieden werden ...

- nach räumlich abgegrenzten Betriebsteilen,
- nach Funktionen oder Funktionsbereichen,
- nach Verantwortungsbereichen,
- nach verrechnungstechnischen Gesichtspunkten.

ZP 343
**Welche *Kostenstellen* werden nach *Funktionsbereichen* unterschieden?**

*Beispiele:*

- Beschaffungsbereich
- Fertigungsbereich
- Verwaltungsbereich
- Vertriebsbereich
- Lagerbereich
- Finanzbereich

ZP 344
**Unterscheiden Sie die Kostenstellen nach dem *verrechnungstechnischen* Gesichtspunkt und nennen Sie jeweils zwei Beispiele.**

- **allgemeine Kostenstellen**
  Sie erbringen Leistungen für alle übrigen Kostenstellen. Ihre Kosten werden mithilfe von Verteilungsschlüsseln im Wege des Umlageverfahrens auf solche Kostenstellen verteilt, die diese Leistungen in Anspruch genommen haben.
  *Beispiele:* Fuhrpark, Archiv, Werksarzt
- **Hilfskostenstellen**
  Sie erbringen Leistungen für die Hauptkostenstellen. Ihre Kosten werden mithilfe von Verteilungsschlüsseln auf die Hauptkostenstellen verteilt.
  *Beispiele:* Modellbau, Werkzeugmacherei, technische Betriebsleitung für die Fertigung, Arbeitsvorbereitung
- **Hauptkostenstellen**
  Sie geben ihre Kosten direkt (mithilfe der Gemeinkostenzuschlagssätze) an die Kostenträger ab.
  *Beispiele:* Beschaffung, Fertigung, Vertrieb

**345** ZP

**Was versteht man unter einem *einfachen BAB* und welche Aufgaben hat er?**

- Der einfache BAB (Betriebsabrechnungsbogen) beschränkt sich auf die vier Kostenbereiche **Material, Fertigung, Verwaltung** und **Vertrieb.**
- Er dient der **Kostenstellenrechnung.** Mit seiner Hilfe werden Gemeinkosten Kostenbereichen oder -stellen zugerechnet.
- Damit lassen sich die Gemeinkosten der Kostenstellen **kontrollieren.**
- Außerdem werden die **Gemeinkostenzuschlagssätze** errechnet, mit deren Hilfe die Gemeinkosten den Kostenträgern zugerechnet werden können.

**346** ZP

**Welche *Gemeinkostenzuschlagssätze* werden beim einfachen BAB unterschieden?**

**Geben Sie die entsprechenden *Formeln* an.**

**Materialgemeinkosten-Zuschlagssatz** (MGKZ) (in Prozent) $= \frac{\text{Materialgemeinkosten}}{\text{Fertigungsmaterial}} \cdot 100$

**Fertigungsgemeinkosten-Zuschlagssatz** (FGKZ) (in Prozent) $= \frac{\text{Fertigungsgemeinkosten}}{\text{Fertigungslöhne}} \cdot 100$

**Verwaltungsgemeinkosten-Zuschlagssatz** (VwGKZ) (in Prozent) $= \frac{\text{Verwaltungsgemeinkosten}}{\text{Herstellkosten des Umsatzes}} \cdot 100$

**Vertriebsgemeinkosten-Zuschlagssatz** (VtrGKZ) (in Prozent) $= \frac{\text{Vertriebsgemeinkosten}}{\text{Herstellkosten des Umsatzes}} \cdot 100$

**347** ZP

**Geben Sie das Kalkulationsschema zur Errechnung der *Herstellkosten des Umsatzes* und der *Selbstkosten des Umsatzes* an.**

| | |
|---|---|
| | Fertigungsmaterial (FM) |
| + | Materialgemeinkosten (MGK) |
| = | Materialkosten (MK) [1] |
| | Fertigungslöhne (FL) |
| + | Fertigungsgemeinkosten (FGK) |
| = | Fertigungskosten (FK) [2] |
| = | Herstellkosten der Erzeugung (HKdE) [1+2] |
| + | Bestandsminderungen an unfertigen/fertigen Erzeugnissen |
| – | Bestandsmehrungen an unfertigen/fertigen Erzeugnissen |
| = | **Herstellkosten des Umsatzes (HKdU)** |
| + | Verwaltungsgemeinkosten (VwGK) |
| + | Vertriebsgemeinkosten (VtrGK) |
| = | **Selbstkosten des Umsatzes (SKdU)** |

$$MGKZ = \frac{5.600}{20.000} \cdot 100 = 28\ \%$$

$$FGKZ = \frac{102.000}{35.000} \cdot 100 = 291\ \%$$

$$VwGKZ = \frac{12.300}{175.200} \cdot 100 = 7\ \%$$

$$VtrGKZ = \frac{9.500}{175.200} \cdot 100 = 5\ \%$$

| | | |
|---|---|---|
| | FM | 20.000,00 € |
| + | MGK | 5.600,00 € |
| = | MK [1] | 25.600,00 € |
| | FL | 35.000,00 € |
| + | FGK | 102.000,00 € |
| = | FK [2] | 137.000,00 € |
| = | HKdE [1+2] | 162.600,00 € |
| – | Best. Me. | 3.400,00 € |
| + | Best. Min. | 16.000,00 € |
| = | HkdU | 175.200,00 € |

**ZP** 348

*Errechnen* **Sie aus den folgenden Monatszahlen den Material-, Fertigungs-, Verwaltungs- und Vertriebsgemeinkostenzuschlagssatz:** *Fertigungsmaterial: 20.000,00 €, Fertigungslöhne: 35.000,00 €, Materialgemeinkosten: 5.600,00 €, Fertigungsgemeinkosten: 102.000,00 €, Verwaltungsgemeinkosten: 12.300,00 €, Vertriebsgemeinkosten: 9.500,00 €, Bestandsmehrung an fertigen Erzeugnissen: 3.400,00 €, Bestandsminderung an unfertigen Erzeugnissen: 16.000,00 €.*

Mithilfe der Gemeinkostenzuschlagssätze werden die **Gemeinkosten den Kostenträgern zugerechnet.**

**ZP** 349

**Wozu** ***dienen*** **die** ***Gemeinkostenzuschlagssätze?***

- Der erweiterte BAB ist gegenüber dem einfachen BAB dadurch gekennzeichnet, dass die Fertigungshauptstelle in **mehrere Fertigungsstellen** zerlegt wird.
- Es gibt dann so viele Fertigungsgemeinkostenzuschlagssätze wie es Fertigungsstellen gibt.

**ZP** 350

**Wodurch unterscheidet sich der** ***einfache BAB*** **vom** ***erweiterten BAB?***

- Beim **einstufigen BAB** werden keine Kosten von Kostenstellen auf andere Kostenstellen verteilt.
- Beim **mehrstufigen BAB** werden zunächst die Kosten der allgemeinen Kostenstellen auf alle übrigen Kostenstellen verteilt. Anschließend werden die Kosten der Hilfskostenstellen auf die zugehörigen Hauptkostenstellen umgelegt.

**ZP** 351

**Wodurch unterscheidet sich der** ***einstufige BAB*** **vom** ***mehrstufigen BAB?***

Handbuch: LF 4

## 2.3.4 Kostenträgerrechnung

ZP
352 Was versteht man unter einem *Kostenträger?*

- Kostenträger sind die in einer Abrechnungsperiode erbrachten **Leistungen eines Industriebetriebes,** also die hergestellten Produkte.
- Manchmal ist ein Kostenträger gleichzeitig eine Kostenstelle, etwa das zu errichtende Hochhaus in der Bauindustrie.

Handbuch: LF 4

### 2.3.4.1 Rechnungssysteme

ZP
353 Welche *Rechnungssysteme* der Kostenträgerrechnung werden nach der *Bezugsgrundlage* unterschieden?

- **periodenbezogene Rechnung**
  Werden den Kostenträgern die Kosten der Abrechnungsperiode (z. B. Monat, Quartal, Jahr) zugerechnet, spricht man von der **Kostenträgerzeitrechnung,** die ihren Niederschlag im Kostenträgerblatt (BAB II) findet.
- **stückbezogene Rechnung**
  Werden die Selbstkosten pro Mengeneinheit (z. B. Stück, Liter, Tonne) errechnet, spricht man von der Kostenträgerstückrechnung oder **Kalkulation.**

ZP
354 Welche *Rechnungssysteme* der Kostenträgerrechnung werden *nach dem Umfang der Kostenzurechnung* unterschieden?

- **Vollkostenrechnung**
  Sie rechnet **sämtliche Kosten** der Abrechnungsperiode den Kostenträgern zu (Kostenträgerzeitrechnung) oder ermittelt die Selbstkosten pro Mengeneinheit (Kostenträgerstückrechnung oder Kalkulation).
- **Teilkostenrechnung**
  Hier werden den Kostenträgern nur **Teile der insgesamt angefallenen Kosten,** z. B. nur die variablen Kosten, zugerechnet (Deckungsbeitragsrechnung).

ZP
355 Welche *Rechnungssysteme* der Kostenträgerrechnung werden *nach dem Zeitpunkt des Kostenanfalls* unterschieden?

- **Normalkostenrechnung**
  Sie basiert auf den Kosten vergangener Abrechnungsperioden.
- **Istkostenrechnung**
  Sie erfasst die Kosten der laufenden Abrechnungsperiode und wertet sie aus.
- **Plankostenrechnung**
  Sie ist eine zukunftsorientierte Rechnung, bei der die Kosten auf technischer Grundlage geplant werden.

Handbuch: LF 4

### 2.3.4.2 Kalkulationsverfahren in der Industrie

ZP
356 Ordnen Sie *Kalkulationsverfahren* entsprechende *Fertigungsverfahren* zu und nennen Sie jeweils ein Beispiel.

- **Zuschlagskalkulation: Einzelfertigung** → Maschinenbau
- **einstufige Divisionskalkulation: Massenfertigung** eines Produktes → Elektrizität
- **Äquivalenzziffernkalkulation: Sortenfertigung** → Glas, Spanplatten, Ziegelsteine
- **Kuppelkalkulation: Kuppel- oder verbundene Produktion** → Strom- und Wärmekraftkopplung, Benzin und Heizöl

Äquivalenzziffern sind **Kostenverhältniszahlen,** die die unterschiedliche Kostenhöhe ausdrücken und damit der tatsächlichen Kostenverursachung der einzelnen Sorten gerecht werden sollen.

**ZP** 357
Was verstehen Sie unter *Äquivalenzziffern?*

- **maschinenabhängige Gemeinkosten**
  Gemeinkosten im Fertigungsbereich, die von den Maschinen verursacht werden, z. B. Abschreibungen auf Maschinen, kalkulatorische Zinsen für das in den Maschinen gebundene Kapital, Energiekosten, Platzkosten für die Maschinen, Instandhaltungskosten, Werkzeugkosten, Betriebsstoffkosten
- **Restgemeinkosten**
  Fertigungsgemeinkosten gesamt
  − maschinenabhängige Gemeinkosten
  = Restgemeinkosten
- **Maschinenlaufzeit**
  jährliche Arbeitstage · Arbeitsstunden pro Tag
  − Ausfallzeiten (maschinen-, auftrags- und personenbedingt)
  = Maschinenlaufzeit
- **Maschinenstundensatz**
  $$\frac{\text{maschinenabhängige Gemeinkosten}}{\text{Maschinenlaufzeit}}$$
- **Restgemeinkostenzuschlagssatz**
  $$\frac{\text{Restgemeinkosten der Fertigungsstelle}}{\text{Fertigungslöhne der Fertigungsstelle}} \cdot 100$$

**ZP** 358
Erläutern Sie die im Rahmen der *Maschinenstundensatzrechnung* gebräuchlichen *Begriffe* wie *maschinenabhängige Gemeinkosten, Restgemeinkosten, Maschinenlaufzeit, Maschinenstundensatz* und *Restgemeinkostenzuschlagssatz.*

### 2.3.4.3 Kalkulation von Handelswaren

Handbuch: LF 4

Handelswaren sind Produkte, die ein Unternehmen zur Abrundung des Absatzprogramms einkauft und **ohne Be- oder Verarbeitung** weiterverkauft.

**ZP** 359
Was versteht man unter *Handelswaren?*

|   | |
|---|---|
|   | Listeneinkaufspreis (netto) |
| − | Lieferantenrabatt |
| = | Zieleinkaufspreis |
| − | Lieferantenskonto |
| + | Einkaufskosten |
| = | Bareinkaufspreis |
| + | Bezugskosten |
| = | Einstandspreis (Bezugspreis) |

**ZP** 360
Wie lautet das *Schema* für die Kalkulation des *Einstands- oder Bezugspreises* von Handelswaren?

361 ZP **Wie lautet das *Schema* für die Kalkulation des *Listenverkaufspreises* von Handelswaren?**

| | |
|---|---|
| | Einstandspreis (Bezugspreis) |
| + | Handlungskosten |
| = | Selbstkostenpreis |
| + | Gewinn |
| = | Barverkaufspreis |
| + | Kundenskonto |
| = | Zielverkaufspreis |
| + | Kundenrabatt |
| = | Listenverkaufspreis (netto) |

362 ZP **Was versteht man unter *Handlungskosten?***

Handlungskosten sind **Kosten,** die im Zusammenhang mit Beschaffung, Lagerung und Verkauf von **Handelswaren** entstehen, wie zum Beispiel Gehalt des Einkäufers, Löhne und Gehälter des Lagerpersonals, Zinsen für das in den Lagerbeständen gebundene Kapital, Abschreibungen auf Lagergebäude und Lagereinrichtungen, anteilige Verwaltungskosten.

363 ZP **Geben Sie die *Formel* für den *Kalkulationszuschlagssatz* an.**

$$\textbf{Kalkulationszuschlagssatz (in Prozent)} = \frac{\text{Listenverkaufspreis} - \text{Einstandspreis}}{\text{Einstandspreis}} \cdot 100$$

364 ZP **Wie lautet die *Formel* für den *Kalkulationsfaktor* bei Handelswaren?**

$$\textbf{Kalkulationsfaktor} = \frac{\text{Listenverkaufspreis}}{\text{Einstandspreis}}$$

365 ZP **Wie wird die *Handelsspanne* errechnet?**

$$\textbf{Handelsspanne (in Prozent)} = \frac{\text{Listenverkaufspreis} - \text{Einstandspreis}}{\text{Listenverkaufspreis}} \cdot 100$$

Handbuch: LF 4

## 2.3.5 Deckungsbeitragsrechnung

366 ZP **Definieren Sie den Begriff *Deckungsbeitrag* perioden- und stückbezogen.**

- **periodenbezogener Deckungsbeitrag:**
  Umsatzerlöse der Produkte – variable Kosten der Produkte einer Abrechnungsperiode
  ($DB = U - K_v$)
- **stückbezogener Deckungsbeitrag:**
  Verkaufspreis/Mengeneinheit – variable Kosten/Mengeneinheit
  ($db = p - k_v$)

ZP 367
Was zeigt ein *positiver Deckungsbeitrag* an?

Ein positiver Deckungsbeitrag zeigt an,

- inwieweit die **fixen Kosten gedeckt** sind und
- ob darüber hinaus ein **Gewinn erzielt** wird.

ZP 368
Was zeigt ein *negativer Deckungsbeitrag* an?

Ein negativer Deckungsbeitrag zeigt an, dass der Preis des Produktes **nur einen Teil der variablen Stückkosten deckt.** Zur Deckung von Fixkosten trägt das Produkt überhaupt nicht bei.

ZP 369
Unterscheiden Sie die Deckungsbeitragsrechnung mit *globaler Fixkostendeckung* von der Deckungsbeitragsrechnung mit *stufenweiser Fixkostendeckung.*

- Bei der **Deckungsbeitragsrechnung mit globaler Fixkostendeckung** werden die Fixkosten in einer Summe von der Summe der Deckungsbeiträge der Produkte abgezogen, um das Betriebsergebnis zu ermitteln (man spricht vom sogenannten **Direct Costing).**
- Die **Deckungsbeitragsrechnung mit stufenweiser Fixkostendeckung** differenziert die Fixkosten entsprechend dem folgenden Schema, errechnet stufenweise verschiedene Deckungsbeiträge und gewinnt auf diese Weise mehr Informationen:

| | |
|---|---|
| | Umsatzerlöse |
| – | variable Kosten |
| = | Deckungsbeitrag I |
| – | erzeugnisfixe Kosten |
| = | Deckungsbeitrag II |
| – | erzeugnisgruppenfixe Kosten |
| = | Deckungsbeitrag III |
| – | kostenstellenfixe Kosten |
| = | Deckungsbeitrag IV |
| – | bereichsfixe Kosten |
| = | Deckungsbeitrag V |
| – | unternehmensfixe Kosten |
| = | Betriebsergebnis |

ZP 370
Welche *Unternehmensentscheidungen* werden auf der Grundlage des Deckungsbeitrages getroffen?

- Erweiterung oder Bereinigung des **Sortiments**
- Annahme oder Ablehnung eines **Zusatzauftrages**
- Ermittlung des **optimalen** Produktionsprogramms
- Feststellung der kurzfristigen **Preisuntergrenze**
- Analyse der **Gewinnschwelle** (Break-even-Menge)

ZP 371
Wodurch unterscheiden sich *absoluter* und *relativer Deckungsbeitrag?*

- Der **absolute Deckungsbeitrag** eines Produktes wird in Euro pro Mengeneinheit, z. B. in €/St., gemessen.
- Der **relative Deckungsbeitrag** eines Produktes wird in Euro pro Engpasseinheit, z. B. in €/Maschinenstunde, gemessen.

ZP 372
In welcher Situation bildet der *relative Deckungsbeitrag* die Grundlage für *Unternehmensentscheidungen?*

Der relative Deckungsbeitrag bildet die Grundlage für Unternehmensentscheidungen beim Auftreten von **Engpässen** in der Produktion.

# Wertschöpfungsprozesse analysieren und beurteilen

373 ZP **Wodurch können *betriebliche Engpässe* entstehen und wie können sie gemessen werden?**

Engpässe entstehen durch Beschränkungen der Produktionsfaktoren …

- **Arbeit:** gemessen in Arbeitsstunden,
- **Betriebsmittel:** gemessen in Maschinenstunden,
- **Werkstoffe:** gemessen in Mengeneinheiten wie in Stück, Meter, Kilo usw.

374 ZP **Welche *Preisuntergrenzen* werden unterschieden und welche Bedeutung haben sie?**

- **langfristige Preisuntergrenze: Preis = Selbstkosten pro Stück**

  Das Unternehmen macht weder Gewinn noch Verlust. Diesen Zustand kann ein Unternehmen über einen längeren Zeitraum verkraften.

- **kurzfristige Preisuntergrenze: Preis = variable Stückkosten**

  Der **Deckungsbeitrag** ist gleich **null.** Das Unternehmen macht Verluste in Höhe der Fixkosten. Diesen Zustand kann ein Unternehmen nur eine relativ kurze Zeit überstehen.

375 ZP **Welche *Gründe* können dafür ausschlaggebend sein, dass ein Unternehmen ein Produkt zu einem Preis anbietet, der der *kurzfristigen Preisuntergrenze* entspricht?**

- Wenn ein Unternehmen ein neues Produkt auf den Markt bringen will, kann es im Rahmen der dynamischen Preisgestaltung die **Penetrationsstrategie** (penetrieren: eindringen) verfolgen, indem es das Produkt zu einem sehr niedrigen Preis, nämlich in Höhe der variablen Stückkosten, anbietet.
- Aus **Konkurrenzgründen** kann ein Unternehmen gezwungen sein, den Preis zu senken, und zwar bis zur kurzfristigen Preisuntergrenze.

376 ZP ***Errechnen* Sie mithilfe der Deckungsbeitragsrechnung die *Break-even-Menge* (Gewinnschwelle), wenn folgende Zahlen gegeben sind:** *Preis/Stück: 50,00 €, variable Kosten/Stück: 30,00 €, fixe Kosten: 60.000,00 €*

Die Bedingung für die Gewinnschwelle – **„die Summe der Deckungsbeiträge entspricht den Fixkosten"** – ergibt sich aus folgender Rechnung:

$U = K$

| | |
|---|---|
| $p \cdot x = k_v \cdot x + K_f$ | $50 \cdot x = 30 \cdot x + 60\,000$ |
| $p \cdot x - k_v \cdot x = K_f$ | $50 \cdot x - 30 \cdot x = 60\,000$ |
| $(p - k_v) \cdot x = K_f$ | $(50 - 30) \cdot x = 60\,000$ |
| $\mathbf{db \cdot x = K_f}$ | $\mathbf{20 \cdot x = 60\,000}$ |
| $x = \frac{K_f}{db}$ | $x = \frac{60\,000}{20} = 3\,000$ |

Die Break-even-Menge beträgt 3 000 Stück.

## 2.3.6 Normalkostenrechnung

Handbuch: LF 4

**ZP** 377

**Warum ist die *Normalkostenrechnung* eine vergangenheitsbezogene Rechnung?**

- Weil sie auf **Istkostenrechnungen vergangener Abrechnungsperioden** beruht.
- Man schreibt die Gemeinkostenentwicklung vergangener Abrechnungsperioden im Zuge der Angebotskalkulation in die Zukunft fort.

**ZP** 378

**Was versteht man unter *Normalgemeinkosten?***

Hierbei handelt es sich um Gemeinkosten, die im Zuge einer **Angebotskalkulation** mithilfe der Normalgemeinkostenzuschlagssätze in den Selbstkosten- bzw. Angebotspreis eingerechnet werden.

**ZP** 379

**Welche *Normalgemeinkostenzuschlagssätze* kennen Sie?**

**Normalgemeinkostenzuschlagssätze** des:

- Materialbereichs
- Fertigungsbereichs
- Verwaltungsbereichs
- Vertriebsbereichs

**ZP** 380

**Wie *errechnen* sich die *Normalgemeinkostenzuschlagssätze?***

Sie errechnen sich als **Durchschnittswerte** der Istgemeinkostenzuschlagssätze mehrerer vergangener Abrechnungsperioden.

**ZP** 381

**Was bedeutet *Kostenüberdeckung?***

**Istgemeinkosten < Normalgemeinkosten**

- Die tatsächlich entstandenen Gemeinkosten (Istgemeinkosten) werden durch die in den Preis einkalkulierten Gemeinkosten (Normalgemeinkosten) mehr als abgedeckt.
- Das tatsächliche Betriebsergebnis wird dadurch besser als das geplante.

**ZP** 382

**Was bedeutet *Kostenunterdeckung?***

**Istgemeinkosten > Normalgemeinkosten**

- Die tatsächlich entstandenen Gemeinkosten (Istgemeinkosten) werden nicht durch die in den Preis einkalkulierten Gemeinkosten (Normalgemeinkosten) gedeckt.
- Das tatsächliche Betriebsergebnis verschlechtert sich dadurch gegenüber dem geplanten.

Handbuch: LF 4

## 2.3.7 Plankostenrechnung

383 **Warum ist die *Plankostenrechnung* eine *zukunftsbezogene Rechnung?***

Sie ermittelt auf der Grundlage **technischer Daten,** z. B. Energieverbrauch einer Maschine, die **Kosten einer zukünftigen Periode** und vergleicht sie später mit den Istkosten, den tatsächlich entstandenen Kosten der betrachteten Periode.

Handbuch: LF 4

### 2.3.7.1 Elemente der Plankostenrechnung

384 **Was versteht man unter *Planbeschäftigung?***

- Sie gibt an, bei welcher **Faktoreinsatz- oder Ausbringungsmenge** die Kosten einer Kostenstelle geplant werden.
- Die Menge orientiert sich an der **Kapazität** der jeweils betrachteten Kostenstelle oder alle Kostenstellen orientieren sich an der Kapazität der betrieblichen Engpassstelle. Im zweiten Fall werden Über- bzw. Unterkapazitäten von Stellen sichtbar.

385 **Erläutern Sie den Begriff *Planbezugsgröße.***

Sie zeigt, wie die Planbeschäftigung der jeweiligen Kostenstelle gemessen wird. Denkbar sind:

- **Input-Größen,** wie z. B. Arbeitsstunden, Maschinenstunden, Rohstoffverbrauch, oder die
- **Output-Größe** Produktionsmenge.

386 **Was sind *Planpreise* und warum wird mit ihnen in der Plankostenrechnung gerechnet?**

- Die Verbrauchsmengen der Produktionsfaktoren werden mit sogenannten **Verrechnungspreisen** (Planpreisen) bewertet. Verrechnungspreise sind z. B. durchschnittliche Einkaufspreise vergangener Perioden der jeweiligen Werkstoffart. Verrechnungslohnsätze sind zum Beispiel die durchschnittlichen Lohnsätze vergangener Perioden für die jeweilige Tätigkeit.
- Weichen die (späteren) Istkosten von den Plankosten ab, kann die Ursache der Kostenabweichung nicht an einer Preis- oder Lohnsatzänderung liegen, da mit Verrechnungspreisen kalkuliert wurde.

387 **Was versteht man unter *Basisplankosten?***

Basisplankosten sind die gesamten bei Planbeschäftigung geplanten Kosten der Kostenstelle.

388 **Wie wird der *Plankostenverrechnungssatz* (PVS) berechnet und worin liegt seine Bedeutung?**

$$\textbf{PVS} = \frac{\text{Basisplankosten der Kostenstelle}}{\text{Planbeschäftigung der Kostenstelle}}$$

Mit dem Plankostenverrechnungssatz wird der Kostenträger belastet.

## 2.3.7.2 Verfahren der Plankostenrechnung

Handbuch: LF 4

389 **Welche *Verfahren der Plankostenrechung* werden unterschieden?**

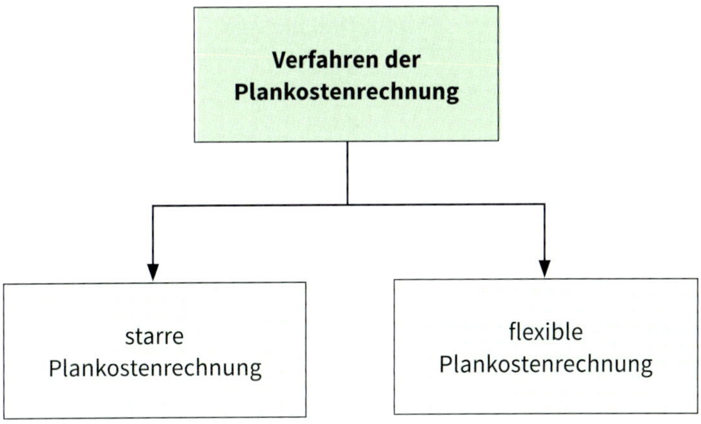


390 **Beschreiben Sie das Wesen der *starren Plankostenrechnung.***

- **Bei den Basisplankosten und damit beim Plankostenverrechnungssatz wird keine Unterscheidung in fixe und variable (Plan-)Kosten vorgenommen.**
- Da sich die verrechneten Plankosten aus der Multiplikation von Plankostenverrechnungssatz und der jeweiligen Istbeschäftigung ergeben, berücksichtigt die starre Plankostenrechnung nicht, dass sich der **Fixkostenanteil im Plankostenverrechnungssatz** mit sich ändernder Beschäftigung ändern müsste.
- Ist nämlich die Istbeschäftigung geringer als die Planbeschäftigung, werden zu wenig Fixkosten verrechnet. Ist dagegen die Istbeschäftigung höher als die Planbeschäftigung, werden zu viel Fixkosten verrechnet.
- Die mögliche Differenz zwischen Plan- und Istkosten lässt sich nicht den Ursachen **Beschäftigungsabweichung bzw. Verbrauchsabweichung wertmäßig eindeutig zuordnen.**

391 **Was versteht man im Rahmen der flexiblen Plankostenrechnung unter *Sollkosten?***

- **Sollkosten sind** die auf unterschiedliche Istbeschäftigungen umgerechneten Plankosten.
- Dafür ist es nötig, die Plankosten in fixe und variable Plankosten aufzuteilen.
- Sind Gemeinkostenarten nicht eindeutig fix bzw. variabel, z. B. Betriebsstoffkosten, sind diese sogenannten **Mischkosten** mithilfe von Kostenauflösungsverfahren in ihre fixen und variablen Bestandteile zu zerlegen.

392 **Bestimmen Sie mithilfe des *mathematischen Kostenauflösungsverfahrens* die fixen und variablen Bestandteile der Betriebsstoffkosten, wenn folgende Zahlen gegeben sind:**

*August: Produktionsmenge: 2 000 Stück, Betriebsstoffkosten: 125.000,00 €,*

*September: Produktionsmenge: 2 150 Stück, Betriebsstoffkosten: 130.400,00 €*

| | Produktionsmenge | Betriebsstoffkosten |
|---|---|---|
| August | 2 000 | 125.000,00 € |
| September | 2 150 | 130.400,00 € |
| Differenz | 150 | 5.400,00 € |

Aus der Definition der variablen Kosten ergibt sich, dass die zusätzlichen Kosten von 5.400,00 € aus der zusätzlichen Produktion von 150 Stück variabel sind.

Die **variablen Stückkosten** errechnen sich wie folgt:
$k_v$ = 5.400,00 € : 150 St. = 36,00 €/St.

Die **variablen Gesamtkosten** betragen im August:
$K_v$ = 2.000 St. · 36,00 €/St. = 72.000,00 €

Die **fixen Kosten** betragen im August:
$K_f$ = 125.000,00 € – 72.000,00 € = 53.000,00 €

(Die analoge Rechnung kann für September durchgeführt werden; sie führt zu den gleichen Fixkosten von 53.000,00 €.)

393 **Beschreiben Sie das Wesen der *flexiblen Plankostenrechnung.***

- **Die Plankosten werden unterschieden in fixe und variable Plankosten.**
- Dadurch ist es möglich, die Sollkosten (Plankosten bei jeder Istbeschäftigung) zu ermitteln.
- Gründe und Umfang der Kostenabweichungen sind eindeutig zu bestimmen.

## 2.3.7.3 Analyse der Kostenabweichungen

Handbuch: LF 4

394 Welche *Arten von Kostenabweichungen* unterscheidet man und wie werden sie berechnet?

- **Beschäftigungsabweichung:**
  verrechnete Plankosten (bei Istbeschäftigung)
  – Sollkosten (bei Istbeschäftigung)
- **Verbrauchsabweichung:**
  Sollkosten (bei Istbeschäftigung)
  – Istkosten (bei Istbeschäftigung)
- **Preis- und Lohnsatzabweichung:**
  Diese Abweichungen, die grundsätzlich auftreten können, werden dadurch ausgeschaltet, dass sowohl die Plankosten als auch die Istkosten zu Verrechnungspreisen bzw. Verrechnungslohnsätzen angesetzt werden.
- **Gesamtabweichung:**
  Werden sowohl bei der Plan- als auch bei der Istkostenrechnung Verrechnungspreise und -lohnsätze angewandt, ergibt sich die Gesamtabweichung aus der **Summe von Beschäftigungs- und Verbrauchsabweichung.**

395 Wie *wirken* sich *Kostenabweichungen* aus?

- **Beschäftigungsabweichung**
  - ***verrechnete Plankosten > Sollkosten***
    Hier ist die Istbeschäftigung höher als die Planbeschäftigung; also sind zu viele Fixkosten auf den Kostenträger verrechnet, d. h. kalkuliert worden.
  - ***verrechnete Plankosten < Sollkosten***
    Hier ist die Istbeschäftigung geringer als die Planbeschäftigung; also sind in diesem Fall zu wenig Fixkosten verrechnet worden.
- **Verbrauchsabweichung**
  - ***Istkosten > Sollkosten***
    Das Betriebsergebnis verschlechtert sich, da der Verbrauch an Produktionsfaktoren höher als geplant (kalkuliert worden) ist.
  - ***Istkosten < Sollkosten***
    Gegenüber der Planung verbessert sich das Betriebsergebnis, da der Verbrauch an Produktionsfaktoren geringer als geplant ist.

# 2.4 Controlling und Statistik – lernfeldübergreifend

Handbuch: LF 2, 5, 6, 8, 10

## 2.4.1 Controlling

396 Was versteht man unter dem Begriff *Controlling?*

- **Ursprünglich** handelte es sich um die **Überwachung** des betrieblichen Leistungsprozesses. Basierend auf Ist-Zahlen aus der Finanzbuchhaltung und der Kosten- und Leistungsrechnung war die Blickrichtung auf die Vergangenheit gelenkt.
- **Heute** ist Controlling – über die Kontrollfunktion hinaus – ein **Informations-, Entscheidungs- und Führungsinstrument** durch ergebnisorientierte, funktionsübergreifende Planung, Steuerung und Überwachung des Unternehmens. Controlling ist daher heute stärker zukunftsorientiert.

397 Unterscheiden Sie *operatives* und *strategisches Controlling.*

- Auf der Grundlage weitgehend **quantitativer** Informationen (z. B. Zahlen der KLR) dient das **operative Controlling** der Vollzugsüberwachung und der Abweichungsanalyse (z. B. in der Plankostenrechnung). Operatives Controlling bezieht sich auf das „Tagesgeschäft", ist daher eher **kurzfristig** angelegt.
- Durch Einbeziehung **langfristiger, qualitativer** Informationen (z. B. Entwicklung auf dem Informations- und Telekommunikationssektor, Standortverlagerung in Verbindung mit der Erweiterung der EU) wird das operative Controlling zum **strategischen Controlling** erweitert, das die Unternehmensplanung unterstützt.

398 Nennen Sie Beispiele für *Instrumente des operativen Controllings.*

**Beispiele:**
- Break-even-Analysen
- Rechnungen mit absoluten und relativen Deckungsbeiträgen
- ABC-Analysen
- Nutzwertanalysen
- statische und dynamische Investitionsrechnungen
- …

Nennen Sie Beispiele für *Instrumente des strategischen Controllings.* 399

**Beispiele:**
- Portfolioanalysen
- SWOT-Analysen*
- Benchmarking
- Szenario-Analysen
- TQM*
- Lean Production
- Lean Management
- Global Sourcing
- ...

*SWOT: Strength-Weakness-Opportunities-Threats (Stärken-Schwächen-Chancen-Risiken)
*Total Quality Management

Welche *Hauptaufgaben* hat ein *Controller* zu erfüllen? 400

Auf der Grundlage langfristiger Unternehmenszielsetzungen wie z. B. Erreichen einer Eigenkapitalrendite von 20 % und der damit einhergehenden strategischen Planungen besteht die Aufgabe des Controllers darin:

- kurzfristige konkrete **Ziele** zu **formulieren** (Soll-Zustand festlegen), z. B. die Kosten innerhalb eines Jahres um 5 % zu senken,
- **Einzelpläne** und **Einzelbudgets** zu erstellen, z. B. die Plankosten mithilfe der Plankostenrechnung zu ermitteln,
- den **Ist-Zustand** mithilfe zur Verfügung stehender Informationen zu erfassen und aufzubereiten, z. B. die Ist-Kosten zu ermitteln,
- den Plan- oder **Soll-Zustand** mit dem **Ist-Zustand** zu **vergleichen,** z. B. die Plankosten mit den Istkosten,
- die **Abweichungen** zwischen Plan- und Ist-Zustand festzustellen und die **Ursachen** zu analysieren, z. B. bei der Plankostenrechnung die Beschäftigungs-, Verbrauchs- und Preisabweichungen und deren Gründe zu ermitteln,
- die Geschäftsleitung und die betroffenen Abteilungen über die Analyseergebnisse zu **informieren,**
- **Maßnahmen** zur (Gegen-)Steuerung zu entwickeln und
- die **Pläne** bzw. gegebenenfalls die **Ziele** zu **korrigieren,** z. B. die Planbeschäftigung zu ändern bzw. die Kosten statt um 4 % nur um 2 % zu senken.

401 **Nennen Sie je drei *Kennzahlen* aus den *Controllingbereichen* Beschaffung, Produktion, Absatz, Finanzierung und Personalwesen.**

**Controllingbereiche:**

Kennzahlen (Beispiele):

- **Beschaffung**
  - Kosten pro Bestellvorgang
  - Reklamationsquote
  - Kosten pro 1,00 € Bestellwert
- **Produktion**
  - Arbeitsproduktivität
  - Beschäftigungsgrad
  - Stückkosten
- **Absatz**
  - Umsatz je Mitarbeiter
  - Deckungsbeitrag pro Stück
  - Marktanteil
- **Finanzierung**
  - Liquidität
  - Cashflow
  - Selbstfinanzierungsquote
    *(vgl. auch die Bilanzkennzahlen in Kapitel 2.2.9.2, Seite 331 ff.)*
- **Personalwesen**
  - Fluktuationsrate
  - Krankheitsquote
  - Fort-, Weiterbildungskosten pro Arbeitnehmer

402 **Von welchen *Faktoren* hängt die *organisatorische Einbindung* des Controllings ab?**

- Größe des Unternehmens
- Aufbauorganisation des Unternehmens
- Bedeutung, die dem Controlling beigemessen wird

403 **Auf welche Weise kann das Controlling in die *Aufbauorganisation* eines Unternehmens *eingebunden* werden?**

- **als Stabsstelle der Geschäftsleitung**

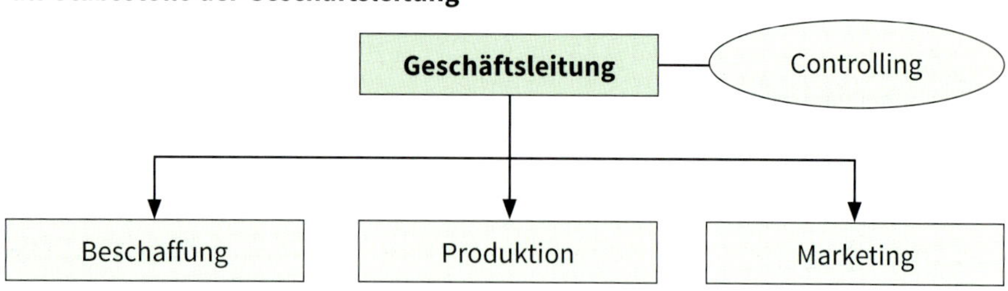


  - eher in mittelständischen Unternehmen zu finden
  - Abhängig von der Persönlichkeit des Geschäftsführers oder anderen Faktoren, wie z. B. der Unternehmensgröße, hat der Controller u. U. nur Kontrollaufgaben.

- **als Stabsstelle des Leiters Rechnungswesen**

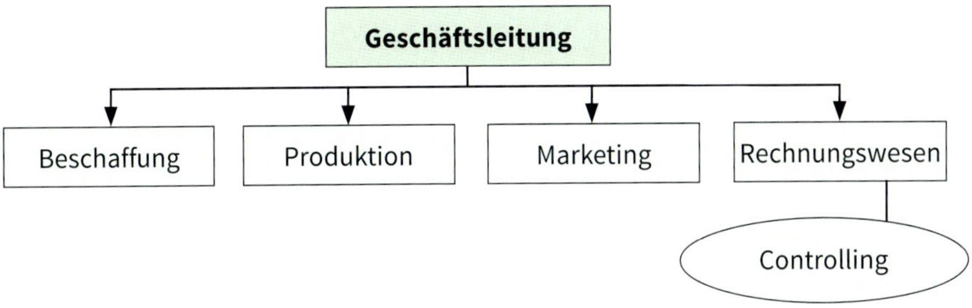


- Controller spielt eine untergeordnete Rolle.
- Er hat eher die Aufgabe, nachträglich Bilanzkennzahlen zu kontrollieren.

- **aufbauorganisatorisch verzweigt**

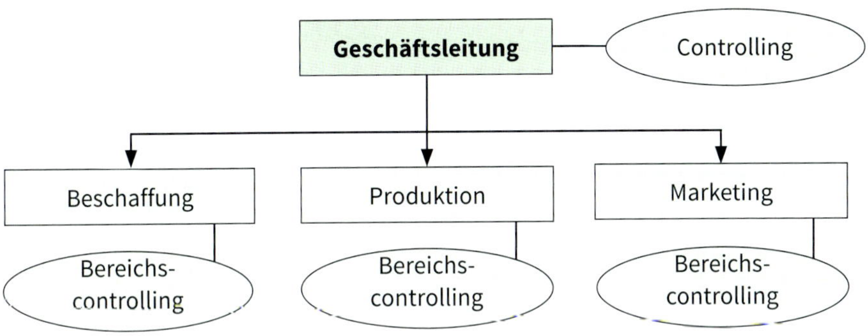


- eher in Großunternehmen zu finden
- Neben dem Hauptcontroller, der der Geschäftsleitung untersteht, gibt es noch Bereichscontroller, die einerseits dem jeweiligen Bereichsleiter und andererseits dem Hauptcontroller unterstellt sind.

## 2.4.2 Statistik

Handbuch: LF 4

404 Was versteht man unter dem Begriff *Statistik?*

- Unter Statistik versteht man die Tätigkeit bzw. das Ergebnis der Tätigkeit der **Erfassung** und **Analyse von Massenerscheinungen.**

- Entweder werden **große Datenmengen** verarbeitet (z. B. Auszählung **aller** Stimmen bei der Bundestagswahl) oder **Stichproben** kleinen Umfangs werden mit statistischen Rechenverfahren auf die Gesamtheit der Daten hochgerechnet (z. B. dienen die Auszählergebnisse **weniger** Wahlkreise für eine Prognose über den Ausgang der Bundestagswahl).

405 **Welche *Anforderungen* sind an statistische Maßzahlen zu stellen?**

Statistische Maßzahlen sollen
- den abzubildenden Sachverhalt abbilden können **(Zweckeignung),**
- **eindeutig definiert,** quantifizierbar und genau sein,
- **aktuell** sein,
- zu einem **Nutzen** führen, der in einem vernünftigen **Verhältnis** zu den **Kosten** ihrer Beschaffung und Aufbereitung steht.

406 **Welche *Maßzahlen* werden in der Statistik unterschieden?**

- **Grundzahlen**
- **Verhältniszahlen**
- **Mittelwerte**

407 **Welche *Grundzahlen* kennen Sie?**

**Grundzahlen** sind **absolute Zahlen,** die sich ergeben als:
- **Einzelzahlen,** z. B. Umsatz: 1 Mio. €
- **Summen,** z. B. Summe der Einzelkostenarten: 800.000,00 €
- **Differenzen,** z. B. Umsatz: 1 Mio. € – Kosten: 800.000,00 € = Gewinn: 200.000,00 €

408 **Was versteht man unter *Verhältniszahlen* und welche werden unterschieden?**

**Verhältniszahlen** sind Zahlen, bei denen zwei absolute Zahlenwerte zueinander ins Verhältnis gesetzt werden.

- **Gliederungszahlen:**
  Hier werden Teilgrößen auf ihre Gesamtgröße bezogen, häufig ausgedrückt als Prozentzahl, z. B. Anteil des Fremdkapitals am Gesamtkapital, Anteil des Umsatzes des Produktes X am Gesamtumsatz aller Produkte, Anteil der weiblichen Auszubildenden an der Gesamtzahl aller Auszubildenden
- **Beziehungszahlen:**
  Hier werden unterschiedliche Größen, die in einem sachlichen Zusammenhang stehen, zueinander ins Verhältnis gesetzt, z. B. Gewinn und Eigenkapital → Eigenkapitalrentabilität.
- **Index- oder Messzahlen:**
  Hier werden absolute Zahlen einer Zahlenreihe in Prozentzahlen umgerechnet und auf eine Grund- oder Basiszahl (Index), die 100 % gesetzt wird, bezogen.
  *Beispiel:*
  Die Ausgaben für die Lebenshaltung im Jahr 1 betragen 1.200,00 €; sie werden als Basiszahl 100 % gesetzt. Im Jahr 2 betragen die entsprechenden Ausgaben 1.251,00 €,
  das entspricht einem Lebenshaltungskostenindex von 104,25 %
  (1.251,00 € : 1.200,00 € · 100).

409 **Welche *Mittelwerte* werden unterschieden?**

**Mittelwerte** (oder Durchschnittszahlen) werden unterschieden in:
- **häufigster Wert** (oder Modalwert), z. B.: Welches Alter kommt bei den Mitgliedern der Belegschaft am häufigsten vor?
- **Zentralwert** (oder Median), z. B.: Reicht das Alter der Mitarbeiter von 16 bis 65 Jahre, welches Alter liegt genau in der Mitte dieser Zahlenreihe?
- **arithmetisches Mittel** (oder Durchschnittswert), z. B.: Wie hoch ist das Durchschnittsalter der Belegschaftsmitglieder?

- Der **häufigste Wert** ist **8** (kranke Arbeitnehmer pro Tag).
- Der **Zentralwert** der Zahlenreihe 7, 8, 8, 9, 10, 12 ist, da es sich um eine gerade Anzahl von Zahlenwerten handelt, der Durchschnittswert der beiden mittleren Zahlen 8 und 9, also **8,5** (kranke Arbeitnehmer pro Tag).
- Der **Durchschnittswert** errechnet sich wie folgt:

$$\frac{7 + 8 + 12 + 9 + 8 + 10}{6} = \mathbf{9}$$ (kranke Arbeitnehmer pro Tag)

410

***Ermitteln* Sie auf der Grundlage der folgenden Angaben den *häufigsten Wert,* den *Zentralwert* und den *Durchschnittswert:***

*In der 25. Woche stellte sich die Anzahl kranker Mitarbeiter wie folgt dar:*

| | | | |
|---|---|---|---|
| *Mo.* | *7* | *Do.* | *9* |
| *Di.* | *8* | *Fr.* | *8* |
| *Mi.* | *12* | *Sa.* | *10* |

**Beispiele:**

- Statistik über die Absatzmengen der Produkte
- Statistik über die Zusammensetzung der Mitarbeiter
- Statistik über Fehlzeiten der Arbeitnehmer
- Umsatzstatistik
- Produktionsstatistik
- Statistik über die Einkaufsmengen der Werkstoffe
- Statistik über die Einkommenshöhe der Mitarbeiter

411

**Nennen Sie mindestens fünf verschiedene *betriebliche Statistiken.***

**Beispiele:**

- Tabelle
- Balkendiagramm
- Säulendiagramm
- Kreisdiagramm
- Liniendiagramm
- Flächendiagramm
- dreidimensionales Diagramm

412

**Nennen Sie fünf verschiedene *Darstellungsformen* statistischer Maßzahlen.**

# 2.5 Fachbezogenes Rechnen – lernfeldübergreifend

## 2.5.1 Dreisatz

### 2.5.1.1 Einfacher Dreisatz mit geradem (direktem) Verhältnis

413 **ZP**

**Ein Pkw braucht für eine Entfernung von 575 km 41,4 l Benzin.**

**Wie viel Liter werden verbraucht, wenn 735 km zurückzulegen sind?**

| **Ansatz:** | **Bruchsatz:** | **Antwortsatz:** |
|---|---|---|
| 575 km – 41,4 l<br>735 km – x l | $x = \frac{41{,}4 \cdot 735}{575} = \underline{\underline{52{,}92}}$ | Der Pkw benötigt für 735 km 52,92 l Benzin. |

Die Rechengrößen verhalten sich **proportional** zueinander: je mehr (km) – desto mehr (l), je weniger (km) – desto weniger (l).

### 2.5.1.2 Einfacher Dreisatz mit ungeradem (indirektem) Verhältnis

414 **ZP**

**Ein Industriebetrieb setzt für die Inventur 180 Aushilfskräfte ein; diese erledigen die notwendigen Arbeiten in 5 Tagen.**

**Wie viele Aushilfen sind erforderlich, wenn die Inventur nach 4 Tagen beendet sein soll?**

| **Ansatz:** | **Bruchsatz:** | **Antwortsatz:** |
|---|---|---|
| 5 Tage – 180 Aushilfskräfte<br>4 Tage – x Aushilfskräfte | $x = \frac{180 \cdot 5}{4} = \underline{\underline{225}}$ | Um die Arbeit in 4 Tagen zu erledigen, werden 225 Aushilfskräfte benötigt. |

Die Rechengrößen verhalten sich **umgekehrt proportional** zueinander: je weniger (Tage) – desto mehr (Aushilfskräfte), je mehr (Tage) – desto weniger (Aushilfskräfte).

### 2.5.1.3 Zusammengesetzter Dreisatz

| Ansatz: | Bruchsatz: | Antwortsatz: |
|---|---|---|
| 2 An. – 7 Std./Tag – 3 Tage<br>3 An. – 8 Std./Tag – x Tage | $x = \frac{3 \cdot 2 \cdot 7}{3 \cdot 8} = \underline{\underline{1,75}}$ | 3 Angestellte brauchen bei tägl. 8 Std. Arbeit für diesen Auftrag 1,75 Tage. |

Man teilt den zusammengesetzten Dreisatz **in einzelne einfache Dreisätze** (mit geradem bzw. ungeradem Verhältnis) auf und ermittelt schrittweise das jeweilige Verhältnis.

**ZP** 415

**Für einen Auftrag benötigen 2 Angestellte 3 Tage bei 7 Stunden/Tag.**

**Wie viele Tage brauchen 3 Angestellte bei 8 Stunden/Tag?**

## 2.5.2 Kettensatz

| Ansatz: | Bruchsatz: | Antwortsatz: |
|---|---|---|
| 1) x € – 1 hl<br>2) 1 hl – 100 l<br>3) 159 l – 58,75 $<br>4) 1,35 $ – 1,00 € | $x = \frac{1 \cdot 100 \cdot 58,75 \cdot 1}{1 \cdot 159 \cdot 1,35} = \underline{\underline{27,37}}$ | Ein Hektoliter Rohöl kostet 27,37 €. |

Um die gesuchte Größe berechnen zu können, müssen die Umrechnungen schrittweise erfolgen. Mithilfe des Kettensatzes lassen sich die Lösungsschritte zu einem Lösungsansatz zusammenfassen. **Regeln** für die Lösung mithilfe des Kettensatzes:

1) Die erste Zuordnung beginnt mit der gesuchten Größe: Euro zu Hektoliter.
2–4) Jede weitere Zuordnung beginnt mit der Einheit, mit der die jeweils vorhergehende aufgehört hat (hl → hl, l → l, $ → $).
4) Die Kette endet mit der gesuchten Größe: Euro.
4) Man dividiert das Produkt der rechts stehenden Werte durch das Produkt der links stehenden Werte und berechnet die gesuchte Größe (Euro).

**ZP** 416

**Rohöl wird auf dem Rotterdamer Spotmarkt mit 58,75 US-Dollar ($) je Barrel angeboten.**

**Wie viel Euro kostet ein Hektoliter (1 Barrel = 159 l, 1 hl = 100 l, 1,00 € = 1,35 $)?**

## 2.5.3 Rechnen mit ausländischen Währungen

### 2.5.3.1 Umrechnung von Euro in Auslandswährung

| Ansatz: | Bruchsatz: | Antwortsatz: |
|---|---|---|
| 1,00 € – 1,43 CAD<br>500,00 € – x CAD | $x = \frac{1,43 \cdot 500}{1} = \underline{\underline{715,00}}$ | Der Kaufmann bekommt für 500,00 € 715,00 CAD. |

Um die gesuchte Größe berechnen zu können, ist **die Sichtweise der Bank** zugrunde zu legen. Es muss der **Geldkurs für Sorten** für die ausländische Währung verwendet werden, **da die Bank Euro ankauft.**

**ZP** 417

**500,00 € werden in kanadische Dollar (CAD) getauscht.**

**Wie viel CAD gibt es? Kurstafel für Sorten (ausländ. Bargeld):**
**Geld (Ankauf) 1,43**
**Brief (Verkauf) 1,45**

### 2.5.3.2 Umrechnung von Auslandswährung in Euro

418 **ZP**

**Aus einem Exporterlös fließen einem Kaufmann in Deutschland 18.750,00 Schweizer Franken (CHF) zu. Er wünscht eine Gutschrift auf seinem Girokonto.**

**Wie viel Euro werden ihm gutgeschrieben (ohne Bankspesen), wenn die Kurstafel für Devisen (ausländisches Buchgeld) anzeigt: Geld 1,6595; Brief 1,6650?**

| Ansatz: | Bruchsatz: | Antwortsatz: |
|---|---|---|
| 1,6650 CHF – 1 €<br>18.750 CHF – x € | $x = \frac{1 \cdot 18.750}{1{,}6650} = \underline{\underline{11.261{,}26}}$ | Der Kaufmann bekommt für 18.750,00 CHF 11.261,26 € gutgeschrieben. |

Um die gesuchte Größe zu berechnen, ist die **Sichtweise der Bank** zugrunde zu legen. Es muss der **Briefkurs für Devisen** für die ausländische Währung verwendet werden, **da die Bank Euro verkauft.**

## 2.5.4 Durchschnittsrechnung

### 2.5.4.1 Berechnung des einfachen Durchschnitts

419 **ZP**

**Ein Bundesligaverein hatte in den bisherigen 6 Heimspielen der Saison folgende Zuschauerzahlen: 21 550, 24 100, 18 750, 19 800, 21 875 und 15 275.**

**Wie viele Zuschauer besuchten die Heimspiele durchschnittlich?**

| | | |
|---|---|---|
| 1. | Spiel | 21 550 Zuschauer |
| 2. | Spiel | 24 100 Zuschauer |
| 3. | Spiel | 18 750 Zuschauer |
| 4. | Spiel | 19 800 Zuschauer |
| 5. | Spiel | 21 875 Zuschauer |
| 6. | Spiel | 15 275 Zuschauer |

insgesamt 121 350 Zuschauer : 6 Heimspiele
= 20 225 Zuschauer je Heimspiel

Um die gesuchte Größe zu errechnen, teilt man die **Summe der Einzelwerte durch** die **Anzahl der Einzelwerte.**

### 2.5.4.2 Berechnung des gewogenen Durchschnitts

| | |
|---|---|
| 8 St. zu 24,82 €/St. | = 198,56 € |
| 12 St. zu 23.88 €/St. | = 286,56 € |
| 25 St. zu 24,12 €/St. | = 603,00 € |
| 5 St. zu 24,25 €/St. | = 121,25 € |
| 50 Aktien kosten insgesamt | 1.209,37 € : 50 Aktien = 24,19 €/Aktie |

Eine Aktie kostet im Durchschnitt 24,19 €.

Um die gesuchte Größe zu errechnen, teilt man die **Summe der gewichteten Werte durch** die **Gesamtmenge.**

**ZP** 420

**Ein Bankkunde kaufte im vergangenen Jahr Aktien der Bau International AG, und zwar: 8 St. zu 24,82 €/St., 12 St. zu 23,88 €/St., 25 St. zu 24,12 €/St. und 5 St. zu 24,25 €/St.**

**Wie viel Euro hat er im Durchschnitt für eine Aktie bezahlt?**

## 2.5.5 Verteilungsrechnung

### 2.5.5.1 Einfache Verteilungsrechnung

| Beteiligte | Verteilungsgrundlage (Werbeprospekte in St.) | Teile | Anteile (€) |
|---|---|---|---|
| A | 800 St. | 10 | 48,00 |
| B | 560 St. | 7 | 33,60 |
| C | 640 St. | 8 | 38,40 |
| | | 25 | 120,00 |
| | | 1 Teil | 4,80 € |

Um die gesuchten Anteile zu berechnen, setzt man die gegebenen Größen in ein Verteilungsschema ein und kürzt die Verteilungsgrundlage so weit wie möglich (in dieser Aufgabe durch 80). Der zu verteilende Geldbetrag entspricht der Summe der Teile. Man berechnet einen Teil und dann die Anteile. Deren Addition ergibt den zu verteilenden Geldbetrag.

**ZP** 421

**Die Schüler A, B und C verteilen für einen Supermarkt 2 000 Werbeprospekte und bekommen dafür insgesamt 120,00 €. A verteilt 800, B 560 und C 640 Werbeprospekte.**

**Wie viel Euro bekommt jeder Schüler, wenn die 120,00 € nach der Zahl der verteilten Werbeprospekte aufgeteilt werden?**

### 2.5.5.2 Gewinnverteilung

422 **ZP**

**An einer OHG sind die Gesellschafter A mit 115.000,00 €, B mit 55.000,00 € und C mit 70.000,00 € beteiligt. Sie weist einen Jahresgewinn von 58.400,00 € aus. Nach dem Gesellschaftsvertrag erhält jeder Gesellschafter 6 % Verzinsung für seine Einlage. Der restliche Gewinn wird im Verhältnis 5:3:2 verteilt.**

**Wie hoch ist der Restgewinnanteil jedes Gesellschafters und wie viel Euro beträgt ihr jeweiliger Gesamtgewinn?**

| Gesellschafter | Kapital (€) | 6 % Verzinsung (€) | Teile | Gewinnanteil (€) | Gesamtgewinn (€) |
|---|---|---|---|---|---|
| A | 115.000,00 | 6.900,00 | 5 | 22.000,00 | 28.900,00 |
| B | 55.000,00 | 3.300,00 | 3 | 13.200,00 | 16.500,00 |
| C | 70.000,00 | 4.200,00 | 2 | 8.800,00 | 13.000,00 |
| Summe | 240.000,00 | 14.400,00 | 10 | 44.000,00 | 58.400,00 |
| | | | 1 Teil | 4.400,00 € | |

Man setzt die gegebenen Rechengrößen in ein Verteilungsschema ein und errechnet zuerst die Zinsen für jeden Gesellschafter. Dann subtrahiert man die gesamten Zinsen vom Jahresgewinn und verteilt den restlichen Gewinn nach dem vorgegebenen Verhältnis auf die Gesellschafter. Der Gesamtgewinn je Gesellschafter errechnet sich aus den jeweiligen Zinsen und dem Restgewinnanteil. Deren Addition ergibt wieder den zu verteilenden Jahresgewinn.

### 2.5.5.3 Bezugskalkulation mithilfe der Verteilungsrechnung

423 **ZP**

**Ein Industriebetrieb bezieht zwei Rohstoffe in einer Lieferung: Rohstoff I: 750 kg zu 1,80 € je kg, Rohstoff II : 325 kg zu 6,60 € je kg; Fracht 344,00 €, Transportversicherung 139,80 €.**

**Verteilen Sie Gewichts- und Wertspesen anteilig auf die Rohstoffe.**

Wenn eine Lieferung verschiedene Warenarten enthält und dabei Bezugskosten zu bezahlen sind, müssen diese auf die einzelnen Warenarten verteilt werden, um die jeweiligen Warenposten exakt kalkulieren zu können (Bezugskalkulation). Die Bezugskosten werden teilweise nach dem Bruttogewicht der einzelnen Waren verteilt (Gewichtsspesen, z. B. Fracht, Gewichtszoll), teilweise nach deren Einkaufswert (Wertspesen, z. B. Transportversicherung, Wertzoll).

**Verteilung der Gewichtsspesen:**

| | Gewicht (kg) | anteilige Spesen (€) |
|---|---|---|
| Rohstoff I | 750 | 240,00 |
| Rohstoff II | 325 | 104,00 |
| Summe | 1 075 | 344,00 |
| | 1 kg | 0,32 € |

Man setzt die gegebenen Rechengrößen in das Verteilungsschema ein und errechnet zuerst die gewichtsabhängigen Bezugskosten für 1 kg Rohstoff und dann deren jeweiligen Anteil. Die Summe ergibt die zu verteilenden Gewichtsspesen.

**Verteilung der Wertspesen:**

| | Gewicht (kg) | Einzelpreis (€) | Gesamtpreis (€) | anteilige Spesen (€) |
|---|---|---|---|---|
| Rohstoff I | 750 | 1,80 | 1.350,00 | 54,00 |
| Rohstoff II | 325 | 6,60 | 2.145,00 | 85,80 |
| Summe | | | 3.495,00 | 139,80 |
| | | | 1,00 € | 0,04 € |

Man setzt die gegebenen Rechengrößen in das Verteilungsschema ein und errechnet zuerst die wertabhängigen Bezugskosten für 1,00 € Rohstoff und dann deren jeweiligen Anteil. Die Summe ergibt die zu verteilenden Wertspesen.

## 2.5.6 Prozentrechnung

### 2.5.6.1 Prozentrechnung vom Hundert

**Berechnung des Prozentwertes**

a)

| Ansatz: | Bruchsatz: | Antwortsatz: |
|---|---|---|
| alter Preis (Grundwert)<br>100 % – 33.750,00 €<br>Erhöhung (Prozentwert)<br>3,2 % – x € | $x = \frac{33.750 \cdot 3,2}{100} = \underline{\underline{1.080}}$ | Der Preis erhöht sich um 1.080,00 €. |

Man stellt den Dreisatz auf und errechnet daraus den gesuchten Prozentwert:

$$\textbf{Prozentwert} = \frac{\text{Grundwert} \cdot \text{Prozentsatz}}{100}$$

b)

| | | |
|---|---|---|
| | alter Preis | 33.750,00 € |
| + | Preiserhöhung | 1.080,00 € |
| = | neuer Preis | 34.830,00 € |

**ZP** 424

**Der Preis einer Verpackungsmaschine von 33.750,00 € soll um 3,2 % erhöht werden.**

**a) Wie viel Euro beträgt die Preiserhöhung?**

**b) Wie hoch ist der neue Preis?**

425 ZP

Das Gehalt einer kaufmännischen Angestellten wird von 2.250,00 € um 56,25 € erhöht.

a) Wie viel Prozent beträgt die Gehaltserhöhung?
b) Wie hoch ist das neue Gehalt?

**Berechnung des Prozentsatzes**

| a) Ansatz: | Bruchsatz: | Antwortsatz: |
|---|---|---|
| altes Gehalt (Grundwert)<br>2.250,00 € – 100 %<br>Erhöhung (Prozentsatz)<br>56,25 € – x % | $x = \frac{56{,}25 \cdot 100}{2.250{,}00} = \underline{\underline{2{,}5}}$ | Die Gehaltserhöhung beträgt 2,5 %. |

Man stellt den Dreisatz auf und errechnet daraus den gesuchten Prozentsatz:

$$\textbf{Prozentsatz} = \frac{\text{Prozentwert} \cdot 100}{\text{Grundwert}}$$

**b)**

| | | |
|---|---|---|
| | altes Gehalt | 2.250,00 € |
| + | Erhöhung | 56,25 € |
| = | neues Gehalt | 2.306,25 € |

426 ZP

Der Umsatz eines Unternehmens ist im Juli gegenüber dem Monat Juni um 6,6 % gefallen, das sind 84.150,00 €.

a) Wie viel Euro betrug der Umsatz im Juni?
b) Wie hoch war der Umsatz im Juli?

**Berechnung des Grundwertes**

| a) Ansatz: | Bruchsatz: | Antwortsatz: |
|---|---|---|
| Rückgang (Prozentwert)<br>6,6 % – 84.150,00 €<br>Juni (Grundwert)<br>100 % – x € | $x = \frac{84.150 \cdot 100}{6{,}6}$<br>$= \underline{\underline{1.275.000{,}00}}$ | Im Juni betrug der Umsatz 1.275.000,00 €. |

Man stellt den Dreisatz auf und errechnet daraus den gesuchten Grundwert:

$$\textbf{Grundwert} = \frac{\text{Prozentwert} \cdot 100}{\text{Prozentsatz}}$$

**b)**

| | | |
|---|---|---|
| | Umsatz im Juni | 1.275.000,00 € |
| – | Umsatzrückgang im Juli | 84.150,00 € |
| = | Umsatz im Juli | 1.190.850,00 € |

### 2.5.6.2 Prozentrechnung im Hundert (verminderter Grundwert)

427 ZP

Aufgrund einer Reklamation gewährt ein Lieferant seinem Kunden einen Nachlass von 12 %.

| a) Ansatz: | Bruchsatz: | Antwortsatz: |
|---|---|---|
| Überweisung (verminderter Grundwert in %)<br>88 % – 1.114,08 €<br>ursprünglicher Rechnungsbetrag (Grundwert)<br>100 % – x € | $x = \frac{1.114{,}08 \cdot 100}{88} = \underline{\underline{1.266{,}00}}$ | Der ursprüngliche Rechnungsbetrag beträgt 1.266,00 €. |

Man stellt den Dreisatz auf und errechnet daraus den gesuchten Grundwert:

$$\textbf{Grundwert} = \frac{\text{verminderter Grundwert (in €)} \cdot 100}{\text{verminderter Grundwert (in \%)}}$$

**b)**

| | | |
|---|---|---|
| | Rechnungsbetrag | 1.266,00 € |
| – | Überweisungsbetrag | 1.114,08 € |
| = | Nachlass | 151,92 € |

**ZP** 428

Daraufhin überweist der Käufer 1.114,08 € an den Lieferanten.

a) Wie viel Euro beträgt der ursprüngliche Rechnungsbetrag?

b) Wie viel Euro beträgt der Nachlass?

## 2.5.6.3 Prozentrechnung auf Hundert (vermehrter Grundwert)

| Ansatz: | Bruchsatz: | Antwortsatz: |
|---|---|---|
| Bruttowarenwert (verm. Grundw.)<br>119 % – 38.868,97 €<br>Nettowarenwert (Grundwert)<br>100 % – x € | $x = \frac{38.868{,}97 \cdot 100}{119}$<br>$= \underline{\underline{32.663{,}00}}$ | Der Nettowarenwert beträgt 32.663,00 €. |

Man stellt den Dreisatz auf und errechnet daraus den gesuchten Grundwert:

$$\textbf{Grundwert} = \frac{\text{vermehrter Grundwert (in €)} \cdot 100}{\text{vermehrter Grundwert (in \%)}}$$

**ZP** 429

Die Rechnung eines Rohstofflieferanten beträgt einschließlich 19 % Umsatzsteuer 38.868,97 €.

Wie viel Euro beträgt der Nettowarenwert?

# 2.5.7 Zinsrechnung

## 2.5.7.1 Berechnung von Jahres-, Monats- und Tageszinsen

| Ansatz: | Bruchsatz: |
|---|---|
| $\text{Zinsen} = \frac{\text{Kapital} \cdot \text{Zinssatz} \cdot \text{Tage}}{100 \cdot 360}$ | $x = \frac{6.000 \cdot 4 \cdot 110}{100 \cdot 360} = \underline{\underline{73{,}33}}$ |

**Antwortsatz:** Die Zinsen betragen 73,33 €.

Man verwendet die Formel zur Errechnung der **Tageszinsen,** ermittelt die Zinstage, setzt die Rechengrößen in die Formel ein und errechnet die Zinsen.
Nach der deutschen (kaufmännischen) Methode wird **das Jahr mit 360 Tagen** und **jeder Monat einheitlich mit 30 Tagen** angesetzt.

$$\text{Monatszinsen} = \frac{\text{Kapital} \cdot \text{Zinssatz} \cdot \text{Monate}}{100 \cdot 12}$$

$$\text{Jahreszinsen} = \frac{\text{Kapital} \cdot \text{Zinssatz} \cdot \text{Jahre}}{100}$$

**ZP** 430

Eine Sparerin hat am 25. Februar 6.000,00 € zu 4 % angelegt.

Ermitteln Sie die ihr bis zum 15. Juni desselben Jahres zustehenden Zinsen.

## 2.5.7.2 Berechnung von Kapital, Zinssatz und Zeit

**ZP**

**431** Wie hoch ist das *Kapital,* wenn für eine Geldanlage mit einer Laufzeit von 120 Tagen bei einem Zinssatz von 4,5 % 142,50 € Zinsen gezahlt werden?

**Berechnung des Kapitals**

| **Ansatz:** | **Bruchsatz:** |
|---|---|
| $\text{Kapital} = \frac{\text{Zinsen} \cdot 100 \cdot 360}{\text{Zinssatz} \cdot \text{Zeit}}$ | $x = \frac{142{,}50 \cdot 100 \cdot 360}{4{,}5 \cdot 120} = \underline{\underline{9.500{,}00}}$ |

**Antwortsatz:** Das Kapital beträgt 9.500,00 €.

**ZP**

**432** Welcher *Zinssatz* wird berechnet, wenn für einen Kredit in Höhe von 180.000,00 € mit einer Laufzeit von 9 Monaten 11.812,50 € Zinsen berechnet werden?

**Berechnung des Zinssatzes**

| **Ansatz:** | **Bruchsatz:** |
|---|---|
| $\text{Zinssatz} = \frac{\text{Zinsen} \cdot 100 \cdot 360}{\text{Kapital} \cdot \text{Zeit}}$ | $x = \frac{11.812{,}50 \cdot 100 \cdot 360}{180.000 \cdot 270} = \underline{\underline{8{,}75}}$ |

**Antwortsatz:** Der Zinssatz beträgt 8,75 %.

**ZP**

**433** Wie viele *Tage* hatte ein Industriebetrieb ein Guthaben von 26.750,00 € auf seinem Kontokorrentkonto, wenn ihm bei einem Zinssatz von 0,5 % 4,83 € Zinsen gutgeschrieben werden?

**Berechnung der Zeit**

| **Ansatz:** | **Bruchsatz:** |
|---|---|
| $\text{Zeit} = \frac{\text{Zinsen} \cdot 100 \cdot 360}{\text{Kapital} \cdot \text{Zinssatz}}$ | $x = \frac{4{,}83 \cdot 100 \cdot 360}{26.750 \cdot 0{,}5} = \underline{\underline{13}}$ |

**Antwortsatz:** Der Industriebetrieb hatte das Guthaben 13 Tage auf seinem Girokonto.

## 2.5.7.3 Zinsrechnung im Hundert (vermindertes Kapital)

**ZP**

**434** Eine Bank zahlt einen Kredit, der für 180 Tage zu 8 % gewährt wird, nach Vorausabzug der Zinsen mit 44.160,00 € aus.

**Berechnung des Kredits, gegeben:**
t = 180 Tage, p = 8 %, K – Z = 44.160,00 €, K = ?, Z = ?

$K - \frac{K \cdot p \cdot t}{100 \cdot 360} = 44.160{,}00$ $\qquad K - \frac{K \cdot 8 \cdot 180}{100 \cdot 360} = 44.160{,}00$

$K - \frac{4\,K}{100} = 44.160{,}00 \mid \cdot 100$ $\qquad 100\,K - 4\,K = 4.416.000{,}00$

$96\,K = 4.416.000{,}00$ $\qquad K = \frac{4.416.000{,}00}{96} = \underline{\underline{46.000{,}00}}$

Der Kredit beträgt 46.000,00 €.

**Berechnung der Zinsen:**

| **Ansatz:** | **Bruchsatz:** | **Antwortsatz:** |
|---|---|---|
| $Z = \frac{K \cdot p \cdot t}{100 \cdot 360}$ | $= \frac{46.000 \cdot 8 \cdot 180}{100 \cdot 360} = 1.840{,}00$ | Die Zinsen betragen 1.840,00 €. |

**oder:**

360 Tage – 8 % Zinsen
180 Tage – x % Zinsen

$x = \frac{8 \cdot 180}{360} = \underline{\underline{4}}$

Der Zinssatz für 180 Tage beträgt 4 %.

| | | |
|---|---|---|
| Kredit | 46.000,00 € | 100 % |
| – Zinsen | 1.840,00 € | 4 % |
| = ausgezahlter Kredit | 44.160,00 € | 96 % |

Man ermittelt aus dem Jahreszinssatz den Zeitzinssatz für die Laufzeit des Kredits und berechnet das Kapital und die Zinsen mithilfe der Im-Hundert-Rechnung.

Wie viel Euro betragen der *Kredit* und die *Zinsen*?

## 2.5.7.4 Zinsrechnung auf Hundert (vermehrtes Kapital)

**ZP** 435

Ein Darlehen wird vom 15.03. bis zum 25.08. desselben Jahres mit 10,8 % ausgeliehen und einschließlich Zinsen mit 26.933,60 € zurückgezahlt.

Wie viel Euro betragen das *Darlehen* und die *Zinsen*?

**Berechnung des Kredits, gegeben:**
t = 160 Tage, p = 10,8 %, K + Z = 26.933,60 €, K = ?, Z = ?

$K + \frac{K \cdot p \cdot t}{100 \cdot 360} = 26.933{,}60$

$K + \frac{K \cdot 10{,}8 \cdot 160}{100 \cdot 360} = 26.933{,}60$

$K + \frac{K \cdot 10{,}8 \cdot 1{,}6}{360} = 26.933{,}60 \mid \cdot 360$

$360\,K + 17{,}28\,K = 9.696.096{,}00$

$377{,}28\,K = 9.696.096{,}00$

$K = \frac{9.696.096}{377{,}28} = \underline{\underline{25.700{,}00}}$

Das Darlehen beträgt 25.700,00 €.

**Berechnung der Zinsen:**

| **Ansatz:** | **Bruchsatz:** | **Antwortsatz:** |
|---|---|---|
| $Z = \frac{K \cdot p \cdot t}{100 \cdot 360}$ | $= \frac{25.700 \cdot 10{,}8 \cdot 160}{100 \cdot 360} = \underline{\underline{1.233{,}60}}$ | Die Zinsen betragen 1.233,60 €. |

**oder:**

360 Tage – 10,8 %
160 Tage – x %

$x = \frac{10{,}8 \cdot 160}{360} = \underline{\underline{4{,}8}}$

Der Zinssatz für 160 Tage beträgt 4,8 %.

| | | |
|---|---|---|
| Darlehen | 25.700,00 € | 100,0 % |
| + Zinsen | 1.233,60 € | 4,8 % |
| zurückgezahltes Darlehen | 26.933,60 € | 104,8 % |

Man ermittelt aus dem Jahreszinssatz den Zeitzinssatz für die Laufzeit des Darlehens und berechnet das Darlehen und die Zinsen mithilfe der Auf-Hundert-Rechnung.

### 2.5.7.5 Berechnung des Effektivzinses bei Skontoausnutzung

**ZP**

436 **Ein Industriebetrieb bekommt von seinem Lieferanten eine Rechnung über 4.220,00 €. Die Zahlungsbedingungen lauten: zahlbar innerhalb 10 Tagen mit 2 % Skonto oder in 30 Tagen ohne Abzug.**

**a) Wie viel Euro sind unter *Skontoausnutzung* zu überweisen?**
**b) Welchem *Effektivzins* entspricht der Skontoabzug?**

**Die Hausbank des Industriebetriebes berechnet für die Überziehung des Kontokorrentkontos 12 % Zinsen p. a.**

**c) Lohnt es sich, einen Kredit für 20 Tage aufzunehmen, um den *Skonto* auszunutzen?**

| a) **Ansatz:** | **Bruchsatz:** |
|---|---|
| Rechnungsbetrag –100 %<br>Überweisungsbetrag –98 % | $x = \frac{4.220{,}00 \cdot 98}{100} = \underline{\underline{4.135{,}60}}$ |

**Antwortsatz:** Unter Skontoausnutzung sind 4.135,60 € zu überweisen.

**oder:**

| | | |
|---|---|---|
| | Rechnungsbetrag | 4.220,00 € |
| – | Skonto 2 % | 84,40 € |
| = | Überweisungsbetrag | 4.135,60 € |

Man berechnet den Skonto, subtrahiert ihn vom Rechnungsbetrag und erhält den Überweisungsbetrag.

| b) **Ansatz:** | **Bruchsatz:** | **Antwortsatz:** |
|---|---|---|
| 20 Tage – 2 %<br>360 Tage – x % | $x = \frac{2 \cdot 360}{20} = \underline{\underline{36}}$ | Der Skontoabzug entspricht einem Effektivzins von 36 %. |

Man berechnet die kostenpflichtigen Tage, indem man vom Zahlungsziel (30 Tage) die Skontofrist (10 Tage) subtrahiert und den Zinssatz mithilfe des Dreisatzes errechnet.
Der Lieferant gewährt Skonto, da wir die Rechnung 20 Tage vor dem Zahlungsziel begleichen.

| c) **Ansatz:** | **Bruchsatz:** | **Antwortsatz:** |
|---|---|---|
| $Z = \frac{K \cdot p \cdot t}{100 \cdot 360}$ | $= \frac{4.135{,}60 \cdot 12 \cdot 20}{100 \cdot 360} = \underline{\underline{27{,}57}}$ | Die Bankzinsen für 20 Tage betragen 27,57 €. |

| | | |
|---|---|---|
| | Skontoertrag | 84,40 € |
| – | Bankzinsen | 27,57 € |
| = | Ersparnis | 56,83 € |

Man errechnet mithilfe der Tageszinsformel die Bankzinsen und subtrahiert diese vom Skontoertrag.

Wenn der Effektivzins bei Skontoausnutzung (36 %) den Überziehungszinssatz der Bank (12 %) überschreitet, lohnt es sich, Skonto in Anspruch zu nehmen.

### 2.5.7.6 Berechnung der Effektivverzinsung bei Darlehen

**ZP** 437

Ein Industriebetrieb erhält zwei Angebote zur Gewährung eines Darlehens über 54.000,00 €, Laufzeit 18 Monate:

1. Angebot: 8,5 % p. a. Zinsen, 2 % Bearbeitungsgebühr, Auszahlung 100 %
2. Angebot: 7,5 % p. a. Zinsen, Auszahlung 98 %

Welches *Angebot* ist *günstiger*?

**a) Lösung zum 1. Angebot:**

$$\text{Zinsen} = \frac{54.000 \cdot 8{,}5 \cdot 540}{100 \cdot 360} = \underline{\underline{6.885{,}00}}$$

Gebühren: 2 % von 54.000,00 € = $\underline{\underline{1.080{,}00}}$

Kosten insgesamt: 6.885,00 € + 1.080,00 € = $\underline{\underline{7.965{,}00\ €}}$

$$\text{Effektivzins} = \frac{7.965{,}00 \cdot 100 \cdot 360}{54.000 \cdot 540} = \underline{\underline{9{,}83}}$$

Der Effektivzins für das erste Angebot beträgt 9,83 %.

Man berechnet die Zinsen mithilfe der Tageszinsformel, die Gebühren vom Darlehensbetrag und ermittelt die Kosten insgesamt. Diese setzt man in die Zinsformel ein und erhält den Effektivzins.

**b) Lösung zum 2. Angebot:**

$$\text{Zinsen} = \frac{54.000 \cdot 7{,}5}{100} = \underline{\underline{4.050{,}00}}$$

Disagio: 2 % von 54.000,00 = 1.080,00 € für 540 Tage, d. h. $\underline{\underline{720{,}00\ € \text{ für } 360 \text{ Tage}}}$

Kosten insgesamt: 4.050,00 € + 720,00 € = $\underline{\underline{4.770{,}00\ €}}$

$$\text{Effektivzins} = \frac{4.770 \cdot 100}{52.920} = \underline{\underline{9{,}01}}$$

Der Effektivzins für das zweite Angebot beträgt 9,01 %. Das zweite Angebot ist um 0,82 % günstiger.

Man berechnet die Zinsen pro Jahr mithilfe der Tageszinsformel, das Disagio pro Jahr sowie die Summe aus diesen beiden Beträgen. Anschließend setzt man den Summenbetrag und den ausgezahlten Darlehensbetrag in die Zinsformel ein und erhält den Effektivzins.

# 3 Wirtschafts- und Sozialkunde

## 3.1 In Ausbildung und Beruf orientieren

Lernfeld 1

### 3.1.1 Notwendigkeit und Realisierung wirtschaftlichen Handelns

#### 3.1.1.1 Ökonomisches Prinzip

Handbuch: LF 1

1 ZP Grenzen Sie die Begriffe *Bedürfnis, Bedarf* und *Nachfrage* voneinander ab.

- **Bedürfnis:** stellt ein **Mangelempfinden des Menschen** (z. B. Durst, Hunger) dar, das im Menschen den Wunsch auslöst, diesen Mangel zu beheben. Bedürfnisse können dem Menschen **bewusst** oder **unbewusst** sein, in ihrer Anzahl und in ihrem Umfang sind sie grundsätzlich **unbegrenzt.** Sie sind abhängig vom gesellschaftlichen Umfeld, unterliegen also einem kulturellen und historischen Wandel.
- **Bedarf:** ist der Teil der (unbegrenzten) Bedürfnisse, der durch **Kaufkraft (Einkommen) befriedigt** werden kann.
- **Nachfrage:** ist der **auf dem Markt erscheinende** Bedarf. Der Mensch (Nachfrager) verlangt auf dem Markt nach Produkten oder Dienstleistungen.

2 ZP Welche *Arten von Bedürfnissen* werden unterschieden?

Der amerikanische Psychologe A. H. **Maslow** hat fünf Arten von Bedürfnissen in seiner **Bedürfnispyramide** unterschieden:

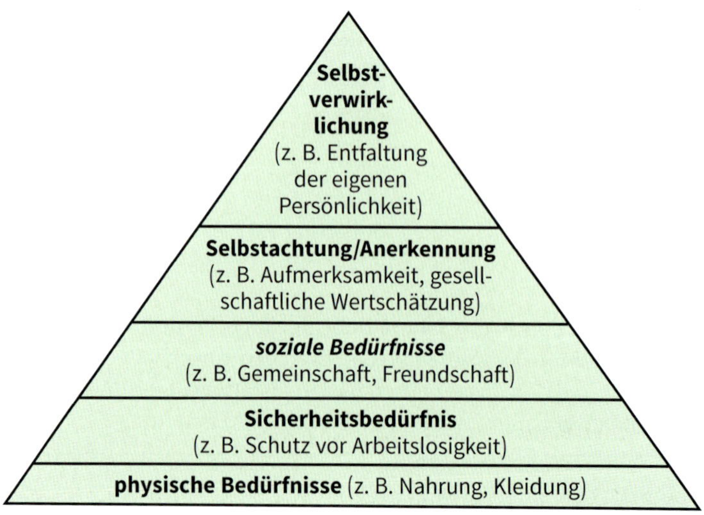


Weitere Unterteilungsmöglichkeiten sind:

- **Existenzbedürfnisse** (z. B. Nahrung)
- **Kulturbedürfnisse** (z. B. Bildung)
- **Luxusbedürfnisse** (z. B. teurer Schmuck)

oder:

- **Individualbedürfnisse:** können vom Einzelnen befriedigt werden (z. B. eigene Wohnung)
- **Kollektivbedürfnisse:** sind nur durch die Gemeinschaft zu befriedigen (z. B. äußere Sicherheit)

**ZP** 3
Worin unterscheiden sich *freie* und *wirtschaftliche Güter?*

- **Freie Güter** sind im **Übermaß** vorhanden (z. B. Luft zum Atmen), sie verfügen daher über **keinen Marktpreis.**
- **Wirtschaftliche Güter** sind **nicht unbegrenzt** vorhanden, sie sind **knapp** und verfügen deswegen über einen **(Markt-)Preis.** Sie unterliegen aufgrund ihrer begrenzten Verfügbarkeit dem wirtschaftlichen Handeln.

**ZP** 4
In welche *Gruppen* lassen sich *wirtschaftliche Güter* einteilen?

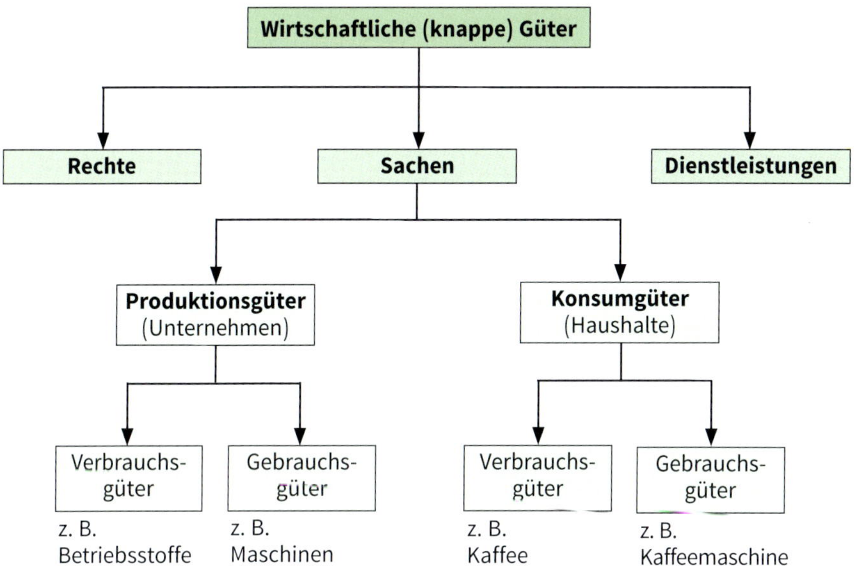


**ZP** 5
Welche der wirtschaftlichen Güter sind *materiell,* welche *immateriell?*

- **Sachen** sind **materielle Güter.**
- **Rechte** und **Dienstleistungen** sind **immaterielle Güter.**

**ZP** 6
Wie werden in einer *Marktwirtschaft Preise gebildet?*

Prinzipiell werden in einer **Marktwirtschaft** Preise durch **Angebot** und **Nachfrage** bestimmt. Ausnahmen davon wären (verbotene) Preisabsprachen oder staatlich festgelegte Preise.

Dem **idealtypischen Modell der vollständigen Konkurrenz** widersprechen aber verschiedene Faktoren in der Realität: Zum Beispiel ist die Markttransparenz (Kenntnis aller Marktdaten) oder die Reaktionsgeschwindigkeit der Wirtschaftssubjekte (z. B. Endverbraucher) auf Marktänderungen häufig begrenzt.

7 **ZP** Was versteht man unter dem *ökonomischen Prinzip?*

Da die Wirtschaftsgüter knapp sind, muss mit ihnen gewirtschaftet werden. Für wirtschaftliches Handeln nach dem ökonomischen Prinzip gelten folgende Grundsätze:

- **Minimalprinzip:** Eine vorbestimmte Leistung soll mit möglichst geringen Mitteln erbracht werden.
- **Maximalprinzip:** Mit gegebenen Mitteln soll die größtmögliche Leistung erbracht werden.

Das ökonomische Prinzip ist aus dem **Vernunftprinzip (Rationalprinzip)** abgeleitet. Wirtschaftliche Entscheidungen müssen aber nicht immer dem ökonomischen Prinzip entsprechen, persönliche, gesellschaftliche oder politische Einflussfaktoren führen häufig auch zu irrationalen Entscheidungen im wirtschaftlichen Alltag.

Handbuch: LF 1, 2

### 3.1.1.2 Unternehmensziele und Unternehmensphilosophie

8 **ZP** Welches *volkswirtschaftliche Ziel* sollten Unternehmen verfolgen?

Die volkswirtschaftliche Aufgabe von Unternehmen sollte sein, durch den **Einsatz von Produktionsfaktoren** solche **Sachgüter** und **Dienstleistungen** zu **erzeugen,** die der **Befriedigung menschlicher Bedürfnisse** dienen.

9 **ZP** Welche *Ziele von Unternehmen* werden im Allgemeinen unterschieden?

**Unternehmensziele**

- **ökonomische Ziele**
  - **Wachstumsziele:** Steigerung von Absatz, Marktanteil, Umsatz, Produktqualität; Erschließung neuer Märkte
  - **Erfolgsziele:** Gewinn, Rentabilität des Eigenkapitals – des Gesamtkapitals – des Umsatzes
  - **Finanzziele:** Sicherung der Liquidität – der Kreditwürdigkeit – der Kapitalstruktur
- **außerökonomische Ziele**
  - **soziale Ziele:** z. B. Sicherung von Arbeitsplätzen oder Ausbau der sozialen Leistungen
  - **ökologische Ziele:** z. B. umweltverträgliche Produktionsverfahren oder umweltfreundliche Produkte
  - **gesellschaftliche Ziele:** z. B. Förderung der Region

- **Zielharmonie** ist gegeben, wenn sich die Unternehmensziele gegenseitig nicht widersprechen, sie sich eventuell sogar fördern (z. B. kann das Unternehmensziel Gewinnmaximierung auch soziale oder ökologische Ziele fördern).
- **Zielkonflikte** ergeben sich, wenn sich die Unternehmensziele gegenseitig ausschließen oder zumindest behindern (z. B. kann das Ziel der Gewinnmaximierung die Verfolgung ökologischer Ziele häufig behindern).

Gerade bei Zielkonflikten müssen die verfolgten Ziele in eine **Rangfolge** gebracht werden, man spricht dann von einer **Zielhierarchie,** die den unternehmerischen Entscheidungen zugrunde liegt.

**ZP** 10
**Unterscheiden Sie *Zielharmonie* und *Zielkonflikte* bei der Verfolgung von Unternehmenszielen.**

- **Formalziele** geben an, was (langfristig) erreicht werden soll, es sind wünschenswerte Zielvorstellungen. *Beispiel:* Erhöhung des Marktanteils auf 60 %
- **Sachziele** dienen der Verwirklichung der Formalziele durch Festlegung von konkreten Maßnahmen. *Beispiel:* schnelle Abwicklung der Auftragsbearbeitung durch Einsatz moderner Software

**ZP** 11
**Worin unterscheiden sich *Formal-* und *Sachziele?***

- **Strategische Ziele** werden langfristig verfolgt (z. B. grundlegende Positionierung im Markt) und von der oberen Unternehmensebene festgelegt.
- **Operative Ziele** werden kurzfristig verfolgt (z. B. Aufbau eines neuen Vertriebssystems).

**ZP** 12
**Worin unterscheiden sich *strategische* und *operative Unternehmensziele?***

Mithilfe von **Unternehmensstrategien,** d. h. langfristigen Planungen, positioniert sich das Unternehmen im Markt und grenzt sich damit von Mitbewerbern bewusst ab. Dies geschieht durch:

- Festlegung der **Geschäftsfelder,** in denen das Unternehmen tätig sein soll;
- Aufstellung der **obersten Unternehmensziele;**
- Bestimmung **unternehmenspolitischer Instrumente** (z. B. im Absatzbereich die Festlegung der Preispolitik) zur Beeinflussung der Marktgegebenheiten.

**ZP** 13
**Was versteht man unter einer *Unternehmensstrategie?***

Langfristige Grundlage für das Agieren eines Unternehmens im Markt ist die **Unternehmensphilosophie.** Diese „Weltanschauung" des Unternehmens legt grundsätzliche Wertvorstellungen und Ziele fest, die detailliert in Form von Unternehmensgrundsätzen im **Unternehmensleitbild** schriftlich fixiert werden. Eine ganz spezifische Unternehmensethik kann z. B. dazu führen, dass ein Unternehmen sich spezielle soziale oder ökologische Ziele setzt. Konkretisiert werden diese Zielvorstellungen in der **Unternehmensidentität** im Markt.

*Beispiel:* Lifestyle AG

| | |
|---|---|
| **Unternehmensphilosophie** ↓ | Gesundheitsbedürfnisse der Kunden im Bereich Wohnen befriedigen |
| **Unternehmensleitbild mit Unternehmensgrundsätzen** ↓ | Unternehmensgrundsätze der Lifestyle AG (Auszug):<br>– Wir orientieren uns an den konkreten Kundenbedürfnissen.<br>– Wir berücksichtigen ökologische Wohnbedürfnisse. |
| **Unternehmensidentität im Markt** | Bereitstellung ergonomisch gestalteter Wohnmöbel |

**ZP** 14
**Grenzen Sie die Begriffe *Unternehmensphilosophie, Unternehmensleitbild* und *Unternehmensidentität* voneinander ab.**

Handbuch: LF 1

## 3.1.1.3 Produktionsfaktoren und Arbeitsteilung

15 **ZP** Wie heißen die *volkswirtschaftlichen Produktionsfaktoren?*

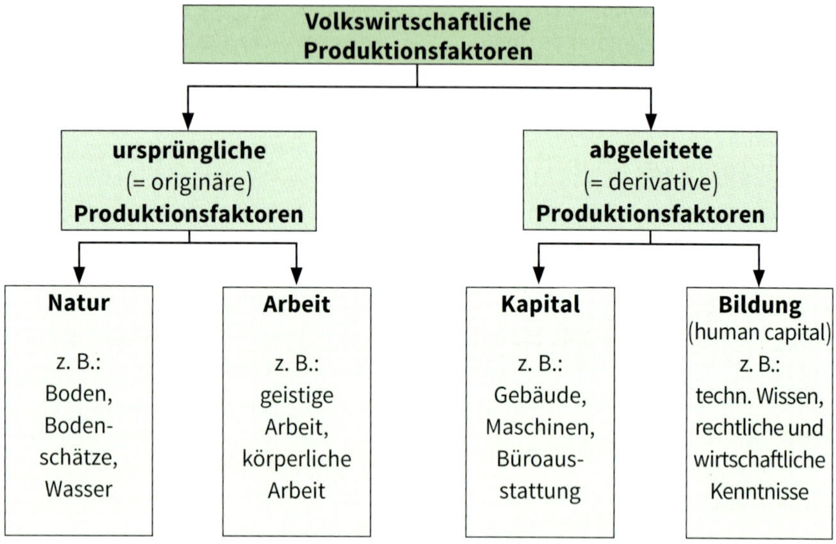


In Unternehmen werden die Produktionsfaktoren zu Gütern und Dienstleistungen kombiniert.

16 **ZP** Wie heißen die *betriebswirtschaftlichen Produktionsfaktoren?*

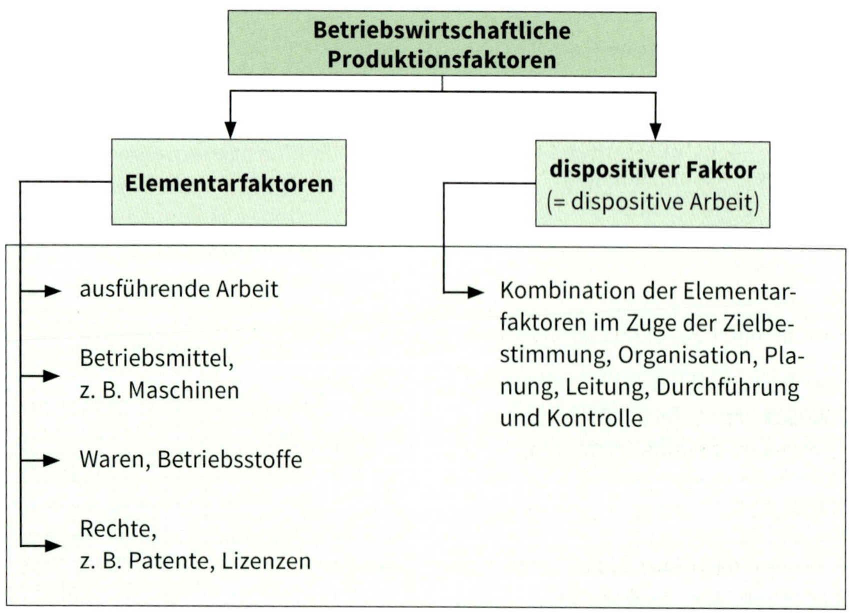


Die Produktionsfaktoren werden so kombiniert, dass sie den für den Unternehmer größtmöglichen Nutzen ergeben.

Unter der **Substitution** versteht man das **Ersetzen von Produktionsfaktoren** durch andere Produktionsfaktoren, um den größtmöglichen Nutzen (Ertrag) zu erzielen. Zum Beispiel wird häufig der Produktionsfaktor Arbeit durch den Produktionsfaktor Betriebsmittel (z. B. Maschinen) ersetzt.

**ZP** 17
**Was versteht man unter der *Substitution* der Produktionsfaktoren?**

Unter **Arbeitsteilung** versteht man die Auflösung eines Arbeitsvorganges in Teilprozesse.

**ZP** 18
**Was versteht man unter *Arbeitsteilung?***

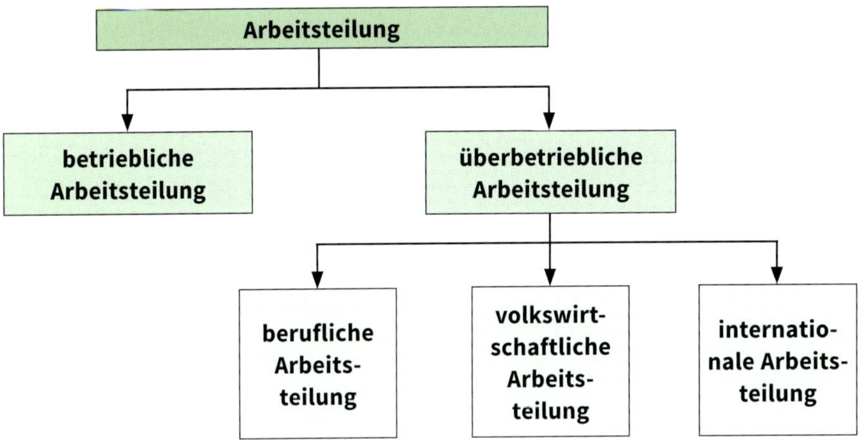


**ZP** 19
**Welche *Formen der Arbeitsteilung* werden unterschieden?**

Die **betriebliche Arbeitsteilung** findet in der Form der **Abteilungsbildung** (z. B. Beschaffung, Absatz) und in der Form der **Arbeitszerlegung** (z. B. Anfrage erstellen, Angebote vergleichen, Bestellung vornehmen, Wareneingang prüfen) statt.

**ZP** 20
**In welcher *Form* findet die *betriebliche Arbeitsteilung* statt?**

Innerhalb einer **Volkswirtschaft** findet eine Arbeitsteilung

- **vertikal** innerhalb unterschiedlicher **Wirtschaftsstufen** (z. B. Urproduktion, Weiterverarbeitung, Verteilung),
- **horizontal** innerhalb unterschiedlicher Branchen und einzelner Unternehmen statt.

**ZP** 21
**Inwieweit findet innerhalb einer *Volkswirtschaft* eine *Arbeitsteilung* statt?**

Der Theorie nach wird in dem Land, in der Region produziert, in der es am (kosten-) günstigsten ist. In der Realität spielen vor allem **historische Gründe** eine Rolle (z. B. die Folgen des Kolonialismus oder der Weltkriege). Benachteiligte Regionen (z. B. die sog. **„Dritte Welt")** haben aufgrund **zementierter Strukturen** und **politischer Abhängigkeiten** vor allem von Großmächten kaum eine Chance, eine gleichberechtigte, partnerschaftliche Wirtschaftsentwicklung zu verwirklichen.

**ZP** 22
**Was wird an der *internationalen Arbeitsteilung* kritisiert?**

Handbuch: LF 1

## 3.1.2 Stellung des Ausbildungsbetriebes in der Gesamtwirtschaft

23 Unterscheiden Sie die Begriffe *Betrieb* und *Unternehmung.*

- Der **Betrieb** kann als planvoll organisierte Wirtschaftseinheit bezeichnet werden, in der Sachgüter und Dienstleistungen durch Kombination der Produktionsfaktoren unter Beachtung des Wirtschaftlichkeitsprinzips erstellt und abgesetzt werden, **unabhängig** vom Wirtschaftssystem.
- Eine **Unternehmung** ist ein Betrieb des marktwirtschaftlichen Wirtschaftssystems, der gekennzeichnet ist durch
  - selbstständige, autonome Bestimmung seines Wirtschaftsplanes,
  - Verfolgung des erwerbswirtschaftlichen Prinzips (Gewinnmaximierung).

*Anmerkung:* In der Fachliteratur werden die Begriffe zum Teil unterschiedlich definiert.

ZP

24 Welche *volkswirtschaftlichen Aufgaben* sollen Betriebe erfüllen?

Die volkswirtschaftliche Aufgabe von Betrieben sollte sein, durch den Einsatz von Produktionsfaktoren solche Sachgüter und Dienstleistungen zu erzeugen, die der **Befriedigung menschlicher Bedürfnisse** dienen. Diese Güter und Dienstleistungen werden den anderen Wirtschaftseinheiten über den Absatzmarkt zur Verfügung gestellt.

25 Welche *Arten von Betrieben* werden unterschieden?

- **nach Art der Leistung**
  - Sachleistungsbetriebe, z. B. Computerhersteller
  - Dienstleistungsbetriebe, z. B. Betriebe, die Netzwerke installieren
- **nach Wirtschaftszweigen**
  - Industriebetriebe
  - Handwerksbetriebe
  - Handelsbetriebe
  - Kreditinstitute
  - Versicherungsbetriebe
  - Verkehrsbetriebe
- **nach dem vorherrschenden Einsatz eines Produktionsfaktors**
  - arbeitsintensive Betriebe (hoher Lohnkostenanteil), z. B. Handwerksbetriebe
  - anlage- oder kapitalintensive Betriebe (hoher Maschinenkostenanteil), z. B. Betriebe der chemischen Industrie
  - materialintensive Betriebe (hoher Materialkostenanteil), z. B. Stahlwerke
  - energieintensive Betriebe (hoher Energiekostenanteil), z. B. Betriebe der Aluminiumherstellung
- **nach der rechtlichen Stellung in Verbindung mit den verfolgten Zielen**

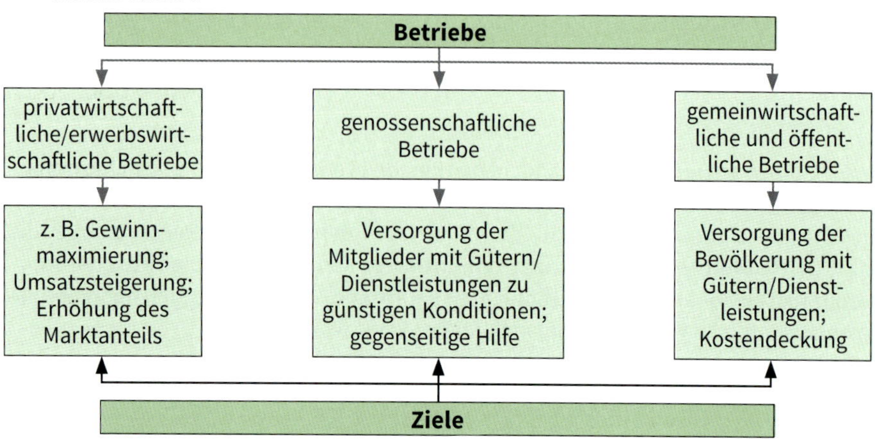

Die Struktur einer Volkswirtschaft lässt sich am Anteil der einzelnen Wirtschaftssektoren an der Gesamtleistung dieser Volkswirtschaft ablesen.

In der Regel werden **drei Wirtschaftssektoren** unterschieden:

- Der **primäre Sektor** bezeichnet die Urproduktion. Darunter werden alle Betriebe, die sich der Rohstoffgewinnung widmen (Gewinnungsbetriebe), zusammengefasst.

  Hierzu gehören die Land-, Forst- und Fischwirtschaft, der Bergbau und die Öl- und Gasgewinnung.
- Der **sekundäre Sektor** beinhaltet die Be- und Verarbeitung von Rohstoffen in Handwerks- und Industriebetrieben (Weiterverarbeitungsbetriebe).

  Bedeutende Branchen der Industrie in Deutschland sind z. B. die Automobil-, die Maschinenbau- und die Chemieindustrie.
- Der **tertiäre Sektor** (Dienstleistungssektor) umfasst die „verteilende Wirtschaft" (Handelsbetriebe) mit den Groß- und Einzelhandelsbetrieben sowie weitere Dienstleistungsbetriebe, wie z. B. Banken.

  Wegen der zunehmenden Bedeutung werden Unternehmen des Informations- und Telekommunikationsbereichs häufig gesondert zum **quartären Sektor** zusammengefasst.

26 **Welche *Wirtschaftssektoren* einer Volkswirtschaft werden unterschieden?**

Sowohl im Hinblick auf den **Anteil der Erwerbstätigen** als auch nach dem **Anteil der Wertschöpfung** lässt sich folgende **Entwicklung der drei Wirtschaftssektoren** in Deutschland feststellen:

- Der **primäre Sektor** war zu Beginn der Industrialisierung im 19. Jahrhundert der entscheidende Wirtschaftssektor: über 50 % der Erwerbstätigen waren darin beschäftigt, heute sind es ca. 2 %.

  Zu Beginn der Industrialisierung trug der primäre Sektor knapp 50 % zur gesamten Wertschöpfung bei, heute ist es etwa 1 %.
- Im Zuge der Industrialisierung im 19. Jahrhundert nahm die Beschäftigtenzahl im **sekundären Sektor** stark zu: Waren um 1800 noch gut 20 % der Erwerbstätigen in diesem Sektor tätig, waren es um 1900 knapp 40 % und 1960 fast 50 %, seit 1970 nimmt die Beschäftigtenzahl ab, heute arbeiten ca. 30 % der Erwerbstätigen im sekundären Sektor.

  Der Anteil des sekundären Sektors an der gesamten Wertschöpfung stieg zwischen 1850 und 1940 von ca. 20 % auf knapp über 50 %, heute beträgt dieser Anteil knapp 30 %.
- Um 1850 waren ca. 20 % der Erwerbstätigen im **tertiären Sektor** tätig, dieser Anteil stieg bis heute auf ca. 70 %.

  Der Anteil des tertiären Sektors an der gesamten Wertschöpfung betrug um 1850 ca. 30 %, heute ca. 70 %.

27 **Welche *Entwicklung* ist in Bezug auf die *Bedeutung der einzelnen Wirtschaftssektoren* mit der Industrialisierung festzustellen?**

28 **Was beschreibt der *einfache Wirtschaftskreislauf?***

Er beschreibt als **Modell** die **ökonomischen Beziehungen** zwischen **privaten Haushalten** und **Unternehmen** (ohne gesondert ausgewiesene Banken) im Inland. Jede staatliche Aktivität wird modellhaft ausgeklammert.

Weitere Annahmen sind:

- Die privaten Haushalte verwenden ihr gesamtes Einkommen für den Kauf von Gütern und Dienstleistungen.
- Alle von den Unternehmen erzeugten bereitgestellten Güter und Dienstleistungen werden an die privaten Haushalte verkauft.

Die Güter- und Geldströme bewegen sich gegenläufig.

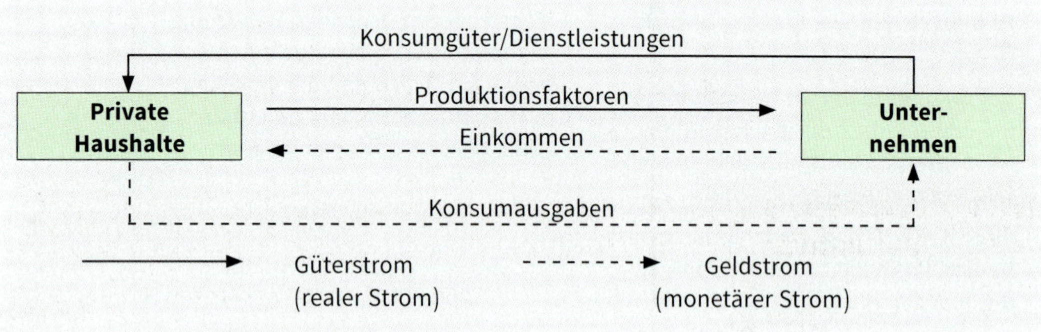


29 **Welche *Beziehungen* unterhält ein Industrieunternehmen *zu anderen Unternehmen* der Gesamtwirtschaft?**

- Auf der **Beschaffungsseite** kaufen Industrieunternehmen Güter von Urproduktionsunternehmen (z. B. Grundstoffindustrie), anderen weiterverarbeitenden Industrieunternehmen (z. B. Maschinen) oder Handelsbetrieben ein. Daneben werden Dienstleistungen und finanzielle Mittel von entsprechenden Unternehmen beschafft.
- Auf der **Absatzseite** verkaufen Industrieunternehmen Güter an andere Industrieunternehmen (z. B. Grundstoffindustrie), an Groß- und Einzelhandelsunternehmen, an andere Dienstleistungsunternehmen oder an Handwerksbetriebe. Vereinzelt wird auch **an** den **Endverbraucher direkt verkauft.**

30 **Mit welchen *Wirtschaftsorganisationen* können Industrieunternehmen *zusammenarbeiten?***

Industrieunternehmen sind meist **Mitglied** eines **Arbeitgeberverbandes,** der sie umfassend **beraten** kann.

*Beispiele:*
BDI (Bundesverband der deutschen Industrie)
BDA (Bundesvereinigung der Deutschen Arbeitgeberverbände)

Die Arbeitgeberverbände sind in der Regel sowohl nach **Branchen** als auch nach **Regionen** (Bundesländer oder Tarifbezirke) unterteilt.

31 **Inwieweit arbeitet ein Industrieunternehmen mit der *Industrie- und Handelskammer (IHK)* zusammen?**

Industrieunternehmen sind **Pflichtmitglieder** in der IHK. Die Kammern

- nehmen die **Interessen** ihrer Mitglieder gegenüber **Öffentlichkeit und Politik** wahr,
- bieten den Mitgliedern ein breites **Angebot an Dienstleistungen** (z. B. Beratung, Fortbildung) und
- führen die **Berufsausbildungsprüfungen** durch.

Wichtige **Institutionen** für die Industrieunternehmen sind:

- **Finanzamt** (Abführung der einzelnen Steuerarten, z. B. Umsatz-, Einkommen-, Gewerbe-, Körperschaftsteuer);
- **Berufsgenossenschaft** (Träger der Unfallversicherung);
- **Gewerbeaufsichtsamt** (Überwachung der Einhaltung arbeitsrechtlicher Bestimmungen, z. B. Jugendarbeitsschutzgesetz);
- **Bundesagentur für Arbeit** (Angebot verschiedener Dienstleistungen, z. B. Förderung der Berufsaus- und -weiterbildung, Leistungszahlungen im Rahmen der Arbeitsförderung);
- **Behörden der Kommunalverwaltung** (Dienstleistungen der Gemeinde- oder Stadtverwaltungen);
- **Gewerkschaften** (Zusammenarbeit bei der Bewältigung von Wirtschaftskrisen oder Strukturanpassungen).

32 Mit welchen weiteren *Institutionen* arbeiten Industrieunternehmen zusammen?

## 3.1.3 Ausbildung und Beruf des Industriekaufmanns/der Industriekauffrau

### 3.1.3.1 Berufsbildung

Handbuch: LF 1

Die berufliche Erstausbildung der staatlich anerkannten Ausbildungsberufe im Sinne des Berufsbildungsgesetzes (BBiG) findet in Form des **dualen Ausbildungssystems** statt, das die beiden Lernorte Ausbildungsbetrieb und Berufsschule umfasst.

ZP
33 Was versteht man unter dem *dualen Ausbildungssystem* in Deutschland?

Die **Ausbildungsordnung** hat mindestens festzulegen:

1. die **Bezeichnung** des anerkannten Ausbildungsberufes,
2. die **Ausbildungsdauer;** sie soll nicht mehr als drei und nicht weniger als zwei Jahre betragen,
3. die beruflichen Fertigkeiten, Kenntnisse und Fähigkeiten, die mindestens Gegenstand der Berufsausbildung sind **(Ausbildungsberufsbild),**
4. eine Anleitung zur sachlichen und zeitlichen Gliederung der Vermittlung der beruflichen Fertigkeiten, Kenntnisse und Fähigkeiten **(Ausbildungsrahmenplan),**
5. die **Prüfungsanforderungen.**

ZP
34 Was legt die *Ausbildungsordnung* laut § 5 BBiG fest?

- Der **Ausbildungsrahmenplan** legt verbindlich fest, was im Ausbildungsbetrieb zu vermitteln ist.
- Dagegen definiert der von der Kultusministerkonferenz (KMK) beschlossene **Rahmenlehrplan,** was die Berufsschule im berufsbezogenen Bereich zu vermitteln hat.

ZP
35 Worin unterscheiden sich *Ausbildungsrahmenplan* und *Rahmenlehrplan?*

Das Bundesministerium für Wirtschaft und Arbeit oder das sonst zuständige Fachministerium kann nach § 4 BBiG im Einvernehmen mit dem Bundesministerium für Bildung und Forschung Ausbildungsordnungen erlassen.

ZP
36 Wer hat das *Recht,* Ausbildungsordnungen zu erlassen?

37 ZP

**Welche *Pflichten des Auszubildenden* legt das BBiG fest?**

Der **Auszubildende** hat laut § 13 BBiG …

- sich zu bemühen, die **berufliche Handlungsfähigkeit zu erwerben,** die erforderlich ist, um das Ausbildungsziel zu erreichen;
- die ihm im Rahmen seiner Berufsausbildung aufgetragenen **Aufgaben sorgfältig auszuführen;**
- am **Berufsschulunterricht** und an **Prüfungen** teilzunehmen;
- den **Weisungen zu folgen,** die ihm im Rahmen der Berufsausbildung von weisungsgebundenen Personen erteilt werden;
- die für die Ausbildungsstätte geltende **Ordnung zu beachten;**
- Werkzeuge, Maschinen und sonstige Einrichtungen **pfleglich zu behandeln;**
- über Betriebs- und Geschäftsgeheimnisse **Stillschweigen** zu wahren.

Nach § 5 Absatz 2 Nr. 7 kann die Ausbildungsordnung vorsehen, dass ein Berichtsheft zu führen ist.

38 ZP

**Welche *Pflichten des Ausbildenden* legt das BBiG fest?**

Der **Ausbildende** hat laut § 14 ff. BBiG …

- mit dem Auszubildenden einen **Berufsausbildungsvertrag** zu schließen und ihn schriftlich niederzulegen;
- mit dem Auszubildenden eine **Probezeit** zu vereinbaren (mindestens einen Monat, höchstens **vier** Monate);
- dafür zu sorgen, dass dem Auszubildenden die **berufliche Handlungsfähigkeit** vermittelt wird, die zum Erreichen des Ausbildungszieles erforderlich ist;
- die **Ausbildung planmäßig** durchzuführen;
- dem Auszubildenden kostenlos die notwendigen **Ausbildungsmittel** zur Verfügung zu stellen;
- den Auszubildenden zum **Besuch der Berufsschule** sowie zum Führen von Berichtsheften anzuhalten;
- dafür zu sorgen, dass der Auszubildende **charakterlich gefördert** sowie sittlich und körperlich nicht gefährdet wird;
- sicherzustellen, dass dem Auszubildenden nur Verrichtungen übertragen werden, die dem **Ausbildungszweck dienen** und seinen körperlichen Kräften angemessen sind;
- den Auszubildenden für die Teilnahme am **Berufsschulunterricht** und an **Prüfungen freizustellen;**
- dem Auszubildenden eine angemessene **Vergütung** zu gewähren;
- dem Auszubildenden bei Beendigung des Ausbildungsverhältnisses ein **Zeugnis** auszustellen.

39 ZP

**In welcher *Form* wird ein *Ausbildungsvertrag* geschlossen?**

§ 11 BBiG legt fest, dass Ausbildende unverzüglich nach Abschluss des Berufsausbildungsvertrages, spätestens vor Beginn der Berufsausbildung, den wesentlichen Inhalt des Vertrages **schriftlich niederzulegen** haben; die elektronische Form ist ausgeschlossen.

40 ZP

**Welche *Inhalte* muss ein *Ausbildungsvertrag* aufweisen?**

Laut § 11 BBiG sind in die **Niederschrift** mindestens aufzunehmen:

1. Art, sachliche und zeitliche Gliederung sowie Ziel der Berufsausbildung, insbesondere die Berufstätigkeit, für die ausgebildet werden soll,
2. Beginn und Dauer der Berufsausbildung,
3. Ausbildungsmaßnahmen außerhalb der Ausbildungsstätte,

**4.** Dauer der regelmäßigen täglichen Ausbildungszeit,
**5.** Dauer der Probezeit,
**6.** Zahlung und Höhe der Vergütung,
**7.** Dauer des Urlaubs,
**8.** Voraussetzungen, unter denen der Berufsausbildungsvertrag gekündigt werden kann,
**9.** ein Hinweis auf Tarifverträge, Betriebs- oder Dienstvereinbarungen.

Die Niederschrift ist von den Ausbildenden, den Auszubildenden und deren gesetzlichen Vertretern/Vertreterinnen zu unterzeichnen.

**ZP** 41

**Welcher rechtliche Unterschied besteht zwischen *Ausbildenden* und *Ausbildern?***

Der Vertragspartner des Auszubildenden ist der **Ausbildende** (in der Regel der Inhaber des Unternehmens), dieser beauftragt unter Umständen einen oder mehrere **Ausbilder,** sich konkret um die Vermittlung der beruflichen Handlungsfähigkeit zu kümmern.

**ZP** 42

**Welche Rolle übernimmt die *IHK* beim Abschluss von Ausbildungsverträgen?**

Nach dem Abschluss des Berufsausbildungsvertrages muss der Ausbildende unverzüglich die Eintragung in das Verzeichnis der Berufsausbildungsverhältnisse beantragen. Dies geschieht bei der zuständigen Industrie- und Handelskammer.

**ZP** 43

**Welche Bestimmung sieht das BBiG für eine *Kündigung während der Probezeit* vor?**

Während der Probezeit kann das Berufsausbildungsverhältnis jederzeit **ohne** Einhalten einer **Kündigungsfrist** und **ohne** Angabe eines **Kündigungsgrundes** gekündigt werden.

**ZP** 44

**Wie ist die *Kündigung nach der Probezeit* geregelt?**

Nach der Probezeit kann nur gekündigt werden ...
**1.** von beiden Vertragsparteien aus einem **wichtigen Grund** ohne Einhalten einer Kündigungsfrist,
**2.** vom Auszubildenden mit einer Kündigungsfrist von vier Wochen, wenn er die **Berufsausbildung aufgeben** oder sich für eine **andere Berufstätigkeit** ausbilden lassen will.

Die Kündigung hat schriftlich zu erfolgen.

**ZP** 45

**Welche Art von *Zeugnis* erhält der Auszubildende nach Beendigung des Ausbildungsverhältnisses?**

- Das **einfache Zeugnis** muss Angaben enthalten über
  - Art, Dauer und Ziel der Berufsausbildung,
  - die erworbenen Fertigkeiten, Kenntnisse und Fähigkeiten.
- Auf Verlangen des Auszubildenden ist ein **qualifiziertes Arbeitszeugnis** auszustellen, das außerdem Angaben über das Verhalten und die Leistung enthält.

**ZP** 46

**Sind *Nebentätigkeiten* während der Berufsausbildung erlaubt?**

**Grundsätzlich** ist die Ausübung einer Nebentätigkeit zwar **erlaubt,** sie darf den Auszubildenden aber nicht so stark belasten, dass er seine vertraglichen Pflichten, insbesondere das Erreichen des Ausbildungszieles, nicht mehr erfüllen kann. Aus diesem Grund ist die Ausübung der Nebentätigkeit mit dem Ausbildenden abzustimmen.

# In Ausbildung und Beruf orientieren

47 **ZP**

Wie ist der *Vergütungsanspruch* von Auszubildenden geregelt?

Ausbildende haben Auszubildenden eine **angemessene** Vergütung zu gewähren. Sie ist nach dem Lebensalter der Auszubildenden so zu bemessen, dass sie mit fortschreitender Berufsausbildung, **mindestens jährlich, ansteigt.**

48 **ZP**

*Wann* ist die Vergütung *zu zahlen?*

Die finanzielle Vergütung für den laufenden Kalendermonat ist spätestens **am letzten Arbeitstag des Monats** zu zahlen.

49 **ZP**

*Wann endet* das Berufsausbildungsverhältnis?

Es endet mit dem Ablauf der Ausbildungszeit.

- Bestehen Auszubildende vor Ablauf der Ausbildungszeit die Abschlussprüfung, endet das Ausbildungsverhältnis mit **Bekanntgabe** des Ergebnisses durch den **Prüfungsausschuss.**
- Wird die Prüfung nicht bestanden, verlängert sich das Ausbildungsverhältnis auf Verlangen des Auszubildenden bis zur nächstmöglichen Wiederholungsprüfung, **höchstens um ein Jahr.**

Handbuch: LF 1

## 3.1.3.2 Schutz- und Mitbestimmungsrechte für Auszubildende

50 **ZP**

Welche *Personengruppen schützt* das Jugendarbeitsschutzgesetz (JArbSchG)?

Das Gesetz schützt **Kinder** (Personen unter 15 Jahren) und **Jugendliche** (Personen ab 15 Jahren, aber noch unter 18 Jahren), die sich noch in der Berufsausbildung befinden oder in einem Beschäftigungsverhältnis als Arbeitnehmer oder Heimarbeiter tätig sind (§ 1).

51 **ZP**

Welche Bestimmungen enthält das JArbSchG zur *Arbeitszeit?*

- Jugendliche dürfen nicht mehr als **8 Stunden täglich** und nicht mehr als **40 Stunden** wöchentlich beschäftigt werden.
- Wird die Arbeitszeit an einzelnen Werktagen verkürzt, kann die Arbeitszeit an anderen Tagen auf **maximal 8,5 Stunden** verlängert werden (§ 8).
- Jugendliche dürfen prinzipiell nur **zwischen 6 und 20 Uhr** beschäftigt werden (§ 14), Ausnahmen gelten bei Jugendlichen über 16 Jahren z. B. bei **mehrschichtigen Betrieben (bis 23 Uhr).**
- Bei Jugendlichen darf die **Schichtzeit** prinzipiell **10 Stunden** nicht überschreiten, Ausnahmen regelt das Gesetz (z. B. auf Bau- und Montagestellen maximal 11 Stunden).
- Jugendliche dürfen nach Beendigung der täglichen Arbeitszeit nicht vor Ablauf einer ununterbrochenen **Freizeit von mindestens 12 Stunden** beschäftigt werden (§ 13).
- Jugendliche dürfen nur an **5 Tagen** in der Woche beschäftigt werden. Die beiden wöchentlichen Ruhetage sollen nach Möglichkeit aufeinander folgen (§ 15).
- An **Samstagen und Sonntagen** dürfen Jugendliche prinzipiell nicht beschäftigt werden, Ausnahmen regelt das Gesetz (z. B. in offenen Verkaufsstellen).
- Am **24. und 31. Dezember** nach 14 Uhr und an **gesetzlichen Feiertagen** dürfen Jugendliche prinzipiell nicht beschäftigt werden. Ausnahmen sind in § 18 Abs. 2 geregelt.

ZP
Welche Regelungen enthält das JArbSchG zu den *Pausenzeiten?* 52

- Die Pausenzeiten gelten nicht als Arbeitszeit (Ausnahme: Schichtzeit). Als Arbeitspause gilt nur eine Arbeitsunterbrechung von **mindestens 15 Minuten** (§ 11).
- Die Pausenzeiten müssen insgesamt 30 Minuten bei einer Arbeitszeit von mehr als viereinhalb Stunden betra-gen bzw. **60 Minuten bei mehr als 6 Stunden Arbeitszeit.**

ZP
Welche Bestimmungen enthält das JArbSchG zum *Urlaubsanspruch?* 53

Der bezahlte **Erholungsurlaub** beträgt laut § 19 jährlich ...

1. mindestens **30 Werktage,** wenn der Jugendliche zu Beginn des Kalenderjahres **noch nicht 16 Jahre alt** ist,

   und

2. mindestens **27 Werktage,** wenn der Jugendliche zu Beginn des Kalenderjahres **noch nicht 17 Jahre alt** ist,

   und

3. mindestens **25 Werktage,** wenn der Jugendliche zu Beginn des Kalenderjahres **noch nicht 18 Jahre alt** ist.

Der Urlaub soll Berufsschülern in der Zeit der **Schulferien** gegeben werden. Soweit er nicht in den Schulferien gegeben wird, ist für jeden **Berufsschultag,** an dem die Berufsschule während des Urlaubs besucht wird, **ein weiterer Urlaubstag** zu gewähren.

ZP
Welche Aussagen trifft das JArbSchG zum *Berufsschulbesuch?* 54

- Der Arbeitgeber muss den Jugendlichen für die Teilnahme am Berufsschulunterricht, an Prüfungen und außerbetrieblichen Ausbildungsmaßnahmen **freistellen.** Am Arbeitstag **vor** der **schriftlichen** Abschlussprüfung ist der Jugendliche außerdem freizustellen (§§ 9 und 10).
- Der Arbeitgeber darf den Jugendlichen an einem Berufsschultag pro Woche nicht beschäftigen, soweit der **Unterricht mehr als fünf Stunden à 45 Minuten umfasst.** Diese Regelung greift nicht an einem zweiten Berufsschultag in der Woche.

ZP
Inwieweit schützt das JArbSchG den Jugendlichen vor *gesundheitsgefährdenden Tätigkeiten?* 55

Jugendliche dürfen **keine Arbeiten ausführen,** die ihre **physische oder psychische Leistungsfähigkeit übersteigen,** die ihre **Gesundheit gefährden** oder bei denen sie **sittlich gefährdet** werden (§ 22).

ZP
Welche weiteren Gesetze *schützen* den Auszubildenden in der Berufsausbildung? 56

Die wichtigsten **Schutzgesetze** sind:

- Mindesturlaubsgesetz für Arbeitnehmer **(Bundesurlaubsgesetz)**
- **Kündigungsschutzgesetz**
- Gesetz zum Schutze der erwerbstätigen Mutter **(Mutterschutzgesetz)**
- Gesetz zum Elterngeld und zur Elternzeit **(Bundeselterngeld- und Elternzeitgesetz)**
- **Arbeitszeitgesetz**
- Gesetz über die Zahlung des Arbeitsentgelts an Feiertagen und im Krankheitsfall **(Entgeltfortzahlungsgesetz)**
- **Bundesausbildungsförderungsgesetz (BAföG)**
- **Arbeitsförderungsrecht** (Sozialgesetzbuch, Drittes Buch)
- **Schwerbehindertenrecht** (Sozialgesetzbuch, Neuntes Buch)

57 **Welches besondere *Mitbestimmungsrecht* sieht das Betriebsverfassungsgesetz (BetrVerfG) für *Auszubildende* vor?**

Laut § 60 werden in Betrieben mit in der Regel mindestens **fünf Arbeitnehmern,** die das 18. Lebensjahr noch nicht vollendet haben oder die zu ihrer Berufsausbildung beschäftigt sind und das 25. Lebensjahr noch nicht vollendet haben, **Jugend- und Auszubildendenvertretungen** gewählt. Sie nehmen die besonderen Belange dieser Arbeitnehmer wahr.

58 **Welche *Aufgaben* hat die Jugend- und Auszubildendenvertretung (JAV)?**

- **Beantragung von Maßnahmen** beim Betriebsrat zugunsten der Arbeitnehmer im Sinne des § 60; die Jugend- und Auszubildendenvertreter können zu allen Betriebsratssitzungen einen Vertreter entsenden. Sie haben in diesen besonderen Belangen in der Regel Stimmrecht beim Betriebsrat.
- **Überwachung** der einschlägigen **Rechtsvorschriften** (z. B. Unfallverhütungsvorschriften, Tarifverträge)
- **Weitergabe von Anregungen und Beschwerden** der entsprechenden Arbeitnehmer an den Betriebsrat
- Förderung der **Integration ausländischer Arbeitnehmer** im Sinne des § 60

59 ***Wer* ist als Jugend- und Auszubildendenvertreter *wählbar?***

Wählbar sind alle Arbeitnehmer des Betriebes, die das **25. Lebensjahr noch nicht vollendet** haben. Mitglieder des Betriebsrates können nicht zu Jugend- und Auszubildendenvertretern gewählt werden.

60 ***Wann* werden die Jugend- und Auszubildendenvertreter *gewählt, wie lange* dauert ihre *Amtszeit?***

- Die regelmäßigen Wahlen finden **alle zwei Jahre** in der Zeit vom 1. Oktober bis zum 30. November statt.
- Die regelmäßige **Amtszeit** beträgt **zwei Jahre.**

61 **Hat die JAV *regelmäßige Sprechstunden* während der Arbeitszeit?**

In Betrieben, die in der Regel **mehr als fünfzig** der in § 60 genannten Arbeitnehmer beschäftigen, kann die JAV Sprechstunden **während der Arbeitszeit** einrichten.

62 **Existiert eine *Jugend- und Auszubildendenversammlung* neben der Betriebsversammlung des Betriebsrates?**

Die JAV kann **vor oder nach jeder Betriebsversammlung** im Einvernehmen mit dem Betriebsrat eine betriebliche Jugend- und Auszubildendenversammlung einberufen.

### 3.1.3.3 Berufliche Tätigkeits- und Weiterbildungsmöglichkeiten für Industriekaufleute

Handbuch: LF 7

Der rasche **technische Wandel** und die **Globalisierung der Märkte** führen dazu, dass die einmal erworbenen Qualifikationen rasch an Wert verlieren, man spricht in diesem Zusammenhang auch von der **„Halbwertzeit des Wissens“,** die immer geringer wird. Passt man sich dieser Entwicklung nicht schnell genug an, besteht letztlich die Gefahr, arbeitslos zu werden oder zumindest unattraktive Tätigkeiten ausführen zu müssen.

ZP 63
Warum ist die *berufliche Fort- und Weiterbildung* für Industriekaufleute so wichtig?

Die **Fortbildung** bezieht sich eher auf die Fortführung der beruflichen Ausbildung, die **Weiterbildung** umfasst darüber hinaus die generelle Ausweitung der eigenen Qualifikationen, unabhängig vom gewählten Beruf. Diese begriffliche Trennung wird häufig nicht mehr benutzt. Stattdessen unterscheidet man z. B. die:

- **Anpassungsfortbildung** (z. B. Anpassung an technischen Fortschritt)
- **Aufstiegsfortbildung** (Vorbereitung auf höherwertige Aufgaben)
- **Ergänzungsfortbildung** (Weiterbildung)

Laut § 1 Absatz 4 des **BBiG** soll die berufliche Fortbildung „es ermöglichen, die berufliche Handlungsfähigkeit zu erhalten und anzupassen oder zu erweitern und beruflich aufzusteigen“.

Die klare Trennung zwischen Fort- und Weiterbildung verliert auch ihre Bedeutung durch die Diskussion um den Erwerb von **Schlüsselqualifikationen** (z. B. Team- und Kommunikationsfähigkeit) z. B. während der Berufserstausbildung. Diese Schlüsselqualifikationen sollen den Arbeitnehmer frühzeitig und umfassend auf die Veränderung in Wirtschaft und Gesellschaft vorbereiten. In der modernen Berufsausbildung wird deswegen nicht nur Wert auf **Fachkompetenz** gelegt, ebenso wichtig sind beispielsweise **Methoden-** und **Sozialkompetenz.**

ZP 64
Worin besteht der Unterschied zwischen den Begriffen *Fortbildung* und *Weiterbildung?*

**Fortbildungsmöglichkeiten** gibt es z. B. in den Bereichen:

- EDV/Digitalisierung
- Rechnungswesen/Kosten- und Leistungsrechnung
- Marketing/E-Commerce
- Finanzierung und Investition
- Beschaffung/Logistik
- Produktionswirtschaft/Materialwirtschaft
- Personalführung und -entwicklung
- Handels- und Steuerrecht
- Fremdsprachenerwerb
- Rhetorik/Kommunikation
- Projektmanagement

Die Industrie- und Handelskammern bieten z. B. Fortbildungsmöglichkeiten an, u. a. die Ausbildung zum/zur Geprüften **Industriefachwirt/-in.**

ZP 65
In welchen Bereichen kann sich ein Industriekaufmann/eine Industriekauffrau *außerbetrieblich fortbilden?*

# 3.2 Rechtliche Rahmenbedingungen des Wirtschaftens – lernfeldübergreifend

Handbuch: LF 6

## 3.2.1 Rechtsordnung

66 **Was versteht man unter einer *Rechtsordnung* und welche Funktion hat sie?**

Unter einer **Rechtsordnung** versteht man die **Summe** aller **Rechtsnormen,** die in einem Staat gelten. Sie stellt den Ordnungsrahmen für die handelnden Personen (Rechtssubjekte) dar, um wirtschaftliche, gesellschaftliche und staatliche Aktivitäten (Rechtsbeziehungen) zu regeln.

Durch eine funktionierende Rechtsordnung sollen unterschiedliche **Interessenlagen,** wie z. B. zwischen Produzent und Endverbraucher, ausgeglichen werden, damit sich nicht nur das „Recht des Stärkeren" (z. B. durch Monopolbildung) durchsetzt.

67 **Was umfasst der Begriff *Rechtsnormen?***

Zu den **Rechtsnormen** gehören:

- alle **Gesetze** (z. B. GG, BGB, HGB),
- alle **Rechtsverordnungen** (z. B. die Einkommensteuerdurchführungsverordnung des Bundesministers für Finanzen),
- **Satzungen** (z. B. Gewerbesteuersatz einer Gemeinde), aber auch
- ungeschriebene Normen wie **Gewohnheitsrechte,** die weder gesetzlich noch vertraglich geregelt sind (z. B. ein nachbarschaftliches Wegerecht).

68 **Grenzen Sie *Gesetze, Rechtsverordnungen* und *Satzungen* voneinander ab.**

- **Gesetze** in der Bundesrepublik Deutschland sind zunächst einzuteilen in **Bundesgesetze** (Gesetzgebungskompetenz nach Art. 71–73 des GG) und **Landesgesetze.**
  - ***Bundesgesetze*** werden im Bundestag beschlossen, z. B. die Umsatzsteuererhöhung von 16 % auf 19 %.
  - ***Landesgesetze*** werden von den jeweiligen Landesparlamenten für das jeweilige Bundesland beschlossen, z. B. das Niedersächsische Schulgesetz.
- **Rechtsverordnungen** enthalten Vorschriften über die Durchführung eines bestimmten Gesetzes, zu der der zuständige Fachminister, z. B. der Kultusminister, in einem Gesetz ermächtigt wurde.
- **Satzungen** sind schriftlich formulierte Rechtsvorschriften von Körperschaften des öffentlichen oder privaten Rechts, z. B. über die Erhebung von Prüfungsgebühren.

69 **In welchem Verhältnis stehen *EU-Recht* und nationales *deutsches Recht?***

Das **EU-Recht** gibt einen **allgemeinen Rahmen** vor, der durch das Gesetzgebungsverfahren der jeweiligen Nationen umgesetzt werden muss.

*Beispiel:* Aufgrund der Klage einer Frau vor dem Europäischen Gerichtshof mussten wegen der EU-Richtlinie zur Gleichbehandlung von Mann und Frau das deutsche Grundgesetz und das Soldatengesetz geändert werden.

## 3.2.2 Privatrecht und öffentliches Recht

Handbuch: LF 6

Was versteht man unter *privatem Recht?* 70

Beim privaten Recht werden die **Beziehungen von Privatpersonen** (Gleichordnungsprinzip) untereinander geregelt. Hierbei können z. B. Ansprüche eines Vertragspartners bei Kaufvertragsstörungen mithilfe von ordentlichen Gerichten (Amts- oder Landgericht) durchgesetzt werden.

Was versteht man unter *öffentlichem Recht?* 71

Beim **öffentlichen Recht** werden folgende Beziehungen geregelt:

- zwischen **Privatperson** und **Trägern hoheitlicher Gewalt** (Über- und Unterordnungsprinzip);
  *Beispiel:* Ein Finanzamt (Körperschaft des öffentlichen Rechts) kann mithilfe eines Einkommensteuerbescheides eine ermittelte Steuernachzahlung des Steuerpflichtigen verlangen und schließlich erzwingen.
  Sollte der Steuerpflichtige damit nicht einverstanden sein, kann er mithilfe von Finanzgerichten unter Beachtung der Einspruchsfristen versuchen, eine für ihn günstigere Regelung zu erzielen. Wenn er innerhalb der Einspruchsfrist nichts unternimmt, ist der Steuerbescheid rechtskräftig.
  *Weitere Anwendungsbeispiele:*
  Strafrecht, Teilbereiche des Arbeitsrechts
- zwischen **staatlichen Institutionen,** unter Beachtung des Über- und Unterordnungsprinzips bei Auseinandersetzungen zwischen Bundes- und Landesbehörden;
  *Zum Beispiel* gilt hier das Prinzip: „Bundesrecht bricht Landesrecht".
- zwischen **Staaten;**
  *Beispiele:*
  - Völkerrecht der Vereinten Nationen,
  - Zwischenstaatliches Klimaschutzabkommen (Übereinkommen von Paris 2015)

## 3.2.3 Natürliche und juristische Personen

Handbuch: LF 6

Welche *Gemeinsamkeiten* und welche prinzipiellen *Unterschiede* bestehen zwischen einer *natürlichen* und einer *juristischen Person?* 72

- **Gemeinsamkeiten:**
  Sowohl natürliche als auch juristische Personen stellen **eigene Rechtspersönlichkeiten** dar. Sie können im Rahmen der Rechtsordnung **rechtswirksame Erklärungen** gegenüber anderen Rechtssubjekten abgeben, wie z. B. das verbindliche Angebot bei einem **Kaufvertrag.**
- **Unterschiede:**
  - Juristische Personen des privaten Rechts, wie z. B. eine Aktiengesellschaft, erlangen ihre ***Rechtsfähigkeit,*** d. h. die Eigenschaft, Träger von Rechten und Pflichten zu sein, erst mit der ***Handelsregistereintragung.***
  - Natürliche Personen erwerben ihre Rechtsfähigkeit bereits mit ***Vollendung*** der ***Geburt.***
  - Juristische Personen ***handeln durch Organe,*** z. B. durch den Vorstand einer AG, während natürliche Personen selbst handeln können.

73 **Wann endet die *Rechtsfähigkeit* einer natürlichen und einer juristischen Person?**

- Bei einer **natürlichen Person** endet die Rechtsfähigkeit mit dem Tod oder der Todeserklärung, z. B. Hirntodbescheinigung durch einen Arzt.
- Bei einer **juristischen Person** endet die Rechtsfähigkeit mit der Registerlöschung (z. B. Mannesmann AG im Handelsregister) oder durch einen staatlichen Hoheitsakt (z. B. das KPD-Verbot 1956).

Handbuch: LF 6

## 3.2.4 Rechts- und Geschäftsfähigkeit

74 **Was wird nach dem BGB unter *Geschäftsfähigkeit* verstanden?**

Nach dem BGB wird unter **Geschäftsfähigkeit** die Fähigkeit einer natürlichen bzw. juristischen Person verstanden, Rechtsgeschäfte selbstständig und wirksam abschließen zu können, z. B. Abschluss bzw. Kündigung eines Miet- oder Arbeitsvertrages.

75 **Welche *Stufen der Geschäftsfähigkeit* werden nach dem BGB unterschieden?**

**Stufen der Geschäftsfähigkeit** nach BGB:

- Geschäftsunfähigkeit
- beschränkte Geschäftsfähigkeit
- unbeschränkte Geschäftsfähigkeit

- **Geschäftsunfähig** sind minderjährige Personen **bis** zum vollendeten **7.** Lebensjahr und Personen mit einer andauernden Geisteskrankheit. Rechtsgeschäfte dieses Personenkreises sind **nichtig.**
- **Beschränkt geschäftsfähig** sind minderjährige Personen **zwischen** dem vollendeten **7.** und dem **18.** Lebensjahr. Sofern der Gesetzgeber nicht etwas anderes bestimmt, sind deren Rechtsgeschäfte **schwebend unwirksam;** zur Gültigkeit ist die **Zustimmung** des gesetzlichen Vertreters erforderlich.
- **Unbeschränkt geschäftsfähig** sind volljährige Personen **ab vollendetem 18.** Lebensjahr, soweit sie nicht andauernd geisteskrank sind.

76 **Welche Rechtsgeschäfte sind nach dem BGB für *beschränkt* Geschäftsfähige *ohne* Zustimmung des gesetzlichen Vertreters von Anfang an *voll gültig?***

**Rechtsgeschäfte,**

- die dem beschränkt Geschäftsfähigen lediglich **rechtliche Vorteile** bringen, z. B. eine Schenkung **ohne** jegliche **Verpflichtung;**
- die beschränkt Geschäftsfähige im Rahmen eines **Erwerbsgeschäftes,** zu dem sie vom Familiengericht ermächtigt wurden, abschließen;
- die mit Mitteln erfüllt werden, die dem beschränkt Geschäftsfähigen im Rahmen des sogenannten **„Taschengeldparagrafen"** zur **freien Verfügung** gestellt wurden, z. B. Kauf eines Fantrikots von „Eintracht Braunschweig";
- die im Rahmen des Dienst- oder **Arbeitsverhältnisses** abgeschlossen werden, z. B. Eröffnung eines Bankkontos für die Ausbildungsvergütung.

## 3.2.5 Rechtsobjekte

### 3.2.5.1 Sachen, Tiere und Rechte

Handbuch: LF 6

- Bei **Sachen** handelt es sich um **körperliche** Gegenstände, wie z. B. das Grundstück (unbewegliche Sache) oder der Fuhrpark (bewegliche Sache) eines Unternehmens.
- „Tiere sind keine Sachen. Sie werden durch besondere Gesetze geschützt. Auf sie sind die für Sachen geltenden Vorschriften entsprechend anzuwenden, soweit nicht etwas anderes bestimmt ist." (BGB § 90 a)
- Bei **Rechten** handelt es sich um **nicht körperliche** Gegenstände, z. B. das Recht eines Patentinhabers, von einem Lizenznehmer ein Entgelt für die Nutzung seines Patentes zu verlangen.

77 **Was versteht man bei Rechtsobjekten unter *Sachen* und *Rechten?***

- Bei einer **vertretbaren Sache** handelt es sich um eine **Gattungsware,** die sich nach Maß, Zahl oder Gewicht bestimmen lässt, z. B. ein fabrikneues Auto laut Preisliste.
- Bei einer **nicht vertretbaren** Sache handelt es sich um eine sogenannte **Speziesware,** wie z. B. ein handgefertigtes getuntes Auto-Sondermodell nach Kundenwunsch, ein Originalgemälde, aber auch ein Gebrauchtwagen.

78 **Welcher *Unterschied* besteht zwischen einer *vertretbaren* und einer *nicht vertretbaren Sache?***

### 3.2.5.2 Eigentum und Besitz

Handbuch: LF 6

- **Eigentum** ist die **rechtliche** Herrschaft über eine Sache oder ein Recht.

  *Beispiel:* Das Eigentum an einem Pkw wird durch die Eintragung des Käufernamens in die Zulassungsbescheinigung Teil 2 (ehemals Fahrzeugbrief) dokumentiert.
- **Besitz** ist die **tatsächliche** Herrschaft über eine Sache.

*Beispiel:* Der Fahrer eines Mietfahrzeuges ist Besitzer und kann das Fahrzeug nutzen, ohne Eigentümer zu sein. Beim Eigentum kann über die Sache oder das Recht grundsätzlich vom Eigentümer frei verfügt werden, z. B. Verkauf einer Sache. Beim Besitz ist die Verfügbarkeit eingeschränkt, z. B. darf die Sache dann nicht verkauft werden.

79 **Wodurch unterscheiden sich *Eigentum* und *Besitz?***

- Bei **unbeweglichen** Sachen (Immobilien), z. B. Kauf einer Eigentumswohnung, erfolgt die Eigentumsübertragung durch **Einigung** und **Eintragung** in das **Grundbuch.** Unter **Auflassung** versteht man die Einigung zwischen Verkäufer und Käufer und die notarielle Beurkundung des Kaufvertrages.
- Bei **beweglichen** Sachen erfolgt die Eigentumsübertragung durch **Einigung** und **Übergabe,** z. B. ist bei einem Kaufvertrag der gekaufte Artikel dem Käufer zu übergeben.

80 **Welche Möglichkeiten der *Eigentumsübertragung* sieht der Gesetzgeber bei *unbeweglichen* und *beweglichen Sachen* vor?**

## 3.2.6 Arten und Zustandekommen von Rechtsgeschäften

Handbuch: LF 6

### 3.2.6.1 Ein- und mehrseitige Rechtsgeschäfte

81

**Welche Voraussetzungen für das *Zustandekommen eines Rechtsgeschäftes* müssen vorliegen?**

- Es müssen eine oder mehrere Willenserklärungen der handelnden Personen zugrunde liegen, um die rechtlichen Beziehungen **untereinander** zu gestalten und zu regeln.

  *Beispiel:* Bei einem Kaufvertrag müssen mindestens **zwei** Willenserklärungen vorliegen, die inhaltlich **übereinstimmen,** damit ein Rechtsgeschäft begründet wird.
- **Willenserklärungen** sind rechtlich verbindliche Äußerungen von Personen, durch die bestimmte Rechtsfolgen herbeigeführt werden sollen, z. B. ein Testament.
- **Rechtsgeschäfte** sind das Endergebnis gültiger Willenserklärungen, die die Voraussetzung für das Zustandekommen von Rechtsgeschäften sind.

82

**Was besagt nach Artikel 14 Abs. 2 Grundgesetz die *Sozialbindung des Eigentums?***

Der **Eigentümer** einer **Sache** soll sein Eigentum so einsetzen, dass sein Gebrauch auch dem Wohle der **Allgemeinheit** dient.

Grad und Intensität bei der Umsetzung dieses Allgemeinwohlpostulats sind Gegenstand sowohl der am Willensbildungsprozess beteiligten politischen Parteien als auch der wirtschaftlichen Interessengruppen verschiedener Verbände und Institutionen.

Der Staat soll hier in seiner Rolle als Ordnungsmacht eine **ausgleichende** Funktion einnehmen (vgl. auch 3.3.3 Soziale Marktwirtschaft, Seite 461).

83

**Welcher Unterschied besteht zwischen einer einseitigen nicht empfangsbedürftigen und einer einseitigen empfangsbedürftigen Willenserklärung im Rahmen eines *einseitigen Rechtsgeschäftes?***

Bei beiden Arten von Rechtsgeschäften ist nur **eine** Person (= einseitig) aktiv mit **einer** Willenserklärung beteiligt.

- Beim **Testament** handelt es sich um ein typisches Beispiel für eine **nicht empfangsbedürftige Willenserklärung.** Ein handgeschriebenes Testament mit Unterschrift kann in einer Schreibtischschublade hinterlegt werden und entspricht damit den gesetzlichen Vorschriften, um den letzten Willen des Erblassers zum Ausdruck zu bringen.
- Bei einer **Kündigung** handelt es sich um eine einseitige **empfangsbedürftige Willenserklärung.** Im Gegensatz zum Testament muss der Empfänger – entweder Arbeitgeber oder Arbeitnehmer – von dem Inhalt, z. B. dem Kündigungszeitpunkt, in Kenntnis gesetzt werden.

84

**Welche Merkmale weist ein *mehrseitiges Rechtsgeschäft* auf?**

Ein **mehrseitiges** Rechtsgeschäft besteht mindestens aus dem **Antrag** und der **Annahme** dieses Antrages.

Ein **Vertrag** kommt dann zustande, wenn **alle** Willenserklärungen **inhaltlich übereinstimmen.**

*Beispiel:* Bei einem Mietvertrag übernehmen beide Vertragsparteien, Vermieter und Mieter, gegenüber dem anderen Vertragspartner Pflichten.

Die Vertragsfreiheit ist ein wesentliches **Merkmal** eines Staates mit einer **freiheitlich demokratischen Grundordnung.** Durch sie bleibt es der Entscheidung oder dem Willen einer einzelnen Person selbst überlassen, ob und mit wem sie einen Vertrag abschließen will.

So ist es die **freie Entscheidung** eines möglichen Käufers, ob er die angebotene Ware, z. B. ein T-Shirt, in einem bestimmten Geschäft kauft oder, je nach Marktpreislage, diese Ware woanders oder gar nicht kauft.

85 **Was versteht man unter dem Begriff *Vertragsfreiheit?***

---

- Die **Schriftform** ist bei einem Bürgschaftsversprechen von Privatpersonen vorgeschrieben.
- Die **öffentliche Beglaubigung** ist u. a. bei einer Handelsregistereintragung vorgesehen.
- Die **notarielle Beurkundung** ist z. B. bei Grundstücksveräußerungsverträgen erforderlich.

86 **Nennen Sie je ein Beispiel für ein Rechtsgeschäft, bei dem die *Schriftform,* die *Beglaubigung* (öffentlich) und die notarielle *Beurkundung* vorgeschrieben ist.**

---

1. Durch eine sogenannte **„Freizeichnungsklausel"** (u. a. „solange der Vorrat reicht") ist der Verkäufer **nicht gebunden,** da es sich bei seinem Antrag um ein unverbindliches Angebot handelt (vgl. § 145 BGB).
2. Der Verkäufer kann auch durch **Fristsetzung,** z. B. bis zum 30. Juni 20.., sein Angebot (Antrag) begrenzen (vgl. § 148 BGB).

87 **Grundsätzlich ist bei einem Kaufvertrag das als *Antrag* abgegebene Angebot verbindlich. Welche zwei *Ausnahmeregelungen* gibt es?**

---

- Ein schriftlicher Antrag unter **Abwesenden,** wie z. B. ein schriftliches Angebot, ist innerhalb einer angemessenen Frist (ca. 3–5 Tage) anzunehmen (vgl. §§ 130, 147 BGB).
- Ein Antrag unter **Anwesenden,** also ein mündlicher Antrag, ist **sofort** während der Unterredung, wie z. B. beim Gebrauchtwagenkauf, anzunehmen (vgl. § 147 BGB).

88 **Welche Regelungen gelten für die rechtswirksame *Annahme* einer Willenserklärung bei Vorliegen eines unter *Abwesenden* und *Anwesenden* unterbreiteten Antrages?**

---

Eine **abgeänderte** oder zu **spät** erfolgte Annahme eines Antrages bei einem Rechtsgeschäft, wie z. B. bei einem Kaufvertrag gegenüber dem Verkäufer beim verbindlichen Angebot, stellt einen neuen Antrag dar (§ 150 BGB). Der Verkäufer selbst hat nun die Wahlmöglichkeit, diesen Antrag des Käufers in Form der abgeänderten Bestellung anzunehmen oder abzulehnen (Vertragsfeiheit).

89 **Welche *rechtliche* Wirkung hat eine abgeänderte oder zu spät erfolgte Annahme eines Antrages?**

Handbuch: LF 6

### 3.2.6.2 Nichtigkeit und Anfechtbarkeit von Rechtsgeschäften

90 Welcher Unterschied besteht zwischen *nichtigen* und *anfechtbaren* Rechtsgeschäften (RG)?

- Ein **nichtiges** Rechtsgeschäft ist von Anfang an bzw. von vornherein **ungültig,** wie z. B. ein RG mit einem Geschäftsunfähigen (vgl. § 105 BGB).
- Ein **anfechtbares** Rechtsgeschäft bleibt so lange **gültig,** wie es nicht von einem Vertragspartner **angefochten** wird, z. B. bei einem Zahlendreher = Erklärungsirrtum (vgl. §119 BGB).

91 Welche weiteren Beispiele für *nichtige* Rechtsgeschäfte (RG) gibt es?

- RG, die nur zum **Schein** oder zum **Scherz** abgeschlossen werden (§ 117 f. BGB)
- RG mit **Formfehlern,** wie z. B. ein nur mündlich abgeschlossener Grundstückskaufvertrag (§ 125 BGB)
- RG, die gegen ein **gesetzliches Verbot,** wie z. B. Rauschgifthandel, verstoßen (§ 138 BGB)
- RG, die gegen die **guten Sitten** verstoßen, wie z. B. ein Darlehensvertrag mit einem Jahreszinssatz von 35 % (§ 138 BGB)

92 Welche weiteren *anfechtbaren Rechtsgeschäfte* über den Erklärungsirrtum hinaus gibt es?

- Rechtsgeschäfte mit **Übermittlungsirrtum** (vgl. § 120 BGB), wie z. B. ein Übertragungsfehler bei einer E-Mail (15,00 € anstatt 815,00 €)
- Rechtsgeschäfte, die durch **Drohung** oder **Täuschung** (vgl. § 123 BGB) zustande kommen, wie z. B. bei einer erzwungenen Vertragsunterschrift oder beim bewussten Verschweigen einer fehlerhaften Ware.

Handbuch: LF 6

### 3.2.6.3 Verträge des Wirtschaftslebens

ZP

93 Welche *Vertragsverpflichtungen* ergeben sich nach § 433 ff. BGB für den Verkäufer und für den Käufer?

- Der **Verkäufer** hat
  - die bestellte Ware zur rechten ***Zeit*** am richtigen ***Ort*** in der richtigen ***Art** und **Weise*** zu übergeben und
  - das ***Eigentum*** an der Ware zu ***übertragen.***
- Der **Käufer** hat
  - die vom Verkäufer gelieferte Ware ***abzunehmen*** und
  - den vereinbarten ***Kaufpreis*** zu ***bezahlen.***

ZP

94 Was versteht man nach dem allgemeinen Kaufvertragsrecht unter einem *Verbrauchsgüterkauf* (§§ 474–479 BGB)?

Beim Verbrauchsgüterkauf handelt es sich um einen Kaufvertrag, bei dem ein **Endverbraucher** (vgl. § 13 BGB) von einem **Unternehmer** (vgl. § 14 BGB) eine **bewegliche** Sache kauft.

*Beispiel:* Kauf eines Neuwagens in einem Autohaus

**Besondere Merkmale** des **Verbrauchsgüterkaufs:**

- Für **neue** Sachen kann eine **Gewährleistungspflicht** nicht unter **zwei** Jahren und
- für **gebrauchte** Sachen nicht unter **einem** Jahr vereinbart werden.
- Bei Auftreten eines Sachmangels **innerhalb sechs Monaten** wird davon ausgegangen, dass der Mangel schon bei Lieferung bestand (sogenannte **Beweislastumkehr),** und der Verkäufer muss die Ware zurücknehmen.

**ZP** 95
**Welche besonderen *Merkmale* weist ein Verbrauchsgüterkauf auf?**

---

- **Bürgerlicher Kauf:** Beide Vertragspartner handeln als Privatpersonen (Nichtkaufleute); es kommt das BGB zur Anwendung.
- **Einseitiger Handelskauf:** Ein Vertragspartner ist Kaufmann, für ihn gilt über das BGB hinaus zusätzlich auch das HGB.
- **Zweiseitiger Handelskauf:** Beide Vertragspartner sind Kaufleute und handeln für ihren Gewerbebetrieb; es gelten die Bestimmungen des BGB und des HGB.

**ZP** 96
**Welche Merkmale weisen der *bürgerliche Kauf* und der *ein- und zweiseitige Handelskauf* auf?**

---

- Die Gemeinsamkeit besteht darin, dass durch den Verleiher/Vermieter dem Entleiher/Mieter eine Sache zum **Gebrauch** überlassen wird.
- Beim **Leihvertrag** kann die Sache **unentgeltlich** genutzt werden, wie z. B. beim Ausleihen des Pkw innerhalb der Familie.
- Beim **Mietvertrag** wird unter Entrichtung eines vereinbarten **Entgelts** die Sache genutzt.

**ZP** 97
**Welche gemeinsamen Merkmale weisen ein *Leih-* und ein *Mietvertrag* auf und wodurch unterscheiden sie sich?**

---

Bei beiden Verträgen ist nach Beendigung die gemietete oder gepachtete Sache an den Eigentümer zurückzugeben.

- Beim **Mietvertrag** steht dem Mieter nur das Gebrauchsrecht an der überlassenen Sache zu, die monatliche Miete als Mietertrag erhält der Vermieter.
- Beim **Pachtvertrag** steht dem Pächter während der gesamten Pachtzeit nicht nur das Gebrauchsrecht an der überlassenen Sache (z. B. eine Obstplantage), sondern darüber hinaus auch der sogenannte Fruchtgenuss, wie z. B. das geerntete Obst, zu.

**ZP** 98
**Unterscheiden Sie zwischen *Miet-* und *Pachtvertrag.***

---

Bei einem **Dienstvertrag** handelt es sich meistens um einen Arbeitsvertrag, der zwischen Arbeitnehmer und Arbeitgeber vereinbart wird.

- Der **Arbeitgeber** hat eine **Vergütungspflicht** der Dienste.
- Der **Arbeitnehmer** verpflichtet sich zur **Leistung** der versprochenen Dienste.

**ZP** 99
**Welche vertraglichen Vereinbarungen enthält ein *Dienstvertrag?***

# Rechtliche Rahmenbedingungen des Wirtschaftens

**100** ZP

**Welche Regelungen werden in einem *Werkvertrag* vereinbart?**

- Der **Unternehmer** verpflichtet sich zur **Herstellung** eines versprochenen **Werks** gegen Entgelt, z. B. bei einer Autoreparatur in einer Werkstatt.
- Der **Besteller** verpflichtet sich zur **Bezahlung** des Entgelts. Bei Auftreten von Mängeln, insbesondere von Sachmängeln, kann der Besteller gegenüber dem Unternehmer die gleichen Rechte wie beim Kaufvertrag geltend machen.

**101** ZP

**Wie heißen beim *Darlehensvertrag* die Vertragspartner, welcher Vertragsinhalt wird vereinbart und welche *Besonderheiten* weist er auf?**

- **Vertragspartner:** Darlehens**geber**/Darlehens**nehmer**
- **Vertragsinhalt:** Überlassung von vertretbaren **Sachen** oder eines **Geldbetrages** zum Gebrauch
- **Besonderheiten:**
  - Rückgabe der ***gleichen*** oder ähnlichen Sache bzw. des Geldbetrags in gleicher Höhe ***ohne Zinsen*** oder mit einem vorher ***vereinbarten Zins***
  - Es findet ein Eigentumswechsel statt und es muss ***nicht*** die***selbe*** Sache zurückgegeben werden.

**102** ZP

**Welche unterschiedlichen Merkmale weisen ein *Kauf auf Probe, nach Probe* und *zur Probe* auf?**

- **Kauf auf Probe:** Der Käufer hat ein **Rückgaberecht** für die gekaufte Ware innerhalb einer vereinbarten **Frist.**
- **Kauf nach Probe:** Der Käufer erhält zunächst ein **kostenloses** Muster, die Warenprobe; die anschließend gekaufte Gesamtmenge muss die Qualität dieser Warenprobe aufweisen, z. B. bei einem Wein. In diesem Fall handelt es sich um eine **zugesicherte** Eigenschaft.
- **Kauf zur Probe:** Der Käufer bestellt zunächst aus Testgründen nur eine **kleine** Menge, gibt aber dem Verkäufer zu verstehen, dass bei Gefallen eine größere Bestellmenge vorgenommen wird.

**103** ZP

**Was versteht man unter einem *Spezifikationskauf?***

Die Kaufvertragspartner legen zunächst nur die Art und die Gesamtmenge einer zu liefernden **Gattungsware** fest. Der Käufer kann dann innerhalb vorher vereinbarter Fristen die Ware genauer nach **Farbe, Maß** und/oder **Form** bestimmen (spezifizieren).

Verkäufer und Käufer haben somit die Möglichkeit, langfristig Produktions- und Liefermengen terminlich einzuplanen.

**104** ZP

**Welcher Unterschied besteht zwischen einem *Bar-* und einem *Zielkauf?***

- Beim **Barkauf** bezahlt der Käufer **sofort** bei Übergabe der Ware; diese Form ist besonders im Einzelhandel verbreitet.
- Beim **Zielkauf** bezahlt der Käufer **innerhalb** eines vereinbarten Zeitraumes (z. B. „Zahlbar innerhalb 30 Tagen nach Lieferung“).

**105** ZP

**Welcher Unterschied besteht zwischen einem *Kauf auf Anzahlung* und einem *Ratenkauf?***

- **Kauf auf Anzahlung:** Bevor der Verkäufer eine Warenlieferung vornimmt, verlangt er vom Käufer eine **Anzahlung.**

  *Beispiel:* bei Sonderanfertigung oder niedriger Zahlungsbonität, um eigenes wirtschaftliches **Wagnis** zu minimieren
- Beim **Ratenkauf** wird dem Käufer aus **Liquiditätsgründen** die Bezahlung des Kaufpreises durch in der Regel gleichbleibend hohe **Teilbeträge** (Raten) eingeräumt.

ZP 106
**Was versteht man unter dem *Erfüllungsort* beim Kaufvertragsrecht?**

Unter einem **Erfüllungsort** versteht man den Ort, an dem der Verkäufer die Ware **liefert** bzw. der Käufer die Ware **bezahlt.**

Liegt keine **vertragliche** Regelung vor, dann gilt die nachfolgende **gesetzliche** Regelung: Der Erfüllungsort ist der Wohn- bzw. der Geschäftssitz des jeweiligen Waren-/Geldschuldners (vgl. hierzu § 269 BGB).

ZP 107
**Welche Bedeutung hat der *Erfüllungsort* im Rahmen des Kaufvertragsrechts?**

- Am Erfüllungsort geht die zufällige **Verschlechterung** oder die **Gefahr** des zufälligen **Untergangs** einer Ware vom Verkäufer auf den Käufer über.
- Dieser **Gefahrenübergang** erfolgt grundsätzlich (gesetzlich) bei den **Warenschulden** des Verkäufers durch die
  - Übergabe der Ware an den ***Käufer,*** wie z. B. beim Selbstbedienungskauf nach Bezahlung der Ware, oder
  - Übergabe der Ware an den ***Spediteur*** oder
  - Übergabe an andere mit der ***Zustellung*** beauftragte ***Personen.***
- Der **Gefahrenübergang** bei **Geldschulden** erfolgt mit dem Geldeingang beim Verkäufer.
- Es gelten bei den Erfüllungsorten die **Grundsätze:**
  - Warenschulden sind ***Holschulden*** und
  - Geldschulden sind ***Schickschulden.***

ZP 108
**Welche Möglichkeiten der Streitwertregelung kennen Sie beim *Gerichtsstand* und welche Bedeutung hat er?**

Der Gerichtsstand richtet sich bei Streitigkeiten zwischen Verkäufer und Käufer nach dem Wohn- bzw. Firmensitz des **jeweiligen Schuldners.**

Verhandelt wird vor dem Gericht, in dessen Bereich der Erfüllungsort des Schuldners liegt.
Derjenige Vertragspartner, bei dem sich der Gerichtsstand befindet, hat Zeit- und Kostenvorteile (z. B. Fahrtkosten).

Bei einem Streitwert **bis** zu **5.000,00 €** ist eine Klage beim zuständigen **Amtsgericht,** darüber beim Landgericht einzureichen.

## 3.2.7 Nichterfüllung von Rechtsgeschäften

### 3.2.7.1 Überblick

Handbuch: LF 6

ZP 109
***Welche Kaufvertragsstörungen* werden im Allgemeinen unterschieden?**

- Verletzung der Vertragspflichten durch den **Verkäufer:**
  - ***mangelhafte Lieferung*** (Schlechtleistung)
  - ***Lieferungsverzug*** (Nicht-rechtzeitig-Lieferung)
- Verletzung der Vertragspflichten durch den **Käufer:**
  - ***Annahmeverzug*** (Nicht-rechtzeitig-Annahme)
  - ***Zahlungsverzug*** (Nicht-rechtzeitig-Zahlung)

110 ZP
**Warum unterscheidet man prinzipiell zwischen einer *rechtlichen* und einer *kaufmännischen Lösung* bei Kaufvertragsstörungen?**

- Die **rechtliche** oder **juristische Lösung** basiert auf den Rechtsbestimmungen des **BGB** und **HGB.** Eine rechtliche Lösung wird meistens erst dann gewählt, wenn eine kaufmännisch sinnvolle Lösung von den Vertragsparteien nicht gefunden werden kann.
- Die **kaufmännische Lösung** wird traditionell unter Kaufleuten gesucht, ohne die Rechtsbestimmungen des BGB und HGB zu beachten. Für den Verkäufer ist es wichtiger, den Käufer bei Vertragsstörungen zufriedenzustellen, als bei diesem einmaligen Vorfall „im Recht zu sein". Kaufleute sind daran interessiert, **langfristig gute Geschäftsbeziehungen** aufzubauen. Sie schaffen Vertrauen und ermöglichen es dem Verkäufer, aus einem Neukunden einen **Stammkunden** zu machen. Man wird auf einen einmaligen Gewinn verzichten, wenn dadurch vermutet werden kann, dass langfristig mehr oder weniger regelmäßige Gewinne zu erzielen sind. Das Bemühen um **Kundenzufriedenheit** gehört bei allen Unternehmen zu den zentralen **Unternehmenszielen.**

Handbuch: LF 6

## 3.2.7.2 Mangelhafte Lieferung (Schlechtleistung)

111 ZP
**Was versteht man unter einer *mangelhaften Lieferung* (Schlechtleistung)?**

In diesem Fall weist die gelieferte Ware **Mängel** auf. Man unterscheidet dabei grundsätzlich zwischen **Sach-** und **Rechtsmangel.**

112 ZP
**Welche *Mängelarten* werden im Allgemeinen bei *Sachmängeln* unterschieden?**

- Mangel in der **Art** (Gattungsmangel): Es wurde die falsche Ware geliefert.
- Mangel in der **Menge** (Quantität): Es wurde zu wenig geliefert.
- Mangel in der **Qualität** (Beschaffenheit): Es wurde verdorbene oder beschädigte Ware geliefert oder es fehlte eine zugesicherte Eigenschaft.
- **Montagemangel:** Die Montageanleitung ist fehlerhaft und die Montage kann nicht fehlerfrei ausgeführt werden oder die Montage durch den Verkäufer oder dessen Erfüllungsgehilfen erfolgt nicht fehlerfrei.

113 ZP
**Wann ist eine Sache *frei von Rechtsmängeln?***

„Die Sache ist frei von Rechtsmängeln, wenn **Dritte** in Bezug auf die Sache keine oder nur die im Kaufvertrag übernommenen **Rechte gegen den Käufer geltend machen können.**" (§ 435 BGB)

*Beispiel für einen Rechtsmangel:* Vertrieb von Raubkopien

114 ZP
**Welche gesetzlichen *Rügefristen* werden bei dem Vorliegen einer mangelhaft gelieferten Ware unterschieden?**

- beim **einseitigen Handelskauf** (Verbrauchsgüterkauf):
  - ***zwei Jahre*** bei ***offenen*** und ***versteckten Mängeln***
  - Berücksichtigt werden muss aber die sogenannte ***Beweislastumkehr:*** Tritt in den ersten sechs Monaten nach Kauf ein Sachmangel auf, wird davon ausgegangen, dass er schon bei Lieferung bestand. Nach Ablauf von sechs Monaten liegt die Beweislast beim Käufer.
  - ***drei Jahre*** bei ***arglistig verschwiegenen Mängeln***

- beim **zweiseitigen Handelskauf:**
  - ***unverzüglich*** bei ***offenen Mängeln***
  - ***unverzüglich*** nach Entdeckung, jedoch innerhalb ***zweier Jahre*** bei ***versteckten Mängeln***
  - ***drei Jahre*** bei ***arglistig verschwiegenen Mängeln***

Diese Mitteilung heißt **Reklamation** oder **Mängelrüge.**

**ZP** 115
**Wie nennt man die *Mitteilung* des Käufers an den Verkäufer über die mangelhaft gelieferte Ware?**

- Der Mangel der Ware muss sehr **genau beschrieben** werden.
- Die mangelhaft gelieferte Ware darf nicht einfach an den Verkäufer zurückgesandt werden, erst muss die **Antwort** des Verkäufers auf die Reklamation **abgewartet** werden.
- Der Käufer sollte überlegen, welches ihm zustehende **Recht** er **wahrnehmen** möchte.

**ZP** 116
**Worauf ist beim Abfassen einer schriftlichen *Reklamation (Mängelrüge)* insbesondere zu achten?**

- **Ohne** das Setzen einer **Nachfrist** hat der Käufer das Recht auf:

  **a) Nachbesserung** (Beseitigung des Mangels),

  **b) Ersatzlieferung** (Lieferung gleichartiger Ware).
  „Der Verkäufer kann die vom Käufer gewählte Art der Nacherfüllung (...) verweigern, wenn sie nur mit unverhältnismäßigen Kosten möglich ist. (...) Der Anspruch des Käufers beschränkt sich in diesem Fall auf die andere Art der Nacherfüllung." (§ 439 Abs. 3 BGB)

- Nach **Ablauf der angemessenen Frist** zur Nacherfüllung hat der Käufer das Recht auf:

  **a) Minderung** (Herabsetzung des Kaufpreises),

  **b) Rücktritt** vom Kaufvertrag,

  **c) Schadensersatz,**

  **d) Ersatz vergeblicher Aufwendungen** (statt Schadensersatz).

**ZP** 117
**Welche *Rechte* hat der Käufer bei der *Lieferung* einer *mangelhaft* gelieferten *Ware?***

Eine **Nachbesserung** gilt grundsätzlich nach dem **erfolglosen zweiten Versuch** als **fehlgeschlagen,** wenn sich nicht insbesondere aus der Art der Sache oder des Mangels oder den sonstigen Umständen etwas anderes ergibt.

**ZP** 118
***Wie viele Nachbesserungen* muss der Käufer einer mangelhaft gelieferten Ware akzeptieren?**

Handbuch: LF 6

### 3.2.7.3 Lieferungsverzug (Nicht-rechtzeitig-Lieferung)

ZP
119 Welche *Voraussetzungen* müssen erfüllt sein, damit von einem *Lieferungsverzug* gesprochen werden kann?

- Die **Warenlieferung** muss **fällig** sein, d. h., es kommt zur Überschreitung des Liefertermins durch den Lieferanten.
- Eine **Mahnung** durch den Käufer muss erfolgt sein.
  Die Notwendigkeit einer Mahnung entfällt, wenn ...
  - der Liefertermin kalendermäßig bestimmt ist oder sich kalendermäßig berechnen lässt.
    *Beispiel:* „Lieferung am 12. Mai d. J.“, „Lieferung 10 Tage nach Auftragsbestätigung“
  - der Lieferant die Lieferung endgültig verweigert.
  - aus besonderen Gründen der sofortige Eintritt des Verzugs gerechtfertigt ist.
- Ein **Verschulden** muss vorliegen, d. h. Fahrlässigkeit oder vorsätzliches Handeln des Lieferanten.

ZP
120 Was wird laut BGB unter *Fahrlässigkeit* verstanden?

Laut § 276 Absatz 2 BGB handelt fahrlässig, wer die im Verkehr **erforderliche Sorgfalt außer Acht lässt.**
*Beispiel:* Ein Lkw-Fahrer führt das Fahrzeug unter Alkoholeinfluss.

ZP
121 Welche *Rechte* hat der *Käufer* beim Lieferungsverzug?

- **ohne Nachfristsetzung:**
  **a)** Bestehen auf Lieferung
  **b)** Bestehen auf Lieferung und Verlangen eines Schadensersatzes (Verzögerungsschaden)
- **mit Nachfristsetzung:**
  **a)** Schadensersatz statt Leistung (Nichterfüllungsschaden) oder Ersatz vergeblicher Aufwendungen
  **b)** Rücktritt vom Kaufvertrag (auch einschließlich Schadensersatz statt Leistung)

ZP
122 Welche Rechte stehen dem Käufer im Rahmen eines *Handelskaufes* im Lieferungsverzug bei einem *Fix- oder Terminkauf* zu?

Soll die Lieferung der Ware genau zu einer festbestimmten Zeit oder innerhalb einer festbestimmten Frist erfolgen, kann der Käufer im Fall der Fristüberschreitung **vom Kaufvertrag zurücktreten** oder, falls der Verkäufer im Verzug ist, statt der Erfüllung **Schadensersatz wegen Nichterfüllung** verlangen.

ZP
123 Welche Unterscheidungen werden prinzipiell bei der *Berechnung des Schadens* getroffen?

- Prinzipiell wird ein entstandener Schaden **konkret** berechnet.
  *Beispiel:* Preisdifferenz beim Deckungskauf
- Eine **abstrakte Schadensberechnung** ist in gesetzlich festgelegten Fällen möglich, z. B. bei der Berechnung von Verzugszinsen nach § 288 BGB.

  *Beispiel:* Der Kaufmann muss bei seiner Hausbank 12 % Verzugszinsen zahlen, er wählt zur Schadensberechnung aber den in § 288 BGB genannten Zinssatz („Der Verzugszinssatz beträgt für das Jahr fünf Prozentpunkte über dem Basiszinssatz.“).
- Um die meist komplizierte Schadensberechnung kaufmännisch zu vereinfachen, werden von vornherein sogenannte **Konventionalstrafen** vertraglich vereinbart. Tritt der Schadensfall ein, muss die vereinbarte Konventionalstrafe geleistet werden.

### 3.2.7.4 Zahlungsverzug (Nicht-rechtzeitig-Zahlung)

Handbuch: LF 6

Die gelieferte Ware wird vom Käufer **nicht fristgerecht** bezahlt.

**ZP** 124
**Was ist die Voraussetzung eines *Zahlungsverzuges?***

- Der Zahlungsverzug tritt bei kalendermäßig bestimmbaren Zahlungsterminen mit dem **Ablauf des Zahlungszeitpunktes** ein.
- Ansonsten tritt der Zahlungsverzug **30 Tage nach Fälligkeit** und Zugang einer Rechnung oder einer gleichwertigen Zahlungsaufforderung ein.

**ZP** 125
**Wann tritt der *Zahlungsverzug* ein?**

- **ohne Nachfristsetzung:**
  a) Bestehen auf Bezahlung der Ware
  b) Berechnung von Verzugszinsen laut BGB bzw. HGB
- **mit Nachfristsetzung:**
  a) Schadensersatz statt Leistung oder Ersatz für vergebliche Aufwendungen
  b) Rücktritt vom Kaufvertrag (auch einschließlich Schadensersatz statt der Leistung)

**ZP** 126
**Welche *Rechte* hat der Gläubiger beim *Zahlungsverzug?***

- Kaufmännisches Mahnverfahren
- Gerichtliches Mahnverfahren

**ZP** 127
**Welche *Verfahren* stehen dem *Gläubiger* prinzipiell zur Verfügung, wenn der Zahlungsschuldner nicht zahlt?**

### 3.2.7.5 Annahmeverzug (Nicht-rechtzeitig-Annahme)

Handbuch: LF 6

Voraussetzung ist die **ordnungsgemäße Lieferung der Ware,** die der Käufer nicht annimmt.

**ZP** 128
**Was ist die *Voraussetzung* für den *Eintritt* eines *Annahmeverzugs?***

- In diesem Fall haftet der **Käufer** grundsätzlich für die Beschädigung oder Vernichtung der Ware. Er haftet auch für Schäden, die durch Zufall (z. B. höhere Gewalt) eintreten.
- Der **Lieferant** haftet beim Annahmeverzug nur noch bei Vorsatz oder grober Fahrlässigkeit.

**ZP** 129
**Welche *Folgen* ergeben sich für die *Haftung,* wenn der Annahmeverzug eingetreten ist?**

ZP

130 Welche *Pflichten* hat der *Verkäufer* im Annahmeverzug?

- **Einlagerung der Ware** auf Kosten und Gefahr des Käufers im eigenen Lager oder in einem öffentlichen Lagerhaus
- **Verwahrung** hinterlegungsfähiger Sachen beim **Amtsgericht** (z. B. Geld)
- **Mitteilung an den Käufer,** wo sich die Ware befindet
- **Fristsetzung** für die Warenabnahme
- **Androhung des Selbsthilfeverkaufs** und **Mitteilung** an den Käufer über **Ort** und **Zeitpunkt** des Selbsthilfeverkaufs, soweit kein Notverkauf (verderbliche Ware) vorliegt
- **Abrechnen des Selbsthilfeverkaufs** mit dem Käufer (Mehrerlös erhält/Mindererlös trägt der Käufer)

ZP

131 Welche *Rechte* hat der *Verkäufer* im Annahmeverzug?

- **Klage auf Abnahme** der Ware
- **Selbsthilfeverkauf** mittels einer **öffentlichen Versteigerung** (z. B. durch einen Gerichtsvollzieher) oder im **freihändigen Verkauf** (z. B. durch einen Handelsmakler), wenn die Ware einen **Börsen- oder Marktpreis** hat (z. B. Rohkaffee), oder als **Notverkauf** bei leicht verderblichen Waren (z. B. Obst)
- Anspruch auf **Ersatz von Mehraufwendungen** (z. B. Kosten für die Versteigerung)

## 3.2.8 Mahn- und Klageverfahren bei Geldforderungen

Handbuch: LF 10

### 3.2.8.1 Kaufmännisches Mahnverfahren

132 Wie läuft das *kaufmännische Mahnverfahren* üblicherweise ab?

- Zunächst sendet der Gläubiger dem Schuldner eine **Zahlungserinnerung,** z. B., indem er eine Kopie der Rechnung zusendet.
- Nach der Zahlungserinnerung werden meist **drei Mahnungen** versandt, die sich vor allem im Tonfall unterscheiden. **Verzugszinsen** werden häufig erst ab der 2. Mahnung berechnet, die **Androhung gerichtlicher Schritte** erfolgt in der 3. Mahnung.

133 *Warum* nutzen Unternehmen in der Regel das *kaufmännische Mahnverfahren,* bevor sie das gerichtliche Mahnverfahren einleiten?

- Das kaufmännische Mahnverfahren ist weniger aufwendig als das gerichtliche Mahnverfahren, es erspart in der Regel Zeit und verursacht **weniger Kosten.**
- Insbesondere das gerichtliche Mahnverfahren kann die Geschäftsbeziehungen nachhaltig verschlechtern; für den Verkäufer besteht die Gefahr, dass er den **Kunden langfristig verliert.**

134 *Warum* schenken die Unternehmensleitungen ihren *Mahnabteilungen großes Interesse?*

Arbeitet die Mahnabteilung effizient, fließen die ausstehenden Geldforderungen rascher ins Unternehmen. Dies führt zur **Sicherstellung der Liquidität,** ermöglicht frühzeitig die Tätigung von Investitionen und trägt dazu bei, die Einleitung eines Insolvenzverfahrens zu verhindern.

- Das Unternehmen sollte den Kunden **Anreize für eine frühzeitige Zahlung** der Rechnungsbeträge anbieten, z. B. durch differenzierte **Skontoregelung.**
- Eventuell kann bei bestimmten Warengruppen oder Kundenzielgruppen nur noch die **Lieferung gegen Vorkasse** oder **Nachnahme** vorgesehen werden.
- Es sollte geprüft werden, ob die Einschaltung eines **Inkassobüros** oder der Verkauf von Kundenforderungen an eine **Factoring-Gesellschaft** nutzbringender ist.

135 *Wie* sollte ein Unternehmen auf den *Anstieg* noch *ausstehender Forderungen* betriebswirtschaftlich *reagieren?*

## 3.2.8.2 Gerichtliches Mahnverfahren

Handbuch: LF 10

Das gerichtliche Mahnverfahren ist in der **Zivilprozessordnung** (ZPO) geregelt.

136 Wo ist das *gerichtliche Mahnverfahren* rechtlich geregelt?

- Durch die Einschaltung des Amtsgerichts **erhöht sich** der **rechtliche Druck** auf den Schuldner.
- Das amtliche Verfahren führt zunächst zu einer **personellen Entlastung der Mahnabteilung.**

137 Welche *Vorteile hat das gerichtliche Mahnverfahren* gegenüber dem kaufmännischen?

Der Zahlungsgläubiger **beantragt** beim zuständigen Amtsgericht den **Erlass eines Mahnbescheides** gegenüber dem Zahlungsschuldner. Den auszufüllenden Vordruck in Papierform erhält der Gläubiger im Schreibwarenfachgeschäft; möglich ist auch die Nutzung eines elektronisches Mahnverfahrens.

138 *Womit* wird vom Gläubiger das *gerichtliche Mahnverfahren eröffnet?*

Zuständig ist das Amtsgericht, in dessen Bezirk der **Antragsteller** (Gläubiger) seinen **Wohnsitz** bzw. seine **geschäftliche Niederlassung** hat. Rechtlich möglich ist auch, dass Landesregierungen einem Amtsgericht im Land diese Aufgabe zentral übertragen.

139 *Welches Gericht* ist *zuständig?*

Der Mahnbescheid ist eine **gerichtliche Mahnung** an den Zahlungsschuldner, der vom Amtsgericht zugestellt wird. Der Schuldner wird aufgefordert, den **Betrag zuzüglich Zinsen** und **Kosten** innerhalb 14 Tagen zu begleichen. Das Gericht **prüft nicht,** ob der erhobene Anspruch berechtigt ist.

140 Welche *Funktion* erfüllt der *Mahnbescheid?*

- Der **Schuldner zahlt** den Rechnungsbetrag einschließlich der entstandenen Kosten. Das Verfahren ist dadurch beendet.
- Der Schuldner **erhebt** innerhalb zweier Wochen **Widerspruch.** Nachdem das Amtsgericht den Gläubiger vom Widerspruch unterrichtet hat, kann der Gläubiger eine **mündliche Verhandlung** bei Gericht beantragen. Das **Klageverfahren** wird eingeleitet.
- Der Schuldner **reagiert nicht** auf den Mahnbescheid. Der Gläubiger kann innerhalb sechs Monaten den **Erlass eines Vollstreckungsbescheids** bei Gericht beantragen. Das Gericht stellt den Bescheid dem Schuldner zu.

141 *Welche Möglichkeiten* hat der Zahlungsschuldner, auf den Mahnbescheid zu *reagieren?* Welche *Folgen* haben diese Reaktionen?

142 *Welche Möglichkeiten* hat der Zahlungsschuldner, auf den *Vollstreckungsbescheid zu reagieren?* Welche *Folgen* haben diese Reaktionen?

- Der **Schuldner zahlt** den Rechnungsbetrag einschließlich der entstandenen Kosten. Das Verfahren ist dadurch beendet.
- Der Schuldner erhebt **Einspruch** gegen den Vollstreckungsbescheid **innerhalb zweier Wochen.** Nachdem das Amtsgericht den Gläubiger vom Einspruch unterrichtet hat, kann der Gläubiger eine **mündliche Verhandlung** bei Gericht beantragen. Das **Klageverfahren** wird eingeleitet.
- Der Schuldner **reagiert nicht** auf den Vollstreckungsbescheid. Stellt der Gläubiger danach einen Antrag auf Zwangsvollstreckung, wird die **Zwangsvollstreckung** in das Vermögen des Schuldners betrieben. Vermögensteile werden gepfändet und können nach Ablauf einer Einspruchsfrist versteigert werden.

Handbuch: LF 10

## 3.2.8.3 Klageverfahren

143 *Welche Gründe* führen zur *Nutzung des Klageverfahrens?*

- Der **Zahlungsgläubiger erwartet nicht,** dass das **gerichtliche Mahnverfahren zum Erfolg** führt – er wählt daher sofort das Klageverfahren.
- Der **Zahlungsschuldner** hat **Widerspruch** gegen einen **Mahnbescheid** eingelegt und der **Gläubiger beantragt** die **mündliche Verhandlung** bei Gericht.
- Der **Zahlungsschuldner** hat **Einspruch** gegen einen **Vollstreckungsbescheid** eingelegt und der **Gläubiger beantragt** die **mündliche Verhandlung** bei Gericht.

144 *Welches Gericht* ist für das Klageverfahren *zuständig?*

- **Örtliche Zuständigkeit:**
  - Gericht, in dessen Bezirk der Schuldner seinen Wohnsitz bzw. seine geschäftliche Niederlassung hat
  - Möglich ist auch, dass zwischen den Vertragsparteien ein anderer (vertraglicher) Gerichtsstand festgelegt wurde.
- **Sachliche Zuständigkeit:**
  - Amtsgericht bis zu einem Streitwert von 5.000,00 €
  - Landgericht bei einem Streitwert über 5.000,00 €

145 *Womit* kann das *Klageverfahren beendet* werden?

Das **Klageverfahren endet** durch:

- **Gerichtsurteil** (Das Gericht muss entscheiden, da sich beide Parteien nicht einigen konnten.)
- **Vergleich** (Die Parteien haben sich geeinigt und einen Vergleich geschlossen.)
- **Rücknahme der Klage** durch den Kläger

146 Kann *gegen ein Gerichtsurteil vorgegangen* werden?

Gegen ein Urteil kann innerhalb einer bestimmten Frist beim jeweils übergeordneten Gericht

- **Beschwerde,**
- **Berufung** oder
- **Revision**

eingelegt werden.

Wird **kein Rechtsmittel** (siehe oben) gegen ein Gerichtsurteil **eingelegt,** wird das **Urteil rechtskräftig.**

## 3.2.8.4 Zwangsvollstreckung

Handbuch: LF 10

Die Zwangsvollstreckung ist die mithilfe **staatlicher Gewalt** erzwungene **Durchsetzung privatrechtlicher Ansprüche.** Voraussetzung ist, dass der Gläubiger einen **vollstreckbaren Titel** (z. B. Urteil) gegenüber dem Schuldner besitzt.

147 Was versteht man unter einer *Zwangsvollstreckung?*

- **Zwangsvollstreckung in das bewegliche Vermögen** (Pfändung und Verwertung von Sachen, Forderungen und Rechten)
- **Zwangsvollstreckung in das unbewegliche Vermögen** (Grundstücke)

148 Welche *Arten der Zwangsvollstreckung* werden unterschieden?

- **Inbesitznahme von Geld oder Wertsachen** durch den Gerichtsvollzieher (soweit nicht zur Lebensführung unabdingbar)
- **Austausch wertvoller Gegenstände** gegen einfache Wertgegenstände, die sogenannte Austauschpfändung (Pelzmantel gegen Baumwollwintermantel)
- **Anbringung von Siegeln** (Pfandmarken) auf Wertgegenständen

149 Welche *Möglichkeiten* werden bei der *Pfändung von Sachen* durch den Gerichtsvollzieher unterschieden?

Verläuft die Pfändung nicht oder nur zum Teil befriedigend für den Gläubiger, kann der Schuldner auf Antrag des Gläubigers verpflichtet werden, eine **eidesstattliche Versicherung** über seine Vermögensverhältnisse abzugeben.

Verweigert der Schuldner die eidesstattliche Versicherung, kann auf **Antrag des Gläubigers der Erlass eines Haftbefehls** beantragt werden. Die anschließende **Haft** darf bis zu **sechs Monaten** betragen.

150 Was versteht man unter einer *eidesstattlichen Versicherung?*

## 3.2.8.5 Verjährung von Forderungen

Handbuch: LF 10

Als Verjährung bezeichnet man den **Ablauf eines Zeitraumes** (einer Frist), innerhalb dessen (derer) ein Anspruch bzw. eine **Forderung mithilfe des Gerichtes durchgesetzt werden kann.** Der Anspruch des Gläubigers erlischt aber nicht automatisch am Ende des Verjährungszeitraumes, vielmehr muss der Schuldner die **Einrede der Verjährung** geltend machen. Aus Beweisgründen sollte dies schriftlich geschehen.

Hat der Schuldner aber bereits die Forderung trotz Verjährung beglichen, kann er die Zahlung **nicht zurückfordern.**

151 Was versteht man unter einer *Verjährung einer Forderung?*

Durch die Möglichkeit der Einrede der Verjährung besteht für Vertragspartner **Rechtssicherheit** und **Rechtsfrieden.** Bestünde diese Möglichkeit nicht, könnten auf Schuldner noch nach sehr langen Zeiträumen Forderungen zukommen, mit denen sie nicht mehr gerechnet haben. Dies könnte bei vielen Unternehmen zur Insolvenz führen.

152 Warum *verjähren* Forderungen?

153 **Welche Frist gilt laut BGB als *regelmäßige Verjährungsfrist?***

Laut § 195 BGB beträgt die **regelmäßige Verjährungsfrist drei Jahre.** Die regelmäßige Verjährungsfrist **beginnt** laut § 199 BGB **mit dem Schluss des Jahres,** in dem der Anspruch entstanden ist.

*Beispiele:* Forderungen aus Kauf- und Mietverträgen sowie Gehaltsforderungen

154 **Nennen Sie die wichtigsten *gesonderten Verjährungsfristen* und benennen Sie beispielhafte *Ansprüche.***

- **zweijährige Verjährungsfrist:** Mängelansprüche bei einer gekauften neuen Sache
- **dreijährige Verjährungsfrist:** Mängelansprüche bei arglistig verschwiegenen Mängeln, Ansprüche auf regelmäßig wiederkehrende Leistungen
- **fünfjährige Verjährungsfrist:** Mängelansprüche bei einem Bauwerk und bei Sachen für ein Bauwerk
- **zehnjährige Verjährungsfrist:** Ansprüche auf Übertragung des Eigentums an einem Grundstück
- **dreißigjährige Verjährungsfrist:**
  - Herausgabeansprüche aus Eigentum und anderen dinglichen Rechten
  - familien- und erbrechtliche Ansprüche
  - rechtskräftig festgestellte Ansprüche
  - Ansprüche aus vollstreckbaren Vergleichen oder Urkunden
  - vollstreckbare Ansprüche in einem Insolvenzverfahren

155 **Von welchem Zeitpunkt an *beginnt die Verjährung* bei gesonderten Verjährungsfristen?**

- Bei der **dreijährigen Verjährungsfrist** beginnt die Verjährungsfrist mit dem **Schluss des Jahres,** in dem der Anspruch entstanden ist (sogenannte **Ultimo-Regelung).**
- In **allen anderen Fällen** beginnt die Verjährungsfrist mit der **Ablieferung oder Übergabe der Sache** bzw. mit der **Entstehung des Anspruchs** (z. B. Anspruch auf Eigentumsübertragung an einem Grundstück).

156 **Was versteht man unter einer *vertraglichen Verjährungsfrist?***

Die gesetzliche Verjährungsfrist kann **vertraglich verkürzt** oder **verlängert** werden. Eine Verlängerung der **30-jährigen Verjährungsfrist** ist allerdings **nicht möglich.**

157 **Welche *Einschränkungen* gelten für die vertragliche Verjährungsfrist beim *Verbrauchsgüterkauf?***

Bei einem **Verbrauchsgüterkauf** darf die gesetzliche Verjährungsfrist **von mindestens zwei Jahren,** bei gebrauchten Sachen von mindestens einem Jahr, **nicht unterschritten werden** – dies regelt § 475 BGB in Bezug auf § 437 BGB (Rechte des Käufers bei Reklamationen).

158 **Was versteht man unter der *Hemmung einer Verjährung?***

Man spricht von einer **Hemmung** der Verjährung, wenn sich die **Verjährungsfrist um einen bestimmten Zeitraum verlängert.**

- **Schwebende Verhandlungen** zwischen Schuldner und Gläubiger über einen Anspruch, bis eine Seite die Verhandlungen abbricht (§ 203 BGB). Die Verjährung tritt frühestens drei Monate nach dem Ende der Hemmung ein.
- **Rechtsverfolgung** laut § 204 BGB wie z. B.:
  - Erhebung der Klage auf Leistung
  - Zustellung des Mahnbescheids im Mahnverfahren
  - Anmeldung des Anspruchs im Insolvenzverfahren
- **Leistungsverweigerungsrecht** laut § 205 BGB
- **höhere Gewalt** laut § 206 BGB

Die Hemmung endet **sechs Monate** nach der rechtskräftigen Entscheidung oder nach anderweitiger Beendigung des eingeleiteten Verfahrens (§ 204 BGB).

Welche *Gründe* können zu der *Hemmung* einer Verjährung führen? 159

Die **Verjährung beginnt** laut § 212 BGB **erneut,** wenn

- der **Schuldner dem Gläubiger gegenüber den Anspruch** durch Abschlagszahlung, Zinszahlung, Sicherheitsleistung oder in anderer Weise **anerkennt,**
- eine **gerichtliche** oder **behördliche Vollstreckungshandlung vorgenommen** oder **beantragt wird.**

Wann spricht man vom *Neubeginn der Verjährung?* 160

## 3.2.9 Handelsrechtliche Rahmenbedingungen

### 3.2.9.1 Kaufmannsarten

Handbuch: LF 1

Laut § 1 HGB ist **Kaufmann,** „wer ein Handelsgewerbe betreibt. Handelsgewerbe ist jeder Gewerbebetrieb, es sei denn, dass das Unternehmen nach Art oder Umfang einen in kaufmännischer Weise eingerichteten Geschäftsbetrieb nicht erfordert."

ZP
Was ist ein *Kaufmann im Sinne des HGB?* 161

- **Istkaufmann** (§ 1 HGB – siehe oben): Kaufmann **kraft Gewerbebetrieb,** ein Istkaufmann ist auch ohne Eintragung in das Handelsregister Kaufmann.

  *Beispiel:* ein mittelständisches Industrieunternehmen
- **Kannkaufmann** (§ 2 HGB): „Ein gewerbliches Unternehmen, dessen Gewerbebetrieb nicht schon nach § 1 Abs. 2 Handelsgewerbe ist, gilt als Handelsgewerbe im Sinne dieses Gesetzbuches, wenn die Firma des Unternehmens in das Handelsregister eingetragen ist. Der Unternehmer ist berechtigt, aber nicht verpflichtet, die Eintragung (...) herbeizuführen."

  Man spricht von der Kaufmannseigenschaft **kraft ihrer freiwilligen Eintragung** in das Handelsregister.

  *Beispiel:* Kleingewerbebetriebe, z. B. ein Schulkiosk, der sich in das Handelsregister eintragen lässt
- **Formkaufmann** (§ 6 HGB): Kapitalgesellschaften erlangen ihre Kaufmannseigenschaft **kraft ihrer Rechtsform** mit Eintragung in das Handelsregister.

  *Beispiel:* GmbH, AG

ZP
Welche *Kaufmannsarten* unterscheidet das HGB? 162

Handbuch: LF 1

## 3.2.9.2 Firma

163 ZP **Was versteht man laut HGB unter einer *Firma*?**

Die **Firma** eines Kaufmanns ist laut § 17 HGB der **Name,** unter dem er seine Geschäfte betreibt und die Unterschrift abgibt. Er kann unter seiner Firma klagen und verklagt werden.

164 ZP **Welche *Firmengrundsätze* werden zur eindeutigen Unterscheidung der Firmen im Markt aufgestellt?**

- **Firmenwahrheit** und **Firmenklarheit:** Die gewählte Firma soll wahr sein. Sie soll keine Angaben enthalten, die geeignet sind, über geschäftliche Verhältnisse des Unternehmens, die für die Öffentlichkeit maßgeblich sind, irrezuführen (§ 18 HGB). Ein Kleinbetrieb darf also nicht unter einem Namen firmieren, der den Eindruck erweckt, es handele sich um ein Großunternehmen.
- **Firmenausschließlichkeit:** Jede neue Firma muss sich von allen an demselben Ort oder in derselben Gemeinde bereits bestehenden und in das Handelsregister eingetragenen Firmen deutlich unterscheiden (§ 30 HGB), zum Beispiel durch unterscheidende Zusätze.
- **Rechtsformzusatz:** Aus einem Zusatz beim Geschäftsnamen muss eindeutig hervorgehen, um welche Rechtsform es sich handelt, zum Beispiel: OHG, KG, GmbH, AG, e. K.
- **Firmenbeständigkeit (Firmenkontinuität):** Ändert sich der bürgerliche Name eines Kaufmanns oder wird das Unternehmen an ein anderes verkauft, kann der alte Name des Unternehmens weitergeführt werden. Das bisherige positive Image des Unternehmens bleibt so erhalten.
- **Firmenöffentlichkeit:** Jeder Kaufmann ist laut § 29 HGB verpflichtet, seine Firma in das Handelsregister eintragen zu lassen.

165 ZP ***Welche Arten der Firma* werden unterschieden?**

- **Personenfirma:** enthält **Namen** eines oder mehrerer Gesellschafter

  *Beispiel:* Friedrich Müller KG
- **Sachfirma:** enthält den **Unternehmensgegenstand**

  *Beispiel:* Industriewerke AG
- **Fantasiefirma:** enthält **weder** Namen der Gesellschafter **noch** Unternehmensgegenstand

  *Beispiel:* Polar AG
- **Mischfirma:** enthält **Bestandteile aus mehreren Firmenarten**

  *Beispiel:* Schrader Betonwerke KG

166 ZP **Welche *Angaben* müssen laut HGB auf *Geschäftsbriefen* im Hinblick auf das Unternehmen gemacht werden?**

„Auf allen Geschäftsbriefen des Kaufmanns gleichviel welcher Form, die an einen bestimmten Empfänger gerichtet werden, müssen seine **Firma,** die **Bezeichnung** nach § 19 Abs. 1 Nr. 1, der **Ort** seiner Handelsniederlassung, das **Registergericht** und die **Nummer,** unter der die Firma in das **Handelsregister** eingetragen ist, angegeben werden." (§ 37 a HGB)

§ 19 HGB bestimmt den Rechtsformzusatz der Firma, z. B. „AG", „e. Kfm.".

### 3.2.9.3 Handelsregister

Handbuch: LF 1

ZP 167
Was versteht man unter dem *Handelsregister?*

Das Handelsregister ist ein **öffentlich einsehbares Verzeichnis,** in dem **alle Kaufleute registriert** sind. Es wird von den **Amtsgerichten** geführt. Diese haben laut § 10 HGB die Eintragungen in das Handelsregister durch die Veröffentlichung im **elektronischen Unternehmensregister** (www.unternehmensregister.de) bekannt zu machen.

ZP 168
Was ist *Gegenstand der Handels registereintragung?*

**Gegenstand** der **Eintragung** sind u. a.:

- Firma
- Sitz des Unternehmens
- Gegenstand des Unternehmens
- Inhaber
- Haftungsverhältnisse
- Rechtsform
- besondere Rechtsverhältnisse (z. B. Prokura)

ZP 169
Erklären Sie die Aussage: „Eintragungen in das Handelsregister genießen *öffentlichen Glauben.*"

Eintragungen in das Handelsregister **muss jeder gegen sich gelten lassen** (z. B. bei einem Rechtsstreit). **Vertrauensschutz** wird so im Rechtsverkehr erzeugt.

ZP 170
Unterscheiden Sie *rechtserzeugende* und *rechtsbezeugende* Eintragungen in das Handelsregister.

- Bei **rechtsbezeugenden (deklaratorischen)** Eintragungen ist die rechtliche Wirkung bereits **vorher** eingetreten, dies wird durch die Eintragung nur bestätigt (z. B. bei der Rechtsform von Personengesellschaften und der Rechtsstellung von Prokuristen).
- **Bei rechtserzeugenden (konstitutiven)** Eintragungen tritt die Rechtswirkung erst **durch die Eintragung** in das Handelsregister ein (z. B. bei der Rechtsform von Kapitalgesellschaften).

ZP 171
Welche *Abteilungen* umfasst das *Handelsregister?*

- **Abteilung A (HRA):**
  **Einzelunternehmen** und **Personengesellschaften**
- **Abteilung B (HRB):**
  **Kapitalgesellschaften**

### 3.2.9.4 Handlungsgehilfen, -bevollmächtigte und Prokuristen

Handbuch: LF 1

172
Warum werden im geschäftlichen Alltag *Vollmachten* erteilt?

Eine **globalisierte und arbeitsteilige Wirtschaft** erfordert, dass Vorgesetzte ihren Mitarbeitern spezielle Rechte einräumen, damit diese den Vorgesetzten vertreten können. Man spricht in diesem Zusammenhang von einer **Vollmacht** oder einer **gewillkürten Vertretungsmacht,** die die Befugnis zur Vertretung zum Inhalt hat.

**173** **Welche *Arten* der *Vollmacht* werden unterschieden?**

- **Prokura** und
- **Handlungsvollmacht**

**174** **Was versteht man unter der *Prokura?***

Die **Prokura** ermächtigt zu allen Arten von gerichtlichen und außergerichtlichen Geschäften und Rechtshandlungen, die der Betrieb (irgend)eines Handelsgewerbes mit sich bringt. Sie stellt die **umfassendste Art der Vollmacht** dar.

**175** **Wann *beginnt* die *Prokura?***

- Im **Innenverhältnis** beginnt die Prokura **mit deren Erteilung,**
- im **Außenverhältnis gegenüber Dritten** (z. B. Lieferanten), wenn diese **Kenntnis davon erlangt haben** oder mit der Eintragung und Veröffentlichung im Handelsregister (deklaratorische Wirkung).

**176** **Wodurch *endet* die *Prokura?***

Sie **endet durch …**
- den Widerruf seitens des Geschäftsinhabers,
- Beendigung des Rechtsverhältnisses,
- Wechsel des Geschäftsinhabers,
- Auflösung des Geschäftes,
- Tod des Prokuristen.

**177** **Welche *Maßnahmen* sind dem Prokuristen *gesetzlich verboten?***

Dem Prokuristen ist es **nicht erlaubt, …**
- Steuererklärungen oder Bilanzen zu unterschreiben;
- Grundstücke zu verkaufen oder zu belasten, es sei denn, es liegt eine besondere Ermächtigung vor;
- Prokura zu erteilen;
- das Unternehmen zu verkaufen oder zu verändern;
- neue Gesellschafter aufzunehmen;
- das Insolvenzverfahren zu beantragen.

**178** **Welche *Arten* der *Prokura* werden unterschieden?**

- **Einzelprokura:** Ausübung der Vollmacht ohne Mitwirkung einer anderen Person
- **Gesamtprokura:** Ausübung der Vollmacht nur im Zusammenwirken mit einer anderen vertretungsberechtigten Person
- **Filialprokura:** Beschränkung der Vollmacht auf den Betrieb einer Niederlassung

**179** ***Wie unterzeichnen Prokuristen* z. B. Geschäftsbriefe oder Verträge?**

Sie unterzeichnen mit dem Zusatz **per procura (pp.** oder **ppa.).** Der Zusatz erfolgt laut DIN 5008 zwischen der Bezeichnung des Unternehmens und der maschinenschriftlichen Namenswiedergabe oder vor der Namenswiedergabe in derselben Zeile.

*Beispiele:*

OfficeCom AG
ppa. *Alexandra Fröhlich*
Alexandra Fröhlich

OfficeCom AG
*Alexandra Fröhlich*
ppa. Alexandra Fröhlich

Was ist eine *Handlungsvollmacht?* 180

Die **Handlungsvollmacht,** die nicht in das Handelsregister einzutragen ist, ist **jede erteilte Vollmacht, soweit sie nicht eine Prokura darstellt.** Eine Handlungsvollmacht kann auch vom Prokuristen erteilt werden. Der Handlungsbevollmächtigte handelt nicht im eigenen Namen, sondern im Namen des Geschäftsinhabers.

Welche *Arten der Handlungsvollmacht* werden unterschieden? 181

- **Generalhandlungsvollmacht** (allgemeine Handlungsvollmacht): eine **auf Dauer** erteilte Vollmacht, die zur Erledigung **aller gewöhnlichen Rechtsgeschäfte** im Unternehmen befugt.
- **Artvollmacht** (Gattungshandlungsvollmacht, Teilvollmacht): eine **auf Dauer** erteilte Vollmacht, die zur Erledigung **einer bestimmten Art von wiederkehrenden Geschäften** im Unternehmen befugt, z. B. Warenbestellungen vornehmen oder Mitarbeiter einstellen.
- **Spezialhandlungsvollmacht** (Einzel- oder Spezialvollmacht): eine Vollmacht, die zur Erledigung eines **einzelnen Rechtsgeschäftes** im Unternehmen ermächtigt, z. B. zum Kauf eines Schreibtisches.

Welche *Formvorschriften* gelten für die Erteilung einer *Handlungsvollmacht?* 182

Die Erteilung der Handlungsvollmacht geschieht **formfrei.** Sie erfolgt **mündlich, schriftlich** (aus Beweisgründen) oder **stillschweigend durch Duldung** der Tätigkeit(en).

Wie *unterzeichnen* Handlungsbevollmächtigte *Geschäftsbriefe oder Verträge?* 183

Bei der **Generalhandlungs-** oder **Artvollmacht** wird mit dem Zusatz **i. V. (in Vollmacht),** bei der **Spezialhandlungsvollmacht** mit dem Zusatz **i. A. (im Auftrag)** unterschrieben.

Wozu sind *Angestellte im Laden* oder im *Warenlager* bevollmächtigt? 184

Laut § 56 HGB sind sie **ermächtigt zu „Verkäufen** und **Empfangnahmen,** die in einem derartigen Laden oder Warenlager gewöhnlich geschehen.“

*Beispiel:* Ein Angestellter in der OfficeCom AG nimmt eine Kundenreklamation entgegen und bearbeitet sie selbstständig.

**ZP**

Wodurch *endet* die *Handlungsvollmacht?* 185

- Widerruf der Vollmacht
- Kündigung des Dienstverhältnisses
- Zeitablauf (bei vorher bestimmter Frist)
- Auflösung des Unternehmens
- Erledigung des Auftrages bei der Spezialhandlungsvollmacht (Einzelvollmacht)

## 3.2.10 Arbeits- und sozialrechtliche Grundlagen

Handbuch: LF 1, 7

### 3.2.10.1 Grundlagen des Arbeitsrechts

ZP

186 Was ist *Gegenstand* des *Arbeitsrechts?*

Es regelt die Leistung **unselbstständiger Arbeit** eines Arbeitnehmers bei einem Arbeitgeber (Unternehmer bzw. Unternehmen) in der Regel unter Zugrundelegung eines **privatrechtlichen** Vertrages.

ZP

187 Durch welche *Merkmale* ist das *Abhängigkeitsverhältnis* zwischen Arbeitnehmer und Arbeitgeber gekennzeichnet?

- Der Arbeitgeber hat gegenüber dem Arbeitnehmer ein **Direktions- bzw. Weisungsrecht,** wo, wie und wann er seine Arbeitsleistung zu erbringen hat.
- Häufig steht **ein** Arbeitgeber einer **Vielzahl** von Arbeitnehmern gegen-über (strukturelles Ungleichgewicht).

ZP

188 Welcher *Unterschied* besteht zwischen dem *individuellen* und dem *kollektiven* Arbeitsrecht?

- **Individuelles Arbeitsrecht:** Es regelt das Verhältnis des **einzelnen Arbeitnehmers** zum **Arbeitgeber** durch einen einzelnen **Arbeitsvertrag.** Der Arbeitsvertrag hat bestehende Gesetze, z. B. das Bundesurlaubs- oder Kündigungsschutzgesetz, zu berücksichtigen.
- **Kollektives Arbeitsrecht:** Es regelt das Verhältnis einer **Gruppe von Arbeitnehmern,** z. B. der Belegschaft eines Unternehmens, zum **Arbeitgeber** mithilfe von Gesetzen, z. B. dem Betriebsverfassungsgesetz, und Verträgen, z. B. Tarifverträgen.

ZP

189 Welche *Bereiche* umfasst das *individuelle* Arbeitsrecht?

- **Arbeitsvertragsrecht** (vgl. 1.4 Personalwesen, Seite 112 ff.)
- **Arbeitsschutzrecht**
  - ***sozialer*** Arbeitsschutz mit dem Schutz bestimmter Arbeitnehmergruppen, z. B. Schwerbehinderter, durch das Schwerbehindertenrecht oder Mutterschutzgesetz (vgl. 3.2.10.4, Seite 422 ff.) und
  - ***technischer*** Arbeitsschutz: Dabei werden ***Gesundheitsschutz*** am Arbeitsplatz und Schutz vor ***Gefahren*** am Arbeitsplatz (vgl. 3.2.10.5, Seite 425 ff.) unterschieden.

ZP

190 Welche *Bereiche* umfasst das *kollektive* Arbeitsrecht?

| Recht | Gesetz |
|---|---|
| **Koalitionsrecht** | **Grundgesetz** (GG), Art. 9, Absatz 3 |
| **Tarifvertrags-** und **Arbeitskampfrecht** | **Tarifvertragsgesetz** (TVG ) |
| **Mitbestimmungsrecht** | **Betriebsverfassungsgesetz** und **Mitbestimmungsgesetze** |

- Das **Bundesurlaubsgesetz** sieht z. B. einen **Mindesturlaub** von **24** Werktagen vor,
- ein gültiger **Tarifvertrag** könnte z. B. **30** Werktage vorsehen,
- in einem **Einzelarbeitsvertrag** dürften für den Arbeitnehmer nach dem gültigen Tarifvertrag **30** Werktage oder mehr Werktage zu seinen Gunsten vereinbart werden.

**ZP** 191
**Erläutern Sie am Beispiel der Urlaubsregelung die *Hierarchie arbeitsrechtlicher Vorschriften.***

Einzelvertragliche Regelungen müssen immer **zugunsten** des **Arbeitnehmers** unter Berücksichtigung der **Hierarchie** arbeitsrechtlicher Vorschriften erfolgen. Jede günstigere Regelung in Tarifverträgen/Arbeitsverträgen ist möglich:

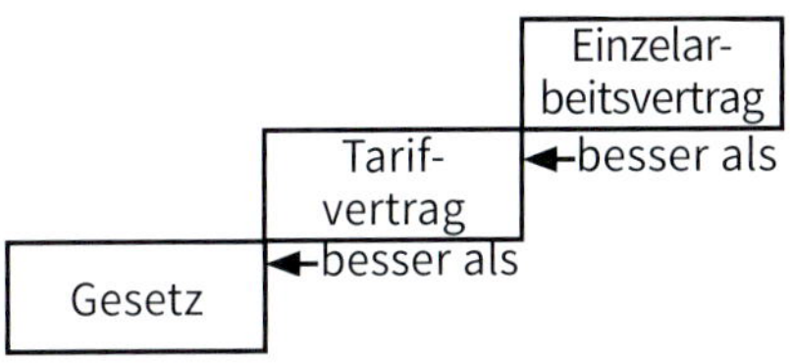


*Beispiele:*
- Ein gültiger ***Tarifvertrag*** sieht ***30*** Werktage Urlaub im Jahr vor und im Arbeitsvertrag werden 32 Werktage vereinbart; es gelten die ***32*** Werktage.
- Ein gültiger ***Tarifvertrag*** sieht ***30*** Werktage vor, im Arbeitsvertrag werden 28 Werktage vereinbart; es gelten die ***30*** Werktage.

**ZP** 192
**Was versteht man unter dem sogenannten *Begünstigungsprinzip arbeitsrechtlicher Vorschriften?***

## 3.2.10.2 Einzelarbeitsvertrag

Handbuch: LF 1, 7

Ein Arbeitsvertrag wird zwischen einem **einzelnen Arbeitnehmer** und einem **einzelnen Arbeitgeber** abgeschlossen, aus diesem Grund wird er auch als Einzelarbeitsvertrag bezeichnet. Er ist meistens eine besondere Form des Dienstvertrages, in dem sich der Arbeitnehmer zur **„Leistung der versprochenen Dienste“** und der Arbeitgeber zur **„Gewährung der vereinbarten Vergütung“** verpflichtet (§ 611 ff. BGB).

(vgl. ausführlich zum Arbeitsvertrag unter 1.4.3 Personaleinstellung, Seite 116, 1.4.4 Personaleinsatz – Vollmachten, Seite 117 f. und 1.4.7 Personalfreisetzung/Kündigungsschutz, Seite 129 ff.)

**ZP** 193
**Was versteht man unter einem *Arbeitsvertrag?***

- Ein Arbeitsvertrag muss grundsätzlich nicht schriftlich abgeschlossen werden, es sei denn, es handelt sich um einen **befristeten** Arbeitsvertrag.
- Spätestens **einen** Monat nach Beginn des Arbeitsverhältnisses müssen die Vertragsbedingungen **schriftlich** bestätigt werden, ansonsten macht sich der Arbeitgeber bei Unterlassung schadensersatzpflichtig (Nachweisgesetz).
- Die Vertragsbeteiligten müssen grundsätzlich **geschäftsfähig** sein.
- Ein **beschränkt** geschäftsfähiger Arbeitnehmer kann aber von seinem gesetzlichen Vertreter dazu **ermächtigt** worden sein, in ein **Ausbildungs- bzw. Arbeitsverhältnis** einzutreten (vgl. § 113 BGB).

**ZP** 194
**Welche *Voraussetzungen* müssen für den Abschluss eines *gültigen Arbeitsvertrages* gegeben sein?**

195 ZP
Welche *Grenzen* der Abschlussfreiheit beim Arbeitsvertrag sind vom *Arbeitgeber* zu beachten?

| Beispiele für Grenzen: | Rechtsquelle: |
|---|---|
| • **Beschäftigungsverbot** von Kindern und Jugendlichen bis 15 Jahren; Ausnahmeregelungen möglich | JGArbSchG § 5 Abs. 1 |
| • **Geschlechtsbezogene Benachteiligungen** sind verboten und können zu Entschädigungsansprüchen des benachteiligten Bewerbers führen. | Allgemeines Gleichbehandlungsgesetz (AGG) |
| • **gültige Arbeitserlaubnis** für Ausländer | Aufenthaltsgesetz § 4 |
| • **Zustimmung des Betriebsrates** beim Abschluss eines Arbeitsvertrages in Betrieben mit mehr als 20 Arbeitnehmern | BetrVG § 99 Abs. 1 |

196 ZP
Welche *Kündigungsfristen* muss der Arbeitgeber zum Schutz von *langjährigen* Mitarbeitern bei der Auflösung des Arbeitsverhältnisses beachten?

| Dauer des Arbeitsverhältnisses: | Kündigungsfrist jeweils zum Monatsende (§ 622 Absatz 2 BGB): |
|---|---|
| • **zwei** Jahre | • **einen** Monat |
| • **fünf** Jahre | • **zwei** Monate |
| • **zehn** Jahre | • **vier** Monate |
| • **zwölf** Jahre | • **fünf** Monate |
| • **fünfzehn** Jahre | • **sechs** Monate |
| • **zwanzig** Jahre | • **sieben** Monate |

*Anmerkung:* Nach dem Urteil des europäischen Gerichtshofs vom Januar 2010 müssen auch Beschäftigungszeiten vor dem 25. Lebensjahr berücksichtigt werden, da nach der bisherigen Regelung des BGB gegen das Diskriminierungsverbot verstoßen wird. Eine entsprechendende Änderung des BGB-Paragrafen wird vorbereitet.

Handbuch: LF 1

### 3.2.10.3 Tarifvertragsrecht

197 ZP
Was versteht man unter der *Tarifautonomie?*

Das Recht der Tarifvertragsparteien, Tarifverträge ohne Einflussnahme des Staates frei aushandeln zu dürfen, wird als **Tarifautonomie** bezeichnet. Sie ist im Artikel 9 Absatz 3 des **Grundgesetzes** verankert. Näheres regelt das **Tarifvertragsgesetz.**

198 ZP
Welche *Tarifvertragsparteien* schließen einen Tarifvertrag?

- **Gewerkschaften und Arbeitgeberverbände** schließen einen **Branchentarifvertrag,** der für die im betroffenen Arbeitgeberverband organisierten Unternehmen verbindlich ist.
- Schließt **ein** einzelner **Arbeitgeber** direkt mit einer **Gewerkschaft** einen Tarifvertrag, spricht man von einem **Haustarifvertrag,** der nur für dieses Unternehmen verbindlich ist.
- Die Tarifvertragsparteien werden auch als **Sozialpartner** bezeichnet. Dieser Ausdruck soll verdeutlichen, dass letztendlich beide Parteien trotz entgegengesetzter Interessen sozial aufeinander angewiesen sind.

- **Lohn- und Gehaltstarifverträge** legen in der Regel für ein Jahr die Höhe der tarifgebundenen **Einkommen** der Arbeitnehmer fest.
- **Mantel-** oder **Rahmentarifverträge** schreiben eine Vielzahl von *Arbeitsbedingungen* (z. B. Urlaubsdauer oder Länge der Arbeitszeit) in der Regel für mehrere Jahre fest.

**ZP** 199
Welche *Arten* von Tarifverträgen werden im Hinblick auf ihren *Inhalt* unterschieden?

---

- Ein **einzelner Arbeitnehmer** ist dem einzelnen Arbeitgeber in den meisten Fällen **ökonomisch unterlegen.** Gerade aus dieser Tatsache heraus haben sich die Gewerkschaften zunächst als reine Streikkassen im Zeichen der Industrialisierung im 19. Jahrhundert gebildet („Einigkeit macht stark!").
- In **ökonomischen Ausnahmesituationen** können einzelne Arbeitnehmergruppen es vorziehen, auf die Gewerkschaften zu verzichten, da ihre Marktposition auch ohne sie ausgesprochen stark ist (z. B. IT-Fachkräfte vor der „Dotcom-Krise").
- **Leitende Angestellte** verzichten in der Regel auch auf Gewerkschaften, da sie meist Arbeitgeberfunktionen wahrnehmen und sich in Einzelvertragsverhandlungen stark genug fühlen. Man spricht in diesem Zusammenhang von dem AT-Bereich, d. h. dem außertariflichen Vergütungsbereich.

**ZP** 200
Warum reicht es nicht aus, dass ein *Arbeitnehmer* mit seinem Arbeitgeber *einen Arbeitsvertrag einzeln aushandelt?*

---

Während der Laufzeit eines Tarifvertrages herrscht Friedenspflicht, d. h., es dürfen **keine Arbeitskampfmaßnahmen** (Streik bzw. Aussperrung) ergriffen werden. Betriebs- und volkswirtschaftliche Nachteile werden somit verhindert.

**ZP** 201
Was versteht man unter der *Friedenspflicht* im Rahmen des Tarifrechtes?

---

Nachdem erste Verhandlungen zwischen den Tarifvertragsparteien über einen neuen Tarifvertrag stattgefunden haben und die Friedenspflicht erloschen ist, sollen Warnstreiks **Druck auf die Verhandlungsposition der Arbeitgeberverbände** ausüben und die Öffentlichkeit beeinflussen.

**ZP** 202
Warum werden *Warnstreiks* von der Gewerkschaft ausgerufen?

---

Die Durchführung eines Schlichtungsverfahrens unter Beteiligung eines neutralen Schlichters ist nur in der **Satzung einzelner Gewerkschaften** vorgeschrieben. Der Gesetzgeber macht dazu keine Vorgaben, es gilt allein die Tarifvertragsfreiheit der Tarifvertragsparteien.

**ZP** 203
Ist ein *Schlichtungsverfahren* bei gescheiterten Tarifvertragsverhandlungen vorgeschrieben?

# Rechtliche Rahmenbedingungen des Wirtschaftens

204 ZP

**Müssen sich die Tarifvertragsparteien an den *Schlichterspruch* des Schlichtungsverfahrens halten?**

Beide Tarifvertragsparteien sind **nicht** an den Schlichterspruch des neutralen Schlichters **gebunden.** Häufig übt die **„öffentliche Meinung“** einen hohen Druck auf die Tarifvertragsparteien aus, den Schlichterspruch anzunehmen.

205 ZP

***Wann* kann von der Gewerkschaft eine *Urabstimmung* über einen Streik durchgeführt werden?**

Das regelt im Einzelnen die **Satzung** einer Gewerkschaft. In der Regel bestimmt die Satzung, dass bei einer **qualifizierten Mehrheit von 75 %** ein Streik ausgerufen wird. Ein wesentlich geringerer Prozentsatz wird meist bewusst nicht gewählt, da die Streikbereitschaft so groß sein muss, dass ein Streik **politisch** über längere Zeit durchgehalten werden kann.

206 ZP

**Wie können die *Arbeitgeberverbände* auf einen Streik *reagieren,* um ihre Verhandlungsposition zu stärken?**

Neben umfangreicher **Öffentlichkeitsarbeit** können die Arbeitgeberverbände mit einer **Aussperrung** auf den ausgerufenen Streik reagieren. Allerdings muss die Arbeitgeberseite dabei den **Grundsatz der Verhältnismäßigkeit** beachten, d. h., der Umfang der Aussperrung muss angemessen sein und darf somit die Gewerkschaft nicht über die „Ausblutung“ der Streikkasse finanziell ruinieren. Der Gesetzgeber hat also ein starkes Interesse daran, dass die Tarifautonomie auch tatsächlich funktionsfähig ist.

207 ZP

**Führen Streik und Aussperrung nicht zu hohen *betriebs- und volkswirtschaftlichen Schäden?***

- Der enorme wirtschaftliche **Druck** auf beide Tarifvertragsparteien ist vom Gesetzgeber **gewollt,** nur dadurch kommt letztendlich eine **Tarifeinigung zustande.** Die Arbeitgeber fürchten hohe Kosten bzw. Verluste, die Gewerkschaften müssen sicherstellen, dass für einen weiteren Streik in der Zukunft noch genügend Finanzreserven in der Streikkasse vorhanden sind.
- Kurzfristigen wirtschaftlichen Schäden stehen die **Vorteile der Tarifautonomie** gegenüber:

  Wilde Streiks sind durch die an die Friedenspflicht gebundenen Gewerkschaften mehr oder weniger ausgeschlossen, die Unternehmen können so **langfristig planen, investieren und produzieren.**

208 ZP

***Wie viel Prozent* der Gewerkschaftsmitglieder müssen laut Gewerkschaftssatzung bei einer erneuten Urabstimmung *für die Annahme einer Tarifeinigung* stimmen?**

Die Gewerkschaftssatzungen sehen in der Regel **25 %** vor – es ist die rechnerische Differenz zu den 75 %, die für einen Streik stimmen müssten.

ZP

Grenzen Sie die beiden Streikarten *Flächen-* und *Schwerpunktstreik* begrifflich voneinander ab. 209

- Beim **Flächenstreik** werden die Unternehmen „in der Fläche" von den Gewerkschaften bestreikt, z. B. im **gesamten Tarifbezirk.**
- Beim **Schwerpunktstreik** werden nur **ausgewählte Unternehmen** (z. B. Zulieferbetriebe) **oder** sogar nur bestimmte **Abteilungen** eines Unternehmens bestreikt. Diese Streikart ist für die Gewerkschaften kostengünstiger und verspricht einen hohen Erfolg.

ZP

Welche gesetzlichen Bestimmungen gelten für einen *politischen Streik* in Deutschland? 210

Diese Streikart verfolgt rein politische Zwecke und ist durch **Artikel 9 Abs. 3** des **Grundgesetzes nicht geschützt.** Der politische Streik kann allenfalls als letztes politisches Mittel dienen, um die verfassungsgemäße Ordnung im Sinne des **Widerstandsrechts laut Art. 20** Abs. 4 des Grundgesetzes zu erhalten: „Gegen jeden, der es unternimmt, diese Ordnung zu beseitigen, haben alle Deutschen das Recht zum Widerstand, wenn andere Abhilfe nicht möglich ist."

ZP

Für wen sind Tarifverträge *verbindlich?* 211

- Tarifverträge gelten prinzipiell nur für Arbeitnehmer, die **Mitglied der Gewerkschaft** sind, und für Arbeitgeber, die **Mitglied des Arbeitgeberverbandes** sind.
- Ist zwar der Arbeitnehmer Mitglied der Gewerkschaft, der Arbeitgeber aber nicht Mitglied des Arbeitgeberverbandes, muss der Arbeitgeber das Tarifentgelt nicht zahlen.
- Arbeitnehmer, die kein Gewerkschaftsmitglied sind, erhalten von ihrem im Arbeitgeberverband organisierten Arbeitgeber trotzdem das zwischen den Tarifvertragsparteien vereinbarte Tarifentgelt. Im anderen Falle würden die nicht organisierten Arbeitnehmer in die Gewerkschaft eintreten und deren Verhandlungsposition verbessern, was nicht im Interesse des Arbeitgebers sein kann.
- Unter besonderen Umständen (z. B. bei Wettbewerbsverzerrungen) kann der Bundesminister für Arbeit und Soziales einen Tarifvertrag für **allgemein verbindlich** erklären, das heißt, der Tarifvertrag gilt für alle Arbeitnehmer und Arbeitgeber eines Tarifbezirks – unabhängig von ihrer Zugehörigkeit zu einem Interessenverband.

ZP

*Dürfen Arbeitgeber,* die Mitglied im Arbeitgeberverband sind, an ihre Arbeitnehmer *Löhne und Gehälter zahlen,* die *höher* als die im Tarifvertrag vereinbarten Tarife sind? 212

Diese Arbeitgeber sind zwar an die Tarifverträge gebunden, die darin vereinbarten Tarife stellen allerdings nur **Mindestbedingungen** dar – demnach können höhere Löhne und Gehälter bezahlt werden.

213 **ZP** **Worin unterscheiden sich *Tarifvertrag* und *Betriebsvereinbarung?***

Eine Betriebsvereinbarung wird zwischen dem **Betriebsrat** (nicht der Gewerkschaft) und dem **einzelnen Arbeitgeber** geschlossen und schriftlich festgehalten. Betriebsvereinbarungen ergänzen häufig Tarifverträge.

214 **ZP** **Was versteht man unter einem *Sozialplan?***

Er wird zwischen dem **Betriebsrat** und dem **Arbeitgeber** ausgehandelt. Anlass sind **wirtschaftliche Probleme** des Unternehmens. Vereinbart wird z. B. bei Massenentlassungen die Höhe der Abfindungszahlungen oder die Einrichtung von Beschäftigungsgesellschaften, um soziale Härten der Mitarbeiter abzumildern.

Handbuch: LF 1, 7

### 3.2.10.4 Arbeitsschutzrecht – sozialer Arbeitsschutz

215 **ZP** **Grenzen Sie den *sozialen* vom *technischen* Arbeitsschutz ab.**

- **Sozialer Arbeitsschutz:**
  Der soziale Arbeitsschutz bezieht sich in erster Linie auf die **persönliche Verfassung** (Konstitution) des Arbeitnehmers, z. B. eines jugendlichen Mitarbeiters, der sich im Wachstum befindet, oder eines Mitarbeiters, der schwerbehindert ist.
- **Technischer Arbeitsschutz:**
  Der technische Arbeitsschutz bezieht sich auf die Vermeidung möglicher Unfall- und Gesundheitsgefahren, die sich einerseits aus der **Arbeitsumgebung,** anderseits aus der eigentlichen **Arbeitstätigkeit** ergeben können.

216 **ZP** **Welche wichtigen *Vorschriften* gelten insbesondere für den *sozialen Arbeitsschutz?***

Folgende wichtige Vorschriften gelten insbesondere für den sozialen Arbeitsschutz:

- **Jugendarbeitsschutzgesetz** (JArbSchG)
- **Mutterschutzgesetz** (MuSchG)
- Schutz **schwerbehinderter** Menschen (Sozialgesetzbuch, SGB IX § 68 ff.).
- Vorschriften, die sich auf **alle Arbeitnehmer** beziehen und sie vor gesundheitsgefährdenden Belastungen schützen sollen, sind z. B. im **Arbeitszeitgesetz** niedergelegt.

217 **ZP** **Welche *Ziele* und welche besonderen *Arbeitsschutzvorschriften* sind mit dem Jugendarbeitsschutzgesetz (JArbSchG) verbunden?**

Das JArbSchG hat die Ziele, Kinder und Jugendliche vor **körperlichen Gesundheitsschäden,** aber auch vor **sittlichen Gefahren** zu schützen (vgl. auch 3.1.3.2, Seite 388 ff.).
Besondere Arbeitsschutzvorschriften beziehen sich auf (Beispiele):

- **gefährliche Arbeiten** (§ 22), die z. B. mit Unfallgefahren verbunden sind und wegen mangelnder Erfahrung nicht erkannt werden, oder
- **Akkordarbeit,** tempoabhängige Arbeiten (§ 23), um einer körperlichen Überforderung vorzubeugen.

ZP

Was sieht das Jugendarbeitsschutzgesetz zur *Erstuntersuchung* vor? 218

**Vor Eintritt** in das **Berufsleben** muss der Jugendliche von einem Arzt untersucht worden sein (Erstuntersuchung § 32); diese **Bescheinigung** muss dem Arbeitgeber **vorgelegt** werden.

ZP

Welche *Ziele* und welche besonderen *Schutzvorschriften* regelt der Gesetzgeber beim *Mutterschutzgesetz* (MuSchG) ? 219

Das Mutterschutzgesetz (MuSchG) regelt für werdende und stillende Mütter Beschäftigungsverbote und -einschränkungen und sieht weitere besondere Schutzvorschriften vor.

- **Beschäftigungsverbote:**
  - Verbot der Mehr-, Nacht-, Sonn- und Feiertagsarbeit
  - Verbot von Akkord- und Fließbandarbeit
  - Verbot schwerer körperlicher Arbeiten, z. B im Bergbau unter Tage
  - Acht Wochen ***nach*** der Entbindung darf auch mit Zustimmung der Arbeitnehmerin ***keine*** Beschäftigung erfolgen (§ 3 Abs. 2, ***absolutes*** Beschäftigungsverbot).
- **Beschäftigungseinschränkungen:**
  - sechs Wochen ***vor*** der Entbindung; nur bei eigenem ausdrücklichen Wunsch darf weitergearbeitet werden (§ 3 Abs. 1, ***relatives*** Beschäftigungsverbot).
  - Bei Früh- und Mehrlingsgeburten gelten längere Fristen.
- **Besonderer Kündigungsschutz:** (Beispiel für besondere Schutzvorschriften)
  - Während der Schwangerschaft und bis zum Ablauf von vier Monaten ***nach*** der Entbindung darf ihr ***nicht*** gekündigt werden (§ 17).

ZP

Welche *Schutzvorschriften* bzw. *Sonderregelungen* gelten für *schwerbehinderte Menschen* nach dem Buch IX des Sozialgesetzbuches (SGB)? 220

Wird bei einem Menschen ein Grad der Behinderung (GdB) von wenigstens **50** durch das Integrationsamt festgestellt, gelten für ihn Schutzvorschriften und Sonderregelungen:

- **Kündigung** des Arbeitsverhältnisses durch den Arbeitgeber ist nur ***mit vorheriger Zustimmung*** des Integrationsamtes zulässig (§ 85 ff. Buch IX SGB).
- Anspruch auf **zusätzlich bezahlten Urlaub (fünf** Arbeitstage)
- Der **Anteil** der Schwerbehinderten (GdB 50) sollte wenigstens **fünf Prozent** der Beschäftigten betragen (§ 71 Buch IX SGB), wenn der Betrieb im Jahresdurchschnitt **20** Arbeitnehmer/-innen (ohne Auszubildende) beschäftigt.
- Für jeden **nicht** besetzten Schwerbehindertenplatz muss dieser Arbeitgeber (20 beschäfte AN) eine **Ausgleichsabgabe** zwischen 125,00 € und 320,00 € pro Monat an das zuständige Integrationsamt bezahlen.
- Die früheren Rehabilitationsleistungen heißen jetzt „Leistungen zur Teilhabe am Arbeitsleben“ und die Arbeitgeber erhalten heute höhere **Eingliederungshilfen** bei der Besetzung eines Schwerbehindertenplatzes.

221 **ZP**

**Welche *Ziele* und welche grundsätzlichen *Regelungen* sieht das *Arbeitszeitgesetz* vor?**

- **Ziele:**
  - Gewährleistung der ***Sicherheit*** und des ***Gesundheitsschutzes*** der volljährigen Arbeitnehmer bei der Arbeitszeitgestaltung
  - Verbesserung der Rahmenbedingungen für ***flexible Arbeitszeiten***
  - Schutz der ***Arbeitsruhe*** an Sonntagen und den staatlich anerkannten Feiertagen
- **Regelungen:**
  - Grundsätzlich darf die werktägliche Arbeitszeit ***acht*** Stunden nicht überschreiten; Ausnahme: Verlängerung auf bis zu ***zehn*** Stunden, wenn innerhalb von ***sechs*** Kalendermonaten oder innerhalb von ***24*** Wochen im ***Durchschnitt*** acht Stunden werktäglich ***nicht*** überschritten werden.
  - ***Arbeitszeitunterbrechung*** durch im ***Voraus feststehende Ruhepausen*** von mindestens ***30*** Minuten bei einer Arbeitszeit von mehr als ***sechs bis neun*** Stunden und ***45*** Minuten bei einer Arbeitszeit von mehr als ***neun*** Stunden
  - ununterbrochene ***Ruhezeit*** von mindestens ***elf*** Stunden nach Beendigung der täglichen Arbeitszeit; Ausnahmeregelungen: Landwirtschaft, Krankenhäuser, Verkehrsbetriebe und Gaststätten

222 **ZP**

**Welche *Organe/Institutionen bzw. Funktionsträger* sind für die Einhaltung und die Umsetzung bzw. Überwachung der gesetzlichen Arbeitsschutzvorschriften zuständig?**

- **Staatliche Gewerbeaufsichtsämter**
  Sie sind für die Einhaltung von **Gesetzen** und **Verordnungen** zum Arbeitsschutz zuständig und können zu diesem Zweck betriebliche Einrichtungen auf Bundesebene, u. a. in Industrieunternehmen, überwachen und kontrollieren.
- **Berufsgenossenschaften**
  Bei ihnen handelt es sich um Selbstverwaltungseinrichtungen, Körperschaften des öffentlichen Rechts, und sie sind dadurch berechtigt, eigene **Unfallverhütungsvorschriften** zu erlassen. Sie kontrollieren deren Einhaltung selbstständig und werden auch als **Träger** der **gesetzlichen Unfallversicherung** tätig, wenn sich zum Beispiel Arbeitsunfälle ereignet haben.

223 **ZP**

**Welche *innerbetrieblichen Funktionsträger* bzw. Stellen/Einrichtungen sind für den Arbeits- und Gesundheitsschutz der Mitarbeiter zuständig?**

- **Funktionsträger Sicherheitsbeauftragte:** In Unternehmen mit mehr als **20** beschäftigten Arbeitnehmern muss der Arbeitgeber einen Sicherheitsbeauftragten (SGB VII), in der Regel einen Mitarbeiter, bestellen bzw. beauftragen. Er soll den Arbeitgeber bei der **Durchführung** des Unfallschutzes unterstützen. Er hat sich durch ständige **Überwachung** von dem Vorhandensein und der ordnungsgemäßen Benutzung und Beschaffenheit vorgeschriebener Schutzeinrichtungen zu überzeugen.
- **Werkschutz und Betriebsfeuerwehren:** Diese Einrichtungen werden in der Regel in großen Industrieunternehmen, je nach **Gefahrenpotenzial** der Betriebsstätteneinrichtungen, genutzt. Sie sind wie der Sicherheitsbeauftragte in kleineren Unternehmen mit ähnlichen Aufgaben betraut und können darüber hinaus durch die vorhandene Nähe schnell Rettungsdienste und Brandbekämpfungsmaßnahmen durchführen.
- **Betriebsrat:** Der Betriebsrat hat im Rahmen des Arbeits- und Unfallschutzes nach § 89 des Betriebsverfassungsgesetzes ein Mitbestimmungs-, Informations-, Überwachungs-, Gestaltungs- und Unterstützungsrecht (vgl. hierzu 3.2.10.7.2, Seite 440 ff.).

- ***Mitbestimmungsrecht:*** Bei Arbeitsschutzmaßnahmen zur Verhütung von Arbeitsunfällen und Berufskrankheiten darf er mitbestimmen (§ 87 Abs. 1 Nr. 7 BetrVerfG).
- ***Informationsrecht:*** Bei Anordnungen des Gewerbeaufsichtsamtes muss er unverzüglich informiert und bei betrieblichen Unfällen unterrichtet werden.
- ***Überwachungsrecht:*** Er überwacht Gesetze und Verordnungen, die zugunsten der Arbeitnehmer erlassen wurden.
- ***Gestaltungsrecht:*** Bei der Gestaltung und Planung von Bauten, technischen Anlagen, Arbeitsverfahren und Arbeitsplätzen ist er zu beteiligen.
- ***Unterstützungsrecht:*** Er kann sich von Betriebsärzten und Arbeitssicherheitskräften beraten lassen und er kann sich an Unfalluntersuchungen durch Berufsgenossenschaften oder Betriebsbesichtigungen von Gewerbeaufsichtsämtern beteiligen.

## 3.2.10.5 Sicherheit und Gesundheitsschutz

### 3.2.10.5.1 Gefährdung von Sicherheit und Gesundheitsschutz am Arbeitsplatz und Maßnahmen zu ihrer Vermeidung

Handbuch: LF 1, 7

**ZP** 224

Welche *Bedeutung* haben Gesundheitsschutz- und Unfallverhütungsmaßnahmen für den *Mitarbeiter* und für den *Arbeitgeber/Betrieb?*

- **Mitarbeiter**
  Durch präventive Gesundheitsschutz- und Unfallverhütungsmaßnahmen sollen die Mitarbeiter vor **Verletzungen** mit der Folge von **Schmerzen** und ängstlichen Erfahrungen weitestgehend geschützt werden. Außerdem soll der **Verlust** der **Arbeitsfähigkeit,** der in der Regel zu einer **Minderung** der **Erwerbsfähigkeit** führt, vermieden werden. Diese könnte letztlich zu einer **Einkommensminderung** des Mitarbeiters führen.
- **Arbeitgeber/Betrieb**
  Ein erkrankter bzw. verletzter Mitarbeiter könnte für einen Industriebetrieb unter Umständen zu einem **Produktionsausfall** bzw. zu **Kundenverlusten** mit entsprechenden wirtschaftlichen Einbußen führen. In Extremfällen muss ein verletzter Mitarbeiter über einen längeren Zeitraum oder sogar auf Dauer ersetzt werden.

**ZP** 225

Welche *Bedeutung* haben präventive Gesundheitsschutz- und Unfallverhütungsmaßnahmen für die *Gesellschaft/Volkswirtschaft?*

- **Entlastung der Sozialsysteme,** wenn geringere Leistungen der **gesetzlichen Unfallversicherungen** in Anspruch genommen werden
- **Verringerung** der **Umweltbelastungen** mit entsprechenden geringeren **Folgekosten** bei der **Schadensregulierung**

**ZP**

**226** **Welche Kennzeichnungen und welche unterschiedlichen Bedeutungen haben im Rahmen des Gesundheitsschutzes die *Verbots-*, *Warn-* und *Gebotszeichen?***

**Nennen Sie außerdem jeweils zwei Beispiele.**

- **Verbotszeichen**
  Kennzeichnung: roter Rand, Hintergrund weiß, Symbol schwarz
  Bedeutung: absolutes Verbot einer bestimmten Handlung
  *Beispiele:* offenes Feuer verboten; Rauchverbot

- **Warnzeichen**
  Kennzeichnung: schwarzer Rand, Hintergrund gelb, Symbol schwarz
  Bedeutung: Warnhinweis auf besondere Gefahrenstoffe
  *Beispiele:* Stoffe sind giftig oder feuergefährlich.

- **Gebotszeichen**
  Kennzeichnung: Hintergrund blau, Symbol weiß
  Bedeutung: Gebotshinweis auf besondere Schutzvorschriften
  *Beispiele:* Schutzhelm tragen, Gehör- bzw. Augenschutz

**ZP**

**227** **Welche Kennzeichnungen und welche unterschiedlichen Bedeutungen haben im Rahmen des Gesundheitsschutzes die *Rettungs-* und *Brandschutzzeichen?***

**Nennen Sie außerdem jeweils zwei Beispiele.**

- **Rettungszeichen**
  Kennzeichnung: Hintergrund grün, Zeichen bzw. Symbol weiß
  Bedeutung: Flucht- oder Rettungshinweise

  *Beispiele:* Notausgangs- oder Rettungswegrichtungsangabe

- **Brandschutzzeichen**
  Kennzeichnung: Hintergrund rot, Zeichen bzw. Symbol weiß
  Bedeutung: Verwendungshinweis auf bestimmte Hilfsgeräte

  *Beispiele:* Löschschlauch oder Feuerlöschgeräte

**ZP**

**228** **Welche Maßnahmen sind zur Vermeidung von möglichen *Unfallursachen* zu ergreifen?**

**Nennen Sie jeweils zwei Beispiele.**

Grundsätzlich können bei möglichen Unfallursachen entweder menschliches Versagen und/oder technische Fehler bei Arbeitsunfällen festgestellt werden. Daraus lassen sich verschiedene **Maßnahmen** ableiten:

- **Präventive Maßnahmen bei menschlichem Versagen**
  - Beachtung von Arbeitszeitgesetzen zur Vorbeugung ***körperlicher und geistiger Überbelastung***
  - Einhaltung von Unfallverhütungsvorschriften zur Vermeidung von ***Gefahrenquellen***
- **Technische Maßnahmen** bei technischen Fehlern
  - Gefahrenschutz bei Betriebseinrichtungen, Geräten, Maschinen, Gefahrstoffen und der Arbeitsplatzgestaltung
  - Gefahrenschutz bei den Arbeitsverfahren oder der Produktion

Die einzuhaltenden Maßnahmen, u. a. der eigene Organschutz, hängen vom Gefährdungspotenzial der Arbeitstätigkeit ab.

*Beispiele:*

1. **Schutzbrille,** z. B. bei Schleiftätigkeiten mit einer Maschine
2. **Atemmaske** zum Schutz der Atemwege und der Lunge, z. B. beim Arbeiten mit gefährlichen Dämpfen
3. **Schutzhelm,** z. B. bei Tätigkeiten im Gang eines Hochregallagers

**ZP** 229

**Welche Maßnahmen sind zur Vermeidung von möglichen *Gesundheitsgefährdungen* zu ergreifen?**

**Nennen Sie mindestens drei Beispiele.**

### 3.2.10.5.2 Berufsbezogene Arbeitsschutz- und Unfallverhütungsvorschriften

**Handbuch: LF 1, 7**

- **Gesetze**
  - Arbeitsschutzgesetz (ArbSchG);
  - Jugendarbeitsschutzgesetz (JArbSchG); vgl. 3.2.10.4, Seite 422 f.
  - Mutterschutzgesetz (MuSchG); vgl. 3.2.10.4, Seite 423
- **Rechtsverordnungen**
  - Arbeitsstättenverordnung (Mindestanforderungen an Arbeits- und Ruheräume)
  - Bildschirmarbeitsverordnung (Sicherheit und Gesundheitsschutz bei der Arbeit an Bildschirmgeräten)
  - Gewerbeordnung (GewO)

**ZP** 230

**Nennen Sie mindestens drei wichtige *Gesetze* und drei *Rechtsverordnungen,* die hauptsächlich in den Kompetenzbereich der Staatlichen Gewerbeaufsichtsämter fallen.**

- **Arbeitnehmer**
  - Er hat das ***Recht,*** bei Gefahr den ***Arbeitsplatz*** zu ***verlassen,*** und das Recht auf regelmäßige ***medizinische Untersuchung.***
  - Er hat die ***Pflicht, Arbeitsschutz- bzw. Gefahrstoffanweisungen*** zu ***befolgen*** und eventuell auftretende ***Mängel/Gefährdungen*** während der Arbeitstätigkeit unverzüglich zu ***melden.***
- **Arbeitgeber**
  - Er hat die ***Verantwortung*** für den betrieblichen Arbeitsschutz und hat dabei die ***neuesten arbeitswissenschaftlichen Erkenntnisse*** umzusetzen.
  - ***Gefahren*** sollen möglichst ***vermieden*** und/oder an der ***Quelle*** unverzüglich ***bekämpft*** werden.
  - ***Gefahren*** müssen ***beurteilt*** und ***geeignete Maßnahmen*** ergriffen werden ***(Gefährdungsbeurteilung).***

**ZP** 231

**Welche wesentlichen gesetzlichen Vorschriften enthält das *Arbeitsschutzgesetz* für den *Arbeitnehmer* und den *Arbeitgeber?***

**Zeigen Sie mindestens jeweils zwei Gesichtspunkte auf.**

# Rechtliche Rahmenbedingungen des Wirtschaftens

232

ZP

Welche wesentlichen Vorschriften enthält die *Arbeitsstättenverordnung?*

Die Arbeitsstättenverordnung ist auf der Grundlage des Arbeitsschutzgesetzes erlassen worden. Sie enthält darüber hinaus u. a. folgende Vorschriften:

- **Arbeitsstätteneinrichtung** und **betreibung:**
  **Arbeitsstätten** sind so **einzurichten** und zu **betreiben,** dass von ihnen **keine Sicherheits- und Gesundheitsgefährdungen** für die Beschäftigten ausgehen.
- **Arbeits-** und **Sozialräume:**
  Sie sind nach bestimmten **Gestaltungs- und Sicherheitsregelungen** unter Berücksichtigung des **Nichtraucherschutzes** einzurichten.

233

ZP

Welche wesentlichen Vorschriften enthält die *Bildschirmarbeitsverordnung?*

Die Bildschirmarbeitsverordnung ist auf der Grundlage des Arbeitsschutzgesetzes erlassen worden, um **körperlichen** und **psychischen** Belastungen entgegenzuwirken. Sie enthält u. a. Vorschriften über:

- **Bildschirmgeräte** und **Tastur** (z. B. Maße)
- sonstige **Arbeitsmittel** (z. B. Arbeitstische und -stühle)
- die **Arbeitsumgebung** (z. B. die Seh- und Lärmbelastung)

234

ZP

Auf welcher *Grundlage* werden *Gefahrstoffanweisungen* erstellt, welcher Zweck soll erreicht werden und wer nimmt eine Gefährdungsbeurteilung und -dokumentation vor?

- **Grundlage:**
  Ausgangspunkt für die Erstellung von **Gefahrstoffanweisungen** ist die seit dem 1. Januar 2005 gültige **Gefahrstoffverordnung,** die die Richtlinie 987/24 EG in **deutsches Recht umsetzt.**
- **Zweck:**
  Die **Gefahrstoffverordnung** gilt für das **Inverkehrbringen** von Stoffen, Zubereitungen und Erzeugnissen zum **Schutz der Beschäftigten und anderer Personen** (Kunden, Besucher usw.) vor **Gefährdungen ihrer Gesundheit** durch **Gefahrstoffe** und zum **Schutz der Umwelt** vor stoffbedingten **Schädigungen.**
- **Gefährdungsbeurteilung und -dokumentation:**
  - Eine ***Gefährdungsbeurteilung*** darf nur von ***fachkundigen Personen*** vorgenommen und durchgeführt werden. Hierzu zählen insbesondere ein ***Betriebsarzt*** und/oder eine ***Fachkraft für Arbeitssicherheit.***
  - Erst nach Vornahme der ***Gefährdungsdokumentation*** darf eine Tätigkeit mit den Gefahrstoffen aufgenommen werden, damit die eventuell auftretenden Gefährdungen am Arbeitsplatz unter dementsprechender Berücksichtigung der Sicherheitsvorschriften nach der gültigen ***Gefahrstoffanweisung*** beachtet werden.

235

ZP

Welche *Bedeutung* haben die *Berufgenossenschaften?*

Zusätzlich zu den **staatlichen** Arbeitsschutzstellen (sozialer und technischer Arbeitsschutz) sind die Berufgenossenschaften die **zuständigen Stellen** für den **technischen** Arbeitsschutz.

Zur **Verhütung** von **Arbeitsunfällen** und zur **Vorbeugung** von **Berufskrankheiten** sind sie berechtigt, folgende Maßnahmen gegenüber den Betrieben durchzuführen:

- **Herausgabe** von **„Berufsgenossenschaftlichen Vorschriften für Sicherheit und Gesundheit bei der Arbeit“ (BGVA)**
- **Herausgabe** von **„Berufsgenossenschaftlichen Regeln“ (BGR)**
- **Durchführung** von unangemeldeten **Betriebsbesichtigungen** zur Überprüfung der **Einhaltung** der BGVA und der BGR

ZP 236

**Welche Maßnahmen können Berufsgenossenschaften im Rahmen der präventiven Unfallverhütung und der Gesundheitsfürsorge gegenüber den Betrieben durchführen?**

### 3.2.10.5.3 Verhaltensweisen bei Unfällen und Einleitung von Erste-Hilfe-Maßnahmen

Handbuch: LF 1, 7

Bei einem **Notfall** sind folgende **Grundregeln** zu beachten:

- Ruhe bewahren
- Lage einschätzen
- situationsgerechte Handlungen/Entscheidungen treffen

Art und Umfang des Einsatzes der Erste-Hilfe-Mittel hängen davon ab, ob es sich um einen relativ geringen Sach- oder Personenschaden oder um ein großes Schadensereignis handelt.

Zum Beispiel sind bei einem Brand folgende Sofortmaßnahmen zu ergreifen:

- **Notruf** aktivieren (situationsabhängig)
- **Schutzausrüstungen** und/oder **Feuerlöscher** nutzen
- **Personen** und **Tiere** evakuieren

ZP 237

**Welche *Verhaltensweisen* werden von den Mitarbeitern in einem Betrieb nach den Allgemeinen Vorschriften der Berufsgenossenschaften bei Vorliegen eines Betriebs- bzw. Arbeitsunfalls erwartet und welche *Erste-Hilfe-Mittel* sind einzusetzen?**

Bei einem **medizinischen Notfall** sind zum Beispiel folgende Maßnahmen zu ergreifen:

- **Sofortmaßnahmen** durchführen, wie die verletzte Person aus dem Gefahrenbereich schaffen, bergen und eventuell Atemspenden durchführen
- **Erste-Hilfe-Maßnahmen** selbst durchführen und/oder einen Ersthelfer rufen
- situationsgemäß **Notruf-Einleitung** eines Betriebsarztes/-sanitäters und/oder eines Rettungsdienstes mit einer eventuellen Krankenhauseinlieferung
- **Beobachtung** des Verletzten bis zum Eintreffen des Arztes

ZP 238

**Welche *Erste-Hilfe-Maßnahmen* hat der Arbeitnehmer in einem Betrieb nach den „Allgemeinen Vorschriften“ der Berufsgenossenschaften bei Vorliegen eines Betriebs- bzw. Arbeitsunfalls mit Personenschaden einzuleiten?**

- Grundsätzlich muss vom Arbeitgeber eine **Unfallmeldung** innerhalb dreier Tage bei der zuständigen Berufsgenossenschaft bzw. zuständigen Stelle eingereicht werden.
- Bei **tödlichen** Unfällen und bei Unfällen, bei denen mehr als **fünf Personen** verletzt wurden, muss die Berufsgenossenschaft **unverzüglich** (u. a. telefonisch) unterrichtet werden.
- Zusätzlich muss mit dem Vordruck **„Unfallanzeige“** jeder Arbeitsunfall bei einer **Arbeitsunfähigkeit** mit **mehr als drei Tagen** dem zuständigen Unfallversicherungsträger **schriftlich** gemeldet werden.
- **Unfallanzeige** vom Betriebsrat und der Fachkraft für Arbeitssicherheit bzw. dem Sicherheitsbeauftragten unterschreiben lassen

ZP 239

**Unter welchen Voraussetzungen müssen Betriebs- bzw. Arbeitsunfälle *gemeldet* werden und wann ist eine *Unfallanzeige* zu schreiben?**

Handbuch: LF 1, 7

### 3.2.10.5.4 Vorschriften, Verhaltensweisen und Maßnahmen bei der Brandbekämpfung

ZP

240 Im Rahmen des vorbeugenden Brandschutzes muss ein Mitarbeiter *Gefahrstoffeigenschaften* richtig einordnen können.

Ordnen Sie die Gefahrensymbole (s. Fußnote 1 auf Seite 79) durch Eintragung der Kennziffern 1-2 zu:

1

2

| Wirkungsbeispiele | Gefahrensymbol |
|---|---|
| Freisetzung brennbarer Gase in Kontakt mit Wasser; **brandfördernde** Stoffe und Gemische (Gase, Flüssigkeiten, Feststoffe); leicht entzündlich bei Luftkontakt z. B. Ammoniumnitrat, Wasserstoffperoxid | (2) |
| Entzündbare Gas, Aerosole, brennbare Flüssigkeit, brennbarer Feststoff; Erwärmung kann Brand verursachen z. B. Butan, Propan, Benzin, Methanol | (1) |

ZP

241 Nennen Sie mindestens *zwei Maßnahmen* einer *vorbeugenden Brandverhinderung.*

Zur Einhaltung von Brandverhütungsvorschriften ist es notwendig, dass ein Brand erst gar nicht entstehen kann.

Maßnahmen zur Brandbekämpfung sind:

1. **gesonderte Lagerräume** vorsehen, um leicht entflammbares Material zu deponieren
2. **besondere Schutzmaßnahmen** ergreifen, zum Beispiel bei Schweißarbeiten in der Nähe von feuergefährdeten Materialien
3. **Rauchverbot** am Arbeitsplatz erlassen, insbesondere in Lagerräumen

- **feuersichere Stahltüren,** automatische Schließung im Brandfall
- **kein Zustellen** von **Notausgängen**
- besondere **Kennzeichnung** von **Fluchtwegen** und **Notausgängen**
- besonderer **Aushang** von **Flucht-** und **Rettungsplänen**
- **Verhaltensanweisungen, Brandschutz-** und **Rettungsübungen** für den Brandfall

**ZP** 242
**Welche *Maßnahmen* sind bereits bei der *Errichtung* und späteren Nutzung von Arbeitsräumen *zum vorbeugenden Brandschutz* vorgesehen?**

1. **Thermomelder** (Überwachungsfläche ca. 20 $m^2$)
2. **Rauchmelder** (Überwachungsfläche ca. 120 $m^2$)
3. **Flammen-** und **Strahlenmelder** (Überwachungsfläche ca. 1 000 $m^2$ ohne Sichtbehinderung)

**ZP** 243
**Nennen Sie mindestens *drei Einrichtungen* zur Früherkennung von Bränden.**

1. **Handfeuerlöscher:** Sie sollen gut sichtbar und leicht zugänglich angebracht sein. Mit ihnen können kleine Brände gelöscht werden.
2. **Sprinkleranlagen:** Nach der Verschlussöffnung sprüht das Wasser über einen Sprühteller auf den Brandherd; sie sind für größere Räume geeignet und müssen in Räumen mit erhöhten Brandschutzvorschriften eingebaut werden.
3. **$CO_2$-Anlagen:** Entstandenes Feuer wird durch Kohlenstoffdioxid, das in den Brandraum geleitet wird, erstickt; bei dieser Anlage müssen Menschen wegen Erstickungsgefahr den Raum sofort verlassen.

**ZP** 244
**Nennen Sie mindestens *drei Brandbekämpfungsgeräte oder -anlagen* und erläutern Sie ihre Wirkung, um einen ausgebrochenen Brand zu bekämpfen bzw. seine Folgen zu begrenzen.**

## 3.2.10.6 Soziale Sicherung der Arbeitnehmer

### 3.2.10.6.1 Ziele und Bereiche der sozialen Sicherung

Handbuch: LF 1, 7, 9

Die soziale Sicherheit findet als Begriff ihren Niederschlag in der „Allgemeinen Erklärung der Menschenrechte“ (1948, Vereinte Nationen): „Jeder Mensch hat als Mitglied der Gesellschaft Recht auf **Soziale Sicherheit.“** Darüber hinaus hat sie Verfassungsrang durch Artikel 20, Abs. 1 Grundgesetz: „Die Bundesrepublik Deutschland ist ein demokratischer und **sozialer** Bundesstaat“. Danach ergibt sich für den Staat die Verpflichtung, **Benachteiligte** besser zu stellen.

Der Sozialwissenschaftler Butterwegge unterscheidet in diesem Zusammenhang drei Aspekte der sozialen Sicherheit:

1. „ein Höchstmaß an sozialer Sicherheit …
2. ein Mindestmaß an sozialer Gerechtigkeit … (und)
3. eine soziale Balance, die extreme Einkommens- und Vermögensunterschiede ausschließt.“

*aus:* Butterwegge, Christoph: Krise und Zukunft des Sozialstaates. 2., durchgesehene Auflage, Wiesbaden 2005, Seite 20

245
**Auf welchen *Prinzipien* beruht die soziale Sicherheit in der Bundesrepublik Deutschland?**

# Rechtliche Rahmenbedingungen des Wirtschaftens

**246** Welche *Ziele* werden mit dem System der sozialen Sicherung in der Bundesrepublik Deutschland verfolgt?

- **Schutz** des **Einzelnen** vor den Folgen von **Lebensrisiken,** z. B. Arbeitslosigkeit
- Errichtung eines **Vorsorgesystems,** z. B. Altersrente
- Aufbau eines **Informations-** und **Beratungssystems,** z. B. Angebot von Weiterbildungsmöglichkeiten
- Gewährung von **Unterstützungsleistungen,** z. B. BAföG-Leistungen

**247** Welche *Bedeutung* hat das *Sozialgesetzbuch* und welche *Teile* umfasst es?

Das Sozialgesetzbuch sichert vom Gesetzgeber beschlossene **Sozialstandards.** Dazu gehören Versicherungs- und Versorgungsleistungen und soziale Hilfen. Das Sozialgesetzbuch umfasst folgende Bücher:

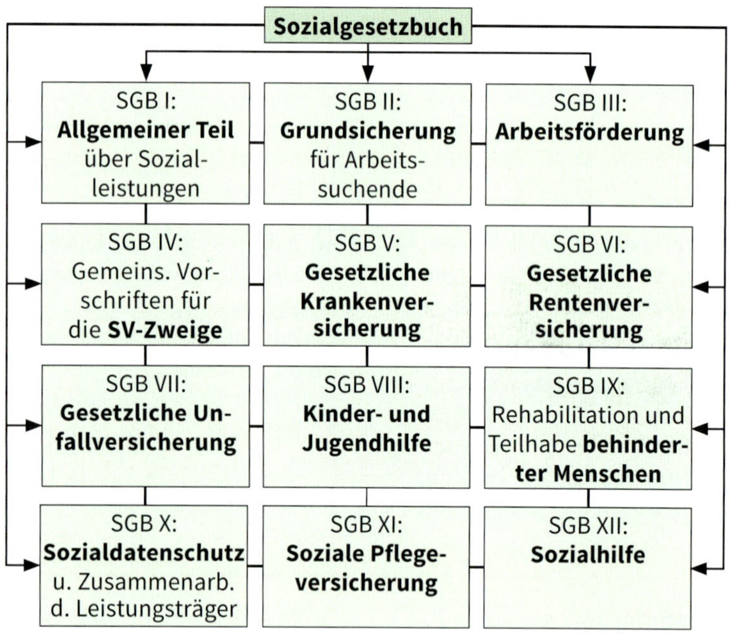


**248** Welche *Bereiche* des Sozialgesetzbuches gehören zur gesetzlichen Sozialversicherung?

Das Sozialgesetzbuch stellt das Dach der sozialen Sicherung in der Bundesrepublik Deutschland dar. Dieses Dach wird u. a. durch die fünf Säulen der gesetzlichen Sozialversicherung getragen:

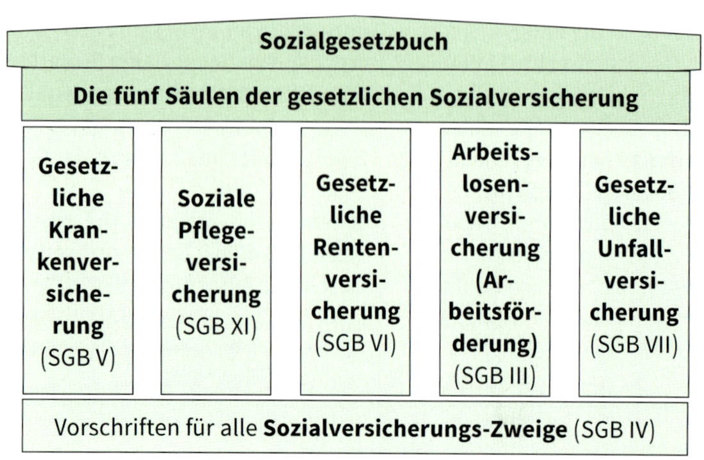

Die Beitragsbemessungsgrenze ist eine **Einkommensgrenze,** bis zu deren Höhe die **Beiträge** der einzelnen Sozialversicherungszweige **steigen.**

**Was versteht man unter der *Beitragsbemessungsgrenze?*** 249

Das Beitragsaufkommen eines Arbeitnehmers muss in einem **angemessenen Verhältnis** zu den Leistungen stehen, die er von dem entsprechenden Sozialversicherungszweig erhält.

**Welche *Funktion* hat die Beitragsbemessungsgrenze?** 250

Die Jahresarbeitsentgeltgrenze zeigt an, ab welchem **Einkommen** ein Arbeitnehmer in der Kranken- und Pflegeversicherung **nicht mehr pflichtversichert** ist.

**Welche *Funktion* hat die Jahresarbeitsentgeltgrenze?** 251

### 3.2.10.6.2 Organisation der sozialen Sicherung

Handbuch: LF 1, 7, 9

Als wesentliche Organisationsprinzipien enthält die Sozialversicherung:

- das **Solidaritätsprinzip**
- das **Zwangsversicherungsprinzip** (Zwangsmitgliedschaft)
- den Grundsatz der **Selbstverwaltung** unter staatlicher Aufsicht

**Welche *Prinzipien* sind bei der Organisation der gesetzlichen Sozialversicherung vorherrschend?** 252

- **Beitragsaufbringung** durch **alle Versicherten**
- **Beitragshöhe** der einzelnen Versicherten hängt grundsätzlich von der **Einkommenshöhe** ab.
- Zwischen **Beitrag** und **Leistung** muss beim Solidaritätsprinzip **kein Zusammenhang** bestehen. Leistungen sind gesetzlich festgelegt und unabhängig von der **Beitragshöhe.** Zum Beispiel hat ein Säugling mit einer aufwendigen Leukämiebehandlung den gleichen Leistungsanspruch wie ein langjähriges Krankenkassenmitglied mit eingezahlten Beiträgen.

**Was versteht man unter dem *Solidaritätsprinzip* der gesetzlichen Sozialversicherungen?** 253

254

**Was versteht man unter dem *Subsidiaritätsprinzip?* Erläutern Sie dieses Prinzip an einem Beispiel.**

„Selbsthilfe vor Staatshilfe"; dieser Grundsatz bedeutet, dass die einzelne Person sich zunächst **selbst** helfen soll. Die jeweils **stärkere Gemeinschaft** greift erst dann ein, wenn Selbsthilfe nicht mehr möglich ist.

*Beispiel:* Beim Antrag auf Sozialhilfe wird zunächst geprüft, ob der Antragsteller sich **selbst** unterhalten kann und ob der Ehegatte oder Verwandte in gerader Linie herangezogen werden können. Erst dann tritt der Staat **nachrangig** ein.

255

**Welche *Personengruppen* sind grundsätzlich in den einzelnen Sozialversicherungszweigen pflichtversichert und für welche besteht Versicherungsfreiheit?**

| Sozialversicherungszweige: | Versicherungspflicht bei folgenden Personengruppen: | Versicherungsfreiheit bei folgenden Personengruppen: |
|---|---|---|
| Krankenversicherung | – alle **Arbeitnehmer** mit einem Entgelt **bis** zur **Jahresarbeitsentgeltgrenze**<br>– Arbeitslose mit Leistungsbezug<br>– Behinderte<br>– Studenten<br>– Rentner | – alle **Arbeitnehmer** mit einem Entgelt **über** der **Jahresarbeitsentgeltgrenze**<br>– geringfügig Entlohnte<br>– kurzfristig Beschäftigte<br>– Beamte |
| Pflegeversicherung | jeder, der in der gesetzlichen Krankenkasse pflichtversichert ist | Freiwillig Versicherte haben bei der privaten Pflegeversicherung ein Wahlrecht. |
| Rentenversicherung | – Arbeitnehmer<br>– Auszubildende<br>– Behinderte<br>– versch. Gruppen von Selbstständigen, u. a. freiberufliche Erzieher und Künstler | – Richter, Beamte<br>– geringfügig Beschäftigte<br>– Studenten, die immatrikuliert sind |
| Arbeitslosenversicherung (Arbeitsförderung) | – Arbeitnehmer<br>– Auszubildende<br>– Behinderte | – Beamte<br>– Selbstständige |
| Unfallversicherung | – Arbeitnehmer<br>– Auszubildende<br>– Behinderte<br>– Kinder (Kindergartenbesuch)<br>– Schüler (Schulbesuch)<br>– Studierende (Universitätsbesuch)<br>– Heimarbeiter<br>– Personen, die im Interesse des Allgemeinwohls tätig sind | Beamte |

### 3.2.10.6.3 Finanzierung der sozialen Sicherung

Handbuch: LF 1, 7, 9

| Sozialversicherungszweig | AN-Anteil | AG-Anteil |
|---|---|---|
| – Krankenversicherung | 50 % | 50 % |
| – Pflegeversicherung | 50 %[1] | 50 % |
| – Rentenversicherung | 50 % | 50 % |
| – Arbeitslosenversicherung | 50 % | 50 % |
| – Unfallversicherung | – | 100 %[2] |

1) Kinderlose Arbeitnehmer ab dem vollendeten 23. Lebensjahr müssen einen zusätzlichen Beitragssatz von 0,25 % bezahlen.
2) Diesen Beitragssatz bezahlt nur der Arbeitgeber.

256 Mit welchem *grundsätzlichen prozentualen Beitragsanteil* sind Arbeitnehmer (AN) und Arbeitgeber (AG) verpflichtet, die einzelnen Zweige der gesetzlichen Sozialversicherung zu finanzieren?

Vom **Gesetzgeber** wird für alle **gesetzlichen** Krankenkassen ein **einheitlicher Beitragssatz** vom sozialversicherungspflichtigen Bruttoentgelt festgelegt. Dieser Krankenkassenbeitrag ist vom Arbeitgeber an den Gesundheitsfonds als **zentrale Sammelstelle** zu überweisen. Er hat dann die Aufgabe, mit den **erzielten** Beitragseinnahmen die Ausgabenleistungen für alle Mitglieder zu **finanzieren.**

- Bei **höheren** Ausgaben muss die Krankenkasse einen **Zusatzbeitrag** erheben.
- Bei **niedrigeren** Ausgaben kann die Krankenkasse eine **Prämie** an ihre Versicherten gewähren.

257 Was versteht man unter dem *Gesundheitsfonds* in der gesetzlichen Krankenversicherung?

Handbuch: LF 1, 7, 9

### 3.2.10.6.4 Wesentliche Leistungen der einzelnen Sozialversicherungsträger

258 *Ordnen* Sie den einzelnen Versicherungszweigen durch Eintragung der entsprechenden *Kennziffer* die *Sozialversicherungsträger* zu und nennen Sie jeweils die wichtigsten *Leistungen.*

| Kennziffer | Sozialversicherungsträger: |
|---|---|
| 1 = | Bundesagentur für Arbeit |
| 2 = | Berufsgenossenschaften |
| 3 = | Deutsche Rentenversicherung (RV) Bund/Land |
| 4 = | Gemeindeunfallverband |
| 5 = | Pflegekassen |
| 6 = | Krankenkassen |
| 7 = | Deutsche RV Knappschaft Bahn See |

| Versicherungszweig: | Sozialversicherungsträger: | Leistungen: |
|---|---|---|
| a) Krankenversicherung: | (…) | – ärztliche und zahnärztliche Behandlung<br>– Krankenhauspflege<br>– Krankengeld<br>– Mutterschaftsgeld |
| b) Pflegeversicherung: | (…) | – Pflege in Pflegestufenklassen 1–3<br>– Pflegegeld für selbst beschaffte Pflegepersonen<br>– Prävention und Rehabilitation<br>– Pflegesachleistungen |
| c) Rentenversicherung: | (…) + (…) | – Altersrente<br>– Hinterbliebenenrente<br>– Erwerbsminderungsrente<br>– Rehabilitationsmaßnahmen zur Erhaltung/Besserung/Wiederherstellung der Erwerbsfähigkeit |
| d) Arbeitslosenversicherung: | (…) | – Beratung<br>– Kurzarbeitergeld<br>– Wiedereingliederungshilfen in den Arbeitsmarkt<br>– Arbeitslosengeld I |
| e) Unfallversicherung: | (…) + (…) | – ärztliche und zahnärztliche Behandlung<br>– Verhütung von Arbeitsunfällen<br>– Behandlung von Berufskrankheiten<br>– Verletzten- u. Hinterbliebenenrente |

***Lösung:***
a) 6, b) 5, c) 3 + 7, d) 1, e) 2 + 4

**259** Welche grundsätzlichen *Aufgaben* bzw. *Ziele* hat die gesetzliche *Krankenversicherung?*

- **Erhaltung** und **Wiederherstellung** der **Gesundheit** der Versicherten
- **Verbesserung** des **Gesundheitsschutzes** durch präventive Maßnahmen, z. B. durch Vorsorgeuntersuchungen
- **Bereitstellung** der erforderlichen **Leistungen,** z. B. Kurse für Ernährungsberatung

**260** Welche grundsätzlichen *Aufgaben* bzw. *Ziele* hat die soziale *Pflegeversicherung?*

- Erbringung von **Hilfeleistungen** für **Pflegebedürftige,** die aufgrund der Schwere ihrer **Pflegebedürftigkeit** auf solidarische **Unterstützung** angewiesen sind
- Leistungserbringung für Pflegebedürftige unter Beachtung eines möglichst **selbstständigen** und selbstbestimmten Lebens unter Berücksichtigung der **menschlichen Würde**

**261** Welche grundsätzlichen *Aufgaben* hat die gesetzliche *Rentenversicherung?*

- Bei Erreichen der Altersgrenze **von 65 Jahren** wird für Anspruchsberechtigte u. a. eine **Altersrente** bezahlt. Diese Altersgrenze verschiebt sich stufenweise ab dem **Jahrgang 1947 bis 1964** auf **67 Jahre.**
- **Erwerbsminderungs-** und Hinterbliebenenrenten
- **Rehabilitationsleistungen: Rehabilitation** vor **Rente** ist ein grundsätzliches Prinzip der gesetzlichen Rentenversicherung. Ein vorzeitiges Ausscheiden aus dem Erwerbsleben soll u. a. durch Heilbehandlungen bzw. Umschulungsmaßnahmen vermieden werden, um eine Wiedereingliederung in das Erwerbsleben zu erreichen.

**262** Welche grundsätzlichen *Ziele* bzw. *Aufgaben* hat die gesetzliche *Arbeitslosenversicherung* gemäß des Gesetzes zur Arbeitsförderung?

- **Beratung, Vermittlung** und **Förderung** haben Vorrang vor der Bezahlung von **Entgeltersatzleistungen** (Arbeitslosengeld I).
- **Vermeidung** von **Langzeitarbeitslosigkeit**
- **Mitverantwortung/Mitwirkungspflicht** vom **Arbeitgeber,** z. B. durch betriebliche Förderung der Leistungsfähigkeit einzelner Mitarbeiter
- **Mitverantwortung/Mitwirkungspflicht** durch den **Arbeitnehmer,** z. B. bestehende Arbeitsverhältnisse nicht leichtfertig vorzeitig zu beenden

**263** Welche *Voraussetzungen* müssen gegeben sein, um Leistungen nach dem SGB III, sog. Arbeitslosengeld I, zu erhalten?

Arbeitnehmer haben erst dann Anspruch auf Arbeitslosengeld, wenn sie **arbeitslos** sind, sich persönlich bei der Agentur für Arbeit arbeitslos **gemeldet** haben und die **Anwartschaftszeit** („Vorversicherungszeit“) erfüllen.

**264** Welche grundsätzlichen *Ziele* verfolgt die gesetzliche *Unfallversicherung?*

- **Prävention,** d. h. Verhütung von Arbeitsunfällen und Berufskrankheiten
- **Vermeidung** arbeitsbedingter Gesundheitsgefahren
- **Rehabilitation,** d. h. **Wiederherstellung** der **Leistungsfähigkeit** des Versicherten nach Arbeitsunfällen oder Berufskrankheiten
- **Entschädigung,** d. h. Gewährung von **Geldleistungen** für den Versicherten oder seine Hinterbliebenen (Unfall- bzw. Witwen- und/oder Waisenrente)

265 **Welche *Angaben* enthält ein Sozialversicherungsausweis und welche Bedeutung hat er für den *Arbeitnehmer* und für den *Arbeitgeber?***

- Der **Sozialversicherungsausweis** enthält die Versicherungsnummer (VSNR) des Beschäftigten, Vor- und Familiennamen. Er ist dem Arbeitgeber **nach Ausstellung** unverzüglich oder bei Beginn jeder weiteren Beschäftigung auszuhändigen.
- Grundsätzlich erhält jeder **Arbeitnehmer** bei Aufnahme der **ersten Beschäftigung** eine VSNR und einen **Sozialversicherungsausweis.** Der Rentenversicherungsträger führt dann das Versicherungskonto des Versicherten unter der VSNR für die spätere **Altersrente** bzw. evtl. **Rehabilitationsleistungen.**
- Der **Arbeitgeber** muss **innerhalb zweier Wochen** nach der **Arbeitsaufnahme** des Arbeitnehmers eine **Meldung** beim Träger der Krankenversicherung vornehmen. Aufgrund der Jahresmeldungen zum 31.12. hat er bis zum 31.03. des Folgejahres eine **Bescheinigung** für das Vorjahr zu erstellen.

Handbuch: LF 1, 7, 9

#### 3.2.10.6.5 Sozialgerichtsbarkeit

266 **Wofür ist das *Sozialgericht zuständig?***

Das Sozialgericht ist für alle Streitigkeiten auf dem Gebiet des Sozialrechts (Sozialgesetzbuch I–XII) zuständig, die sich durch die Ablehnung von Leistungen durch **Sozialversicherungsträger** ergeben. Zum Beispiel bei der Ablehnung von:

- **Arbeitsförderungsmaßnahmen**
- **Grundsicherungen** für Arbeitssuchende (Arbeitslosengeld II)
- **Sozialhilfe**
- **Rentenanträgen**
- Leistungen nach dem **Schwerbehindertenrecht**

267 **Beschreiben Sie den *Instanzenaufbau* der Sozialgerichtsbarkeit.**

Bei Sozialversicherungsleistungsbescheiden hat der Arbeitnehmer folgende Möglichkeiten:

- In der ersten Instanz kann eine **Klage** beim **Sozialgericht** eingereicht werden.
- Als **Berufungsinstanz** kann dann das zuständige **Landessozialgericht** angerufen werden.
- In der dritten und **letzten** Instanz ist das **Bundessozialgericht** zuständig.

### 3.2.10.7 Mitwirkung und Mitbestimmung

Handbuch: LF 1

#### 3.2.10.7.1 Überblick

268 **Worin liegt der *Unterschied* zwischen *Mitwirkungs-* und *Mitbestimmungsrechten* der Arbeitnehmerseite?**

- Unter **Mitwirkungsrecht** versteht man, dass die Arbeitnehmerseite **Einflussmöglichkeiten** auf den Entscheidungsprozess der Arbeitgeberseite hat, **ohne** einen **Rechtsanspruch** auf Mitentscheidung zu haben. Die Arbeitnehmervertretung hat beispielsweise die Möglichkeit, vom Arbeitgeber **Informationen** zu erhalten oder ihn bei betrieblichen Entscheidungen **beraten** zu können.
- Unter **Mitbestimmungsrecht** versteht man, dass die Arbeitnehmerseite bei betrieblichen Entscheidungsprozessen **mitbestimmen** kann, also auch Stimmrecht hat. Kommt eine Einigung nicht zustande, kann in der Regel eine Einigungsstelle angerufen werden.

**Wie heißen die wichtigsten *Gesetze,* die *Mitwirkung* und *Mitbestimmung* in Deutschland regeln?** (269)

Die wichtigsten Mitwirkungs- und Mitbestimmungsgesetze lauten:

- das **Betriebsverfassungsgesetz** von 1952
- das **Drittelbeteiligungsgesetz** von 2004, das auf den ehemaligen Bestimmungen des **Betriebsverfassungsgesetzes** von 1952 fußt
- das **Montanmitbestimmungsgesetz** von 1951
- das **Mitbestimmungsgesetz** von 1976

***Wie ist zu erklären,* dass *unterschiedliche Mitbestimmungsregelungen* in den einzelnen „Mitbestimmungsgesetzen" existieren?** (270)

Die Unterschiede erklären sich aus den **unterschiedlichen historischen** und damit **gesellschaftspolitischen Bedingungen,** die zur Zeit der Verabschiedung der einzelnen Gesetze herrschten. Die beiden Mitbestimmungsgesetze aus den 50er-Jahren des 20. Jahrhunderts wurden v. a. von folgenden Bedingungen beeinflusst:

- Zum einen nahmen nach dem Ende des 2. Weltkrieges die **Alliierten** Einfluss auf die Nachkriegsgeschichte in Deutschland,
- zum anderen wurde nach dem 2. Weltkrieg in der deutschen Bevölkerung darüber diskutiert, wie nach dem „Staatskapitalismus" im **Nationalsozialismus** durch veränderte Eigentumsformen in Unternehmen mit weitgehenden Rechten der Arbeitnehmerschaft **demokratische Strukturen** auf Dauer gesichert werden konnten.
- Das sogenannte **„Sozialistische Lager"** (z. B. DDR) in Mittel- und Osteuropa mit überwiegend verstaatlichten Unternehmen übte nach dem 2. Weltkrieg politischen Einfluss auf die Mitbestimmungsdiskussion in Westdeutschland aus.

Das **Mitbestimmungsgesetz** von **1976** und entsprechende Folgediskussionen ergaben sich v. a. aufgrund der neuen politischen Situation in Deutschland nach 1969:

- 1969 gab es eine **politische Wende** im Nachkriegsdeutschland, als das erste Mal eine sozial-liberale Regierungskoalition die deutsche Politik bestimmte. Bis 1966 gab es nur christlich-liberale Regierungskoalitionen, im Übergangszeitraum 1966 bis 1969 eine Große Koalition. Die neue Regierungskoalition verabschiedete **1976** das **Mitbestimmungsgesetz,** das versuchte, mehr betriebliche Mitbestimmungsrechte für die Arbeitnehmerschaft zu verwirklichen.
- Alle weiteren Veränderungen der politischen Machtverhältnisse in Deutschland (z. B. ab 1982 die christlich-liberale Regierungskoalition oder die rot-grüne Regierungskoalition von 1998 bis 2005) führten zu **keinen gravierenden Änderungen** in den Mitbestimmungsregelungen der einzelnen Gesetze.
- Die **Globalisierung** führte vor allem ab den 90er-Jahren zu erneuten Diskussionen um die Führung weltweit agierender Unternehmen (z. B. die Diskussion um das VW-Gesetz).

**Auf welchen *Ebenen* findet das *Mitwirkungs-* bzw. *Mitbestimmungsrecht* der Arbeitnehmer statt?** (271)

- auf der Ebene des **einzelnen Arbeitnehmers** (z. B. Stimmrecht bei der Wahl des Betriebsrates)
- auf der Ebene des **Betriebsrates** (z. B. Widerspruchsrecht des Betriebsrates bei Kündigungen)
- auf der Ebene des **Aufsichtsrates** (z. B. Mitbestimmung bei der Bestellung des Vorstandes)

Auf der Ebene des einzelnen Arbeitnehmers und des Betriebsrates regelt das Betriebsverfassungsgesetz die Mitbestimmungsrechte, auf der Ebene des Aufsichtsrates das Montanmitbestimmungsrecht, das Mitbestimmungsgesetz von 1976 und das Drittelbeteiligungsgesetz.

Handbuch: LF 1

### 3.2.10.7.2 Betriebsverfassungsgesetz (BetrVerfG)

272 Welche prinzipiellen Festlegungen macht das *Betriebsverfassungsgesetz* zu Mitwirkung und Mitbestimmung?

Die prinzipiellen Festlegungen des Betriebsverfassungsgesetzes lauten:

- In **wirtschaftlichen** und **personellen Angelegenheiten** hat der Betriebsrat in der Regel ein **Mitwirkungsrecht.**
- In **sozialen Angelegenheiten** hat der Betriebsrat ein weitgehendes **Mitbestimmungsrecht.**

273 Welche *allgemeinen Aufgaben* hat der *Betriebsrat* laut Betriebsverfassungsgesetz?

Laut § 80 BetrVerfG hat der Betriebsrat folgende **allgemeine Aufgaben:**

- Überwachung der Einhaltung von Gesetzen, Unfallverhütungsvorschriften, Tarifverträgen und Betriebsvereinbarungen
- Beantragung von Maßnahmen, die dem Betrieb und der Belegschaft dienen (z. B. Betriebskindergarten), beim Arbeitgeber
- Förderung der Durchsetzung der tatsächlichen Gleichstellung von Frauen und Männern
- Förderung der Vereinbarung von Familie und Erwerbstätigkeit
- Weiterleitung und Unterstützung der Anregungen von Arbeitnehmern und Jugendvertretern
- Förderung der Eingliederung Schwerbehinderter
- Vorbereitung und Durchführung der Wahl einer JAV
- Förderung der Integration ausländischer Arbeitnehmer im Betrieb
- Förderung und Sicherung der Beschäftigung im Betrieb
- Förderung von Maßnahmen des Arbeits- und des betrieblichen Umweltschutzes

274 Welche *Stellung* nimmt der *Betriebsrat* im Unternehmen ein?

Der **Betriebsrat** vertritt die **Arbeitnehmerinteressen,** arbeitet dabei aber laut § 2 BetrVerfG unter Beachtung der geltenden Tarifverträge **vertrauensvoll** zum Wohl der Arbeitnehmer und des Betriebes **mit dem Arbeitgeber zusammen.**

275 *Wann* kann ein Betriebsrat *ge-wählt* werden?

Laut § 1 BetrVerfG werden in Betrieben mit in der Regel **mindestens fünf** ständigen wahlberechtigten **Arbeitnehmern,** von denen drei wählbar sind, Betriebsräte in geheimer Wahl gewählt.

276 Für *wie viele Jahre* wird ein Betriebsrat gewählt?

Die **Amtszeit** beträgt **vier Jahre,** die Wahlen finden laut § 13 BetrVerfG jeweils in der Zeit vom 1. März bis 31. Mai statt.

277 Wer ist *wahlberechtigt (aktives Wahlrecht)*?

Laut § 7 BetrVerfG alle Arbeitnehmer, die das **18. Lebensjahr vollendet** haben

Laut § 9 BetrVerfG alle Wahlberechtigten, die mindestens **sechs Monate** dem Betrieb angehören.

Wer ist *wählbar (passives Wahlrecht)?* 278

- **Betriebsratssitzungen** und **Sprechstunden** des Betriebsrates finden laut § 30 bzw. 39 BetrVerfG in der Regel **während der Arbeitszeit** statt.
- Die **Anzahl der Betriebsratsmitglieder** wächst laut § 9 BetrVerfG mit der Anzahl der Beschäftigten im Unternehmen, z. B.: bei 5 bis 20 Arbeitnehmern gibt es ein Betriebsratsmitglied, bei 21 bis 50 Arbeitnehmern drei Mitglieder, bei 1 001 bis 1 500 Arbeitnehmern 15 Mitglieder.
- **Betriebsversammlungen** sind laut § 43 BetrVerfG vom Betriebsrat in jedem Kalendervierteljahr einzuberufen. Der Betriebsrat hat in der Betriebsversammlung einen **Tätigkeitsbericht** zu erstatten. Der Arbeitgeber hat Rederecht auf der Betriebsversammlung.

Welche *Rechte* hat der Betriebsrat im Hinblick auf die *Organisation* seiner *laufenden Tätigkeit?* 279

- In Unternehmen mit mehr als hundert ständig beschäftigten Arbeitnehmern ist laut § 106 BetrVerfG ein **Wirtschaftsausschuss** zu bilden. Er hat die Aufgabe, wirtschaftliche Angelegenheiten mit dem Arbeitgeber zu beraten und den Betriebsrat zu informieren. Der Wirtschaftsausschuss besteht aus mindestens drei und höchstens sieben Mitgliedern, die vom Betriebsrat bestimmt werden. Dieses Organ soll monatlich einmal zusammentreffen.
- Bei **Betriebsänderungen** hat der Arbeitgeber bei Unternehmen mit in der Regel mehr als 20 wahlberechtigten Arbeitnehmern laut § 111 bzw. 112 den Betriebsrat über geplante Betriebsänderungen, die für Arbeitnehmer nachteilig sein könnten, zu informieren und mit dem Betriebsrat diese Änderungen zu beraten. Denkbar ist z. B. bei einem Zusammenschluss mit anderen Betrieben die Erstellung eines Sozialplans für zu entlassende Arbeitnehmer.

Nennen Sie *Mitwirkungsrechte* des Betriebsrates in *wirtschaftlichen Angelegenheiten.* 280

- Sie dient laut § 76 BetrVerfG zur **Beilegung von Meinungsverschiedenheiten** zwischen Arbeitgeber und Betriebsrat. Die Einigungsstelle ist bei Bedarf zu bilden, durch Betriebsvereinbarung kann eine ständige Einigungsstelle errichtet werden.
- Die Einigungsstelle besteht aus einer **gleichen Anzahl** von Beisitzern, die vom Arbeitgeber und dem Betriebsrat bestellt werden, sowie einem **unparteiischen Vorsitzenden,** der von beiden Seiten bestimmt wird. Beschlüsse werden mit **einfacher Mehrheit** gefasst.

Welche *Funktion* hat die *Einigungsstelle?* 281

Alle Mitglieder des Betriebsrates sind laut § 79 BetrVerfG verpflichtet, **Betriebs- oder Geschäftsgeheimnisse,** die ihnen wegen ihrer Zugehörigkeit zum Betriebsrat bekannt geworden und vom Arbeitgeber ausdrücklich als geheimhaltungsbedürftig bezeichnet worden sind, nicht weiterzugeben. Dies gilt auch nach dem Ausscheiden aus dem Betriebsrat.

Was umfasst die *Geheimhaltungspflicht* des Betriebsrates? 282

Der Arbeitnehmer hat laut § 83 BetrVerfG das Recht, **Einsicht in die Personalakte** zu nehmen – wenn er möchte auch unter Hinzuziehung eines Betriebsratsmitgliedes. Erklärungen des Arbeitnehmers zum Inhalt der Personalakte sind auf dessen Wunsch hinzuzufügen.

Welche Rechte hat der Arbeitnehmer bezüglich der *Personalakte?* 283

**284** **In welchen *sozialen Angelegenheiten* hat der Betriebsrat ein *Mitbestimmungsrecht?***

In folgenden Angelegenheiten hat der Betriebsrat laut § 87 BetrVerfG ein Mitbestimmungsrecht:

- Fragen der **Ordnung** des Betriebs und des **Verhaltens** der Arbeitnehmer im Betrieb
- Beginn und Ende der täglichen **Arbeitszeit** einschließlich der Pausen sowie Verteilung der Arbeitszeit auf die einzelnen Wochentage
- Vorübergehende **Verkürzung** oder **Verlängerung** der betriebsüblichen Arbeitszeit
- Zeit, Ort und Art der Auszahlung der **Arbeitsentgelte**
- Aufstellung allgemeiner **Urlaubsgrundsätze** und des **Urlaubsplans**
- Einführung und Anwendung von technischen Einrichtungen zur **Überwachung** der Arbeitnehmer
- Regelungen über die **Verhütung** von **Arbeitsunfällen** und **Berufskrankheiten** sowie über den **Gesundheitsschutz**
- Form, Ausgestaltung und Verwaltung von betrieblichen **Sozialeinrichtungen**
- Zuweisung und Kündigung von betrieblichen **Wohnräumen** für Arbeitnehmer des Betriebes sowie Festlegung der entsprechenden Nutzungsbedingungen
- Fragen der betrieblichen **Lohngestaltung,** insbesondere die Aufstellung von **Entlohnungsgrundsätzen** und die Einführung und Anwendung von neuen **Entlohnungsmethoden** sowie deren Änderung
- Festsetzung der **Akkord-** und **Prämiensätze** und vergleichbarer leistungsbezogener Entgelte, einschließlich der Geldfaktoren
- Grundsätze über das betriebliche **Vorschlagswesen**
- Grundsätze über die Durchführung von **Gruppenarbeit**

Kommt eine Einigung nicht zustande, entscheidet die **Einigungsstelle.**

**285** **Welche *Rechte* hat der Betriebsrat bei *Änderungen der Arbeitsplätze,* des *Arbeitsablaufs* oder der *Arbeitsumgebung?***

Werden die Arbeitnehmer durch Änderungen der Arbeitsplätze, des Arbeitsablaufs oder der Arbeitsumgebung, die gesicherten arbeitswissenschaftlichen Erkenntnissen offensichtlich widersprechen, in besonderer Weise belastet, kann der **Betriebsrat** laut § 90 f. entsprechende **Maßnahmen verlangen.** Kommt eine Einigung nicht zustande, entscheidet die **Einigungsstelle.**

**286** **Welche *Rechte* hat der Betriebsrat in Fragen der *Personalplanung?***

Laut § 92 BetrVerfG hat der Betriebsrat folgende **Rechte:**

- Der Arbeitgeber hat den Betriebsrat in Fragen der Personalplanung rechtzeitig und umfassend zu **informieren.**
- Der Arbeitgeber hat über erforderliche Maßnahmen mit dem Betriebsrat zu **beraten.**
- Der **Betriebsrat** kann dem Arbeitgeber **Vorschläge** für die Einführung einer Personalplanung und ihre Durchführung **machen.**

**287** **Welches *Recht* hat der Betriebsrat im Hinblick auf die *Ausschreibung von Arbeitsplätzen?***

Der Betriebsrat kann laut § 93 BetrVerfG verlangen, dass Arbeitsplätze, die besetzt werden sollen, vorher **innerhalb des Betriebes** ausgeschrieben werden.

**Welche** *Rechte* **hat der Betriebsrat im Hinblick auf** *Personalfragebogen* **und** *Beurteilungsgrundsätze?* 288

Personalfragebogen und Beurteilungsgrundsätze bedürfen laut § 94 BetrVerfG der **Zustimmung des Betriebsrates.**

---

**Welche** *Rechte* **besitzt der Betriebsrat hinsichtlich der Aufstellung von** *Richtlinien* **zur Personalauswahl bei** *Einstellungen, Versetzungen, Umgruppierungen* **und** *Kündigungen?* 289

Die Aufstellung von Richtlinien zur Personalauswahl bei Einstellungen, Versetzungen, Umgruppierungen und Kündigungen bedarf laut § 95 BetrVerfG der **Zustimmung des Betriebsrates.** Kommt keine Einigung zustande, entscheidet auf Antrag des Arbeitgebers die **Einigungsstelle.**

---

**Welche** *Mitbestimmungsrechte* **hat der Betriebsrat bei** *personellen Einzelmaßnahmen?* 290

- Bei personellen Einzelmaßnahmen (Einstellung, Eingruppierung, Umgruppierung, Versetzung) hat der Betriebsrat laut § 99 BetrVerfG in Unternehmen mit mehr als zwanzig wahlberechtigten Arbeitnehmern das **Informationsrecht;** außerdem muss der Arbeitgeber die **Zustimmung** des Betriebsrates einholen.
- Verweigert der Betriebsrat die Zustimmung, kann der Arbeitgeber beim **Arbeitsgericht** beantragen, die Zustimmung zu ersetzen.

---

**Welche** *Rechte* **hat der Betriebsrat bei** *Kündigungen?* 291

- Der **Betriebsrat** ist laut § 102 BetrVerfG vor jeder Kündigung **zu hören,** der Arbeitgeber hat ihm die Gründe für die Kündigung mitzuteilen. Eine **ohne Anhörung** des Betriebsrates ausgesprochene Kündigung ist **unwirksam.**
- Bedenken des Betriebsrates gegen eine **ordentliche Kündigung** muss er dem Arbeitgeber innerhalb einer Woche schriftlich mitteilen, ansonsten gilt die Zustimmung als erteilt.
- Bedenken des Betriebsrates gegen eine **außerordentliche Kündigung** muss er dem Arbeitgeber unverzüglich, spätestens innerhalb dreier Tage schriftlich mitteilen.
- Die **außerordentliche Kündigung** und **Versetzung** von Mitgliedern des **Betriebsrates** oder der **Jugend- und Auszubildendenvertretung** bedürfen der Zustimmung des Betriebsrates. Die Verweigerung der Zustimmung kann das **Arbeitsgericht** auf Antrag des Arbeitgebers ersetzen.

292 **In welchen *Fällen* kann der Betriebsrat der *ordentlichen Kündigung widersprechen?***

**Nennen Sie Beispiele.**

Laut § 102 BetrVerfG kann der Betriebsrat in folgenden Fällen **widersprechen** (Beispiele):

- Der Arbeitgeber hat bei der Auswahl des zu kündigenden Arbeitnehmers **soziale Gesichtspunkte** nicht oder nicht ausreichend berücksichtigt.
- Die Kündigung verstößt gegen eine Richtlinie nach § 95 BetrVerfG **(Auswahlrichtlinien).**
- Der zu kündigende Arbeitnehmer kann an einem **anderen Arbeitsplatz** im selben Betrieb oder in einem anderen Betrieb des Unternehmens weiterbeschäftigt werden.
- Die Weiterbeschäftigung des Arbeitnehmers ist nach zumutbaren **Umschulungs-** und **Fortbildungsmaßnahmen** möglich.
- Eine Weiterbeschäftigung des Arbeitnehmers ist unter **geänderten Vertragsbedingungen** möglich und der Arbeitnehmer hat dazu sein Einverständnis erklärt.

Handbuch: LF 1

### 3.2.10.7.3 Drittelbeteiligungsgesetz (DrittelbG)

293 **Für *welche Unternehmen* gilt das *Drittelbeteiligungsgesetz* von 2004?**

Es gilt für Unternehmen mit **mehr als 500 Arbeitnehmern** in folgenden Rechtsformen:

- **Aktiengesellschaft**
- **Kommanditgesellschaft auf Aktien**
- **Gesellschaft mit beschränkter Haftung**
- **Versicherungsverein auf Gegenseitigkeit** mit Aufsichtsrat
- **Genossenschaft**

Das Gesetz findet **keine Anwendung** auf Unternehmen, die dem **Montanmitbestimmungsgesetz** unterliegen, sowie Unternehmen, die z. B. **politischen, konfessionellen** oder **karitativen** Bestimmungen oder Zwecken der **Berichterstattung** oder **Meinungsäußerung** dienen.

294 **Welches *Mitbestimmungsrecht* sieht das *Drittelbeteiligungsgesetz* vor?**

Das Gesetz sieht vor, dass in den betreffenden Unternehmen der **Aufsichtsrat zu einem Drittel** aus Arbeitnehmervertretern bestehen muss. Man spricht in diesem Zusammenhang von einer **Drittelparität.** Die anderen zwei Drittel werden von den Anteilseignern gewählt.

295 ***Wer darf* die Aufsichtsratsmitglieder der Arbeitnehmer *wählen?***

Wahlberechtigt sind die Arbeitnehmer des Unternehmens, die das **18. Lebensjahr** vollendet haben.

Handbuch: LF 1

### 3.2.10.7.4 Montanmitbestimmungsgesetz

296 **Für *welche Unternehmen* gilt das *Montanmitbestimmungsgesetz?***

Damit dieses Gesetz Anwendung findet, müssen folgende **drei Voraussetzungen** erfüllt sein:

1. Das Unternehmen muss zur sogenannten **Montanindustrie** gehören, also ein Bergbauunternehmen oder ein Eisen und Stahl erzeugendes Industrieunternehmen sein.
2. Es muss **mehr als 1 000 Arbeitnehmer** beschäftigen.
3. Das Unternehmen muss die Rechtsform einer **Aktiengesellschaft,** einer **Gesellschaft mit beschränkter Haftung** oder einer **bergrechtlichen Gewerkschaft** mit eigener Rechtspersönlichkeit aufweisen.

- **Betriebsrat** und **Gewerkschaften** bestimmen die Arbeitnehmervertreter für den Aufsichtsrat und stellen damit zunächst 50 % der Aufsichtsratsmitglieder (ohne neutrales Mitglied) – die anderen 50 % werden durch die Anteilseigner bestimmt.
- Arbeitnehmervertreter und die Vertreter der Anteilseigner schlagen ein **weiteres Mitglied** (eine neutrale Person) für den Aufsichtsrat vor und wählen dieses gemeinsam mit der Mehrheit der Stimmen.

297 *Welche Rechte* hat die Arbeitnehmerseite im *Aufsichtsrat?*

**Beide Seiten** – Arbeitnehmerschaft und Anteilseigner – bestimmen zunächst **50 %** der Aufsichtsratsmitglieder und danach müssen **beide** Seiten dem weiteren Mitglied ihre Zustimmung geben (Parität, lateinisch, bedeutet Gleichheit).

298 *Warum* wird diese Form der Mitbestimmung *paritätische Mitbestimmung* genannt?

Ein **Arbeitsdirektor** als gleichberechtigtes Mitglied des Vorstandes kann nicht ohne die Mehrheit der Arbeitnehmervertreter des Aufsichtsrats bestimmt werden.

299 *Welches Mitbestimmungsrecht* hat die Arbeitnehmerseite im *Vorstand?*

### 3.2.10.7.5 Mitbestimmungsgesetz von 1976

Handbuch: LF 1

Es gilt für alle **Kapitalgesellschaften** mit mehr als **2 000 Arbeitnehmern,** soweit sie nicht dem Montanmitbestimmungsgesetz unterliegen.

300 Für *welche Unternehmen* gilt das *Mitbestimmungsgesetz von 1976?*

Die Arbeitnehmerseite wählt **50 % der Aufsichtsratsmitglieder.** Allerdings muss der Arbeitnehmerseite im Aufsichtsrat auch ein **leitender Angestellter** angehören, der aufgrund seiner betrieblichen Funktion häufig eher Arbeitgeberinteressen vertritt oder vertreten muss.

301 *Welche Rechte* hat die Arbeitnehmerseite im *Aufsichtsrat?*

Bei Stimmengleichheit von Arbeitnehmer- und Arbeitgeberseite, in der sogenannten **Pattsituation,** erhält der Aufsichtsratsvorsitzende **zwei Stimmen.**

302 Welche besondere Rolle nimmt der *Aufsichtsratsvorsitzende* bei Stimmengleichheit von Arbeitnehmer- und Arbeitgeberseite (Anteilseigner) im Aufsichtsrat ein?

303 *Wie* werden der *Aufsichtsratsvorsitzende* und sein Stellvertreter *gewählt?*

Der **Aufsichtsratsvorsitzende** wie auch sein **Stellvertreter** werden vom Aufsichtsrat mit **Zweidrittelmehrheit** gewählt. Können sich die Aufsichtsratsmitglieder aufgrund dieser Situation auf die entsprechenden Personen nicht einigen, wählen die Vertreter der Anteilseigner den Vorsitzenden und die Arbeitnehmervertreter den Stellvertreter.

## 3.2.11 Rechtsformen der Unternehmung

### 3.2.11.1 Überblick

Handbuch: LF 1

ZP

304 Welche *Bestimmungsgründe* sind vornehmlich für die *Wahl einer Unternehmensrechtsform* maßgeblich?

- **Anzahl der Gründungsmitglieder**
- Möglichkeiten der **Kapitalaufbringung** (Anzahl der Personen, Höhe der Kapitalsumme)
- **Haftungsumfang** (Voll- oder Teilhafter)
- **steuerrechtliche Behandlung** (z. B. des Gewinns)
- **Entscheidungsbefugnisse** (z. B. Geschäftsführung, Vertretung)
- **Gewinn- und Verlustverteilung**
- rechtliche Vorschriften zur **Mitbestimmung** der Arbeitnehmerschaft

ZP

305 In welche *Gruppen* werden die *Rechtsformen von Unternehmen* unterteilt?

**Rechtsformen**
- **Einzelunternehmen**
- **Gesellschaftsunternehmen**
  - Personengesellschaften (z. B. OHG, KG)
  - Kapitalgesellschaften (z. B. GmbH, AG)
- **Sonderformen** (z. B. BGB-Gesellschaft, Genossenschaft)

### 3.2.11.2 Einzelunternehmen

Handbuch: LF 1

ZP

306 Welche *Vorteile* weist ein *Einzelunternehmen* auf?

- Der alleinige Eigentümer hat auch die **alleinige Entscheidungsmacht.** Rasche Entscheidungen gerade bei plötzlichen Marktveränderungen sind möglich.
- Es ist **kein Mindestkapital** für die Gründung vorgeschrieben.
- Der Eigentümer kann **allein** über die Verwendung des erwirtschafteten **Gewinns entscheiden.**
- Der Eigentümer hat ein **hohes Interesse** an der **wirtschaftlichen Entwicklung** des Unternehmens.

ZP

307 Welche *Nachteile* weist das *Einzelunternehmen* auf?

- Der Eigentümer hat das **alleinige wirtschaftliche Risiko,** er **haftet allein** mit seinem **Privat-** und **Geschäftsvermögen.**
- Die **Finanzierungs-** und **Kreditmöglichkeiten** sind **eng begrenzt.** Die **Expansionsfähigkeit** des Unternehmens ist **folglich begrenzt.**

## 3.2.11.3 Personengesellschaften

### 3.2.11.3.1 Grundsätzliches zu Personengesellschaften

Handbuch: LF 1

ZP
Welche *Vorteile* hat eine *Personengesellschaft?* 308

- Das **wirtschaftliche Risiko** und damit auch die **Haftung** werden auf mehrere Personen **verteilt.**
- Das notwendige **Kapital** wird von **mehreren Personen** aufgebracht, es ergeben sich **bessere Finanzierungs- und Kreditmöglichkeiten** als z. B. bei einer Einzelunternehmung.
- Eine Arbeitsteilung ist möglich, da die **einzelnen Eigentümer** jeweils ihre **persönlichen Kenntnisse und Fähigkeiten** einbringen können.
- Es ist **kein Mindestkapital** für die Gründung vorgeschrieben.

ZP
Welche *Nachteile* weist eine *Personengesellschaft* auf? 309

- Es kann auf der Eigentümerebene zu **Streitigkeiten** und **langen Entscheidungsprozessen** kommen.
- Der **einzelne Eigentümer** hat unter Umständen **weniger Interesse** an der wirtschaftlichen Entwicklung als beispielsweise bei einer Einzelunternehmung.
- Gegenüber der Kapitalgesellschaft sind die **Finanzierungs- und Kreditmöglichkeiten** und damit die **Expansionsfähigkeit eingeschränkt.**

ZP
Durch *welche Umstände* wird eine *Personengesellschaft aufgelöst?* 310

- **Entscheidung** der Gesellschafter
- **Ablauf** der festgelegten **Zeit**
- **Eröffnung** des **Insolvenzverfahrens**
- Entscheidung durch **Gerichtsurteil**

### 3.2.11.3.2 Offene Handelsgesellschaft (OHG)

Handbuch: LF 1

ZP
Welche *allgemeinen Merkmale* weist eine OHG auf? 311

- Zweck einer OHG ist laut § 105 HGB der **Betrieb eines Handelsgewerbes** unter **gemeinschaftlicher Firma.**
- Zur **Gründung** einer OHG sind mindestens **zwei Personen** notwendig, ein Mindestkapital ist nicht vorgeschrieben.
- Bei keinem der Gesellschafter ist die **Haftung** gegenüber den Gesellschaftsgläubigern eingeschränkt.
- Zur **Führung der Geschäfte** der Gesellschaft sind **alle Gesellschafter berechtigt** und **verpflichtet.**
- Das Rechtsverhältnis der Gesellschafter untereinander wird laut § 109 HGB im **Gesellschaftsvertrag** festgelegt.

ZP
Wie erfolgt die *Verteilung des Gewinns* und *des Verlustes?* 312

- Nach § 121 HGB erhält jeder Gesellschafter vom **Gewinn 4 %** auf seinen **Kapitalanteil.** Übersteigt der Gewinn diesen Betrag, wird der **Rest nach Köpfen** verteilt.
- Der **Verlust** wird **nach Köpfen** verteilt.
- Im **Gesellschaftsvertrag** kann eine **andere Regelung** über die Gewinn- und Verlustverteilung festgelegt werden.

313 ZP *Verteilen* Sie den *Gewinn* einer OHG von 125.000,00 € nach der gesetzlichen Regelung: *Gesellschafter-Kapital von Gesellschafter A: 420.000,00 €, von Gesellschafter B: 380.000,00 €, von Gesellschafter C: 260.000,00 €.*

| Gesellschafter | Kapital | Gewinnanteil 4 % | Restgewinn | Gesamtgewinn |
|---|---|---|---|---|
| A | 420.000,00 € | 16.800,00 € | 27.533,34 € | 44.333,34 € |
| B | 380.000,00 € | 15.200,00 € | 27.533,33 € | 42.733,33 € |
| C | 260.000,00 € | 10.400,00 € | 27.533,34 € | 37.933,33 € |
| Gesamt | 1.060.000,00 € | 42.400,00 € | 82.600,00 € | 125.000,00 € |

314 ZP Gegenüber Gesellschaftsgläubigern haften die Gesellschafter *unbeschränkt, unmittelbar* und *solidarisch*. Was ist damit gemeint?

- **Unbeschränkte Haftung:** Im Außenverhältnis haften jeweils alle Gesellschafter sowohl mit ihrem **Geschäfts-** als auch mit ihrem **Privatvermögen.**
- **Unmittelbare Haftung:** Die Gesellschaftsgläubiger können ihre Forderungen **direkt** von **jedem einzelnen Gesellschafter** einfordern, sie müssen sich nicht vorher an die OHG allgemein wenden. Jeder Gesellschafter haftet im Außenverhältnis den Gläubigern als **Gesamtschuldner.**
- **Solidarische Haftung:** Fordert ein Gesellschaftsgläubiger von nur einem Gesellschafter im Rahmen dessen gesamtschuldnerischer Haftung seine Forderungen ein, hat der betreffende Gesellschafter das Recht, sich im Innenverhältnis an die anderen Gläubiger zu halten, um eine gleichmäßige **Verteilung der Gläubigerschulden** zu erzielen.

315 ZP Welche allgemeinen *Rechte* hat ein *Gesellschafter* einer OHG?

- Recht auf **Gewinnanteil** (siehe oben)
- Recht auf **Privatentnahmen**
- Recht auf **Geschäftsführung:** Bei gewöhnlichen Geschäften hat jeder Gesellschafter das Recht auf Einzelentscheidung, bei außergewöhnlichen Geschäften (z. B. Grundstücksverkauf) ist ein Beschluss sämtlicher Gesellschafter erforderlich.
- Recht auf **Vertretungsbefugnis** im Außenverhältnis (Einzelvertretungsbefugnis); der Gesellschaftsvertrag kann eine gemeinsame Gesamtvertretung aller Gesellschafter für alle oder einzelne Geschäfte vorsehen.
- **Informations-** und **Kontrollrecht** (gilt auch bei Einschränkung der Geschäftsführung laut Gesellschaftsvertrag)
- Recht auf **Widerspruch** gegenüber Entscheidungen anderer Gesellschafter
- Recht auf **Kündigung** eines Gesellschafters innerhalb sechs Monaten zum Schluss des Geschäftsjahres
- Recht auf Anteil am **Liquidationserlös**

316 ZP Welche allgemeinen *Pflichten* hat ein *Gesellschafter* einer OHG?

- **Einlagepflicht** des Kapitalanteils
- **Verzinsungspflicht** z. B. bei verspäteter Einlage
- **Wettbewerbsverbot:** Ein Gesellschafter darf ohne Einwilligung anderer Gesellschafter weder in dem Handelszweig der Gesellschaft Geschäfte machen noch an einer anderen gleichartigen Handelsgesellschaft als persönlich haftender Gesellschafter beteiligt sein.
- Pflicht zur **Geschäftsführung**
- Beteiligung am **Verlust** (siehe oben)
- **Haftungspflicht** (siehe oben)

### 3.2.11.3.3 Kommanditgesellschaft (KG)

Handbuch: LF 1

ZP 317

Welche *allgemeinen Merkmale* weist eine KG auf?

- Zweck einer KG ist laut § 161 HGB der **Betrieb eines Handelsgewerbes** unter **gemeinschaftlicher Firma.**
- Zur **Gründung** einer KG sind mindestens **zwei Personen** notwendig, mindestens je ein Voll- und Teilhafter.
- Ein Mindestkapital ist nicht vorgeschrieben.
- Im Hinblick auf den Umfang der **Haftung** gegenüber den Gesellschaftsgläubigern unterscheidet man **Komplementäre** (Vollhafter) und **Kommanditisten** (Teilhafter). Die Komplementäre haften mit ihrem Geschäfts- und Privatvermögen, die Kommanditisten nur mit der Höhe ihrer Einlage. Die Komplementäre haften gegenüber Gesellschaftsgläubigern ebenso wie die Gesellschafter einer OHG unbeschränkt, unmittelbar und solidarisch (siehe Vorseite).
- Hinsichtlich der **Führung der Geschäfte** der Gesellschaft haben die **Komplementäre** dieselben Rechte und Pflichten wie die Gesellschafter einer OHG (siehe Vorseite).
- Die **Kommanditisten** sind von der Führung der Geschäfte der Gesellschaft ausgeschlossen. Sie haben aber ein **Widerspruchsrecht** bei außergewöhnlichen Geschäften, z. B. bei Änderung des Geschäftszweiges. Weiterhin verfügen die Kommanditisten über ein **Kontrollrecht.** Sie haben Einblick in die Bücher und in die Bilanz. Die Kommanditisten sind zur Vertretung der Gesellschaft nach außen nicht ermächtigt, sie unterliegen aber nicht dem Wettbewerbsverbot.

ZP 318

Wie erfolgt die *Verteilung des Gewinns* und *des Verlustes?*

- Nach § 168 HGB erhält jeder Gesellschafter vom **Gewinn 4 %** auf seinen **Kapitalanteil.** Übersteigt der Gewinn diesen Betrag, wird der **Rest im angemessenen Verhältnis** verteilt.
- Der **Verlust** wird im **angemessenen Verhältnis** verteilt.
- Im **Gesellschaftsvertrag** kann eine **andere Regelung** über die Gewinn- und Verlustverteilung festgelegt werden.

ZP 319

*Verteilen* Sie den *KG-Gewinn* von 125.000,00 € : *je 4 % pro Gesellschafteranteil; Gesellschafter A: 420.000,00 €, Gesellschafter B: 380.000,00 €, Gesellschafter C: 260.000,00 €. Die Komplementäre A und B erhalten vom Restgewinn je 40 %, C 20 %.*

| Gesellschaft | Kapital | Gewinnanteil 4 % | Restgewinn | Gesamtgewinn |
|---|---|---|---|---|
| A | 420.000,00 € | 16.800,00 € | 33.040,00 € | 49.840,00 € |
| B | 380.000,00 € | 15.200,00 € | 33.040,00 € | 48.240,00 € |
| C | 260.000,00 € | 10.400,00 € | 16.520,00 € | 26.920,00 € |
| Gesamt | 1.060.000,00 € | 42.400,00 € | 82.600,00 € | 125.000,00 € |

ZP 320

Welche *Rechte* haben die *Komplementäre* einer KG?

Die **Komplementäre** haben dieselben Rechte wie die Gesellschafter einer OHG (siehe S. 448).

## 3.2.11.4 Kapitalgesellschaften

### 3.2.11.4.1 Grundsätzliches zu Kapitalgesellschaften

Handbuch: LF 1

ZP

321 Welche *Vorteile* hat eine *Kapitalgesellschaft?*

- Das **wirtschaftliche Risiko** und damit auch die **Haftung** werden auf das Gesellschaftsvermögen **beschränkt.**
- Kapitalgesellschaften sind **juristische Personen** mit dem Vorteil der eigenen Rechtspersönlichkeit (z. B. kann dadurch die Haftung der Gesellschafter mit ihrem Privatvermögen ausgeschlossen werden).
- Die **Übertragung von Geschäftsanteilen** ist **einfach möglich,** der Fortbestand des Unternehmens ist dadurch prinzipiell gesichert.
- Die **Finanzierungs-** und **Kreditmöglichkeiten** sind durch die Nutzung des Kapitalmarktes prinzipiell **gut.**

ZP

322 Welche *Nachteile* weist eine *Kapitalgesellschaft* auf?

- Es ist ein **Mindestkapital** zur Gründung der Kapitalgesellschaft **notwendig** (unerheblich nur bei der haftungsbeschränkten Unternehmergesellschaft).
- Es müssen **mehrere Organe** eingerichtet werden, die rasche **Entscheidungen** häufig **erschweren.**
- **Gründungskosten** sind in der Regel **höher** als bei Personengesellschaften.
- Bei großen Kapitalgesellschaften können umfangreiche **Mitbestimmungsrechte** der Arbeitnehmervertreter **Entscheidungsprozesse verzögern.**
- Große Kapitalgesellschaften unterliegen **umfangreichen Offenlegungspflichten** beim Jahresabschluss.

ZP

323 Durch *welche Umstände* wird eine *Kapitalgesellschaft aufgelöst?*

- **Entscheidung** der Gesellschafter (Beschluss mit qualifizierter Mehrheit)
- durch **Ablauf** der in der Satzung festgelegten **Zeit**
- **Eröffnung** des **Insolvenzverfahrens**
- Entscheidung durch **Gerichtsurteil**

### 3.2.11.4.2 Gesellschaft mit beschränkter Haftung (GmbH)

Handbuch: LF 1

ZP

324 Welche *allgemeinen Merkmale* weist eine *GmbH* auf?

- Nach § 1 des GmbH-Gesetzes kann eine GmbH zu jedem gesetzlich zugelassenen Zweck von **einer** oder **mehreren Personen gegründet** werden.
- Als **Kapitalgesellschaft** ist die GmbH eine **juristische Person,** sie hat als solche selbstständig ihre Rechte und Pflichten. Sie **kann Eigentum erwerben,** vor Gericht **klagen** und **verklagt werden.**
- Der **Gesellschaftsvertrag** einer GmbH bedarf notarieller Form.
- Die **Haftung** der Gesellschaft gegenüber den Gläubigern ist auf das **Gesellschaftsvermögen begrenzt.**
- Als **Mindestkapital** muss das **Stammkapital** der Gesellschaft **25.000,00 €** betragen, als **„Unternehmergesellschaft (haftungsbeschränkt)“** kann eine Gründung mit einem Stammkapital von **einem Euro** erfolgen. Die „UG (haftungsbeschränkt)“ darf ihre jährlichen Gewinne allerdings nicht in voller Höhe ausschütten, dadurch soll das Mindeststammkapital einer

normalen GmbH von 25.000,00 € nach und nach **angespart** werden.

- Der **Nennbetrag** jedes Geschäftsanteils eines Gesellschafters muss auf **volle Euro** lauten. Ein Gesellschafter kann bei Errichtung der Gesellschaft **mehrere Geschäftsanteile** übernehmen. Die **Summe der Nennbeträge** aller Geschäftsanteile muss **mit** dem **Stammkapital übereinstimmen.** Es können auch **Sacheinlagen** geleistet werden. Geschäftsanteile sind veräußerlich und vererblich.
- Die Gesellschaft muss einen oder mehrere **Geschäftsführer** haben. Geschäftsführer kann nur eine natürliche, unbeschränkt geschäftsfähige Person sein. Die GmbH wird durch Geschäftsführer gerichtlich und außergerichtlich vertreten.

**ZP** 325

**Welche *Inhalte* muss der *Gesellschaftsvertrag einer GmbH* mindestens aufweisen?**

- die **Firma** und den **Sitz** der Gesellschaft
- den **Gegenstand** des Unternehmens
- den **Betrag** des **Stammkapitals**
- die **Zahl** und die **Nennbeträge der Geschäftsanteile,** die jeder Gesellschafter gegen Einlage auf das Stammkapital (Stammeinlage) übernimmt

**ZP** 326

**Welche *Inhalte* umfasst die *Eintragung* der GmbH *in* das *Handelsregister?***

- **Firma** und **Sitz** der Gesellschaft
- **inländische Geschäftsanschrift**
- **Gegenstand des Unternehmens**
- **Höhe des Stammkapitals**
- **Tag des Abschlusses** des Gesellschaftsvertrages
- **Personen** der Geschäftsführer
- **Umfang der Vertretungsbefugnis** der Geschäftsführer

**ZP** 327

**Welche *Rechte* besitzt der *Gesellschafter* einer GmbH?**

- Recht auf **Gewinnanteil** im Verhältnis der Geschäftsanteile. Der Gesellschaftsvertrag kann auch eine andere Verteilung vorsehen.
- **Stimmrecht** in der Gesellschafterversammlung, jeder Euro eines Geschäftsanteils gewährt eine Stimme.
- Recht auf **Auskunft** über die Angelegenheiten der Gesellschafter und auf Einsicht der Bücher und Schriften
- Recht auf **Liquidationserlös**

**ZP** 328

**Welche *Pflichten* besitzt der *Gesellschafter* einer GmbH?**

- **Feststellung des Jahresabschlusses** und **Verwendung** des **Ergebnisses**
- Entscheidung über die **Offenlegung** eines Einzelabschlusses nach internationalen Rechnungslegungsstandards
- **Billigung** eines von den Geschäftsführern aufgestellten **Konzernabschlusses**
- **Einforderung** der **Einlagen**
- **Rückzahlung** von nicht benötigten **Nachschüssen**
- **Teilung, Zusammenlegung** sowie **Einziehung** von **Geschäftsanteilen**
- **Bestellung** und **Abberufung** von **Geschäftsführern** sowie **Entlastung** derselben
- Maßregeln zur **Prüfung** und **Überwachung** der **Geschäftsführung**
- **Bestellung** von **Prokuristen** und von **Handlungsbevollmächtigten zum gesamten Geschäftsbetrieb**
- Geltendmachung von **Einzelansprüchen** sowie **Vertretung** der **Gesellschaft in Prozessen,** welche sie **gegen die Geschäftsführer** zu führen hat

Handbuch: LF 1

### 3.2.11.4.3 Aktiengesellschaft (AG)

329 ZP
**Welche *allgemeinen Merkmale* weist eine Aktiengesellschaft (AG) auf?**

- Die Aktiengesellschaft ist eine Gesellschaft mit **eigener Rechtspersönlichkeit.** Zur Gründung einer AG ist **mindestens eine Person** notwendig.
- Für die Verbindlichkeiten der Gesellschaft **haftet** den Gläubigern **nur das Gesellschaftsvermögen.**
- Die Aktiengesellschaft hat ein **in Aktien zerlegtes Grundkapital,** dieses beträgt **mindestens 50.000,00 €.**
- Die **Aktien** der **Aktionäre** (Anteilseigner) können entweder als **Nennbetragsaktien** (mindestens ein Euro) oder **Stückaktien** herausgegeben werden.
- Jede Aktie gewährt prinzipiell das **Stimmrecht** in der Hauptversammlung, allerdings können auch **Vorzugsaktien** als Aktien ohne Stimmrecht ausgegeben werden.
- Die **Satzung** einer Aktiengesellschaft muss durch **notarielle Beurkundung** festgestellt werden.
- Die Bestimmungen zur Aktiengesellschaft sind im **Aktiengesetz (AktG)** niedergelegt.

330 ZP
**Welche *Organe* werden bei der *Aktiengesellschaft* unterschieden und welche *Aufgaben* haben sie?**

- Der **Vorstand** gilt als **leitendes** und **ausführendes Organ.** Er vertritt die Aktiengesellschaft nach außen und besteht aus mindestens einer Person. Er stellt den **Jahresabschluss** und **Lagebericht** vor und **beruft** die **Hauptversammlung** ein. Der Vorstand hat umfassende Berichtspflichten gegenüber dem Aufsichtsrat. Der Vorstand wird auf **fünf Jahre** bestellt. Die Vorstandsmitglieder unterliegen dem **Wettbewerbsverbot.** Sie haben bei ihrer Geschäftsführung die Sorgfalt eines ordentlichen und gewissenhaften Geschäftsleiters anzuwenden.
- Der **Aufsichtsrat** stellt das **überwachende Organ** (Kontrollorgan) dar. Er **überwacht** die **Geschäftsführung** und hat das **Recht auf Einsicht** und **Prüfung der Bücher.** Der Aufsichtsrat **bestellt** den **Vorstand.** Der Aufsichtsrat wird auf **vier Jahre** gewählt und besteht aus mindestens drei Mitgliedern.
- Die **Hauptversammlung** stellt das **beschlussfassende Organ** dar, die Aktionäre üben dort das **Stimmrecht** aus. Die Hauptversammlung entscheidet u. a. über die **Verwendung des Bilanzgewinns.** Die Anteilseigner wählen die **Aktionärsvertreter des Aufsichtsrates.**

331 ZP
**Wie erfolgt die *Gewinnausschüttung* bei einer Aktiengesellschaft?**

Die Aktionäre haben ein Recht auf einen Gewinnanteil, der **Dividende** genannt wird. Die Dividende wird **in Prozent** angegeben und bezieht sich auf den **Nennbetrag** der Aktie.

Lernfeld 9

# 3.3 Das Unternehmen im gesamt- und weltwirtschaftlichen Zusammenhang einordnen

## 3.3.1 Investitionen und Wirtschaftswachstum

### 3.3.1.1 Rahmenbedingungen für Investitionen und Wirtschaftswachstum

Handbuch: LF 9

**ZP**

332 **Bei welchen *betrieblichen Anlässen* spielen Standortfaktoren eine Rolle?**

Bei Unternehmensgründungen und/oder -verlagerungen werden in der Fachliteratur in erster Linie die **Standortfaktoren** als wichtigste Entscheidungsgrundlage genannt.

- **positive Standortwahl,** z. B. eine Neuansiedlung
- **negative Standortwahl,** z. B. eine Unternehmensschließung in einer Stadt und/oder einer bestimmten Region bzw. einem Land

333 **Nach welchen *Unterscheidungsmerkmalen* können Standortfaktoren eingeteilt werden? Nennen Sie hierzu jeweils *zwei Beispiele.***

- **betriebliche Funktionsbereiche**
  - Beschaffungsorientierung, z. B. vorhandenes Fachkräftepotenzial
  - Absatzorientierung, z. B. kaufkräftiger Absatzmarkt
  - Produktionsorientierung, z. B. Umweltschutzauflagen
- **leistungsbezogene** („harte") **Standortfaktoren**
  - Höhe der Arbeitslöhne
  - Höhe der Gebäudemieten
  - Höhe der steuerlichen Abgaben, z. B. Grund- und Gewerbesteuern
- **allgemeine** („weiche") **Standortfaktoren**
  - Vorhandensein kultureller Einrichtungen, z. B. Theater, Schulen
  - Freizeitangebote

334 **Welche *Abwägungsprozesse* sind bei der Auswahl eines möglichst *optimalen Standortes* im Ausland vorzunehmen?**

- **Abwägung** der **wirtschaftlichen** und **politischen Risiken** im Hinblick auf die alternativen Standorte
- **Abwägung** zwischen der Höhe der **Transportkosten** (z. B. zu einem Auslandslager) und der Höhe der **Investitionskosten** (z. B. Neuaufbau einer wirtschaftlich selbstständigen Tochtergesellschaft im Ausland)

**335** Welcher *Zielkonflikt* kann bei *Standortverlagerungen* in *strukturschwachen Regionen* auftreten?

- **Nachteile:**
  - höhere Transportkosten
  - Marktferne zu den Beschaffungs- und/oder Absatzmärkten
  - andere kulturelle Mentalitäten
- **Vorteile:**
  - niedrigere Arbeitskosten
  - staatliche Zuschüsse
  - niedrigere Hebesätze bei der Gewerbesteuer

**336** Was versteht man im Allgemeinen unter *wirtschaftlichem Wachstum?*

- Wirtschaftliches Wachstum liegt vor, wenn in einer Volkswirtschaft innerhalb eines **vergleichbaren Zeitraumes** (Veränderung zwischen Vor- und Berichtsjahr) **mehr Waren** und **Dienstleistungen** her- bzw. bereitgestellt werden.
- Nach dem 2. Weltkrieg bis Ende der 60er-Jahre wurde das **Wirtschaftswachstum** der Volkswirtschaft in der Bundesrepublik Deutschland mit einer **Wohlstandsvermehrung** und einer Verbesserung des Lebensstandards gleichgesetzt. Die Unterscheidung zwischen quantitativem und qualitativem Wachstum („Club of Rome") wurde damals noch **nicht** vorgenommen.

**337** Welche *betriebswirtschaftlichen Bestimmungsgrößen* und *volkswirtschaftlichen Rahmenbedingungen* haben *Einfluss* auf das wirtschaftliche Wachstum? Zeigen Sie jeweils hierzu eine *Konsequenz* mit einem *Beispiel* auf.

Mögliche **betriebswirtschaftliche Bestimmungsgrößen** und **volkswirtschaftliche Rahmenbedingungen:**

- **Beschaffenheit des Produktionspotenzials:**
  **Ausstattung** einer Volkswirtschaft mit **Produktionsfaktoren** wie **Natur** (in erster Linie Boden/Rohstoffe), **Arbeit** (insbesondere Bildungsstruktur und technische Intelligenz) und **Kapital** (Sach- und Finanzanlagen)
- **Gewinnerwartungen und Investitionsentscheidungen:**
  Ein Unternehmen wird bei positiven und längerfristigen **Gewinnerwartungen** eher bereit sein, Investitionen je nach Grad einer **optimistischen Einschätzung** in
  - ***Erweiterungsinvestitionen,*** z. B. neue Produktionshalle, oder nur in
  - ***Ersatzinvestitionen,*** z. B. modernere Produktionsanlage,

  vorzunehmen.
- **Höhe des Zinsniveaus:**
  - ***Niedrigere Zinssätze*** führen grundsätzlich verstärkt zu einer ***größeren Bereitschaft*** zur ***Kreditaufnahme*** von ***Unternehmen*** und privaten ***Haushalten*** (Finanzierung von Investitions- und/oder Konsumgütern).
  - Voraussetzung für eine höhere ***Investitionsquote*** und somit zur ***Kapitalbildung*** besteht grundsätzlich im ***Konsumverzicht*** durch private Ersparnisse (Erhöhung der Sparquote).
- **Höhe des privaten Konsums:**
  **Positive Erwartungen** bei der Veränderung des zur **Verfügung** stehenden **Einkommens** können grundsätzlich zu einer verstärkten Nachfrage nach **Konsumgütern** führen und wären dann eher **wachstumsfördernd,** negative **Erwartungen** wären eher **wachstumshemmend.**
- **Verbesserung gesamtwirtschaftlicher (makroökonomischer) Rahmendaten:**
  Hohe Standards beim **Arbeits-, Wirtschafts-, Umwelt-** und **Sozialrecht** in Verbindung mit einer funktionierenden und gut ausgebauten **Infrastruktur sind wachstumsfördernd.**

- **nominales Wachstum**

  Beim **nominalen** Wachstum wird das Ansteigen des nominalen Bruttoinlandsproduktes (BIP) zu den **Marktpreisen** der jeweiligen Wirtschaftsperiode in einer Volkswirtschaft zugrunde gelegt.

- **reales Wachstum**

  Beim **realen** Wachstum wird vom nominalen BIP die **Preissteigerungsrate,** die innerhalb des Vergleichszeitraumes (Vor- und Berichtsjahr) eingetreten ist, abgezogen.

| BIP nominal | BIP nominal | Preissteigerungsrate | Steigerung BIP real | BIP real |
|---|---|---|---|---|
| Vorjahr | Berichtsjahr | in v. H. | in v. H. | Berichtsjahr |
| 100 GE | 105 GE | 3 | 2 | 102 GE |

Welcher Unterschied besteht zwischen dem *nominalen* und dem *realen wirtschaftlichen Wachstum?* 338

- **quantitatives Wachstum**

  Beim quantitativen Wachstum wird nur die **mengenmäßige Erhöhung** der volkswirtschaftlichen Leistungen (nominales BIP) zugrunde gelegt, **strukturelle Veränderungen** z. B. im Umweltbereich werden nicht berücksichtigt.

- **qualitatives Wachstum**

  Beim qualitativen Wachstum werden auch Aspekte berücksichtigt, die die **Lebensqualität** des Menschen verbessern. Zu diesem Zweck soll z. B. durch eine **ressourcenschonendere** Produktion ein möglichst **nachhaltiges** Wachstum erreicht werden.

Welcher Unterschied besteht zwischen dem *quantitativen* und dem *qualitativen wirtschaftlichen Wachstum?* 339

Zunehmende **ökologische Probleme** (Smog, Atemwegserkrankungen, Wasserverschmutzung) **bremsen** die **hohen Wachstumsraten** in diesen Regionen und führen zu erheblichen **Folgekosten** und zu einer Verschlechterung der Lebensqualität.

Welche *Grenzen des wirtschaftlichen Wachstums* lassen sich in aufstrebenden Wirtschaftsregionen (China/Indien) aufzeigen? 340

## 3.3.1.2 Chancen und Grenzen staatlicher Wirtschaftsförderung

Handbuch: LF 9

Durch bestimmte **Maßnahmen** versucht der Staat, im Rahmen der Wirtschaftspolitik **Einfluss** auf das Wirtschaftsgeschehen zu nehmen. Zu diesem Zweck kann er u. a. die Förderung des Kaufs schadstoffärmerer Autos, z. B. durch eine „Abwrackprämie“, beeinflussen.

Was versteht man im Allgemeinen unter *staatlicher Wirtschaftsförderung?* 341

**342** Welche unterschiedlichen *Formen* der *Wirtschaftsförderung* gibt es?

- **sektorale oder branchenbezogene Wirtschaftsförderung:** Durch staatliche **Subventionen** (direkte Geldleistungen oder steuerliche Ermäßigungen) werden bestimmte **Sektoren** oder **Branchen unterstützt.** Insbesondere durch den **Strukturwandel** zur Dienstleistungsgesellschaft haben **Unterstützungszahlungen Anpassungs- und Integrationsprobleme** abgefedert.
- **regionale Wirtschaftsförderung:** Bestimmte **Regionen** werden z. B. durch **kostengünstige** Gewerbegrundstücke und/oder **niedrige** Hebesätze bei der Gewerbesteuer für eine neue Standortansiedlung **gefördert.**
- **Fördermaßnahmen für bestimmte Unternehmensgruppen:** **Existenz-** und/oder **Gründungsfördermaßnahmen** für Unternehmen u. a. im Bereich der **erneuerbaren Energien.** Sie erhalten z. B. zinsgünstigere Kredite der Kreditanstalt für Wiederaufbau (KfW), um Strukturveränderungen für eine **nachhaltigere** Entwicklung zu fördern.

**343** Welche *Chancen* können sich durch strukturpolitische *Fördermaßnahmen* ergeben?

Staatliche **Fördermaßnamen** (u. a. Infrastrukturverbesserungen) in strukturschwachen Regionen bieten die Möglichkeit, einen Beitrag zum verfassungsrechtlichen Ziel der **Angleichung der Lebensverhältnisse** (Verringerung des Wohlstandsgefälles) zwischen Ost- und Westdeutschland zu leisten.

**344** Welche *Risiken* können sich durch staatliche *Fördermaßnahmen* ergeben?

- Staatliche **Fördermaßnamen** (u. a. durch staatliche Subventionen) können dann zu **Risiken** für die gesamte Volkswirtschaft führen, wenn ein gesamtgesellschaftlicher **Strukturwandel nicht** in dem erforderlichen Umfang vollzogen wird.
- Staatliche **Fördermaßnamen** und Beteiligungen können zur **Wettbewerbsverzerrung** und zu einer langfristigen und **hohen Verschuldung** öffentlicher Haushalte führen.

**345** Welche *Gefahren* können sich durch einen Strukturwandel für die volkswirtschaftlichen Produktionsfaktoren ergeben, wenn staatliche *Fördermaßnahmen nicht* geleistet werden?

- **Produktionsfaktor (PF) Arbeit:** Für den **PF Arbeit** kann durch den Strukturwandel bei **Werksschließungen** ein hoher **Anpassungsdruck** entstehen. Durch die Schließung z. B. der gesamten Handy-Produktion in Deutschland werden **Arbeitsplätze abgebaut** und es besteht die Gefahr des **Anstiegs** der **Arbeitslosenquote.**
- **Produktionsfaktor (PF) Boden:** Für den **PF Boden** entsteht durch eine **schadstoffhaltige Produktion** die Gefahr der **Bodenverseuchung.**
- **Produktionsfaktor (PF) Kapital:** Für den **PF Kapital** führen negative betriebswirtschaftliche Kennziffern zu Insolvenzen und der **Kapitalstock** der Volkswirtschaft **schrumpft.**

**346** Welche *Ziele* umfasst die *Strukturpolitik* der *Europäischen Union (EU)?*

- **Förderung** der **Entwicklung** und der strukturellen **Anpassung** in den **rückständigen Gebieten** der EU (Pro-Kopf-Einkommen unter 75 % des EU-Durchschnitts, dünn besiedelte Gebiete)
- **Unterstützung** der wirtschaftlichen und sozialen Umgebung in **Gebieten** mit Strukturproblemen
- Hilfe zur **Anpassung** und **Modernisierung** der **Bildungs-, Ausbildungs-** und **Beschäftigungssysteme**

## 3.3.2 Wirtschaftskreislauf und volkswirtschaftliche Gesamtrechnung

### 3.3.2.1 Wirtschaftssubjekte im Modell des erweiterten Wirtschaftskreislaufs

Handbuch: LF 9

**Geldströme zwischen den Wirtschaftssubjekten:**

| *zum Wirtschaftssubjekt / vom Wirtschaftssubjekt* | *Private Haushalte* | *Unternehmen* | *Kreditinstitute* | *Staat (öffentliche Haushalte)* | *Ausland* |
|---|---|---|---|---|---|
| *Private Haushalte* | – | *(13)* | *(5)* | *(10)* | – |
| *Unternehmen* | *(12)* | – | *(6)* | *(10)* | *(14)* |
| *Kreditinstitute* | *(4)* | *(3)* | – | *(7) (10)* | *(2)* |
| *Staat* | *(9) (12)* | *(11)* | *(8)* | – | – |
| *Ausland* | – | *(15)* | *(1)* | – | – |

347

Ordnen Sie im Modell des erweiterten Wirtschaftskreislaufs die unten stehenden 15 *Geldströme den einzelnen Wirtschaftssubjekten* durch Eintragung der entsprechenden *Kennziffer* in die Matrix zu.

*(1) Kapitaleinfuhr*
*(2) Kapitalausfuhr*
*(3) Kredite f. Investitionen*
*(4) Konsumkredite*
*(5) Sparen der private Haushalte*
*(6) Sparen der Unternehmen*
*(7) Kredite für den Staat*
*(8) Sparen des Staates*
*(9) Sozialleistungen*
*(10) Steuern (3 x)*
*(11) Subventionen, Staatsaufträge*
*(12) Löhne u. Gehälter (2 x)*
*(13) Privater Konsum*
*(14) Zahlungen für Importe*
*(15) Ausfuhrerlöse*

- **Güterstrom** (realer Strom)

  Die privaten **Haushalte** stellen den **Unternehmungen** die **Produktionsfaktoren Arbeit, Boden und Kapital** zur Verfügung.

- **Geldstrom** (monetärer Strom)

  Die **Unternehmungen** bezahlen als Gegenleistung an die privaten **Haushalte Faktorentgelte** (Gehälter, Löhne, Pacht, Mieten, Zinsen, Dividenden).

348

Was *stellen* die Haushalte den Unternehmungen beim einfachen Wirtschaftskreislauf *zur Verfügung* und was erhalten die Haushalte als *Gegenleistung* von den Unternehmen?

349 **Welche *Unterschiede* bestehen zwischen dem *einfachen* und dem *erweiterten Wirtschaftskreislauf?***

- Zusätzlich zu den privaten Haushalten und den Unternehmungen kommen im Modell des erweiterten Wirtschaftskreislaufs drei weitere Sektoren dazu:
  - die ***Kreditinstitute*** (Kapitalsammelstellen),
  - der ***Staat*** mit seiner Staatstätigkeit,
  - das ***Ausland.***
- Aus der **statischen** Betrachtungsweise beim einfachen Wirtschaftskreislauf (die Wirtschaft kann weder schrumpfen noch wachsen) wird u. a. durch die Einbeziehung der Ersparnisse bei den Kreditinstituten eine **dynamische** Betrachtungsweise berücksichtigt.

350 **Welche Rolle bzw. Funktion nimmt der *Staat* im Wirtschaftskreislauf ein?**

Von den privaten Haushalten und den Unternehmen erhält der Staat **Einnahmen** und nimmt **Ausgabenzahlungen** vor.

- **Staatseinnahmen**

  Die privaten Haushalte und Unternehmen entrichten an den Staat **Steuern, Gebühren und Abgaben.**

- **Staatsausgaben**
  - Durch ***Subventionen*** an Unternehmen, um u. a. Standortnachteile auszugleichen, kann die Wettbewerbsfähigkeit beeinflusst werden.
  - Durch ***Transferzahlungen,*** u. a. durch Wohngeldausgaben an die privaten Haushalte, erhöht sich das zur Verfügung stehende Einkommen.

351 **Welche Rolle bzw. Funktion haben die *Kreditinstitute* im erweiterten Wirtschaftskreislauf?**

Die Kreditinstitute nehmen eine **Vermittlerrolle** beim **Sparen** und **Investieren** der Wirtschaftssubjekte ein.

- **Sparen**

  Die privaten Haushalte geben ihr Einkommen nicht vollständig für Konsumzwecke aus, sondern **sparen** hiervon einen Teil bei den **Kreditinstituten** (Sparquote in der BRD ca. 10–13 %). Sparen wird durch **Konsumverzicht** erreicht.

- **Investitionen**

  Die Unternehmen sind durch Kreditaufnahmen in der Lage, durch Investitionen, z. B. in neue Maschinen, ihre **Produktionskapazitäten** zu **erweitern.** Dadurch kann sich auch unter Umständen ein **höheres Wirtschaftswachstum** innerhalb einer Volkswirtschaft entwickeln.

352 **Welche besondere Rolle nimmt der Sektor *Ausland* im erweiterten Wirtschaftskreislauf ein?**

- **Offene Volkswirtschaft**

  Mit dem Sektor Ausland wird aus der geschlossenen eine **offene** Volkswirtschaft im erweiterten Wirtschaftskreislauf. Durch den **grenzüberschreitenden Austausch** von Waren-, Kapital- und Dienstleistungsverkehr mit dem Ausland durch Exporte und/oder Importe können die **Güter- und Geldmengenströme** einer Volkswirtschaft **zu- oder abnehmen.**

- **Positiver oder negativer Außenbeitrag**

  Wenn die Exporterlöse größer sind als die Importaufwendungen, spricht man von einem **Außenhandelsüberschuss** und es liegt ein **positiver Außenbeitrag** vor.

  Sind die Exporterlöse niedriger als die Importaufwendungen, dann spricht man von einem **Außenhandelsdefizit** und es liegt ein **negativer Außenbeitrag** vor.

**Welche wirtschaftlichen Zusammenhänge können mithilfe des erweiterten Wirtschaftskreislaufs nur *begrenzt* bzw. gar *nicht* aufgezeigt werden?** 353

- Er hat **Modellcharakter** und stellt gesamtwirtschaftliche Zusammenhänge nur **vereinfacht** dar.
- Er berücksichtigt nur bezahlte Leistungen, **unbezahlte** Leistungen wie z. B. die Hausarbeitstätigkeit werden **nicht erfasst.**
- Ökologische und ökonomische Aktivitäten werden im Hinblick auf **Umweltkosten** überhaupt nicht berücksichtigt. Die **Abnahme** der **Rohstoffvorkommen** oder die Erfassung der sogenannten externen Kosten wird **nicht erfasst.**

## 3.3.2.2 Volkswirtschaftliche Gesamtrechnung

Handbuch: LF 9

**Was versteht man unter der *Volkswirtschaftlichen Gesamtrechnung*?** 354

In der Volkswirtschaftlichen Gesamtrechnung (VGR) werden alle zahlenmäßig erfassbaren **Ergebnisse** der Wirtschaftsprozesse einer Volkswirtschaft, die **innerhalb** des **Wirtschaftskreislaufs** in einer Wirtschaftsperiode (in der Regel ein Jahr) **erzielt** werden, **dargestellt.**

**Welche *Funktion* bzw. *Aufgabe* hat die VGR?** 355

- **Ermittlung** von volkswirtschaftlichen **Kennziffern,** wie z. B. dem Bruttoinlandsprodukt (BIP) oder dem Volkseinkommen
- **Prognoseinstrument** zur Beurteilung der wirtschaftlichen **Lage** bzw. der zu erwartenden gesamtwirtschaftlichen **Entwicklung**
- **Instrument** bzw. Mittel zur Überprüfung von **Theorien** von **Wirkungszusammenhängen** in einer Volkswirtschaft

**Welche *Berechnungsmethoden* zur Ermittlung des BIP und anderer volkswirtschaftlicher Einkommensbegriffe werden im Rahmen der VGR verwendet?** 356

**Berechnungsmethoden des BIP**

| Entstehungsrechnung | Verwendungsrechnung | Verteilungsrechnung |
|---|---|---|
| In welchen Wirtschaftszweigen ist das BIP entstanden? | Wofür wurde das BIP verwendet? | Welchen sozialen Gruppen ist das BIP zugeflossen? |

**Was versteht man unter der Entstehungsrechnung?** 357

- Nach dem Europäischen System der volkswirtschaftlichen Gesamtrechnung (ESVG 1995) wird das **Bruttoinlandsprodukt** (BIP) in **zehn Wirtschaftsbereichen** gebildet und berechnet:

| | | |
|---|---|---|
| 1. | Land- und Forstwirtschaft | 0,9 % |
| 2. | Produzierendes und verarbeitendes Gewerbe | 24,5 % |
| 3. | Baugewerbe | 5,6 % |
| 4. | Handel, Verkehr, Gastgewerbe | 16,2 % |
| 5. | Information und Kommunikation | 4,6 % |
| 6. | Finanz- und Versicherungsdienstleister | 3,9 % |
| 7. | Grundstücks- und Wohnungswesen | 10,6 % |
| 8. | Unternehmensdienstleister | 11,5 % |
| 9. | Öffentliche Dienstleister, Erziehung, Gesundheit | 18,8 % |
| 10. | Sonstige Dienstleister | 3,8 % |

(Werte der Entstehungsrechnung von 2019)

*vgl.* nach Angaben des Statistischen Bundesamtes, Fachserie 18/Reihe 1.1, S. 18 f., Wiesbaden Jan. 2020

- Die Entstehungsrechnung **stellt** die **Bruttowertschöpfung** (BWS) als Summe der Wertschöpfung aller **zehn Wirtschaftsbereiche** dar.

358 **Welche *Merkmale* bzw. Gesichtspunkte enthält die *Verwendungsrechnung?***

Die Verwendungsrechnung berücksichtigt, wofür die Wirtschaftssubjekte das Bruttoinlandsprodukt verwendet bzw. ausgegeben haben:

- private bzw. staatliche **Konsumausgaben,** z. B. für private Zwecke bzw. den Staatsverbrauch
- **Bruttoinvestitionen** (Ausgaben der Unternehmen und des Staates in das Anlage- und Umlaufvermögen)
- **Außenbeitrag** (Exporte minus Importe)

359 **Welche *Merkmale* bzw. Gesichtspunkte enthält die *Verteilungsrechnung?***

Die Verteilungsrechnung gibt Auskunft darüber, an welche **sozialen Gruppen** (Arbeitnehmerentgelt oder Unternehmens- und Vermögenseinkommen) das **Volkseinkommen** geflossen ist.

360 **Was versteht man unter dem *Bruttoinlandsprodukt* (BIP)?**

Unter dem Bruttoinlandsprodukt versteht man die **innerhalb** der **Staatsgrenzen** einer **Volkswirtschaft** erstellten Güter und Dienstleistungen, die dem in einer Periode zu **Marktpreisen** gemessenen Wert entsprechen, unabhängig davon, ob sie von In- oder Ausländern erzeugt wurden **(Inlandskonzept).**

361 **Was versteht man unter dem *Bruttonationaleinkommen?***

Unter dem Bruttonationaleinkommen versteht man die von **Staatsbürgern** innerhalb einer **Volkswirtschaft** erstellten Güter und Dienstleistungen, die dem in einer Periode zu **Marktpreisen** gemessenen Wert entsprechen **(Inländerkonzept).** Hierzu zählen auch Einkommen, die **Inländern** aufgrund von Leistungen **aus** dem **Ausland** zufließen.

362 **Was versteht man unter dem *Nettonationaleinkommen?***

- Unter dem Nettonationaleinkommen versteht man den Wert des Bruttonationaleinkommens **vermindert** um die **Wertminderung** des Vermögens einer Volkswirtschaft, die von den Unternehmen in den Marktpreis einkalkuliert wird (Abschreibungen).
- Das Nettonationaleinkommen spiegelt die **wirkliche Produktionsleistung** einer Volkswirtschaft innerhalb einer Wirtschaftsperiode wider, weil es den **Wert** der tatsächlich **neu geschaffenen Güter,** bewertet zu Marktpreisen, umfasst.

363 **Was versteht man unter dem *Volkseinkommen?***

- Das Volkseinkommen umfasst den **Wert** aller Erwerbs- und Vermögenseinkommen, die in einer Wirtschaftsperiode für die am Produktionsprozess beteiligten **Produktionsfaktoren** Arbeit, Boden und Kapital geflossen sind.
- Die Berechnung des Volkseinkommens erfolgt zu **Faktorpreisen,** d. h. als **Summe** der durch die Produktionsfaktoren verursachten **Kosten.**
- Es ermöglicht eine Beurteilung der **Einkommensverteilung** bzw. **Einkommensumverteilung.**

Wie wird die Lohn- und Gewinnquote ermittelt und welche Schlussfolgerungen können daraus gezogen werden? 364

- **Ermittlung:**
  - Lohnquote* in v. H. $= \frac{\text{Summe der AN-Entgelte} \cdot 100}{\text{Volkseinkommen}}$
  - Gewinnquote* in v. H. $= \frac{\text{Summe d. Unternehmens- u. Vermögenseinkommens} \cdot 100}{\text{Volkseinkommen}}$
- **Schlussfolgerungen**
  - Veränderungen der Lohn- und Gewinnquoten werden im Rahmen von ***Umverteilungsprozessen*** von den Tarifvertragsparteien, aber auch von Parteien und staatlichen Entscheidungsträgern als zusätzliche ***Argumentationshilfe*** eingesetzt.
  - Im politischen Willensbildungsprozess zur Beeinflussung der öffentlichen Meinung werden von den Beteiligten diese Kennzahlen bei auftretenden ***Verteilungskonflikten*** verwendet.

*Die sogenannte bereinigte Lohn- bzw. Gewinnquote berücksichtigt die Veränderung der Anzahl von Arbeitnehmern und Arbeitgebern im Zeitablauf.

## 3.3.3 Soziale Marktwirtschaft

### 3.3.3.1 Ordnungspolitischer Rahmen der sozialen Marktwirtschaft

Handbuch: LF 9

Welche *Merkmale* bilden den *ordnungspolitischen Rahmen* der sozialen Marktwirtschaft? 365

- **Eigentumsordnung**
  - gesetzlich geschütztes Privateigentum
  - freies Vertragsrecht
- **Wettbewerbsordnung**
  - Regeln für einen funktionsfähigen Wettbewerb
  - freies Vertragsrecht
- **Sozialordnung**
  - soziales Sicherungssystem zum Schutz vor sozialer Armut
  - Grundsicherung nach dem Sozialgesetzbuch
- **Geld- und Währungsordnung**
  - unabhängige Zentralbank vom Staat
  - möglichst autonome Geldversorgung und Geldwertstabilität

Welche *Merkmale* lassen sich für eine Wirtschaftsordnung für Deutschland aus dem *Grundgesetz* ableiten? 366

| • **Grundgesetz:** | • **Merkmale:** |
|---|---|
| – Artikel 12 | – freie Berufswahl |
| – Artikel 14 | – Recht auf Eigentum |
| – Artikel 9 | – Tarifautonomie als Teil des Koalitionsrechts |

Welche *Ordnungsmerkmale* kennzeichnen die soziale Marktwirtschaft mit Blick auf die Freiheit der Marktteilnehmer? 367

- **Marktdemokratie und Freiheitsprinzip durch:**
  - freie Berufs- und Arbeitsplatzwahl
  - Konsumentenfreiheit
  - Beschränkung behördlicher Macht
- **Eigentumsrecht mit sozialer Verpflichtung** (Art. 14 Abs. 2 GG)
- **dezentrale Planung durch Haushalte und Unternehmen**

368 **Welche steuernden Eingriffe des Staates sind durch die *Gesetzgebung* zur Erhaltung des ordnungspolitischen Rahmens der sozialen Marktwirtschaft vorgesehen?**

- wettbewerbsgesetzliche Regelungen nach dem **Gesetz gegen Wettbewerbsbeschränkungen (GWB)**
- **Mitbestimmungsregelungen,** z. B. Montan-Mitbestimmung von 1951
- **Sozialgesetzbuch** (I–XII), z. B. Grundsicherung oder Schwerbehindertenrecht

Handbuch: LF 9

## 3.3.3.2 Staatliche Ordnungspolitik: Ansprüche, Prinzipien und Maßnahmen

369 **Im Rahmen der staatlichen Ordnungspolitik sollen verschiedene Ziele erreicht werden, unter anderem**
**– *ein hoher Lebensstandard,***
**– *eine gerechte Einkommens- und Vermögensverteilung* und**
**– *eine gerechte Arbeits- und Sozialordnung.***
**Was versteht man jeweils darunter?**

**1. hoher Lebensstandard:**
- Hierunter versteht man zunächst die ***Ausstattung*** der privaten ***Haushalte*** mit ***Konsumgütern,*** von einfachen bis zu luxuriösen.
- Diese rein quantitative Betrachtungsweise eines „hohen" Lebensstandards ist durch den Begriff eines ***qualitativen*** Lebensstandards Anfang der 70er-Jahre ergänzt bzw. abgelöst worden. Eine lebenswerte Umwelt wird z. B. mithilfe von staatlichen ***Investitionsförderungsmaßnahmen*** in ressourcenschonendere Produkte, z. B. eine moderne Wärmepumpe, beeinflusst.

**2. gerechte Einkommens- und Vermögensverteilung:**
- Das Ziel einer gerechten Einkommensverteilung soll u. a. mithilfe eines ***sozialorientierten Steuersystems*** mit gestaffelten Steuersätzen angestrebt werden.
- ***Höhere*** Einkommen sollen ***stärker*** und ***niedrigere*** Einkommen sollen mit ***geringeren Steuersätzen*** belastet werden. ***Niedrigsteinkommen*** werden ***steuerfrei*** gestellt.

**3. gerechte Arbeits- und Sozialordnung:**
- Das Ziel einer gerechten Arbeits- und Sozialordnung soll u. a. durch ein ***System sozialer Sicherheit*** sowohl im Rahmen des Beschäftigungssystems als auch außerhalb davon erreicht werden.
- Insbesondere sollen diejenigen vor ***Verarmung*** geschützt werden, die zur Bestreitung des ***Lebensunterhaltes*** selbst ***kein ausreichendes Einkommen*** erzielen können.

370 **Was versteht man im Rahmen der staatlichen Ordnungspolitik unter**
**– *Konsumfreiheit,***

- **Konsumfreiheit**

Private Haushalte können über ihr zur Verfügung stehendes **Einkommen** frei verfügen und ihr **Nachfrageverhalten** an ihren einzelnen **Bedürfnissen** ausrichten. Sie haben bei höheren Einkommen auch die **Wahlfreiheit,** einen Teil zu **sparen.**

- **Privateigentum an Produktionsgütern**

  Die **Eigentumsordnung** garantiert grundsätzlich die Eigentumsnutzung an den **Produktionsmitteln** (Sachkapital). Durch das garantierte **Privateigentum** können die Wirtschaftssubjekte **frei** entscheiden, ob sie die Güter als **Produktions-** oder als **Konsumgüter** verwenden wollen.

- **Produktions- und Handelsfreiheit**

  Die Unternehmen und die privaten Haushalte sind im Hinblick auf die Produktion und den Handel bei **Gütern** und **Dienstleistungen** grundsätzlich bei der **Wahl** der **Vertragspartner** und bei der **Vertragsgestaltung frei.**

- *Privateigentum an Produktionsgütern (Produktionsmitteln) und*
- *Produktions- und Handelsfreiheit?*

---

371

Welche *wettbewerbsrechtlichen Regelungen* sieht das Gesetz gegen Wettbewerbsbeschränkungen (GWB) vor?

- **Kartellverbot**

  Grundsätzlich besteht nach dem Gesetz gegen Wettbewerbsbeschränkungen (GWB) ein Kartellverbot nach § 1:

  *„Vereinbarungen zwischen Unternehmen, Beschlüsse von Unternehmensvereinigungen und aufeinander abgestimmte Verhaltensweisen, die eine Verhinderung, Einschränkung oder Verfälschung des Wettbewerbs bezwecken oder bewirken, sind verboten.“*

- **Missbrauch einer marktbeherrschenden Stellung**

  Bei einer **marktbeherrschenden Stellung** durch ein oder mehrere Unternehmen ist die **missbräuchliche Ausnutzung** (§ 19 Abs. 1 GWB) **verboten.**

---

372

Mit welchen *Maßnahmen* versucht der Gesetzgeber den Wettbewerb zu gewährleisten?

- **Freigestellte Vereinbarungen**

  Wenn Unternehmen mit anderen Unternehmen (wettbewerbsbeschränkende) **Vereinbarungen** treffen, müssen sie **selbst prüfen,** ob diese **erlaubt** sind (freigestellte Vereinbarungen). Die Unternehmen haben durch dieses **Selbstprüfungssystem** eine höhere **Eigenverantwortung.** Bei Verstößen können von staatlichen Institutionen Bußgelder oder Schadensersatzansprüche verhängt werden (vgl. § 2 GWB).

- **Ausnahmeregelungen für Mittelstandskartelle**

  Bei mittelständischen Unternehmen hat der Gesetzgeber **Ausnahmeregelungen** (§ 3 GWB) eingeräumt:

  *„(1) Vereinbarungen zwischen miteinander im Wettbewerb stehenden Unternehmen und Beschlüsse von Unternehmensvereinigungen, die die Rationalisierung wirtschaftlicher Vorgänge durch zwischenbetriebliche Zusammenarbeit zum Gegenstand haben, erfüllen die Voraussetzungen des § 2 Abs. 1, wenn*

  1. *dadurch der Wettbewerb auf dem Markt nicht wesentlich beeinträchtigt wird und*
  2. *die Vereinbarung oder der Beschluss dazu dient, die Wettbewerbsfähigkeit kleiner oder mittlerer Unternehmen zu verbessern.“*

373 **Wie müssen sich Unternehmen mit überlegener Marktmacht gegenüber kleinen und mittleren Wettbewerbern gemäß § 20 Absatz 3 GWB verhalten?**

„(3) Unternehmen mit gegenüber kleinen und mittleren Wettbewerbern überlegener Marktmacht dürfen ihre Marktmacht nicht dazu ausnutzen, solche Wettbewerber unmittelbar oder mittelbar unbillig zu behindern. Eine unbillige Behinderung im Sinne des Satzes 1 liegt insbesondere vor, wenn ein Unternehmen

1. Lebensmittel im Sinne des § 2 Absatz 2 des Lebensmittel- und Futtermittelgesetzbuches unter Einstandspreis oder
2. andere Waren oder gewerbliche Leistungen nicht nur gelegentlich unter Einstandspreis oder
3. von kleinen oder mittleren Unternehmen, mit denen es auf dem nachgelagerten Markt beim Vertrieb von Waren oder gewerblichen Leistungen im Wettbewerb steht, für deren Lieferung einen höheren Preis fordert, als es selbst auf diesem Markt anbietet, es sei denn, dies ist jeweils sachlich gerechtfertigt.

Das Anbieten von Lebensmitteln unter Einstandspreis ist sachlich gerechtfertigt, wenn es geeignet ist, den Verderb oder die drohende Unverkäuflichkeit der Waren beim Händler durch rechtzeitigen Verkauf zu verhindern sowie in vergleichbar schwerwiegenden Fällen. Werden Lebensmittel an gemeinnützige Einrichtungen zur Verwendung im Rahmen ihrer Aufgaben abgegeben, liegt keine unbillige Behinderung vor."

374 **Was versteht man unter einer *Fusionskontrolle* und welche Bedeutung hat in diesem Zusammenhang eine sogenannte *Ministergenehmigung* bzw. *-erlaubnis?***

- **Fusionskontrolle**
  Bei Unternehmenszusammenschlüssen kann das Bundeskartellamt **prüfen,** ob durch den Zusammenschluss eine **marktbeherrschende Stellung** entsteht oder verstärkt wird. Das Bundeskartellamt kann durch diese Prüftätigkeit der Fusionskontrolle den **Zusammenschluss untersagen.**
- **Ministererlaubnis**
  Liegt durch einen Unternehmenszusammenschluss eine Wettbewerbsbeschränkung vor, die durch eine Fusionskontrolle vom Bundeskartellamt untersagt werden müsste, kann sie vom zuständigen **Bundeswirtschaftsminister** trotzdem **genehmigt** werden, wenn ihre **gesamtwirtschaftlichen Vorteile** überwiegen.

375 **Welches *Ziel* soll mit dem Gesetz gegen den *unlauteren Wettbewerb* (UWG) erreicht werden?**

Das UWG hat das Ziel, **alle Marktteilnehmer** (Endverbraucher und Mitbewerber) vor unlauteren geschäftlichen Handlungen zu **schützen.** Durch einen möglichst unverfälschten („fairen") Wettbewerb soll ein Schutz der **Allgemeinheit** (§ 1 UWG) bewirkt werden. Im Idealfall soll dies zu einer verbesserten **Markttransparenz** führen.

376 **Was versteht man unter der sogenannten *Generalklausel (§ 3 UWG)?***

Die Generalklausel besagt, dass unlautere **geschäftliche Handlungen** unzulässig sind, die die Marktteilnehmer **„nicht nur unerheblich beeinträchtigen".**

377 **Welche *Handlungen* bzw. *Maßnahmen* sind geeignet, einen fairen Wettbewerb zu beeinträchtigen? Nennen Sie mindestens vier Beispiele für unlautere geschäftliche Handlungen.**

- **Ausnutzung** der geschäftlichen **Unerfahrenheit** von **Kindern** und **Jugendlichen**
- **Beeinträchtigung** der **Entscheidungsfreiheit** der **Endverbraucher** oder anderer **Marktteilnehmer** durch Ausübung von **Druck** oder Ähnlichem
- **Verschleierung** des **Werbecharakters** von Wettbewerbshandlungen
- **Verunglimpfung** oder **Herabsetzung** der Kennzeichen, Waren oder Dienstleistungen eines **Mitbewerbers**

Werbemaßnahmen eines Unternehmens sind **verboten,** wenn es sich um **irreführende** Aussagen handelt über:

- Verfügbarkeit, Art, Ausführung und Zusammensetzung der Ware
- Verwendungsmöglichkeit, Menge, Beschaffenheit oder Herkunft der Ware
- Verfahren und Zeitpunkt der Herstellung der Ware

**378** **Nennen Sie mindestens *drei Beispiele für* verbotene *irreführende Aussagen* in der Werbung.**

Unter irreführender Werbung versteht man die **Preisgestaltung** eines Unternehmens, das mit einer Preisherabsetzung wirbt und sich dadurch einen Wettbewerbsvorteil verschafft, obwohl ein unmittelbar **vorher höherer Preis** nur über einen **relativ kurzen Zeitraum** verlangt wurde.

**379** **Welche *Rolle* spielen *Mondpreise bei irreführender Werbung* (§ 5 UWG)?**

**Verbotene vergleichende Werbung** liegt u. a. dann vor, wenn bei einem Vergleich

- die Waren oder Dienstleistungen sich nicht auf den gleichen **Bedarf** oder dieselbe **Zweckbestimmung** beziehen,
- die Waren oder Dienstleistungen sich nicht objektiv auf eine oder mehrere wesentliche, relevante, nachprüfbare oder typische **Eigenschaften** oder den **Preis** beziehen oder
- die Waren, Dienstleistungen, Tätigkeiten oder Verhältnisse eines Mitbewerbers **herabgesetzt** oder verunglimpft werden.

**380** **Welche *Merkmale* liegen bei verbotener *vergleichender Werbung* (§ 6 UWG) vor?**

Unter belästigende Werbung fallen unzumutbare Belästigungen zum Beispiel durch **elektronische Werbung** (SMS oder E-Mail) oder **Telefonwerbung** (u. a. durch Callcenter). Vom Endverbraucher als Adressat ist eine **Einwilligung** über die Werbemaßnahme erforderlich.

**381** **Was versteht man im Einzelnen unter *belästigender Werbung* (§ 7 UWG)?**

**Alle Maßnahmen,** die den Endverbraucher vor **negativen** Geschäftspraktiken der Anbieter (Hersteller/Produzenten usw.) **schützen**

Man unterscheidet **gesetzlich** geregelten (z. B. Produkthaftungsgesetz) und **nicht gesetzlich** geregelten Verbraucherschutz (z. B. durch Verbraucherzentralen und -beratungsstellen).

**382** **Was versteht man unter *Verbraucherschutz?***

### 3.3.3.3 Markt und Preisbildung

Handbuch: LF 12

#### 3.3.3.3.1 Begriff Markt

383 **Was versteht man unter einem *Markt*?**

Als Markt wird ein Ort bezeichnet, an dem sowohl **Güter** als auch **Dienstleistungen** durch **Verkäufer** (Anbieter) angeboten und durch **Käufer** (Nachfrager) nachgefragt werden. Zum Beispiel: Spargel oder Erdbeeren auf einem Wochenmarkt.

384 **Welcher Unterschied besteht zwischen einem *konkreten* und einem *abstrakten Markt?***

- Bei einem **konkreten** Markt fallen **Ort, Zeit** und das **Marktgeschehen,** u. a. Preisbildung und Kauf bzw. Verkauf, zusammen, z. B. auf einem Wochenmarkt.
- Bei einem **abstrakten** Markt ist das Marktgeschehen **nicht** an einen bestimmten **Ort,** wie z. B. der Internethandel, gebunden. Die Preisbildung ist ein **Ergebnis** (Zusammenfassung) der Angebots- und Nachfragebeziehungen, bei denen u. a. auch die Preise der **Mitbewerber** (Konkurrenz) berücksichtigt werden müssen.
  *Beispiele:* Rohöl-, Auto-, Immobilienmarkt.

Handbuch: LF 12

#### 3.3.3.3.2 Zusammenhang zwischen Angebot, Nachfrage und Preis

385 **Wie entwickelt sich normalerweise die *angebotene Menge* eines Gutes auf dem Markt, wenn der *Preis* dieses Gutes *steigt* bzw. *sinkt?***

Wenn der Preis des Gutes steigt, steigt normalerweise auch die auf dem Markt angebotene Menge; wenn er sinkt, sinkt normalerweise auch die angebotene Menge **(Angebotsfunktion).**

*Beispiel:*

| Preis in € | Angebot in Stück |
|---|---|
| 20,00 | 100 |
| 40,00 | 200 |
| 60,00 | 300 |
| 80,00 | 400 |
| 100,00 | 500 |

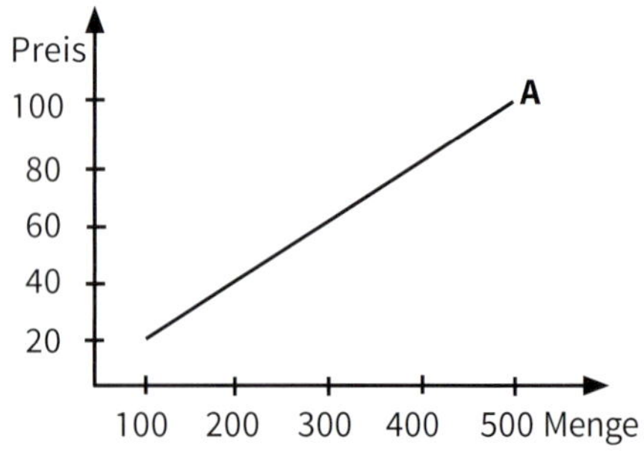


386 **Aus welchen Gründen wird ein *Verkäufer* sein Angebot auf einem Markt *erweitern* bzw. *einschränken?***

- **Angebotserweiterung** bei
  - zukünftigen ***höheren Gewinnerwartungen,*** z. B. durch größere Nachfrage nach einem Gut oder bei
  - zukünftigen ***höheren Preiserwartungen,*** wenn der Verbraucher bereit ist, einen höheren Preis zu bezahlen, z. B. für „Öko-Strom“, „Bio-Produkte“.
- **Angebotseinschränkung** bei zukünftig **sinkenden Preisen,** die auf dem Markt für ein Produkt zu erzielen sind.

Wenn der Preis des Gutes sinkt, steigt normalerweise die auf dem Markt nachgefragte Menge; wenn er steigt, sinkt normalerweise die nachgefragte Menge (**Nachfragefunktion**).

*Beispiel:*

| Preis in € | Angebot in Stück |
|---|---|
| 20,00 | 500 |
| 40,00 | 400 |
| 60,00 | 300 |
| 80,00 | 200 |
| 100,00 | 100 |

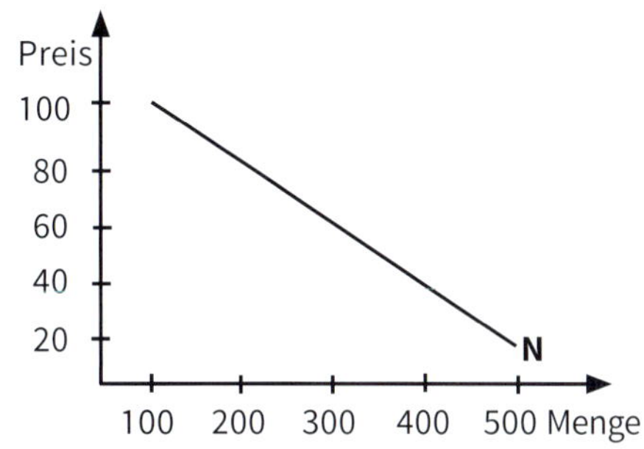


Wie entwickelt sich normalerweise die *nachgefragte Menge* eines Gutes auf dem Markt, wenn der *Preis* dieses Gutes *sinkt* bzw. *steigt?* 387

- **Nachfrageerweiterung** bei
  - zukünftig steigendem ***Einkommen,*** wenn dem Käufer z. B. eine höhere Konsumsumme zur Verfügung steht durch neue Tarifverträge oder eine Einkommensteuersenkung oder bei
  - zukünftig sinkenden ***Preisen,*** wenn der Verbraucher nur bereit ist, einen niedrigeren Preis zu bezahlen, wie z. B. für leicht verderbliches Obst kurz vor Marktschließung.
- **Nachfrageeinschränkung** bei zukünftig steigenden Preisen, wenn monatlich weniger Kaufkraft zur Verfügung steht, z. B. durch höhere Sozialabgaben. Die Nachfrager werden dann auf den Kauf solcher Güter verzichten, die sie als nicht unbedingt notwendig erachten.

Aus welchen Gründen wird ein *Käufer* seine Nachfrage auf einem Markt *erweitern* bzw. *einschränken?* 388

### 3.3.3.3.3 Marktpreisbildung

Handbuch: LF 12

Der Marktpreis ergibt sich durch das Aufeinandertreffen von Angebot und Nachfrage.

*Beispiel:*

| Preis in € | Angebot in Stück | Nachfrage in Stück |
|---|---|---|
| 20,00 | 100 | 500 |
| 40,00 | 200 | 400 |
| 60,00 | 300 | 300 |
| 80,00 | 400 | 200 |
| 100,00 | 500 | 100 |

Wie bildet sich der *Marktpreis?* 389

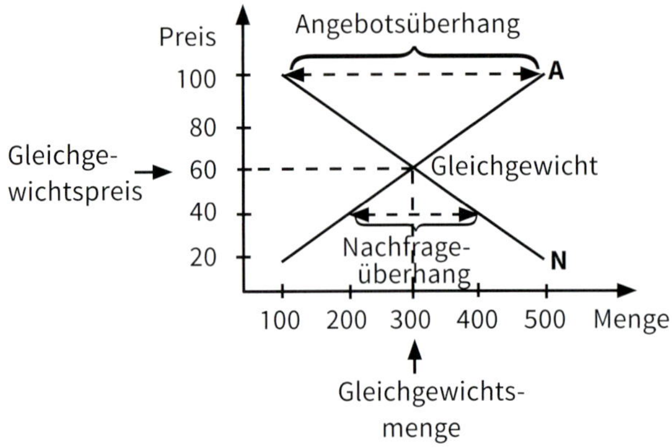


Dort, wo sich in der Grafik Angebots- und Nachfragekurve schneiden, befindet sich der Markt im Gleichgewicht, d. h., die auf dem Markt angebotene Menge eines Gutes (300 Stück) ist genauso groß wie die nachgefragte Menge des Gutes (300 Stück). Diese Menge wird als **Gleichgewichtsmenge** bezeichnet. Den dazugehörigen Marktpreis (60,00 €) nennt man **Gleichgewichtspreis.**

390 **Was versteht man unter einem *Nachfrageüberhang?***

Ist die Nachfrage nach einem Gut auf dem Markt größer als das Angebot, spricht man von einem **Nachfrageüberhang.** Tabelle und Grafik zeigen, dass zum Beispiel bei einem Preis von 40,00 € die nachgefragte Menge 400 Stück beträgt, angeboten werden aber nur 200 Stück. Dadurch besteht ein Nachfrageüberhang (Mehrnachfrage gegenüber dem Angebot) von 200 Stück. Die Anbieter werden deshalb den Preis des Gutes so lange erhöhen, bis der Markt im Gleichgewicht ist.

391 **Was versteht man unter einem *Angebotsüberhang?***

Ist die Angebotsmenge eines Gutes auf dem Markt größer als die Nachfrage, spricht man von einem **Angebotsüberhang.** Tabelle und Grafik zeigen, dass zum Beispiel bei einem Preis von 100,00 € die nachgefragte Menge 100 Stück beträgt, angeboten werden aber 500 Stück. Dadurch besteht ein Angebotsüberhang (Mehrangebot gegenüber der Nachfrage) von 400 Stück. Die Anbieter werden deshalb den Preis des Gutes so lange senken, bis der Markt im Gleichgewicht ist.

## 3.3.4 Einfluss mittelfristiger staatlicher Wirtschaftspolitik

### 3.3.4.1 Konjunkturentwicklungen als Gründe staatlicher Wirtschaftspolitik

#### 3.3.4.1.1 Ursachen von Wirtschaftsschwankungen

Handbuch: LF 12

In einer **Marktwirtschaft** entwickelt sich die Wirtschaft nicht nach einem gesamtgesellschaftlichen Plan, sondern die Wirtschaftssubjekte (z. B. Unternehmen, Konsumenten) können unter Beachtung gesetzlicher Rahmenbedingungen ihre **wirtschaftlichen Entscheidungen frei treffen.** Da sich diese Entscheidungen in der Regel an dem Angebot und an der Nachfrage orientieren, führen **Angebots-** und **Nachfrageveränderungen** der Wirtschaftssubjekte zu Schwankungen in der wirtschaftlichen Entwicklung.

*Beispiele* für Angebots- und Nachfrageveränderungen:

- Die Unternehmen verändern ihr Angebot an Waren und Dienstleistungen.
- Die Unternehmen verändern ihre Preise.
- Die Unternehmen verändern ihre Investitionspolitik.
- Die Konsumenten verändern ihr Konsumverhalten, sie geben mehr oder weniger aus oder fragen andere Güter und Dienstleistungen nach.
- Die Konsumenten erhöhen oder senken ihre Sparquote.

**Weitere Ursachen** für **Wirtschaftsschwankungen** können sein:

- ***politische Ereignisse*** (z. B. [Bürger]Krieg)
- ***Einflussnahme des Staates*** auf die wirtschaftliche Entwicklung (z. B. Zahlung von Subventionen oder Veränderung gesetzlicher Bestimmungen)
- bahnbrechende ***Erfindungen*** (z. B. Nutzung der Brennstoffzelle) bzw. Entwicklung ***neuer Technologien*** (z. B. Anwendung der Nano-Technologie)
- ***außenwirtschaftliche Ereignisse*** (z. B. internationale Wirtschaftskrise)

392 **Welche *Ursachen* führen zu *Wirtschaftsschwankungen?***

- **saisonale Schwankungen,** z. B. veränderte Nachfrage durch schlechte Witterungsbedingungen
- **konjunkturelle Schwankungen,** z. B. Anstieg der Arbeitslosigkeit in der Konjunkturphase der Rezession
- **sektorale Schwankungen,** d. h. Veränderungen in der Wirtschaftsstruktur, z. B. Absterben der Textilindustrie in Deutschland durch wirtschaftliche Erfolge der Textilindustrie in Asien

393 **Welche *Arten* von *wirtschaftlichen Schwankungen* werden in einer Marktwirtschaft grundsätzlich unterschieden?**

394 *Warum* lässt man die Wirtschaftssubjekte ihre *wirtschaftlichen Entscheidungen* prinzipiell *frei treffen,* warum verzichtet man auf die Vorgaben eines gesamtgesellschaftlichen Plans der wirtschaftlichen Entwicklung?

- **Bisherige historische Erfahrungen** haben gezeigt, dass gesamtgesellschaftliche Planvorgaben (z. B. in den ehemaligen Ostblockstaaten) meist nicht zum gewünschten Erfolg geführt haben.
- Die **Starrheit gesellschaftlicher Planvorgaben** führt häufig zu einer **geringen** gesamtwirtschaftlichen **Produktivität,** da die wirtschaftlichen Anpassungsprozesse zu schwerfällig sind.

395 Zu welchen gravierenden *ökonomischen Fehlentwicklungen* hat die *wirtschaftliche Entscheidungsfreiheit* der Wirtschaftssubjekte bisher geführt?

Die beiden bekanntesten **wirtschaftlichen Fehlentwicklungen** waren die

- **Weltwirtschaftskrise von 1929** (z. B. durch das Fehlen eines Netzes der sozialen Sicherung und das Fehlen einer nationalen Geldpolitik unter Kontrolle einer unabhängigen Notenbank) und die
- **Banken- und Finanzkrise ab 2008** (z. B. durch das Fehlen einer effektiven Kontrolle der internationalen Kapital- und Finanzströme).

Beide Krisen haben zu massiven **ökonomischen** (z. B. drastischer Anstieg der Arbeitslosigkeit) und **politischen Folgen** (z. B. nach der Weltwirtschaftskrise von 1929 Machtantritt Hitlers 1933 und Ausbruch des 2. Weltkrieges 1939 mit ca. 60 Millionen Toten; z. B. zu Beginn der Banken- und Finanzkrise 2008 Sturz der isländischen Regierung) geführt.

Handbuch: LF 12

### 3.3.4.1.2 Konjunkturzyklus

396 Welche *Konjunkturphasen* werden grundsätzlich unterschieden?

In dem **Konjunkturphasenmodell** der Volkswirtschaftslehre werden idealtypisch folgende **vier Phasen** unterschieden:

- **Aufschwung (Expansion)**
- **Hochkonjunktur (Boom)**
- **Abschwung (Rezession)**
- **Konjunkturtief (Depression)**

397 Wodurch wird die *Aufschwungphase* charakterisiert?

Die **Nachfrage** nach Gütern und Dienstleistungen von privaten Haushalten (Verbrauchern), den Unternehmen, dem Staat und dem Ausland **steigt.** → Als Folge davon werden **mehr Güter produziert** bzw. Dienstleistungen erbracht. → Die höhere Nachfrage führt zu **Preissteigerungen.** → Soweit es notwendig erscheint, werden infolge der erhöhten Produktion **mehr Arbeitskräfte** eingestellt. → Unternehmen **erhöhen** aufgrund optimistischer Erwartungen die **Investitionen.** → Als Folge des erhöhten Verbrauchs und der gestiegenen Investitionen werden **mehr Kredite** nachgefragt, wodurch die **Zinsen steigen.** → Arbeitnehmerorganisationen (Gewerkschaften) können in der Regel **höhere Löhne** und Gehälter im Rahmen von Tarifverhandlungen durchsetzen. → Die **Gewinne** der Unternehmen **nehmen** aufgrund der gestiegenen Kapazitätsauslastung und des erhöhten Umsatzes **zu.**

Die **Kapazitäten** in der Wirtschaft sind aufgrund der sehr hohen Nachfrage **voll ausgelastet.** → Sonderschichten und Überstunden werden in vielen Unternehmen geleistet, es herrscht **Vollbeschäftigung,** zum Teil sogar Arbeitskräftemangel. → Die **Einkommen steigen,** aber auch die **Preise** und **Zinsen ziehen** weiter **an.** → Weiter **zunehmende Investitionen** führen zu einer **fortlaufenden Produktion,** bis es schließlich zu einer **Überhitzung** kommt: Man spricht von einer Überproduktion, die **Marktsättigung** ist erreicht. → An diesem Punkt nimmt das reale Bruttoinlandsprodukt im Gegensatz zum nominalen nicht weiter zu, es **tritt** nun eine **Wende** dieser Entwicklung **ein.**

398 Welche *Merkmale* weist die *Hochkonjunkturphase* auf?

Die Marktsättigung führt dazu, dass die **Nachfrage stagniert** und schließlich **sinkt.** → Die Erstellung von Gütern und Dienstleistungen passt sich der abnehmenden Nachfrage an, der **Kapazitätsauslastungsgrad** in den Unternehmen wird **geringer.** → **Arbeitskräfte** werden **entlassen** und die **Löhne** und Gehälter beginnen zu **sinken.** → Geringere Nachfrage führt zu **fallenden Preisen.** → Die Unternehmen nehmen aufgrund **pessimistischer Absatz-** und **Gewinnerwartungen** nur noch die wichtigsten Investitionen vor. → Es werden vornehmlich **Rationalisierungs-** und **Ersatzinvestitionen** statt Erweiterungsinvestitionen getätigt. → Die **Zinsen sinken,** da die Nachfrage nach Krediten rückläufig ist. → Das nominale wie auch das reale **Bruttoinlandsprodukt sinken** als Folge der eingetretenen Entwicklung.

399 Wodurch wird die *Abschwungphase charakterisiert?*

Die **Nachfrage** nach Gütern und Dienstleistungen erreicht in der Depression **niedrigstes Niveau.** → Die **Kapazitätsauslastung** in den Unternehmen ist **gering,** auch **sinkende Preise** können die Gesamtnachfrage kaum steigern. → **Löhne** und Gehälter **sinken** weiter, die **Arbeitslosigkeit steigt stark an.** → Viele Unternehmen müssen **Insolvenz** anmelden, die **Investitionsneigung** befindet sich **auf** einem **Tiefpunkt.** → Die **geringe Kreditnachfrage** führt zu sehr **niedrigen Zinssätzen.** → Die Wirtschaftssubjekte **erhöhen** – soweit möglich – aufgrund pessimistischer Zukunftserwartungen ihre **Sparneigung.** → Das **Bruttoinlandsprodukt** ist **stark gesunken.** → Ist die Talsohle (Tiefpunkt) des Konjunkturverlaufs erreicht, zeigen sich wieder **leichte Aufschwunganzeichen.** In Deutschland helfen häufig Nachfrageimpulse aus dem Ausland, die zum großen Teil auf die geringen Preise zurückzuführen sind, aus dem Konjunkturtief herauszukommen.

400 Welche *Merkmale* weist die *Konjunkturtiefphase* auf?

Zur **Beschreibung** und **Analyse** der einzelnen Phasen des Konjunkturverlaufs werden charakteristische Merkmale der wirtschaftlichen Entwicklung herangezogen, wie z. B. die Höhe der Kapazitätsauslastung in der Industrie oder die Höhe des Bruttoinlandsproduktes. Diese Merkmale haben aber nicht nur beschreibenden Charakter, sie dienen auch der **Konjunkturprognose.** Aussagen über die Zukunft der wirtschaftlichen Entwicklung sind z. B. für Unternehmen wichtig, um Investitionsentscheidungen abzusichern, oder sie dienen dem Staat, um den Konjunkturverlauf rechtzeitig durch **konjunkturpolitische Maßnahmen,** wie z. B. Veränderung des Steuersatzes, zu beeinflussen. Der Konjunkturanalyse und der Konjunkturprognose dienen auch die sogenannten **Konjunkturindikatoren.** Ihre Auswertung dient der Voraussage eines **Konjunkturtrends.**

401 Welchem *Ziel* dient die *Unterteilung* eines Konjunkturverlaufs *in Phasen?*

402 Welche *Arten* von *Konjunkturindikatoren* werden im Allgemeinen unterschieden?

- **vorlaufende Konjunkturindikatoren (Frühindikatoren)**
  *Beispiele:*
  - Geschäftserwartungen von Unternehmen
  - Entwicklung der Aktienkurse
  - Auftragseingänge in Unternehmen
- **gleichlaufende Konjunkturindikatoren (Gegenwartsindikatoren)**
  *Beispiele:*
  - Kapazitätsauslastung in Industrieunternehmen
  - Einzelhandelsumsatz
  - Außenhandelsumsatz
- **nachlaufende Konjunkturindikatoren (Spätindikatoren)**
  *Beispiele:*
  - Zahl der Beschäftigten
  - Zahl der Arbeitslosen
  - Zahl der Insolvenzen

403 Welchen *Zielen* dienen *staatliche Ausgleichseingriffe* im Rahmen der Konjunkturpolitik?

**Beispiele** für **staatliche Eingriffe:**

- Vor allem in der Abschwungphase gilt es, den **Anstieg der Arbeitslosigkeit zu verhindern.** Dies geschieht z. B. durch die Vergabe staatlicher Aufträge oder durch die verlängerte Zahlung von Kurzarbeitergeld.
- In der Aufschwungphase ist der Staat besonders daran interessiert, die **Steigerung des Preisniveaus zu begrenzen.** Dies wird z. B. dadurch erreicht, dass staatliche Investitionen eher gebremst werden. Die geringere staatliche Nachfrage soll weitere Preiserhöhungen verhindern.

Handbuch: LF 12

## 3.3.4.2 Ziele und Zielkonflikte staatlicher Konjunkturpolitik

404 Welche wirtschaftspolitischen *Ziele* legt das *Stabilitätsgesetz von 1967* fest?

Das **Gesetz zur Förderung der Stabilität und des Wachstums der Wirtschaft** (Stabilitätsgesetz) legt die folgenden **vier wirtschaftspolitischen Ziele** des Staates fest:

- **Stabilität des Preisniveaus**
- **hoher Beschäftigungsstand**
- **außenwirtschaftliches Gleichgewicht**
- **stetiges und angemessenes Wirtschaftswachstum**

405 Warum wird die Festlegung dieser vier wirtschaftspolitischen Ziele als *Magisches Viereck* bezeichnet?

Die **gleichzeitige Verfolgung** aller vier wirtschaftspolitischen Ziele ist für den Staat **fast unmöglich** („magisch"), da die Verfolgung eines Zieles häufig die Missachtung eines anderen Zieles zur Folge hat, man spricht von **Zielkonflikten.**

*Beispiele:*

- Zur Sicherung eines ***stabilen Preisniveaus*** wird von der Europäischen Zentralbank meist der EZB-Zins erhöht, die dadurch verteuerten Kredite führen dazu, dass Investitionen von Unternehmen zurückgehen. Die Folge kann eine Erhöhung der ***Arbeitslosigkeit*** sein.
- Wird durch eine ***Erhöhung der Staatsaufträge*** an Unternehmen das ***Wirtschaftswachstum angeregt,*** besteht die Gefahr, dass das ***Preisniveau steigt.***

406

**Gibt es auch *Zielharmonie* zwischen einzelnen wirtschaftspolitischen Zielen staatlicher Konjunkturpolitik?**

**Zielharmonie** besteht zwischen der Verfolgung eines **hohen Beschäftigtenstandes,** z. B. durch Ausweitung staatlicher Aufträge, und der Förderung eines **stetigen** und **angemessenen Wirtschaftswachstums.**

407

**Was versteht man unter dem *Magischen Fünf-* und *Sechseck*?**

Beim **Magischen Fünfeck** wird als fünftes wirtschaftspolitisches Ziel die **gerechte Einkommens-** und **Vermögensverteilung** festgelegt, beim **Magischen Sechseck** wird als sechstes Ziel die **Verbesserung der Umweltbedingungen** in der Volkswirtschaft definiert.

408

**Welche *Zielkonflikte* bzw. *Zielharmonien* entstehen durch diese neuen Ziele des „magischen Sechsecks"?**

- Ein **Zielkonflikt** besteht meist zwischen dem rein ökonomisch ausgerichteten **Wachstumsdenken** (angemessenes und stetiges Wirtschaftswachstum) und der **Schonung natürlicher Ressourcen** (ökologisches Ziel). Es muss politisch entschieden werden, ob ein rein **quantitatives** oder ein **qualitatives Wirtschaftswachstum** verfolgt werden soll.
- **Zielharmonie** kann z. B. zwischen der Verfolgung des Ziels einer **gerechten Einkommens-** und **Vermögensverteilung** und dem Ziel des Erreichens eines **außenwirtschaftlichen Gleichgewichts** bestehen. Versucht der Staat durch entsprechende belebende (z. B. Ausweitung der Hermes-Bürgschaften) oder durch bremsende Maßnahmen (z. B. durch Zollerhöhungen) ein außenwirtschaftliches Gleichgewicht zu erreichen, steht diesen Maßnahmen nicht entgegen, im Sinne einer gerechten Einkommens- und Vermögensverteilung die Spitzeneinkommen höher zu besteuern.

409

**Welche *Messgrößen* werden herangezogen, um das Erreichen der *Ziele* des *Magischen Sechsecks* zu überprüfen?**

| **Ziele** | **Messgrößen (Beispiele)** |
|---|---|
| – Stabilität des Preisniveaus | – Inflationsrate |
| – hoher Beschäftigungsstand | – Arbeitslosenquote |
| – außenwirtschaftl. Gleichgewicht | – Werte der Zahlungsbilanz |
| – angemess. Wirtschaftswachstum | – Bruttoinlandsprodukt (BIP) |
| – gerechte Einkommens- und Vermögensverteilung | – bereinigte Lohn- bzw. Gewinnquote |
| – Verbesserung der Umweltbedingungen | – Werte der Ökobilanzen |

410

**Politisch diskutiert wird immer das Verhältnis zwischen dem *Denken in sozialstaatlicher Absicherung* und der *individuellen Verantwortung.* Erläutern Sie diesen *Zielkonflikt* anhand eines Beispiels.**

Um Beschäftigte vor den sozialen Folgen der Arbeitslosigkeit abzusichern, wird häufig gefordert, die **Bezugsdauer von Arbeitslosengeld** zu verlängern. Von anderer Seite wird dagegen gefordert, die Bezugsdauer stark zu begrenzen, um die Eigenverantwortung des Beschäftigten (z. B. durch fortlaufende Weiterbildung) bzw. des Arbeitslosen (z. B. durch Zwang zur raschen Bewerbung bei anderen Unternehmen) zu fördern.

## 3.3.4.3 Geld- und Fiskalpolitik als konjunkturpolitische Maßnahmen

Handbuch: LF 12

### 3.3.4.3.1 Preisstabilität, Inflation und Deflation

411 Welches *Verhältnis* besteht zwischen der *Deutschen Bundesbank* und der *Europäischen Zentralbank (EZB)*?

Das Bundesbankgesetz legt fest, dass die **Bundesbank** als nationale Notenbank integraler Bestandteil des **Europäischen Systems der Zentralbanken (ESZB)** ist. Das ESZB besteht aus der **Europäischen Zentralbank (EZB)** und den **nationalen Zentralbanken** der EU-Mitgliedsstaaten, die eine einheitliche Währung eingeführt haben.

412 Welche *Ziele* verfolgt die *EZB*?

Das vorrangige Ziel des ESZB bzw. der EZB ist vertragsgemäß die **Gewährleistung der Preisstabilität** und damit auch der **Geldwertstabilität.** Soweit es ohne Beeinträchtigung dieses Zieles möglich ist, **unterstützt** die EZB die **allgemeine Wirtschaftspolitik** in der Europäischen Union.

413 *Warum* wird die *EZB häufig* wegen ihres Festhaltens am Ziel der Preisstabilität *angegriffen?*

In **wirtschaftlichen Krisenzeiten,** in denen das Bruttoinlandsprodukt sinkt, **verlangen viele Wirtschaftssubjekte,** die **Zinsen zu senken,** um einen **Anreiz für Investitionen zu schaffen.** Ist allerdings die Inflationsrate relativ hoch, wird die EZB diesem verständlichen Ansinnen nicht sofort folgen. Die EZB ist gesetzlich verpflichtet, an erster Stelle ihrer Entscheidungen die Preis- und Geldwertstabilität zu erhalten.

414 Was versteht man unter dem *Preisniveau* in einer Volkswirtschaft?

- Das sogenannte Preisniveau ist der **Durchschnittswert aller vom Statistischen Bundesamt erfassten Preise von Gütern und Dienstleistungen in einer Zeitperiode** (z. B. in einem Jahr).

  Von einem stabilen Preisniveau wird gesprochen, wenn sich dieser Durchschnittswert im Zeitablauf, z. B. in einem Jahr, nicht verändert.
- Die **Preissteigerungsrate (Inflationsrate)** gibt an, um wie viel Prozent sich die Preise gegenüber einem Vergleichszeitpunkt oder -raum verändert haben. In Deutschland werden die Preissteigerungsraten vom Statistischen Bundesamt monatlich bzw. jährlich ausgewiesen.
- Erhöhen sich die Preise für Güter und Dienstleistungen in einer Volkswirtschaft, verringert sich die Kaufkraft.

415 Was versteht man unter einem *Warenkorb* im Sinne des Statistischen Bundesamtes?

Für wirtschaftspolitische Entscheidungen werden von den Statistikern sogenannte Warenkörbe gebildet. Ein Warenkorb ist eine **repräsentative Auswahl von Gütern und Dienstleistungen,** er wird vom Statistischen Bundesamt ca. alle fünf Jahre verändert, um so **veränderte Verbrauchsgewohnheiten** zu berücksichtigen. Der Warenkorb für die Berechnung von Preisindizes in Deutschland umfasst zurzeit ca. 750 Waren und Dienstleistungen.

- Viel wichtiger als die Auswahl der einzelnen Preisrepräsentanten, also die Festlegung des Warenkorbes, ist die **Bestimmung des Gewichts, mit dem die Preisentwicklung einzelner Preisrepräsentanten in die Gesamtindizes** eingeht.
- Das Wägungsschema quantifiziert, welchen Anteil z. B. die Mietausgaben oder andere Ausgabepositionen an den gesamten Verbrauchsausgaben der privaten Haushalte haben (*vgl.:* www.destatis.de).

Was versteht man im Zusammenhang mit dem Warenkorb unter einem *Wägungsschema?* 416

**Zusammensetzung des Warenkorbs** – Wägungsschema 2020

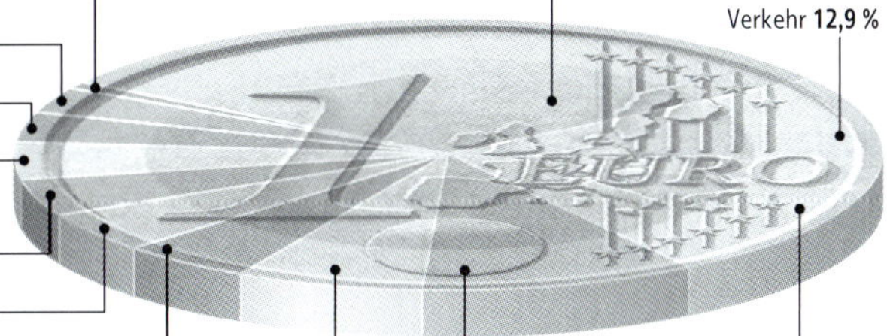


Das **Verhältnis zwischen** der sich in einer Volkswirtschaft befindlichen **Geldmenge** und der **Menge an Gütern und Dienstleistungen** kann sich im Zeitablauf unter Umständen stark verändern:

- Erhöht sich die Geldmenge wesentlich stärker als die Menge an Gütern und Dienstleistungen, führt dies zu einer **Inflation** (Prozess stetig steigender Preise), der Wert des Geldes sinkt.
- Erhöht sich die Menge an Gütern und Dienstleistungen wesentlich stärker als die Geldmenge, führt dies zu einer **Deflation** (Prozess stetig sinkender Preise), der Wert des Geldes steigt.

Die Aufgabe der EZB ist es, diese negativen Entwicklungen für die Wirtschaftssubjekte zu verhindern.

Was versteht man unter einer *Inflation* bzw. *Deflation?* 417

### 3.3.4.3.2 Geldpolitische Instrumente der Europäischen Zentralbank (EZB)

Handbuch: LF 12

Als Handlungsrahmen stehen der EZB folgende geldpolitischen Instrumente zur Verfügung, deren Nutzung bzw. Ausgestaltung der EZB-Rat jederzeit ändern kann:

- **Offenmarktgeschäfte**
- **Ständige Fazilitäten**[1]
- **Mindestreserven**

1 Fazilität: Kreditmöglichkeit

Welche *geldpolitischen Instrumente der EZB* werden prinzipiell unterschieden? 418

Bei den sogenannten Offenmarktgeschäften werden **Wertpapiere** von der EZB bzw. von den Nationalen Zentralbanken an die bzw. von den Kreditinstituten **ver- und gekauft** oder entsprechende **Kredite gegen Verpfändung von Sicherheiten** eingeräumt.

Was versteht man unter den *Offenmarktgeschäften* der EZB? 419

420 **Welche *vier Formen von Offenmarktgeschäften* werden unterschieden? Welche *Merkmale* weisen sie auf?**

- **Hauptrefinanzierungsinstrument**
  - Laufzeit: zwei Wochen
  - Rhythmus: wöchentlich (Mengen- oder Zinstender)
- **Längerfristige Refinanzierungsgeschäfte**
  - Laufzeit: drei Monate
  - Rhythmus: monatlich (Mengen- oder Zinstender)
- **Feinsteuerungsoperationen**
  - Laufzeit: in der Regel nicht standardisiert
  - Rhythmus: unregelmäßig
- **Strukturelle Operationen**
  - Laufzeit: in der Regel nicht standardisiert
  - Rhythmus: in der Regel unregelmäßig

421 **Erklären Sie den Unterschied zwischen *Mengen-* und *Zinstender* anhand eines *Rechenbeispiels*.**

Bei der Durchführung offenmarktpolitischer Geschäfte wird vor allem auf das **Tenderverfahren** – ein Versteigerungsverfahren – zurückgegriffen. Man unterscheidet dabei zwischen **Mengen-** und **Zinstender.** Beim Mengentender gibt die EZB bzw. geben die Nationalen Zentralbanken (NZB) den Zinssatz vor, die Banken nennen die Beträge, für die sie Wertpapiere „in Pension" geben wollen. Die EZB entscheidet dabei über die Zuteilungsquote.

**a) Liquiditätszuführende befristete Transaktion über Mengentender**

Die EZB beschließt, dem Markt Liquidität über eine befristete Transaktion in Form eines Mengentenders zuzuführen. Die Geschäftspartner geben folgende Gebote ab:

| Geschäftspartner | Gebot (Millionen €) |
|---|---|
| Bank 1 | 30 |
| Bank 2 | 40 |
| Bank 3 | 70 |
| insgesamt | 140 |

Die EZB beschließt, insgesamt 105 Millionen € zuzuteilen.
Der Prozentsatz der Zuteilung errechnet sich wie folgt:

$$\frac{105}{(30 + 40 + 70)} = 75\ \%$$

| Geschäftspartner | Gebot (Millionen €) | Zuteilung (Millionen €) |
|---|---|---|
| Bank 1 | 30 | 22,5 |
| Bank 2 | 40 | 30,0 |
| Bank 3 | 70 | 52,5 |
| insgesamt | 140 | 105,5 |

**b) Liquiditätszuführende befristete Transaktion über Zinstender**

Die EZB beschließt, dem Markt Liquidität über eine befristete Transaktion in Form eines Zinstenders zuzuführen. Die Geschäftspartner geben folgende Gebote ab:

| | Beträge in Millionen € | | | | |
|---|---|---|---|---|---|
| **Zinssatz (%)** | **Bank 1** | **Bank 2** | **Bank 3** | **Gebote insgesamt** | **kumulative Gebote** |
| 3,15 | | | | 0 | 0 |
| 3,10 | | 5 | 5 | 10 | 10 |
| 3,09 | | 5 | 5 | 10 | 20 |
| 3,08 | | 5 | 5 | 10 | 30 |
| 3,07 | 5 | 5 | 10 | 20 | 50 |
| 3,06 | 5 | 10 | 15 | 30 | 80 |
| 3,05 | 10 | 10 | 15 | 35 | 115 |
| 3,04 | 5 | 5 | 5 | 15 | 130 |
| 3,03 | 5 | | 10 | 15 | 145 |
| **insgesamt** | **30** | **45** | **70** | **145** | |

Die EZB beschließt, 94 Millionen € zuzuteilen, sodass sich ein marginaler Zinssatz von 3,05 % ergibt. Alle Gebote über 3,05 % (bis zu einem kumulativen Betrag von 80 Millionen €) werden voll zugeteilt. Bei 3,05 % ergibt sich folgende prozentuale Zuteilung:

$$\frac{94 - 80}{35} = 40\ \%$$

Die Zuteilung an Bank 1 zum marginalen Zinssatz beträgt zum Beispiel:

$0{,}4 \cdot 10 = 4$

Insgesamt ergibt sich für Bank 1 folgende Zuteilung:

$5 + 5 + 4 = 14$

*aus:* Europäische Zentralbank: Die einheitliche Geldpolitik in Stufe 3. Allgemeine Regelungen für die geldpolitischen Instrumente und Verfahren des ESZB. Frankfurt 1998, S. 64 f.

422 Welche beiden *Arten von Ständigen Fazilitäten* werden unterschieden?

- Bei der **Spitzenrefinanzierungsfazilität** können sich die Banken kurzfristig – praktisch über Nacht – **Geld beschaffen,** zu einem Zinssatz, der unter ökonomischen Gesichtspunkten wahrscheinlich die Obergrenze des Tagesgeldzinssatzes bilden wird.
- Die Banken können außerdem in Form der **Einlagefazilität** bei den nationalen Zentralbanken **Guthaben** bis zum nächsten Geschäftstag **einlegen.** Der Zinssatz für die Einlagefazilität bildet in der Regel die Untergrenze des Tagesgeldzinssatzes.

423 Warum werden *Mindestreserven* als *geldpolitisches Instrument* der EZB eingesetzt?

Gemäß § 16 des Bundesbankgesetzes kann die Deutsche Bundesbank von den Kreditinstituten verlangen, dass diese einen bestimmten Prozentsatz ihrer Verbindlichkeiten als Guthaben auf den Konten der Zentralbanken hinterlegen. Man bezeichnet diese Guthaben als **Mindestreserve.** Je höher diese Mindestreserve festgelegt wird, umso stärker werden die Banken bei der Kreditvergabe **eingeschränkt,** was sich in einer **Erhöhung des Kreditzinses** niederschlägt. Der **Geldschöpfungsspielraum** der **Kreditinstitute kann** somit **beeinflusst werden.**

424 **Die vier Formen der *Offenmarktgeschäfte* können sowohl zur *Liquiditätsbereitstellung* als zur *-abschöpfung* genutzt werden. Erläutern Sie diesen Umstand.**

- Durch die unterschiedlichen Formen der Offenmarktgeschäfte kann die EZB den Kreditinstituten durch Wertpapierkäufe, Pensionsgeschäfte oder durch Devisenswapgeschäfte **Liquidität zur Verfügung stellen.**
- Durch Wertpapierverkäufe, Hereinnahme von Termineinlagen, die Emission von Schuldverschreibungen oder durch Devisenswapgeschäfte kann die EZB **Liquidität abschöpfen.**

425 ***Welche unterschiedlichen geldpolitischen Maßnahmen* der EZB führen zu einem gleichgerichteten Ergebnis, wenn eine Rezession überwunden werden soll?**

- **Offenmarktgeschäfte:** Wertpapierankauf durch die EZB
- **Mindestreserve:** Senkung durch die EZB
- **Fazilitäten:** Einlagefazilität und Spitzenrefinanzierungsfazilität werden von der EZB gesenkt.

**Fazit:** Die Kreditinstitute erhalten von der EZB „günstiges Geld", dadurch erhalten sie Spielräume für die Vergabe zinsgünstiger Kredite. Die Wirtschaftssubjekte können Investition und Konsum erhöhen, wodurch die gesamtwirtschaftliche Nachfrage angeregt wird.

426 **Worin liegen die *Grenzen der Konjunkturbeeinflussung* durch die Geldpolitik der EZB?**

Die EZB kann durch ihre geldpolitischen Instrumente die Geldmenge in ihrer Höhe beeinflussen und damit auch auf die Preissteigerungsrate einwirken. Gerade aber die **Banken- und Finanzkrise ab 2008** hat gezeigt, dass die geldpolitischen Instrumente der EZB nicht ausreichen, um große (globale) Wirtschaftskrisen zu verhindern. Diese Aufgaben müssen die **Regierungen durch abgestimmte internationale Maßnahmen** lösen (z. B. durch Auflegung großer Konjunkturprogramme oder gesetzliche Änderungen hinsichtlich der Kontrolle des Geld- und Kapitalverkehrs), die nationalen Notenbanken können diese Aktivitäten nur unterstützen.

Handbuch: LF 12

### 3.3.4.3.3 Fiskalpolitische Möglichkeiten der Bundesregierung

427 **Im Rahmen der staatlichen Wirtschaftspolitik wird prinzipiell zwischen den beiden Grundkonzeptionen der *angebots-* und der *nachfrageorientierten Wirtschaftspolitik* unterschieden. Was ist damit gemeint?**

- Bei der **angebotsorientierten Wirtschaftspolitik** geht man von der **Grundannahme** aus, dass die **Verbesserung der gesamtwirtschaftlichen Angebotsbedingungen** (eine effizientere Kostenstruktur z. B. durch Senkung der Lohnnebenkosten) zum **Angebot kostengünstigerer Produkte und Dienstleistungen** der Unternehmen führt. Dies soll die Wettbewerbsfähigkeit im In- und Ausland stärken und damit langfristig das Wirtschaftswachstum erhöhen.
- Die **nachfrageorientierte Wirtschaftspolitik** geht von der **Grundannahme** aus, dass die **Stärkung der gesamtwirtschaftlichen Nachfrage zur Ankurbelung der Produktion** führt und damit das Wirtschaftswachstum erhöht wird.

- **wirtschaftspolitische Maßnahmen im Rahmen angebotsorientierter Wirtschaftspolitik:**
  - Schaffung ***rechtlicher Rahmenbedingungen,*** die ***zu Kosteneinsparungen*** in Unternehmen ***führen*** (z. B. Senkung von Lohnnebenkosten)
  - ***Einschränkung*** der ***staatlichen Nachfrage***
  - ***Abbau staatlicher Subventionen*** zur Verringerung der Staatsverschuldung
  - ***Abbau*** des ***staatlichen Einflusses*** auf die Konjunkturpolitik, um langfristig Marktkräfte zu stärken
- **wirtschaftspolitische Maßnahmen im Rahmen nachfrageorientierter Wirtschaftspolitik:**
  - ***Stärkung*** der ***Massenkaufkraft*** durch Erhöhung von Löhnen und Gehältern
  - ***Erhöhung*** der ***staatlichen Nachfrage*** (z. B. durch gezielten Einsatz von speziellen Ausgaben- bzw. Beschäftigungsprogrammen)
  - verstärkter Einsatz ***staatlicher Subventionen***
  - ***antizyklische Konjunkturpolitik,*** um die Intensität der einzelnen Konjunkturausschläge abzumildern

428 Welche *wirtschaftspolitischen Maßnahmen* resultieren jeweils aus den *beiden Grundannahmen staatlicher Wirtschaftspolitik?*

- Unter der **Fiskalpolitik**[1] werden alle **staatlichen Maßnahmen** verstanden, die mithilfe der Veränderung der **staatlichen Einnahmen** und **Ausgaben** zur Beeinflussung der wirtschaftlichen bzw. konjunkturellen Lage führen.

1 Fiskus: Staat, Staatskasse

- Von einer **antizyklischen Fiskalpolitik** wird gesprochen, wenn die vom Staat eingesetzten Maßnahmen antizyklisch wirken, d. h., der Staat versucht z. B. in der Hochkonjunktur dämpfend, in der Rezession konjunkturfördernd einzugreifen (man spricht vom Gegensteuern).

429 Was versteht man unter der *Fiskalpolitik?*

**Beispiele** für **fiskalpolitische Maßnahmen** des Staates in der **Rezession:**

- ***Senkung*** von ***Steuern*** (z. B. auch durch Erhöhung der Abschreibungssätze) und ***Abgaben***
- ***Erhöhung*** der ***Staatsausgaben*** (z. B. durch konjunkturelle Sonderprogramme, Zahlung von Subventionen)
- spezielle ***Förderung des Exportes*** (z. B. durch Steuerbefreiungen)

430 Mit welchen *fiskalpolitischen Maßnahmen* kann der Staat in einer *Rezession* gegensteuern?

**Erhöhung der Staatsausgaben** (z. B. Bau von Straßen oder Schulen) → **Umsatz- und Gewinnerhöhung** bei den beteiligten Unternehmen und (eventuelle) **Einkommenserhöhung** bei den beteiligten Unternehmern und Arbeitnehmern → Unternehmen **erhöhen** (eventuell) ihre **Investitionen,** Arbeitnehmer ihre **Konsumausgaben** → gesamtwirtschaftliche Nachfrage steigt → **erhöhtes BIP** führt (eventuell) zur **Steigerung** des **Beschäftigungsgrades**

431 Beschreiben Sie in Form einer beispielhaften *Wirkungskette,* wie die *Erhöhung von Staatsausgaben in einer Rezession wirken* könnte.

432 ***Warum* sind *fiskalpolitische Maßnahmen,* z. B. in der Rezession, *politisch umstritten?***

- Die entsprechenden fiskalpolitischen Maßnahmen in der Rezession (siehe Seite 479) führen zu einer **erhöhten Staatsverschuldung,** die eventuell nicht durch den erwarteten Wirtschaftsaufschwung wieder abgebaut werden kann („Deficit Spending" kann zur „Schuldenfalle" führen).
- Wirtschaftssubjekte (z. B. Unternehmen, private Haushalte) hätten die **erwarteten Maßnahmen** (z. B. Erhöhung der Investitionen, Kauf von Produkten) **auch ohne die fiskalpolitischen Hilfen** ergriffen (man spricht von „Mitnahmeeffekten").
- Fiskalpolitische Maßnahmen wirken oft **zeitlich verzögert** (Timelags) und „verpuffen nutzlos".
- Die beschlossenen fiskalpolitischen Maßnahmen **bevorzugen** häufig **einseitig** bestimmte Wirtschaftssubjekte bzw. Interessensgruppen (Lobbyisten), z. B. besondere Unterstützung der Automobilindustrie.
- Die fiskalpolitischen Maßnahmen **verhindern** einen **notwendigen Strukturwandel.**

433 **Warum kann es *gefährlich für den Staat* sein, in einer *Rezession fiskalpolitische Maßnahmen zu unterlassen?***

- Die wirtschaftlichen **Probleme** könnten zu einer drastischen **Verlängerung und Verschärfung der Rezessionsphase** führen. Denkbar ist auch, dass sich dadurch die **internationale Wettbewerbsfähigkeit** der einheimischen Wirtschaft **verschlechtert.**
- Die wirtschaftlichen Probleme können auch zu **politischen Problemen** (z. B. Radikalisierung von Teilen der Bevölkerung) führen.

**Lernfeld 12**

**Handbuch: LF 12**

## 3.4 Unternehmensstrategien, -projekte umsetzen

434 **ZP**

**Was versteht man im Sinne des Projektmanagements unter einem *Projekt?***

Nach DIN 69901 handelt es sich bei einem Projekt um **„ein Vorhaben,** das im Wesentlichen durch die **Einmaligkeit der Bedingungen** in ihrer Gesamtheit gekennzeichnet ist, wie z. B. Zielvorgabe, zeitliche, finanzielle, personelle und andere Begrenzungen, Abgrenzung gegenüber anderen Vorhaben, projektspezifische Organisation"[1].

Projekte werden in Unternehmen, aber auch in politischen, sozialen und kulturellen Organisationen durchgeführt.

1 *aus:* DIN 69901-05. Projektmanagement – Projektmanagementsysteme – Teil 5: Begriffe. Berlin 2009

ZP
Welche *Projektziele* werden in der Fachliteratur unterschieden?
435

**Grundlegende Ziele** aller Projekte sind nach Olfert/Steinbuch:

- Einhaltung des ökonomischen Prinzips,
- konsequente Kundenfokussierung,
- systematische Prozessorientierung,
- Schonung der Umwelt.

Die **Projektziele** lassen sich im Einzelnen einteilen nach ...:

- der **Zielausrichtung:**
  - ***Ergebnisziele*** (beziehen sich auf das Projektergebnis),
  - ***Arbeitsziele*** (beziehen sich auf die Projektdurchführung);
- dem **Zielinhalt:**
  - ***qualitative Ziele*** (nicht in Zahlen vorgebbar),
  - ***quantitative Ziele*** (zahlenmäßig vorgebbare Ziele);
- der **Zielkategorie:**
  - ***strategische Ziele*** (langfristig),
  - ***taktische Ziele*** (mittelfristig),
  - ***operative Ziele*** (kurzfristig).

*vgl.:* Olfert, Klaus: Kompakt-Training Projektmanagement. 8., aktualisierte Auflage, Herne, 2012, S. 18

ZP
Welche *zeitliche Begrenzung* weist ein Projekt auf?
436

- Ein Projekt hat sowohl einen **Start-** als auch einen **Endtermin.**
- Der **zeitliche Umfang** kann sich z. B. auf wenige Wochen, aber auch auf Monate oder sogar Jahre erstrecken (z. B. Bau einer internationalen Pipeline).
- Der **Arbeitsfortschritt** im Projektablauf muss stets zielgerichtet **gesteuert** und **überwacht** werden. Eine genaue **Zeitplanung** ist Teil eines ganzheitlichen Projektmanagements.

ZP
Erläutern Sie die Fachbegriffe *Budget*, *Projektkostenplan* und *Projektcontrolling* mit eigenen Worten.
437

- Für ein Projekt steht in der Regel ein bestimmtes **Budget** zur Verfügung. Dieses soll die gesamten Projektkosten abdecken, also sowohl **Sach-** als auch **Personalkosten.**
- Der **Projektkostenplan** enthält die geschätzte Höhe der einzelnen Kostenarten (z. B. Softwarekosten für die Projektdauer) und ermittelt somit die Gesamtprojektkosten. Voraussetzung dafür ist, dass die einzelnen Projektaufgaben, das notwendige Personal, die erforderlichen Sachmittel vorher abgeschätzt werden und eine Terminplanung vorliegt, die die Dauer der Nutzung der einzelnen Ressourcen enthält. **Kostenrisiken** müssen vorher abgeschätzt werden, sogenannte Risikoreserven werden daher einkalkuliert.
- Ein **Projektcontrolling** wird während der Projektdurchführung (z. B. ein permanenter Soll-Ist-Vergleich der einzelnen Kostenarten) und zum Projektabschluss durchgeführt.

ZP

438 **Was versteht man unter dem *magischen Viereck des Projekterfolgs?***

Um ein Projekt erfolgreich abschließen zu können, wird der Projektmanager (Projektleiter) das sogenannte **magische Viereck des Projekterfolgs** mit seinen Bestandteilen („Ecken") **Lösungsumfang, Qualität, Kosten** und **Termine** permanent ausbalancieren müssen, um den Projektzweck zu erreichen. Dieses Ausbalancieren kann man als „magisch" bezeichnen, da die Verbesserung einer Ecke meist zu einer Verschlechterung einer anderen Ecke führt.

**Das magische Viereck des Projekterfolgs**

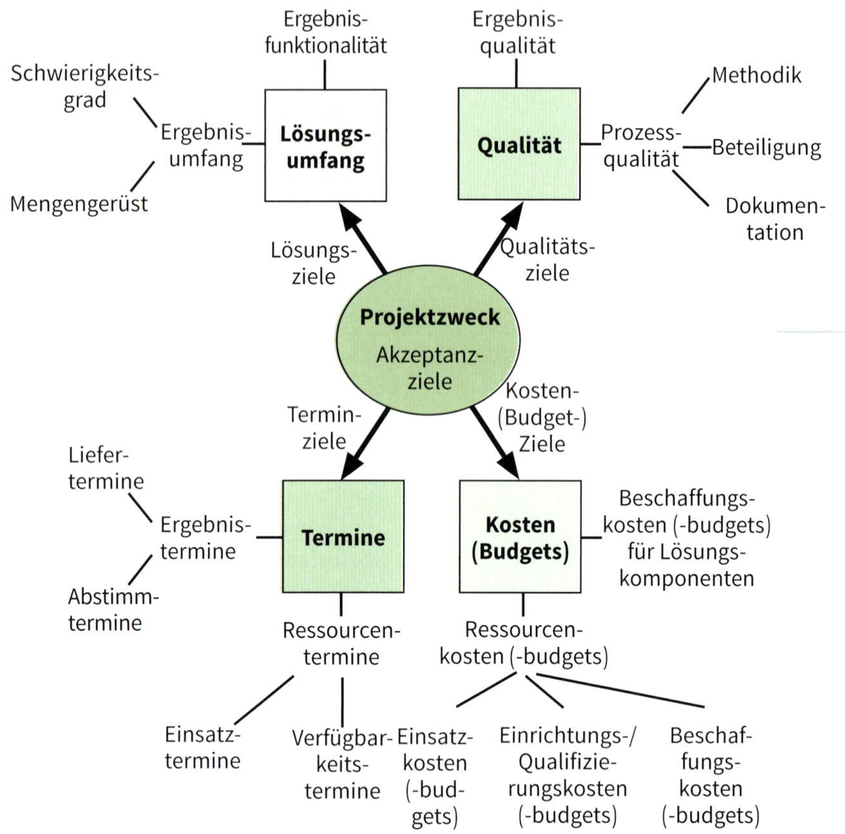


*aus:* Zöllner, Uwe: Praxisbuch Projektmanagement. Das neue, umfassende Handbuch für Führungskräfte und Projektmitarbeiter. 1. Auflage, Galileo Press, Bonn 2003, S. 65

ZP

439 **Welche *Organisationsformen können* Projekte aufweisen?**

Da jedes Projekt in seiner Existenz einmalig ist, muss auch bei jedem Projekt neu überlegt werden, welche Organisationsform für dieses Vorhaben angemessen ist.

- In einem Unternehmen wird die **Geschäftsleitung** oder der Bereichsleiter einen **Projektmanager** (Projektleiter) zur Leitung des Projektes **berufen.** Ihm sind die Mitglieder der Projektgruppe unterstellt.
- Bei großen Projekten wird zwischen **Projektmanager** und einem ihm **unterstellten Projektleiter** unterschieden, häufig gibt es zusätzlich noch einen **kaufmännischen Projektleiter.**
- Möglich – wenn auch sehr selten anzutreffen – ist auch ein **Selbstmanagement,** bei dem ***alle* Projektmitarbeiter gleichberechtigt** sind.

- Bei einigen Großprojekten wird oberhalb des Projektmanagers noch ein sogenannter **Lenkungsausschuss** eingesetzt, der eher auf der **strategischen Entscheidungsebene** des Unternehmens angesiedelt ist. Er dient als **oberstes Entscheidungs- und Kontrollgremium,** Mitglieder der Geschäftsführung eines Unternehmens werden in ihn entsandt.

Wenn bei einer Projektorganisation in der Regel auch hierarchische Strukturen erkennbar sind, ist doch die vorherrschende Arbeitsweise die **Teamarbeit.**

**ZP** 440

Was versteht man unter einem *Projekthandbuch?*

In einem **Projekthandbuch** werden alle für die Organisation eines Projektes **notwendigen Informationen** festgehalten. Eine permanente Pflege des Projekthandbuches ist notwendig und wird vom **Projektmanager** angewiesen und überwacht. Eine große Hilfe bei der Organisation eines Projektes kann der Einsatz von **Projektmanagementsoftware** (z. B. MS Project) sein.

**ZP** 441

Was versteht man unter *Projektmanagement?*

Laut DIN 69901 ist das **Projektmanagement** „die Gesamtheit von Führungsaufgaben, Führungsorganisation, Führungstechniken und Führungsmitteln für die Abwicklung eines Projektes“. Die Abwicklung eines Projektes geschieht in sogenannten **Projektphasen.**

*aus:* DIN 69901-05. Projektmanagement – Projektmanagementsysteme – Teil 5: Begriffe. Berlin 2009

**ZP** 442

Welche *Projektphasen* werden im Allgemeinen unterschieden?

Es gibt **kein allgemein anerkanntes Begriffssystem** für die Definition von einzelnen Projektphasen. Umstritten ist in der Fachliteratur auch, zu welchem Zeitpunkt ein Projekt als solches beginnt: Soll man schon bei der ersten Projektidee vom Projektbeginn sprechen oder beispielsweise erst bei der Vereinbarung eines Projektauftrages mit unternehmensinternen oder -externen Auftraggebern?

In jedem Fall können folgende **Projektphasen** grob abgegrenzt werden:

**1. Projektvorbereitung**
↓
**2. Projektplanung**
↓
**3. Projektdurchführung**
↓
**4. Projektabschluss**

**ZP** 443

Was beinhaltet die *Projektvorbereitungsphase?*

- Am Anfang eines Projektes steht meist eine wenig klar abgegrenzte **Projektidee,** die zu einer eindeutigen **Projektdefinition** fortentwickelt werden muss. Viele Projekte scheitern daran, dass diese Definition keine klaren Ziele für die Projektarbeit setzt oder den Projektzweck nicht eindeutig von ähnlichen Vorhaben abgrenzt.
- Die Projektdefinition mündet in einen **Projektantrag,** über den ein unternehmensinternes Gremium oder ein externer Kunde entscheidet. Der genehmigte Projektantrag führt zum rechtlich verbindlichen **Projektauftrag.**
- Der schriftlich fixierte **Projektauftrag** enthält zumindest Angaben über:
  - Projektzweck
  - Projektziele
  - Projektbeginn, -ende
  - Auftraggeber
  - Projektmanager
  - Projektzeitplan
  - Projektbudget
  - Projektergebnisse

*vgl.:* Tiemeyer, Ernst: Projekte erfolgreich managen. Methoden, Instrumente, Erfahrungen. Beltz Verlag, Weinheim, Basel 2002, S. 19

444 ZP

**Was beinhaltet die *Projektplanungsphase?***

Die Projektplanungsphase ist die entscheidende Grundlage für die anschließende Projektdurchführungsphase. Je genauer geplant wird, umso reibungsloser kann die Realisierung des Projektes erfolgen. Im Rahmen der **Projektplanung** muss über folgende **Planungsgrößen** entschieden werden:

- einzelne Arbeitsschritte bzw. Arbeitspakete
- Ressourcen (Eigen- und Fremdpersonal)
- zeitliche Abfolge der einzelnen Arbeitsschritte bzw. Arbeitspakete
- finanzieller Aufwand

Welche **Teilpläne** die **Projektplanungsphase** umfasst, zeigt folgende Darstellung:

**Projektplanung im Zusammenhang**

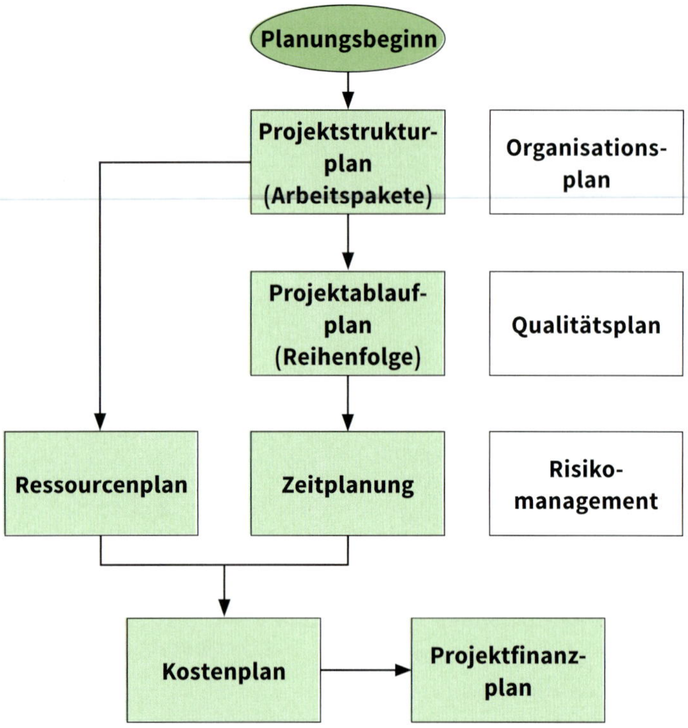


*vgl.:* Tiemeyer, Ernst: Projekte erfolgreich managen. Methoden, Instrumente, Erfahrungen. Beltz Verlag, Weinheim, Basel 2002, S. 56

445 ZP

**Was versteht man unter einem *Arbeitspaket?***

- Ein Projekt wird in **kleinste Teilaufgaben** aufgeteilt, man spricht von sogenannten Arbeitspaketen. Laut DIN 69901 ist ein Arbeitspaket die **nicht mehr sinnvoll zu unterteilende, kleinste Verantwortungseinheit für einen Mitarbeiter.**
- Das **Ziel des Arbeitspaketes** muss eindeutig **definiert** sein und gegenüber anderen Arbeitspaketen klar abgegrenzt sein.
- **Zeit-** und **Kostenrahmen** des Arbeitspaketes werden vorher festgelegt. Bei der Dauer eines Arbeitspaketes spricht man von Personentagen, -wochen oder -monaten.
- Für jedes Arbeitspaket gibt es nur **einen Verantwortlichen.**
- Die **Arbeitspaketplanung** mündet in ihrer Gesamtheit in den **Projektstrukturplan,** in dem alle Projektaktivitäten systematisch erfasst werden.

- Laut DIN 69901 sind Meilensteine **Ereignisse besonderer Bedeutung,** sie sind Teil der Terminplanung eines Projektes. In einem Übersichtsterminplan werden häufig die Meilensteine festgehalten.
- Meilensteine dienen dem **Termin-** und **Ablaufcontrolling** (z. B. bei Fertigstellung des Rohbaus eines Verwaltungsgebäudes). Sie werden als Anlass genommen, um eventuelle Störungen im Arbeitsablauf zu besprechen und Lösungsansätze zu finden.

ZP
Was versteht man unter einem *Meilenstein?* 446

---

- Ist die Entscheidung über die Durchführung des Projektes getroffen, wird meist mit einem sogenannten **Kick-Off-Meeting** die Projektdurchführungsphase begonnen. Teilnehmer dieses Initiierungstreffens sind:
  - Auftraggeber
  - Projektmanager
  - Projektmitarbeiter
  - weitere Stakeholder (z. B. Lieferanten)

  Das Kick-Off-Meeting soll alle Projektbeteiligten in angemessener Umgebung zusammenführen, um die Motivation aller Beteiligten zu erhöhen und ein **Wir-Gefühl** zu entwickeln. Der geplante Ablauf des gesamten Projektes wird präsentiert und erste Absprachen werden getroffen.
- Im Rahmen der Projektdurchführung ist eine laufende **Projektsteuerung** und **-kontrolle** notwendig. Sie kann durch den Projektmanager, aber auch durch den Lenkungsausschuss oder spezielle **Projektcontroller** erfolgen. Das **Projektcontrolling** vergleicht laufend **Plan-** und **Istdaten** zur Kosten- und Zeitplanung und wertet sie aus; der Projektmanager muss unter Umständen korrigierend eingreifen. Änderungswünsche des Auftraggebers werden durch ein so genanntes **Claim Management** geprüft und entsprechende Korrekturen werden am Projektablauf vorgenommen.
- Um die **Projektdokumentation** für alle Beteiligten transparent zu gestalten, wird spezielle Software eingesetzt, eventuell wird auch das Internet als Systemplattform für alle Dokumente genutzt. Durch ein Passwort geschützt haben alle Projektbeteiligten beim sogenannten **Projekt-Hosting** jederzeit Zugriff auf alle Dokumente.

ZP
Welche Besonderheiten weist die *Projektdurchführungsphase* auf? 447

---

- Das Projektteam wird in der Regel in einer **Abschlusspräsentation** die Ergebnisse des Projektes in ansprechender Art und Weise vorstellen, dies kann als Teil des Projektmarketings verstanden werden.
- Schließlich wird das Projekt durch den Auftraggeber abgenommen und die Projektergebnisse werden übergeben. Unter Umständen schließt sich eine Einweisung oder sogar Schulung an. Viele Auftraggeber erwarten auch einen förmlichen **Projektabschlussbericht.**
- Unternehmensintern sollte eine **Auswertung** der Projektarbeit erfolgen, z. B. im Hinblick auf die Ursachen von Störungen im Projektablauf.

ZP
Was beinhaltet die *Projektabschlussphase?* 448

---

- Die **Anforderungen des Auftraggebers** an die Lieferungen und Leistungen eines Auftragnehmers werden in ihrer Gesamtheit im **Lastenheft** formuliert.
- Im **Pflichtenheft** werden die vom Auftragnehmer geplanten **Maßnahmen zur Realisierung** des Projektes genau beschrieben.

ZP
Was versteht man unter einem *Pflichten- bzw. Lastenheft?* 449

# 4 Fallorientierte Aufgaben und Multiple-Choice-Aufgaben

## 4.1 Geschäftsprozesse

### 4.1.1 Leistungserstellungsprozesse

#### 4.1.1.1 Fallorientierte Aufgaben und Lösungen

**Ausgangssituation für alle Aufgaben**

Da der Absatz der **KHM - Mountainbike e. K.** in Braunschweig in den letzten Jahren stark rückläufig war, wurde der Unternehmensberater Ronald Bergmann beauftragt, eine Unternehmensanalyse zu erstellen und darauf basierend Vorschläge zur Umstrukturierung des Unternehmens zu unterbreiten. Die Analyse des Fertigungsbereichs führte zu folgenden Ergebnissen:

- Der Mountainbike-Hersteller „KHM – Mountainbike e. K." in Braunschweig fertigt und vertreibt Mountainbikes der gehobenen Preisklasse mit den Typenbezeichnungen MB 20 und MB 21 sowie Sonderanfertigungen. Die Kapazität des Betriebes beträgt 1 200 Mountainbikes pro Jahr. Produktions- und Absatzmengen der beiden letzten Jahre:

| Jahr | Produktions- und Absatzmengen | | | Summe |
|---|---|---|---|---|
| | MB 20 | MB 21 | Sonder-anfertigungen | |
| Vorjahr | 630 | 345 | 110 | 1 085 |
| Berichtsjahr | 532 | 254 | 89 | 875 |

- Die zurzeit bestehenden Produktionsverhältnisse können wie folgt beschrieben werden: **Werkstättenfertigung** mit zum Teil veralteten Maschinen und außerordentlich viel Handarbeit. Die dadurch bedingte, über dem Branchendurchschnitt liegende Fehlerquote führt dazu, dass häufig nachgearbeitet werden muss. Die Fertigung der Mountainbike-Typen MB 20 und MB 21 und der Sonderanfertigungen erfolgt im dauernden Wechsel gemäß Auftragseingang.
- Die **Kostenstruktur des Unternehmens** stellt sich im **Berichtsjahr** auf der Grundlage von **900** produzierten Mountainbikes (davon wurden 875 Stück verkauft – siehe oben) wie folgt dar:

| Kostenarten | Betrag (in €) | davon fix | davon variabel |
|---|---|---|---|
| Rohstoffaufwendungen | 215.800,00 | 0 % | 100 % |
| Hilfsstoffaufwendungen | 36.900,00 | 0 % | 100 % |
| Betriebsstoffaufwendungen | 19.000,00 | 60 % | 40 % |
| Aufwendungen für Fremdbauteile | 305.000,00 | 0 % | 100 % |
| Löhne | 855.000,00 | 70 % | 30 % |

| Kostenarten | Betrag (in €) | davon fix | davon variabel |
|---|---|---|---|
| Gehälter | 187.000,00 | 100 % | 0 % |
| Arbeitgeberanteil zur Sozialversicherung | 208.400,00 | 75 % | 25 % |
| Mietaufwendungen | 10.000,00 | 100 % | 0 % |
| Kalkulatorische Abschreibungen | 150.000,00 | 100 % | 0 % |
| Kalkulatorische Zinsen | 36.800,00 | 100 % | 0 % |
| Summe | 2.023.900,00 | | |

Die weitere Untersuchung der Kosten hat ergeben, dass sich die **variablen Kosten proportional zur Produktionsmenge** entwickeln.

1

**Werkstätten-, Reihenfertigung**

**Vorschlag des Unternehmensberaters:**
Der Unternehmensberater Ronald Bergmann schlägt vor, die Werkstättenfertigung durch die Reihenfertigung zu ersetzen. Dabei sollte der Grad der Maschinisierung erhöht und gleichzeitig der Maschinenpark durch Einsatz NC-gesteuerter Maschinen erneuert werden. Diese Maßnahmen sollten einhergehen mit einer entsprechenden Reduzierung der Zahl der Mitarbeiter.

Beschreiben Sie in Stichworten die Unterschiede der beiden Fertigungsverfahren **Werkstättenfertigung** und **Reihenfertigung.**

2

**Lineare Kostenfunktion**

Um zu prüfen, ob es sich bei der derzeitigen Absatzmenge von 875 Mountainbikes pro Jahr lohnt, das Produktionsverfahren – wie vorgeschlagen – zu wechseln, ist die **Kostenfunktion** für die **Werkstättenfertigung** zu bestimmen. Dies geschieht auf der Grundlage der Kostenanalyse gemäß Ausgangssituation.

**a)** Ermitteln Sie zunächst aufgrund der folgenden Tabelle die fixen und variablen Kostenbeträge der angegebenen Kostenarten und bilden Sie deren Summen:

| Kostenarten | Betrag (in €) | davon fix | davon variabel | fix (in €) | variabel (in €) |
|---|---|---|---|---|---|
| Rohstoffaufwendungen | 215.800,00 | 0 % | 100 % | | |
| Hilfsstoffaufwendungen | 36.900,00 | 0 % | 100 % | | |
| Betriebsstoffaufwendungen | 19.000,00 | 60 % | 40 % | | |

| Kostenarten | Betrag (in €) | davon fix | davon variabel | fix (in €) | variabel (in €) |
|---|---|---|---|---|---|
| Aufwendungen für Fremdbauteile | 305.000,00 | 0 % | 100 % | | |
| Löhne | 855.000,00 | 70 % | 30 % | | |
| Gehälter | 187.000,00 | 100 % | 0 % | | |
| Arbeitgeberanteil zur Sozialversicherung | 208.400,00 | 75 % | 25 % | | |
| Mietaufwendungen | 10.000,00 | 100 % | 0 % | | |
| Kalkulatorische Abschreibungen | 150.000,00 | 100 % | 0 % | | |
| Kalkulatorische Zinsen | 36.800,00 | 100 % | 0 % | | |
| Summe | 2.023.900,00 | | | | |

**b)** Errechnen Sie die variablen Stückkosten.

**c)** Stellen Sie die lineare Kostenfunktion für die Werkstättenfertigung der KHM – Mountainbike e. K. auf.

3

### Optimales Produktionsverfahren

Nach Berechnungen des Unternehmensberaters könnten sich – bei Anwendung der Reihenfertigung und der Berücksichtigung der weiteren Maßnahmen – die Gesamtkosten in Abhängigkeit von der Produktionsmenge wie folgt verhalten: $K_R = 1.330.800 + 745\ x$.

Prüfen Sie jetzt rechnerisch, ob es sich bei der derzeitigen Absatzmenge von 875 Mountainbikes pro Jahr lohnt, das Produktionsverfahren wie vorgeschlagen zu wechseln.

4

### Kritische Menge rechnerisch und mithilfe eines Tabellenkalkulationsprogramms

**a)** Um festzustellen, welches Produktionsverfahren bei welcher Produktionsmenge optimal ist, definieren und berechnen Sie die sogenannte **kritische Menge** mithilfe der vorgegebenen Kostenfunktion für die Reihenfertigung (Aufgabe 3) und der von Ihnen aufgestellten Kostenfunktion für die Werkstättenfertigung (Ergebnis der Aufgabe 2).

**b)** Ermitteln Sie die kritische Menge mithilfe eines Tabellenkalkulationsprogramms tabellarisch und grafisch. Erläutern Sie anschließend das Ergebnis.

5

### Optimale Losgröße mithilfe eines Tabellenkalkulationsprogramms

**Vorschlag des Unternehmensberaters:**
Das Produktionsprogramm sollte dahingehend geändert werden, dass die Sonderanfertigungen zugunsten zweier zusätzlicher Standardmodelle MB 22 und MB 23 zurückgenommen werden. Gleichzeitig sollte die Produktion nicht

länger in der Reihenfolge der Bestelleingänge erfolgen, sondern durch die Produktion in Fertigungslosen abgelöst werden. Die prognostizierte Jahresproduktion von 1 000 Stück kann alternativ nur in 1, 2, 4, 5, 10 oder 20 Fertigungslosen hergestellt werden. Die Rüstkosten bei einem Modell- oder Loswechsel betragen 560 €, die Lagerkosten 2 % vom Wert des durchschnittlichen Lagerbestandes; dabei wird ein gleichmäßiger Lagerabgang der fertigen Mountainbikes unterstellt. Die Herstellkosten pro Mountainbike betragen im Durchschnitt 2.000,00 €.

**a)** Erläutern Sie die Begriffe Fertigungslos und optimale Losgröße.

**b)** Errechnen Sie mithilfe eines Tabellenkalkulationsprogramms tabellarisch auf der Grundlage des Vorschlags die **optimale Losgröße** und stellen Sie das Ergebnis grafisch dar.

## Lösung zu Aufgabe 1

| ausgewählte Merkmale | Werkstättenfertigung | Reihenfertigung |
|---|---|---|
| Anordnung der Arbeitsplätze/Maschinen | Verrichtungsprinzip: Zusammenfassung gleicher Funktionen ( z. B. Sägen oder Schweißen) in verschiedenen Werkstätten | Prozess- oder Fließprinzip: Anordnung der Arbeitsplätze/Maschinen gemäß Abfolge der Fertigungsschritte (Arbeitsgangfolge) |
| Art der Maschinen | eher umrüstbare Universalmaschinen für unterschiedliche Arbeitsgänge | eher Spezialmaschinen für nur einen bestimmten Arbeitsgang |
| Qualifikation der Mitarbeiter | tendenziell eher Mitarbeiter mit Facharbeiterausbildung | tendenziell eher angelernte Mitarbeiter |
| Aufgabe der Arbeitsvorbereitung | laufend neue Festlegung der Arbeitsgangfolgen und damit der optimalen Maschinenbelegung | Festlegung der Arbeitsgangfolge für eine lange Zeit |
| Marktanpassungsfähigkeit | flexibler als bei Reihenfertigung wegen der Art der Maschinen und der Qualifikation der Mitarbeiter | weniger flexibel als bei Werkstättenfertigung wegen der Art der Maschinen und der Qualifikation der Mitarbeiter |
| Durchlaufzeit der Produkte | setzt sich zusammen aus Transport-, Bearbeitungs- und Wartezeiten | kürzer als bei Werkstättenfertigung, da sich die Transportzeiten und tendenziell auch die Wartezeiten verkürzen |
| Kosten | eher höheres Lohnniveau wegen Qualifikation der Mitarbeiter<br><br>höhere Lagerkosten wegen der Durchlaufzeit der Produkte | eher niedrigeres Lohnniveau wegen Qualifikation der Mitarbeiter<br><br>niedrigere Lagerkosten wegen der Durchlaufzeit der Produkte |

## Lösungen zu Aufgabe 2

**Lösung zu 2a)**

**Kostenbeträge der Kostenarten und der Kostensummen**

| Kostenarten | Betrag (in €) | davon fix | davon variabel | fix (in €) | variabel (in €) |
|---|---|---|---|---|---|
| Rohstoffaufwendungen | 215.800,00 | 0 % | 100 % | 0,00 | 215.800,00 |
| Hilfsstoffaufwendungen | 36.900,00 | 0 % | 100 % | 0,00 | 36.900,00 |
| Betriebsstoffaufwendungen | 19.000,00 | 60 % | 40 % | 11.400,00 | 7.600,00 |
| Aufwendungen für Fremdbauteile | 305.000,00 | 0 % | 100 % | 0,00 | 305.000,00 |
| Löhne | 855.000,00 | 70 % | 30 % | 598.500,00 | 256.500,00 |
| Gehälter | 187.000,00 | 100 % | 0 % | 187.000,00 | 0,00 |
| Arbeitgeberanteil zur Sozialversicherung | 208.400,00 | 75 % | 25 % | 156.300,00 | 52.100,00 |
| Mietaufwendungen | 10.000,00 | 100 % | 0 % | 10.000,00 | 0,00 |
| Kalkulatorische Abschreibungen | 150.000,00 | 100 % | 0 % | 150.000,00 | 0,00 |
| Kalkulatorische Zinsen | 36.800,00 | 100 % | 0 % | 36.800,00 | 0,00 |
| Summe | 2.023.900,00 | | | 1.150.000,00 | 873.900,00 |

**Lösung zu 2b)**

**Errechnung der variablen Stückkosten ($k_v$)**

Da die Kostenstruktur auf der Basis von 900 Stück pro Jahr ermittelt wurde und sich die variablen Kosten proportional zur Menge verhalten, ist wie folgt zu rechnen:

$k_v$ = 873.900,00 € : 900 Stück = <u>971,00 €/Stück</u>

**Lösung zu 2 c)**

**Kostenfunktion für die Werkstättenfertigung**

allgemein: $K_W = K_f + k_v \cdot x$

speziell: $K_W = 1.150.000 + 971\ x$

## Lösung zu Aufgabe 3

**Kostenvergleich Reihenfertigung vs. Werkstättenfertigung**

Gesamtkosten der **Reihenfertigung** bei 875 Stück:

$K_R = 1.330.800 + 745 \cdot 875 = \underline{\underline{1.982.675}}$

Gesamtkosten **Werkstättenfertigung** bei 875 Stück:

$K_W = 1.150.000 + 971 \cdot 875 = \underline{\underline{1.999.625}}$

Die Umstellung würde sich lohnen, da mit der Reihenfertigung 16.950,00 € günstiger produziert werden kann als mit der Werkstättenfertigung.

## Lösungen zu Aufgabe 4

**Lösung zu 4a)**

**Definition der kritischen Menge:** Die kritische Menge ist die Produktionsmenge, bei der die Kosten zweier Produktionsverfahren gleich hoch sind.

**Berechnung der kritischen Menge:**

Kosten der Werkstättenfertigung = Kosten der Reihenfertigung

$$K_W = K_R$$
$$1.150.000 + 971\,x = 1.330.800 + 745\,x$$
$$226\,x = 180.800$$
$$\underline{\underline{x = 800}}$$

Bei einer Produktionsmenge vom 800 Mountainbikes sind die Kosten der Werkstättenfertigung genauso hoch wie die Kosten der Reihenfertigung.

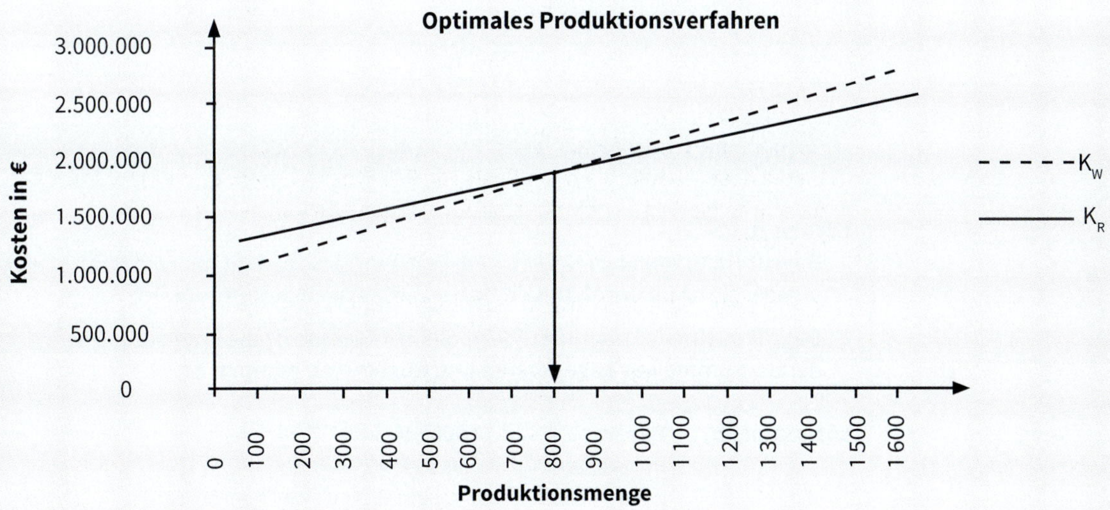

**Lösung zu 4b)** Werkstättenfertigung: $K_{fW}$ 1.150.000, $k_{vW}$ 971; Reihenfertigung: $K_{fR}$ 1.330.800, $k_{vR}$ 745; Schrittweite: 100

| Menge | $K_{fW}$ | $K_{vW}$ | $K_W$ | $K_{fR}$ | $K_{vR}$ | $K_R$ | |
|---|---|---|---|---|---|---|---|
| 0 | 1.150.000 | 0 | 1.150.000 | 1.330.800 | 0 | 1.330.800 | |
| 100 | 1.150.000 | 97.100 | 1.247.100 | 1.330.800 | 74.500 | 1.405.300 | |
| 200 | 1.150.000 | 194.200 | 1.344.200 | 1.330.800 | 149.000 | 1.479.800 | |
| 300 | 1.150.000 | 291.300 | 1.441.300 | 1.330.800 | 223.500 | 1.554.300 | |
| 400 | 1.150.000 | 388.400 | 1.538.400 | 1.330.800 | 298.000 | 1.628.800 | |
| 500 | 1.150.000 | 485.500 | 1.635.500 | 1.330.800 | 372.500 | 1.703.300 | |
| 600 | 1.150.000 | 582.600 | 1.732.600 | 1.330.800 | 447.000 | 1.777.800 | |
| 700 | 1.150.000 | 679.700 | 1.829.700 | 1.330.800 | 521.500 | 1.852.300 | |
| 800 | 1.150.000 | 776.800 | 1.926.800 | 1.330.800 | 596.000 | 1.926.800 | **kritische Menge** |
| 900 | 1.150.000 | 873.900 | 2.023.900 | 1.330.800 | 670.500 | 2.001.300 | |
| 1 000 | 1.150.000 | 971.000 | 2.121.000 | 1.330.800 | 745.000 | 2.075.800 | |
| 1 100 | 1.150.000 | 1.068.100 | 2.218.100 | 1.330.800 | 819.500 | 2.150.300 | |
| 1 200 | 1.150.000 | 1.165.200 | 2.315.200 | 1.330.800 | 894.000 | 2.224.800 | |
| 1 300 | 1.150.000 | 1.262.300 | 2.412.300 | 1.330.800 | 968.500 | 2.299.300 | |
| 1 400 | 1.150.000 | 1.359.400 | 2.509.400 | 1.330.800 | 1.043.000 | 2.373.800 | |
| 1 500 | 1.150.000 | 1.456.500 | 2.606.500 | 1.330.800 | 1.117.500 | 2.448.300 | |
| 1 600 | 1.150.000 | 1.553.600 | 2.703.600 | 1.330.800 | 1.192.000 | 2.522.800 | |

Da der Wechsel des Produktionsverfahrens mit erheblichen Kosten verbunden ist, handelt es sich um eine **langfristige Entscheidung.**

Bei einer **langfristigen** Produktionsmenge von weniger als 800 Stück ist die Werkstättenfertigung, bei einer langfristigen Produktionsmenge von mehr als 800 Stück ist die Reihenfertigung kostengünstiger.

## Lösungen zu Aufgabe 5

**Lösung zu 5a)**

**Begriff Fertigungslos:** Unter einem Fertigungslos versteht man die Produktionsmenge, die **ohne Umrüsten** der Fertigungsanlagen produziert wird.

**Begriff optimale Losgröße:** Die optimale Losgröße ist die Produktionsmenge, bei der die **Summe aus Lagerkosten und Rüstkosten minimal** ist.

**Lösung zu 5b)**

| | |
|---|---|
| Bedarf | 1 000 Stück |
| Rüstkosten | 560,00 € |
| Lagerkosten | 2 % vom Wert des ø Lagerbestands |
| HK/Stück | 2.000,00 € |

| Anzahl der Lose | Losgröße | Rüstkosten (in €) | Wert (in €) des ø Lagerbestands | Lagerkosten (in €) | Gesamtkosten (in €) | |
|---|---|---|---|---|---|---|
| 1 | 1 000 | 560,00 | 1.000.000,00 | 20.000,00 | 20.560,00 | |
| 2 | 500 | 1.120,00 | 500.000,00 | 10.000,00 | 11.120,00 | |
| 4 | 250 | 2.240,00 | 250.000,00 | 5.000,00 | 7.240,00 | |
| 5 | 200 | 2.800,00 | 200.000,00 | 4.000,00 | 6.800,00 | opt. Losgröße |
| 10 | 100 | 5.600,00 | 100.000,00 | 2.000,00 | 7.600,00 | |
| 20 | 50 | 11.200,00 | 50.000,00 | 1.000,00 | 12.200,00 | |

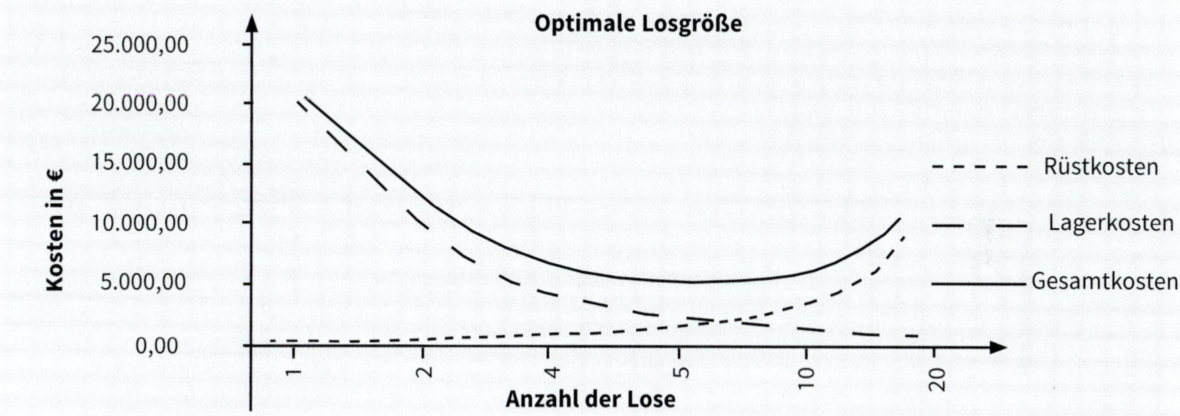


| | A | B | C | D | E | F | G |
|---|---|---|---|---|---|---|---|
| 1 | | | | | | | |
| 2 | | | | | | | |
| 3 | Bedarf | 1 000 | Stück | | | | |
| 4 | Rüstkosten | 560,00 | € | | | | |
| 5 | Lagerkosten | 0,02 | vom Wert des ø Lagerbestands | | | | |
| 6 | HK/Stück | 2.000,00 | € | | | | |
| 7 | | | | | | | |
| 8 9 10 | Anzahl der Lose | Losgröße | Rüstkosten | Wert des ø Lagerbestands | Lagerkosten | Gesamtkosten | Wenn-dann-Funktion |
| 11 | 1 | =B$3/A11 | =B$4*A11 | =B11/2*B$6 | =D11*B$5 | =C11+E11 | =WENN(F11=MIN(F$11:F$16);“opt. Losgröße“;“ “) |
| 12 | 2 | =B$3/A12 | =B$4*A12 | =B12/2*B$6 | =D12*B$5 | =C12+E12 | =WENN(F12=MIN(F$11:F$16);“opt. Losgröße“;“ “) |
| 13 | 4 | =B$3/A13 | =B$4*A13 | =B13/2*B$6 | =D13*B$5 | =C13+E13 | =WENN(F13=MIN(F$11:F$16);“opt. Losgröße“;“ “) |
| 14 | 5 | =B$3/A14 | =B$4*A14 | =B14/2*B$6 | =D14*B$5 | =C14+E14 | =WENN(F14=MIN(F$11:F$16);“opt. Losgröße“;“ “) |
| 15 | 10 | =B$3/A15 | =B$4*A15 | =B15/2*B$6 | =D15*B$5 | =C15+E15 | =WENN(F15=MIN(F$11:F$16);“opt. Losgröße“;“ “) |
| 16 | 20 | =B$3/A16 | =B$4*A16 | =B16/2*B$6 | =D16*B$5 | =C16+E16 | =WENN(F16=MIN(F$11:F$16);“opt. Losgröße“;“ “) |

### 4.1.1.2 Multiple-Choice-Aufgaben und Lösungen

6

**Tätigkeiten der Produktionswirtschaft**

Ordnen Sie die unten aufgeführten Tätigkeiten den Abteilungen der Produktionswirtschaft zu, indem Sie die Kennziffern von 3 der insgesamt 9 Tätigkeiten in die Klammern eintragen.

| Tätigkeiten | Abteilungen der Produktionswirtschaft | |
|---|---|---|
| 1. Verteilung der Fertigungsgemeinkosten | Fertigung | ( ) |
| 2. Bestätigung des Kundenauftrags | | |
| 3. Einkauf von Roh-, Hilfs- und Betriebsstoffen | Fertigungsplanung | ( ) |
| 4. Festlegen der Fertigungstermine | | |
| 5. Errechnen des Angebotspreises | Vorkalkulation | ( ) |
| 6. Nachrechnen des fertigen Auftrags | | |
| 7. Schreiben der Kundenrechnung | | |
| 8. Herstellen der Produkte | | |
| 9. Kontrollieren der gefertigten Produkte | | |

7

**Dokumentation zukünftiger Produkte**

Ein Hersteller von Büromaschinen will ein neues Produkt auf den Markt bringen.
Welches Dokument enthält eine genaue Darstellung des zukünftigen Produkts?

(1) der Beschaffungsplan
(2) die Konstruktionszeichnung
(3) der Arbeitsplan
(4) der Investitionsplan
(5) die Teile-Bereitstellungsliste

8

**Stückliste**

Was versteht man unter einer Stückliste?

(1) die listenmäßige Zusammenstellung der verschiedenen Produktgruppen für einen Kundenauftrag
(2) die listenmäßige Zusammenstellung aller Lohn- und Materialscheine für einen Auftrag
(3) die listenmäßige Erfassung aller für einen Auftrag benötigten Werkstoffe
(4) eine Übersichtsliste aller zu fertigenden Produkte
(5) die listenmäßige Aufstellung der Teilerzeugnisse, die zu einem Endprodukt montiert werden

9

### Laufkarte 1

Welche Funktion erfüllt das abgebildete Formular einer Laufkarte?

| | | | | | OfficeCom AG |
|---|---|---|---|---|---|
| Werkstück-Benennung | Teile-Nr.: F 8456 | Stückzahl: 20 | | | |
| | Zeichnungs-Nr.: 249 | Termin: 31.03.20.. | | | |
| Abdeckring | Auftrags-Nr.: 711 | Ausstellungstag: 20.02.20.. | | | |
| Nr. | Arbeitsgang | Akkordrichtsatz | Rüstzeit | Stückzeit | Arbeiter |
| 1 | Bohrung und 1. Seite formdrehen | 7,10 | 8,0 | 0,40 | D 35 |
| 2 | Bund und 2. Seite drehen | 7,20 | 3,0 | 0,50 | D 20 |
| | | | | | |
| | | | | | |
| | | | | | |
| | | | | | |

(1) Es ist ein Formular, aus dem man ersehen kann, wie lange eine Maschine schon gelaufen ist.
(2) Es ist ein Formular, das den Weg zu den einzelnen Abteilungen des Betriebes beschreibt.
(3) Es ist ein Formular, das alle für die Auftragsdurchführung erforderlichen Tätigkeiten in der richtigen Reihenfolge enthält.
(4) Es ist ein Formular, in dem alle Materialien für einen Auftrag zusammengestellt sind.
(5) Es ist ein Formular, das Kundenaufträge aufschlüsselt.

10

### Laufkarte 2

Bei welchem Fertigungsverfahren spielt die Laufkarte die wichtigste Rolle?

(1) Massenfertigung
(2) Fließfertigung
(3) Einzelfertigung

Begründen Sie Ihre Antwort.

(4) Weil der Ablauf des Fertigungsprozesses vorgegeben ist.
(5) Weil die Anordnung und zeitliche Abstimmung der Arbeitsvorgänge sich nicht automatisch ergibt.
(6) Weil bei der Höhe der zu fertigenden Stückzahl der Überblick verloren geht.

11

### Kleinaufträge und Zeitplanung

Welchen Einfluss haben Kleinaufträge für die Zeitplanung im Betrieb?

(1) Kleinaufträge sind günstig, denn sie verursachen nur wenig Fertigungszeit.
(2) Kleinaufträge machen sich bei der Zeitplanung weder günstig noch ungünstig bemerkbar.
(3) Kleinaufträge haben im Verhältnis zu den Stückzeiten geringe Rüstzeiten.
(4) Kleinaufträge haben im Verhältnis zu den Stückzeiten hohe Rüstzeiten.
(5) Kleinaufträge sind günstig, denn sie verursachen nur wenig Rüstzeit.

12

### Losgröße

Zwischen der Fertigungsauftragsgröße (Losgröße) und den Herstell- sowie den Lagerkosten der fertigen Erzeugnisse besteht ein Zusammenhang, wenn zunächst auf Lager produziert wird.
Welche Aussage ist richtig?

(1) Je größer das Fertigungslos, desto höher sind die Herstellkosten je Stück.
(2) Je größer das Fertigungslos, desto höher sind die Lagerkosten.
(3) Je größer das Fertigungslos, desto niedriger sind die Lagerkosten.
(4) Je kleiner das Fertigungslos, desto niedriger sind die Herstellkosten je Stück.
(5) Je kleiner das Fertigungslos, desto höher sind die Lagerkosten.

13

### Taktzeit

Was versteht man bei der Fließfertigung unter Taktzeit?

(1) die Zeit für das Belegen des Betriebsmittels durch einen Auftrag
(2) die Zeit zwischen dem spätesten Arbeitsbeginn und dem frühesten Arbeitsende bei gleitender Arbeitszeit
(3) die Zeit für das Erholen des Menschen im Produktionsprozess
(4) die Zeit für das Rüsten der Maschinen
(5) die Zeit für die Durchführung einer Arbeitsverrichtung

14

### Mehrstufige Divisionskalkulation

Im Rahmen einer mehrstufigen Divisionskalkulation ist zu beachten, dass bei der Fertigung eines Erzeugnisses in der Fertigungsstufe I ein Materialverlust von 20 % der Einsatzmenge entsteht, in der Stufe II ein Verlust von 5 % des bisher hergestellten Zwischenproduktes. Wir erhalten einen Auftrag über 22 800 kg dieses Erzeugnisses.
Wie viel kg müssen wir in die Fertigung geben?

(1) 14 728 kg (2) 30 400 kg (3) 29 100 kg (4) 30 000 kg (5) 28 248 kg

15

**Fertigungsverfahren**

Ordnen Sie zu, indem Sie die Kennziffern von 3 der insgesamt 5 Fertigungsverfahren in die Klammern der drei entsprechenden Erklärungen eintragen.

Fertigungsverfahren

1. Massenfertigung
2. Serienfertigung
3. Sortenfertigung
4. Einzelfertigung
5. Kuppelproduktion

Erklärungen

( ) Aus einem bestimmten Ausgangsmaterial werden herstellungs- und rohstoffverwandte Produkte hergestellt.
( ) Die Betriebe stellen ein Produkt in großen Mengen für den anonymen Markt her.
( ) Größere Stückzahlen verschiedener Erzeugnisse werden für den anonymen Markt hergestellt.

16

**Maschinenkapazität**

Der Vertrieb teilt der Fertigung mit, dass für etwa 3 Monate eine erhöhte Nachfrage nach einem Erzeugnis besteht. Die Maschinenkapazität des Betriebes reicht im gegenwärtigen Zwei-Schicht-Betrieb (2 x 8 Stunden) nicht aus.
Welche der nachfolgenden Maßnahmen im Hinblick auf die Produktionssteigerung ist betriebswirtschaftlich richtig?

(1) Neue Maschinen werden angeschafft und neue Arbeitskräfte eingestellt.
(2) Zusätzliche Arbeitskräfte werden eingestellt, die in einer dritten Schicht arbeiten.
(3) Aus Mitarbeitern anderer, nicht voll ausgelasteter Betriebsabteilungen wird eine dritte Schicht zusammengestellt.
(4) Über eine Leasing-Gesellschaft werden Maschinen gemietet und außerdem zusätzliche Arbeitskräfte eingestellt.
(5) Zusätzliche Maschinen werden angeschafft, deren Bedienung dann durch Mitarbeiter erfolgt, die aus anderen Betriebsabteilungen versetzt werden.

17

**Vergleich Fertigungsverfahren**

Die Kosten von zwei Fertigungsverfahren sollen miteinander verglichen werden. Folgende Werte sind vorgegeben:

| Fertigungsverfahren | Verfahren I | Verfahren II |
|---|---|---|
| Art und Anzahl der Maschinen | 1 Automat | 3 hintereinandergeschaltete Werkzeugmaschinen |
| Fertigungskosten pro Stück | 2,25 € | 2,78 € |
| Rüstkosten pro Serie | 14,64 € | 3,00 € |

Welche der folgenden Aussagen ist richtig?

(1) Die Summe der Fertigungs- und Rüstkosten für eine Serie von 80 Stück ist für beide Verfahren gleich.
(2) Die Summe der Fertigungs- und Rüstkosten für eine Serie von 80 Stück ist bei Automatenfertigung günstiger als bei den drei Werkzeugmaschinen.
(3) Die Summe der Fertigungs- und Rüstkosten für eine Serie von 10 Stück ist bei Fertigung durch die drei Werkzeugmaschinen ungünstiger als bei Fertigung durch den Automaten.
(4) Die Fertigungskosten ohne Rüstkosten sind bei den drei Werkzeugmaschinen in jedem Fall günstiger.

18

**Werkstättenfertigung**

Welche Aussage trifft für Werkstättenfertigung zu?

(1) Die Maschinen werden entsprechend dem Ablauf der Fertigungsschritte aufgestellt.
(2) Für den Arbeiter besteht Zeitzwang.
(3) Zwischenlager sind niemals erforderlich, da die Fertigungsschritte zeitlich exakt aufeinander abgestimmt sind.
(4) Die Werkstücke werden für die einzelnen Fertigungsschritte von Raum zu Raum transportiert, können auch in vorher schon einmal genutzte Räume zur weiteren Bearbeitung zurückkehren.
(5) Ein gleichmäßiger Absatz ist erforderlich.

19

**Fertigungsverfahren und Kalkulationsart**

Ein Industriebetrieb stellt nach besonderen Kundenwünschen Werkzeugmaschinen her.

Welches Fertigungsverfahren wird angewendet?

(1) Werkstättenfertigung
(2) Fließbandfertigung
(3) automatische Fertigung

Welche zugehörige Kalkulationsart wird gewählt?

(4) einstufige, einfache Divisionskalkulation
(5) Äquivalenzziffernkalkulation
(6) Zuschlagskalkulation

20

**Veränderung von Herstellkosten**

Mit welcher Maßnahme können die Herstellkosten je Stück (Ist-Kosten) in der Fertigung verringert werden?

(1) Die Zuschlagssätze in der Kalkulation werden gesenkt.
(2) Die Losgrößen werden erhöht.
(3) Die Losgrößen werden verringert.
(4) Die Arbeitszeit wird bei vollem Lohnausgleich verkürzt.
(5) Die Stückzeit wird verlängert.

Begründen Sie Ihre Antwort.

(6) Die Rüstkosten für jedes Fertigungslos erhöhen sich.
(7) Die Rüstkosten für das Fertigungslos verteilen sich auf eine größere Menge.
(8) Die Rüstkosten für jedes Fertigungslos verringern sich.
(9) Die Ausführungszeiten verändern sich.

21

**Normung**

Durch welche der folgenden Entscheidungen wird in einer Fahrradfabrik die Normung gekennzeichnet?

(1) Es werden nur noch vier verschiedene Modelle hergestellt.
(2) Sämtliche Schrauben werden nur noch von einem Lieferanten bezogen.
(3) Nur die von einem Normungsausschuss festgelegten Reifengrößen werden verwendet.
(4) Die Anzahl der Sonderausführungen wird verringert.
(5) Es werden nur noch Mountainbikes hergestellt.

22

**Spezialisierung**

Was versteht man unter Spezialisierung?

(1) Für bestimmte Teile eines Gerätes oder für Werkstoffe werden die Angaben über Maße, Festigkeit, Beschaffenheit usw. festgelegt.
(2) Bestimmte Erzeugnisse werden nach festgelegten Herstellungsmustern über längere Zeit in Serie hergestellt.
(3) Ein Betrieb stellt sein Fertigungsprogramm auf ein Erzeugnis oder auf wenige Erzeugnisse um.
(4) Die Normung ist eine Form der Spezialisierung.
(5) Die Typisierung ist keine Form der Spezialisierung.

23

**Arbeitsproduktivität**

Welche Maßnahme erhöht die Arbeitsproduktivität?

(1) Die Wartungszeiten der Maschinen werden verlängert.
(2) Die Stückzeiten werden durch Rationalisierung des Arbeitsablaufes verkürzt.
(3) Die Wochenarbeitszeit wird verringert.
(4) Die Stückzeiten werden erhöht.
(5) Die Anzahl der Schichten wird erhöht.

## Lösungen zu Multiple-Choice-Aufgaben 6 bis 23

**Aufgabe 6**
Fertigung (8), Fertigungsplanung (4), Vorkalkulation (5)

**Aufgabe 7**
(2)

**Aufgabe 8**
(3)

**Aufgabe 9**
(3)

**Aufgabe 10**
(3), (5)

**Aufgabe 11**
(4)

**Aufgabe 12**
(2)

**Aufgabe 13**
(5)

**Aufgabe14**
(4)
Rechnung:
22 800 kg : 95 % · 100 % = 24 000 kg
24 000 kg : 80 % · 100 % = 30 000 kg

**Aufgabe 15**
(3), (1), (2)

**Aufgabe 16**
(3)

**Aufgabe 17**
(1) Rechnung:
2,25 · 80 + 14,64 ≠ 2,78 · 80 + 3
→ 194,64 ≠ 225,40
→ Die Aussage ist falsch.
(2) 194,64 < 225,40
→ Die Aussage ist richtig.
(3) Rechnung:
2,25 · 10 + 14,64 > 2,78 · 10 + 3
→ 37,14 > 30,80
→ Die Aussage ist falsch.
(4) 2,25 < 2,78 → Die Aussage ist falsch.

**Aufgabe 18**
(4)

**Aufgabe 19**
(1), (6)

**Aufgabe 20**
(2), (7)

**Aufgabe 21**
(3)

**Aufgabe 22**
(3)

**Aufgabe 23**
(2)

## 4.1.2 Beschaffungsprozesse

### 4.1.2.1 Fallorientierte Aufgaben und Lösungen

1

**ABC-Analyse, Eigenfertigung oder Fremdbezug rechnerisch und mithilfe eines Tabellenkalkulationsprogramms, optimale Bestellmenge mithilfe eines Tabellenkalkulationsprogramms**

**Situation I**

Zur Herstellung ihres Produktes von monatlich 100 Stück verwendet die Candix GmbH die Werkstoffe W1 bis W4 sowie die Fremdbauteile FB5 bis FB7 in folgenden Mengen:

| **Werkstoff (W)/Fremdbauteil (FB)** | | **ø Verbrauch pro Monat (in Stück)** | **Einkaufspreis pro (ME in €)** |
|---|---|---|---|
| **Nr.** | **Bezeichnung** | | |
| W1 | Aluminiumblech, 3 m x 2 m x 2 mm | 60 | 165,00 |
| W2 | U-Profil aus Edelstahl, 6 m x 3 mm | 73 | 70,00 |
| W3 | verzinkte Schlossschraube, M 4 x 60 | 1 600 | 3,50 |
| W4 | Winkelblech, 2,5 mm | 400 | 4,30 |
| FB5 | Scharnier, feuerverzinkt, DIN 55932 | 200 | 10,80 |
| FB6 | Elektromotor, 0,5 kW, EM 482 | 100 | 204,50 |
| FB7 | Magnetspule, MS 8703 | 150 | 35,70 |

Arbeitstage/Monat: 20 Tage
Der tägliche Verbrauch der Werkstoffe und Fremdbauteile ist gleichmäßig.

Die Beschaffungsabteilung der Candix GmbH wird als „Profit-making Center" bezeichnet, da dieser Bereich große Möglichkeiten der Kosteneinsparung bietet. Hierzu stehen der Beschaffungsabteilung verschiedene Instrumente zur Verfügung, die eines gemeinsam haben: Die zu treffenden Entscheidungen basieren in erster Linie auf dem Vergleich von Kosten.

**a)** Die Candix GmbH will die mit der Beschaffung und Lagerung der Werkstoffe und der Fremdbauteile verbundenen Kosten minimieren. Um den hierfür notwendigen Aufwand in einem angemessenen Verhältnis zum daraus resultierenden Nutzen zu halten, ist es zunächst Ihre Aufgabe, eine tabellarische **ABC-Analyse** für sämtliche Werkstoffe und Fremdbauteile auf der Grundlage der oben angegebenen Informationen vorzunehmen und das Ergebnis dieser Analyse kurz zu beschreiben.

**Situation II**

Bezüglich des Fremdbauteils FB6 steht die Candix GmbH vor der Entscheidung, dieses Bauteil künftig selbst herzustellen oder weiter von dem bisherigen Lieferanten zu beziehen **(Eigenfertigung oder Fremdbezug).** Die Eigenherstellung würde folgende Kosten verursachen:

| | |
|---|---|
| fixe Kosten/Monat: | 12.881,00 € |
| Lohnkosten/Stück: | 37,40 € |
| Materialkosten/Stück: | 50,00 € |

**b)** Erläutern Sie die Begriffe „fixe Kosten" und „variable Kosten".

**c)** Stellen Sie die Kostenfunktionen für die Eigenfertigung und den Fremdbezug auf. Gehen Sie dabei davon aus, dass sich die variablen Kosten proportional zur Produktions- bzw. Beschaffungsmenge verhalten.

**d)** Prüfen Sie rechnerisch, ob sich die Eigenherstellung des Bauteils FB6 lohnt, wenn die Candix GmbH langfristig 100 Stück/Monat davon benötigt.

**e)** Errechnen Sie die „kritische Menge" und erläutern Sie das Ergebnis.

**f)** Stellen Sie das Entscheidungsproblem „Eigenherstellung oder Fremdbezug" mithilfe der gegebenen Zahlen für das Bauteil FB6 tabellarisch und grafisch unter Verwendung eines Tabellenkalkulationsprogramms (z. B. Excel) dar.

**g)** Um wie viele Mengeneinheiten ändert sich die kritische Menge, wenn aufgrund von Wechselkursänderungen die Materialkosten um 10 % steigen?

**h)** Angenommen, der kostenrechnerische Vergleich führt zu dem Ergebnis, dass die Eigenherstellung des Bauteils FB6 nicht lohnt. Welche anderen Gründe könnten die Candix GmbH veranlassen, das Bauteil dennoch in eigener Regie zu fertigen?

**Situation III**

Im Anschluss an die ABC-Analyse entscheidet die Beschaffungsabteilung der Candix GmbH, für den Werkstoff W1 die **optimale Bestellmenge** zu ermitteln. Zusätzlich zu den bereits bekannten Informationen (vgl. o. a. Tabelle) liegen der Beschaffungsabteilung folgende Daten vor:

| | |
|---|---|
| Kosten/Bestellvorgang: | 30,00 € |
| Lagerkosten: | |
| – Kosten der Kapitalbindung, berechnet vom Wert des durchschnittlichen Lagerbestandes: | 5 % |
| – sonstige Lagerkosten pro Stück des durchschnittlichen Lagerbestandes: | 0,50 € |

Auf das Halten eines „eisernen Bestandes" wird verzichtet.

**i)** Definieren Sie den Begriff „optimale Bestellmenge".

**j)** Ermitteln Sie mithilfe eines Tabellenkalkulationsprogramms die optimale Bestellmenge für den Werkstoff W1 und stellen Sie das Ergebnis grafisch dar. (Benutzen Sie hierfür den Grafikassistenten des Tabellenkalkulationsprogramms.)

**k)** Ermitteln Sie mathematisch die optimale Anzahl von Bestellungen und die zugehörige optimale Bestellmenge.

2

**Lagerkennzahlen, optimale Bestellmenge**

Im Rahmen geplanter Kostensenkungsmaßnahmen soll bei der Maschinenbau KG, Braunschweig, auch die Lagerhaltung überprüft werden. Um sich einen Überblick zu verschaffen, sind zu diesem Zweck auf der Grundlage der folgenden Angaben zunächst einige Lagerkennzahlen zu ermitteln:
In der Maschinenbau KG werden pro Tag durchschnittlich 50 Stahlprofilstäbe mit einem Einstandspreis von 25,00 € pro Stück verbraucht. Das bedeutet, dass der Lagerabgang gleichmäßig erfolgt. Die Lagerkosten pro Stück des durchschnittlichen Lagerbestands betragen im Jahr 0,50 €. Als eiserner Bestand (Mindestbestand) wurden sechs Tagesverbräuche festgelegt. Bei jeder Bestellung fallen Bestellkosten von 20,00 € an. Die Lieferzeit beträgt 14 Tage. Produziert wird an 5 Tagen in der Woche 52 Wochen im Jahr.

**a)** Erläutern Sie den sogenannten eisernen Bestand und errechnen Sie dessen Höhe für die Maschinenbau KG, Braunschweig.
**b)** Berechnen und erläutern Sie den sogenannten Meldebestand.
**c)** Welche Stückzahl ist jeweils zu bestellen, wenn die Maschinenbau KG, Braunschweig, die optimale Bestellmenge zugrunde legt? (Lösen Sie die Aufgabe mithilfe eines Tabellenkalkulationsprogramms.) Wie hoch ist folglich der Höchstbestand?
**d)** Geben Sie an, wie groß – unter den genannten Voraussetzungen Gesamtbedarf, gleichmäßiger Tagesverbrauch, eiserner Bestand und optimale Bestellmenge – der durchschnittliche Lagerbestand, der Umschlagskoeffizient (die Umschlagshäufigkeit) und die durchschnittliche Lagerdauer sind. Erläutern Sie die Kennziffern.
**e)** Berechnen Sie die durchschnittlichen Lagerkosten, die durchschnittliche Kapitalbindung und den Lagerzinssatz (Marktzinssatz: 12 %) sowie die Zinsen für die Kapitalbindung.

3

**Angebotsvergleich mithilfe des Preisspiegels, Nutzwertanalyse, Effektivverzinsung**

**Situation I**

Die OfficeCom AG in Braunschweig will ihr Handelswarensortiment um Folien für die Overhead-Projektion erweitern. Auf der Grundlage einer Marktuntersuchung wurde beschlossen, den Vertrieb mit einer Menge von 280 Packeinheiten (PE) zu beginnen, wobei jede Packeinheit aus 25 Kartons zu je 50 Folien besteht.

Als Ergebnis mehrerer Anfragen bei möglichen Lieferanten liegen die folgenden drei Angebote vor:

| **A-Folien GmbH, München** | |
|---|---|
| Preis je PE: | 1.320,00 € |
| Mengenrabatt: | 10 % ab 100 PE Bestellmenge |
| Lieferbedingungen: | frei Haus |
| Lieferzeit: | 3 Wochen |
| Zahlungsbedingungen: | 10 Tage 2 % Skonto oder 60 Tage netto |
| Erfüllungsort/Gerichtsstand: | München |

| **B-Folien OHG, Passau** | |
|---|---|
| Preis je PE: | 1.220,00 € |
| Mengenrabatt: | 5 % ab 50 PE Bestellmenge |
| Lieferbedingungen: | ab Werk (Transportkosten: 2,00 €/PE) |
| Lieferzeit: | 2 Wochen |
| Zahlungsbedingungen: | 30 Tage 3 % Skonto oder 60 Tage netto |
| Erfüllungsort/Gerichtsstand: | Passau |

| **C-Folien GmbH, Hamburg** | |
|---|---|
| Preis je PE: | 1.270,00 € |
| Mengenrabatt: | 8 % ab 300 PE Bestellmenge |
| Lieferbedingungen: | frei Bahnhof Braunschweig (Rollgeld: 0,50 €/PE) |
| Lieferzeit: | 1 Woche |
| Zahlungsbedingungen: | 14 Tage 1 % Skonto oder 30 Tage netto |
| Erfüllungsort/Gerichtsstand: | Hamburg |

**a)** Erstellen Sie einen **Preisspiegel,** errechnen Sie unter Berücksichtigung der genannten Konditionen die Einstandspreise mithilfe des angegebenen **Schemas** für die **Bezugskalkulation** und wählen Sie den preisgünstigsten Lieferanten aus. Berücksichtigen Sie dabei, dass die OfficeCom AG grundsätzlich Skonto abzieht.

| **Kalkulationsschema** | **Preisspiegel der OfficeCom AG** | | |
|---|---|---|---|
| | **Anbieter 1** | **Anbieter 2** | **Anbieter 3** |
| | **A-Folien GmbH** | **B-Folien OHG** | **C-Folien GmbH** |
| Listeneinkaufspreis Einheit | | | |
| x Menge | | | |
| = Listeneinkaufspreis gesamt | | | |
| – Lieferantenrabatt | | | |
| = Zieleinkaufspreis | | | |
| – Lieferantenskonto | | | |
| = Bareinkaufspreis | | | |
| + Bezugskosten | | | |
| = Einstandspreis (Bezugspreis) | | | |

**Situation II**

Neben dem Preis spielen in der OfficeCom AG bei der Auswahl des Lieferanten noch die Produktqualität, die Lieferzeit, die Termintreue und der Kundendienst/Service eine wichtige Rolle, wobei das Gewicht dieser Entscheidungskriterien unterschiedlich sein kann. Die OfficeCom AG vergibt für die Entscheidungskriterien Gewichtungspunkte von 1 „sehr geringe Bedeutung" bis 5 „sehr hohe Bedeutung" (siehe hierzu die Angaben in der Nutzwerttabelle der OfficeCom AG auf der folgenden Seite).

Für die Erfüllung der fünf genannten Entscheidungskriterien durch die Lieferanten (Ausprägung) vergibt die OfficeCom AG bis zu 3 Punkte:

1 Punkt: „Lieferant erfüllt das Kriterium nur mäßig"
2 Punkte: „Lieferant erfüllt das Kriterium gut"
3 Punkte: „Lieferant erfüllt das Kriterium sehr gut"

Die jeweiligen Ausprägungen der Entscheidungskriterien (Punkte in Klammern) bei den drei Lieferanten sind den folgenden, zum Teil zusätzlichen Informationen zu entnehmen:

**A-Folien GmbH:** Bereits bekannter Anbieter, der früher schon andere Produkte geliefert hat, dann jedoch preislich von Mitbewerbern unterboten wurde. Die Qualität der Produkte war einwandfrei (2), die vereinbarten Lieferzeiten wurden immer eingehalten (3), allerdings ist die Lieferzeit von drei Wochen im Vergleich zu den anderen Lieferanten sehr lang (1). Bezüglich des Angebotspreises liegt die A-Folien GmbH im mittleren Bereich (2). Wartung und Service waren bisher immer einwandfrei (3).

**B-Folien OHG:** Die Produktqualität soll erstklassig sein (3). Die Lieferzeit von 2 Wochen ist akzeptabel (2). Gemäß Preisspiegel hat die B-Folien OHG das günstigste Angebot unterbreitet (3). Da der Anbieter neu auf dem Markt ist, liegen noch keine Informationen über sein Geschäftsgebaren vor. Daher wird bezüglich Termintreue sowie Wartung und Kundendienst zunächst von einer mittleren Ausprägung (2) ausgegangen.

**C-Folien GmbH:** Der Lieferant soll nach Angaben von Geschäftsfreunden Probleme mit der Termintreue haben. Besonders bei kurzfristigen Lieferungen soll es öfter zu Verspätungen gekommen sein (1). Die Produktqualität ist gut (2). Kundendienst und Service sollen ziemlich unflexibel sein (1). Für den Lieferanten spricht die kurze Lieferzeit von einer Woche (3). Gemäß Preisspiegel schnitt die C-Folien GmbH am schlechtesten ab (1).

**b)** Nehmen Sie als Mitarbeiter der OfficeCom AG eine **Nutzwertanalyse** vor. Berücksichtigen Sie dazu:
- den von Ihnen erstellen Preisspiegel,
- die externen Lieferanteninformationen,
- die Entscheidungsbewertungsmaßstäbe der OfficeCom AG.

**Nutzwertanalyse der OfficeCom AG**

| **Entscheidungskriterien** | **Gewichtung der Kriterien** | **Anbieter 1** | | **Anbieter 2** | | **Anbieter 3** | |
|---|---|---|---|---|---|---|---|
| | | **A-Folien GmbH** | | **B-Folien OHG** | | **C-Folien GmbH** | |
| | | Ausprägungspunkte | gewichtete Punkte | Ausprägungspunkte | gewichtete Punkte | Ausprägungspunkte | gewichtete Punkte |
| Preis | 4 | | | | | | |
| Produktqualität | 5 | | | | | | |
| Lieferzeit | 2 | | | | | | |
| Termintreue | 4 | | | | | | |
| Kundendienst/ Service | 3 | | | | | | |
| Summe | | | | | | | |

**Situation III**

Sowohl der Preisspiegel als auch die Nutzwertanalyse weisen die B-Folien OHG als den günstigsten Anbieter aus, sodass sich die OfficeCom AG für das Angebot der B-Folien OHG in Passau entscheidet.

Um den Skonto in Anspruch nehmen zu können, müsste die OfficeCom AG allerdings bei ihrer Hausbank einen Kontokorrentkredit zu 15 % p. a. (pro Jahr) aufnehmen.

**c)** Prüfen Sie, ob die Kreditaufnahme lohnt, und errechnen Sie den Finanzierungserfolg.

4

**Ereignisgesteuerte Prozesskette Wareneingang**

Um den Ablauf des Wareneingangs der Handelswaren in der OfficeCom AG zu optimieren, ist auf der Grundlage einer Ist-Analyse und der folgenden Beschreibung eine ereignisgesteuerte Prozesskette zu erstellen:

Zunächst ist anhand des Liefer- und des Bestellscheins zu prüfen, ob die gelieferte Ware bestellt wurde oder nicht. Die Annahme wird verweigert, wenn die Ware nicht bestellt wurde. Liegt eine Bestellung für die gelieferte Ware vor, werden Liefer- und Bestellmengen miteinander verglichen und gleichzeitig erfolgt die Qualitätskontrolle. Fehlmengen werden im Lieferschein vermerkt. Falsch gelieferte bzw. mangelhafte Ware wird an den Lieferanten zurückgeschickt. Einwandfreie Waren – auch wenn Fehlmengen vorliegen – werden im Warenwirtschaftssystem eingebucht und anschließend eingelagert.

Vervollständigen Sie die folgende **ereignisgesteuerte Prozesskette:**

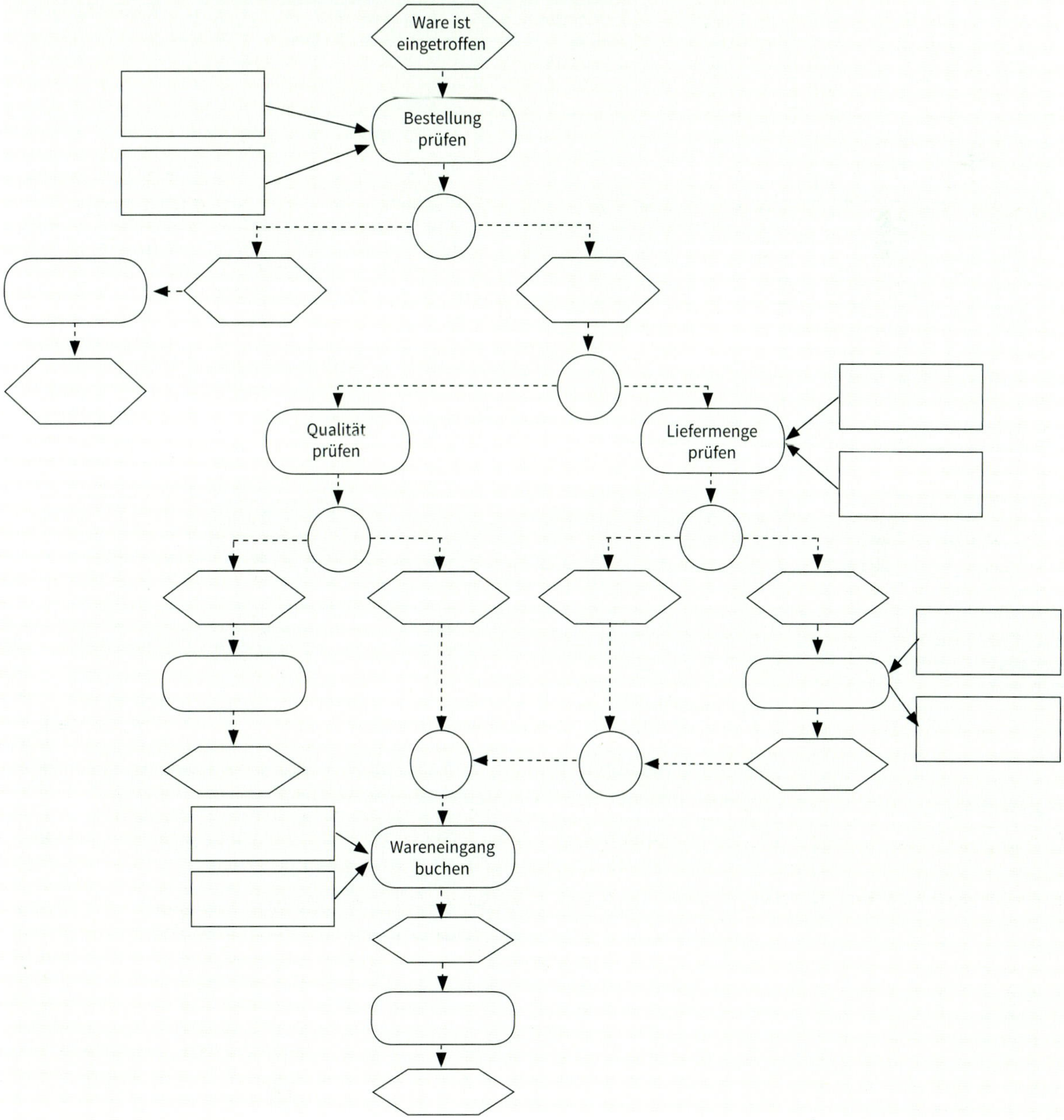

## Lösungen zu Aufgabe 1

**Lösung zu 1a)**
**ABC-Analyse**

| W-/FB-Nr. | Menge | Preis | Gesamtwert | Rang |
|---|---|---|---|---|
| W1 | 60 | 165,00 € | 9.900,00 € | 2 |
| W2 | 73 | 70,00 € | 5.110,00 € | 5 |
| W3 | 1 600 | 3,50 € | 5.600,00 € | 3 |
| W4 | 400 | 4,30 € | 1.720,00 € | 7 |
| FB5 | 200 | 10,80 € | 2.160,00 € | 6 |
| FB6 | 100 | 204,50 € | 20.450,00 € | 1 |
| FB7 | 150 | 35,70 € | 5.355,00 € | 4 |

| W-/FB-Nr. | Menge | Preis | Gesamtwert | Rang | Menge (%) | kumuliert | Wert (%) | kumuliert | Teile |
|---|---|---|---|---|---|---|---|---|---|
| FB6 | 100 | 204,50 € | 20.450,00 € | 1 | 3,87 | | 40,66 | | A |
| W1 | 60 | 165,00 € | 9.900,00 € | 2 | 2,32 | | 19,68 | | A |
| | | | | | 6,19 | 6,19 | 60,34 | 60,34 | |
| | | | | | | | | | |
| W3 | 1 600 | 3, 50 € | 5.600,00 € | 3 | 61,94 | | 11,13 | | B |
| FB7 | 150 | 35,70 € | 5.355,00 € | 4 | 5,81 | | 10,65 | | B |
| W2 | 73 | 70,00 € | 5.110,00 € | 5 | 2,83 | | 10,16 | | B |
| | | | | | 70,58 | 76,77 | 31,94 | 92,29 | |
| | | | | | | | | | |
| FB5 | 200 | 10,80 € | 2.160,00 € | 6 | 7,74 | | 4,29 | | C |
| W4 | 400 | 4,30 € | 1.720,00 € | 7 | 15,49 | | 3,42 | | C |
| | 2 583 | | 50.295,00 € | | 23,23 | 100,00 | 7,71 | 100,00 | |

- Das Fremdbauteil FB 6 und der Werkstoff W1 bilden die A-Produkte. Sie machen zusammen nur 6,19 % der Menge, aber 60,34 % des Gesamtwertes aus.
- Das Fremdbauteil FB 7 und die Werkstoffe W2 und W3 machen als B-Produkte 70,58 % der Menge, aber nur 31,94 % des Gesamtwertes aus.
- Das Fremdbauteil FB 5 und der Werkstoff W4 repräsentieren 23,23 % der Menge, aber nur 7,71 % des Wertes. Beide Produkte sind den C-Produkten zuzurechnen.

**Lösung zu 1b)**

- **Fixe Kosten** sind Kosten, die unabhängig von der Produktionsmenge in jeder Abrechnungsperiode in gleicher Höhe anfallen, also auch, wenn die Produktionsmenge gleich null ist. Sie werden daher auch als Kosten der Betriebsbereitschaft bezeichnet.
- **Variable Kosten** ändern sich in Abhängigkeit von der Produktionsmenge. Sie können sich proportional, über- oder unterproportional zur Produktionsmenge entwickeln.

**Lösung zu 1c)**

**Kostenfunktion für die Eigenfertigung**

$K_E = 12.881 + 87{,}40\ x$

**Kostenfunktion für den Fremdbezug**

$K_F = 204{,}50x$

**Lösung zu 1d)**

$K_E = 12.881 + 87{,}40 \cdot 100 = \underline{\underline{21.621}}$

$K_F = 204{,}50 \cdot 100 = \underline{\underline{20.450}}$

Bei einem langfristigen Verbrauch von 100 Stück pro Monat würde die Eigenfertigung (21.621,00 €) nicht lohnen, da sie 1.171,00 € mehr Kosten verursachen würde als der Fremdbezug (20.450,00 €).

**Lösung zu 1e)**

Die kritische Menge ist die Menge, bei der die Kosten von Eigenfertigung und Fremdbezug gleich hoch sind. Sie wird errechnet, indem die beiden Kostenfunktionen gleichgesetzt und nach x (der Menge) aufgelöst werden:

$K_E = K_F$

$12.881 + 87{,}40\ x = 204{,}50\ x$

$117{,}10\ x = 12.881$

$\underline{\underline{x = 110}}$

Bei einem langfristigen Verbrauch von über 110 Stück pro Monat würde die Eigenfertigung lohnen, bei einem langfristigen Verbrauch von unter 110 Stück pro Monat der Fremdbezug (siehe auch die Grafik zu Aufgabe 1f auf Seite 509).

**Lösung zu 1f)**

| | |
|---|---|
| fixe Kosten pro Monat | 12.881,00 |
| Lohnkosten pro Stück | 37,40 |
| Materialkosten pro Stück | 50,00 |
| Preis pro Stück | 204,50 |
| Schrittweite | 10 |

| Menge | Kosten Eigenherstellung | Kosten Fremdbezug | |
|---|---|---|---|
| 0 | 12.881 | 0 | |
| 10 | 13.755 | 2.045 | |
| 20 | 14.629 | 4.090 | |
| 30 | 15.503 | 6.135 | |
| 40 | 16.377 | 8.180 | |
| 50 | 17.251 | 10.225 | |
| 60 | 18.125 | 12.270 | |
| 70 | 18.999 | 14.315 | |
| 80 | 19.873 | 16.360 | |
| 90 | 20.747 | 18.405 | |
| 100 | 21.621 | 20.450 | |
| 110 | 22.495 | 22.495 | kritische Menge |
| 120 | 23.369 | 24.540 | |
| 130 | 24.243 | 26.585 | |
| 140 | 25.117 | 28.630 | |
| 150 | 25.991 | 30.675 | |

| | A | B | C | D |
|---|---|---|---|---|
| 1 | | | | |
| 2 | | | | |
| 3 | fixe Kosten pro Monat | | 12.881 | |
| 4 | Lohnkosten pro Stück | | 37,4 | |
| 5 | Materialkosten pro Stück | | 50 | |
| 6 | Preis pro Stück | | 204,5 | |
| 7 | Schrittweite | | 10 | |
| 8 | | | | |
| 9 | Menge | Kosten | Kosten | Wenn-dann-Funktion |
| 10 | | Eigenherstellung | Fremdbezug | |
| 11 | 0 | =C$3+(C$4+C$5)*A11 | =C$6*A11 | =WENN(B11=C11;"kritische Menge";" ") |
| 12 | =A11+C$7 | =C$3+(C$4+C$5)*A12 | =C$6*A12 | =WENN(B12=C12;"kritische Menge";" ") |
| 13 | =A12+C$7 | =C$3+(C$4+C$5)*A13 | =C$6*A13 | =WENN(B13=C13;"kritische Menge";" ") |
| 14 | =A13+C$7 | =C$3+(C$4+C$5)*A14 | =C$6*A14 | =WENN(B14=C14;"kritische Menge";" ") |
| 15 | =A14+C$7 | =C$3+(C$4+C$5)*A15 | =C$6*A15 | =WENN(B15=C15;"kritische Menge";" ") |
| 16 | =A15+C$7 | =C$3+(C$4+C$5)*A16 | =C$6*A16 | =WENN(B16=C16;"kritische Menge";" ") |
| 17 | =A16+C$7 | =C$3+(C$4+C$5)*A17 | =C$6*A17 | =WENN(B17=C17;"kritische Menge";" ") |
| 18 | =A17+C$7 | =C$3+(C$4+C$5)*A18 | =C$6*A18 | =WENN(B18=C18;"kritische Menge";" ") |
| 19 | =A18+C$7 | =C$3+(C$4+C$5)*A19 | =C$6*A19 | =WENN(B19=C19;"kritische Menge";" ") |
| 20 | =A19+C$7 | =C$3+(C$4+C$5)*A20 | =C$6*A20 | =WENN(B20=C20;"kritische Menge";" ") |
| 21 | =A20+C$7 | =C$3+(C$4+C$5)*A21 | =C$6*A21 | =WENN(B21=C21;"kritische Menge";" ") |
| 22 | =A21+C$7 | =C$3+(C$4+C$5)*A22 | =C$6*A22 | =WENN(B22=C22;"kritische Menge";" ") |
| 23 | =A22+C$7 | =C$3+(C$4+C$5)*A23 | =C$6*A23 | =WENN(B23=C23;"kritische Menge";" ") |
| 24 | =A23+C$7 | =C$3+(C$4+C$5)*A24 | =C$6*A24 | =WENN(B24=C24;"kritische Menge";" ") |
| 25 | =A24+C$7 | =C$3+(C$4+C$5)*A25 | =C$6*A25 | =WENN(B25=C25;"kritische Menge";" ") |
| 26 | =A25+C$7 | =C$3+(C$4+C$5)*A26 | =C$6*A26 | =WENN(B26=C26;"kritische Menge";" ") |

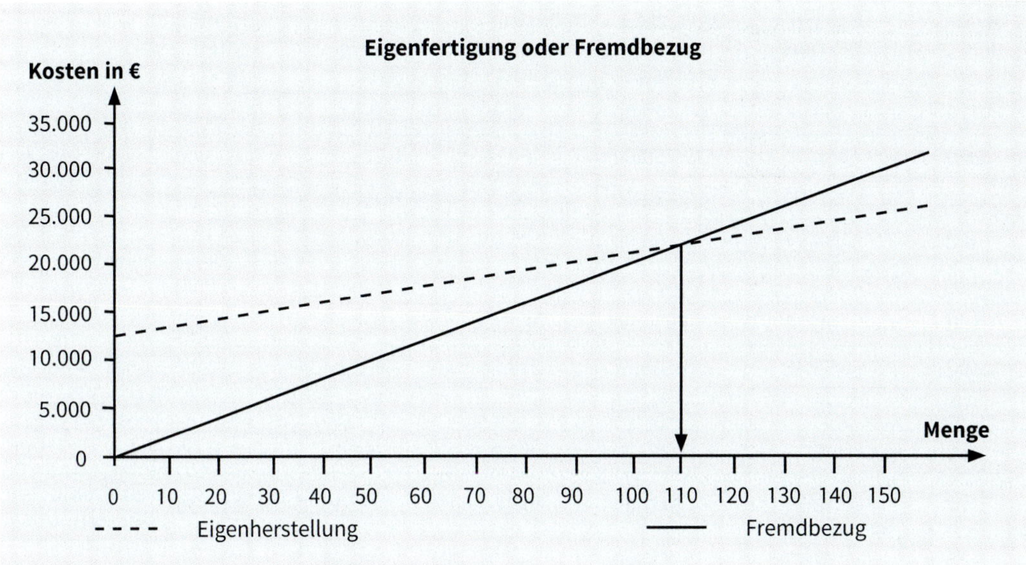


**Lösung zu 1g)**

Erhöhen sich die Materialkosten um 10 %, steigen die variablen Kosten pro Stück auf 92,40 €.

$K_E = K_F$

$12.881 + 92{,}40\,x = 204{,}50\,x$

$112{,}10\,x = 12.881$

$\underline{\underline{x = 114{,}9 \approx 115}}$ Die kritische Menge erhöht sich um 5 Stück.

**Lösung zu 1h)**

**Beispiele kostenunabhängiger Gründe für die Eigenfertigung**

- Unabhängigkeit vom Lieferanten
- Unpünktlichkeit/Unzuverlässigkeit des Lieferanten
- Produktqualität kann vom Lieferanten nicht gewährleistet werden
- Prognose künftig steigender Stückzahlen
- gegenwärtige Auslastung vorhandener Kapazitäten
- Erhaltung des Facharbeiterstamms

**Lösung zu 1i)**

Die **optimale Bestellmenge** ist die Menge, bei der die **Summe aus Bestellkosten und Lagerkosten minimal** ist. Bei gegebenem Jahresverbrauch einer bestimmten Werkstoffart entspricht die optimale Bestellmenge gleichzeitig einer **optimalen Anzahl von Bestellungen** im Jahr.

**Lösung zu 1j)**

| | |
|---|---|
| Jahresverbrauch in Stück: | 720 (60 Stück/Monat · 12 Monate) |
| Preis/Stück in €: | 165,00 |
| Kosten/Bestellvorg. in €: | 30,00 |
| Kosten der Kapitalbindung: | 5 % (vom Wert des ø Lagerbestands) |
| sonstige Lagerkosten/Stück in €: | 0,50 |

| Anzahl Bestel-lungen | Bestell-menge | ø Lager-bestand | Wert des ø Lager-bestands | Bestell-kosten (in €) | Lager-kosten (in €) | Gesamt-kosten (in €) | |
|---|---|---|---|---|---|---|---|
| 1 | 720 | 360 | 59.400,00 | 30,00 | 3.150,00 | 3.180,00 | |
| 2 | 360 | 180 | 29.700,00 | 60,00 | 1.575,00 | 1.635,00 | |
| 3 | 240 | 120 | 19.800,00 | 90,00 | 1.050,00 | 1.140,00 | |
| 4 | 180 | 90 | 14.850,00 | 120,00 | 787,50 | 907,50 | |
| 5 | 144 | 72 | 11.880,00 | 150,00 | 630,00 | 780,00 | |
| 6 | 120 | 60 | 9.900,00 | 180,00 | 525,00 | 705,00 | |
| 7 | 103 | 51,43 | 8.485,71 | 210,00 | 450,00 | 660,00 | |
| 8 | 90 | 45 | 7.425,00 | 240,00 | 393,75 | 633,75 | |
| 9 | 80 | 40 | 6.600,00 | 270,00 | 350,00 | 620,00 | |
| **10** | **72** | **36** | **5.940,00** | **300,00** | **315,00** | **615,00** | **optimale Bestellmenge** |
| 11 | 65 | 32,73 | 5.400,00 | 330,00 | 286,36 | 616,36 | |
| 12 | 60 | 30 | 4,950,00 | 360,00 | 262,50 | 622,50 | |
| 13 | 55 | 27,69 | 4,569,23 | 390,00 | 242,31 | 632,31 | |
| 14 | 51 | 25,71 | 4.242,86 | 420,00 | 225,00 | 645,00 | |
| 15 | 48 | 24 | 3.960,00 | 450,00 | 210,00 | 660,00 | |
| 16 | 45 | 22,50 | 3.712,50 | 480,00 | 196,88 | 676,88 | |
| 17 | 42 | 21,18 | 3.494,12 | 510,00 | 185,29 | 695,29 | |

| | A | B | C | D | E | F | G | H |
|---|---|---|---|---|---|---|---|---|
| 1 | | | | | | | | |
| 2 | | | | | | | | |
| 3 | | | | | | | | |
| 4 | Jahres-verbrauch | | 720 | | | | | |
| 5 | Preis/ Stück | | 165 | | | | | |
| 6 | Kosten/ Bestell-vorgang | | 30 | | | | | |
| 7 | Kosten der Kapital-bindung | | 0,05 | | | | | |
| 8 | sonstige Lager-kosten/ Stück | | 0,5 | | | | | |
| 9 | | | | | | | | |

| | A | B | C | D | E | F | G | H |
|---|---|---|---|---|---|---|---|---|
| 10 | Anzahl Bestellungen | Bestellmenge | ø Lagerbestand | Wert des ø Lagerbestands | Bestellkosten | Lagerkosten | Gesamtkosten | Wenn-dann-Funktion |
| 11 | | | | | | | | |
| 12 | 1 | =C$4/A12 | =B12/2 | =C$5*C12 | =C$6*A12 | =D12*C$7+C12*C$8 | =E12+F12 | =WENN(G12=MIN(G$12:G$31);“Optimale Bestellmenge“;“ “) |
| 13 | =A12+1 | =C$4/A13 | =B13/2 | =C$5*C13 | =C$6*A13 | =D13*C$7+C13*C$8 | =E13+F13 | =WENN(G13=MIN(G$12:G$31);“Optimale Bestellmenge“;“ “) |
| 14 | =A13+1 | =C$4/A14 | =B14/2 | =C$5*C14 | =C$6*A14 | =D14*C$7+C14*C$8 | =E14+F14 | =WENN(G14=MIN(G$12:G$31);“Optimale Bestellmenge“;“ “) |
| 15 | =A14+1 | =C$4/A15 | =B15/2 | =C$5*C15 | =C$6*A15 | =D15*C$7+C15*C$8 | =E15+F15 | =WENN(G15=MIN(G$12:G$31);“Optimale Bestellmenge“;“ “) |
| 16 | =A15+1 | =C$4/A16 | =B16/“ | =C$5*C16 | =C$6*A16 | =D16*C$7+C16*C$8 | =E16+F16 | =WENN(G16=MIN(G$12:G$31);“Optimale Bestellmenge“;“ “) |
| 17 | =A16+1 | =C$4/A17 | =B17/2 | =C$5*C17 | =C$6*A17 | =D17*C$7+C17*C$8 | =E17+F17 | =WENN(G17=MIN(G$12:G$31);“Optimale Bestellmenge“;“ “) |
| 18 | =A17+1 | =C$4/A18 | =B18/2 | =C$5*C18 | =C$6*A18 | =D18*C$7+C18*C$8 | =E18+F18 | =WENN(G18=MIN(G$12:G$31);“Optimale Bestellmenge“;“ “) |
| 19 | =A18+1 | =C$4/A19 | =B19/2 | =C$5*C19 | =C$6*A19 | =D19*C$7+C19*C$8 | =E19+F19 | =WENN(G19=MIN(G$12:G$31);“Optimale Bestellmenge“;“ “) |
| 20 | =A19+1 | =C$4/A20 | =B20/2 | =C$5*C20 | =C$6*A20 | =D20*C$7+C20*C$8 | =E20+F20 | =WENN(G20=MIN(G$12:G$31);“Optimale Bestellmenge“;“ “) |
| 21 | =A20+1 | =C$4/A21 | =B21/2 | =C$5*C21 | =C$6*A21 | =D21*C$7+C21*C$8 | =E21+F21 | =WENN(G21=MIN(G$12:G$31);“Optimale Bestellmenge“;“ “) |
| 22 | =A21+1 | =C$4/A22 | =B22/2 | =C$5*C22 | =C$6*A22 | =D22*C$7+C22*C$8 | =E22+F22 | =WENN(G22=MIN(G$12:G$31);“Optimale Bestellmenge“;“ “) |
| 23 | =A22+1 | =C$4/A23 | =B23/2 | =C$5*C23 | =C$6*A23 | =D23*C$7+C23*C$8 | =E23+F23 | =WENN(G23=MIN(G$12:G$31);“Optimale Bestellmenge“;“ “) |
| 24 | =A23+1 | =C$4/A24 | =B24/2 | =C$5*C24 | =C$6*A24 | =D24*C$7+C24*C$8 | =E24+F24 | =WENN(G24=MIN(G$12:G$31);“Optimale Bestellmenge“;“ “) |
| 25 | =A24+1 | =C$4/A25 | =B25/2 | =C$5*C25 | =C$6*A25 | =D25*C$7+C25*C$8 | =E25+F25 | =WENN(G25=MIN(G$12:G$31);“Optimale Bestellmenge“;“ “) |
| 26 | =A25+1 | =C$4/A26 | =B26/2 | =C$5*C26 | =C$6*A26 | =D26*C$7+C26*C$8 | =E26+F26 | =WENN(G26=MIN(G$12:G$31);“Optimale Bestellmenge“;“ “) |
| 27 | =A26+1 | =C$4/A27 | =B27/2 | =C$5*C27 | =C$6*A27 | =D27*C$7+C27*C$8 | =E27+F27 | =WENN(G27=MIN(G$12:G$31);“Optimale Bestellmenge“;“ “) |
| 28 | =A27+1 | =C$4/A28 | =B28/2 | =C$5*C28 | =C$6*A28 | =D28*C$7+C28*C$8 | =E28+F28 | =WENN(G28=MIN(G$12:G$31);“Optimale Bestellmenge“;“ “) |
| 29 | =A28+1 | =C$4/A29 | =B29/2 | =C$5*C29 | =C$6*A29 | =D29*C$7+C29*C$8 | =E29+F29 | =WENN(G29=MIN(G$12:G$31);“Optimale Bestellmenge“;“ “) |
| 30 | =A29+1 | =C$4/A30 | =B30/2 | =C$5*C30 | =C$6*A30 | =D30*C$7+C30*C$8 | =E30+F30 | =WENN(G30=MIN(G$12:G$31);“Optimale Bestellmenge“;“ “) |
| 31 | =A30+1 | =C$4/A31 | =B31/2 | =C$5*C31 | =C$6*A31 | =D31*C$7+C31*C$8 | =E31+F31 | =WENN(G31=MIN(G$12:G$31);“Optimale Bestellmenge“;“ “) |

**Lösung zu 1k)**

**mathematische Ermittlung der optimalen Anzahl von Bestellungen (x)**

Gesamtkosten = Bestellkosten + Lagerkosten → Minimum!

$K_G = K_B + K_L$ → Minimum!

$K_B = 30x$

$$K_L = \frac{720 \cdot 165 \cdot 0{,}05}{2 \cdot x} + \frac{720 \cdot 0{,}5}{2 \cdot x}$$

$$K_G = 30 \cdot x + \frac{2970}{x} + \frac{180}{x} \rightarrow \text{Minimum!}$$

$$K'_G = 30 - \frac{2970}{x^2} - \frac{180}{x^2} = 0 \qquad \text{(1. Ableitung)}$$

$$\frac{3150}{x^2} = 30$$

$$x^2 = 105$$

$$x = 10{,}246 \approx 10$$

Die optimale Anzahl von Bestellungen beträgt 10.

**Ermittlung der optimalen Bestellmenge bei gegebenem Gesamtbedarf**

optimale Bestellmenge = Gesamtbedarf : optimale Anzahl an Bestellungen

optimale Bestellmenge = 720 Stück : 10 = 72 Stück

## Lösungen zu Aufgabe 2

**Lösung zu 2a)**

Der eiserne Bestand ist der Mindestbestand, der grundsätzlich nicht unterschritten werden soll. Er stellt eine „Notreserve" dar, die nur angegriffen werden soll,

- um die Produktion zu sichern, wenn es auf der Beschaffungsseite zu Lieferschwierigkeiten kommt,
- um die Absatzbereitschaft aufrechtzuerhalten, wenn es bei der Produktion Probleme gibt.

eiserner Bestand = 6 · 50 Stück = 300 Stück

**Lösung zu 2b)**

Der Meldebestand ist der Bestand, bei dessen Erreichen eine neue Bestellung ausgelöst wird.

Meldebestand = eiserner Bestand + Tagesverbrauch · Lieferzeit

Meldebestand = 300 + 50 · 14 = 1 000

Der Meldebestand beträgt 1 000 Stück

**Lösung zu 2c)**

**optimale Bestellmenge**

| | |
|---|---|
| Jahresbedarf (in Stück) | 13 000 |
| eiserner Bestand (in Stück) | 300 |
| Kosten/Bestellvorgang (in €) | 20,00 |
| Lagerkosten vom durchschnittlicher Lagerbestand (in €/Stück) | 0,50 |

| Zahl der Bestellungen | Bestell-menge | Bestell-kosten (in €) | durchschn. Lager-bestand | Lagerkosten (in €) | Gesamt-kosten (in €) | |
|---|---|---|---|---|---|---|
| 1 | 13 000 | 20,00 | 6 800 | 3.400,00 | 3.420,00 | |
| 2 | 6 500 | 40,00 | 3 550 | 1.775,00 | 1.815,00 | |
| 3 | 4 333 | 60,00 | 2 467 | 1.233,33 | 1.293,33 | |
| 4 | 3 250 | 80,00 | 1 925 | 962,50 | 1.042,50 | |
| 5 | 2 600 | 100,00 | 1 600 | 800,00 | 900,00 | |
| 6 | 2 167 | 120,00 | 1 383 | 691,67 | 811,67 | |
| 7 | 1 857 | 140,00 | 1 229 | 614,29 | 754,29 | |
| 8 | 1 625 | 160,00 | 1 113 | 556,25 | 716,25 | |
| 9 | 1 444 | 180,00 | 1 022 | 511,11 | 691,11 | |
| 10 | 1 300 | 200,00 | 950 | 475,00 | 675,00 | |
| 11 | 1 182 | 220,00 | 891 | 445,45 | 665,45 | |
| 12 | 1 083 | 240,00 | 842 | 420,83 | 660,83 | |
| **13** | **1 000** | **260,00** | **800** | **400,00** | **660,00** | **optimale Bestellmenge** |
| 14 | 929 | 280,00 | 764 | 382,14 | 662,14 | |
| 15 | 867 | 300,00 | 733 | 366,67 | 666,67 | |
| 16 | 813 | 320,00 | 706 | 353,13 | 673,13 | |
| 17 | 765 | 340,00 | 682 | 341,18 | 681,18 | |
| 18 | 722 | 360,00 | 661 | 330,56 | 690,56 | |
| 19 | 684 | 380,00 | 642 | 321,05 | 701,05 | |
| 20 | 650 | 400,00 | 625 | 312,50 | 712,50 | |

Höchstbestand = eiserner Bestand + optimale Bestellmenge
= 300 Stück + 1 000 Stück = 1 300 Stück

Bedingungen: Der Tagesverbrauch beträgt konstant 50 Stück; die Lieferzeit wird eingehalten.

| | A | B | C | D | E | F | G |
|---|---|---|---|---|---|---|---|
| 1 | | | | | | | |
| 2 | | | | | | | |
| 3 | | | | | | | |
| 4 | | | | Formeln für die Spalten … | | | |
| 5 | Jahresbedarf | | 13 000 | B: Jahresbedarf : Zahl der Bestellungen | | | |
| 6 | eiserner Bestand | | 300 | C: Zahl der Bestellungen * Kosten/Bestellvorgang | | | |
| 7 | | | | D: Bestellmenge : 2 + eiserner Bestand | | | |
| 8 | Kosten/Bestellvorgang | | 20 | E: durchschn. Lagerbestand * Lagerkosten/Stück | | | |
| 9 | | | | F: Bestellkosten + Lagerkosten | | | |
| 10 | Lagerkosten vom ø Lagerbestand | | 0,5 | | | | |
| 11 | | | | | | | |
| 12 | Anzahl d. Bestellungen | Bestellmenge | Bestellkosten | ø Lagerbestand | Lagerkosten | Gesamtkosten | Wenn-dann-Funktion |
| 13 | 1 | =C$5/A13 | =C$8*A13 | =B13/2+C$6 | =D13*C$10 | =C13+E13 | =WENN(F13=MIN(F$13:F$28);"Optimale Bestellmenge";" ") |
| 14 | =A13+1 | =C$5/A14 | =C$8*A14 | =B14/2+C$6 | =D14*C$10 | =C14+E14 | =WENN(F14=MIN(F$13:F$28);"Optimale Bestellmenge";" ") |
| 15 | =A14+1 | =C$5/A15 | =C$8*A15 | =B15/2+C$6 | =D15*C$10 | =C15+E15 | =WENN(F15=MIN(F$13:F$28);"Optimale Bestellmenge";" ") |
| 16 | =A15+1 | =C$5/A16 | =C$8*A16 | =B16/2+C$6 | =D16*C$10 | =C16+E16 | =WENN(F16=MIN(F$13:F$28);"Optimale Bestellmenge";" ") |
| 17 | =A16+1 | =C$5/A17 | =C$8*A17 | =B17/2+C$6 | =D17*C$10 | =C17+E17 | =WENN(F17=MIN(F$13:F$28);"Optimale Bestellmenge";" ") |
| 18 | =A17+1 | =C$5/A18 | =C$8*A18 | =B18/2+C$6 | =D18*C$10 | =C18+E18 | =WENN(F18=MIN(F$13:F$28);"Optimale Bestellmenge";" ") |
| 19 | =A18+1 | =C$5/A19 | =C$8*A19 | =B19/2+C$6 | =D19*C$10 | =C19+E19 | =WENN(F19=MIN(F$13:F$28);"Optimale Bestellmenge";" ") |
| 20 | =A19+1 | =C$5/A20 | =C$8*A20 | =B20/2+C$6 | =D20*C$10 | =C20+E20 | =WENN(F20=MIN(F$13:F$28);"Optimale Bestellmenge";" ") |
| 21 | =A20+1 | =C$5/A21 | =C$8*A21 | =B21/2+C$6 | =D21*C$10 | =C21+E21 | =WENN(F21=MIN(F$13:F$28);"Optimale Bestellmenge";" ") |
| 22 | =A21+1 | =C$5/A22 | =C$8*A22 | =B22/2+C$6 | =B22/2+C$6 | =C22+E22 | =WENN(F22=MIN(F$13:F$28);"Optimale Bestellmenge";" ") |
| 23 | =A22+1 | =C$5/A23 | =C$8*A23 | =B23/2+C$6 | =B23/2+C$6 | =C23+E23 | =WENN(F23=MIN(F$13:F$28);"Optimale Bestellmenge";" ") |
| 24 | =A23+1 | =C$5/A24 | =C$8*A24 | =B24/2+C$6 | =B24/2+C$6 | =C24+E24 | =WENN(F24=MIN(F$13:F$28);"Optimale Bestellmenge";" ") |
| 25 | =A24+1 | =C$5/A25 | =C$8*A25 | =B25/2+C$6 | =B25/2+C$6 | =C25+E25 | =WENN(F25=MIN(F$13:F$28);"Optimale Bestellmenge";" ") |
| 26 | =A25+1 | =C$5/A26 | =C$8*A26 | =B26/2+C$6 | =B26/2+C$6 | =C26+E26 | =WENN(F26=MIN(F$13:F$28);"Optimale Bestellmenge";" ") |
| 27 | =A26+1 | =C$5/A27 | =C$8*A27 | =B27/2+C$6 | =B27/2+C$6 | =C27+E27 | =WENN(F27=MIN(F$13:F$28);"Optimale Bestellmenge";" ") |
| 28 | =A27+1 | =C$5/A28 | =C$8*A28 | =B28/2+C$6 | =B28/2+C$6 | =C28+E28 | =WENN(F28=MIN(F$13:F$28);"Optimale Bestellmenge";" ") |

**Lösung zu 2d)**

**durchschnittlicher Lagerbestand** = Bestellmenge : 2 + eiserner Bestand

durchschnittlicher Lagerbestand = 1 000 Stück : 2 + 300 Stück = 800 Stück

→ Während des Jahres wurden durchschnittlich 800 Stahlprofilstäbe gelagert.

**Umschlagskoeffizient** (Lagerumschlagshäufigkeit) = Jahresverbrauch : durchschnittlicher Lagerbestand

Umschlagskoeffizient = 13 000 Stück : 800 Stück = 16,25

→ Der durchschnittliche Lagerbestand wird gut 16-mal im Jahr umgeschlagen.

**durchschnittliche Lagerdauer** = 365 Tage : Umschlagskoeffizient

durchschnittliche Lagerdauer = 365 Tage : 16,25 = 22,46 Tage

→ Die durchschnittliche Lagerdauer des durchschnittlichen Lagerbestands beträgt knapp 22,5 Tage.

**Lösung zu 2e)**

**durchschnittliche Lagerkosten** =
durchschnittlicher Lagerbestand · Lagerkostensatz

durchschnittliche Lagerkosten =
800 Stück · 0,50 €/Stück = 400,00 €

**durchschnittliche Kapitalbindung** =
durchschnittlicher Lagerbestand · Einstandspreis/Stück

durchschnittliche Kapitalbindung =
800 Stück · 25,00 €/Stück = 20.000,00 €

**Lagerzinssatz** =
Marktzinssatz : 365 Tage · durchschnittliche Lagerdauer

Lagerzinssatz =
12 % : 365 Tage · 22,46 Tage = 0,74 %

**Zinskosten der Kapitalbindung** =
durchschnittliche Kapitalbindung · Lagerzinssatz

Zinskosten der Kapitalbindung =
20.000,00 € · 0,74 % = 148,00 €

## Lösungen zu Aufgabe 3

**Lösung zu 3a)**
**Angebotsvergleich**

| Kalkulationsschema | Preisspiegel der OfficeCom AG | | | | | |
|---|---|---|---|---|---|---|
| | Anbieter 1 | | Anbieter 2 | | Anbieter 3 | |
| | A-Folien GmbH | | B-Folien OHG | | C-Folien GmbH | |
| Listeneinkaufspreis pro Einheit | | 1.320,00 | | 1.220,00 | | 1.270,00 |
| · Menge (in PE) | | 280 | | 280 | | 280 |
| = Listeneinkaufspreis gesamt | | 369.600,00 | | 341.600,00 | | 355.600,00 |
| – Lieferantenrabatt | 10 % | 36.960,00 | 5 % | 17.080,00 | 0 % | 0,00 |
| = Zieleinkaufspreis | | 332.640,00 | | 324.520,00 | | 355.600,00 |
| – Lieferantenskonto | 2 % | 6.652,80 | 3 % | 9.735,60 | 1 % | 3.556,00 |
| = Bareinkaufspreis | | 325.987,20 | | 314.784,40 | | 352.044,00 |
| + Bezugskosten | | 0,00 | 2,00 | 560,00 | 0,50 | 140,00 |
| = Einstandspreis (Bezugspreis) | | 325.987,20 | | 315.344,40 | | 352.184,00 |

**Ergebnis:** Die B-Folien GmbH hat das preisgünstigste Angebot vorgelegt.

**Lösung zu 3b)**
**Nutzwertanalyse der OfficeCom AG**

| Entscheidungs-kriterien | Gewichtung der Kriterien | Anbieter 1 | | Anbieter 2 | | Anbieter 3 | |
|---|---|---|---|---|---|---|---|
| | | A-Folien GmbH | | B-Folien OHG | | C-Folien GmbH | |
| | | Ausprä-gungs-punkte | gewichtete Punkte | Ausprä-gungspunkte | gewichtete Punkte | Ausprä-gungspunkte | gewichte-te Punkte |
| Preis | 4 | 2 | 8 | 3 | 12 | 1 | 4 |
| Produktqualität | 5 | 2 | 10 | 3 | 15 | 2 | 10 |
| Lieferzeit | 2 | 1 | 2 | 2 | 4 | 3 | 6 |
| Termintreue | 4 | 3 | 12 | 2 | 8 | 1 | 4 |
| Kundendienst/ Service | 3 | 3 | 9 | 2 | 6 | 1 | 3 |
| Summe | | | 41 | | 45 | | 27 |

**Ergebnis:** Auch unter Berücksichtigung der weiteren Entscheidungskriterien erweist sich die B-Folien OHG als günstigster Anbieter, da sie die höchste Punktzahl aufweist.

**Lösung zu 3c)**

**Faustregel:**

Vergleich des Jahreszinssatzes für den Kontokorrentkredit mit dem auf das Jahr hochgerechneten Skontosatz (Skonto = Zinsen für den kostenpflichtigen Zinszeitraum)

kostenpflichtiger Zinszeitraum: 30 Tage
Skontosatz: 3 %
Das Jahr wird mit 360 Tagen gerechnet.

$$\text{Jahresskontosatz} = \frac{3\,\% \cdot 360\text{ Tage}}{30\text{ Tage}} = 36\,\%$$

**Effektivzinssatzvergleich:**

Vergleich des Jahreszinssatzes für den Kontokorrentkredit mit dem effektiven Jahresskontosatz

Skontobetrag gemäß Preisspiegel zu 3a): 9.735,60 €
benötigter Kontokorrentkredit: 315.344,40 €

$$\text{effektiver Jahresskontosatz} = \frac{9.735{,}60\text{ €} \cdot 100\,\% \cdot 360\text{ Tage}}{315.344{,}40\text{ €} \cdot 30\text{ Tage}} = 37{,}05\,\%$$

Da der effektive Jahresskontosatz höher ist als der Zinssatz für den Kontokorrentkredit, lohnt die Kreditaufnahme, um den Skontoabzug bei Begleichung der Rechnung in Anspruch nehmen zu können.

**Finanzierungserfolg:**

$$\text{Kreditzinsen für 30 Tage} = \frac{315.344{,}40\text{ €} \cdot 15 \cdot 30\text{ Tage}}{100 \cdot 360\text{ Tage}} = 3.941{,}81\text{ €}$$

| | | |
|---|---|---|
| | Skontoertrag | 9.735,60 € |
| – | Kreditzinsen | 3.941,81 € |
| = | **Finanzierungsgewinn** | 5.793,79 € |

## Lösung zu Aufgabe 4

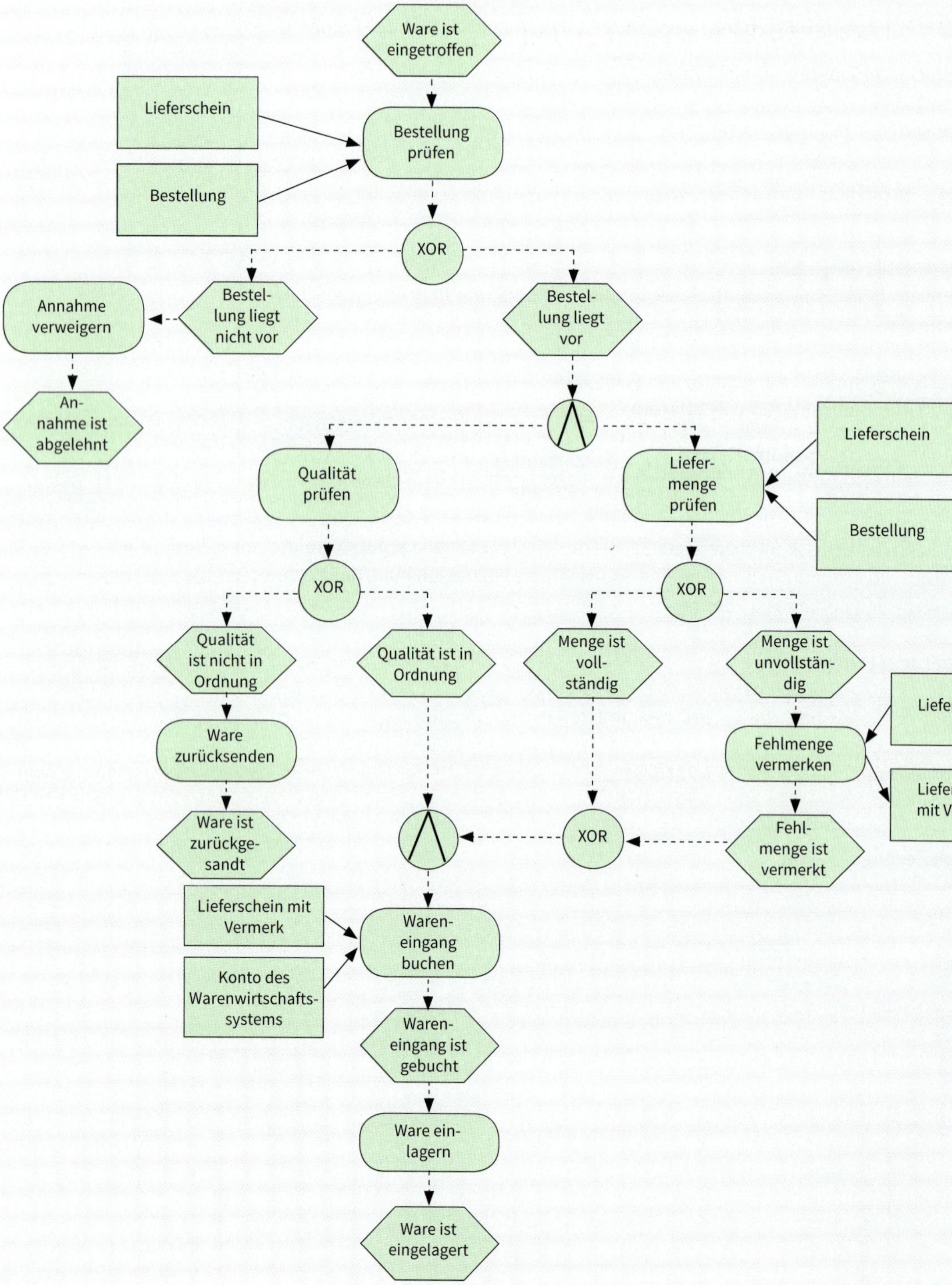

## 4.1.2.2 Multiple-Choice-Aufgaben und Lösungen

5

**Bezugskalkulation**

Bringen Sie die folgenden Positionen der Bezugskalkulation in die richtige Reihenfolge:

( ) = Zieleinkaufspreis
( ) + Verpackungskosten
( ) Listeneinkaufspreis
( ) = Bareinkaufspreis
( ) + Transportkosten
( ) – Lieferantenrabatt
( ) = Einstandspreis
( ) – Lieferantenskonto

6

**Lieferungsbedingungen**

Ordnen Sie den beiden Lieferungsbedingungen die jeweils richtige Erklärung zu:
Lieferungsbedingungen: unfrei ( ); ab Werk ( ).

Erklärungen:

1. Der Käufer trägt alle Beförderungskosten.
2. Der Käufer trägt die Beförderungskosten ab Versandstation einschließlich Beladekosten.
3. Der Käufer trägt die Beförderungskosten ab Versandstation ohne Beladekosten.
4. Der Käufer trägt die Beförderungskosten ab Empfangsstation.
5. Der Verkäufer trägt alle Beförderungskosten.

7

**Kaufvertragsarten**

Ordnen Sie die Kaufvertragsarten jeweils der richtigen Erklärung zu:

Kaufvertragsarten:

| | | | |
|---|---|---|---|
| 1. Kauf auf Probe | 2. Kauf nach Probe | 3. Kauf zur Probe | 4. Gattungskauf |
| 5. Stückkauf | 6. Spezifikationskauf | 7. Ramschkauf | 8. Zielkauf |
| 9. Ratenkauf | 10. Kauf auf Vorauszahlung | 11. Bürgerlicher Kauf | 12. Verbrauchsgüterkauf |

Erklärungen:

( ) Die Qualität der kostenlosen Probe ist auch für die Folgemengen verbindlich.

( ) Vertretbare Ware, nur der Gattung nach bestimmbare Ware, die sich nach Maß, Zahl oder Gewicht bestimmen lässt, ist Kaufgegenstand.

( ) Es wird eine nicht vertretbare Ware gekauft, die nur einmalig vorhanden ist, z. B. ein Gemälde.

( ) Es besteht ein Rückgaberecht der Sache innerhalb einer vereinbarten Frist (z. B. Rückgabe innerhalb einer Woche).

( ) Bei Vertragsabschluss werden nur Art und Menge der Ware bestimmt, die nähere Bestimmung der Ware (z. B. der Farbe) erfolgt innerhalb einer vereinbarten Frist.

( ) Ein Endverbraucher kauft die Ware von einem Unternehmen.

( ) Der Käufer bezahlt die Ware vor der Lieferung (z. B. bei einer Sonderanfertigung).

( ) Es wird zunächst zu Testzwecken eine kleine Menge gekauft.

( ) Der Käufer zahlt in mehreren Raten.

( ) Der Käufer bezahlt nach der Lieferung zu einem vereinbarten Zahlungsziel (z. B. nach vier Wochen).

( ) Die gesamte Warenmenge wird zu einem Pauschalpreis (z. B. bei einer Geschäftsaufgabe) gekauft.

( ) Beide Vertragspartner sind Privatpersonen.

8

**Zahlschein**

Welche der folgenden Aussagen zum Zahlschein ist richtig?

(1) Mit dem Zahlschein können schnell Geldbeträge vom Konto des Zahlungsschuldners zum Zahlungsempfänger überwiesen werden.

(2) Mit dem Zahlschein können Geldbeträge auf ein Konto eines Geldinstitutes bar eingezahlt werden.

(3) Der Zahlschein wird zur bargeldlosen Zahlung benutzt.

(4) Mit dem Zahlschein erhält der Zahlungsempfänger die Ermächtigung, fällige Forderungen vom Konto des Zahlungsschuldners einzuziehen.

(5) Der Zahlungspflichtige erteilt mit dem Zahlschein seinem Kreditinstitut den Auftrag, fällige Forderungen bestimmter Unternehmen von seinem Konto abzubuchen.

9

**Kreditkarte**

Welche der folgenden Aussagen zur Kreditkarte ist richtig?

(1) Die Nutzung einer Kreditkarte ist für den Karteninhaber prinzipiell kostenlos.

(2) Jeder Bürger erhält auf Wunsch eine Kreditkarte.

(3) Durch die Nutzung der Kreditkarte muss der Karteninhaber den Zahlungsbetrag nicht sofort entrichten.

(4) Die Kreditkarte erhöht für den Karteninhaber in jedem Fall den Kaufpreis einer mit der Karte bezahlten Ware.

(5) Einem Unternehmen entstehen durch den Einsatz der Kreditkarte durch den Kunden in keinem Fall Kosten.

10

**Beschaffungsplanung**

Ordnen Sie den folgenden Fachbegriffen der Beschaffungsplanung jeweils die richtige Frage zu.
Fachbegriffe:

( ) Bezugsquellenplanung
( ) Materialplanung
( ) Preisplanung
( ) Zeitplanung
( ) Mengenplanung

Fragen:

(1) Was soll bestellt werden?

(2) Wie viel soll bestellt werden?

(3) Wann soll bestellt werden?

(4) Wie hoch darf der maximal akzeptierbare Einkaufspreis sein?

(5) Wo soll bestellt werden?

## Lösungen zu Multiple-Choice-Aufgaben 5 bis 10

**Aufgabe 5**
(3) = Zieleinkaufspreis
(6) + Verpackungskosten
(1) Listeneinkaufspreis
(5) = Bareinkaufspreis
(7) + Transportkosten
(2) – Lieferantenrabatt
(8) = Einstandspreis
(4) – Lieferantenskonto

**Aufgabe 6**
Lieferungsbedingungen: unfrei (2), ab Werk (1)

**Aufgabe 7**
(2) Die Qualität der kostenlosen Probe ist auch für die Folgemengen verbindlich.
(4) Vertretbare Ware, nur der Gattung nach bestimmbare Ware, die sich nach Maß, Zahl oder Gewicht bestimmen lässt, ist Kaufgegenstand.
(5) Es wird eine nicht vertretbare Ware gekauft, die nur einmalig vorhanden ist, z. B. ein Gemälde.
(1) Es besteht ein Rückgaberecht der Sache innerhalb einer vereinbarten Frist (z. B. Rückgabe innerhalb einer Woche).
(6) Bei Vertragsabschluss werden nur Art und Menge der Ware bestimmt, die nähere Bestimmung der Ware (z. B. der Farbe) erfolgt innerhalb einer vereinbarten Frist.
(12) Ein Endverbraucher kauft die Ware von einem Unternehmen.
(10) Der Käufer bezahlt die Ware vor der Lieferung (z. B. bei einer Sonderanfertigung).
(3) Es wird zunächst zu Testzwecken eine kleine Menge gekauft.
(9) Der Käufer zahlt in mehreren Raten.
(8) Der Käufer bezahlt nach der Lieferung zu einem vereinbarten Zahlungsziel (z. B. nach vier Wochen).
(7) Die gesamte Warenmenge wird zu einem Pauschalpreis (z. B. bei einer Geschäftsaufgabe) gekauft.
(11) Beide Vertragspartner sind Privatpersonen.

**Aufgabe 8**
(2)

**Aufgabe 9**
(3)

**Aufgabe 10**
(5)
(1)
(4)
(3)
(2)

## 4.1.3 Personalprozesse

### 4.1.3.1 Fallorientierte Aufgaben und Lösungen

1

**Arbeitsbewertung mithilfe des Rangfolgeverfahrens, Stufenwertzahlverfahren**

In einer Leistungsgesellschaft wird die Lohnhöhe eines Mitarbeiters in einem Betrieb maßgeblich durch die Anforderungen des Arbeitsplatzes bestimmt. Es ist Aufgabe der Arbeitsplatzbewertung, die Arbeitsplätze hinsichtlich unterschiedlicher Leistungsanforderungen zu untersuchen und zu bewerten.

**a)** Die Arbeiten der folgenden Beschäftigten sind nach dem **Rangfolgeverfahren** zu bewerten. Benutzen Sie dazu die folgende Tabelle:

| lfd. Nr. der Beschäftigten / Beschäftigte(r) | 1. | 2. | 3. | 4. | 5. | 6. | Rang |
|---|---|---|---|---|---|---|---|
| 1. Telefonistin | | | | | | | |
| 2. Schreibkraft | | | | | | | |
| 3. Verkäufer | | | | | | | |
| 4. Kaufmännischer Leiter | | | | | | | |
| 5. Sekretärin | | | | | | | |
| 6. Wachmann | | | | | | | |

**b)** Erläutern Sie den Inhalt Ihrer Tabelle am Beispiel des Verkäufers.
**c)** Vergleichen Sie das Rangfolgeverfahren mit dem **Stufenwertzahlverfahren.**

2

**Vorgabezeit**

An einer Drehbank ist für einen Auftrag eine bestimmte Anzahl gleicher Werkstücke zu bearbeiten. Folgende Daten sind gegeben:

| | |
|---|---|
| Auftragsgröße: 20 Werkstücke | Ausführungserholungszeit je Werkstück: 1 Minute |
| Rüstgrundzeit: 15 Minuten | Rüstverteilzeit: 10 % |
| Rüsterholungszeit: 5 Minuten | Ausführungsverteilzeit: 5 % |
| Ausführungsgrundzeit je Werkstück: 12 Minuten | |

**a)** Erläutern Sie den Begriff Rüstzeit. Wodurch unterscheidet sie sich von der Ausführungszeit?
**b)** Wodurch unterscheiden sich die Grundzeiten von den Verteilzeiten?
**c)** Ermitteln Sie nach „REFA“ die Vorgabezeit für den gesamten Auftrag.
**d)** Ermitteln Sie nach „REFA“ die Vorgabezeit für ein Werkstück.

3

### Normalleistung

In einer Maschinenfabrik soll das Schweißen von Trommeln für Strohpressen im Akkord vergeben werden. Ein Zeitnehmer schätzt für diese Tätigkeit, die von sechs Arbeitnehmern durchgeführt werden soll, deren jeweiligen Leistungsgrad und misst deren Ist-Leistung:

| Arbeitnehmer | Leistungsgrad in % | Ist-Leistung in Stück/Stunde |
|---|---|---|
| Adams | 90 | 50 |
| Berthold | 100 | 55 |
| Claus | 125 | 60 |
| Dittmar | 80 | 45 |
| Ewald | 110 | 58 |
| Friedrichs | 60 | 30 |

**a)** Welche Bedingungen müssen erfüllt sein, damit eine Tätigkeit im Akkord ausgeführt werden kann?
**b)** Worin liegen Ihrer Meinung nach die Vor- und Nachteile der Akkordarbeit für den Arbeitnehmer und für den Betrieb? (Begründen Sie Ihre Aussagen.)
**c)** Definieren Sie den Begriff Normalleistung.
**d)** Ermitteln Sie die Normalleistung und die Vorgabezeit pro Stück.

4

### Stückzeitakkord, Stückgeldakkord

Die Normalleistung (aus Aufgabe 3) beträgt 53 Stück/Stunde, der durch Tarifvertrag festgelegte Grundlohn (Ecklohn) 15,40 €/Std., der Akkordzuschlagssatz 20 %.
Schweißer Adams erbringt eine Ist-Leistung von 60 Stück/Std.,
Schweißer Berthold erbringt eine Ist-Leistung von 52 Stück/Std.

**a)** Berechnen Sie den Akkordrichtsatz.
**b)** Berechnen Sie für den Schweißer Adams den Akkordstundenlohn mithilfe der Formel für den Stückzeitakkord, wobei Sie die einzelnen Glieder dieser Formel zunächst definieren.
**c)** Ermitteln Sie den zu zahlenden Stundenlohn für den Schweißer Berthold mithilfe der Stückgeldakkordformel.

5

### Personalwirtschaft

Momentan sind Sie in der Personalabteilung der OfficeCom AG eingesetzt, deren Leiterin Frauke Riemann ist. Einmal pro Woche vermittelt Ihnen Frau Riemann in einem Unterweisungsgespräch die Grundlagen der **Personalwirtschaft.** Sie sollen wichtige Inhalte der Unterweisungsgespräche für Ihr Ausbildungsnachweisheft bezüglich der nachfolgenden Schwerpunkte zusammenfassen.

**a)** Nennen Sie mögliche Aufgabenfelder der Personalwirtschaft.
**b)** Was versteht man im Rahmen der Personalwirtschaft unter Outsourcing und welche Gesichtspunkte sind dabei für die Personalwirtschaft zu berücksichtigen?

**c)** Definieren Sie den Begriff Personalakte und nennen Sie drei Aufgaben der Personalakte.
**d)** Nennen Sie mindestens jeweils drei wirtschaftliche und soziale Ziele der Personalwirtschaft.
**e)** Was versteht man unter Personalinformationssystemen?

6

### Organigramm, Weisungsbefugnisse

Der organisatorische Aufbau der Personalabteilung der OfficeCom AG kann mit den entsprechenden Weisungsbefugnissen dem folgenden Organigramm entnommen werden:

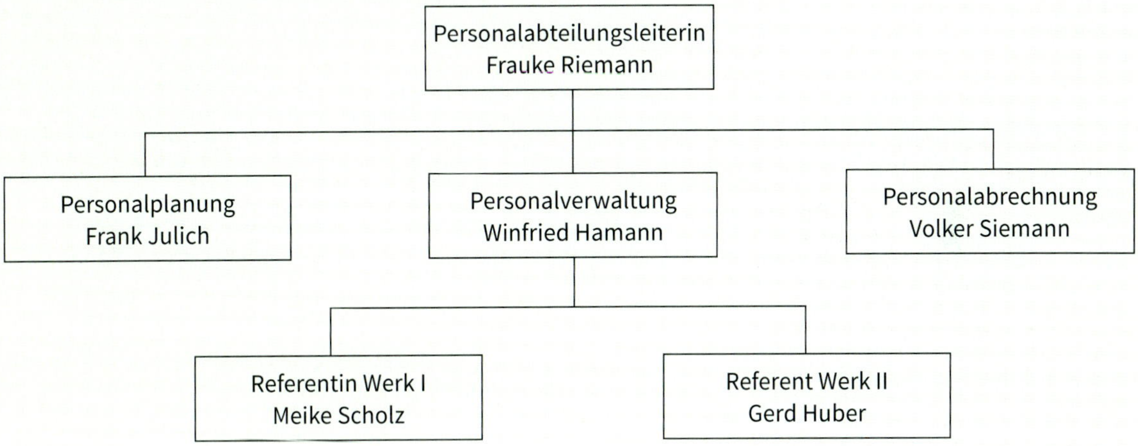


**a)** Welches Weisungssystem ist abgebildet?
**b)** Nennen Sie Vor- und Nachteile des abgebildeten Weisungssystems.
**c)** Nach welchen Prinzipien ist die Personalabteilung auf der zweiten und dritten Ebene gegliedert?
**d)** Die Abteilungsleiterin Frauke Riemann soll hinsichtlich ihrer Aufgaben entlastet werden. Es wird eine Stelle eingerichtet, die keine Weisungsbefugnis haben soll. Ordnen Sie die Stelle in das Organigramm ein. Wie nennt man eine derartige Stelle?
**e)** Unterscheiden Sie externe und interne Personalbeschaffung und geben Sie mögliche Vor- und Nachteile an.

7

## Personalstatistik

Das Personalinformationssystem der OfficeCom AG liefert Ihnen folgende **Personalstatistik,** die Sie auswerten sollen.

| **Mitarbeiterkostenstruktur der OfficeCom AG im Monat November** | | | | |
|---|---|---|---|---|
| **Mitarbeiter-struktur** | **männliche Mitarbeiter** | **weibliche Mitarbeiter** | **Bruttolohn- und Gehaltssumme** | **Lohnneben-kosten** |
| | | | | |
| Angestellte | 28 | 32 | 216.000,00 € | 216.000,00 € |
| Facharbeiter | 75 | 120 | 585.000,00 € | 515.708,00 € |
| Ungelernte, Angelernte | 20 | 27 | 91.650,00 € | 87.600,00 € |

**a)** Unterscheiden Sie ungelernte, angelernte und gelernte Mitarbeiter, indem Sie Ihre Erläuterungen zusätzlich mit jeweils einem Beispiel verbinden.

**b)** Werten Sie das obige Zahlenmaterial der OfficeCom AG aus (Genauigkeit für Prozentangaben: eine Dezimalstelle; Genauigkeit für Geldbeträge: zwei Dezimalstellen), indem Sie sowohl für die Gruppe der Un- und Angelernten als auch für die Gruppe der Facharbeiter:

**b1)** den Anteil an der Belegschaft in Prozent,
**b2)** den Anteil der gesamten Lohnkosten an den gesamten Personalkosten in Prozent,
**b3)** den durchschnittlichen Bruttoverdienst,
**b4)** die durchschnittlichen Personalkosten und
**b5)** den Anteil der Mitarbeiterinnen an der Gesamtbelegschaft
berechnen.

**c)** Das Gutachten einer externen Unternehmensberatung beinhaltet den Vorschlag, die Anzahl der Facharbeiter zugunsten der Anzahl von Un- und Angelernten zu verringern. Zeigen Sie mögliche Konsequenzen für das Unternehmen auf.

8

## Personalbedarfsplanung

Lösen Sie die folgenden Aufgaben zur **Personalbedarfsplanung.**

**a)** Welche personalwirtschaftlichen Maßnahmen sind für das kommende Jahr aufgrund der nachfolgenden Situation zu ergreifen?

Die OfficeCom AG beschäftigt im Profitcenter Schreibtische derzeit 30 Tischler, 20 Schlosser und 15 Einrichter. Wegen Umstrukturierungen benötigt die OfficeCom AG im kommenden Jahr 34 Tischler, 15 Schlosser und 12 Einrichter.

Im nächsten Jahr verlassen altersbedingt drei Tischler und zwei Schlosser das Unternehmen, ein Feinmechaniker nimmt am 01.01. des folgenden Jahres seine Tätigkeit als Einrichter auf. Zwei Einrichter haben einen Antrag auf Altersteilzeit (Reduzierung ihrer Arbeitszeit um 50 %) gestellt, der per 01.01. des nächsten Jahres auch umgesetzt wird.

**b)** Berechnen Sie den Personalbedarf für eine monatlich geplante Produktionsmenge von 1 200 Schreibtischen S-60, wenn aus den Planungsunterlagen hervorgeht, dass die Fertigungszeit pro Schreibtisch zwei Stunden und die durchschnittliche monatliche Arbeitszeit pro Facharbeiter 150 Stunden beträgt. Es wird mit einer Verteilzeit von 10 % gerechnet.

9

**Kündigung**

Herr Salcher, 43 Jahre alt, alleinerziehender Vater von zwei Kindern, ist seit zehn Jahren bei der OfficeCom AG in der Verkaufsabteilung als Sachbearbeiter beschäftigt. Am 22. Juni 20.. erhält er die unten abgebildete **Kündigung.**

Sehr geehrter Herr Salcher,

wir bedauern, Ihnen mitteilen zu müssen, dass wir Ihr Arbeitsverhältnis zum 31. Oktober 20.. beenden müssen.

Leider sind wir aufgrund der gegenwärtigen wirtschaftlichen Situation und des kontinuierlichen Umsatzrückgangs der vergangenen Jahre gezwungen, die Verkaufsabteilung zu verringern.

Der Betriebsrat ist am 18. Juni 20.. von diesem bedauerlichen Schritt unterrichtet worden.

Für Ihren weiteren Lebensweg wünschen wir Ihnen alles Gute.

Mit freundlichen Grüßen

i. V. Gräbert

Herr Salcher fühlt sich ungerecht behandelt. Als Vater von zwei Kindern hat er entsprechende Belastungen zu tragen. Zudem ist die Einkaufsabteilung erst in diesem Jahr durch Jens Herrmann (26 Jahre, verheiratet, keine Kinder, Ehepartner arbeitslos) und Luisa Richter (31 Jahre, ledig, keine Kinder) verstärkt worden. Da die Arbeitsabläufe in der Verkaufsabteilung denen der Einkaufsabteilung ähneln, könnte sich Herr Salcher eine Weiterbeschäftigung in der Einkaufsabteilung gut vorstellen.

*(Fortsetzung von Aufgabe 9)*

Eine Rückfrage beim Betriebsrat hat ergeben, dass der Betriebsrat der Kündigung widersprochen hat, da bei der Auswahl der zu kündigenden Arbeitnehmer soziale Gründe nicht ausreichend berücksichtigt worden sind.

Daraufhin erhebt Herr Salcher am 27. Juli Klage beim Arbeitsgericht gegen seine Kündigung.

**a)** Was versteht man rechtlich unter einer Kündigung?

**b)** Ist das Kündigungsschreiben an Herrn Salcher als Kündigung im rechtlichen Sinn zu werten?

**c)** Prüfen Sie anhand des § 622 BGB, ob die OfficeCom AG die gesetzliche Kündigungsfrist eingehalten hat.

**§ 622 Ordentliche Kündigung von Arbeitsverhältnissen**

(1) Das Arbeitsverhältnis eines Arbeiters oder eines Angestellten (Arbeitnehmers) kann mit einer Frist von vier Wochen zum Fünfzehnten oder zum Ende eines Kalendermonats gekündigt werden.

(2) Für eine Kündigung durch den Arbeitgeber beträgt die Kündigungsfrist, wenn das Arbeitsverhältnis in dem Betrieb oder Unternehmen

1. zwei Jahre bestanden hat, einen Monat zum Ende eines Kalendermonats,
2. fünf Jahre bestanden hat, zwei Monate zum Ende des Kalendermonats,
3. acht Jahre bestanden hat, drei Monate zum Ende des Kalendermonats,
4. zehn Jahre bestanden hat, vier Monate zum Ende des Kalendermonats,
5. zwölf Jahre bestanden hat, fünf Monate zum Ende des Kalendermonats,
6. 15 Jahre bestanden hat, sechs Monate zum Ende des Kalendermonats,
7. 20 Jahre bestanden hat, sieben Monate zum Ende des Kalendermonats.

Bei der Berechnung der Beschäftigungsdauer werden Zeiten, die vor der Vollendung des 25. Lebensjahrs* des Arbeitnehmers liegen, nicht berücksichtigt.

**Anmerkung:* Nach dem Urteil des europäischen Gerichtshofs vom Januar 2010 müssen auch Beschäftigungszeiten vor dem 25. Lebensjahr berücksichtigt werden, da nach der bisherigen Regelung des BGB gegen das Diskriminierungsverbot ver-stoßen wird. Eine entsprechendende Änderung des BGB-Paragrafen wird vorbereitet.

**d)** Zu welchem Termin müsste Herr Salcher unter den o. a. Bedingungen bezüglich der Betriebszugehörigkeit kündigen, wenn er die Unternehmung freiwillig und möglichst schnell verlassen möchte?

**e)** Können die gesetzlich geregelten Kündigungsfristen einzelvertraglich geändert werden?

**f)** Unterscheiden Sie den allgemeinen Kündigungsschutz und den besonderen Kündigungsschutz.

**g)** Welche rechtliche Konsequenz ergibt sich für das Arbeitsverhältnis von Herrn Salcher, wenn der Betriebsrat der Kündigung widersprochen und Herr Salcher rechtzeitig eine Klage beim Arbeitsgericht eingereicht hat?

**h)** Prüfen Sie, ob Herr Salcher fristgerecht Kündigungsschutzklage erhebt.

**i)** Prüfen Sie unter Berücksichtigung der folgenden Materialien, ob eine Kündigung nach § 1 KSchG sozial gerechtfertigt ist.

*(Fortsetzung von Aufgabe 9)*

**Auszug aus dem Kündigungsschutzgesetz (KSchG)**

**ERSTER ABSCHNITT**
**Allgemeiner Kündigungsschutz**

**§ 1 Sozial ungerechtfertigte Kündigungen**

(1) Die Kündigung des Arbeitsverhältnisses gegenüber einem Arbeitnehmer, dessen Arbeitsverhältnis in demselben Betrieb oder Unternehmen ohne Unterbrechung länger als sechs Monate bestanden hat, ist rechtsunwirksam, wenn sie sozial ungerechtfertigt ist.

(2) Sozial ungerechtfertigt ist die Kündigung, wenn sie nicht durch Gründe, die in der Person oder in dem Verhalten des Arbeitnehmers liegen, oder durch dringende betriebliche Erfordernisse, die einer Weiterbeschäftigung des Arbeitnehmers in diesem Betrieb entgegenstehen, bedingt ist.

[...]

(3) Ist einem Arbeitnehmer aus dringenden betrieblichen Erfordernissen im Sinne des Absatzes 2 gekündigt worden, so ist die Kündigung trotzdem sozial ungerechtfertigt, wenn der Arbeitgeber bei der Auswahl des Arbeitnehmers die Dauer der Betriebszugehörigkeit, das Lebensalter, die Unterhaltspflichten und die Schwerbehinderung des Arbeitnehmers nicht oder nicht ausreichend berücksichtigt hat; [...]. Der Arbeitnehmer hat die Tatsachen zu beweisen, die die Kündigung als sozial ungerechtfertigt im Sinne des Satzes l erscheinen lassen.

[...]

**Punktesystem nach Landesarbeitsgericht (LAG) Hamm 07.07.1981, BB 1981, 1770:**

| | | |
|---|---|---|
| 1. | Lebensalter bis zu 20 Jahren | 0 Punkte |
| | bis zu 30 Jahren | 1 Punkt |
| | bis zu 40 Jahren | 2 Punkte |
| | bis zu 50 Jahren | 3 Punkte |
| | über 50 Jahre | 5 Punkte |
| 2. | für jedes Jahr der Betriebszugehörigkeit | 4 Punkte |
| 3. | für jedes unterhaltsberechtigte Kind | 5 Punkte |
| 4. | für Schwerbehinderte und ähnliche Fälle | 10 Punkte |
| | verdient der Ehepartner ebenfalls, werden Punkte abgezogen | –10 Punkte |

**j)** Was ist ein Aufhebungsvertrag?

**k)** Aus welchen Gründen könnten sowohl die OfficeCom AG als auch Herr Salcher einen Aufhebungsvertrag anstreben?

**l)** Grenzen Sie die interne Personalfreisetzung von der externen Personalfreisetzung ab.

10

## Prämienlohn

Hedwig Klum arbeitet als Tischlerin in der OfficeCom AG. Ihr Tätigkeitsbereich ist der Lohngruppe 4 mit 12,00 € je Stunde zugeordnet. Die OfficeCom AG beschließt, für den Arbeitsbereich von Frau Klum einen Prämienlohn einzuführen. Es wird eine Unfallverhütungsprämie von 7 % gezahlt, wenn es in den entsprechenden Abrechnungszeiträumen zu keinen Unfällen in der Abteilung kommt.

Um wie viel € erhöht sich der Bruttolohn von Frau Klum im Monat Mai,

- wenn sich im Mai keine Unfälle in der Abteilung ereignen,
- der Monat Mai mit 25 Arbeitstagen abgerechnet wird und
- Frau Klum täglich vier Stunden arbeitet?

11

## Einkommensteuererklärung I

Frau Riemann, die Leiterin der Abteilung Personalwesen in der OfficeCom AG, legt Ihnen zur Übung Belege einer **Einkommensteuererklärung** für einen fiktiven Abteilungsleiter der EDV-Abteilung vor, die Sie ordnen sollen. Kennzeichnen Sie die Belege mit einer
①, wenn sie zu den Werbungskosten gehören,
②, wenn sie Sonderausgaben darstellen,
③, wenn sie zu den außergewöhnlichen Belastungen zählen, und
④, wenn sie nicht abzugsfähig sind:

( ) Quittung über monatlich 200,00 €: Unterstützung eines bedürftigen Verwandten

( ) Banküberweisung für den jährlichen Erholungsurlaub

( ) Durchschrift der Banküberweisung: private Lebensversicherungsprämie

( ) Quittung für den Kauf von Fachbüchern

( ) Banküberweisung und Prämienrechnung: private Haftpflichtversicherung

( ) Kassenzettel über den Kauf von Berufsbekleidung

( ) Rechnung über Kauf eines Pkw (auch für Fahrten zur Arbeitsstätte)

( ) Quittung über Beitragszahlung an Gewerkschaft

( ) Spendennachweis für das Rote Kreuz

( ) Beleg über 200,00 € für den Bezug einer Tageszeitung

( ) Hotelrechnung, Fahrkarte und Eintrittskarte zur CeBIT Hannover

12

**Einkommensteuererklärung II**

Frau Riemann, die Leiterin der Abteilung Personalwesen in der OfficeCom AG, hat folgende Belege für die **Einkommensteuererklärung** eines alleinstehenden Arbeitnehmers zusammengetragen:

Fahrten mit dem Pkw zur Arbeit: 210 Tage, einfache Entfernung: 40 km
Fachliteratur: 423,00 €
Steuerrechtlich relevante Sonderausgaben: 2.838,00 €
Kfz-Steuer: 330,00 € pro Jahr
Gewerkschaftsbeitrag: 20,00 pro Monat
Jahresbeitrag Sportverein: 180,00 €
Braunschweiger Zeitung: 124,00 € pro Jahr
Manager Magazin: 72,00 € pro Jahr
Jahresgebühr für die Parkgarage neben der Arbeitsstätte: 320,00 €

**a)** Ermitteln Sie die Höhe der Werbungskosten.

**b)** Errechnen Sie aus der beigefügten Einkommensteuer- und Splittingtabelle die Steuerschuld für den Arbeitnehmer mit einem Jahresbrutto-Einkommen von 22.421,00 € (es sind keine weiteren Angaben zu berücksichtigen).

**c)** Wie viel Steuern sind noch zu zahlen bzw. mit welcher Rückerstattung ist zu rechnen, wenn der Arbeitgeber für das betreffende Jahr schon 2.805,00 € an Lohnsteuer abgeführt hat?

| zu versteuerndes Einkommen | Einkommensteuer | | zu versteuerndes Einkommen | Einkommensteuer | | zu versteuerndes Einkommen | Einkommensteuer | |
|---|---|---|---|---|---|---|---|---|
| | Grund-tabelle | Splitting-tabelle | | Grund-tabelle | Splitting-tabelle | | Grund-tabelle | Splitting-tabelle |
| € | € | € | € | € | € | € | € | € |
| 14.900 | 1.515 | 0 | 16.150 | 1.831 | 126 | 17.400 | 2.152 | 328 |
| 14.925 | 1.521 | 0 | 16.175 | 1.837 | 130 | 17.425 | 2.160 | 332 |
| 14.950 | 1.528 | 0 | 16.200 | 1.844 | 134 | 17.450 | 2.166 | 338 |
| 14.975 | 1.535 | 0 | 16.225 | 1.850 | 136 | 17.476 | 2.173 | 342 |
| 15.000 | 1.540 | 0 | 16.250 | 1.856 | 142 | 17.500 | 2.180 | 346 |
| 15.025 | 1.546 | 0 | 16.275 | 1.863 | 144 | 17.525 | 2.186 | 350 |
| 15.050 | 1.553 | 0 | 16.300 | 1.869 | 148 | 17.550 | 2.193 | 354 |
| 15.075 | 1.559 | 0 | 16.325 | 1.875 | 152 | 17.575 | 2.199 | 358 |
| 15.100 | 1.565 | 0 | 16.350 | 1.882 | 156 | 17.600 | 2.206 | 362 |
| 15.125 | 1.571 | 0 | 16.375 | 1.888 | 160 | 17.655 | 2.212 | 366 |
| 15.150 | 1.578 | 0 | 16.400 | 1.895 | 164 | 17.650 | 2.219 | 372 |
| 15.175 | 1.584 | 0 | 16.425 | 1.901 | 168 | 17.675 | 2.225 | 376 |
| 15.200 | 1.590 | 0 | 16.450 | 1.908 | 172 | 17.700 | 2.232 | 380 |
| 15.225 | 1.597 | 0 | 16.475 | 1.914 | 176 | 17.725 | 2.239 | 384 |
| 15.250 | 1.603 | 0 | 16.500 | 1.920 | 180 | 17.750 | 2.245 | 388 |
| 15.275 | 1.609 | 0 | 16.252 | 1.927 | 184 | 17.775 | 2.252 | 332 |
| 15.300 | 1.615 | 0 | 16.550 | 1.933 | 188 | 17.800 | 2.258 | 396 |
| 15.325 | 1.622 | 0 | 16.575 | 1.940 | 192 | 17.825 | 2.265 | 400 |
| 15.350 | 1.638 | 2 | 16.600 | 1.946 | 196 | 17.850 | 2.271 | 406 |
| 15.375 | 1.634 | 6 | 16.625 | 1.953 | 200 | 17.875 | 2.278 | 410 |
| 15.400 | 1.641 | 10 | 16.650 | 1.959 | 206 | 17.900 | 2.285 | 414 |
| 15.425 | 1.647 | 14 | 16.675 | 1.965 | 208 | 17.925 | 2.291 | 418 |
| 15.450 | 1.653 | 18 | 16.700 | 1.972 | 214 | 17.950 | 2.298 | 422 |
| 15.475 | 1.659 | 20 | 16.725 | 1.978 | 218 | 17.975 | 2.304 | 426 |
| 15.500 | 1.666 | 24 | 16.750 | 1.935 | 222 | 18.000 | 2.311 | 432 |
| 15.525 | 1.672 | 28 | 16.775 | 1.991 | 226 | 18.025 | 2.317 | 436 |
| 15.550 | 1.678 | 32 | 16.800 | 1.998 | 230 | 18.050 | 2.324 | 440 |
| 15.575 | 1.685 | 36 | 16.825 | 2.304 | 234 | 18.075 | 2.331 | 444 |
| 15.600‘ | 1.691 | 40 | 16.850 | 2.011 | 238 | 18.100 | 2.337 | 448 |
| 15.625 | 1.697 | 44 | 16.875 | 2.017 | 242 | 18.125 | 2.344 | 452 |
| 15.650 | 1.704 | 48 | 16.900 | 2.023 | 246 | 18.150 | 2.350 | 45S |
| 15.675 | 1.710 | 52 | 16.925 | 2.030 | 250 | 18.175 | 2.357 | 462 |
| 15.700 | 1.716 | 56 | 16.950 | 2.036 | 254 | 18.200 | 2.364 | 466 |
| 15.725 | 1.723 | 60 | 16.975 | 2.043 | 268 | 18.225 | 2.370 | 470 |
| 15.750 | 1.729 | 64 | 17.000 | 2.049 | 262 | 18.250 | 2.377 | 476 |
| 15.775 | 1.735 | 66 | 17.025 | 2.056 | 266 | 18.273 | 2.384 | 480 |
| 15.800 | 1.742 | 70 | 17.050 | 2.062 | 270 | 18.300 | 2.390 | 484 |
| 15.825 | 1.748 | 74 | 17.075 | 2.069 | 274 | 18.325 | 2.397 | 488 |
| 15.850 | 1.754 | 78 | 17.100 | 2.075 | 278 | 18.350 | 2.403 | 492 |
| 15.875 | 1.761 | 82 | 17.125 | 2.082 | 282 | 18.375 | 2.410 | 496 |
| 15.900 | 1.767 | 86 | 17.150 | 2.088 | 286 | 18.400 | 2.417 | 502 |
| 15.925 | 1.773 | 90 | 17.175 | 2.095 | 290 | 18.425 | 2.423 | 506 |
| 15.950 | 1.780 | 94 | 17.200 | 2.101 | 296 | 18.450 | 2.430 | 510 |
| 15.975 | 1.786 | 98 | 17.225 | 2.108 | 300 | 18.475 | 2.437 | 514 |
| 16.000 | 1.792 | 132 | 17.250 | 2.114 | 304 | 18.500 | 2.443 | 520 |
| 16.025 | 1.799 | 106 | 17.275 | 2.121 | 308 | 18.525 | 2.450 | 524 |
| 16.050 | 1.805 | 110 | 17.300 | 2.127 | 312 | 18.553 | 2.457 | 528 |
| 16.075 | 1.812 | 114 | 17.325 | 2.134 | 316 | 18.575 | 2.463 | 532 |
| 16.100 | 1.818 | 118 | 17.350 | 2.140 | 320 | 18.600 | 2.470 | 538 |

## Lösungen zu Aufgabe 1

**Lösungsvorschlag zu 1a)**

(Mögliche Schülerlösungen können, je nach Einschätzung der Schwierigkeit der verschiedenen Tätigkeiten der Arbeitnehmer, vom Lösungsvorschlag abweichen.)

| lfd. Nr. der Beschäftigten / Beschäftigte(r) | 1. | 2. | 3. | 4. | 5. | 6. | Rang |
|---|---|---|---|---|---|---|---|
| 1. Telefonistin | X | 2 | 0 | 0 | 0 | 6 | IV |
| 2. Schreibkraft | 0 | X | 0 | 0 | 0 | 6 | V |
| 3. Verkäufer | 1 | 2 | X | 0 | 5 | 6 | II |
| 4. Kaufmännischer Leiter | 1 | 2 | 3 | X | 5 | 6 | I |
| 5. Sekretärin | 1 | 2 | 0 | 0 | X | 6 | III |
| 6. Wachmann | 0 | 0 | 0 | 0 | 0 | X | VI |

**Lösung zu 1b)**

Erläuterung des Lösungsvorschlags am Beispiel des Verkäufers:

- Die Arbeit des Verkäufers wird schwieriger eingeschätzt als die der Telefonistin, der Schreibkraft, der Sekretärin und des Wachmannes, daher in der Zeile Verkäufer die Ziffern 1, 2, 5 und 6.
- Die Arbeit des Verkäufers wird leichter eingeschätzt als die des kaufmännischen Leiters, daher die Ziffer 0.
- Der Verkäufer wird nicht mit sich selbst verglichen, daher der Buchstabe X.

**Lösung zu 1c)**

| Rangfolgeverfahren | Stufenwertzahlverfahren |
|---|---|
| – summarisches Verfahren<br>– einfach und kostengünstig, da keine Abstufung der Anforderungsarten<br>– Da alle Arbeitsplätze untereinander verglichen werden, ist dieses Verfahren nur bei kleinen Belegschaften sinnvoll durchführbar.<br>– Die mögliche Subjektivität des Bewerters kann zu „ungerechter“ Beurteilung des Schwierigkeitsgrades von Tätigkeiten führen.<br>– Über die Lohn- und Gehaltsabstufung entsprechend der ermittelten Rangfolge ist noch keine Aussage gemacht. | – analytisches Verfahren<br>– aufwendig, da die Anforderungsarten differenziert berücksichtigt werden<br>– Berücksichtigt wird auch die zeitliche Inanspruchnahme des Arbeitnehmers durch die jeweilige Anforderungsart.<br>– Wegen der differenzierten Berücksichtigung der Anforderungsarten ist die Ermittlung des Arbeitswertes und damit die Entgelthöhe gerechter. |

## Lösungen zu Aufgabe 2

**Lösung zu 2a)**

- **Rüstzeit**
  Zeit für die Einrichtung einer Maschine/eines Arbeitsplatzes, z. B. Programmieren der Maschine, Werkzeuge beschaffen und bereitstellen, Material beschaffen, Arbeitsanweisungen und Konstruktionspläne lesen

  „einmalige“ Zeit

- **Ausführungszeit**
  Zeit für die eigentliche Bearbeitung, zum Beispiel Bohren, Fräsen der Werkstücke

  „sich laufend wiederholende“ Zeit

**Lösung zu 2b)**

- **Grundzeiten** sind messbar, da sie regelmäßig anfallen.
- **Verteilzeiten** sind nicht messbar, da sie unregelmäßig anfallen; sie werden als prozentualer Zuschlag (Erfahrungswerte) den Grundzeiten zugerechnet.

**Lösung zu 2c)**

**Vorgabezeit für den Gesamtauftrag**

| lfd. Nr. | Zeitbegriffe | Berechnung | Minuten |
|---|---|---|---|
| (1) | Rüstgrundzeit | einmalig | 15,0 |
| (2) | + Rüstverteilzeit | 10 % von 15,0 | 1,5 |
| (3) | + Rüsterholungszeit | einmalig | 5,0 |
| (4) | = Rüstzeit | (1) + (2) + (3) | 21,5 |
| (5) | Ausführungsgrundzeit | 12,0 · 20 | 240,0 |
| (6) | + Ausführungsverteilzeit | 5 % von 240,0 | 12,0 |
| (7) | + Ausführungserholungszeit | 1,0 · 20 | 20,0 |
| (8) | = Ausführungszeit | (5) + (6) + (7) | 272,0 |
| (9) | **Auftrags- oder Vorgabezeit** | (4) + (8) | **293,5** |

**Lösung zu 2d)**

**Vorgabezeit für ein Werkstück** = 293,5 Minuten : 20 Werkstücke = 14,675 Min./Werkstück

## Lösungen zu Aufgabe 3

**Lösung zu 3a)**

**Bedingungen für die Arbeit im Akkord und damit für die Anwendung des Akkordlohns:**

- **Akkordfähigkeit**
  - Der Ablauf der zu entlohnenden Arbeitsverrichtung oder Tätigkeit muss im Voraus bekannt sein.
  - Die Tätigkeit darf nicht komplex, sondern muss einfach sein.
  - Die Tätigkeit muss sich zeitlich und mengenmäßig regelmäßig wiederholen.
  - Das Ergebnis der Tätigkeit muss messbar sein.
- **Akkordreife**
  - Der Prozess der zu entlohnenden Tätigkeit ist optimal gestaltet.
  - Die Tätigkeit wird – nach Übung und Einarbeitung – vom Arbeitnehmer beherrscht.
- **Die Arbeitnehmer können ihre Leistung unmittelbar beeinflussen,** das heißt, sie können das Arbeitstempo (in Grenzen) selbst bestimmen.

**Lösung zu 3b)**

**Bedeutung des Akkordlohnes**

- **für den Arbeitnehmer**
  - ***Vorteile:***
    - leistungsgerechte Entlohnung
    - höhere Leistung bewirkt höheres Einkommen
    - Risiko der Minderleistung trägt der Betrieb wegen garantiertem Mindestlohn
  - ***Nachteile:***
    - physische, psychische Schäden
    - Monotonie der Arbeit
- **für den Betrieb**
  - ***Vorteile:***
    - feste Kalkulationsgrundlage, da die Lohnstückkosten konstant sind (Ausnahme: Die Lohnstückkosten steigen, wenn die Ist-Leistung des Arbeitnehmers so gering ist, dass der garantierte Mindestlohn – tariflicher Mindestlohn – gezahlt werden muss.)
    - höhere Leistung
    - geringere Kosten durch sinkende Durchlaufzeit
  - ***Nachteile:***
    - höherer Krankenstand
    - Produktqualität kann leiden

**Lösung zu 3c)**

Unter **Normalleistung** versteht man diejenige menschliche Arbeitsleistung, die

- ein ausreichend geeigneter Arbeitnehmer
- bei voller Übung und Einarbeitung
- ohne Gesundheitsschäden auf Dauer erreichen kann,
- wenn er die in der Vorgabezeit enthaltenen Verteilzeiten einschließlich den Erholungszeiten einhält.

**Lösung zu 3d)**

$$\textbf{Normalleistung} = \frac{\left(\frac{50}{90}+\frac{55}{100}+\frac{60}{125}+\frac{45}{80}+\frac{58}{110}+\frac{30}{60}\right)\cdot 100}{6} = 52{,}9 \rightarrow \underline{\underline{53\ (\text{Stück})}}$$

**Vorgabezeit/Stück** = 60 Minuten : 53 Stück = 1,13 Minuten/Stück

## Lösungen zu Aufgabe 4

**Lösung zu 4a)**

**Ermittlung des Akkordrichtsatzes (Akkordstundenlohn)**

| | | |
|---|---|---|
| | Grund- oder Tariflohn | 15,40 € |
| + | Akkordzuschlag 20 % | 3,08 € |
| = | Akkordrichtsatz | 18,48 € |

**Lösung zu 4b)**

**Formel für Stückzeitakkord:**

Effektivlohn = Stückzahl · Zeitakkordsatz (Vorgabezeit) · Geldsatz/Minute (Minutenfaktor)

**Definitionen:**

$$\text{Zeitakkordsatz} = \frac{\text{60 Minuten}}{\text{Normalleistung/Stunde}} \qquad \text{Minutenfaktor} = \frac{\text{Akkordrichtsatz}}{\text{60 Minuten}}$$

**effektiver Akkordstundenlohn Schweißer Adams:**

$$\text{Effektivlohn} = 60 \text{ Stück} \cdot \frac{60 \text{ Minuten}}{53 \text{ Stück/Stunde}} \cdot \frac{18{,}48\ €}{60 \text{ Minuten}}$$

$$= 60 \text{ Stück} \cdot 1{,}13 \text{ Minuten/Stück} \cdot 0{,}308\ €/\text{Minute} = \underline{\underline{20{,}88\ €}}$$

**Lösung zu 4c)**

**Formel für Stückgeldakkord:**

Effektivlohn = Akkordsatz/Stück · Stück

**effektiver Akkordstundenlohn Schweißer Berthold:**

$$\text{Effektivlohn} = \frac{18{,}48\ €/\text{Stunde}}{53 \text{ Stück/Stunden}} \cdot 52 \text{ Stück} = 18{,}13$$

zu zahlender Mindestlohn: $\underline{\underline{18{,}48\ €}}$ (Akkordrichtsatz)

## Lösungen zu Aufgabe 5

**Lösung zu 5a)**

Personalplanung, Personalbeschaffung, Personaleinsatz, Personalentwicklung, Aus- und Fortbildung, Personalverwaltung, Personalabrechnung, Sozialwesen, Personalleasing, Personalabbau, Arbeitsrecht

**Lösung zu 5b)**

Unter Outsourcing im Personalbereich versteht man das Verlagern von Aufgaben, die bisher selbst erfüllt worden sind, auf externe Personaldienstleister.

Gesichtspunkte:

- Können die Leistungen auf Dauer extern günstiger erbracht werden?
- Werden Abhängigkeiten zum externen Dienstleister geschaffen?
- Welche negativen Effekte treten für die Unternehmung durch die Verlagerung von personellen Teilbereichen auf?

**Lösung zu 5c)**

Die Personalakte ist eine Sammlung von Dokumenten, die über einen Mitarbeiter von der Einstellung bis zu seinem Ausscheiden aus der Unternehmung Auskunft gibt.

Aufgaben:

- Aufbewahrung und Dokumentation der Unterlagen
- Informationsgrundlage für andere Stellen/Abteilungen des Unternehmens
- Kontrolle von Fehl-, Gleitzeit- und Urlaubszeiten
- zeitnahe Aktualität der Daten

**Lösung zu 5d)**

zum Beispiel:

wirtschaftliche Ziele (Beispiele)
- Senkung der Personalkosten
- Erhöhung der Arbeitsleistung der Mitarbeiter
- Abbau von überflüssigen Stellen
- Einsatz der „richtigen“ Mitarbeiter am „richtigen“ Ort
- Nutzung von Fach- und Methodenkompetenz der Mitarbeiter

soziale Ziele (Beispiele)
- Verringerung der Arbeitszeit
- ergonomische Arbeitsplatzgestaltung
- Aus- und Fortbildung während der Arbeitszeit
- betriebliche Altersversorgung
- soziale Einrichtungen

**Lösung zu 5e)**

Personalinformationssysteme bestehen aus Datenbanken, die nach verschiedenen Kriterien geordnet und nach unterschiedlichen Anforderungen auswertbar sind.

## Lösungen zu Aufgabe 6

**Lösung zu 6a)**

Einliniensystem

**Lösung zu 6b)**

| Einliniensystem | |
|---|---|
| **mögliche Vorteile** | **mögliche Nachteile** |
| – eindeutige Instanzenwege<br>– abgegrenzte Kompetenzbereiche<br>– klare Verantwortlichkeiten<br>– übersichtliche Betreuung und Kontrolle der Mitarbeiter<br>– eindeutiger Informationsfluss durch Einhaltung des Instanzenweges | – lange Weisungswege bei großen Unternehmen<br>– Überlastung von Führungskräften durch Routine- und Koordinationsaufgaben<br>– Gefahr der Bürokratisierung, da der „Dienstweg“ einzuhalten ist<br>– ggf. lange Entscheidungswege für kurzfristig zu treffende Entscheidungen<br>– ggf. Informationsfilterung entlang des Instanzenweges („stille Post“)<br>– Zusammenarbeit und Teamwork müssen organisatorisch gesondert umgesetzt werden. |

**Lösung zu 6c)**

Die Personalabteilung der OfficeCom AG ist auf der zweiten Unternehmensebene nach Aufgaben bzw. Funktionen und auf der dritten Ebene nach dem Referentensystem gegliedert.

**Lösung zu 6d)**

Stabsstelle

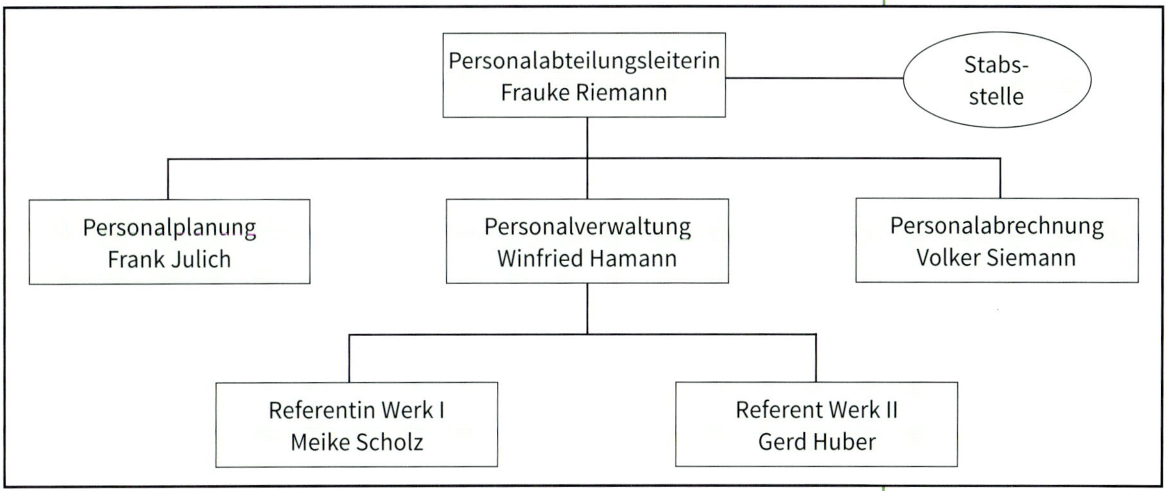


**Lösung zu 6e)**

| **Personalbeschaffung** | |
|---|---|
| **interne Personalbeschaffung** | **externe Personalbeschaffung** |
| Die Besetzung einer freien Stelle erfolgt durch Mitarbeiter der eigenen Unternehmung. | Die offene Stelle wird mit einem betriebsfremden Bewerber besetzt. |
| Vorteile (entsprechen mit den nötigen Änderungen den Nachteilen der externen Personalbeschaffung)<br>– Stärken und Schwächen des Mitarbeiters sind bekannt<br>– Mitarbeiter kennt die Unternehmung<br>– unter Umständen kürzere Einarbeitungszeiten<br>– erhöhte Motivation des Mitarbeiters durch Aufstieg in eigener Unternehmung<br>– erhöhte Motivation anderer Mitarbeiter, wenn sie sehen, dass Aufstieg im eigenen Unternehmen möglich ist<br>– Gehaltsniveau wird eingehalten | Vorteile (entsprechen mit den nötigen Änderungen den Nachteilen der internen Personalbeschaffung)<br>– größere Auswahl<br>– neue Ideen und Erfahrungen aus anderen Unternehmen<br>– ggf. Reduzierung von Konflikten, da kein „Karriereneid“ der Kollegen |

## Lösungen zu Aufgabe 7

**Lösung zu 7a)**

| Mitarbeiter | Erläuterung | Beispiele |
|---|---|---|
| ungelernte Mitarbeiter | – Als ungelernte Mitarbeiter werden Mitarbeiter bezeichnet, die keine abgeschlossene Berufsausbildung haben und einfache Arbeiten erledigen.<br>– Die Arbeiten sind überwiegend schematisch auszuführen. | – Botengänge<br>– Reinigungsarbeiten<br>– Regalservice<br>– Küchenhilfe |
| angelernte Mitarbeiter | – Angelernte Mitarbeiter haben keine abgeschlossene Berufsausbildung, sind aber für einen bestimmten Arbeitsbereich ausgebildet worden.<br>– Der Arbeitsbereich ist in der Regel einfach strukturiert und erfordert keine komplexen Bearbeitungen. | – Kassieren<br>– Telefonannahme<br>– Erfassen von Kundendaten<br>– Belegbuchungen nach vorbereiteten Unterlagen |
| gelernte Mitarbeiter | – Gelernte Mitarbeiter können eine abgeschlossene Ausbildung in einem staatlich anerkannten Beruf (z. B. Industriekaufmann/Industriekauffrau) vorweisen.<br>– Die Tätigkeiten werden in der Regel selbstständig in einem vorgegebenen Tätigkeitsprofil ausgeübt. | – Sachbearbeitung im Einkauf<br>– Personalverwaltung<br>– Ausarbeitung von Schichtplänen |

**Lösung zu 7b)**

**7b1)** Anteil an der Belegschaft (302 Mitarbeiter) in Prozent:

| | |
|---|---|
| Facharbeiter | (195 : 302) · 100 = 64,6 % |
| Ungelernte, Angelernte | (47 : 302) · 100 = 15,6 % |

**7b2)** den Anteil der gesamten Lohnkosten an den gesamten Personalkosten (1.711.958,00 €):

| | |
|---|---|
| Facharbeiter | [(585.000 + 515.708) : 1.711.958] · 100 = 64,3 (%) |
| Ungelernte, Angelernte | [(91.650 + 87.600) : 1.711.958] · 100 = 10,5 (%) |

**7b3)** durchschnittlicher Bruttoverdienst:

| | |
|---|---|
| Facharbeiter | 585.000 : 195 = 3.000 |
| Ungelernte, Angelernte | 91.650 : 47 = 1.950 |

**7b4)** durchschnittliche Personalkosten:

| | |
|---|---|
| Facharbeiter | (585.000 + 515.708) : 195 = 5.644,66 |
| Ungelernte, Angelernte | (91.650 + 87.600) : 47 = 3.813,83 |

**7b5)** Anteil der weiblichen Mitarbeiter an der Gesamtbelegschaft:

| | |
|---|---|
| Facharbeiter | (120 : 302) · 100 = 39,7 (%) |
| Ungelernte, Angelernte | (27 : 302) · 100 = 8,9 (%) |

**Lösung zu 7c)**

| | |
|---|---|
| **mögliche Vorteile** | – Die Bruttolohnsumme wird verringert. Bei sonst gleichen Bedingungen führt eine Verringerung der Bruttolohnsumme zu einer Senkung der Lohnstückkosten. Das erhöht die Wettbewerbsfähigkeit. |
| | – Wenn die ungleiche Entlohnung von Facharbeitern und Ungelernten/Angelernten als ungerecht empfunden wird, könnte auf dem Wege der Verringerung der Facharbeiteranzahl das Gerechtigkeitsempfinden der Belegschaft – und damit das Betriebsklima – verbessert werden. |
| **mögliche Nachteile** | – Es ist zu untersuchen, ob die Aufgaben, die bisher die Facharbeiter übernommen haben, auch von Ungelernten/Angelernten ausgeführt werden können. Sicherlich sind Kosten für Schulungsmaßnahmen und organisatorische Umstrukturierungen zu berücksichtigen. |
| | – Die Auswirkungen auf die Unternehmensziele (z. B. Null-Fehler-Konzept, flexibler Personaleinsatz) sind abzuwägen. |

## Lösungen zu Aufgabe 8

**Lösung zu 8a)**

| | Tischler | Schlosser | Einrichter |
|---|---|---|---|
| **Bedarf (im neuen Jahr)** | 34 | 15 | 12 |
| **Ist (im alten Jahr)** | 30 | 20 | 15 |
| **Zugänge** | | | 1 |
| **Abgänge** | 3 | 2 | 1 |
| **vorläufige Anzahl im neuen Jahr** | 27 | 18 | 15 |
| **Überdeckung/ Unterdeckung** | −7 | +3 | +3 |

- Es ist zu prüfen, ob die Schlosser und Einrichter als Tischler eingesetzt werden können. Das beinhaltet Schulungsmaßnahmen bzw. Investitionen in die Infrastruktur (z. B. Anschaffung von Komplettmaschinen).
  Bei dieser Variante muss noch ein Tischler eingestellt werden.
- Wenn die Schlosser und Einrichter nicht die Tätigkeiten eines Tischlers ausüben können, sind Umsetzungsmaßnahmen oder Entlassungen einzuleiten. Dann müssen 7 Tischler eingestellt werden.

**Lösung zu 8b)**

1 200 Schreibtische · 2 Std./Schreibtisch : 150 Stunden/Facharbeiter = 16 Facharbeiter

16 Facharbeiter · 1,1 = 17,6 Facharbeiter

Der Personalbedarf beträgt: 18 Facharbeiter

## Lösungen zu Aufgabe 9

**Lösung zu 9a)**

Unter einer Kündigung versteht man eine einseitige, empfangsbedürftige Willenserklärung, die ein Arbeitsverhältnis – auch gegen den Willen eines anderen – beendet.

**Lösung zu 9b)**

Gemäß § 623 BGB muss eine Kündigung schriftlich erfolgen. Die Kündigung muss unmissverständlich und eindeutig den Beendigungswillen zum Ausdruck bringen. Das Wort „Kündigung“ muss nicht unbedingt erscheinen, es sollte jedoch aus Gründen der Rechtssicherheit verwendet werden.

Fazit: Das Kündigungsschreiben in der Aufgabenstellung ist korrekt.

**Lösung zu 9c)**

Herr Salcher ist seit 10 Jahren bei der OfficeCom AG beschäftigt. Daher gilt die verlängerte Kündigungsfrist von vier Monaten zum Monatsende (s. § 622 Abs. 2 Nr. 4 BGB).

Fazit: Die Kündigung zum 31. Oktober ist fristgerecht.

**Lösung zu 9d)**

Die verlängerten Kündigungsfristen des § 622 BGB Abs. 2 gelten nur für eine Kündigung durch den Arbeitgeber, für die Kündigungen durch den Arbeitnehmer ist der § 622 BGB Abs. 1 maßgeblich (wenn keine anderen, z. B. tarifvertraglich festgelegten Kündigungsfristen gelten).
Daher: Herr Salcher kann per 22.06.20.. (Zugangsdatum der Kündigung) zum 31.07.20.. kündigen.

**Lösung zu 9e)**

Einzelvertraglich geregelte Kündigungsfristen sind möglich, sie dürfen aber die gesetzlichen Mindestfristen in der Regel nicht unterschreiten.

**Lösung zu 9f)**

| **Kündigungsschutz** | |
|---|---|
| **allgemeiner Kündigungsschutz** | **besonderer Kündigungsschutz** |
| – gilt für alle Arbeitnehmer<br>– Gemäß § 1 KSchG ist eine Kündigung unwirksam, wenn der Arbeitnehmer länger als 6 Monate im Betrieb und die Kündigung sozial ungerechtfertigt ist. | – gilt für besondere Arbeitnehmergruppen:<br>- Auszubildende<br>- Betriebsratsmitglieder<br>- Schwerbehinderte<br>- werdende Mütter<br>- Eltern in Elternzeit |

**Lösung zu 9g)**

Die OfficeCom AG muss Herrn Salcher bis zum Ende des Arbeitsprozesses beschäftigen.

**Lösung zu 9h)**

Herr Salcher muss gemäß § 4 KSchG innerhalb dreier Wochen (= 21 Tage) nach Zugang der Kündigung Klage beim Arbeitsgericht erheben. Da ihm am 22.06. das Kündigungsschreiben zugegangen ist, muss spätestens am 13.07. (22.06. + 21 Tage) die Klage eingereicht werden.
Fazit: Die Klage wurde zu spät eingereicht. Daher ist die Kündigung rechtswirksam.

**Lösung zu 9i)**

| **Punktesystem nach LAG Hamm 07.07.1981, BB 1981, 1770:** | | | **Salcher** | **Hermann** | **Richter** |
|---|---|---|---|---|---|
| 1. | Lebensalter bis zu 20 Jahren | 0 Punkte | | | |
| | bis zu 30 Jahren | 1 Punkt | | 1 | |
| | bis zu 40 Jahren | 2 Punkte | | | 2 |
| | bis zu 50 Jahren | 3 Punkte | 3 | | |
| | über 50 Jahre | 5 Punkte | | | |
| 2. | für jedes Jahr der Betriebszugehörigkeit | 4 Punkte | 40 | – | – |
| 3. | für jedes unterhaltsberechtigte Kind | 5 Punkte | 10 | – | – |
| 4. | für Schwerbehinderte und ähnliche Fälle | 10 Punkte | | | |
| | verdient der Ehepartner ebenfalls, werden Punkte abgezogen | –10 Punkte | | | |
| | | | 53 | 1 | 2 |

Fazit: Die OfficeCom AG macht dringende betriebliche Gründe geltend. Aber bei der Kündigung werden soziale Gesichtspunkte vernachlässigt.

Wenn keine weiteren Gesichtspunkte zur Bewertung herangezogen werden, sind Jens Herrmann und Luisa Richter als weniger schutzwürdig als Herr Salcher anzusehen.

**Lösung zu 9j)**

Arbeitgeber und Arbeitnehmer können jederzeit ihren geschlossenen Vertrag durch einen Aufhebungsvertrag beenden (Vertragsfreiheit).

**Lösung zu 9k)**

mögliche Gründe für das Eingehen eines Aufhebungsvertrages:

- Arbeitgeber und Arbeitnehmer wollen keine gerichtliche Auseinandersetzung und vereinbaren zur Zufriedenheit beider Seiten eine Abfindungssumme.
- Arbeitnehmer will möglichst früh die Unternehmung verlassen, z. B. weil er ein anderes (besseres) Arbeitsangebot vorliegen hat.

**Lösung zu 9l)**

| **Personalfreisetzung** | |
|---|---|
| **intern** | **extern** |
| – Personalfreisetzung ohne Beendigung bestehender Arbeitsverhältnisse<br><br>– Beispiele:<br>– Teilzeitarbeit<br>– Kurzarbeit<br>– gleitender Übergang in den Ruhestand<br>– Teilung von Arbeitsplätzen | – Personalfreisetzung mit Beendigung bestehender Arbeitsverhältnisse<br><br>– Beispiele:<br>– Aufhebungsverträge<br>– Kündigung<br>– vorzeitiger Ruhestand |

## Lösung zu Aufgabe 10

| | | |
|---|---|---|
| 4 Std./Tag · 25 Arbeitstage/Monat · 12 €/Std. | = | 1.200,00 €/Monat |
| Prämie (7 %) | = | 84,00 € |

Das Arbeitsentgelt erhöht sich um 84,00 €.

## Lösung zu Aufgabe 11

(3) Quittung über monatlich 200,00 €: Unterstützung eines bedürftigen Verwandten

(4) Banküberweisung für den jährlichen Erholungsurlaub

(2) Durchschrift der Banküberweisung: private Lebensversicherungsprämie

(1) Quittung für den Kauf von Fachbüchern

(2) Banküberweisung und Prämienrechnung: private Haftpflichtversicherung

(1) Kassenzettel über den Kauf von Berufsbekleidung

(4) Rechnung über Kauf eines Pkw (auch für Fahrten zur Arbeitsstätte)

(1) Quittung über Beitragszahlung an Gewerkschaft

(2) Spendennachweis für das Rote Kreuz

(4) Beleg über 200,00 € für den Bezug einer Tageszeitung

(1) Hotelrechnung, Fahrkarte und Eintrittskarte zur CeBIT Hannover

## Lösungen zu Aufgabe 12

**Lösung zu 12a)**

km-Pauschale für 2020: 0,30 € pro Entfernungskilometer

| | |
|---|---|
| Fahrten mit dem Pkw zur Arbeit: | |
| 40 km/Tag · 210 Tage · 0,30 €/km | 2.520,00 € |
| Fachliteratur: | 423,00 € |
| Gewerkschaftsbeitrag: 20,00 €/Monat · 12 Monate | 240,00 € |
| | 3.183,00 € |

Lösungshinweise:

- Die Jahresgebühr für die Parkgarage und die Aufwendungen für die Kfz-Steuer sind mit der Entfernungspauschale abgedeckt.
- Zeitschriften werden nur als Fachliteratur anerkannt, wenn sie rein berufsbezogene Informationen enthalten. Das ist bei den angegebenen Zeitschriften nicht der Fall.
- Der Jahresbeitrag für den Sportverein gehört zu den Kosten der privaten Lebensführung und ist nicht absetzbar.

**Lösung zu 12b)**

Steuerschuld

| | | |
|---|---|---|
| | steuerpflichtiges Jahresbrutto | 22.421,00 € |
| – | Werbungskosten | 3.183,00 € |
| – | Sonderausgaben | 2.838,00 € |
| – | außergewöhnliche Belastungen | – € |
| = | zu versteuerndes Einkommen | 16.400,00 € |

Steuerschuld:1.895,00 € (Grundtabelle)

**Lösung zu 12c)**

Steuerrückerstattung

| | | |
|---|---|---|
| | zu zahlende Steuer lt. Tabelle (Grundtabelle) | 1.895,00 € |
| – | bereits gezahlte Steuer | 2.805,00 € |
| = | Steuerrückerstattung | 910,00 € |

(Hinweis: Auswirkungen auf die Kirchensteuer und den Solidaritätszuschlag werden in dieser Aufgabe nicht berücksichtigt.)

### 4.1.3.2 Multiple-Choice-Aufgaben und Lösungen

13

**Qualifiziertes Arbeitszeugnis**

Was versteht man unter einem qualifizierten Arbeitszeugnis?

(1) ein Arbeitszeugnis von hochqualifizierten Arbeitnehmern
(2) ein Arbeitszeugnis, das nur Angaben über die Art der Beschäftigung und die Dauer des Arbeitsverhältnisses enthält
(3) ein Arbeitszeugnis, das überwiegend positive Beurteilungen enthält
(4) ein Arbeitszeugnis, das zusätzlich zu den Inhalten des einfachen Arbeitszeugnisses Angaben über die Leistungen und das Verhalten des Arbeitsnehmers enthält
(5) ein Arbeitszeugnis, das nur Angaben von Arbeitnehmern mit abgeschlossener Berufsausbildung enthält

14

**Probezeit von Auszubildenden**

Welche der folgenden Aussagen des Berufsbildungsgesetzes (BBiG) zur Probezeit von Auszubildenden trifft zu?

(1) Das BBiG macht keine Angaben zur Probezeit von Auszubildenden.
(2) Laut BBiG beträgt die Probezeit von Auszubildenden einen Monat.
(3) Laut BBiG beträgt die Probezeit von Auszubildenden drei Monate.
(4) Das BBiG sieht vor, dass die Probezeit von Auszubildenden frei zwischen den Vertragsparteien des Ausbildungsvertrages ausgehandelt werden kann.
(5) Laut BBiG muss die Probezeit von Auszubildenden mindestens einen Monat und darf höchstens vier Monate betragen.

15

### Arbeitsgerichtsbarkeit

Welche der folgenden Aussagen zur Arbeitsgerichtsbarkeit trifft zu?

(1) Die Arbeitsgerichtsbarkeit verfügt insgesamt über zwei Instanzen.
(2) Die gegnerischen Parteien können sich von Verbänden oder einem Anwalt vor Gericht vertreten lassen.
(3) Das Arbeitsgericht ist nur zuständig für Streitfälle zwischen Arbeitnehmern.
(4) In jeder Instanz der Arbeitsgerichtsbarkeit sind fünf Richter anwesend.
(5) Das Bundesarbeitsgericht hat seinen Sitz in Kassel.

16

### Beitragsbemessungsgrenze in der Sozialversicherung

Welche Aussage zu den Beitragsbemessungsgrenzen in der Sozialversicherung trifft zu?

(1) Die Beitragsbemessungsgrenze wird alle zwei Jahre angehoben.
(2) Die Beitragsbemessungsgrenze in der Krankenversicherung ist höher als diejenige in der Rentenversicherung.
(3) Die Beitragsbemessungsgrenze gilt nur für Beamte.
(4) Die Beitragsbemessungsgrenze ist eine Einkommensgrenze, bis zu deren Höhe die Beiträge der jeweiligen Sozialversicherung des Versicherten prozentual berechnet werden.
(5) Die Beitragsbemessungsgrenze bestimmt den Höchststeuersatz in der Einkommensteuer.

17

### Buchung Arbeitgeberanteil SV

Buchen Sie den Arbeitgeberanteil zur Sozialversicherung am Ende des Abrechnungsmonats.

(1) Bankguthaben (2800)
(2) FB-Verbindlichkeiten (4830)
(3) Gehälter und Zulagen (6300)
(4) Arbeitgeberanteil zur Sozialversicherung (6410)
(5) SV-Vorauszahlung (2640)
(6) Forderungen an Mitarbeiter (2650)

| Soll | | | Haben | | |
|---|---|---|---|---|---|
| | | | | | |

## Lösungen zu Multiple-Choice-Aufgaben 13 bis 17

**Aufgabe 13**
(4)

**Aufgabe 14**
(5)

**Aufgabe 15**
(2)

**Aufgabe 16**
(4)

**Aufgabe 17**

| Soll | | | Haben | | |
|---|---|---|---|---|---|
| 4 | | | 5 | | |

## 4.1.4 Absatzprozesse

### 4.1.4.1 Fallorientierte Aufgaben und Lösungen

1

**Ereignisgesteuerte Prozesskette Beschwerdemanagement**

Erstellen Sie aus den folgenden Angaben eine ereignisgesteuerte Prozesskette (EPK) zum **Beschwerdemanagement** der OfficeCom AG:

- Der Kunde Kai Matern teilt in einem Reklamationsschreiben mit, dass die Höhenverstellung seines Schreibtischsessels nicht mehr funktioniert.
- Die Reklamation wird in der Kundendatenbank erfasst.
- Anschließend wird geprüft, ob die Reklamation dem Grunde nach gerechtfertigt ist. Ist sie nicht gerechtfertigt, wird der Anspruch zurückgewiesen.
- Ist die Reklamation dem Grunde nach gerechtfertigt, wird geprüft, ob die Gewährleistungsfrist eingehalten wurde.
- Wurde die Gewährleistungsfrist eingehalten, ist darüber zu entscheiden, ob der Sessel repariert, zurückgenommen oder umgetauscht wird. Über das Ergebnis dieser Prüfung wird der Kunde benachrichtigt.
- Wurde die Gewährleistungsfrist nicht eingehalten, wird geprüft, ob dem Kunden im Kulanzweg geholfen werden kann; dazu wird die Höhe der Kostenübernahme berechnet.
- Kann dem Kunden auf dem Kulanzweg nicht geholfen werden, wird der Anspruch zurückgewiesen.
- Zusätzlich zur Benachrichtigung des Kunden wird die Reklamation in der Kundendatenbank dokumentiert und gespeichert.

**Ausgangssituation für die Aufgaben 2 bis 6**

Auf der Abteilungsleiterkonferenz Marketing der OfficeCom AG werden die Absatzzahlen der drei Produktgruppen des aktuellen Quartals mit Vergleichszahlen aus den beiden letzten Vorjahren verglichen:

| Absatz der OfficeCom AG in Tausend Stück in Deutschland | | | | | | | |
|---|---|---|---|---|---|---|---|
| | **vorletztes Jahr** | **Vorjahr** | | | | | **aktuelles Jahr** |
| **Produktgruppe** | **gesamt** | **Quartal I** | **Quartal II** | **Quartal III** | **Quartal IV** | **gesamt** | **Quartal I** |
| Schreibtische | 42 900 | 8 000 | 9 000 | 7 000 | 12 900 | 36 900 | 5 500 |
| Aktenschränke | 10 500 | 2 000 | 2 500 | 2 000 | 3 000 | 9 500 | 1 500 |
| Schreibtischsessel | 19 000 | 4 200 | 4 000 | 3 700 | 4 100 | 16 000 | 3 800 |
| **gesamt** | **72 400** | **14 200** | **15 500** | **12 700** | **20 000** | **62 400** | **10 800** |

Die OfficeCom AG liefert an 88 Großhändler und 4 Einzelhändler im Inland, ein Export der Büromöbel durch die OfficeCom AG findet nicht statt.

Der Industriebranchenverband Büromöbel geht von den folgenden Gesamtabsatzzahlen aller 12 Büromöbelhersteller im Inland aus:

| **Absatz aller Büromöbel-Hersteller in Tausend Stück in Deutschland** | | | | | | | |
|---|---|---|---|---|---|---|---|
| | **vorletztes Jahr** | **Vorjahr** | | | | | **aktuelles Jahr** |
| **Produktgruppe** | **gesamt** | **Quartal I** | **Quartal II** | **Quartal III** | **Quartal IV** | **gesamt** | **Quartal I** |
| Schreibtische | 320 000 | 76 000 | 84 000 | 74 000 | 94 000 | 328 000 | 80 500 |
| Aktenschränke | 65 000 | 15 500 | 16 500 | 14 000 | 18 500 | 64 500 | 16 500 |
| Schreibtischsessel | 52 000 | 14 500 | 12 000 | 11 500 | 15 500 | 53 500 | 15 000 |
| **gesamt** | **437 000** | **106 000** | **112 500** | **99 500** | **128 000** | **446 000** | **112 000** |

2

### Absatzstatistik, Marktanteil

Beantworten Sie folgende Fragen, indem Sie die entsprechenden Werte berechnen:

**a)** Um wie viel Prozentpunkte **veränderte** sich die **Gesamtabsatzmenge** an Büromöbeln der OfficeCom AG im Vorjahr gegenüber dem vorletzten Jahr?

**b)** Um wie viel Prozentpunkte **veränderte** sich die **Absatzmenge** an Schreibtischen der OfficeCom AG im 1. Quartal des aktuellen Jahres gegenüber dem 1. Quartal des Vorjahres?

**c)** Welchen **Marktanteil** hatte die OfficeCom AG bei Schreibtischen im Vorjahr?

**d)** Welchen **Marktanteil** hat die OfficeCom AG bei Schreibtischen im 1. Quartal des aktuellen Jahres?

3

### Gründe für Absatzänderungen

Welche **Gründe** könnten die **Veränderungen im Absatz** der OfficeCom AG verursacht haben? Nennen Sie zwei denkbare Ursachen.

4

### Absatzpolitische Instrumente

Die Marketingabteilung möchte der Geschäftsleitung für die einzelnen **absatzpolitischen Instrumente** Produkt-, Preis-, Kommunikations- und Distributionspolitik Vorschläge unterbreiten, um den Absatz an Büromöbeln zukünftig steigern zu können. Entwickeln Sie entsprechende Vorschläge. Gehen Sie dabei davon aus, dass es sich bei der OfficeCom AG um ein prinzipiell gesundes Industrieunternehmen handelt, das auch kreditfähig ist.

a) Vorschlag für die Produktpolitik

b) Vorschlag für die Preispolitik

c) Vorschlag für die Kommunikationspolitik

d) Vorschlag für die Distributionspolitik

5

### Marktforschung

Welche Aufgabe könnte die **Marktforschung** übernehmen, damit Vorschläge für die absatzpolitischen Instrumente abgesichert ausgearbeitet werden können? Verdeutlichen Sie diese Aufgabe an einem Beispiel.

6

### Marketing-Mix

Erläutern Sie, was bei der Ausarbeitung von Vorschlägen für die absatzpolitischen Instrumente unter einem **Marketing-Mix** zu verstehen ist.

## Lösung zu Aufgabe 1

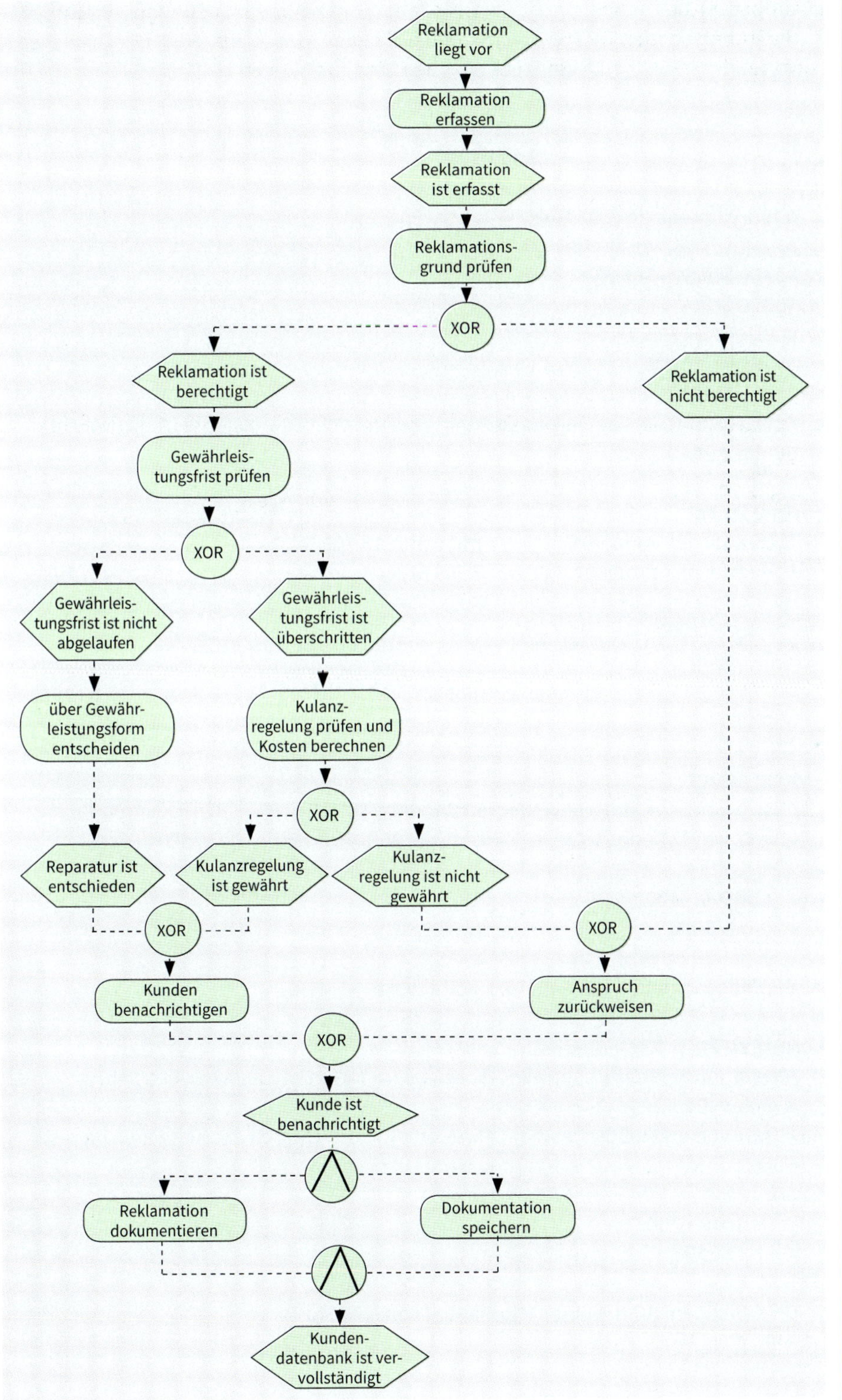

## Lösungen zu Aufgabe 2

**Lösungen zu 2a)**

vorvorletztes Jahr: 72 400 Stück = 100 %
Vorjahr: 62 400 Stück = x %

$$x = \frac{100 \cdot 62\,400}{72\,400} = 86{,}19 \qquad 100{,}00 - 86{,}19 = 13{,}812$$

oder: Differenz: 10 000 Stück

72 400 Stück = 100 %
10 000 Stück = x %

$$x = \frac{100 \cdot 10\,000}{72\,400} \qquad x = 27{,}62$$

Der Gesamtabsatz an Büromöbeln ging bei der OfficeCom AG um 27,62 Prozentpunkte zurück.

**Lösung zu 2b)**

1. Quartal des Vorjahres: 8 000 Stück = 100 %
1. Quartal des aktuellen Jahres: 5 500 Stück = x %

$$x = \frac{100 \cdot 5\,500}{8\,000} \qquad x = 68{,}75 \qquad 100{,}00 - 68{,}75 = 31{,}25$$

Der Absatz an Schreibtischen verringerte sich in diesem Zeitraum um 31,25 Prozentpunkte.

**Lösung zu 2c)**

Absatz von Schreibtischen aller Hersteller im Vorjahr: 328 000 = 100 %
Absatz von Schreibtischen der OfficeCom AG im Vorjahr: 36 900 = x %

$$x = \frac{36\,900 \cdot 100}{328\,000} \qquad x = 11{,}25$$

Die OfficeCom AG hatte einen Marktanteil von 11,25 %.

**Lösung zu 2d)**

Absatz von Schreibtischen aller Hersteller im 1. Quartal des aktuellen Jahres:
80 500 = 100 %
Absatz von Schreibtischen der OfficeCom AG im 1. Quartal des aktuellen Jahres:
5 500 = x %

$$x = \frac{5\,500 \cdot 100}{80\,500} \qquad x = 6{,}83$$

Die OfficeCom AG hat einen Marktanteil von 6,83 %.

## Lösung zu Aufgabe 3

mögliche Gründe: Produkte zu hochpreisig, Produkte entsprechen nicht den Kundenwünschen

## Lösungen zu Aufgabe 4

**Lösung zu 4a)**
Vorschlag für die Produktpolitik: den Kundenwünschen entsprechende Produkte entwickeln, z. B. neues Design, neue Materialien

**Lösung zu 4b)**
Vorschlag für die Preispolitik: Aktionspreise z. B. im Vorweihnachtsgeschäft, prinzipiell Preissenkungen

**Lösung zu 4c)**
Vorschlag für die Kommunikationspolitik: intensive Werbekampagnen z. B. in Zeitungen, Zeitschriften, im Internet

**Lösung zu 4d)**
Vorschlag für die Distributionspolitik: neue Vertriebswege eröffnen, z. B. Verkauf im Internet oder Verkauf im Ausland

## Lösung zu Aufgabe 5

Die Marktforschung könnte z. B. die Kundenwünsche im Hinblick auf die Produktpolitik herausarbeiten, z. B. gewünschte Materialien, gewünschtes Design.

## Lösung zu Aufgabe 6

Ein Marketing-Mix bedeutet, dass die neu ausgearbeiteten absatzpolitischen Instrumente in optimaler Weise aufeinander abgestimmt sind, z. B. muss eine neue Produktpolitik auch zu der neuen Preis- und Kommunikationspolitik passen.

### 4.1.4.2 Multiple-Choice-Aufgaben und Lösungen

7

**Fachbegriffe der Marktanalyse**

Ordnen Sie die Fachbegriffe der Marktanalyse jeweils der richtigen Erklärung zu:

Fachbegriffe der Marktanalyse:
1. Marktpotenzial 2. Marktanteil 3. Marktvolumen

Erklärungen:
( ) der erzielte Umsatz (wertmäßig) oder Absatz (mengenmäßig) eines Unternehmens, ausgedrückt als Prozentsatz des Marktvolumens

( ) der erzielte Umsatz oder Absatz aller betreffenden Unternehmen in einem Zielmarkt

( ) die mögliche Aufnahmefähigkeit eines Marktes für ein Produkt

8

**Marktbeobachtung**

Welche der folgenden Aussagen zur Marktbeobachtung trifft zu?

(1) Sie ist eine zeitpunktbezogene Analyse des Marktes eines Unternehmens.

(2) Sie ist eine betriebsinterne, unsystematische Informationssammlung durch Einzelbeobachtungen und Gespräche.

(3) Sie ist eine zeitraumbezogene Analyse des Marktes eines Unternehmens.

(4) Sie ist stets eine regelmäßige Befragung einer bestimmten Personengruppe über einen längeren Zeitraum.

(5) Sie wertet vorhandenes Datenmaterial aus betriebsinternen und -externen Quellen aus.

9

**Fachbegriffe der Kundendienstleistung**

Ordnen Sie die Fachbegriffe der Kundendienstleistungen jeweils den richtigen Beispielen zu:

Fachbegriffe der Kundendienstleistungen:
1. Pre-Sales-Leistungen 2. During-Sales-Leistungen 3. After-Sales-Leistungen

Beispiele:
( ) Beratung während der Verkaufsverhandlungen

( ) Lieferung von Ersatzteilen

( ) Versenden von Programmkatalogen zur Angebotsprüfung

10

### Laterale Diversifikation

Welche der folgenden Aussagen zur lateralen Diversifikation trifft zu?

(1) Angebot von weiteren Produkten vor- und nachgelagerter Produktionsstufen
(2) Angebot von weiteren Produkten ohne jeden Zusammenhang mit bisherigem Produktionsprogramm
(3) Angebot von weiteren Produkten der gleichen Wirtschaftsstufen
(4) Angebot des bisherigen Produktionsprogramms mit deutlich gesenkten Verkaufspreisen
(5) Angebot des bisherigen Produktionsprogramms bei einer Veränderung der Distributionspolitik

11

### Verwendungsbezogene Preisdiffenzierung

Welche der folgenden Aussagen zur verwendungsbezogenen Preisdifferenzierung trifft zu?

(1) Es wird ein Mengenrabatt eingeräumt.
(2) Die Kunden in Großstädten erhalten andere Preise als die Kunden in ländlichen Gebieten.
(3) Die Mietpreise für private und gewerbliche Nutzung sind unterschiedlich hoch.
(4) In der Hochsaison erhalten die Kunden besondere Preisnachlässe.
(5) Kunden, die jünger als 18 Jahre alt sind, erhalten Vorzugspreise.

12

### Gemeinschaftswerbung

Welche der folgenden Aussagen zur Gemeinschaftswerbung trifft zu?

(1) Ein Süßwarenhersteller wirbt zusammen mit einem Getränkehersteller.
(2) Ein Unternehmerverband wirbt für die Leistungen und Produkte der Branche.
(3) Ein Automobilunternehmen wirbt für seine unterschiedlichen Pkws.
(4) Ein Unternehmen wirbt mit mehreren Werbemedien.
(5) Ein Unternehmen stellt mehrere Produkte her und vertreibt sie über verschiedene Absatzkanäle.

13

### Werbegewinn

Wie berechnet man den Werbegewinn?

(1) Umsatz + Werbekosten
(2) Werbekosten – werbebedingter Mehrumsatz
(3) Werbekosten – Umsatz
(4) werbebedingter Mehrumsatz – Werbekosten
(5) Werbekosten · Anzahl der Umworbenen

## Lösungen zu Multiple-Choice-Aufgaben 7 bis 13

**Aufgabe 7**
(2)
(3)
(1)

**Aufgabe 8**
(3)

**Aufgabe 9**
(2)
(3)
(1)

**Aufgabe 10**
(2)

**Aufgabe 11**
(3)

**Aufgabe 12**
(2)

**Aufgabe 13**
(4)

## 4.1.5 Investitions- und Finanzierungsprozesse

### 4.1.5.1 Fallorientierte Aufgaben und Lösungen

**Ausgangssituation für die Aufgaben 1 bis 4**

Die Sound GmbH ist ein Tochterunternehmen der OfficeCom AG mit Sitz in Hannover. Sie beabsichtigt, künftig neben CDs auch DVDs für einen ständig wachsenden Markt zu produzieren. Dafür benötigt sie eine neue Maschinenstraße. Zwei Angebote namhafter Hersteller stehen zur Auswahl; die sich daraus ergebenden Daten für die Investitionsentscheidung sind in der folgenden Übersicht zusammengefasst:

| Daten | Alternative I | Alternative II |
|---|---:|---:|
| Anschaffungskosten in € | 2.150.000,00 | 2.800.000,00 |
| voraussichtliche Wiederbeschaffungskosten in € | 2.400.000,00 | 3.000.000,00 |
| Nutzungsdauer in Jahren | 5 | 5 |
| Kalkulationszinssatz in % pro Jahr | 5 | 5 |
| fixe Kosten (ohne Abschreibungen und Zinsen) pro Jahr in € | 150.000,00 | 195.000,00 |
| Kapazität in Stück pro Jahr | 500 000 | 600 000 |
| geplante Kapazitätsauslastung in Stück pro Jahr | 400 000 | 400 000 |
| Fertigungslöhne bei geplanter Kapazitätsauslastung in € pro Jahr | 580.000,00 | 320.000,00 |
| Fertigungsmaterial bei geplanter Kapazitätsauslastung in € pro Jahr | 300.000,00 | 260.000,00 |
| Erlös pro DVD in € | 6,20 | 6,20 |

1

## Kostenvergleichsrechnung, kritische Menge

**a)** Nehmen Sie eine **Kostenvergleichsrechnung** der beiden angebotenen Maschinenstraßen vor und treffen Sie eine Entscheidung.

**b)** Ermitteln Sie die sogenannte **kritische Menge** und erläutern Sie das Ergebnis.

2

## Amortisationsvergleichsrechnung

Um zu prüfen, welche Investitionsalternative günstiger ist, kann außer einer Kostenvergleichsrechnung auch zum Beispiel eine Amortisationsvergleichsrechnung durchgeführt werden.

**a)** Erläutern Sie den Begriff Amortisation.

**b)** Nehmen Sie die **Amortisationsvergleichsrechnung** der beiden Maschinenstraßen vor und entscheiden Sie.

**c)** Erläutern Sie, warum die Amortisationsvergleichsrechnung der Kostenvergleichsrechnung als Entscheidungsgrundlage für Investitionen vorzuziehen ist.

3

## Ratenkredit, Annuitätenkredit

Unabhängig von den Ergebnissen der Aufgaben 1 und 2 entscheidet sich die Geschäftsleitung der Sound GmbH für die Alternative I. Zur Finanzierung der Investition benötigt sie einen Kredit. Folgendes Angebot der Hausbank liegt vor:

| | |
|---|---|
| Kreditsumme: | 2.150.000,00 € |
| Laufzeit: | 5 Jahre |
| Zinssatz: | 5 % pro Jahr |
| Tilgung: | in fünf gleichen Jahresraten jeweils am Jahresende |

**a)** Stellen Sie für den **Ratenkredit** den Tilgungsplan auf und ermitteln Sie die Kreditkosten.

**b)** Alternativ bietet die Hausbank den Kredit als **Annuitätenkredit** (bei gleicher Kreditsumme mit gleichem Zinssatz und gleicher Laufzeit) an. Die Annuität *(lat. annus – Jahr)* bezeichnet eine jährlich in gleicher Höhe fließende Zahlung, die sich aus abnehmendem Zinsanteil und steigender Tilgungsrate zusammensetzt. Sie wird mithilfe finanzmathematischer Tabellen errechnet und beläuft sich in dieser Aufgabe auf 496.596,25 €. Stellen Sie den Tilgungsplan für den Annuitätenkredit auf und ermitteln Sie die Kreditkosten.

**c)** Zeigen Sie die wesentlichen Unterschiede zwischen Ratenkredit und Annuitätenkredit auf.

4

**Leasing, Vergleich mit Kreditkauf**

Der Hersteller der Alternative I bietet der Sound GmbH anstelle des Kaufs an, die Maschinenstraße unter folgenden Bedingungen zu leasen:

| | |
|---|---|
| Anzahlung: | 20 % des Kaufpreises von 2.150.000,00 € zu Beginn der Leasingzeit |
| Grundmietzeit: | 4 Jahre |
| Leasingrate: | 410.000,00 € pro Jahr gleichbleibend, jeweils am Ende des Jahres |
| Kaufoption: | Ende der Leasingdauer für 450.000,00 € |

**a)** Ermitteln Sie die Liquiditätsbelastung der Sound GmbH für insgesamt 5 Jahre durch das Leasing, wenn die Kaufoption wahrgenommen wird.

**b)** Vergleichen Sie die Liquiditätsbelastung der Sound GmbH durch Leasing mit der jeweiligen Belastung durch Aufnahme des Ratenkredits bzw. des Annuitätenkredits.

## Lösungen zu Aufgabe 1

**Lösung zu 1a)**

| Kostenart | Alternative I | Alternative II |
|---|---|---|
| Kalkulatorische Abschreibung pro Jahr (Grundlage: Wiederbeschaffungswert) | 480.000,00 € | 600.000,00 € |
| Kalkulatorische Zinsen pro Jahr (Grundlage: Anschaffungskosten : 2) | 53.750,00 € | 70.000,00 € |
| Sonstige fixe Kosten pro Jahr | 150.000,00 € | 195.000,00 € |
| Summe der fixen Kosten pro Jahr | 683.750,00 € | 865.000,00 € |
| | | |
| Fertigungslöhne pro Jahr | 580.000,00 € | 320.000,00 € |
| Fertigungsmaterial pro Jahr | 300.000,00 € | 260.000,00 € |
| Summe der variablen Kosten pro Jahr | 880.000,00 € | 580.000,00 € |
| | | |
| Gesamtkosten pro Jahr | 1.563.750,00 € | 1.445.000,00 € |
| | | |
| Stückkosten (Grundlage: 400 000 Stück) | 3,91 € | 3,61 € |
| Variable Stückkosten (Grundlage: 400 000 Stück) | 2,20 € | 1,45 € |

Alternative II ist kostengünstiger als Alternative I.

**Lösung zu 1b)**

Die kritische Menge ist die Menge, bei der die Kosten beider Maschinenstraßen gleich hoch sind.

KI = KII
683.750 + 2,20 x = 865.000 + 1,45 x
x = (865.000 − 683.750) : (2,20 − 1,45)
x = 241 666,67 Stück

Ist die Produktionsmenge geringer als die kritische Menge, kann mit der Maschinenstraße mit den geringeren Fixkosten und den höheren variablen Stückkosten (Alternative I) kostengünstiger produziert werden.

Ist die Produktionsmenge höher als die kritische Menge, kann mit der Maschinenstraße mit den höheren Fixkosten und den geringeren variablen Stückkosten (Alternative II) kostengünstiger produziert werden.

## Lösungen zu Aufgabe 2

**Lösung zu 2a)**

Unter **Amortisation** *(von französisch: amortir = tilgen)* versteht man den Rückfluss des investierten Kapitals aus dem Umsatzprozess. Die hierfür notwendige Zeitdauer wird als **Amortisationszeit** bezeichnet. Beispiel zur Berechnung:

$$\text{Amortisationszeit} = \frac{\text{Anschaffungskosten*}}{\text{jährlicher Gewinn} + \text{jährliche Abschreibung}}$$

*ohne Berücksichtigung eines möglichen Restwertes

**Lösung zu 2b)**

Gewinn Alternative I = 6,20 €/St. · 400 000 St. − 1.563.750,00 € = 916.250,00 €
Gewinn Alternative II = 6,20 €/St. · 400 000 St. − 1.445.000,00 € = 1.035.000,00 €

$$\text{Amortisationszeit Alternative I} = \frac{2.150.000{,}00\ €}{916.250{,}00\ € + 480.000{,}00\ €} = 1{,}54\ (\text{Jahre})$$

$$\text{Amortisationszeit Alternative II} = \frac{2.800.000{,}00\ €}{1.035.000{,}00\ € + 600.000{,}00\ €} = 1{,}71\ (\text{Jahre})$$

Entscheidend für die Auswahl des Investitionsobjektes ist die Amortisationszeit, also fällt die Wahl auf die Alternative I. Je kürzer die Amortisationszeit ist, desto geringer ist das Risiko des Kapitalrückflusses für den Investor.

**Lösung zu 2c)**

Die Amortisationsvergleichsrechnung ist deshalb vorzuziehen, weil sie zum einen neben der Kostenseite auch die Ertragsseite mit in die Betrachtung einbezieht. Zum anderen berücksichtigt sie den zeitlichen Aspekt und gibt damit Antwort auf die Frage, innerhalb welcher Zeit die Investitionsausgaben wieder in das Unternehmen zurückgeflossen sind.

## Lösungen zu Aufgabe 3

**Lösung zu 3a)**
**Tilgungsplan für Ratenkredit**

| Jahr | Restkapital | Tilgung | Zinsen | Liquiditätsbelastung |
|---|---|---|---|---|
| 1 | 2.150.000,00 € | 430.000,00 € | 107.500,00 € | 537.500,00 € |
| 2 | 1.720.000,00 € | 430.000,00 € | 86.000,00 € | 516.000,00 € |
| 3 | 1.290.000,00 € | 430.000,00 € | 64.500,00 € | 494.500,00 € |
| 4 | 860.000,00 € | 430.000,00 € | 43.000,00 € | 473.000,00 € |
| 5 | 430.000,00 € | 430.000,00 € | 21.500,00 € | 451.500,00 € |
| Gesamt | | | 322.500,00 € | 2.472.500,00 € |

Die Kreditkosten des Ratenkredits betragen über die Laufzeit des Kredites 322.500,00 €.

**Lösung zu 3b)**
**Tilgungsplan für Annuitätenkredit**

| Jahr | Restkapital | Tilgung * | Zinsen | Annuität |
|---|---|---|---|---|
| 1 | 2.150.000,00 € | 389.096,25 € | 107.500,00 € | 496.596,25 € |
| 2 | 1.760.903,75 € | 408.551,06 € | 88.045,19 € | 496.596,25 € |
| 3 | 1.352.352,69 € | 428.978,62 € | 67.617,63 € | 496.596,25 € |
| 4 | 923.374,07 € | 450.427,55 € | 46.168,70 € | 496.596,25 € |
| 5 | 472.946,53 € | 472.946,53 € | 23.647,33 € | 496.593,85 € ** |
| Gesamt | | | 332.978,85 € | 2.482.978,85 € |

* Der Tilgungsbetrag ergibt sich immer aus der Differenz von Annuität minus Zinsen.
** Rundungsabweichung

Die Kreditkosten des Annuitätenkredits betragen über die Laufzeit des Kredites 332.978,85 €.

**Lösung zu 3c)**

| Merkmale / Kreditart | Ratenkredit | Annuitätenkredit |
|---|---|---|
| Höhe des jährlichen Tilgungsbetrages | bleibt gleich | nimmt zu |
| Höhe des jährlichen Zinsbetrages | nimmt ab | nimmt ab |
| Höhe der jährlichen Liquiditätsbelastung bzw. der Annuität | nimmt ab, ist jedoch zunächst höher, später geringer als beim Annuitätenkredit | bleibt gleich |

## Lösungen zu Aufgabe 4

**Lösung zu 4a)**
**Liquiditätsbelastung bei Leasing**

| Jahr | Anzahlung | Leasingrate | Kaufoption | Liquiditäts-belastung |
|---|---|---|---|---|
| 1 | 430.000,00 € | 410.000,00 € | | 840.000,00 € |
| 2 | | 410.000,00 € | | 410.000,00 € |
| 3 | | 410.000,00 € | | 410.000,00 € |
| 4 | | 410.000,00 € | | 410.000,00 € |
| 5 | | | 450.000,00 € | 450.000,00 € |
| Gesamt | | | | 2.520.000,00 € |

Die Liquidität der Sound GmbH würde insgesamt mit 2.520.000,00 € belastet.

**Lösung zu 4b)**
Vergleich der Liquiditätsbelastungen durch:

Ratenkredit: 2.472.500,00 €
Annuitätenkredit: 2.482.978,85 €
Leasing: 2.520.000,00 €

Über die Nutzungsdauer der Anlage wäre die Liquiditätsbelastung durch Leasing am höchsten, bedingt durch die Anzahlung im ersten Jahr. In den Folgejahren wäre die Liquiditätsbelastung im Falle des Leasings allerdings geringer als bei einer Finanzierung sowohl mithilfe eines Raten- als auch eines Annuitätenkredits.

### 4.1.5.2 Multiple-Choice-Aufgaben und Lösungen

**Beschaffung von Eigenkapital** 5

Auf welche Weise kann sich die OfficeCom AG Eigenkapital zur Finanzierung von Investitionen beschaffen?

(1) durch Ausgabe von Schuldverschreibungen

(2) durch Ausgabe junger Aktien

(3) durch Erhöhung langfristiger Rückstellungen

(4) durch Verkauf eines nicht mehr benötigten Grundstücks zum Buchwert

(5) durch Erhöhung der bilanziellen Abschreibungen auf Sachanlagen

6

## Grundkapital I

Der Kurs der OfficeCom-AG-Aktien ist in den letzten Tagen von 180,00 € auf 168,00 € gesunken.
Welche Feststellung trifft zu?

(1) Die Beteiligung der Aktionäre am Grundkapital der AG ist gesunken.
(2) Die Beteiligung der Aktionäre am Grundkapital der AG ist gestiegen.
(3) Der Nennwert der Aktien ist gesunken.
(4) Der Nennwert der Aktien bleibt unberührt.
(5) Das Grundkapital der AG hat abgenommen.

7

## Finanzierungslücke

Für das Geschäftsjahr 20.. ist abzusehen, dass der Finanzplan der OfficeCom AG wegen eines kurzfristigen Umsatzeinbruchs eine Finanzierungslücke aufweisen wird.
Durch welche richtige Maßnahme könnte die Finanzierungslücke vermieden werden?

(1) Erhöhung der Lagerdauer der Roh-, Hilfs- und Betriebsstoffe
(2) Verlängerung der Zahlungsziele für die Kunden
(3) Vereinbarungen mit Lieferanten, die Zahlungsziele zu verringern
(4) Vereinbarungen mit Lieferanten, die Zahlungsziele zu verlängern
(5) Einbeziehung auch der Verwaltungsgemeinkosten in die Bewertung der Vorräte an unfertigen und fertigen Erzeugnissen
(6) Ausgabe junger Aktien

8

## Grundkapital II

Die Hauptversammlung der OfficeCom AG beschließt, den Bilanzgewinn in Höhe von 1.665.000,00 € als Dividende auszuschütten – das sind 9,25 € auf je 50,00 € Aktienwert oder 18,5 % auf das Grundkapital.

Wie hoch ist das Grundkapital?

9

## Finanzierungsarten I

Ordnen Sie drei der folgenden Finanzierungsvorgänge den Finanzierungsarten richtig zu:

| Finanzierungsvorgänge | Finanzierungsarten |
|---|---|
| 1. Verkauf einer Lagerhalle<br>2. Verringerung der Lagerumschlagshäufigkeit<br>3. Ausgabe junger Aktien<br>4. Zuführung zu den Pensionsrückstellungen<br>5. Finanzierung aus Gewinnen | ( ) Selbstfinanzierung<br>( ) Außenfinanzierung<br>( ) Finanzierung durch Kapitalfreisetzung |

10

### Information Finanzmittel

Welche Information benötigen Sie, um festzustellen, ob für eine Investition ausreichende Finanzmittel zur Verfügung stehen?

(1) Kassenbestand
(2) Gewinn- und Verlustrechnung
(3) Bilanz
(4) Finanzplan
(5) kurzfristige Erfolgsrechnung
(6) Kontostand des Girokontos
(7) Betriebsabrechnungsbogen

11

### Kapitalbedarf

Welche Maßnahme wirkt sich langfristig erhöhend auf den Kapitalbedarf einer Unternehmung aus?

(1) Die Durchlaufzeit eines Stückes wird durch organisatorische Maßnahmen vermindert.
(2) Umstellung der Lohnzahlung von Wochen- auf Monatslohn
(3) Umgründung einer Einzelunternehmung in eine stille Gesellschaft
(4) Mechanisierung der Fertigung
(5) Die Lagerumschlagshäufigkeit wird von 3 auf 4 erhöht.

12

### Wert des Anlagevermögens

Das Eigenkapital einer Unternehmung ist in der Bilanz mit 153.450,00 € ausgewiesen. Dieser Betrag entspricht 42,5 % aller Passiva. Das Umlaufvermögen der Unternehmung macht 37 % der Bilanzsumme aus. Welcher der folgenden Lösungsansätze ist richtig, wenn der Wert des Anlagevermögens der Unternehmung ermittelt werden soll?

(1) 42,5 % = 153.450,00 €
100 % = x €

(2) 142,5 % = 153.450,00 €
37 % = x €

(3) 142,5 % = 153.450,00 €
5,5 % = x €

(4) 42,5% = 153.450,00 €
63 % = x €

(5) 57,5 % = 153.450,00 €
63 % = x €

13

### Sicherungsübereignung

Welche Aussage über die Sicherungsübereignung ist richtig?

(1) Bei der Sicherungsübereignung gehen Besitz und Eigentum an dem Sicherungsgegenstand auf den Kreditgeber über.
(2) Bei der Sicherungsübereignung geht das Eigentum am Sicherungsgegenstand auf den Kreditgeber über, der Kreditnehmer bleibt aber im Besitz des Gegenstandes.
(3) Über die zur Sicherung übereigneten Gegenstände kann der Kreditnehmer weiterhin voll und frei verfügen.
(4) Wenn der Vertrag vom Kreditnehmer nicht erfüllt wird, benötigt der Kreditgeber einen vollstreckbaren Titel, um über die übereigneten Gegenstände verfügen zu können.
(5) Für den Gläubiger entsteht das Problem, die übereigneten Gegenstände bis zur Rückzahlung des Kredits sachgerecht zu lagern.

14

### Einfacher Eigentumsvorbehalt

Die OfficeCom AG hat einem Großhändler unter einfachem Eigentumsvorbehalt Schreibtische geliefert, die von ihm weiterverkauft wurden. Mit den vereinnahmten Beträgen hat er anderweitig Schulden bezahlt. Die Rechnung der OfficeCom AG ist dagegen noch nicht bezahlt.
Welche Aussage ist richtig?

(1) Der Eigentumsvorbehalt gibt der OfficeCom AG ein Pfandrecht, das sich auch auf alle anderen Warenvorräte im Lager des Großhändlers erstreckt.

(2) Die Schreibtische sind zwar Eigentum des Kunden des Großhändlers geworden, doch kann die OfficeCom AG nochmalig Zahlung von ihm verlangen.

(3) Die OfficeCom AG kann sich nur an den Großhändler halten.

(4) Da die OfficeCom AG noch Eigentümer ist, kann sie die Schreibtische von dem Kunden des Großhändlers zurückverlangen.

(5) Da Eigentumsvorbehalt vorliegt, kann sich die OfficeCom AG wahlweise an den Großhändler oder dessen Kunden halten.

15

### Verzinsung des Eigenkapitals

Ein Lagergebäude kostet 105.000,00 €. Die Reparaturen betragen monatlich 97,50 € und an Steuern sind jährlich 1.650,00 € zu bezahlen. Das Gebäude ist mit einer 1. Hypothek von 35.000,00 € zu 7 % und einer 2. Hypothek von 21.000,00 € zu 8 % belastet. Die Hypotheken wurden zur Finanzierung des Lagergebäudes aufgenommen.

Wie verzinst sich das eingesetzte Eigenkapital, wenn die monatlichen Mieteinnahmen 830,00 € betragen?

16

### Finanzierungsarten II

Die OfficeCom AG plant zur Finanzierung künftiger Investitionen die Ausgabe junger Aktien, die einen Erlös von 5 Mio. € bringen sollen.
Um welche Finanzierungsarten handelt es sich dabei?

(1) Außen- und Fremdfinanzierung

(2) Selbst- und Außenfinanzierung

(3) Eigen- und Außenfinanzierung

(4) Selbst- und Innenfinanzierung

(5) Selbst- und Eigenfinanzierung

(6) Innen- und Außenfinanzierung

## Lösungen zu Multiple-Choice-Aufgaben 5 bis 16

**Aufgabe 5**
(2)

**Aufgabe 6**
(4)

**Aufgabe 7**
(4)

**Aufgabe 8**
$$\frac{1.665.000 \cdot 100}{18{,}5} = 9.000.000\ (€)$$

**Aufgabe 9**
(5) Selbstfinanzierung
(3) Außenfinanzierung
(1) Finanzierung durch Kapitalfreisetzung

**Aufgabe 10**
(4)

**Aufgabe 11**
(2)

**Aufgabe 12**
(4)

**Aufgabe 13**
(2)

**Aufgabe 14**
(3)

**Aufgabe 15**

| | |
|---|---|
| Einnahmen pro Jahr | |
| Miete: 830,00 € · 12 = | 9.660,00 € |
| | |
| Ausgaben pro Jahr | |
| Reparaturen: 97,50 € · 12 = | 1.170,00 € |
| Steuern: | 1.650,00 € |
| Zinsen: 35.000,00 € · 7 % = | 2.450,00 € |
| 21.000,00 € · 8 % = | 1.680,00 € |
| Summe der Ausgaben: | 6.950,00 € |
| | |
| Gewinn pro Jahr: | 2.710,00 € |
| | |
| Eigenkapital: | |
| 105.000,00 € – 56.000,00 € = | 49.000,00 € |

Verzinsung des Eigenkapitals:
$$\frac{2.710 \cdot 100}{49.000} = \underline{\underline{5{,}53\ (\%)}}$$

**Aufgabe 16**
(3)

# 4.2 Kaufmännische Steuerung und Kontrolle

## 4.2.1 Werteströme und Werte erfassen und dokumentieren

### 4.2.1.1 Fallorientierte Aufgaben und Lösungen

1

**Beleggeschäftsgang**

Bilden Sie im Grundbuch für das Modellunternehmen OfficeCom AG auf der Grundlage des Kontenrahmens die Buchungssätze für die folgenden Belege.

Anmerkung zu den Zahlungsbedingungen:
Sofern die Lieferanten Skonto einräumen, wird dieser von der OfficeCom AG beim Rechnungsausgleich abgezogen. Sofern die OfficeCom AG Skonto gewährt, wird dieser von den Kunden ebenfalls beim Rechnungsausgleich abgezogen.

**Das Modellunternehmen – The model company**

**OfficeCom AG**

| | |
|---|---|
| Name | OfficeCom AG |
| Sitz | Hansestraße 120,<br>38112 Braunschweig |
| Amtsgericht | Braunschweig |
| Handelsregister Nr. | HRB 126 |
| Telefon | 0531 3648941 |
| Telefax | 0531 4766083 |
| E-Mail | info.officecom-wvb@t-online.de |
| Internet | www.officecomag-wvb.de |
| Aufsichtsratsvorsitzender | Dr. Frank Richter |
| Vorstand | Herbert Hauser, Frauke Schönau,<br>Dr. Carla Seltig |
| Gegenstand | Herstellung und Vertrieb von<br>Büromöbeln und Zubehör |
| Geschäftsjahr | 1. Januar bis 31. Dezember |

| | |
|---|---|
| Bankverbindung | Hartbank Braunschweig<br>Konto-Nr. 21 345 839<br>BLZ 270 500 08<br>BIC: HARBABR2XXX<br>IBAN: DE66 2505 0008 0021 3458 39 |
| USt-IDNr.<br><br>Steuernummer | DE 328 495 331<br><br>13/203/08753 |
| Produkte<br>(Fertigerzeugnisse) | Schreibtische<br>Aktenschränke<br>Schreibtischsessel |
| Werkstoffe<br>Rohstoffe<br>Hilfsstoffe<br>Betriebsstoffe<br><br>Fremdbauteile | <br>Holz, Edelstahlrohre<br>Schrauben, Kleinteile, Lacke<br>Strom, Gas, Wasser, Heizöl,<br>Schmierstoffe<br>Gasdruckfedern, Stuhlrollen,<br>Hängeregister |
| Handelswaren | Schreibtischlampen,<br>Schreibtischsets,<br>Faxgeräte, Drucker, Telefonapparate |
| Mitarbeiter/-innen | 195 Facharbeiter/-innen<br>47 Ungelernte und Angelernte<br>60 Angestellte |
| Maschinen | NC-gesteuerte Maschinen<br>Roboter<br>Montagebänder |

## Kontenklassen

### AKTIVA

### Anlagevermögen

**0 Immaterielle Vermögensgegenstände und Sachanlagen**

**00 Frei**
**01 Frei**
*Immaterielle Vermögensgegenstände*
**02 Konzessionen, gewerbliche Schutzrechte und ähnliche Rechte und Werte sowie Lizenzen an solchen Rechten und Werten**
0200 Konzessionen
**03 Geschäfts- oder Firmenwert**
0300 Geschäfts- oder Firmenwert
**04 Frei**
*Sachanlagen*
**05 Grundstücke, grundstücksgleiche Rechte und Bauten einschließlich der Bauten auf fremden Grundstücken**
0500 Unbebaute Grundstücke
0510 Bebaute Grundstücke
0520 Gebäude (Sammelkonto)
0530 Betriebsgebäude
0540 Verwaltungsgebäude
0550 Andere Bauten
0560 Grundstückseinrichtungen
0570 Gebäudeeinrichtungen
0590 Wohngebäude
**06 Frei**
**07 Technische Anlagen und Maschinen** ①
0700 Anlagen und Maschinen der Energieversorgung
0710 Anlagen der Materiallagerung und -bereitstellung
0720 Anlagen und Maschinen der mechanischen Materialbearbeitung, -verarbeitung und -umwandlung
0730 Anlagen für Wärme-, Kälte- und chemische Prozesse sowie ähnliche Anlagen
0740 Anlagen für Arbeitssicherheit und Umweltschutz
0750 Transportanlagen und ähnliche Betriebsvorrichtungen
0760 Verpackungsanlagen und -maschinen
0770 Sonstige Anlagen u. Maschinen
0780 Reservemaschinen und -anlagenteile
0790 Geringwertige Anlagen u. Maschinen
0791 GWG Sammelposten Anlagen und Maschinen Jahr 1
...
0795 GWG Sammelposten Anlagen und Maschinen Jahr 5

**08 Andere Anlagen, Betriebs- und Geschäftsausstattung** ①
0800 Andere Anlagen
0810 Werkstätteneinrichtung
0820 Werkzeuge, Werksgeräte und Modelle, Prüf- und Messmittel
0830 Lager- u. Transporteinrichtungen
0840 Fuhrpark
0850 Sonstige Betriebsausstattung
0860 Büromaschinen, Organisationsmittel und Kommunikationsanlagen
0870 Büromöbel und sonstige Geschäftsausstattung
0880 Reserveteile für Betriebs-und Geschäftsausstattung
0890 Geringwertige Vermögensgegenstände der Betriebs- und Geschäftsausstattung
0891 GWG-Sammelposten BGA Jahr 1
...
0895 GWG-Sammelposten BGA Jahr 5
**09 Geleistete Anzahlungen und Anlagen im Bau**
0900 Geleistete Anzahlungen auf Sachanlagen
0950 Anlagen im Bau

**1 Finanzanlagen**

**10 bis 12 Frei**
**13 Beteiligungen**
1300 Beteiligungen
**14 Frei**
**15 Wertpapiere des Anlagevermögens**
1500 Wertpapiere d. Anlagevermögens
**16 Sonstige Finanzanlagen**
1600 Sonstige Finanzanlagen
**17 bis 19 Frei**

**Anmerkungen zu den Lehrbüchern von Schmolke/Deitermann und Deitermann/Rückwart:**

① In den Aufgaben werden die Kontengruppen 07 und 08 i.d. R. als *Sammelkonten* geführt:
**0700 Technische Anlagen und Maschinen; 0800 Andere Anlagen/Betriebs- und Geschäftsausstattung**

② Die Verwendung desJahresergebnisses vor und nach Erstellung der Schlussbilanz erfolgt im Lehrbuch über das *Verrechnungskonto*:
**3300 Ergebnisverwendung**

③ Im Lehrbuch i. d. R. als *Sammelkonto*:
**3900 Sonstige Rückstellungen**

④ Im Lehrbuch i. d. R. als *Sammelkonto*:
**6400 Arbeitgeberanteil zur Sozialversicherung**

⑤ Werden **Material- oder Wareneinkäufe direkt** in der **Kontengruppe 60** gebucht, sind die Unterkonten **„Bezugskosten" und „Nachlässe"** bei den betreffenden Konten der **Gruppe 60** statt in der Gruppe 20 zu führen.

# Kontenklassen

## AKTIVA – Umlaufvermögen

### 2 Umlaufvermögen und aktive Rechnungsabgrenzung

*Vorräte*

**20 Roh-, Hilfs- und Betriebsstoffe** ⑤
- 2000 Rohstoffe/Fertigungsmaterial
- 2001 Bezugskosten
- 2002 Nachlässe
- 2010 Vorprodukte/Fremdbauteile
- 2011 Bezugskosten
- 2012 Nachlässe
- 2020 Hilfsstoffe
- 2021 Bezugskosten
- 2022 Nachlässe
- 2030 Betriebsstoffe
- 2031 Bezugskosten
- 2032 Nachlässe
- 2070 Sonstiges Material
- 2071 Bezugskosten
- 2072 Nachlässe

**21 Unfertige Erzeugnisse, unfertige Leistungen**
- 2100 Unfertige Erzeugnisse
- 2190 Unfertige Leistungen

**22 Fertige Erzeugnisse und Waren**
- 2200 Fertige Erzeugnisse
- 2280 Waren (Handelswaren) ⑤
- 2281 Bezugskosten
- 2282 Nachlässe

**23 Geleistete Anzahlungen a. Vorräte**
- 2300 Geleistete Anzahlungen auf Vorräte

*Forderungen und sonstige Vermögensgegenstände (24-26)*

**24 Ford. a. Lieferungen u. Leistungen**
- 2400 Forderungen aus Lieferungen und Leistungen
- 2420 Kaufpreisforderungen
- 2421 Umsatzsteuerforderungen
- 2450 Wechselford, aus Lieferungen und Leistungen (Besitzwechsel)
- 2470 Zweifelhafte Forderungen

**25 Innergemeinschaftlicher Erwerb/ Einfuhr**
- 2500 Innergemeinschaftl. Erwerb
- 2501 Bezugskosten
- 2502 Nachlässe
- 2510 Gütereinfuhr
- 2511 Bezugskosten
- 2512 Nachlässe

**26 Sonstige Vermögensgegenstände**
- 2600 Vorsteuer
- 2602 Vorsteuer (19 %) für i. E.
- 2604 Einfuhrumsatzsteuer
- 2630 Sonst. Ford, an Finanzbehörden
- 2640 SV-Vorauszahlung
- 2650 Forderungen an Mitarbeiter
- 2690 Übrige sonstige Forderungen

**27 Wertpapiere des Umlaufvermögens**
- 2700 Wertpapiere des Umlaufvermögens

**28 Flüssige Mittel**
- 2800–2842 Guthaben bei Kreditinstituten (Bank)
- 2850 Postbank
- 2860 Schecks
- 2870 Bundesbank
- 2880 Kasse
- 2890 Nebenkassen

## PASSIVA

### 3 Eigenkapital und Rückstellungen

*Eigenkapital*

**30 Eigenkapital/Gezeichnetes Kapital**

**Bei Einzelkaufleuten:**
- 3000 Eigenkapital
- 3001 Privatkonto

**Bei Personengesellschaften:**
- 3000 Kapital Gesellschafter A
- 3001 Privatkonto A
- 3010 Kapital Gesellschafter B
- 3011 Privatkonto B
- 3070 Kommanditkapital Gesellschafter C
- 3080 Kommanditkapital Gesellschafter D

**Bei Kapitalgesellschaften:**
- 3000 Gezeichnetes Kapital (Grundkapital/Stammkapital)

**31 Kapitalrücklage**
- 3100 Kapitalrücklage

**32 Gewinnrücklagen**
- 3210 Gesetzliche Rücklagen
- 3230 Satzungsmäßige Rücklagen
- 3240 Andere Gewinnrücklagen

**33 Ergebnisverwendung** ②
- 3310 Jahresergebnis des Vorjahres
- 3320 Ergebnisvortrag aus früheren Perioden
- 3340 Veränderung der Rücklagen
- 3350 Bilanzgewinn/Bilanzverlust
- 3360 Ergebnisausschüttung
- 3390 Ergebnisvortrag auf neue Rechnung

**34 Jahresüberschuss/Jahresfehlbetrag**
- 3400 Jahresüberschuss/ Jahresfehlbetrag

**35 Sonderposten mit Rücklageanteil**
- 3500 Sonderposten mit Rücklageanteil

**36 Wertberichtigungen**

(Bei Kapitalgesellschaften als Passivposten der Bilanz nicht mehr zulässig)
- 3610 –zu Sachanlagen
- 3650 –zu Finanzanlagen
- 3670 Einzelwertberichtigung zu Forderungen (EWB)
- 3680 Pauschalwertberichtigung zu Forderungen (PWB)

*Rückstellungen*

**37 Rückstellungen für Pensionen und ähnliche Verpflichtungen**
- 3700 Rückstellungen für Pensionen und ähnliche Verpflichtungen

**38 Steuerrückstellungen**
- 3800 Steuerrückstellungen

**39 Sonstige Rückstellungen** ③
- 3910 – fürGewährleistung
- 3930 – für andere ungewisse Verbindlichkeiten
- 3970 – für drohende Verluste aus schwebenden Geschäften
- 3990 – fürAufwendungen

### 4 Verbindlichkeiten und passive Rechnungsabgrenzung

**40 Frei**

**41 Anleihen**
- 4100 Anleihen

**42 Verbindlichkeiten gegenüber Kreditinstituten**
- 4210 Kurzfristige Bankverbindlichkeiten
- 4230 Mittelfristige Bankverbindlichkeiten
- 4250 Langfristige Bankverbindlichkeiten (Darlehensschulden)

**43 Erhaltene Anzahlungen auf Bestellungen**
- 4300 Erhaltene Anzahlungen

**44 Verbindlichkeiten aus Lieferungen und Leistungen**
- 4400 Verbindlichkeiten aus Lieferungen und Leistungen
- 4420 Kaufpreisverbindlichkeiten

**45 bis 47 Frei**

**48 Sonstige Verbindlichkeiten**
- 4800 Umsatzsteuer
- 4802 Umsatzsteuer (19%) für i. E.
- 4820 Zollverbindlichkeiten
- 4830 Sonstige Verbindlichkeiten gegenüber Finanzbehörden (FB-Verbindlichkeiten)
- 4850 Verbindlichkeiten gegenüber Mitarbeitern
- 4860 Verbindlichkeiten aus vermögenswirksamen Leistungen (VL)
- 4870 Verbindlichkeiten gegenüber Gesellschaftern (Dividende)
- 4890 Übrige sonstige Verbindlichkeiten

**49 Passive Rechnungsabgrenzung**
- 4900 Passive Jahresabgrenzung

### Fortsetzung Kontenklasse 2

**29 Aktive Rechnungsabgrenzung (und Bilanzfehlbetrag)**
- 2900 Aktive Jahresabgrenzung
- 2920 Umsatzsteuer auf erhaltene Anzahlungen
- 2930 Disagio
- 2990 (nicht durch Eigenkapital gedeckter Fehlbetrag)

## Kontenklassen

### ERTRÄGE

**5 Erträge** (einschließlich Berichtigungen)

**50 Umsatzerlöse für eigene Erzeugnisse u. andere eigene Leistungen**
- 5000 Umsatzerlöse f. eigene Erzeugn.
- 5001 Erlösberichtigungen
- 5050 Umsatzerlösef.and.eigene Leistungen
- 5051 Erlösberichtigungen
- 5060 Erlöse aus innergemeinschaftlicher Lieferung (i. L.)
- 5061 Erlösberichtigungen
- 5070 Erlöse aus Güterausfuhr
- 5071 Erlösberichtigungen
- 5090 Sonstige Nebenerlöse (z. B. aus Provisionen oder Lizenzen)

**51 Umsatzerlöse für Waren und sonstige Umsatzerlöse**
- 5100 Umsatzerlöse für Waren
- 5101 Erlösberichtigungen
- 5190 Sonstige Umsatzerlöse
- 5191 Erlösberichtigungen

**52 Erhöhung oder Verminderung des Bestandes an unfertigen und fertigen Erzeugnissen**
- 5200 Bestandsveränderungen
- 5201 Bestandsveränderungen an unfertigen Erzeugnissen und nicht abgerechneten Leistungen
- 5202 Bestandsveränderungen an fertigen Erzeugnissen

**53 Andere aktivierte Eigenleistungen**
- 5300 Aktivierte Eigenleistungen

**54 Sonstige betriebliche Erträge**
- 5400 Nebenerlöse
- 5401 Miet- und Pachterträge
- 5402 Leasingerträge
- 5410 Sonstige Erlöse (z. B. a. Anlagenabgängen)
- 5420 Entnahme von Gegenständen und sonstigen Leistungen
- 5430 Andere sonstige betriebl. Erträge (z. B. Kursgewinne, Sachbezüge, außergewöhnl. Erträge)
- 5431 Erträge aus Versicherungsentschädigungen
- 5440 Erträge aus Werterhöhungen von Gegenständen des Anlagevermögens (Zuschreibungen)
- 5441 Erträge aus Zuschreibungen zum Umlaufvermögen
- 5450 Erträge aus der Auflösung oder Herabsetzung von Wertberichtigungen auf Forderungen
- 5455 Erträge a. abgeschriebenen Forderungen
- 5460 Erträge aus dem Abgang von Vermögensgegenständen (z.B. Kursgewinne Wertpapierverkäufe)
- 5480 Erträge aus der Auflösung von Rückstellungen
- 5490 Periodenfremde Erträge

**55 Erträge aus Beteiligungen**
- 5500 Erträge aus Beteiligungen

**56 Erträge aus anderen Wertpapieren u. Ausleihungen des Finanzanlagevermögens**
- 5600 Erträge aus anderen Finanzanlagen

**57 Sonstige Zinsen und ähnliche Erträge**
- 5710 Zinserträge
- 5780 Erträge aus Wertpapieren des Umlaufvermögens
- 5790 Sonstige zinsähnliche Erträge

**58 Frei**

**59 Frei**

### AUFWENDUNGEN

**6 Betriebliche Aufwendungen** (einschließlich Berichtigungen)

*Materialaufwand*

**60 Aufwendungen für Roh-, Hilfs-und Betriebsstoffe u. f. bezogene Waren** ⑤
- 6000 Aufwendungen für Rohstoffe/Fertigungsmaterial
- 6001 Bezugskosten
- 6002 Nachlässe
- 6010 Aufwendungen für Vorprodukte/Fremdbauteile ⑤
- 6020 AufwendungenfürHilfsstoffe⑤
- 6030 Aufwendungen für Betriebsstoffe/Verbrauchswerkzeuge ⑤
- 6040 Aufw. für Verpackungsmaterial
- 6050 Aufw. für Energie u. Treibstoffe
- 6060 Aufw. für Reparaturmaterial
- 6070 Aufwendungen für sonstiges Material
- 6080 Aufwendungen für Waren ⑤

**61 Aufwendungen für bezogene Leistungen**
- 6100 Fremdleistungen für Erzeugnisse und andere Umsatzleistungen
- 6140 Frachten und Fremdlager
- 6150 Vertriebsprovisionen
- 6160 Fremdinstandhaltung
- 6170 Sonstige Aufwendungen für bezogene Leistungen

*Personalaufwand*

**62 Löhne**
- 6200 Löhne einschl. tariflicher, vertraglicher oder arbeitsbedingter Zulagen
- 6210 Urlaubs-und Weihnachtsgeld
- 6220 Sonstige tarifliche oder vertragliche Aufwendungen für Lohnempfänger
- 6230 Freiwillige Zuwendungen
- 6250 Sachbezüge
- 6260 Vergütungen an gewerbliche Auszubildende

**63 Gehälter**
- 6300 Gehälter und Zulagen
- 6310 Urlaubs-und Weihnachtsgeld
- 6320 Sonstige tarifliche oder vertragliche Aufwendungen
- 6330 Freiwillige Zuwendungen
- 6350 Sachbezüge
- 6360 Vergütungen an Auszubildende

**64 Soziale Abgaben und Aufwendungen für Altersversor gung und für Unterstützung**
- 6400 Arbeitgeberanteil zur Sozialversicherung (Lohnbereich) ④
- 6410 Arbeitgeberanteil zur Sozialversicherung (Gehaltsbereich) ④
- 6420 Beiträge zur Berufsgenossenschaft
- 6440 Aufwendungen für Altersversorgung
- 6490 Aufwendungen für Unterstüt-zung
- 6495 Sonstige soziale Aufwendungen

**65 Abschreibungen**

*Abschreibungen auf Anlagevermögen*
- 6510 Abschreibungen auf immaterielle Vermögensgegenstände des Anlagevermögens
- 6520 Abschreibungen auf Sachanlagen
- 6540 Abschreibungen auf geringwertige Wirtschaftsgüter
- 6541 Abschreibungen auf GWG-Sammelposten Jahr 1
- ...
- 6545 Abschreibungen auf GWG-Sammelposten Jahr 5
- 6550 Außerplanmäßige Abschreibungen auf Sachanlagen
- 6570 Unüblich hohe Abschreibungen auf Umlaufvermögen

*Sonstige betriebliche Aufwendungen (66-70)*

**66 Sonstige Personalaufwendungen**
- 6600 Aufwendungen für Personaleinstellung
- 6610 Aufwendungen für übernommene Fahrtkosten
- 6620 Aufwendungen für Werksarzt und Arbeitssicherheit
- 6630 Personenbezogene Versicherungen
- 6640 Aufwendungen für Fort- und Weiterbildung
- 6650 Aufwendungen für Dienstjubiläen
- 6660 Aufwendungen für Belegschaftsveranstaltungen
- 6670 Aufwendungen für Werksküche und Sozialeinrichtungen
- 6680 Ausgleichsabgabe nach dem Schwerbehindertengesetz
- 6690 Übrige sonstige Personalaufwendungen

**67 Aufwendungen für die Inanspruchnahme von Rechten und Diensten**
- 6700 Mietaufwendungen, Pachten
- 6710 Leasingaufwendungen
- 6720 Lizenzen und Konzessionen
- 6730 Gebühren
- 6750 Kosten des Geldverkehrs
- 6760 Provisionsaufwendungen (außer Vertriebsprovisionen)
- 6770 Rechts-und Beratungskosten

**68 Aufwendungen für Kommu nikation (Dokumentation, Information, Reisen, Werbung)**
- 6800 Büromaterial
- 6810 Zeitungen und Fachliteratur
- 6820 Portokosten
- 6830 Kosten der Telekommunikation
- 6850 Reisekosten
- 6860 Bewirtung und Präsentation
- 6870 Werbung
- 6880 Spenden

**69 Aufwendungen für Beiträge und Sonstiges sowie Wertkorrekturen und periodenfremde Aufwendungen**
- 6900 Versicherungsbeiträge
- 6920 Beiträge zu Wirtschaftsverbänden und Berufsvertretungen
- 6930 Verluste aus Schadensfällen
- 6940 Sonstige Aufwendungen (z. B. Kursverluste, Kassenfehlbeträge, außergewöhnl. Aufwendungen)
- 6950 Abschreibungen auf Forderungen
- 6951 Abschreibungen auf Forderungen wegen Uneinbringlichkeit
- 6952 Einstellung in Einzelwertberichtigung (EWB)
- 6953 Einstellung in Pauschalwertberichtigung (PWB)
- 6960 Verluste aus dem Abgang von Vermögensgegenständen
- 6979 Anlagenabgänge
- 6980 Zuführungen zu Rückstellungen für Gewährleistung
- 6990 Periodenfremde Aufwendungen

| Kontenklassen | | |
|---|---|---|
| **AUFWENDUNGEN** | **ERGEBNISRECHNUNGEN** | **KOSTEN- UND LEISTUNGSRECHNUNG** |
| **7 Weitere Aufwendungen** | **8 Ergebnisrechnungen** | **9 Kosten- und Leistungsrechnung (KLR)** |
| **70 Betriebliche Steuern**<br>7020 Grundsteuer<br>7021 Grundsteuer-Vorjahre<br>7030 Kraftfahrzeugsteuer<br>7031 Kraftfahrzeugsteuer - Vorjahr<br>7032 Steuererstattungen für Kfz-Steuer- Vorjahre<br>7070 Ausfuhrzölle<br>7080 Verbrauchsteuern<br>7090 Sonstige betriebliche Steuern<br>**71 bis 73 Frei**<br>**74 Abschreibungen auf Finanz anlagen und auf Wertpapiere des Umlaufvermögens und Verluste aus entsprechenden Abgängen**<br>7400 Abschreibungen auf Finanzanlagen<br>7420 Abschreibungen auf Wertpapiere des Umlaufvermögens<br>7450 Verluste aus dem Abgang von Finanzanlagen<br>7460 Verluste aus dem Abgang von Wertpapieren des Umlaufvermögens<br>**75 Zinsen und ähnliche Aufwendungen**<br>7510 Zinsaufwendungen<br>7590 Sonstige zinsähnliche Aufwendungen<br>**76 Frei**<br>**77 Steuern vom Einkommen und Ertrag**<br>7700 Gewerbesteuer<br>7701 Gewerbesteuer-Vorjahre<br>7702 Steuererstattungen für Gewerbesteuer - Vorjahre<br>7710 Körperschaftsteuer einschl. Solidaritätszuschlag<br>7711 Körperschaftssteuer - Vorjahre<br>7712 Steuererstattungen für Körperschaftssteuer - Vorjahre<br>7720 Kapitalertragsteuer<br>**78 Diverse Aufwendungen**<br>7800 Diverse Aufwendungen<br>**79 Frei** | **80 Eröffnung/Abschluss**<br>8000 Eröffnungsbilanzkonto<br>8010 Schlussbilanzkonto<br>8020 GuV-Konto Gesamtkostenverfahren<br>8030 GuV-Konto Umsatzkostenverfahren<br>8050 Saldenvorträge (Sammelkonto)<br>*Konten der Kostenbereiche für die GuV im Umsatzkostenverfahren*<br>**81 Herstellungskosten**<br>**82 Vertriebskosten**<br>**83 Allgemeine Verwaltungskosten**<br>**84 Sonstige betriebliche Aufwendungen**<br>*Konten der kurzfristigen Erfolgs-rechnung (KER) für innerjährige Rechnungsperioden (Monat, Quartal oder Halbjahr)*<br>**85 Korrekturkonten zu den Erträgen der Kontenklasse 5**<br>**86 Korrekturkonten zu den Aufwendungen der Kontenklasse 6**<br>**87 Korrekturkonten zu den Aufwendungen der Kontenklasse 7**<br>**88 Kurzfristige Erfolgsrechnung (KER)**<br>8800 Gesamtkostenverfahren<br>8810 Umsatzkostenverfahren<br>**89 Innerjährige Rechnungs abgrenzung**<br>8900 Aktive Rechnungsabgrenzung | **90 Unternehmensbezogene Abgrenzungen** (neutrale Aufwendungen u. Erträge)<br>**91 Kostenrechnerische Korrekturen**<br>**92 Kostenarten und Leistungsarten**<br>**93 Kostenstellen**<br>**94 Kostenträger**<br>**95 Fertige Erzeugnisse**<br>**96 Interne Lieferungen und Leistungen sowie deren Kosten**<br>**97 Umsatzkosten**<br>**98 Umsatzleistungen**<br>**99 Ergebnisausweise**<br>In der Praxis wird die KLR gewöhnlich tabellarisch durchgeführt. |

**Beleg 1**

**KNABER OHG**

Knaber OHG•Dreieichweg 8•21029 Hamburg
OfficeCom AG
Frau Martina Neumann
Hansestraße 120
38112 Braunschweig

Ihr Zeichen: mn
Ihre Nachricht vom: 20..-02-07
Unser Zeichen: u-b
Unsere Nachricht vom: 20..-02-08

Name: Ullrich Beck
Telefon: 040 73428-56
Telefax: 040 73428-58
E-Mail: knaber-aber-wvb@t-online.de

Datum: 20..-03-01

| Kunden-Nr. | Auftrags-Nr. | Liefertermin | Lieferanschrift |
|---|---|---|---|
| 18-09-1943 | 123/13 | 20..-03-01 | OfficeCom AG<br>Hansestraße 120<br>38112 Braunschweig |

**Rechnung-Nr. 2338/M**

| Menge | Artikelbezeichnung | Einzelpreis | Gesamtpreis |
|---|---|---|---|
| 800 St. | Edelstahlrohr, 710 mm lang, Ø 80 mm | 102,00 € | 81.600,00 € |
| | Rabatt: 8 % | | 6.528,00 € |
| | | | 75.072,00 € |
| | 19 % Umsatzsteuer | | 14.263,68 € |
| | | | 89.335,68 € |

| Konto | Soll | Haben |
|---|---|---|
| | | |
| | | |
| | | |

Gebucht:

Zahlungsbedingungen:
2 % Skonto, zahlbar innerhalb 14 Tagen nach Lieferung,
netto Kasse, zahlbar innerhalb 6 Wochen nach Lieferung.

Bankverbindung:
Hamburger Sparkasse, Konto 15 264 869, BLZ 200 505 50
BIC: HASPDEHHXXX, IBAN: DE88 2005 0550 0015 2648 69

Knaber OHG, Sitz Hamburg,
Amtsgericht Hamburg,
Handelsregister Nr. HRA 967
USt-IdNr. DE450432629

*vgl.:* Scharf, Dirk: Praxis der Buchführung. Beschaffung, Absatz und Finanzierung, Gabler, Wiesbaden 1997, S. 5

**Beleg 2**

***Transfahrt AG***

Transfahrt AG • Siemensstr. 110 • 21029 Hamburg
OfficeCom AG
Frau Martina Neumann
Hansestraße 120
38112 Braunschweig

Ihr Zeichen: m-n
Ihre Nachricht vom: 20..-02-25
Unser Zeichen: k-b
Unsere Nachricht vom: 20..-02-26

Name: Kilian Baumann
Telefon: 040 3344-55
Telefax: 040 2345-18
E-Mail: transf-ag-wvb@t-online.de

Datum: 20..-03-01

| Kunden-Nr. | Auftrags-Nr. | Liefertermin | Lieferanschrift |
|---|---|---|---|
| 1389 | 8765 | 20..-03-01 | OfficeCom AG<br>Hansestraße 120<br>38112 Braunschweig |

**Rechnung** Nr. 4498/5

**Gemäß Frachttabelle berechnen wir für o. a. Auftrag**

| | | |
|---|---|---|
| Lieferung | 800 St. Edelstahlrohre | |
| von | Hamburg | |
| nach | Braunschweig | 2.120,33 € |
| | 19 % Umsatzsteuer | 402,86 € |
| | | 2.523,19 € |

| Konto | Soll | Haben |
|---|---|---|
| | | |
| | | |
| | | |

Gebucht:

Zahlung: sofort ohne Abzug

Bär-Bank Hamburg, Konto 34 759 265, BLZ 270 100 49,
BIC: BBHBR233XXX, IBAN: DE53 2701 0049 0034 7592 65
USt-IdNr. DE456741443

Transfahrt AG, Sitz Hamburg,
Amtsgericht Hamburg,
Handelsregister Nr. HRB 639

*vgl.:* Scharf, Dirk: Praxis der Buchführung. Beschaffung, Absatz und Finanzierung, Gabler, Wiesbaden 1997, S. 7

**Beleg 3**

KNABER OHG

Knaber OHG•Dreieichweg 8•21029 Hamburg
OfficeCom AG
Frau Martina Neumann
Hansestraße 120
38112 Braunschweig

Ihr Zeichen: m-n
Ihre Nachricht vom: 20..-03-02
Unser Zeichen: he
Unsere Nachricht vom:

Name: Frau Heffemann
Telefon: 040 7342856
Telefax: 040 7342858
E-Mail: knaber-aber-wvb@t-online.de

Datum: 20..-03-03

Gutschriftanzeige – Auftrags-Nr.: 123/13 vom 7. Febr. 20..

Sehr geehrte Damen und Herren,

aufgrund der von Ihnen an uns gemäß telefonischer Vereinbarung vom 2. März 20.. zurückgesandten mangelhaften 2 Edelstahlrohre aus Auftrag 123/13 vom 7. Februar 20.. (Einzelpreis 102,00 € abzüglich 8 % Rabatt) im Gesamtwert von 187,68 € zuzüglich 19 % Umsatzsteuer erhalten Sie eine Gutschrift in gleicher Höhe.

Wir bitten um gleich lautende Buchung.

Mit freundlichen Grüßen

Knaber OHG

i. A. Heffemann

| Konto | Soll | Haben |
|---|---|---|
| | | |
| | | |
| | | |

Gebucht:

Bankverbindung:
Hamburger Sparkasse, Konto 15 264 869, BLZ 200 505 50
BIC: HASPDEHH, IBAN: DE88 2005 0550 0015 2648 69

Knaber OHG, Sitz Hamburg,
Amtsgericht Hamburg,
Handelsregister Nr. HRA967
USt-IdNr. DE450 432 629

*vgl.:* Scharf, Dirk: Praxis der Buchführung. Beschaffung, Absatz und Finanzierung, Gabler, Wiesbaden 1997, S. 10

**Beleg 4**

**Hartbank Braunschweig**

**KONTOAUSZUG**

| Bankleitzahl | Datum | Auszug Nr. | Blatt Nr. | für Konto-Nr. |
|---|---|---|---|---|
| 250 500 08 | ..-03-30 | 162 | 1 | 21 345 839 |

| Buchungstext | Buchungstag | Valuta | Umsatz Soll = – |
|---|---|---|---|
| Transfahrt AG, Hamburg<br>Rechnung Nr. 4498/5 vom ..-03-01 | ..-03-05 | ..-03-05 | 2.523,19 € – |
| Knaber OHG, Hamburg<br>Rechnung Nr. 2338/M vom ..-03-01 | ..-03-14 | ..-03-14 | 87.330,09 € – |
| Brake AG, Braunschweig<br>Miete für Lagerhalle (Dauerauftrag) | ..-03-30 | ..-03-30 | 4.500,00 € – |

Herrn/Frau/Firma

OfficeCom AG
Hansestraße 120
38112 Braunschweig

| Soll | Alter Saldo | Haben |
|---|---|---|
| | | 175.417,60 € |
| **Soll** | **Neuer Saldo** | **Haben** |
| | | 81.064,32 € |

**BIC: HARBABR2XXX**
**IBAN: DE66 2505 0008 0021 345 839**

*vgl.:* Bentin, Margit u. a.: Handlungsorientierte Materialien in Wirtschaft und Verwaltung, Absatz/Marketing, 4., aktualisierte Auflage, Bildungshaus Schulbuchverlage Westermann Schroedel Diesterweg Schöningh Winklers GmbH, Braunschweig 2009, S.9

**Beleg 5**

**OfficeCom AG** — **Materialentnahmeschein**

| Stückzahl | Fertig.-anfang | Bereitstellung | Liefertermin | Kolonne | Auftrags-Nr. | Kostenstelle |
|---|---|---|---|---|---|---|
| 10 | 9 | 14 | 18 | 2 | 1800 703 | 24 |

| | | | | | |
|---|---|---|---|---|---|
| Sachbearbeiter TB | Winkler | erstellt ..-03-22 | Benennung | Zeichnung-Nr. | Z 96 |
| Sachbearbeiter AV | Hiesch | erstellt ..-03-25 | Schreibtisch Modell St 34 | Montage-Hinweis | |
| Ersatz für | Ursprung | | Ersetzt durch | Mat. | Seite |

| Gew. | Mat. KZ | Stück-zahl | Benennung/Abmessung | Pos. Pl. V | Teile-Zchng.-Nr. DIN | Mat.-Güte DIN | Kauf-teil | Disp. E | Disp. AV |
|---|---|---|---|---|---|---|---|---|---|
| | | **40** | **Edelstahlrohre** | 20 | 12-200-20/22 | 9627 K | K | | |
| | | | 710 mm lang, Ø 80 mm | | | | | | |
| | | | | | | | | | |
| | | | | | | | | | |

| Konto | Soll | Haben |
|---|---|---|
| | | |
| | | |
| | | |

Gebucht:

**Ausgabedatum:** ..-03-31
**Ausgeber:** Schmidt
**Empfänger:** Peters

Nur für die Buchhaltung
**Preis je Stuck:** 94,61 €
**Gesamtpreis:** 3.784,40 €

*vgl.:* Scharf, Dirk: Praxis der Buchführung. Beschaffung, Absatz und Finanzierung, Gabler, Wiesbaden 1997, S. 12

**Beleg 6**

**OfficeCom AG**

Ihr Zeichen: kt
Ihre Nachricht vom: 20..-01-15
Unser Zeichen: m-n
Unsere Nachricht vom: 20..-02-08

OfficeCom AG • Hansestr. 120•38112 Braunschweig
Telefon AG
Elektronstraße 12
65933 Frankfurt/Main

Name: Martina Neumann
Telefon: 0531 3688941
Telefax: 0531 4766083
E-Mail: info.officecom-wvb@t-online.de

**Rechnung-Nr. 3269/BT**

Datum: 20..-03-01

| Kunden-Nr. | Auftrags-Nr. | Liefertermin |
|---|---|---|
| 16-6-55 | 124/11 | 20..-03-01 |

**Lieferanschrift**
Telefon AG
Elektronstraße 12
65933 Frankfurt/Main

**Lieferung**
frei Haus
durch Spedition

| Menge | Artikelbezeichnung | Einzelpreis | Gesamtpreis |
|---|---|---|---|
| 200 St. | Schreibtische, Typ ST 34 | 2.350,00 € | **470.000,00 €** |
| | Rabatt: 5 % | | **23.500,00 €** |
| | | | **446.500,00 €** |
| | 19 % Umsatzsteuer | | **84.835,00 €** |
| | | | **531.335,00 €** |

| Konto | Soll | Haben |
|---|---|---|
| | | |
| | | |
| | | |

Gebucht:

Zahlungsbedingungen:
2 % Skonto, zahlbar innerhalb 10 Tagen nach Rechnungsdatum;
netto Kasse, zahlbar innerhalb 4 Wochen nach Rechnungsdatum.

Bankverbindung:
Hartbank Braunschweig, Konto 21 345 839, BLZ 250 500 08
BIC: HARBABR2XXX , IBAN: DE66 2505 0008 0021 345 839

Amtsgericht Braunschweig,
Handelsregister Nr. HRB 126
USt-IdNr. DE328495331

*vgl.:* Scharf, Dirk: Praxis der Buchführung. Beschaffung, Absatz und Finanzierung, Gabler, Wiesbaden 1997, S. 14

**Beleg 7**

**SPEDITION WOHLfahrt**

Wohlfahrt e. K. • H.-Büssing-Ring 8 • 38102 Braunschweig
OfficeCom AG
Hansestraße 120
38112 Braunschweig

Ihr Zeichen: mn
Ihre Nachricht vom: 20..-03-26
Unser Zeichen: hi
Unsere Nachricht vom:

Name: Herr Hilbert
Telefon: 0531 663478
Telefax: 0531 256889
E-Mail: wohlfahrt-sped-wvb@t-online

Datum: 20..-03-26

**Rechnung** Nr. 3372/8

| Kunden-Nr. | Auftrags-Nr. | Lieferanschrift | Liefertermin |
|---|---|---|---|
| 1586 | 1675 | Telefon AG<br>Elektronstraße 12<br>65933 Frankfurt/Main | 20..-03-31 |

**Für den Transport aus o. a. Auftrag berechnen wir gemäßt Frachttabelle**

| | | |
|---|---|---|
| Lieferung | 200 Stück Schreibtische | |
| von | Braunschweig | |
| nach | Frankfurt/Main | 4.360,00 € |
| | 19 % Umsatzsteuer | 828,40 € |
| | | 5.188,40 € |

| Konto | Soll | Haben |
|---|---|---|
| | | |
| | | |
| | | |
| Gebucht: | | |

Zahlung: sofort ohne Abzug

Wohlfahrt e. K., Sitz Braunschweig, Amtsgericht Braunschweig, Handelsregister Nr. HRA 3024
USt-IdNr. DE305793098

Euro-Bank Braunschweig,
Konto 145 623, BLZ 250 500 80
BIC: EUBAR340XXX
IBAN: DE73 2505 0080 0000 1456 23

*vgl.:* Scharf, Dirk: Praxis der Buchführung. Beschaffung, Absatz und Finanzierung, Gabler, Wiesbaden 1997, S. 15

**Beleg 8**

**OfficeCom AG**

OfficeCom AG • Hansestr. 120 • 38112 Braunschweig
Telefon AG
Elektronstraße 12
65933 Frankfurt/Main

Ihr Zeichen: kr
Ihre Nachricht vom: 20..-04-01
Unser Zeichen: we
Unsere Nachricht vom:

Name: Frau Weber
Telefon: 0531 3688941-07
Telefax: 0531 4766083-08
E-Mail: info.officecom-wvb@t-online.de

Datum: 20..-04-01

**Gutschriftanzeige – Auftrags-Nr. 124/11 vom 8. Februar 20..**

Sehr geehrte Damen und Herren,

aufgrund telefonischer Vereinbarung vom 1. April 20.. haben Sie uns einen beschädigten Schreibtisch, Typ ST 34, zurückgesandt. Hierfür erhalten Sie eine Gutschrift in Höhe von 2.232,50 € zuzüglich 19 % Umsatzsteuer.
Wir bitten um gleich lautende Buchung.

Mit freundlichen Grüßen

OfficeCom AG

ppa. *Wegener*
Wegener

| Konto | Soll | Haben |
|---|---|---|
| | | |
| | | |
| Gebucht: | | |

Bankverbindung:
Hartbank Braunschweig, Konto 21 345 839, BLz 250 500 08
BIC: HARBABR2XXX, IBAN: DE66 2505 0008 0021 345 839

Amtsgericht Braunschweig,
Handelsregister Nr. HRB 126
USt-IdNr. DE328495331

**Beleg 9**

**Hartbank Braunschweig**

**KONTOAUSZUG**

| Bankleitzahl | Datum | Auszug Nr. | Blatt Nr. | für Konto-Nr. |
|---|---|---|---|---|
| 250 500 08 | .. -04-15 | 163 | 1 | 21 345 839 |

| Buchungstext | Buchungstag | Valuta | Umsatz Soll = – |
|---|---|---|---|
| Hartbank Braunschweig<br>Zinsen für ..-03, Festgeldkonto Nr. 180943 | ..-04-01 | ..-04-01 | 1.600,00 € |
| Wohlfahrt e. K., Braunschweig<br>Rechnung Nr. 3372/8 vom ..-03-31 | ..-04-02 | ..-04-02 | 5.188,40 € – |
| Telefon AG, Frankfurt/Main<br>Rechnung Nr. 3269/BT vom ..-03-31 | ..-04-12 | ..-04-13 | 518.104,75 € |

Herrn/Frau/Firma

OfficeCom AG
Hansestraße 120
38112 Braunschweig

| Konto | Soll | Haben |
|---|---|---|
| | | |
| | | |
| | | |

Gebucht:

| Soll | Alter Saldo | Haben |
|---|---|---|
| | | 81.064,32 € |
| **Soll** | **Neuer Saldo** | **Haben** |
| | | 595.580,67 € |

**BIC: HARBABR2XXX**
**IBAN: DE66 2505 0008 0021 3458 39**

*vgl.:* Bentin, Margit u. a.: Handlungsorientierte Materialien in Wirtschaft und Verwaltung, Absatz/Marketing, 4., aktualisierte Auflage, Bildungshaus Schulbuchverlage Westermann Schroedel Diesterweg Schöningh Winklers GmbH, Braunschweig 2009, S. 39

**Beleg 10**

**OfficeCom AG**

OfficeCom AG • Hansestr. 120 • 38112 Braunschweig
Fischer Elektronik e. K
Leibnizufer 12
30169 Hannover

Ihr Zeichen: eb
Ihre Nachricht vom: 20..-04-16
Unser Zeichen: kl
Unsere Nachricht vom: 20..-04-16

Name: Frau Kleber
Telefon: 0531 3688941-09
Telefax: 0531 4766083-10
E-Mail: info.officecom-wvb@t-online.de

Datum: 20..-04-16

**Rechnung-Nr. 3899/FA**

| Kunden-Nr. | Auftrags-Nr. | Liefertermin |
|---|---|---|
| 16-658 | 128/12 | 20..-04-16 |

| Lieferanschrift | Lieferung |
|---|---|
| Postanschrift | frei Haus |

| Menge | Artikelbezeichnung | Einzelpreis | Gesamtpreis |
|---|---|---|---|
| 50 St. | Faxgeräte FA 429 | 258,60 € | **12.930,00 €** |
| | 19 % Umsatzsteuer | | **2.456,70 €** |
| | | | **15.386,70 €** |

| Konto | Soll | Haben |
|---|---|---|
| | | |
| | | |
| | | |

Gebucht:

Zahlungsbedingungen:
gegen Wechsel ohne Abzug 90 Tage nach Rechnungsdatum

Bankverbindung:
Hartbank Braunschweig, Konto 21 345 839, BLZ 250 500 08
BIC: HARBABR2XXX, IBAN: DE66 2505 0008 0021 345 839

Amtsgericht Braunschweig,
Handelsregister Nr. HRB 126
USt-IdNr. DE328495331

*vgl.:* Scharf, Dirk: Praxis der Buchführung. Beschaffung, Absatz und Finanzierung, Gabler, Wiesbaden 1997, S. 37 ff.

**Beleg 11**

**Hartbank Braunschweig**

**KONTOAUSZUG**

| Bankleitzahl | Datum | Auszug Nr. | Blatt Nr. | für Konto-Nr. |
|---|---|---|---|---|
| 250 500 08 | ..-04-25 | 164 | 1 | 21 345 839 |

| Buchungstext | Buchungstag | Valuta | Umsatz Soll = – |
|---|---|---|---|
| Fischer Elektronik e. K.<br>Rechnung Nr. 3899/FA vom ..04-16 | ..-04-20 | ..-04-20 | 15.386,70 € |

| Konto | Soll | Haben |
|---|---|---|
| | | |
| | | |
| | | |

Gebucht:

Herrn/Frau/Firma

OfficeCom AG
Hansestraße 120
38112 Braunschweig

| Soll | Alter Saldo | Haben |
|---|---|---|
| | | 595.580,67 € |
| **Soll** | **Neuer Saldo** | **Haben** |
| | | 610.967,37 € |

**BIC: HARBABR2XXX**
**IBAN: DE66 2505 0008 0021 3458 39**

*vgl.:* Bentin, Margit u. a.: Handlungsorientierte Materialien in Wirtschaft und Verwaltung, Absatz/Marketing, 4., aktualisierte Auflage, Bildungshaus Schulbuchverlage Westermann Schroedel Diesterweg Schöningh Winklers GmbH, Braunschweig 2009, S. 39

**Beleg 12**

**OfficeCom AG**

**Entgeltabrechnung**

Herrn
Jens Neitzel
im Hause

| | |
|---|---|
| Personalnummer: | 47112 |
| Steuerklasse: | I |
| Abteilung: | Verkauf |
| Kostenstelle: | 5002 |
| Gehaltsgruppe: | K4 |
| Versicherungsnummer: | 230408659 |
| IBAN: | DE12 2560 5030 0006 8767 65 |
| BIC: | HARBABR2XXX |

**Abrechnungsmonat:** April 20..

| Konto | Soll | Haben |
|---|---|---|
| | | |
| | | |
| | | |

Gebucht:

| Bezeichnung | | Betrag in € |
|---|---|---|
| **Bezüge:** | | |
| Bruttoentgelt | | 2.300,00 |
| **Abzüge:** | | |
| Lohnsteuer | | 234,33 |
| Solidaritätszuschlag | | 0,00 |
| Kirchensteuer | | 21,08 |
| Krankenversicherung | 7,3 % | 167,90 |
| Pflegeversicherung | 1,175 % | 32,78 |
| Rentenversicherung | 9,35 % | 215,05 |
| Arbeitslosenversicherung | 1,2 % | 27,60 |
| **Auszahlungsbetrag:** | | **1.456,38** |

Stand: 01.01.2021; zu aktuellen Beitragssätzen der gesetzlichen Sozialversicherung siehe z. B.: www.deutsche-sozialversicherung.de

**Beleg 13**

**Hartbank Braunschweig**

**KONTOAUSZUG**

| Bankleitzahl | Datum | Auszug Nr. | Blatt Nr. | für Konto-Nr. |
|---|---|---|---|---|
| 250 500 08 | .. -04-30 | 165 | 1 | 21 345 839 |

| Buchungstext | Buchungstag | Valuta | Umsatz Soll = – |
|---|---|---|---|
| Krankenkasse XY Abbuchung SV-Varauszahlung für Gehaltsabrechnung Neitzel .. -04-30 | .. -04-30 | .. -04-30 | 888,96 € – |
| Gehaltsabrechnung Neitzel .. -04-30 | .. -04-30 | .. -04-30 | 1.600,11 € – |
| Bärbank, Hamburg, Zinsen für Darlehen, Konto Nr. 409 346, für .. -01 bis .. -04 | .. -04-30 | .. -04-30 | 4.250,00 € – |
| Hartbank BS, Grundschuld, Konto Nr. 235 951 | .. -04-30 | .. -04-30 | 500.000,00 € |

Herrn/Frau/Firma

OfficeCom AG
Hansestraße 120
38112 Braunschweig

| Konto | Soll | Haben |
|---|---|---|
| | | |
| | | |
| | | |

Gebucht:

| Soll | Alter Saldo | Haben |
|---|---|---|
| | | 610,967,37 € |
| **Soll** | **Neuer Saldo** | **Haben** |
| | | 1.104.228,30 € |

**BIC: HARBABR2XXX**
**IBAN: DE66 2505 0008 0021 3458 39**

*vgl.:* Bentin, Margit u. a.: Handlungsorientierte Materialien in Wirtschaft und Verwaltung, Absatz/Marketing, 4., aktualisierte Auflage, Bildungshaus Schulbuchverlage Westermann, Braunschweig 2009, S. 39

**Beleg 14**

**Maschinenfabrik**
**Kurt Utzinger e. K.**

Utzinger e. K. • Merseburger Str. 20 • 39122 Magdeburg
**OfficeCom AG**
**Hansestraße 120**
**38112 Braunschweig**

Ihr Zeichen: kg
Ihre Nachricht vom: 20..-03-25
Unser Zeichen: ha
Unsere Nachricht vom: 20..-03-30

Name: Herr Havemann
Telefon: 0391 3456-29
Telefax: 0391 6666-21
E-Mail: info.maschutz-wvb@t-online.de

Datum: 20..-05-06

**Rechnung Nr.** 2160

| Kunden-Nr. | Auftrags-Nr. | Lieferschein-Nr. | Lieferanschrift |
|---|---|---|---|
| 888 | 2403 | 1005 | Postanschrift |

| Pos. | Bezeichnung | Menge | Preis € |
|---|---|---|---|
| 1 | Hobelmaschine KU 40 | 1 | 12.500,00 |
| 2 | Montage und Aufstellung gemäß Spezifikation | | 212,00 |
| | | | 12.712,00 |
| | 19 % Umsatzsteuer | | 2.415,28 |
| | Rechnungsbetrag | | 15.127,28 |
| | Zahlbar innerhalb 8 Tagen mit 2 % Skonto, innerhalb 4 Wochen netto. | | |

| Konto | Soll | Haben |
|---|---|---|
| | | |
| | | |
| | | |

Gebucht:

Kurt Utzinger e. K.
Sitz Magdeburg
Amtsgericht Magdeburg,
Handelsregister Nr. HRA 965
USt-IdNr. DE396432791

Bankverbindung:
Sparkasse Magdeburg,
Konto 24 107 695, BLZ 252 460 13
BIC: NOLADE757XX
IBAN: DE32 2524 6013 0024 1076 95

*vgl.:* Scharf, Dirk: Praxis der Buchführung. Personal- und Anlagenwirtschaft, Gabler, Wiesbaden 1997, S. 17

**Beleg 15**

**SCHARTE KG**

Scharte KG • Saarstraße 50 • 38118 Braunschweig
OfficeCom AG
Hansestraße 120
38112 Braunschweig

Ihr Zeichen: kg
Ihre Nachricht vom: 20..-04-15
Unser Zeichen: ha
Unsere Nachricht vom: 20..-04-20

Name: Jan Hartmann
Telefon: 0531 7953-20
Telefax: 0531 7953-21
E-Mail: info.schartekg-wvb@t-online.de

Datum: 20..-05-02

**Rechnung Nr. 184/9**

| Kunden-Nr. | Auftrags-Nr. | Lieferschein-Nr. | Lieferanschrift |
|---|---|---|---|
| 3004 | 148 B | 217 | Postanschrift |

| Pos. | Bezeichnung der Lieferung/Leistung | Preis € |
|---|---|---|
| 1 | Erstellung eines Fundaments für Hobelmaschine gemäß Aufstellung | 3.360,00 |
| | 19 % Umsatzsteuer | 638,40 |
| | Rechnungsbetrag | 3.998,40 |

| Konto | Soll | Haben |
|---|---|---|
| | | |
| | | |
| | | |

Gebucht:

Zahlbar innerhalb 10 Tagen ohne Abzug

SCHARTE KG
Sitz Braunschweig
Amtsgericht Braunschweig,
Handelsregister Nr. HRA 2154
USt-IdNr. DE342795774

Bankverbindung:
Hartbank Braunschweig
Konto 453 072. BLZ 250 500 08
BIC: HARBABR2XXX
IBAN: DE66 2505 0008 0000 4530 72

*vgl.:* Scharf, Dirk: Praxis der Buchführung. Beschaffung, Absatz und Finanzierung, Gabler, Wiesbaden 1997, S. 37 ff.

**Beleg 16**

**Hartbank Braunschweig**

**KONTOAUSZUG**

| Bankleitzahl | Datum | Auszug Nr. | Blatt Nr. | für Konto-Nr. |
|---|---|---|---|---|
| 250 500 08 | .. -05-15 | 166 | 1 | 21 345 839 |

| Buchungstext | Buchungstag | Valuta | Umsatz Soll = – |
|---|---|---|---|
| Miete Jäger OHG für .. -05 | .. -04-30 | .. -05-01 | 3.480,00 € |
| Finanzamt Braunschweig Lohnsteuer .. -04 Neitzel | .. -05-09 | .. -05-01 | 255,41 € – |
| Scharte KG, Rechnung Nr. 184/9 vom .. -05-02 | .. -05-11 | .. -05-12 | 3.998,40 € – |
| Maschinenfabrik Kurt Utzinger e. K. Rechnung Nr. 2160 vom .. -05-06 | .. -05-12 | .. -05-13 | 14.824,73 € – |

Herrn/Frau/Firma

OfficeCom AG
Hansestraße 120
38112 Braunschweig

| Konto | Soll | Haben |
|---|---|---|
| | | |
| | | |
| | | |

Gebucht:

| Soll | Alter Saldo | Haben |
|---|---|---|
| | | 1.104.228,30 € |
| **Soll** | **Neuer Saldo** | **Haben** |
| | | 1.088.629,76 € |

**BIC: HARBABR2XXX**
**IBAN: DE66 2505 0008 0021 3458 39**

*vgl.:* Bentin, Margit u. a.: Handlungsorientierte Materialien in Wirtschaft und Verwaltung, Absatz/Marketing, 4., aktualisierte Auflage, Bildungshaus Schulbuchverlage Westermann, Braunschweig 2009, S. 39

**Beleg 17**

# Carl B. Fischer GmbH

*Ihr Holzpartner*

Carl B. Fischer GmbH • Hansestr. 128 • 38112 Braunschweig

OfficeComAG
Frau Janine Baule
Hansestraße 120
38112 Braunschweig

Ihr Zeichen: ba
Ihre Nachricht vom: 20..-06-01
Unser Zeichen: be
Unsere Nachricht vom: 20..-06-02

Name: Janine Baute
Telefon: 0531 183256-00
Telefax: 0531 183256-99
E-Mail: info@cbfischer-wvb.de

**Rechnung** Nr. 256/21

Datum: 20 ..-06-05

| Kunden-Nr. | Auftrags-Nr. | Lieferung | Lieferanschrift |
|---|---|---|---|
| 43 | 256/21 | frei Haus | Postanschrift |

| Menge/Einh. | Artikelbezeichnung | Einzelpreis | Gesamtpreis |
|---|---|---|---|
| 50 St. | Ahornfurnierte Holzplatte gemäß Spezifikation | 648,00 € | 32.400,00 € |
| | 19 % USt | | 6.156,00 € |
| | | | 38.556,00 € |

| Konto | Soll | Haben |
|---|---|---|
| | | |
| | | |
| | | |

Gebucht:

Zahlungsbedingung:
zahlbar innerhalb 8 Tagen nach Rechnungsdatum ohne Abzug

**Beleg 18**

**AUTOHAUS SCHNELL e.K.**

Autohaus Schnell e. K. · Friedrichstr. 68 · 10117 Berlin

OfficeCom AG
Hansestraße 120
38112 Braunschweig

Ihr Zeichen: de
Ihre Nachricht vom: 20..-05-26
Unser Zeichen: fu
Unsere Nachricht vom: 20..-05-31

Name: Damian Fuhrhop
Telefon: 030 37206-59
Telefax: 030 37206-60
E-Mail: info.autoschnell-wvb@gmx.de

Datum: 20..-06-20

**Rechnung Nr. 99/3/385**

| Kunden-Nr. | Auftrags-Nr. | Liefertermin |
|---|---|---|
| 126 | 510/3 | 20.. -06-20 |

| Lieferanschrift | Lieferung |
|---|---|
| – | Abholung |

| Menge | Artikelbezeichnung | Preis |
|---|---|---|
| 1 St. | Pkw Polo (gemäß Angebot vom 26. Mai 20..) | **20.000,00 €** |
| | 19 % Umsatzsteuer | **3.8000 €** |
| | | **23.800,00 €** |

Zahlungsbedingung:
Anzahlung: 5.000,00 € bei Abholung
Rest innerhalb 10 Tagen nach Rechnungsdatum ohne Abzug

| Konto | Soll | Haben |
|---|---|---|
| | | |
| | | |
| | | |

Gebucht:

Scheck über
5.000,00 EUR
dankend erhalten
..-06-20 Schnell

**Beleg 19**

Deutsche Telekom AG
53171 Bonn

**DV** 03 0,55

OfficeComAG
Hansestraße 120
38112 Braunschweig

| | |
|---|---|
| **Datum** | ..-06-21 |
| **Seite** | 1 von 4 |
| **Kundennummer** | 298 100 9725 |
| **Rechnungsnummer** | 913 685 3071 |
| **Buchungskonto** | 476 020 3885 |
| **Haben Sie noch Fragen zu Ihrer Rechnung?** | www.telekom.de/ rechnungshilfe |
| **Telefon** | 0800 33 01000 |

## Ihre Rechnung für Juni 20..

| **Die Leistungen im Überblick ( Summen)** | | Beträge (Euro) |
|---|---|---|
| **Monatliche Beträge** | | 33,36 |
| **Nutzungsabhängige Beträge** | | 485,82 |
| **Beträge anderer Anbieter** | | 4,24 |
| **Summe der oben angeführten Beträge** | | 523,42 |
| Umsatzsteuer 19 % auf ... | 523,42 Euro | 99,45 |
| **Rechnungsbetrag** | | **622,87** |

Der Rechnungsbetrag wird nicht vor dem 7. Tag nach Zugang der Rechnung von Ihrem Konto mit der IBAN DE66 2505 0008 0021 3458 39, BIC: HARBABR2XXX abgebucht.

Auf einen Blick alles Wichtige -
mehr Details sehen Sie auf der Rückseite dieser Rechnung.

| Konto | Soll | Haben |
|---|---|---|
| | | |
| | | |
| | | |

Gebucht:

**Beleg 20**

## Hartbank Braunschweig

**KONTOAUSZUG**

| **Bankleitzahl** | **Datum** | **Auszug Nr.** | **Blatt Nr.** | **für Konto-Nr.** |
|---|---|---|---|---|
| 250 500 08 | ..-06-30 | 170 | 1 | 21 345 839 |

| **Buchungstext** | **Buchungstag** | **Valuta** | **Umsatz Soll = –** |
|---|---|---|---|
| Carl B. Fischer GmbH, Re. 256/21 v. ..-06-05 | ..-06-12 | ..-06-12 | 38.556,00 € – |
| Fernmelderechnung ..-06 | ..-06-21 | ..-06-21 | 622,87 € – |
| Lastschrift Scheck Nr. 123 765 20 | ..-06-24 | ..-06-24 | 5.000,00 € – |
| Schnell e. K., Berlin, Re. 99/3/385 vom ..-06-20 | ..-06-29 | ..-06-29 | 18.800,00 € – |
| Hartbank Braunschweig Tilgung Grundschuld, Konto Nr. 897 345 | ..-06-30 | ..-06-30 | 600.000,00 € – |

Herrn/Frau/Firma

OfficeCom AG
Hansestraße 120
38112 Braunschweig

| Konto | Soll | Haben |
|---|---|---|
| | | |
| | | |
| | | |

Gebucht:

| Soll | Alter Saldo | Haben |
|---|---|---|
| | | 862.387,35 € |
| **Soll** | **Neuer Saldo** | **Haben** |
| | | 199.408,48 € |

**BIC: HARBABR2XXX**
**IBAN: DE66 2505 0008 0021 3458 39**

*vgl.:* Bentin, Margit u. a.: Handlungsorientierte Materialien in Wirtschaft und Verwaltung, Absatz/Marketing, 4., aktualisierte Auflage, Bildungshaus Schulbuchverlage Westermann, Braunschweig 2009, S. 39

**Beleg 21**

```
Deutsche Post AG
38100 Braunschweig
81042020 ..-08-08

9881
Postwertzeichen ohne Zuschlag
*7,00 EUR                                A

Bruttoumsatz                     *7,00 EUR
umsatzsteuerbefreit nach §4 UStG A
Nettoumsatz A                   *7,00 EUR
Steuernummer der Deutschen Post AG:
5205/5777/1510

Vielen Dank für Ihren Besuch.
Ihre Deutsche Post AG
```

| Konto | Soll | Haben |
|---|---|---|
| | | |
| | | |
| | | |
| Gebucht: | | |

**Beleg 22**

| | | | | |
|---|---|---|---|---|
| Inventar-/Bilanzposition: Technische Anlagen und Maschinen | | | Menge: 1 | Anlagenkarte Nr. 136 |
| Bezeichnung: Hobelmaschine KU 40 | | | | OfficeCom AG<br>Hansestraße 120<br>38112 Braunschweig |
| Standort:<br>Fertigung | Kostenstelle:<br>110 | Lieferant:<br>Kurt Utzinger e. K. | | |
| Anschaffungs-datum:<br>..-05-06 | Anschaffungskosten:<br>15.817,76 €* | | | |
| Nutzungsdauer:<br>10 Jahre | Voraussichtlicher Schrottwert:<br>– | | | Abschreibungsmethode:<br>linear<br>Abschreibungssatz:<br>10 % |
| **Buchungsdatum** | **Beleg-Nr.** | **Buchungstext** | **Betrag in €** | **Buchwert** |
| ..-05-06 | ER 324 | Lieferung | 15.817,76 | |
| ..-12-31 | | Abschreibung | | |
| | | | | |
| | | | | |
| | | | | |
| | | | | |
| | | | | |

2

**Vorbereitende Jahresabschlussbuchungen**

Am Ende des Geschäftsjahres müssen in der OfficeCom AG im Hinblick auf den Jahresabschluss noch einige sogenannte vorbereitende Abschlussbuchungen vorgenommen werden. Dabei sind die Angaben zum Modellunternehmen der Aufgabe 1 sowie der dort angegebene Kontenrahmen zu beachten.

**a)** Das Konto „Bezugskosten für Rohstoffe“ weist auf der Sollseite einen Betrag von 16.845,00 € aus, das Konto „Nachlässe für Rohstoffe“ auf der Habenseite 14.327,00 €. Beide Konten sind mithilfe der entsprechenden Buchungssätze abzuschließen. Die Beschaffung der Rohstoffe wurde aufwandsorientiert gebucht.

**b)** Anfang des Jahres betrug der Bestand an Heizöl 9.800,00 €. Im laufenden Jahr wurde Heizöl im Wert von 74.000,00 € netto eingekauft und bestandsorientiert gebucht. Der Endbestand zum Bilanzstichtag beträgt 6.750,00 €. Ermitteln und buchen Sie den Jahresverbrauch.

**c)** Der Buchbestand für Lacke ergibt einen Wert von 3.580,00 €. Aufgrund der Inventur waren aber zum Bilanzstichtag nur noch Lacke im Wert von 2.640,00 € auf Lager. Buchen Sie die Inventurdifferenz.

**d)** Die Portokasse weist gegenüber dem Buchbestand einen ungeklärten Mehrbestand von 18,45 € auf. Buchen Sie die Inventurdifferenz.

**e)** Die Konten „Vorsteuer“ und „Umsatzsteuer“ weisen für den Monat Dezember folgende Beträge auf:

| Soll | Vorsteuer | | Haben |
|---|---|---|---|
| Verbindlichkeiten | 28.000,00 | Verbindlichkeiten | 3.580,00 |
| Kasse | 13.000,00 | | |
| Bankguthaben | 6.000,00 | | |
| Verbindlichkeiten | 7.400,00 | | |

| Soll | Umsatzsteuer | | Haben |
|---|---|---|---|
| Forderungen | 13.000,00 | Forderungen | 41.000,00 |
| | | Bankguthaben | 16.300,00 |
| | | Bankguthaben | 7.650,00 |
| | | Forderungen | 24.360,00 |

Ermitteln und passivieren Sie die Zahllast.

**f)** Der Anfangsbestand des Kontos „Unfertige Erzeugnisse“ betrug 9.784,00 €, der Endbestand lt. Inventur wird mit 16.930,00 € angegeben. Buchen Sie die Bestandsveränderung.

Der Anfangsbestand des Kontos „Fertige Erzeugnisse“ betrug 19.650,00 €, der Endbestand lt. Inventur wird mit 6.840,00 € angegeben. Buchen Sie die Bestandsveränderung.

Schließen Sie anschließend das Konto „Bestandsveränderungen“ ab.

**g)** Folgende Aufwendungen bzw. Erträge sind zum Ende des laufenden Geschäftsjahres der OfficeCom AG noch zu buchen bzw. zeitlich abzugrenzen:

- Für zwei Werkswohnungen gingen am 20.12. die Mieterträge für Januar des folgenden Jahres in Höhe von 2.630,00 € auf dem Bankkonto ein.
- Die Provision für den Handelsvertreter für Monat Dezember von 2.200,00 € netto wird von uns erst im Januar des Folgejahres mit Bankscheck beglichen. Die Rechnung des Vertreters liegt bereits vor; der Umsatzsteuersatz beträgt 19 %.
- Die halbjährlich, nachträglich fälligen Darlehenszinsen für die Zeit vom 01.11. des Jahres bis 30.04. des Folgejahres von 600,00 € werden von der OfficeCom AG am 30.04. des Folgejahres durch Banküberweisung bezahlt.

- Die OfficeCom AG hat die vierteljährlich fällig werdende Miete für eine vermietete Lagerhalle von 504,00 € für die Zeit vom 01.12. des laufenden Jahres bis 28.02. des folgenden Jahres bereits am 05.12. des laufenden Jahres erhalten (Bankgutschrift).
- Die Kfz-Steuer über 1.200,00 € für die Zeit vom 01.11. des laufenden Jahres bis 31.10. des Folgejahres wurde von der OfficeCom AG am 01.11. des laufenden Jahres durch Banküberweisung an das Finanzamt bezahlt.
- Zinsen von 120,00 € für den Zeitraum 01.12. des laufenden Jahres bis Ende Februar des folgenden Jahres für ein gegebenes Darlehen sind nachträglich, also erst Ende Februar des Folgejahres, fällig.

**h)** Für das eigene Archiv wurden zwei Aktenschrankwände in den Werkstätten der OfficeCom AG hergestellt. Fertigstellungstermin war der 17.10. dieses Geschäftsjahres. Dabei entstanden folgende Kosten:

| | |
|---|---|
| Fertigungsmaterial: | 11.000,00 € |
| Materialgemeinkosten: | 2.300,00 € |
| Fertigungslöhne: | 16.380,00 € |
| Fertigungsgemeinkosten: | 15.420,00 € |
| Verwaltungsgemeinkosten: | 3.450,00 € |

Bei der Beschaffung der Werkstoffe fielen 3.410,00 € Umsatzsteuer an. Die Nutzungsdauer wird auf 10 Jahre geschätzt. Die Aktenschrankwände werden linear abgeschrieben.

Die Aktenschrankwände sind zunächst noch zu aktivieren; dabei ist zu berücksichtigen, dass der Gewinn des Geschäftsjahres so gering wie möglich ausgewiesen werden soll. Anschließend ist die Abschreibung zu ermitteln und zu buchen.

## Lösungen zu Aufgabe 1

Grundbuch ..

| Beleg-datum | Beleg Nr. | Buchungssatz/-text | Soll | Haben |
|---|---|---|---|---|
| ..-03-01 | 1 | Rohstoffe | 75.072,00 | |
| | | Vorsteuer | 14.263,68 | |
| | | an Verbindlichkeiten a. LL | | 89.335,68 |
| | | Einkauf von Edelstahlrohren von Knaber OHG, Hamburg, Rechnung Nr. 2338/M | | |

**Anmerkungen/Nebenrechnungen zu Beleg 1**

bestandsorientierter Buchungssatz

| Grundbuch .. | | | | |
|---|---|---|---|---|
| **Beleg-datum** | **Beleg Nr.** | **Buchungssatz/-text** | **Soll** | **Haben** |
| ..-03-01 | 2 | Bezugskosten für Rohstoffe | 2.120,33 | |
| | | Vorsteuer | 402,86 | |
| | | an Verbindlichkeiten a. LL | | 2.523,19 |
| | | Fracht für Edelstahlrohre, Transfahrt AG, Hamburg, Rechnung Nr. 4498/5 | | |
| ..-03-03 | 3 | Verbindlichkeiten a. LL | 223,34 | |
| | | an Rohstoffe | | 187,68 |
| | | an Vorsteuer | | 35,66 |
| | | Rücksendung mangelhafter Edelstahlrohre an Knaber OHG, Hamburg, gemäß Gutschriftanzeige vom ..-03-03 | | |
| ..-03-30 | 4 (2) | Verbindlichkeiten a. LL | 2.513,19 | |
| | | an Bankguthaben | | 2.513,19 |
| | | Rechnungsausgleich Transfahrt AG, Hamburg, Rechnung Nr. 4498/5 | | |
| ..-03-30 | 4 (1, 3) | Verbindlichkeiten a. LL | 89.112,34 | |
| | | an Nachlässe für Rohstoffe | | 1.497,69 |
| | | an Vorsteuer | | 284,56 |
| | | an Bankguthaben | | 87.330,09 |
| | | Rechnungsausgleich Knaber OHG, Hamburg, abzüglich Gutschrift, abzüglich 2 % Skonto, Rechnung Nr. 2338/M | | |

| Grundbuch .. | | | | |
|---|---|---|---|---|
| **Beleg-datum** | **Beleg Nr.** | **Buchungssatz/-text** | **Soll** | **Haben** |
| **Anmerkungen/Nebenrechnungen zu Beleg 4 (1, 3)**<br>Rechnungsbetrag Knaber OHG 89.335,68 €<br>– Gutschrift von Knaber OHG 223,34 €<br>= Restschuld der OfficeCom AG 89.112,34 €<br>– 2 % Skonto (brutto) 1.782,25 €<br>= Überweisungsbetrag der OfficeCom AG 87.330,09 €<br>2 % Skonto (netto) = $\frac{1.782,25\ €}{119} \cdot 100 = \underline{\underline{1.497,69\ €}}$<br>Vorsteuerkorrektur = 1.782,25 € – 1.497,69 € = $\underline{\underline{284,56\ €}}$ | | | | |
| ..-03-30 | 4 | Mieten, Pachten | 4.500,00 | |
| | | an Bankguthaben | | 4.500,00 |
| | | Banküberweisung für gemietete Lagerhalle an Brake AG, Braunschweig, für ..-04 | | |
| ..-03-31 | 5 | Aufwendungen für Rohstoffe | 3.784,40 | |
| | | an Rohstoffe | | 3.784,40 |
| | | Entnahme und Verbrauch von Edelstahlrohren | | |
| ..-03-31 | 6 | Forderungen a. LL | 531.335,00 | |
| | | an Umsatzerlöse für eigene Erzeugnisse | | 446.500,00 |
| | | an Umsatzsteuer | | 84.835,00 |
| | | Verkauf von Schreibtischen an Telefon AG, Frankfurt/Main, Rechnung Nr. 124/11 | | |
| ..-03-31 | 7 | Frachten und Nebenkosten | 4.360,00 | |
| | | Vorsteuer | 828,40 | |
| | | an Verbindlichkeiten a. LL | | 5.188,40 |
| | | Frachtkosten an Wohlfahrt e. K., Braunschweig, Re. Nr. 3372/8 | | |

| Grundbuch .. | | | | |
|---|---|---|---|---|
| **Beleg-datum** | **Beleg Nr.** | **Buchungssatz/-text** | **Soll** | **Haben** |
| ..-04-01 | 8 | Umsatzerlöse | 2.232,50 | |
| | | Umsatzsteuer | 424,18 | |
| | | an Forderungen a. LL | | 2.656,68 |
| | | Rücksendung eines mangelhaften Schreibtisches von Telefon AG, Frankfurt/Main, Gutschriftanzeige vom ..-04-01 | | |
| ..-04-15 | 9 | Bankguthaben | 1.600,00 | |
| | | an Zinserträge | | 1.600,00 |
| | | Zinsgutschrift der Hartbank, Braunschweig, für ..-03 für Festgeldkonto Nr. 180943 | | |
| ..-04-15 | 9 (7) | Frachten und Nebenkosten | 5.188,40 | |
| | | an Bankguthaben | | 5.188,40 |
| | | Frachtkosten Wohlfahrt e. K., Braunschweig, Rechnung Nr. 3372/8 | | |
| ..-04-15 | 9 (6, 8) | Bankguthaben | 518.104,75 | |
| | | Erlösberichtigungen | 8.885,35 | |
| | | Umsatzsteuer | 1.688,22 | |
| | | an Forderungen a. LL | | 528.678,32 |
| | | Rechnungsausgleich durch Telefon AG, Frankfurt/Main, abzüglich Gutschrift, abzüglich 2 % Skonto, Rechnung Nr. 3268/BT | | |

**Anmerkungen/Nebenrechnungen zu Beleg 9 (6, 8)**

| | | |
|---|---|---|
| | Rechnungsbetrag OfficeCom AG | 531.335,00 € |
| – | Gutschrift an Telefon AG | 2.656,68 € |
| = | Restforderung der OfficeCom AG | 528.678,32 € |
| – | 2 % Skonto (brutto) | 10.573,57 € |
| = | Gutschrift auf Bankkonto | 518.104,75 € |

| Grundbuch .. | | | | |
|---|---|---|---|---|
| **Beleg-datum** | **Beleg Nr.** | **Buchungssatz/-text** | **Soll** | **Haben** |
| 2 % Skonto (netto) = $\frac{10.573{,}57\ €}{119} \cdot 100 = 8.885{,}35\ €$<br>Umsatzsteuerkorrektur = 10.573,57 € – 8.885,35 € = 1.688,22 € | | | | |
| ..-04-16 | 10 | Forderungen a. LL | 15.386,70 | |
| | | an Umsatzerlöse für Waren | | 12.930,00 |
| | | an Umsatzsteuer | | 2.456,70 |
| | | Verkauf von Faxgeräten an Fischer Elektronik e. K., Hannover, Rechnung Nr. 3899/FA | | |
| ..-04-25 | 11 | Bankguthaben | 15.386,70 | |
| | | an Forderungen a. LL | | 15.386,70 |
| | | Rechnungsausgleich durch Fischer Elektronik e. K., Hannover, Rechnung Nr. 3899/FA | | |
| ..-04-30 | 13 (12) | SV-Vorauszahlung | 888,96 | |
| | | an Bankguthaben | | 888,96 |
| | | Bankeinzug der SV-Beiträge (AN- und AG-Anteil) durch Krankenversicherung für ..-04 | | |

**Anmerkungen/Nebenrechnungen zu Beleg 12, 13**

| | KV | PV | RV | AV | Gesamt |
|---|---|---|---|---|---|
| Arbeitnehmeranteil SV | 167,90 € | 35,08 € | 213,90 € | 27,60 € | 444,48 € |
| + Arbeitgeberanteil SV | 167,90 € | 35,08 € | 213,90 € | 27,60 € | 444,48 € |
| = Vorauszahlung SV | | | | | 888,96 € |

| Grundbuch .. | | | | |
|---|---|---|---|---|
| **Beleg-datum** | **Beleg Nr.** | **Buchungssatz/-text** | **Soll** | **Haben** |
| ..-04-30 | 13 (12) | Gehälter | 2.300,00 | |
| | | an SV-Vorauszahlung | | 444,48 |
| | | an FB-Verbindlichkeiten | | 255,41 |
| | | an Bankguthaben | | 1.600,11 |
| | | Banküberw. Nettogehalt ..-04 | | |
| ..-04-30 | 12 | Arbeitgeberanteil zur SV | 444,48 | |
| | | an SV-Vorauszahlung | | 444,48 |
| | | Verrechnung des AG-Anteils zur SV ..-04 | | |
| ..-04-30 | 13 | Zinsaufwendungen | 4.250,00 | |
| | | an Bankguthaben | | 4.250,00 |
| | | Darlehenszinsen an Bärbank, Hamburg, für Konto Nr. 409 346, für ..-01 bis ..-04 | | |
| ..-04-30 | 13 | Bankguthaben | 500.000,00 | |
| | | an langfristige Bankverbindlichkeiten | | 500.000,00 |
| | | Aufnahme einer Grundschuld bei Hartbank, Braunschweig, Konto Nr. 235 951 | | |
| ..-05-06 | 14 | Technische Anlagen/Maschinen | 12.712,00 | |
| | | Vorsteuer | 2.415,28 | |
| | | an Verbindlichkeiten a. LL | | 15.127,28 |
| | | Kauf einer Hobelmaschine, Maschinenfabrik Kurt Utzinger, Magdeburg, Rechnung Nr. 2160 | | |

| Grundbuch .. | | | | |
|---|---|---|---|---|
| **Beleg-datum** | **Beleg Nr.** | **Buchungssatz/-text** | **Soll** | **Haben** |
| ..-05-02 | 15 | Technische Anlagen/Maschinen | 3.360,00 | |
| | | Vorsteuer | 638,40 | |
| | | an Verbindlichkeiten a. LL | | 3.998,40 |
| | | Fundament für Hobelmaschine, Scharte KG, Braunschweig, Rechnung Nr. 184/9 | | |
| ..-05-15 | 16 | Bankguthaben | 3.480,00 | |
| | | an Mieterträge | | 3.480,00 |
| | | Miete für vermietete Geschäftsräume von Jäger OHG für ..-05 | | |
| ..-05-15 | 16 (12) | Verbindlichkeiten gegenüber Finanzbehörden | 255,41 | |
| | | an Bankguthaben | | 255,41 |
| | | Überweisung von Lohnsteuer und Kirchensteuer Neitzel für ..-04 | | |
| ..-05-15 | 16 (15) | Verbindlichkeiten a. LL | 3.998,40 | |
| | | an Bankguthaben | | 3998,40 |
| | | Rechnungsausgleich an Scharte KG, Braunschweig, Rechnung Nr. 184/9 | | |
| ..-05-15 | 16 (14) | Verbindlichkeiten a. LL | 15.127,28 | |
| | | an Technische Anlagen/ Maschinen | | 254,24 |
| | | an Vorsteuer | | 48,31 |
| | | an Bankguthaben | | 14.824,73 |
| | | Rechnungsausgleich an Maschinenfabrik Kurt Utzinger e. K., Magdeburg, Rechnung Nr. 2160 | | |

| Beleg-datum | Beleg Nr. | Buchungssatz/-text | Soll | Haben |
|---|---|---|---|---|
| Grundbuch .. | | | | |
| **Anmerkungen/Nebenrechnungen zu Beleg 16** | | | | |
| | | Rechnungsbetrag Kurt Utzinger | 15.127,28 € | |
| | | – 2 % Skonto (brutto) | 302,55 € | |
| | | = Überweisungsbetrag | 14.824,73 € | |
| | | 2 % Skonto (netto) = $\frac{302{,}55\ €}{119} \cdot 100 = \underline{\underline{254{,}24\ €}}$ | | |
| | | Vorsteuerkorrektur = 302,55 € – 254,24 € = $\underline{\underline{48{,}31\ €}}$ | | |
| ..-05-06 | 17 | Aufwendungen für Rohstoffe | 32.400.00 | |
| | | Vorsteuer | 6.156,00 | |
| | | an Verbindlichkeiten a. LL | | 38.556,00 |
| | | Einkauf furnierter Holzplatten von C. B. Fischer, Braunschweig, Rechnung Nr. 256/21 | | |
| **Anmerkungen/Nebenrechnungen zu Beleg 17** | | | | |
| | | Aufwandsorientierte Buchung | | |
| ..-06-20 | 18 | Fuhrpark | 20.000,00 | |
| | | Vorsteuer | 3.800,00 | |
| | | an Bankguthaben | | 5.000,00 |
| | | an Verbindlichkeiten a. LL | | 18.800,00 |
| | | Kauf eines Pkw gegen Bankscheck (5.000,00 €), Rest auf Ziel, von Autohaus Schnell e. K., Berlin, Rechnung Nr. 99/3/385 | | |
| ..-06-30 | 20 (19) | Porto, Telefon, Telefax | 523,42 | |
| | | Vorsteuer | 99,45 | |
| | | an Bankguthaben | | 622,87 |
| | | Abbuchung Fernmeldegebühren für ..-06 | | |

| Grundbuch .. | | | | |
|---|---|---|---|---|
| **Beleg-datum** | **Beleg Nr.** | **Buchungssatz/-text** | **Soll** | **Haben** |
| ..-06-30 | 20 (17) | Verbindlichkeiten a. LL<br>an Bankguthaben<br>Rechnungsausgleich an C. B. Fischer GmbH, Braunschweig, Rechnung Nr. 256/21 | 38.556,00 | 38.556,00 |
| ..-06-30 | 20 (18) | Verbindlichkeiten a. LL<br>an Bankguthaben<br>Rechnungsausgleich an Autohaus Schnell e. K., Berlin, Rechnung Nr. 99/3/385 | 18.800,00 | 18.800,00 |
| ..-06-30 | 20 | Langfristige Bankverbindlichkeiten<br>an Bankguthaben<br>Tilgung Grundschuld an Hartbank Braunschweig, Konto Nr. 897 345 | 600.000,00 | 600.000,00 |
| ..-08-11 | 20 (21) | Porto, Telefon, Telefax<br>an Kasse<br>Postwertzeichen bar | 7,00 | 7,00 |
| ..-12-31 | 22 | Abschreibungen auf Sachanlagen<br>an Technische Anlagen/ Maschinen<br>planmäßige Abschreibung der Hobelmaschine KU 40 | 1.054,52 | 1.054,52 |

**Anmerkungen/Nebenrechnungen zu Beleg 22**

| | |
|---|---|
| Anschaffungspreis | 12.500,00 € |
| + Montage/Aufstellung | 212,00 € |
| + Fundament | 3.360,00 € |
| – Skonto (2 % von 12.712,00 €) | 254,24 € |
| = Anschaffungskosten (Basis der planmäßigen Abschreibung) | 15.817,76 € |

bilanzielle Abschreibung im Jahr der Anschaffung:
Abschreibungsbetrag pro Jahr: 15.817,76 € · 10 % = 1.581,78 €

$$\text{zeitanteilige Abschreibung} = \frac{1.581{,}78\ €}{12} \cdot 8 = \underline{\underline{1.054{,}52\ €}}$$

## Lösungen zu Aufgabe 2

| | Buchungssatz | Soll | Haben |
|---|---|---|---|
| a) | Aufwendungen für Rohstoffe/Fertigungsmaterial<br>an Bezugskosten für Rohstoffe/Fertigungsmaterial<br><br>Nachlässe für Rohstoffe/Fertigungsmaterial<br>an Aufwendungen für Rohstoffe/Fertigungsmaterial | 16.845,00 €<br><br><br>14.327,00 € | <br>16.845,00 €<br><br><br>14.327,00 € |
| b) | **Ermittlung des Verbrauchs:**<br>Anfangsbestand: 9.800,00 €<br>+ Einkäufe: 74.000,00 €<br>– Endbestand: 6.750,00 €<br>= Verbrauch: 77.050,00 €<br><br>**Buchung des Verbrauchs:**<br>Aufwendungen für Betriebsstoffe<br>an Betriebsstoffe | 77.050,00 € | 77.050,00 € |
| c) | Aufwendungen für Hilfsstoffe<br>an Hilfsstoffe | 940,00 € | 940,00 € |
| d) | Kasse<br>an Periodenfremde Erträge | 18,45 € | 18,45 € |
| e) | **Saldo des Kontos Vorsteuer:**<br>50.820,00 €<br><br>**Abschluss des Kontos „Vorsteuer“ über das Konto „Umsatzsteuer“:**<br>Umsatzsteuer<br>an Vorsteuer<br><br>**Ermittlung der Zahllast:**<br>Umsatzsteuer 83.960,00 €<br>– Vorsteuer 50.820,00 €<br>= Zahllast 33.140,00 €<br><br>**Passivierung der Zahllast:**<br>Umsatzsteuer<br>an Schlussbilanzkonto | 50.820,00 €<br><br><br>33.140,00 € | 50.820,00 €<br><br><br>33.140,00 € |
| f) | **Buchung der Bestandsmehrung unfertiger Erzeugnisse:**<br>Unfertige Erzeugnisse<br>an Bestandsveränderungen<br>**Buchung der Bestandsminderung fertiger Erzeugnisse:**<br>Bestandsveränderungen<br>an Fertige Erzeugnisse | 7.146,00 €<br><br><br>12.810,00 € | 7.146,00 €<br><br><br>12.810,00 € |

| | Buchungssatz | Soll | Haben |
|---|---|---|---|
| f) | **Abschlussbuchung des Kontos „Bestandsveränderungen“:**<br>Gewinn- und Verlustkonto<br>an Bestandsveränderungen | <br><br>5.664,00 € | <br><br><br>5.664,00 € |
| g) | **– Miete für Werkswohnungen**<br>Da zeitnah zum Bilanzstichtag, kann gebucht werden:<br>Bankguthaben<br>an Passive Rechnungsabgrenzung | <br><br>2.630,00 € | <br><br><br>2.630,00 € |
| | **– Vertreterprovision**<br>Vertriebsprovisionen<br>Vorsteuer<br>an Sonstige Verbindlichkeiten | <br>2.200,00 €<br>418,00 € | <br><br><br>2.618,00 € |
| | **– Zinsen für erhaltenes Darlehen**<br>Zinsaufwendungen<br>an Sonstige Verbindlichkeiten | <br>200,00 € | <br><br>200,00 € |
| | **– Miete für vermietete Lagerhalle**<br>Mieterträge<br>an Passive Rechnungsabgrenzung | <br>336,00 € | <br><br>336,00 € |
| | **– Kfz-Steuer**<br>Aktive Rechnungsabgrenzung<br>an Kraftfahrzeugsteuer | <br>1.000,00 € | <br><br>1.000,00 € |
| | **– Zinsen für gegebenes Darlehen**<br>Sonstige Forderungen<br>an Zinserträge | <br>40,00 € | <br><br>40,00 € |
| h) | **Ermittlung der Herstellungskosten:**<br>Die Umsatzsteuer zählt nicht zu den Kosten.<br>Da der Gewinn so gering wie möglich auszuweisen ist, werden die Verwaltungsgemeinkosten nicht aktiviert:<br>Fertigungsmaterial 11.000,00 €<br>+ Materialgemeinkosten 2.300,00 €<br>+ Fertigungslöhne 16.380,00 €<br>+ Fertigungsgemeinkosten 15.420,00 €<br>= zu aktivierende HK 45.100,00 € | | |
| | **Ermittlung der zeitanteiligen Abschreibung:**<br>$\text{Abschreibungsbetrag} = \frac{45.100\ € \cdot 3\ \text{Monate}}{10\ \text{Jahre} \cdot 12\ \text{Monate}} = 1.127,50\ €/\text{Jahr}$ | | |
| | **Buchung der zeitanteiligen Abschreibung:**<br>Abschreibungen auf Sachanlagen<br>an Betriebs- und Geschäftsausstattung | <br>1.127,50 € | <br><br>1.127,50 € |

### 4.2.1.2 Multiple-Choice-Aufgaben und Lösungen

**Situation zu den Aufgaben 3 bis 5:**

Sie sind Mitarbeiterin/Mitarbeiter in der Finanzbuchhaltung der OfficeCom AG (siehe Modellunternehmen) und haben die folgenden drei Aufgaben zu bearbeiten, indem Sie die Kennziffern der richtigen Konten (nicht die in Klammern angegebenen Kontennummern) in die T-Konten eintragen.

3

**Aufwandsorientierte Beschaffungsbuchung**

Die OfficeCom AG hat am 01.03.20.. (Rechnungsdatum) Schrauben im Wert von 2.500,00 € zuzüglich 19 % Umsatzsteuer gekauft, Zahlungsbedingungen: bei Zahlung innerhalb 10 Tagen ab Rechnungsdatum 2 % Skonto, innerhalb 30 Tagen netto.
Buchen Sie die Rechnung aufwandsorientiert.

(1) Umsatzsteuer (4800)
(2) Verbindlichkeiten a. LL (4400)
(3) Rohstoffe/Fertigungsmaterial (2000)
(4) Vorsteuer (2600)
(5) Bezugskosten für Hilfsstoffe (2021)
(6) Aufwendungen für Hilfsstoffe (6020)
(7) Forderungen a. LL (2400)

| Soll | | | Haben | | |
|---|---|---|---|---|---|
| | | | | | |

4

**Nettoverfahren beim Rechnungsausgleich mit Skontoabzug**

Buchen Sie den durch Banküberweisung erfolgten Rechnungsausgleich der Aufgabe 3 nach dem Nettoverfahren, wobei die OfficeCom AG Skonto abzieht.

(1) Umsatzsteuer (4800)
(2) Verbindlichkeiten a. LL (4400)
(3) Rohstoffe/Fertigungsmaterial (2000)
(4) Vorsteuer (2600)
(5) Bezugskosten für Hilfsstoffe (2021)
(6) Aufwendungen für Hilfsstoffe (6020)
(7) Forderungen a. LL (2400)
(8) Bankguthaben (2800)
(9) Nachlässe für Hilfsstoffe (6022)

| Soll | | | Haben | | |
|---|---|---|---|---|---|
| | | | | | |

5

### Zahlungsbedingungen

Welche Aussage trifft auf die in Teilaufgabe (a) angegebenen Zahlungsbedingungen zu?

(1) Die OfficeCom AG muss spätestens am 12.03.20.. zahlen, um den Skonto abziehen zu können.
(2) Wenn die OfficeCom AG das Zahlungsziel ausnutzt, muss sie zusätzlich an den Schraubenlieferanten effektiv 36 % Zinsen zahlen.
(3) Der Schraubenlieferant gewährt der OfficeCom AG einen zinspflichtigen Kredit über 10 Tage.
(4) Wenn die OfficeCom AG das Zahlungsziel ausnutzt, erzielt der Schraubenlieferant einen effektiven Zinsertrag von rund 36 %.
(5) Um den Skonto ausnutzen zu können, müsste die OfficeCom AG einen Kontokorrentkredit für 18 % (Zinsen einschließlich Nebenkosten) aufnehmen. Das würde sich für die OfficeCom AG nicht lohnen.

6

### Inventurdifferenz

Der Inventurbestand der Schrauben beträgt zum 31.12.20.. 350 Stück, der Sollbestand gemäß Lagerbuchhaltung 290 Stück. Worin kann der Grund für diese Inventurdifferenz liegen?

(1) Die 60 Stück Schrauben wurden gestohlen.
(2) Der Verbrauch von 60 Stück Schrauben am 15. April wurde nicht erfasst.
(3) Der Zugang von 60 Stück Stahlrohren wurde nicht gebucht.
(4) Im September wurden 6 760 Stück Schrauben gekauft, als Lagereingang aber 6 700 Stück als Zugang gebucht.

7

### Buchung Anschaffungskosten

Die OfficeCom AG kauft eine Fräsmaschine für 136.000,00 € Listenpreis zuzüglich Montage für 4.500,00 € netto, Umsatzsteuer 19 %, Lieferung frei Haus; Zahlungsbedingungen: bei Zahlung innerhalb 10 Tagen ab Rechnungsdatum 2 % Skonto, innerhalb 30 Tagen ohne Abzug.

Buchen Sie die Anschaffung bzw. Anschaffungskosten der Maschine.

(1) Umsatzsteuer (4800)
(2) Verbindlichkeiten a. LL (4400)
(3) Fremdinstandhaltung (6160)
(4) Vorsteuer (2600)
(5) Fremdleistungen für Erzeugnisse und andere Umsatzleistungen (6100)
(6) Technische Anlagen/Maschinen (0700)
(7) Forderungen a. LL (2400)
(8) Frachten und Nebenkosten (6140)

| Soll | | | Haben | | |
|---|---|---|---|---|---|
| | | | | | |

### Anschaffungsnebenkosten 8

Welche der folgenden Kosten gehören nicht zu den Anschaffungsnebenkosten?

(1) Montagekosten
(2) Frachtkosten
(3) Finanzierungskosten (Zinskosten und Gebühren)
(4) Vermessungskosten bei Grundstücken
(5) Überführungskosten bei Automobilen
(6) Grunderwerbsteuer

### (Geometrisch) degressive Abschreibung 9

Die OfficeCom AG beschließt, die neue Fräsmaschine für die Handelsbilanz degressiv abzuschreiben. Welche Aussage zur (geometrisch) degressiven Abschreibung ist richtig?

(1) Der jährliche Abschreibungsbetrag wird immer von den Anschaffungskosten berechnet.
(2) Der jährliche Abschreibungsbetrag wird von Jahr zu Jahr höher.
(3) Der jährliche Abschreibungsbetrag wird immer geringer, da vom Wiederbeschaffungswert der Maschine abgeschrieben wird.
(4) Am Ende der Nutzungsdauer hat die Maschine einen Wert von null €.
(5) Die jährlichen Abschreibungsbeträge werden von Jahr zu Jahr geringer, da im ersten Nutzungsjahr von den Anschaffungskosten, in den Folgejahren immer vom jeweiligen Buchwert abgeschrieben wird.

### Aufgaben der Finanzbuchhaltung 10

Welche Tätigkeit ist nicht Gegenstand der Finanzbuchhaltung?

(1) Erfassen der Geschäftsfälle aufgrund von Belegen
(2) Aufstellen der Jahresbilanz
(3) Kontieren von Belegen
(4) Kalkulation des Selbstkostenpreises
(5) Abschließen der Aufwands- und Ertragskonten über das Gewinn- und Verlustkonto
(6) Eröffnen der Bestandskonten

### Bestandsorientierte Buchung einer Werkstoffrücksendung 11

Die OfficeCom AG hat beschädigte Edelstahlrohre an den Lieferanten zurückgeschickt.
Wie ist diese Werkstoffrücksendung zu buchen, wenn der Einkauf bestandsorientiert gebucht wurde?

(1) Umsatzsteuer (4800)
(2) Verbindlichkeiten a. LL (4400)
(3) Rohstoffe/Fertigungsmaterial (2000)
(4) Vorsteuer (2600)
(5) Erlösberichtigungen (5001)
(6) Nachlässe für Rohstoffe (2002)
(7) Forderungen a. LL (2400)

| Soll | | | Haben | | |
|---|---|---|---|---|---|
| | | | | | |

## Lösungen zu Multiple-Choice-Aufgaben 3 bis 11

**Aufgabe 3**

| Soll | | | Haben | | |
|---|---|---|---|---|---|
| 6 | 4 | | 2 | | |

**Aufgabe 4**

| Soll | | | Haben | | |
|---|---|---|---|---|---|
| 2 | | | 9 | 8 | 4 |

**Aufgabe 5**
(4)

**Aufgabe 6**
(4)

**Aufgabe 7**

| Soll | | | Haben | | |
|---|---|---|---|---|---|
| 6 | 4 | | 2 | | |

**Aufgabe 8**
(3)

**Aufgabe 9**
(5)

**Aufgabe 10**
(4)

**Aufgabe 11**

| Soll | | | Haben | | |
|---|---|---|---|---|---|
| 2 | | | 3 | 4 | |

## 4.2.2 Jahresabschluss analysieren und bewerten

### 4.2.2.1 Fallorientierte Aufgaben und Lösungen

**Ausgangssituation zu den Aufgaben 1 bis 3:**

Die OKIA Aktiengesellschaft in Braunschweig ist ein Industrieunternehmen, das sich an der OfficeCom AG, ebenfalls mit Sitz in Braunschweig, beteiligt hat. Um die wirtschaftliche Entwicklung der OKIA Aktiengesellschaft beurteilen zu können, sind die jeweiligen Jahresabschlüsse mithilfe verschiedener Bilanz- und Erfolgskennzahlen zu analysieren (siehe auch Kapitel 2.2.9, Seite 328 ff.). Für das Berichtsjahr und das Vorjahr liegen die Bilanzen und die Gewinn- und Verlustrechnungen der OKIA Aktiengesellschaft vor.

**Bilanzen der OKIA Aktiengesellschaft in Braunschweig zum 31.12.20.. in €**

| Aktiva | Berichtsjahr | Vorjahr | Passiva | Berichtsjahr | Vorjahr |
|---|---|---|---|---|---|
| **A. Anlagevermögen** | | | **A. Eigenkapital** | | |
| **I. Sachanlagen** | | | **I. Gezeichnetes Kapital** | 4.500.000,00 | 4.500.000,00 |
| 1. Bebaute Grundstücke | 6.450.000,00 | 6.500.000,00 | **II. Kapitalrücklage** | 1.000.000,00 | 1.000.000,00 |
| 2. Technische Anlagen/Maschinen | 4.710.000,00 | 4.650.000,00 | **III. Gewinnrücklagen** | | |
| 3. Fuhrpark | 248.000,00 | 310.000,00 | 1. Gesetzliche Rücklage | 360.000,00 | 360.000,00 |
| 4. Betriebs- und Geschäftsausstattung | 212.000,00 | 265.000,00 | 2. Andere Gewinnrücklagen | 892.500,00 | 390.000,00 |
| **II. Finanzanlagen** | | | **IV. Gewinnvortrag/Verlustvortrag** | 0,00 | 2.500,00 |
| 1. Beteiligungen | 1.200.000,00 | 1.000.000,00 | **V. Jahresüberschuss/Jahresfehlbetrag** | 355.800,00 | 500.000,00 |
| 2. Wertpapiere des Anlagevermögens | 330.000,00 | 330.000,00 | | | |
| **B. Umlaufvermögen** | | | **B. Rückstellungen** | | |
| **I. Vorräte** | | | 1. Rückstellungen für Pensionen | 1.220.000,00 | 1.200.000,00 |
| 1. Roh-, Hilfs-, Betriebsstoffe | 1.260.000,00 | 845.000,00 | 2. Steuerrückstellungen | 290.000,00 | 350.000,00 |
| 2. Fremdbauteile | 370.000,00 | 315.000,00 | | | |
| 3. Unfertige Erzeugnisse | 560.000,00 | 567.000,00 | **C. Verbindlichkeiten** | | |
| 4. Fertige Erzeugnisse | 6.120.000,00 | 5.380.000,00 | 1. Verbindlichkeiten gegenüber Kreditinstituten | 18.500.000,00 | 17.000.000,00 |
| 5. Waren | 4.620.800,00 | 3.040.000,00 | 2. Verbindlichkeiten a. LL | 1.920.000,00 | 1.640.000,00 |
| **II. Forderungen und sonstige Vermögensgegenstände** | | | 3. Sonstige Verbindlichkeiten | 200.000,00 | 210.000,00 |
| 1. Forderungen a. LL | 1.410.000,00 | 1.667.000,00 | | | |
| 2. Sonstige Vermögensgegenstände | 25.200,00 | 93.800,00 | **D. Rechnungsabgrenzungsposten** | 9.800,00 | 9.600,00 |
| **III. Wertpapiere** | | | | | |
| 1. Wertpapiere des Umlaufvermögens | 325.000,00 | 625.000,00 | | | |
| **IV. Liquide Mittel** | | | | | |
| 1. Kassenbestand | 42.300,00 | 9.800,00 | | | |
| 2. Bankguthaben | 1.358.800,00 | 1.560.000,00 | | | |
| **C. Rechnungsabgrenzungsposten** | 6.000,00 | 4.500,00 | | | |
| | 29.248.100,00 | 27.162.100,00 | | 29.248.100,00 | 27.162.100,00 |

**Gewinn- und Verlustrechnungen der OKIA Aktiengesellschaft in Braunschweig zum 31.12.20.. in €**

| Soll | Berichtsjahr | Vorjahr | Haben | Berichtsjahr | Vorjahr |
|---|---|---|---|---|---|
| Aufwend. für Rohstoffe | 2.430.000,00 | 2.500.000,00 | Umsatzerlöse für eigene Erzeugnisse | 7.593.800,00 | 7.907.300,00 |
| Aufwendungen für Fremdbauteile | 615.000,00 | 630.000,00 | Umsatzerlöse für Waren | 2.645.000,00 | 2.880.000,00 |
| Aufwend. für Hilfsstoffe | 34.000,00 | 35.000,00 | Bestandsveränderungen an unfertigen Erzeugnissen | 0,00 | 120.000,00 |
| Aufwend. für Betriebsstoffe/Verbrauchswerkzeuge | 5.500,00 | 5.600,00 | Bestandsveränderungen an fertigen Erzeugnissen | 740.000,00 | 190.000,00 |
| Bestandsveränderungen an unfertigen Erzeugnissen | 7.000,00 | 0,00 | Aktivierte Eigenleistungen | 310.000,00 | 384.000,00 |
| Bestandsveränderungen an fertigen Erzeugnissen | 0,00 | 0,00 | Mieterträge | 45.300,00 | 34.500,00 |
| Aufwend. für Energie | 25.000,00 | 24.000,00 | Erträge aus dem Abgang von Vermögensgegenständen | 536.000,00 | 65.200,00 |
| Aufwend. für Waren | 1.720.000,00 | 1.600.000,00 | Periodenfremde Erträge | 6.500,00 | 7.000,00 |
| Fremdinstandhaltung | 85.000,00 | 36.000,00 | Erträge aus Beteiligungen | 120.000,00 | 100.000,00 |
| Löhne | 3.810.000,00 | 3.690.000,00 | Erträge aus anderen Finanzanlagen | 148.000,00 | 90.000,00 |
| Gehälter | 854.000,00 | 584.000,00 | Zinserträge | 25.800,00 | 34.000,00 |
| Arbeitgeberanteil zur Sozialversicherung | 839.500,00 | 769.300,00 | Außerordentliche Erträge | 260.000,00 | 200.000,00 |
| Beiträge zur Berufsgenossenschaft | 21.000,00 | 20.000,00 | | | |
| Sonstige soziale Aufwendungen | 5.600,00 | 4.000,00 | | | |
| Aufwendungen für Altersversorgung | 20.000,00 | 20.000,00 | | | |
| Grundsteuer | 3.000,00 | 3.000,00 | | | |
| Kraftfahrzeugsteuer | 3.400,00 | 3.400,00 | | | |
| Abschreibungen auf Sachanlagen | 165.000,00 | 164.000,00 | | | |
| Abschreibungen auf geringwertige Wirtschaftsgüter | 6.300,00 | 10.800,00 | | | |
| Mietaufwendungen | 96.000,00 | 96.000,00 | | | |
| Büromaterial | 25.000,00 | 22.300,00 | | | |
| Porto, Telefon, Telefax | 10.300,00 | 9.600,00 | | | |
| Werbung | 184.000,00 | 265.000,00 | | | |
| Zinsaufwendungen | 1.100.000,00 | 1.000.000,00 | | | |
| Diverse Aufwendungen | 10.000,00 | 20.000,00 | | | |
| Jahresüberschuss/Jahresfehlbetrag | 355.800,00 | 500.000,00 | | | |
| | 12.430.400,00 | 12.012.000,00 | | 12.430.400,00 | 12.012.000,00 |

1

Erstellen Sie eine Strukturbilanz nach folgendem Muster:

**Strukturbilanzen der OKIA Aktiengesellschaft in Braunschweig zum 31.12.20..**

| **Aktiva** | Berichtsjahr | | Vorjahr | | **Passiva** | Berichtsjahr | | Vorjahr | |
|---|---|---|---|---|---|---|---|---|---|
| | Tsd. € | % | Tsd. € | % | | Tsd. € | % | Tsd. € | % |
| **Anlagevermögen** | | | | | **Eigenkapital** | | | | |
| Sachanlagen | | | | | gezeichnetes Kapital | | | | |
| Finanzanlagen | | | | | Rücklagen | | | | |
| **Umlaufvermögen** | | | | | **Fremdkapital** | | | | |
| Vorräte | | | | | langfristiges Fremdkapital | | | | |
| Forderungen | | | | | kurzfristiges Fremdkapital | | | | |
| flüssige Mittel | | | | | | | | | |

Bei der Erstellung der Strukturbilanz sind die folgenden zusätzlichen Informationen zu den Jahresabschlüssen zu berücksichtigen:

**Informationen zu verschiedenen Bilanzpositionen:**

- 10 % sämtlicher Vorräte sind eiserne Bestände; sie sind daher dem Anlagevermögen zuzurechnen.
- Die Wertpapiere des Umlaufvermögens dienen der Liquiditätssicherung des Unternehmens.
- Der aktive Rechnungsabgrenzungsposten ist den Forderungen zuzurechnen.
- Pensionsrückstellungen stellen langfristiges Fremdkapital dar, Steuerrückstellungen sind dagegen kurzfristige Verbindlichkeiten.
- 80 % der Verbindlichkeiten gegenüber Kreditinstituten sind langfristiger Natur, die sonstigen Verbindlichkeiten sowie der passive Rechnungsabgrenzungsposten sind den kurzfristigen Verbindlichkeiten zuzurechnen.

**Informationen zur Verwendung des Jahresüberschusses:**

- Der **Jahresüberschuss des Vorjahres** von 500.000,00 € wurde zusammen mit dem Gewinnvortrag von 2.500,00 € den anderen Gewinnrücklagen zugeführt, sodass beide Beträge zusammen Eigenkapital im Berichtsjahr darstellten.
- Der **Jahresüberschuss des Berichtsjahres** von 355.800,00 € soll wie folgt verwendet werden:
  200.000,00 € werden den anderen Gewinnrücklagen zugeführt,
  155.000,00 € sollen als Dividende ausgeschüttet werden; bis zu diesem Zeitpunkt stellen sie kurzfristige Verbindlichkeiten dar, 800,00 € werden auf das folgende Jahr vorgetragen, sind also Eigenkapital.

2

**Bilanzkennzahlen**

Errechnen Sie auf der Grundlage der beiden Bilanzen und Gewinn- und Verlustrechnungen der Ausgangssituation sowie der Strukturbilanz der Aufgabe 1 für die beiden Geschäftsjahre folgende ausgewählte **Bilanzkennzahlen** und beurteilen Sie anhand der Ergebnisse die Entwicklung der OKIA Aktiengesellschaft:

**1.** Bilanzkennzahlen der Aktivseite der Bilanz (Investierung)
- Konstitution oder Vermögensstruktur
- Anlagenintensität und Umlaufvermögensintensität
- Vorratsquote
- Forderungsquote

**2.** Bilanzkennzahlen der Passivseite der Bilanz (Finanzierung)
- Kapitalstruktur
- Verschuldungskoeffizient
- Grad der finanziellen Unabhängigkeit
- Grad der Selbstfinanzierung

**3.** Bilanzkennzahlen der Aktivseite in Verbindung mit der Passivseite der Bilanz
- Deckungsgrad I
- Deckungsgrad II
- Liquidität 1. Grades (Barliquidität)
- Liquidität 2. Grades (einzugsbedingte Liquidität)
- Liquidität 3. Grades (umsatzbedingte Liquidität)

3

**Erfolgskennzahlen**

Errechnen Sie auf der Grundlage der beiden Bilanzen und Gewinn- und Verlustrechnungen der Ausgangssituation sowie der Strukturbilanz der Aufgabe 1 für die beiden Geschäftsjahre folgende ausgewählte **Erfolgskennzahlen** und beurteilen Sie anhand der Ergebnisse die Entwicklung der OKIA Aktiengesellschaft.

**1.** Erfolgskennzahlen der Gewinn- und Verlustrechnung
- Lohnkostenanteil
- Materialkostenanteil
- Wirtschaftlichkeit
- Cashflow
- Cashflow-Umsatzverdienstrate

**2.** Erfolgskennzahlen der Gewinn- und Verlustrechnung in Verbindung mit der Bilanz
- Rentabilität des Eigenkapitals
- Rentabilität des Gesamtkapitals
- Rentabilität des Umsatzes
- Umschlagshäufigkeit der Forderungen
- durchschnittliche Kreditdauer
- Umschlagshäufigkeit des Eigenkapitals
- Return on Investment (RoI)

## Lösung zu Aufgabe 1

**Strukturbilanzen der OKIA Aktiengesellschaft in Braunschweig zum 31.12.20..**

| Aktiva | Berichtsjahr | | Vorjahr | | Passiva | Berichtsjahr | | Vorjahr | |
|---|---|---|---|---|---|---|---|---|---|
| | **Tsd. €** | **%** | **Tsd. €** | **%** | | **Tsd. €** | **%** | **Tsd. €** | **%** |
| **Anlagevermögen** | | | | | **Eigenkapital** | | | | |
| Sachanlagen | 12.913,08 | 44,15 | 12.739,70 | 46,90 | gezeichnetes Kapital | 4.500,00 | 15,39 | 4.500,00 | 16,57 |
| Finanzanlagen | 1.530,00 | 5,23 | 1.330,00 | 4,90 | Rücklagen | 2.453,30 | 8,39 | 2.252,50 | 8,29 |
| Summe Anlagevermögen | 14.443,08 | 49,38 | 14.069,70 | 51,80 | Summe Eigenkapital | 6.953,30 | 23,77 | 6.752,50 | 24,86 |
| **Umlaufvermögen** | | | | | **Fremdkapital** | | | | |
| Vorräte | 11.637,72 | 39,79 | 9.132,30 | 33,62 | langfristiges Fremdkapital | 16.020,00 | 54,77 | 14.800,00 | 54,49 |
| Forderungen | 1.441,20 | 4,93 | 1.765,30 | 6,50 | kurzfristiges Fremdkapital | 6.274,80 | 21,45 | 5.609,60 | 20,65 |
| flüssige Mittel | 1.726,10 | 5,90 | 2.194,80 | 8,08 | Summe Fremdkapital | 22.294,80 | 76,23 | 20.409,60 | 75,14 |
| Summe Umlaufvermögen | 14.805,02 | 50,62 | 13.092,40 | 48,20 | | | | | |
| Summe Vermögen | 29.248,10 | 100,00 | 27.162,10 | 100,00 | Summe Kapital | 29.248,10 | 100,00 | 27.162,10 | 100,00 |

## Lösung zu Aufgabe 2

**Bilanzkennzahlen der Aktivseite der Bilanz:**

| **Kennzahlen** | **Berichtsjahr** | **Vorjahr** |
|---|---|---|
| Konstitution oder Vermögensstruktur: $\frac{\text{Anlagevermögen}}{\text{Umlaufvermögen}} \cdot 100\ \%$ | $\frac{14.443{,}08\ \text{Tsd. €}}{14.805{,}02\ \text{Tsd. €}} \cdot 100\ \% = 97{,}56\ \%$ | $\frac{14.069{,}70\ \text{Tsd. €}}{13.092{,}40\ \text{Tsd. €}} \cdot 100\ \% = 107{,}47\ \%$ |
| Anlagenintensität: $\frac{\text{Anlagevermögen}}{\text{Gesamtvermögen}} \cdot 100\ \%$ | ablesbar aus der Strukturbilanz: 49,38 % | ablesbar aus der Strukturbilanz: 51,80 % |
| Umlaufvermögensintensität: $\frac{\text{Umlaufvermögen}}{\text{Gesamtvermögen}} \cdot 100\ \%$ | ablesbar aus der Strukturbilanz: 50,62 % | ablesbar aus der Strukturbilanz: 48,20 % |
| Vorratsquote: $\frac{\text{Vorräte}}{\text{Gesamtvermögen}} \cdot 100\ \%$ | ablesbar aus der Strukturbilanz: 39,79 % | ablesbar aus der Strukturbilanz: 33,62 % |
| Forderungsquote: $\frac{\text{Forderungen}}{\text{Gesamtvermögen}} \cdot 100\ \%$ | ablesbar aus der Strukturbilanz: 4,93 % | ablesbar aus der Strukturbilanz: 6,50 % |

**Beurteilung der Entwicklung:**

- Großes **Anlagevermögen** bedeutet hohe Fixkosten wie Abschreibungen, Zinsen für gebundenes Kapital und Instandhaltungskosten, die das Unternehmen zu einer möglichst hohen Kapazitätsauslastung zwingen (Fixkostendegression). Außerdem gilt: Je höher das Anlagevermögen ist, desto geringer ist tendenziell die Anpassungsfähigkeit des Unternehmens an Marktveränderungen.
- Die Kennzahlen **Konstitution, Anlagenintensität** und **Umlaufvermögensintensität** zeigen, dass das Anlagevermögen und das Umlaufvermögen bei der OKIA Aktiengesellschaft ungefähr gleich groß sind. Eine allgemeingültige Regel über das Verhältnis von Anlage- zu Umlaufvermögen gibt es nicht, das Verhältnis ist branchenabhängig. Daher sind zur Beurteilung der OKIA Aktiengesellschaft **Durchschnittszahlen der Branche** nötig (diese Informationen sind zum Beispiel von der Industrie- und Handelskammer zu erfahren).
- Die Erhöhung der **Vorratsquote** korrespondiert mit dem Rückgang der Umsatzerlöse und dem Anstieg des Bestandes der fertigen Erzeugnisse. Gleichzeitig verringert sich – vermutlich ebenfalls hauptsächlich durch den Absatzrückgang – die **Forderungsquote.**

**Bilanzkennzahlen der Passivseite der Bilanz:**

| Kennzahlen | Berichtsjahr | Vorjahr |
|---|---|---|
| Kapitalstruktur: $\frac{\text{Eigenkapital}}{\text{Fremdkapital}} \cdot 100\ \%$ | $\frac{6.953{,}30\text{ Tsd. €}}{22.294{,}80\text{ Tsd. €}} \cdot 100\ \% = 31{,}19\ \%$ | $\frac{6.752{,}50\text{ Tsd. €}}{20.409{,}60\text{ Tsd. €}} \cdot 100\ \% = 33{,}09\ \%$ |
| Verschuldungskoeffizient: $\frac{\text{Fremdkapital}}{\text{Eigenkapital}}$ | $\frac{22.294{,}80\text{ Tsd. €}}{6.953{,}30\text{ Tsd. €}} = 3{,}21$ | $\frac{20.409{,}60\text{ Tsd. €}}{6.752{,}50\text{ Tsd. €}} = 3{,}02$ |
| Grad der finanziellen Unabhängigkeit: $\frac{\text{Eigenkapital}}{\text{Gesamtkapital}} \cdot 100\ \%$ | ablesbar aus der Strukturbilanz: 23,78 % | ablesbar aus der Strukturbilanz: 24,86 % |
| Grad der Selbstfinanzierung: $\frac{\text{Gewinnrücklagen}}{\text{Gesamtkapital}} \cdot 100\ \%$ | $\frac{1.453{,}30\text{ Tsd. €}}{29.248{,}10\text{ Tsd. €}} \cdot 100\ \% = 4{,}97\ \%$ | $\frac{1.252{,}50\text{ Tsd. €}}{27.162{,}10\text{ Tsd. €}} \cdot 100\ \% = 4{,}61\ \%$ |

**Beurteilung der Entwicklung:**

- Die **Kapitalausstattung** oder **Finanzierung** eines Unternehmens gibt Auskunft über die Haftungs- bzw. Garantiesituation und die Kreditwürdigkeit (Eigenkapital) sowie über den Umfang der Selbstständigkeit bzw. der Abhängigkeit von Gläubigern (Fremdkapital). Wie bei der Vermögensstruktur gibt es auch bei der Kapitalstruktur keine Regel über das Verhältnis von Eigen- zu Fremdkapital. Allgemein lässt sich sagen: Je höher der Eigenkapitalanteil ist, desto größer ist die wirtschaftliche und finanzielle Stabilität des Unternehmens, dies insbesondere in Krisenzeiten.
- Der Anteil des Eigenkapitals am Gesamtkapital ist im Berichtsjahr gegenüber dem Vorjahr, wie die Kennzahlen **Kapitalstruktur, Verschuldungskoeffizient und Grad der finanziellen Unabhängigkeit** zeigen, leicht gesunken. Verglichen mit dem Bundesdurchschnitt von ca. 18 bis 20 % Eigenkapital steht die OKIA Aktiengesellschaft gut da. Aussagekräftiger wären auch hier Zahlen des Branchendurchschnitts, zu erfragen beispielsweise bei der Industrie- und Handelskammer.
- Andererseits hat sich die Finanzierung aus der Bildung von Gewinnrücklagen **(Grad der Selbstfinanzierung)** leicht erhöht; dadurch hat sich die Eigenkapitalbasis verbessert.

**Bilanzkennzahlen der Aktivseite in Verbindung mit der Passivseite der Bilanz:**

| **Kennzahlen** | **Berichtsjahr** | **Vorjahr** |
|---|---|---|
| Deckungsgrad I: $\frac{\text{Eigenkapital}}{\text{Anlagevermögen}} \cdot 100\ \%$ | $\frac{6.953{,}30\ \text{Tsd. €}}{14.443{,}08\ \text{Tsd. €}} \cdot 100\ \% = 48{,}14\ \%$ | $\frac{6.752{,}50\ \text{Tsd. €}}{14.069{,}70\ \text{Tsd. €}} \cdot 100\ \% = 47{,}99\ \%$ |
| Deckungsgrad II: $\frac{\text{Eigenkapital + langfrist. Fremdkapital}}{\text{Anlagevermögen}} \cdot 100\ \%$ | $\frac{22.973{,}30\ \text{Tsd. €}}{14.443{,}08\ \text{Tsd. €}} \cdot 100\ \% = 159{,}06\ \%$ | $\frac{21.552{,}50\ \text{Tsd. €}}{14.069{,}70\ \text{Tsd. €}} \cdot 100\ \% = 153{,}18\ \%$ |
| Liquidität 1. Grades: $\frac{\text{flüssige Mittel}}{\text{kurzfristige Verbindlichkeiten}} \cdot 100\ \%$ | $\frac{1.726{,}10\ \text{Tsd. €}}{6.274{,}80\ \text{Tsd. €}} \cdot 100\ \% = 27{,}51\ \%$ | $\frac{2.194{,}80\ \text{Tsd. €}}{5.609{,}60\ \text{Tsd. €}} \cdot 100\ \% = 39{,}13\ \%$ |
| Liquidität 2. Grades: $\frac{\text{flüssige Mittel + Ford.}}{\text{kurzfristige Verbindlichkeiten}} \cdot 100\ \%$ | $\frac{3.167{,}30\ \text{Tsd. €}}{6.274{,}80\ \text{Tsd. €}} \cdot 100\ \% = 50{,}48\ \%$ | $\frac{3.960{,}10\ \text{Tsd. €}}{5.609{,}60\ \text{Tsd. €}} \cdot 100\ \% = 70{,}60\ \%$ |
| Liquidität 3. Grades: $\frac{\text{flüssige Mittel + Forderungen + Vorräte}}{\text{kurzfristige Verbindlichkeiten}} \cdot 100\ \%$ | $\frac{14.805{,}02\ \text{Tsd. €}}{6.274{,}80\ \text{Tsd. €}} \cdot 100\ \% = 235{,}94\ \%$ | $\frac{13.092{,}40\ \text{Tsd. €}}{5.609{,}60\ \text{Tsd. €}} \cdot 100\ \% = 233{,}39\ \%$ |

**Beurteilung der Entwicklung:**

- Die **goldene Finanzregel** besagt, dass langfristiges Vermögen mit langfristigem Kapital finanziert werden soll (Prinzip der **Fristenkongruenz).** Die **goldene Bilanzregel** besagt, dass das Anlagevermögen (möglichst einschließlich der eisernen Bestände der Vorräte, die den Charakter von Anlagevermögen haben) durch Eigenkapital gedeckt sein sollte (Deckungsgrad I) – dann sei die Anlagendeckung als ausgezeichnet zu bezeichnen. Reicht das Eigenkapital nicht aus, darf zur Deckung des Anlagevermögens zusätzlich nur langfristiges Fremdkapital herangezogen werden. (Deckungsgrad II). Eigen- und Fremdkapital sollten das Anlagevermögen dann aber mindestens zu 100 % decken. Ist das Anlagevermögen z. B. zum Teil kurzfristig finanziert (Anlagendeckungsgrad II unter 100 %), könnte das Unternehmen bei Fälligkeit kurzfristiger Verbindlichkeiten in Zahlungsschwierigkeiten geraten, da das Umlaufvermögen zur Deckung nicht ausreicht und das Anlagevermögen nicht so schnell liquidierbar ist.
- Der **Deckungsgrad I** hat sich bei der OKIA Aktiengesellschaft im Berichtsjahr leicht erhöht, allerdings deckt das Eigenkapital nur zu knapp 50 % das Anlagevermögen. Der **Deckungsgrad II,** der schon im Vorjahr sehr günstig aussah, hat sich im Berichtsjahr weiter erhöht. Das langfristige Kapital deckt nicht nur das Anlagevermögen einschließlich der eisernen Bestände der Vorräte; auch große Teile des Umlaufvermögens wurden langfristig finanziert.

- Die Sicherung der **Liquidität** oder Zahlungsfähigkeit ist für ein Unternehmen insofern von Bedeutung, als Zahlungsunfähigkeit die Einleitung eines **Insolvenzverfahrens** bedeutet, das zur Auflösung des Unternehmens führen kann. Andererseits ist Überliquidität zu vermeiden, da sie zum Zielkonflikt mit der Rentabilität führt.
- Der **Liquiditätsgrad 1. Grades** (Barliquidität) hat sich zwar im Berichtsjahr gegenüber dem Vorjahr verschlechtert, liegt aber immer noch über dem Wert der Faustregel, die besagt, dass die kurzfristigen Verbindlichkeiten zu mindestens 20 % durch flüssige Mittel gedeckt sein sollen. Die Faustregel „Deckung der kurzfristigen Verbindlichkeiten zu mehr als 100 %“ wird bei der **Liquidität 2. Grades** nicht erfüllt, die Liquidität hat sich gegenüber dem Vorjahr sogar verschlechtert. Die **Liquidität 3. Grades** ist in etwa gleichgeblieben; das Ergebnis erfüllt die Faustregel „Deckung der kurzfristigen Verbindlichkeiten zu mindestens 200 %“.

## Lösung zu Aufgabe 3

**Erfolgskennzahlen der Gewinn- und Verlustrechnung:**

| **Kennzahlen** | **Berichtsjahr** | **Vorjahr** |
|---|---|---|
| Lohnkostenanteil:<br><br>$\frac{\text{Löhne}}{\text{gesamte Aufwendungen}} \cdot 100\ \%$ | $\frac{3.810{,}00 \text{ Tsd. €}}{12.074{,}60 \text{ Tsd. €}} \cdot 100\ \% = 31{,}55\ \%$ | $\frac{3.690{,}00 \text{ Tsd. €}}{11.512{,}00 \text{ Tsd. €}} \cdot 100\ \% = 32{,}05\ \%$ |
| Materialkostenanteil:<br><br>$\frac{\text{Roh-, Hilfs- und Betriebsstoffaufw. + Aufwendungen für Fremdbauteile}}{\text{gesamte Aufwendungen}} \cdot 100\ \%$ | $\frac{3.084{,}50 \text{ Tsd. €}}{12.074{,}60 \text{ Tsd. €}} \cdot 100\ \% = 25{,}55\ \%$ | $\frac{3.170{,}60 \text{ Tsd. €}}{11.512{,}00 \text{ Tsd. €}} \cdot 100\ \% = 27{,}54\ \%$ |
| Wirtschaftlichkeit (Ertragsergiebigkeit):<br><br>$\frac{\text{Erträge}}{\text{Aufwendungen}}$ | $\frac{12.430{,}40 \text{ Tsd. €}}{12.074{,}60 \text{ Tsd. €}} = 1{,}03$ | $\frac{12.012{,}00 \text{ Tsd. €}}{11.512{,}00 \text{ Tsd. €}} = 1{,}04$ |
| Cashflow:<br><br>Jahresüberschuss<br>+ Abschreibungen auf Sachanlagen<br>+ Zuführungen zu den langfristigen Rückstellungen<br>= Cashflow | 355,80 Tsd. €<br>+ 165,00 Tsd. €<br>+ 20,00 Tsd. €<br>= 540,80 Tsd. € | 500,00 Tsd. €<br>+ 164,00 Tsd. €<br>+ 20,00 Tsd. €<br>= 684,00 Tsd. € |
| Cashflow-Umsatzverdienstrate:<br><br>$\frac{\text{Cashflow}}{\text{Umsatzerlöse}} \cdot 100\ \%$ | $\frac{540{,}80 \text{ Tsd. €}}{10.238{,}80 \text{ Tsd. €}} \cdot 100\ \% = 5{,}28\ \%$ | $\frac{684{,}00 \text{ Tsd. €}}{10.787{,}30 \text{ Tsd. €}} \cdot 100\ \% = 6{,}34\ \%$ |

**Beurteilung der Entwicklung:**

- **Lohn- und Materialkostenanteil** an den gesamten Aufwendungen sind im Berichtsjahr gegenüber dem Vorjahr leicht gesunken. Dies ist insbesondere auf den starken Anstieg der Gehälter in Verbindung mit dem Arbeitgeberanteil zur Sozialversicherung zurückzuführen. Ein Branchenvergleich wäre hier wieder sinnvoll.
- Die **Wirtschaftlichkeit** ist leicht rückläufig. Wurde im Vorjahr mit einem Aufwand von 1 € noch ein Ertrag von 1,04 € erzielt, beträgt der Ertrag im Berichtsjahr nur noch 1,03 €.
- Der **Cashflow** als Kennzahl selbst erwirtschafteter Mittel zeigt, dass der OKIA Aktiengesellschaft im Berichtsjahr weniger Mittel für Investitionen, Schuldentilgung und Gewinnausschüttung zur Verfügung stehen als im Vorjahr. Ursache hierfür ist der starke Gewinnrückgang.
- Die **Cashflow-Umsatzverdienstrate** zeigt, wie viel Prozent des Umsatzes für Investitionen, Schuldentilgung und Gewinnausschüttung zur Verfügung stehen. Im Berichtsjahr können für diese Zwecke von 100,00 € Umsatz 5,28 € verwendet werden, während es im Vorjahr noch 6,34 € waren.

**Erfolgskennzahlen der Gewinn- und Verlustrechnung in Verbindung mit der Bilanz:**

| Kennzahlen | Berichtsjahr | Vorjahr |
|---|---|---|
| Rentabilität des Eigenkapitals*: $\frac{\text{Jahresüberschuss}}{\text{Eigenkapital}^{**}} \cdot 100\,\%$ | $\frac{355{,}80 \text{ Tsd. €}}{6.752{,}50 \text{ Tsd. €}} \cdot 100\,\% = 5{,}27\,\%$ | $\frac{500{,}00 \text{ Tsd. €}}{6.252{,}50 \text{ Tsd. €}} \cdot 100\,\% = 8{,}00\,\%$ |
| Rentabilität des Gesamtkapitals*: $\frac{\text{Jahresüberschuss} + \text{Fremdkapitalzinsen}}{\text{Gesamtkapital}^{***}} \cdot 100\,\%$ | $\frac{355{,}80 \text{ Tsd. €} + 1.100{,}00 \text{ Tsd. €}}{28.892{,}30 \text{ Tsd. €}} \cdot 100\,\% = 5{,}04\,\%$ | $\frac{500{,}00 \text{ Tsd. €} + 1.000{,}00 \text{ Tsd. €}}{26.662{,}10 \text{ Tsd. €}} \cdot 100\,\% = 5{,}63\,\%$ |
| Rentabilität des Umsatzes*: $\frac{\text{Jahresüberschuss}}{\text{Umsatzerlöse}} \cdot 100\,\%$ | $\frac{355{,}80 \text{ Tsd. €}}{10.238{,}80 \text{ Tsd. €}} \cdot 100\,\% = 3{,}48\,\%$ | $\frac{500{,}00 \text{ Tsd. €}}{10.787{,}30 \text{ Tsd. €}} \cdot 100\,\% = 4{,}64\,\%$ |

* Neben den hier verwendeten Rentabilitätskennzahlen werden in Theorie und Praxis auch andere Rentabilitätskennzahlen bzw. Berechnungsmethoden angeboten.

** Vom Eigenkapital lt. Strukturbilanz sind für das Berichtsjahr 200,80 Tsd. €, für das Vorjahr 500,00 Tsd. € abzuziehen.

*** Vom Gesamtkapital lt. Strukturbilanz sind für das Berichtsjahr 355,80 Tsd. €, für das Vorjahr 500,00 Tsd. € abzuziehen.

**Erfolgskennzahlen der Gewinn- und Verlustrechnung in Verbindung mit der Bilanz:**

| Kennzahlen | Berichtsjahr | Vorjahr |
|---|---|---|
| Umschlagshäufigkeit der Forderungen: $\frac{\text{Umsatzerlöse}}{\text{Forderungen}}$ | $\frac{10.238,80\text{ Tsd. €}}{1.441,20\text{ Tsd. €}} = 7,1$ | $\frac{10.787,30\text{ Tsd. €}}{1.765,30\text{ Tsd. €}} = 6,1$ |
| durchschnittliche Kreditdauer: $\frac{360\text{ Tage}}{\text{Umschlagshäufigkeit der Forderungen}}$ | $\frac{360\text{ Tage}}{7,1} = 50,7\text{ Tage}$ | $\frac{360\text{ Tage}}{6,1} = 59,01\text{ Tage}$ |
| Umschlagshäufigkeit des Eigenkapitals: $\frac{\text{Umsatzerlöse}}{\text{Eigenkapital}}$ | $\frac{10.238,80\text{ Tsd. €}}{6.752,50\text{ Tsd. €}} = 1,52$ | $\frac{10.787,30\text{ Tsd. €}}{6.252,50\text{ Tsd. €}} = 1,73$ |
| Return on Investment (RoI): Umsatzrentabilität · Kapitalumschlagshäufigkeit | 3,48 % · 1,52 = 5,29 % | 4,64 % · 1,73 = 8,02 % |

**Beurteilung der Entwicklung:**

- Die **Rentabilität des Eigenkapitals** gibt die innerbetriebliche Verzinsung des eingesetzten Eigenkapitals an. Sie ist bei der OKIA Aktiengesellschaft im Berichtsjahr gegenüber dem Vorjahr stark gesunken. Nimmt man eine Kapitalmarktverzinsung (landesüblicher Zinssatz für langfristig angelegte Gelder) von 4,5 % an, wurde das Unternehmerwagnis im Vorjahr mit einer Risikoprämie von 3,5 % (8 % – 4,5 %), im Berichtsjahr jedoch nur noch von 0,77 % (5,27 % – 4,5 %) „belohnt". Dieses Ergebnis konnte im Berichtsjahr nur erzielt werden durch die außerordentlich hohen Erträge aus dem Abgang von Vermögensgegenständen.
- Ebenso ist die **Rentabilität des Gesamtkapitals** rückläufig, auch bedingt durch die Verringerung der Umsätze.
- Die **Rentabilität des Umsatzes** zeigt folgende Entwicklung: Wurden im Vorjahr mit 100,00 € Umsatz noch 4,64 € Gewinn erzielt, sind es im Berichtsjahr nur noch 3,48 €.
- Die **Umschlagshäufigkeit der Forderungen** hat sich erhöht, was gleichbedeutend mit einer Verringerung der durchschnittlichen Kreditdauer ist. Diese Tatsache wirkt sich positiv auf die Liquidität der OKIA Aktiengesellschaft aus, da sich die Dauer der Kapitalbindung verringert hat.
- Die **Umschlagshäufigkeit des Eigenkapitals** hat sich im Berichtsjahr gegenüber dem Vorjahr verringert. Zusammen mit dem Rückgang der Umsatzrentabilität beeinflusst dies den **RoI** negativ.

### 4.2.2.2 Multiple-Choice-Aufgaben und Lösungen

4

**Aktienkurs**

Der Kurs der OfficeCom-AG-Aktien ist von 134,00 € auf 169,00 € gestiegen.
Was bedeutet das für die OfficeCom AG?

(1) Der Nennwert der Aktien ist gestiegen.
(2) Das gezeichnete Kapital muss entsprechend erhöht werden.
(3) Der Marktwert der OfficeCom AG ist entsprechend gestiegen.
(4) Die Fremdkapitalquote ist gesunken.
(5) Der Stimmrechtsanteil der Aktionäre ist gestiegen.

5

**Bestandteile des Jahresabschlusses**

Aus welchen Bestandteilen besteht der Jahresabschluss der OfficeCom AG?

(1) Bilanz, Gewinn- und Verlustrechnung
(2) Lagebericht, Bilanz, Gewinn- und Verlustrechnung
(3) Anlagenspiegel, Bilanz, Gewinn- und Verlustrechnung
(4) Bilanz, Gewinn- und Verlustrechnung, Abgrenzungsrechnung
(5) Bilanz, Gewinn- und Verlustrechnung, Anhang
(6) Geschäftsbericht, Bilanz, Gewinn- und Verlustrechnung,
(7) Bilanz, Lagebericht, Geschäftsbericht

6

**Gesamtrentabilität**

Folgende Daten der OfficeCom AG liegen für das abgelaufene Geschäftsjahr vor: Eigenkapital: 4 Mio. €, Fremdkapital: 9 Mio. €, Erträge: 55 Mio. € (davon Umsatzerlöse: 50 Mio. €), Aufwendungen: 48 Mio. € (davon Zinsaufwendungen: 1 Mio. €).

Welcher der folgenden Ansätze führt zur Errechnung der Gesamtkapitalrentabilität?

(1) $\frac{50 \cdot 100}{13}$

(2) $\frac{7 \cdot 100}{13}$

(3) $\frac{(7+1) \cdot 100}{9}$

(4) $\frac{(7+1) \cdot 100}{13}$

(5) $\frac{7 \cdot 100}{50}$

(6) $\frac{(7-1) \cdot 100}{13}$

7

**Deckungsgrad I**

Durch welche Maßnahme kann der Deckungsgrad I erhöht werden?

(1) Der Bestand an fertigen Erzeugnissen sollte vermindert werden.
(2) Eine Lagerhalle sollte verkauft und anschließend gemietet werden.
(3) Eine Ersatzmaschine sollte bar gekauft werden.
(4) Der Bestand der Büroausstattung sollte erhöht werden.
(5) Ein Darlehen über 2 Mio. € sollte vorzeitig getilgt werden.

8

**Geringwertige Wirtschaftsgüter**

Zu Beginn des Geschäftsjahres wurde für das Rechenzentrum der OfficeCom AG eine externe Festplatte für 900,00 € zuzüglich 19 % USt (Rechnungsbetrag: 1.071,00 €) gekauft. Für die Bilanz ist zu klären, ob die Festplatte als Geringwertiges Wirtschaftsgut (GWG) ausgewiesen werden kann.
Welche Aussage trifft zu?

(1) Die externe Festplatte ist kein GWG, da die Anschaffungskosten über 1.000,00 € liegen.
(2) Die externe Festplatte hätte sofort als Aufwand gebucht werden müssen.
(3) Die externe Festplatte ist als GWG über die Jahre der Nutzung planmäßig einzeln abzuschreiben.
(4) Die externe Festplatte ist kein GWG, da sie nicht die Bedingung der selbstständigen Nutzung erfüllt.
(5) Die externe Festplatte ist kein GWG, da sie nicht einzeln bewertbar ist.
(6) Die externe Festplatte erfüllt alle Bedingungen zur Anerkennung als GWG.

9

**Auswirkungen von Bilanzierungswahlrechten**

Durch die Wahrnehmung von Bilanzierungswahlrechten wurde in der Bilanz der OfficeCom AG das Umlaufvermögen mit 6,5 Mio. € ausgewiesen; bei anderen Bewertungsentscheidungen hätte das Umlaufvermögen 6,8 Mio. € betragen.

Welche zwei Auswirkungen hatte der niedrigere Bilanzausweis?

(1) Die Steuerzahlung war vergleichsweise geringer.
(2) Der Gewinn wurde zu hoch ausgewiesen.
(3) Die Dividende wurde vergleichsweise niedriger bemessen.
(4) Die Dividende wurde vergleichsweise höher bemessen.
(5) Die Steuerzahlung war vergleichsweise höher.

10

**Cashflow**

Wie errechnet sich der Cashflow?

(1) Betriebsgewinn
+ neutraler Gewinn
+ Abschreibungen auf Anlagen

(2) Jahresüberschuss (Gewinn)
+ Abschreibungen auf Anlagen
+ Bestand der langfristigen Rückstellungen

(3) Jahresüberschuss
+ Abschreibungen auf Anlagen
+ Zuführungen zu den langfristigen Rückstellungen

(4) Jahresüberschuss
+ Abschreibungen auf Forderungen
+ Abschreibungen auf Anlagen

(5) Betriebsgewinn
+ Abschreibungen auf Anlagen
+ Zuführungen zu den langfristigen Rückstellungen

11

**Stille Reserven**

Auf welche Weise können stille Reserven in der Bilanz der OfficeCom AG entstanden sein?

(1) durch Bildung zu hoher Rückstellungen für Prozesskosten
(2) durch Anwendung des Niederstwertprinzips bei der Bewertung der Schulden
(3) durch Bildung von Sparguthaben auf dem Geschäftskonto
(4) durch Anwendung des Höchstwertprinzips bei der Bewertung des Umlaufvermögens
(5) durch Nichtausschüttung realisierter Gewinne

## Lösungen zu Multiple-Choice-Aufgaben 4 bis 11

**Aufgabe 4**
(3)

**Aufgabe 5**
(5)

**Aufgabe 6**
(4) $\frac{(\text{Gewinn} + \text{Zinsaufwendungen}) \cdot 100}{\text{Eigenkapital} + \text{Fremdkapital}}$

**Aufgabe 7**
(2)

**Aufgabe 8**
(4)

**Aufgabe 9**
(1), (3)

**Aufgabe 10**
(3)

**Aufgabe 11**
(1)

## 4.2.3 Wertschöpfungsprozesse analysieren und beurteilen

### 4.2.3.1 Fallorientierte Aufgaben und Lösungen

1

**Abgrenzung Kosten – Neutrale Aufwendungen sowie Leistungen – Neutrale Erträge**

Ordnen Sie die Ziffern (1) für neutrale Aufwendungen, (2) für Kosten, (3) für neutrale Erträge bzw. (4) für Leistungen den folgenden Aufwandsarten und Ertragsarten (a) bis (x) der OfficeCom AG entsprechend dem folgenden Muster zu und begründen Sie kurz die jeweilige Zuordnung.

| Teilaufgabe | Lösungsziffer | Begründung |
|---|---|---|
| z) | 1 | betriebsbezogen, aber periodenfremd |
| | | |

**a)** Erträge aus der Vermietung einer Werkshalle
**b)** Leasingrate für die Datenverarbeitungsanlage
**c)** Gewerbesteuernachzahlung für das vergangene Geschäftsjahr
**d)** Erträge aus der Herstellung eigener Werkzeuge
**e)** Verbrauch von Stahlrohren für die Produktion
**f)** Forderungsausfall durch Konkurs eines Großkunden
**g)** Grundsteuer für Werkswohnungen
**h)** Inventurverluste an Hilfs- und Betriebsstoffen (Fehlbestand)
**i)** Telefongebühren für die Einkaufsabteilung
**j)** Lohnfortzahlung für erkrankten Arbeiter
**k)** Erhöhung des Bestandes an unfertigen Erzeugnissen
**l)** Überschuss durch Verkauf eines Lkws über dem Buchwert
**m)** Fahrtspesen für Kraftfahrer der werkseigenen Lkws
**n)** Erträge aus dem Verkauf von Abfällen, die bei der Produktion anfielen
**o)** Gewerbesteuervorauszahlung
**p)** Aufwendungen für die Reparatur einer NC-Fräse durch den Lieferanten
**q)** Kfz-Steuer für den Pkw der Geschäftsleitung
**r)** Verringerung des Bestandes an unfertigen Erzeugnissen
**s)** Erträge aus der Auflösung von Rückstellungen
**t)** Arbeitgeberanteil zur Sozialversicherung
**u)** Stromverbrauch für die Produktion
**v)** Abschreibungen auf nicht betriebsnotwendige Anlagegüter
**w)** Beiträge zur Unfallversicherung
**x)** Verlust aus dem Verkauf von Wertpapieren

2

**Gesamt- und Stückkostenkurven**

Skizzieren Sie zu den folgenden Gesamtkostenkurven (a) bis (c) grafisch die entsprechenden Stückkostenkurven. (Verwenden Sie neue Diagramme und benennen Sie die Achsen.)

**a)**

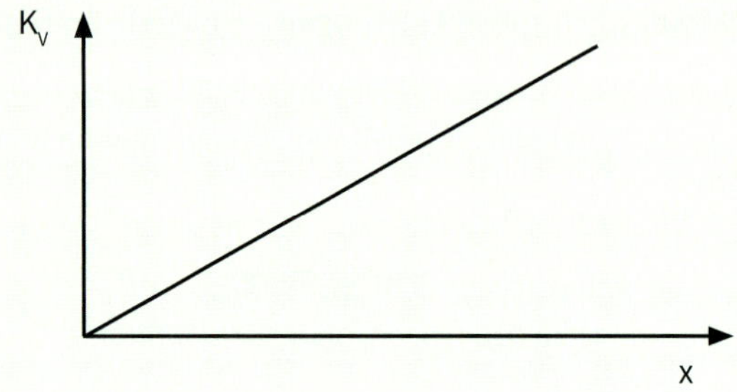


**b)**

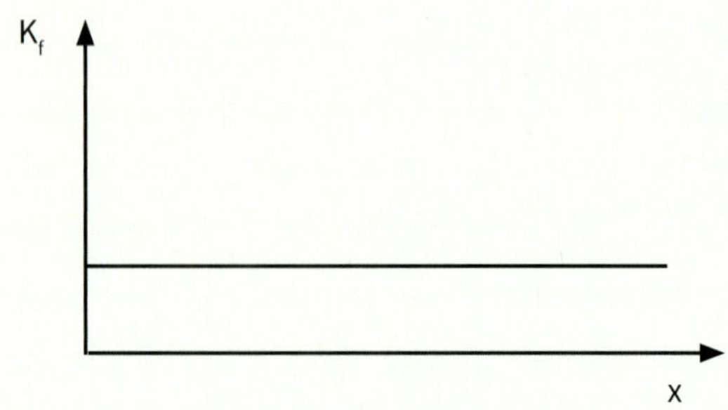


**c)**

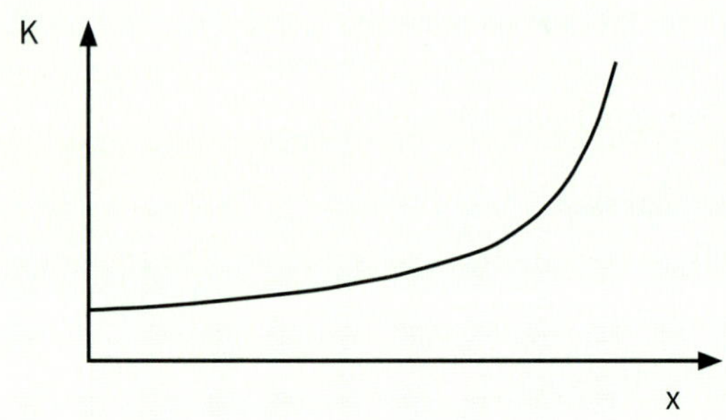

3

## Bilanzielle und kalkulatorische Abschreibungen

Berechnen Sie die bilanzielle und die kalkulatorische Abschreibung für eine NC-gesteuerte Hobelmaschine der **OfficeCom AG** für das dritte Jahr der Nutzung, wenn die nachstehenden Werte gegeben sind:

| | |
|---|---|
| Anschaffungswert am 02.01.20..: | 144.000,00 € |
| Preisindex im Anschaffungsjahr: | 100 % |
| Wiederbeschaffungsindex: | 124 % |

| Abschreibung | Nutzungsdauer | Methode |
|---|---|---|
| bilanziell | 6 Jahre | linear |
| kalkulatorisch | 10 Jahre | linear |

4

## Kalkulatorische Zinsen, Ergebnistabelle

Zur Berechnung der kalkulatorischen Zinsen stellt die Abteilung „Kostenrechnung" der **OfficeCom AG** die folgenden Zahlen zur Verfügung:

| | | |
|---|---|---|
| betriebsnotwendiges Grundvermögen: | 200.000,00 € | |
| betriebsnotwendiges abnutzbares Anlagevermögen: | 1.000.000,00 € | (Anschaffungswerte) |
| betriebsnotwendiges Umlaufvermögen: | 4.200.000,00 € | (Durchschnittswerte) |
| Kundenanzahlungen: | 45.000,00 € | |
| Verbindlichkeiten a. LL | 320.000,00 € | |
| – davon nicht skontierfähige Verbindlichkeiten | 15.000,00 € | |

| | |
|---|---|
| Fremdkapital (Darlehensschulden, Hypothekenschulden): | 3.600.000,00 € |

| | |
|---|---|
| durchschnittlicher Marktzinssatz für Fremdkapital: | 11 % |
| kalkulatorischer Zinssatz: | 8 % |

**a)** Berechnen Sie die tatsächlichen und die kalkulatorischen Zinsen, wenn die oben stehenden Werte gegeben sind.

**b)** Geben Sie an, in welche Spalten des Rechnungskreises II der Ergebnistabelle die tatsächlichen Zinsen und die kalkulatorischen Zinsen einzutragen sind.

| Ergebnistabelle in € | | | | | | | | | |
|---|---|---|---|---|---|---|---|---|---|
| Finanzbuchhaltung (Rechnungskreis I) | | | Kosten- und Leistungsrechnung (Rechnungskreis II) | | | | | | |
| Gesamtergebnisrechnung (GuV) der Finanzbuchhaltung | | | Abgrenzungsrechnung | | | | Betriebsergebnis-rechnung | |
| | | | Unternehmensbezogene Abgrenzungen | | Kostenrechnerische Korrekturen | | | |
| Konto | Aufwen-dungen | Erträge | neutrale Aufwen-dungen | Neutrale Erträge | Betrieb-liche Auf-wendun-gen | Ver-rechnete Kosten | Kosten | Leistun-gen |
| | | | | | | | | |

**c)** Welche Wirkung haben die kalkulatorischen Zinsen (wie auch die übrigen kalkulatorischen Kosten) auf das Betriebsergebnis, das neutrale Ergebnis und das Unternehmens- oder Gesamtergebnis?

5

**Angebotspreis mithilfe der Zuschlagskalkulation, BAB, Gemeinkostenzuschlagssätze, Kostenüber-, Kostenunterdeckung**

Aufgrund der Anfrage eines Kunden über Herstellung und Lieferung einer Sonderanfertigung eines Schreibtisches will das Zweigwerk der **OfficeCom AG** ein Angebot ausarbeiten. Neben der Festlegung des Liefertermins (voraussichtlich Anfang Oktober 20..) ist unter anderem der Angebotspreis zu ermitteln.

Hierfür liegen aus der Abteilung „Kosten- und Leistungsrechnung" folgende Daten vor:

| | |
|---|---|
| Fertigungsmaterial (Materialeinzelkosten): | 950,00 € |
| Fertigungslöhne (Fertigungseinzelkosten) | 500,00 € |
| Gewinnzuschlagssatz: | 15 % |
| Kundenrabatt | 20 % |
| Kundenskonto | 2 % |

Außerdem rechnet die OfficeCom AG mit folgenden Normalgemeinkostenzuschlagssätzen:

| | |
|---|---|
| für den Materialbereich: | 23,5 % |
| für den Fertigungsbereich: | 630,3 % |
| für den Verwaltungsbereich: | 12,0 % |
| für den Vertriebsbereich: | 6,2 % |

**a)** Erläutern Sie den Begriff Normalgemeinkostenzuschlagssatz.

**b)** Berechnen Sie mithilfe der Zuschlagskalkulation den Angebotspreis.

Der Kunde bestellt zu den Konditionen der OfficeCom AG. Die Fertigung des Schreibtisches erfolgt zusammen mit weiteren Büromöbeln im September 20... Zum Monatsende ist der BAB zu erstellen.
Für das Zweigwerk der OfficeCom AG liegt der folgende komprimierte, noch nicht fertig gestellte BAB vor, bei dem noch einige Gemeinkostenarten verteilt werden müssen:

| **BAB des Zweigwerks der OfficeCom AG für Monat September 20..** | | | | | | |
|---|---|---|---|---|---|---|
| Gemeinkosten-arten | Zahlen der KLR (in €) | Verteilungs-grundlagen | Kosten der Kostenstellen (in €) | | | |
| | | | I Material | II Fertigung | III Verwaltung | IV Vertrieb |
| Diverse Gemeinkosten-arten | 185.000,00 | Diverse Ver-teilungsgrund-lagen | 35.400,00 | 106.000,00 | 19.700,00 | 23.900,00 |
| Betriebsstoffe (Gas) | 16.200,00 | Verbrauch nach Zählerstand in $m^3$ | | | | |
| Mietaufwen-dungen | 10.000,00 | Fläche in $m^2$ | | | | |
| Kalkulatorische Abschrei-bungen | 520.000,00 | Anlagendatei | | | | |
| Kalkulatorische Zinsen | 24.000,00 | Kalkulatorische Restwerte in € | | | | |
| Telefonkosten | 5.800,00 | Zahl der Mitarbeiter | | | | |
| Summe | 761.000,00 | | | | | |
| | | Zuschlags-grundlagen | Fertigungs-material | Fertigungs-löhne | Herstellkosten des Umsatzes | |
| | | Gemeinkosten-zuschlagssätze: | | | | |

Die folgende Tabelle der **OfficeCom AG** zeigt die **Verteilungsschlüssel** für die noch zu verteilenden Gemeinkostenarten auf die Kostenbereiche bzw. -stellen des BAB für den Monat September 20...

| Gemein-kostenarten | Zahlen der KLR in € | Verteilungs-schlüssel | Material | Fertigung | Verwaltung | Vertrieb |
|---|---|---|---|---|---|---|
| Betriebsstoffe (Gas) | 16.200,00 | Verbrauch nach Zählerstand in $m^3$ AB/EB* | 1.420/ 1.670 | 5.900/ 8.700 | 2.345/ 2.745 | 1.240/ 1.490 |
| Mietaufwen-dungen | 10.000,00 | Fläche in $m^2$ | 1 000 | 23 000 | 3 500 | 2.500 |
| Kalkulatorische Abschrei-bungen | 520.000,00 | Anlagendatei | 1 | 15 | 3 | 1 |
| Kalkulatorische Zinsen | 24.000,00 | Kalkulatorische Restwerte in € | 140.000,00 | 600.000,00 | 250.000,00 | 120.000,00 |
| Telefonkosten | 5.800,00 | Zahl der Mitarbeiter | 4 | 12 | 8 | 6 |

*AB = Anfangsbestand EB = Endbestand

Zusätzlich werden noch die folgenden Informationen für September 20.. benötigt:

| | |
|---|---|
| Verbrauch an Fertigungsmaterial: | 260.000,00 € |
| gezahlte Fertigungslöhne: | 84.000,00 € |
| Bestandsminderung an unfertigen Erzeugnissen: | 2.000,00 € |
| Bestandsmehrung an fertigen Erzeugnissen: | 6.000,00 € |

**c)** Erstellen und vervollständigen Sie den BAB.

**d)** Begründen Sie, warum bei dieser speziellen Aufgabenstellung die Betriebsstoffe (Gas) Kostenstelleneinzelkosten, die Telefonkosten dagegen Kostenstellengemeinkosten sind.

**e)** Ermitteln Sie die Istgemeinkostenzuschlagssätze für den Monat September 20.., wobei die Verwaltungs- und Vertriebsgemeinkostenzuschlagssätze von den Herstellkosten des Umsatzes zu berechnen sind.

**f)** Errechnen Sie auf der Grundlage der vorgegebenen Normalgemeinkostenzuschlagssätze und der errechneten Istgemeinkostenzuschlagssätze die Kostenüberdeckungen bzw. Kostenunterdeckungen in den einzelnen Kostenstellen bzw. -bereichen und insgesamt.

**g)** Wie wirken sich Kostenüber- bzw. -unterdeckungen gegenüber der Vorkalkulation auf das Betriebsergebnis aus?

**h)** Führen Sie die Nachkalkulation des Angebotspreises für die Sonderanfertigung des Schreibtisches auf der Grundlage der errechneten Istgemeinkostenzuschlagssätze durch.

6

### Maschinenstundensatzrechnung

In der **OfficeCom AG** existiert u. a. die Fertigungshauptstelle „Stanzerei“, in der drei Stanzen arbeiten, für die die folgenden maschinenabhängigen Gemeinkosten und die Laufstunden für den Monat November 20.. ermittelt wurden:

| | Stanze I | Stanze II | Stanze III |
|---|---|---|---|
| maschinenabhängige Gemeinkosten für Monat November 20.. | 2.551,66 € | 4.032,84 € | 5.890,00 € |
| Laufstunden für Monat November 20.. | 150 | 120 | 100 |

Für die gesamte Stanzerei wurden darüber hinaus noch die folgenden **maschinenunabhängigen** Gemeinkosten (Restgemeinkosten) ermittelt:

| | |
|---|---|
| Hilfslöhne: | 8.000,00 € |
| soziale Abgaben: | 3.500,00 € |
| allgemeine Betriebskosten: | 2.000,00 € |

An Fertigungslöhnen fallen in der Stanzerei für den Monat November 20.. insgesamt 7.500,00 € an.

**a)** Nennen Sie mindestens vier maschinenabhängige Fertigungsgemeinkostenarten.

**b)** Errechnen Sie die Maschinenstundensätze der drei Stanzen.

**c)** Errechnen Sie den Restgemeinkostenzuschlagssatz für die Stanzerei und erläutern Sie dessen Bedeutung.

**d)** Welche Gründe können für eine Umstellung von der Zuschlagskalkulation mit Fertigungsgemeinkostenzuschlagssätzen auf die Kalkulation mit Maschinenstundensätzen maßgebend sein?

7

### Zuschlags- und Äquivalenzziffernkalkulation

Aufgrund einer Bestellung der OfficeCom AG über fünf verschiedene Sorten von Eckverbindungen A bis E will der Lieferant im Zuge der Nachkalkulation die Selbstkosten pro Stück dieser Eckverbindungen ermitteln. Dazu setzt er eine Kombination aus Zuschlags- und Äquivalenzziffernkalkulation ein.

Das Fertigungsmaterial wird den Sorten direkt zugerechnet. Die Materialgemeinkosten betragen 5 % des Fertigungsmaterials. Die mithilfe von Äquivalenzziffern zu verrechnenden Fertigungskosten fallen in den Fertigungskostenstellen 1 und 2 in Höhe von 40.800,00 € bzw. 26.250,00 € an. Die Verwaltungs- und Vertriebsgemeinkosten betragen zusammen 10 % der Herstellkosten.

Im Übrigen gelten die in der Tabelle ausgewiesenen Daten: (siehe folgende Seite)

| Sorte | Fertigungs-material pro Stück (in €) | Produktions-mengen (in Stück) | Äquivalenzziffern | |
|---|---|---|---|---|
| | | | Fertigungskosten-stelle 1 | Fertigungskosten-stelle 2 |
| A | 2,60 | 3 000 | 0,70 | 0,60 |
| B | 3,20 | 3 900 | 1,00 | 0,80 |
| C | 3,40 | 6 000 | 1,20 | 1,00 |
| D | 4,20 | 2 000 | 1,25 | 1,40 |
| E | 5,00 | 1 000 | 1,30 | 1,45 |

8

**Mehrstufige Divisionskalkulation**

Die Zementwerke AG in Goslar/Harz fördern Kalkstein, der zu Rohmehl verarbeitet wird. Daraus werden Klinker gebrannt, die anschließend gemahlen und mit Gips vermischt werden. Der daraus entstehende fertige Zement wird dann verpackt und verladen.

In der letzten Abrechnungsperiode ergaben sich folgende Daten, die bei der Kalkulation der Herstellkosten zu berücksichtigen sind:

| Produktionsstufe | | Materialeinsatz | Ausbringung | Herstellkosten |
|---|---|---|---|---|
| 1 | Förderung | | 16 200 t Kalk | 129.600,00 € |
| 2 | Aufbereitung | 16 200 t Kalk | 15 000 t Rohmehl | 150.000,00 € |
| 3 | Brennen | 11 250 t Rohmehl | 7 500 t Klinker | 450.000,00 € |
| 4 | Mahlen | 8 550 t Klinker | | 180.000,00 € |
| | | 450 t Gips | 9 000 t Zement | 56.250,00 € (Materialkosten) |
| 5 | Verpacken/ Verladen | 8 000 t Zement | 160 000 Zement-säcke zu je 50 kg | 96.000,00 € |

**a)** Berechnen Sie mithilfe der **mehrstufigen Divisionskalkulation** die Herstellkosten für einen Sack verladenen Zement (1 t = 1 000 kg).

**b)** Berechnen Sie den Gesamtwert der Bestandsveränderung an unfertigen Erzeugnissen.

**c)** Berechnen Sie den Wert der Bestandsveränderung des fertigen Erzeugnisses.

9

**Break-even-Analyse mithilfe der Voll- und der Teilkostenrechnung, rechnerisch und grafisch mithilfe eines Tabellenkalkulationsprogramms**

Die Centaur AG ist ein Lieferant der OfficeCom AG, der unter anderem Schrankscharniere auch für die OfficeCom AG herstellt. Die Kostenrechnung der Centaur AG weist für das abgelaufene Geschäftsjahr folgende Kosten aus, die bei Herstellung und Vertrieb der Scharniere entstanden sind:

| | |
|---|---|
| Materialkosten | 80.000,00 € |
| Löhne | 140.000,00 € |
| Gehälter | 60.000,00 € |
| Arbeitgeberanteil zur Sozialversicherung (17,5 % auf Löhne und Gehälter) | 35.000,00 € |
| Reparatur- und Wartungskosten | 20.000,00 € |
| kalkulatorische Abschreibungen | 15.125,00 € |
| verschiedene Kosten | 10.000,00 € |
| | 360.125,00 € |

Für das kommende Jahr ist eine Produktions- und Absatzmenge von 30 000 Stück zu einem Absatzpreis von 23,84 €/Stück geplant. Auf der Grundlage dieser Menge ergeben sich für das kommende Jahr gegenüber dem abgelaufenen Jahr folgende Kostenänderungen:

- Die Löhne erhöhen sich aufgrund von neuen Tarifvereinbarungen um 5 %.
- Die Gehälter steigen – durch die Übernahme von zwei Auszubildenden in das Angestelltenverhältnis – um 3.000,00 €.
- Zu Beginn des neuen Jahres wird eine zusätzliche Maschine angeschafft; Wiederbeschaffungswert: 40.000,00 €; Nutzungsdauer: 10 Jahre; kalkulatorische Abschreibung linear.
- Die Reparatur- und Wartungskosten sinken wegen neuer Wartungsverträge voraussichtlich um 6.000,00 €.
- Die Materialkosten und die verschiedenen Kosten bleiben unverändert.

Verhalten der Kosten:
- Material- und Lohnkosten sind variabel.
- Gehälter, Abschreibungen und verschiedene Kosten sind fix.
- 5.600,00 € der Reparatur- und Wartungskosten sind fix.
- Die variablen Kosten entwickeln sich proportional zur Ausbringungsmenge.

**a)** Ermitteln Sie zunächst die für das kommende Jahr geplanten fixen und variablen Kosten.

**b)** Stellen Sie die für das kommende Jahr geltende Umsatz- und die Kostenfunktion auf.

**c)** Errechnen Sie im Wege der Vollkosten- und der Teilkostenrechnung die Break-even-Menge.

**d)** Stellen Sie die Ermittlung der Break-even-Menge mithilfe eines Tabellenkalkulationsprogramms ( z. B. Excel oder NeoOffice) und dem dazugehörigen Grafikassistenten tabellarisch und grafisch dar. Außerdem soll in der Tabelle mithilfe der WENN-Funktion (SYNTAX: WENN(Prüfung;Dann_Wert;Sonst_Wert)) ausgewiesen werden, bei welcher Menge die Bedingung der Break-even-Menge erfüllt ist.

10

## Deckungsbeitragsrechnung und Sortimentspolitik, Preisuntergrenzen, absoluter und relativer Deckungsbeitrag, optimales Produktionsprogramm

### Situation I

Für den Monat Mai 20.. liegt Ihnen das folgende Kostenträgerblatt der OfficeCom AG vor. Es zeigt auf der Grundlage der Vollkostenrechnung, dass die OfficeCom AG mit ihren drei Produktgruppen im Monat Mai 20.. einen Betriebsgewinn von etwas über 2 Mio. € erzielt hat. Allerdings wird auch ersichtlich, dass die Produktgruppe Schreibtische ST 04 im Mai 20.. einen Betriebsverlust von 463.295,44 € verursacht hat. Der Geschäftsleitung stellt sich daher die Frage, ob die Schreibtische eventuell aus dem Produktions- und Absatzprogramm genommen werden sollen.

**Kostenträgerblatt der OfficeCom AG für Mai 20.. auf Istkostenbasis**

| Nr. | Kalkulationsschema | Zuschlagssätze gemäß BAB | Istkosten gesamt (in €) | Kosten der Kostenträger (in €) | | |
|---|---|---|---|---|---|---|
| | | | | Schreibtischsessel STS 04 | Aktenschränke AS 04 | Schreibtische ST 04 |
| 1 | Fertigungsmaterial | | 3.480.000,00 | 383.500,00 | 2.678.000,00 | 418.500,00 |
| 2 | Materialgemeinkosten | 22,46 % | 781.761,45 | 86.151,01 | 601.596,89 | 94.013,55 |
| 3 | Materialkosten | | 4.261.761,45 | 469.651,01 | 3.279.596,89 | 512.513,55 |
| | | | | | | |
| 4 | Fertigungslöhne | | 933.502,20 | 76.600,00 | 751.400,00 | 105.502,20 |
| 5 | Fertigungsgemeinkosten | 387,23 % | 3.614.825,32 | 296.620,21 | 2.909.666,14 | 408.538,97 |
| 6 | Fertigungskosten | | 4.548.327,52 | 373.220,21 | 3.661.066,14 | 514.041,17 |
| | | | | | | |
| 7 | Herstellkosten der Erzeugung | | 8.810.088,97 | 842.871,22 | 6.940.663,03 | 1.026.554,72 |
| | | | | | | |
| 8 | Mehrbestand unfertiger Erzeugnisse | | 0,00 | 0,00 | 0,00 | 0,00 |
| 9 | Minderbestand fertiger Erzeugnisse | | 0,00 | 0,00 | 0,00 | 0,00 |
| 10 | Herstellkosten des Umsatzes | | 8.810.088,97 | 842.871,22 | 6.940.663,03 | 1.026.554,72 |
| | | | | | | |
| 11 | Verwaltungsgemeinkosten | 9,22 % | 808.395,61 | 77.340,13 | 636.860,94 | 94.194,55 |
| 12 | Vertriebsgemeinkosten | 4,16 % | 365.139,42 | 34.933,30 | 287.659,94 | 42.546,18 |
| 13 | Selbstkosten des Umsatzes | | 9.983.624,00 | 955.144,65 | 7.865.183,91 | 1.163.295,44 |
| | | | | | | |
| 14 | Umsatzerlöse | | 12.000.000,00 | 1.300.000,00 | 10.000.000,00 | 700.000,00 |
| 15 | Betriebsergebnis | | 2.016.376,00 | 344.855,35 | 2.134.816,09 | -463.295,44 |

**a)** Weisen Sie mithilfe der Deckungsbeitragsrechnung in einer tabellarischen Übersicht nach, dass es für die OfficeCom AG im Hinblick auf das Betriebsergebnis unter sonst gleichen Umständen besser ist, die Schreibtische weiter zu produzieren, als sie aus dem Produktionsprogramm zu nehmen. Dabei ist zu berücksichtigen, dass die im Kostenträgerblatt aufgeführten Selbstkosten des Umsatzes zu 55 % variabel bzw. zu 45 % fix sind. Erläutern Sie das Ergebnis.

**b)** Führen Sie auf der Grundlage der folgenden Ist-Gemeinkostenzuschlagssätze und der zusätzlichen Angaben eine kostenorientierte Nachkalkulation des Selbstkostenpreises für einen Schreibtisch Modell ST 04 durch.

- Materialgemeinkostenzuschlagssatz: 22,0 %
- Fertigungsgemeinkostenzuschlagssatz: 355,0 %
- Verwaltungsgemeinkostenzuschlagssatz: 9,5 %
- Vertriebsgemeinkostenzuschlagssatz: 4,0 %
- Fertigungsmaterial gemäß Stückliste: 280,00 €
- Fertigungslöhne gemäß Lohnscheinen: 310,00 €

**c)** Wie hoch muss der Angebotspreis für den Schreibtisch ST 04 (siehe Aufgabe b) im Hinblick auf das Betriebsergebnis mindestens sein, damit der Schreibtisch nicht aus dem Produktionsprogramm genommen wird? Berechnen Sie den Preis und erläutern Sie das Ergebnis.

**d)** Mit welchen Argumenten könnte ein Leiter der Absatzabteilung fordern, ein Produkt im Produktions- und Absatzprogramm zu belassen, auch wenn die kurzfristige Preisuntergrenze unterschritten wird?

**Situation II**

Für die OfficeCom AG liegen für den Monat Juni 20.. die folgenden Plandaten vor:

| Produkt | Schreibtischsessel STS 04 | Aktenschrank AS 04 | Schreibtisch ST 04 |
|---|---|---|---|
| Nachfragemenge (in Stück) | 600 | 3 500 | 400 |
| Bearbeitungszeit an der Bohrmaschine (in Minuten/Stück) | 4,1 | 3,8 | 6,5 |
| Absatzpreis/Stück (in €) | 2.600,00 | 2.890,00 | 2.170,00 |
| variable Kosten/Stück (in €) | 1.050,00 | 1.250,00 | 1.600,00 |

Alle Produkte werden u. a. an einer Bohrmaschine bearbeitet, die den Engpass des Unternehmens darstellt. Bei jeder Produkteinheit müssen mehrere Bohrungen vorgenommen werden. In der OfficeCom AG wird in der Fertigung in 2 Schichten pro Tag mit 8 Std. pro Schicht an 5 Tagen pro Woche 4 Wochen pro Monat gearbeitet.

**e)** Berechnen Sie die monatliche Kapazität der Bohrmaschine in Minuten.

**f)** Prüfen Sie, ob die Kapazität der Bohrmaschine im Juni 20.. ausreicht, um die nachgefragten Mengen des bisherigen Produktionsprogramms (Schreibtischsessel, Aktenschränke und Schreibtische) zu bearbeiten.

**g)** In welcher Reihenfolge würden Sie die Produkte des bisherigen Produktionsprogramms bearbeiten? Begründen Sie Ihre Antwort mithilfe der Deckungsbeitragsrechnung.

**Situation III**

Die OfficeCom AG plant, ab Monat Juni 20.. **zusätzlich** Bürostühle in das Produktionsprogramm aufzunehmen. Hierfür liegen die folgenden Plandaten für Juni 20.. vor:

| **Produkt** | **Bürostuhl BS 04** |
|---|---|
| Nachfragemenge (in Stück) | 2 000 |
| Bearbeitungszeit an der Bohrmaschine (in Minuten/Stück) | 2,5 |
| Absatzpreis/Stück (in €) | 500,00 |
| variable Kosten/Stück (in €) | 85,00 |

**h)** Prüfen Sie, ob die Kapazität der Bohrmaschine im Juni 20.. ausreicht, die nachgefragten Mengen des gesam-ten, um die Bürostühle erweiterten, Produktionsprogramms zu bearbeiten.

**i)** In welcher Reihenfolge würden Sie die Produkte des um die Bürostühle erweiterten Produktionsprogramms bearbeiten? Begründen Sie Ihre Antwort.

**j)** Erstellen Sie das Produktionsprogramm für Juni 20.. im Hinblick auf das bestmögliche Betriebsergebnis und berechnen Sie anschließend das Betriebsergebnis. Die fixen Kosten betragen im Juni 20.. 4.492.630,80 €.

11

**Plankostenrechnung – Abweichungsanalyse**

Für die Herstellung von Bürostühlen des Typs Classic setzt die OfficeCom AG eine bestimmte Maschine ein, deren Kapazität 2 000 Stück pro Abrechnungsperiode beträgt. Bei einer Auslastung von 85 % würden 202.500,00 € Gesamtkosten und bei einer Fertigung von 1 870 Stück 220.350,00 € Gesamtkosten entstehen. Die variablen Kosten entwickeln sich proportional.
Zur Kontrolle der Kosten bedient sich die OfficeCom AG der flexiblen Plankostenrechnung.

**a)** Errechnen Sie zunächst mithilfe des mathematischen Kostenauflösungsverfahrens die variablen Stückkosten sowie die Fixkosten.
Für die nächste Rechnungsperiode wird eine Kapazitätsauslastung von 80 % geplant (Planbeschäftigung). Tatsächlich wurden dann 1 720 Stück zu Gesamtkosten (Istkosten) in Höhe von 207.000,00 € gefertigt.

**b)** Ermitteln Sie:
- die Plankosten der Planbeschäftigung,
- den Plankostenverrechnungssatz,
- die verrechneten Plankosten,
- die Beschäftigungsabweichung,
- die Verbrauchsabweichung,
- die Gesamtabweichung.

(Geben Sie bei den Kostenabweichungen jeweils an, ob sich diese positiv oder negativ auf das Ist-Betriebsergebnis gegenüber dem geplanten Betriebsergebnis auswirken.)

12

**Plankostenrechnung grafisch**

Erläutern Sie, was die zu den Grafen bzw. Streckenabschnitten zugehörigen Ziffern angeben.

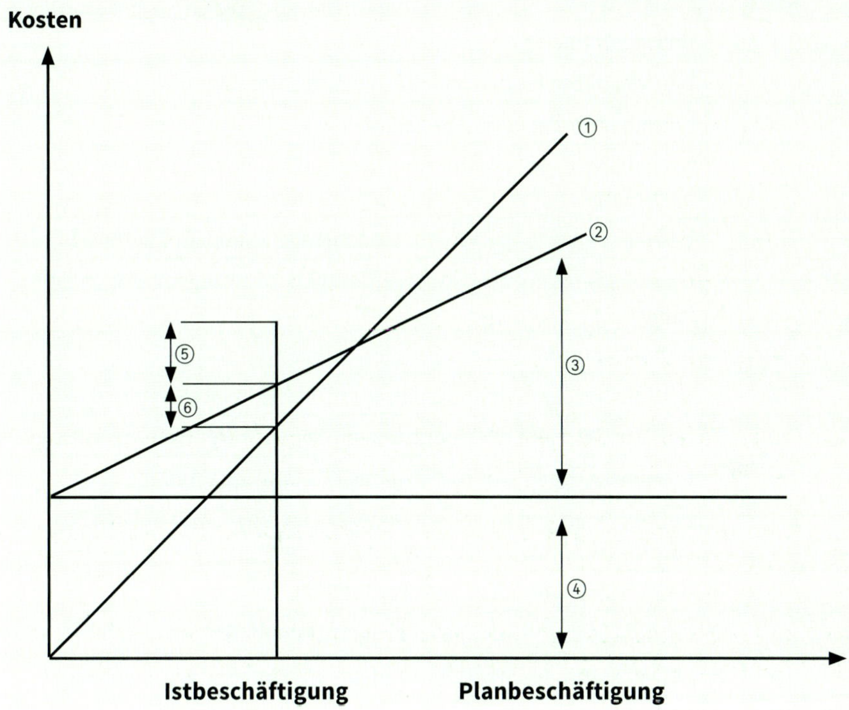


① ______________________________

② ______________________________

③ ______________________________

④ ______________________________

⑤ ______________________________

⑥ ______________________________

## Lösung zu Aufgabe 1

| Teilaufgabe | Lösungsziffer | Begründung |
|---|---|---|
| a | 3 | betriebsfremd |
| b | 2 | betriebsbezogen, periodenbezogen, regelmäßig |
| c | 1 | betriebsbezogen, periodenfremd |
| d | 4 | betriebsbezogen, periodenbezogen; Leistung, nicht für den Markt bestimmt |
| e | 2 | betriebsbezogen, periodenbezogen, regelmäßig; Rohstoffverbrauch |
| f | 1 | betriebsbezogen, aber außerordentlich; nicht regelmäßig in der Höhe |
| g | 1 | betriebsfremd |
| h | 2 | betriebsbezogen, periodenbezogen; i. d. R. relativ regelmäßig |
| i | 2 | betriebsbezogen, periodenbezogen, regelmäßig |
| j | 2 | betriebsbezogen, periodenbezogen; relativ regelmäßig |
| k | 4 | betriebsbezogen, periodenbezogen; Leistung für den Markt bestimmt, aber noch nicht verkauft |
| l | 3 | betriebsbezogen, aber außerordentlich |
| m | 2 | betriebsbezogen, periodenbezogen, regelmäßig |
| n | 4 | betriebsbezogen, periodenbezogen, regelmäßig; Kuppelprodukt |
| o | 2 | betriebsbezogen, periodenbezogen, regelmäßig |
| p | 2 | betriebsbezogen, periodenbezogen; regelmäßig fallen Fremdinstandhaltungen an |
| q | 2 | betriebsbezogen, periodenbezogen; regelmäßig |
| r | 2 | betriebsbezogen, periodenbezogen; werden den entsprechenden Umsatzerlösen gegenübergestellt |
| s | 3 | betriebsbedingt; aber nicht regelmäßig, eher außergewöhnlich |
| t | 2 | betriebsbezogen, periodenbezogen; regelmäßig |
| u | 2 | betriebsbezogen, periodenbezogen; regelmäßig; Betriebsstoffverbrauch |
| v | 1 | betriebsfremd |
| w | 2 | betriebsbezogen, periodenbezogen; regelmäßig |
| x | 1 | betriebsfremd |

## Lösung zu Aufgabe 2

a)

b)

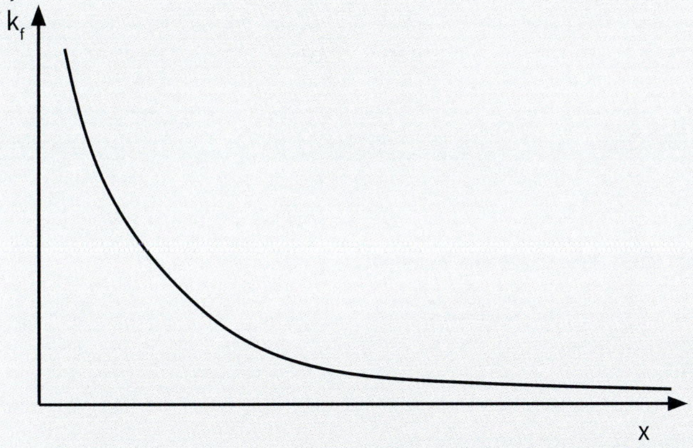


c)

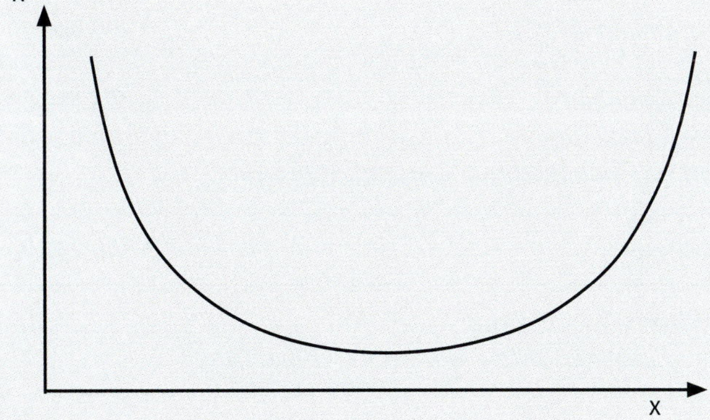

## Lösung zu Aufgabe 3

**bilanzielle Abschreibung:**

Nach HGB wird vom Anschaffungswert abgeschrieben. Ziel ist die nominelle Kapitalerhaltung.

$$\text{Abschreibungsbetrag:} = \frac{144.000{,}00\ €}{6\ \text{Jahre}} = 24.000{,}00\ €/\text{Jahr}$$

**kalkulatorische Abschreibung:**

Für die KLR wird vom Wiederbeschaffungswert, der sich aus der Multiplikation von Anschaffungswert und Wiederbeschaffungsindex ergibt, abgeschrieben. Ziel ist die reale Kapitalerhaltung.

Wiederbeschaffungswert = 144.000,00 € · 124 % = 178.560,00 €

$$\text{Abschreibungsbetrag} = \frac{178.560{,}00\ €}{10\ \text{Jahre}} = 17.856{,}00\ €/\text{Jahr}$$

## Lösungen zu Aufgabe 4

**Lösung zu 4a)**

**Zinsaufwendungen (tatsächlich gezahlte Zinsen):**

Zinsen = 3.600.000,00 € · 11 % = 396.000,00 €

**kalkulatorische Zinsen:**

**Errechnung des betriebsnotwendigen Kapitals:**

| | | |
|---|---|---|
| | betriebsnotwendiges Grundvermögen | 200.000,00 € |
| + | betriebsnotwendiges abnutzbares Anlagevermögen | 1.000.000,00 € |
| = | betriebsnotwendiges Anlagevermögen | 1.200.000,00 € |
| + | betriebsnotwendiges Umlaufvermögen | 4.200.000,00 € |
| = | betriebsnotwendiges Vermögen | 5.400.000,00 € |
| – | Abzugskapital (zinslos überlassen) (Kundenanzahlungen, nicht skontierbare Verbindlichkeiten) | 60.000,00 € |
| = | betriebsnotwendiges Kapital | 5.340.000,00 € |

**Errechnung der kalkulatorischen Zinsen:**

kalkulatorische Zinsen = 5.340.000,00 € · 8 % = 427.200,00 €

**Lösung zu 4b) und c)**

**Behandlung der Zinsaufwendungen und der kalkulatorischen Zinsen in der Ergebnistabelle:**

| Ergebnistabelle in € | | | | | | | | |
|---|---|---|---|---|---|---|---|---|
| Finanzbuchhaltung (Rechnungskreis I) | | | Kosten- und Leistungsrechnung (Rechnungskreis II) | | | | | |
| Gesamtergebnisrechnung (GuV) der Finanzbuchhaltung | | | Abgrenzungsrechnung | | | | Betriebsergebnisrechnung | |
| | | | Unternehmensbezogene Abgrenzungen | | Kostenrechnerische Korrekturen | | | |
| Konto | Aufwendungen | Erträge | Neutrale Aufwendungen | Neutrale Erträge | Betriebliche Aufwendungen | Verrechnete Kosten | Kosten | Leistungen |
| Zinsaufwendungen | 396.000,00 | | | | 396.000,00 | 427.200,00 | 427.200,00 | |

**Erläuterung:**

- Die **Zinsaufwendungen** (tatsächlich gezahlte Zinsen) des Jahres 20.. in Höhe von 396.000,00 € gemäß Gewinn- und Verlustkonto werden in der Abgrenzungsrechnung unter „Kostenrechnerische Korrekturen" in der Spalte „Betriebliche Aufwendungen" ausgewiesen.

- Die **kalkulatorischen Zinsen** in Höhe von 427.200,00 € werden in der Spalte „Kosten" der Betriebsergebnisrechnung erfasst und als „Ertrag" in der Spalte „Kostenrechnerische Korrekturen" unter „Verrechnete Kosten" gegengebucht. Dadurch beeinflussen sie nur das **Betriebsergebnis,** nicht aber das Gesamtergebnis.

- Das **Neutrale Ergebnis** verbessert sich in Höhe der Differenz von 427.200,00 € minus 396.000,00 € gleich 31.200,00 €.

- Da das Gesamtergebnis die Summe aus Betriebsergebnis und Neutralem Ergebnis ist, wird das **Gesamtergebnis nur in Höhe der tatsächlich gezahlten Zinsen** von 396.000,00 € **belastet.**

## Lösungen zu Aufgabe 5

**Lösung zu 5a)**

- Ein Normalgemeinkostenzuschlagssatz, z. B. der Kostenstelle Material, ist der Durchschnittswert von Istgemeinkostenzuschlagssätzen mehrerer vergangener Perioden.
- Normalgemeinkostenzuschlagssätze werden für die Vor- oder Angebotskalkulation benötigt.

**Lösung zu 5b)**

| | | | |
|---|---|---|---|
| **Angebotskalkulation mithilfe der Normalgemeinkostenzuschlagssätze** | | | |
| (1) | Fertigungsmaterial | | 950,00 € |
| (2) | + Materialgemeinkosten | 23,50 % | 223,25 € |
| (3) | + Fertigungslöhne | | 500,00 € |
| (4) | + Fertigungsgemeinkosten | 630,30 % | 3.151,50 € |
| (5) | = Herstellkosten | | 4.824,75 € |
| (6) | + Verwaltungsgemeinkosten | 12,00 % | 578,97 € |
| (7) | + Vertriebsgemeinkosten | 6,20 % | 299,13 € |
| (8) | = Selbstkosten | | 5.702,85 € |
| (9) | + Gewinn | 15,00 % | 855,43 € |
| (10) | = Barverkaufspreis | | 6.558,28 € |
| (11) | + Kundenskonto | 2,00 % | 133,84 € |
| (12) | = Zielverkaufspreis | | 6.692,13 € |
| (13) | + Kundenrabatt | 20,00 % | 1.673,03 € |
| (14) | = Angebotspreis netto | | 8.365,16 € |

**Lösung zu 5c)**

| BAB des Zweigwerks der OfficeCom AG für Monat September 20.. | | | | | | |
|---|---|---|---|---|---|---|
| **Gemeinkostenarten** | **Zahlen der KLR (in €)** | **Verteilungsgrundlagen** | **Kosten der Kostenstellen (in €)** | | | |
| | | | I Material | II Fertigung | III Verwaltung | IV Vertrieb |
| diverse Gemeinkostenarten | 185.000,00 | Diverse Verteilungsgrundlagen | 35.400,00 | 106.000,00 | 19.700,00 | 23.900,00 |
| Betriebsstoffe (Gas) | 16.200,00 | Verbrauch nach Zählerstand in $m^3$ | 1.094,59 | 12.259,46 | 1.751,35 | 1.094,59 |
| Mietaufwendungen | 10.000,00 | Fläche in $m^2$ | 333,33 | 7.666,67 | 1.166,67 | 833,33 |
| Kalkulatorische Abschreibungen | 520.000,00 | Anlagendatei | 26.000,00 | 390.000,00 | 78.000,00 | 26.000,00 |
| Kalkulatorische Zinsen | 24.000,00 | Kalkulatorische Restwerte in € | 3.027,03 | 12.972,97 | 5.405,41 | 2.594,59 |
| Telefonkosten | 5.800,00 | Zahl der Mitarbeiter | 773,33 | 2.320,00 | 1.546,67 | 1.160,00 |
| Summe | 761.000,00 | | 66.628,28 | 531.219,10 | 107.570,09 | 55.582,52 |
| | | Zuschlagsgrundlagen | Fertigungsmaterial: 260.000,00 | Fertigungslöhne: 84.000,00 | Herstellkosten des Umsatzes: 937.847,39 | |
| | | Gemeinkostenzuschlagssätze | 25,63 % | 632,40 % | 11,47 % | 5,93 % |

**Verteilung der Gemeinkosten auf die Kostenstellen am Beispiel Betriebsstoffe (Gas):**

- Zunächst ist der Gasverbrauch je Kostenstelle wie folgt zu ermitteln: Endbestand – Anfangsbestand.

  Für den Materialbereich gilt:
  Gasverbrauch = 1 670 $m^3$ – 1 420 $m^3$ = 250 $m^3$.
- Gesamtverbrauch aller Kostenstellen: 3 700 $m^3$
- Im Wege der Verteilungs- bzw. Dreisatzrechnung sind die Gemeinkostenarten auf die Kostenstellen zu verteilen.
- Anteil der Stelle Material an den Betriebsstoffkosten $= \frac{16.200{,}00\ € \cdot 250\ m^3}{3\,700\ m^3} = 1.094{,}59\ €$
- Analog ist mit den anderen Gemeinkostenarten zu verfahren.

**Lösung zu 5d)**

- Da in jeder Kostenstelle ein Gaszähler montiert ist, kann der mengenmäßige Gasverbrauch für jede Kostenstelle unmittelbar, das heißt verursachungsgerecht, abgelesen und in Euro bewertet werden. Daher werden in diesem konkreten Fall die **Betriebsstoffe** als Kostenstelleneinzelkosten angesehen.

- Die **Telefonkosten** werden nach der Zahl der Mitarbeiter auf die Kostenstellen verteilt. Das unterstellt gleich hohe Telefonkosten je Mitarbeiter. Da die Telefonkosten je Mitarbeiter und damit je Kostenstelle jedoch in der Regel unterschiedlich hoch sind, dient die Mitarbeiterzahl lediglich als Verteilungsschlüssel; daher gelten die Telefonkosten in diesem Fall als Kostenstellengemeinkosten.

**Lösung zu 5e)**

| | | | |
|---|---|---|---|
| | Fertigungsmaterial | 260.000,00 € | |
| + | Materialgemeinkosten | 66.628,29 € | |
| = | Materialkosten | | 326.628,29 € |
| | Fertigungslöhne | 84.000,00 € | |
| + | Fertigungsgemeinkosten | 531.219,10 € | |
| = | Fertigungskosten | | 615.219,10 € |
| = | Herstellkosten der Erzeugung | | 941.847,39 € |
| + | Minderbestand unfertiger Erzeugnisse | | 2.000,00 € |
| – | Mehrbestand fertiger Erzeugnisse | | 6.000,00 € |
| = | Herstellkosten des Umsatzes | | 937.847,39 € |

| | |
|---|---|
| MGKZ (in v. H.) $= \frac{66.628,29 \cdot 100}{260.000,00} = 25,63\ \%$ | VwGKZ (in v. H.) $= \frac{107.570,09 \cdot 100}{937.847,39} = 11,47\ \%$ |
| FGKZ (in v. H.) $= \frac{531.219,10 \cdot 100}{84.000,00} = 632,40\ \%$ | VtrGKZ (in v. H.) $= \frac{55.582,52 \cdot 100}{937.847,39} = 5,93\ \%$ |

**Lösung zu 5f)**

| | | Normalkosten | | Istkosten lt. BAB (in €) | Kostenüber-, (+) -unterdeckung (–) (in €) |
|---|---|---|---|---|---|
| | | in % | in € | | |
| (1) | Fertigungsmaterial | | 260.000,00 | 260.000,00 | |
| (2) | + Materialgemeinkosten | 23,50 % | 61.100,00 | 66.628,29 | –5.528,29 |
| (3) | + Fertigungslöhne | | 84.000,00 | 84.000,00 | |
| (4) | + Fertigungsgemeinkosten | 630,30 % | 529.452,00 | 531.219,10 | –1.767,10 |
| (5) | = Herstellkosten der Erzeugung | | 934.552,00 | 941.847,39 | |
| (6) | + Minderbestand UE | | 2.000,00 | 2.000,00 | |
| (7) | – Mehrbestand FE | | 6.000,00 | 6.000,00 | |
| (8) | = Herstellkosten des Umsatzes | | 930.552,00 | 937.847,39 | |
| (9) | + Verwaltungsgemeinkosten | 12,00 % | 111.666,24 | 107.570,09 | 4.096,15 |
| (10) | + Vertriebsgemeinkosten | 6,20 % | 57.694,22 | 55.582,52 | 2.111,70 |
| (11) | = Selbstkosten des Umsatzes | | 1.099.912,46 | 1.101.000,00 | –1.087,54 |

- Der Vergleich der Normalkostenrechnung mit der Istkostenrechnung zeigt, dass die tatsächlich angefallenen Gemeinkosten in der **Materialstelle** wie in der **Fertigungsstelle** (Istkosten) höher sind als die in den Angeboten kalkulierten Gemeinkosten, das heißt, sie werden nicht durch die kalkulierten oder geplanten Kosten gedeckt.

- In den Stellen **Verwaltung** und **Vertrieb** sind die kalkulierten oder geplanten Kosten dagegen höher als die tatsächlich entstandenen Kosten (Istkosten).

- **Insgesamt** werden die Istkosten von den geplanten Kosten knapp nicht gedeckt.

**Lösung zu 5g)**

- **Kostenüberdeckung:**
  Normalkosten (kalkulierte Kosten) > Istkosten (tatsächlich entstandene Kosten). Gegenüber der Vorkalkulation verbessert sich das Betriebsergebnis.

- **Kostenunterdeckung:**
  Normalkosten (kalkulierte Kosten) < Istkosten (tatsächlich entstandene Kosten). Gegenüber der Vorkalkulation verschlechtert sich das Betriebsergebnis.

**Lösung zu 5h)**

**Nachkalkulation mithilfe der Istgemeinkostenzuschlagssätze**

| | | | |
|---|---|---|---|
| (1) | Fertigungsmaterial | | 950,00 € |
| (2) | + Materialgemeinkosten | 25,63 % | 243,49 € |
| (3) | + Fertigungslöhne | | 500,00 € |
| (4) | + Fertigungsgemeinkosten | 632,40 % | 3.162,00 € |
| (5) | = Herstellkosten | | 4.855,49 € |
| (6) | + Verwaltungsgemeinkosten | 11,47 % | 556,92 € |
| (7) | + Vertriebgemeinkosten | 5,93 % | 287,93 € |
| (8) | = Selbstkosten | | 5.700,34 € |
| (9) | + Gewinn | 15,00 % | 855,05 € |
| (10) | = Barverkaufspreis | | 6.555,39 € |
| (11) | + Kundenskonto | 2,00 % | 133,78 € |
| (12) | = Zielverkaufspreis | | 6.689,17 € |
| (13) | + Kundenrabatt | 20,00 % | 1.672,29 € |
| (14) | = Angebotspreis netto | | 8.301,46 € |

Der Vergleich des Angebotspreises von 8.365,16 € (siehe 5b) mit dem Preis der Nachkalkulation von 8.301,46 € zeigt, dass die OfficeCom AG mit ihrem Angebotspreis weitgehend richtig lag.

## Lösungen zu Aufgabe 6

**Lösung zu 6a)**

**Maschinenabhängige Fertigungsgemeinkosten** sind zum Beispiel:

- kalkulatorische Abschreibungen auf technische Anlagen und Maschinen
- kalkulatorische Zinsen auf das in den technischen Anlagen und Maschinen gebundene Kapital
- Betriebsstoffkosten
- Platzkosten (anteilige Gebäudeabschreibung, anteilige Reparaturkosten für das Gebäude sowie anteilige kalkulatorische Zinskosten auf das im Gebäude gebundene Kapital)
- Kosten für Wartung und Instandhaltung
- Werkzeugkosten

**Lösung zu 6b)**

**Maschinenstundensätze** für ...

- Stanze I: 2.551,66 € : 150 Std. = 17,01 €/Maschinenstunde
- Stanze II: 4.032,84 € : 120 Std. = 33,61 €/Maschinenstunde
- Stanze III: 5.890,00 € : 100 Std. = 58,90 €/Maschinenstunde

**Lösung zu 6c)**

$$\text{Restgemeinkostenzuschlagssatz (in v. H.)} = \frac{13.500{,}00\ € \cdot 100}{7.500{,}00\ €} = 180\ \%$$

Während die maschinenabhängigen Fertigungsgemeinkosten mithilfe der Maschinenstundensätze den Produkten zugerechnet werden, müssen die restlichen, nicht maschinenabhängigen Fertigungsgemeinkosten weiterhin mithilfe eines Fertigungsgemeinkostenzuschlagssatzes, der jetzt Restgemeinkostenzuschlagssatz heißt, auf die Produkte verteilt werden.

**Lösung zu 6d)**

- Der **Fertigungsgemeinkostenzuschlagssatz** unterstellt eine enge, **proportionale Beziehung** zwischen den Fertigungsgemeinkosten und den Fertigungslöhnen, da die Fertigungslöhne als Zuschlagsgrundlage für die Fertigungsgemeinkosten dienen. Das bedeutet, dass die Entwicklung der Fertigungsgemeinkosten ursächlich von der Entwicklung der Fertigungslöhne abhängt. Warum aber sollen z. B. die Abschreibungen auf Maschinen steigen, wenn aufgrund von Tarifverhandlungen die Fertigungslöhne steigen?

- Mit zunehmender **Maschinisierung** bzw. **Automatisierung** der Fertigung werden die Fertigungsgemeinkosten immer weniger von den Fertigungslöhnen bestimmt als vielmehr vom Einsatz der Maschinen verursacht. Damit werden jedoch die **Fertigungslöhne als Zuschlagsgrundlage** für die Fertigungsgemeinkosten immer **ungeeigneter.**

## Lösung zu Aufgabe 7

| **Kalkulationsschema** | **Zuschlagssätze** | **Sorten** | | | | |
|---|---|---|---|---|---|---|
| | | **A** | **B** | **C** | **D** | **E** |
| Fertigungsmaterial | | 2,60 € | 3,20 € | 3,40 € | 4,20 € | 5,00 € |
| + Materialgemeinkosten | 5 % | 0,13 € | 0,16 € | 0,17 € | 0,21 € | 0,25 € |
| = Materialkosten | | 2,73 € | 3,36 € | 3,57 € | 4,41 € | 5,25 € |
| Fertigungskosten 1 | | 1,68 € | 2,40 € | 2,88 € | 3,00 € | 3,12 € |
| + Fertigungskosten 2 | | 1,04 € | 1,38 € | 1,73 € | 2,42 € | 2,51 € |
| = Fertigungskosten | | 2,72 € | 3,78 € | 4,61 € | 5,42 € | 5,63 € |
| = Herstellkosten | | 5,45 € | 7,14 € | 8,18 € | 9,83 € | 10,88 € |
| + Verwaltungs- und Vertriebsgemeinkosten | 10 % | 0,54 € | 0,71 € | 0,82 € | 0,98 € | 1,09 € |
| = Selbstkosten | | 5,99 € | 7,85 € | 9,00 € | 10,81 € | 11,97 € |

Die Errechnung der Materialkosten und der Verwaltungs- und Vertriebsgemeinkosten erfolgt mithilfe der Zuschlagskalkulation.

Zur Aufteilung der Fertigungskosten 1 und 2 auf die fünf Sorten wird die Äquivalenzziffernkalkulation eingesetzt. Die beiden folgenden Tabellen sowie die zugehörigen Rechnungen zeigen die Ermittlung der Fertigungskosten 1 und 2 pro Stück der Sorte A. Die Berechnungen für die Sorten B bis E erfolgen analog.

**Fertigungskosten 1**

| Sorten | ÄZ* | · Menge | = RE |
|---|---|---|---|
| A | 0,70 | 3 000 | 2 100 |
| B | 1,00 | 3 900 | 3 900 |
| C | 1,20 | 6 000 | 7 200 |
| D | 1,25 | 2 000 | 2 500 |
| E | 1,30 | 1 000 | 1 300 |
| Summe Recheneinheiten | | | 17 000 |

Fertigungskosten 1 pro Recheneinheit (RE)
= 40.800,00 € : 17 000 RE = 2,40 €/RE

Fertigungskosten 1 pro Stück
= 2,40 €/RE · 0,70 (ÄZ von A)
= 1,68 €/Stück

**Fertigungskosten 2**

| Sorten | ÄZ* | · Menge | = RE |
|---|---|---|---|
| A | 0,60 | 3 000 | 1 800 |
| B | 0,80 | 3 900 | 3 120 |
| C | 1,00 | 6 000 | 6 000 |
| D | 1,40 | 2 000 | 2 800 |
| E | 1,45 | 1 000 | 1 450 |
| Summe Recheneinheiten | | | 15 170 |

Fertigungskosten 2 pro Recheneinheit (RE)
= 26.250,00 € : 15 170 RE = 1,73 €/RE

Fertigungskosten 2 pro Stück
= 1,73 €/RE · 0,60 (ÄZ von A)
= 1,04 €/Stück

*ÄZ = Äquivalenzziffer

## Lösungen zu Aufgabe 8

**Lösung zu 8a)**

| Stufe | eingesetzte Menge (in t) | ausgebrachte Menge (in t) | zusätzliche Kosten der Stufe (in €) | Herstellkosten pro t der Stufe (kumuliert, in €) |
|---|---|---|---|---|
| 1 | | 16 200 | 129.600,00 | 8,00 |
| 2 | 16 200 | 15 000 | 150.000,00 | 18,64 |
| 3 | 11 250 | 7 500 | 450.000,00 | 87,96 |
| 4 | 8 550 | | 180.000,00 | |
| | 450 | 9 000 | 56.250,00 | 109,81 |
| 5 | 8 000 | 8 000 | 46.000,00 | 121,81 |

**Errechnung der Herstellkosten pro t ($k_i$) der jeweiligen Stufe i:**

$$k_1 = \frac{126.600{,}00\ €}{16\,200\ t} = 8{,}00\ €/t$$

$$k_2 = \frac{8{,}00\ €/t \cdot 16\,200\ t + 150.000{,}00\ €}{15\,000\ t} = 18{,}64\ €/t$$

$$k_3 = \frac{18{,}64\ €/t \cdot 11\,250\ t + 450.000{,}00\ €}{7\,500\ t} = 87{,}96\ €/t$$

$$k_4 = \frac{87{,}96\ €/t \cdot 8\,550\ t + 180.000{,}00\ € + 56.250{,}00\ €}{9\,000\ t} = 109{,}81\ €/t$$

$$k_5 = \frac{109{,}81\ €/t \cdot 8\,000\ t + 96.000{,}00\ €}{8\,000\ t} = 121{,}81\ €/t$$

**Herstellkosten pro ein Sack Zement zu 50 kg =** $\frac{121{,}81\ € \cdot 50\ kg}{1\,000\ kg} = 6{,}09\ €$

**Lösung zu 8b)**

ausgebrachte Menge der Stufe i
– eingebrachte Menge in die Folgestufe j

= Bestandsveränderung der Stufe i

**Bestandsveränderungen an unfertigen Erzeugnissen …**

der Stufe 2: (15 000 t – 11 250 t) · 18,64 €/t = 69.900,00 € → Bestandsmehrung
der Stufe 3: (7 500 t – 8 550 t) · 87,96 €/t = –92.358,00 € → Bestandsminderung

Gesamtwert der Bestandsveränderungen an unfertigen Erzeugnissen:
69.900,00 € + (–92.358,00 €) = –22.458,00 € → Bestandsminderung

**Lösung zu 8c)**

**Bestandsveränderung an fertigen Erzeugnissen …**

der Stufe 4: (9 000 t – 8 000 t) · 109,81 €/t = 109.810,00 € → Bestandsmehrung

## Lösungen zu Aufgabe 9

**Lösung 9a)**
**Kosten im neuen Jahr:**

| Kostenart | gesamt (in €) | fixe Kosten (in €) | variable Kosten (in €) |
|---|---|---|---|
| Materialkosten | 84.000,00 | | 84.000,00 |
| Löhne | 147.000,00 | | 147.000,00 |
| Gehälter | 63.000,00 | 63.000,00 | |
| Arbeitgeberanteil SV | 36.750,00 | 11.025,00 | 25.725,00 |
| Reparaturen | 14.000,00 | 5.600,00 | 8.400,00 |
| Abschreibungen | 19.125,00 | 19.125,00 | |
| verschiedene Kosten | 10.000,00 | 10.000,00 | |
| Summe | 373.875,00 | 108.750,00 | 265.125,00 |

variable Stückkosten = 265.125,00 € : 30 000 Stück = 8,84 €/Stück

**Lösung zu 9b)**

**Umsatz- oder Erlösfunktion und Kostenfunktion**

U (oder E) = 23,84 x

K = 108.750 + 8,84 x

**Lösung zu 9c)**

**Break-even-Menge nach Vollkostenrechnung**

**Bedingung: Umsatz (oder Erlös) = Kosten**

23,84 x = 108.750 + 8,84 x

15 x = 108.750

x = 7.250

**Break-even-Menge nach Teilkostenrechung**

Stückdeckungsbeitrag = Preis – variable Stückkosten

db = 23,84 € – 8,84 € = 15,00 €

**Bedingung: Summe der Stückdeckungsbeiträge = Fixkosten**

15 x = 108.750

x = 7.250

**Lösung zu 9d)**

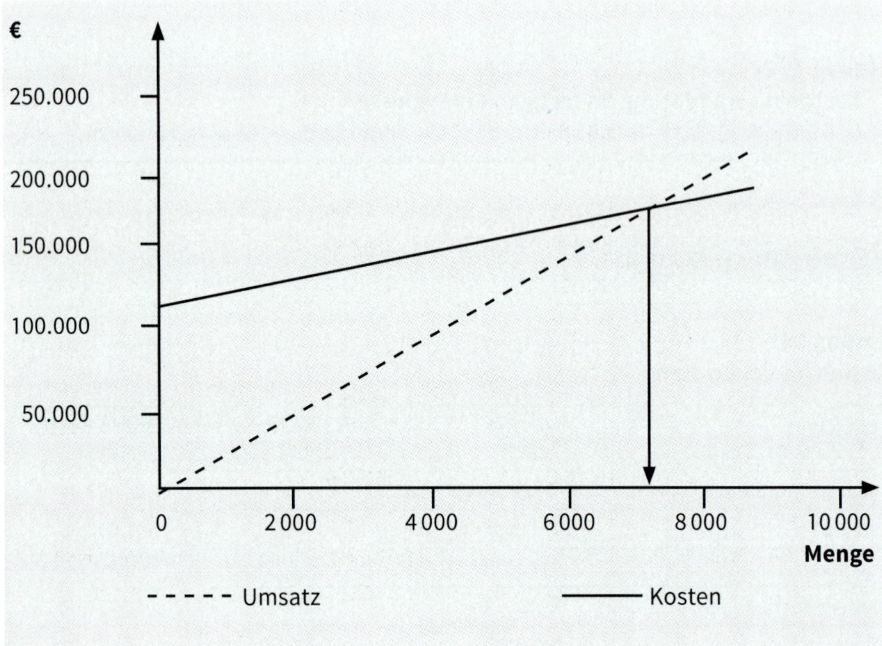

p 23,84
$k_v$ 8,84
$K_f$ 108.750
Schrittweite 250

| Menge | Umsatz (in €) | Kosten (in €) | |
|---|---|---|---|
| 0 | 0 | 108.750 | |
| 250 | 5.960 | 110.960 | |
| 500 | 11.920 | 113.170 | |
| 750 | 17.880 | 115.380 | |
| 1000 | 23.840 | 117.590 | |
| 1250 | 29.800 | 119.800 | |
| 1500 | 35.760 | 122.010 | |
| 1750 | 41.720 | 124.220 | |
| 2000 | 47.680 | 126.430 | |
| 2250 | 53.640 | 128.640 | |
| 2500 | 59.600 | 130.850 | |
| 2750 | 65.560 | 133.060 | |
| 3000 | 71.520 | 135.270 | |
| 3250 | 77.480 | 137.480 | |
| 3500 | 83.440 | 139.690 | |
| 3750 | 89.400 | 141.900 | |
| 4000 | 95.360 | 144.110 | |
| 4250 | 101.320 | 146.320 | |
| 4500 | 107.280 | 148.530 | |
| 4750 | 113.240 | 150.740 | |
| 5000 | 119.200 | 152.950 | |
| 5250 | 125.160 | 155.160 | |
| 5500 | 131.120 | 157.370 | |
| 5750 | 137.080 | 159.580 | |
| 6000 | 143.040 | 161.790 | |
| 6250 | 149.000 | 164.000 | |
| 6500 | 154.960 | 166.210 | |
| 6750 | 160.920 | 168.420 | |
| 7000 | 166.880 | 170.630 | |
| 7250 | 172.840 | 172.840 | Break-even-Menge |
| 7500 | 178.800 | 175.050 | |
| 7750 | 184.760 | 177.260 | |
| 8000 | 190.720 | 179.470 | |
| 8250 | 196.680 | 181.680 | |
| 8500 | 202.640 | 183.890 | |
| 8750 | 208.600 | 186.100 | |

| | A | B | C | D |
|---|---|---|---|---|
| 2 | | | | |
| 3 | p | 23,84 | | |
| 4 | kv | 8,84 | | |
| 5 | Kf | 108.750 | | |
| 6 | Schrittweite | 250 | | |
| 7 | | | | |
| 8 | **Menge** | **Umsatz** | **Kosten** | **Wenn-dann-Funktion** |
| 9 | 0 | =A9*B$3 | =A9*B$4+B$5 | =WENN(B9-C9=0;“Break-even-Menge“;“ “) |
| 10 | =A9+B$6 | =A10*B$3 | =A10*B$4+B$5 | =WENN(B10-C10=0;“Break-even-Menge“;“ “) |
| 11 | =A10+B$6 | =A11*B$3 | =A11*B$4+B$5 | =WENN(B11-C11=0;“Break-even-Menge“;“ “) |
| 12 | =A11+B$6 | =A12*B$3 | =A12*B$4+B$5 | =WENN(B12-C12=0;“Break-even-Menge“;“ “) |
| 13 | =A12+B$6 | =A13*B$3 | =A13*B$4+B$5 | =WENN(B13-C13=0;“Break-even-Menge“;“ “) |
| 14 | =A13+B$6 | =A14*B$3 | =A14*B$4+B$5 | =WENN(B14-C14=0;“Break-even-Menge“;“ “) |
| 15 | =A14+B$6 | =A15*B$3 | =A15*B$4+B$5 | =WENN(B15-C15=0;“Break-even-Menge“;“ “) |
| 16 | =A15+B$6 | =A16*B$3 | =A16*B$4+B$5 | =WENN(B16-C16=0;“Break-even-Menge“;“ “) |
| 17 | =A16+B$6 | =A17*B$3 | =A17*B$4+B$5 | =WENN(B17-C17=0;“Break-even-Menge“;“ “) |
| 18 | =A17+B$6 | =A18*B$3 | =A18*B$4+B$5 | =WENN(B18-C18=0;“Break-even-Menge“;“ “) |
| 19 | =A18+B$6 | =A19*B$3 | =A19*B$4+B$5 | =WENN(B19-C19=0;“Break-even-Menge“;“ “) |
| 20 | =A19+B$6 | =A20*B$3 | =A20*B$4+B$5 | =WENN(B20-C20=0;“Break-even-Menge“;“ “) |
| 21 | =A20+B$6 | =A21*B$3 | =A21*B$4+B$5 | =WENN(B21-C21=0;“Break-even-Menge“;“ “) |
| 22 | =A21+B$6 | =A22*B$3 | =A22*B$4+B$5 | =WENN(B22-C22=0;“Break-even-Menge“;“ “) |
| 23 | =A22+B$6 | =A23*B$3 | =A23*B$4+B$5 | =WENN(B23-C23=0;“Break-even-Menge“;“ “) |
| 24 | =A23+B$6 | =A24*B$3 | =A24*B$4+B$5 | =WENN(B24-C24=0;“Break-even-Menge“;“ “) |
| 25 | =A24+B$6 | =A25*B$3 | =A25*B$4+B$5 | =WENN(B25-C25=0;“Break-even-Menge“;“ “) |
| 26 | =A25+B$6 | =A26*B$3 | =A26*B$4+B$5 | =WENN(B26-C26=0;“Break-even-Menge“;“ “) |
| 27 | =A26+B$6 | =A27*B$3 | =A27*B$4+B$5 | =WENN(B27-C27=0;“Break-even-Menge“;“ “) |
| 28 | =A27+B$6 | =A28*B$3 | =A28*B$4+B$5 | =WENN(B28-C28=0;“Break-even-Menge“;“ “) |
| 29 | =A28+B$6 | =A29*B$3 | =A29*B$4+B$5 | =WENN(B29-C29=0;“Break-even-Menge“;“ “) |
| 30 | =A29+B$6 | =A30*B$3 | =A30*B$4+B$5 | =WENN(B30-C30=0;“Break-even-Menge“;“ “) |
| 31 | =A30+B$6 | =A31*B$3 | =A31*B$4+B$5 | =WENN(B31-C31=0;“Break-even-Menge“;“ “) |
| 32 | =A31+B$6 | =A32*B$3 | =A32*B$4+B$5 | =WENN(B32-C32=0;“Break-even-Menge“;“ “) |
| 33 | =A32+B$6 | =A33*B$3 | =A33*B$4+B$5 | =WENN(B33-C33=0;“Break-even-Menge“;“ “) |
| 34 | =A33+B$6 | =A34*B$3 | =A34*B$4+B$5 | =WENN(B34-C34=0;“Break-even-Menge“;“ “) |
| 35 | =A34+B$6 | =A35*B$3 | =A35*B$4+B$5 | =WENN(B35-C35=0;“Break-even-Menge“;“ “) |
| 36 | =A35+B$6 | =A36*B$3 | =A36*B$4+B$5 | =WENN(B36-C36=0;“Break-even-Menge“;“ “) |
| 37 | =A36+B$6 | =A37*B$3 | =A37*B$4+B$5 | =WENN(B37-C37=0;“Break-even-Menge“;“ “) |
| 38 | =A37+B$6 | =A38*B$3 | =A38*B$4+B$5 | =WENN(B38-C38=0;“Break-even-Menge“;“ “) |
| 39 | =A38+B$6 | =A39*B$3 | =A39*B$4+B$5 | =WENN(B39-C39=0;“Break-even-Menge“;“ “) |
| 40 | =A39+B$6 | =A40*B$3 | =A40*B$4+B$5 | =WENN(B40-C40=0;“Break-even-Menge“;“ “) |
| 41 | =A40+B$6 | =A41*B$3 | =A41*B$4+B$5 | =WENN(B41-C41=0;“Break-even-Menge“;“ “) |
| 42 | =A41+B$6 | =A42*B$3 | =A42*B$4+B$5 | =WENN(B42-C42=0;“Break-even-Menge“;“ “) |
| 43 | =A42+B$6 | =A43*B$3 | =A43*B$4+B$5 | =WENN(B43-C43=0;“Break-even-Menge“;“ “) |
| 44 | =A43+B$6 | =A44*B$3 | =A44*B$4+B$5 | =WENN(B44-C44=0;“Break-even-Menge“;“ “) |
| 45 | =A44+B$6 | =A45*B$3 | =A45*B$4+B$5 | =WENN(B45-C45=0;“Break-even-Menge“;“ “) |

## Lösungen zu Aufgabe 10

**Lösung zu 10a)**

| **Betriebsergebnis mit Schreibtischen (in €)** | | | | |
|---|---|---|---|---|
| | Schreibtisch-sessel | Akten-schränke | Schreibtische | Summe |
| Selbstkosten des Umsatzes | 955.144,65 | 7.865.183,91 | 1.163.295,44 | 9.983.624,00 |
| | | | | |
| Umsatzerlöse | 1.300.000,00 | 10.000.000,00 | 700.000,00 | |
| – variable Kosten | *525.329,56 | 4.325.851,15 | 639.812,49 | |
| = Deckungsbeitrag | 774.670,44 | 5.674.148,85 | 60.187,51 | 6.509.006,80 |
| – fixe Kosten | | | | 4.492.630,80 |
| = Betriebsergebnis | | | | 2.016.376,00 |

* Die variablen Kosten der Schreibtischsessel ergeben sich aus den Selbstkosten des Umsatzes von 955.144,65 € · 55 %, analog die der Aktenschränke und der Schreibtische.

| **Betriebsergebnis ohne Schreibtische (in €)** | | | | |
|---|---|---|---|---|
| | Schreibtisch-sessel | Akten-schränke | Schreibtische | Summe |
| Umsatzerlöse | 1.300.000,00 | 10.000.000,00 | 0,00 | |
| – variable Kosten | 525.329,56 | 4.325.851,15 | 0,00 | |
| = Deckungsbeitrag | 774.670,44 | 5.674.148,85 | 0,00 | 6.448.819,29 |
| – fixe Kosten | | | | 4.492.630,80 |
| = Betriebsergebnis | | | | 1.956.188,49 |

Werden die Schreibtische aus dem Produktionsprogramm genommen, entfallen die bisher für die Schreibtische anfallenden variablen Kosten, gleichzeitig aber auch die entsprechenden Umsatzerlöse.
Der Betriebsgewinn von bisher 2.016.376,00 € verringert sich um 60.187,51 €, also um den bisherigen Deckungsbeitrag der Schreibtische, auf 1.956.188,49 €.

**Lösung zu 10b)**

**Nachkalkulation des Selbstkostenpreises für einen Schreibtisch ST 04:**

| | | | |
|---|---|---|---|
| | Fertigungsmaterial | | 280,00 € |
| + | Materialgemeinkosten | 22,00 % | 61,60 € |
| + | Fertigungslöhne | | 310,00 € |
| + | Fertigungsgemeinkosten | 355,00 % | 1.100,50 € |
| = | Herstellkosten | | 1.752,10 € |
| + | Verwaltungsgemeinkosten | 9,50 % | 166,45 € |
| + | Vertriebsgemeinkosten | 4,00 % | 70,08 € |
| = | Selbstkosten | | 1.988,63 € |

**Lösung zu 10c)**

- Der Stückdeckungsbeitrag ist definiert als Differenz zwischen Preis und variablen Stückkosten. So lange der Stückdeckungsbeitrag des Schreibtisches positiv ist, im Grenzfall also 1 Cent, trägt das Produkt dazu bei, Fixkosten zu decken, und wird im Hinblick auf das Betriebsergebnis nicht aus dem Programm genommen.

- Der Preis sollte mindestens so hoch sein wie die kurzfristige Preisuntergrenze, bei der der Preis den variablen Stückkosten entspricht, der Stückdeckungsbeitrag folglich gleich null ist.

- Da die Selbstkosten des Schreibtisches ST 04 von 1.988,63 € zu 55 % variabel sind, beträgt die kurzfristige Preisuntergrenze 1.093,75 €. Bei diesem Preis ist es im Hinblick auf das Betriebsergebnis egal, ob das Produkt aus dem Programm genommen wird oder nicht.

**Lösung zu 10d)**

- Die Kunden wünschen Produkte „aus einer Hand".
- Das Produkt ergänzt das Sortiment.
- Das Produkt ist ein komplementäres Produkt, das heißt, ohne ein weiteres Produkt ist es nicht funktionsfähig.

**Lösung zu 10e)**

Kapazität der Bohrmaschine = 2 · 8 · 5 · 4 = 320 Stunden oder 19 200 Minuten

**Tabelle zu den Lösungen zu 10f, g, h, i**

| Produkt | Schreibtisch-sessel | Akten-schrank | Schreibtisch | Bürostuhl |
|---|---|---|---|---|
| Nachfrage in Stück | 600 | 3 500 | 400 | 2 000 |
| Bearbeitungszeit in Minuten/Stück | 4,1 | 3,8 | 6,5 | 2,5 |
| Bearbeitungszeit gesamt in Minuten | 2 460 | 13 300 | 2 600 | 5 000 |
| Absatzpreis in € | 2.600,00 | 2.890,00 | 2.170,00 | 500,00 |
| variable Stückkosten in € | 1.050,00 | 1.250,00 | 1.600,00 | 85,00 |
| Deckungsbeitrag pro Stück in € | 1.550,00 | 1.640,00 | 570,00 | 415,00 |
| Rangfolge zu 10g) | II | I | III | |
| Deckungsbeitrag pro Minute in € | 378,05 | 431,58 | 87,69 | 166,00 |
| Rangfolge zu 10i) | II | I | IV | III |

**Lösung zu 10f)**

Die Kapazität der Bohrmaschine reicht aus, um die nachgefragten Mengen des bisherigen Produktionsprogramms zu fertigen; als Bearbeitungszeit werden 18 360 Minuten oder 306 Stunden benötigt.

**Lösung zu 10g)**

Da kein Engpass besteht, also alle nachgefragten Mengen der Produkte gefertigt werden können, werden die Produkte in der absteigenden Reihenfolge ihrer Deckungsbeiträge pro Stück (ihrer **absoluten Deckungsbeiträge**) bearbeitet: zunächst die Aktenschränke, dann die Schreibtischsessel und schließlich die Schreibtische.

**Lösung zu 10h)**

Die Kapazität der Bohrmaschine reicht nicht aus, die zusätzliche Nachfrage nach Bürostühlen zu befriedigen; benötigt würden 23 360 Minuten oder 389,33 Stunden.

**Lösung zu 10i)**

Im Falle einer betrieblichen Engpasssituation (Bohrmaschine) ist nicht mehr die Höhe der absoluten Deckungsbeiträge, sondern die Höhe der **relativen Deckungsbeiträge** (Deckungsbeiträge pro Engpasseinheit, hier Deckungsbeiträge pro Fertigungsminute) entscheidend für die Reihenfolge der Produktbearbeitung.
Also würden zunächst die Aktenschränke, dann die Schreibtischsessel, anschließend die Bürostühle und zum Schluss die Schreibtische produziert werden.

**Lösung zu 10j)**

| Produkt | Menge (in Stück) | Kapazität (in Min.) | verbrauchte Kapazität (in Min.) | Restkapazität (in Min.) | Deckungsbeitrag (in €) | fixe Kosten (in €) | Betriebsergebnis (in €) |
|---|---|---|---|---|---|---|---|
| Aktenschränke | 3 500 | 19 200 | 13 300 | 5 900 | 5.740.000,00 | | |
| Schreibtischsessel | 600 | | 2 460 | 3 440 | 930.000,00 | | |
| Bürostühle | 1 376 | | 3 440 | 0 | 571.040,00 | | |
| | | | | | 7.241.040,00 | 4.492.630,80 | 2.748.409,20 |

Die Tabelle zeigt, dass die nachgefragten Mengen nach Aktenschränken und Schreibtischsesseln voll befriedigt werden können, während die Nachfrage nach Bürostühlen (Restkapazität 3 440 Minuten : 2,5 Minuten = 1 376 Stück) nur teilweise gedeckt werden kann. Schreibtische hingegen können überhaupt nicht produziert werden.
Das auf der Grundlage der relativen Deckungsbeiträge optimierte Produktionsprogramm führt zu einem Betriebsergebnis von 2.748.409,20 €.

## Lösungen zu Aufgabe 11

**Lösung zu 11a)**

Ermittlung der variablen Stückkosten und der Fixkosten mithilfe des Kostenauflösungsverfahrens:

| | Produktionsmenge | Gesamtkosten |
|---|---|---|
| | 1 870 Stück | 220.350,00 € |
| | 1 700 Stück (2 000 · 85 %) | 202.500,00 € |
| Differenz | 170 Stück | 17.850,00 € |

Da die zusätzliche Produktion von 170 Stück zusätzliche Kosten von 17.850,00 € verursacht, haben diese zusätzlichen Kosten variablen Charakter. Damit ergeben sich die variablen Stückkosten wie folgt:

$k_v$ = 17.850,00 € : 170 Stück = 105,00 €/Stück

Der Anteil der Fixkosten an den Gesamtkosten errechnet sich folgendermaßen:

$K_f$ = 220.350,00 € – 1 870 Stück · 105,00 €/Stück
= 220.350,00 € – 196.350,00 € = 24.000,00 €

**Lösung zu 11b)**

- **Plankosten bei Planbeschäftigung**
  Planbeschäftigung = 2 000 Stück · 80 % = 1 600 Stück
  Plankosten = 24.000,00 € + 105 €/Stück · 1 600 Stück = 192.000,00 €

- **Plankostenverrechnungssatz** (PVS)
  PVS = 192.000,00 € : 1 600 Stück = 120,00 €/Stück

- **Verrechnete Plankosten** (bei Istbeschäftigung)
  Verrechnete Plankosten = 1 720 Stück · 120,00 €/Stück = 206.400,00 €

- **Sollkosten (= Plankosten bei Istbeschäftigung)**
  $K_{soll} = K_{f\ plan} + k_{v\ plan} \cdot x_{ist}$
  $K_{soll}$ = 224.000,00 € + 105,00 €/Stück · 1 720 Stück = 204.600,00 €

- **Beschäftigungsabweichung**

  verrechnete Plankosten (bei Istbeschäftigung)
  – Sollkosten (bei Istbeschäftigung)
  = Beschäftigungsabweichung (BA)

  BA = 206.400,00 € – 204.600,00 € = 1.800,00 €

  Gegenüber dem geplanten Betriebsergebnis wirkt sich die Beschäftigungsabweichung auf das Ist-Betriebsergebnis **positiv** aus, da ein zu hoher Fixkostenanteil verrechnet (einkalkuliert) wurde.

- **Verbrauchsabweichung**

  Istkosten (bei Istbeschäftigung)
  – Sollkosten (bei Istbeschäftigung)
  = Verbrauchsabweichung (VA)

  VA = 207.000,00 € – 204.600,00 € = 2.400,00 €

  Da der Istverbrauch an Produktionsfaktoren höher ist als der geplante Verbrauch, wirkt sich die Verbrauchsabweichung negativ auf das Ist-Betriebsergebnis aus.

- **Gesamtabweichung**

|   | |
|---|---|
| | Beschäftigungsabweichung (BA) |
| + | Verbrauchsabweichung (VA) |
| = | Gesamtabweichung (GA) |

GA = 1.800,00 € + (–2.400,00 €) = – 600,00 €

Die Entwicklung der Istkosten wirkt sich gegenüber den geplanten Kosten insgesamt negativ auf das Ist-Betriebsergebnis aus.

## Lösung zu Aufgabe 12

① verrechnete Plankosten
② Sollkosten (Plankosten bei Istbeschäftigung)
③ variable Plankosten bei Istbeschäftigung
④ fixe Kosten
⑤ Verbrauchsabweichung
⑥ Beschäftigungsabweichung

## 4.2.3.2 Multiple-Choice-Aufgaben und Lösungen

**Ausgangssituation**

Sie sind Mitarbeiterin/Mitarbeiter in der Abteilung Kosten- und Leistungsrechnung der **OfficeCom AG** (siehe Modellunternehmen) und haben die folgenden Aufgaben zu bearbeiten.

**Kosten – Aufwendungen** 13

Welche der folgenden Aufwendungen sind Kosten?

(1) bilanzielle Abschreibungen auf Maschinen
(2) Fertigungslöhne
(3) Gewerbesteuernachzahlung aufgrund des Gewerbesteuerbescheids für das Vorjahr
(4) Spende an das Kinderhilfswerk
(5) Kosten für einen verlorenen Prozess, für die im vergangenen Jahr schon teilweise eine Rückstellung gebildet wurde

14

### Leistungen – Erträge

Welche der folgenden Erträge sind keine Leistungen?

(1) Umsatzerlöse eigener Erzeugnisse
(2) Mehrbestand an fertigen Erzeugnissen
(3) Zinserträge
(4) aktivierte Eigenleistungen (selbst erstellte Anlagen)
(5) Erträge aus dem Verkauf von Anlagevermögen
(6) Mieterträge

15

### Aufgabe der Kosten- und Leistungsrechnung

Welche Aufgabe gehört zur Kosten- und Leistungsrechnung?

(1) Sie ermittelt als Differenz von Leistungen und Kosten das Gesamtergebnis der Unternehmung einer Rechnungsperiode .
(2) Im Rahmen der Entscheidung über Annahme oder Ablehnung eines Zusatzauftrages errechnet sie relative Deckungsbeiträge.
(3) Sie ermittelt den Cashflow einer Abrechnungsperiode.
(4) Sie beachtet bei der Erstellung des Jahresabschlusses die gesetzlichen Vorschriften des HGB.
(5) Sie zeichnet alle Geschäftsfälle zeitlich bzw. sachlich geordnet aufgrund von Belegen auf.

16

### Kosten und Beschäftigungsgrad

Wie wirkt sich ein steigender Beschäftigungsgrad auf die Kosten aus, wenn eine lineare Kostenfunktion zugrunde gelegt wird?

(1) Die fixen Gesamtkosten nehmen zu.
(2) Die variablen Gesamtkosten nehmen ab.
(3) Die Stückkosten nehmen ab, weil die variablen Stückkosten sinken.
(4) Die fixen Stückkosten nehmen ab.
(5) Die variablen Stückkosten steigen und die fixen Stückkosten sinken.
(6) Die Gesamtkosten sinken, weil die fixen Stückkosten sinken.

17

### Aufgabe der Abgrenzungsrechnung

Welcher Zweck wird mit der Abgrenzungsrechnung (Ergebnistabelle) verfolgt?

(1) Einteilung der Kosten in fixe und variable Kosten
(2) Durchführung eines Probeabschlusses der Konten, um nach der Inventur Inventurdifferenzen buchen zu können
(3) Ermittlung des periodengerechten Erfolgs durch wirtschaftliche Zuordnung von Ein- und Auszahlungen auf die richtigen Perioden (zeitliche Abgrenzung)
(4) Herausfiltern der Kosten und Leistungen aus der Gewinn- und Verlustrechnung der Finanzbuchhaltung
(5) Trennung von Einzel- und Gemeinkosten
(6) Errechnung der Selbstkosten des Umsatzes der Produkte einer Rechnungsperiode

18

## Erweiterter, mehrstufiger BAB

Bringen Sie die folgenden Tätigkeiten in Verbindung mit dem erweiterten, mehrstufigen Betriebsabrechnungsbogen in die richtige Reihenfolge, indem Sie den Tätigkeiten die Ziffern 1 bis 8 zuordnen:

( ) Errechnung der Gemeinkostenzuschlagssätze der Hauptkostenstellen
( ) Untersuchung sämtlicher Kostenarten im Hinblick darauf, ob es sich um Einzelkosten oder Gemeinkosten handelt
( ) Umlage der Gemeinkosten der allgemeinen Kostenstellen auf die Hauptkosten- und die Fertigungshilfskostenstellen
( ) Erstellung des Formblattes „Betriebsabrechnungsbogen" und Eintragung der Gemeinkostenarten mit ihren jeweiligen Gesamtbeträgen.
( ) Bildung der vorläufigen Gemeinkostensummen in sämtlichen Kostenstellen nach Verteilung der Gemeinkosten
( ) Verteilung der Gemeinkosten auf die Kostenstellen
( ) Umlage der Gemeinkosten der Fertigungshilfskostenstellen auf die Fertigungshauptkostenstellen
( ) Ermittlung der endgültigen Gemeinkostensummen der Hauptkostenstellen

19

## Deckungsbeitrag

Wie wird der Deckungsbeitrag errechnet?

(1) Preis – variable Gesamtkosten
(2) Umsatz – fixe Kosten
(3) variable Kosten – fixe Kosten
(4) Umsatz – variable Kosten
(5) Menge · Preis
(6) Preis – fixe Stückkosten

20

## Flexible Plankostenrechnung

Welche Aussage zur flexiblen Plankostenrechnung ist richtig?

(1) Beschäftigungsabweichung = Istkosten – Sollkosten
(2) Verbrauchsabweichung = Sollkosten bei Istbeschäftigung – verrechnete Plankosten bei Istbeschäftigung
(3) Sollkosten sind die Plankosten bei Istbeschäftigung.
(4) Für die flexible Plankostenrechnung müssen die Plankosten nicht in fixe und variable Plankosten aufgespalten werden.
(5) Verbrauchsabweichungen sind von den Kostenstellenverantwortlichen nicht zu vertreten.

21

**Maschinenstundensatz**

Wie wirkt sich eine Senkung der tatsächlichen jährlichen Maschinenlaufzeit um 5 % auf den Maschinenstundensatz aus?

(1) Der Maschinenstundensatz erhöht sich um 5 %.
(2) Die variablen Maschinenkosten bewirken eine Senkung des Maschinenstundensatzes.
(3) Die variablen Maschinenkosten bewirken eine Erhöhung des Maschinenstundensatzes.
(4) Wegen der fixen Maschinenkosten erhöht sich der Maschinenstundensatz.
(5) Der Maschinenstundensatz bleibt gleich.

22

**Normalkostenrechnung**

Welche Aussage zur Normalkostenrechnung ist richtig?

(1) Sind die Istkosten geringer als die Normalkosten, liegt eine Kostenunterdeckung vor.
(2) Die Kostenüberdeckung führt zu einer Verbesserung des tatsächlichen Betriebsergebnisses gegenüber dem geplanten.
(3) Sind die Normalkosten geringer als die Istkosten, liegt eine Kostenüberdeckung vor.
(4) Normalkosten sind Kosten, die auf der Grundlage technischer Daten geplant werden.
(5) Normalkosten spiegeln nicht die Kostensituation vergangener Rechnungsperioden wider.
(6) Normalgemeinkostenzuschlagssätze dienen der Nachkalkulation des Selbstkostenpreises.

## Lösungen zu Multiple-Choice-Aufgaben 13 bis 22

**Aufgabe 13**
(2)

**Aufgabe 14**
(3), (5), (6)

**Aufgabe 15**
(2)

**Aufgabe 16**
(4)

**Aufgabe 17**
(4)

**Aufgabe 18**
(8), (2), (5), (1), (4), (3), (6), (7)

**Aufgabe 19**
(4)

**Aufgabe 20**
(3)

**Aufgabe 21**
(4)

**Aufgabe 22**
(2)

## 4.2.4 Controlling und Statistik

### 4.2.4.1 Fallorientierte Aufgaben und Lösungen

1–5

**Ausgangssituation und Aufgaben**

Sie sind Mitarbeiter der Abteilung Kosten- und Leistungsrechnung der OfficeCom AG. Der Vorstand bittet die Abteilung für eine Sitzung der absatzpolitischen Planungsgruppe um statistisch aufbereitete Daten über die monatliche Umsatzentwicklung der drei Produktgruppen Schreibtischsessel, Aktenschränke und Schreibtische im Jahr 20..

Die folgenden Daten stehen der Abteilung Kosten- und Leistungsrechnung zur Verfügung:

Umsatzentwicklung Schreibtischsessel/Aktenschränke/Schreibtische: Januar: 1,80 Mio. €/9,00 Mio. €/ 0,60 Mio. €, Februar: 1,95 Mio. €/9,50 Mio. €/0,80 Mio. €, März: 1,90 Mio. €/11,00 Mio. €/0,50 Mio. €, April: 1,75 Mio. €/10,20 Mio. €/0,40 Mio. €, Mai: 1,30 Mio. €/10,00 Mio. €/0,70 Mio. €, Juni: 1,40 Mio. €/ 13,00 Mio. €/0,65 Mio. €, Juli: 1,33 Mio. €/8,00 Mio. €/0,84 Mio. €, August: 1,54 Mio. €/9,70 Mio. €/ 0,72 Mio. €, September: 2,09 Mio. €/14,10 Mio. €/0,54 Mio. €, Oktober: 1,48 Mio. €/12,90 Mio. €/0,60 Mio. €, November: 1,67 Mio. €/11,10 Mio. €/ 0,72 Mio. €, Dezember: 1,99 Mio. €/10,20 Mio. €/0,80 Mio. €.

**Tabelle mithilfe eines Tabellenkalkulationsprogramms**

Erstellen Sie mithilfe eines Tabellenkalkulationsprogramms eine Tabelle über die Umsatzentwicklung der drei Produktgruppen, aus der auch die Gesamtumsätze je Monat, die einzelnen Jahresumsätze der drei Produktgruppen und der Gesamtumsatz aller drei Produktgruppen im Jahr 20.. ersichtlich sind. Verwenden Sie entsprechende Formeln.

**Liniendiagramm**

Erstellen Sie mithilfe des Grafikassistenten ein Liniendiagramm, das die monatliche Umsatzentwicklung der drei Produktgruppen im Jahr 20.. zeigt.

**Säulendiagramm**

Erstellen Sie ein Säulendiagramm, das die monatliche Entwicklung der Produktgruppe Schreibtischsessel im Jahr 20.. zeigt.

**Dreidimensionales Kreisdiagramm (Tortendiagramm)**

Erstellen Sie ein dreidimensionales Kreisdiagramm, das die prozentualen Umsatzanteile der drei Produktgruppen am Gesamtumsatz des Jahres 20.. zeigt.

**Zweidimensionales Kreisdiagramm**

Erstellen Sie ein zweidimensionales Kreisdiagramm, das die prozentualen Anteile der monatlichen Umsätze der Produktgruppe Schreibtische am Jahresumsatz Schreibtische zeigt.

## Lösung zu Aufgabe 1

**Umsatzentwicklung der drei Produktgruppen Schreibtischsessel, Aktenschränke und Schreibtische für das Jahr 20.. in Mio. €**

| Monat | Schreibtisch-sessel | Aktenschränke | Schreibtische | gesamt | *Lösung Aufgabe 5* |
|---|---|---|---|---|---|
| Januar | 1,80 | 9,00 | 0,60 | 11,40 | 7,62 % |
| Februar | 1,95 | 9,50 | 0,80 | 12,25 | 10,17 % |
| März | 1,90 | 11,00 | 0,50 | 13,40 | 6,35 % |
| April | 1,75 | 10,20 | 0,40 | 12,35 | 5,08 % |
| Mai | 1,30 | 10,00 | 0,70 | 12,00 | 8,89 % |
| Juni | 1,40 | 13,00 | 0,65 | 15,05 | 8,26 % |
| Juli | 1,33 | 8,00 | 0,84 | 10,17 | 10,67 % |
| August | 1,54 | 9,70 | 0,72 | 11,96 | 9,15 % |
| September | 2,09 | 14,10 | 0,54 | 16,73 | 6,86 % |
| Oktober | 1,48 | 12,90 | 0,60 | 14,98 | 7,62 % |
| November | 1,67 | 11,10 | 0,72 | 13,49 | 9,15 % |
| Dezember | 1,99 | 10,20 | 0,80 | 12,99 | 10,17 % |
| **Summe** | 20,20 | 128,70 | 7,87 | 156,77 | |
| ***Lösung Aufgabe 4*** | 12,89 % | 82,09 % | 5,02 % | | |

## Lösung zu Aufgabe 2

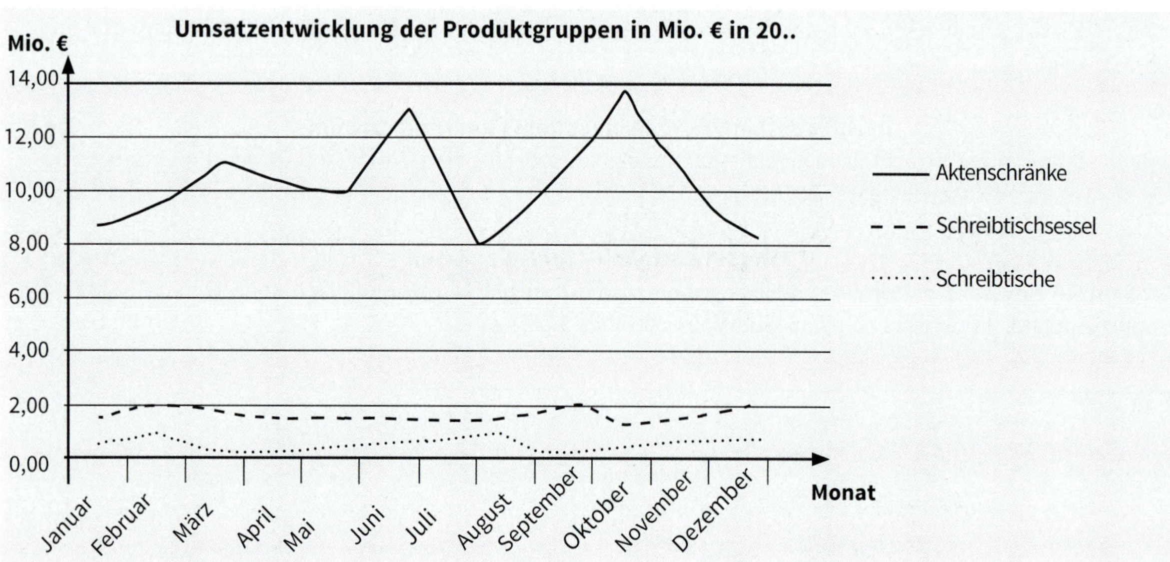

## Lösung zu Aufgabe 3

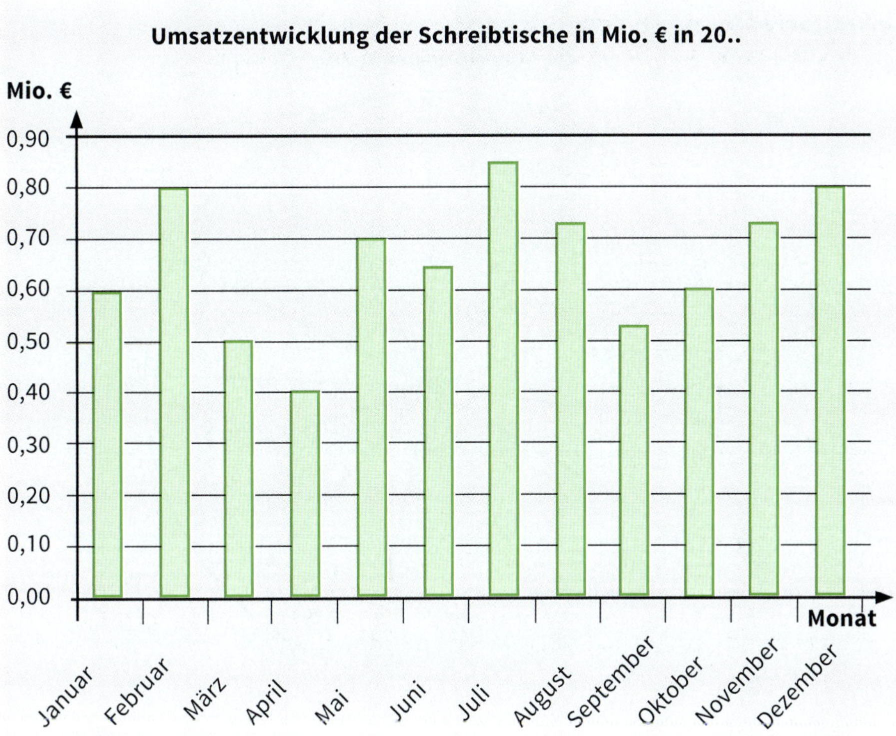


## Lösung zu Aufgabe 4

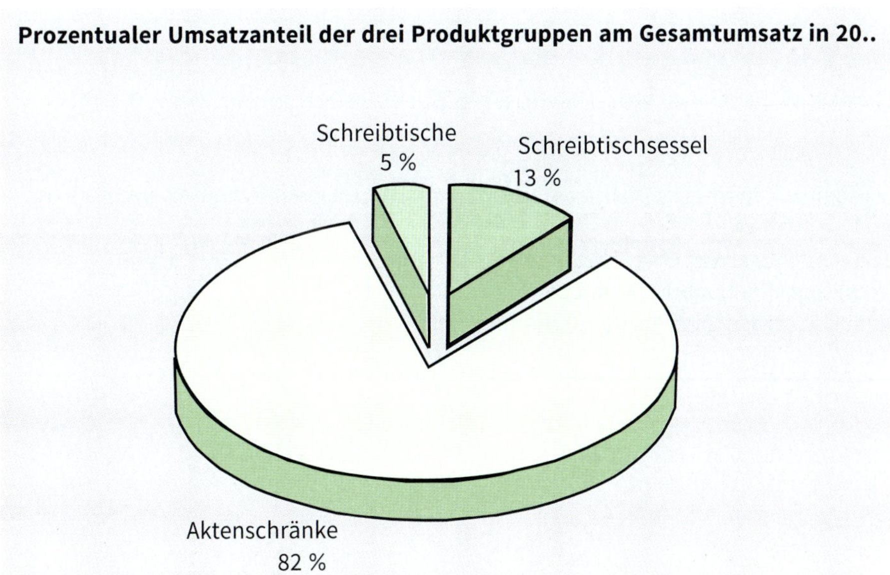

## Lösung zu Aufgabe 5

**Prozentuale Anteile der Monatsumsätze der Schreibtische am Gesamtumsatz der Schreibtische in 20..**

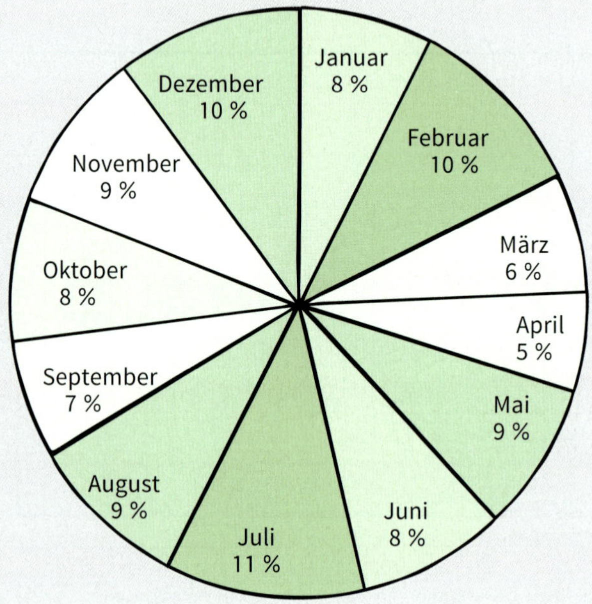


### 4.2.4.2 Multiple-Choice-Aufgaben und Lösungen

6

**Begriff Controlling**

Welche Aussage zum Controlling trifft zu?

(1) Strategisches Controlling bezieht sich auf einen eher längerfristigen Zeitraum; Instrumente, wie z. B. Stärken-Schwächen-Analyse, sind zumeist quantitativ geprägt.
(2) Unter Controlling versteht man lediglich die Analyse der Bilanz.
(3) Controlling ist heute ein ergebnisorientiert ausgerichtetes Informations-, Entscheidungs- und Führungsinstrument der Unternehmung.
(4) Operatives Controlling bezieht sich auf einen eher längerfristigen Zeitraum; Instrumente, wie Lageranalyse mithilfe von Lagerkennziffern, sind eher quantitativ geprägt.
(5) Unter Controlling versteht man heute lediglich die Kontrolle von Kosten.

7

## Operatives Controlling

Welches der folgenden Instrumente gehört nicht in den Bereich des operativen Controllings?

(1) Break-even-Analyse
(2) Deckungsbeitragsrechnung
(3) Portfolio-Analyse
(4) Kostenvergleichsrechnung
(5) Berechnung der optimalen Bestellmenge

8

## Strategisches Controlling

Welches der folgenden Instrumente gehört nicht in den Bereich des strategischen Controllings?

(1) SWOT-Analysen
(2) Szenario-Analysen
(3) Produktlebenszyklus-Analysen
(4) Rentabilitätsvergleichsrechnungen

9

## Organisatorische Einbindung des Controllings

Welche der folgenden Aussagen zur organisatorischen Einbindung des Controllings ist richtig?

Die Abteilung Controlling ist …
(1) eine Stabsabteilung mit Weisungsbefugnis gegenüber den Linienabteilungen.
(2) wegen ihrer Bedeutung häufig der Geschäftsleitung als Stabsabteilung zugeordnet.
(3) immer auf die verschiedenen Unternehmensbereiche aufgeteilt (Bereichscontroller).
(4) immer eine Linienabteilung.

10

## Nutzwertanalyse

Die Nutzwertanalyse wird zum Beispiel im Rahmen der Beschaffung beim Angebotsvergleich durchgeführt. Welche der folgenden Aussagen ist richtig?

Die Nutzwertanalyse ist …
(1) ein Instrument des strategischen Controllings.
(2) ein Verfahren zur nichtmonetären Beurteilung von Lieferanten, das ergänzend zur monetären Bewertung (mithilfe des Preisspiegels) angewandt wird.
(3) eine Möglichkeit, die Qualität der eingekauften Produkte nach DIN zu bestimmen.
(4) ein Verfahren, in dem nur objektiv messbare Tatbestände zur Entscheidung über die Lieferantenauswahl herangezogen werden.

## Lösungen zu Multiple-Choice-Aufgaben 6 bis 10

**Aufgabe 6**
(3)

**Aufgabe 7**
(3), da langfristig und mit relativ hoher Unsicherheit bezüglich Marktentwicklung versehen; eher qualitativ

**Aufgabe 8**
(4), da eher kurzfristig und auf zumeist quantitativen, gesicherten Daten basierend

**Aufgabe 9**
(2)

**Aufgabe 10**
(2)

# 4.3 Multiple-Choice-Aufgaben und Lösungen zu Wirtschafts- und Sozialkunde

## 4.3.1 In Ausbildung und Beruf orientieren

1

**Bedürfnis**

Welche der folgenden Aussagen zum Fachausdruck Bedürfnis ist richtig?

(1) Unter Bedürfnis wird der Teil der Nachfrage verstanden, der durch Kaufkraft (Einkommen) befriedigt werden kann.
(2) Ein Bedürfnis stellt ein Mangelempfinden des Menschen dar, das im Menschen den Wunsch auslöst, diesen Mangel zu beheben.
(3) Bedürfnisse sind nur durch die Gemeinschaft zu befriedigen.
(4) Bedürfnisse sind in ihrer Anzahl und in ihrem Umfang grundsätzlich begrenzt.
(5) Bedürfnisse müssen dem Menschen prinzipiell bewusst sein.

2

**Verbrauchsgüter**

Bei welcher der folgenden Aufzählungen handelt es sich nur um Verbrauchsgüter?

(1) Tee, Baumaschine, Benzin
(2) Betriebsstoffe, Rohstoffe, Rasenmäher
(3) Schreibpapier, Tinte, Mineralwasser
(4) Pkw, Lkw, Flugzeug
(5) Maschinen, Rohstoffe, Betriebsmittel

3

## Minimalprinzip des ökonomischen Prinzips

Welche der folgenden Aussagen zum Minimalprinzip als Teil des ökonomischen Prinzips ist richtig?

(1) Mit gegebenen Mitteln soll die größtmögliche Leistung erbracht werden.
(2) Mit geringsten Mitteln soll die größtmögliche Leistung erbracht werden.
(3) Eine vorbestimmte Leistung soll mit möglichst geringen Mitteln erbracht werden.
(4) Mit geringsten Mitteln soll eine möglichst minimale Leistung erbracht werden.
(5) Eine vorbestimmte Leistung soll mit möglichst hohem Mitteleinsatz erbracht werden.

4

## Substitution von Produktionsfaktoren

Welche der folgenden Aussagen erklärt die Substitution von Produktionsfaktoren?

(1) Die Produktionsfaktoren werden so kombiniert, dass sie für den Unternehmer einen ständig gleichmäßigen Nutzen ergeben.
(2) Ein Produktionsvorgang wird in möglichst viele Teilprozesse zerlegt.
(3) Die Elementarfaktoren werden mit dem dispositiven Faktor zusammengeführt.
(4) Produktionsfaktoren werden durch andere Produktionsfaktoren ersetzt, um den größtmöglichen Nutzen zu erzielen.
(5) Ein Produktionsfaktor soll nur einmal im Produktionsprozess eingesetzt werden.

5

## Tertiärer Sektor einer Volkswirtschaft

Welche der folgenden Aussagen zum tertiären Sektor einer Volkswirtschaft ist richtig?

(1) Er beinhaltet die Be- und Verarbeitung von Rohstoffen in Handwerks- und Industriebetrieben.
(2) Er bezeichnet die Urproduktion.
(3) Er beinhaltet alle Industriebetriebe einer Volkswirtschaft.
(4) Er umfasst alle Betriebe der Rohstoffgewinnung einer Volkswirtschaft.
(5) Er umfasst den Dienstleistungssektor einer Volkswirtschaft.

6

## Pausenzeiten laut JArbSchG

Welche der folgenden Aussagen zu Pausenzeiten laut JArbSchG ist richtig?

(1) Die Pausenzeiten gelten grundsätzlich als Arbeitszeit.
(2) Die Pausenzeiten können völlig individuell vom betreffenden Unternehmen in Abstimmung mit dem Betriebsrat festgelegt werden, das Gesetz macht dazu keinerlei Angaben.
(3) Als Arbeitspause gilt nur eine Arbeitsunterbrechung von mindestens 30 Minuten.
(4) Als Arbeitspause gilt nur eine Arbeitsunterbrechung von mindestens 15 Minuten.
(5) Die Pausenzeiten dürfen insgesamt höchstens 30 Minuten bei einer Arbeitszeit von mehr als viereinhalb Stunden betragen.

## Lösungen zu Multiple-Choice-Aufgaben 1 bis 6

**Aufgabe 1**
(2)

**Aufgabe 2**
(3)

**Aufgabe 3**
(3)

**Aufgabe 4**
(4)

**Aufgabe 5**
(5)

**Aufgabe 6**
(4)

## 4.3.2 Rechtliche Rahmenbedingungen des Wirtschaftens

1

### Rechtsbegriffe

Ordnen Sie den unten aufgeführten fünf Aussagen die nachfolgend aufgeführten Rechtsbegriffe zu:
Gewohnheitsrecht (1)
Rechtsordnung (2)
Gesetze (3)
Rechtsverordnung (4)
Satzungen (5)

Bei diesem Rechtsbegriff handelt es sich um …
( ) die Summe aller Rechtsnormen, die in einem Staat gelten.
( ) schriftlich formulierte Rechtsvorschriften einer Körperschaft des öffentlichen bzw. privaten Rechts, z. B. Erhebung von Prüfungsgebühren.
( ) ungeschriebene Normen, z. B. Wegerecht.
( ) eine ausdrückliche gesetzliche Ermächtigung über die Durchführung eines bestimmten Gesetzes.
( ) eine Rechtsvorschrift, die in einem Parlament mit einer einfachen bzw. qualifizierten Mehrheit beschlossen werden muss.

2

### Öffentliches Recht – privates Recht

Prüfen Sie die unten stehenden sechs Aussagen, ob es sich um öffentliches Recht (1) oder um privates Recht (2) handelt.

( ) Einem Industriebetrieb wird ein Gewerbesteuerbescheid zugestellt.
( ) Ein Prokurist eröffnet für sein Unternehmen ein Kontokorrentkonto.
( ) Regelung der Rechtsbeziehungen zwischen dem Staat und einer Privatperson nach dem Grundsatz der Über- und Unterordnung
( ) Nach dem Prinzip der Vertragsfreiheit können die Rechtsbeziehungen frei vereinbart werden.
( ) Regelung der Rechtsbeziehungen zwischen den Beteiligten nach dem Prinzip der Gleichordnung
( ) Das Strafrecht und Teilbereiche des Arbeitsrechts sind Anwendungsbeispiele.

3

## Rechtsfähigkeit natürlicher und juristischer Personen

Welche Aussagen sind zutreffend bei einer natürlichen Person (1) oder einer juristischen Person (2)?
Setzen Sie eine (3) ein, wenn die Aussage für beide Personen zutreffend ist.

Diese Rechtspersönlichkeit ...

( ) erlangt ihre Rechtsfähigkeit erst mit der Handelsregistereintragung.
( ) erwirbt ihre Rechtsfähigkeit mit Vollendung der Geburt.
( ) kann im Rahmen der Rechtsordnung rechtswirksame Erklärungen gegenüber anderen Rechtssubjekten abgeben.
( ) kann nur durch Organe, z. B. den Vorstand einer AG, handeln.
( ) verliert ihre Rechtsfähigkeit mit dem Tod.
( ) verliert ihre Rechtsfähigkeit mit der Registerlöschung.

4

## Geschäftsfähigkeit (Stufen)

Ordnen Sie die entsprechende Stufe der Geschäftsfähigkeit zu:
Geschäftsunfähigkeit (1), beschränkte Geschäftsfähigkeit (2), unbeschränkte Geschäftsfähigkeit (3), alle drei Stufen der Geschäftsfähigkeit (4).

Diese Geschäftsfähigkeit ...

( ) beginnt mit der Vollendung des 7. und endet mit Vollendung des 17. Lebensjahres.
( ) führt dazu, dass diese Rechtsgeschäfte grundsätzlich nichtig sind.
( ) kann durch einen bestellten Betreuer dazu führen, dass die rechtliche Handlungsfähigkeit durch eine Pflegschaft eingeschränkt wird
( ) führt dazu, dass alle abgeschlossenen Rechtsgeschäfte durch eine beauftragte Botentätigkeit gültig sind.
( ) führt dazu, dass im Rahmen der Vertragsfreiheit alle Rechtsgeschäfte grundsätzlich voll gültig sind.
( ) ermöglicht den rechtswirksamen Abschluss von Rechtsgeschäften im Rahmen eines Ausbildungsvertrages.

5

## Geschäftsfähigkeit beschränkt Geschäftsfähiger

Entscheiden Sie in den nachfolgenden Fällen zum Abschluss von Rechtsgeschäften bei beschränkt Geschäftsfähigen, ob es sich um eine richtige Aussage (1) oder um eine falsche Aussage (2) handelt.

Das Rechtsgeschäft eines beschränkt Geschäftsfähigen ist ...

( ) gültig, wenn z. B. über den Kauf einer Stereoanlage vor Abschluss des Kaufvertrages die Einwilligung des gesetzlichen Vertreters vorlag.
( ) gültig, wenn er es im Rahmen seines zukünftigen Taschengeldes, z. B. bei einem Ratenkauf, abschließt.
( ) ungültig, weil nach Anschaffung eines Motorrollers keine Genehmigung der Erziehungsberechtigten vorlag.
( ) auch ohne Zustimmung der Eltern gültig, wenn mit dem Vertragsabschluss rechtliche Nachteile, z. B. Folgekosten, verbunden sind.
( ) dann gültig, wenn mit Genehmigung des Vormundschaftsgerichts selbstständig ein Erwerbsgeschäft betrieben wird.
( ) ungültig, wenn es im Rahmen eines Dienst- oder Arbeitsverhältnisses, z. B. bei Kündigung des Ausbildungsverhältnisses, abgeschlossen wird.

6

**Rechtsobjekte**

Ordnen Sie den unterschiedlichen Rechtsobjekten (Sachen bzw. Rechte) die entsprechende Kennziffer zu: unbewegliche Sache (1), vertretbare Sache (2), nicht vertretbare Sache (3), Schuldrecht (4), Sachenrecht (5).

Es handelt sich bei diesem Rechtsobjekt um ...
( ) eine Sache, die im Verkehr nach Zahl, Maß oder Gewicht bestimmt werden kann und austauschbar ist.
( ) einen nicht körperlichen Gegenstand, wie z. B. Darlehensschulden.
( ) ein erworbenes Firmengrundstück, das ins Grundbuch eingetragen werden muss.
( ) ein Einzelstück (z. B. Ölgemälde).
( ) ein Recht des Patentinhabers, von seinem Lizenznehmer ein Nutzungsentgelt zu verlangen.

7

**Eigentum – Besitz**

Entscheiden Sie in den nachfolgenden Aussagen zu Besitz und Eigentum, ob es sich um eine richtige Aussage (1) oder um eine falsche Aussage (2) handelt.

( ) Man unterscheidet bei den Rechten an Sachen zwischen Besitz und Eigentum.
( ) Bei unbeweglichen Sachen erfolgt grundsätzlich die Eigentumsübertragung durch Einigung und Übergabe.
( ) Unter Eigentum versteht man die tatsächliche Herrschaft und unter Besitz die rechtliche Herrschaft über eine Sache.
( ) Bei beweglichen Sachen sind für die Eigentumsübertragung grundsätzlich keine Formvorschriften zu beachten.
( ) Unter Sozialbindung des Eigentums versteht man, dass sein Gebrauch auch dem Wohle der Allgemeinheit dienen soll.
( ) Ein Grundstückskauf wird notariell durch Auflassung und Eintragung ins Grundbuch beurkundet.

8

**Willenserklärungen bei einseitigen und mehrseitigen Rechtsgeschäften**

Handelt es sich bei den folgenden Fällen um ein ...
Rechtsgeschäft (RG) mit einer einseitigen, nicht empfangsbedürftigen Willenserklärung (1),
Rechtsgeschäft (RG) mit einer einseitigen, empfangsbedürftigen Willenserklärung (2),
mehrseitiges RG mit einer einseitigen Verpflichtung (3),
mehrseitiges RG mit einer mehrseitigen Verpflichtung (4)?

( ) Veräußerung von gebrauchten Winterreifen und Bezahlung des vereinbarten Kaufpreises
( ) persönlich angefertigtes handschriftliches Testament mit Hinterlegung in einem Kuvert in einer Vitrine
( ) Schenkung eines Sparbuches von der Großmutter an ihren Enkel zur bestandenen Prüfung
( ) Kündigung eines Berufsausbildungsvertrages innerhalb der Probezeit

9

### Formen von Rechtsgeschäften

Ordnen Sie die folgende Form von Rechtsgeschäften (RG) den Beispielen zu:
- formfreies RG (1),
- gesetzliche Schriftform (2),
- öffentl. Beglaubigung (3),
- notarielle Beurkundung (4).

Es handelt sich hierbei um …

( ) das Bürgschaftsversprechen einer Privatperson.
( ) die Handelsregistereintragung einer neu gegründeten GmbH.
( ) ein erworbenes Grundstück eines Industrieunternehmens.
( ) das Bürgschaftsversprechen eines Vollkaufmanns.
( ) den Kaufvertragsabschluss für einen Schreibtisch.

10

### Zustandekommen mehrseitiger Rechtsgeschäfte

Überprüfen Sie die nachfolgenden Aussagen über die Voraussetzungen zum Zustandekommen von mehrseitigen Rechtsgeschäften.
Setzen Sie für eine richtige Aussage (1) und für eine falsche Aussage (2) ein.

( ) Die Annahme des Antrages wird nicht abgeändert, z. B. erfolgt die Bestellung zu den angebotenen Bedingungen.
( ) Der Widerruf eines Antrages muss nicht vorher bzw. gleichzeitig erfolgen.
( ) Die Antragsannahme unter Anwesenden muss nicht sofort, z. B. während der Unterredung, erfolgen.
( ) Die zu späte oder abgeänderte Annahme eines Antrages stellt einen neuen Antrag dar.
( ) Die Antragsannahme unter Abwesenden muss nicht innerhalb einer angemessenen Frist vorgenommen werden.
( ) Der Antrag kann befristet oder durch eine Freizeichnungsklausel eingeschränkt werden.

11

### Nichtigkeit und Anfechtbarkeit von Rechtsgeschäften

Entscheiden Sie in den nachfolgenden Situationen, ob es sich um ein **nichtiges** oder **anfechtbares Rechtsgeschäft (RG)** handelt (nichtiges RG = 1, anfechtbares RG = 2).

( ) Um Notar- und Gerichtsgebühren zu sparen, wird im Grundstückskaufvertrag ein niedrigerer Verkaufspreis als der tatsächlich vereinbarte eingetragen.
( ) Dem Autokäufer wird auch bei mehrmaliger Nachfrage vom Autoverkäufer nicht mitgeteilt, dass es sich um einen Unfallwagen handelt.
( ) Das verbindliche schriftliche Angebot enthält einen Zahlendreher, statt 510 € 150 €.
( ) Um die Überschuldung abzubauen, wird in einem in Deutschland geschlossenen Kreditvertrag ein monatlicher Zinssatz von 3 % vereinbart.

12

**Grundsatz der Vertragsfreiheit**

Überprüfen Sie die nachfolgend aufgeführten Aussagen, was man unter dem Grundsatz der Vertragsfreiheit versteht. Setzen Sie für eine richtige Aussage eine (1) und für eine falsche Aussage eine (2) ein.

( ) Die Gestaltung von Verträgen kann im Rahmen der Rechtsordnung nach dem freien Willen der Vertragspartner geregelt werden.
( ) Die Vertragsfreiheit beinhaltet nicht die freie Entscheidung, ein Rechtsgeschäft abzuschließen oder abzulehnen.
( ) Die Vertragsfreiheit gilt nicht für Privatleute, sondern nur für Kaufleute.
( ) Es gilt der Grundsatz: Einmal abgeschlossene Verträge sind einzuhalten.
( ) Die Vertragsfreiheit gilt nur für unbeschränkt Geschäftsfähige.
( ) Der Vertragsinhalt kann frei gestaltet werden, wenn kein Verstoß gegen gesetzliche Vorschriften vorliegt.

13

**Vertragsarten**

Ordnen Sie den folgenden Vertragsarten den jeweiligen Vertragsinhalt zu: Kaufvertrag (1), Leihvertrag (2), Mietvertrag (3), Pachtvertrag (4), Werkvertrag (5), Dienstvertrag (6), Darlehensvertrag (7).

Bei diesem Vertrag handelt es sich um die …
( ) unentgeltliche Überlassung von Sachen zum Gebrauch.
( ) entgeltliche Überlassung eines Geldbetrages.
( ) entgeltliche Veräußerung von Sachen.
( ) entgeltliche Leistung von Diensten.
( ) entgeltliche Überlassung der Sache zum Gebrauch sowie Genuss der Erträge.
( ) entgeltliche Überlassung der Sache zum Gebrauch.
( ) Herstellung eines versprochenen Werks gegen Entgelt.

14

**Individuelles und kollektives Arbeitsrecht**

Ordnen Sie die nachfolgend aufgeführten Rechtsbereiche dem individuellen (1) bzw. dem kollektiven (2) Arbeitsrecht zu.

( ) Betriebsverfassungsgesetz
( ) Arbeitsschutzrecht
( ) Tarifvertragsgesetz
( ) Arbeitsvertragsrecht
( ) Koalitionsrecht gemäß Artikel 9 Absatz 3 GG

15

### Abschluss des Arbeitsvertrages

Für den Abschluss eines gültigen Arbeitsvertrages müssen bestimmte Voraussetzungen erfüllt sein. Setzen Sie für eine richtige Aussage eine (1) und für eine falsche Aussage eine (2) ein.

( ) Ein Arbeitgeber muss aufgrund des Nachweisgesetzes spätestens einen Monat nach Beginn des Arbeitsverhältnisses die wesentlichen Vertragsinhalte schriftlich bestätigen.
( ) Die Vertragsbeteiligten müssen grundsätzlich beschränkt geschäftsfähig sein.
( ) Für ausländische Arbeitnehmer muss eine gültige Arbeitserlaubnis vorliegen.
( ) Bei Betrieben mit mehr als 20 Arbeitnehmern muss der Betriebsrat zustimmen.
( ) Geschlechtsbezogene Benachteiligungen sind verboten, sie führen aber in keinem Fall zu Entschädigungsansprüchen des benachteiligten Bewerbers.

16

### Pflichten aus dem Arbeitsvertrag I

Aus dem Arbeitsvertrag heraus ergeben sich für Arbeitgeber (AG) und Arbeitnehmer (AN) verschiedene Pflichten. Setzen Sie bei einer Pflicht für den Arbeitgeber eine (1) bzw. für den Arbeitnehmer eine (2) ein.

Pflichten des AG bzw. AN:
( ) Fürsorgepflicht
( ) Wettbewerbsverbot
( ) Zeugnispflicht
( ) Dienstleistungspflicht
( ) Vergütungspflicht
( ) Treuepflicht
( ) Verschwiegenheitspflicht

17

### Pflichten aus dem Arbeitsvertrag II

Welche der nachfolgenden Aussagen zu den Pflichten aus dem Arbeitsvertrag sind richtig (1) oder falsch (2)?

( ) Nur der Arbeitgeber ist für die Einhaltung und Beachtung der Unfallverhütungsvorschriften verantwortlich.
( ) In einer anderen Branche darf ein Handelsgewerbe betrieben werden.
( ) Es ist auf Verlangen ein qualifiziertes Zeugnis anzufertigen.
( ) Die vereinbarte Dienstleistung ist nicht immer persönlich zu erbringen.
( ) Die Gehaltszahlungen sind immer zum Monatsbeginn vorzunehmen.
( ) Man muss sich mit der ganzen Arbeitskraft für die Interessen des Unternehmens einsetzen.
( ) Stillschweigen über Betriebsgeheimnisse wahren

18

## Besonderer Kündigungsschutz

Für bestimmte Arbeitnehmergruppen gibt es bei Kündigungen durch den Arbeitgeber einen besonderen Kündigungsschutz. Ordnen Sie diese Arbeitnehmergruppen den entsprechenden Beispielen zu:
- Betriebsratsmitglieder (1)
- werdende Mütter (2)
- Auszubildende (3)
- Schwerbehinderte (4)

Ein besonderer Kündigungsschutz besteht …
( ) für diese Person und ist nur nach einer Kündigungsfrist von mindestens 4 Wochen und behördlicher Zustimmung möglich.
( ) u. a. während der Elternzeit.
( ) während der Ausbildung nach der Probezeit.
( ) während der Amtszeit und ein Jahr danach.

19

## Kündigung des Arbeitsvertrages

Welche der Aussagen zur Kündigung eines Arbeitsvertrages sind richtig (1) und welche falsch (2)?

( ) Eine Kündigung, die im Rahmen des allgemeinen Kündigungsschutzes ausgesprochen wird, muss grundsätzlich soziale Gesichtspunkte berücksichtigen.
( ) Einer Kündigung, die aufgrund einer erheblichen Pflichtverletzung vorgenommen wurde, z. B. wegen einer strafbaren Handlung, muss immer eine Abmahnung vorausgehen.
( ) Wenn eine Kündigung mit erheblichem Auftrags- und Umsatzrückgang begründet wird, muss sich vorher die Arbeitsmenge des gekündigten Arbeitnehmers deutlich verringert haben.
( ) Eine Kündigung, die aufgrund einer ersten Abmahnung ausgesprochen wurde, weil eine Mitarbeiterin das Personalgespräch nicht wahrgenommen hat, in dem sie zum Gehaltsverzicht aufgefordert werden sollte, ist gültig.
( ) Eine Kündigung, die nach einer dritten Abmahnung ausgesprochen wurde, weil ein Mitarbeiter das Personalgespräch wegen seines Verhaltens (häufiges Zuspätkommen) nicht wahrgenommen hat, ist gültig.

20

## Leistungen der Sozialversicherungsträger

Ordnen Sie den Aussagen zu den Leistungen die entsprechenden Sozialversicherungsträger zu:
- gesetzliche Krankenkassen (1)
- Pflegekassen (2)
- Deutsche Rentenversicherung (3)
- Bundesagentur für Arbeit (4)
- Berufgenossenschaften (5)

Leistungen zur …
( ) Teilhabe am Arbeitsleben nach einem Arbeitsunfall
( ) Berufsberatung
( ) Früherkennung von Krankheiten
( ) häuslichen Pflege
( ) Altersrente

21

**Beiträge an die Sozialversicherungsträger**

Welche Aussagen über die Beiträge der einzelnen Sozialversicherungsträger sind richtig (1) und welche falsch (2)?

Die Beiträge …
( ) an die Sozialversicherungsträger werden mit Ausnahme der Beiträge zur Berufsgenossenschaft je zur Hälfte vom Arbeitgeber und Arbeitnehmer aufgebracht.
( ) der deutschen Rentenversicherungsträger werden wahrscheinlich steigen, weil der Generationenvertrag nicht mehr ohne Weiteres funktioniert.
( ) für die Bundesagentur für Arbeit werden automatisch gesenkt werden, wenn die Arbeitslosenquote rückläufig ist.
( ) für die Pflegeversicherung werden mit großer Wahrscheinlichkeit wegen der demografischen Entwicklung in Deutschland zukünftig steigen.
( ) an alle Sozialversicherungsträger müssen durch einen Bundeszuschuss aus dem Bundeshaushalt finanziert werden.

22

**Sozialgerichtsbarkeit**

Welche Aussagen über das Sozialgericht (Zuständigkeit und Instanzen) sind richtig (1), welche falsch (2)?

Beim Sozialgericht …
( ) werden u. a. Ablehnungsbescheide zur Rentenversicherung und zur Grundsicherung für Arbeitssuchende verhandelt.
( ) kann nicht gegen gewährte Leistungen nach dem Schwerbehindertenrecht Widerspruch eingelegt werden.
( ) kann gegen einen Sozialversicherungsträgerbescheid Widerspruch eingelegt werden.
( ) kann als Berufungsinstanz das zuständige Landesarbeitsgericht angerufen werden.
( ) wird eine Klage in erster Instanz und beim Bundessozialgericht eine Revision in dritter Instanz verhandelt.

## Lösungen zu Multiple-Choice-Aufgaben 1 bis 22

**Aufgabe 1**
(2), (5), (1), (4), )3)

**Aufgabe 2**
(1), (2), (1), (2), (2), (1)

**Aufgabe 3**
(2), (1), (3), (2), (1), (2)

**Aufgabe 4**
(2), (1), (3), (4), (3), (2)

**Aufgabe 5**
(1), (2), (1), (2), (1), (2)

**Aufgabe 6**
(2), (4), (1), (3), (5)

**Aufgabe 7**
(1), (2), (2), (1), (1), (1)

**Aufgabe 8**
(4), (1), (3), (2)

**Aufgabe 9**
(2), (3), (4), (1), (1)

**Aufgabe 10**
(1), (2), (2), (1), (2), (1)

**Aufgabe 11**
(1), (2), (2), (1)

**Aufgabe 12**
(1), (2), (2), (1), (2), (1)

**Aufgabe 13**
(2), (7), (1), (6), (4), (3), (5)

**Aufgabe 14**
(2), (1), (2), (1), (2)

**Aufgabe 15**
(1), (2), (2), (1), (2)

**Aufgabe 16**
(1), (2), (1), (2), (1), (2), (2)

**Aufgabe 17**
(2), (2), (1), (2), (2), (1), (1)

**Aufgabe 18**
(4), (2), (3), (1)

**Aufgabe 19**
(1), (2), (1), (2), (1)

**Aufgabe 20**
(5), (4), (1), (2), (3)

**Aufgabe 21**
(2), (1), (2), (1), (2)

**Aufgabe 22**
(1), (2), (1), (2), (1)

## 4.3.3 Das Unternehmen im gesamt- und weltwirtschaftlichen Zusammenhang einordnen

1

### Standortfaktoren

Eine häufig gewählte Unterscheidung bei Standortfaktoren ist die Aufteilung in leistungsbezogene („harte“) (1), allgemeine („weiche“) (2) und betriebliche Funktionsbereiche (u. a. Absatz-, Produktions- oder Beschaffungsorientierung) (3). Ordnen Sie die entsprechende Kennziffer (1, 2 oder 3) den sechs Beispielen zu.

( ) Höhe der steuerlichen Abgaben
( ) Vorhandensein kultureller Einrichtungen
( ) vorhandenes Fachkräftepotenzial
( ) Freizeitangebote
( ) emissionsabhängige Umweltschutzabgabe
( ) Höhe der Stromkosten

2

### Wirtschaftswachstum

Welche der folgenden Maßnahmen führen unmittelbar zu einem Wirtschaftswachstum (Erhöhung des Bruttoinlandsprodukts)?

( ) Ersatzinvestitionen eines Industrieunternehmens
( ) Investitionen in die Infrastruktur
( ) Einkommensteuersenkungen
( ) Gewinnerwartungen aller Industrieunternehmen in Deutschland
( ) Erweiterungsinvestitionen eines Industrieunternehmens

3

### Wachstumsbegriffe

Ordnen Sie den jeweils am ehesten zutreffenden Wachstumsbegriff zu:
- **quantitatives** Wachstum (1),
- **qualitatives** Wachstum (2),
- **nominales** Wachstum (3),
- **reales** Wachstum (4).

( ) nachhaltiges Wachstum, das zu einer Erhöhung der Lebensqualität führt
( ) die mengenmäßige Erhöhung der volkswirtschaftlichen Leistungen ohne Berücksichtigung von Faktorpreisen
( ) wertmäßige Erhöhung der volkswirtschaftlichen Leistungen in einer Wirtschaftsperiode ohne Berücksichtigung der Preissteigerungsrate
( ) Es wird die Preissteigerungsrate abgezogen, die innerhalb eines Vergleichszeitraumes (Vor- und Berichtsjahr) eingetreten ist.

4

### Wirkung staatlicher Fördermaßnahmen

Welche Aussage zu staatlichen Fördermaßnahmen trifft zu?

Staatliche Fördermaßnahmen ...
(1) können zu einer Verringerung des Wohlstandsgefälles und zu einer Angleichung der Lebensverhältnisse führen.
(2) führen stets zu Werksschließungen und zu einer Zunahme der Arbeitslosenquote.
(3) führen nie zu einer Schrumpfung des Kapitalstocks durch Unternehmensinsolvenzen.
(4) führen immer zu einer Wettbewerbsverzerrung und Verschuldung öffentlicher Haushalte.
(5) führen in strukturschwachen Regionen zu einer Verschlechterung der Infrastruktur.

### Ausgangssituation zu den Aufgaben 5 bis 8

Die folgende Grafik zeigt das Modell eines **erweiterten Wirtschaftskreislaufs** mit seinen, zum Teil noch unvollständigen, Geldströmen in Geldeinheiten (GE):

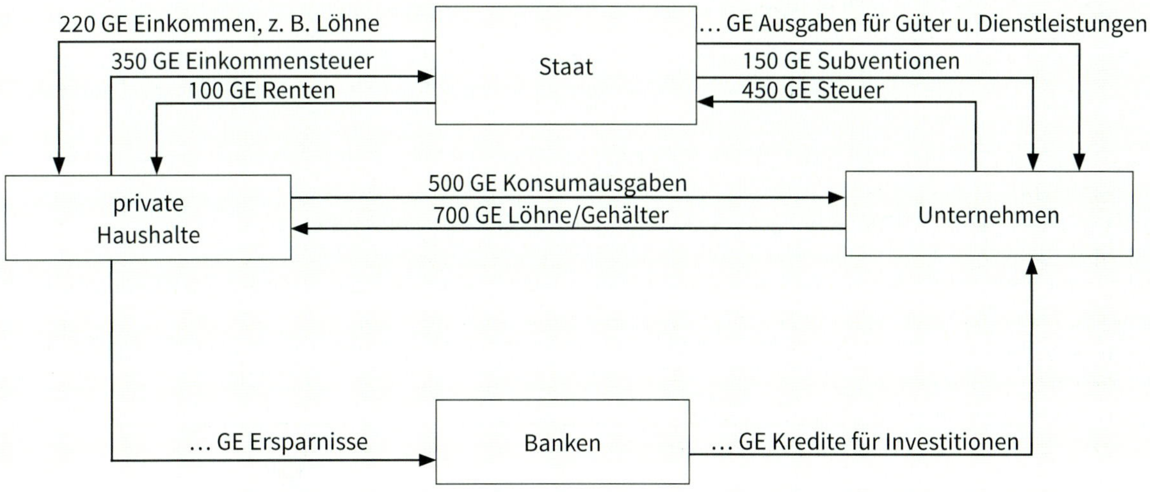

5

### Erweiterter Wirtschaftskreislauf – Ersparnisse

Wie hoch sind die Ersparnisse der privaten Haushalte?
(1) 100 GE (2) 170 GE (3) 220 GE (4) 500 GE

6

### Erweiterter Wirtschaftskreislauf – Kreditsumme

Wie hoch ist die Kreditsumme, die der Bankensektor den Unternehmen für Investitionen zur Verfügung stellt?
(1) 150 GE (2) 700 GE (3) 170 GE (4) 220 GE

7

### Erweiterter Wirtschaftskreislauf – Staatsausgaben

Wie hoch sind die Ausgaben des Staates für Güter und Dienstleistungen, die er vom Unternehmenssektor bezieht?
(1) 350 GE (2) 150 GE (3) 220 GE (4) 330 GE (5) 450 GE

8

### Volkswirtschaftliche Auswirkung geänderter Sparleistung

Nehmen Sie an, dass in dem gegebenen Modell des erweiterten Wirtschaftskreislaufs die Sparleistung deutlich zurückgeht. Welche Auswirkung hätte diese Entwicklung unter sonst gleichen Umständen?

(1) Die Güternachfrage wird sinken.
(2) Die Banken werden, um die Sparneigung zu fördern, die Zinssätze für Geldanlagen senken.
(3) Die durch Banken finanzierten Investitionsmöglichkeiten der Unternehmen werden sinken.
(4) Die Unternehmen werden die an die privaten Haushalte zu zahlenden Löhne und Gehälter erhöhen, um die Ersparnisbildung anzuregen.
(5) Der Staat wird höhere Steuereinnahmen aus der Kapitalertragsteuer erzielen.

9

### Finanz- und Wirtschaftskrise – Konsequenzen

Aufgrund der Finanz- und Wirtschaftskrise seit 2007/08 haben sich für alle Wirtschaftssubjekte Konsequenzen ergeben. Entscheiden Sie, ob es sich jeweils um eine richtige Aussage (1) oder eine falsche Aussage (2) handelt.

( ) drohender Staatsbankrott wegen Überschuldung einzelner Länder in der Euro-Zone (z. B. Island oder Griechenland)
( ) sinkender Abschreibungsbedarf der Banken für Kredite infolge der Finanzkrise
( ) Rückläufige Auftragseingänge in den Unternehmen führen immer zu Arbeitsplatzverlusten.
( ) Erhebliche Kapitalabflüsse, wie z. B. in Polen (Zloty) oder in Ungarn (Forint), führen nicht zu Abwertungen der Währungen.
( ) Eine niedrige Eigenkapitalquote der Banken bedeutet ein geringeres eigenes unternehmerisches Risiko der Banken.

10

**Finanz- und Wirtschaftskrise – Maßnahmen**

Welche sinnvollen Maßnahmen sollten aufgrund der Finanz- und Wirtschaftskrise (seit 2007/08) ergriffen werden? Für eine sinnvolle Maßnahme steht eine 1, für eine nicht sinnvolle Maßnahme eine 2.

( ) Erhöhung der Eigenkapitalquote der Banken für die Kapitalunterlegung bei der Kreditvergabe
( ) Verbot von „Wetten“ auf Preis- und Kursentwicklungen bei Derivaten
( ) Einführung von Kapitalverkehrskontrollen beim Zahlungsverkehr mit Steueroasen, wie z. B. den Cayman Islands.
( ) kein weiterer Ausbau des „Einlagensicherungsfonds“ der Privatbanken

## Lösungen zu Multiple-Choice-Aufgaben 1 bis 10

**Aufgabe 1**
(1), (2), (3), (2), (1), (1)

**Aufgabe 2**
(1), (2), (5)

**Aufgabe 3**
(2), (1), (3), (4)

**Aufgabe 4**
(1)

**Aufgabe 5**
(2)

| Einnahmen der Haushalte | GE | Ausgaben der Haushalte | GE |
|---|---|---|---|
| Löhne, Gehälter von den Unternehmen | 700 | Konsum | 500 |
| Renten vom Staat | 100 | Einkommensteuer | 350 |
| Einkommen, z. B. Löhne, vom Staat | 220 | Ersparnis (Saldo) | 170 |
| Summe | 1.020 | Summe | 1.020 |

**Aufgabe 6**
(3)
Der Bankensektor kann den Unternehmen Kredite in Höhe der Ersparnisse der privaten Haushalte für Investitionen zur Verfügung stellen, also 170 GE.

**Aufgabe 7**
(4)

| Einnahmen des Staates | GE | Ausgaben des Staates | GE |
|---|---|---|---|
| Steuern der privaten Haushalte | 350 | Subventionen | 150 |
| Steuern der Unternehmen | 450 | Renten | 100 |
| | | Einkommen, z. B. Löhne, an Haushalte | 220 |
| | | Güter/Dienstleistungen (Saldo) | 330 |
| Summe | 800 | Summe | 800 |

**Aufgabe 8**
(3)

**Aufgabe 9**
(1), (2), (2), (2), (2)

**Aufgabe 10**
(1), (2), (1), (2)

## 4.3.4 Unternehmensstrategien, -projekte umsetzen

1

### Magisches Viereck des Projekterfolgs

Welche der folgenden Begriffe sind <u>nicht</u> Bestandteil („Ecken“) des magischen Vierecks des Projekterfolgs?

(1) Lösungsumfang
(2) Projektmanager
(3) Qualität
(4) Kosten
(5) Termine

2

### Fachbegriffe des Projektmanagements

Ordnen Sie den beiden Fachbegriffen des Projektmanagements die jeweils richtige Erklärung zu:

Fachbegriffe des Projektmanagements: „Arbeitspaket“ ( ); „Meilenstein“ ( )
Erklärungen:

1. ein Ereignis von besonderer Bedeutung, das Teil der Terminplanung eines Projektes ist
2. Umfang einer Projektidee
3. Häufigkeit der Kick-Off-Meetings in einem Projekt
4. Nicht mehr sinnvoll zu unterteilende, kleinste Verantwortungseinheit für einen Mitarbeiter in einem Projekt
5. Anzahl der Phasen eines Projektes

3

### Planungsgrößen der Projektplanung

Welche der folgenden Begrifflichkeiten stellen <u>keine</u> Planungsgrößen der Projektplanung dar?

(1) Ressourcen (Eigen- und Fremdpersonal)
(2) Projektauftraggeber
(3) einzelne Arbeitsschritte bzw. Arbeitspakete
(4) finanzieller Aufwand
(5) zeitliche Abfolge der einzelnen Arbeitsschritte bzw. Arbeitspakete

4

### Projektcontrolling

Welche der folgenden Aussagen zum Projektcontrolling ist richtig?

(1) Das Projektcontrolling addiert laufend Plan- und Istdaten zur Kosten- und Zeitplanung und wertet sie aus.
(2) Das Projektcontrolling subtrahiert laufend Plan- und Istdaten zur Kosten- und Zeitplanung und wertet sie aus.
(3) Das Projektcontrolling vergleicht laufend Plan- und Istdaten zur Kosten- und Zeitplanung und wertet sie aus.
(4) Das Projektcontrolling legt die Anzahl der Projektphasen fest.
(5) Das Projektcontrolling definiert den Umfang der Projektidee.

5

### Lastenheft

Welche der folgenden Aussagen zum Lastenheft im Rahmen des Projektmanagements ist richtig?

(1) In ihm werden die vom Auftraggeber zu tragenden Kosten des Projektes festgehalten.
(2) In ihm werden die vom Auftraggeber zu tragenden Aufwendungen des Projektes festgehalten.
(3) In ihm werden die vom Projektmanager geplanten Maßnahmen zur Realisierung des Projektes genau beschrieben.
(4) In ihm werden die Anforderungen des Auftraggebers an die Lieferungen und Leistungen eines Auftragnehmers in ihrer Gesamtheit definiert.
(5) In ihm werden die Rechte und Pflichten von Projektmanagern festgehalten.

## Lösungen zu Multiple-Choice-Aufgaben 1 bis 5

**Aufgabe 1**
(2)

**Aufgabe 2**
„Arbeitspaket“ (4); „Meilenstein“ (1)

**Aufgabe 3**
(2)

**Aufgabe 4**
(3)

**Aufgabe 5**
(4)

## Stichwortverzeichnis

# Register

# Register

**Q**

**T**

**U**



**V**

# Register